經國大典序

自古帝王之有天下國家也

經綸草昧而未遑於典[illegible]之君遵

守舊章而文無事於制作[illegible]漢高帝

無遺策而三章之法略存[illegible]模史稱唐

家萬目俱張而六典之作猶後中葉況

下於漢唐者乎恭惟

世祖握符中興功兼創守文昭武定禮備樂

興猶

孜孜圖理慨弘制作嘗謂左右曰我

憲法과 基本權

鄭 宗 燮

博 英 社

CONSTITUTIONAL LAW and CONSTITUTIONAL RIGHTS

BY

CHONG, JONG-SUP Ph.D. in Law
PROFESSOR OF LAW
SCHOOL OF LAW
SEOUL NATIONAL UNIVERSITY

2010

Pakyoung Publishing Co.
Seoul, Korea

自　　序

헌법은 공동체와 국가에 관한 사항을 정하는 공동체 내의 최고법규범이다. 국민주권을 기본으로 삼는 나라에서는 공동체와 국가에 관한 사항과 그 속에서 살고 있는 국민들의 존재와 삶에 관한 사항은 공동체 구성원인 국민이 스스로 정한다. 그리하여 헌법은 국민이 공동체 내에서 살아가면서 원하고 지키기로 합의한 법규범이 된다.

그런데 국민이 정한 이러한 헌법은 憲法規範이 가지는 특성상 해당 사항에 대하여 대강을 정할 뿐 세세한 내용까지 정하고 있지 않기 때문에 헌법학의 주된 과제는 그 내용을 밝히는 작업이 된다.

헌법학은 있는 헌법의 내용을 밝히고, 있어야 할 헌법을 모색하는 데 그 사명이 있다. 그리고 이러한 것을 학문적으로 뒷받침하는 것은 憲法理論과 憲法解釋이다. 헌법해석에는 헌법이론이 바탕을 이루기도 한다. 그런데 헌법학은 규범의 학문이기에 존재하는 대상에 대하여 논의하는 것으로 충분한 것이 아니고 가치의 문제를 다루어야 한다. 존재를 다루는 것은 존재에 대한 탐구로 충분하지만 가치를 다루는 부분에서는 헌법 내에 존재하는 국민이 결정한 가치를 찾아내기가 여간 어려운 것이 아니다. 따라서 이런 작업을 하는 과정에 자칫 잘못하면 연구자 자신의 주관적이고 독단적인 견해가 개입할 수 있고, 헌법해석이라는 이름하에 미리 특정한 목적을 설정하고 그에 맞는 주관적인 결론을 먼저 내려놓고, 그 다음에 언어의 유희를 통하여 꿰맞추기를 하는 사이비해석을 할 수 있다. 이러한 것은 헌법학의 방법론에서 오류를 빚는 것이기 때문에 헌법학적 논의로 인정될 수 없다.

헌법학은 그것이 이론이든 해석이든 견고한 方法論에 기초를 두어야 하고, 개념이나 용어의 사용에서도 엄정하여야 한다. 논리의 견고성을 확보하여야 하는 것은 물론이다. 우리 학계에서는 아직도 이 부분에 대한 인식이 충분하지 않다고 본다. 개인의 주관적인 주장을 학문적 견해인 양 과장하거나 粉飾하기도 하고, 다른 나라의 헌법에서 발견되는 조항에 대한 설명을 그대로 번안하여 옮겨 놓기도 하며, 심한 경우에는 문맥을 무시한 채 텍스트의 내용까지 오독하는 경우가 있다. 이러한 문제들이 해결되지 않으면 학문이라고 하기 어렵다.

이 책은 종래 출간한 나의 「憲法學原論」을 기초로 하여 더 많은 논의들을 전개한 책이다. 「憲法學原論」은 우리 헌법에 대하여 설명하고자 한 내용을 한 권에 정리하여 담은 것이라 지면의 제한으로 인하여 충분한 논의들을 할 수는 없었다. 법학전문대학원에서는 이러한 내용을 보다 심화하여 이해할 필요가 있으므로 그 내용을 둘로 나누어 헌법원리와 국가에 관한 내용은 「憲法과 政治制度」로 다시 편집하여 그 내용을 풍부하게 전개하고, 기본권에 관한 내용은 「憲法과 基本權」으로 편집하여 출간하게 되었다. 내용을 상세하게 다루다보니 이론적인 논의들도 자연 추가될 수밖에 없고 판례도 더 많이 다루게 되었다. 판례는 요지만이 아니라 그 판례를 충분히 이해할 수 있게 판시 내용을 자세하게 노출시켰다. 참고문헌으로 인용한 책들은 수가 많기 때문에 각 저자들이 해마다 새로 발간되는 책의 면수를 계속 그에 맞게 고칠 수 없어 당해 저자의 견해가 구판과 신판의 것이 동일한 것은 인용문헌에서 밝혀 놓은 문헌을 그대로 유지하는 방법을 채택하였다. 견해가 변경되는 경우에는 새로 표시할 것임은 당연하다.

이 책 「憲法과 基本權」은 공동체에 살고 있는 구성원인 국민이 향유하고 행사하는 헌법상의 자유와 권리에 대한 탐구이다. 원래 헌법은 국가와 국민간의 관계에 관하여 다루었지만, 근대 이후 국민의 자유와 인권의 보장을 헌법의 개념 속으로 편입시켜 이를 최고법규범에 보장하면서, 헌법은 국가만을 규율하는 것이 아니라 공동체와 공동체에 살고 있는 국민의 지위에 대하여 규율하게 되었다. 개개인이 누리는 자유와 권리 가운데 최고법규범인 헌법에서 이를 보장하는 체계를 구축하고, 개인과 개인, 공동체와 개인간에 가치의 배분과 그리고 개인들간의 가치충돌을 규율하면서 헌법은 공동체의 규범으로 되었다. 공동체는 공동체만으로 머무는 것이 아니라, 그 자체로 존재함과 동시에 그 속에 유기체인 인간과 다른 생명체들이 살고 있다. 따라서 기본권론에서는 공동체 내 이들 간에 존재하는 가치들을 어떻게 배분하여야 인간이 공동체에 태어나 가장 행복하게 살면서 자기실현을 할 수 있는가 하는 점을 밝혀내는 것이 핵심과제이다. 따라서 여기서도 기본권론은 하나의 이론으로 정립될 수 있기 위해서 엄격한 학문성을 획득하지 않으면 안 된다. 현실에서 중요한 것은 개개의 개별적인 기본권이지만, 이론에서는 기본권의 장에서 발생하는 문제들을 해명할 수 있게 하는 인식의 틀과 이 틀을 관통하는 원리를 찾아내는 것이 무엇보다 중요하다. 이 책에서는 이러한 관점에서 기본권에 관한 논의들을 전개하였다. 기본권론에서 가장 어려운 것이 기본권의 개념을 확정하는 것이고, 개개의 기본권이 헌법규범에서 보장되는 내용과 범위를 정하는 것이다. 이러한 것은 법학에서 권리론을 구축하는데 있어 출발점이기도 하다. 기본권의 개념이 확정되어야 권리론의 전체 체계가 구축될 수 있고, 이 체계 내에서 각각의 권리들이 서로 가지는 체계적인 연관이 드러나기 때문이다.

공동체에서 價値의 配分은 공동체를 유지하고 동시에 그 속에서 살고 있는 개인이 자유 속에서 행복을 추구할 수 있도록 하는 메커니즘을 구축하는 일이다. 이는 곧 어떤 가치를 공동체에 유보시켜 둘 것인가 개인에게 배분할 것인가 하는 점이다. 자연적 권리는 배분 이전에 자연적으로 개인이 보유하고 있는 것이지만, 그 이외의 것에서는 공동체와 개인 간에 어떻게 가치를 배분할 것인가 하는 점이 가장 중요한 과제가 된다. 이 문제는 인류가 공동체 생활을 하기 시작한 이후 아직까지 하나의 결론에 도달하지 못하고 있는 문제이다. 어쩌면 永劫回歸의 문제일 수 있다. 그래서 권리론은 자연적인 성질의 것이 아닌 것인 한 談論(discourse)의 성질을 띠게 된다. 그러나 그 담론이 항상 옳은 것은 아니다. 문제는 담론을 어떻게 정당화할 것인가 하는 것이다. 담론에서는 正當化가 핵심 문제이다. 여기에 기본권론의 어려움이 있다.

기본권의 문제는 실존적이다. 그래서 현실의 문제에 깊이 개입하면서 이 논의를 할 수밖에 없다. 따라서 기본권론에서 해당 공동체의 특수한 상황에서 생산된 판례를 기반으로 하여 논의하는 것이 그 실존성을 획득하는 데 긴요하다. 이 책에서 기본권에 관한 판례를 대거 동원하여 논의를 전개하는 것도 이러한 이유 때문이다. 우리나라에서는 지난 20여년 동안 헌법재판이 활성화되어 기본권에 관한 판례가 많이 생산되었다. 이러한 헌법현실 속에서 우리는 기본권론을 전개하지 않으면 안 된다. 기본권론은 기존의 판례를 추수하는 것이 아니다. 헌법학에서 헌법현실은 항상 성찰의 대상이다. 따라서 이 책에 노출된 판례에 대해서도 우리는 성찰적인 태도를 가지고 보아야 한다. 그러한 과정에서 기본권은 구체성을 획득하고 기본권이론도 정당성의 기반을 확보하게 된다.

朱子선생의 文集을 읽어 보면 知天命의 나이에도 젊었을 때 펼쳤던 당신의 학문과 주장에 대하여 계속 성찰하고 반성하며 자신의 잘못을 스스로 꾸짖는다. 退溪 李滉선생도 평생을 자기 성찰 속에서 자신의 오류에 대하여 경계하셨다. 나도 이제 知天命의 나이에 접어 들었다. 독자들을 위하여 논지를 명확히 하기 위하여 때로 강한 주장으로 나타났을 수 있지만 기본적으로 나의 연구에도 의문과 오류가 많을 것이다. 계속 탐구하고 성찰하는 길 이외에 달리 길이 없다. 부디 江湖諸賢께서는 많은 가르침을 주시고 올바른 학문의 길로 인도하여 주시기를 빈다.

이 책을 구상하고 그 내용을 새롭게 하는 데는 서울대학교 金鍾栿 교수님, 한양대학교 黃性基 교수님, 경북대학교 朴眞完 교수님의 조언에 크게 도움을 받았다. 이 책의 원고를 다듬는 작업에서는 자료의 수집 정리와 원고의 검토 작업에 이르기까지 인하대학교 鄭相宇 교수님, 서울대학교 대학원 박사과정에서 헌법을 연구하는 尹盛鉉 석사, 李奭珉 석사, 朱聲薰 석사, 金大赫 변호사, 군법무관으로 재직하고 있는

車東昊 법무관이 적극 참여하여 도와주었다.

이 책을 출간함에 있어서는 법학전문대학원에서의 헌법교육의 중요성을 누구보다 중요시하는 博英社의 安鍾萬 회장님의 열정이 있어 가능했다. 그리고 이 책을 기획하고 편집하는 작업은 늘 나와 같이 출간작업을 함께 한 박영사의 趙成皓 부장님, 金善敏 부장님이 이번에도 적극 도와주셨다. 하나의 책을 정성들여 만드는 작업에서는 많은 이들의 협조가 필요한데, 표지의 사진은 세월이 가면서 작품의 깊이를 더해가는 金重晩 사진가님께서도 나와의 오랜 정의를 잊지 못하고 기꺼이 당신의 작품으로 내놓으셨고, 표지의 篆刻은 이번에도 古岩 鄭昺例 전각가님께서 맡아 주셨다. 이 책을 출간함에 있어 이러한 여러분들의 도움과 정성에 깊이 감사를 드린다.

2010季 3月 春日

德松書屋에서

鄭 宗 燮

憲法上의 權利와 義務

제 1 편 基本權의 一般理論

제 1 장 基本權의 發達과 概念

제 1 절 基本權의 發達과 保障

[1] 第一 槪 說 ········· 5
[2] 第二 基本權保障의 歷史 ········· 5
[3] 第三 韓國에서의 基本權의 保障 ········· 11

제 2 절 基本權의 槪念과 本質

[4] 第一 槪 說 ········· 12
[5] 第二 基本權의 構成要素 ········· 12
[6] 第三 基本權의 導出과 包攝 ········· 26
[7] 第四 國家目標規定 ········· 31
[8] 第五 制度의 保障 ········· 36

제 2 장 基本權의 機能

[9] 第一 槪 說 ········· 42
[10] 第二 對國家的 領域 ········· 42
[11] 第三 對社會的 領域 ········· 44

제 3 장 基本權의 主體

제 1 절 槪 說

[12] 第一 基本權의 保有能力과 行使能力 ········· 46

[13] 第二 「人間의 權利」로서의 基本權 ········· 47
[14] 第三 「國民의 權利」로서의 基本權 ········· 48

제 2 절 基本權의 主體

[15] 第一 國　民 ········· 48
[16] 第二 法人 · 團體 ········· 53
[17] 第三 政　黨 ········· 57
[18] 第四 外國人 · 外國法人 ········· 58

제 3 절 基本權의 抛棄

[19] 第一 槪　念 ········· 61
[20] 第二 抛棄可能性 ········· 62
[21] 第三 抛棄의 要件 ········· 63
[22] 第四 抛棄의 效果 ········· 65

제 4 장 基本權의 效力

제 1 절 國家領域에 대한 效力

[23] 第一 理論의 發達 ········· 66
[24] 第二 效力의 範圍 ········· 67

제 2 절 私的領域에 대한 效力

[25] 第一 理論의 發達 ········· 69
[26] 第二 效力의 範圍 ········· 77
[27] 第三 基本權間의 衝突 ········· 81

제 5 장 基本權의 制限

제 1 절 槪　觀

[28] 第一 基本權의 內容 ········· 88
[29] 第二 基本權의 制限 ········· 88
[30] 第三 基本權의 保護領域 ········· 91

제 2 절　基本權 制限의 目的

[31]　第一　憲法의 規定 ………………………………………… 92
[32]　第二　目　　的 ………………………………………… 93
[33]　第三　目的 存在의 立證責任 ………………………………… 96
[34]　第四　目的의 正當性 審査 ………………………………… 96

제 3 절　基本權 制限의 形式

[35]　第一　憲法에 의한 制限 ………………………………………… 97
[36]　第二　法律에 의한 制限 ………………………………………… 98
[37]　第三　國家緊急權에 의한 制限 ………………………………… 106
[38]　第四　國際法規에 의한 制限 ………………………………… 107

제 4 절　基本權 制限의 限界

[39]　第一　過剩制限禁止原則 ………………………………………… 108
[40]　第二　本質的 內容의 侵害禁止 ………………………………… 119
[41]　第三　基本權의 競合 ………………………………………… 121

제 6 장　基本權의 保護

제 1 절　國家의 基本權保護義務

[42]　第一　意　　義 ………………………………………… 125
[43]　第二　內　　容 ………………………………………… 127
[44]　第三　限　　界 ………………………………………… 129

제 2 절　基本權의 侵害와 基本權의 保護

[45]　第一　概　　說 ………………………………………… 133
[46]　第二　國家機關에 의한 基本權의 侵害와 保護 ………………… 133
[47]　第三　私人에 의한 基本權의 侵害와 保護 ………………… 135

제 2 편 憲法上의 基本權과 義務

제 1 장 人間의 尊嚴과 價値

제 1 절 人間의 尊嚴과 價値

[48] 第一 意 義 ………… 139
[49] 第二 法的 性格 ………… 142
[50] 第三 主 體 ………… 144
[51] 第四 內 容 ………… 145
[52] 第五 效 力 ………… 187
[53] 第六 制限과 그 限界 ………… 188

제 2 절 幸福의 追求

[54] 第一 意 義 ………… 189
[55] 第二 法的 性格 ………… 190
[56] 第三 內 容 ………… 193
[57] 第四 效 力 ………… 195

제 2 장 平等의 保護

[58] 第一 意 義 ………… 196
[59] 第二 法的 性格 ………… 197
[60] 第三 主 體 ………… 198
[61] 第四 內 容 ………… 200
[62] 第五 效 力 ………… 218
[63] 第六 制限과 그 限界 ………… 224
[64] 第七 侵害와 救濟 ………… 233

제 3 장　自由權的 基本權

제 1 절　生命 및 人身의 自由

1. 生 命 權

[65]　第一　意　　義 ……………………………… 235
[66]　第二　法的 性格 ……………………………… 236
[67]　第三　主　　體 ……………………………… 237
[68]　第四　內　　容 ……………………………… 238
[69]　第五　效　　力 ……………………………… 239
[70]　第六　制限과 그 限界 ……………………………… 239

2. 人身을 毁損당하지 않을 權利

[71]　第一　意　　義 ……………………………… 250
[72]　第二　憲法的 根據 ……………………………… 251
[73]　第三　主　　體 ……………………………… 252
[74]　第四　內　　容 ……………………………… 252
[75]　第五　效　　力 ……………………………… 253
[76]　第六　制限과 그 限界 ……………………………… 253

3. 身體의 自由

[77]　第一　意　　義 ……………………………… 254
[78]　第二　主　　體 ……………………………… 255
[79]　第三　內　　容 ……………………………… 255
[80]　第四　效　　力 ……………………………… 256
[81]　第五　制限과 그 限界 ……………………………… 256

4. 人身保護를 위한 憲法原理

[82]　第一　法律主義 ……………………………… 257
[83]　第二　適法節次原理 ……………………………… 259
[84]　第三　罪刑法定主義 ……………………………… 262
[85]　第四　二重處罰의 禁止 ……………………………… 271
[86]　第五　親族의 行爲로 인한 不利益處遇의 禁止 ……………………………… 272
[87]　第六　無罪推定의 原則 ……………………………… 274
[88]　第七　令狀主義 ……………………………… 278
[89]　第八　自白의 證據能力 및 證明力의 制限 ……………………………… 285

5. 人身保護를 위한 刑事節次에 관한 基本權

[90] 第一 陳述拒否權 …… 287
[91] 第二 辯護人의 助力을 받을 權利 …… 290
[92] 第三 不當한 逮捕·拘束으로부터의 自由 …… 296
[93] 第四 拷問의 禁止 …… 296
[94] 第五 正當한 裁判을 받을 權利 …… 297
[95] 第六 刑事補償請求權 …… 299

제 2 절 精神的 自由

1. 良心의 自由

[96] 第一 意 義 …… 300
[97] 第二 主 體 …… 306
[98] 第三 內 容 …… 306
[99] 第四 制限과 그 限界 …… 309

2. 宗敎의 自由

[100] 第一 意 義 …… 316
[101] 第二 主 體 …… 318
[102] 第三 內 容 …… 318
[103] 第四 效 力 …… 329
[104] 第五 制限과 그 限界 …… 330

3. 學問의 自由

[105] 第一 意 義 …… 332
[106] 第二 法的 性格 …… 334
[107] 第三 主 體 …… 334
[108] 第四 內 容 …… 335
[109] 第五 效 力 …… 341
[110] 第六 制限과 그 限界 …… 342

4. 藝術의 自由

[111] 第一 意 義 …… 343
[112] 第二 主 體 …… 345
[113] 第三 內 容 …… 346
[114] 第四 效 力 …… 347

[115] 第五 制限과 그 限界 …… 347

5. 言論 · 出版의 自由

[116] 第一 意 義 …… 360
[117] 第二 法的 性格 …… 362
[118] 第三 主 體 …… 363
[119] 第四 內 容 …… 363
[120] 第五 效 力 …… 371
[121] 第六 制限과 그 限界 …… 372

6. 集會 · 結社의 自由

[122] 第一 意 義 …… 383
[123] 第二 集會의 自由 …… 383
[124] 第三 結社의 自由 …… 390

제 3 절 私生活 및 情報의 自由

1. 住居의 自由

[125] 第一 意 義 …… 394
[126] 第二 法的 性格 …… 395
[127] 第三 主 體 …… 395
[128] 第四 內 容 …… 396
[129] 第五 效 力 …… 397
[130] 第六 制限과 그 限界 …… 398

2. 私生活의 秘密과 自由

[131] 第一 意 義 …… 399
[132] 第二 法的 性格 …… 401
[133] 第三 主 體 …… 402
[134] 第四 內 容 …… 402
[135] 第五 效 力 …… 403
[136] 第六 制限과 그 限界 …… 404

3. 通信의 秘密과 自由

[137] 第一 意 義 …… 410
[138] 第二 法的 性格 …… 413
[139] 第三 主 體 …… 414

[140] 第四 內 容 …… 414
[141] 第五 制限과 그 限界 …… 416

4. 情報의 自由

[142] 第一 意 義 …… 419
[143] 第二 法的 性格 …… 422
[144] 第三 主 體 …… 423
[145] 第四 內 容 …… 423
[146] 第五 效 力 …… 429
[147] 第六 制限과 그 限界 …… 430

제 4 절 社會·經濟的 自由

1. 居住·移轉의 自由

[148] 第一 意 義 …… 439
[149] 第二 主 體 …… 440
[150] 第三 內 容 …… 441
[151] 第四 效 力 …… 443
[152] 第五 制限과 그 限界 …… 443

2. 職業의 自由

[153] 第一 意 義 …… 445
[154] 第二 主 體 …… 447
[155] 第三 內 容 …… 448
[156] 第四 效 力 …… 450
[157] 第五 制限과 그 限界 …… 451

3. 財 産 權

[158] 第一 意 義 …… 464
[159] 第二 法的 性格 …… 465
[160] 第三 主 體 …… 466
[161] 第四 內 容 …… 466
[162] 第五 效 力 …… 473
[163] 第六 制限과 그 限界 …… 473

4. 團結權·團體交涉權·團體行動權

[164] 第一 意 義 …… 482

[165] 第二　法的 性格 …… 484
[166] 第三　主　　體 …… 486
[167] 第四　內　　容 …… 488
[168] 第五　效　　力 …… 495
[169] 第六　制限과 그 限界 …… 496
[170] 第七　侵害와 救濟 …… 500

제 4 장　國政參與的 基本權

제 1 절　選 擧 權

[171] 第一　意　　義 …… 501
[172] 第二　法的 性格 …… 502
[173] 第三　主　　體 …… 502
[174] 第四　內　　容 …… 503
[175] 第五　制限과 그 限界 …… 504

제 2 절　公務擔任權

[176] 第一　意　　義 …… 510
[177] 第二　法的 性格 …… 511
[178] 第三　主　　體 …… 511
[179] 第四　內　　容 …… 512
[180] 第五　制限과 그 限界 …… 513

제 3 절　請 願 權

[181] 第一　意　　義 …… 519
[182] 第二　法的 性格 …… 520
[183] 第三　主　　體 …… 521
[184] 第四　內　　容 …… 522
[185] 第五　制限과 그 限界 …… 525

제 4 절　國民投票權

[186] 第一　意　　義 …… 526

[187] 第二 法的 性格 …… 526
[188] 第三 主 體 …… 526
[189] 第四 內 容 …… 526
[190] 第五 效 力 …… 527
[191] 第六 制限과 그 限界 …… 527

제 5 장 社會權的 基本權

제 1 절 人間다운 生活을 할 權利

[192] 第一 意 義 …… 528
[193] 第二 法的 性格 …… 529
[194] 第三 主 體 …… 532
[195] 第四 內 容 …… 532
[196] 第五 效 力 …… 534
[197] 第六 制限과 그 限界 …… 535

제 2 절 勤勞의 權利

[198] 第一 意 義 …… 537
[199] 第二 法的 性格 …… 538
[200] 第三 主 體 …… 540
[201] 第四 內 容 …… 542
[202] 第五 制限과 그 限界 …… 550
[203] 第六 侵害와 救濟 …… 550

제 3 절 敎育을 받을 權利

[204] 第一 意 義 …… 551
[205] 第二 法的 性格 …… 554
[206] 第三 主 體 …… 555
[207] 第四 內 容 …… 555
[208] 第五 實現方法 …… 562
[209] 第六 制限과 그 限界 …… 568

제 4 절 保 健 權

[210] 第一 意 義 ······ 573
[211] 第二 法的 性格 ······ 573
[212] 第三 主 體 ······ 574
[213] 第四 內 容 ······ 574
[214] 第五 制限과 그 限界 ······ 575

제 6 장 請求權的 基本權

제 1 절 裁判請求權

[215] 第一 意 義 ······ 576
[216] 第二 法的 性格 ······ 578
[217] 第三 主 體 ······ 579
[218] 第四 內 容 ······ 579
[219] 第五 制限과 그 限界 ······ 600
[220] 第六 侵害와 救濟 ······ 607

제 2 절 國家賠償請求權

[221] 第一 意 義 ······ 609
[222] 第二 法的 性格 ······ 610
[223] 第三 主 體 ······ 613
[224] 第四 內 容 ······ 617
[225] 第五 效 力 ······ 622
[226] 第六 制限과 그 限界 ······ 622

제 3 절 損失補償請求權

[227] 第一 意 義 ······ 623
[228] 第二 法的 性格 ······ 624
[229] 第三 主 體 ······ 625
[230] 第四 內 容 ······ 626
[231] 第五 制限과 그 限界 ······ 628

제 4 절 刑事補償請求權

[232] 第一 意 義 ········ 629
[233] 第二 法的 性格 ········ 630
[234] 第三 主 體 ········ 630
[235] 第四 內 容 ········ 631

제 5 절 犯罪被害者救助請求權

[236] 第一 意 義 ········ 633
[237] 第二 法的 性格 ········ 633
[238] 第三 主 體 ········ 635
[239] 第四 內 容 ········ 635
[240] 第五 制限과 그 限界 ········ 636

제 7 장 環境權的 基本權

[241] 第一 意 義 ········ 637
[242] 第二 法的 性格 ········ 639
[243] 第三 主 體 ········ 640
[244] 第四 內 容 ········ 641
[245] 第五 效 力 ········ 643
[246] 第六 制限과 그 限界 ········ 644
[247] 第七 侵害와 救濟 ········ 644

제 8 장 國民의 憲法上 義務

[248] 第一 槪 說 ········ 647
[249] 第二 義務의 主體 ········ 649
[250] 第三 義務의 法的 性格 ········ 650
[251] 第四 義務의 內容 ········ 651
[252] 第五 義務와 過剩禁止原則 ········ 659

判例索引 ········ 661
事項索引 ········ 665

《국내 주요 인용문헌의 약어》

桂禧悅a	桂禧悅, 「憲法學(上)」 서울: 博英社, 2005.
桂禧悅b	桂禧悅, 「憲法學(中)」 서울: 博英社, 2005.
권영설	권영설, 「헌법이론과 헌법담론」 서울: 法文社, 2006.
權寧星	權寧星, 「憲法學原論」 서울: 法文社, 2008.
金性洙	金性洙, 「個別行政法」 서울: 法文社, 2002.
金哲洙	金哲洙, 「憲法學概論」 서울: 博英社, 2007.
文光三	文光三, 「韓國憲法學」 서울: 三英社, 2008.
朴奉國	朴奉國, 「國會法」 서울: 博英社, 2004.
成樂寅	成樂寅, 「憲法學」 서울: 法文社, 2009.
신동운	신동운, 「신형사소송법」 서울: 法文社, 2008.
梁　建	梁　建, 「憲法研究」 서울: 法文社, 1995.
李寬熙a	李寬熙, 「韓國民主憲法論 Ⅰ」 서울: 博英社, 2008.
李寬熙b	李寬熙, 「韓國民主憲法論 Ⅱ」 서울: 博英社, 2008.
李丞祐등	李丞祐등,「彈劾審判制度에 관한 研究」 서울: 憲法裁判所, 2001.
李準一	李準一, 「憲法學講義」 서울: 弘文社, 2008.
李昌熙	李昌熙, 「稅法講義」 서울: 博英社, 2005.
장영수	장영수, 「헌법학」 서울: 弘文社, 2008.
전광석	전광석, 「한국헌법론」 서울: 法文社, 2007.
鄭萬喜	鄭萬喜, 「憲法과 統治構造」 서울: 法文社, 2003.
鄭宗燮a	鄭宗燮, 「憲法研究 1」 서울: 博英社, 2004.
鄭宗燮b	鄭宗燮, 「憲法研究 2」 서울: 博英社, 2001.
鄭宗燮c	鄭宗燮, 「憲法研究 3」 서울: 博英社, 2004.
鄭宗燮d	鄭宗燮, 「憲法研究 4」 서울: 博英社, 2003.
鄭宗燮e	鄭宗燮, 「憲法研究 5」 서울: 博英社, 2005.
鄭宗燮f	鄭宗燮, 「憲法과 基本權」 서울: 博英社, 2010.
鄭宗燮g	鄭宗燮, 「憲法과 政治制度」 서울: 博英社, 2010.
鄭宗燮l	鄭宗燮, 「憲法訴訟法」 서울: 博英社, 2008.
鄭宗燮n	鄭宗燮, 「憲法裁判研究 1」 서울: 博英社, 2005.
鄭宗燮t	鄭宗燮, 「憲法判例研究 1」 서울: 博英社, 2005.
崔大權	崔大權, 「憲法學講義」 서울: 博英社, 2001.
韓泰淵a	韓泰淵, 「憲法學」 서울: 法文社, 1983.
韓泰淵b	韓泰淵, 「憲法과 政治體制」 서울: 法文社, 1987.
韓泰淵c	韓泰淵, 「憲法과 國民」 서울: 考試研究社, 1995.
許　營a	許　營, 「韓國憲法論」 서울: 博英社, 2008.
許　營b	許　營, 「憲法理論과 憲法」 서울: 博英社, 2008.
洪性邦	洪性邦, 「憲法學」 서울: 현암사, 2005.

《법률명칭의 약어》

經濟會議法	國民經濟諮問會議法
公選法	公職選擧法
公倫法	公職者倫理法
科技會議法	國家科學技術諮問會議法
國公法	國家公務員法
國賠法	國家賠償法
國情院法	國家情報院法
國組法	國軍組織法
投票法	國民投票法
民訴法	民事訴訟法
放通委法	방송통신위원회 설치 및 운영에 관한 법률
法公法	法令 등 公布에 관한 法律
法組法	法院組織法
補償法	공익사업을 위한 토지 등의 취득 및 보상에 관한 법률
安保會議法	國家安全保障會議法
言仲法	언론중재 및 피해구제 등에 관한 법률
元老會議法	國家元老諮問會議法
在登法	在外國民登錄法
政組法	政府組織法
地方教育法	地方教育自治에 관한 法律
地自法	地方自治法
平統會議法	民主平和統一諮問會議法
刑補法	刑事補償法
刑訴法	刑事訴訟法
刑參法	국민의 형사재판 참여에 관한 법률
環基法	環境政策基本法

《법령조문 및 판례의 표시》

法令條文表示: 법령의 조문표시에서는 특별한 경우를 제외하고는 편의상 부호를 사용하였다. 제1조 제1항 제1호는 §1①i로 표시하였다.

判例表示: 헌법재판소 판례는 「憲」으로, 대법원의 판례는 「大」로 표시하였다. 판례는 선고일과 사건번호로 표시하고, 병합사건은 사건번호를 모두 표시하지 않고 하나의 사건번호만 표시하고 「등」으로 略하는 방식을 따랐다.

大韓民國 憲法

전 문

유구한 역사와 전통에 빛나는 우리 대한국민은 3·1운동으로 건립된 대한민국임시정부의 법통과 불의에 항거한 4·19민주이념을 계승하고, 조국의 민주개혁과 평화적 통일의 사명에 입각하여 정의·인도와 동포애로써 민족의 단결을 공고히 하고, 모든 사회적 폐습과 불의를 타파하며, 자율과 조화를 바탕으로 자유민주적 기본질서를 더욱 확고히 하여 정치·경제·사회·문화의 모든 영역에 있어서 각인의 기회를 균등히 하고, 능력을 최고도로 발휘하게 하며, 자유와 권리에 따르는 책임과 의무를 완수하게 하여, 안으로는 국민생활의 균등한 향상을 기하고 밖으로는 항구적인 세계평화와 인류공영에 이바지함으로써 우리들과 우리들의 자손의 안전과 자유와 행복을 영원히 확보할 것을 다짐하면서 1948년 7월 12일에 제정되고 8차에 걸쳐 개정된 헌법을 이제 국회의 의결을 거쳐 국민투표에 의하여 개정한다.

1987년 10월 29일

제 1 장 총 강

제 1 조 ① 대한민국은 민주공화국이다.

② 대한민국의 주권은 국민에게 있고, 모든 권력은 국민으로부터 나온다.

제 2 조 ① 대한민국의 국민이 되는 요건은 법률로 정한다.

② 국가는 법률이 정하는 바에 의하여 재외국민을 보호할 의무를 진다.

제 3 조 대한민국의 영토는 한반도와 그 부속도서로 한다.

제 4 조 대한민국은 통일을 지향하며, 자유민주적 기본질서에 입각한 평화적 통일 정책을 수립하고 이를 추진한다.

제 5 조 ① 대한민국은 국제평화의 유지에 노력하고 침략적 전쟁을 부인한다.

② 국군은 국가의 안전보장과 국토방위의 신성한 의무를 수행함을 사명으로 하며, 그 정치적 중립성은 준수된다.

제 6 조 ① 헌법에 의하여 체결·공포된 조약과 일반적으로 승인된 국제법규는 국내법과 같은 효력을 가진다.

② 외국인은 국제법과 조약이 정하는 바에 의하여 그 지위가 보장된다.

제 7 조 ① 공무원은 국민전체에 대한 봉사자이며, 국민에 대하여 책임을 진다.

② 공무원의 신분과 정치적 중립성은 법률이 정하는 바에 의하여 보장된다.

제 8 조 ① 정당의 설립은 자유이며, 복수정당제는 보장된다.

② 정당은 그 목적·조직과 활동이 민주적이어야 하며, 국민의 정치적 의사형성에 참여하는데 필요한 조직을 가져야 한다.

③ 정당은 법률이 정하는 바에 의하여 국가의 보호를 받으며, 국가는 법률이 정하는 바에 의하여 정당운영에 필요한 자금을 보조할 수 있다.

④ 정당의 목적이나 활동이 민주적 기본질서에 위배될 때에는 정부는 헌법재판소에 그 해산을 제소할 수 있고, 정당은 헌법재판소의 심판에 의하여 해산된다.

제 9 조 국가는 전통문화의 계승·발전과 민족문화의 창달에 노력하여야 한다.

제 2 장 국민의 권리와 의무

제10조 모든 국민은 인간으로서의 존엄과 가치를 가지며, 행복을 추구할 권리를 가진

다. 국가는 개인이 가지는 불가침의 기본적 인권을 확인하고 이를 보장할 의무를 진다.

제11조 ① 모든 국민은 법 앞에 평등하다. 누구든지 성별·종교 또는 사회적 신분에 의하여 정치적·경제적·사회적·문화적 생활의 모든 영역에 있어서 차별을 받지 아니한다.

② 사회적 특수계급의 제도는 인정되지 아니하며, 어떠한 형태로도 이를 창설할 수 없다.

③ 훈장등의 영전은 이를 받은 자에게만 효력이 있고, 어떠한 특권도 이에 따르지 아니한다.

제12조 ① 모든 국민은 신체의 자유를 가진다. 누구든지 법률에 의하지 아니하고는 체포·구속·압수·수색 또는 심문을 받지 아니하며, 법률과 적법한 절차에 의하지 아니하고는 처벌·보안처분 또는 강제노역을 받지 아니한다.

② 모든 국민은 고문을 받지 아니하며, 형사상 자기에게 불리한 진술을 강요당하지 아니한다.

③ 체포·구속·압수 또는 수색을 할 때에는 적법한 절차에 따라 검사의 신청에 의하여 법관이 발부한 영장을 제시하여야 한다. 다만, 현행범인인 경우와 장기 3년 이상의 형에 해당하는 죄를 범하고 도피 또는 증거인멸의 염려가 있을 때에는 사후에 영장을 청구할 수 있다.

④ 누구든지 체포 또는 구속을 당한 때에는 즉시 변호인의 조력을 받을 권리를 가진다. 다만, 형사피고인이 스스로 변호인을 구할 수 없을 때에는 법률이 정하는 바에 의하여 국가가 변호인을 붙인다.

⑤ 누구든지 체포 또는 구속의 이유와 변호인의 조력을 받을 권리가 있음을 고지받지 아니하고는 체포 또는 구속을 당하지 아니한다. 체포 또는 구속을 당한 자의 가족등 법률이 정하는 자에게는 그 이유와 일시·장소가 지체없이 통지되어야 한다.

⑥ 누구든지 체포 또는 구속을 당한 때에는 적부의 심사를 법원에 청구할 권리를 가진다.

⑦ 피고인의 자백이 고문·폭행·협박·구속의 부당한 장기화 또는 기망 기타의 방법에 의하여 자의로 진술된 것이 아니라고 인정될 때 또는 정식재판에 있어서 피고인의 자백이 그에게 불리한 유일한 증거일 때에는 이를 유죄의 증거로 삼거나 이를 이유로 처벌할 수 없다.

제13조 ① 모든 국민은 행위시의 법률에 의하여 범죄를 구성하지 아니하는 행위로 소추되지 아니하며, 동일한 범죄에 대하여 거듭 처벌받지 아니한다.

② 모든 국민은 소급입법에 의하여 참정권의 제한을 받거나 재산권을 박탈당하지 아니한다.

③ 모든 국민은 자기의 행위가 아닌 친족의 행위로 인하여 불이익한 처우를 받지 아니한다.

제14조 모든 국민은 거주·이전의 자유를 가진다.

제15조 모든 국민은 직업선택의 자유를 가진다.

제16조 모든 국민은 주거의 자유를 침해받지 아니한다. 주거에 대한 압수나 수색을 할 때에는 검사의 신청에 의하여 법관이 발부한 영장을 제시하여야 한다.

제17조 모든 국민은 사생활의 비밀과 자유를 침해받지 아니한다.

제18조 모든 국민은 통신의 비밀을 침해받지 아니한다.

제19조 모든 국민은 양심의 자유를 가진다.

제20조 ① 모든 국민은 종교의 자유를 가진다.

② 국교는 인정되지 아니하며, 종교와 정치

는 분리된다.

제21조 ① 모든 국민은 언론·출판의 자유와 집회·결사의 자유를 가진다.

② 언론·출판에 대한 허가나 검열과 집회·결사에 대한 허가는 인정되지 아니한다.

③ 통신·방송의 시설기준과 신문의 기능을 보장하기 위하여 필요한 사항은 법률로 정한다.

④ 언론·출판은 타인의 명예나 권리 또는 공중도덕이나 사회윤리를 침해하여서는 아니된다. 언론·출판이 타인의 명예나 권리를 침해한 때에는 피해자는 이에 대한 피해의 배상을 청구할 수 있다.

제22조 ① 모든 국민은 학문과 예술의 자유를 가진다.

② 저작자·발명가·과학기술자와 예술가의 권리는 법률로써 보호한다.

제23조 ① 모든 국민의 재산권은 보장된다. 그 내용과 한계는 법률로 정한다.

② 재산권의 행사는 공공복리에 적합하도록 하여야 한다.

③ 공공필요에 의한 재산권의 수용·사용 또는 제한 및 그에 대한 보상은 법률로써 하되, 정당한 보상을 지급하여야 한다.

제24조 모든 국민은 법률이 정하는 바에 의하여 선거권을 가진다.

제25조 모든 국민은 법률이 정하는 바에 의하여 공무담임권을 가진다.

제26조 ① 모든 국민은 법률이 정하는 바에 의하여 국가기관에 문서로 청원할 권리를 가진다.

② 국가는 청원에 대하여 심사할 의무를 진다.

제27조 ① 모든 국민은 헌법과 법률이 정한 법관에 의하여 법률에 의한 재판을 받을 권리를 가진다.

② 군인 또는 군무원이 아닌 국민은 대한민국의 영역 안에서는 중대한 군사상 기밀·초병·초소·유독음식물공급·포로·군용물에 관한 죄중 법률이 정한 경우와 비상계엄이 선포된 경우를 제외하고는 군사법원의 재판을 받지 아니한다.

③ 모든 국민은 신속한 재판을 받을 권리를 가진다. 형사피고인은 상당한 이유가 없는 한 지체없이 공개재판을 받을 권리를 가진다.

④ 형사피고인은 유죄의 판결이 확정될 때까지는 무죄로 추정된다.

⑤ 형사피해자는 법률이 정하는 바에 의하여 당해 사건의 재판절차에서 진술할 수 있다.

제28조 형사피의자 또는 형사피고인으로서 구금되었던 자가 법률이 정하는 불기소처분을 받거나 무죄판결을 받은 때에는 법률이 정하는 바에 의하여 국가에 정당한 보상을 청구할 수 있다.

제29조 ① 공무원의 직무상 불법행위로 손해를 받은 국민은 법률이 정하는 바에 의하여 국가 또는 공공단체에 정당한 배상을 청구할 수 있다. 이 경우 공무원 자신의 책임은 면제되지 아니한다.

② 군인·군무원·경찰공무원 기타 법률이 정하는 자가 전투·훈련등 직무집행과 관련하여 받은 손해에 대하여는 법률이 정하는 보상 외에 국가 또는 공공단체에 공무원의 직무상 불법행위로 인한 배상은 청구할 수 없다.

제30조 타인의 범죄행위로 인하여 생명·신체에 대한 피해를 받은 국민은 법률이 정하는 바에 의하여 국가로부터 구조를 받을 수 있다.

제31조 ① 모든 국민은 능력에 따라 균등하게 교육을 받을 권리를 가진다.

② 모든 국민은 그 보호하는 자녀에게 적어도 초등교육과 법률이 정하는 교육을 받게 할 의무를 진다.

③ 의무교육은 무상으로 한다.

④ 교육의 자주성·전문성·정치적 중립성 및 대학의 자율성은 법률이 정하는 바에 의하여 보장된다.

⑤ 국가는 평생교육을 진흥하여야 한다.

⑥ 학교교육 및 평생교육을 포함한 교육제도와 그 운영, 교육재정 및 교원의 지위에 관한 기본적인 사항은 법률로 정한다.

제32조 ① 모든 국민은 근로의 권리를 가진다. 국가는 사회적·경제적 방법으로 근로자의 고용의 증진과 적정임금의 보장에 노력하여야 하며, 법률이 정하는 바에 의하여 최저임금제를 시행하여야 한다.

② 모든 국민은 근로의 의무를 진다. 국가는 근로의 의무의 내용과 조건을 민주주의원칙에 따라 법률로 정한다.

③ 근로조건의 기준은 인간의 존엄성을 보장하도록 법률로 정한다.

④ 여자의 근로는 특별한 보호를 받으며, 고용·임금 및 근로조건에 있어서 부당한 차별을 받지 아니한다.

⑤ 연소자의 근로는 특별한 보호를 받는다.

⑥ 국가유공자·상이군경 및 전몰군경의 유가족은 법률이 정하는 바에 의하여 우선적으로 근로의 기회를 부여받는다.

제33조 ① 근로자는 근로조건의 향상을 위하여 자주적인 단결권·단체교섭권 및 단체행동권을 가진다.

② 공무원인 근로자는 법률이 정하는 자에 한하여 단결권·단체교섭권 및 단체행동권을 가진다.

③ 법률이 정하는 주요방위산업체에 종사하는 근로자의 단체행동권은 법률이 정하는 바에 의하여 이를 제한하거나 인정하지 아니할 수 있다.

제34조 ① 모든 국민은 인간다운 생활을 할 권리를 가진다.

② 국가는 사회보장·사회복지의 증진에 노력할 의무를 진다.

③ 국가는 여자의 복지와 권익의 향상을 위하여 노력하여야 한다.

④ 국가는 노인과 청소년의 복지향상을 위한 정책을 실시할 의무를 진다.

⑤ 신체장애자 및 질병·노령 기타의 사유로 생활능력이 없는 국민은 법률이 정하는 바에 의하여 국가의 보호를 받는다.

⑥ 국가는 재해를 예방하고 그 위험으로부터 국민을 보호하기 위하여 노력하여야 한다.

제35조 ① 모든 국민은 건강하고 쾌적한 환경에서 생활할 권리를 가지며, 국가와 국민은 환경보전을 위하여 노력하여야 한다.

② 환경권의 내용과 행사에 관하여는 법률로 정한다.

③ 국가는 주택개발정책등을 통하여 모든 국민이 쾌적한 주거생활을 할 수 있도록 노력하여야 한다.

제36조 ① 혼인과 가족생활은 개인의 존엄과 양성의 평등을 기초로 성립되고 유지되어야 하며, 국가는 이를 보장한다.

② 국가는 모성의 보호를 위하여 노력하여야 한다.

③ 모든 국민은 보건에 관하여 국가의 보호를 받는다.

제37조 ① 국민의 자유와 권리는 헌법에 열거되지 아니한 이유로 경시되지 아니한다.

② 국민의 모든 자유와 권리는 국가안전보장·질서유지 또는 공공복리를 위하여 필요한 경우에 한하여 법률로써 제한할 수 있으며, 제한하는 경우에도 자유와 권리의 본질적인 내용을 침해할 수 없다.

제38조 모든 국민은 법률이 정하는 바에 의하여 납세의 의무를 진다.

제39조 ① 모든 국민은 법률이 정하는 바에 의하여 국방의 의무를 진다.

② 누구든지 병역의무의 이행으로 인하여 불이익한 처우를 받지 아니한다.

제 3 장 국 회

제40조 입법권은 국회에 속한다.

제41조 ① 국회는 국민의 보통·평등·직접·비밀선거에 의하여 선출된 국회의원으로 구성한다.

② 국회의원의 수는 법률로 정하되, 200인 이상으로 한다.

③ 국회의원의 선거구와 비례대표제 기타 선거에 관한 사항은 법률로 정한다.

제42조 국회의원의 임기는 4년으로 한다.

제43조 국회의원은 법률이 정하는 직을 겸할 수 없다.

제44조 ① 국회의원은 현행범인인 경우를 제외하고는 회기중 국회의 동의없이 체포 또는 구금되지 아니한다.

② 국회의원이 회기 전에 체포 또는 구금된 때에는 현행범인이 아닌 한 국회의 요구가 있으면 회기중 석방된다.

제45조 국회의원은 국회에서 직무상 행한 발언과 표결에 관하여 국회 외에서 책임을 지지 아니한다.

제46조 ① 국회의원은 청렴의 의무가 있다.

② 국회의원은 국가이익을 우선하여 양심에 따라 직무를 행한다.

③ 국회의원은 그 지위를 남용하여 국가·공공단체 또는 기업체와의 계약이나 그 처분에 의하여 재산상의 권리·이익 또는 직위를 취득하거나 타인을 위하여 그 취득을 알선할 수 없다.

제47조 ① 국회의 정기회는 법률이 정하는 바에 의하여 매년 1회 집회되며, 국회의 임시회는 대통령 또는 국회재적의원 4분의 1 이상의 요구에 의하여 집회된다.

② 정기회의 회기는 100일을, 임시회의 회기는 30일을 초과할 수 없다.

③ 대통령이 임시회의 집회를 요구할 때에는 기간과 집회요구의 이유를 명시하여야 한다.

제48조 국회는 의장 1인과 부의장 2인을 선출한다.

제49조 국회는 헌법 또는 법률에 특별한 규정이 없는 한 재적의원 과반수의 출석과 출석의원 과반수의 찬성으로 의결한다. 가부동수인 때에는 부결된 것으로 본다.

제50조 ① 국회의 회의는 공개한다. 다만, 출석의원 과반수의 찬성이 있거나 의장이 국가의 안전보장을 위하여 필요하다고 인정할 때에는 공개하지 아니할 수 있다.

② 공개하지 아니한 회의내용의 공표에 관하여는 법률이 정하는 바에 의한다.

제51조 국회에 제출된 법률안 기타의 의안은 회기중에 의결되지 못한 이유로 폐기되지 아니한다. 다만, 국회의원의 임기가 만료된 때에는 그러하지 아니하다.

제52조 국회의원과 정부는 법률안을 제출할 수 있다.

제53조 ① 국회에서 의결된 법률안은 정부에 이송되어 15일 이내에 대통령이 공포한다.

② 법률안에 이의가 있을 때에는 대통령은 제1항의 기간 내에 이의서를 붙여 국회로 환부하고, 그 재의를 요구할 수 있다. 국회의 폐회중에도 또한 같다.

③ 대통령은 법률안의 일부에 대하여 또는 법률안을 수정하여 재의를 요구할 수 없다.

④ 재의의 요구가 있을 때에는 국회는 재의에 붙이고, 재적의원과반수의 출석과 출석의원 3분의 2 이상의 찬성으로 전과 같은 의결을 하면 그 법률안은 법률로서 확정된다.

⑤ 대통령이 제1항의 기간 내에 공포나 재의의 요구를 하지 아니한 때에도 그 법률안은 법률로서 확정된다.

⑥ 대통령은 제4항과 제5항의 규정에 의하여 확정된 법률을 지체없이 공포하여야 한다. 제5항에 의하여 법률이 확정된 후 또는 제4항에 의한 확정법률이 정부에 이

송된 후 5일 이내에 대통령이 공포하지 아니할 때에는 국회의장이 이를 공포한다.

⑦ 법률은 특별한 규정이 없는 한 공포한 날로부터 20일을 경과함으로써 효력을 발생한다.

第54조 ① 국회는 국가의 예산안을 심의·확정한다.

② 정부는 회계연도마다 예산안을 편성하여 회계연도 개시 90일 전까지 국회에 제출하고, 국회는 회계연도 개시 30일 전까지 이를 의결하여야 한다.

③ 새로운 회계연도가 개시될 때까지 예산안이 의결되지 못한 때에는 정부는 국회에서 예산안이 의결될 때까지 다음의 목적을 위한 경비는 전년도 예산에 준하여 집행할 수 있다.

1. 헌법이나 법률에 의하여 설치된 기관 또는 시설의 유지·운영
2. 법률상 지출의무의 이행
3. 이미 예산으로 승인된 사업의 계속

第55조 ① 한 회계연도를 넘어 계속하여 지출할 필요가 있을 때에는 정부는 연한을 정하여 계속비로서 국회의 의결을 얻어야 한다.

② 예비비는 총액으로 국회의 의결을 얻어야 한다. 예비비의 지출은 차기국회의 승인을 얻어야 한다.

第56조 정부는 예산에 변경을 가할 필요가 있을 때에는 추가경정예산안을 편성하여 국회에 제출할 수 있다.

第57조 국회는 정부의 동의없이 정부가 제출한 지출예산 각항의 금액을 증가하거나 새 비목을 설치할 수 없다.

第58조 국채를 모집하거나 예산 외에 국가의 부담이 될 계약을 체결하려 할 때에는 정부는 미리 국회의 의결을 얻어야 한다.

第59조 조세의 종목과 세율은 법률로 정한다.

第60조 ① 국회는 상호원조 또는 안전보장에 관한 조약, 중요한 국제조직에 관한 조약, 우호통상항해조약, 주권의 제약에 관한 조약, 강화조약, 국가나 국민에게 중대한 재정적 부담을 지우는 조약 또는 입법사항에 관한 조약의 체결·비준에 대한 동의권을 가진다.

② 국회는 선전포고, 국군의 외국에의 파견 또는 외국군대의 대한민국 영역 안에서의 주류에 대한 동의권을 가진다.

第61조 ① 국회는 국정을 감사하거나 특정한 국정사안에 대하여 조사할 수 있으며, 이에 필요한 서류의 제출 또는 증인의 출석과 증언이나 의견의 진술을 요구할 수 있다.

② 국정감사 및 조사에 관한 절차 기타 필요한 사항은 법률로 정한다.

第62조 ① 국무총리·국무위원 또는 정부위원은 국회나 그 위원회에 출석하여 국정처리상황을 보고하거나 의견을 진술하고 질문에 응답할 수 있다.

② 국회나 그 위원회의 요구가 있을 때에는 국무총리·국무위원 또는 정부위원은 출석·답변하여야 하며, 국무총리 또는 국무위원이 출석요구를 받은 때에는 국무위원 또는 정부위원으로 하여금 출석·답변하게 할 수 있다.

第63조 ① 국회는 국무총리 또는 국무위원의 해임을 대통령에게 건의할 수 있다.

② 제1항의 해임건의는 국회재적의원 3분의 1 이상의 발의에 의하여 국회재적의원 과반수의 찬성이 있어야 한다.

第64조 ① 국회는 법률에 저촉되지 아니하는 범위 안에서 의사와 내부규율에 관한 규칙을 제정할 수 있다.

② 국회는 의원의 자격을 심사하며, 의원을 징계할 수 있다.

③ 의원을 제명하려면 국회재적의원 3분의 2 이상의 찬성이 있어야 한다.

④ 제 2 항과 제 3 항의 처분에 대하여는 법원에 제소할 수 없다.

제65조 ① 대통령 · 국무총리 · 국무위원 · 행정각부의 장 · 헌법재판소 재판관 · 법관 · 중앙선거관리위원회 위원 · 감사원장 · 감사위원 기타 법률이 정한 공무원이 그 직무집행에 있어서 헌법이나 법률을 위배한 때에는 국회는 탄핵의 소추를 의결할 수 있다.

② 제 1 항의 탄핵소추는 국회재적의원 3분의 1 이상의 발의가 있어야 하며, 그 의결은 국회재적의원 과반수의 찬성이 있어야 한다. 다만, 대통령에 대한 탄핵소추는 국회재적의원 과반수의 발의와 국회재적의원 3분의 2 이상의 찬성이 있어야 한다.

③ 탄핵소추의 의결을 받은 자는 탄핵심판이 있을 때까지 그 권한행사가 정지된다.

④ 탄핵결정은 공직으로부터 파면함에 그친다. 그러나, 이에 의하여 민사상이나 형사상의 책임이 면제되지는 아니한다.

제 4 장 정 부

제 1 절 대 통 령

제66조 ① 대통령은 국가의 원수이며, 외국에 대하여 국가를 대표한다.

② 대통령은 국가의 독립 · 영토의 보전 · 국가의 계속성과 헌법을 수호할 책무를 진다.

③ 대통령은 조국의 평화적 통일을 위한 성실한 의무를 진다.

④ 행정권은 대통령을 수반으로 하는 정부에 속한다.

제67조 ① 대통령은 국민의 보통 · 평등 · 직접 · 비밀선거에 의하여 선출한다.

② 제 1 항의 선거에 있어서 최고득표자가 2인 이상인 때에는 국회의 재적의원 과반수가 출석한 공개회의에서 다수표를 얻은 자를 당선자로 한다.

③ 대통령후보자가 1인일 때에는 그 득표수가 선거권자 총수의 3분의 1 이상이 아니면 대통령으로 당선될 수 없다.

④ 대통령으로 선거될 수 있는 자는 국회의원의 피선거권이 있고 선거일 현재 40세에 달하여야 한다.

⑤ 대통령의 선거에 관한 사항은 법률로 정한다.

제68조 ① 대통령의 임기가 만료되는 때에는 임기만료 70일 내지 40일 전에 후임자를 선거한다.

② 대통령이 궐위된 때 또는 대통령 당선자가 사망하거나 판결 기타의 사유로 그 자격을 상실한 때에는 60일 이내에 후임자를 선거한다.

제69조 대통령은 취임에 즈음하여 다음의 선서를 한다. "나는 헌법을 준수하고 국가를 보위하며 조국의 평화적 통일과 국민의 자유와 복리의 증진 및 민족문화의 창달에 노력하여 대통령으로서의 직책을 성실히 수행할 것을 국민 앞에 엄숙히 선서합니다."

제70조 대통령의 임기는 5년으로 하며, 중임할 수 없다.

제71조 대통령이 궐위되거나 사고로 인하여 직무를 수행할 수 없을 때에는 국무총리, 법률이 정한 국무위원의 순서로 그 권한을 대행한다.

제72조 대통령은 필요하다고 인정할 때에는 외교 · 국방 · 통일 기타 국가안위에 관한 중요정책을 국민투표에 붙일 수 있다.

제73조 대통령은 조약을 체결 · 비준하고, 외교사절을 신임 · 접수 또는 파견하며, 선전포고와 강화를 한다.

제74조 ① 대통령은 헌법과 법률이 정하는 바에 의하여 국군을 통수한다.

② 국군의 조직과 편성은 법률로 정한다.

제75조 대통령은 법률에서 구체적으로 범위를 정하여 위임받은 사항과 법률을 집행하기 위하여 필요한 사항에 관하여 대통령

령을 발할 수 있다.

제76조 ① 대통령은 내우·외환·천재·지변 또는 중대한 재정·경제상의 위기에 있어서 국가의 안전보장 또는 공공의 안녕질서를 유지하기 위하여 긴급한 조치가 필요하고 국회의 집회를 기다릴 여유가 없을 때에 한하여 최소한으로 필요한 재정·경제상의 처분을 하거나 이에 관하여 법률의 효력을 가지는 명령을 발할 수 있다.

② 대통령은 국가의 안위에 관계되는 중대한 교전상태에 있어서 국가를 보위하기 위하여 긴급한 조치가 필요하고 국회의 집회가 불가능한 때에 한하여 법률의 효력을 가지는 명령을 발할 수 있다.

③ 대통령은 제1항과 제2항의 처분 또는 명령을 한 때에는 지체없이 국회에 보고하여 그 승인을 얻어야 한다.

④ 제3항의 승인을 얻지 못한 때에는 그 처분 또는 명령은 그 때부터 효력을 상실한다. 이 경우 그 명령에 의하여 개정 또는 폐지되었던 법률은 그 명령이 승인을 얻지 못한 때부터 당연히 효력을 회복한다.

⑤ 대통령은 제3항과 제4항의 사유를 지체없이 공포하여야 한다.

제77조 ① 대통령은 전시·사변 또는 이에 준하는 국가비상사태에 있어서 병력으로써 군사상의 필요에 응하거나 공공의 안녕질서를 유지할 필요가 있을 때에는 법률이 정하는 바에 의하여 계엄을 선포할 수 있다.

② 계엄은 비상계엄과 경비계엄으로 한다.

③ 비상계엄이 선포된 때에는 법률이 정하는 바에 의하여 영장제도, 언론·출판·집회·결사의 자유, 정부나 법원의 권한에 관하여 특별한 조치를 할 수 있다.

④ 계엄을 선포한 때에는 대통령은 지체없이 국회에 통고하여야 한다.

⑤ 국회가 재적의원 과반수의 찬성으로 계엄의 해제를 요구한 때에는 대통령은 이를 해제하여야 한다.

제78조 대통령은 헌법과 법률이 정하는 바에 의하여 공무원을 임면한다.

제79조 ① 대통령은 법률이 정하는 바에 의하여 사면·감형 또는 복권을 명할 수 있다.

② 일반사면을 명하려면 국회의 동의를 얻어야 한다.

③ 사면·감형 및 복권에 관한 사항은 법률로 정한다.

제80조 대통령은 법률이 정하는 바에 의하여 훈장 기타의 영전을 수여한다.

제81조 대통령은 국회에 출석하여 발언하거나 서한으로 의견을 표시할 수 있다.

제82조 대통령의 국법상 행위는 문서로써 하며, 이 문서에는 국무총리와 관계 국무위원이 부서한다. 군사에 관한 것도 또한 같다.

제83조 대통령은 국무총리·국무위원·행정각부의 장 기타 법률이 정하는 공사의 직을 겸할 수 없다.

제84조 대통령은 내란 또는 외환의 죄를 범한 경우를 제외하고는 재직중 형사상의 소추를 받지 아니한다.

제85조 전직대통령의 신분과 예우에 관하여는 법률로 정한다.

제2절 행 정 부

제1관 국무총리와 국무위원

제86조 ① 국무총리는 국회의 동의를 얻어 대통령이 임명한다.

② 국무총리는 대통령을 보좌하며, 행정에 관하여 대통령의 명을 받아 행정각부를 통할한다.

③ 군인은 현역을 면한 후가 아니면 국무총리로 임명될 수 없다.

제87조 ① 국무위원은 국무총리의 제청으로 대통령이 임명한다.

② 국무위원은 국정에 관하여 대통령을 보좌하며, 국무회의의 구성원으로서 국정을 심의한다.

③ 국무총리는 국무위원의 해임을 대통령에게 건의할 수 있다.

④ 군인은 현역을 면한 후가 아니면 국무위원으로 임명될 수 없다.

제 2 관 국무회의

제88조 ① 국무회의는 정부의 권한에 속하는 중요한 정책을 심의한다.

② 국무회의는 대통령·국무총리와 15인 이상 30인 이하의 국무위원으로 구성한다.

③ 대통령은 국무회의의 의장이 되고, 국무총리는 부의장이 된다.

제89조 다음 사항은 국무회의의 심의를 거쳐야 한다.

1. 국정의 기본계획과 정부의 일반정책
2. 선전·강화 기타 중요한 대외정책
3. 헌법개정안·국민투표안·조약안·법률안 및 대통령령안
4. 예산안·결산·국유재산처분의 기본계획·국가의 부담이 될 계약 기타 재정에 관한 중요사항
5. 대통령의 긴급명령·긴급재정경제처분 및 명령 또는 계엄과 그 해제
6. 군사에 관한 중요사항
7. 국회의 임시회 집회의 요구
8. 영전수여
9. 사면·감형과 복권
10. 행정각부간의 권한의 획정
11. 정부안의 권한의 위임 또는 배정에 관한 기본계획
12. 국정처리상황의 평가·분석
13. 행정각부의 중요한 정책의 수립과 조정
14. 정당해산의 제소
15. 정부에 제출 또는 회부된 정부의 정책에 관계되는 청원의 심사
16. 검찰총장·합동참모의장·각군참모총장·국립대학교총장·대사 기타 법률이 정한 공무원과 국영기업체관리자의 임명
17. 기타 대통령·국무총리 또는 국무위원이 제출한 사항

제90조 ① 국정의 중요한 사항에 관한 대통령의 자문에 응하기 위하여 국가원로로 구성되는 국가원로자문회의를 둘 수 있다.

② 국가원로자문회의의 의장은 직전대통령이 된다. 다만, 직전대통령이 없을 때에는 대통령이 지명한다.

③ 국가원로자문회의의 조직·직무범위 기타 필요한 사항은 법률로 정한다.

제91조 ① 국가안전보장에 관련되는 대외정책·군사정책과 국내정책의 수립에 관하여 국무회의의 심의에 앞서 대통령의 자문에 응하기 위하여 국가안전보장회의를 둔다.

② 국가안전보장회의는 대통령이 주재한다.

③ 국가안전보장회의의 조직·직무범위 기타 필요한 사항은 법률로 정한다.

제92조 ① 평화통일정책의 수립에 관한 대통령의 자문에 응하기 위하여 민주평화통일자문회의를 둘 수 있다.

② 민주평화통일자문회의의 조직·직무범위 기타 필요한 사항은 법률로 정한다.

제93조 ① 국민경제의 발전을 위한 중요정책의 수립에 관하여 대통령의 자문에 응하기 위하여 국민경제자문회의를 둘 수 있다.

② 국민경제자문회의의 조직·직무범위 기타 필요한 사항은 법률로 정한다.

제 3 관 행정각부

제94조 행정각부의 장은 국무위원 중에서 국무총리의 제청으로 대통령이 임명한다.

제95조 국무총리 또는 행정각부의 장은 소관사무에 관하여 법률이나 대통령령의 위임 또는 직권으로 총리령 또는 부령을 발

할 수 있다.

제96조 행정각부의 설치·조직과 직무범위는 법률로 정한다.

제4관 감 사 원

제97조 국가의 세입·세출의 결산, 국가 및 법률이 정한 단체의 회계검사와 행정기관 및 공무원의 직무에 관한 감찰을 하기 위하여 대통령 소속하에 감사원을 둔다.

제98조 ① 감사원은 원장을 포함한 5인 이상 11인 이하의 감사위원으로 구성한다.

② 원장은 국회의 동의를 얻어 대통령이 임명하고, 그 임기는 4년으로 하며, 1차에 한하여 중임할 수 있다.

③ 감사위원은 원장의 제청으로 대통령이 임명하고, 그 임기는 4년으로 하며, 1차에 한하여 중임할 수 있다.

제99조 감사원은 세입·세출의 결산을 매년 검사하여 대통령과 차년도국회에 그 결과를 보고하여야 한다.

제100조 감사원의 조직·직무범위·감사위원의 자격·감사대상공무원의 범위 기타 필요한 사항은 법률로 정한다.

제5장 법 원

제101조 ① 사법권은 법관으로 구성된 법원에 속한다.

② 법원은 최고법원인 대법원과 각급법원으로 조직된다.

③ 법관의 자격은 법률로 정한다.

제102조 ① 대법원에 부를 둘 수 있다.

② 대법원에 대법관을 둔다. 다만, 법률이 정하는 바에 의하여 대법관이 아닌 법관을 둘 수 있다.

③ 대법원과 각급법원의 조직은 법률로 정한다.

제103조 법관은 헌법과 법률에 의하여 그 양심에 따라 독립하여 심판한다.

제104조 ① 대법원장은 국회의 동의를 얻어 대통령이 임명한다.

② 대법관은 대법원장의 제청으로 국회의 동의를 얻어 대통령이 임명한다.

③ 대법원장과 대법관이 아닌 법관은 대법관회의의 동의를 얻어 대법원장이 임명한다.

제105조 ① 대법원장의 임기는 6년으로 하며, 중임할 수 없다.

② 대법관의 임기는 6년으로 하며, 법률이 정하는 바에 의하여 연임할 수 있다.

③ 대법원장과 대법관이 아닌 법관의 임기는 10년으로 하며, 법률이 정하는 바에 의하여 연임할 수 있다.

④ 법관의 정년은 법률로 정한다.

제106조 ① 법관은 탄핵 또는 금고 이상의 형의 선고에 의하지 아니하고는 파면되지 아니하며, 징계처분에 의하지 아니하고는 정직·감봉 기타 불리한 처분을 받지 아니한다.

② 법관이 중대한 심신상의 장해로 직무를 수행할 수 없을 때에는 법률이 정하는 바에 의하여 퇴직하게 할 수 있다.

제107조 ① 법률이 헌법에 위반되는 여부가 재판의 전제가 된 경우에는 법원은 헌법재판소에 제청하여 그 심판에 의하여 재판한다.

② 명령·규칙 또는 처분이 헌법이나 법률에 위반되는 여부가 재판의 전제가 된 경우에는 대법원은 이를 최종적으로 심사할 권한을 가진다.

③ 재판의 전심절차로서 행정심판을 할 수 있다. 행정심판의 절차는 법률로 정하되, 사법절차가 준용되어야 한다.

제108조 대법원은 법률에서 저촉되지 아니하는 범위 안에서 소송에 관한 절차, 법원의 내부규율과 사무처리에 관한 규칙을 제정할 수 있다.

제109조 재판의 심리와 판결은 공개한다. 다만, 심리는 국가의 안전보장 또는 안녕질서를 방해하거나 선량한 풍속을 해할 염려가 있을 때에는 법원의 결정으로 공개하지 아니할 수 있다.

제110조 ① 군사재판을 관할하기 위하여 특별법원으로서 군사법원을 둘 수 있다.

② 군사법원의 상고심은 대법원에서 관할한다.

③ 군사법원의 조직·권한 및 재판관의 자격은 법률로 정한다.

④ 비상계엄하의 군사재판은 군인·군무원의 범죄나 군사에 관한 간첩죄의 경우와 초병·초소·유독음식물공급·포로에 관한 죄 중 법률이 정한 경우에 한하여 단심으로 할 수 있다. 다만, 사형을 선고한 경우에는 그러하지 아니하다.

제 6 장 헌법재판소

제111조 ① 헌법재판소는 다음 사항을 관장한다.

1. 법원의 제청에 의한 법률의 위헌여부 심판
2. 탄핵의 심판
3. 정당의 해산 심판
4. 국가기관 상호간, 국가기관과 지방자치단체간 및 지방자치단체 상호간의 권한쟁의에 관한 심판
5. 법률이 정하는 헌법소원에 관한 심판

② 헌법재판소는 법관의 자격을 가진 9인의 재판관으로 구성하며, 재판관은 대통령이 임명한다.

③ 제2항의 재판관 중 3인은 국회에서 선출하는 자를, 3인은 대법원장이 지명하는 자를 임명한다.

④ 헌법재판소의 장은 국회의 동의를 얻어 재판관 중에서 대통령이 임명한다.

제112조 ① 헌법재판소 재판관의 임기는 6년으로 하며, 법률이 정하는 바에 의하여 연임할 수 있다.

② 헌법재판소 재판관은 정당에 가입하거나 정치에 관여할 수 없다.

③ 헌법재판소 재판관은 탄핵 또는 금고 이상의 형의 선고에 의하지 아니하고는 파면되지 아니한다.

제113조 ① 헌법재판소에서 법률의 위헌결정, 탄핵의 결정, 정당해산의 결정 또는 헌법소원에 관한 인용결정을 할 때에는 재판관 6인 이상의 찬성이 있어야 한다.

② 헌법재판소는 법률에 저촉되지 아니하는 범위 안에서 심판에 관한 절차, 내부규율과 사무처리에 관한 규칙을 제정할 수 있다.

③ 헌법재판소의 조직과 운영 기타 필요한 사항은 법률로 정한다.

제 7 장 선거관리

제114조 ① 선거와 국민투표의 공정한 관리 및 정당에 관한 사무를 처리하기 위하여 선거관리위원회를 둔다.

② 중앙선거관리위원회는 대통령이 임명하는 3인, 국회에서 선출하는 3인과 대법원장이 지명하는 3인의 위원으로 구성한다. 위원장은 위원 중에서 호선한다.

③ 위원의 임기는 6년으로 한다.

④ 위원은 정당에 가입하거나 정치에 관여할 수 없다.

⑤ 위원은 탄핵 또는 금고 이상의 형의 선고에 의하지 아니하고는 파면되지 아니한다.

⑥ 중앙선거관리위원회는 법령의 범위 안에서 선거관리·국민투표관리 또는 정당사무에 관한 규칙을 제정할 수 있으며, 법률에 저촉되지 아니하는 범위 안에서 내부규율에 관한 규칙을 제정할 수 있다.

⑦ 각급 선거관리위원회의 조직·직무범위 기타 필요한 사항은 법률로 정한다.

제115조 ① 각급 선거관리위원회는 선거인명부의 작성등 선거사무와 국민투표사무에 관하여 관계 행정기관에 필요한 지시를 할 수 있다.

② 제1항의 지시를 받은 당해 행정기관은 이에 응하여야 한다.

제116조 ① 선거운동은 각급 선거관리위원회의 관리하에 법률이 정하는 범위 안에서 하되, 균등한 기회가 보장되어야 한다.

② 선거에 관한 경비는 법률이 정하는 경우를 제외하고는 정당 또는 후보자에게 부담시킬 수 없다.

제8장 지방자치

제117조 ① 지방자치단체는 주민의 복리에 관한 사무를 처리하고 재산을 관리하며, 법령의 범위 안에서 자치에 관한 규정을 제정할 수 있다.

② 지방자치단체의 종류는 법률로 정한다.

제118조 ① 지방자치단체에 의회를 둔다.

② 지방의회의 조직·권한·의원선거와 지방자치단체의 장의 선임방법 기타 지방자치단체의 조직과 운영에 관한 사항은 법률로 정한다.

제9장 경 제

제119조 ① 대한민국의 경제질서는 개인과 기업의 경제상의 자유와 창의를 존중함을 기본으로 한다.

② 국가는 균형있는 국민경제의 성장 및 안정과 적정한 소득의 분배를 유지하고, 시장의 지배와 경제력의 남용을 방지하며, 경제주체간의 조화를 통한 경제의 민주화를 위하여 경제에 관한 규제와 조정을 할 수 있다.

제120조 ① 광물 기타 중요한 지하자원·수산자원·수력과 경제상 이용할 수 있는 자연력은 법률이 정하는 바에 의하여 일정한 기간 그 채취·개발 또는 이용을 특허할 수 있다.

② 국토와 자원은 국가의 보호를 받으며, 국가는 그 균형있는 개발과 이용을 위하여 필요한 계획을 수립한다.

제121조 ① 국가는 농지에 관하여 경자유전의 원칙이 달성될 수 있도록 노력하여야 하며, 농지의 소작제도는 금지된다.

② 농업생산성의 제고와 농지의 합리적인 이용을 위하거나 불가피한 사정으로 발생하는 농지의 임대차와 위탁경영은 법률이 정하는 바에 의하여 인정된다.

제122조 국가는 국민 모두의 생산 및 생활의 기반이 되는 국토의 효율적이고 균형있는 이용·개발과 보전을 위하여 법률이 정하는 바에 의하여 그에 관한 필요한 제한과 의무를 과할 수 있다.

제123조 ① 국가는 농업 및 어업을 보호·육성하기 위하여 농·어촌종합개발과 그 지원등 필요한 계획을 수립·시행하여야 한다.

② 국가는 지역간의 균형있는 발전을 위하여 지역경제를 육성할 의무를 진다.

③ 국가는 중소기업을 보호·육성하여야 한다.

④ 국가는 농수산물의 수급균형과 유통구조의 개선에 노력하여 가격안정을 도모함으로써 농·어민의 이익을 보호한다.

⑤ 국가는 농·어민과 중소기업의 자조조직을 육성하여야 하며, 그 자율적 활동과 발전을 보장한다.

제124조 국가는 건전한 소비행위를 계도하고 생산품의 품질향상을 촉구하기 위한 소비자보호운동을 법률이 정하는 바에 의하여 보장한다.

제125조 국가는 대외무역을 육성하며, 이를 규제·조정할 수 있다.

제126조 국방상 또는 국민경제상 긴절한

필요로 인하여 법률이 정하는 경우를 제외하고는, 사영기업을 국유 또는 공유로 이전하거나 그 경영을 통제 또는 관리할 수 없다.

제127조 ① 국가는 과학기술의 혁신과 정보 및 인력의 개발을 통하여 국민경제의 발전에 노력하여야 한다.
② 국가는 국가표준제도를 확립한다.
③ 대통령은 제1항의 목적을 달성하기 위하여 필요한 자문기구를 둘 수 있다.

제10장 헌법개정

제128조 ① 헌법개정은 국회재적의원 과반수 또는 대통령의 발의로 제안된다.
② 대통령의 임기연장 또는 중임변경을 위한 헌법개정은 그 헌법개정 제안 당시의 대통령에 대하여는 효력이 없다.

제129조 제안된 헌법개정안은 대통령이 20일 이상의 기간 이를 공고하여야 한다.

제130조 ① 국회는 헌법개정안이 공고된 날로부터 60일 이내에 의결하여야 하며, 국회의 의결은 재적의원 3분의 2 이상의 찬성을 얻어야 한다.
② 헌법개정안은 국회가 의결한 후 30일 이내에 국민투표에 붙여 국회의원선거권자 과반수의 투표와 투표자 과반수의 찬성을 얻어야 한다.
③ 헌법개정안이 제2항의 찬성을 얻은 때에는 헌법개정은 확정되며, 대통령은 즉시 이를 공포하여야 한다.

부칙 〈제10호, 1987. 10. 29〉

제1조 이 헌법은 1988년 2월 25일부터 시행한다. 다만, 이 헌법을 시행하기 위하여 필요한 법률의 제정·개정과 이 헌법에 의한 대통령 및 국회의원의 선거 기타 이 헌법시행에 관한 준비는 이 헌법시행 전에 할 수 있다.

제2조 ① 이 헌법에 의한 최초의 대통령선거는 이 헌법시행일 40일 전까지 실시한다.
② 이 헌법에 의한 최초의 대통령의 임기는 이 헌법시행일로부터 개시한다.

제3조 ① 이 헌법에 의한 최초의 국회의원선거는 이 헌법공포일로부터 6월 이내에 실시하며, 이 헌법에 의하여 선출된 최초의 국회의원의 임기는 국회의원선거 후 이 헌법에 의한 국회의 최초의 집회일로부터 개시한다.
② 이 헌법공포 당시의 국회의원의 임기는 제1항에 의한 국회의 최초의 집회일 전일까지로 한다.

제4조 ① 이 헌법시행 당시의 공무원과 정부가 임명한 기업체의 임원은 이 헌법에 의하여 임명된 것으로 본다. 다만, 이 헌법에 의하여 선임방법이나 임명권자가 변경된 공무원과 대법원장 및 감사원장은 이 헌법에 의하여 후임자가 선임될 때까지 그 직무를 행하며, 이 경우 전임자인 공무원의 임기는 후임자가 선임되는 전일까지로 한다.
② 이 헌법시행 당시의 대법원장과 대법원판사가 아닌 법관은 제1항 단서의 규정에 불구하고 이 헌법에 의하여 임명된 것으로 본다.
③ 이 헌법 중 공무원의 임기 또는 중임제한에 관한 규정은 이 헌법에 의하여 그 공무원이 최초로 선출 또는 임명된 때로부터 적용한다.

제5조 이 헌법시행 당시의 법령과 조약은 이 헌법에 위배되지 아니하는 한 그 효력을 지속한다.

제6조 이 헌법시행 당시에 이 헌법에 의하여 새로 설치될 기관의 권한에 속하는 직무를 행하고 있는 기관은 이 헌법에 의하여 새로운 기관이 설치될 때까지 존속하며 그 직무를 행한다.

憲法上의 權利와 義務

太極은 동시에 無極이다. 태극이 움직이므로 그로부터 陽이 나오고, 그 움직임이 극에 달하면 움직이지 않게 된다. 그 움직이지 않는 것에서 陰이 나오고, 그 움직이지 않음이 극에 달하면 다시 움직임으로 간다. 한번의 움직임과 한번의 움직이지 않음이 같이 그 뿌리가 되어 음과 양으로 나누어지니, 비로소 兩儀(음양 2元素)가 이루어진다. 양이 변하고 음이 합해져서 물, 불, 나무, 쇠, 흙을 낳아 五行의 기운이 순차적으로 펼쳐짐에 봄, 여름, 가을, 겨울의 四時가 이루어진다. 그리하여 오행은 하나의 음양이고, 음양은 하나의 태극이니 그래서 태극은 본시 무극이라고 하는 것이다. 오행이 생기면서 각각 그 성질을 하나씩 가지니 無極의 진리와 음양이라는 두 氣와 오행의 精氣가 묘하게 합하고 서로 엉기어, 乾道는 수컷을 이루고 坤道는 암컷을 이루어 두 기운이 서로 감응하여 만물을 화생하게 하니, 만물이 계속 낳고 낳아 변화가 무궁하게 된다. 오로지 인간만이 빼어난 기운을 얻어 가장 영특하니 몸이 이미 생겨남에 정신이 지혜를 발한다. 仁, 義, 禮, 智, 信이라는 五性은 서로 영향을 주어 움직이고, 선악이 나뉘어지며 온갖 만사가 나온다. 훌륭한 사람(聖人)은 中(=禮), 正(=智), 仁, 義로써 삶을 정하되, 고요함을 主된 것으로 삼아 사람의 極을 세웠다. 그러므로 성인은 天地와 더불어 덕에 합하고, 日月과 더불어 밝음에 합하며, 四時와 더불어 차례에 합하며, 鬼神과 더불어 길흉에 합하는 것이니, 덕이 있는 자는 이것을 닦기 때문에 길해지는 것이고, 소인배는 이를 어기기 때문에 흉해지는 것이다. 따라서 일컫기를, 하늘의 도를 세움은 음과 양이요, 땅의 도를 세움은 부드러움과 강함이요, 사람의 도를 세움은 어짊과 올바름이다」라고 하였다. 또 말하기를, 「시작을 근원으로 하여 끝으로 돌아간다. 그리하여 생사의 이치를 안다」고 하였으니, 참으로 위대하도다 주역이여. 그 이치가 너무 너무 지극하도다.

[太極而無極 太極動而生陽 動極而靜 靜而生陰 靜極復動 一動一靜 互爲其根 分陰分陽 兩儀立焉 陽變陰合 而生水火木金土 五氣順布 四時行焉 五行 一陰陽也 陰陽一太極也 太極本無極也 五行之生也 各一其性 無極之眞 二五之精 妙合而凝 乾道成男 坤道成女 二氣交感 化生萬物 萬物生生而變化無窮焉 惟人也得其秀而最靈 形旣生矣 神發知矣 五性感動 而善惡分 萬事出矣 聖人 定之以中正仁義而主靜 立人極焉 故聖人與天地合氣德 日月合其明 四時合其序 鬼神合氣吉凶 君子修之吉 小人悖之凶 故日立天之道 日陰與陽 立地之道 日柔與剛 立人之道 日仁與義 又日原始反終 故知死生之說 大哉 易也 斯其至矣]

– 太極圖說 –

제 1 편　基本權의 一般理論

제 2 편　憲法上의 基本權과 義務

제 1 편

基本權의 一般理論

千古의 옳고 그름, 正義와 邪惡함, 陰과 陽, 黑과 白은 구별하기 어렵지 않으며, 또한 많은 말이 필요가 없다. 그것은 단지 義理와 利害에 의해 나누어질 따름이다.

－燕巖 朴趾源

제1장　基本權의 發達과 槪念

제2장　基本權의 機能

제3장　基本權의 主體

제4장　基本權의 效力

제5장　基本權의 制限

제6장　基本權의 保護

제 1 장　基本權의 發達과 概念

제 1 절　基本權의 發達과 保障

[1]　第一　概　說

기본권의 보장은 연원적으로 인권사상의 발달에 그 기원을 두고 있다. 따라서 기본권의 발달은 인권의 발달과 밀접한 연관성을 가지고 있다. 서양에서 기본권의 보장은 人權思想의 발달에서 출발하였다. 서양에서 언제부터 인간의 자유와 권리에 관한 사상이 발달하였는가 하는 점에 대해서는 사상사적으로 논란이 있다. 인권사상이 뚜렷하게 나타나는 것은 17세기 自由主義의 등장으로 자유라는 개념을 획득한 시기부터였다.

그러나 서양만이 아니라 동양에서도 자유와 권리에 관한 사상이 있었다고 하는 견해도 있듯이(예: T. de Bary), 자유나 권리가 서양의 정신과 문화의 전유물은 아니다. 인간이 인간으로서 존엄성을 유지하며 행복하고 자유롭게 살고 싶은 것은 인간의 본질에서 비롯하는 것이므로 이에는 동서양의 차이가 없다. 다만, 서양이 동양보다 자유와 권리에 바탕을 둔 국가와 사회의 제도를 구체화하는데 앞섰고, 동양은 주로 이러한 제도를 서양에서 받아들여 근대국가를 형성한 점에서 차이가 있다. 서양의 인권사상은 보편성을 강조하여 왔지만, 공동체의 특성에 따라 문화가 다를 경우에는 인권의 개념에도 상대성이 있다는 견해가 등장하면서 인권이론과 기본권이론에서 인권과 기본권의 보편적 내용과 상대적 내용을 가려내는 것이 새로운 과제로 되고 있다.

[2]　第二　基本權保障의 歷史

I. 인권보장의 성립

人權(human right, Menschenrechte, droits de l'homme)의 概念的 萌芽는 고대사상에서도 있지만, 현대 인권 또는 기본권의 보장에서 그 효시를 이루는 人權宣言 또는 人權保障이라는 관념은 서양의 역사에 있어 중세로부터 근대로 이행하는 과정에서 등장하였다. 서구에서 기본권의 보장은 군주의 지배로부터 귀족 등의 특권을 확보하는 과정에서 시작되었고, 이러한 것이 점차 확대되어 모든 국민의 자유와 권리를 확보하는 것으로 발전하였다. 이러한 과정에서 법적 의미의 기본권은 近代 立憲主義 憲法에서 자유와 권리를 헌법적 권리로 보장한 것에서 비롯하였지만, 그 초기형태는 다양한 헌법적 문서에서 나타나기 시작하였고, 이러한 것은 나라마다 각기 그 역사 발전에 따라 다양한 모습으로 나타났다.

(1) 영 국

전형적인 근대인권선언은 미합중국연방헌법에서 출발하였지만, 그 이전에 영국으로부터 많은 영향을 받았다. 영국에서 인권사상은 종교개혁, 사회계약설, 근대 계몽사상, 명예혁명 등의 등장으로 발전하였는데, 이러한 과정에서 Edward Coke(1552-1634), John Milton(1608-1674), John Locke(1633-1704) 등의 사상이 인권보장의 확립에 큰 역할을 하였다.

영국의 인권발달사에서는 여러 국가적 문서들에 의해 인권보장이 확립되고 발달하였다. John왕(John, the Lackland, 1167-1216)의 무제한적이던 王權에 제약을 가져오기 시작한 1215년의 「大憲章」(Magna Charta Libertatis 1215. 6. 15. 이 문서는 원래 Carta Libertatum 또는 Carta Baronum으로 불렸다)에서는 처음으로 身體의 自由에 대한 보장이 확인되었지만(§ 39), 이는 어디까지나 봉건귀족세력에 의해 封建法상의 권리로 인정된 것이었다. 그러다가 17세기 스튜어트왕조와 의회의 대립시기에 E. Coke의 근대적인 재해석을 통하여 입헌주의적인 의미를 획득하였다.

1628년에는 Charles 1세(Charles Ⅰ, 1600-1649. 재위기간: 1625-1649)의 무제한적인 과세에 대하여 의회가 통제를 가하고 「大憲章」에서 정했던 身體의 自由를 다시 명시적으로 재확인한 「權利請願」(Petition of Right 1628. 6. 7.)이 만들어졌다.

1647년에는 종교와 양심의 자유, 강제징집으로부터의 자유, 법 앞의 평등, 신체의 자유와 재산의 침해의 한계 등을 주장한 「人民協約」(Agreement of the People)이 인권의 발달에 기여하였고, 1679년에는 「人身保護法」(Habeas Corpus Act)이 제정되어 신체의 구속에는 人身保護令狀(writ of habeas corpus)이 요구된다는 것을 채택하였다. 나아가 1689년에는 인신의 보호, 청원권, 의회에서의 언론의 자유 등을 선언한 「權利章典」(Bill of Rights 1689. 12. 16.)이 의회에 의해 법률로 제정되어 영국시민혁명을 총결산하고 인권보장에 큰 디딤돌을 놓았다.

그러나 영국에서의 이러한 일련의 권리선언은 여전히 전근대적인 봉건적 질서 속에서 나온 것이어서 진정한 의미의 근대 인권보장이라고 하기는 어렵다. 인권보장이 근대적인 의미를 획득하기 시작한 것은 18세기 미합중국에서 비롯되었고, 프랑스에서도 이를 뒤따랐다.

(2) 미합중국

미합중국에서는 영국의 식민지배로부터 독립하는 과정에서 근대 자연법사상(Hugo Grotius 1583-1645; John Locke 1632-1704; Montesquieu 1689-1755; Jean-Jacques Rousseau 1712-1778)의 영향과 영국의 급진적 정치사상의 영향을 받아 근대적 의미의 인권사상이 형성되고 성문화되기 시작하였다.

1776년 6월 12일에는 「버지니아 權利宣言」(The Virginia Declaration of Rights)이 선언되었는데, 여기서는 생명, 자유, 재산, 행복추구의 가치가 선언되고, 배심재판, 종교의 자유, 형사절차의 보장, 언론·출판의 자유, 선거의 자유, 저항권이 규정되었다(이 權利章典과 뒤이어 채택한 「政府形態」(Frame of Government)를 일체로 합한 것이 버지니아헌법이다). 이를 효시로 하여 「펜실베이니아 권리선언」(1776. 9.), 「델라웨어 권리선언」(1776. 9.), 「매릴랜드 권리선언」(1776. 11.), 「사우스 캐롤라이나 권리선언」(1776. 12.), 「매사추세츠 권리선언」(1780. 3.) 등 여러 state에서 권리선언들이 제정·선포되었다. 여러 state에서 제정한 권리선언에서 공통적인 것은 헌법이 보장하는 국민의 권리는 生來的인(inherent) 권리라는 점이었는데, 이는 啓蒙主義的 自然法思想이 실정법에 반영되어 인권을 불가침의 자연권으로 이해한 것이었다. 미합중국에서의 인권보장은 국가권력으로부터 개인의 자유와 시민사회의 자율성을 보호하는 것에 중점을 두었다.

1776년 7월 4일의 「獨立宣言書」(The Declaration of Independence)는 그 성질에서 「버지니아권리선언」과 달리 본국인 영국으로부터 독립을 하겠다는 강력한 의지가 표명된 정치적인 문서였지만, 여기에서 生命, 自由, 幸福追求가 다시 확인된 점이 근대 인권사상의 성립에 크게 공헌하였다(이는 후에 일본국헌법 §13에 직접 영향을 주었다).

이와 같이 미합중국의 인권사상은 서구 자연법사상의 영향을 받아 형성되었으며, 인권은 자연권으로 이해되었다. 그런데 이런 자연권적인 자유와 권리를 열거하여 성문화하는 것이 오히려 자연권적인 자유와 권리를 제약한다고 우려하여 1787년 9월 17일에 채택한 「美合衆國聯邦憲法」(Constitution of the United States of America 1788. 6. 21 발효)에서는 기본권조항을 두지 않았다. 그러다가 1791년 9월에 헌법을 수정하면서 10개의 기본권조항을 추가하였다. 그 후 계속된 기본권조항의 추가로 현재와 같은 권리장전이 실정헌법에 보장되기에 이르렀다.

Ⅱ. 인권보장의 전개

(1) 프 랑 스

프랑스는 계몽사상의 발달로 인권사상이 발달하고, 프랑스혁명을 거치면서 권리장전이 성문화되기 시작하였다. 프랑스에서는 F. M. A. de Voltaire(1694-1778), Montesquieu(1689-1755), J. J. Rousseau(1712-1778) 등의 사상이 인권 발달에 큰 기여를 하였다.

1789년 8월 26일 헌법제정국민회의(l'Assemblée nationale constituante)에서 채택하여 선포된 「人間과 市民의 權利宣言」(Déclaration des Droits de l'Homme et du Citoyen du 26 août 1789)은 미합중국의 「독립선언서」와 여러 state의 권리선언 등에서 많은 영향을 받았는데, 유럽대륙에서는 최초의 근대적인 인권선언이었다. 이는 6월 19일부터 시작하여 2달 넘는 기간 동안 토론을 거치면서 여러 정치세력의 타협으로 만들어졌고, 자연권과 실정권을 구별하여 정하였다. 그 후 1791년헌법, 1793년헌법, 1795년헌법 등에서는 각각 권리장전을 헌법에 포함시켰다. 1791년헌법에서는 자연권과 시민적 권리를 헌법의 제1장에 보장하였고, 1793년 헌법은 「人間의 權利들의 宣言」(1793. 5. 29. 지롱드파선언)과 「人間과 市民의 權利들의 宣言」(1793. 6. 24. 산악파선언)을 헌법의 前文으로 하였으며, 1795년헌법은 「人間과 市民의 權利들과 義務들의 宣言」(1795. 8. 22.)을 헌법의 전문으로 하였다. 프랑스에서 전개된 인권보장은 개인의 자유와 권리를 만연히 자연권으로 자리매김을 하지 않고 자연권과 시민의 권리를 구별하고, 권리의 보장과 동시에 의무도 강조한 것이 특색이다.

(2) 독 일

독일은 근대에 접어들면서도 인권사상이나 헌법이 늦게 발전하였다. 독일에서 인권에 대한 인식이 성숙하여 헌법에 기본권조항으로 보장된 것은 1919년의 「바이마르憲法」에서부터였다(1849년 「독일국민의 기본권에 관한 법률」(1848. 12. 17)에서 정했던 기본권(Grundrecht)을 헌법에 흡수하여 명시했던 프랑크푸르트헌법은 효력을 발생하지 못했다). 여기서는 고전적 기본권과 함께 사회적 기본권을 세계 최초로 명문화하여 당시로서는 매우 이상적인 권리장전을 헌법에 명문화하였다. 그러나 이러한 이상적인 헌법은 현실과 많은 갭을 초래하다가 나치정부의 반인권적인 통치를 경험하게 되었다.

제2차 세계대전 이후 1949년에 제정한 「基本法」(Grundgesetz)에서 기본권을 다시 체계적으로 정비하였는데, 이 때에 헌법에서 사회적 기본권을 삭제한 이후 현재까지 독일연방헌법에는 사회적 기본권을 명문화하지 않고 있다.

Ⅲ. 인권보장의 현대적 전개

오늘날 인권에 대한 인식의 제고로 인하여 인권의 보장은 국내적으로만 보장되는 수준에서 넘어 국제적으로 보장하는 것으로 발전하고 있다. 이러한 인권의 국제적 보장이 때로는 단위 국가의 고유한 공동체적인 가치와 문화를 파괴하고 서구적 가치로의 일방적인 삶을 강요하는 측면도 있으나 인간으로서 누려야 할 보편적인 자유와 가치를 신장시키는 점은 부인할 수 없다.

국제법규범에서 인권이라는 이름으로 보장하는 권리와 가치들은 항상 보편적인 성격을 띠는 것은 아니고, 국내 헌법의 기본권과 일치하는 것도 아니다. 그래서 국제법규범에서 보장하는 이른바 「國際的 人權」(international human right)이라는 것의 개념, 법적 의미, 효력 등에서는 논란이 있지만, 국제기구를 통하여 가입국들의 국민의 인권을 신장시키는데 기여하고 있는 점은 있다.

(1) 인권의 국제적 보장

인권의 국제적인 보장에 대한 노력은 1945년에 있은 國際聯合(United Nations)의 결성에서 출발한다. 1948년에는 국제연합헌장의 정신에 기초하여 「世界人權宣言」(Universal Declaration of Human Rights 1948. 12. 10.)을 채택하였다. 여기서는 30개의 조항에서 인간의 존엄성, 평등권, 생명권, 신체의 자유, 안전권, 고문과 잔혹형의 금지, 재판을 받을 권리, 변호인의 조력을 받을 권리, 사생활의 자유와 비밀의 보호, 거주·이전의 자유, 국적보유의 권리, 재산권, 표현의 자유, 집회 및 결사의 자유, 공무취임권, 근로의 권리, 직업의 자유, 교육을 받을 권리, 문화생활에의 참여권, 지적재산권, 공동체에 대한 의무 등 인간의 자유와 권리·의무들을 매우 광범하게 규정하여 보장하였다. 이 선언은 강제성을 가지고 있지 않았지만, 인권의 국제적 보장에 있어 인식을 제고하는 큰 계기를 만들었다.

1950년 11월 4일에는 유럽지역에서 「인권과 기본적 자유의 보호를 위한 유럽규약」(Convention for the Protection of Human Rights and Fundamental Freedom)을 채택하여 가입국에 대하여 구속력을 가지는 것으로 하였다. 1953년 9월 3일부터 발효된 이 규약은 유럽지역에 한정한 것이었지만 인권의 국제적인 보장을 한 수준 높여 놓는 결과를 가져왔다.

국제연합은 점차 구속력이 있는 인권보장으로 힘을 기울여 1966년 12월 16일에는 「경제적·사회적 및 문화적 권리에 관한 국제규약」(International Convention on Economic, Social and Cultural Rights 1976. 1. 3. 발효)과 「시민적 및 정치적 권리에 관한 국제규약」(International Convention on Civil and Political Rights 1976. 3. 23. 발효)을 제정하였다. 위 각 규약은 모두 1977년부터 서명국에 대하여 효력을 발효하기 시작하였는데, 1990년 7월 10일부터 우리나라에도 적용되었다.

인권의 국제적 보장과 관련하여 우리나라에도 적용되는 국제인권규범을 보면, 예컨대 「모든 형태의 인종차별 철폐에 관한 국제협약」(International Convention on the Elimination of All Forms of Racial Discrimination 1969.1. 4. 발효, 1979. 1. 4. 대한민국 적용), 「인신매매금지 및 타인의 매춘행위에 의한 착취금지에 관한 협약」(Convention for the Suppression of the Traffic in Persons and of the Exploitation of the Prostitution of Others 1951. 7. 25. 발효, 1962. 5. 14. 대한민국 적용), 「집단살해죄의 방지와 처벌에 관한 협약」(Convention on the Prevention and Punishment of the Crime of Genocide 1951. 1. 12. 발효, 1951. 12. 12. 대한민국 적용), 「여성에 대한 모든 형태의 차별철폐에 관한 협약」(Convention on the Elimination of All Forms of Discrimination against Women 1981. 9. 3. 발효, 1985. 1. 26. 대한민국 적용), 「아동의 권리에 관한 협약」(Convention on the Rights of the Child 1990. 9. 2. 발효, 1991. 12. 20. 대한민국 적용) 등이 있다.

(2) 사회적 권리의 확대

전통적인 인권은 국가로부터 자유를 지키는 자유권의 보장을 중심으로 하는 것이었지만, 20세기에 들어와 사회가 발전하고 시장의 약점과 실패를 경험하면서 약자의 보호와 더불어 복지국가를 추구하면서 社會的 權利(social right)에 대한 보호가 강화되었다.

사회적 권리의 강화는 헌법에서 이를 기본권으로 보장하는 것으로 나타나기도 하였고, 법률을 통하여 구체화하는 것으로 나타나기도 하였다. 사회적 기본권에 대한 맹아는 프랑스의 1793년헌법에서도 발견할 수 있지만, 헌법에서 본격적으로 명문화한 것은 1919년의 바이마르헌법이 그 시초이다. 1946년의 일본국헌법, 1947년의 이탈리아헌법, 1976년의 포르투갈헌법, 1978년의 스페인헌법 등에서 이를 명문화하였고, 우리나라는 1948년헌법에서부터 이를 명문화하고 있다. 독일연방헌법은 사회적 권리를 규정하지 않고 있고, 프랑스헌법도 권리장전을 규정하고 있지 않지만, 법률 등 하위 법규범을 통하여 사회적 권리와 약자보호 및 복지프로그램을 구체화하고 있다. 미합중국연방헌법에도 사회적 권리에 대한 규정이 없지만, 근래 헌법학적 차원에서 복지에 관한 권리(welfare right)에 대한 논의가 전개되고 있다.

(3) 인권보장의 새로운 전개

오늘날 기본권의 보장은 국가로부터 개인을 방어하는 단계에서 더 나아가 국민의 삶을 실질적으로 윤택하게 하고 행복을 추구할 수 있게 하는 방향으로 나아가고 있다. 여기서는 사회적 권리의 보장도 중요하고, 문화적 권리와 문화적 가치를 보장하는 것도 중요하다. 자본주의사회와 경쟁사회에서는 경제적 · 사회적 약자에 대한 안전한 삶의 보장이 강조되고 있고, 과학과 기술의 발달에 따른 정보화사회에서의 권리의 보장도 새롭게 등장하고 있다.

정보화사회에서는 정보가 곧 사회적 · 경제적인 힘으로 작용할 뿐 아니라 정보에서의 약자와 강자의 차별이 새로운 문제로 등장하므로 이에 대한 약자의 보호가 특히 주요한 인권 보장의 과제로 대두되고 있다. 삶의 환경에 대한 인식의 제고로 인하여 환경에 대한 보장도 자연환경뿐만 아니라 문화적 환경, 역사적 환경으로 확대되고 있다. 사회의 위험도(risk)가 높아감에 따라 안전하게 살 권리에 대한 요구도 점증하고 있다.

뿐만 아니라 삶의 환경에 대한 현세대의 파괴가 심해가고 그 피해가 次世代(next generation)에게 돌아감에 따라 인권보장에 있어 세대간의 이해관계도 점차 예민하게 부각되고 있다. 현세대의 실패에 따른 책임이나 피해를 차세대가 모두 부담하는 것이 정당성이 있는가 하는 점이 권리의 면에서 새롭게 제기되고 있는데, 이는 「次世代의 人權」이라는 관점에서 부각되고 있다.

이와 같이 오늘날 인권의 문제는 사회와 삶의 환경의 변화에 따라 다양한 모습으로 새롭게 제기되고 있는데, 이 가운데 추구되는 가치는 기본권의 문제로 포착되는 것도 있고, 입법정책의 문제로 포착되는 것도 있으며, 국가목표규정(Staatszielbestimmung)으로 포착되는 것도 있다. 헌법학은 이러한 문제들에 대하여 기본권과 국가의 기능이라는 관점에서 정밀하게 접근하여 그 체계를 명확하게 해야 하는 과제를 안고 있다.

[3] 第三 韓國에서의 基本權의 保障

현행 1987年憲法은 국민의 자유, 평등, 기타 여러 권리 등에 관한 규정, 즉 權利章典(bill of rights)을 명시적으로 정하고 있는데, 헌법에서 정하고 있는 권리를 基本權이라고 부른다. 1948年憲法 이래 9차례의 헌법개정이 있었지만, 현재까지 실정헌법에서 권리장전을 정하는 이러한 태도는 한번도 변경된 적이 없이 유지되어 오고 있다.

《基本權이라는 용어》

용어사의 관점에서 보건대, 1948年憲法 이전의 大韓民國臨時政府의 각 헌법에서도 기본권이라는 용어는 발견되지 않는다. 大韓民國臨時政府의 1919년 4월의 臨時憲章에서는 「選擧權」 및 「被選擧權」 이외에 「自由」라는 용어를 사용하였고, 1919년 9월의 臨時憲法, 1927년의 臨時約憲, 1940년의 臨時約憲, 1944년의 臨時憲章에서는 모두 「自由」, 「權利」, 「權」이라는 용어를 사용하였다. 1948년 헌법제정과정에서 俞鎭午가 1948년 5월에 작성하여 법전편찬위원회에 제출한 憲法草案의 「人民의 基本的 權利義務」라고 하는 표제에 「基本的 權利」라는 용어가 등장하였다. 1946년의 행정연구회가 작성한 「제1단계 헌법초안」과 1948년 유진오와 행정연구회가 공동으로 작성한 「제2단계 헌법초안」에서는 「권리」나 「자유」라는 용어를 사용하였다. 우리 헌법사에 등장한 최초의 헌법인 1948年憲法(1948. 7. 17. 공포)에는 제2장의 표제인 「國民의 權利義務」라는 文言에서 「權利」라는 용어와 제28조에서 「自由와 權利」라는 용어만 등장하였을 뿐, 그 이외 「基本權」이라는 용어는 헌법의 어디에도 없었다. 이러한 것은 그 이후의 헌법개정에서도 그대로 유지되었다. 5次 改正에 의한 1962年憲法(1962. 12. 26. 공포)에 와서 제2장의 표제인 「國民의 權利와 義務」라는 표현과 제32조 제2항의 「自由와 權利」라는 표현 이외에 제8조의 「……國家는 國民의 基本的 人權을 最大限으로 보장할 義務를 진다」라고 정하여 「基本的 人權」이라는 용어가 등장하였다. 현행 헌법인 1987年憲法(1987. 10. 29. 공포) 제2장의 표제는 「國民의 權利와 義務」로 되어 있고, 제37조 제2항에는 「自由와 權利」로 되어 있으며, 제10조에서 「……國家는 個人이 가지는 不可侵의 基本的 人權을 확인하고……」라고 되어 있다. 「基本的 人權」이라는 용어가 종전과 같이 계속 사용되고 있다. 이와 같이 우리 헌법사에서 基本權이라는 용어는 憲法에 한 번도 등장하지 않았으며, 강학상 헌법상의 권리를 지칭하는 용어로 사용되어 왔다. 실정법에서는 1988년에 제정된 憲法裁判所法 제68조 제1항에서 「基本

權」이라는 용어를 명시적으로 사용한 것이 처음이다. 憲法上의 權利를 基本權이라 고 부르는 것이 적합한지에 대해서는 검토를 요한다.

제 2 절 基本權의 概念과 本質

[4] 第一 概 說

헌법학에서 말하는 基本權이라 함은 실정헌법에 보장된 권리를 말한다. 기본권의 개념을 정의하는 것은 「實定憲法에 保障된 權利」라는 말의 법적 의미를 확정하는 것을 뜻하는데, 기본권의 개념은 權利的 要素, 實定的 要素, 憲法的 要素로 구성되어 있다.

[5] 第二 基本權의 構成要素

I. 권리적 요소

헌법에서 무엇을 기본권으로 보장한다라고 함은 헌법이 특정한 가치나 이익을 개인의 法的 權利(legal right)로서 보장한다는 것을 뜻한다. 법적 권리라는 개념은 個體歸屬性, 請求性, 處分性, 免責性이라는 4가지 요소로 이루어져 있는데, 이 요소들은 가치나 이익이라는 실체적인 내용(=실질)에 권리라는 形式(form of right)을 부여해준다.

(1) 개체귀속성

기본권의 속성인 個體歸屬性(=個人性 Individualität)은 어떤 가치나 이익이 이를 주장할 수 있는 특정 개체에게 귀속된다는 것을 말한다. 그래서 권리의 귀속주체인 개체는 특정한 가치나 이익이 자기에게 속하는 것임을 타자에게 주장할 수 있고, 타자는 이러한 주체에 대하여 그러한 주장을 배척할 수 없다. 개체귀속성은 권리 주체로 하여금 타자에 대하여 자기 권리를 주장할 수 있을 뿐 아니라 자기 권리를 포기하거나 처분할 수 있는 권능을 보유하게 한다(主觀性 Subjektivität). 따라서 기본권은 본질필연적으로 個人的 權利 또는 主觀的 權利이다. 주체와 결별하거나 분리된 客觀的인 관계는 권리에서 존재하지 않는다.

(2) 청 구 성

기본권은 주관성을 가지므로 기본권의 주체는 기본권에 근거하여 타자에 대하여 기본권의 내용을 실현시키는 주장을 할 수 있다. 그 권리로 인하여 일정한 행위를 해야 할 의무를 부담하는 자에 대하여 그러한 행위를 하도록 청구할 수 있고, 권리를 침해한 자에 대하여 그 침해를 除去하거나 轉補할 것을 청구할 수 있다. 권리가 본질필연적으로 가지고 있는 이러한 힘을 請求性이라고 한다.

상대에게 무엇을 적극적으로 행위할 것을 요구하는 積極的 請求權(positive claim-right)과 상대에게 어떤 것을 하지 말 것을 요구하는 消極的 請求權(negative claim-right)이 있는 것과 같이, 청구성은 權利의 種類에 따라 그 정도가 다르게 나타난다. 請求權的 基本權은 적극적 청구권에 해당한다. 自由權(liberty-right)도 청구권과는 그 수준(=정도)을 달리하지만 권리로 보장되는 때에는 청구성을 가진다.

권리가 請求性을 가지면 상대방은 이런 청구에 대응하는 의무를 가지기 때문에 기본권이 청구가능한 권리인 이상 국가는 이에 대응하여 의무를 진다. 다만, 유의할 점은 국가가 어떤 가치나 이익을 실현할 의무는 기본권이 인정되는 경우뿐만 아니라 法律上의 權利가 인정되거나 권리가 아닌 가치나 이익이 존재하는 경우에도 발생한다는 점이다. 국민에게 법률상의 권리가 인정되어 그에 대응하는 의무가 국가에게 부과되면 이는 法律上의 義務이다. 그러나 국민에게 기본권으로 보장되는 것이 아닌 가치나 이익이 헌법에도 존재할 수 있으므로 이런 憲法的 價値나 利益을 실현해야 하는 국가의 의무는 헌법의 수준에서 부과되는 憲法的 義務이다. 따라서 기본권이 보장되면 국가에게 그에 대응하는 헌법적 의무가 발생하지만, 국가에 어떤 의무가 발생한다고 하여 항상 그에 대응하는 기본권이 존재하는 것은 아니다(예: 國家目標規定 7).

(3) 처 분 성

권리는 이를 보유하는 주체가 자유의사에 의해 이를 讓渡하거나 拋棄할 수 있는 權能(power)을 가진다. 권리의 주체가 자기 권리와 관련된 법적 관계를 決定하고 形成할 수 있는 이러한 속성을 處分性이라고 한다. 권리주체가 이런 권능을 가지는 것은 실정법이 권리로 보장하면서 이러한 권능을 부여했기 때문이다. 권리의 주체는 이러한 권능을 가지기 때문에 권리를 행사하여 법관계를 그에 합당하게 설정하거나 변경 · 소멸시킬 수 있다.

그런데 기본권은 그 성질로 인하여 경우에 따라 國家 또는 私人에 대하여 양도나 포기가 금지될 수 있다. 기본권은 국민으로 하여금 인간의 존엄과 가치를 보장하고 행복을 추구할 수 있도록 하는데 제1의 목적이 있으므로 기본권의 양도나 포기가 이러한 가치를 부정하는 결과를 가져오는 때에는 개념본질상 금지되거나 제한된다. 헌법상의 기본권 목록에 포함된 대부분의 기본권들은 그 양도나 포기가 금지된다. 그러나 개별 헌법에 따라 다양한 가치나 이익을 기본권으로 보장하고 있고 또 기본권의 성질에 따라 차이도 있으므로 이런 성질을 무시한 채 일률적으로 기본권의 양도나 포기가 금지된다고 하기는 어렵다([21]).

(4) 면 책 성

기본권의 주체는 타자의 의사에 의해 일방적으로 그 권리와 관련된 법관계가 形成되거나 變更 또는 消滅되지 않는 지위에 놓인다. 이를 免責性(immunity=exemption)이라고 한다. 권리가 인정되면 그 영역은 타인의 권리 또는 주장, 요구, 청구로부터 자유로운 영역이다. 따라서 권리는 이런 면책성에 의해 타자의 법적인 권능이나 통제로부터의 자유(freedom)를 확보한다.

권리의 면책성은 기본권에서 특히 중요하다. 어떤 권리가 기본권으로 보장되면 국가는 그가 독점하고 있는 합법적 권력을 통하여 기본권으로 보장되는 내용이나 영역을 일방적으로 침해하거나 변경 · 제거할 수 없다.

Ⅱ. 실정적 요소

(1) 실정헌법에 의한 권리성의 부여

(a) 권리의 확인과 권리의 창설

인간이 추구하는 가치와 이익 가운데는 실정헌법이라는 개념이 성립하기 전이라도 인간이 존재하는 이상 부인할 수 없는 至高의 價値나 利益이 존재하는데, 이는 헌법상의 기본권 목록에 포함되지 않으면 안 된다. 이러한 성질을 가지는 가치나 이익이 실정헌법상의 권리로 보장되었을 때, 이를 憲法上 確認된 權利라고 한다. 이러한 기본권은 실정헌법 이전에 존재하여 최고의 가치로 보장되어야 하기 때문에 인정된 것이지만, 헌법적 효력이 발생하는 것은 실정헌법에 기본권으로 편입되면서부터이다. 따라서 헌법상 확인된 권리도 그 법적 권리성의 부여는 헌법에 의해 이루어진다.

헌법상 확인된 권리와 달리 실정헌법이 헌법제정 또는 개정시에 여러 가치나 이익들 가운데 특별히 헌법의 수준에서 권리로 보장하는 것이 있다. 이러한 것은 헌법이 특정 憲法制度를 만들면서 이런 제도가 작동하도록 권리로 보장하여야 하는 경우(예컨대 헌법이 代議制度를 채택하면서 선거권과 피선거권을 헌법상의 권리로 보장하는 경우)나 어떤 권리를 법률상의 권리로 보장해도 되고 헌법상의 권리로 보장해도 되는 경우(예컨대 우리 憲法 제27조 제5항의 형사피해자의 법정진술권)에 이를 실정헌법에서 비로소 헌법상의 권리로 보장하는 것이다. 이런 경우의 기본권은 실정헌법이 헌법상의 권리로 창설한 권리이다. 이런 창설된 기본권도 실정헌법에 의해 권리성을 획득한다. 각 나라마다 헌법이 다양한 제도를 채택하거나 헌법정책상 공동체의 가치나 이익을 권리로 설정하는 경우에는 이를 헌법에서 보장하기도 하고 법률에서 보장하기도 하기 때문에 권리의 보장은 다양한 樣態를 보이고 있다.

(b) 실 정 성

基本權이란 實定憲法에 의해 확인되든 창설되든 실정헌법에서 保障하는 權利이다. 따라서 기본권은 實定性(=實證性 Positivität)을 가지는 권리이다. 기본권이 실정성을 가진다는 것은 실정법에 의해 보장되는 效力(Geltung)을 가진다는 것을 말하는데, i) 국가권력의 기본권에의 기속 및 실현의무를 법적 힘으로 강제할 수 있다는 것, ii) 공동체 구성원의 기본권 준수를 국가를 통하여 법적인 힘으로 강제할 수 있다는 것, iii) 기본권에 대한 침해행위를 법적인 힘으로 배제할 수 있다는 것, iv) 기본권은 법적으로 제한이 가능하며 동시에 그 제한에는 한계가 있다는 것을 의미한다. 특히 iv)의 점에 대해서는 주의를 요한다. 이는 기본권이 더 이상 絕對的(absolute)이거나 無限界的(limitless)이거나 無制限的인(unrestricted) 것이 아니라는 점을 말하고, 공동체의 안전과 공동선 또는 공공복리를 위하여 기본권이 제한될 수 있다는 점을 뜻한다. 그리고 다른 한편으로 헌법상의 기본권 제한규정은 편의에 따라 恣意로 기본권을 제한할 수 없도록 하는 한계를 정하는 것이라는 의미도 가진다.

(c) 기본권과 자연권

개별적 기본권 가운데 信仰의 自由, 사상·양심·의사의 형성의 自由, 침묵의 자유 등과 같은 內心의 自由, 생명권, 사상의 자유, 종교의 자유, 표현의 자유, 신체의 자유, 사생활의 비밀, 거주·이전의 자유, 자기결정권 등은 生來的·天賦的인 것이라는 의미에서 성질상 헌법 이전에 존재하는 자연적인 것이라고 할 수 있고, 이러한 것을 실정헌법에서 권리로 규정하는 경우는 자연권이라고 할 수 있다. 이런 기본권은 실정헌법에서 確認되거나(recognized) 宣言되어(declared) 實定化된 것이다. 이를 「實定化된 自然權」이라고도 한다.

실정헌법이 기본권으로 보장하고 있는 권리 중에는 성질상 자연권이라고 할 수 없는 것이 있다. 헌법에 의해서 비로소 創設되거나(created) 認定된(granted) 기본권이 이에 해당한다. 예컨대 공무원으로 임명되어 公職에 취임하고 公務를 수행하는 권리(憲法 §25)는 자연권이 아니라 헌법이 公職制度를 창설하고 이를 실효성 있게 하기 위해 헌법적 수준에서 보장하고 있기 때문에 기본권으로 인정되는 것이다. 선거권(憲法 §24)이나 피선거권(憲法 §25)도 헌법이 통치기관의 구성원리의 하나로 代議原理를 채택하고 代議制度를 창설하여 이를 실효성 있게 하기 위해 헌법적 수준에서 보장하고 있는 것이다. 청원권(憲法 §26)도 헌법이 청원제도를 두고 이를 실효성 있게 하기 위해 국민에게 헌법적 수준에서 인정되는 권리로 보장하는 것이다. 노동자의 단결권·단체교섭권·단체행동권(憲法 §33①)과 공무원인 노동자의 단결권·단체교섭권·단체행동권(憲法 §33②), 刑事被害者의 裁判節次陳述權(憲法 §27⑤), 刑事補償請求權(憲法 §28), 國家賠償請求權(憲法 §29①), 犯罪被害者救助請求權

(憲法 §30), 소비자의 권리(憲法 §124), 대법원의 재판을 받을 권리(憲法 §27①, §101①, ②), 헌법재판소의 헌법재판을 받을 권리(憲法 §27 ①, §111) 등도 그 예에 해당한다. 국가의 재정능력에 따라 그 권리의 실현이 직결되는 社會的 基本權의 범주에 포함되는 기본권도 자연권이라고 하기에는 난점이 있다.

이와 같이 기본권과 자연권은 개념상 구별된다. 성질상 기본권 중에는 자연권으로서의 성질을 가지는 기본권과 실정헌법에 의해 창설된 실정권으로서의 성질을 가지는 기본권이 있다. 基本權을 自然權과 개념적으로 구별하는 것은 헌법개정의 한계문제에서도 중요한 의미를 가진다. 헌법이 보장하고 있는 기본권이 자연권의 성질을 가지는 것인 경우에는 憲法制定權者가 헌법을 改正하는 경우에도 그 한계를 가지지만 순전히 實定憲法에 의해 창설된 권리인 경우에는 헌법제정권자가 완전히 없앨 수도 있다.

《기본권이론에서의 자연권론에 대한 평가》

기본권의 성질에 관한 하나의 이론으로서 거론되는 自然權論은 헌법에서 보장하는 권리를 자연권이라고 보는 견해를 말한다. 이 경우에도 자연권이라는 것이 어떠한 것을 말하는지에 대해서는 견해가 통일되어 있지 않지만, 대체로 다음과 같은 내용을 가진다고 설명하고 있다. ① 自然權은 自然法에 근거를 두고 있는, 국가에 先存하는 國家以前의 권리이다. ② 自然權은 超憲法的 權利이며, 헌법의 규정은 憲法以前에 성립하는 이런 자연권을 확인하는 것에 불과하다. 따라서 헌법의 규정을 삭제하더라도 이러한 권리는 존속한다. ③ 自然權은 국가를 초월하여 모든 國際社會에 適用된다. 이는 어떤 나라에서나 모든 人間에게 인정된다. ④ 自然權은 인권으로서의 包括性을 가진다. ⑤ 自然權은 인간에게 고유한 것이며 인간의 본성에서 나온 것이기 때문에 양도할 수 없고 침해할 수 없다. 따라서 자연권은 憲法改正에 의해서 제한될 수 없고, 憲法留保나 法律留保에 의한 제한을 받지 않는다. 다만, 타인과의 공생을 위하여 超憲法的인 制限에 服하게 된다.

종래 우리 헌법학에서 이런 自然權論은 實定權說을 상대로 주장되었는데, 기본권이론에 비추어 볼 때, 자연권론은 다음과 같은 문제가 있다. ① 自然權論은 基本權의 一般理論의 부분에서 처음부터 기본권은 자연권이라고 못을 박는다. 그러나 이러한 태도는 서로 다른 성질을 지니고 있는 다양한 헌법상의 個別的 基本權들이 지니고 있는 성질의 차이를 무시하는 것이어서 타당하지 않다. 생래적인 권리라는 의미로 「自然權」이라는 용어를 사용한다고 할지라도 그에 해당하는 헌법상의 권리들에만 한정하여 자연권이라고 할 수 있다. 그 이외에 헌법에 의해 창설된 권리는 이러한 의미의 자연권이라고 하기 어렵다. 실정헌법이 보장하는 개별적 기본권들이 가지고 있는 성질의 차이를 고려하지 않고 모두 자연권이라고 하는 것은 기본권의 개념과 본질을 정확히 파악한 것이라고 하기 어렵다. ② 개별적 기본권들이 가지는 다양한 성질을 무시하고 기본권을 일률적으로 자연권이라고 하면 자연인이 아닌 法人이나 團體에게 기본권을 인정할 수 없다. 법인이나 단체의 경우에도 성질상 허용되고 자연인의 기본권을 제약하지 않는 한 일정한 범위와 수준에서 기본권이 인정될 여지가 있는데, 자연권론은 이런 문제를 해결할 수 없다. ③ 自然權論은 실정헌법에 明示되지 않은 기본권을 실정헌법의 규정에서 도출하는 데 있어 難關에 봉착한다. 우리 헌법의 경우, 헌법에 명시되지 않은 기본권을 도출하는 경우 원리, 원칙, 제도 등에서 기본권이 바로 도출되는 경우 이외에는 憲法 제10조 또는 제37조 제1항에서 도출되는데, 이 경우 자연권론에 따르면 기본권은 자연권이므로 성질상 자연권으로 인정되는 것만 기본권으로 도출할 수 있다. 그러나 사회의 변화와 헌법환경의 변화로 인하여 기본권목록에 새로 추가되는 권리나 자유는 항상 자연권으로서의 성질을 가지는 것은 아니다. 어떠한 권리를 헌법적 수준에서 보장해야 할 필요가 생기면 그것이 비록 자연권이 아니더라도 기본권으로 보장되어야 하고, 이러한 권리는 憲法 제10조 또는 제37조 제1항에서 도출된다.

(d) 기본권과 인권

人權(human right)이라는 말은 自然權(natural right)이라는 말과 밀접한 연관을 가지고 있다. 오늘날 자연권이라는 말보다 인권이라는 말이 빈번하게 사용된다. 서구의 권리관념의 역사를 보면, 17세기와 18세기에 서유럽에서 본격적으로 성장한 인권이라는 觀念은 자연권이라는 관념에서 나왔다. 그래서 인권을 자연권과 동일한 것으로 이해하고 사용하는 견해도 있고, 이와 달리 개념의 엄밀성을 기하고자 하는 견해는 양자를 완전히 동일한 것으로 보는 것에 의문을 제기하기도 한다. 그러나 아직도 자연권이라는 개념과 내용도 불명확한 상태이고 인권이라는 개념도 불명확한 상태이기 때문에 양자간의 관계도 더욱 불투명할 수밖에 없다.

人權은 일반적으로 「人間의 權利」로 불린다. 이러한 의미의 인간의 권리는 때와 장소에 무관하게 인간이 인간이기 때문에 가지는 모든 인간에게 普遍的인(universal) 一般的(general) 권리로 이해된다. 이러한 것은 특정의 약속이나 계약 또는 특정한 사회적 지위 등과 같은 특정 관계나 거래에 의해 주어지는 것이 아니라 오로지 인간이라는 단순한 이유 하나만으로 인정되는 것이다. 이러한 의미의 인권은 법 이전에 주어진 非法的인(non-legal) 개념이다.

인권이라는 말은 영어권에서는 human rights라고 부르고, 프랑스에서는 droits de l'homme라고 부르며, 독일에서는 Menschenrechte라고 한다. 그런데 인권이라는 말은 빈번하게 통용되고 있으나 구체적인 사안에서 그 의미가 무엇을 말하는지는 명확하게 확정되어 있지 않다. 일상 생활에서는 사람이 주장할 수 있는 모든 권리를 통칭하여 인권이라고 이해하는 경향이 보이기도 하고, 인권을 자연권으로 이해하는 견해도 있으며, 인권을 헌법이 보장하는 기본권으로 이해하는 견해도 있다. 이렇듯 인권이라는 말의 의미는 다양한 폭과 내용을 가지고 사용되고 있다.

한편 오늘날 인권의 국제적인 보장이 활발하게 전개되면서 국제법상의 선언, 조약, 협약 등에서 人權이라는 용어가 빈번하게 사용되고 있지만, 1948년의 UN인권선언에서조차 인권이 어떤 것을 의미하는지에 대해서는 명확히 정의한 바가 없다. 福祉國家에 대한 가치적 추구와 함께 경제적·사회적 권리들이 중요하게 되고, 더 나아가 문화영역에서도 권리라는 것이 등장하는 단계에 이르면서 인권이라는 것도 자연권에서 탈피하는 양상을 보였다. 이제는 인권이라는 말이 人間의 權利(right of man)라는 의미를 넘어 市民의 權利(right of citizen)까지도 포섭하는 양상을 보여주고 있다.

현재까지 논의되어온 인권(human rights)이라는 말은 아직 그 개념이 명확하지 않아 道德的 價値 또는 道德的 權利(moral right), 자연권, 국제법상의 인권, 국내 헌법상의 권리(constitutional rights), 법률상의 권리(rights under law)를 모두 포괄하는 의미로 사용되기도 하고, 자연권의 의미로 사용되기도 한다. 전자의 경우에도 국내 법률상의 모든 권리를 인권으로 보지는 않는다(대국가적 자유권이나 생존권적 권리를 주로 지칭한다). 어느 경우든 실정헌법상의 기본권은 인권과 일치하지 않기 때문에 기본권과 인권은 개념상 구별된다.

이와 같이 基本權은 그 槪念과 性質에서 人權과 구별하여 이해해야 하기 때문에 실정법에서 기본권이라는 개념을 「基本的 人權」이라는 용어로 표현하고 있다고 하여 이를 근거로 기본권을 인권이라고 할 수는 없다. 大韓民國憲法에는 「기본권」이라는 표현 대신에 「基本的 人權」이라는 표현을 사용하고 있지만, 이것은 위에서 살펴본 것과 같은 의미의 기본권을 말하는 것이지 인권이나 인권 가운데서 기본이 되는 인권을 말하는 것이 아니다. 따라서 우리 헌법상의 「기본적 인권」이라는 표현을 근거로 기본권은 자연권이라거나 인권이라고 해석하는 것은 잘못이다.

(2) 객관적 규범

(a) 의 의

헌법이 보장하고 있는 기본권은 한편으로는 헌법에 의해 보장받는 이익을 국가에 대하여 주장할 수 있는 법적인 권리이고, 다른 한편으로는 헌법에 의해 보장되는 객관적인 規範이고 秩序이다. 가치적인 요소를 함유하고 있는 기본권을 헌법이 보장하고 있는 것은 그 자체 일정한 價値秩序를 헌법이 보장하고 있음을 의미한다.

이러한 가치질서는 특정한 시기에 이루어진 가치결정에 따라 완성된 폐쇄적이고 고정적인 것이 아니라 기본권의 의미가 변화하는 것에 따라 변화하는 열려 있는 가치질서이다.

기본권이 객관적인 헌법규범에 실정화되어 보장받고 있고 헌법이라는 실정규범에 실정화되어 헌법의 내용으로 효력을 가진다고 하는 점에서 기본권은 가치 또는 이익의 객관적인 보장이며, 규범으로서의 성질도 가진다. 기본권이 객관적 규범으로서 가지는 속성은 이러하기 때문에 어떤 경우에도 이런 객관적인 성질이 권리로서의 주관적인 성질을 제약할 수 없다.

(b) 인정여부

기본권을 객관적인 규범 또는 질서로 파악하는 것에 대해서는 논란이 있다. 基本權이 憲法的 秩序임을 인정하는 견해는 기본권을 國家權力을 창설하고 국가 내에서 적극적 또는 소극적으로 정신적 · 문화적 · 사회적 · 경제적 · 정치적 생활을 함께 형성해갈 수 있는 국민 개개인의 憲法的 生活秩序인 동시에 민주주의적 · 법치국가적 · 사회국가적 憲法秩序의 基本이 되는 秩序的 要素라고 하기도 하고(許營a, 230), 국가의 기본적 법질서를 구성하는 요소이고, 국가권력을 제한하거나 국가권력을 기본권에 적합하도록 의무화하는 객관적 가치질서라고 하기도 한다(權寧星, 303). 이러한 견해에 대해 기본권을 객관적 질서라고 하면 주관적 공권성을 약화시키고 기본권과 제도보장과의 구별을 불명료하게 할 우려가 있다는 이유로 반대하는 견해(金哲洙a, 373)가 있다.

객관적인 질서라는 의미는 개인이 자유로이 처분할 수 없는 질서라는 의미인데, 기본권을 객관적인 질서라고만 하면 개인을 공동체에 예속시키고 인간의 자유의지와 자발성을 부정하는 결과를 가져올 수 있다. 즉 기본권이 가지는 권리로서의 성격이 부정된다. 또한 기본권의 主觀的 權利性을 인정하면서도 客觀的 秩序性을 상대적으로 더 강조하면 주관적 권리성을 약화시킬 우려가 있는 것도 사실이다. 그러나 기본권의 주관적 권리성은 어떤 경우에도 부정할 수 없는 것이므로 이를 본질적 요소로서 전제하되, 기본권이 객관적인 실정헌법규범에 실정화되어 있다는 점도 분명하기 때문에 기본권이 실정헌법에 의해 보장되고 있다는 의미에서 「객관적」이라고 보면, 기본권이 가지는 주관성도 충분히 보장되고 기본권이 객관적 규범으로서 공동체 전체에 대해 효력을 가진다는 것도 인정할 수 있다.

憲法裁判所의 판례 가운데는 그 의미와 법적 효력의 면에서는 명확하지 않지만 개념상으로는 기본권의 이중성을 인정하는 태도를 나타낸 것이 있다(예: 憲 1995. 6. 29.-93헌바45; 1996. 8. 29.-94헌마113; 2003. 12. 18.-2002헌바49).

> [憲 1996. 8. 29.-94헌마113] 「직업의 선택 혹은 수행의 자유는 각자의 생활의 기본적 수요를 충족시키는 방편이 되고, 또한 개성신장의 바탕이 된다는 점에서 주관적 공권의 성격이 두드러진 것이기는 하나, 다른 한편으로는 국민 개개인이 선택한 직업의 수행에 의하여 국가의 사회질서와 경제질서가 형성된다는 점에서 사회적 시장경제질서라고 하는 객관적 법질서의 구성요소이기도 하다.」

(c) 기　　능

기본권이 객관적인 규범이나 질서로서의 성격을 가지고 있다고 하더라도 이 경우의 규범이나 질서는 공동체에서 이미 주어진 질서가 아니라는 점을 분명히 하는 것이 중요하다. 기본권의 규범이나 질서로서의 면을 공동체에서 이미 주어진 것으로 파악하게 되면 인간은 규범이나 질서를 만들어 가는 존재가 아니라 이미 존재하는 규범이나 질서를 준수하기만 해야 하는 공동체에 예속된 존재로 전락한다. 기본권을 주관적 권리인 동시에 다른 한편으로 객관적인 질서로 파악하면 이 질서 속에 있는 모든 존재자(국가, 개인 등 모두를 포함)에게는 기본권의 효력이 파급되기 때문에 그로 하여금 기본권에 구속되게 하는 효과를 가져올 수 있다. 공동체 전체에 대해 효력을 가진다고 하는 경우에도 공동체 내의 국가에 대해서는 직접 효력을 미치지만 공동체 내에서 살고 있는 공동체의 구성원들에 대해서는 직접 효력을 미친다고 할 수 없다. 공동체 내의 구성원들은 인간존재의 필연에 의해 헌법원리인 私的 自治에 따라 자유로이 살아가는 존재이기 때문이다. 따라서 기본권을 권리의 측면 이외에 헌법적 규범이나 질서로 파악하는 경우에도 이 점을 적극 고려하되, 규범이나 질서라는 점이 자칫 오해되면 주관적 권리성을 축소시킬 수 있다는 위험성에 대해서는 항상 경계할 필요가 있다.

기본권이 가지고 있는 객관적인 규범으로서의 성질을 이와 같이 이해하면 기본권의 이중성에 대한 찬반의 논의는 실익이 없는 것으로 된다. 기본권을 주관적인 권리라고 하더라도 이것이 실정헌법에 실정화되어 있는 한은 당연히 객관적인 규범이다. 따라서 이러한 한도 내에서는 기본권의 이중성에 대한 논의는 실익이 없고, 「헌법수준에서 보장된 실정 기본권」은 당연히 객관적인 규범으로서의 성질을 가질 수밖에 없다. 결국 基本權은 실정헌법에서 確認된 것이든(예: 신앙의 자유, 생명권) 創設된 것이든(예: 선거권, 범죄피해자의 재판절차진술권) 권리인 이상 主觀性을 가지고, 실정헌법에 실정화된 이상 객관적 규범으로서 성질을 가진다.

《독일의 기본권이중성이론》

기본권을 주관적 권리라는 점과 객관적 규범 또는 객관적 질서로 이해한 것은 독일의 기본권이론에서 적극적으로 전개되었다. 독일의 公權理論에서는 전통적으로 기본권을 主觀的 公權으로만 파악하여 오다가 현대 사회에 들어 私的인 영역에서도 기본권의 침해가 심각한 문제로 나타나자 기본권 「개념」의 조작을 통해 이를 해결하고자 시도하면서 기본권을 권리뿐만 아니라 규범 또는 질서로서도 파악하는 기본권의 二重性(=兩面性) 理論이 등장하였다. 여기서는 기본권의 효력이 사적인 영역에까지 미친다는 것을 도출하기 위해 기본권이 규범 또는 질서로서의 성질도 가진다고 하고, 이러한 질서로서의 요소로 인하여 기본권이 가지는 放射效(Ausstrahlungswirkung)는 사적인 영역에까지 미쳐 「제 3 자적 효력」(Drittwirkung)이 생긴다는 결론을 이끌어 내었다. 기본권의 이중성이론은 독일에서 1970년대에 들어서 본격적으로 이론의 형태로 등장한 후 전개되어 연방헌법재판소도 이를 채택하여 현재까지 유지하고 있다. 이중성이론을 체계적으로 전개한 K. Hesse는 獨逸聯邦憲法의 기본권을 主觀

的 權利인 동시에 공동체의 客觀的 秩序의 基本要素 또는 客觀的 原理라고 주장한다. 따라서 그는 기본권에 의해 정해지고 보장되는 개개인의 헌법상의 지위를 G. Jellinck의 「地位理論」(Statuslehre)에 의해 설정되는 기본권적인 지위로 이해하는 것과 C. Schmitt의 시각에서 볼 수 있는 것과 같은 「先國家的이고 先法的인 지위」로 이해하는 태도를 배척하고, 자유와 평등도 국가와 실정법으로부터 독립된 자연적인 자유와 평등으로 이해하는 태도를 부정한다. 기본권은 「天賦的으로」, 즉 先法的이고 先國家的으로 보장되는 것이 아니라, 국가의 실정법질서에 편입된 상태로 보장된다. 그는 주관적이며 지위를 정해주는 기본권은 인간(Mensch)과 시민(Bürger)으로서 파악되는 개개인의 '憲法上의 基本的 權利'인 동시에 개개인의 지위를 정하고 그 한계를 설정하며 보장하는 것을 통해 공동체에 편입시키는 객관적 질서의 요소로서 공동체의 법질서의 기초를 구성한다고 하면서 기본권의 이중성의 의미를 분명히 한다. 기본권을 실행하기 위하여 보장되는 主觀的 權利로서의 의미에 대응하는 것이 기본권이 지니고 있는 공동체의 全體 法秩序의 要素로서 가지는 의미이다. 이런 전체 법질서에 의해 개인의 지위가 구체적으로 형성되고 한계가 정해지며 보호되지만, 전체 법질서 자체는 주관적 권리로서의 기본권이 실행되어 생명력이 불어넣어질 때 비로소 현실성을 획득하게 된다. 이런 의미에서 기본권은 이런 질서의 기본내용을 확정하는 것이다. 전체적인 법질서 중 최고의 객관적 원리로서 기본권이 가지는 의미는 전체적인 법질서에 영향을 미치는 것이므로 기본권은 모든 법영역에 타당한 것이 된다. 따라서 기본권은 국가작용인 입법, 행정, 사법에도 당연히 적용되고, 민사법영역에도 영향력을 미치기 때문에 민사법의 규정이 기본권에 모순되어서도 안 된다. 二重性理論이 구축한 내용을 보면, ① 기본권은 객관적 가치질서라는 성질로 인하여 모든 법영역으로 放射效가 미친다고 하여 입법, 행정, 사법 등 국가작용의 모든 영역과 私法의 영역으로까지 그 영향이 미친다고 한 점, ② 私法領域에 대한 放射效의 논리적 귀결로서 기본권의 第3者的 效力 또는 水平的 效力(Horizontalwirkung)이 인정된다고 한 점, ③ 국가의 基本權保護義務가 국가권력으로부터의 침해를 방지하는 소극적이고 방어적인 것에 그치는 것이 아니라 법익을 보호하고 촉진하며 더 나아가 타인에 의한 침해로부터 기본권을 보호하여야 하는 적극적인 의무(사인에 의한 침해에 대한 보호는 형법, 행정법, 민사법 등을 통해 이루어진다)라고 한 점으로 정리된다.

Ⅲ. 헌법적 요소

(1) 헌법상의 권리

(a) 의 의

기본권이 헌법이 보장하는 권리라는 것은 실정법의 구조에서 최고의 지위에 있는 最高法이 보장한다는 것을 말하는데, 이 결과 모든 국가권력은 기본권에 羈束된다는 결론에 도달한다. 한편 이는 법률상의 권리와 구별됨을 뜻하는데, 동일한 명칭이라고 하더라도 헌법상의 권리와 법률상의 권리는 그 효력에서 차이가 있다.

(b) 보편성의 문제

憲法이 保障하는 權利를 基本權이라고 할 때, 기본권의 보장은 普遍性을 가지는 것인가 아니면 個別性을 가지는 것인가 하는 문제가 제기된다. 이 문제는 權利章典의 目錄(=基本權의 目錄)에 있어서 나라에 따라 차이를 가질 수 있는가 하는 문제와 동일한 명칭의 기본권이 기본권의 목록에 포함되어 있다고 하더라도 그 기본권의 구체적인 내용에서는 나라에 따라 달라질 수 있는가 하는 문제를 포함하고 있다. 기본권의 보장이 보편성을 가지는 경우란 공동체의 구체성과 특수성을 초월하여 인정되는 경우를 말하고 개별성을 가지는 경우란 공동체의 구체성과 특수성에 의해 다른 공동체의 경우와 차이를 가지는 경우를 말한다. 보편성을 가진다는 것이 다른 나라의 헌법이나 국제법규에서도 동일한 권리를 규정하고 있다는 의미는 아니다. 성질상 공동체의 구체성과 특수성을 초월하여 인정되는 경우이다.

이런 보편성을 가지는 경우의 예로는 생명권, 신체의 자유, 양심의 자유 등과 같이 自然權이라고 설명할 수 있는 권리를 들 수 있다. 그러나 종교의 자유에서와 같이 內心의 信仰의 自由가 아니라 구체적인 종교를 선택할 수 있는 자유에서는 個別性을 가지는 경우가 있다. 예컨대 공동체의 구성원이 특정한 종교를 헌법에서 國敎로 정하고 국교 이외의 다른 종교는 선택할 수 없게 하는 경우이다. 기본권의 목록이 나라에 따라 달라질 수 있다는 것을 보여주는 것으로는 憲法 제27조 제5항이 정하고 있는 刑事被害者의 裁判節次에서의 陳述權을 들 수 있다. 이런 것은 법률에서 정할 수도 있는 성질의 것이지만 우리 헌법은 기본권으로 보장하고 있다. 따라서 형사피해자의 재판절차에서의 진술권을 침해하는 행위는 법률에 위반되는 것이 아니라 헌법에 위반되는 것이 된다.

(2) 법률상의 권리와의 관계

(a) 법률에 규정된 헌법상의 권리와 법률상의 권리

실정법의 체계에서 우리나라와 같이 「憲法-法律-命令-規則」의 段階構造를 가지고 있는 나라에서는 법효력에 있어 법률은 헌법의 하위에 있다. 법률의 내용이 헌법의 내용과 충돌하는 경우에는 효력을 가지지 못한다. 그런 점에서 헌법은 법률의 存在根據가 되고 동시에 效力根據가 된다.

그런데 법률에서 정하고 있는 내용이 언제나 헌법의 下位規範으로서 가지는 法律專屬的인 내용만 지니고 있는 것은 아니다. 법률은 본질적으로 헌법을 실현하는 수단이기 때문에 그 법률에는 헌법에서 정하는 내용을 확인하고 이를 보다 구체화하는 憲法確認的 內容이 있는가 하면, 헌법과 충돌되지는 않지만 법률의 수준에서 입법자가 입법형성권을 행사하여 창설하는 立法創設的(=立法形成的) 內容이 있다. 권리의 경우, 형식에서는 법률에서 정하고 있으나 실질은 헌법확인적 내용에 해당하는 권리는 기본권인데, 입법자는 이런 내용이 법률에 규정되어 있다는 이유만으로 이를 변경하거나 부정하지 못한다. 이러한 내용은 기본권이 직접 효력을 미치는 射程距離 안에 있기 때문이다. 반면에 입법창설적 내용에 해당하는 권리는 법률상의 권리인데, 이런 것은 기본권의 내용을 이룬다고 할 수 없다. 이것은 어디까지나 기본권 실현을 위하여 법률에 의해 창설된 권리일 뿐 법률이 헌법상의 권리를 다시 확인하여 정한 권리가 아니다(예: 지방자치법의 주민투표권(同法 §14), 조례의 제정 및 개폐청구권(同法 §15), 감사청구권(同法 §16). 憲 2001. 6. 28.-2000헌마735; 2005. 12. 22.-2004헌마530; 2007. 6. 28.-2004헌마643. 사회보장수급권, 국가보상적 수급권, 국가보훈적 수급권. 憲 2007. 4. 26.-2004헌바60). 따라서 이런 권리는 입법자가 그의 立法形成權의 행사로 폐지할 수도 있고 변경할 수도 있다.

[憲 2001. 6. 28.-2000헌마735] 「일반적으로 참정권은 국민이 국가의 의사형성에 직접 참여하는 직접적인 참정권과 국민이 국가기관의 형성에 간접적으로 참여하거나 국가기관의 구성원으로 선임될 수 있는 권리인 간접적인 참정권으로 나눌 수 있다. 이에 따라 우리 헌법은 참정권에 관하여 간접적인 참정권으로 공무원선거권(헌법 제24조), 공무담임권(헌법 제25조)을, 직접적인 참정권으로 국민투표권(헌법 제72조, 제130조)을 규정하고 있다. 즉 우리 헌법은 법률이 정하는 바에 따른 '선거권'과 '공무담임권' 및 국가안위에 관한 중요정책과 헌법개정에 대한 '국민투표권'만을 헌법상의 참정권으로 보장하고 있다.」

[憲 2005. 12. 22.-2004헌마530] 「우리 헌법은 간접적인 참정권으로 선거권(헌법 제24조), 공무담임권(헌법 제25조)을, 직접적인 참정권으로 국민투표권(헌법 제72조, 제130조)을 규정하고 있을 뿐 주민투표권을 기본권으로 규정한 바가 없다. 또한 우리 헌법은 제117조, 제118조에서 지방자치단체의 자치를 제도적으로 보장하고 있으나 이에 따라 보장되는 내용은 자치단체의 설치와 존속 그리고 그 자치기능 및 자치사무로서 이는 어디까지나 지방자치단체의 자치권의 본질적 사항에 관한 것이다(憲 1994. 12. 29.-94헌마201 참조). 그러므로 자치사무의 처리에 주민들이 직접 참여하는 것을 의미하는 주민투표권을 헌법상 보장되는 기본권이라고 하거나 헌법 제37조 제1항의 "헌법에 열거되지 아니한 권리"의 하나로 보기는 어렵다. 지방자치법은 주민에게 주민투표권(제13조의 2), 조례의 제정 및 개폐청구권(제13조의 3), 감사청구권(제13조의 4) 등을 부여함으로써 주민이 지방자치사무에 직접 참여할 수 있는 길을 일부 열어 놓고 있지만 이러한 제도는 어디까지나 입법에 의하여 채택된 것일 뿐 헌법에 의하여 이러한 제도의 도입이 보장되고 있는 것은 아니다. 그렇다면 주민투표권은 법률이 보장하는 권리일 뿐이지 헌법이 보장하는 기본권 또는 헌법상 제도적으로 보장되는 주관적 공권으로 볼 수 없다.」

[憲 2007. 4. 26.-2004헌바60] 「예우법이 정하고 있는 국가유공자 또는 그 유족이나 가족들에게 인정되는 급여에 대한 수급권은 수급자측의 금전적 기여가 전제되어 있지 아니하나, 생명 또는 신체의 손상이라는 특별한 희생에 대한 국가보상적 내지 국가보훈적 성격을 띠면서, 장기간에 걸쳐 수급권자의 생활보호를 위하여 주어진다고 하는 특성도 가지고 있으므로 사회보장적 성질도 겸하고 있는 것으로 보고 있다. 따라서 위 예우법상의 보상금수급권도 다른 국가보상적 내지 국가보훈적 수급권이나 사회보장수급권과 마찬가지로 구체적인 법률에 의하여 비로소 부여

되는 권리라고 할 것이고, 국가가 국가유공자에게 지급할 구체적인 보상의 내용 등에 관한 사항은 국가의 재정부담능력과 전체적인 사회보장의 수준, 국가유공자에 대한 평가기준 등에 따라 정하여질 수밖에 없으므로 입법자의 광범위한 입법형성의 자유영역에 속하는 것으로 기본적으로는 국가의 입법정책에 달려 있다고 보는 것이 일관된 판례의 입장이다(憲 1995. 7. 21.-93헌가14; 2000. 6. 1.-98헌마216; 2002. 12. 18.-2001헌마546; 2003. 5. 15.-2002헌마90).」

[憲 2007. 6. 28.-2004헌마643] 「이 사건 심판청구는 헌법재판소법 제68조 제1항에 의한 헌법소원심판이므로 '헌법상 보장된 기본권침해'가 문제되어야 한다. 헌법재판소는 이미 2001. 6. 28. 선고된 2000헌마735 결정에서 지방자치법 제13조의2에 의한 주민투표권은 그 성질상 선거권이나 공무담임권, 국민투표권과는 다른 것으로 헌법이 보장하는 참정권이 아니라 법률이 보장하는 참정권에 해당하는 것이라고 판시한 바 있으며, 나아가 헌재 2005. 12. 22. 2004헌마530 결정에서 다음과 같은 취지로 판시한 바 있다. "우리 헌법은 간접적인 참정권으로 선거권과 공무담임권을, 직접적인 참정권으로 국민투표권을 규정하고 있을 뿐 주민투표권을 기본권으로 규정한 바가 없고, 지방자치를 제도적으로 보장하고 있으나 그 보장내용은 자치단체의 설치와 존속, 그 자치기능 및 자치사무로서 지방자치단체의 자치권의 본질적 사항에 관한 것이므로, 자치사무의 처리에 주민들이 직접 참여하는 것을 의미하는 주민투표권을 헌법상 보장되는 기본권이라고 하거나 헌법 제37조 제1항의 '헌법에 열거되지 아니한 권리'의 하나로 보기는 어렵다. 지방자치법은 주민에게 주민투표권, 조례의 제정 및 개폐청구권, 감사청구권 등을 부여하고 있으나 이러한 제도는 어디까지나 입법에 의하여 채택된 것일 뿐 헌법에 의하여 이러한 제도의 도입이 보장되고 있는 것은 아니다. 그렇다면 주민투표권은 법률이 보장하는 권리일 뿐이지 헌법이 보장하는 기본권 또는 헌법상 제도적으로 보장되는 주관적 공권으로 볼 수 없다." 따라서 주민투표권은 헌법상의 열거되지 아니한 권리 등 그 명칭의 여하를 불문하고 헌법상의 기본권성이 부정된다는 것이 우리 재판소의 일관된 입장이라 할 것인데, 이 사건에서 그와 달리 보아야 할 아무런 근거를 발견할 수 없다. 그렇다면 이 사건 심판청구는 헌법재판소법 제68조 제1항의 헌법소원을 통해 그 침해 여부를 다툴 수 있는 기본권을 대상으로 하고 있는 것이 아니므로 그러한 한에서 이유 없다. 하지만 주민투표권이 헌법상 기본권이 아닌 법률상의 권리에 해당한다 하더라도 비교집단 상호간에 차별이 존재할 경우에 헌법상의 평등권 심사까지 배제되는 것은 아니다.」

그런데 헌법에서 명시적으로 정하고 있는 사항이면 모르되, 그렇지 않은 경우에는 개별적인 사안에서 어떤 것이 헌법상의 권리인지 법률상의 권리인지를 판단하는 것은 쉽지 않다. 예컨대 재판을 받을 권리가 기본권이라고 할 때에도 제3자의 소송참가권을 헌법상의 권리라고 할 것인가 법률상의 권리라고 할 것인가 하는 문제가 있고, 財産權이 헌법에서 보장되는 기본권이라고 할 때에도 所有權 이외에 소유권과 분리된 占有權, 地上權, 地役權, 傳貰權과 같은 用益物權과 留置權, 質權, 抵當權과 같은 擔保物權을 헌법상의 권리라고 할 것인가 법률상의 권리라고 할 것인가 하는 것이 헌법소원심판에서는 중요한 문제로 제기된다. 행정법의 영역에서 보건대, 行政節次法上의 각종 申請權, 無瑕疵裁量行使請求權, 行政介入請求權, 行政爭訟法上의 소송절차적인 권리 등에 대해서도 같은 문제가 제기되고, 노동법이나 사회보장법의 영역에서도 어디까지를 헌법이 정하는 사회적 기본권의 내용에 포함된다고 할 것이냐 하는 것이 문제로 된다.

어떠한 권리가 憲法上의 權利인가 아니면 法律上의 權利인가를 구별하는 작업은 양자간에 경계를 설정하여 헌법이 보호하고 있는 기본권의 내용을 確定하는 것이다. 그런데 기본권의 내용은 언제나 固定不變의 것으로 존재하는 것이 아니라, 헌법의 시대상응성, 역사성, 현실적응력, 基本權의 變遷(Grundrechtswandlung)에 의해 장기적으로 그 영역경계선이 변화한다. 그래서 기본권 내용의 테두리는 일정한 기간 동안에는 안정성을 지니지만 장기적으로는 어느 정도 상대화될 여지를 지니고 있다. 물론 인간의 존엄과 생명, 그리고 신체의 완전성을 유지하는 자연적인 것은 그 내용이 상대화될 수 없다.

그런데 이러한 경계를 정하는 것이 고정불변의 것이 아니라고 하여 헌법상의 권리와 법률상의 권리를 구분하는 기준이 항상 불확실한 상태에 있는 것은 아니다. 기본권의 내용은 개별적 기본권마다 다르기 때문에 기본권 내용의 경계를 긋는 기준을 설정하는 작업이 개별적 기본권마다 차이가 있을 수밖에 없고, 현실의 변화와 시대의 진행에 따라 영향을 받는 것이지만 個別的 基本權의 構成要件을 분명히 하는 작업을 통하여 일정한 수준에서 기본권의 내용을 확정할 수 있다. 基本權의 構成要件에 관한 이론적인 논의는 이러한 문제를 해결하는데 도움을 준다. 이러한 작업은 개별적 기본권의 해석에 있어 내용의 범위를 구체화하여 기본권보장의 규범적 효력을 명백히 해주고, 기본권을 실현하는데 있어 입법자의 역할과 그의 한계도 분명히 설정해준다. 기본권의 내용을 확정하는 작업과 기본권의 제한은 서로 구별되어야 하는데, 기본권의 제한은 먼저 기본권의 내용이 확정된 다음 단계에서나 행해질 수 있는 것이다. 基本權의 制限은 이미 설정된 기본권의 내용을 제한하는 것이지 기본권의 내용을 定義하는 것이 아니다.

(b) 양자의 구별과 헌법소송

이와 같이 법률에는 기본권이 재확인되고 구체화된 권리가 있는가 하면, 기본권을 실현하기 위한 수단으로 입법자에 의해 창설된 권리가 있다. 이 양자의 구별은 기본권의 개념을 명확히 하는데 있어 중요한 의미를 가질 뿐 아니라 헌법소송법적으로도 중요하다. 헌법소송법적으로 이 문제는 헌법소원심판에서 중요한 의미를 가진다. 憲法裁判所法은 헌법소원심판을 청구할 수 있는 경우를 공권력의 행사 또는 불행사로 인하여 「憲法상 보장된 基本權」을 침해받은 경우로 정하고 있으므로(憲裁法 §68①) 법률에서 창설된 권리의 침해에 대해서는 헌법소원심판을 청구할 수 없다(예: 憲 2001. 6. 28. -2000헌마735; 2005. 9. 29. -2002헌바84; 2005. 12. 22. -2004헌마530). 따라서 법률에서 권리로 정하고 있는 경우에도 어느 것이 헌법의 기본권을 확인하여 정하고 있는 권리의 내용이며 어느 것이 법률에 의해 창설된 권리인가를 구별하는 것은 대단히 중요하다. 원리적으로 말하면, 의회의 立法形成의 自由가 인정되는 범위에서 선택의 재량에 의해 창설된 권리는 法律上의 權利이고, 이와 달리 의회에 선택의 재량이 인정되지 않고 헌법의 기본권조항이 직접 지시하는 바에 따라 의회가 확인하여 구체화하고 세밀화한 권리는 憲法上의 權利, 즉 基本權이라고 할 수 있다. 따라서 私的 自治나 契約의 自由는 헌법이 보장하는 원리인 동시에 기본권이고, 이는 다시 民法에서 확인되어 구체화되어 있다. 민법이 家族法에 관한 사항을 정하고 있어도 혼인과 가족에 대한 헌법의 내용을 확인하여 정하는 것이 있고, 婚姻과 家族制度를 구체화하면서 다양한 방법 가운데 어느 하나의 형태를 선택한 것이 있다. 刑事訴訟法의 절차적인 권리도 많은 경우 헌법이 보장하고 있는 것을 구체화한 것이다. 이러한 것은 입법자인 국회도 민법이나 형사소송법의 개정을 통하여 없앨 수 없다.

[6] 第三 基本權의 導出과 包攝

Ⅰ. 기본권의 도출

헌법상의 기본권은 무엇보다 실정헌법이 기본권이라고 명시하고 있는 조항에서 정하고 있다고 할 것이다. 그러나 실정헌법은 헌법을 제정하거나 개정할 때 기본권의 개념을 정확히 이해하고 이런 문언을 명문화하였다기보다는 필요에 따라 기본권이라고 명시한 경우가 많다. 그래서 기본권이 원리나 원칙 또는 제도와 어떤 관계에 있고 이를 실정헌법에 명문화할 때 어떻게 해야 하는가에 대해 정확하게 설정하지 않은 것이 많다. 이로 인하여 기본권을 보장하는 방식에서는 각 나라의 헌법마다 다양한 모습을 보이고 있다. 기본권을 매우 세분화하여 정한 경우도 있고, 포괄적으로 정한 경우도 있다.

기본권은 본질상 헌법이 추구하는 가치나 이익을 권리로 보장하는 것이므로 헌법에서 정하는 다양한 원칙, 원리, 제도 등을 정하고 있는 규정에도 포함되어 존재할 수 있다. 헌법은 기본적으로 가치와 이익을 정돈하여 이를 법규범에 정하고 있고, 이런 가치나 이익은 원리나 원칙의 모습으로도 나타난다. 기본권도 이런 헌법상의 가치나 이익을 권리로 보장하는 것이므로 헌법상의 원리나 원칙 또는 제도를 정하고 있는 규정에서도 기본권이 導出될 수 있다(鄭宗燮c, 77; 鄭宗燮e, 119).

헌법제정자는 어떤 제도를 정하면서 그 제도가 작동하려면 국민에게 그와 관련된 권리를 보장해주어야 하는 경우에 어떤 제도와 그에 동반하는 기본권을 동시에 명문화하기도 한다. 그러나 때로는 제도만 명시적으로 정하고 이에 동반하는 기본권을 명시하지 않는 경우도 있는데, 이런 경우 제도의 작동상 반드시 국민에게 기본권을 보장하여야 하는 것이 인정될 경우에는 그 제도의 보장에서 기본권이 도출된다. 예컨대 선거제도를 명시적으로 정하면서 선거권과 피선거권에 관하여는 명문으로 정하고 있지 않는 경우에 선거제도가 헌법상의 제도라면 선거권과 피선거권은 당연히 기본권으로 인정된다.

Ⅱ. 기본권에의 포섭

(1) 헌법상의 가치와 이익

헌법은 많은 가치들에 대한 공동체 구성원의 결단을 成文化하고 있으므로 기본권 이외에도 수많은 가치들과 이익들이 선택되어 공동체를 유지·발전하게 하고 그 공동체 내에 살고 있는 구성원들이 인간으로서의 존엄과 가치를 유지하고 행복하게 살 수 있게 하고 있다. 그렇지만 이러한 가치와 이익을 모두 기본권이라고 할 수는 없다. 실정헌법이 보호하는 가치나 이익 가운데서도 국민에게 기본권으로 보장하고 있는 것이 있고 그렇지 않은 것이 있다.

국가는 기본권을 실현할 의무가 있을 뿐 아니라 헌법상의 이런 가치나 이익도 실현할 의무가 있다. 법치주의나 민주주의 또는 복지국가 등을 추구하는 가치나 이익 가운데는 기본권으로 보장하는 것도 있고, 기본권이 아닌 헌법상의 가치나 이익으로 존재하는 것도 있다.

법적으로 보호되는 가치·이익

보호정도 / 수준	이 익	권 리
헌법적 수준	헌법상의 가치·이익	기본권
법률적 수준	법률상의 가치·이익	법률상의 권리

(2) 기본권에의 포섭

(a) 의 의

헌법상의 가치와 이익이 이러하다고 볼 때, 기본권 보장과 관련하여 중요한 것은 어떤 가치와 이익을 기본권으로 보장할 것인가 하는 基本權의 形成 또는 基本權의 包攝의 문제가 따라온다. 이는 법리적으로 두 단계의 구조를 가지고 있다. 하나는 먼저 무엇을 권리로 보장할 것인가 하는 것(權利의 形成)이고, 그 다음은 실정법규범의 구조에서 어떤 권리를 최고법인 헌법에서 보장할 것인가 하는 것이다(基本權으로서의 保障).

그간 전개된 도덕철학과 법철학의 성찰의 성과로 많은 기본권들은 道德(=倫理)에 의해 정당화되어 오늘날 실정헌법에 「基本權의 目錄」을 만들기에 이르렀다. 이러한 正當化는 공동체 구성원이 직접 체험을 하고 난 후 실존적인 결단을 한 경우도 있고, 많은 사상가들의 사고의 산물을 받아들인 경우도 있다. 또 기본권으로 실정화한 다른 나라의 헌법을 수용하면서 기본권의 목록을 수용하기도 했다. 어떤 사람에게 자유이고 복지가 된다고 하여 곧바로 그 자유나 복지가 권리로 보장되지 않는 것처럼, 어떤 것이 권리로 되자면 권리를 생성시키는(또는 도출하는) 필연적인 논리적 정당화과정이 필요하다. 일반적으로 권리는 도덕, 상호간의 약속(또는 계약), 생래적 관계, 자연적 관계, 정책적 결단 등으로 생성되기도 하지만, 기본권으로의 보장은 여기에서 한 단계 더 나아가 왜 권리 가운데서도 기본권으로 보장하여야 하는가 하는 것이 정당화되어야 한다.

기본권의 많은 부분은 도덕으로부터 나오지만, 언제나 반드시 그러한 것은 아니다. 공동체의 특유한 문화에 의해 도출될 수도 있고(어떤 나라에서는 기본권으로 보장되지만 다른 나라에서는 전혀 고려되지 않는 가치), 헌법이 특정한 원리나 제도를 채택하면서 이에 필요한 장치를 기본권으로 설정하는 경우도 있으며, 공동체 내의 많은 가치들을 배분하면서 어떤 것을 개인의 권리로 보장하고 어떤 것을 공동체에 유보할 것인가에 대한 정책적인 고려로 기본권이 획득되는 경우도 있다.

憲法裁判所는 개인정보자기결정권은 헌법전에 명문으로 정하고 있는 바는 없지만 「헌법에 명시되지 아니한 기본권」이라고 하여 기본권으로 포섭하였다(예: 憲 2005. 5. 26.-99헌마513; 2009. 10. 29.-2008헌마257). 그러한 반면 국가의 재정사용의 합법성과 타당성을 감시하는 납세자의 권리는 헌법에서 보장하는 권리가 아니라고 하였다(예: 憲 2008. 11. 27.-2008헌마517; 2009. 10. 29.-2007헌바63).

[憲 2008. 11. 27.-2008헌마517] 「헌법상 조세의 효율성과 타당한 사용에 대한 감시는 국회의 주요책무이자 권한으로 규정되어 있어(헌법 §54, §61) 재정지출의 효율성 또는 타당성과 관련된 문제에 대한 국민의 관여는 선거를 통한 간접적이고 보충적인 것에 한정되며, 재정지출의 합리성과 타당성 판단은 재정분야의 전문성을 필요로 하는 정책판단의 영역으로서 사법적으로 심사하는 데에 어려움이 있을 수 있다. 게다가 재정지출에 대한 국민의 직접적 감시권을 기본권으로 인정하게 되면 재정지출을 수반하는 정부의 모든 행위를 개별 국민이 헌법소원으로 다툴 수 있게 되는 문제가 발생할 수 있다. 청구인들이 주장하는 납세의무자로서 청구인들의 재산권이란 결국 재정사용의 합법성과 타당성을 감시하는 납세자의 권리에 다름 아닌바, 이

와 같은 권리를 헌법상 보장된 기본권으로 볼 수 없으므로……」

(b) 개인적 가치와 공동체적 가치

어떤 가치와 이익을 기본권으로 보장할 것인가 하는 것에 대해 이미 인류가 최고의 권리로 보편적으로 인정하는 것에 있어서는 수용하여야 하지만, 그렇지 아니한 경우에는 어떤 권리를 헌법에서 설정할 것인가 아니면 법률에서 설정할 것인가 하는 문제는 공동체의 작동과 공동체 구성원의 삶의 방식과 관련하여 중요한 문제로 남아 있다. 권리의 대부분을 기본권으로 보장하면 가치 또는 이익배분과 관련하여 입법자의 역할은 줄어든다. 이 부분에서 입법자는 헌법에 기속되기 때문에 기본권으로 보장된 권리는 입법자를 엄격하게 구속한다. 입헌주의는 강한 모습으로 나타나고, 헌법의 의미를 확정하는 헌법재판소나 법원 등 재판기관의 역할은 늘어난다. 반면에 권리로 설정하는 작업이 입법자에게 많이 주어지면 입법자의 역할은 늘어나고 공동체의 운영과 인간의 삶은 탄력성을 가지고 유동성이 높아져 민주주의는 활발하게 작동하지만, 입법자에 의해 권리가 부정될 위험이 항상 존재한다.

어떤 가치와 이익을 권리 또는 기본권으로 포섭할 것인가 하는 문제를 해결함에 있어서는 공동체의 운영원리와 다양한 공동체 구성원이 개인적 삶과 공동체적 삶을 사는 원리에 대한 깊은 통찰이 필요하다. 오늘날 법규범구조에서 노동, 복지, 환경, 소비활동, 경제 등에 관한 권리의 문제를 어떻게 접근할 것인가 하는 문제가 간단하지 않은 것도 이런 이유가 있기 때문이다.

기본권이 무엇이냐 하는 것과 무엇을 기본권으로 보호할 것이냐 하는 문제는 구별된다. 헌법에서는 다양한 가치와 이익이 보장되고 있지만, 이러한 가치나 이익들이 모두 기본권으로 보호되는 것은 아니다. 사회공동체의 다양한 가치나 이익 가운데 어떠한 것을 공동체 구성원의 一身專屬的인 것으로 하고 어떠한 것을 공동체의 가치나 이익의 영역, 즉 公的 領域(public domain)에 유보하여야 공동체가 유지·존속하고, 공동체 구성원이 보다 행복한 삶을 영위할 수 있는가에 따라 이 문제는 해결된다.

(c) 기본권 보장과 비용

공동체의 운영과 구성원의 삶의 방식에서는 費用(cost)을 생각하지 않을 수 없다. 이 때의 비용은 재정, 조세부담, 시간, 휴식, 평온, 인간관계, 공동체의 안전 등 財政的 費用과 非財政的 費用을 포함하는 개념이다. 특별한 이유가 없는 한 비용이 많이 드는 방식은 행복추구와 상대적으로 거리가 멀다. 정신적인 삶이든 물질적인 삶이든 또는 공동체의 유지·발전의 문제이든 적은 비용으로 최대의 이익을 얻는다면 인간은 그 길을 택해야 한다. 공동체를 고려하지 않을 때도 자연적으로 인정되는 개인의 행복추구에 드는 비용은 다과에 대한 고려 없이 당연히 지불될 수밖에 없으나, 공동체에서 더불어 사는 삶에는 「비용(cost)－편익(benefit)」을 고려하여 비용을 지불해야 한다. 권리의 보장은 성질상 생래적이고 절대적인 권리인 경우 이외에는 공동체 내의 資源 配分(distribution of resources)의 성격을 가지고 있다. 그리고 개개인이 보유하고 누리는 권리를 유지하는 비용은 각자 그에 정확히 상응되게 평가된 料金(fee)으로 내는 것이 아니라 타인의 세금도 포함된 국민의 조세로 충당되므로 순전히 개인적이라고 하기보다 공공적인 성격도 지니고 있다. 이런 점을 고려하면, 권리로서의 보장에서도 「權利의 費用性」(costliness of rights)은 계산될 필요가 있다. 이런 점에서 볼 때, 「效率性의 原理」를 憲法原理로 파악하는 것은 중요한 함의를 지니고 있다. 물론 권리의 보장을 비용이라는 하나의 관점에서만 보는 과도한 비용론적 접근이 권리 또는 기본권 보장을 약화시킬 위험이 있다는 점은 항상 경계할 필요가 있다.

공동체의 운영과 인간의 삶에는 반드시 비용이 지불되는 것이고, 이런 비용을 고려하더라도 자유와 권리의 문제를 전적으로 經濟主義的인 觀點에 맡길 수는 없다. 그리고 생명, 신체, 내심의 자유, 인간의 존엄 등은 절대불가침이며, 이는 다수결원리에 맡겨질 수 없는 것이다. 이는 사회전체의 이익에 앞서는 것이고, 非多數決主義的인(anti-majoritarian) 성격을 가지는 것이며 規則(rule)으로 작동한다. 그러나 생래적인 것이 아니고 정책적인 기본권에는 비용과 효율 등을 고려하는 경제적 접근이 요구된다. 또 규칙으로 작동하지 않는 많은 기본권은 다른 가치들과 이익형량을 통하여 보장되고 原理(principle)로 작용한다.

《기본권 포섭의 현실》

자유와 권리가 억압되는 독재나 권위주의통치를 겪은 나라에서는 자유와 권리의 성질을 따져볼 겨를도 없이 모든 권리를 기본권 또는 인권이라고 하여 헌법상의 기본권 목록에 추가시켜 입헌민주국가를 일찍 추구한 선진국보다 훨씬 호화찬란한 기본권 목록을 만들고 있지만, 현실에서 그러한 권리들이 진정한 「헌법상의 권리」로 작동하고 있으며, 그러한 작동에서 문제가 없느냐 하면 그렇지 않다. 독일의 경우 과거 바이마르헌법에서는 사회적 기본권을 기본권으로 정하고 있었지만 현행 독일 기본법에는 사회적 기본권이라는 것을 정하고 있지 않다. 국민의 복지는 제도와 법률상의 권리로 보장하고 있지만, 헌법에서 복지에 관하여 기본권으로 보장하고 있는 어떤 나라보다 국민의 복지가 충실하다. 또 헌법에서 사회적 기본권을 정하고 있는 나라도 실제에서는 이를 국가를 상대로 바로 청구할 수 있는 권리로 보는 나라는 거의 없다. 복지에 관한 권리(welfare right)를 논의하는 것과 복지에 관한 권리를 기본권으로 보장하자고 하는 것은 동일한 논의가 아니다. 프랑스는 아예 헌법에 기본권 조항이 없다. 그래서 프랑스에서는 의회의 역할이 중요하고 민주주의적 논의가 활발하다. 그러나 자유와 권리를 민주주의에만 맡겨 둘 수는 없기 때문에 「公的 自由」(libertés publiques)라는 개념이 있고, 나아가 헌법재판을 하면서 1789년의 프랑스인권선언의 규범력까지 인정하는 양상을 보이고 있다. 영국에서는 실정헌법이 없기 때문에 「헌법상의 권리」인 기본권이 없으며, 따라서 진정한 의미의 입헌주의는 존재하기 어렵다. 대신 법리상 의회가 국민의 자유와 권리에 관하여 결정할 수 있는 강한 권한을 가지고 있어 「議會主權」(parliamentary sovereignty)이라는 개념이 유지되고 있다. 그러나 이런 의회주권이 인정된다고 하여 의회가 국민의 자유나 권리를 마음대로 부정할 수 있는 것은 아니다. 영미의 전통적인 最高法(higher law)사상이 존재하고 普通法(common law)을 통하여 권력의 남용이 통제되고 그 한계가 설정된다. 영국에서 권리론에 대한 논의가 풍부하고 「道德的 權利」(moral right)니 「根本的 權利」(basic right)니 하는 개념들이 흔히 거론되는 것도 이와 무관하지 않다. 근래 영국의회가 人權法(Human Rights Act)을 제정하여 성문헌법국가의 권리장전의 역할을 하게 하면서 이 문제를 보다 분명히 하였다. 이러한 유럽 각국의 상황도 유럽공동체의 형성과 함께 앞으로 유럽공동체헌법이 각 나라에 어떻게 작용할 것이냐에 따라 많은 변화를 가져올 것으로 보인다.

[7] 第四 國家目標規定

Ⅰ. 개 념

(1) 개념의 정의

헌법이 추구하고 보장하는 가치 가운데, 특정한 가치를 실현하기 위하여 국민 개개인에게 주관적 권리는 부여하지 않으면서 국가에게 그러한 가치를 실현하도록 의무를 부과하는 國家目標(Staatsziel)를 정하는 헌법규범을 國家目標規定(Staatszielbestimmung)이라고 한다.

현행 헌법에서 이러한 국가목표규정에 해당하는 것으로는, 헌법 제5조의 「대한민국은 국제평화의 유지에 노력하고 침략적 전쟁을 부인한다」, 제9조의 「국가는 전통문화의 계승 · 발전과 민족문화의 창달에 노력하여야 한다」, 제31조 제5항의 「국가는 평생교육을 진흥하여야 한다」, 제32조 제1항의 「국가는 사회적 · 경제적 방법으로 근로자의 고용의 증진과 적정임금의 보장에 노력하여야 하며……」, 동조 제4항의 「여자의 근로는 특별한 보호를 받으며, 고용 · 임금 및 근로조건에 있어서 부당한 차별을 받지 아니한다」, 동조 제5항의 「연소자의 근로는 특별한 보호를 받는다」, 제34조 제2항의 「국가는 사회보장 · 사회복지의 증진에 노력할 의무를 진다」, 동조 제3항의 「국가는 여자의 복지와 권익의 향상을 위하여 노력하여야 한다」, 동조 제4항의 「국가는 노인과 청소년의 복지향상을 위한 정책을 실시할 의무를 진다」, 동조 제6항의 「국가는 재해를 예방하고 그 위험으로부터 국민을 보호하기 위하여 노력하여야 한다」, 제35조 제3항의 「국가는 주택개발정책등을 통하여 모든 국민이 쾌적한 주거생활을 할 수 있도록 노력하여야 한다」, 제36조 제 2 항의 「국가는 모성의 보호를 위하여 노력하여야 한다」, 동조 제 3 항의 「모든 국민은 보건에 관하여 국가의 보호를 받는다」, 제123조 제 2 항의 「국가는 지역간의 균형있는 발전을 위하여 지역경제를 육성할 의무를 진다」, 동조 제 3 항의 「국가는 중소기업을 보호·육성하여야 한다」, 동조 제 4 항의 「국가는 농수산물의 수급균형과 유통구조의 개선에 노력하여 가격안정을 도모함으로써 농·어민의 이익을 보호한다」, 동조 제 5 항의 「국가는 농·어민과 중소기업의 자조조직을 육성하여야 하며, 그 자율적 활동과 발전을 보장한다」, 제127조의 「국가는 과학기술의 혁신과 정보 및 인력의 개발을 통하여 국민경제의 발전에 노력하여야 한다」 등이 있다.

(2) 기본권규정과 구별

國家目標規定은 국가에게는 특정한 행위를 하여야 할 의무를 부과하지만, 국민에게는 국가에 대하여 그러한 특정한 행위를 할 것을 청구할 수 있는 권리를 부여하지 않는다(主觀的 權利의 缺如). 이런 점에서 국가목표규정은 基本權規定과 구별된다.

헌법이 추구하는 가치 가운데는 그 성질상 국민 개개인이 자유로이 처분할 수 있는 一身專屬的인 것이 있는가 하면, 개개인에게 배분하는 것이 적합하지 않은 것이 있다. 특히 개개인이 국가에 대하여 헌법을 근거로 직접 청구할 수 있게 하는 것이 공동체의 유지나 지속가능한 발전에 합당하지 않은 것이 있다. 公共財에 해당하는 가치는 공동체의 유지와 공동체 구성원 모두의 삶을 위하여 개개인에게 배분하여 주는 것이 적합하지 않다. 그리고 결과적으로는 개인에게 그 이익이 돌아가는 것이더라도 개개인에게 청구권을 인정하는 것보다 국가로 하여금 이를 실현하도록 의무를 부과하는 것이 그 실현에 있어 더 타당한 것이 있다. 이러한 경우에 헌법은 그 가치를 국가목표규정의 방식으로 헌법에 정한다. 국가에게 문화유산이나 환경 또는 생태계를 보호하거나 동물을 보호하도록 하는 것 등이 이에 해당한다.

헌법조항의 문언상의 표현은 때로 정밀하게 선택되지 않기 때문에 국가목표규정의 성질을 띠는 사항을 정하면서도 「…… 권리를 가진다」라고 표시되기도 한다. 이러한 경우에는 문언상의 표현에도 불구하고 성질상 기본권규정의 방식으로 정하는 것이 타당하지 않고, 국가목표규정의 방식으로 정하는 것이 타당한 경우에는 국가목표규정으로 해석하여야 한다. 예컨대, 헌법 제34조 제 1 항은 「모든 국민은 人間다운 生活을 할 權利를 가진다」라고 정하고 있으나, 이는 기본권의 개념상 구체적인 기본권이 될 수 없다. 이는 본래 「국가는 모든 국민이 인간다운 생활을 할 수 있도록 하여야 한다」라고 국가목표규정의 형식으로 정해야 한다. 따라서 위 헌법 제34조 제

1항은 문언상의 표시는 「權利」라고 되어 있어도 국가목표규정으로 해석하여야 한다. 이러한 문제는 헌법 제35조 제1항과 제2항에서 정하고 있는 「건강하고 쾌적한 환경에서 생활할 권리」, 즉 環境權에 있어서도 제기된다.

그런데, 헌법조항의 문언상의 표현에서 국가목표규정을 정하고 있는 경우라도 이에서 해석상 基本權이 導出되는 경우에는 기본권도 동시에 보장하고 있는 것이라고 보아야 한다. 이러한 경우는 하나의 헌법조항에서 국가목표와 기본권을 동시에 보장하고 있는 경우이다.

(3) 국가목적과 구별

국가목표규정은 이러한 개념이기 때문에 國家目標와 국가의 존재의의와 국가의 정당성의 근거를 의미하는 國家目的(Staatszweck)과는 구별된다. 국가의 목적은 공동체의 보장과 공동체 구성원의 삶을 보장하는 것이기에 국가목표규정보다 상위의 가치체계로서 국가목표규정의 근거가 된다. 국가의 목적을 실현하는 방법으로는 구체적인 제도를 보장하는 방법과 가치를 보장하는 방법이 있는데, 국가목표규정은 기본권규정과 함께 價値를 보장하는 방법에 속한다.

Ⅱ. 성 질

(1) 가치실현의 능동적 지시규정

국가목표규정은 국가에 대하여 특정한 가치를 실현하도록 하는 적극적인 능동규정이다. 이런 점에서 국가에 대하여 소극적인 제한규정으로서의 성질을 가지고 있는 자유권규정과 구별된다.

(2) 국가에 대한 의무부과규정

국가목표규정은 국가에 대하여 일정한 가치를 실현하도록 의무를 부과하는 것에 그치고, 국민에게 이에 상응하는 권리를 부여하는 것이 아니다. 기본권규정은 개인에게 헌법상의 권리를 부여함과 동시에 국가에게 이에 대응하는 의무를 발생시키지만, 국가목표규정은 개인에게는 권리를 부여하지 않고, 국가에게 義務만 부과한다. 따라서 개인은 헌법상의 국가목표규정을 근거로 하여 국가에 대하여 구체적인 행위를 할 것을 청구하거나 憲法裁判所에 憲法訴願審判을 청구할 수 없다.

(3) 타 규정과의 충돌

국가목표규정은 절대적 가치를 보장하고 있는 것이 아니다. 이는 헌법상의 다른 조항과 조화를 이루어야 하고, 다른 조항을 배척할 수 없다. 原則(rule)과 原理(principle)라는 개념을 사용하면, 국가목표규정은 原理로서의 성질을 가진다.

(a) 상위 헌법규정과의 충돌

국가목표규정은 헌법상의 다른 규정과 충돌할 수 있다. 국가목표규정보다 상위의 가치를 보장하는 헌법규정과 충돌하는 경우에는 상위의 가치가 보호되어야 한다.

(b) 국가목표규정들간의 충돌

국가목표규정과 다른 국가목표규정간에 출동이 발생하는 경우에는 가치간의 상하관계가 있는 경우에는 형량을 통하여 상위의 가치가 우선 보호된다(예: 국회가 헌법개정법률로 개정할 수 있는 국가목표규정과 국민투표로 변경이 가능한 국가목표규정이 있는 경우에는 후자가 전자에 우선하는 지위에 있다). 동위의 국가목표규정간에 충돌이 발생하는 경우에는 형량의 방법을 통하여 해결하고, 이것이 불가능할 경우에는 規範調和的 解釋을 통하여 해결한다.

(c) 국가목표규정과 기본권규정간의 충돌

국가목표규정과 기본권규정이 충돌하는 경우에는 국가목표규정이 정하고 있는 헌법적 수준의 가치와 기본권으로 보장되고 있는 헌법적 수준의 가치가 서로 충돌하는 것은 충돌하는 가치간에 衡量이 가능하면 형량하고, 이것이 불가능하면 規範調和的 解釋을 통하여 해결하여야 한다(예: 환경보호의무를 정하고 있는 국가목표규정과 재산권 간의 충돌). 그런데 국가목표규정과 기본권규정이 충돌하는 경우는 국가목표규정을 구체화하는 경우에도 발생하고, 기본권을 행사하는 경우에도 발생한다. 前者의 경우에는 국회가 입법을 통하여 국가목표규정을 구체화하는 경우에 생기므로 이를 구체화하는 작업에서 행해지는 법률적 수준의 조치가 헌법적 수준의 기본권과 서로 형량해서는 안 된다. 이 때에는 기본권이 우위에 있다.

Ⅲ. 기 능

국가목표규정은 공동체의 유지와 공동체 구성원의 삶에 요구되는 일정한 가치를 보장함에 있어 헌법상의 권리로 보장하는 것만으로 충분하지 않는 영역에서 국가로 하여금 특정한 가치의 실현을 가능하게 한다. 이는 국가에 대하여 일정한 가치를 실현하는 방향으로 나아갈 것을 명령하고 지시하여 그 구체적인 방법을 찾도록 하는 실질적 과제를 부여한다.

그리고 법률의 제정이나 개정, 법률 · 명령 · 규칙이나 조례의 해석이나 적용에 있어 판단기준이나 방향을 제시한다. 특히 국가작용에서의 재량행위나 법률의 일반조항의 해석 · 적용에 판단기준을 제시하는 중요한 기능을 한다.

Ⅳ. 효 력

(1) 대국가적 구속력

국가는 국가권력을 행사함에 있어 헌법에서 정하고 있는 국가목표규정을 지켜야 한다. 입법권도 국가목표규정에 합치하여야 하고 이를 실현하는 입법을 하여야 하며, 행정권도 이에 합치되게 행사되어야 한다. 법원의 재판도 국가목표규정에 위반될 수 없고, 헌법재판도 이에 위반되어서는 안 된다. 어떠한 국가권력도 국가목표규정이 추구하는 가치와 배치되는 방향으로 행사되어서는 안 된다. 이러한 의미에서 국가목표규정은 국가에 대하여 法的인 拘束力을 가진다.

문제는 특정 국가권력의 행사 또는 불행사가 국가목표규정의 대국가적 효력에 위반된다는 이유로 無效라고 할 수 있는가 하는 점이다. 입법권 등의 국가권력의 행사 또는 불행사가 국가목표규정을 전면적으로 부정하는 것과 같이 그 위반이 明白한 경우에는 위헌이라고 할 것이다(明白性의 原則). 이러한 경우에 한하여 규범통제에서 憲法裁判所는 국가목표규정에 위반됨을 이유로 하여 違憲決定을 할 수 있다. 헌법재판소가 국가목표규정을 근거로 하여 입법자를 통제하는 것은 극히 한정된 경우에만 허용된다. 이러한 점에서 基本權保護義務를 정하고 있는 헌법규정을 근거로 입법자를 통제하는 것과 차이가 있다.

(2) 직접적 효력의 부인

국가목표규정은 그 성질과 기능에서 볼 때, 국가에 대하여 법적 구속력을 가진다고 하더라도 기본권규정과는 달리 개별적인 국가권력을 직접 기속하는 것은 아니다. 기본권이 입법권, 행정권, 사법권, 헌법재판권을 직접 기속하는 효력을 가지는 반면, 국가목표규정은 이러한 국가권력을 직접 기속하지는 않는다. 국가목표규정은 헌법적으로 보장하여야 할 어떠한 가치목표를 설정하여 국가권력으로 하여금 이를 수행하도록 방향을 지시하는 것이므로, 국가목표규정이 추구하는 가치를 특정의 상황에서 어느 정도로 어떤 수단을 통하여 실현할 것인지는 국가권력에게 맡겨져 있다. 특히 국가목표규정과 입법권과의 관계에서 보면, 국가목표규정이 정하는 가치는 입법을 통하여 구체화되므로 국회가 이를 현실에 적합하게 실현시키기 위하여 결정하는 가치실현의 정도, 가치실현의 수단의 선택, 충돌하는 가치간의 조정 등에 있어서는 광범위한 立法形成의 自由를 가진다. 가치실현의 정도는 대부분 국가재정의 수준과 밀접한 관련을 가지므로 특정 시기의 국가재정의 사정을 고려하여 이를 결정하고 수단의 선택에서도 다양한 수단 가운데 당시의 상황에 합당한 것을 선택한다.

(3) 국가목표규정의 밀도

헌법에서 어떠한 가치를 보장함에 있어 국가목표규정의 방식으로 정한다고 할 때, 그 정하는 정도에 있어 밀도상의 차이가 있는가 하는 문제가 있다. 통상의 경우에 국가목표규정의 방식으로 정하고 있는 여러 조항 사이에 그 밀도의 차이를 기준으로 하여 각 국가목표규정의 보장 정도를 구분하는 것은 어렵다.

그러나 헌법이 국가목표규정을 정함에 있어 다른 국가목표규정조항과 달리 특별히 의무의 구체화를 조밀하게 정하고 있어, 입법자에게 입법을 할 것을 명확히 지시하고 있는 경우에는 그러한 입법을 하지 않는 것을 정당화하는 사유가 없는 한 국회의 立法不作爲는 국가목표규정에 위반된다고 할 것이다.

그리고 국가목표규정을 정하고 있는 조항의 내용에서 核을 이루는 영역과 나머지 영역이 구분되는 경우에는 그 핵을 이루는 내용에 明白히 반하는 입법행위는 국가목표규정을 침해하는 것이라고 할 것이다. 핵을 이루는 영역은 입법자를 구속하는 것이고 그 이외의 영역은 입법형성의 자유에 맡겨져 있는 것이기 때문이다.

[8] 第五 制度의 保障

Ⅰ. 개 념

制度의 保障(Einrichtungsgarantien, institutionelle Garantien)은 국민이 삶을 영위하고 국가가 존립하고 유지하는데 필요한 일정한 객관적 제도를 헌법적 수준에서 보장하는 것을 말한다. 국민의 삶과 국가의 존속에 필요한 제도는 헌법적 수준에서 창설하여 보장하는 것(憲法的 制度)과 법률적 수준에서 창설하여 보장하는 것(法律的 制度)이 있는데, 헌법학에서 제도의 보장이라고 하는 것은 헌법적 수준에서 제도를 보장하는 것을 일컫는다.

制度의 保障은 객관적인 제도를 보장하는 것이기 때문에 주관적 권리를 보장하는 基本權의 保障과 구별된다. 다만, 유의할 것은 제도의 보장과 기본권의 보장이 개념에서는 구별되지만, 제도의 보장을 정하고 있는 헌법조항에서 기본권이 도출되는 경우도 있다. 예컨대 대통령선거제도만을 두고 있는 경우에는 대통령선거제도는 제도의 보장이지만, 이 조항에서 대통령선거에서 입후보할 피선거권과 대통령을 선출할 선거권이 도출된다. 법원에 의한 재판제도는 재판제도의 보장이지만, 이에서는 법원의 재판을 받을 권리가 포함되어 있다(현행 헌법에서는 재판받을 권리를 제27조 제1항에서 기본권으로 별도로 명시하고 있다).

헌법이 보장하고 있는 이러한 제도의 보장에 해당하는 것으로는 군사제도(憲法 §5②), 직업공무원제도(憲法 §7), 복수정당제도(憲法 §8①), 사유재산제도(憲法 §23), 교육제도와 대학제도(憲法 §31 ③,④,⑤), 혼인제도와 가족제도(憲法 §36①), 선거제도(憲法 §41①, §67①), 재판제도(憲法 §101), 헌법재판제도(憲法 §111), 지방자치제도(憲法 §117, §118) 등이 있다.

이러한 제도의 보장은 원래 바이마르공화국 당시에 역사적이고 전통적으로 그 사회에서 유지되어온 제도를 입법자의 법률에 의하여 폐지되거나 부정되는 것을 방지하기 위하여 고안된 개념이었다(制度保障理論). 즉 의회가 법률로써 무엇이든 창설하고 폐지할 수 있는 것이 아니라(法律實證主義=法律萬能主義의 否定), 기본권은 헌법에서 보장되어야 하는 것이기에 성질상 법률로 창설하거나 폐지할 수 없는 것은 당연하지만, 이러한 기본권에 해당하지 않는 제도의 경우에도 법률로 창설되거나 폐지될 수 없는 성질의 것이 있는데, 이는 헌법적 수준에서 보장되는 제도의 보장이라는 것이다. 이러한 제도의 보장은 기본권의 보장을 더 충실하게 하는데 기여한다는 것이다.

《C. Schmitt의 制度保障理論》

기본권을 천부인권인 自由權을 중심으로 이해하고 기본권이론을 구성한 C. Schmitt는 自由權(Freiheitsrechte)과 制度(Institution od. Institut)를 철저히 구별하였다. 그는 바이마르공화국 당시 각종의 요구(Forderung)들과 권리들이 구별없이 기본권으로 통용되고 있는 개념의 혼란 속에서 '學問的으로 有用한 概念'(wissenschaftlich brauchbarer Begriff)을 확정하고자 노력하였다. 그리하여 그는 '市民的 法治國家'에서의 기본권은 '先國家的이고 超國家的인 權利'(vor- und überstaatliche Rechte)로서 국가가 법률에 의해 부여하는 것이 아니라 국가이전에 존재한 것으로 승인되고 보호되는 권리라고 하였다. 그래서 이런 기본권은 반드시 원리적으로 제약된 범위 내에서 규제된 절차에 의해서만 국가에 의해 제한될 수 있는 것이라고 하였다. 바이마르헌법상 이런 기본권보장의 법리는 법률이나 헌법 제76조의 憲法改正法律에 의해 배제될 수는 없고, 오로지 국민의 헌법제정권력에 의해서만 배제될 수 있을 뿐이라고 했다. 따라서 이런 '진정한 기본권'은 그 본질에서 결코 法益(Rechtsgüter)이 아니며, 自由의 領域이라고 하였다. 이 자유의 영역에서 權利(Rechte)와 防禦權(Abwehrrechte)이 생겨난다고 하였다. 국가는 이런 기본권의 보호에 봉사하여야 하고, 그 속에서 비로소 자신의 궁극적인 존재의의를 찾는다고 하였다. 이런 기본권은 철저히 자유로운 개개인이 인간으로서 가지는 권리이며, 국가를 향하여(gegenüber) 가지는 권리라고 하였다. 이런 '진정한 기본권'에는 그가 말한 이른바 '配分原理'(Verteilungsprinzip)가 적용되고, 기본권이 지니고 있는 개개인의 자연적 권리라는 속성으로 인하여 국적에 관계없이 모든 인간에게 통용되는 것이라고 하였다. 진정한 의미의 기본권은 個人主義的 自由權만이고 社會的 要求(soziale Forderung)는 이에 해당되지 않는다고 하였다. 따라서 단결권, 직장폐쇄권, 참정권, 사회권 등은 본질에서 이런 기본권과는 다른 범주에 속하는 것으로 이해되었다. 근대 서구의 시민적 법치주의의 이데올로기에 철저한 자유중심의 기본권이해이다. 기본권에 대한 이런 시각을 견지한 Schmitt는 헌법에서 기본권으로 규정하고 있는 경우에도 성질로 보아 自由가 아니라 '公法上의 制度'(Öffentlich-rechtliche Institution)이거나 '傳統的으로 확립된 典型的인 私法上의 制度'(typisches, traditionell feststehendes Rechtsinstitut)에 해당하는 것을 헌법이 정하고 있는데, 이 경우에 이러한 헌법상의 보장은 眞正한 基本權(=眞正基本權)의 보장과 구별되는 '制度保障'(institutionelle Garantie)이라고 했다. 그는 바이마르공화국헌법상의 地方自治制度, 職業公務員制度, 大學의 自治, 法官의 獨立, 例外法院의 禁止(法律이 정하는 法官의 裁判을 받을 權利), 公法人으로서의 宗敎團體, 학교교육의 정규과목으로서 宗敎敎育을 행하는 것, 大學에 있어 신학부의 설치 등과 같이 헌법이 公法上의 制度 그 자체를 보장하고 있는 것을 '制度的 保障'(institutionelle Garantie)이라고 명명하고, 私有財産制度, 相續制度, 家族制度, 가족생활의 기초가 되는 婚姻制度 등과 같이 헌법이 전통적으로 확립되어 있는 전형적인 사법상의 제도를 보장하고 있는 것을 '制度保障'(Institutsgarantie)이라고 하였다. 예컨대 가족제도의 경우를 보면, 가족 그 자체뿐만 아니라 가족의 구성원도 진정한 의미에서의 기본권을 가지지 못한다고 했다. 이들은 오직 제도로서만 憲法律的인 保護를 받는 것에 그친다고 하였다. Schmitt는 公法上의 制度를 보장하는 'institutionelle Garantie'와 私法上의 制度를 보장하는 'Institutsgarantie'를 통털어 말할 때는 'institutionelle Garantie'라는 용어를 사용하였다. 그는 先國家的이고 天賦的인 자유를 의미하는 '기본권'과 이런 '제도보장'은 성질상 서로 다른 것이라고 하여 그 취급에서도 같을 수 없다고 보았다. 자유권의 경우에는 眞正基本權으로서 先國家的이고 그 보장이 무제한한 것이므로 그가 말하는 '配分原理'가 적용되지만, 제도보장은 어디까지나 국가의 법질서에 의해서 인정되는 것이므로 '配分原理'는 적용되지 않는다고 하였다. 그 결과 제도보장은 입법기관에 의해 법률로써 제한될 수 있다고 보았다. 그러나 그 경우에도 제도 그 자체를 폐지하지는 못하는데, 헌법상의 제도보장은 바로 여기에 그 법적인 의미가 있다고 한다. 그는 제도보장이 경우에 따라서는 '現狀維持의 保障'(Status quo-Garantie)으로서의 성질을 가지는 경우도 있지만, 원칙적으로 양자는 다른 것이라고 했다. 제도의 보장이 제도를 그대로 존속하게 하는 '制度存立에 대한 權利'(Recht auf Existenz)를 인정하는 것은 아니라는 것이다. 그는 制度保障과 主觀的 權利의 保障은 서로 다른 것이지만, 양자가 함께 인정되는 경우도 없지 않다고 보아 양자를 擇一關係로 보는 것은 잘못이라고 하였다. 제도보장에는 주관적 권리를 같이 보장하는 제도보장과 그렇지 아니한 제도보장이 있다고 했다(鄭宗燮 e, 146). 이러한 Schmitt의 제도보장이론은 법률실증주의에 대항하여 기본권만으로 개인의 권리를 충실하게 보장할 수 없는 점을 착안하고, 이러한 영역에 헌법적 수준에서 보장되는 제도보장이 존재한다는 것을 제안하여 법률로 아무 제도나 폐지할 수 없도록 하여 기본권보장을 강화하는데 기여하도록 하는데 그 이론적 전략이 있었다.

Ⅱ. 성 질

제도의 보장은 헌법적 수준에서 제도를 보장하는 것이기 때문에 이를 정하고 있는 헌법규정은 입법권, 행정권, 사법권, 헌법재판권을 구속한다. 따라서 어떠한 국가권력도 헌법이 정하고 있는 제도보장의 규정을 위반할 수 없다. 제도보장의 규정은 국가권력을 직접 구속할 뿐 아니라, 裁判規範으로도 작용한다.

헌법이 정하는 제도의 보장은 그 제도가 제 기능을 충분히 할 수 있도록 정하고 있는 규범이기 때문에 최소한으로 보장되는 것이 아니다. 입법자는 헌법상의 제도보장을 구체화하는 경우에도 헌법이 정하고 있는 제도의 기능이 충분히 작동할 수 있게 입법하여야 한다. 헌법에서 정하고 있는 해당 제도의 본질과 내용이 충분히 보장하는 범위 내에서 제도를 디자인하는 입법자의 입법형성의 자유가 광범위하게 인정된다. 제도보장을 구체화시키는데 입법자의 입법형성의 자유가 넓게 인정된다고 하여, 이러한 입법자의 결정이 제도와 관련이 있는 기본권이 헌법상 보장되는 범위를 축소하는 결과를 가져와서는 안 된다.

종래의 「基本權保障-制度保障 峻別論」에 의하면, 기본권을 보장하는 것이 최대한의 보장이라면 제도의 보장은 이와 달리 최소한의 보장이라는 틀을 구축하였다. 憲法裁判所도 이러한 틀을 추종하고 있다(예: 憲 1997. 4. 24.-95헌바48).

> [憲 1997. 4. 24.-95헌바48] 「헌법 제7조는 앞서 본 바와 같이 공무원의 공무수행의 독자성과 영속성을 유지하기 위하여 공직구조에 대하여 제도적 보장으로서의 직업공무원제도를 마련하도록 규정하고 있다. 제도적 보장은 객관적 제도를 헌법에 규정하여 당해 제도의 본질을 유지하려는 것으로서, 헌법제정권자가 특히 중요하고도 가치가 있다고 인정되고 헌법적으로 보장할 필요가 있다고 생각하는 국가제도를 헌법에 규정함으로써 장래의 법발전, 법형성의 방침과 범주를 미리 규율하려는데 있다. 다시 말하면 이러한 제도적 보장은 주관적 권리가 아닌 객관적 법규범이라는 점에서 기본권과 구별되기는 하지만 헌법에 의하여 일정한 제도가 보장되면 입법자는 그 제도를 설정하고 유지할 입법의무를 지게 될 뿐만 아니라 헌법에 규정되어 있기 때문에 법률로써 이를 폐지할 수 없고, 비록 내용을 제한한다고 하더라도 그 본질적 내용을 침해할 수는 없다. 그러나 기본권의 보장은 헌법이 "국가는 개인이 가지는 불가침의 기본적 인권을 확인하고 이를 보장할 의무를 진다"(제10조), "국민의 자유와 권리는 헌법에 열거되지 아니한 이유로 경시되지 아니한다. 국민의 모든 자유와 권리는 국가안전보장·질서유지 또는 공공복리를 위하여 필요한 경우에 법률로써 제한할 수 있으며, 제한하는 경우에도 자유와 권리의 본질적인 내용을 침해할 수 없다"(제37조)고 규정하여 '최대한 보장의 원칙'이 적용되는 것임에 반하여, 제도적 보장은 기본권 보장의 경우와는 달리 그 본질적 내용을 침해하지 아니하는 범위 안에서 입법자에게 제도의 구체적인 내용과 형태의 형성권을 폭넓게 인정한다는 의미에서 '최소한 보장의 원칙'이 적용될 뿐인 것이다.」

그러나 우리 헌법이 정하고 있는 제도의 보장은 이러한 바이마르공화국 당시의 「제도보장이론」에 근거하고 있는 것이 아님을 유의할 필요가 있다. 그리고 제도의 보장과 기본권의 보장이 개념에서는 구별되지만, 사유재산의 보장과 같이 제도와 기본권이 동시에 보장되는 경우(基本權과 制度의 竝存型), 대의제도를 채택함으로써 선거권과 피선거권이 보장되는 것과 같이 제도에 기본권이 수반되는 경우(基本權의 制度隨伴型), 정당제도를 보장함으로 인하여 정당의 설립·가입·활동·탈퇴의 권리가 보장되는 것과 같이 제도의 보장으로 기본권이 부수적·간접적으로 보장되는 경우(基本權의 制度從屬型)가 있기 때문에, 제도의 보장이 최소한의 보장이고 기본권의 보장이 최대한의 보장이라는 도식적인 틀은 유지되기 어렵다. 제도보장과 기본권의 보장이 서로 연관이 있는 경우에는 기본권이 제도에 종속하는 경우가 아닌 경우에는 기본권 보장의 범위에 따라 제도의 보장이 이루어져야 한다(예: 사유재산제도의 보장).

《「基本權保障-制度保障 峻別論」과 그 비판》

종래 국내에서 통용되던 「基本權保障-制度保障 峻別論」은 제도의 보장을 다음과 같이 이해한다. 制度保障(制度保障이라는 개념 · 용어와 관련하여 원래 이 이론을 주창한 독일의 C. Schmitt는 私制度保障을 의미하는 '制度保障' (Institutsgarantie)과 公制度保障을 의미하는 '制度的 保障' (institutionelle Garantie)으로 나누어 구분하였다. 그러나 국내의 논의는 이런 구분을 그대로 따르지 않고 '制度保障' 또는 '制度的 保障' 으로 혼용하고 있다)은 사유재산제도, 복수정당제도, 직업공무원제도, 지방자치제도 등과 같이 主觀的 권리가 아니면서 국민의 자유와 복리를 증진시키기 위하여 그 기초가 되는 일정한 법적 · 사회적 · 정치적 · 경제적 · 문화적인 客觀的 制度를 헌법에서 보장함으로써 그 제도의 본질과 핵을 立法에 의한 폐지 · 침해로부터 보호하려는 것이다. 제도보장에서 保障의 對象은 특정의 객관적인 제도 그 자체이고, 개인의 기본권이 아니다. 양자가 일정한 관련을 가지는 경우에도 성격상으로는 별개의 것으로 구별된다. 제도보장은 법에 의해 내용이 형성되고 규율되는 국가내적인 것이므로 先國家的이거나 自然權的인 것이 아니다. 保障의 程度는 기본권보장이 最大限(maximum)의 保障인 것에 반하여 제도보장은 最小限(minimum)의 保障이다. 기본권보장은 최대한의 보장이므로 필요최소한의 경우에 한하여 법률에 의한 제한이 가능하지만, 제도보장에 의해 헌법이 보장하려는 것은 특정한 제도의 본질적인 내용을 이루는 부분이라는 최소한의 제도 내용이므로 그런 본질적 내용을 침해하지 않는한 법률로써 이를 자유로이 제한할 수 있다. 따라서 제도보장은 기존의 제도를 현상 그대로 유지 · 보장하여야 한다는 것이 아니다. 이런 제도보장은 집행권과 사법권은 물론 입법권까지도 포함하는 통치권력을 직접적으로 기속하는 효력을 가진다. 따라서 제도보장규정은 단순한 프로그램적인 방침적 규정이 아니라 직접적 효력을 가지는 法規範으로서의 裁判規範이다. 그리고 기본권은 憲法改正權力을 기속하지만 제도보장은 헌법개정권력을 기속하지 않는다. 제도보장이 現狀維持의 保障이 아니라는 점은 여기에서도 확인된다. 峻別論은 기본권보장과 제도보장을 아래의 도표와 같이 도식적으로 구별하고 있다.

구 분	기본권보장	제도보장
보장의 대상	주관적 권리	객관적 제도
보장의 성질	선국가적 권리보장	국가내적 제도의 창설
보장의 정도	최대한 보장	최소한 보장
재판규범성	인 정	인 정
헌법개정권력 기속여부	기 속	불 기 속

이런 설명에 의하면 헌법상의 제도보장규정이 직접적 효력을 가지는 재판규범이라는 것과 관련하여 제도보장규정 그 자체를 직접 근거로 하여 개인이 헌법소원심판을 청구할 수 있느냐 하는 문제가 제기된다. 제도를 보장하고 있는 규정에는 객관적인 제도만 보장되어 있다고 보게 되면 이 규정은 헌법소원심판의 근거규정이 되지 못한다. 그러나 이런 규정에서도 기본권이 도출된다고 하면 이 규정을 근거로 기본권의 침해를 주장할 수 있다. 峻別論은 특정 헌법규정을 제도보장이라고 규정짓고 제도보장의 성질상 이런 규정을 근거로 소송을 제기할 수 없다고 보기 때문에

헌법소원심판도 청구할 수 없다는 단호한 태도를 견지하고 있다. 제도보장규정을 재판규범이라고 하면서도 이 점을 인정하지는 않는 모순을 범하고 있다(鄭宗燮 e, 142).

Ⅲ. 기　　능

어떠한 제도를 헌법적 수준에서 보장한다는 의미는 입법자로부터 법률을 통하여 이를 폐지하거나 본질을 훼손하는 것을 방지하기 위한 것이다. 이러한 것은 법률적 수준에서 보장하는 제도의 보장과 다르다.

憲法裁判所도 이러한 제도의 보장을 인정하고, 「제도적 보장은 객관적 제도를 헌법에 규정하여 당해 제도의 본질을 유지하려는 것으로서, 헌법제정권자가 특히 중요하고도 가치가 있다고 인정되고 헌법적으로 보장할 필요가 있다고 생각하는 국가제도를 헌법에 규정함으로써 장래의 법발전, 법형성의 방침과 범주를 미리 규율하려는데 있다. 다시 말하면 이러한 제도적 보장은 주관적 권리가 아닌 객관적 법규범이라는 점에서 기본권과 구별되기는 하지만 헌법에 의하여 일정한 제도가 보장되면 입법자는 그 제도를 설정하고 유지할 입법의무를 지게 될 뿐만 아니라 헌법에 규정되어 있기 때문에 법률로써 이를 폐지할 수 없고, 비록 내용을 제한한다고 하더라도 그 본질적 내용을 침해할 수는 없다」라고 판시하였다(예: 憲 1997. 4. 24.-95헌바48).

Ⅳ. 효　　력

헌법에서 정하고 있는 제도의 보장은 國家權力을 直接 拘束한다. 그런 의미에서 이는 프로그램규정이 아니다.

헌법에서 정하고 있는 제도의 보장은 裁判規範으로 작용한다. 법원의 재판은 물론이고 헌법재판에서도 재판규범으로 작용한다. 헌법재판소는 어떤 법률조항이 제도보장에 위반되는 경우에는 위헌으로 결정한다.

제도의 보장은 헌법에서 직접 정하고 있기 때문에 이를 폐지하거나 그 내용을 변경하고자 하는 경우에는 헌법개정의 방법을 통하여야 한다. 이런 의미에서 제도의 보장은 憲法改正權力을 구속하지 아니한다.

제 2 장 基本權의 機能

[9] 第一 概 說

기본권은 헌법에 보장된 권리로서 대국가적 영역과 대사회적 영역에서 각기 그에 해당하는 기능을 가지고 있다. 기본권은 대국가적 영역에서는 방어적 기능, 차별금지적 기능, 급부적 기능, 질서형성적 기능을 가지고 대사회적 영역에서는 제3자로부터의 보호적 기능, 질서형성적 기능을 가진다.

[10] 第二 對國家的 領域

I. 방어적 기능

기본권은 국가의 권력작용으로부터 국민의 자유와 권리를 보장하는 방어권으로서 기능을 한다. 이러한 방어권은, 국가가 공적인 강제력을 독점하고 있으면서 언제나 개인에 대하여 이를 행사하여 자신의 의지를 관철할 수 있는 힘을 가지고 있다는 것을 전제로 한다. 따라서 국가와 국민간의 이러한 힘의 역학관계를 고려할 때, 기본권은 국가로부터 개인의 권리를 방어하고 보호해주는 것에 가장 큰 역할이 있다.

권리는 그 권리의 주체의 지위를 유지하게 하는 것이므로 그 권리를 침해하는 행위에 대하여 언제나 방어할 수 있다. 기본권이 국가에 대하여 主觀的 防禦權(subjektive Abwehrrechte) 또는 防禦權(defensive right)으로서 기능을 하는 것은 기본권이 권리이기 때문이다. 자유를 기본권으로 보장하는 자유권의 보장은 단순히 자유로운 상태를 보장하는 것을 넘어 국가의 침해에 대하여 개인의 자유 영역을 방어하는 권리를 보장하는 의미를 지니고 있다. 따라서 국가가 국민의 기본권을 침해하거나 침해할 것이 예상되는 때에는 국민은 언제나 방어권에서 도출되는 행위를 할 수 있다. 기본권에는 침해행위를 제거하거나 침해로 인한 피해를 轉補할 것을 구하거나, 기본권을 침해할 우려가 있는 경우에 미리 이러한 행위를 沮止할 수 있는 속성이 내재되어 있다.

전통적으로 기본권이론에서 기본권이 방어권으로서 기능을 한다고 한 것은 곧 기본권이 권리라는 점을 확인한 것이다. 이러한 방어권으로서의 기능이 확대되어 사회영역 또는 개인에 대해서도 어떤 효력을 가지느냐 하는 것은 기본권의 효력의 문제에 해당한다(基本權의 第3者的 效力=對私人的 效力). 독일에서 보듯이, 처음부터 국민에 대하여 國家優位的인 관점에서 공법이론이 성립한 경우, 국가에 대하여 國民優位的인 權利體系를 받아들이고 이를 기본권이라는 개념으로 해소시키고자 하는 경우에는 당연히 기본권의 방어권적 성격이 논의에서 두드러지게 나타난다(예: G. Jellineck의 地位理論에서의 소극적 지위). 그러나 국가에 대하여 국민의 우위를 당연한 것으로 하여 권리개념을 획득하는 나라에서는 이러한 방어권은 기본권의 권리로서의 속성에서 나오는 당연한 것으로 이해되는 것이다.

Ⅱ. 차별금지적 기능

헌법은 권리장전에 평등권을 포함시켜 국가로 하여금 국민을 차별대우하지 못하게 하고 있다. 이러한 차별대우는 개별적인 기본권이 보장되는 영역에서도 언제나 공통적으로 금지되는 것이어서 기본권으로 보장되는 모든 영역에서 국민은 차별대우를 받지 않는다.

憲法 제11조 제1항과 제2항에서 이를 기본적으로 보장하고 있을 뿐 아니라, 정당의 보호에서도 평등한 대우를 보장하고 있으며(憲法 §8①), 혼인과 가족생활에서의 평등(憲法 §36①), 선거에서의 평등(憲法 §41①, §67①), 공직취임에서의 평등(憲法 §25) 등으로 나타나는데, 기본권 보장의 구조에 있어서 차별금지와 평등대우는 기본권 보장의 방법론적인 기초를 이루고 있으므로(憲法 §11①) 기본권은 본질적으로 차별금지적 기능을 가진다.

Ⅲ. 급부적 기능

오늘날 기본권은 국가로부터의 국민이 점하는 지위에서 보장되는 방어권이나 평등권에 머물지 않고 국가에 대하여 국민이 적극적으로 급부를 요구하는 것을 보장한다. 오늘날 국민의 생활은 자기 스스로 부양하는 것만으로는 충분하지 못하고, 개인의 역량을 넘어 타자에 의한 부양을 필요로 하는 경우가 있는데, 이 경우 국민은 국가에 의한 급부에 의하여 삶을 영위한다. 이러한 급부는 국민의 공평부담을 요구하므로 필연적으로 국가에게 재정적인 부담을 지우게 되고, 정책의 우선순위에도 영향을 미치게 된다. 기본권 가운데 국가에 대하여 급부를 요구할 수 있는 기본권이 있다고 하더라도 이의 실현에서는 국가의 재정을 고려하지 않을 수 없다.

Ⅳ. 질서형성적 기능

권리장전이 실정헌법에 편입되어 헌법의 한 구성요소를 이루게 되면서 기본권은 단순히 개인의 권리를 보장하는 수준을 뛰어넘어 기본권으로 보장되는 가치들이 형성하는 하나의 질서를 이루게 되었다. 이러한 질서는 일반적으로 인간의 존엄과 가치를 구체화하고 행복을 추구하는 삶을 실질화시키는 것이기도 하고, 참정권이나 참여권과 같이 국가가 작동하는 질서를 구축하는 것이기도 하다. 예컨대 표현의 자유와 정치적 기본권은 민주주의를 형성하는 기능을 가진다.

기본권은 이러한 헌법질서를 형성하기 때문에 국민에 대한 국가의 행위에 있어서도 기본권이 적용되고, 국가의 조직이나 절차도 기본권이 형성하는 가치질서에 합치되어야 한다. 기본권을 정하고 있는 헌법은 모든 하위법의 근거규범이기 때문에 법률의 제정과 집행은 헌법이 정하는 기본권에 합치하는 것이어야 하고, 하위법규범은 기본권에 합치되도록 해석되어야 한다(基本權合致的 解釋). 입법권, 행정권, 사법권, 헌법재판권의 행사나 절차가 기본권에 합치하여야 한다는 것은 여기에서 나오는 귀결이다.

기본권이 질서를 형성한다고 하여 일정한 기본권이 하나의 폐쇄적이고 완결된 질서를 형성하는 것은 아니다. 학문이나 예술과 관련된 기본권이 형성하는 고정된 질서라든가 직업활동에 관련된 기본권이나 정치적 기본권이 하나의 고정된 특정질서를 형성하는 것은 아니다. 따라서 기본권이 질서형성의 기능을 가진다고 하여 기본권을 특정한 질서에 종속되는 방향으로 해석해서는 안 된다.

[11] 第三 對社會的 領域

Ⅰ. 제 3 자로부터의 보호적 기능

기본권은 국가를 직접 기속하는 권리이기도 하지만, 실정헌법에 규정되어 하나의 일정한 가치질서를 형성하는데, 이러한 가치질서에는 원칙적으로 국가나 국민이나 모두 포섭된다. 따라서 국가만 기본권을 침해할 수 없는 것이 아니라 국민도 사적 영역에서 보호되는 개인의 기본권은 침해할 수 없다. 이와 같이 기본권은 국가뿐만 아니라 제 3 자인 사인으로부터도 개인의 기본권이 침해받지 않게 하는 기능을 가진다. 따라서 「국가 대 국민간의 관계영역」에서뿐만 아니라 「국민 대 국민간의 관계영역」에서도 국가가 기본권을 고려해야 하는 부분이 있다. 다만, 유의할 것은 사인으로부터 기본권을 침해받지 않는 것은 기본권의 방어권으로서의 효력이 사인간에 인정되어 그러한 것이 아니라 국가의 기본권보호의무 또는 국가의 본질적 기능에 따른 국가행위에 의한 것이라는 점이다.

Ⅱ. 질서형성적 기능

기본권은 실정헌법에 규정되어 실정적인 질서를 형성하므로 국가뿐만 아니라 국민도 이러한 질서를 준수하지 않으면 안 된다. 기본권이 형성하는 질서는 국가영역에 한정되는 것이 아니라 사회영역에도 형성되므로 사인인 국민도 이러한 질서를 존중해야 한다.

기본권에 의해 형성되는 질서를 준수하는 것은 사인이 스스로 타인의 기본권을 존중하면서 생활하는 것을 통하여 실현되기도 하고, 이러한 자율적인 행위로 질서를 유지할 수 없을 때에는 사인이 사인에 대하여 직접 기본권을 행사하는 것이 아니라 국가가 입법작용, 행정작용, 사법작용을 통하여 이러한 질서가 유지되도록 한다. 기본권은 私人에 대하여 직접 효력을 가지는 것이 아니기 때문이다.

제 3 장　基本權의 主體

제 1 절　槪　　說

[12]　第一　基本權의 保有能力과 行使能力

Ⅰ. 기본권보유능력

헌법상 보장된 기본권을 가지고 향유할 수 있는 능력을 基本權의 保有能力(Grundrechtsfähigkeit)이라고 한다. 즉 기본권의 주체(Grundrechtsträger, Grundrechtssubjekt)가 될 수 있는 능력을 말한다. 基本權의 享有能力(Grundrechtswahrungsfähigkeit)이라고도 한다. 이러한 기본권보유능력은 헌법상의 권리를 보유하는 능력이라는 점에서 법률상의 권리를 보유하는 능력과 구별되고, 형법상의 자격정지에 의해서도 박탈되지 않는다. 기본권의 주체가 사후에 특정 기본권을 박탈당하면 해당 기본권에 대한 보유능력을 상실한다.

> 기본권의 보유능력은 민법상의 權利能力과 일치하지 않는다. 민법상의 권리능력은 사람이 출생하여 생존하는 동안 인정되기 때문에(民法 §3) 태아와 죽은 자에게는 권리능력이 인정되지 않는다. 그러나 기본권의 보유능력은 이와 다르다. 예컨대 死者에게 권리능력은 인정되지 않지만 기본권의 보유능력이 인정되는 경우가 있다든지 胎兒의 권리능력(태아의 권리능력의 예외적인 인정에서도 一般主義와 個別主義에 따라 그 보호범위가 달라진다)이 기본권의 보유능력과 항상 일치하는 것은 아니라는 점에서 볼 수 있듯이, 기본권의 보유능력과 민법상의 권리능력은 동일한 것이 아니다.

기본권의 보유능력에 있어서는 기본권의 성질상 헌법이 직접 정하거나 헌법의 위임에 의하여 법률에서 일정한 연령에 이르러서만 해당 기본권을 보유할 수 있게 하는 경우가 있다. 예컨대 選擧權, 被選擧權, 國民投票權의 경우에는 일정한 연령에 달한 때부터 그 기본권을 보유할 수 있다(이를 기본권행사능력의 문제로 보는 견해가 있으나 보유능력의 문제로 보는 것이 타당하다). 선거법의 위반으로 일정한 기간 동안 입후보할 수 없거나 선거권을 가질 수 없는 때에는 피선거권이나 선거권을 보유할 수 있는 능력이 부인된다([175] I (4), [180] I (4)).

Ⅱ. 기본권행사능력

基本權의 行使能力(Grundrechtsmündigkeit)은 특정 기본권을 현실적으로 행사할 수 있는 능력을 말한다. 基本權의 行爲能力이라고도 한다. 기본권을 보유하는 자는 기본권을 행사할 수 있는 능력도 가지는데, 문제가 되는 것은 未成年者, 心神喪失者, 行爲無能力者, 死者의 경우에 일정한 기본권에 있어 기본권행사능력이 인정되지 않는가 하는 문제이다. 死者에게도 인간의 존엄과 가치가 인정된다고 보고 그러한 범위 내에서 한정된 범위에서 기본권의 주체성을 인정하면 이 경우에는 기본권의 보유능력은 인정되지만 기본권의 행사능력은 인정되지 않는다.

공무원, 군인, 군무원, 경찰관, 재소자, 국·공립학교의 학생과 같이 국가와의 관계에서 특수신분관계에 있는 자라고 하더라도 기본권의 보유능력과 행사능력은 인정된다. 다만, 이러한 특수신분관계에 있는 자에 대해서는 그러한 특수한 관계가 추구하는 목적으로 인하여 기본권의 제한에서 더 강하게 제한받을 수는 있다.

未成年者의 경우에는 양육이나 교육상 부모가 親權을 행사하는데(예: 위험으로부터 보호하는 행위, 교육을 하는 행위), 이러한 친권이 인정되는 범위 내에서는 미성년자는 기본권을 주장할 수 없다.

기본권의 행사능력은 주로 재판청구권과 같은 청구권에서 이를 직접 행사할 수 없는 경우에 제한을 받는데, 이러한 경우에 기본권행사능력이라는 개념이 유효할 뿐 다른 경우에는 별 유용성이 없다. 기본권의 주체에 있어 일반적으로 보유능력과 행사능력을 구별하여 행사능력을 일반적으로 제한하거나 부정할 수 있는 개념인 것으로 이해해서는 안 된다.

[13] 第二 「人間의 權利」로서의 基本權

모든 사람에게 인정되는 기본권이 존재하는가 하는 문제는 기본권의 주체론과 직접 연결되어 있는 문제이다. 한 나라의 실정헌법이 그 나라의 국민에 대하여 기본권의 주체성을 인정하는 것은 당연하지만, 그 나라의 국민 이외의 존재자에게도 그 나라의 실정헌법상의 권리가 당연히 인정되는가 하는 문제에서는 논란이 있다. 이 문제는 外國人 또는 無國籍者의 기본권의 주체성인정여부와 직결되어 있어 이들에게 일정한 기본권이 인정된다면 이러한 범위 내에서는 모든 사람에게 인정되는 기본권이 존재하게 된다.

일반적으로 국적에 관계없이 모든 사람에게 인간이라는 이유만으로 인정되는 권리를 人間의 權利(Menschenrechte)라고 한다. 생명권, 신체의 자유, 양심의 자유 등 자연권으로서의 성질을 가지는 권리들이 이에 해당한다. 그런데 권리 가운데 성질상 이러한 인간의 권리에 해당하는 것이 있다는 것과 실정헌법상의 권리 가운데 어떠한 권리가 이러한 인간의 권리에 해당하는가 하는 문제와 인간의 권리에 해당하는 헌법상의 권리가 있더라도 국적에 불문하고 그 나라에 있는 모든 사람에게 헌법이 이러한 권리를 보장하여야 하는가 하는 문제는 다르다.

[14] 第三 「國民의 權利」로서의 基本權

헌법이 보장하는 권리는 모두 대한민국의 국민에게는 인정된다. 즉 大韓民國의 國籍을 가지고 있는 사람은 대한민국 헌법이 정하고 있는 기본권의 주체가 된다. 이러한 기본권에는 성질상 인간의 권리에 해당하는 것도 있고, 대한민국이라는 국적을 가지고 있기 때문에 비로소 인정되는 권리도 있다. 해당 국가의 국적을 가진 자에게만 해당 국가의 헌법이 보장하는 기본권을 國民의 權利(Bürgerrechte)라고 한다.

제 2 절 基本權의 主體

[15] 第一 國 民

I. 성 년 자

성년자인 대한민국 국민은 기본권의 주체가 된다. 이에 대해서는 아무런 이론이 없다.

Ⅱ. 미성년자

미성년자도 원칙적으로 기본권의 주체가 된다. 그러나 기본권의 성질상 나이로 인하여 특정한 기본권은 인정되지 않는 경우도 있고 미성년자의 보호라는 이익에 의하여 기본권의 행사에서 성인보다 더 많은 제한을 받는 경우도 있다.

나이가 어린 유아나 아동도 기본권의 성질에 비추어 인정되는 범위 내에서는 기본권의 주체가 된다. 아동도 헌법 제10조에서 보장하는 인간으로서의 존엄과 가치를 가지고 있으므로 이러한 가치를 실현하는 기본권은 기본적으로 모두 보장된다. 선거권, 피선거권, 국민투표권과 같이 그 성질상 특정한 연령에 도달하여야 인정되는 기본권은 아동이 주체가 될 수 없다.

아동은 기본적으로 판단능력이나 행위능력에서 성숙하지 못하기 때문에 위험이나 오류에 항상 노출되어 있다. 따라서 아동의 경우에는 아동의 보호와 양육이 일차적인 것이어서 이와 충돌되는 이익은 기본권으로 주장될 수 없다.

아동의 보호가 일차적인 것이라고 하더라도 아동의 의사를 고려할 수 있는 경우에는 아동의 동의나 명시적 또는 묵시적 의사를 존중하여야 하며, 국가가 아동의 보호에 일차적인 주체로 개입할 수는 없다. 아동의 보호는 아동의 親權者의 親權에 의한 보호가 국가에 의한 보호에 우선한다. 아동의 의사나 친권자의 역할이 소멸하여(예: 아동에 대한 부모의 학대, 폭력행사, 치료거부, 교육거부) 아동의 보호가 방치되는 경우에 한하여 보충적으로 국가가 아동의 보호자로 개입할 수 있다.

아동에게 기본권이 인정되는 경우라고 하더라도 아동의 건강한 보호라는 이익에 의하여 제한된다. 이 범위 내에서는 아동의 기본권을 내세워 아동의 보호를 배제하지 못한다.

아동에 해당하지 않는 미성년자는 아동보다 연령이 많고 의사능력이나 행위능력에서 아동보다 성숙하므로 아동보다는 기본권의 행사에서 광범하지만 미성년자의 보호라는 가치를 실현하는데 필요한 범위 내에서는 기본권이 제한되며, 이러한 범위 내에서는 기본권을 근거로 하여 미성년자의 보호라는 가치를 배척할 수 없다. 그러나 미성년자를 보호하는 행위가 오히려 미성년자의 기본권을 침해하는 과도한 것이 되어서는 안 된다고 할 것이다.

Ⅲ. 태 아

태아도 그 성질이 허용되는 범위 내에서는 기본권의 주체가 된다. 예컨대 생명권, 신체의 완전성, 인격권 등이 이에 해당한다([67]).

胎兒와 출생한 자를 구별하는 기준의 설정에서는 이론상 陣痛說(=分娩開始說), 一部露出說, 全部露出說, 獨立呼吸說 등 견해가 대립한다. 民法에서는 全部露出說이 통설이지만, 刑法에서는 陣痛說이 통설과 판례(예: 大 1982. 10. 12.-81도2621; 1998. 10. 9.-98도949; 2007. 6. 29.-2005도3832)의 입장이다. 즉 민법에서는 태아가 모체로부터 완전히 분리된 후 비로소 출생한 자로 보고, 형법에서는 산모가 분만에 앞서서 자궁경부의 자궁구가 열리는 주기적인 복통이 있을 때에 출생한 것으로 본다.

Ⅳ. 재외동포

(1) 재외 영주권자

대한민국의 국적을 가지고 외국에 영주하고 있는 자를 在外國民(憲法 §2②)이라고 한다. 이러한 사람은 대한민국 국민이므로 헌법상의 기본권의 주체가 된다. 국민에 대한 기본권주체성에 대한 법리가 그대로 적용된다. 이러한 자에 대해서는 속지주의에 따라 영주하고 있는 해당 국가의 법도 적용되므로 그러한 범위 내에서 헌법이 정하는 기본권이 제한될 수 있다.

재외 영주권자에 대해서는 「재외동포의 출입국과 법적 지위에 관한 법률」로 특별히 보장하고 있다.

(2) 외국 국적의 동포

한 때 대한민국의 국적을 가졌던 자 또는 그의 비속 등을 외국 국적의 동포라고 부르기도 한다. 동포라는 개념은 헌법상의 개념이 아니다. 이러한 외국 국적 동포는 법적으로 외국인에 해당하기 때문에 외국인의 기본권의 주체성에 대한 법리가 그대로 적용된다. 다만, 대한민국은 이러한 외국인에 대해서는 다른 외국인과 비교하여 특별한 정책을 취할 수 있다. 이러한 것은 헌법적 사항이 아니고 입법정책적 사항이다. 외국 국적의 동포에 대해서는 「재외동포의 출입국과 법적 지위에 관한 법률」로 일정한 사항에 관하여 특별히 보장하고 있다.

憲法裁判所는 정부수립 이후의 이주동포에게는 특혜를 주면서 정부수립 이전의 동포를 「재외동포의 출입국과 법적 지위에 관한 법률」이 정하는 수혜의 대상에서 제외한 것은 평등권의 위반이라고 판시하였다.

> [憲 2001. 11. 29.-99헌마494] 「우리 재판소는, 헌법재판소법 제68조 제1항 소정의 헌법소원은 기본권을 침해받은 자만이 청구할 수 있고, 여기서 기본권을 침해받은 자만이 헌법소원을 청구할 수 있다는 것은 곧 기본권의 주체라야만 헌법소원을 청구할 수 있고 기본권의 주체가 아닌 자는 헌법소원을 청구할 수 없다고 한 다음, '국민' 또는 국민과 유사한 지위에 있는 '외국인'은 기본권의 주체가 될 수 있다 판시하여(헌재 1994. 12. 29.-93헌마120), 원칙적으로 외국인의 기본권 주체성을 인정하였다. 청구인들이 침해되었다고 주장하는 인간의 존엄과 가치, 행복추구권은 대체로 '인간의 권리'로서 외국인도 주체가 될 수 있다고 보아야 하고, 평등권도 인간의 권리로서 참정권 등에 대한 성질상의 제한 및 상호주의에 따른 제한이 있을 수 있을 뿐이다. 이 사건에서 청구인들이 주장하는 바는 대한민국 국민과의 관계가 아닌, 외국국적의 동포들 사이에 재외동포법의 수혜대상에서 차별하는 것이 평등권 침해라는 것으로서 성질상 위와 같은 제한을 받는 것이 아니고 상호주의가 문제되는 것도 아니므로, 청구인들에게 기본권 주체성을 인정함에 아무런 문제가 없다.」

이러한 경우를 기본권인 평등권의 위반이라고 하면 외국인은 평등권의 주체가 된다는 결론에 도달한다. 이렇게 되면 외국인에 대한 정책에서 국가는 융통성을 가질 수 없고, 특별한 사유가 없는 한 모든 외국의 외국인을 평등하게 대우하여야 하는 구속을 받는다.

Ⅴ. 특수신분관계에 있는 자

(1) 특수신분관계

공동체 또는 국가를 유지함에 있어서는 국가와 국민간에 일정한 경우에 특수한 관계가 설정된다. 이러한 특수한 관계는 공동체 또는 국가를 유지함에 있어 필요불가결하게 요구되는 것이고, 이런 경우 그런 특수한 관계의 설정과 유지를 위하여 특수관계에 놓이는 사람에게는 그렇지 아니한 사람과 비교하여 기본권의 보장에서 차이가 있을 수 있다. 국가의 공무를 수행하는 공무원, 국·공립대학의 학생, 군인, 교도소의 수감자 등은 각기 그 특수한 신분적인 특성으로 인하여 기본권의 보장에서 일반인과 비교하여 차이가 있을 수 있다. 예컨대 公務員이 공무수행중에 지득한 정보나 지식을 자유로이 공표할 수 없는 것이나, 군복무를 하는 軍人이 표현과 행동에서 일반인과 달리 일정한 제한을 받는 것이나 교도소의 受刑者가 범죄의 대가로 형집행을 받는 상태에서 일반인과 같은 자유와 권리를 행사할 수 없는 것은 당연하다. 국·공립학교의 학생의 경우도 사립학교의 학생과 동일한 상태에 있지는 않다. 따라서 국가와 이러한 特殊身分關係 또는 特殊地位關係에 있는 사람의 경우에는 각기 개별적인 특수한 상태에 따른 기본권의 제한이 있을 수 있다.

헌법은 이런 특수한 관계를 정하고 있다. 공무원의 근무관계, 군인의 복무관계, 국·공립학교의 학생의 교육관계, 수형자의 복역관계 등에 관한 조항이 그것이다. 헌법은 이런 특수한 신분이나 지위에 따른 기본권의 제한을 직접 명시적으로 정하고 있기도 하고, 憲法 제37조 제2항 등을 근거로 하여 법률에 의해 제한할 수 있게 하는 경우도 있다. 단결권, 단체교섭권, 단체행동권을 정하면서 공무원인 근로자에게는 법률이 정하는 자에 한하여 단결권, 단체교섭권, 단체행동권을 인정하는 것(憲法 §33②), 군인·군무원·경찰공무원에 대해서는 국가배상청구권을 제한하는 것(憲法 §29②), 군인과 군무원에 대해서는 군사법원의 재판을 받도록 하는 것(憲法 §27②, §110①) 등은 헌법에서 직접 정하고 있는 경우에 해당한다. 유의할 점은, 특수신분(=지위)관계가 항상 기본권의 제한만을 정당화하는 것은 아니고 특수관계의 목적을 달성하기 위해 이러한 지위에 있는 사람의 기본권을 일반 국민과 비교하여 보다 더 두텁게 보장하는 원리로도 작용한다는 점이다. 따라서 이러한 사람들에 대해서는 국가와의 그 특수한 관계를 들어 아예 기본권이 인정되지 않는다고 한, 재래의 「특별권력관계」의 법리는 현대 입헌민주국가에서는 인정될 수 없다.

(2) 「특수신분관계」에 있는 자의 기본권 주체성

이러한 특수한 지위에 있는 사람의 기본권이 일정한 범위와 정도에서 제한되는 것은 그러한 특수한 신분이나 지위의 성질상 본질적으로 내재되어 있는 것이며, 이는 헌법에서 명시적이거나 묵시적으로 정해져 있다. 특수한 신분이나 지위를 설정하는 특수관계는 그러한 관계의 설정으로 달성하고자 하는 목적과 기능을 가지고 있으므로 이에 따른 특수한 법리에 의해 기본권이 제한된다.

다만, 유의할 것은 이러한 특수신분(=지위)관계에 있는 사람에게도 기본권의 주체성이 인정되므로 이런 사람의 기본권에 대한 제한은 그러한 관계에 있지 않은 사람의 기본권 제한과 비교하여 그 정도와 범위에서 차이가 있을 뿐이라는 점이다.

憲法裁判所는 미결수용자와 受刑者도 기본권을 가진다고 보고, 이들에 대한 기본권의 제한의 정도가 헌법에서 정하고 있는 기본권 제한의 한계를 넘어선 것인가의 여부를 심사하고 있다(예: 憲 1995. 7. 21.-92헌마144; 1998. 10. 29.-98헌마4).

Ⅵ. 죽은 사람

사람이 어느 시점에서 사망하였다고 할 것인가 문제에 관해서는 脈搏終止說, 呼吸終止說, 腦死說 등이 대립하고 있다. 현행 형법상으로는 死者는 생명·신체에 대한 범죄의 객체는 되지 않는다. 死體등의 汚辱罪(刑法 §159)·領得罪(刑法 §161)의 객체가 되는데 그친다. 死者의 名譽毁損罪(刑法 §308)가 사자의 명예와 같은 사자의 인격적 가치를 보호하는 것인가 아니면 사자에 대한 그의 친척 또는 자손의 추모나 존경과 같은 인격적 가치를 보호하는 것인가 하는 것에 대해서는 다툼이 있다.

死者의 기본권은 사자 자신의 기본권을 의미하는데, 사자에 대해 어떤 기본권을 인정할 것인가 하는 것은 국가에 따라 역사, 문화, 전통, 가치관 등에 의해 개별적으로 정해진다. 예컨대 사자 자신의 인격적 가치를 인정할 것인가, 인정한다면 어느 정도로 인정할 것인가 하는 문제나 사체의 손상을 어느 정도로 인정할 것인가 하는 문제 등은 모두 각 공동체에 따라 다르게 결정된다. 사자에 대하여 이러한 가치를 인정하는 경우에도 이를 法律的 水準에서 보호할 것인가 憲法的 水準에서 보호할 것인가에 따라 死者의 기본권의 인정여부와 그 범위가 결정된다.

Ⅶ. 미래 세대의 주체성 문제

환경권, 토지재산권, 천연자원의 사용 등과 관련하여 현 세대에 의한 파괴와 자의적인 사용을 방지하기 위하여 이러한 권리에 대해서는 미래에 태어날 未來 世代(next generation)에게도 권리가 인정된다는 견해가 피력되고 있다. 그러나 미래 세대가 태어 날 것은 분명하고 환경이나 토지나 천연자원의 사용과 관련하여 이해관계를 가지지만 개별 주체를 기준으로 보면 기본권의 주체로 확정할 수 없으므로 미래 세대를 통틀어 기본권의 주체라고 할 수는 없다.

국가의 정책에서 미래 세대가 가지는 이익은 고려되지만, 이는 국가정책에서 법익간의 조화의 문제로 처리되며, 구체적인 기본권으로 주장될 수 있는 성질이 되지 못한다. 현재를 기준으로 할 때, 미래 세대는 기본권행사능력도 가질 수 없을 뿐 아니라 기본권보유능력도 가지지 못한다.

Ⅷ. 비인간 생명체의 주체성 문제

인간이 아닌 생명체, 즉 동물과 식물은 헌법상의 기본권의 주체가 되지 못한다. 생태주의의 관점에서 생태계의 자연도 인간과 같이 생존하고 안전하게 삶을 살아가며 발현할 수 있는 권리를 가진다고 하면서 이른바 「自然의 權利」(right of nature)를 주장하는 견해에서는 자연, 특히 동물에게도 권리가 인정되어야 한다고 주장한다.

이에 대해서는 非人間인 자연과 인간의 차이를 무시하고 人間에 적용되는 권리의 관념을 동물이나 자연에게 적용하는 오류를 범한 것이라는 비판이 있다. 비인간인 자연의 권리가 인간의 권리와 동격에 놓여질 때, 우선 비인간 동물이나 식물의 생명권과 생존권은 식량의 문제에서 인간의 생존권과 정면으로 충돌한다. 그리고 동물에 의한 동물의 죽임과 침해, 동물에 의한 식물의 침해 등은 자연의 권리라는 개념이 성립하기 어렵게 만든다. 따라서 자연의 보호(예: 사냥금지, 식용과 약용 이외의 동물 살해금지, 동식물 생태계의 파괴 금지, 식물의 보호)는 별론으로 하고 자연의 지위를 인간과 동등하게 권리로 설정하는 것은 수용하기 어렵다.

이러한 非人間 生命體의 권리에 관한 논의가 있다고 하더라도 헌법상의 기본권은 인간을 전제로 한 것이므로 비인간 생명체는 헌법상의 기본권(예: 생명권, 행복추구권, 신체의 자유, 안전권, 평등권)의 주체가 되지 못한다.

따라서 동물보호를 헌법에 정할 필요가 있는 경우에는 국가목표규정의 방식으로 정한다.

[16] 第二 法人 · 團體

Ⅰ. 서 설

개인이 아니라 법인이나 단체가 기본권의 주체가 되는가 하는 것이 법인 · 단체의 기본권 주체성 인정여부의 문제이다. 여기서의 법인은 법률에 의해 권리능력을 부여받은 협의의 私法상의 법인만을 의미하는 것이 아니라, 권리능력이 없는 법인이나 단체도 포함한다. 이러한 의미에서의 법인이나 단체는 의사결정과 활동에서 독자적인 결사이어야 하고, 그 구성원과 상대적으로 독립되어 있는 것이어야 한다.

법인이나 단체의 기본권 주체성 인정여부의 문제는 법인이나 단체를 구성하는 자연인의 기본권이 반영된 상태를 보장하는 문제가 아니라, 그러한 구성원과는 독립된 법인이나 단체 그 자체의 기본권이 인정되는가 하는 문제이다.

헌법은 법인 · 단체에게 기본권의 주체가 될 수 있음을 정하고 있는 명시적인 규정을 가지고 있지 않다. 따라서 법인 · 단체가 기본권의 주체가 될 수 있는가 하는 문제는 기본권이론의 문제로 논의되고 있다.

독일에서는 헌법에서 「기본권은 그 본질상 적용이 인정되는 한도 내에서 국내의 법인에게도 효력을 가진다」(同憲法 §19③)라고 하여 국내법인에게 한정적으로 기본권의 주체성을 인정하고 있다. 미합중국의 헌법은 이를 명시적으로 정하고 있지 않으나, 연방최고법원의 판례를 통하여 시민의 권리에 속하는 것은 인정되지 않으나, 평등보호, 재산권의 보장, 언론 · 출판의 자유, 불합리한 수색이나 압수를 당하지 아니할 권리, 재산권과 계약의 보호, 이중처벌의 금지는 일정한 경우에 법인이나 사법인에게 인정된다고 판시하였다. 오스트리아나 일본국에서도 헌법에서 이에 대하여 명시적으로 정하고 있지 않으나 판례에서 법인이나 단체의 기본권 주체성을 인정하고 있다(鄭宗燮n, 151).

Ⅱ. 법인 · 단체의 기본권 주체성 인정여부

(1) 사 법 인

(a) 학 설

법인 · 단체가 기본권의 주체가 될 수 있는가 하는 문제에 대해서는 기본권의 성질에 위반되지 않는 범위 내에서 법인 · 단체도 기본권의 주체가 될 수 있다는 것이 지배적인 학설이다. 구체적으로 어떠한 기본권이 인정되는가 하는 점은 법인이나 단체의 성격(예: 영리법인, 비영리법인, 사단법인, 재단법인, 중간법인, 기업, 노동조합, 이익단체, 사회단체 등)이나 수행하는 업무와 개별적 기본권의 성격과 내용에 따라 결정된다(鄭宗燮n, 140).

법인에게 기본권의 주체성이 인정되는가의 여부문제는 민법이론에서의 법인의 본질에 대한 이론과는 상관성이 없다는 것을 유의할 필요가 있다(鄭宗燮n, 143).

私法人의 경우에도 형식은 법적으로 사법인이지만 국가의 공적인 과제를 수행하는 경우에는 국가에 의하여 설립되었는지의 여부, 국가가 주식을 얼마나 가지고 있는지의 여부에 관계없이 기본권의 주체가 될 수 없다. 이러한 경우에 사법인에게 기본권의 주체성을 인정하면 국가는 국가행위를 사법적 형식으로 도피하여 기본권의 객체 내지 수범자의 지위에서 기본권의 주체가 되는 결과가 되는 것을 용인하는 것이 되기 때문이다.

(b) 판 례

憲法裁判所의 판례도 기본적으로 사법인이 기본권의 주체가 될 수 있음을 인정하고 있다(예: 憲 1991. 4. 1.-89헌마160; 1991. 6. 3.-90헌마56).

[憲 1991. 6. 3.-90헌마56] 「우리 헌법은 법인의 기본권향유능력을 인정하는 명문의 규정을 두고 있지 않지만, 본래 자연인에게 적용되는 기본권규정이라도 언론 · 출판의 자유, 재산권의 보장 등과 같이 성질상 법인이 누릴 수 있는 기본권을 당연히 법인에게도 적용하여야 한 것으로 본다. 따라서 법인도 사단법인 · 재단법인

또는 영리법인 · 비영리법인을 가리지 아니하고 위 한계 내에서는 헌법상 보장된 기본권이 침해되었음을 이유로 헌법소원심판을 청구할 수 있다.……사단법인 한국영화인협회는 "영화예술인 상호간의 친목도모 및 자질향상, 민족영화예술의 창달발전을 기함을 목적으로, 그 목적을 달성하기 위하여" 설립된 민법상의 비영리사단법인으로서 성질상 법인이 누릴 수 있는 기본권에 관한 한 그 이름으로 헌법소원심판을 청구할 수 있다.」

(2) 공 법 인

(a) 학 설

公法人이 기본권의 주체가 될 수 있는가 하는 점에 대해서는 부정설과 긍정설이 대립하고 있으나 어느 경우도 전면적으로 부정하거나 긍정하는 경우는 없다. 공법인이 공무를 수행하거나 高權的인 行爲를 하는 경우 또는 국가와 지시 · 감독의 관계를 유지하고 있는 경우에는 기본권의 객체는 될 수 있으나 기본권의 주체는 될 수 없다. 이에 대해서는 異論이 없다.

그러나 공법인이 사경제주체로서 활동하는 경우, 조직법상 국가로부터 독립하여 고유한 업무영역을 가지고 있는 법인의 경우(국공립의 교육기관, 방송기관, 은행, 지방자치단체), 공법인이 개인의 이익과 결합하여 개인의 이익을 대변하여 국가에 대항하는 구조를 취하고 있는 활동을 하는 경우, 다른 공법인과의 관계에서 지배복종의 관계가 성립하여 사인과 같이 다른 공법인의 지배하에 있는 경우에는 그 활동의 영역에 한하여 기본권의 주체가 될 수 있다고 할 것이다.

(b) 판 례

憲法裁判所는 공법인은 기본권의 수범자이지 기본권의 주체로서 그 소지자가 아니라고 판시하고(憲 1994. 12. 29. -93헌마120), 직장의료보험조합(憲 2000. 6. 29. -99헌마289)이나 농지개량조합(憲 2000. 11. 30. -99헌마190)을 공법인이라고 보고 기본권의 주체가 될 수 없다고 판시하였으며, 지방자치단체나 지방자치단체의 장도 기본권의 주체가 될 수 없다고 하였다(憲 1997. 12. 24. -96헌마365). 그러나 국립 서울대학교는 공법상의 영조물이기는 하지만 憲法 제34조 제 4 항에 의해 보장되는 대학의 자율이라는 기본권의 주체는 될 수 있다고 판시하였다(憲 1992. 10. 1. -92헌마68). 국립 세무대학은 공법인이지만 사립대학과 마찬가지로 대학의 자율권을 기본권으로 보장받는다고 판시하였다(憲 2001. 2. 22. -99헌마613). 예외적으로 공법인적인 성질을 가지는 법인이 기본권의 주체가 되는 경우에도 그 공법인적인 성격으로 인하여 제한을 받는다고 판시하였다(예: 憲 2000. 6. 1. -99헌마553. 축협중앙회는 공법인성과 사법인성을 겸유한 특수한 법인이라고 보아 기본권의 주체가 될 수는 있지만 이런 특성이 기본권의 제약요소로 작용한다고 판시하였다).

(3) 법인격 없는 사단 · 재단

기본권의 보장에 있어 법인과 법인격 없는 사단 · 재단은 구별해야 할 이유가 없으므로 법인의 기본권 주체성에 관한 법리는 법인격 없는 사단 · 재단에도 적용된다고 할 것이다. 憲法裁判所도 법인격 없는 사단 · 재단이라고 하더라도 대표자를 정하고 독립된 사회적 조직체로 활동하는 때에는 기본권의 주체가 될 수 있음을 인정하고 있다(예: 憲 1991. 6. 3. -90헌마56; 1995. 7. 21. -92헌마177).

[憲 1995. 7. 21.-92헌마177등] 「청구인협회는 언론인들의 협동단체로서 법인격은 없으나, 대표자와 총회가 있고, 단체의 명칭, 대표의 방법, 총회 운영, 재산의 관리 기타 단체의 중요한 사항이 회칙으로 규정되어 있는 등 사단으로서의 실체를 가지고 있으므로 권리능력 없는 사단이라고 할 것이고, 따라서 기본권의 성질상 자연인에게만 인정될 수 있는 기본권이 아닌 한 기본권의 주체가 될 수 있으며, 헌법상의 기본권을 향유하는 범위 내에서는 헌법소원심판청구능력도 있다고 할 것이다. 이 사건의 경우 청구인협회가 침해받았다고 주장하는 언론 · 출판의 자유는 그 성질상 법인이나 권리능력 없는 사단도 누릴 수 있는 권리이므로 청구인협회가 언론 · 출판의 자유를 직접 구체적으로 침해받은 경우에는 헌법소원심판을 청구할 수 있다고 볼 것이나, 한편 단체는 원칙적으로 단체 자신의 기본권을 직접 침해당한 경우에만 그의 이름으로 헌법소원심판을 청구할 수 있을 뿐이고, 그 구성원을 위하여 또는 구성원을 대신하여 헌법소원심판을 청구할 수 없다고 할 것이다.」

Ⅲ. 법인 · 단체에게 인정되는 기본권

(1) 법인 · 단체에게 인정되지 않는 기본권

법인이나 단체에게 인정되지 않는 기본권은 그 성질에서 자연인에게만 인정되는 것이다. 인간의 존엄과 가치, 행복추구권, 성별 · 가문 · 출신 등 인적 요소와 결합된 차별금지, 생명권, 정신적 자유권, 내심의 자유, 혼인의 순결, 인신의 자유, 교육을 받을 권리, 참정권 등 천부적인 자연권이나 인적 요소에 결부된 기본권에 해당하는 것들이 이에 속한다. 법인이나 단체에게 인정되지 않는 이러한 기본권은 법인이나 단체를 의인화시켜도 인정되지 않는다.

그러나 정신적 기본권이라고 포괄적인 개념에 해당하더라도 그 개별적인 내용이 순전히 자연인의 인적인 요소에만 결부되어 있지 아니한 경우에는 법인이나 단체에게도 인정된다. 신문사의 표현의 자유, 대학의 학문의 자유, 종교단체의 종교활동의 자유 등은 일정한 법인이나 단체에게 인정된다.

(2) 법인 · 단체에게 인정되는 기본권

법인이나 단체에게 인정되는 기본권은 위에서 본 바와 같이 그 성질에서 허용될 수 없는 기본권을 제외하고는 원칙적으로 인정되지만, 개별적인 기본권의 영역에서는 법인이나 단체의 성격이나 수행하는 업무와 개별적 기본권의 성격과 내용에 따라 결정되기 때문에 어떤 기본권을 법인이나 단체에게 일률적으로 인정된다고 할 수는 없다. 이는 법인이나 단체별 또는 개별적 기본권별로 사안에 따라 개별적으로 판단하여야 할 사항이다(鄭宗燮n, 163).

Ⅳ. 법인 · 단체의 기본권론의 한계

법인이나 단체에게 기본권이 인정되는 경우에도 사적영역에서는 기본권의 효력이 미치지 아니하므로 법인이나 단체의 기본권의 행사가 개인의 기본권의 행사와 직접 충돌하는 경우는 없다. 그러나 국가에 대하여 기본권의 충돌이 발생하는 경우에는 기본권 충돌의 문제로 해결할 수밖에 없는데, 이러한 경우에 법인이나 단체의 기본권과 개인의 기본권이 충돌하는 경우에는 힘이 강한 법인이나 단체의 기본권이 더 많이 제한될 수 있다.

특히 법인이나 단체의 기본권이 그 구성원의 기본권의 실현과 밀접한 연관을 가질 때에는 그 구성원의 기본권의 보장을 위하여 법인이나 단체는 기본권을 주장할 수 없는 경우도 있을 수 있다.

법인이나 단체에 강제로(=의무적으로) 가입하도록 하는 경우(예: 변호사회, 의사회, 약사회, 강제 가입하게 하는 노동조합)에는 구성원의 의사를 무시한 채 법인이나 단체의 다수결로 구성원의 이익과 배치되는 결정을 할 수 없고, 구성원에게 단체의 활동에 협력할 것을 강제할 수 없다. 특히 법인이나 단체가 정치적 활동을 하는 경우에 평소에 그 구성원이 법인이나 단체의 의사에 기하여 활동하였다고 하더라도 다수결로 구성원으로 하여금 법인이나 단체의 정치적 의사나 판단(예: 특정 정치 세력의 지지)에 따르도록 강제할 수 없다.

政治資金法은 법인이나 단체가 정치자금을 기부할 수 없도록 하고 있기 때문에 정치자금의 기부를 놓고 단체와 그 구성원이 대립할 여지는 없다.

노동조합이 내부규정으로 노동조합과 조합원간에 분쟁이 있는 경우에 조합원으로 하여금 노동조합을 상대로 일절 소송을 제기할 수 없도록 정하는 것은 조합원의 재판을 받을 권리를 부정하는 것이어서 인정될 수 없다(예: 大 2002. 2. 22. -2000다65086).

[17] 第三 政 黨

정당도 私法上의 정치단체이므로 그 성질이 허용하는 범위 내에서는 기본권의 주체가 된다. 정치활동에서의 평등권의 주체가 되고, 언론 · 출판 · 집회 · 결사의 자유, 재판청구권, 재산권 등의 주체가 된다고 할 것이다.

憲法裁判所도 정당은 소유재산의 귀속관계에서는 법인격 없는 사단으로 보아 재산권의 주체가 됨을 인정하였고(예: 憲 1993. 7. 29.-92헌마262), 정치활동에서 기회균등을 보장받아야 한다고 판시하였다(예: 憲 1996. 3. 28.-96헌마9등).

[18] 第四 外國人 · 外國法人

Ⅰ. 외 국 인

(1) 기본권 주체 인정여부

외국인에게 특정 국가의 헌법이 보장하는 기본권이 인정되는가 하는 문제가 외국인의 기본권 주체성 문제이다. 여기서 말하는 외국인이라는 개념에는 대한민국이 아닌 국적을 가진 자와 無國籍者, 多國籍者를 포함하여 일컫는다. 이러한 외국인에게 기본권이 인정되는가 하는 점에 대해서는 긍정설과 부정설이 있다.

(a) 긍 정 설

헌법이 정하는 기본권 가운데 국민의 권리에 해당하는 기본권은 외국인에게 인정되지 않지만 인간의 권리는 외국인에게도 인정된다고 본다. 헌법에서 명시하고 있는 경우는 물론이고 헌법에서 명시하지 않고 있는 경우에도 성질상 당연히 인정된다고 본다. 오늘날 국내외의 지배적인 학설이다.

(b) 부 정 설

헌법은 그 나라의 국민의 권리만 보장하는 것이기 때문에 외국인에게는 기본권이 인정되지 않는다고 한다. 헌법 제2장이 「국민의 권리와 의무」라고 명시하고 있는 것이나 개별 기본권의 각 조항에서 국민이라고 명시하고 있는 것도 이를 뒷받침한다고 본다. 국내법상 외국인에게 인정되는 권리는 헌법 제6조 제2항에 의한 특수한 법적인 권리이고, 헌법상의 기본권과는 다른 것이라고 본다. 이러한 견해는 외국인에게 국내법적으로 권리를 인정할 것인가 하는 문제는 대한민국의 주권에 바탕을 두고 있는 대외정책 또는 입법정책상의 문제이지 헌법의 문제가 아니라고 본다.

(c) 사 견

외국인라고 하더라도 대한민국에 입국한 이상 우리나라의 법을 적용받기 때문에 헌법상의 기본권 가운데에서 대한민국의 국적보유의 여부에 관계없이 인정되는 인간의 권리는 외국인에게도 인정된다고 할 것이다. 그러나 외국인에게는 우리나라의 국익과 관련하여 내국인보다 더 많은 제한을 가할 수 있다. 이와 같이 외국인에게 헌법상의 지위가 인정되는 경우를 제외하고는 외국인에게 어떠한 권리나 의무를 부여할 것인지는 대한민국이 主權에 기초하여 정책적으로 결정한다. 대부분의 외국인의 권리나 의무 등에 관한 사항은 독립국가가 가지는 이러한 주권에 기초한 정책적 판단에 의하여 설정된다. 독립국가의 이러한 주권을 제약하는 것으로는 국제법규가 있는데, 국제법규의 경우에도 주권을 제약하는 조약에 가입한 경우에 그 효력이 미친다.

憲法裁判所는 인간의 권리는 외국인도 주체가 될 수 있다고 하되(예: 憲 2001. 11. 29.-99헌마494), 국민과 유사한 지위에 있는 외국인에 대해서만 기본권 주체성을 인정하고 있다(예: 憲 1994. 12. 29.-93헌

(마120; 2001. 11. 29.-99헌마494). 그러나 이러한 경우에는 기본권 주체성 인정여부에서 「國民-國民과 類似한 地位에 있는 外國人-外國人」이라는 구조가 발생하는데, 外國人이 憲法上의 權利를 保有할 수 있는가 없는가를 판단함에 있어 외국인을 구분하여 '국민과 유사한 지위에 있는 외국인'과 '국민과 유사한 지위에 있지 않은 외국인'으로 나누는 것은 논리적으로 타당하지 않다. 이러한 구별이 人種이나 血統을 기준하여 권리보유여부를 판단하는 것이라면 국제법적으로 인종차별의 문제가 발생할 수 있다. 어떤 나라가 어떤 특정한 범주에 해당하는 외국인을 다른 외국인과 구별하여 자국민과 유사한 지위에 있는 것으로 대우할 수는 있지만, 이는 주권에 기초한 국가정책의 문제이지 헌법상의 권리 보유 문제는 아니다.

[憲 1994. 12. 29.-93헌마120] 「기본권 보장규정인 헌법 제2장의 제목이 "국민의 권리와 의무"이고 그 제10조 내지 제39조에서 "모든 국민은…… 권리를 가진다"고 규정하고 있으므로 국민(또는 국민과 유사한 지위에 있는 외국인과 사법인)만이 기본권의 주체라 할 것이다.」 이 판례는 국회 노동위원회의 헌법소원청구적격을 판단하면서 방론으로 설시한 것이며, 주론으로 설시한 것으로는 아래의 것이 있다.

[憲 2001. 11. 29.-99헌마494] 「우리 재판소는, 헌법재판소법 제68조 제1항 소정의 헌법소원은 기본권을 침해받은 자만이 청구할 수 있고, 여기서 기본권을 침해받은 자만이 헌법소원을 청구할 수 있다는 것은 곧 기본권의 주체라야만 헌법소원을 청구할 수 있고 기본권의 주체가 아닌 자는 헌법소원을 청구할 수 없다고 한 다음, '국민' 또는 국민과 유사한 지위에 있는 '외국인'은 기본권의 주체가 될 수 있다 판시하여(憲 1994. 12. 29.-93헌마120) 원칙적으로 외국인의 기본권 주체성을 인정하였다. 청구인들이 침해되었다고 주장하는 인간의 존엄과 가치, 행복추구권은 대체로 '인간의 권리'로서 외국인도 주체가 될 수 있다고 보아야 하고, 평등권도 인간의 권리로서 참정권 등에 대한 성질상의 제한 및 상호주의에 따른 제한이 있을 수 있을 뿐이다. 이 사건에서 청구인들이 주장하는 바는 대한민국 국민과의 관계가 아닌, 외국국적의 동포들 사이에 재외동포법의 수혜대상에서 차별하는 것이 평등권 침해라는 것으로서 성질상 위와 같은 제한을 받는 것이 아니고 상호주의가 문제되는 것도 아니므로, 청구인들에게 기본권주체성을 인정함에 아무런 문제가 없다.」 여기서 憲法裁判所는 헌법상의 평등권이 '인간의 권리'에 해당하기 때문에 외국인에게도 인정된다는 논지를 전개하고 있다.

(2) 외국인에게 인정되는 기본권

외국인에게 인정되는 기본권은 인간의 권리로서의 성질을 가지는 기본권이다. 이는 대체로 자연권으로서의 성격을 가지는 기본권이다. 그런데 어떤 기본권이 인간의 권리에 해당하는 것인지 국민의 권리에 해당하는 것인지를 판단하기가 쉽지 않은 경우도 있고, 인간의 권리로서의 속성도 가지고 있고 국민의 권리로서의 속성도 가지고 있는 경우에 이를 분리하는 것도 쉽지 않다. 參政權的 基本權은 국민주권원리에 의하여 외국인에게 인정되지 않고, 社會權的 基本權은 본래 그 나라 국민의 사회적·경제적 지위를 보장하기 위하여 규정한 것이어서 외국인에게는 인정되지 않는다. 裁判請求權은 외국인에게 인정하는 것이 지배적인 견해이다. 亡命權(=政治的 庇護權 Asylrecht)은 인간으로서의 권리에 해당하지 않고 헌법에서 명시적으로 정하고 있지 아니하므로 외국인에게는 인정되지 않는다고 할 것이다(同旨: 金哲洙a, 401, 反對: 權寧星, 316). 국가정책적으로 법률을 제정하여 법률상의 권리로 인정해줄 수는 있다. 大法院의 판례는 정치적 비호권의 인정에 있어 소극적이다(예: 大 1984. 5. 22.-84도39).

犯罪人引導法(1988. 8. 5. 법률 제4015호)은 인도범죄가 정치적 성격을 지닌 범죄이거나 그와 관련된 범죄인 경우에는 원칙적으로 범죄인의 인도를 금지하고 있고(예외: 1. 국가원수·정부수반 또는 그 가족의 생명·신체를 침해하거나 위협하는 범죄, 2. 다자간 조약에 의하여 대한민국이 범죄인에 대한 재판권을 가지거나 범죄인의 인도의무를 부담하고 있는 범죄, 3. 다수인의 생명·신체를 침해·위협하거나 이에 대한 위험을 야기하는 범죄), 인도청구가 범죄인이 행한 정치적 성격을 지닌 다른 범죄에 대하여 재판을 하거나 그러한 범죄에 대하여 이미 확정된 형을 집행할 목적으로 행하여진 것이라고 인정되는 경우에는 예외없이 금지된다. 정치범불인도에 관한 국제규범으로는 세계인권선언(1948), 난민의 지위에 관한 협약(1951. 대한민국 적용일 1993. 3. 3.), 외교적 비호에 관한 카리카스조약(1954), 난민의 대우에 관한 원칙(1966), 영토적 비호에 관한 선언(1967), 난민의 지위에 관한 의정서(1967. 대한민국 적용일 1992. 12. 3.) 등이 있다.

우리나라가 국가정책상 외국인에게 특정한 권리를 인정한 경우에 그 명칭에서는 기본권의 명칭과 동일하다고 하더라도 성질에서 기본권이 아닌 것이 있음을 유의할 필요가 있다. 법률이나 조례로 정주외국인에게 선거권을 부여한 경우 주민투표법은 일정한 요건하에 외국인에게 주민투표권을 부여하고 있다(同法 §5①ii). 외국인에게 토지소유권을 인정한 경우, 외국인을 계약제 공무원으로 채용한 경우, 외국인에게 영업을 할 수 있게 한 경우 등은 헌법상의 선거권, 재산권, 공무담임권, 영업의 자유가 인정된 것이 아니라 법률이나 기타 법규범에 의하여 부여된 권리에 지나지 않는다. 이런 경우는 입법자는 해당 법령을 개정하여 언제라도 보장되는 범위를 더 확대할 수도 있고, 이러한 권리를 인정해주지 않을 수도 있다.

(3) 외국인의 법적 지위

(a) 법적 지위

외국인의 법적 지위는 국제법에서 보장되는 국제법적 지위와 각 나라의 국내법이 인정하는 국내법적 지위가 있다. 외국인의 국내법적 지위는 헌법이 보장하는 지위, 법률이나 명령 등 하위 법규범에서 인정하는 지위, 국제조약에 의하여 인정되는 국내법적 지위로 구별된다. 외국인의 기본권 주체 인정여부는 해당 헌법을 가지고 있는 그 나라 내에서의 헌법이 보장하는 국내법적 지위를 말한다.

(b) 효력발생의 시점

특정한 국가가 국내법적으로 외국인에 대하여 어떠한 입장을 취할 것인가 하는 외국인에 대한 국내법적인 태도는 그 나라의 主權(國家主權)에 의하여 정해지고, 구체적으로는 領域高權에 의하여 정해진다. 즉, 외국인의 국내법적 지위는 외국인이 해당 국가에 입국한 다음에 유효하게 보장되므로 일단 그 해당 국가가 외국인의 入國을 인정하여 입국하여야 비로소 인정된다.

어떤 나라에서 외국인에게 헌법상의 일정한 기본권을 인정한다고 하더라도, 개별적인 외국인에게 그 효력이 발생하는 것은 그 나라가 입국을 허용하여야 비로소 인정된다. 따라서 외국인은 인간의 권리로서의 기본권이 인정된다는 것을 이유로 해당 국가에 대하여 入國을 許可해줄 것을 주장할 권리를 가지지는 못한다. 외국인에게는 입국의 자유가 인정되지 않는다. 그러나 입국한 외국인에게 출국할 자유는 인정되며, 이를 제한할 수는 있다.

Ⅱ. 외국법인

외국인에게는 기본권이 인정되는 경우에도 국적에 관계없이 인정되는 인간의 권리만이 인정되고, 이러한 인간의 권리는 대체로 자연권으로서의 성격을 지니는 것이므로 외국의 사법인에게 인정되는 기본권은 매우 드물다. 그래서 학설에서도 外國私法人에 대해서는 기본권이 인정되지 않는다는 견해가 지배적이다.

외국의 사법인이나 단체에게 어떠한 권리를 인정하는 경우(예: 영업활동, 종교활동, 교육활동, 학술활동, 언론활동, 사회사업활동 등)에 그러한 권리는 대부분 해당 국가의 대외정책적으로 법률이나 하위 법규범으로 인정하는 권리에 해당한다. 이러한 권리를 인정하는 경우에 相互主義에 의할 것인가의 여부는 해당 국가가 판단하여 결정한다.

外國 公法人은 주권국가에 존재할 수 없으므로 기본권 인정여부가 문제되지 않는다.

제 3 절 基本權의 拋棄

[19] 第一 概 念

基本權의 拋棄(Grundrechtsverzicht)는 기본권의 주체가 기본권행사의 대상인 국가 또는 상대방인 사인에 대하여 자신의 구체적인 기본권을 행사하지 않겠다고 하는 명시적 또는 묵시적인 의사표시를 말한다.

이러한 기본권의 포기는 국가나 사인에 대하여 특정한 기본권 또는 기본권 전체에 대하여 일반적·추상적으로 보유능력을 포기하는 것(기본권의 전부포기)을 의미하는 것(이러한 것은 허용되지 않는다)이 아니고, 특정 기본권에 의하여 보호되는 법적 지위나 법익의 일부를 특정한 상황 또는 구체적인 사건에서 적극적으로 보호받지 않겠다는 의사를 표시하는 것(기본권의 부분포기)을 말한다. 예컨대, 영장이 없이 가택을 수색하고자 하는 경우에 자유의사에 의하여 이를 받아들이는 행위, 재산권의 공용사용에 있어 보상 없이 사용하도록 허락하는 행위, 일정한 기간 동안 당국에 전화의 감청을 허용하는 행위, 타인에게 편지나 일기장을 보여 주는 행위, 항소심의 재판이나 대법원의 재판을 받지 않겠다는 재판청구권의 포기(예: 憲 1998. 5. 28.-96헌바4) 등이 이에 해당한다.

기본권의 포기는 기본권의 보장으로 보호받는 법적 지위 또는 법익을 향유하지 않겠다는 적극적인 의사표시이므로 자기의 기본권을 행사하지 않고 있는 基本權의 不行使와 구별된다. 기본권의 불행사는 의사표시가 없이도 이루어지며, 언제든지 자발적으로 해당 기본권을 행사할 수 있으나, 기본권의 포기는 그 포기의 의사표시에 따른 법적인 구속력이 발생한다.

[20] 第二 抛棄可能性

헌법은 기본권의 포기에 관하여 명시적으로 정하고 있지 않다. 따라서 기본권을 포기할 수 있는가 하는 문제는 헌법이론적으로 살펴볼 필요가 있다. 이에 대해서는 원칙적 부정설, 원칙적 긍정설, 절충설이 있다.

Ⅰ. 원칙적 부정설

기본권의 주체는 기본권을 원칙적으로 포기할 수 없다고 본다. 기본권은 사회통합을 촉진하고 국가창설적인 기능을 수행하므로 이를 포기할 수 없다고 본다. 특히 기본권의 객관적 기능, 즉 기본권은 객관적인 규범 또는 질서라는 점을 가진다고 보는 견해에서는 객관적인 부분은 처분이 불가능하기 때문에 기본권을 포기할 수 없다고 하기도 한다.

Ⅱ. 원칙적 긍정설

기본권의 주체는 기본권을 원칙적으로 포기할 수 있다고 본다. 기본권이 철저히 주관적 권리라는 점에 초점을 맞추고 기본권의 포기는 그 자체 기본권의 행사에 해당하므로 기본권의 포기도 인정된다고 본다. 기본권의 포기는 인간의 자율적인 결정에 해당한다고 본다. 그러나 기본권에 포함되어 있는 인간의 존엄과 가치를 실현하는 데 필수불가결한 핵심적인 부분이나 그 기본권의 본질적인 내용에 해당하는 부분은 포기할 수 없다고 하는 한계를 설정하고 있다.

Ⅲ. 절 충 설

개인의 기본권의 포기도 개인의 자기결정권의 내용이고 자율이므로 이를 원칙적으로 인정하되 개별 기본권의 본질이나 기능에 따라 그 포기를 금지하거나 제한된다고 본다. 이러한 기본권의 포기의 금지나 제한에 있어서도 규범조화적으로 결정하여야 한다고 본다(桂禧悅b, 74).

Ⅳ. 사 견

기본권의 포기 가능성여부를 기본권의 주관적 권리성을 인정한다든지 객관적 기능을 인정한다든지 하는 것에 따라 일률적으로 결정하는 것은 타당하지 않다. 예컨대 사인간이든 사인과 국가간이든 재산권의 포기가 허용되는 것과 같이 기본권의 성질에 따라서는 기본권의 포기가 인정되는 경우가 있다. 이러한 것은 기본권이 객관적인 기능을 가지는 것인가의 여부에 무관하게 인정된다.

기본권의 주체가 헌법에서 보장하고 있는 권리인 기본권을 포기할 수 있는가 하는 문제는 기본권 주체와 국가 사이에서 특히 문제된다. 국가와의 관계에서 국민이 기본권을 포기할 수 있다면 기본권이 국가에 대하여 가지는 防禦權으로서의 기능이 形骸化될 것이기 때문에 기본권의 주체는 국가와의 관계에서 기본권을 원칙적으로 포기할 수 없다. 그러나 헌법이 보장하는 권리장전의 목록에 들어 있는 개별적인 기본권은 다양할 뿐 아니라 성질과 기능에서도 동일하지 않으므로 이를 일률적으로 정하는 것은 타당하지 않다. 基本權의 性質과 機能에 따라 기본권의 포기가 인정될 여지는 있다.

기본권의 주체와 私人간의 관계에서도 기본권의 포기가 문제된다. 그러나 私人간에도 인간의 존엄과 가치를 부정하거나 반사회적인 결과를 가져오는 기본권의 포기는 인정되지 않는다. 예컨대 사인간에 人的인 隷屬關係의 계약을 체결하는 것(예: 노예계약)이나 생명권이나 신체의 자유를 포기하는 행위를 하는 것이다. 신체의 일부나 장기를 매매하는 것도 이에 해당한다.

[21] 第三 抛棄의 要件

Ⅰ. 기본권포기의 주체

기본권의 포기는 기본권의 주체와 사인간이든 기본권의 주체와 국가간이든 어떤 기본권을 포기하는 해당 기본권의 주체만이 그 기본권을 포기할 수 있다.

Ⅱ. 포기의 의사표시

기본권의 주체는 기본권의 포기에 대하여 분명하게 인식할 수 있어야 하고(明確性), 자유롭게 포기할 수 있어야 한다(自發性). 기본권 보장의 법리에 비추어 볼 때, 이러한 포기의 자발성의 인정에서는 엄격하여야 한다. 포기의 자발성을 인정함에 있어 느슨한 태도를 취하면 기본권의 포기가 국가에 의한 기본권의 침해를 정당화하는 논리로 변질된다.

포기의 의사표시의 대상이 되는 국가나 사인도 이러한 의사표시를 분명히 인식할 수 있어야 한다. 따라서 기본권의 주체가 기본권의 포기가 어떠한 의미를 가지는 것인지를 명확하게 인식하지 못하였거나 강박이나 기망 등에 의하여 포기를 한 것과 같이 자유의사에 의하여 포기를 한 것이 아니면 기본권의 포기는 효력을 가지지 못한다.

포기의 의사표시는 명시적으로나 묵시적으로 할 수 있다. 그러나 묵시적인 의사표시는 객관적인 사정에 의하여 기본권의 포기임이 드러나야 한다. 推定에 의하여 묵시적인 의사표시로 인정하는 경우에는 자발적인 포기가 아니라 기본권의 침해가 발생할 위험이 크다.

포기의 의사표시는 기본권의 주체가 일방적으로 할 수도 있고, 상대와 쌍방적으로 할 수도 있다.

Ⅲ. 포기 대상이 되는 기본권

기본권의 포기 대상이 되는 기본권은 해당 기본권의 주체가 가지는 개인적인 법익을 실현하는 것이어야 한다. 기본권 가운데 선거권이나 국민투표권과 같이 공적인 가치나 국가의사의 형성을 실현하는 것과 결부된 기본권은 포기할 수 없다. 이러한 기본권에 대해서는 불행사는 가능할지라도 기본권을 포기할 수는 없다.

Ⅳ. 허용한도 내의 포기

기본권의 포기가 인간의 존엄과 가치를 부정하는 것이거나 반사회적인 결과를 가져오는 것은 허용되지 않는다. 또 기본권의 포기가 국가가 추구하는 근본원리 · 원칙(예: 민주주의, 법치주의, 과잉금지원칙, 소급입법금지원칙, 법률유보원칙 등)이나 기본가치를 훼손하거나 붕괴시키는 경우에는 허용되지 않는다. 개개인의 광범한 투표권의 포기나 비밀선거의 포기는 민주주의와 법치주의의 붕괴를 가져오고 국가의사의 형성을 어렵게 만들기 때문에 허용되지 않는다. 그리고 기본권적인 지위의 포기가 해당 기본권의 본질적 내용까지 포기하는 것이 되는 경우에는 허용되지 않는다. 이러한 한계를 일탈하지 아니한 한도에서만 기본권의 포기가 인정된다.

[22] 第四 拋棄의 效果

Ⅰ. 기본권 침해의 부인

기본권의 포기는 기본권의 주체가 자기의 기본권을 타자가 침해하는 것에 대한 동의에 해당하므로 기본권의 침해가 되지 않는다. 기본권의 주체에 의한 기본권의 포기가 있으면, 국가에 의한 기본권의 제약이 기본권의 침해에 해당하여도 국가는 기본권 침해의 책임을 지지 않고, 이러한 상황에서 이루어진 국가의 행위는 헌법적으로 유효하다. 사인간의 경우에도 이러한 기본권의 포기가 있는 경우에는 기본권을 포기한 자에 대한 사인의 행위는 기본권의 침해로 되지 않아 적법한 행위가 된다.

그러나 국가 또는 사인에 의한 기본권의 침해행위에 대하여 해당 기본권의 주체가 기본권을 행사하지 아니하여도 이러한 침해행위는 여전히 위헌이며, 합헌적인 것으로 치유되지 않는다.

Ⅱ. 포기의 철회 · 취소

기본권을 포기하면 그 포기의 의사표시에 구속된다. 그 포기를 철회하거나 취소할 사유(예: 철회 · 취소의 유보)가 있으면 기본권을 포기한 자라고 하더라도 그 포기를 철회하거나 취소할 수 있다.

Ⅲ. 포기의 무효

기본권의 포기는 그 요건이 충족되지 아니한 경우에는 헌법의 기본권보장원리에 위반되는 것으로 무효이다.

제 4 장 基本權의 效力

제 1 절 國家領域에 대한 效力

[23] 第一 理論의 發達

근대 이후 확립된 立憲主義原理에 의할 때, 헌법은 국가를 창설하고 국가행위를 규율하기 때문에 헌법의 효력은 국가에 대하여 직접 미치게 된다(基本權의 直接的 適用). 이러한 효력을 가지는 헌법이 국가의 형태, 조직, 행위 등 국가에 관한 사항만 규정하는 것인가 아니면 권리장전도 규정하는 것인가 하는 문제에서, 근대 입헌주의에서는 권리장전을 헌법에서 제외시키기도 하였지만(1791年 修正條項이 추가되기 이전까지의 미합중국연방헌법), 국민의 자유와 기본적인 권리에 대한 인식이 높아지고 국가의 존재와 작용을 국민의 행복을 실현하는 수단으로 그 좌표를 정하면서 국민의 기본적인 자유와 권리를 헌법에 직접 규정하고 기본권으로 하여금 국가를 기속하기에 이르렀다. 이로써 국민과 국가와의 관계는 목적과 수단의 관계로 설정되었고, 기본권은 헌법상의 권리로서 모든 권력적 국가작용에 직접 효력을 미치게 되었다. 기본권이 국가를 기속하는 힘을 국가권력에 대한 基本權의 羈束力이라고 한다.

이러한 기본권에 대한 이론적 인식은 독일에서 主觀的 公權의 理論으로 전개되었다. 독일에서 초기의 주관적 공권이론은 기본권을 國家優位主義와 法實證主義의 범위 내에서 인정하였기 때문에 기본권은 국가에 대하여 주장할 수 있는 힘을 가지지 못하였다. 기본권은 일종의 反射的 利益이거나 국가가 언제나 거두어들일 수 있는 地位라고 이해되었다(예: G. Jellinek의 地位理論). 그러던 것이 20세기 초기에 기본권을 천부적 자연권으로 이론화한 C. Schmitt에 의하여 입법권, 행정권, 사법권, 헌법개정권을 기속하는 主觀的 權利로 체계화되었다.

기본권의 대국가적 효력에 관하여 헌법에서 직접 명시한 예도 있다. 독일연방헌법 제1조 제3항은 헌법이 정하는 모든 기본권은 직접적인 효력을 가지는 법으로써 입법, 집행작용, 사법작용을 기속한다고 정하고 있고, 남아프리카공화국헌법 제8조

제 1 항은 권리장전은 모든 법규에 적용되고, 입법부, 행정부, 사법부와 모든 국가기관을 기속한다고 명시하고 있다.

[24] 第二 效力의 範圍

I. 개 설

국가에 대하여 기본권이 직접 효력을 미치는 것은 근대입헌주의 이래 변함이 없다. 원래 헌법상의 권리장전은 강제력을 본질로 하는 국가 공권력에 대하여 국민의 자유와 권리를 보장하기 위하여 마련된 것이었으므로 이는 기본권의 보장에서 본질필연적인 내용에 해당한다.

기본권의 구속적 효력이 국가에 대하여 직접 미치는 경우에도 이는 국가가 공권력의 주체로서의 성격을 가지는 경우에 한하고, 국가가 순수히 사경제의 주체로서 행위하는 경우에는 그러하지 않다(예: 국가와 사인간의 사적인 계약행위). 형식은 국가행위이지만 실질은 사적인 주체가 행하는 행위와 같은 경우에는 그러한 국가행위에 대하여 사인은 기본권을 주장할 수 없으며, 이러한 국가행위에는 기본권조항의 효력이 직접 미치지 않는다(反對: 金哲洙a, 416).

II. 국가권력에 대한 직접적 효력

(1) 입법권에 대한 효력

기본권은 입법권에 대하여 직접 효력이 미친다. 입법부는 憲法 제10조에서 정하는 국가의 基本權保護義務에 따라 기본권의 실현을 구체화하는 입법을 하여야 한다. 그와 달리 국회는 국가안전보장, 질서유지, 공공복리의 공익을 실현하기 위하여 憲法 제37조 제 2 항에 따라 기본권을 제한하는 법률을 제정할 수 있는데, 이러한 경우에도 헌법이 정하는 제한의 한계를 넘어서지 못한다.

입법권은 국회가 국민의 대표기관으로서 국가적 수준의 정책을 수립하는 권한이기 때문에 국회는 입법에서 입법형성의 자유를 가지는데, 헌법에서 기본권을 어느 범위에서 어떻게 정하느냐에 따라 기본권의 실현이나 제한에 관하여 입법형성의 범위가 넓어지거나 좁아지게 된다. 통상 自然權의 성격을 가지는 기본권이나 헌법국가에서 보편적으로 인정되는 기본권은 이를 法律上의 權利로 정할 수 없으나, 특정한 권리를 憲法上의 基本權으로 포섭할 것인가 아니면 법률상의 권리로 보장할 것인가에 따라 입법권의 입법 형성의 자유가 달라진다. 헌법상의 권리로 강하게 포섭하면 국가정책의 수립과 운용에서 입법권의 역할이 줄어들고 헌법재판소의 역할이 확장되어 국가운용에서 융통성이 좁아지는 반면, 법률상의 권리로 보장하면 입법부의 역할이 커지고 헌법재판소가 개입하는 영역이 줄어든다. 이 문제는 특히 社會的 權利, 經濟的 權利, 勞動에 관한 權利, 環境權과 관련하여 부각된다. 이 문제는 헌법원리적으로 法治主義(또는 立憲主義)와 民主主義의 상호관계의 문제로 나타나는데, 많은 권리를 기본권으로 포섭하여 헌법에 정하면 기본권을 통하여 입법부에 대한 기속의 영역을 넓히고 엄격히 하는 결과를 가져와 입법부의 역할이 줄어들고 헌법재판소의 역할이 늘어나게 되어 민주주의의 영역은 축소되고 법치주의의 영역은 확장된다. 여기서는 국민의 권리보장은 확대되나 국가운영의 융통성이 줄어들게 된다. 반면 기본권의 포섭을 엄격하게 하면, 한정된 권리만이 헌법상의 기본권으로 정해지기 때문에 나머지 영역은 입법부의 입법형성의 자유영역에 맡겨지게 되어 입법부의 역할공간이 확장되고 헌법재판소의 역할이 축소된다. 여기서는 민주주의의 영역이 상대적으로 확장되고 법치주의의 영역이 상대적으로 축소되는 반면, 국민의 권리보장에서는 상대적으로 취약하게 될 수 있다.

(2) 행정권에 대한 효력

기본권은 행정권을 기속한다. 따라서 행정부의 행위에 대해서 기본권은 직접 효력을 미친다. 헌법은 법률에 의한 기본권제한만을 인정하기 때문에 행정권에 의한 기본권의 제한은 허용되지 않는다. 행정권에 대하여 기본권이 효력을 미치는 것은 憲法 제107조 제 2 항의 명령 · 규칙 등에 대한 違憲審査制度에 의해서도 뒷받침되고 있다.

행정행위 가운데 그 성질상 순수한 私經濟的인 行爲인 경우에는 기본권의 효력이 미치는가 하는 점에 대해서는 부정설과 긍정설(權寧星, 324; 金哲洙a, 416; 成樂寅, 329)이 대립한다. 비권력적인 사경제적 행위에 대해서는 기본권이 직접 적용되지 않는다고 할 것이다. 국가의 非權力作用(國庫作用, 管理作用)이라고 하더라도 순수히 私的 自治의 原理가 적용되지 않고 국가가 우위적인 지위에 있고 기본권의 침해가 발생하면 예외적으로 기본권의 효력이 미친다고 할 것이다. 형식에서는 私法的인 形式을 취하고 있지만 실질에서는 高權的 行爲이거나 공권력의 작용인 경우에는 기본권의 효력이 미친다. 행위의 주체는 私人이지만 그 행위의 실질이 행정행위인 경우에도 기본권의 효력이 미친다.

(3) 사법권에 대한 효력

사법권에 대해서도 기본권의 효력이 미친다. 憲法 제103조가 법관으로 하여금 헌법에 따라 재판하도록 정하고 있는 것은 이를 뒷받침하는 것이다. 재판행위로 인하여 기본권이 침해된 경우에는 上訴節次를 통하여 구제받는 경우와 상소를 모두 거친 다음에 憲法訴願審判을 통하여 구제받는 경우가 있다. 憲法裁判所法은 법원의 재판을 헌법소원심판의 대상에서 제외하고 있기 때문에(憲裁法 §68①) 사법권에 대한 기본권의 효력을 보장하는데 약점이 있다.

(4) 헌법재판권에 대한 효력

헌법재판도 기본권에 기속된다. 헌법재판은 헌법의 내용을 구체적으로 인식하고 확정하는 것이지만 헌법의 내용을 재판관의 주관적인 恣意로 아무렇게나 해석할 수 없다. 따라서 기본권을 정하고 있는 조항이 추상적이라고 하더라도 재판관은 기본권의 내용을 자의로 확정할 수 없다. 헌법이 정하고 있는 기본권의 내용은 이미 헌법에 정해져 있기 때문이다. 헌법에서 정하고 있는 개별 기본권의 구체적인 내용이 어떠한 것인가를 확정함에 있어서는 개별 기본권의 발달의 배경, 기본권에 대한 이론, 기본권에 대한 다른 나라의 판례 등이 중요한 역할을 한다. 따라서 헌법재판소의 재판관은 이를 고려하여 헌법상의 기본권이 가지는 객관적인 내용과 의미를 해석·확정하여야 한다.

그러나 헌법재판은 헌법의 내용에 대한 認識作用이고 最終的인 憲法解釋作用이므로 기본권의 내용을 구체적으로 확정함에 있어서 상당한 형성력을 가진다. 이런 한도 내에서 헌법재판은 基本權의 具體化作用에 해당한다고 할 것이다.

(5) 지방자치단체에 대한 효력

헌법상의 기본권은 지방자치단체에 대해서도 직접 효력을 미친다. 기본권의 기속력은 지방자치단체(단체장, 지방의회 포함)의 행위에 대하여 미친다.

제 2 절 私的領域에 대한 效力

[25] 第一 理論의 發達

Ⅰ. 개 설

근대입헌주의 이래에 헌법은 기본적으로 국가의 성격, 조직, 형태, 작용 등 국가영역만을 규율하는 것으로 이해된 것이었고, 개인의 자율에 기초하여 형성되는 사회공동체에 있어서는 私法關係만 형성되는 것으로 이해되었다. 이러한 구조는 헌법에 기본권의 보장인 권리장전이 규정되었을 때에도 마찬가지였다. 헌법이 정하는 권리장전의 자유와 권리는 자연권으로서 국가를 기속하는 것으로 설정되었기 때문에 이러한 權利章典의 효력이 미치는 대상은 국가였다. 여기서 기본권은 국가에 대하여 국민이 가지는 자유와 권리로 설정되었고, 국가에 대해서만 효력을 가지는 것이었다. 즉 기본권의 주체는 자율적인 국민이고 그 상대방은 强制力(=公權力)이 본질인 통치권력을 가지고 국민을 상대로 통치를 행하는 국가였다. 국민의 기본권에 대한 침해도 국가의 강제력에 의하여 발생하였으며, 이를 규율하는 것이 헌법의 권리장전이었다. 이러한 근대입헌주의의 헌법관 또는 기본권관이 전형적으로 구현되어 성문화된 대표적인 헌법적 문서들로는 아메리카의 「버지니아권리장전」(1776. 6. 12.), 미합중국의 「독립선언서」(1776. 7. 4.), 프랑스의 「인간과 시민의 권리선언」(1789. 8. 26.)과 이를 헌법규범으로 명문화한 1791년헌법 등이 있다.

그런데 현대 국가로 들어오면서 종래에 국가가 담당해왔던 역할과 기능이 사회영역으로 轉移되면서 국가가 아닌 사적인 단체, 기업, 노동조합, 시민단체 등이 종래 국가가 행하던 역할을 대신하는 경향이 확대되었고, 형식에서는 사회영역에 속하는 이러한 단체나 기관들의 행위로 나타나지만 실질에서는 국가작용인 경우가 늘어나게 되었다. 이 결과 사회영역에서도 종래 국가가 가졌던 힘과 영향력을 가진 단체 등이 등장하게 되어 사회공동체 내에서도 강력한 권력이 합법적으로 존재하게 되었고, 이들이 가진 힘이나 영향력에 의하여 국민의 기본권이 침해당하는 현상이 발생하였다. 뿐만 아니라 사회영역에서 힘의 불균형이 발생하면서 강자에 의한 약자의 기본권 침해도 빈번하게 발생하고 있다. 예컨대, 기업에 취업한 사람에게 기업이나 노동조합이 강제로 노동조합에 가입하지 못하게 하거나 가입하도록 강요하는 것, 교회 등 종교단체가 신자에게 개종하거나 해당 종교단체에서 탈퇴하지 못하도록 강요하는 것, 병원에서 의사로 하여금 자신의 신념에 반하여 낙태수술을 하거나 안락사의 처치를 하도록 강요하는 것, 사용자 또는 노동조합이 고용자 또는 조합원에게 그의 의사에 반하여 특정 정치인이나 정당에게 정치자금을 기부하게 하거나 이를 위한 기부금을 거두는 것, 교사가 학생에게 학생이 원하지 아니히는 사적인 일을 시키는 것, 종교학교가 무종교의 학생에게 종교행사나 종교수업에 참가하게 하는 것, 변호사가 증인에게 거짓 증언을 강요하는 것 등과 같은 행위들이 이에 해당한다.

기본권의 성질상 국가만을 효력의 대상으로 하는 기본권은 처음부터 사적영역에 효력을 발생할 여지가 없다(예: 청구권적 기본권, 사법절차적 기본권, 참정권적 기본권, 평등권). 이러한 기본권은 오로지 국가만을 효력의 대상으로 하기 때문에 사인에 대하여 주장할 여지는 존재하지 않는다.

그러나 위에서 본 바와 같이, 국민의 기본권이 종래와 달리 공권력의 주체인 국가만이 아니라 사적인 주체들에 의해서도 직접 침해당하자 이를 구제할 필요가 생겨났는데, 이 문제에 직면하여 제기된 것이 기본권을 침해하는 사적인 주체에 대해서도 개인은 헌법상의 자기 기본권을 주장하여 그 침해를 배제하거나 피해를 塡補받을 수 있는가 하는 문제였다. 만일 이러한 것이 인정되면 헌법상의 권리장전은 국가만을 상대로 하는 것이 아니라 사적 주체도 상대로 하여 직접 효력을 발생하는 것이 되어 기본권으로 다른 기본권주체의 기본권을 제한하는 결과를 가져오고, 종래 설정되었던 국가와 사회간의 관계, 헌법과 사법간의 관계, 헌법 및 기본권의 기능과 효력, 국가작용에서의 의회와 헌법재판소의 역할 영역 등에서 근본적인 변화를 가져오게 되므로 이에 대해서는 논란이 분분하게 전개되어 왔다.

Ⅱ. 이 론

(1) 독일의 제 3 자적효력이론

헌법에 보장된 기본권이 사적인 영역에도 효력이 미치는가 하는 第 3 者的效力(Drittwirkung, third party effect)의 문제에 대하여 독일에서는 부정설과 긍정설로 견해가 갈렸고, 긍정설에서도 직접효력설과 간접효력설로 갈렸다.

(a) 부 정 설

헌법이 정하는 기본권의 효력은 국가에 대해서만 효력을 가질 뿐 사인에 대해서는 미치지 않는다고 한다. 사인간에 있어서 자유와 권리의 보호라는 법관계는 전적으로 사법 등 법률에 의해 규율되는 영역이라고 본다.

이는 기본권은 본질적으로 국가를 효력대상으로 하는 권리로서 국가권력만을 기속한다는 점, 사인간의 자유로운 합의에 따라 자기의 기본권을 스스로 제한하는 것은 정당하다는 점, 사인에 의한 기본권의 침해로부터 기본권을 보호하는 것은 법률로써도 충분하며 헌법은 기본권을 직접 동원할 필요가 없다는 점, 독일연방헌법이 기본권이 사인을 기속한다고 정하고 있지 않다는 점 등을 근거로 든다. Weimar헌법하에서 다수설이었다.

(b) 긍 정 설

긍정설은 기본권은 국가만이 아니라 사회영역의 여러 세력에게도 효력이 미친다고 한다. 이러한 긍정설에는 기본권의 효력이 사인에 대하여 미치는 정도에 따라 直接效力說과 間接效力說로 나뉜다. 독일에서는 간접효력설이 지배적인 학설이고, 聯邦憲法裁判所의 판례도 이러한 입장을 취하고 있다.

(i) 직접효력설 기본권의 효력은 국가만이 아니라 사인에 대해서도 직접 미친다고 본다. 법의 통일성을 강조하여 최고의 지위에 있는 헌법은 사법에도 적용되기 때문에 헌법상의 기본권은 사법영역에도 당연히 적용된다고 본다. 그러나 모든 기본권이 사인에 대하여 직접 효력을 미친다는 견해(全面的 直接效力說)는 없고, 헌법에서 직접 정하고 있거나 양심 · 사상 · 종교의 자유, 노예적인 계약이나 강제노역으로부터의 자유 등과 같은 성질상 사인간에 직접 적용되는 기본권에 한하여 직접적인 효력이 인정된다고 본다. 어떤 기본권이 그에 해당하는가는 개별적으로 결정된다고 본다(限定的

直接效力說).

(ii) 간접효력설 間接效力說에 의하면, 헌법이 명시적으로 사인에 대하여 효력을 가지는 것으로 정하고 있는 기본권이 아닌 한 기본권은 사인에 대하여 직접 효력을 가지지 못하고 민법의 公序良俗條項(예: 한국 민법 §103)이나 信義誠實條項(예: 한국 민법 §2)과 같은 법률(또는 법률의 일반조항)의 매개를 통하여 사인에게 간접적으로 효력을 미친다고 본다. 예컨대 기본권과 배치되는 사인간의 계약이나 법률관계는 헌법상의 기본권을 침해하기 때문에 무효가 아니라 민법상의 公序良俗의 규정에 위반되어 무효가 된다고 본다.

이러한 간접효력설은 전체 법질서의 통일성을 중요시하면서 동시에 사적자치도 존중하는 태도를 취하는데, 기본권은 國家指向的일 뿐 아니라 私人指向的이라는 점(기본권의 방사효로 인하여 사인에게도 그 효력이 미친다는 점), 국가는 스스로 기본권을 존중할 의무를 질 뿐 아니라 사인에 의한 기본권의 침해에 있어서도 이러한 基本權保護義務를 지고 있다는 점, 사인간에 있어서 기본권의 효력이 직접 미치면 사적자치와 사적계약관계가 붕괴되고 사회공동체의 자율영역에 국가가 직접 개입하게 되며, 헌법에 의하여 사법의 독자적 영역이 침해된다는 결과를 가져온다는 점을 근거로 한다.

간접효력설은 이러한 것을 정당화하기 위하여 기본권이론의 구성에서 기본권은 主觀的 權利로서의 면뿐만 아니라 客觀的 價値 또는 規範으로서의 면도 가지고 있다고 하여 기본권의 개념을 다시 설정하고(基本權의 二重性(=兩面性)理論), 이러한 객관적인 면에서 放射效(Ausstrahlungswirkung)가 나오고 그 방사효는 국가영역만이 아니라 사적인 영역에도 미쳐 이로 인하여 第3者的 效力(Drittwirkung)이 인정된다는 구조를 취하고 있다. 근래에는 이러한 방사효보다는 국가의 기본권보호의무를 근거로 하여 이를 정당화하는 경향으로 나아가고 있다(基本權保護義務理論).

(2) 미합중국의 STATE ACTION이론

(a) 개 념

미합중국에서 연방헌법은 헌법을 제정한 때부터 현재까지 私人에게는 효력을 미치지 못한다. 이는 본래 헌법의 성질상 헌법이란 미합중국연방정부에 한하여 효력을 미치는 것으로 정하였기 때문이다. 그 결과 修正條項(amendment)으로 보장되는 연방헌법상의 권리(constitutional right)도 사인과 사적영역에는 효력이 미치지 않는다. 미합중국 연방최고법원도 판례에서 연방헌법의 규정은 국가에 대해서만 적용되고 개인에 대해서는 적용되지 않는다는 것을 확고하게 정립하고 있다(예: Civil Rights Cases(1883); United States V. Morrison(2000)).

그런데 연방헌법에 권리장전이 규정되고, 권리장전의 효력이 州(state)에도 미친다는 연방헌법 修正條項 제14조가 규정되면서, 연방헌법상의 권리도 주정부에 효력을 미치는 것으로 효력의 범위가 확장되었다. 그리고 연방헌법상의 권리의 효력은 주정부의 본래의 행위 이외에도 외형상으로는 사인의 행위이지만 「州政府의 行爲」(state action)로 볼 수 있는 경우에도 미친다는 법리가 판례를 통하여 확립되었다. 이를 國家行爲擬制理論(state action doctrine) 또는 國家類似(looks-like government)理論이라고 부르기도 한다.

이러한 구조는 외견상으로는 사적영역에 기본권조항이 적용되어 기본권의 효력이 미치는 것으로 보이지만, 그 실질에서는 여전히 헌법상의 권리는 국가에게만 미치고 사인에게는 미치지 않는다는 구조를 가지고 있는 것이다. 그러나 사적 행위이지만 주정부의 행위라고 볼 수 있는 범위를 넓힌 결과 일정한 사인의 행위에 대해서 연방헌법상의 권리의 효력이 미치는 결과를 가져왔다.

미합중국의 聯邦憲法은 헌법이 제정되어 발효될 때부터 연방정부의 조직과 권한에 관한 사항을 정하는 것이었고, 州(state)에 대해서는 적용되지 못하는 것이었다. 주에는 州憲法(state constitution)이 적용되었다. 헌법이란 개념 자체가 국가를 수범자로 하여 국가에 대해서만 적용되는 것일 뿐 국민인 사인의 삶에 대해서는 적용되는 것이 아니었다. 이러한 것이 聯邦國家原理에 의하여 철저히 관철되었기 때문에 연방헌법상의 權利章典을 구성하는 修正條項 제1조부터 제10조의 규정도 처음에는 주에 대하여 적용되지 못하였다. 그러다가 「어떤 주도 적법절차에 의하지 아니하면 사람의 생명 · 자유 · 재산을 박탈하지 못한다」고 정한 수정조항 제14조가 추가되고, 이후 연방최고법원(U.S. Supreme Court)에 의하여 이 適法節次(due process of law)條項을 매개로 하여 연방헌법의 권리장전이 연방정부뿐만 아니라 주정부에도 적용되는 것으로 판례로 확고하게 확립되었다. 이 결과 연방헌법상의 권리는 주정부의 행위에 직접 적용되기 때문에 무엇이 주정부의 행위인가 하는 것이 중요한 문제가 되었다. 여기서는 주가 어떠한 행위를 했을 때 그것을 「州政府의 行爲」로 볼 것인가 하는 점이 핵심인데, 외형상 私人의 행위라고 하더라도 성질상 주의 행위로 볼 수 있으면 연방헌법상의 권리의 효력이 이에 미친다는 결론에 도달한다. 이것은 헌법상의 권리는 연방정부든 주정부든 국가에만 효력이 미치고 사인에게는 미치지 않는다는 구조를 가지고 있는 것이지만, 외견상 사인의 행위이더라도 주정부의 행위로 인정되는 일정한 범위 내에서는 연방헌법상의 권리가 효력을 미친다는 결과를 가져왔다. 법률의 일반조항을 매개로 하지 않고 특정한 유형의 사인행위의 性質에 주목하여 이에 연방헌법상의 권리의 효력이 직접 미치게 하는 점에서 독일에서 전개되어온 기본권의 제3자적효력이론과는 이론의 구조에서 차이가 있다.

(b) 헌법상의 권리의 효력이 미치는 State Action

미합중국 연방최고법원에 의하여 외관상 사인의 행위이지만 州政府의 행위라고 보고 연방헌법상의 권리장전의 효력이 미친다고 본 경우는 판례상 확립된 기준이 없이 현재까지 유동적이지만, 대체로 사인의 행위가 公的인 機能(public function)을 수행하는 것이라고 볼 수 있는 경우에 해당하거나 國家가 關與된 것(government involvement)으로 볼 수 있는 경우에는 주정부의 행위라고 보고 이에 대하여 헌법상의 기본권의 효력이 미친다고 본다. 대략 다음과 같은 유형이 있다(연방최고법원은 State Action이론이 일관성이 없다는 점을 스스로 인정하고 있다. Edmonson v. Leesville Concrete Co., 500 U.S.614, 632(1991). 따라서 이에 기초한 유형도 대체적인 경향을 보여주고 있는 수준이며 엄밀한 이론적 체계를 가지고 있는 것은 아니다).

(i) 사법적 집행행위(judicial enforcement theory) 사인이 다른 사람의 헌법상의 권리를 침해한 행위에 대하여 법원이 재판에서 이를 인정하여 司法的으로 집행된 경우(예: 흑인에게 부동산매매를 금지하기로 한 주민계약을 법원이 받아들인 경우)에 그 집행(enforcement)은 위헌인 국가행위로 되어 연방헌법상 권리의 효력이 미친다고 한다(예: Shelley v. Kraemer(1948)).

(ii) 국유재산의 이용행위(state property theory) 국유재산을 임차하여 사용하는 사인이 그 국유시설에서 행한 기본권침해행위는 국가행위와 동일하게 보고 이에 대해서는 피해자가 자기의 기본권을 주장할 수 있다고 본다. 이러한 조건이 충족되기 위해서는 사인이 임차한 국유시설의 운영에 공금이 투입되어 있거나, 국가의 실질적인 통제가 미치고 있거나, 국가가 인종차별과 같은 기본권침해행위를 사인을 통하여 간접적으로 하려는 의도나 동기를 가지고 있어야 하며, 그 시설은 공중의 이용에 개방되어 제공된 것이어야 한다(Burton v. Wilmington Parking Authority(1961); Turner v. City of Memphis(1962); Pennsylvania v. Board of Director City Trust(1957)).

(iii) 국가원조를 받은 행위(state assistance theory) 주정부의 재정적인 원조, 토지수용권, 조세감면 등의 공적인 원조를 받은 사인에 의하여 기본권이 침해된 경우에는 이 사인에 대하여 기본권을 주장할 수 있다고 본다(Steele v. Louisville and Nashville Railroad Co.(1944)). 사립학교가 시의 재정적인 지원을 받아 시의 건물과 토지를 사용하고 있는 경우에 그 사립학교에서 인종차별을 하는 것은 국가가 인종차별하는 것과 동일하게 평가하여 해당 사립학교의 행위에 대해서는 기본권규정이 적용된다고 보았다(Morris v. Mayor and City Council of Baltimore). 주정부로부터 교과서를 무료로 배급받는 사립학교가 인종차별을 한 행위에 대해서도 기본권 규정을 적용하여 위헌판결을 하였다(Norwood v. Harrison(1973)).

(iv) 특권을 부여받은 자의 행위(governmental regulation theory) 주정부로부터 특권을 부여받고 그 한도 내에서 주정부에 의하여 규제 또는 감독을 받는 밀접한 관계에 있는 사인의 행위에 의하여 기본권이 침해된 경우에는 그 사인에 대하여 기본권을 주장할 수 있다고 본다. 시로부터 권력사업, 酒類의 취급, 운수사업을 할 수 있는 면허 등 특권을 부여받아 이를 운영하면서 인종차별을 한 경우에는 국가가 인종차별한 경우와 동일하게 평가하여 헌법상의 기본권조항이 적용되는 것으로 보았다(Public Utilities Commission v. Pollak(1952); Moose Lodge No. 107 v. Irvis(1972); Jackson v. Metropolitan Edison Co.(1974)).

(v) 국가기능의 수행행위(governmental function theory) 사인 또는 사적 단체가 성질상 고도의 공적인(public) 기능을 수행하는 경우에 이를 국가행위에 준하는 것으로 보아 헌법상의 기본권조항을 적용한다(Marsh v. Alabama(1946); Terry v. Adams(1953); Evans v. Newton(1966); Amalgamated Food Employees Local 590 v. Logan Valley

(Plaza, Inc.(1968); Lloyd Corp. v. Tanner(1972) 등). 이런 법리는 미합중국의 state action이론의 전형적인 모습을 보여준다. 주헌법이 예비선거를 각 정당의 내규로 정하도록 하고, 각 정당이 내규로 흑인에게 선거권을 부여하지 않는 것으로 하여 예비선거에서 배제한 행위에 대하여 예비선거는 정식선거의 일부이고 이는 주정부가 인정하고 있는 것이므로 순전한 사적행위가 아니고 정당이 주의 통치기능을 대리하고 있다고 보아 그러한 행위에 대하여 기본권이 적용된다고 하였다(Smith v. Allwright(1944); Terry v. Adams(1953); Marsh v. Alabama(1946)).

(3) 사 견

기본권은 헌법에서 특별히 정하고 있지 아니하는 한 사적영역에 대하여 효력이 직접 미치지 않는다. 기본권은 그 본질에 있어 국가권력과 국민간에 설정되는 관계를 규율하는 권리이기 때문이다. 사적인 영역은 헌법이 자율적인 영역으로 보호하고 있기 때문에 헌법상의 기본권조항은 이에 직접 개입하지 않는다. 기본권주체간에 힘의 우열이 있고, 강자인 기본권의 주체(거대 기업, 노동조합, 교회 등 종교단체 등)와 약자인 기본권의 주체가 있어도 이들간의 관계는 私法的으로는 서로 기본권의 주체로서 대등한 관계에 있다. 다 같은 기본권의 주체가 힘의 강약에 따라 어느 순간에 일부의 기본권의 주체가 기본권행사의 대상(=수범자)으로 되는 것은 아니다.

기본권의 효력이 사적영역에 직접 미치지 않는다고 하더라도 사인이 그 실질에서 국가나 지방자치단체의 기능이나 역할을 수행하는 경우(예: 기업도시, 정부기능을 수행하는 사적 단체)에는 외견상 사인이더라도 그 실질에서는 「國家 : 私人」의 구조를 취하고 있으므로 공권력으로부터 기본권을 보장하는 기본권보장의 원리상 이러한 사인에 대해서는 기본권의 효력이 미친다고 할 것이다.

사인도 헌법상의 기본권을 존중하여야 하지만 이를 근거로 하여 기본권을 사인에게 직접 행사할 수 없다(「효력이 미치지 않는다」는 의미는 「직접 행사할 수 없다」는 의미이다). 사인에 의하여 기본권의 침해가 발생하는 경우에 기본권의 충돌이 생기면 이는 국가가 그에게 부과된 기본권보호의무나 국가기능에 따라 基本權間의 衝突의 문제로 해결한다. 이러한 경우에는 통상 기본권적 가치를 조정하는 과정에서 법익형량이 행해지거나(주로 非自由權的 基本權) 기본권의 제한이 행해지는데(주로 自由權的 基本權), 입법(예: 민법, 형법, 행정법 등)으로 기본권을 제한하는 것은 제한당하는 기본권을 기준하여 보면, 결국 국가에 대한 기본권의 효력문제로 돌아간다.

독일에서 논의된 기본권의 私人間의 效力(=對私人的 效力=第3者的 效力)이라는 개념은 기본권이 사인간에 「직접 효력을 미치는 것」을 지칭하지 않는 한 불필요한 개념이라고 보인다. 간접효력설에서 주장하는 바와 같이, 대사인적 효력이 법률을 매개로 하여 나타나는 것이라면 이는 사인이 사인을 상대로 기본권을 주장하거나 행사할 수 없다는 것을 인정하는 것이므로 엄밀한 의미에서 對私人的 效力이라고 할 수 없다. 이러한 것은 기본권의 제한문제로 귀착되거나 미합중국의 state action이론에서 보듯이, 「國家 : 私人」의 구조로 돌아가 결국 對國家的 效力을 달리 표현한 것에 지나지 않는 것이 된다. 특히 기본권의 「객관적인 면」이라는 개념이 현재까지 그 내용에서 매우 불투명한 것으로 남아 있는 것과 같이 이론상 실익이 적은 개념이라고 보면, 기본권의 이중성이나 放射效라는 개념도 관념상의 현란함에도 불구하고 현실에서는 별 성과를 거둘 수 없는 것으로 되고, 이를 바탕으로 한 제3자적 효력이라는 개념도 별 실익이 없는 것으로 된다. 기본권이론의 면에서 엄밀히 따져보면, 현재까지 基本權의 二重性, 基本權의 客觀的인 面, 放射效, 第3者的 效力이라는 개념을 동원하여 구축한 이론은 결과에서 별로 얻은 성과가 없다고 보인다. 그래서 오늘날 사적영역에서의 기본권의 보호에 관한 이론이 기본권의 이중성이론에서 國家의 基本權保護義務理論으로 이행하고 있는 것도 이런 이유라고 보인다. 국내의 다수설은 독일의 이론을 추종하여 간접효력설을 취하고 있다. 그런데 독일헌법학계에서 전개되고 있는 기본권보호의무이론도 기본권의 보호를 빙자하여(기본권을 매개로 하여) 사적인 영역에 국가의 적극적인 개입을 가능하게 하는 길을 열어 주고 家父長的 國家主義, 즉 國家後見主義(paternalism)의 길을 여는 결과를 가져올 수도 있기 때문에 기본권보장의 원래의 이념과는 거꾸로 갈 위험을 안고 있다. 기본권의 이중성이론이 설명하고자 한 사항은 전통적인 기본권의 주관적 권리성과 대국가적 효력으로도 모두 설명이 가능하다는 점에서 독일에서 그간 전개된 기본권의 이중성이론이나 제3자적효력론은 「문제가 아닌 문제」를 문제인 것 같이 한 似而非問題(Scheinproblem)로서의 면이 강하다고 보인다.

헌법은 사적영역에 대한 기본권의 효력에 대하여 아무 것도 정하고 있지 않다. 따라서 기본권의 성질이나 헌법규정상 기본권은 사적영역에 효력을 미치지 않는다. 다만, 憲法은 사적영역인 혼인과 가족생활은 양성의 평등을 기초로 성립되고 유지되어야 한다면서 평등원칙의 효력이 미치는 것으로 정하고 있고(憲法 §36①), 「근로자는 노동조건의 향상을 위하여 자주적인 단결권 · 단체교섭권 및 단체행동권을 가진다」(憲法 §33)라고 하여 노동관계의 권리를 기본권으로 직접 정하고 있는데, 이러한 단결권, 단체교섭권, 단체행동권은 국가에 대해서는 이를 침해하지 말 것을 요구할 수 있는 것은 당연하지만 근로관계에 있는 사용자인 사인에 대해서도 이를 직접 주장할 수 있는가 하는 문제가 있다. 직접 주장할 수 있다는 견해가 있다(權寧星, 333). 이러한 개별적인 권리는 勞動組合및勞動關係調整法(1997. 3. 13. 법률 제5310호)에서 정하고 있으므로 헌법의 규정을 근거로 하여 사용자에게 직접 단결권, 단체교섭권, 단체행동권을 주장한다고 하기는 어렵다. 따라서 이러한 법률의 규정이 없는 극히 예외적인 경우에 한해서만 사인에게 직접 주장할 여지가 있다고 할 것이다. 우리 헌법상 이러한 경우 이외에는 사적영역에 대한 기본권의 효력을 인정하기 어렵다고 할 것이다.

헌법에서 노동관련 권리가 기본권으로 보장된 경우에 사인에 대해서도 직접 효력을 미친다고 하는 것은 바이마르헌법의 해석에서 비롯한 것이다. 바이마르헌법은 「노동조건 및 경제적 조건을 유지하거나 촉진하기 위한 단결의 자유는 어느 누구에 대해서도 어떤 직업에 대해서도 보장된다. 이 자유를 제한하거나 방해하려는 합의나 조치는 위법하다」(同憲法 §159)라는 규정의 해석에서 「어느 누구에 대해서도」라는 것을 근거로 私人에 대해서도 단결권의 효력이 직접 미친다고 하였다. 이는 당시의 통설적 견해였다. 우리 헌법에서는 이러한 문언이 없다.

大法院은 私法上의 환경권은 사인간에도 환경권이 존중되고 보호되어야 하는 경우를 인정하는 것이지만 그렇다고 이것이 憲法上의 환경권에서 직접 도출되지는 않는다고 판시하였다(예: 大 1995. 5. 23.-94마2218).

[大 1995. 5. 23.-94마2218] 「헌법 제35조 제1항은 "모든 국민은 건강하고 쾌적한 환경에서 생활할 권리를 가지며, 국가와 국민은 환경 보전을 위하여 노력하여야 한다"고 규정하여 환경권을 국민의 기본권의 하나로 승인하고 있으므로, 사법(私法)의 해석과 적용에 있어서도 이러한 기본권이 충분히 보장되도록 배려하여야 할 것임은 당연하다고 할 것이나, 헌법상의 기본권으로서의 환경권에 관한 위 규정만으로서는 그 보호대상인 환경의 내용과 범위, 권리의 주체가 되는 권리자의 범위 등이 명확하지 못하여 이 규정이 개개의 국민에게 직접으로 구체적인 사법상의 권리를 부여한 것이라고 보기는 어렵고, 또 사법적 권리인 환경권을 인정하면 그 상대방의 활동의 자유와 권리를 불가피하게 제약할 수밖에 없는 것이므로, 사법상의 권리로서의 환경권이 인정되려면 그에 관한 명문의 법률규정이 있거나 관계법령의 규정취지나 조리에 비추어 권리의 주체, 대상, 내용, 행사방법 등이 구체적으로 정립될 수 있어야 할 것이다. 그것은 환경의 보전이라는 이념과 산업개발 등을 위한 개인활동의 자유와 권리의 보호라는 상호 대립하는 법익 중에서 어느 것을 우선시킬 것이며 이를 어떻게 조정·조화시킬 것인가 하는 점은 기본적으로 국민을 대표하는 국회에서 법률에 의하여 결정하여야 할 성질의 것이라고 보아야 할 것이기 때문이다. 헌법 제35조 제2항에서 "환경권의 내용과 행사에 관하여는 법률로 정한다"고 규정하고 있는 것도 이러한 고려에 근거한 것이라고 여겨진다.」

[26] 第二 效力의 範圍

사적영역에서 기본권의 효력은 사인에 대하여 미치지 않는다. 다만, 예외적으로 사적영역에서의 행위주체인 사인이 실질적으로 국가의 기능이나 역할을 하는 경우에 한하여 이러한 사인에 대해서만 기본권을 주장할 수 있다. 어떠한 경우가 이러한 경우에 해당하는 것인가에 대해서는 사안에 따라 국가의 작용이 미친 형태, 실질적 내용, 정도 등을 고려하여 개별적으로 결정된다.

전통적으로 국가의 업무로 이해되던 일들이 민영화되는 것이 오늘날의 일반적인 현상인데, 국가의 일부 기능과 역할이 민영화되었다는 이유만으로 민영화된 사적 기관이나 사적 단체에 대하여 일률적으로 기본권의 효력이 직접 미친다고 할 수는 없다. 민영화 형태에도 국가개입정도에서 다양한 모습을 보이므로 이를 개별적으로 판단해야 한다.

기본권이 사인에 대하여 효력을 미치지 않는다는 것이 헌법이 기본권으로 보장하는 가치가 사인간에는 존중·보호되지 않아도 무방하다는 것을 의미하는 것은 아니다. 헌법이 기본권으로 보장하는 가치 가운데는 그 성질상 사인간에도 존중되고 보호되어야 하는 것이 있는데, 이러한 경우에 국가는 그에게 부과된 기본권보호의무에 따라 사인간에 이러한 가치의 존중이 보장되도록 하는 제도나 장치를 마련하여야 한다. 그것은 헌법을 실현하고 국민의 행복을 보장하며 공공복리와 질서를 유지하여야 하는 국가의 본질적 기능에서 비롯된다(國家機能理論). 예컨대 사인이 개인의 신체의 자유를 침해하는 경우에 이를 방지하거나 그 피해를 전보하기 위하여 법률로 처벌하는 장치를 마련하거나(예: 형법상의 상해죄, 폭행죄, 감금죄 등), 가해자에게 손해배상의 책임을 부여하는 것(예: 민법상의 손해배상책임)이 이에 해당한다. 성질에 따라서는 국가가 영업허가취소, 사업장폐쇄, 과태료 부과와 같은 행정적인 조치도 취한다(예: 성매매 관련행위를 한 업소에 대한 영업허가취소, 개인정보를 불법적으로 수집·유통·배포한 업소에 대한 행정적 제재).

여기서 유의할 것은, 이러한 것은 사인간에도 존중되어야 하는 성질을 가지는 해당 「기본권적 가치」의 성질과 이를 보호해야 하는 국가의 의무 및 국가의 기능에서 도출되는 것이지 「기본권의 효력」에 따른 결과로 도출되는 것이 아니라는 점이다.

헌법에서 기본권조항이 정하고 있는 기본권적 가치가 사인들간에도 존중·보호되어야 하는 경우에는 결국 사인간 효력의 부정설에 의하든 긍정설(직접효력설, 간접효력설)에 의하든 그 결과에서는 차이가 없다.

《헌법과 민법》

헌법상의 권리가 私法領域에 대하여 효력을 가지는가 하는 문제는 헌법과 민법이 어떠한 관계를 가지는가 하는 문제와도 연관이 있다. 성문헌법을 가지는 立憲主義原理에 의할 때, 법규범의 구조상 憲法은 주권자인 국민이 제정한 것으로 공동체의 최고법으로 존재하고, 입법권은 이 헌법에 의하여 창설되는 국가권력이고, 국가의 입법권은 헌법에 기속되는데, 民法은 이러한 입법권의 행사에 의하여 제정되는 것이라는 점에서 민법은 헌법에 의하여 창설되어 헌법에 기속되는 헌법보다 하위의 법규범이다. 이런 점에서 법규범의 구조에서 보면, 헌법은 민법을 만들어 낸 모법으로서 민법의 存在根據이며 效力根據가 된다. 그런데 법의 역사에서 보면, 민법은 고대부터 사인간의 사적 자치를 규율하는 것으로 발전하여 왔고, 私的 自治의 원리와 契約自由의 원리는 민법을 지배하는 최고원리이다. 그 반면 헌법은 원래 국가법으로부터 발전하여 왔기 때문에(예: 고대 그리스의 도시국가들의 헌법), 민법과는 무관하게 국가를 규율하였고 개인은 규율하지 않았다. 그래서 헌법은 국가를 규율하는 國家領域의 법으로, 민법은 개인을 규율하는 社會(=시장)領域(개인들간의 관계, 사유재산의 관계, 혼인과 가족의 관계 포함)의 법으로 각각 그 규율하는 영역을 달리 하여 발전하였다. 이러한 점은 근대 헌법이 만들어지던 때에도 마찬가지였다. 근대 헌법에 의하여 민법이 만들어진 것이 아니라 민법은 관습법이든 보통법(Common Law)이든 성문법이든 그 형식에 무관하게 성문헌법 이전에 존재하며 사적 영역을 규율하였다. 따라서 법발달사에서 시간적으로 보면, 민법이 헌법에 선행하는 것이다. 그러던 것이 近代立憲主義가 성립하고 개인의 자유와 권리를 보장하는 권리장전이 헌법에 포섭되면서 국가사항만이 아니라 개인의 자유와 권리의 보장과 같은 개인사항도 헌법의 규율영역으로 들어오게 되었고, 더 나아가 헌법의 기본권조항이 사인에 대하여 어떤 관계를 가지는가 하는 점이 논의되면서 헌법과 민법의 관계가 재정리될 필요가 생겼다. 헌법이 권리장전을 포섭하면서 그 규율대상이 국가에서 더 나아가 개인으로 확장되었지만, 사적 자치와 계약의 자유를 기본으로 하는 민법은 근대 입헌주의헌법보다 역사적으로 선재하면서 사적영역을 규율하는 최고법리를 형성하여 왔을 뿐 아니라, 사회와 국가의 이원론에 근거하여 자율적인 사회영역을 타율적인 국가영역과 구별하면, 헌법은 실정법규범의 구조 내에서는 민법보다 상위에 있지만, 민법의 최고원리는 헌법원리와 동격의 지위에 있게 된다. 즉 공동체 내에서 생성한 헌법은 본질필연적으로 자율적인 사회와 사적영역(자유시장의 영역)을 인정하는 것을 전제로 하고 있으므로 사적 자치와 계약의 자유는 민법의 최고원리이면서 헌법이 보장하여야 하는 영역이므로 사적 자치와 계약의 자유를 보장하고 규율하는 민법의 내용은 헌법사항에 다름아니고, 이는 헌법이 인정한 영역이므로 헌법이 따로 규율할 수 없다고 할 것이다. 다시 말해서 입법자가 민법이라는 형식으로 사적 자치와 계약의 자유를 부정하게 할 수 없다(공산주의에서는 이미 진정한 의미의 민법이라는 것이 존재할 수 없으므로 고려의 여지가 없다). 그리고 헌법이 기본권목록을 정하여 보장하는 경우에도 이는 국가에 대해서만 효력을 미치고 사인에 대하여는 효력을 미치지 않으므로 헌법은 원칙적으로 사적인 영역을 규율하지 않는다. 즉 헌법은 사적영역의 보호를 보장하는 것일 뿐이고, 사적영역을 직접 규율하지 않는다. 다만, 헌법이 정하고 있는 기본권적인 가치들 가운데 사인간에도 보호되어야 하는 필요가 있는 경우에는 국가는 공동체 내의 국민의 자유와 권리를 보호하여야 하는 그 본질적 기능과 존재의 이유에 의하여(이에는 부분적으로 국가의 기본권보호의무가 포함된다) 입법적, 행정적, 사법적 조치를 할 뿐이다. 그리고 민법의 법리에 의하여 보호되는 것으로 주장되는 자유와 권리도 헌법의 기본권 제한의 법리에 의하여 제한할 수 있는 경우(예: 계약자유의 제한, 자기결정의 제한, 재산권 행사의 제한, 혼인의 자유에 대한 제한, 성명결정의 자유에 대한 제한 등)에는 이를 제한할 수 있고, 이 지점에서만 헌법을 근거로 하여 법률로 민법이 규율하는 사항에 개입할 수 있다. 결국 기본권조항이 헌법에 규정되어 있다고 하더라도 헌법이 기본권조항을 근거로 사적영역과 사인을 규율하는 것은 아니고, 법규범의 구조상 헌법이 민법보다 상위에 존재하고 민법의 존재근거이고 효력근거라고 하더라도 사적 자치원리와 계약자유의 원리는 헌법적 수준에서 보장되는 공동체의 원리이고 私法의 최고원리이므로 헌법이 민법보다 상위에 있다는 것만을 가지고 민법의 이런 법리를 부정할 수 없다. 공산주의나 사회주의국가에서처럼 헌법에서 사적 자치와 계약자유등을 부정하는 경우에는 진정한 의미의 민법은 존재하지 않게 된다. 이러한 경우에는 그 헌법의 정당성이 문제가 된다.

《헌법과 가족법》

가족법은 역사적으로 헌법 이전에 생겨난 것이다. 가족제도는 국가가 생기기 이전에 발생하여 운용되는 것이기에 그 공동체의 구성원이 역사적으로 살아온 삶의 퇴적물이다. 따라서 헌법에서도 공동체에서 형성된 가족제도의 핵심적인 내용은 기본적으로 수용하게 된다. 그러나 그러한 핵심적인 내용이 헌법에 규정되지 않고 가족법에만 존재하는 경우에는 가족법의 기본이념과 원리가 헌법과 동격의 수준에 있다고 할 것이다. 다만, 가족법에서 정하고 있는 사항과 헌법에서 정하고 있는 사항이 충돌하는 경우에는 이를 조화적으로 해석하여야 하고, 조화적으로 해석할 수 없는 경우에는 헌법이 가족법보다 우위에 있다고 할 것이다. 憲法裁判所는 이에 대하여 다음과 같이 판시하였다(憲 2005. 2. 3.-2001헌가9등).

[憲 2005. 2. 3.-2001헌가9등] 「헌법은 모든 국가질서의 바탕이 되고 한 국가사회의 최고의 가치체계이므로 다른 모든 법적 규범이나 가치보다 우선하는 효력을 가진다는 점에 대하여는 이론이 있을 수 없다. 헌법은 한 국가의 최고규범으로서 입법·행정·사법과 같은 모든 공권력의 행사가 헌법에 의한 제약을 받는 것은 물론, 사법(私法)상의 법률관계도 직·간접적으로 헌법의 영향을 받게 된다. 헌법재판소는 일찍이 "헌법은 국민적 합의에 의해 제정된 국민생활의 최고 도덕규범이며 정치생활의 가치규범으로서 정치와 사회질서의 지침을 제공하고 있기 때문에 민주사회에서는 헌법의 규범을 준수하고 그 권위를 보존하는 것을 기본으로 한다"고 설파한 바 있다(憲 1989. 9. 8.-88헌가6). 가족제도는 민족의 역사와 더불어 생성되고 발전된 역사적·사회적 산물이라는 특성을 지니고 있기는 하나, 그렇다고 하여 가족제도나 가족법이 헌법의 우위로부터 벗어날 수 있는 특권을 누릴 수 없다. 만약 이것이 허용된다면 민법의 친족상속편에 관한 한 입법권은 헌법에 기속되지 않으며, 가족관계의 가치질서는 헌법의 가치체계로부터 분리될 수 있다는 결론에 이르게 되는데 이것이 입헌민주주의에서 용납될 수는 없다. 만약 헌법이 가족생활이나 가족제도에 관하여 중립적인 태도를 취하고 있다면 다른 헌법규정과 저촉되지 않는 한 전통적 가족제도는 가급적 존중함이 바람직할 것이다. 그러나 헌법이 가족생활에 관하여 중립을 지키지 않고 스스로 어떤 이념·가치, 제도를 채택하고 있다면 그것이 가족생활·가족제도에 관한 최고규범이 되어야 함은 물론이다. 오늘날 헌법은 가족생활관계도 이를 단순히 사인(私人)간의 사적 문제로만 파악하지 않고 그것이 국민생활 내지 국가생활의 한 요소가 될 수 있다는 것을 인정하고 이를 헌법사항에 포함시키기에 이르렀다. 그리하여 오늘날 많은 국가의 헌법에서 가족생활관계에 대해서도 그 근본이 되는 원칙을 헌법의 한 내용으로 다루고 있다. 우리 헌법도 제36조 제1항에서 혼인과 가족생활에 관한 규정을 두고 있다. 특히 정치·사회적 변혁기에 새로운 정치·사회질서, 새로운 가치와 이념을 지향하면서 제정된 헌법(우리의 제헌헌법이 이에 해당한다)의 경우, 헌법에 부합하지 않는 전래의 제도를 헌법에 맞게 고쳐나가라는 헌법제정권자의 의사가 표출되기도 한다. 물론 이 과정에서 국민의 법감정이나 정서와 헌법규범간의 괴리현상이 나타날 수 있다. 새로운 헌법이념의 채택에도 불구하고 고래로부터 이어져 온 의식은 쉽게 변하지 않을 수 있기 때문이다. 그러나 가족법의 역할은 사회현상이나 국민의 법감정을 단순히 반영하는데 그치는 것이 아니다. 공동체의 최고

가치질서인 헌법이념을 적극적으로 계도하고 확산시키는 역할 또한 가족법의 몫이다. 그런데 가족법이 이러한 역할을 수행하기는커녕 헌법이념의 확산에 장애를 초래하고, 헌법규범과 현실과의 괴리를 고착시키는데 일조하고 있다면 그러한 가족법은 수정되어야 한다.」

[27] 第三 基本權間의 衝突

Ⅰ. 개 념

基本權間의 衝突(=相衝 Grundrechtskollision)이란 서로 다른 둘 이상의 기본권의 주체들 사이에 있어서 서로 충돌하는 각자의 기본권을 주장·행사하기 위하여 국가에 대하여 각기 자기의 기본권을 주장하는 경우에 그 기본권들 사이에 발생하는 상황을 말한다.

기본권간의 충돌은 기본권을 행사함에 있어 서로 다른 둘 이상의 기본권의 가치가 서로 충돌하는 「價値의 衝突」을 의미하는 것이다. 기본권은 사인에 대해서는 직접 효력을 미치지 않기 때문에 기본권간의 충돌은 기본권의 효력이 서로 충돌하는 「效力의 衝突」이 생기는 것이 아니다. 즉 기본권간의 충돌은 어떤 사인들간에 있어 서로 상대를 향해 기본권을 행사하여 그 효력으로 인하여 발생하는 것이 아니라, 어떤 상황에서 기본권들이 행사된 결과 그 가치에서 충돌이 발생하는 것을 의미한다. 이 경우에 각 기본권의 주체는 자기의 기본권의 행사가 유효하다는 것을 국가에 대하여 주장하는 것이 되며, 그 결과 국가가 이 충돌을 해결하여야 하는 것으로 된다.

예컨대 TV방송에서 사실의 보도 또는 논평이라는 언론의 자유와 해당 당사자의 인격이나 명예의 보호라는 인격권이 충돌하는 경우, 거리에서 이익단체들이 시위를 하는 시위의 자유와 시위로 피해를 입는 인근 상점의 영업의 자유나 재산권이 충돌하는 경우, 운전자와 보행자의 통행의 자유가 충돌하는 경우, 허용되는 인공임신중절(=낙태)을 시행하는 母의 자기결정권과 태아의 생명권이 충돌하는 경우, 문학작품이나 예술표현에서 특정 개인의 사생활을 언급하여 묘사하고 평가하는 작가의 예술의 자유와 해당자의 사생활의 비밀·자유가 충돌하는 경우, 공해산업을 운영하는 기업주의 직업의 자유 또는 재산권의 보장과 인근 주민들의 환경권이 충돌하는 경우, 종교단체가 주거지역 내의 장소에서 공개적인 종교집회를 개최하는 종교의 자유와 주거의 평온을 향유하는 인근 주민들의 주거의 자유가 충돌하는 경우, 담배를 흡연하는 것을 향유하는 자유와 이를 싫어하고 건강을 유지하려는 혐연할 자유와 건강권이 충돌하는 경우 등이 이에 해당한다.

기본권의 충돌은 각각의 기본권의 주장·행사가 헌법적으로 보장되는 경우에 한정되며, 外見上 기본권을 주장하고 있으나 본질상 기본권으로 보호되지 못하는 경우

(예: 범죄행위를 하면서 행동자유권을 주장하는 경우)에는 처음부터 기본권의 충돌은 발생할 여지가 없고 기본권간의 충돌이라는 개념도 성립하지 않는다(不眞正 衝突=擬似衝突=類似衝突). 따라서 어떤 문제가 기본권간의 충돌의 문제에 해당하는가의 여부를 판단하기 위해서는 먼저 상호 충돌하는 각각의 가치·이익영역이 헌법상 유효하게 기본권으로 보호되고 있는 것인가의 여부에 대하여 선결적으로 판단해야 한다.

Ⅱ. 특 징

기본권의 충돌은 어떤 기본권의 주체가 기본권을 행사하는 경우에 다른 기본권의 주체가 보유·행사하는 기본권에 제한이나 침해를 가져온다는 점에 그 특징이 있다.

> 기본권이 가치적으로 다른 법익과 충돌하는 경우가 있다. 공적인 가치와 충돌할 수도 있고, 기본권은 아니지만 법률상의 권리·가치·이익과도 충돌할 수 있고, 헌법상 보장되고 있는 다른 가치나 이익들과도 충돌할 수 있다. 이러한 경우는 법익충돌에 해당하며 기본권의 상충과는 구별된다. 법익충돌은 개념상 기본권의 상충보다 넓은 개념이고, 기본권의 상충은 법익충돌의 한 유형에 해당한다.

Ⅲ. 발생영역

기본권은 사인간에 있어서는 직접 효력을 미치지 않기 때문에 기본권의 행사에서 기본권주체들 사이에 직접 서로 충돌하는 경우는 없다. 즉 가치적으로 서로 충돌하는 기본권을 각기 주장한다고 하더라도 사인은 사인에 대하여 자기의 기본권을 직접 행사하거나 주장할 수 없기 때문에 기본권의 행사에 있어서 실제 기본권들이 서로 충돌하는 상황은 발생하지 않는다.

기본권의 상충은 國家에 대하여 기본권을 주장하는 경우에 한하여 발생한다. 기본권의 상충이 문제가 되는 경우는 立法, 行政, 裁判(일반법원 및 헌법재판소의 재판)을 함에 있어서 관련 이익들을 조정하는 때에 기본권적인 가치들이 충돌하는 경우인데, 이는 법익형량이나 규범가치의 조화 문제로 되어 국가(예: 입법자, 행정청, 재판관, 지방자치단체의 장과 의회)가 서로 충돌하는 이익들을 형량하거나 조화되는 길을 찾는다. 이러한 기본권들의 상충은 입법, 행정, 재판을 하는 경우에 당사자인 기본권의 주체들이 각기 자기의 기본권을 국가에 대하여 명시적으로 주장하여 생기기도 하고(明示的 衝突), 기본권의 주체에 의한 명시적인 주장이 없더라도 국가가 입법, 행정, 재판 등을 함에 있어서 판단이나 결정에서의 고려로 인하여 생기기도 한다(默示的 衝突).

立法의 領域에서 기본권의 상충이 발생하는 경우에는 양자의 조화점(때로는 다른 법익과의 조화도 포함됨)에서 입법이 이루어지므로 기본권의 내용이 헌법에 의하여 정해진 경우는 기본권 제한의 문제로 되고, 입법에서도 기본권 제한의 형태로 나타난다. 기본권의 내용이 법률에 의하여 구체적으로 형성·확정되는 경우(예: 사회적 기본권)에는 법익형량의 문제로 된다.

Ⅳ. 해결방법

(1) 독일의 이론과 판례

(a) 입법형성의 자유이론(=立法者役割論)

기본권의 충돌을 해결하는 방법을 헌법이 명시적으로 정하고 있지 않은 경우에는 헌법재판소나 법원이 헌법해석을 통하여 이를 해결하면 안 되고, 입법자인 의회가 법형성의 자유에 의거하여 입법으로 해결해야 한다고 한다. 이에 대해서는 기본권의 충돌 문제는 성질상 헌법해석의 문제이므로 입법자에게 전속된 것으로 보는 것은 잘못이며, 다양하고 구체적인 양상을 보이는 충돌현상을 모두 입법으로 정형화하여 해결하는 것은 거의 불가능하다는 비판이 있다.

(b) 기본권의 서열이론(=基本權等級論)

헌법이 보장하는 기본권들 사이에는 그 가치의 중요도에서 서열이 존재한다고 보고, 서로 충돌하는 기본권들을 이들 서열에 비추어 보아 보다 높은 서열의 기본권을 우선하여 보호하는 방법으로 해결해야 한다고 한다. 이에 대해서는 헌법상의 기본권들을 모두 서열화하는 것은 성질상 불가능하다는 비판이 있다.

(c) 법익형량이론

기본권이 충돌하는 경우에 이들을 서로 비교형량하여 보다 큰 법익을 보장하는 상위의 기본권을 보다 작은 법익을 보장하는 하위의 기본권에 우선시켜 해결한다는 견해이다. 이러한 법익형량은 법익에서의 우열의 존재를 인정하는 것이기 때문에 기본권에서 서열이 존재함을 받아들여 이를 비교형량한다. 이에 대해서는 다양한 모든 기본권간의 충돌상황에 적용할 수 있는 그때 그때의 법익형량의 객관적인 기준을 찾는 것이 사실상 완벽하지 못하고, 이익형량의 결과 큰 법익만 보호하고 보다 작은 법익을 완전히 무시·배제하는 것을 정당화하기 어렵다는 비판이 있다.

(d) 규범조화이론(=實際的 調和理論=衡平性重視論)

기본권이 충돌하는 경우에 법익형량에 따라 어느 하나의 기본권을 보호하고 다른 기본권을 배제시키는 양자택일의 방법을 취하지 않고 충돌하는 기본권들을 가능한 한 모두 보호하는 조화점을 찾아 最適化(optimal)의 상태에서 이를 해결하려고 하는 견해이다. 이는 기본권의 서열에 상관없이 헌법의 통일성이라는 관점에서 문제가 된 모든 기본권의 가치를 가능한 한 현실에서 타협점을 찾아 모두 실현시키려고 하는 것이다.

이에 의하면, 기본권의 충돌이 발생하면, i) 충돌하는 기본권들에 비례적인 제한을 가하여 모든 기본권을 양립할 수 있도록 시도하고(비례적 제한의 원칙), ii) 모든 기본권들을 양립시키는 것이 불가능하면 대안을 모색하며(대안모색의 원칙), iii) 대안도 발견할 수 없는 경우에 어떤 기본권을 불가피하게 후퇴시키되 이러한 후퇴가 기본권을 과도하게 제한하는 것이어서는 안 되도록 하여 해결하고자 한다(과잉금지의 원칙).

기본권 충돌의 문제를 해결함에 있어서 獨逸聯邦憲法裁判所의 判例는 법익형량의 방법을 사용하면서도 충돌하는 두 기본권들을 조화시키려고 하고, 이러한 조화점을 찾기 어려운 때에는 대안을 모색해보는 태도를 취하고 있다.

(2) 국내의 이론과 판례

(a) 제 1 설

기본권들간에 충돌이 발생한 경우에는, i) 충돌하는 기본권들간에 가치의 서열이 객관적으로 인정되는 경우에는 이익형량(=법익형량)을 통하여 가치의 서열이 앞서는 기본권을 우선하여 보호하고, ii) 기본권들간에 가치의 서열이 불분명한 경우에는 서로 충돌하는 기본권 모두에 공평하게 제한을 가하여 서로 조정하며, iii) 이러한 공평한 제한을 통해서도 해결할 수 없는 경우에는 충돌하는 기본권의 효력을 모두 유지시킬 수 있는 다른 대안을 마련하여 해결해야 한다고 한다(權寧星, 342).

(b) 제 2 설

기본권들이 서로 충돌하는 경우에는 이익형량의 방법과 「상충하는 기본권들의 양립을 위한 최소한의 제약」, 「상충하는 기본권을 모두 보호할 수 있는 대안의 제시」, 「극단적인 최후 수단의 억제」라는 방법을 동원하는 규범조화적 해석방법을 모두 활용하여 다각적으로 해결해야 한다고 한다(許營a, 268).

(c) 제 3 설

기본권들간에 충돌이 발생한 경우에는, i) 위의 실제적 조화이론에 따라 해결하고, ii) 충돌하는 기본권 가운데 어느 하나를 희생시킬 수밖에 없기 때문에 이러한 방법으로 해결하기 불가능한 경우에는 대안을 발견하도록 노력하고, iii) 이러한 방법으로도 해결할 수 없으면 구체적인 해당 사안에서 모든 상황을 고려한 구체적 법익형량을 통하여 보다 큰 법익을 선택해야 한다고 한다(桂禧悅b, 111).

(d) 사 견

기본권이 충돌하는 경우에 국가가 이를 해결하는 방법은 입법을 통해서만 이루어지는 것은 아니고 헌법해석을 통해서도 이루어지고, 입법에 의하여 충돌하는 기본권들을 조정하는 것이 항상 타당한 결론에 도달하는 것은 아니라는 점에서, 기본권 충돌의 문제를 전적으로 입법자의 입법형성의 자유에 맡겨 해결하고자 하는 것은 충분하지 않은 점이 있다. 기본권의 충돌은 입법으로 처리하는 경우도 있고(이 경우도 기본권충돌을 해결하는 입법이 헌법에 합치되느냐 하는 문제가 발생하는 점에서는 해당 입법이 입법형성의 자유범위 내에 있지 아니하는 한 결국에는 헌법해석을 통하여 해결된다), 재판이나 헌법재판을 통하여 처리되기도 한다.

헌법에 보장된 개별 기본권들 가운데는 그 가치나 중요도에서 우선순위를 정할 수 있는 경우도 있을 수는 있으나, 개별 기본권들을 모두 서열화하는 것은 불가능하다. 정신적인 자유가 물질적인 자유에 언제나 우선한다고 말할 수도 없고, 순전히 개인적인 자유가 공적인 사항과 관련된 자유보다 열위에 존재한다고 할 수도 없다. 따라서 모든 기본권의 서열화가 불가능한 이상 기본권서열이론은 문제의 해결방안이 될 수 없다. 그렇다면 기본적으로 기본권의 서열을 전제로 하여 성립할 수 있는 법익형량이론도 언제나 타당한 이론이라고 하기는 어렵다.

결국 기본권의 충돌은 i) 해당 사안에 어떠한 기본권이 가장 직접적인 관련성을 가지는가를 따져 사안관련성에서 가장 직접적인 기본권을 고려하는 것으로 하되, ii) 법익형량상 양자택일할 수밖에 없는 경우(예: 낙태)에는 고려되어야 할 이익들을 모두 고려한 상태에서 우월한 지위에 있는 기본권을 보호하고, iii) 그렇게 할 수 없는 경우에는 충돌하는 기본권을 모두 실현시킬 수 있는 적정한 조화점을 찾아 이를 해결하는 것이 타당하다. 적정한 조화점을 찾는 것은 각 기본권에 대하여 타협과 양보를 구하는 것이므로 이러한 작업에서는 비례적 제한원칙에 따라 조화점을 찾아내게 된다. 이러한 과정에서 양자의 기본권을 모두 만족시킬 수 없는 경우에는 代案을 마련하는 방식(유아인 子의 수혈에 대하여 '여호와의 증인'의 신도인 母가 거부하고 있는 상황에서 母에게 수혈동의를 강요하는 것이 아니라 후견법원이나 친족회 등이 이에 대하여 결정하게 하는 방식)도 고려된다. 그러나 충돌하는 기본권을 서로 조화시킬 수 있음에도 그러한 작업을 함이 없이 바로 대안을 모색하는 것은 타당하지 않다. 대안을 마련하는 것이 어려운 경우에는 결국 어느 특정 기본권을 불가피하게 후퇴시킬 수밖에 없는데, 이런 때에는 과잉금지원칙에 합치하여야 한다.

憲法裁判所나 大法院의 判例는 이 문제를 해결하는데 규범조화적인 방법을 사용하기도 하고(예: 憲 1991. 9. 16.-89헌마165), 기본권서열이론을 채택하기도 하고(예: 憲 2004. 8. 26.-2003헌마457; 2005. 11. 24.-2002헌바95등), 법익형량의 방법을 사용하기도 한다(예: 大 1988. 10. 11.-85다카29). 憲法裁判所는 규범조화적인 방법을 사용하면서 동시에 법익형량의 원리, 입법에 의한 선택적 재량 등을 종합적으로 고려하기도 한다(예: 憲 2007. 10. 25.-2005헌바96).

[憲 1991. 9. 16.-89헌마165] 「두 기본권이 서로 충돌하는 경우에는 헌법의 통일성을 유지하기 위하여 상충하는 기본권 모두가 최대한으로 그 기능과 효력을 나

타낼 수 있도록 하는 조화로운 방법이 모색되어야 할 것이고……반론권은 신속한 권리구제의 필요성에서 보도가 행해진 시간과 근접하여 그 사실 주장을 반박할 기회를 주는 점을 특색으로 하는 것이므로 반론의 제도와 언론의 자유의 관계는 단순히 제도의 평면적 비교나 판단보다 기본권간의 조화라는 전체적인 관점에서 평가되어야 한다. 현행 정정보도청구권제도는 그 명칭에 불구하고 피해자의 반론게재청구권으로 해석되고 이는 언론의 자유와는 비록 서로 충돌되는 면이 없지 아니하나 전체적으로는 상충되는 기본권 사이에 합리적인 조화를 이루고 있는 것으로 판단된다.」

[憲 2004. 8. 26.-2003헌마457] 「흡연자들이 자유롭게 흡연할 권리를 흡연권이라고 한다면, 이러한 흡연권은 인간의 존엄과 행복추구권을 규정한 헌법 제10조와 사생활의 자유를 규정한 헌법 제17조에 의하여 뒷받침된다.……인간으로서의 존엄과 가치를 실현하고 행복을 추구하기 위하여서는 누구나 자유로이 의사를 결정하고 그에 기하여 자율적인 생활을 형성할 수 있어야 하므로, 자유로운 흡연에의 결정 및 흡연행위를 포함하는 흡연권은 헌법 제10조에서도 그 근거를 찾을 수 있다.……흡연자들의 흡연권이 인정되듯이, 비흡연자들에게도 흡연을 하지 아니할 권리 내지 흡연으로부터 자유로울 권리가 인정된다(이하 이를 '혐연권'이라고 한다). 혐연권은 흡연권과 마찬가지로 헌법 제17조, 헌법 제10조에서 그 헌법적 근거를 찾을 수 있다. 나아가 흡연이 흡연자는 물론 간접흡연에 노출되는 비흡연자들의 건강과 생명도 위협한다는 면에서 혐연권은 헌법이 보장하는 건강권과 생명권에 기하여서도 인정된다. 흡연자가 비흡연자에게 아무런 영향을 미치지 않는 방법으로 흡연을 하는 경우에는 기본권의 충돌이 일어나지 않는다. 그러나 흡연자와 비흡연자가 함께 생활하는 공간에서의 흡연행위는 필연적으로 흡연자의 기본권과 비흡연자의 기본권이 충돌하는 상황이 초래된다. 그런데 흡연권은 위와 같이 사생활의 자유를 실질적 핵으로 하는 것이고 혐연권은 사생활의 자유뿐만 아니라 생명권에까지 연결되는 것이므로 혐연권이 흡연권보다 상위의 기본권이라 할 수 있다. 이처럼 상하의 위계질서가 있는 기본권끼리 충돌하는 경우에는 상위기본권우선의 원칙에 따라 하위기본권이 제한될 수 있으므로, 결국 흡연권은 혐연권을 침해하지 않는 한에서 인정되어야 한다.」

[大 1988. 10. 11.-85다카29] 「언론, 출판 등 표현의 자유는 가끔 개인의 명예나 사생활의 자유와 비밀 등 인격권의 영역을 침해할 경우가 있는데 표현의 자유 못지 않게 이러한 사적 법익도 보호되어야 할 것이므로 인격권으로서의 개인의 명예의 보호(구 헌법 제9조 후단)와 표현의 자유의 보장(구 헌법 제20조 제1항)이라는 두 법익이 충돌하였을 때 그 조정을 어떻게 할 것인지는 구체적인 경우에 사회적인 여러 가지 이익을 비교하여 표현의 자유로 얻어지는 이익, 가치와 인격권의 보호에 의하여 달성되는 가치를 형량하여 그 규제의 폭과 방법을 정해야 할 것이다.」

[憲 2007. 10. 25.-2005헌바96] 「채권자취소권이 행사되면 채권자의 재산권인 채권의 실효성은 확보될 수 있는 반면, 채무자와 수익자 간의 법률행위가 취소되고 수익자가 취득한 재산이 채무자의 책임재산으로 회복되게 됨으로써 채무자 및 수익자의 일반적 행동의 자유 내지 여기에서 파생되는 계약의 자유와 수익자의 재산권이 제한되는 결과를 가져오게 된다. 즉 이 사건 법률조항으로 인하여 채권자의 재산권과 채무자 및 수익자의 일반적 행동의 자유, 그리고 채권자의 재산권과 수익자의 재산권이 동일한 장에서 충돌하는 문제가 발생하게 되는 것이다. 따라서 이

사건의 쟁점은 이러한 기본권의 충돌과 그 해결방법이고, 구체적으로는 채권자취소권제도의 목적의 정당성과 채권자취소권의 행사로 인하여 제한되는 채무자와 수익자의 기본권제한의 정도가 비례성을 유지하고 있는가가 문제된다.……이 사건 법률조항은 채권자에게 채권의 실효성 확보를 위한 수단으로서 채권자취소권을 인정함으로써, 채권자의 재산권과 채무자와 수익자의 일반적 행동의 자유 내지 계약의 자유 및 수익자의 재산권이 서로 충돌하게 되는바, 위와 같은 채권자와 채무자 및 수익자의 기본권들이 충돌하는 경우에 기본권의 서열이나 법익의 형량을 통하여 어느 한 쪽의 기본권을 우선시키고 다른 쪽의 기본권을 후퇴시킬 수는 없다고 할 것이다. 사적자치의 원칙은 헌법 제10조의 행복추구권 속에 함축된 일반적 행동자유권에서 파생된 것으로서 헌법 제119조 제1항의 자유시장 경제질서의 기초이자 우리 헌법상의 원리이고, 계약자유의 원칙은 사적자치권의 기본원칙으로서 이러한 사적자치의 원칙이 법률행위의 영역에서 나타난 것이므로, 채권자의 재산권과 채무자 및 수익자의 일반적 행동의 자유권 중 어느 하나를 상위기본권이라고 할 수는 없을 것이고, 채권자의 재산권과 수익자의 재산권 사이에서도 어느 쪽이 우월하다고 할 수는 없을 것이기 때문이다. 따라서 이러한 경우에는 헌법의 통일성을 유지하기 위하여 상충하는 기본권 모두가 최대한으로 그 기능과 효력을 발휘할 수 있도록 조화로운 방법을 모색하되(규범조화적 해석), 법익형량의 원리, 입법에 의한 선택적 재량 등을 종합적으로 참작하여 심사하여야 할 것이다.」

V. 기본권 제한과의 관계

기본권 충돌의 문제는 그 해결이 국회의 立法이나 법원의 재판 또는 헌법재판을 통하여 이루어지는 이상, 충돌하는 각 기본권의 주체는 자기 기본권의 원래 내용대로 기본권을 행사하지 못하고 법률이나 재판에 의해 일정한 제한을 받게 되는 결과에 도달한다. 따라서 기본권 주체의 입장에서 보면, 기본권간의 충돌 문제는 내용이 법률에 의해 형성되는 경우에는 법익형량의 문제가 되고, 내용이 이미 헌법상 정해져 있는 경우(예: 자유권적 기본권)에는 기본권의 제한문제로 귀착한다.

행정이나 재판의 영역에서 기본권 충돌의 문제는 기본권을 제한하는 법률을 적용하거나 또는 분쟁을 해결하거나 공공복리나 질서유지를 위하여 충돌하는 법익을 서로 조화되게 조정하는 것으로 귀착된다.

제 5 장 基本權의 制限

제 1 절 概 觀

[28] 第一 基本權의 內容

헌법이 보장하는 기본권은 개별적 기본권마다 유효한 내용을 가지고 있다. 기본권의 「內容」(Inhalt)이란 기본권의 주체가 보유하고 행사할 수 있는 헌법상 권리의 유효한 실질적 범위를 말한다. 이러한 기본권의 내용은 헌법이 인정하는 제한을 받지 않는 한 원래의 범위대로 보장된다.

기본권의 내용은 인간이 이 세상에 태어나 스스로 자기의 문제를 결정하고 행복을 추구하며 삶을 영위하는 것을 보장하는 것이다. 이러한 것은 인간의 자연적인 존재를 전제로 하는 것이고 공동체 이전에 존재하는 인간의 삶을 전제로 하는 것이다. 그러나 인간은 본질에서는 공동체 이전의 존재이지만, 태어나는 순간부터 현실적으로는 공동체 내의 존재이기 때문에 인간이 공동체의 구성원으로서 자유롭게 살면서 자기의 인격과 개성을 신장시키는 동시에 공동체의 존속과 공동체 내의 다른 구성원의 삶과 공존하는 질서에 편입될 수밖에 없다. 이와 같이 인간에게는 공동체 이전의 존재로서 삶을 영위할 수 있는 부분과 공동체 내에서 삶을 영위하는 부분이 동시에 존재하므로 기본권의 내용은 이를 모두 보장한다.

따라서 공동체의 구성원은 어떤 국가의 국민이라는 지위를 가지더라도 자연인으로서 당연히 향유하고 행사할 수 있는 자연권으로서의 기본권과 특정 국가의 국민으로서 향유하고 행사할 수 있는 기본권을 가지며, 헌법은 이러한 기본권을 보장하고 규범화하고 있다.

[29] 第二 基本權의 制限

Ⅰ. 개 념

기본권의 「制限」(Schranken, Beschränkung)이란 기본권의 내용이나 효력의 범위를 헌법이 인정하는 바에 따라 합법적으로 축소하는 것을 말한다.

제한이라는 개념은 필연적으로 제한의 대상이 先在할 것을 전제하고 있기 때문에 제한이 가해지는 기본권은 제한의 대상인 그 「내용」이 이미 헌법적으로 확정되어 있는 경우이다. 주로 자유권적 기본권이 이러한 경우에 해당한다. 헌법이 법률에 위임하여 그 내용을 확정하는 기본권의 경우(예: 사회적 기본권)에는 내용을 정할 때부터 충돌하는 이익과 형량을 하기 때문에 기본권의 제한은 그러한 기본권의 「내용」보다는 「행사」 부분에 주로 있게 된다.

모든 국민은 헌법이 보장하는 원래의 내용대로 기본권을 향유하고 행사하며, 이러한 가운데서 개인도 개성을 신장시키며 행복을 추구하고, 동시에 공동체도 존속하고 유지된다. 자유로운 개인이 自律性에 입각하여 각자의 자유와 권리를 향유하고 행사하는 경우에도 서로 조화를 이루어 공동체 구성원 모두가 각각의 삶을 영위하면서 동시에 서로 공존할 수 있어야 한다. 인간은 본질적으로 공동체 이전의 존재이고, 생명을 가지고 태어난 이후에는 자신의 개성에 따라 자기가 원하는 바대로 자율적인 의사에 바탕을 두고 자신의 일에 대하여 결정하면서 행복을 추구하며 삶을 영위하는 존재이다. 즉 자기가 하고 싶은 대로 행하고, 스스로 원하는 방식에 따라 살고 싶은 대로 살다가 생명을 다하는 존재이다. 그래서 인간의 삶에 있어서는 무엇보다 私的 自治(private autonomy)가 본질적인 바탕을 이루고 있다. 삶에 있어서 思考, 사상, 종교, 양심, 표현, 계약, 거래의 자유 등 自由市場이 형성되는 것도 이러한 경우이다.

그러나 자율적인 인간의 행동이 항상 공동체의 존속과 유지를 담보하는 것은 아니며, 언제나 서로 공존할 수 있는 구조를 만들어 내는 것도 아니다. 市場의 失敗(market failure)가 발생하는 경우에는 공동체의 구성원 상호간에 형성되는 일이나 관계에 관한 결정을 개개 구성원의 자율적 판단에만 맡겨둘 수 없다. 그래서 국가(=정부)의 역할이 필요하고, 국가가 공동체와 관련된 일에 관한 구성원의 의사 결정에 개입한다. 기본권의 제한은 헌법이 이러한 국가의 개입을 인정하는 메커니즘이다. 이는 私益과 公益간의 조화를 추구하는 것이고, 공동체와 그 구성원간 그리고 공동체 구성원들 상호간의 共存과 相生을 추구하는 것이다. 오늘날 대부분의 立憲國家가 헌법에서 국민의 기본권을 보장하면서 동시에 이를 제한할 수 있는 장치를 마련해두고 있는 이유도 국가의 최고법에서 이러한 법리를 규범화해 두기 위한 것이다. 이러한 기본권의 제한은 당연히 기본권의 본질적 내용과 기능에 따른 본래의 내재적 법리가 있기 때문에 무한정으로 인정되는 것이 아니고, 본래의 기능에 적합한 범위 내에서만 인정되는 개념본질적인 한계를 가진다.

Ⅱ. 제한의 형식

기본권을 제한하는 방식(=형식)에는 헌법에 의한 제한(=기본권제한적 헌법유보=헌법직접적 제한)과 법률에 의한 제한(=기본권제한적 법률유보)이 있다.

Ⅲ. 헌법 규정

헌법은 기본권의 주체에게 기본권을 보장하면서 동시에 共同體의 존속과 유지 및 안전, 공동체의 질서, 공동체 내의 구성원이 향유할 公共福利를 달성하기 위하여 필요한 경우에는 기본권을 제한할 수 있도록 정하고 있다(憲法 §37②). 헌법의 개별 규정에 이런 제한을 두는 경우도 있지만(예: 憲法 §8④, §21④, §23③, §29②, §33③), 일반적인 형식은 憲法 제37조 제2항이다. 이러한 기본권의 제한 규정에는 당연히 그 제한의 한계가 포함되어 있다. 이런 한계는 명시적으로 정해져 있든 묵시적으로 정해져 있든 기본권의 보장과 제한이라는 개념에 따르는 개념본질적인 것이기 때문에 언제나 인정되는 것이다. 憲法 제37조 제2항은 「國民의 모든 自由와 權利는 國家安全保障·秩序維持 또는 公共福利를 위하여 필요한 경우에 한하여 法律로써 제한할 수 있으며, 제한하는 경우에도 自由와 權利의 本質的인 내용을 침해할 수 없다」라고 명시적으로 정하여, 기본권의 제한과 동시에 그 제한의 한계도 정하고 있다.

기본권의 제한은 헌법적으로 정당화될 때만 수용될 수 있는데, 이를 정당화하는 요건에는 形式的 要件과 實質的 要件이 있다. 기본권을 헌법이 정하는 법규범의 형식을 통해서만 제한할 수 있다는 것을 형식적 요건이라고 하고, 제한의 목적이 정당하여야 하고, 제한의 한계에 해당하는 과잉금지원칙과 본질적 내용침해금지원칙을 충족시킬 때만 제한할 수 있다는 것을 실질적 요건이라고 한다. 憲法 제37조 제2항은 기본권의 제한에 있어서 정당화의 형식적 요건과 실질적 요건을 정하고 있다.

> 국가의 억압이 강할 때, 이에 대항하는 이데올로기의 하나가 인권이었다. 그래서 人權談論은 모든 권력에 대한 대항무기로 동원되었고, 이런 담론구조에서 인권은 절대성과 신비성까지 획득하는 단계로까지 나아가고 공동체 내에서 원자화된 개인의 자유와 존재를 극대화시키는 쪽으로 치달았다. 개인주의, 자유방임주의, 인권이데올로기에 힘입어 권리담론이 개인주의적 권리담론으로 치닫게 되자 공동체의 가치와 구성원간의 연대성과 상생하는 덕목들이 파괴되기에 이르렀다. 이 지점에서 인간, 공동체, 자유, 권리, 국가에 대한 거시적인 담론에서 個人主義(individualism)를 비판하는 共同體主義(communitarianism)가 등장하여 서로 경쟁하고 있다. 권리담론이 이데올로기성을 가지면서 인식의 혼란을 초래하자 법학에서는 권리와 기본권의 법리적 인식을 보다 정치하게 하는 작업의 일환으로 규범의 인식과 개념에 있어 規則(rule; Regel)과 原理(principle; Prinzip)를 범주적으로 구별하고 기본적으로 권리나 기본권은 원리에 해당하는 것이라는 견해가 전개되고 있다(예: R. Dworkin; R. Alexy; M. Borowski). 이는 기본권이론에서 기본권의 제한과

기본권간의 충돌의 해결방법을 보다 정밀하게 하는 것으로 발전하고 있다. 여기서 규칙이란 어떤 조건이 충족되면 언제나 반드시 궁극적이고 확정적인 하나의 결론(명령, 금지, 허가, 권능 등)이 도출되는 경우를 말한다. 따라서 규칙은 「이냐 아니냐」(all-or-nothing)하는 구조를 가지고 있다. 이에 반하여 원리란 어떤 것이 확정적인 것이 아니라 여러 법적인 가능성과 사실적인 가능성들 속에서 어떠한 상황에서 상대적으로 최대의 것을 실현하는 경우를 말한다. 따라서 여기서는 경쟁하고 충돌하는 가능성을 조정하는 衡量이 항상 수반하고, 형량기준(예: 비례원칙)에 따라 최적(optimal)의 것을 도출하는 구조를 가지고 있다. 이러한 「규칙-원리구별론」의 인식에 의하더라도, 인간의 內心의 自由는 언제나 절대적인 것이며, 외적으로 드러나는 자유와 권리에서도 「본질적인 내용」은 형량의 대상이 되지 않는다고 할 것이다. 기본권에 있어 이러한 영역 이외에 해당하는 내용은 상대적인 성질을 가진다고 할 것이며, 이러한 영역에서는 「原理로서의 基本權」理論이 설득력을 가진다고 보인다.

[30] 第三 基本權의 保護領域

기본권의 「內容」이라는 개념과 관련하여 기본권의 「保護領域」(Schutzbereich)이라는 개념을 분명히 할 필요가 있다. 기본권의 보호영역은 기본권이 구체적인 상황에서 실제로 보장되는 범위를 지칭한다. 어떤 기본권이 특별한 이유로 제한을 받지 않고 원래의 내용대로 보장되면 그 원래의 내용이 해당 기본권의 보호영역이 되고, 제한을 받는 경우에는 원래의 내용에서 제한을 받는 범위를 제외한 나머지 영역이 해당 기본권의 보호영역이 된다.

기본권은 원칙적으로 제한을 받지 않기 때문에 통상의 경우에 기본권의 내용과 기본권의 보호영역은 일치한다. 그러나 기본권의 제한이 있는 경우에는 기본권의 내용과 기본권의 보호영역이 일치하지 않는다. 기본권의 내용과 기본권의 보호영역을 같은 개념으로 사용하는 견해도 있으나(이 경우는 표현의 차이일 뿐 실익이 없다), 개념상으로는 양자를 이와 같이 구별할 때 이론적 실익이 있다.

《「내용-제한」의 구조와 「보호영역-정당화」의 구조》

기본권의 보호영역은 해당 기본권의 가치와 이와 갈등·충돌하는 가치가 존재할 때, 구체적 상황에서 서로 형량을 한 다음에 설정되는 것이기 때문에 이는 결과적이고 상황적인 개념이다. 구체적 상황에서 확정된 보호영역이 타당한 것인가 하는 것을 판단하기 위해서는 해당 상황에서의 형량을 정당화(Rechtfertigung)할 수 있는 요건이 충족되었는지를 검사하는 「정당화요건검사」가 필요하다. 그런데 개별 기본권의 보호영역은 충돌하는 경우의 수를 모두 확인할 수 있는 경우가 아닌 한 미리 이를 확정할 수 없으므로, 기본권 보장에 대한 이론으로서는 기본권의 내용을 확정하고, 그 제한을 결합시키는 「내용-제한」의 구조가 「보호영역-정당화」의 구조보다 더 안정적이고 타당하다(이론의 안정성과 타당성).

기본권의 내용과 보호영역

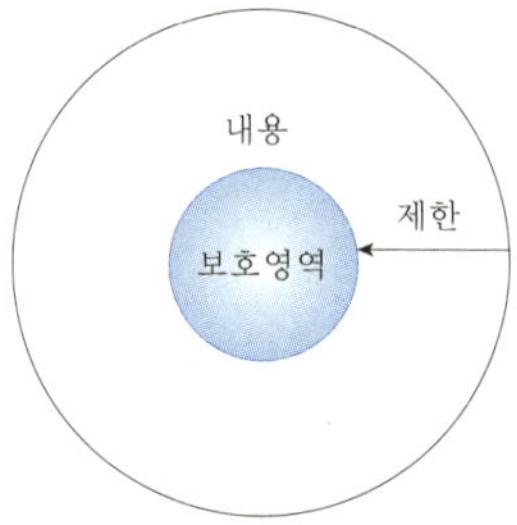

제 2 절 基本權 制限의 目的

[31] 第一 憲法의 規定

기본권의 보장에는 원칙적으로 제한이 따르지 않기 때문에 기본권을 제한하는 경우에는 반드시 그 제한을 정당화시키는 목적이 필요하다. 우리 헌법은 기본권의 제한에 있어서 그 형식상 憲法에 의한 제한, 法律에 의한 제한, 國家緊急權에 의한 제한 등으로 나누어 정하고 있는데, 각 경우에 그 목적을 명시하고 있다.

憲法은 기본권을 보장하면서 동시에 이에 대한 제한의 목적을 직접 정하고 있는 경우가 있다. 政黨의 설립과 활동의 자유를 보장하면서 이를 제한하는 경우에는 「民主的 基本秩序」를 보호·유지하기 위한 목적이 있어야 한다(憲法 §8④). 언론·출판의 자유를 보장하면서 이를 제한하는 경우에는 「他人의 名譽」, 「他人의 權利」, 「公衆道德」, 「社會倫理」를 보호하기 위한 목적이 있어야 하는데(憲法 §21④), 헌법의 규정구조상 憲法 제37조 제 2 항의 기본권 제한의 목적에 포함되는 내용이다. 언론·출판의 자유는 憲法 제21조 제 4 항에서 정하고 있는 목적에 한정되는 것이 아니라 憲法 제37조 제 2 항에서 정하고 있는 목적에 의해 제한될 수 있다(예: 大 1999. 12. 28.-99도4027; 1999. 10. 8.-99도2437). 재산권을 보장하면서 공용수용·공용사용·공용제한의 방식으로 재산권을 제한하는 경우에는 「公共必要」라는 목적이 있어야 한다(憲法 §23③).

憲法은 이와 같이 헌법규정에서 직접 정하고 있는 이외에, 일반적으로 기본권을

法律로써 제한할 수 있도록 정하고 있다. 즉 國會로 하여금 국민의 기본권을 제한할 수 있게 하는 것인데, 憲法 제37조 제2항이 그 조항이다. 법률에 의해 일반적으로 기본권을 제한하는 경우에는 「國家安全保障」, 「秩序維持」, 「公共福利」라는 목적이 존재해야 한다. 헌법의 개별 규정에서 법률로써 특정의 기본권을 제한할 수 있다고 정하면서 그 목적을 명시하지 않은 경우(예: 憲法 §33③)에는 憲法 제37조 제2항에서 정하는 목적이 존재할 때만 해당 기본권을 제한할 수 있다.

國家緊急權에 의해 기본권을 제한하는 경우에도 목적이 존재해야 한다. 緊急財政·經濟處分이나 緊急財政·經濟命令에 의해 기본권을 제한하는 경우에는 「國家安全保障」, 「公共의 安寧秩序」를 유지하기 위한 목적이 있어야 하고(憲法 §76①), 非常戒嚴이 선포된 때 特別措置에 의해 영장제도, 언론·출판·집회·결사의 자유를 제한하는 경우에는 비상계엄을 선포하여 달성하고자 하는 목적, 즉 국가비상사태에 있어서 병력으로써 응할 「軍事上의 필요」나 「公共의 安寧秩序」를 유지할 필요라는 목적이 존재해야 한다(憲法 §77③,①).

[32] 第二 目 的

기본권을 제한하는 경우 이를 정당화하는 목적을 헌법이 개별적으로 정하고 있는 경우에 대해서는 해당 부분을 설명할 때 같이 설명하기로 하고, 여기서는 기본권 제한의 가장 일반적인 경우인 憲法 제37조 제2항에 의거한 법률에 의한 기본권의 제한에서 요구되는 목적에 대하여 詳論하기로 한다. 물론 憲法 제33조 제3항과 같이 헌법의 개별 규정에서 법률에 의하여 기본권의 특정한 내용을 제한할 수 있다고 정하고 있는 경우에도 憲法 제37조 제2항의 법리가 적용된다.

憲法 제37조 제2항에 의거하여 법률로써 기본권을 제한하는 경우에는 그 제한의 목적이 國家安全保障, 秩序維持, 公共福利 가운데 어느 하나 또는 복수의 것에 해당하여야 한다. 憲法 제37조 제2항에 명시된 이런 세 가지 가치 이외에는 어떠한 목적을 위해서도 기본권을 제한할 수 없다.

I. 국가안전보장

憲法 제37조 제2항에서 정하고 있는 국가안전보장이란 대한민국이라는 국가의 독립과 영토의 보전, 헌법과 법률 등 법규범의 효력 유지, 헌법에 의해 설치된 국가기관의 유지 등 국가의 안전을 확보하는 것과 동시에 사회영역도 포함하는 共同體의 안전을 확보하는 것을 말한다.

[憲 1992. 2. 25.-89헌가104] 「헌법 제37조 제2항에서 기본권 제한의 근거로

제시하고 있는 국가의 안전보장의 개념은 국가의 존립 · 헌법의 기본질서의 유지 등을 포함하는 개념으로서 결국 국가의 독립, 영토의 보전, 헌법과 법률의 기능, 헌법에 의하여 설치된 국가기관의 유지 등의 의미로 이해될 수 있을 것이다.」

헌법은 국민의 기본권을 보장하는 동시에 공동체의 존속과 유지도 보호하고 있으므로 국가의 안전(national security)을 보장하는 것은 헌법의 본질적 보장사항에 속한다. 헌법이 국가안전보장을 기본권 제한의 목적으로 명시적 규정으로 정하고 있지 않더라도 이러한 가치는 기본권 제한의 목적에 당연히 해당한다. 이런 경우에 국가안전보장이라는 가치는 헌법해석상 질서유지나 공공복리의 개념에 포함되는 것으로 해석될 것이다. 예컨대 우리 헌법의 改正史에서 기본권 제한의 목적으로 질서유지와 공공복리 이외에 명시적으로 국가안전보장이 추가된 것은 1972年憲法부터라고 하더라도 그 이전의 헌법들에서 국가안전보장이라는 가치는 질서유지나 공공복리에 포함되어 있었던 것이다. 국민의 기본권도 공동체의 안전이 보장될 때 비로소 충분히 보장되고 실현할 수 있으므로 기본권의 보장과 국가안전보장은 서로 충돌하는 가치가 아니다. 다만, 개인의 기본권을 최대한으로 보장하려고 하는 경우나 현실에서 특별한 사정이 발생하여 기본권의 보장이 일정한 부분에서 국가안전보장이라는 가치와 충돌하는 경우에는 국가의 안전을 보호하기 위하여 국민의 기본권을 제한할 수 있다. 국가안전을 보호하기 위하여 기본권을 제한하는 법률로는 刑法, 軍刑法, 國家保安法, 軍事機密保護法, 通信秘密保護法 등이 있다.

Ⅱ. 질서유지

憲法 제37조 제2항에서 정하고 있는 질서유지란 공동체가 존속하고 유지하며, 그 공동체 속에서 구성원들이 평화롭고 안전하게 살 수 있도록 하는 질서를 유지하는 것을 말한다. 여기에서 「질서」란 헌법이 정하고 있는 질서를 포함하여 공동체의 구성원들이 행복을 추구하며 삶을 영위하는데 필요한 가치를 유지하고 보호하기 위한 모든 질서를 말한다. 현대 법치국가에서 이러한 질서는 대부분 법질서로 구현되어 있다. 질서유지를 위하여 기본권을 제한하는 법률로는 형사법, 각종 질서행정법, 경제관련법, 환경관련법 등이 있다. 예컨대 刑法, 集會및示威에관한法律, 道路交通法, 警察官職務執行法, 輕犯罪處罰法, 화염병사용등의처벌에관한법률, 성매매방지 및 피해자 보호 등에 관한 법률, 獨占規制및公正去來에관한法律, 公職選擧法, 수상레저안전법, 出入國管理法, 航空法, 海運法 등이 이에 해당한다.

Ⅲ. 공공복리

憲法 제37조 제2항에서 정하고 있는 공공복리란 개인의 수준을 넘어 공동체 내

의 구성원 전체의 삶을 위한 이익을 말한다. 이에는 경제, 사회, 문화, 건강, 환경, 복지 등 각종 영역에 있어서 개인의 수준이 아니라 국민 전체의 수준에서 이익이 되는 가치가 해당한다.

공동체 내의 생활에서 개개인의 복리가 충족되고 이러한 개개인의 복리가 서로 충돌되지 않으면 따로 공공복리라는 것이 존재하지 않는다. 개개인의 복리가 전체적으로 公共福利와 공동선을 형성하기 때문이다. 그러나 공동체의 생활에서는 개개인의 삶이 충분히 보장됨과 동시에 이러한 개개인이 서로 공존하고 상생하는 것이 필요하고, 이러한 共存과 相生을 실현하기 위한 이익이나 가치들이 개개인이 확보하고 있는 기본권을 일정한 정도로 제한해서만 획득할 수 있을 때는 개인의 기본권을 제한해서라도 이러한 공공복리를 추구할 수밖에 없다. 물론 개인의 기본권을 제한하지 않고 공공복리를 실현할 수 있는 경우에는 공공복리를 이유로 기본권을 제한할 수는 없다.

공공복리를 위하여 기본권을 제한하는 법률은 매우 많다. 예컨대 獨占規制및公正去來에관한法律, 文化財保護法, 각종 租稅法 등이 이에 해당한다.

Ⅳ. 재산권 제한의 경우

(1) 헌법 제23조 제 3 항의 「공공필요」

憲法 제23조는 제 1 항에서 재산권을 보장하면서 동시에 제 2 항에서 재산권의 행사는 公共福利에 적합하도록 행사하여야 한다고 정하고, 제 3 항에서는 公共必要에 의한 재산권의 수용·사용·제한은 법률로써 할 수 있도록 정하고 있다. 문제는 憲法 제23조 제 3 항에서 정하고 있는 「公共必要」라는 개념이 憲法 제37조 제 2 항에서 기본권 제한의 목적으로 정하고 있는 「國家安全保障」, 「秩序維持」, 「公共福利」와 어떤 관계에 있는가 하는 점이다. 국가안전보장을 위하여 군사적인 목적에서도 개인의 재산권을 수용·사용·제한할 수 있으므로 憲法 제23조 제 3 항에서 정하고 있는 「公共必要」라는 개념은 위의 「國家安全保障」, 「秩序維持」, 「公共福利」를 모두 포함하는 넓은 개념이라고 할 것이다([163] I (1) (b)).

(2) 국·공유화와 징발

국방상 또는 국민경제상 緊切한 필요가 인정되는 경우에는 법률로써 私營企業을 國有 또는 公有로 移轉하거나 그 경영을 통제 또는 관리할 수 있는데, 이는 憲法 제126조에 의한 것이고 憲法 제23조 제 3 항에 의한 것이 아니다. 물론 이런 경우에도 헌법상의 법치주의에 근거한 과잉제한금지원칙이 적용된다. 徵發法(제정 1963. 5. 1. 법률 1336호)을 정하여 전시·사변 또는 이에 준하는 非常事態下에서 軍作戰遂行을 위하여 필요로 하는 토지 · 물자와 시설 또는 권리를 징발할 수 있게 하는 것은 憲法 제23조 제 3 항에 의한 것이 아니라, 憲法 제37조 제 2 항에 의한 것이다. 징발의 경우에도 헌법 제23조 제 3 항에 비추어 징발물에 대한 보상을 하여야 한다. 보상여부, 보상의 종류, 보상의 대상이 되는 징발목적물의 선정 등은 기본적으로 국회의 입법형성의 자유에 속하는 사항이다. 다만, 그 보상여부와 보상 수준의 타당성을 판단하는 데에는 과잉제한금지원칙이 고려된다.

[33] 第三 目的 存在의 立證責任

기본권을 제한하는 법률의 헌법합치여부를 심판함에 있어서 基本權 制限의 目的이 존재하는가가 문제가 되는 경우에는 입법을 한 국가가 그러한 목적이 존재함을 說明하고 立證하여야 한다. 즉 목적에 대한 說明責任 또는 立證責任은 국가가 진다. 법률의 목적 규정을 두는 것만으로는 충분하지 않다. 통상 대부분의 법률에서는 입법의 목적 조항을 두고 있으므로, 국가는 해당 법률에서 적시한 입법목적이 타당함을 논증해야 한다.

입법의 목적이 타당하며, 정당한 것인가 하는 문제를 논증하는 데는 자주 입법의 기초가 된 사실, 즉 立法事實이 문제가 된다. 위헌법률심판에서 심판대상인 법률의 목적의 정당성여부를 판단함에 있어 필요한 경우에는 헌법재판소는 입법사실에 대하여 조사할 수 있다(예: 憲 1994. 4. 28.-92헌가3).

[34] 第四 目的의 正當性 審査

입법의 목적이 타당하며, 정당한 것인가 하는 점은 헌법재판에서 심사의 대상으로 된다. 憲法裁判所의 판례 가운데는 기본권 제한의 목적이 인정되지 않는다고 판시한 것이 있다. 憲法裁判所는 검사의 청구에 의하여 법원이 의무적으로 闕席裁判을 행하게 하고, 重刑에 해당되는 사건에서 피고인에게 출석 기회조차 주지 아니한 채 궐석재판을 행하게 하는 것은 그 입법목적의 달성에 필요한 최소한의 범위를 넘어 피고인의 공정한 재판을 받을 권리를 과도하게 침해하는 것이라고 하였고(憲 1996. 1. 25.-95헌가5), 민법에서 同姓同本간의 혼인을 금지하는 규정은 입법목적의 정당성이 인정되지 않는다고 하였으며(憲 1997. 7. 16.-95헌가6등), 혼인을 빙자하여 음행의 상습이 없는 여자를 속여 성행위를 한 행위를 형법상의 범죄로 처벌하는 것에 대해서도 입법목적의 정당성이 인정되지 않는다고 하였다(憲 2009. 11. 26.-2008헌바58).

[憲 1997. 7. 16.-95헌가6등] 「이 사건 법률조항은 헌법 제10조, 제11조 제 1 항, 제36조 제 1 항에 위반될 뿐만 아니라 그 입법목적이 이제는 혼인에 관한 국민의

자유와 권리를 제한할 "사회질서"나 "공공복리"에 해당될 수 없다는 점에서 헌법 제37조 제2항에도 위반된다 할 것이다.」

제3절 基本權 制限의 形式

[35] 第一 憲法에 의한 制限

Ⅰ. 의 의

헌법은 기본권의 제한에 대하여 해당 기본권을 보장하고 있는 조항에서 직접 정하기도 한다. 표현에 따라서는 이를 憲法直接的인 制限, 기본권 제한에 있어서 憲法留保, 기본권제한적 헌법유보라고 칭하기도 한다. 헌법에서 기본권을 직접 제한하는 경우에도 헌법이 그 구체적인 제한의 방법을 세밀하게 정하고 있지 않는 한, 통상 하위법률이 헌법의 이 제한규정을 다시 확인하여 이를 구체화한 형태로 제한을 하게 된다. 따라서 헌법의 직접적인 제한이 있어도 많은 경우에 법률이 이를 다시 확인하여 구체적인 내용을 정한다.

《헌법에 의한 기본권 제한의 방식》

헌법에서 기본권을 직접 제한하는 규정을 두는 경우에도 그 방식에 따라 일반적 조항으로 정하기도 하고, 개별 기본권을 정하고 있는 조항에서 그 제한을 정하기도 한다. 전자를 기본권 제한에 있어서 一般的 憲法留保라고 하고, 후자를 기본권 제한에 있어서 個別的 憲法留保라고 칭하기도 한다(權寧星, 345). 예컨대 독일연방헌법 제2조 제1항에서 「누구든지 타인의 권리를 침해하지 아니하고, 헌법질서와 도덕률에 위반하지 아니하는 한 인격의 자유로운 발현권을 가진다」고 정하는 것과 같은 방식은 전자에 해당하고, 아래에서 보는 바와 같은 우리 헌법이 정하는 방식은 후자에 해당한다.

Ⅱ. 헌법 규정

憲法 제8조는 제1항과 제2항에서 정당의 설립과 활동의 자유를 보장하면서 제4항에서는 「정당의 목적이나 활동이 민주적 기본질서에 위배될 때」에는 해당 정당을 해산할 수 있도록 하여 정당의 활동에 대하여 제한을 하고 있다.

憲法 제23조는 제1항에서 재산권을 보장하면서 제2항에서 「재산권의 행사는 공공복리에 적합하도록 하여야 한다」라고 정하고 있는데, 이 제2항에 의하여 국가는 재산권에 대하여 보상이 없이 제약을 가할 수도 있다. 이 제2항은 재산권의 제한에 있어 제3항에서 정하고 있는 공용침해와 달리 보상이 따르지 않는 제약, 즉

社會羈束(Sozialbindung)의 근거로 작용하기도 한다.

憲法 제29조는 제1항에서 공무원의 직무상의 불법행위로 인한 손해에 대하여 국민에게 손해배상청구권을 보장하면서 제2항에서는 군인·군무원·경찰공무원 기타 법률이 정하는 자가 전투·훈련 등 직무수행과 관련하여 손해를 받은 경우에는 그 손해에 대하여 법률이 정하는 보상을 청구할 수는 있지만, 국가 또는 공공단체에게 배상을 청구할 수는 없다고 정하여 손해배상청구권을 제한하고 있다.

憲法 제21조는 제1항에서 언론·출판의 자유를 보장하면서 제4항에서는 「언론·출판은 타인의 명예나 권리 또는 공중도덕이나 사회윤리를 침해하여서는 아니 된다」라고 제한하고 있다. 이를 기본권 제한에 있어 헌법직접적인 제한으로 볼 것인가에 대해서는 헌법해석상 논란이 있다. 제1설: 이를 헌법에 의한 언론·출판의 자유의 직접적 제한으로 본다(金哲洙a, 436). 제2설: 언론·출판의 자유는 헌법 제37조 제2항에 의해서도 제한할 수 있고, 그 이외에 헌법 제21조 제4항을 근거로 해서도 법률로써 제한할 수 있다고 보아, 이를 기본권 제한적 헌법유보로 보지 않고 기본권 제한에 있어서 個別的 加重法律留保로 본다. 다만, 이 경우에도 헌법 제21조 제4항의 사유는 헌법 제37조 제2항의 제한의 목적에 포함되기 때문에 실제에서는 경고적 또는 주의환기적인 의의를 가지는데 지나지 않는다고 본다(桂禧悅b, 120). 언론·출판의 자유도 헌법 제37조 제2항에 의해서 제한되고, 헌법 제21조 제4항의 사유는 헌법 제37조 제2항의 기본권 제한 목적의 일부에 지나지 않기 때문에 헌법 제21조 제4항의 규정은 우리 헌법구조상 실제 헌법유보로서 기능하지 못한다. 즉 헌법 제21조 제4항은 언론·출판의 자유의 제한에서 헌법 제37조 제2항의 적용을 배제하는 것이 아니다. 따라서 기본권의 제한에서 일반적 법률유보의 방식을 취하는 한 헌법 제21조 제4항은 언론·출판의 자유의 한계를 강조하는 주의적인 규정에 지나지 않으므로 입법기술상 이런 형태의 규정은 삭제하는 것이 바람직하다.

Ⅲ. 한 계

헌법이 기본권의 제한에 대하여 직접 정하고 있는 경우에도 그 제한이 무한정으로 인정되는 것이 아니라 기본권 보장과 법치주의원리와 같은 憲法原理에 의거한 이념과 법리에 의해 한계가 설정된다. 따라서 하위법률이 기본권 제한의 헌법유보를 구체화하여 정하는 경우에도 헌법이 정하는 범위를 넘어설 수 없다.

[36] 第二 法律에 의한 制限

Ⅰ. 개 설

기본권이 헌법적 권리로서 실정헌법이 보장한다고 하더라도 이것은 개인의 無限定한 자유와 권리를 보장하는 것이 아니다. 공동체 내에서 살고 있는 개인의 삶은 본질적으로 공동체의 存續을 전제로 하여 다른 개인과 함께 존재할 수 있는 것이기 때문에 한 개인의 자유와 권리는 언제나 타인의 자유와 권리와 어떤 관계를 형성한다. 따라서 개인의 자유와 권리라고 하더라도 기본적으로 공동체의 존속과 다른 개인의 幸福追求와 조화되어야 하고, 그런 범위 내에서 이는 언제나 제한될 수 있는 가능성이 존재한다. 공동체 내의 개인은 타인과 조화로운 생활을 하는 가운데서만 행복을 추구할 수 있기 때문이다.

기본권을 보장하면서도 기본권의 보장에 따르는 이러한 법리를 실현하기 위하여 기본권을 제한하는데, 법률이라는 수단을 통하여 기본권을 제한하는 경우를 법률에 의한 기본권의 제한, 즉 기본권제한적 법률유보의 방식이라고 한다.

《법률에 의한 기본권 제한의 방식》

기본권을 제한하는 것을 헌법이 직접 정하지 않고 이를 법률에 맡겨두어 입법자로 하여금 이에 대한 구체적인 내용을 정하게 하는 것이 법률에 의한 기본권의 제한이다. '법률에 맡긴다'고 하는 의미를 *法律留保*(Gesetzesvorbehalt)라는 용어로 표시하기 때문에 이를 基本權制限的 *法律留保*라고 하기도 한다. 이러한 기본권제한적 법률유보에도 그 방식에 따라, 헌법의 개별 기본권을 보장하는 각각의 조항에서 법률로써 제한할 수 있음을 개별적으로 판단하여 그 여부를 명시하기도 하고, 개별 기본권을 보장하는 헌법조항에서는 그 제한에 대하여 정하지 않고 독립된 별개 헌법조항에서 법률로써 모든 기본권을 제한할 수 있다는 것을 일률적으로 정하기도 한다. 기본권제한적 법률유보의 방식에 있어서 전자의 방식을 個別的 *法律留保*라고 하고, 후자의 방식을 一般的 *法律留保*라고 한다. 법률에 의한 기본권의 제한에 있어, 예컨대 독일연방헌법은 개별적 법률유보의 방식을 취하고 있고, 우리 헌법은 일반적 법률유보의 방식을 취하고 있다. 개별적 법률유보의 방식을 취하는 경우에도 기본권제한적 법률유보가 없는 기본권에 대하여 법률로써 제한할 수 없는 것이 아니다. 독일에서는 기본권제한적 법률유보가 없는 기본권을 이른바 '절대적 기본권'이라고 개념화하면서도, 이를 법률로써 제한할 수 있게 하는 정당화의 법리를 찾아내기 위하여 「기본권의 내재적 한계」(immanente Grundrechtsschranke)라는 개념을 만들어 내고, '3한계이론', '개념내재적 한계이론', '국가공동체유보이론', '규범조화적 한계이론' 등과 같이 이에 관한 이론구성을 모색하였다. 이에 반하여 우리 헌법과 같이 일반적 법률유보의 방식을 취하는 경우에는 모든 기본권을 법률로써 제한할 수 있으므로 「기본권의 내재적 한계」라는 개념은 필요 없고 이에 관한 이론도 우리 헌법의 해석에는 적용할 여지가 없다(鄭宗燮 c, 69. 同旨: 桂禧悅 b, 133; 洪性邦, 321). 개념상 이런 개별적 법률유보와 일반적 법률유보도 각각 헌법에서 법률유보의 특정한 요건을 정하지 아니하는 單純法律留保와 헌법이 특정한 요건을 정하여 그러한 요건하에서만 법률로서 기본권을 제한할 수 있도록 하는 加重法律留保로 구분하기도 한다(桂禧悅 b, 136). 단순법률유보의 방식은 입법자의 권한남용과 이에 따른 기본권의 침해 가능성을 높일 위험이 있다. 이러한 구분에 따르면, 헌법 제37조 제2항은 기본권 제한에 있어 일반적 법률유보에 해당하면서 동시에 가중법률유보의 방식에 해당한다. 즉 一般的 加重法律留保의 방식에 해당한다.

기본권을 제한하는 법률은 그 형태에 있어 독립된 單行法律 그 자체가 기본권을 제한하는 법률인 경우도 있고, 단행법률상의 개별규정이 기본권을 제한하는 것인 경우도 있다. 후자의 경우에는 하나의 단행법률에 기본권을 제한하는 규정과 기본권을 구체화하거나 형성하는 규정이 共存하게 된다.

Ⅱ. 헌법 규정

憲法 제37조 제 2 항은 「國民의 모든 自由와 權利는 國家安全保障·秩序維持 또는 公共福利를 위하여 필요한 경우에 한하여 法律로써 제한할 수 있으며, 제한하는 경우에도 自由와 權利의 本質的인 내용을 침해할 수 없다」라고 정하고 있다. 憲法이라는 것이 본질적으로 공동체와 공동체 내에서 살고 있는 구성원을 전제로 하여서만 성립할 수 있으므로, 어떤 헌법이든 공동체에서 살고 있는 구성원의 자유와 권리를 일차적으로 보장하면서도 이런 자유와 권리는 공동체의 존속과 타인과 함께 살아가는 삶을 전제로 하여 각종의 조항들을 정할 수밖에 없다.

憲法 제37조 제 2 항은 기본권의 제한에 대하여 필요적으로 요구되는 요건들을 정하고 있다. 따라서 이 조항은 법률로써 기본권을 제한할 수 있다는 헌법적인 根據가 되는 규정인 동시에 제한하는 경우에도 헌법이 정하는 요건을 충족시켜야 하며, 이런 요건을 충족시키지 않는 제한은 헌법에 위반된다고 하는 制限의 限界를 정하고 있는 규정이다.

Ⅲ. 기본권제한적 법률

憲法 제37조 제 2 항에 따라 기본권을 법률로써 제한한다고 할 때, 그 「法律」이란 국회가 제정하거나 개정한 법률을 의미하고(국회입법의 독점), 기본권을 제한하는 규정이 국민 일반에 적용되고(법률의 일반성), 명확한 것이어야 한다(법률의 명확성).

(1) 국회입법의 법률

憲法 제37조 제 2 항에서 정하고 있는 기본권을 제한하는 법률은 국회가 제정하거나 개정하는 법률을 말한다. 따라서 다른 어떤 국가기관도 법률이라는 형식을 가지고 기본권을 제한할 수 없다. 기본권을 법률로써 제한하는 경우 국회가 입법하는 법률로써만 제한할 수 있도록 한 것은 국민주권원리의 요청에 따라 민주적 정당성을 확보하고 있는 국민대표기관인 국회만이 국민의 기본권을 제한할 수 있게 한 것이다.

이러한 기본권제한적 법률유보에 있어서 國會立法의 獨占은 법규범의 구조상 법률보다 하위의 법규범(법규명령, 조례)에 국회가 기본권 제한의 구체적인 내용을 위임하는 것을 금지하는 것은 아니다. 기본권제한적 법률의 경우에도 그 구체적인 실행에서는 하위의 명령이나 조례에 위임하는 경우가 발생한다. 그래서 憲法 제75조도 「대통령은 법률에서 구체적으로 범위를 정하여 위임받은 사항과 법률을 집행하기 위하여 필요한 사항에 관하여 대통령령을 발할 수 있다」라고 정하여 위임의 헌법적 근거를 마련하고 있으며, 제95조에서는 총리령과 부령에 위임할 수 있음을 정하고 있다.

그러나 이러한 委任의 경우에도 국회입법독점의 법리가 부정되거나 훼손되어서는 안 된다. 만일 국회가 기본권 제한의 법률의 중요한 내용을 모두 하위 법규범에 위임을 하면 법을 집행하는 권한만 가지는 행정부가 사실상 국민의 기본권을 제한하는 결과를 가져와 국민주권원리를 부정하는 결론에 도달한다. 따라서 국회가 행하는 하위 법규범으로의 위임에는 당연히 한계가 있을 수밖에 없다. 白紙委任은 인정되지 않으며, 개별적·구체적인 위임만 인정된다. 憲法裁判所의 판례도 같은 취지이다(예: 憲 1995. 11. 30.-91헌바1등; 1995. 11. 30.-94헌바40등; 1998. 3. 26.-96헌바57; 2001. 8. 30.-99헌바90).

> [憲 2001. 8. 30.-99헌바90] 「위임입법에 있어서 일반적·포괄적 위임은 사실상 입법권의 백지위임과 다를 바 없다. 따라서 이를 허용하면 의회입법의 원칙이나 법치주의를 부인하는 셈이 되고, 또 행정권의 자의로 말미암아 기본권이 침해될 위험이 있다. 그러므로 헌법 제75조는 위임입법에 있어서는 반드시 "구체적으로 범위를 정하여" 위임하도록 규정함으로써 개별적·구체적 위임만이 허용되고, 일반적·포괄적 위임은 허용될 수 없음을 밝히고 있다.」

이러한 위임의 한계에 대해서는 법률이 정하는 내용의 본질적이고 중요한 사항은 반드시 국회가 법률에 직접 유보하여 정해야 하며 이를 하위 법규범에 위임할 수 없다는 것이 판례(예: 憲 1995. 5. 27.-98헌바70)와 통설의 견해이다(重要事項留保說=本質性理論=議會留保理論). 그런데 구체적인 경우에 과연 무엇이 해당 법률의 본질적이고 중요한 사항인가 하는 것은 해당 법률이 규율하는 개별적이고 구체적인 사안에 비추어 결정한다(鄭宗燮g, [77] Ⅱ, 鄭宗燮g, [264] Ⅰ (2)). 憲法裁判所의 판례도 같은 취지이다(예: 憲 1995. 7. 21.-94헌마125; 1995. 11. 30.-91헌바1등; 1995. 11. 30.-94헌바40등; 1996. 10. 31. -93헌바14; 1998. 11. 26.-97헌바31). 예컨대 법률에 의한 처벌법규의 위임의 경우에 범죄의 구성요건은 법률에서 처벌대상행위가 어떠한 것일 것이라고 예측할 수 있을 정도로 구체적으로 정하고 형벌의 종류 및 그 상한과 폭을 명백히 규정하여야 한다. 憲法裁判所의 판례도 같은 취지이다(예: 憲 1991. 7. 8.-91헌가4; 1994. 6. 30. -93헌가15등; 1995. 10. 26.-93헌바62; 1997. 5. 29.-94헌바22; 1997. 9. 25.-96헌가16; 2000. 2. 24.-98헌바94; 2000. 7. 20.-99헌가15). 법률로 규율하고자 하는 대상이 기본권적 중요성을 가질수록 그리고 그에 관한 공개적 토론의 필요성 내지 상충하는 이익간 조정의 필요성이 클수록, 국회의 법률에 의해 직접 규율될 필요성과 그 규율밀도의 요구정도는 그만큼 더 증대된다(예: 憲 2004. 3. 25.-2001헌마882; 2009. 10. 29.-2007헌바63).

[憲 1998. 11. 26.-97헌바31] 「헌법 제75조는 "대통령은 법률에서 구체적으로 범위를 정하여 위임받은 사항……에 관하여 대통령령을 발할 수 있다"고 규정하여 위임입법의 헌법상 근거를 마련하는 한편 대통령령으로 입법할 수 있는 사항을 "법률에서 구체적으로 범위를 정하여 위임받은 사항"으로 한정함으로써 일반적이고 포괄적인 위임입법은 허용되지 않는다는 것을 명백히 하고 있는데, 이는 국민주권주의, 권력분립주의 및 법치주의를 기본원리로 하고 있는 우리 헌법하에서 국민의 헌법상 기본권 및 기본의무와 관련된 중요한 사항 내지 본질적인 내용에 대한 정책형성기능은 원칙적으로 주권자인 국민에 의하여 선출된 대표자들로 구성되는 입법부가 담당하여 법률의 형식으로써 이를 수행하여야 하고, 이와 같이 입법화된 정책을 집행하거나 적용함을 임무로 하는 행정부나 사법부에 그 기능을 넘겨서는 아니되기 때문이다.」

[憲 2000. 7. 20.-99헌가15] 「법률에 의한 처벌법규의 위임은, 헌법이 특히 인권을 최대한 보장하기 위하여 죄형법정주의와 적법절차를 규정하고 법률에 의한 처벌을 강조하고 있는 기본권보장 우위사상에 비추어 바람직하지 못한 일이므로, 그 요건과 범위가 보다 엄격하게 제한적으로 적용되어야 한다. 일반적으로 헌법에 의하여 위임입법이 용인되는 한계인, 법률에서 구체적으로 범위를 정하여 위임받은 사항이라 함은 법률에 이미 하위법령으로 규정될 내용 및 범위의 기본사항이 구체적으로 규정되어 있어서 누구라도 당해 법률로부터 하위법령에 규정될 내용의 대강을 예측할 수 있어야 한다는 것을 의미한다. 위임입법의 위와 같은 구체성 내지 예측가능성의 요구정도는 문제된 그 법률이 의도하는 규제대상의 종류와 성질에 따라 달라질 것임은 물론이고, 그 예측가능성의 유무를 판단함에 있어서는 당해 특정 조항 하나만을 가지고 판단할 것이 아니라 관련 법조항 전체를 유기적·체계적으로 종합 판단하여야 하며, 각 대상법률의 성질에 따라 구체적·개별적으로 검토하여야 한다. 특히 처벌법규에 관하여는 앞에서 본 바와 같이 그 요건과 범위가 보다 엄격하게 제한적으로 적용되어야 하는 것이므로, 처벌법규의 위임은 특히 긴급한 필요가 있거나 미리 법률로써 자세히 정할 수 없는 부득이한 사정이 있는 경우에 한정되어야 하며 이러한 경우일지라도 법률에서 범죄의 구성요건은 처벌대상행위가 어떠한 것일 것이라고 예측할 수 있을 정도로 구체적으로 정하고 형벌의 종류 및 그 상한과 폭을 명백히 규정하여야 한다.」

[憲 2009. 10. 29.-2007헌바63] 「국회의 입법절차는 국민의 대표로 구성된 다원적 인적 구성의 합의체에서 공개적 토론을 통하여 국민의 다양한 견해와 이익을 인식하고 교량하여 공동체의 중요한 의사결정을 하는 과정이며, 일반국민과 야당의 비판을 허용하고 그들의 참여가능성을 개방하고 있다는 점에서 전문관료들만에 의하여 이루어지는 행정입법절차와는 달리 공익의 발견과 상충하는 이익간의 정당한 조정에 보다 적합한 민주적 과정이다. 이러한 견지에서, 규율대상이 기본권적 중요성을 가질수록 그리고 그에 관한 공개적 토론의 필요성 내지 상충하는 이익간 조정의 필요성이 클수록, 그것이 국회의 법률에 의해 직접 규율될 필요성 및 그 규율밀도의 요구정도는 그만큼 더 증대되는 것으로 보아야 한다.」

기본권제한적 법률유보의 憲法合致與否의 審査에서 헌법재판소는 이러한 국회입법독점의 여부를 심사하는데, 먼저 국회가 해당 법률을 제정하거나 개정하였는가를 심사하고, 그 다음 국회가 입법을 한 경우에도 하위 법규범으로의 위임이 있는 경우에는 위임의 한계를 일탈하였는지의 여부를 심사한다. 법률에 의한 기본권의 제한에 있어 기본권제한적 법률이 그 위임의 한계를 일탈한 경우에는 憲法 제37조 제2항에서 정하는 「법률에 의한 기본권의 제한」에 해당하지 아니하여 위헌으로 된다.

(2) 법률의 일반성

憲法 제37조 제2항에 의하여 기본권을 제한하는 법률은 원칙적으로 모든 국민에게 동일한 사항 모두에 적용되는 것이어야 한다.

이를 법률의 一般性 또는 抽象性이라고 하는데, 법의 일반성원칙에 근거하고 있다(鄭宗燮g, [77] Ⅱ (3)). 이러한 일반성은 平等原則(憲法 §11①)에 기초하고 있기 때문에 어느 누구도 동일한 상황에서 다른 사람이 당하지 않는 기본권의 제한을 자기만 당해야 할 이유는 없다.

그러나 기본권의 제한은 그것이 사람에 대한 것이든 사항에 대한 것이든 제한되는 것을 기준으로 보면, 제한을 받지 않는 것과 비교하여 개별적이고 구체적이다. 따라서 기본권의 제한에 있어 일반성의 문제는 결국 평등원칙 또는 평등권의 침해여부의 문제로 귀착한다. 기본권의 제한이 특정의 제한적인 사람을 대상으로 하거나 사항을 대상으로 하거나 간에 이러한 차별을 정당화할 수 있으면 이는 헌법이 요구하는 법률의 일반성의 법리에서도 허용된다. 예외적으로 개별적 법률과 처분적 법률이 허용되는 범위 내에서는 이런 법률에 의해서도 기본권을 제한할 수 있다(鄭宗燮g, [77] Ⅱ (3)(b)).

(3) 법률의 명확성

(a) 의 의

憲法 제37조 제2항에 의하여 법률로써 기본권을 제한하는 경우에 그 법률은 적용을 받는 국민이 그 내용을 분명히 이해할 수 있도록 명확하여야 한다. 이를 법률의 명확성의 원칙이라고 한다. 법률의 明確性은 법의 명확성원칙에 따라 법률에 의한 기본권의 제한에서도 요구되는 것이다(鄭宗燮g, [77] Ⅱ (2)).

(b) 근 거

이런 법률의 명확성은 법치주의원리에 포함되어 있는 것인데, 법률이 명확하여야 법률의 적용을 받는 국민이 미래에 대한 예측이 가능하고, 그러한 예측가능성 속에서 법적 안정성이 확보된다. 법률이 명확하지 않을 때는 豫測可能性이 확보되지 않기 때문에 국민의 생활에서 法的 安定性이 보장되지 않고, 국가권력의 자의적인 법해석과 법집행을 통제할 수 없어 결국 법률이라는 이름하에 국가권력의 恣意的인 支配를 형식적으로 합법화시켜 주는 결과를 가져온다. 이는 법률실증주의의 가장 잘못된 상태를 방치하는 것이고, 법률이라는 형식으로 불법을 방치하는 것이기도 하다. 따라서 법률의 명확성은 法治主義의 概念本質的인 要素이다. 법률의 명확성은 특히 기본권을 제한하는 법률의 경우에 엄격하게 요구되는 원칙이다.

법률의 명확성은 기본권을 제한하는 법률의 헌법합치여부를 심사할 때 독자적인 審査基準이 된다. 따라서 법률의 명확성은 과잉제한금지원칙의 한 요소가 아니고, 그 자체가 법치주의에서 도출되는 원칙이다(同旨: 桂禧悅b, 145). 따라서 기본권을 제한하는 법률이 명확하지 못한 때에는 헌법상의 법치주의에서 도출되는 법률의 명확성의 원칙에 위반하여 위헌이 된다.

憲法裁判所는 기본권을 제한하는 법률에 요구되는 명확성의 원칙을 법치주의의 한 표현이라고 본다(예: 憲 2001. 10. 25.-2001헌바9; 2002. 1. 31.-2000헌가8).

> [憲 2002. 1. 31.-2000헌가8] 「법치국가원리의 한 표현인 명확성의 원칙은 기본적으로 모든 기본권제한 입법에 대하여 요구된다. 규범의 의미내용으로부터 무엇이 금지되는 행위이고 무엇이 허용되는 행위인지를 수범자가 알 수 없다면 법적 안정성과 예측가능성은 확보될 수 없게 될 것이고, 또한 법집행 당국에 의한 자의적 집행을 가능하게 할 것이기 때문이다.」

(c) 정 도

법률의 명확성이 요구되는 경우에도 그 명확성이 어느 정도를 유지해야 명확성의 요청에 부합한다고 할 것인가는 개개의 구체적인 사안의 성질에 따라 달라질 수 있다. 기본권을 제한하는 경우에 요구되는 명확성의 정도는 기본권을 구체화하거나 국민에게 혜택을 주는 급부적 법률인 경우와 비교하여 더욱 엄격할 수밖에 없다. 그리고 법률로써 기본권을 제한하는 경우에도 형벌이라는 수단을 통하여 제한하는 경우에는 그렇지 아니한 경우보다 명확성이 더 엄격하게 요구된다(예: 憲 2001. 6. 28.-99헌바34; 2000. 2. 24.-98헌바37). 범죄와 형벌에 관한 법률의 명확성을 죄형법정주의의 구성요소의 하나로 요구하는 것도 바로 이런 이유 때문이다.

憲法裁判所도 명확성의 정도는 개개의 법률이나 법조항의 성격에 따라 차이가 있을 수 있으며 각각의 구성요건의 특수성과 그러한 법률이 제정되게 된 배경이나 상황에 따라 달라질 수 있다고 본다(예: 憲 1992. 2. 25.-89헌가104; 2001. 6. 28.-99헌바34; 2001. 10. 25.-2001헌바9; 2002. 1. 31.-2000헌가8).

> [憲 2001. 6. 28.-99헌바34] 「죄형법정주의가 지배되는 형사관련 법률에서는 명확성의 정도가 강화되어 더 엄격한 기준이 적용된다(죄형법정주의상의 명확성 원칙). 그러나 일반적인 법률에서는 명확성의 정도가 그리 강하게 요구되지 않기 때문에 상대적으로 완화된

기준이 적용된다(일반적 명확성 원칙).」

[憲 2002. 1. 31.-2000헌가8] 「명확성의 원칙은 모든 법률에 있어서 동일한 정도로 요구되는 것은 아니고 개개의 법률이나 법조항의 성격에 따라 요구되는 정도에 차이가 있을 수 있으며 각각의 구성요건의 특수성과 그러한 법률이 제정되게 된 배경이나 상황에 따라 달라질 수 있다. 이러한 명확성의 원칙을 산술적으로 엄격히 관철하도록 요구하는 것은 입법기술상 불가능하거나 현저히 곤란하므로 어느 정도의 보편적 내지 일반적 개념의 용어사용은 부득이 하다고 할 수밖에 없으며, 당해 법률이 제정된 목적과 타 규범과의 연관성을 고려하여 합리적인 해석이 가능한지의 여부에 따라 명확성의 구비 여부가 가려져야 한다. 또한 처벌법규의 구성요건이 다소 광범위하여 어떤 범위에서는 법관의 보충적인 해석을 필요로 하는 개념을 사용하였다고 하더라도 그 점만으로 헌법이 요구하는 명확성의 원칙에 반드시 배치되는 것이라고 볼 수 없다.」

憲法裁判所는 罪刑法定主義에서 파생되는 明確性의 原則은 입법자의 입법의도가 건전한 일반상식을 가진 자에 의하여 一義的으로 파악될 수 있는 정도의 것을 의미하는 것이므로 다소 광범위하고 어느 정도의 범위에서 법관의 보충적인 해석을 필요로 하는 개념을 사용하여 규정하였다고 하더라도 그 적용단계에서 다의적으로 해석될 우려가 없는 이상 명확성의 원칙에 배치되지 않는다고 본다([84] Ⅱ). 건전한 상식과 통상적인 법감정을 가진 사람이 보아 그 법률의 규정이 적용대상자가 누구이며 구체적으로 어떠한 행위가 금지되고 있는지를 충분히 알 수 있는 것이면 죄형법정주의의 명확성의 원칙에 위배되지 않는다고 본다(예: 憲 1989. 12. 22.-88헌가13; 1994. 7. 29.-93헌가4등; 1996. 12. 26.-93헌바65; 2001. 10. 25.-2001헌바9; 2001. 12. 20.-2001헌가6등; 2002. 1. 31.-2000헌가8).

[憲 2001. 10. 25.-2001헌바9] 「당해 법률조항의 입법취지, 같은 법률의 다른 규정들과의 상호관계를 고려하거나 이미 확립된 판례를 통한 해석방법을 통하여 그 규정의 해석 및 적용에 대한 신뢰성이 있는 원칙을 도출할 수 있어서 법률조항의 취지를 예측할 수 있는 정도의 내용이라면 그 범위 내에서 명확성의 원칙은 유지되고 있다고 보아야 할 것이고, 법관의 보충적인 가치판단을 통한 법문의 해석으로 그 의미내용을 확인해낼 수 있고, 그러한 보충적 해석이 해석자의 개인적인 취향에 따라 좌우될 가능성이 없다면 명확성의 원칙에 반한다고 할 수 없을 것이다.」

[憲 2001. 12. 20.-2001헌가6등] 「죄형법정주의에서 파생되는 명확성의 원칙은 누구나 법률이 처벌하고자 하는 행위가 무엇이며 그에 대한 형벌이 어떠한 것인지를 예견할 수 있고 그에 따라 자신의 행위를 결정지울 수 있도록 구성요건이 명확할 것을 의미하는 것이다. 여기서 구성요건이 명확하여야 한다는 것은 그 법률을 적용하는 단계에서 가치판단을 전혀 배제한 무색투명한 서술적 개념으로 규정되어져야 한다는 것을 의미하는 것은 아니고 입법자의 입법의도가 건전한 일반상식을 가진 자에 의하여 일의적으로 파악될 수 있는 정도의 것을 의미하는 것이라고 할 것이다. 따라서 다소 광범위하고 어느 정도의 범위에서는 법관의 보충적인 해석을 필요로 하는 개념을 사용하여 규정하였다고 하더라도 그 적용단계에서 다의적으로

해석될 우려가 없는 이상 그 점만으로 헌법이 요구하는 명확성의 요구에 배치된다고는 보기 어렵다 할 것이다.」

[37] 第三 國家緊急權에 의한 制限

헌법의 규정에 따르면 기본권은 國家緊急權에 의해서도 제한될 수 있다. 헌법상태가 정상적인 상태가 아니라 비상적인 상태에서는 이를 극복하기 위해 필요한 범위 내에서는 국민의 기본권이 제한될 수 있다. 헌법상 이러한 국가긴급권에 의한 기본권의 제한은 緊急財政·經濟命令에 의한 제한, 緊急命令에 의한 制限, 非常戒嚴에 의한 制限으로 나누어진다.

I. 긴급재정·경제명령, 긴급명령에 의한 제한

憲法 제76조 제1항은「대통령은 內憂·外患·天災·地變 또는 중대한 財政·經濟上의 위기에 있어서 국가의 안전보장 또는 공공의 안녕질서를 유지하기 위하여 긴급한 措置가 필요하고 國會의 集會를 기다릴 여유가 없을 때에 한하여 최소한으로 필요한 財政·經濟上의 處分을 하거나 이에 관하여 法律의 效力을 가지는 命令을 발할 수 있다」라고 정하여 대통령이 긴급재정·경제상의 처분이나 명령을 발할 수 있다고 정하고 있고, 憲法 제76조 제2항은「대통령은 國家의 安危에 관계되는 중대한 交戰狀態에 있어서 國家를 保衛하기 위하여 긴급한 措置가 필요하고 국회의 집회가 불가능한 때에 한하여 法律의 效力을 가지는 命令을 발할 수 있다」라고 하여 대통령이 緊急命令을 발할 수 있다고 정하고 있다.

이러한 대통령의 긴급명령이나 긴급재정·경제명령은 법률의 효력을 가지는데, 그 결과 이런 명령으로 기존의 법률을 폐지하거나 개정할 수 있다(憲法 §76④). 대통령의 긴급명령이나 긴급재정·경제명령이 이와 같은 효력을 가진다면, 憲法 제37조 제2항에 비추어 볼 때, 이런 긴급명령이나 긴급재정·경제명령에 의해서도 기본권을 제한할 수 있다고 할 것이다. 긴급명령과 긴급재정·경제명령의 성질에 비추어 볼 때, 긴급명령으로는 국민의 모든 활동영역에서 기본권을 제한할 수 있으나, 긴급재정·경제명령으로는 재정 또는 경제활동의 영역과 관련된 기본권에 한하여 제한할 수 있다고 할 것이다(同旨: 桂禧悅b, 153).

대통령의 긴급명령이나 긴급재정·경제명령에 의해 기본권을 제한하는 경우에도 憲法 제37조 제2항이 정하는 과잉제한금지원칙과 기본권의 본질적 내용침해금지원칙이 적용된다고 할 것이다.

Ⅱ. 비상계엄에 의한 제한

憲法 제77조 제1항은 「대통령은 戰時 · 事變 또는 이에 準하는 國家非常事態에 있어서 兵力으로써 軍事上의 필요에 응하거나 公共의 安寧秩序를 유지할 필요가 있을 때에는 법률이 정하는 바에 의하여 戒嚴을 선포할 수 있다」고 정하고 있다.

憲法 제77조 제3항은 「非常戒嚴이 宣布된 때에는 法律이 정하는 바에 의하여 令狀制度, 언론 · 출판 · 집회 · 결사의 자유, 정부나 법원의 권한에 관하여 특별한 措置를 할 수 있다」고 하여, 계엄 가운데서도 특히 비상계엄의 경우에는 국민의 기본권 가운데 令狀制度, 言論 · 出版 · 集會 · 結社의 自由, 정부와 법원의 권한과 관련한 기본권(예컨대 통상의 법원에 의해 재판을 받을 권리, 정부에 접근할 권리 등)에 관하여 특별한 조치를 할 수 있다고 정하고 있다. 따라서 이러한 비상계엄에 근거한 특별조치로 위에서 열거된 기본권을 제한할 수 있다. 다만, 이러한 특별한 조치는 법률에 근거를 두어야 하는데, 戒嚴法이 이에 해당한다. 계엄법 제9조 제1항은 「비상계엄지역 안에서 계엄사령관은 軍事상 필요한 때에는 逮捕 · 拘禁 · 押收 · 搜索 · 거주 · 이전 · 언론 · 출판 · 집회 · 결사 또는 團體行動에 대하여 특별한 措置를 할 수 있다. 이 경우에 계엄사령관은 그 조치내용을 미리 公告하여야 한다」고 정하고 있다.

> 계엄법 제9조 제1항의 문언이 헌법 제77조 제3항의 문언과 일치하지 않은 점과 관련하여 위헌설과 합헌설이 대립하고 있다(鄭宗燮g, [265] Ⅲ(3)(a)).

비상계엄하에서는 일정한 범죄의 경우 군사법원에서 재판을 할 수 있으며, 非常戒嚴地域 안에 법원이 없거나 당해 관할법원과의 교통이 遮斷된 경우에는 모든 刑事事件에 대한 裁判은 軍事法院이 행한다(戒嚴法 §10①,②). 계엄법의 이러한 조항은 헌법 제77조 제3항에 따른 것이다. 헌법은 따로 일정한 범죄의 경우 비상계엄시 사형선고를 제외하고는 單審으로 재판할 수 있게 정하고 있다(憲法 §110④). 비상계엄하의 기본권 제한조치는 비상계엄이 해제되면 정상적인 상태로 복귀하며(戒嚴法 §12), 이는 헌법의 규범력과 국가긴급권의 법리상 당연하다.

> 戒嚴法은 非常戒嚴의 지역 내에서 계엄사령관으로 하여금 徵發法이 정하는 바에 의한 動員, 徵發을 할 수 있게 하고 있고, 필요한 경우에는 軍需에 供할 物品의 調査, 登錄과 搬出禁止를 할 수 있게 하고 있다. 또 작전상 부득이한 경우에는 국민의 재산을 파괴 또는 燒燬할 수 있게 하되, 이 경우에는 그로 인하여 발생한 損害에 대하여 정당한 補償을 하도록 하고 있다(戒嚴法§9②,③,④, §9의2, §9의3).

[38] 第四 國際法規에 의한 制限

조약 등 국제법규가 기본권을 제한할 수 있는가? 국제법규에 따라서는 조약당사국의 국민에게 일정한 범위에서 영업이나 거래활동을 제한하거나 자국의 법원에서 재판을 받을 권리 등을 제한할 수 있다. 이런 경우 해당 조약 당사국의 국민은 기본권의 제한을 받게 되는데, 이런 경우에도 조약으로부터 바로 당사국의 국민의 기본권을 제한하는 효력이 발생하는 것은 아니고, 당사국의 법률이 국제법규를 수용하여 국내법으로 전환하였을 때, 비로소 기본권 제한의 효력이 발생한다고 할 것이다. 이 때의 법률은 憲法 제37조 제 2 항에서 정하고 있는 법률을 의미한다.

제 4 절 基本權 制限의 限界

기본권을 법률로써 제한하는 경우에도 무한정으로 제한할 수 있는 것이 아니라, 입법자가 지켜야 할 한계가 있다. 이를 基本權 制限의 限界(Schranken-Schranken)라고 한다. 기본권을 제한함에 있어서는 개별 기본권의 특성에 따라 제한과 그 한계에서 차이가 있지만(例: 憲法 §23③), 공통적으로 요구되는 것은 기본권의 제한이 비례관념에서 과잉제한에 해당되는 것이어서는 안 되고, 기본권의 본질적인 내용을 침해하는 것이 되어서도 안 된다는 점이다. 이는 기본권 제한의 정당화에 있어 실질적 요건에 해당한다.

憲法 제37조 제 2 항은 「국민의 모든 자유와 권리는……필요한 경우에 한하여 법률로써 제한할 수 있으며, 제한하는 경우에도 자유와 권리의 본질적인 내용을 침해할 수 없다」라고 정하고 있다.

[39] 第一 過剩制限禁止原則

I. 개 념

과잉제한금지의 원칙(Grundsatz der Übermaßverbot)이란 국가권력은 정당한 목적을 달성하기 위하여 필요한 범위 내에서만 행사되어야 한다는 내용을 가진 법원리로서 廣義의 比例原則(Grundsatz der Verhältnismäßigkeit)이라고도 한다. 이는 국가에 의한 기본권의 제한에 있어서도 국가에게 일반적으로 적용되는 원칙인데, 비례원칙에서 요구되는 과잉제한의 금지가 기본권의 제한에서 구체화되어 나타난 것이다. 기본권의 제한에 적용되는 과잉제한금지원칙은 기본권의 제한이 比例原則에 합치하여야 할 것을 말한다. 이는 형식원리로서의 성질을 지니기 때문에 구체적인 사안에서의 적용에 따라 구체화된 내용을 담게 된다.

Ⅱ. 헌법적 근거

과잉제한금지원칙은 법원칙인 비례원칙의 표현으로서, 국가행위는 적정한 수준을 넘어 과도한 것이어서는 안 된다는 것을 말한다. 헌법에서는 法治主義와 憲法 제37조 제2항에서 그 근거를 찾을 수 있다.

일반적 법원칙으로서의 비례원칙은 헌법상의 법치주의에서 나오는 것이므로 법치주의원리가 그 근거가 된다. 이런 법원칙으로서의 비례원칙은 비단 基本權의 制限에만 적용되는 것이 아니라, 國家의 給付作用 등과 같이 모든 國家作用에 적용된다. 국민에 대한 국가의 침해적 작용에서는 「과잉제한금지원칙」으로 작용하고, 국민에 대한 급부적 작용에서는 「과소급부금지원칙」 또는 「과잉급부금지원칙」으로 작용한다. 다만, 과잉임을 판단하는 기준은 제한적 작용에서는 더 정밀하고 엄격하고, 급부적 작용에서는 상대적으로 덜 엄격한 양상을 띠게 된다.

헌법의 규정으로 볼 때, 기본권의 제한에 있어서 과잉제한금지원칙을 인정할 수 있는 근거는 헌법상의 法治主義 이외에 憲法 제37조 제2항에서 찾을 수 있고, 그 구체적인 문언은 「필요한 경우에 한하여」라는 표현이다. 여기서 말하는 「필요한 경우에 한하여」라는 의미에는 과잉제한금지원칙의 부분원칙 모두가 포함된다(同旨: 桂禧悅b, 154).

憲法裁判所는 과잉제한금지원칙의 근거를 헌법상의 법치주의와 헌법 제37조 제2항에서 찾고 있다(예: 憲 1990. 9. 3.-89헌가95).

> [憲 1990. 9. 3.-89헌가95] 「과잉금지의 원칙이라는 것은……이러한 요구는 오늘날 법치국가의 원리에서 당연히 추출되는 확고한 원칙으로서 부동의 위치를 점하고 있으며, 헌법 제37조 제2항에서도 이러한 취지의 규정을 두고 있는 것이다.」

> 南아프리카共和國憲法은 헌법적 권리의 제한에서 과잉제한금지원칙을 상세히 명시적으로 정하고 있다. 동헌법 제36조 제1항은 「권리장전(the Bill of Rights)상의 권리는 일반적으로 적용되는 법(law)으로써만 제한할 수 있으며, 그 제한은 인간의 존엄, 평등, 자유에 바탕을 두는 민주적이고 열린 사회에서 합리적이고(reasonable) 정당한(justifiable) 것이어야 하고, 권리의 성질, 제한의 목적의 중요성, 제한의 성질과 정도, 제한과 그 제한의 목적간의 관계, 목적을 달성할 수 있는 수단 가운데 보다 덜 제한적인 수단일 것을 포함한 모든 관련된 요소들을 고려한 것이어야 한다」라고 정하고 있다. 미합중국연방헌법에서는 과잉제한금지원칙은 헌법상의 적법절차에 포함되는 節次的 適法節次(procedural due process of law)의 내용으로 인정되고 있다.

Ⅲ. 내 용

기본권의 제한에 있어서 적용되는 과잉제한금지원칙 또는 비례원칙은 정밀하고 엄격한 부분원칙으로 구성되는데, 適合性의 原則, 必要性의 原則, 比例性의 原則의 3가지 부분원칙이 그것이다. 이러한 부분원칙은 과잉제한금지원칙의 충족여부를 심사함에 있어서 適合性, 必要性, 比例性의 段階로 순차적으로 나아가는 구조상의 序列을 지니고 있다. 즉 목적을 실현함에 있어서 수단이 첫 단계에서 적합성을 충족하는가를 살피고, 이것이 충족되면 그 다음 단계로 필요성을 충족하는가를 살피고, 이 요건을 역시 충족하면 마지막 단계로 비례성을 충족하는가를 살핀다. 이러한 3가지 가운데 어느 하나의 원칙에 위반되면 과잉제한금지원칙에 위반되어 헌법에 위반하는 것으로 된다.

헌법재판소의 판례와 일부 학설에 의하면, 기본권제한적 법률의 「목적의 정당성」을 과잉제한금지원칙에 포함시키고 있으나 엄격하게 말하면 이는 잘못된 것이다. 과잉제한금지원칙은 기본권제한적 법률의 방법적 한계를 심사하는 기준이고, 기본권 제한의 목적은 헌법이 명시하고 있는 목적이 존재할 것을 요구하는 것이기 때문이다.

(1) 적합성의 원칙

適合性(Geeignetheit)의 原則은 기본권 제한의 수단 또는 방법이 기본권 제한의 목적을 실현하는데 있어 성질상 적합하여야 한다는 원칙을 말한다. 목적과 수단간의 적합성을 의미한다. 이를 표현에 따라 「방법의 적절성 또는 수단의 상당성」(예: 憲 1995. 4. 20.-92헌바29) 또는 「수단의 적합성」(예: 憲 1996. 6. 26.-96헌마200)이라고 하기도 한다. 헌법재판소가 기본권 제한의 법률이 적합성의 원칙을 충족시키는가를 심사함에 있어서는 기본권제한적 법률이 정하고 있는 제한의 수단이나 방법이 기본권 제한의 목적을 실현시킴에 있어 전혀 적합하지 않거나 사안의 성질상 연관성이 전혀 없어 채택할 수 없는 것인 경우에 과잉제한금지원칙에 위반된다는 결정을 한다.

기본권 제한의 수단이나 방법이 기본권 제한의 목적에 적합하여야 한다는 것은 그 수단이나 방법이 기본권의 제한을 통하여 달성하고자 하는 목적을 완전히 실현시킬 수 있는 것이어야 하는 것은 아니다. 기본권 제한의 수단이나 방법이 기본권 제한의 목적을 실현시키는데 부분적으로 기여하는 것이어도 된다. 그리고 이러한 수단이 목적을 달성시키는 유일무이한 것일 필요는 없다(예: 憲 1989. 12. 22.-88헌가13). 따라서 적합성의 원칙을 충족시키는가의 여부를 심사함에 있어서는 명백히 적합하지 않은 수단이나 방법인 경우 이외에는 대부분 적합성의 원칙을 충족한 것으로 본다.

憲法裁判所는 피고인의 신병확보 또는 부당한 보석허가결정의 시정을 도모한다는 이유로 법원의 보석결정에 대하여 검사에게 즉시 석방을 할 수 없게 하는 즉시항고를 허용하는 것(예: 憲 1993. 12. 23.-93헌가2), 복수의 축산업협동조합간의 경쟁에 따른 폐단을 방지하여 양축인의 자주적 협동조합을 육성하고 축산업의 진흥과 구성원의 경제적·사회적 지위향상을 도모한다는 이유로 복수의 조합설립과 가입을 금지시키는 것

(예: 憲 1996. 4. 25.-92헌바47), 제대군인에게 공무원 채용시험에서 가산점을 주는 것(예: 憲 1999. 12. 23.-98헌마363), 수사목적을 달성하기 위하여 군사법경찰로 하여금 1차에 한하여 구속기간을 연장할 수 있게 하는 것(예: 憲 2003. 11. 27.-2002헌마193)을 적합성의 원칙에 위반된다고 판시하였다.

(2) 필요성의 원칙

必要性(Erforderlichkeit, Notwendigkeit)의 原則은 기본권 제한의 수단 또는 방법이 여러 개 있고, 그것들이 기본권 제한의 목적을 똑같이 실현할 수 있으면, 국회는 그 가운데에서 기본권을 최소로 제한하는 수단이나 방법을 선택하여야 한다는 원칙을 말한다. 기본권의 제한에서도 그 목적을 달성할 수 있는 한 기본권의 주체에게는 최소의 피해만 인정하자는 것이다. 이를 표현에 따라 「피해의 최소성」(예: 憲 2005. 5. 26.-2004헌마49) 또는 「최소침해성」(예: 憲 2005. 4. 28.-2004헌바65)이라고 하기도 한다.

기본권을 제한하는 다양한 여러 개의 수단이나 방법이 존재하는 경우에 어느 것이 기본권의 주체에게 최소의 피해를 가져오는가를 판단함에 있어서는 입법자의 판단이 개입한다. 기본권 제한의 수단이나 방법 가운데는 기본권 제한의 목적을 동일한 수준에서 실현시키는 것도 있고, 더 나은 수준에서 실현시키는 것도 있으므로 우선 기본권 제한의 목적이 어느 수준에서 달성되어야 하는가를 먼저 설정하여야 한다. 그 다음에는 이러한 수준의 목적을 달성할 수 있는 여러 수단이나 방법 가운데 어느 것이 최소의 피해를 가져오는가를 판단하여야 한다.

그런데 무엇이 최소의 피해인가를 판단하는 것은 쉽지 않다. 복수의 수단이나 방법이 동일한 목적의 달성에 기여하기는 하지만, 그것이 가져오는 피해의 성질이 다르고(예컨대 정신적 피해, 경제적 피해, 문화적 피해) 서로간에 있어서 무게의 차이가 명백하지 않아 형량이 쉽지 않은 경우에는 최소의 피해를 판단하는 것이 어렵다. 따라서 필요성의 원칙에서도 그 위반여부가 명백하지 않은 이상, 이런 경우에 있어서 기본권 제한의 수단이나 방법의 선택은 국회의 법형성의 자유에 속하는 것으로 인정한다. 따라서 여러 수단이나 방법간에 최소의 피해를 가져오는가를 객관적으로 측정하는 것이 가능하고, 이런 상태에서 국회가 기본권제한적 입법을 하면서 이를 위반한 것이 명백한 경우에 필요성의 원칙을 위반한 것으로 본다.

헌법재판소는 기본권 제한의 법률이 적합성의 원칙을 충족시켰을 때, 비로소 그 다음의 단계인 제2단계에서 필요성의 원칙을 충족시키는가의 여부를 심사한다.

(3) 비례성의 원칙

比例性(Verhältnismäßigkeit)의 原則은 기본권 제한의 수단 또는 방법이 적합성의 원칙과 필요성의 원칙을 충족시키는 것이라고 하더라도 그 제한을 받는 기본권의 주체가 이를 受忍할 수 없을 정도의 것이어서는 안 된다는 원칙을 말한다. 이는 특정의 기본권 주체가 가지는 기본권을 제한하여 얻고자 하는 이익(=기본권 제한의 목적)이 일반적인 이익이라고 하더라도 기본권의 제한을 통하여 기본권의 주체가 입는 피해와 비교하여 보다 크거나 균형을 이루어야 한다는 것을 의미한다. 이를 표현에 따라 「상당성의 원칙」, 「협의의 비례원칙」, 「수인가능성의 원칙」, 「법익균형성의 원칙」(예: 憲 2005. 3. 31.-2001헌바87)이라고 하기도 한다. 과잉제한금지원칙을 「광의의 비례원칙」이라고 지칭하는 것과 비교하여 비례성의 원칙을 「협의의 비례원칙」이라고 칭하기도 한다.

受忍可能性이란 기본권 제한의 목적을 달성함에 있어서 수단이나 방법이 적합하고 여러 수단이나 방법 가운데 최소의 피해를 가져오는 것이라고 하더라도 기본권의 제한을 받는 특정의 기본권 주체가 이를 감당할 수 없는 정도의 불합리한 것이라면 아무리 기본권의 제한으로 얻고자 하는 일반적인 이익(=기본권 제한의 목적)이 존재하더라도 비례원칙이라는 법원칙상 이런 기본권의 제한은 허용되지 않는다는 것을 의미한다. 수인가능성이 없는 수단을 허용하는 것은 사실상 특정의 기본권 주체에게 해당 기본권을 부정하는 것과 다름없기 때문이다.

과잉제한금지원칙의 심사에서 비례성의 원칙은 과잉제한금지원칙의 3개 부분원칙들 가운데 최후의 단계인 제3단계에서 심사한다. 그런데 수인가능여부의 판단은 특정 상황에 놓인 특정의 기본권 주체를 기준으로 판단하는 규범적인 성질의 것이기 때문에 판단의 객관적인 기준을 찾기가 쉽지 않다(적합성과 필요성의 판단은 사실적·경험적 성질을 지닌다). 기본권제한적 법률이 비례성의 원칙을 충족하였는가를 판단함에 있어서는 국민의 기본권 제한을 통하여 달성하고자 하는 국가안전보장, 질서유지, 공공복리라는 이익의 달성 정도와 해당 국민이 입는 피해의 정도를 형량하게 된다. 이에는 공익과 사익간의 형량, 서로 충돌하는 기본권간의 형량 등이 행해진다.

이런 내용의 과잉제한금지원칙의 개념과 적용은 獨逸聯邦憲法裁判所에서 판례를 통하여 정립된 것이기도 하고, 우리 憲法裁判所가 취하고 있는 것이기도 하다(예: 憲 1989. 12. 22.-88헌가13; 1990. 9. 3.-89헌가95; 1992. 12. 24.-92헌가8; 1994. 12. 29. -94헌마201; 1998. 5. 28.-95헌바18; 2000. 2. 24.-98헌바38등; 2000. 6. 1.-99헌가11등; 2000. 6. 1.-99헌마533).

> [憲 1992. 12. 24.-92헌가8] 「국가작용 중 특히 입법작용에 있어서의 과잉입법금지의 원칙이라 함은 국가가 국민의 기본권을 제한하는 내용의 입법활동을 함에 있어서 준수하여야 할 기본원칙 내지 입법활동의 한계를 의미하는 것으로서, 국민의 기본권을 제한하려는 입법의 목적이 헌법 및 법률의 체제상 그 정당성이 인정되어야 하고(목적의 정당성), 그 목적의 달성을 위하여 그 방법이 효과적이고 적절하여야 하며(방법의 적정성), 입법권자가 선택한 기본권제한의 조치가 입법목적달성을 위하여 설사 적절하다 할지라도 보다 완화된 형태나 방법을 모색함으로써 기본권의 제한은 필요한 최소한도에 그치도록 하여야 하며(피해의 최소성), 그 입법에 의하여 보호하려는 공익과 침해

되는 사익을 비교형량할 때 보호되는 공익이 더 커야 한다(법익의 균형성)는 법치국가의 원리에서 당연히 파생되는 헌법상의 기본원리의 하나인 비례의 원칙을 말하는 것이다. 이를 우리 헌법은 제37조 제1항에서 "국민의 자유와 권리는 헌법에 열거되지 아니한 이유로 경시되지 아니한다." 제2항에서 "국민의 모든 자유와 권리는 국가안전보장, 질서유지 또는 공공복리를 위하여 필요한 경우에 한하여 법률로써 제한할 수 있으며, 제한하는 경우에도 자유와 권리의 본질적인 내용을 침해할 수 없다"라고 선언하여 입법권의 한계로서 과잉입법금지의 원칙을 명문으로 인정하고 있으며 이에 대한 헌법위반여부의 판단은 헌법 제111조와 제107조에 의하여 헌법재판소에서 관장하도록 하고 있다.」

Ⅳ. 적 용

(1) 적용영역

(a) 헌법상 과잉제한금지원칙과 헌법 제37조 제2항의 과잉제한금지원칙

과잉제한금지원칙은 기본권을 제한하는 법률에 그 한계로 적용되는 것일 뿐 아니라, 법률, 명령, 조례에 의해 부여된 권리의 제한이나 의무의 부과에도 적용되는 법치주의의 일반적 원리이다. 따라서 과잉제한금지원칙은 지방자치단체를 포함하는 국가의 모든 작용에 적용되는 것이다. 이러한 점에서 헌법상의 과잉제한금지원칙은 모든 법영역에 적용되는 법치주의의 형식원리라고 할 수 있다. 그러한 가운데서 헌법 제37조 제2항은 법률로 기본권을 제한하는 경우에 과잉제한금지원칙이 적용되는 것을 정하고 있다.

(b) 개별 기본권영역과 과잉제한금지원칙의 적용

위와 같은 내용을 가지는 과잉제한금지원칙이 모든 기본권의 제한에 있어서 동일한 내용과 정도로 적용되는가 하는 문제가 있다.

통상 기본권을 제한하는 경우는 그 제한의 한계를 벗어나지 않으면 특별한 보상이 없이 기본권을 제한할 수 있다. 그런데 憲法 제23조 제3항에서 정하고 있는 바와 같이 財産權의 제한에서는 公用侵害(공용수용, 공용사용, 공용제한)의 경우 補償이 요구되고, 職業의 自由의 경우에는 段階的인 審査基準(이른바 段階理論)이 적용되기도 하기 때문에 개별 기본권의 특성을 무시한 채 과잉제한금지원칙이 천편일률적으로 동일한 내용과 정도로 적용된다고 하기는 어렵다. 그러나 개별 기본권에 따라 그에 합당한 형태로의 變形은 있을지라도 과잉제한금지원칙은 法原則으로서의 성질을 가지고 있기 때문에 그 기본법리는 기본권에 대한 제한이 가해지는 경우에는 모두 작용한다고 할 것이다.

(c) 입법형성의 자유와 과잉제한금지원칙

기본권을 제한하는 것이 법률이라는 입법권의 행사에 의하여 이루어지므로, 국회가 기본권을 제한함에 있어 立法形成의 自由, 즉 立法裁量을 가지는 경우에는 과잉제한금지원칙은 적용되지 않는다. 국회가 헌법 제37조 제2항과 제23조 등에 근거하여 법률로 기본권을 제한하는 경우에 기본권 제한의 수단, 내용, 정도, 범위 등에서 형성의 자유를 가지는 경우는 민주주의에 근거하여 국민의 대표기관으로서 당연히 수행하여야 하는 기능과 역할에 해당하므로 이러한 입법형성의 자유영역은 헌법이 인정하고 있는 것이다. 따라서 기본권의 제한에서 국회의 입법형성의 자유가 인정되는 영역에서는 과잉제한금지원칙이 적용되지 않는다. 국회가 입법형성의 자유를 가지는 영역은 사항의 본질과 국회의 본래적 기능에 의하여 정해진다.

구체적인 사항에서 憲法裁判所가 입법형성의 자유로 인정하고 있는 것의 예를 보면 다음과 같다.

(i) 범죄의 설정 및 법정형 범죄의 설정 및 범죄에 대한 법정형의 종류와 범위를 선택하는 것은 입법자에게 광범위한 형성의 자유가 인정되는 영역이다(예: 憲 1992. 4. 28.-90헌바24; 1999. 5. 27.-98헌바26; 2002. 11. 29.-2001헌가16; 2006. 7. 27.-2004헌바77; 2007. 5. 31.-2005헌바108; 2007. 7. 26.-2006헌가9). 그러나 공직선거법이 공직선거에 있어서 소액의 기부를 받은 경우에 과태료를 그 가액의 50배로 산정하도록 정한 것은 책임원칙에 부합되지 않게 획일적이고 지나치게 과중하여 입법목적을 달성함에 필요한 정도를 일탈함으로써 과잉제한금지원칙에 위반된다고 판시하였다(憲 2009. 3. 26.-2007헌가22).

[憲 2007. 7. 26.-2006헌가9] 「어떤 행위를 범죄로 규정하고 이를 어떻게 처벌할 것인가 하는 문제 즉, 범죄의 설정과 법정형의 종류 및 범위의 선택은 행위의 사회적 악성과 범죄의 죄질 및 보호법익에 대한 고려뿐만 아니라 우리의 역사와 문화, 입법당시의 시대적 상황, 국민일반의 가치관과 법감정 그리고 범죄예방을 위한 형사정책적 측면 등 여러 가지 요소를 종합적으로 고려하여 입법자가 결정할 사항으로서 광범위한 입법재량이 인정되어야 할 분야이다. 따라서 어느 행위를 범죄로 규정하고 그 법정형을 정한 것이 그 범죄의 죄질 및 이에 따른 행위자의 책임에 비하여 지나치게 가혹한 것이어서 현저히 형벌체계상의 균형을 잃고 있다거나 그 범죄에 대한 형벌 본래의 목적과 기능을 달성함에 있어 필요한 정도를 일탈하는 등 헌법상의 평등의 원칙 및 비례의 원칙 등에 명백히 위배되는 경우가 아닌 한, 쉽사리 헌법에 위반된다고 단정하여서는 아니된다.」

[憲 2009. 3. 26.-2007헌가22] 「이 사건 심판대상조항의 입법목적은 각종 공직선거과정에서 선거후보자 등이 유권자들을 상대로 행하는 소액의 기부행위를 효과적, 실질적으로 근절하기 위한 것인바, 이러한 입법목적은 헌법 제37조 제2항 소정의 질서유지와 공공복리에 부합하는 것이라 할 것이므로, 그 목적의 정당성이 인정된다. 또한 유권자를 매수하는 행위를 근절하기 위해서는 기부행위의 공여자 이외에도 기부행위의 수혜자에 대한 제재도 필요하다 할 것이고, 어떤 행정법규위반의 행위에 대하여 행정질서벌인 과태료를 과할 것인지 아니면 행정형벌을 과할 것인지는 기본적으로 입법권자가 제반사정을 고려하여 결정할 입법재량에 속하는 문제라 할 것이므로, 이 사건 심판대상조항에서 공직선거와 관련하여 기부행위를 받

는 일반 유권자에 대하여 과태료의 제재를 정한 것은 정당한 목적을 달성하기 위한 적절한 수단이라고 할 것이다. 입법권자가 입법재량의 범위 내에서 행정질서벌인 과태료를 과하기로 하였다면, 다시 그 과태료의 액수를 정하는 것도 역시 그것이 의무위반행위와 그에 대한 책임이 현저하게 균형을 잃게 되고 이로 인하여 다른 행정법규 위반자와의 사이에서 헌법상의 평등의 원리에 위반하게 된다거나 그 목적을 달성함에 있어 필요한 정도를 일탈함으로써 헌법 제37조 제2항으로부터 파생되는 비례의 원칙 혹은 과잉금지의 원칙에 위반하는 것으로 평가되는 등 헌법재판소가 관여할 정도로 입법재량을 현저히 불합리하게 또는 자의적으로 행사한 것이라 단정할 정도로 높지 않은 한 입법재량에 속하는 문제라 할 것이다. 그런데 이 사건 심판대상조항은 의무위반자에 대하여 부과할 과태료의 액수를 감액의 여지없이 일률적으로 '제공받은 금액 또는 음식물 · 물품 가액의 50배에 상당하는 금액'으로 정하고 있고 이러한 과태료의 처벌기준은 법원의 과태료 재판에 있어서도 구속력이 있다고 할 것이므로, 과태료 사건을 담당하는 법원으로서는 불처벌결정을 하지 않는 한 이 사건 심판대상조항이 정한 금액을 과태료 금액으로 정할 수밖에 없다. 이와 같이 위반행위에 대한 과태료의 처벌기준을 획일적으로 법률로 정한 것 자체를 헌법에 위반된다고 할 수는 없는 것이지만, 이 사건 심판대상조항이 과태료 부과대상으로 정하고 있는 '기부행위금지규정에 위반하여 물품 · 음식물 · 서적 · 관광 기타 교통편의를 제공받은 행위'의 경우에는 그 위반의 동기 및 태양, 기부행위가 이루어진 경위와 방식, 기부행위자와 위반자와의 관계, 사후의 정황 등에 따라 위법성 정도에 큰 차이가 있을 수밖에 없음에도 이와 같은 구체적, 개별적 사정을 고려하지 않고 오로지 기부받은 물품 등의 가액만을 기준으로 하여 일률적으로 정해진 액수의 과태료를 부과한다는 것은 구체적 위반행위의 책임 정도에 상응한 제재가 되기 어렵다고 할 것이다. 특히 이 사건 구법 조항은 앞에서 본 바와 같이 애초의 입법의도와는 달리 죄형법정주의 내지 형사법규에 대한 엄격해석의 원칙 등에 비추어 소액이라고 볼 수 없는 고가의 물품 등을 기부받은 경우에도 적용된다고 해석할 수밖에 없어, 결국 이 사건 구법 조항에 의하면 100만 원의 물품을 제공받은 경우나 5천만 원의 물품을 제공받은 경우나 모두 5천만 원의 과태료를 부과할 수밖에 없게 되고, 또한 위반행위자가 기부받은 물품을 반환하고 자수한 경우에도 이와 같은 사후의 정황을 고려함이 없이 가액의 50배에 상당하는 일률적인 과태료를 부과할 수밖에 없으므로, 책임원칙에 상응한 제재가 되기 어려울 뿐만 아니라 위반행위자 간에도 현저히 형평에 어긋나는 결과를 초래하게 된다. 이에 비하여 이 사건 신법 조항은 이 사건 구법 조항과 달리 제공받은 금액 또는 음식물 · 물품 가액이 100만 원을 초과하는 자를 과태료 부과대상에서 제외하도록 명시하고 단서조항에서 반환 및 자수의 경우 임의적으로 과태료를 감면할 수 있는 특례를 신설함으로써, 책임원칙에 어긋나는 제재기준의 일률성이라는 이 사건 구법 조항의 위헌성을 일부 완화한 것으로 평가할 수는 있지만, 여전히 위반행위자에 대하여 과태료를 부과함에 있어 반환 및 자수라는 정황 이외에 의무위반의 동기 및 태양, 기부행위가 이루어진 경위와 방식, 기부행위자와 위반자와의 관계 등의 구체적, 개별적 사정을 고려할 수 없다는 점에서 이 사건 구법 조항의 위헌성을 완전히 제거한 것으로 볼 수는 없다 할 것이다. 더욱이 이와 같은 획일적 기준에 따른 과태료의 액수는 제공받은 금액 또는 음식물 · 물품 가액의 '50배'에 상당하는 금액으로서 제공받은 물품 등의 가액 차이에 따른 과태료 액수의 차이도 적지 아니한데다가 그와 같은 액수의 과태료가 일반 유권자들에게 소액의 경미한 제재로 받아들여질 수도 없는 것이다. 이 사건 심판대상조항이 규정한 과태료 제재의 과중성은 형사처벌조항인 공직선거법 제257조 제2항에서 규정한 벌금형의 법정형과 비교해 볼 때 더욱 분명해진다. 즉, 이 사건 심판대상조항은 소액의 기부행위를 효과적, 실질적으로 근절하기 위하여 형사처벌조항인 공직선거법 제257조 제2항에 비하여 경미한 사안에 대하여 적용되는 것이라 할 것인데, 공직선거법 제257조 제2항에서 정한 법정형 중 벌금형의 상한이 500만 원인데 반하여 이보다 경미한 사안, 예컨대 제공받은 금액 또는 음식물 · 물품 가액이 100만 원인 경우에는 과태료의 액수가 벌금형의 상한인 500만 원의 10배에 해당하는 5천만 원이 되므로 이러한 차이는 행정형벌과 행정질서벌이라는 본질적 차이를 고려하더라도 쉽게 정당화될 수 없는 것이라 할 것이다. 나아가 부패선거를 일소하고 선거의 공정성과 선거문화의 제고를 위하여 소액의 기부행위를 확실하게 근절하기 위한 이 사건 심판대상조항의 입법목적을 고려하더라도, 이러한 입법목적의 달성을 위해서 반드시 과태료의 액수가 '제공받은 금액 또는 음식물 · 물품가액의 50배에 상당하는 금액'이 되어야 하는 것도 아니다. 이러한 입법목적의 달성은 과태료의 액수를 '제공받은 금액 또는 음식물 · 물품가액의 50배 이하의 금액'으로 정하는 등 보다 완화된 형식의 입법수단을 통하여도 얼마든지 가능하다고 할 것이다. 따라서 이 사건 심판대상조항은 그 의무위반행위에 대하여 부과되는 과태료의 기준 및 액수가 책임원칙에 부합되지 않게 획일적일 뿐만 아니라 지나치게 과중하여 입법목적을 달성함에 필요한 정도를 일탈함으로써 과잉금지원칙에 위반된다고 할 것이다.」

(ii) 자격제도　　직업을 선택함에 있어 일정한 자격을 요구하는 것은 직업선택의 자유의 제한에 해당하는데, 자격제도에서 그 자격요건을 정함에 있어서는 입법자에게 광범위한 입법재량이 인정된다(예: 憲 1997. 4. 24.-95헌마273; 2000. 4. 27.-97헌바88; 2006. 4. 27.-2005헌마997; 2007. 5. 31.-2003헌마422)([156] I (2)).

[憲 2007. 5. 31.-2003헌마422] 「입법자는 일정한 전문분야에 관한 자격제도를 마련함에 있어서 그 제도를 마련한 목적을 고려하여 정책적인 판단에 따라 그 내용을 구성할 수 있고, 마련한 자격제도의 내용이 불합리하고 불공정하지 않은 한 입법자의 정책판단은 존중되어야 하며, 자격제도에서 입법자에게는 그 자격요건을 정함에 있어 광범위한 입법재량이 인정되는 만큼, 자격요건에 관한 법률조항은 합리적인 근거 없이 현저히 자의적인 경우에만 헌법에 위반된다고 할 수 있다.」

(2) 과잉제한금지원칙과 평등원칙

헌법이 기본권이나 기타 권리를 제한하는 경우에 과잉제한금지원칙의 위반여부를 심사하는 기준과 평등원칙의 위반여부를 심사하는 기준이 동일한 것인지 다른 것인지 하는 점이 문제가 된다.

먼저 기본권의 성질상 헌법에서 「내용」이 확정되는 것인 경우(예: 自由權的 基本權)에는 그 내용이나 행사를 제한함에 있어 과잉제한금지원칙이 적용되지만, 헌법에서는 내용을 확정하지 않고 법률로 그 내용을 정하도록 하는 경우(예: 社會權的 基本權, 請求權的 基本權)에는 그 내용의 확정에 법익형량원칙이 적용되고 과잉제한금지원칙은 적용될 여지가 거의 없다. 다만 후자의 경우에도 해당 기본권의 「행사」를 제한하는 경우에는 과잉제한금지원칙이 적용된다.

과잉제한금지원칙은 권리의 제한이나 의무의 부과에 있어 비교대상이 존재하거나 존재하지 않는 경우에 공히 적용되는 것이고, 평등원칙은 비교대상이 존재할 때만 적용되는 것이다. 이 점에서는 적용영역이 동일하지 않다. 그런데 비교대상이 있는 경우에는 과잉제한금지원칙과 평등원칙이 문제가 되는데, i) 과잉제한금지원칙과 평등원칙에 모두 위반되는 경우에는 이를 모두 적용하여 위헌으로 판단하거나 어느 하나를 적용하여 위헌으로 판단한다. ii) 과잉제한금지원칙에는 위반되지 않지만 평등원칙에 위반되는 경우에는 평등원칙을 적용하고, 그 평등원칙을 적용하는 경우에 자의금지만 적용하는 경우(동등대우의 존재여부)에는 동일한 조건에서 차별하는가 여부만 판단하고, 차별판단에 비례성까지도 고려하여야 하는 경우(차별의 정도)에는 다단계적인 판단기준 가운데 선택한 심사기준을 적용한다. 과잉제한금지원칙의 내용을 이루는 필요성의 원칙과 비례성의 원칙은 비교대상의 존재여부와 관계없이 적용하는 것이고, 평등원칙에서의 비례성은 비교대상간에 차별여부를 판단하는 것이므로 그 기준이 동일한 것은 아니다.

憲法裁判所의 판례 가운데는 평등원칙의 위반을 판단하면서 과잉제한금지원칙의 내용을 적용한 경우가 있다(예: 憲 1992. 6. 26.-91헌가8등).

(3) 형 량

과잉제한금지원칙을 적용함에 있어서는 구체적인 사안에서 이익의 형량이 따른다. 과잉제한금지원칙을 이루는 부분원칙을 단계적으로 적용할 때마다 목적과 수단간의 적합성, 기본권의 제한으로 얻는 이익과 피해간의 관계, 수인가능성의 판단 등에서 여러 이익들간의 형량이 따른다. 이러한 형량에서는 상당 부분이 입법자인 국회의 법형성의 자유에 속하므로 국회가 그 형량에서 명백하게 잘못을 저지른 경우를 제외하고는 통상의 경우 형량에서 잘못을 범하였다고 판단하기는 어렵다.

(4) 상황구속성

기본권을 제한하는 법률이 위헌이라고 하는 것에는 기본권을 전적으로 부정하는 것이어서 위헌인 경우도 있지만, 과잉제한금지원칙을 적용하는 경우와 같이 기본권을 제한하는 당시의 여건과 상황에 의해 위헌인 경우도 있다. 따라서 과잉제한금지원칙에 위반하여 위헌인 경우에는 이를 나누어 그 위헌의 성격을 이해할 필요가 있다. 과잉제한금지원칙을 적용하는 경우에는 이를 적용하는 당시의 구체적인 상황에 관계없이 과잉제한금지원칙에 위반되는 경우가 있다. 예컨대 대포로 참새를 잡는 것 같이 구체적인 상황에 관계없이 최소침해성에 위반되어 위헌이 되는 경우가 이에 해당한다. 이러한 경우에는 형식원리에 위반되어 위헌인 경우이지만 이는 기본권의 내용을 부정하여 위헌인 경우와 같이 구체적인 상황에 의해 위헌여부가 결정되는 것이 아니다.

그런데 과잉제한금지원칙이 적용되는 많은 경우에는 기본권을 제한하게 되는 구체적인 사회 여건과 상황에 의해 헌법위반여부가 결정된다. 이러한 경우는 과잉제한금지원칙을 적용하는 당시의 구체적인 현실적 여건과 상황에 따라 과잉제한금지원칙의 위반여부가 결정된다. 이 결과 어떤 나라에서는 이 원칙에 위반되지 않아 헌법에 합치한다고 판단한 법률의 규정이 다른 나라에서는 과잉제한금지원칙에 위반되어 헌법에 위반된다고 판단될 수 있다. 그리고 장기적으로 볼 때, 동일한 국가내에서도 헌법이 적용되는 현실의 조건이 변화함에 따라 어느 시기에는 헌법에 합치한다고 판단한 결과가 다른 시기에는 헌법에 위반된다고 판단될 수 있는 여지도 있고, 그 반대의 경우도 있을 수 있다.

《위헌의 성격과 효력》

통상 헌법에 위반되는 국가행위 등은 효력을 가지지 못한다. 이런 위법성은 국가의 최고규범을 위반하기 때문에 無效이다. 그런데 이러한 경우에도 무효의 효력이 언제나 소급하여 처음부터 무효인가 하는 문제가 제기된다. 어떠한 행위가 어떤 구체적인 상황에서 당시의 현실적인 여건이나 사회적인 조건에 관계없이 위헌인 경우에는 위헌에 의한 무효는 처음부터 소급하여 무효이다. 그러나 어떠한 행위가 어떤 구체적인 상황에서 그 당시의 현실적인 여건이나 사회적인 조건에 비추어 볼 때 과잉금지원칙에 위반되고 그러한 상황이 아니라면 과잉금지원칙에 위반되지 않는 것이라면, 이때의 위헌여부는 구체적인 상황에 따라 결정되는 것이다. 따라서 현재의 상황에 비추어 볼 때는 위헌이지만 과거의 상황에 비추어 볼 때는 합헌이기 때문에 이러한 경우에 위헌이라서 무효라고 하더라도 이는 소급되지 않는다. 예컨대 과거에는 어떤 행위를 범죄로 하여 처벌하는 형벌에 관한 법률조항이 과잉제한금지원칙에 위반되지 않았지만, 현재에는 사회의 여건의 변화와 구체적인 상황의 변화로 인하여 이런 행위를 범죄로 하는 것이 과잉제한금지원칙의 최소침해성에 위반하는 것이 되는 경우에는 이것이 위헌으로 무효라고 하더라도 그 무효는 현재부터 무효이고 처음으로 소급되지 않는다. 과거에 이런 행위를 범죄화하여 형벌로 처벌한 것은 정당했기 때문이다. 구체적인 상황에 관계없이 언제나 위헌인 경우를 「絕對的 違憲」이라고 한다면, 상황에 따라 위헌이 되기도 하고 합헌이 되기도 하는 경우의 위헌은 「相對的 違憲」이라고 할 수 있다. 절대적 위헌인 경우에는 소급하여 무효가 되지만, 상대적 위헌인 경우에는 현재부터 무효(향후효(ex-nunc-Wirkung) 또는 미래효(ex-post-Wirkung) 포함)가 된다.

[40] 第二 本質的 內容의 侵害禁止

Ⅰ. 규정 및 연혁

기본권을 법률로 제한하는 경우에 비례원칙을 충족하여도 기본권의 「본질적 내용(Wesensgehalt)」을 침해하면 헌법에 위반된다. 憲法 제37조 제2항은 기본권을 「제한하는 경우에도 自由와 權利의 本質的인 내용을 침해할 수 없다」라고 명시적으로 정하여 기본권의 본질적 내용보호를 정하고 있다. 헌법에서 本質的內容侵害禁止를 처음 명문화한 것은 1960年6月憲法인데, 1972年憲法에서 폐지되었다가 1980年憲法에서 다시 규정되었다.

> 기본권의 제한에서 본질적 내용을 침해할 수 없다고 하는 한계조항은 독일연방헌법 제19조 제2항에서 「기본권의 본질적 내용은 어떤 경우에도 침해되지 않는다」고 정하고 있는 기본권의 본질적 내용보호 규정을 수용한 것이다.

기본권을 제한하는 경우에도 기본권의 본질적인 내용을 침해할 수 없게 하는 것을 기본권의 제한에 있어서 내용상의 한계라고 하기도 한다. 이러한 기본권의 본질적 내용의 침해금지규정은 헌법의 효력상 당연히 인정된다. 헌법이 최고법이고 헌법에 기본권이 보장되어 있는 이상 헌법의 하위법인 법률로써 기본권을 부정하거나 제거할 수 없기 때문이다. 기본권의 제한에 있어서 이러한 본질적 내용의 침해금지는 헌법조항에서 명시적으로 정하든 정하지 않든 관계없이 헌법의 효력상 당연히 인정된다. 따라서 憲法 제37조 제2항의 규정과 같이 명문화하지 않더라도 당연히 인정되는 것이다. 이런 점에서 憲法 제37조 제2항의 본질적내용침해금지는 기본권의 헌법적 보장원리를 확인하고 선언하는 의미를 가진다.

Ⅱ. 내 용

기본권의 제한에서 기본권의 본질적 내용을 침해할 수 없다고 정하더라도 과연 그 「본질적 내용」이 무엇인가 하는 문제에 대해 견해가 갈린다. 본질이라는 개념을 부정하는 견해에서부터 본질을 인정하되 그 개념이 절대적이라고 보는 견해(Theorie vom absoluten Wesensgehalt)와 상대적이라고 보는 견해(Theorie vom relativen Wesensgehalt)가 있다.

(1) 절 대 설

기본권의 내용 가운데는 어떤 경우에도 침해될 수 없는 핵심영역이 있다고 본다. 이는 기본권에 대한 제한이 있은 후에도 남아 있어야 할 부분으로서, 기본권의 제한이 허용되는 범위 밖에 있는 부분은 바로 이런 절대적인 영역이라고 본다. 본질적 내용을 기본권의 「본질을 이루는 핵심」, 「근본적인 실질」, 「최소한의 내용」, 「핵심 영역」이라고 표현하지만, 구체적으로 그에 해당하는 것이 무엇인지에 대해서는 답을 하지 않고 있다. 독일연방헌법재판소가 취하고 있는 태도이기도 하다.

憲法裁判所는 기본권의 본질적 내용을 기본권의 핵이 되는 실질적 요소 또는 근본적 요소라고 하기도 하고, 그것이 침해되는 경우에는 기본권이 유명무실해지거나 형해화되는 경우라고 보기도 한다(예: 憲 1990. 9. 3.-89헌가95).

> [憲 1990. 9. 3.-89헌가95] 「재산권의 본질적인 내용이라는 것은 재산권의 핵이 되는 실질적 요소 내지 근본적 요소를 뜻하며, 재산권의 본질적인 내용을 침해하는 경우라고 하는 것은 그 침해로 인하여 사유재산권이 유명무실해지거나 형해화(形骸化)되어 헌법이 재산권을 보장하는 궁극적인 목적을 달성할 수 없게 되는 지경에 이르는 경우라고 할 것이다.」

(2) 상 대 설

기본권의 본질적 내용은 절대적으로 고정되어 있는 것이 아니라고 본다. 기본권은 이익형량을 통하여 제한할 수 있고, 이러한 이익형량에 따라 개별 기본권의 본질적 내용의 범위는 달라진다고 본다. 독일연방최고법원이 견지하고 있는 태도이기도 하다.

憲法裁判所는 死刑制度에 대하여 합헌이라고 판단하면서 이와 유사한 태도를 보인 적이 있다(예: 憲 1996. 11. 28.-95헌바1).

> [憲 1996. 11. 28.-95헌바1] 「생명권에 대한 제한은 곧 생명권의 완전한 박탈을 의미한다 할 것이므로, 사형이 비례의 원칙에 따라서 최소한 동등한 가치가 있는 다른 생명 또는 그에 못지 아니한 공공의 이익을 보호하기 위한 불가피성이 충족되는 예외적인 경우에만 적용되는 한, 그것이 비록 생명을 빼앗는 형벌이라 하더라도 헌법 제37조 제2항 단서에 위반되는 것으로 볼 수는 없다 할 것이다.」

(3) 부 정 설

본질이라는 개념부터 성립할 수 없다고 본다. 사물이든 일이든 이 세상에는 본질은 존재하지 않는다고 본다. 따라서 기본권의 경우에도 제한할 수 있고, 제한에서는 그 한계의 일탈여부만 문제가 되는 것이지, 본질적 영역이라는 것은 더 이상 문제가 될 수 없다고 본다.

(4) 사 견

기본권의 제한은 원칙적으로 과잉제한금지원칙이나 평등원칙 등과 같은 기본권의 제한의 한계를 정하는 원리를 일탈할 수 없고, 이 범위 내에서만 제한이 가능하다. 그리고 개별 기본권의 경우에 기본권으로 인정되는 이상 제한이 허용되는 범위 밖에 있는 영역은 기본권의 본질적인 핵심영역이다. 예컨대 일정한 언어적인 표현행위에 대하여 제한하는 것은 허용되지만(예: 모욕죄, 명예훼손죄), 말을 절대적으로 할 수 없게 하는 것은 표현의 자유의 부정이다.

개념과 논리상으로는 절대적 내용이 존재한다고 할 수도 있으나, 구체적 기본권의 제한에서 보면 먼저 과잉제한금지원칙의 위반여부에 대한 심사가 있고, 그 다음에 본질적 내용침해여부에 대한 심사가 있게 되기 때문에, 본질적 내용은 과잉제한금지원칙에 따른 제한이 행해진 나머지 부분에 해당하는 영역이다. 개념상으로는 절대적 내용이라는 것이 성립하더라도 실제에서는 구체적 권리의 내용 중 본질적 영역과 비본질적 영역이 선험적으로 정해져 있는 것도 아니고 이를 구별하여 경계를 설정하는 것도 어려우므로 절대설을 지지하기는 어렵다고 할 것이다. 그런데 실제에서는 과잉제한금지원칙에 위반되지 않으면서 본질적 내용을 침해하는 경우는 존재하기 어렵기 때문에 거의 모든 문제는 과잉제한금지원칙위반여부의 문제로 처리되므로, 이런 논의는 별 實益이 없다고 보인다.

[41] 第三 基本權의 競合

I. 개 념

基本權의 競合(Grundrechtskonkurrenz)이란 한 기본권의 주체가 하나의 사안에서 國家에 대하여 2 이상의 기본권의 적용을 주장하는 경우에 발생하는 국가에 대한 이들 기본권들의 관계를 말한다. 어떤 사건이나 상황에서 국가와 국민간에 기본권이 효력을 발하는 경우는 하나의 기본권이 작용하는 경우(예: 토지의 수용에서 재산권의 침해여부)도 있고 둘 이상의 기본권이 동시에 작용하는 경우(예: 강의실 내의 교수의 강제연행에서 학문의 자유와 신체활동의 자유의 침해여부)도 있는데, 후자의 경우가 기본권의 경합에 해당한다.

예컨대, 종교단체가 발행하는 종교신문을 폐간한 경우에는 종교의 자유와 언론의 자유에 대한 침해문제가 발생하고, 집회에 참석한 사람을 강제로 연행한 경우에는 집회의 자유와 신체의 자유에 대한 침해문제가 발생하며, 목사의 활동을 금지한 경우에는 직업의 자유와 종교의 자유에 대한 침해문제가 발생한다. 예술작품을 파괴한 경우에는 예술의 자유와 재산권에 대한 침해문제가 발생한다.

하나의 상황에서 여러 기본권이 문제가 되는 경우에도 그 사안의 성격상 어느 하나의 기본권이 나머지 기본권들에 대하여 특별법의 지위에 있는 경우에는 특별법의 지위에 있는 기본권만이 문제가 되므로 기본권의 경합은 발생하지 않는다. 또 여러 기본권이 각기 차례로 침해된 경우에는 각각의 경우에 해당 기본권이 차례로 침해된 것이므로 독립적인 기본권침해가 여러 번에 걸쳐 발생한 것이어서 기본권의 경합은 발생하지 않는다. 이를 「擬似競合=類似競合=不眞正競合」(Scheinkonkurrenz)이라고 부르기도 하나, 기본권의 경합에 해당하지 않는다. 예컨대 예술적 수단을 사용한 상업광고의 행위에서는 영업의 자유는 주장할 수 있으나 예술의 자유를 주장할 수 없는 것이 이에 해당한다.

Ⅱ. 발생영역

기본권의 경합이 주로 문제가 되는 경우는 기본권에 대하여 國家에 의한 침해 또는 제한이 가해지는 경우이다. 이러한 경우에 해당 사안의 성격상 어떤 하나의 기본권영역에 해당하는 경우에는 해당 기본권의 침해 또는 제한문제만 발생하므로 기본권의 경합이 문제가 되지 않으나, 해당 사안이 2 이상의 기본권영역에 해당하는 경우에는 어느 기본권을 기준으로 기본권의 침해 또는 제한을 판단하여야 하는가 하는 문제가 발생한다. 특히 경합하는 여러 기본권들에 대한 제한의 정도가 다른 경우에 어느 기본권을 기준으로 하는가에 따라 기본권의 침해여부가 달라지게 되므로 이는 기본권의 제한에서 중요한 의미를 가진다.

Ⅲ. 문제의 해결방법

(1) 기본권의 경합과 유사경합의 구별

기본권의 경합이 문제가 되는 경우에는 무엇보다 먼저 이것이 기본권의 경합에 해당하는 것인지 아니면 類似競合에 해당하는 것인지를 구별하여 유사경합에 해당하는 것인 경우에는 기본권의 경합에 해당하지 않으므로 해당 기본권의 침해여부만 판단하면 된다.

憲法裁判所는 공무원직에 관한 한 공무담임권은 직업의 자유에 우선하여 적용되는 특별법적 규정으로 후자의 적용은 배제된다고 판시하였다(憲 1999. 12. 23.-99헌마135등).

(2) 기본권의 경합문제 해결방법

(a) 이 론

해당 사안이 기본권의 경합에 해당하는 경우에는 이를 해결하는 방법에 있어 i) 기본권의 효력이 보다 약한(제한의 여지가 보다 더 강한) 기본권을 우선시켜야 한다고 하는 最弱效力說과 ii) 기본권의 효력이 보다 강한(제한의 여지가 보다 더 약한) 기본권을 우선시켜야 한다고 하는 最强效力說이 대립한다.

기본권이 경합하는 경우에는 i) 여러 기본권 가운데 문제가 된 해당 사안과 직접적으로 관련이 있는 기본권이 있는 경우에는 이 기본권을 우선적으로 적용하고, ii) 모든 기본권이 해당 사안과의 관련성에서 동일한 경우에는 그 효력이 가장 강력한(=제한이 가상 약한) 기본권을 적용하여 기본권의 보장을 보다 두텁게 하며, iii) 모든 기본권이 해당 사안과의 관련성에서도 동일할 뿐만 아니라 기본권의 효력에서도 동일한 경우에는 관련이 있는 기본권 모두를 동시에 적용하여야 할 것이다(同旨: 權寧星, 333; 桂禧悅b, 120; 許營a, 263; 成樂寅, 335).

(b) 판 례

憲法裁判所는 기본권경합의 경우에 기본권침해를 주장하는 청구인 및 기본권을 제한하는 입법자의 객관적 동기 등을 참작하여 사안과 가장 밀접한 관계에 있고 또 침해의 정도가 큰 주된 기본권을 중심으로 해서 그 제한의 한계를 따져 보아야 할 것이라고 판시하고 있다(예: 憲 1998. 4. 30.-95헌가16; 2009. 10. 29.-2008헌바101). 憲法裁判所의 판례 가운데는 여러 기본권이 문제가 되는 상황에서는 모든 기본권을 망라하여 판단하는 태도를 보이고 있는 것이 적지 않지만, 기본적으로는 기본권의 침해가 경합하는 경우에는 기본권의 침해를 주장하는 자의 의도 및 기본권을 제한하는 입법자의 객관적 동기 등을 참작하여 사안과 가장 밀접한 관계에 있고 또 침해의 정도가 큰 주된 기본권을 중심으로 해서 그 제한의 한계를 따져 보아야 한다는 태도를 견지하고 있다(예: 憲 1998. 4. 30.-95헌가16; 2006. 2. 23.-2005헌마403; 2009. 5. 28.-2005헌바20). 예컨대, 음란·저속물의 등록취소 사건에서 기본권이 경합하는 경우에는 기본권의 침해를 주장하는 제청신청인과 제청법원의 의도 및 기본권을 제한하는 입법자의 객관적인 동기 등을 참작하여 사안과 가장 밀접한 관계에 있고 또 침해의 정도가 큰 주된 기본권을 중심으로 해서 그 제한의 한계를 따져 보아야 할 것이라는 점을 전제로 하여, 제청신청인과 제청법원이 언론·출판의 자유의 침해를 주장하고 있고 입법의 1차적 의도도 출판내용을 규율하고자 하는데 있으며 규제수단도 언론·출판의 자유를 더 제약하는 것에 있다고 보아 언론·출판의 자유의 침해여부를 판단한 것(憲 1998. 4. 30.-95헌가16), 퇴직 경찰청장의 정당활동을 법률로 제한한 사건에서 공무담임권을 직업의 자유에 우선하여 판단영역으로 삼은 것(憲 1999. 12. 23.-99헌마135), 대학교원을 제외한 교육공무원의 정년을 법률로 65세에서 62세로 단축한 사건에서 공무담임권을 직업의 자유에 우선하여 판단영역으로 삼은 것(憲 2000. 12. 14.-99헌마112), 경비업의 겸영금지 사건에서 청구인들의 주장취지 및 입법자의 동기를 고려하여 직업의 자유가 가장 밀접한 관련성이 있다고 판단한 것(憲 2002. 4. 25.-2001헌마614), 학교정화구역 내에서의 극장시설금지 사건에서 표현 및 예술의 자유의 제한은 극장운영자의 직업의 자유에 대한 제한을 매개로 하여 간접적으로 제약되는 것이라고 하여 입법자의 객관적인 동기 등을 참작하여 직업의 자유가 사안과 가장 밀접한 관계가 있고, 침해의 정도가 가장 큰 주된 기본권이라고 판단한 것(憲 2004. 5. 27.-2003헌가1), 지방자치단체장의 임기를 3기로 제한한 지방자치법의 규정이 위헌인지 여부를 판단함에 있어 행복추구권보다는 공무담임권이 이 법의 해당 규정에 의한 제한에 가장 밀접하고 제한의 정도가 가장 큰 주된 기본권이라고 판단한 것(憲 2006. 2. 23.-2005헌마403) 등이 그에 해당한다.

> [憲 1998. 4. 30.-95헌가16] 「이 사건 법률조항은 언론·출판의 자유, 직업선택의 자유 및 재산권을 경합적으로 제약하고 있다. 이처럼 하나의 규제로 인해 여러 기본권이 동시에 제약을 받는 기본권경합의 경우에는 기본권침해를 주장하는 제청신청인과 제청법원의 의도 및 기본권을 제한하는 입법자의 객관적 동기 등을 참작하여 사안과 가장 밀접한 관계에 있고 또 침해의 정도가 큰 주된 기본권을 중심으로 해서 그 제한의 한계를 따져 보아야 할 것이다. 이 사건에서는 제청신청인과 제청법원이 언론·출판의 자유의 침해를 주장하고 있고, 입법의 일차적 의도도 출판내용을 규율하고자 하는 데 있으며, 규제수단도 언론·출판의 자유를 더 제약하는 것으로 보이므로 언론·출판의 자유를 중심으로 해서 이 사건 법률조항이 그 헌법적 한계를 지키고 있는지를 판단하기로 한다.」
>
> [憲 2009. 5. 28.-2005헌바20] 「기본권 경합의 경우에는 기본권 침해를 주장하는 청구인의 의도 및 기본권을 제한하는 입법자의 객관적 동기 등을 참작하여 사안과 가장 밀접한 관계에 있고 또 침해의 정도가 큰 주된 기본권을 중심으로 해서 그 제한의 한계를 따져 보아야 할 것인바……」

憲法裁判所가 해당 사안과 관련이 있는 여러 기본권을 동시에 적용한 경우도 적지 않다. 그런데, 헌법재판소는 평등권 침해여부를 판단하면서 차별취급이 되는 개별적인 기본권을 평등권과 경합의 관계가 있다고 판단한 것이 있다. 어떤 지역의 공립중등학교 교사 임용후보자 선정경쟁시험에서 그 지역 사범대학 졸업자에게 가산점을 부여할 수 있게 법률로 정하는 경우에 이는 교사자격증을 소지한 전체 응시자들 중 그 지역 사범대학 졸업자라는 일부 특정 집단에 대해서만 가산점을 부여함으로써 해당 지역 사범대학의 출신자가 아니어서 가산점의 수혜를 받지 못하는 교사자격자의 공무담임의 기회를 제약하는 한편, 그들을 해당 지역 사범대학 출신자와 차별취급하는 것이므로 공무담임권과 평등권의 침해 여부가 경합적으로 문제가 된다고 보았다(憲 2007. 12. 27.-2005헌가11). 평등권의 침해여부가 판단의 대상으로 된 경우에 차별취급이 되는 개별적인 기본권을 평등의 보호와 경합의 관계에 있다고 보는 것은 기본권 보장의 구조에서 볼 때 문제가 있다고 본다. 이렇게 판단하면, 평등권이 문제가 되는 경우는 차별취급되는 권리가 법률상의 권리가 아닌 한 모든 경우가 기본권의 경합으로 되기 때문이다. 이러한 경우는 평등권의 침해여부만 판단의 대상으로 하는 것이 타당하다.

제 6 장 基本權의 保護

제 1 절 國家의 基本權保護義務

[42] 第一 意 義

I. 개 념

국가가 국민의 기본권을 보호하고 실현하여야 할 의무를 국가의 기본권보호의무라고 한다. 국가에게 기본권보호의무가 인정된다고 하는 법리는 국가는 국민에 대하여 기본권을 침해하거나 제한하는 것으로 존재하는 것이 아니라 국민의 기본권을 적극적으로 보호하고 실현하는 주체로 존재하는 것임을 확인하는 것이다. 이로써 국민은 국가에 대하여 방어적인 지위에만 있는 것이 아니라 국가로 하여금 기본권을 적극적으로 보호하고 실현하도록 하는 것을 요구하는 지위에 있게 되었다.

이러한 국가의 기본권보호의무는 국가와 국민과의 관계에서만 인정되는 것이 아니라 사인에 의한 기본권의 침해영역에서도 인정된다. 이로써 국가는 국가의 권력작용에 의하여 국민의 기본권이 침해되는 관계에서만 기본권보호의무에 따른 작위를 하여야 하는 것이 아니라 사인에 의하여 기본권이 침해당하는 영역에서도 기본권보호의무를 지게 된다.

憲法裁判所는 기본권 보호의무란 기본권 주체인 사인에 의한 위법한 침해 또는 침해의 위험으로부터 기본권적 법익을 보호하여야 하는 국가의 의무라고 하고, 주로 사인인 제 3 자에 의한 개인의 생명이나 신체의 훼손에서 문제된다고 하는 태도를 취하고 있다(예: 憲 2009. 2. 26.-2005헌마764).

국가의 기본권보호의무는 광의로는 자연력이나 외국에 의하여 국민의 기본권에 위해가 가해지는 경우에도 인정된다. 자연의 힘에 의해 국민의 기본권이 위해를 받을 경우에 그 기본권을 보호하기 위한 국가작용도 기본권보호의무에서 나오고, 외국의 국가나 외국인에 의하여 국민의 기본권이 위해를 받을 경우(예: 외국 군대의 핵무기나 화학무기의 배치, 외국 어선의 자국 내의 어로행위)에 이를 방지하거나 구제하기 위한 작위의무도 이러한 기본권보호의무에서 나온다.

Ⅱ. 근 거

기본권이 권리로서 가지는 請求性이나 국가가 기본권의 효력이 미치는 相對方(=受信者=受範者)이라는 점에서 볼 때, 국가는 기본권을 보호하고 실현해야 할 의무를 진다. 먼저 기본권은 국가에 대하여 무엇을 요구하는 청구성을 가지기 때문에 그 상대방인 국가는 권리에 대응하는 의무를 진다(權利義務의 對應構造). 그런데 국가는 개인이 주관적 권리로서의 기본권을 국가에 대하여 주장하지 못하는 경우(權利義務의 非對應構造)에도 국가는 그 본질상 공동체의 안전과 국민의 기본권실현의 수단이라는 국가목적에 의하여 헌법상의 기본권적 가치를 실현하여야 할 의무를 지고 있으므로 권리에 대응하지 않는 의무도 진다(예: 입법지침으로서의 성격을 가지고 있는 기본권규정의 경우). 이러한 것을 국가영역에서 국가가 지는 기본권보호의무라고 할 수 있다.

그런데 국가의 기본권보호의무는 이러한 수준에 그치는 것이 아니고 사인에 의해 기본권이 침해되는 경우에도 발생한다. 사인에 의한 기본권의 침해가 발생한 경우에 침해를 받은 사인은 침해한 사인에 대하여 직접 기본권을 주장할 수 없기 때문에 이러한 경우에 발생하는 기본권의 침해에 대해서는 국가가 미리 방지하거나 사후적으로 구제하여야 하는 의무를 부담한다. 이 경우에 국가의 기본권보호의무는 그 기능이 보다 적극적으로 부각된다. 이는 기본권의 보장의 면에서 보면 당연한 것이지만 그 정도에 따라서 개인의 자유로운 사적영역에 기본권의 보호를 매개로 하여 국가가 적극적으로 개입하는 것을 허용함을 의미하는 것이므로, 사적 자치라는 헌법적 가치를 고려할 때 그 인정범위가 문제될 수 있다. 사적영역에서도 국가가 기본권보호의무를 진다고 하더라도 사적자치를 침해하는 것은 허용되지 않는다. 이러한 것은 사적영역에서 국가가 지는 기본권보호의무라고 할 수 있다. 이렇게 볼 때 국가의 기본권보호의무는 헌법이 정하고 있는 기본권의 보장(同旨: 桂禧悅b, 108)과 국가의 본질적 기능과 목적에서 도출된다고 할 것이다.

그리고 憲法 제10조 제1항은 「국가는 개인이 가지는 不可侵의 基本的 人權을 확인하고 이를 보장할 義務를 진다」라고 하여 國家의 基本權保護義務를 명시하고 있는데, 이러한 헌법의 명시적인 규정도 국가의 기본권보호의무를 인정하는 근거가 된다(反對: 桂禧悅b, 108).

독일에서 기본권의 이중성이론을 취하는 견해에서는 기본권의 객관적 면으로부터 국가의 기본권보호의무가 도출된다고 본다. 독일연방헌법재판소의 견해도 같은 취지이다. 그러나 국가가 지는 기본권보호의무는 국가의 본질적 기능과 목적에서 도출되고 권리-의무가 대응관계에 있는 경우에는 기본권의 효력에 의해서도 인정되는 것이지만, 그렇다고 하여 반드시 기본권의 객관적 면을 인정하여야 이로부터 국가의 기본권보호의무를 도출할 수 있는 것은 아니라고 할 것이다.

[43] 第二 內 容

Ⅰ. 국가영역에서의 기본권보호의무

국가는 누구보다도 제1차적으로 국민의 기본권을 보호하여야 할 의무를 진다. 국가라는 것이 공동체에서 공동체의 안전과 그 공동체 내에서 살고 있는 구성원의 행복추구를 실현하는 것을 목적으로 해서만 존재하는 수단이므로 이러한 의무는 국가의 본질적 기능 또는 목적에서 나온다.

공동체의 구성원인 국민은 헌법에 의하여 기본권을 보장받고 그 기본권을 국가에 대하여 주관적 권리로 주장하고 행사하는데 이러한 권리에 대응하여 국가는 그 상대방으로서 의무를 부담한다. 그러나 개인의 권리에 대응하지 아니하는 헌법적 가치도 국가는 실현하여야 하는데, 이러한 경우 기본권조항의 성격이 立法指針(program)을 보장하는 것에 해당하여도 국가는 이러한 가치를 실현하여야 할 의무를 진다. 그 구체적인 것이 입법의무이다(鄭宗燮 n. 210).

Ⅱ. 사적영역에서의 기본권보호의무

사인의 행위에 의하여 기본권의 침해 또는 침해의 위험이 발생한 경우에 국가가 적극적으로 이러한 위해의 발생을 방지하거나 위해에 따른 피해를 구제해야 하는 의무를 지는데, 이는 국가의 기본권보호의무에 의하여 인정된다. 예컨대 사인인 母나 의사의 임신중절행위에 대한 태아의 생명보호의무, 사인인 테러리스트의 공격에 대응한 생명·신체·재산권 등의 보호의무, 전자파의 위험으로부터의 보호의무, 사적인 의료시술로 사용되거나 발전에 사용되는 원자력으로부터의 위험을 방지할 의무, 항공이나 교통의 소음으로부터 안전과 평온한 삶을 보호할 의무, 공기나 삼림의 오염이나 훼손으로부터 환경권을 보호할 의무 등이 이에 해당한다.

독일에서 전개되는 국가의 基本權保護義務(Grundrechtliche Schutzpflicht)理論은 사적영역에서 사인간에 발생하는 기본권의 침해문제를 해결하고 이에 개입하는 국가의 관여를 정당화하는 이론이다. 이는 종래의 기본권의 제3자적 효력에서 간접효력설이 가지는 설명상의 불충분성을 극복하기 위하여 전개되고 있는 이론이다. 이 이론에서는 사적영역에서의 기본권보호의무에 한정하여 국가의 기본권보호의무를 논의하고 있다.

憲法裁判所는 사적인 영역에서 국가의 기본권보호의무를 인정하고 있다(예: 憲 1997. 1. 16.-90헌마110등; 2008. 7. 31.-2004헌바81).

[憲 1997. 1. 16.-90헌마110등] 「우리 헌법은 제10조에서……국민의 기본권에 대한 국가의 적극적 보호의무는 궁극적으로 입법자의 입법행위를 통하여 비로소 실

현될 수 있는 것이기 때문에, 입법자의 입법행위를 매개로 하지 아니하고 단순히 기본권이 존재한다는 것만으로 헌법상 광범위한 방어적 기능을 갖게 되는 기본권의 소극적 방어권으로서의 측면과 근본적인 차이가 있다. 즉 기본권에 대한 보호의무자로서의 국가는 국민의 기본권에 대한 침해자로서의 지위에 서는 것이 아니라 국민과 동반자로서의 지위에 서는 점에서 서로 다르다. 따라서 국가가 국민의 기본권을 보호하기 위한 충분한 입법조치를 취하지 아니함으로써 기본권보호의무를 다하지 못하였다는 이유로 입법부작위 내지 불완전한 입법이 헌법에 위반된다고 판단하기 위하여는, 국가권력에 의해 국민의 기본권이 침해당하는 경우와는 다른 판단기준이 적용되어야 마땅하다.……국가가 적극적으로 국민의 기본권을 보장하기 위한 제반조치를 취할 의무를 부담하는 경우에는 설사 그 보호의 정도가 국민이 바라는 이상적인 수준에 미치지 못한다고 하여 언제나 헌법에 위반한다고 판단할 수 있는 것인지는 의문이다. 왜냐하면 국가의 기본권보호의무의 이행은 입법자의 입법을 통하여 비로소 구체화되는 것이고, 국가가 그 보호의무를 어떻게 어느 정도로 이행할 것인지는 원칙적으로 한 나라의 정치·경제·사회·문화적인 제반여건과 재정사정 등을 감안하여 입법정책적으로 판단하여야 하는 입법재량의 범위에 속하는 것이기 때문이다. 국가의 보호의무를 입법자가 어떻게 실현하여야 할 것인가 하는 문제는 원칙적으로 권력분립원칙과 민주주의원칙에 따라 국민에 의해 직접 민주적 정당성을 부여받고 자신의 결정에 대해 정치적 책임을 지는 입법자의 책임범위에 속한다. 따라서 헌법재판소는 단지 제한적으로만 입법자에 의한 보호의무의 이행을 심사할 수 있다. 물론 입법자가 보호의무를 최대한으로 실현하려고 노력하는 것이 이상적이기는 하나, 그것은 헌법이 입법자에 대하여 하고 있는 요구로서 주기적으로 돌아오는 선거를 통한 국민심판의 대상이 될 문제이지, 헌법재판소에 의한 심사기준을 의미하지는 않는다. 만일 헌법재판소에 의한 심사기준을 입법자에 대한 헌법의 요구와 일치시킨다면, 이는 바로 공동체의 모든 것이 헌법재판소의 판단에 의하여 결정되는 것을 의미하며, 결과적으로 헌법재판소가 입법자를 물리치고 정치적 형성의 최종적 주체가 됨으로써 우리 헌법이 설정한 권력분립적 기능질서에 반하게 된다. 그러므로 헌법재판소는 권력분립의 관점에서 소위 "과소보호금지원칙"을, 즉 국가가 국민의 법익보호를 위하여 적어도 적절하고 효율적인 최소한의 보호조치를 취했는가를 기준으로 심사하게 된다. 따라서 입법부작위나 불완전한 입법에 의한 기본권의 침해는 입법자의 보호의무에 대한 명백한 위반이 있는 경우에만 인정될 수 있다. 다시 말하면 국가가 국민의 법익을 보호하기 위하여 전혀 아무런 보호조치를 취하지 않았든지 아니면 취한 조치가 법익을 보호하기에 명백하게 전적으로 부적합하거나 불충분한 경우에 한하여 헌법재판소는 국가의 보호의무의 위반을 확인할 수 있을 뿐이다. 헌법재판소는 원칙적으로 국가의 보호의무에서 특정조치를 취해야 할, 또는 특정법률을 제정해야 할 구체적인 국가의 의무를 이끌어 낼 수 없다. 단지 국가가 특정조치를 취해야만 당해 법익을 효율적으로 보호할 수 있는 유일한 수단일 경우에만 입법자의 광범위한 형성권은 국가의 구체적인 보호의무로 축소되며, 이 경우 국가가 보호의무이행의 유일한 수단인 특정조치를 취하지 않은 때에는 헌법재판소는 보호의무의 위반을 확인하게 된다.」

[憲 2008. 7. 31.-2004헌바81] 「우리 헌법은 제10조 제2문에서 "국가는 개인

이 가지는 불가침의 기본적 인권을 확인하고 이를 보장할 의무를 진다"라고 규정함으로써 국가의 적극적인 기본권보호의무를 선언하고 있는바, 이러한 국가의 기본권보호의무 선언은 국가가 국민과의 관계에서 국민의 기본권보호를 위해 노력하여야 할 의무가 있다는 의미뿐만 아니라 국가가 사인 상호간의 관계를 규율하는 사법(私法)질서를 형성하는 경우에도 헌법상 기본권이 존중되고 보호되도록 할 의무가 있다는 것을 천명한 것이다. 그런데 국민의 기본권에 대한 국가의 적극적 보호의무는 궁극적으로 입법자의 입법행위를 통하여 비로소 실현될 수 있는 것이기 때문에, 입법자의 입법행위를 매개로 하지 아니하고 단순히 기본권이 존재한다는 것만으로 헌법상 광범위한 방어적 기능을 갖게 되는 기본권의 소극적 방어권으로서의 측면과 근본적인 차이가 있다. 국가가 소극적 방어권으로서의 기본권을 제한하는 경우 그 제한은 헌법 제37조 제2항에 따라 국가안전보장·질서유지 또는 공공복리를 위하여 필요한 경우에 한하고, 자유와 권리의 본질적인 내용을 침해할 수는 없으며 그 형식은 법률에 의하여야 하고 그 침해범위도 필요최소한도에 그쳐야 한다. 그러나 국가가 적극적으로 국민의 기본권을 보장하기 위한 제반조치를 취할 의무를 부담하는 경우에는 설사 그 보호의 정도가 국민이 바라는 이상적인 수준에 미치지 못한다고 하여 언제나 헌법에 위반되는 것으로 보기 어렵다. 국가의 기본권보호의무의 이행은 입법자의 입법을 통하여 비로소 구체화되는 것이고, 국가가 그 보호의무를 어떻게 어느 정도로 이행할 것인지는 입법자가 제반사정을 고려하여 입법정책적으로 판단하여야 하는 입법재량의 범위에 속하는 것이기 때문이다.」

[44] 第三 限　界

Ⅰ. 국가영역

국가영역에서 존재하는 기본권보호의무에는 원칙적으로 아무런 한계가 존재하지 않는다. 다만, 국가가 특정 개인의 기본권을 과잉보호하는 경우에는 다른 사람과의 관계에서 차별대우가 되므로 평등원칙의 문제가 발생한다. 따라서 국가가 기본권보호의무를 특정 기본권의 주체에 대하여 이행하는 경우에는 평등원칙에 위반되지 않아야 한다. 모든 기본권의 주체를 대상으로 기본권보호의무를 수행하는 경우에는 국가행위의 과잉문제(법치주의에의 위반 문제)가 발생할 뿐 기본권의 주체들간에 차별대우하는 것은 발생하지 않는다.

국가영역에서의 기본권보호의무의 이행은 過少保護禁止(Untermaßverbot)의 原則에 위반되지 않아야 한다.

Ⅱ. 사적영역

사적영역에서 국가의 기본권보호의무는 국가영역과 달리 私的 自治를 침해하지 않는 한도 내에서 인정된다. 기본권은 사인간에는 직접 적용되지 않으므로 사적영역에서의 기본권보호의무도 이러한 한도 내에서만 인정된다.

사적영역에 국가의 기본권보호의무가 한계 없이 인정되면 기본권의 보호라는 이름하에 국가가 사적영역에 적극 개입하여 사적영역의 질서를 적극적으로 형성하고 재단하게 되어 결국 국가후견주의에 빠지게 되고 국가로부터의 자유영역이 축소되거나 소멸하게 되는 결과를 가져온다.

이러한 영역에서 문제가 되는 것이 사적 서비스를 제공하는 계약의 한계이다. 예컨대 노예계약에 해당하지는 않지만, 종래 노예가 행하던 서비스를 제공하는 계약을 국가가 금지할 수 있는가 하는 점이다. 생명의 종료를 도와주는 행위, 쾌락(음악, 각종 유희, 성행위 등)을 제공하는 행위, 각종 개인 교습을 제공하는 행위, 목욕을 도와주는 서비스, 혐오스런 물건을 제거하는 행위, 건강을 해칠 정도의 술을 대신 마셔주는 행위, 위험한 행위를 대신하여 주는 행위 등을 제공하는 서비스계약을 하는 것을 국가가 금지할 수 있는가 하는 점이다. 이에 대해서는 대체적으로 해당 개인이 스스로 동의하여 행하는 행위라고 하더라도 反社會性을 가지는 것이면 국가가 금지할 수 있다고 본다.

개인이 스스로 생명을 종료시키는 자살행위가 허용된다고 하더라도 이를 도와주는 행위를 처벌하거나, 성적인 서비스를 제공하는 행위를 처벌하는 것, 혐오스러운 행위를 하도록 하는 행위를 금지하는 것 등이 이에 해당한다. 그러나 여기서 적용되는 반사회성이라는 가치판단이라는 것도 불변의 것이 아니라 사회의 변화와 사회구성원의 가치관이나 인식의 변화에 따라 변하는 것인 경우에는 항상 다툼의 대상이 된다.

사적영역에서의 기본권보호의무의 이행도 그 이행이 허용되는 범위 내에서는 過少保護禁止의 原則에 위반되지 않아야 한다. 어느 정도가 최저보호의 선에 해당하는가 하는 문제는 개별적인 사안에 따라 관련된 법익의 종류, 그에 대한 침해나 위험의 양태와 정도, 개인이 스스로 기본권적 가치의 안전성을 확보할 수 있는 가능성과 자구행위의 허용여부 등을 종합적으로 고려하여 정해진다(同旨: 桂禧悅b, 113).

헌법재판소는 기본권 보호의무는 주로 사인인 제3자에 의한 개인의 생명이나 신체의 훼손에서 문제가 된다고 하면서, 이는 타인에 의하여 개인의 신체나 생명 등 법익이 국가의 보호의무 없이는 무력화될 정도의 상황에서만 적용될 수 있다고 하고, 이때 국가의 보호의무를 입법자나 그로부터 위임받은 집행자가 어떻게 실현하여야 할 것인가 하는 문제는 원칙적으로 입법자의 책임범위에 속하므로 헌법재판소는 제한적으로만 보호의무의 이행을 심사할 수 있다고 하고, 이때 헌법재판소는 과소보호금지원칙을 그 기준으로 삼는다는 태도를 취하고 있다(예: 憲 2008. 7. 31.-2004헌바81; 2009. 2. 26.-2005헌마764).

[憲 2008. 7. 31.-2004헌바81] 「입법자가 기본권 보호의무를 최대한 실현하는 것이 이상적이지만, 그러한 이상적 기준이 헌법재판소가 위헌 여부를 판단하는 심사기준이 될 수는 없으며, 헌법재판소는 권력분립의 관점에서 소위 "과소보호금지원칙"을, 즉 국가가 국민의 기본권 보호를 위하여 적어도 적절하고 효율적인 최소한의 보호조치를 취했는가를 기준으로 심사하게 된다. 따라서 입법부작위나 불완전한 입법에 의한 기본권의 침해는 입법자의 보호의무에 대한 명백한 위반이 있는 경우에만 인정될 수 있다. 다시 말하면 국가가 국민의 법익을 보호하기 위하여 아무런 보호조치를 취하지 않았든지 아니면 취한 조치가 법익을 보호하기에 명백하게 부적합하거나 불충분한 경우에 한하여 헌법재판소는 국가의 보호의무의 위반을 확인할 수 있을 뿐이다.」

[憲 2009. 2. 26.-2005헌마764] 「**기본권보호의무 위반 여부** (1) **의의 및 심사기준** 기본권 보호의무란 기본권적 법익을 기본권 주체인 사인에 의한 위법한 침해 또는 침해의 위험으로부터 보호하여야 하는 국가의 의무를 말하며, 주로 사인인 제3자에 의한 개인의 생명이나 신체의 훼손에서 문제되는데, 이는 타인에 의하여 개인의 신체나 생명 등 법익이 국가의 보호의무 없이는 무력화될 정도의 상황에서만 적용될 수 있다. 이 사건에서는 교통사고를 방지하는 다른 보호조치에도 불구하고 국가가 형벌권이란 최종적인 수단을 사용하여야만 가장 효율적으로 국민의 생명과 신체권을 보호할 수 있는가가 문제된다. 만일 형벌이 법익을 가장 효율적으로 보호할 수 있는 유일한 방법임에도 불구하고 국가가 형벌권을 포기한 것이라면 국가는 기본권보호의무를 위반함으로써 생명·신체의 안전과 같은 청구인들의 중요한 기본권을 침해한 것이 될 것이다. 그런데 국가가 국민의 생명·신체의 안전을 보호할 의무를 진다 하더라도 국가의 보호의무를 입법자 또는 그로부터 위임받은 집행자가 어떻게 실현하여야 할 것인가 하는 문제는 원칙적으로 권력분립과 민주주의의 원칙에 따라 국민에 의하여 직접 민주적 정당성을 부여받고 자신의 결정에 대하여 정치적 책임을 지는 입법자의 책임범위에 속하므로, 헌법재판소는 단지 제한적으로만 입법자 또는 그로부터 위임받은 집행자에 의한 보호의무의 이행을 심사할 수 있는 것이다. 따라서 국가가 국민의 생명·신체의 안전에 대한 보호의무를 다하지 않았는지 여부를 헌법재판소가 심사할 때에는 국가가 이를 보호하기 위하여 적어도 적절하고 효율적인 최소한의 보호조치를 취하였는가 하는 이른바 '과소보호금지원칙'의 위반 여부를 기준으로 삼아, 국민의 생명·신체의 안전을 보호하기 위한 조치가 필요한 상황인데도 국가가 아무런 보호조치를 취하지 않았든지 아니면 취한 조치가 법익을 보호하기에 전적으로 부적합하거나 매우 불충분한 것임이 명백한 경우에 한하여 국가의 보호의무의 위반을 확인하여야 하는 것이다. (2) **과소보호금지원칙 위반 여부** 국가의 신체와 생명에 대한 보호의무는 교통과실범의 경우 발생한 침해에 대한 사후처벌뿐이 아니라, 무엇보다도 우선적으로 운전면허취득에 관한 법규 등 전반적인 교통관련법규의 정비, 운전자와 일반국민에 대한 지속적인 계몽과 교육, 교통안전에 관한 시설의 유지 및 확충, 교통사고 피해자에 대한 보상제도 등 여러가지 사전적·사후적 조치를 함께 취함으로써 이행된다. 그렇다면 이 사건에서는 교통사고를 방지하는 다른 보호조치에도 불구하고 국가가 형벌권이

란 최종적인 수단을 사용하여야만 가장 효율적으로 국민의 생명과 신체권을 보호할 수 있는가가 문제된다. 이를 위하여는 무엇보다도 우선적으로 형벌권의 행사가 곧 법익의 보호로 직결된다는 양자 간의 확연하고도 직접적인 인과관계와 긴밀한 내적인 연관관계가 요구되고, 형벌이 법익을 가장 효율적으로 보호할 수 있는 유일한 방법인 경우, 국가가 형벌권을 포기한다면 국가는 그의 보호의무를 위반하게 된다. 그러나 교통과실범에 대한 국가형벌권의 범위를 확대한다고 해서 형벌권의 행사가 곧 확실하고도 효율적인 법익의 보호로 이어지는 것은 아니다. 형벌의 일반예방효과와 범죄억제기능을 어느 정도 감안한다 하더라도 형벌을 통한 국민의 생명·신체의 안전이라는 법익의 보호효과는 그다지 확실한 것이 아니며, 결국 이 경우 형벌은 국가가 취할 수 있는 유효적절한 수많은 수단 중의 하나일 뿐이지, 결코 형벌까지 동원해야만 보호법익을 유효적절하게 보호할 수 있다는 의미의 최종적인 유일한 수단이 될 수는 없는 것이다. (3) 그러므로 이 사건 법률조항을 두고 국가가 일정한 교통사고범죄에 대하여 형벌권을 행사하지 않음으로써 도로교통의 전반적인 위험으로부터 국민의 생명과 신체를 적절하고 유효하게 보호하는 아무런 조치를 취하지 않았다든지, 아니면 국가가 취한 현재의 제반 조치가 명백하게 부적합하거나 부족하여 그 보호의무를 명백히 위반한 것이라고 할 수 없다.」

국가가 국민의 기본권을 보호해야 할 의무는 기본권에 대한 침해로부터 기본권을 보호하는 것이 통상의 양태이지만, 기본권에 대한 침해가 발생하지 않는 경우에도 기본권을 보호하여야 한다. 그런데 이러한 경우는 기본권의 주체가 스스로 기본권을 행사하는 영역에서 국가의 보호행위가 행해지기 때문에 사적 자치와 갈등을 유발하게 된다. 예컨대 행위자가 스스로 위험과 불이익을 감수하겠다면서 안전모를 착용하지 않고 1인용 오토바이나 경주용 자동차를 운전하거나 안전장비를 착용하지 않고 번지점프나 위험한 운동을 하는 행위 등에 대하여 그 행위자에 대하여 국가가 제재를 가할 수 있는가 하는 점이다. 생명을 스스로 종료시키는 자살행위에 대해서도 국가가 어떻게 할 것인가 하는 점이다. 현행법은 자살행위에 있어서 당사자의 행위는 사적 자치라고 보고, 이를 도와주는 행위는 사적 자치에 해당하지 않는다고 본다. 그리하여 자살미수는 처벌하지 않고 다른 법적 책임도 묻지 않지만, 자살교사·방조행위는 처벌한다(刑法 §252②).

국가에게는 기본권보호의무만 존재하는 것은 아니다. 헌법상의 권리인 기본권이 아니라도 법률상의 권리나 하위 규범상의 권리에 대해서도 보호의무를 진다. 국가는 이러한 권리를 국가행위로 설정하고 있기 때문에 이를 보호하는 의무도 부담하게 된다. 이러한 권리의 보호의무를 수행함에 있어서도 기본권의 경우에 있어서와 같이 사적 자치와 관련하여 국가가 개입할 수 있는 정도와 한계의 문제가 존재한다.

제 2 절　基本權의 侵害와 基本權의 保護

[45] 第一 槪　說

Ⅰ. 의　의

국민의 합의인 헌법이 기본권을 정하면 국가든 국민이든 이를 준수하여야 한다. 기본권을 준수하여야 타인과 더불어 사는 삶이 가능하고 타인과 공존하고 상생할 수 있다. 정치적 기본권의 경우에는 이러한 기본권이 준수됨으로써 민주주의를 실현할 수 있고, 모든 국민이 공동체의 의사결정에 있어 정치적인 참여를 할 수 있다.

그런데 헌법이 기본권을 정하여 보장하더라도 국가권력의 남용과 국민들의 자의적인 행동으로 인하여 기본권이 침해되는 현상이 발생한다. 이러한 기본권의 침해에 대하여 事前에 예방하거나 事後에 구제하는 것을 기본권의 보호라고 한다. 기본권이 침해되는 시점을 기준하여 그 보호제도를 보면, 事前豫防的 保護制度와 事後救濟的 保護制度가 있다.

Ⅱ. 유　형

기본권에 대한 침해는 平常時에도 발생하고 非常時에도 발생하는데, 이러한 기본권의 침해상황에 대응하여 그 보호의 방법도 平時的 保護制度와 非常的 保護制度가 있다. 비상적인 기본권보호제도로는 國家緊急權이 있는데, 이러한 국가긴급권은 헌법보호의 수단인 동시에(鄭宗燮 g, [34]) 기본권보호의 수단이기도 하다.

기본권의 침해가 발생하는 영역을 기준으로 보면 國家領域에서 국가기관에 의해서도 발생하고 社會領域에서 사인에 의해서도 발생한다. 아래에서는 기본권의 침해가 발생하는 영역을 기준으로 하여 기본권의 보호에 대하여 살펴본다.

[46] 第二 國家機關에 의한 基本權의 侵害와 保護

Ⅰ. 입법기관에 의한 기본권의 침해와 보호

입법권에 의한 기본권의 침해는 입법권을 적극적으로 행사하는 입법행위(법률의 제정 또는 개정)에 의하여 발생하기도 하고 기본권보호의무를 입법으로 수행하여야 함에도 이를 이행하지 아니하는 입법부작위에 의해서도 발생한다.

적극적인 입법행위에 의한 기본권의 침해에 대해서는 추상적 규범통제(우리나라 未採擇), 구체적 규범통제, 법률에 대한 헌법소원심판을 통하여 구제받을 수 있고, 예외적으로 손해배상이 인정되는 경우에는 손해배상청구를 통하여 구제받을 수 있다. 소극적인 입법부작위에 의한 기본권의 침해에 대해서는 입법청원, 입법부작위에 대한 헌법소원심판 등을 통하여 구제받을 수 있다.

Ⅱ. 행정기관에 의한 기본권의 침해와 보호

행정기관에 의한 기본권의 침해도 적극적인 행정작용에 의한 침해와 소극적인 행정부작위에 의한 침해로 나타난다. 이에 대해서는 청원, 행정심판, 행정소송, 형사보상청구, 손해배상청구, 명령 · 규칙에 대한 위헌심사, 헌법소원심판, 국가인권위원회의 조치 등을 통하여 구제받을 수 있다.

Ⅲ. 법원에 의한 기본권의 침해와 보호

법원은 재판을 통하여 국민의 자유와 권리를 보호하는 기관이지만, 재판권의 행사나 불행사로 인하여 국민의 기본권을 침해할 수 있다. 이러한 경우에는 상소, 재판에 대한 헌법소원심판 등을 통하여 기본권의 구제를 받을 수 있다.

憲法裁判所法은 재판에 대한 헌법소원심판을 인정하고 있지 아니하므로 이러한 범위 내에서 우리나라에서는 재판에 의하여 기본권이 침해되는 상황에 있어 그 기본권의 구제가 충분하지 못하다. 憲法裁判所는 이러한 가운데서도 헌법재판소가 위헌이라고 선고한 법률을 법원이 적용하여 재판한 경우에는 그 재판에 대하여 헌법소원심판이 인정된다고 판시하여(예: 憲 1997. 12. 24.-96헌마172등; 1999. 5. 27.-98헌마357; 2001. 2. 22.-99헌마461등; 2001. 2. 22.-99헌마605; 2002. 5. 30.-2001헌마781; 2002. 12. 18.-2002헌마279) 취약점을 부분적으로 보완하고 있다.

Ⅳ. 헌법재판소에 의한 기본권의 침해와 보호

憲法裁判所도 헌법재판이라는 이름으로 기본권을 침해할 수 있다. 헌법이 보장하는 기본권보장의 원래의 의미를 왜곡하여 재판하는 경우에 이러한 사태가 발생한다. 헌법재판에서는 再審이 허용되지 않는 한 헌법재판에 대하여 다툴 길이 없으므로 이러한 경우에 달리 기본권을 구제할 방법이 없다. 재판을 無限으로 遡及할 수 없다는 재판제도의 本質的 限界로 인하여 발생하는 문제이다. 기본권의 침해와 기본권의 보호의 메커니즘에서 헌법재판이 가지는 이러한 특성 때문에 헌법재판소는 기본권의 해석에서 매우 정확을 기할 수 있도록 특히 유의하고 노력해야 한다.

모든 국가기관에 의한 기본권의 침해가 자행되고 그 구제가 불가능한 때 헌법재판소에 의해서도 기본권의 침해가 구제되지 못하면 이 경우에는 국민이 스스로 抵抗權을 발동하는 상황으로 돌입하게 된다.

V. 저항권에 의한 기본권의 보호

국민의 기본권이 광범하게 침해되는 상황에서 모든 국가기관이 기본권을 보호하지 않을 때 이는 不法國家가 된다. 이러한 경우에 저항권은 헌법의 보호뿐만 아니라 기본권을 보호하는 수단이 된다. 저항권의 행사는 폭력을 수반하고 기본권 주체에게 많은 피해를 발생하게 하는 최후의 수단이므로 무엇보다 국가에 의한 기본권 보호가 실현되도록 하여야 하며, 저항권의 행사를 통하여 기본권을 보호해야 하는 상황이 발생해서는 안 된다고 할 것이다.

[47] 第三 私人에 의한 基本權의 侵害와 保護

사회영역에서는 사인에 의하여 기본권의 침해가 발생하기도 한다. 이러한 사인은 개인일 수도 있고 단체일 수도 있으며 정당일 수도 있다. 이런 기본권의 침해에 대해서는 민사적 · 형사적 · 행정적 제재를 통하여 기본권을 보호할 수 있다. 기본권의 보호수단으로는 사전예방적인 조치도 있고 사후구제적인 조치도 있다.

사인에 의한 기본권의 침해가 있는 경우에 기본권의 주체가 스스로 구제를 시도하는 自力救濟는 민사상으로는 정당방위나 긴급피난에 해당하는 경우를 제외하고는 허용되지 않는다. 다만, 형사상 自救行爲(예: 刑法 §23)에 해당하는 경우는 처벌되지 아니한다.

제 2 편

憲法上의 基本權과 義務

우주 안에서 펼쳐지고 있는 '지금' 그리고 '여기'의 運化야말로 모든 사물이 의지해있는 뿌리와 바탕이요 과거와 미래의 표준이다. 그러므로 학자는 에오라지 이 뿌리와 바탕을 정하고 표준을 세워야만 비로소 방향도 찾을 수 있고 실천도 할 수 있다.

－惠岡 崔漢綺

제 1 장　人間의 尊嚴과 價值

제 2 장　平等의 保護

제 3 장　自由權的 基本權

제 4 장　國政參與的 基本權

제 5 장　社會權的 基本權

제 6 장　請求權的 基本權

제 7 장　環境權的 基本權

제 8 장　國民의 憲法上 義務

제 1 장　人間의 尊嚴과 價値

제 1 절　人間의 尊嚴과 價値

[48] 第一　意　　義

Ⅰ. 헌법 규정

헌법 제10조에서 「모든 국민은 人間으로서의 尊嚴과 價値를 가지며……」라고 하여 인간의 존엄과 가치를 기본권 보장의 장 첫머리에 명시하고 있다. 이는 기본권 보장의 대전제를 이루는 것으로 헌법이 보장하는 자유와 권리의 주체인 인간은 인간으로서의 존엄과 가치를 가지는 존재라는 것을 천명하고 있는 것이다.

Ⅱ. 헌법 제10조의 의미

(1) 인　　간

헌법 제10조에서 보장하는 인간으로서의 존엄과 가치를 가지는 人間(human, Mensch)은 어떠한 인간을 의미하는가 하는 것이 문제가 된다. 여기서 말하는 인간은 自然人으로서의 인간을 말하는데, 이를 사회와의 관계에서 보면, 헌법은 이미 공동체 내에서 생활하고 공동체의 구성원으로 살아가는 자연인으로서의 인간을 보호하는 것이므로 헌법 제10조에서 말하는 인간은 사회공동체나 다른 사람들로부터 단절되어 고립된 존재로 살아가는 인간(孤立主義的 人間像)도 아니고, 공동체나 국가나 집단의 부속품으로서 존재하여 자유와 자율에 따른 스스로의 판단으로 자기의 삶을 영위할 수 없는 공동체 또는 국가권력의 객체로 전락한 인간(全體主義的 人間像)도 아니며, 자연인인 인간으로서의 고유한 인격과 가치를 유지하고, 사회공동체와 연관을 가지면서 공동체의 다른 구성원과 더불어 살아가는 자율적이고 자유로운 인간을 의미한다(人格主義的 人間像).

따라서 헌법 제10조는 공동체와 다른 구성원과 단절되고 고립되어 사는 개체로서의 인간도 부정하고 집단의 단순한 부속품으로 존재하는 인간도 부정한다. 오늘날 자유민주주의체제에서는 이러한 人間主義(humanism)와 人格主義에 기초한 인간상을 보편적인 인간상으로 추구하고 보호한다. 따라서 헌법에서 인간으로서의 존엄과 가치를 보장하고 있는 나라는 그 나라의 공동체적 특수성에도 불구하고 이러한 인간상을 공통적으로 추구하고 보호한다.

憲法裁判所도 동일한 취지의 판시를 하였다(예: 憲 1990. 9. 10.-89헌마82; 1998. 5. 28.-96헌가5; 2000. 4. 27.-98헌가16; 2003. 10. 30.-2002헌마518).

[憲 2003. 10. 30.-2002헌마518] 「우리 헌법질서가 예정하는 인간상은 "자신이 스스로 선택한 인생관·사회관을 바탕으로 사회공동체 안에서 각자의 생활을 자신의 책임 아래 스스로 결정하고 형성하는 성숙한 민주시민"(헌재 1998. 5. 28. 96헌가5; 2000. 4. 27. 98헌가16등)인바, 이는 사회와 고립된 주관적 개인이나 공동체의 단순한 구성분자가 아니라, 공동체에 관련되고 공동체에 구속되어 있기는 하지만 그로 인하여 자신의 고유가치를 훼손당하지 아니하고 개인과 공동체의 상호연관 속에서 균형을 잡고 있는 인격체라 할 것이다.」

독일연방헌법재판소는 독일헌법이 보장하는 인간으로서의 존엄과 가치를 가지는 인간상이란 「고립된 개체로서의 개인주의적인 인간상이나 국가권력의 객체로서의 인간상이 아니라 개인 대 사회라는 관계에서 인간 고유의 가치를 훼손당하지 아니하면서 사회관계성 내지 사회구속성을 수용하는 인간상」을 의미한다고 하였다.

(2) 존엄과 가치

헌법 제10조에서 말하는 「인간으로서의 존엄과 가치」가 구체적으로 무엇을 뜻하는 것이냐에 대해서는 학자마다 견해가 다르다. 존엄과 가치를 구별하는 견해(金哲洙a, 510), 존엄과 가치를 통일적으로 이해하는 견해(權寧星, 375; 許營a, 321), 존엄과 가치를 동의어로 보는 견해가 있다. 외국 헌법에서는 이를 human dignity로 지칭하는데, 우리말의 존엄과 가치는 어의적인 의미는 다르지만 헌법적으로는 human dignity를 의미한다는 점에서 양자를 통일적으로 이해하는 것이 타당하다. 여기서 말하는 존엄이란 인간이 지니는 윤리적 가치로서 그 자체 인간이기 때문에 가지는 正體性(identity)과 고유한 가치를 의미하며, 인간은 그 자체 목적으로 존재하며 어떠한 경우에도 타자의 수단으로 존재하지 아니한다는 것을 의미한다. 이에 의하여 인간은 자신의 문제를 스스로 결정하는 자율적인 존재이고 자신의 삶을 스스로 영위하는 존재이다.

인간의 존엄은 죽은 경우에도 일정한 영역에서는 인정되지만, 무엇보다 인간이 생명을 유지하고 살아 있음을 전제로 한다는 점에서 생명과 생존이 그 바탕을 이루고, 이를 바탕으로 개인이 자신의 개성과 인격을 최대한으로 실현하는 삶을 산다는 점이 중요한 의미를 가진다.

인간이 존엄한 것이냐 하는 문제는 전지전능한 절대자나 신 등이 인간 위에 존재한다는 생각을 가지는 경우에는 이를 인정하기 쉽지 않다. 그러나 이러한 생각은 개인의 종교, 사상, 양심의 자유의 영역에 속하는 것이고 모든 인간에게 공히 적용되는 객관적 규범으로 받아들여지지 않는다. 이러한 것을 객관적 규범으로 받아들일 때 이는 전체주의, 神政政治, 군주정치, 독재 등으로 빠져 들기 때문이다. 따라서 헌법이 이를 정하는 것은, 개인의 차원에서는 인간을 어떻게 생각하든지 상관없이 객관적 규범의 차원에서는 인간을 지배하는 어떠한 존재자도 존재하지 않는다는 것을 명시화한 것이다.

(3) 헌법적 보장의 의미

헌법 제10조에서 인간의 존엄과 가치를 명시하여 보장하는 것의 規範的 意味는 i) 헌법질서 내에서 인간의 가치는 인간 이외의 어떠한 타 존재의 가치보다 우선한다는 것을 표명한 것이며(人間의 優位), ii) 개인과 국가간의 관계에서 개인은 어떤 경우에도 공동체나 국가를 위하여 존재하는 수단일 수 없다는 반전체주의를 천명한 것이고(反全體主義), iii) 국가와 국민에게 공히 존중해야 할 최고가치를 선언한 것으로서 국가와 개인을 구속하는 헌법원리로 존재함을 명시한 것이다(國家와 個人의 羈束). 따라서 기본권을 제한하는 입법작용은 물론이고 일체의 국가행위는 인간의 존엄과 가치를 침해할 수 없으며, 어떤 개인의 기본권이라고 하더라도 다른 사람의 인간으로서의 존엄과 가치를 침해할 수 없다.

Ⅲ. 연 혁

인간의 존엄성을 존중하는 사상은 일찍이 18세기 자유주의사상의 영향을 받은 아메리카 독립선언(1776)과 프랑스 인권선언(1789)의 이념적 바탕을 이루어 근대 입헌주의 헌법의 근본가치로 자리를 잡아갔는데, 인간의 존엄을 명문화하는 작업은 제2차 세계대전 이후에 전쟁기간중에 자행된 비인간적 만행에 대한 반성에서 본격적으로 나타났다. 국제연합헌장(1945), 세계인권선언(1948), 유럽인권협약, 고문방지협약, 집단학살방지및처벌협약 등 여러 국제법규범과 각국의 헌법들에서 인간의 존엄과 가치의 존중을 명시한 것이 그것이다. 예컨대 인간학살을 자행하였던 독일은 1949년의 독일연방헌법에서 「인간의 존엄성은 불가침이다. 이를 존중하고 보호하는 것이 모든 국가권력의 의무이다」(同憲法 §1①)라고 명시하였고, 일본국은 일본국헌법 제13조 제1항에서 「모든 국민은 개인으로서 존중된다」(同憲法 §13①)라고 규정하고, 제24조에서 「… 법률은 개인의 존엄과 양성의 본질적 평등에 입각하여 제정되어야 한다」(同憲法 §24)라고 규정하고 있다. 우리나라도 1962年憲法에서 처음으로 명문화한 이래 현행 헌법에 이르기까지 이를 명문화하고 있다.

[49] 第二 法的 性格

Ⅰ. 기본권 보장의 이념적 기초

헌법 제10조에서 정하고 있는 인간의 존엄과 가치는 기본권보장의 대전제가 되는 이념적 기초를 의미하고 기본권보장을 지배하고 관통하는 최고원리이다. 이는 헌법상의 기본권이 인간 이외의 동물, 식물, 무생물 등 어떠한 존재에게도 인정되지 않는다는 것을 의미한다.

그리고 헌법 제10조의 「인간의 존엄과 가치」는 헌법상의 이념 또는 원리이고 구체적인 권리인 기본권이 아니기 때문에 위헌법률심판에서는 그 위반여부가 다투어질 수 있으나 헌법소원심판에서는 그 침해여부를 다툴 수 없다.

憲法裁判所는 헌법소원심판에서 헌법 제10조의 인간의 존엄과 가치의 침해여부에 대하여 판단한 바가 있고(예: 憲 2000. 6. 1.-98헌마216), 장시간의 강제적인 계구착용행위가 인간의 존엄성을 침해한 것이라고 판시한 것도 있다(예: 憲 2003. 12. 18.-2001헌마163). 그러나 이러한 것이 곧 독자적인 기본권으로서 「인간의 존엄과 가치권」을 인정하는 것인지는 분명하지 않다.

[憲 2000. 6. 1.-98헌마216] 「헌법 제10조에서 규정한 인간의 존엄과 가치는 헌법이념의 핵심으로, 국가는 헌법에 규정된 개별적 기본권을 비롯하여 헌법에 열거되지 아니한 자유와 권리까지도 이를 보장하여야 하며, 이를 통하여 개별 국민이 가지는 인간으로서의 존엄과 가치를 존중하고 확보하여야 한다는 헌법의 기본원리를 선언한 조항이다. 따라서 자유와 권리의 보장은 1차적으로 헌법상 개별적 기본권규정을 매개로 이루어지지만, 기본권제한에 있어서 인간의 존엄과 가치를 침해한다거나 기본권형성에 있어서 최소한의 필요한 보장조차 규정하지 않음으로써 결과적으로 인간으로서의 존엄과 가치를 훼손한다면, 헌법 제10조에서 규정한 인간의 존엄과 가치에 위반된다고 할 것이다. 이 사건 규정은 앞에서 보았듯이 국가유공자에 대한 보상금지급과 관련하여 기본권을 형성하는 성질을 가지고 있으나, 그 내용상 최소한의 기본적 보상이나 사회보장을 하지 않아 인간으로서의 인격이나 본질적 가치를 훼손할 정도에 이른다고는 볼 수 없으므로 헌법 제10조의 인간의 존엄과 가치를 침해한다고 할 수 없다.」

[憲 2003. 12. 18.-2001헌마163] 「나아가 청구인은 이 사건 계구사용행위로 인하여 장기간 필요 이상으로 신체의 자유를 제한받음으로써 헌법상의 가장 기본적인 가치인 인간의 존엄성에 심대한 타격을 입은 것으로 볼 수 있다. 앞서 살펴본 바와 같이 청구인은 가장 기본적인 생리현상을 해결할 때마다 인간으로서의 기본적인 품위유지조차 어려운 생활을 장기간 강요당했으므로 그 자체로 인간의 존엄성을 훼손당한 것으로 볼 수 있다. 이에 대하여 피청구인들은 계구를 착용하는 모든 개별 수용자들이 필요로 할 때마다 계구를 해제하는 등의 조치를 취하는 것은 제한된 시설과 인력하에서 교도행정상 상당한 어려움이 있으며 이를 위하여 시설을 보완하고 감시를 강화하려면 많은 비용이 필요하므로 위와 같은 계구사용에 의한 피해는 불가피하다고 주장할 수도 있다. 그러나 시설이나 비용의 제한을 이유로 수용자들

에게 비인간적인 생활을 강요하는 것은 헌법의 기본정신에 위반되며 인간의 존엄성을 침해하는 것으로 허용될 수 없다. 따라서 이 사건 계구사용행위는 기본권 제한을 최소화하면서도 도주, 자살 또는 자해의 방지 등과 같은 목적을 달성할 수 있음에도 불구하고 헌법 제37조 제2항에 정해진 기본권제한의 한계를 넘어 필요 이상으로 장기간, 그리고 과도하게 청구인의 신체거동의 자유를 제한하고 최소한의 인간적인 생활을 불가능하도록 하여 청구인의 신체의 자유를 침해하고, 나아가 인간의 존엄성을 침해한 것으로 판단된다.」

Ⅱ. 기본권의 도출

인간의 존엄과 가치라는 것이 그 자체 기본권은 아니다(인간의 존엄과 가치권의 부인. 同旨: 桂禧悅b, 207, 反對: 金哲洙a, 507; 成樂寅, 394). 그러나 이러한 원리에서 구체적인 기본권을 도출할 수는 있다. 헌법의 기본권 보장규정에서 정하고 있는 개별적 기본권은 예시적으로 명기되어 있는 것이므로 이러한 기본권 이외에 인간의 존엄과 가치를 실현하는데 필요한 헌법적 수준의 권리는 헌법 제10조와 제37조 제1항을 근거로 하여 기본권으로 포섭된다. 이러한 경우에 도출되는 기본권은 구체적인 내용을 가지고 있어야 하며 헌법이 개별적 기본권으로 명시하고 있지 아니한 것이어야 한다.

이러한 경우에 헌법 제10조에서 도출된 구체적인 기본권이 침해된 경우에는 헌법소원심판절차를 통하여 다툴 수 있다.

헌법 제10조는 인간의 존엄과 가치를 정함과 동시에 행복을 추구할 권리를 정하고 있어 헌법해석상 이 둘의 관계가 문제가 된다. 뿐만 아니라 헌법 제34조 제1항의 인간다운 생활을 할 권리도 그 의미와 내용을 확대할 경우에는 인간의 존엄과 가치나 행복추구권과 내용에서 일치할 수 있기 때문에 이들간의 해석이 문제가 된다. 무엇보다 지적해 둘 것은 기본권 보장의 이념적 기초가 되는 원리가 아닌 이상 이러한 추상적인 개념으로 기본권의 형태를 정한 것이 근본적인 문제라는 것이다. 다만, 현재의 규정을 놓고 해석을 하자면, 헌법 제34조 제1항은 개별적 기본권의 보장으로 그 의미를 축소하여 해석하여야 하고, 행복추구권도 인간의 삶에서의 제1원리를 이루는 행복추구의 원리에 해당하기 때문에 원리적인 규정이다. 그러나 가치를 정하는 원리규정에서도 개별적 기본권을 도출할 수 있기 때문에 인간의 존엄과 가치에서 도출되는 개별적 기본권과 행복추구권에서 도출되는 개별적 기본권이 동일할 수 있다. 행복추구권의 보장을 행복추구원리의 보장으로 보면, 특별한 사정이 없는 한 이에서 도출되는 개별적 기본권을 인간의 존엄과 가치 및 행복추구를 함께 근거로 삼는 것이 타당하다([55] Ⅱ). 이 책에서도 이러한 전제하에서 인간의 존엄과 가치 또는 행복추구에서 도출되는 개별적 기본권을 서술하기로 한다. 따라서 이러한 경우에 도출되는 기본권은 인간의 존엄과 가치에서 도출되는 개별적 기본권과 행복추구권에서 도출되는 개별적 기본권을 특별히 구별하여야 할 필요가 없는 한 헌법 제10조와 제37조 제1항을 근거로 하여 도출되는 기본권이다.

[50] 第三 主 體

인간으로서의 존엄과 가치는 모든 인간에게 고유한 가치로 간주되는 인격주체성을 의미하므로 대한민국 국적을 가진 국민만이 아니고 외국인과 무국적자에게도 적용된다. 인간인 이상 성별, 연령, 피부색, 국적, 종교, 행위능력유무, 의사능력유무 등과 상관없이 인간으로서의 존엄과 가치가 인정된다.

인간인 이상 살아 있는 인간 존재는 물론이고 사망한 인간 존재에도 인정된다. 死者의 경우에는 살아 있는 인간과 달리 존엄과 가치가 보호되는 범위가 한정된다. 그 범위의 결정에는 해당 공동체의 문화가 큰 영향을 미친다.

憲法裁判所는 선조의 분묘에 대한 자손의 수호 · 봉사권은 헌법 제10조에서 파생되는 헌법상 권리라고 보기 어렵다고 판시하였다(憲 2008. 2. 28.-2005헌바7).

그러나 인간으로서의 존엄과 가치를 지니는 인간은 精神-心靈-身體의 통일체인 자연인을 의미하므로 법인에게는 적용되지 아니한다. 이런 점에서 법원의 사죄광고 명령제도를 법인의 인격권을 침해한 것이라고 판시한 憲法裁判所의 판례(憲 1991. 4. 1.-89헌마160)는 동의하기 어렵다.

여기서 법인의 기본권 주체성이 문제가 된다. 인간의 존엄과 가치가 기본권보장의 이념적 기초이고 최고원리로 작용하는 것이라면 법인의 기본권이 어떻게 설명될 수 있는가 하는 문제가 남는다. 법인의 기본권은 본질적으로 법인 그 자체의 기본권을 보장하는 것이지만, 법인의 구성원의 기본권을 보장하는데 기여하는 이상 인간의 존엄과 가치도 이의 이념적 기초가 된다. 다만, 법인의 재산권과 같이 그 구성원의 기본권과 관련이 없는 것인 경우에는 법인이 그 자체 법기술적인 개념이고 법인의 기본권을 인정하는 것은 이러한 법기술적인 개념에 필연적으로 따라오는 귀결로 인정되는 것이므로 이러한 경우의 법인의 기본권 보장은 법적 필요성에 의하여 인정하는 것이지 인간의 존엄과 가치를 실현하기 위하여 인정하는 것은 아니다.

[憲 1991. 4. 1.-89헌마160] 「사죄광고란 양심의 자유에 반하는 굴욕적인 의사표시를 자기의 이름으로 신문 · 잡지 등 대중매체에 게재하여 일반 세인에게 널리 광포하는 것이다. 이러한 굴욕적인 내용을 온 세상에 광포하면서도 그것이 소송의 성질상 형식적 형성의 소에 준하는 것임에 비추어 그 구체적 내용이 국가기관에 의하여 결정되는 것이며 그럼에도 불구하고 마치 본인의 자발적 의사형성인 것 같이 되는 것이 사죄광고이며 또 본인의 의사와는 무관한 데도 본인의 이름으로 이를 대외적으로 표명되게 되는 것이 그 제도의 특질이다. 따라서 사죄광고 과정에서는 자연인이든 법인이든 인격의 자유로운 발현을 위해 보호받아야 할 인격권이 무시되고 국가에 의한 인격의 외형적 변형이 초래되어 인격형성에 분열이 필연적으로 수반되게 된다. 이러한 의미에서 사죄광고제도는 헌법에서 보장된 인격의 존엄과 가치 및 그를 바탕으로 하는 인격권에 큰 위해도 된다고 볼 것이다.」

[51] 第四 內　容

Ⅰ. 인간성 부정행위의 금지

(1) 인간의 물적취급 금지

인간을 인격적인 존재로 보지 않고 동물이나 물건처럼 취급하는 것, 예컨대 인신매매행위, 입양아의 상업적 중개행위, 인종차별, 인간을 실험의 대상으로 삼는 행위, 가혹행위와 고문 등을 통한 인격의 침해, 초상의 악용, 강제적 斷種 및 斷産, 집단학살, 노예 또는 농노 취급, 인체에 火印 내지 특정한 표지를 하는 행위, 가혹한 강제노동 등은 인간의 존엄과 가치를 부정하는 것이어서 금지되고(同旨: 許營a, 326), 당사자의 동의 없는 거짓말탐지기의 사용이나 최면술의 적용도 금지되며(同旨: 桂禧悅b, 200), 도청행위와 국외추방도 금지된다. 이러한 법리에 따를 때, 인간을 권력의 단순한 지배객체로 보고 국가목적을 달성하기 위한 수단으로 이용하는 모든 공권력작용도 허용되지 않는다(同旨: 許營a, 326).

(2) 인간복제의 금지

인간의 복제는 인간의 정체성을 부정하는 행위일 뿐 아니라 한 개체로서의 고유한 존엄과 가치를 부정하는 것이기 때문에 헌법 제10조에 위반된다(同旨: 權寧星, 379). 인간복제만 금지되는 것이 아니라 인간복제를 위한 실험의 착수도 금지된다.

생명윤리 및 안전에 관한 법률은 i) 인간을 복제하기 위하여 체세포복제배아를 자궁에 착상·유지 또는 출산하는 행위를 금지하고 있고(同法 §11), ii) 임신 외의 목적으로 배아를 생성하는 행위, 특정의 성을 선택할 목적으로 정자와 난자를 선별하여 수정시키거나, 사망한 자 또는 미성년자의 정자와 난자로 수정시키는 행위 및 매매의 목적으로 정자 또는 난자를 제공하는 행위 등을 금지하고 있으며(同法 §13), iii) 희귀·난치병 등의 질병치료를 위한 연구목적 외에는 체세포핵이식행위를 금지하며, 체세포핵이식행위를 이용할 수 있는 연구의 종류·대상 및 범위는 국가생명윤리심의위원회의 심의를 거쳐 대통령령으로 정하도록 하고 있다(同法 §22).

(3) 낙　태

落胎가 인간의 존엄과 가치를 부정하는 것인가 하는 문제에 대해서는 논란이 있다. 이 문제는 보다 직접적으로는 생명권의 문제로 다루어진다([70] I (2)(b)).

(4) 안 락 사

인간이 당시의 의학적 지식으로는 회복할 가능성이 거의 없고 감내하기 어려운 통증으로 고통을 당하는 경우에 인위적으로 自然死의 시기보다 앞당겨 죽게 하는 것이 허용되는가 하는 문제가 安樂死의 문제로 다투어진다. 이를 인정하는 견해는 이를 안락사라고 하지 않고 인간이 존엄을 유지한 채 죽을 권리라고 하여 尊嚴死라고 한다. 이 문제도 보다 직접적으로는 생명권의 문제로 다루어진다([70] I (2)(c)).

Ⅱ. 도출되는 개별적 기본권

(1) 일반적 행동자유권

(a) 개 념

헌법 제10조의 인간의 존엄과 가치로부터는 인간이 자기가 원하는 바에 따라 행동할 자유를 도출할 수 있다. 이러한 행동의 자유에 대한 권리를 一般的 行動自由權(allgemeine Handlungsfreiheit)이라고 한다. 이러한 일반적 행동의 자유에는 적극적으로 어떤 행동을 하거나 소극적으로 아무런 행동도 하지 않을 자유가 포함된다(예: 憲 1991. 6. 3.-89헌마204).

(b) 근 거

일반적 행동의 자유는 헌법에서 명시하든 하지 않든 인간에게 자연적이고 본질적인 속성으로 인정되는 것이므로 헌법상의 기본권으로 인정된다. 개별적 기본권도 일반적 행동자유권에 해당하는 일정한 유형의 행동을 보장하고 있는 것이므로 일반적 행동의 자유는 개별적 기본권의 행사의 기초가 된다. 헌법에서 개별적 기본권으로 보장하는 일반적 행동자유권은 다른 조항에서 개별적 기본권으로 보장하는 행동의 자유를 제외한 행동의 자유이다. 따라서 현행 헌법해석상 일반적 행동자유권은 헌법 제10조와 제37조 제 1 항에 근거하여 인정되는 개별적 기본권이다.

憲法裁判所도 일반적 행동자유권을 헌법 제10조와 헌법 제37조 제 1 항을 근거로 하여 인정하고 있다(예: 憲 1991. 6. 3.-89헌마204; 1995. 7. 21.-93헌가14; 1997. 11. 27.-97헌바10; 1998. 5. 28.-96헌가5; 1998. 10. 29.-97헌마345; 2000. 6. 1.-98헌마216; 2002. 1. 31.-2001헌바43; 2006. 7. 27.-2005헌마277; 2008. 4. 24.-2006헌마954).

憲法裁判所는 일반적 행동자유권을 행복추구권에서 도출되는 기본권으로 구성하고 있으나, 헌법 제10조의 인간의 존엄과 가치의 보장이 행복추구의 원리를 포함하고 있으므로 인간의 존엄과 가치에서 도출되든 행복추구권에서 도출되든 헌법규범적 의미와 내용은 마찬가지이다.

[憲 2003. 10. 30.-2002헌마518] 「헌법 제10조 전문은 모든 국민은 인간으로서의 존엄과 가치를 지니며, 행복을 추구할 권리를 가진다고 규정하여 행복추구권을 보장하고 있고, 행복추구권은 그의 구체적인 표현으로서 일반적인 행동자유권과 개성의 자유로운 발현권을 포함한다(憲 1991. 6. 3.-89헌마204; 1998. 5. 28.-96헌가5; 1998. 10. 29.-97헌마345). 일반적 행동자유권은 개인이 행위를 할 것인가의 여부에 대하여 자유롭게 결단하는 것을 전제로 하여 이성적이고 책임감 있는 사람이라면 자기에 관한 사항은 스스로 처리할 수 있을 것이라는 생각에서 인정되는 것이다. 일반적 행동자유권에는 적극적으로 자유롭게 행동을 하는 것은 물론 소극적으로 행동을 하지 않을 자유, 즉 부작위의 자유도 포함되며, 포괄적인 의미의 자유권으로서 일반조항적인 성격을 가진다(憲 1991. 6. 3.-89헌마204; 1995. 7. 21.-93헌가14; 1997. 11. 27.-97헌바10; 2000. 6. 1.-98헌마216). 즉 일반적 행동자유권은 모든 행위를 할 자유와 행위를 하지 않을 자유

로 가치 있는 행동만 그 보호영역으로 하는 것은 아닌 것으로, 그 보호영역에는 개인의 생활방식과 취미에 관한 사항도 포함되며, 여기에는 위험한 스포츠를 즐길 권리와 같은 위험한 생활방식으로 살아갈 권리도 포함된다.」

(c) 내 용

일반적 행동자유권에는 개별적 기본권에서 보장되는 행동의 자유를 제외한 일체의 행동의 자유가 포함된다. 잠을 자거나 자지 않을 자유, 음식을 먹거나 먹지 않을 자유, 생리적 작용에 의한 각종의 행동, 경제적 활동의 자유, 공무원의 부업행위(강연, 주식투자, 사업투자 등), 공로에서의 기부금의 모집, 계약의 자유 등이 포함된다. 이러한 일반적 행동 가운데 신체활동의 자유에 해당하는 것은 헌법 제12조에 의해 보장된다. 해외여행의 자유도 이러한 일반적 행동의 자유에 해당하지만, 헌법은 제14조의 거주·이전의 자유로 이를 보호하고 있으므로 개별적 기본권으로 따로 보호를 받는 경우에는 헌법 제10조와 제37조 제1항에 근거한 일반적 행동자유권으로는 보호받지 않는다.

憲法裁判所는 契約의 自由와 계약자유의 원칙이 헌법 제10조에 근거하는 일반적 행동자유권으로부터 파생하는 것이라고 판시하였다(예: 憲 1991. 6. 3.-89헌마204; 1998. 5. 28.-96헌가5; 1998. 10. 29.-97헌마345; 2001. 2. 22.-99헌마365; 2002. 1. 31.-2000헌바35). 차량운행중 좌석안전띠를 착용하게 하도록 법률로 정하는 것은 일반적 행동자유권을 침해하는 것이 아니라고 판시하였다(예: 憲 2003. 10. 30.-2002헌마518). 기부금품의 모집행위는 행복추구권에서 파생되는 일반적 행동자유권에 의하여 인정된다고 판시하였다(예: 憲 1998. 5. 28.-96헌가5. 대법원의 판례도 동일하다. 大 1999. 7. 23.-99두 3690). 소비자가 물품 및 용역의 구입·사용에 있어서 거래의 상대방, 구입 장소, 가격, 거래의 조건 등을 자유로이 선택할 권리는 일반적 행동자유권이 아니라 소비자의 행복추구권에서 파생된 자기결정권이라고 판시하였다(예: 憲 1996. 12. 26.-96헌가18). 미성년자의 당구장출입을 법률로서 금지하는 것은 행복추구권의 한 내용인 일반적 행동자유권의 침해가 된다고 판시하였다(예: 憲 1993. 5. 13.-92헌마80). 사립학교를 설립한 설립자가 사립학교를 자유롭게 운영할 자유는 헌법 제10조에서 보장하는 일반적 행동의 자유와 헌법 제31조 제1항의 교육을 받을 권리, 헌법 제31조 제4항의 교육의 자주성·전문성·정치적 중립성 및 대학의 자율성에 의하여 보장된다고 판시하였다(예: 憲 2001. 1. 18.-99헌바63). 마약류사범에게 마약류반응검사를 하기 위하여 소변을 받아 제출하게 하는 것은 일반적 행동자유권을 침해하는 것이 아니라고 판시하였다(憲 2006. 7. 27.-2005헌마277). 음주운전을 방지하기 위하여 차량운전자에 대하여 음주측정을 하는 것은 일반적 행동자유권을 침해하는 행위가 아니며(예: 憲 1997. 3. 27.-96헌가11), 이러한 飮酒測定은 술에 취한 상태에서 자동차등을 운전하였다고 인정할 만한 상당한 이유가 있는 때뿐만 아니라 검문지점을 설치하고 그 곳을 통행하는 불특정 다수의 자동차를 정지시켜 운전자의 음주 여부를 점검하는 경우도 기본권제한에 요구되는 헌법상의 과잉금지원칙에 위반되지 않는 한 허용된다고 본다(예: 憲 2004. 1. 29.-2002헌마293). 그리고 음주운전을 3회한 경우에 운전면허가 필요적으로 취소되도록 법률로 정하는 것과(예: 憲 2006. 5. 25.-2005헌바91) 경찰공무원의 음주측정요구에 불응한 운전자에 대하여 형벌로 처벌하거나(예: 憲 1997. 3. 27.-96헌가11) 면허를 취소하는 조치를 하는 것도 헌법상 허용된다고 본다(예: 憲 2004. 12. 16.-2003헌바87; 2007. 12. 27.-2005헌바95). 일반적 행동자유권에는 개인의 생활방식과 취미에 관한 사항도 포함되고, 여기에는 위험한 스포츠를 즐길 권리도 포함된다고 판시하였다(예: 憲 2003. 10. 30.-2002헌마518; 2008. 4. 24.-2006헌마954).

[憲 1991. 6. 3.-89헌마204] 「헌법 제10조 전문은……여기의 행복추구권 속에 함축된 일반적인 행동자유권과……일반적 행동자유권에는 적극적으로 자유롭게 행동을 하는 것은 물론 소극적으로 행동을 하지 않을 자유 즉 부작위의 자유도 포함되는 것으로, 법률행위의 영역에 있어서는 계약을 체결할 것인가의 여부, 체결한다면 어떠한 내용의, 어떠한 상대방과의 관계에서, 어떠한 방식으로 계약을 체결하느냐 하는 것도 당사자 자신이 자기의사로 결정하는 자유뿐만 아니라 원치 않으면 계약을 체결하지 않을 자유 즉 원치 않는 계약의 체결은 법이나 국가에 의하여 강제받지 않을 자유인 이른바 계약자유의 원칙도, 여기의 일반적 행동자유권으로부터 파생되는 것이라 할 것이다. 이는 곧 헌법 제119조 제1항의 개인의 경제상의 자유의 일종이기도 하다.」

(2) 자기결정권

(a) 개 념

개인이 자유의지에 의하여 자유롭게 자기의 운명을 결정할 수 있는 권리를 自己決定權이라고 한다. 공동체와 국가가 존재하기 이전에 개인은 자기의 인생을 자기마음대로 살며 자신의 행복을 추구하는 것이 인간존재와 삶의 가장 기본적인 요소인데, 자기결정은 이러한 것을 보장하는 자연적인 권리이다.

(b) 근 거

자기결정권은 헌법이나 공동체가 존재하든 하지 않든 실정법에서 정하고 있든 그렇지 않든 이에 무관하게 인간의 본질상 자명하게 인정되는 것이므로 실정헌법에서도 굳이 이를 명문의 규정으로 정하고 있지 않다. 그러나 실정헌법의 해석을 통하여 이를 도출하고자 하는 경우에는 그 근거규정을 확정할 필요가 있는데, 헌법 제10조와 제37조 제1항이 그 근거가 된다고 할 것이다. 따라서 우리 헌법에서도 자기결정권은 헌법상의 권리로 인정된다.

자기결정에 해당하는 사항 가운데는 사생활의 비밀이나 자유, 생명권, 신체의 자유, 통신의 비밀과 자유 등 헌법의 다른 규정에 의하여 보호되는 경우도 있는데, 이러한 경우도 해당 영역에서의 자기결정권을 보장하고 있는 것이다.

(c) 내　용

자기결정권에는 자기의 생명 · 신체의 처분에 대한 결정권(예: 자살, 안락사, 치료거부), 생활스타일(life style)에 대한 결정권(예: 의복, 두발형태), 가족의 형성 · 유지에 관한 결정권(예: 혼인, 별거, 이혼)과 성행위여부 및 그 상대방을 결정할 수 있는 性的自己決定權이 포함되어 있다. 출산과 관련된 결정(예: 임신, 출산, 임신중절)에 관해서는 자기만의 결정영역인지 아니면 배우자의 권한도 포함되어 있는지에 대하여 논란이 있다.

憲法裁判所는 성적자기결정권을 인정하고 있다(예: 憲 1990. 9. 10.-89헌마82; 1997. 7. 16.-95헌가6등; 2001. 10. 25.-2000헌바60; 2002. 10. 31.-99헌바40등; 2008. 10. 30.-2007헌가17).

(d) 구체적 문제

자기결정의 문제는 국가와 사회의 관계로 보면 자율을 속성으로 하는 사회영역에 해당하는 것이고, 시장과 정부의 관계로 보면, 자율을 바탕으로 하고 있는 시장영역에 해당하는 것이다. 여기서 문제가 되는 것으로 안전띠 착용이나 인명보호장구(예: 안전모자) 착용의 강제, 국민연금가입의 강제 등이 있다.

(i) 안전띠 등의 착용 강제　　道路交通法은 자동차 운전자의 좌석안전띠 착용과 이륜자동차 및 원동기장치자전거의 운전자에게 인명보호장구의 착용을 강제하고(同法 §50 ①, ③) 이를 어긴 경우에 벌금 또는 구류, 과료를 부과하는데(同法 §156), 이것이 개인의 운명결정에 대한 국가의 과도한 후견주의적 개입이고 개인의 자유와 시장의 자율을 침해하는 것이라고 보면(국가와 시장간의 관계를 어떻게 볼 것인가 하는 문제), 헌법상의 과잉제한금지원칙에 위반하여 자기결정권을 침해한 것이 된다. 憲法裁判所는 법률로 안전띠의 착용을 강제하는 것은 일반적 행동자유권을 과도하게 제한하는 것이 아닐뿐더러 인간의 존엄과 가치, 사생활의 비밀과 자유, 양심의 자유를 침해하는 것도 아니라고 하여 헌법에 위반되지 않는다고 결정하였다(예: 憲 2003. 10. 30.-2002헌마518).

> **[憲 2003. 10. 30.-2002헌마518]** 「우리 헌법질서가 예정하는 인간상은 "자신이 스스로 선택한 인생관 · 사회관을 바탕으로 사회공동체 안에서 각자의 생활을 자신의 책임 아래 스스로 결정하고 형성하는 성숙한 민주시민"(憲 1998. 5. 28.-96헌가5; 2000. 4. 27.-98헌가16 등)인바, 이는 사회와 고립된 주관적 개인이나 공동체의 단순한 구성분자가 아니라, 공동체에 관련되고 공동체에 구속되어 있기는 하지만 그로 인하여 자신의 고유가치를 훼손당하지 아니하고 개인과 공동체의 상호연관 속에서 균형을 잡고 있는 인격체라 할 것이다. 헌법질서가 예정하고 있는 이러한 인간상에 비추어 볼 때, 인간으로서의 고유가치가 침해되지 않는 한 입법자는 사회적 공동생활의 보존과 육성을 위하여 주어진 상황에서 일반적으로 기대할 수 있는 범위 내에서 개인의 일반적 행동자유권을 제한할 수 있는바, 운전자가 좌석안전띠를 착용하여야 하는 의무는 이러한 범위 내에 있다 할 것이다. 헌법 제34조 제6항은 "국가는 재해를 예방하고 그 위험으로부터 국민을 보호하기 위하여 노력하여야 한다"라고 규정하고 있다. 국민의 일상생활에 필

> 수적인 것이 된 복잡한 교통상황과 교통사고의 현황에 비추어 볼 때, 국민의 보호를 위하여 국가가 좌석안전띠착용을 의무화하여 교통사고로 인한 국민의 생명 또는 신체에 대한 위험과 장애를 방지·제거하고 사회적 부담을 줄일 필요성이 있으며, 또한 이러한 국가의 개입은 운전자로서도 예측가능하다. 일반교통에 사용되고 있는 도로는 국가와 지방자치단체가 그 관리책임을 맡고 있는 영역으로 다른 운전자 및 보행자 등의 이익 및 공동체의 이익과 관련된 영역이므로, 도로에서 좌석안전띠를 매지 않고 운전할 자유는 다른 영역에서 이루어지는 위험한 스포츠를 즐기는 행위 등과 똑같게 평가될 수 없다. 좌석안전띠를 매지 않는 행위는 그로 인하여 받을 위험이나 불이익을 운전자 스스로 회피하지 못하고 매우 큰 사회적 부담을 발생시키는 점, 좌석안전띠를 매지 않고 운전하는 행위에 익숙해진다고 하여 위험이 감소하지도 않는다는 점, 동승자의 피해를 증가시키는 점 등에 비추어 볼 때, 운전자 자신뿐만이 아니라 사회공동체 전체의 이익에 해를 끼치고 있으므로 국가의 개입이 정당화된다.……좌석안전띠를 매지 않은 행위에 대하여 손해배상액의 산정 및 보험관련법상의 불이익만을 가할 것인지, 형사적 제재도 가할 것인지의 여부 및 형사적 제재방법의 선택은 기본적으로 입법권자의 의지 즉, 입법정책의 문제로서 입법권자의 입법형성의 자유에 속한다.……일반교통에 사용되고 있는 도로는 국가와 지방자치단체가 그 관리책임을 맡고 있는 영역이며, 수많은 다른 운전자 및 보행자 등의 법익 또는 공동체의 이익과 관련된 영역으로, 그 위에서 자동차를 운전하는 행위는 더 이상 개인적인 내밀한 영역에서의 행위가 아니다. 또한 자동차를 도로에서 운전하는 중에 좌석안전띠를 착용할 것인가의 여부의 생활관계가 개인의 전체적 인격과 생존에 관계되는 '사생활의 기본조건'이라거나 자기결정의 핵심적 영역 또는 인격적 핵심과 관련된다고 보기 어렵다. 그렇다면 운전할 때 운전자가 좌석안전띠를 착용하는 문제는 더 이상 사생활영역의 문제가 아니어서 사생활의 비밀과 자유에 의하여 보호되는 범주를 벗어난 행위라고 볼 것이므로, 이 사건 심판대상조항들은 청구인의 사생활의 비밀과 자유를 침해하는 것이라 할 수 없다.……자동차를 운전하며 좌석안전띠를 맬 것인지의 여부에 대하여 고민할 수는 있겠으나, 그 고민 끝에 제재를 받지 않기 위하여 어쩔 수 없이 좌석안전띠를 매었다 하여 청구인이 내면적으로 구축한 인간양심이 왜곡·굴절되고 청구인의 인격적인 존재가치가 허물어진다고 할 수는 없다. 따라서 운전 중 운전자의 좌석안전띠착용은 양심의 자유의 보호영역에 속하지 아니하므로 이 사건 심판대상조항들은 청구인의 양심의 자유를 침해하는 것이라 할 수 없다.……운전 중 좌석안전띠의 착용은 운전자에게 정신적·육체적으로 경미한 부담을 가하는 것에 불과하므로 인간으로서의 인격적 주체성을 박탈한다거나 인간의 존귀성을 짓밟는 것이라고는 할 수 없다. 더욱이 교통사고로 야기될 생명·신체에 대한 위험과 손해의 방지라는 절실한 공익목적을 위한 제약이라는 점을 생각하면 이 사건 심판대상조항들이 인간의 존엄과 가치를 침해하는 것이라고 볼 수 없다.」

(ii) 국민연금가입의 강제 國民年金法은 일정한 연령의 국민을 국민연금에 강제로 가입하게 하고 연금보험료를 강제로 징수하며, 보험관계의 내용을 법률로 정하게 하고 있는데, 개인이 자신의 미래를 어떻게 설계하고 준비하는가 하는 사항은

개인의 자기결정의 문제이고 이는 시장에 맡겨놓아야 한다고 보면, 국가가 법률로 이러한 강제를 하는 것은 자기결정권의 침해로 위헌이 된다는 결론에 이른다.

憲法裁判所는 현행 국민연금제도는 헌법 제34조 제1항, 제2항, 제5항을 구체화하고 있는 것으로서 합헌이라고 본다(예: 憲 2001. 2. 22.-99헌마365; 2001. 4. 26.-2000헌마390; 2004. 6. 24.-2002헌바15; 2007. 4. 26.-2004헌가29등). 그리고 국민연금가입자의 범위에 60세 이상인 자를 제외한 것도 헌법에 위반되지 않는다고 본다(예: 憲 2001. 4. 26.-2000헌마390).

[憲 2001. 2. 22.-99헌마365] 「국민연금제도는 국민의 노령·폐질 또는 사망에 대하여 연금급여를 실시함으로써 국민의 생활안정과 복지증진에 기여할 목적으로(국민연금법 §1) 위와 같은 사태가 발생한 때에 그 부담을 국가적인 보험기술을 통하여 대량적으로 분산시킴으로써 구제를 도모하는 사회보험제도의 일종이다.……국민연금제도는 가입기간 중에 납부한 보험료를 급여의 산출근거로 하여 일정한 급여를 지급하는 것이므로 반대급부 없이 국가에서 강제로 금전을 징수하는 조세와는 성격을 달리한다 할 것이다. 비록 국민연금법 제79조가 연금보험료를 납부하지 아니하는 경우 국세체납처분의 예에 따라 강제로 징수하도록 규정하고 있으나 이는 국민연금제도의 고도의 공익성을 고려하여 법률이 특별히 연금보험료의 강제징수 규정을 둔 것이지 그렇다고 하여 국민연금보험료를 조세로 볼 수는 없다.……국민연금에 있어서는 연금보험료와 급여액이 비례관계에 있지 않으므로 고소득자가 자신이 원래 받아야 할 급여액보다 적게 받는다고 볼 수 없고 따라서 고소득자의 구매력을 강제로 빼앗아 저소득자에게 이전시키는 것이 아니므로 재산권 침해가 있다 할 수 없다.……강제가입과 강제징수를 전제로 한 국민연금제도는 그 입법목적이 정당하고 그 기본권제한의 방법 내지 수단에 있어서도 과잉금지의 원칙에 위배되지 아니하므로 청구인들의 위 행복추구권 침해가 헌법에 위반된다고 할 수 없다.……우리 헌법의 경제질서 원칙에 비추어 보면, 사회보험방식에 의하여 재원을 조성하여 반대급부로 노후생활을 보장하는 강제저축 프로그램으로서의 국민연금제도는 상호부조의 원리에 입각한 사회연대성에 기초하여 고소득계층에서 저소득층으로, 근로 세대에서 노년 세대로, 현재 세대에서 미래 세대로 국민간의 소득재분배 기능을 함으로써 오히려 위 사회적 시장경제질서에 부합하는 제도라 할 것이므로 국민연금제도가 헌법상의 시장경제질서에 위배된다는 위 주장은 이유 없다 할 것이다.」

[憲 2001. 4. 26.-2000헌마390] 「위와 같은 각종 급여 및 부담의 면제, 시설제공 등으로 인한 노인들의 생활여건에 비추어 볼 때, 이 사건 법률조항이 청구인들과 같은 노인들의 국민연금가입을 제한하고 있다고 하더라도 인간다운 생활을 보장하기 위하여 국가가 실현해야 할 객관적 내용의 최소한도의 보장에도 이르지 못하였다거나 헌법상 용인될 수 있는 재량의 범위를 명백히 일탈하였다고는 보기 어렵고 따라서 청구인들이 국민연금제도에서 제외되었다는 사실만으로 곧 그것이 헌법에 위반된다거나 청구인들의 인간으로서의 존엄과 가치, 행복추구권이나 인간다운 생활을 할 권리를 침해한 것이라고는 볼 수 없다 할 것이다.」

[憲 2007. 4. 26.-2004헌가29등] 「국민연금제도는 국민의 노령·폐질 또는 사망에 대하여 연금급여를 실시함으로써 국민의 생활안정과 복지증진에 기여할 목

적으로(법 §1) 그 부담을 국가적인 보험기술을 통하여 대량적으로 분산시킴으로써 구제를 도모하는 사회보험제도의 일종이며, 가입 여부 · 보험관계의 내용 등을 계약자유의 원칙에 의하여 정할 수 있는 사보험(私保險)과는 달리 보험가입이 강제되고, 보험료를 강제징수할 수 있으며, 보험관계의 내용이 법률에 의하여 정하여지고, 사용자 또는 국가가 보험비용의 일부를 부담하는 등 보험원리에 부양원리가 결합된 공적보험제도로 사회보장에 관한 헌법규정인 제34조 제1항, 제2항, 제5항을 구체화하는 제도이다.」

(iii) 국민건강보험가입의 강제 국민이 자신의 건강을 보호하기 위하여 의료보험에 가입하는 것을 국가가 강제할 수 있는가 하는 문제이다. 개개인이 각자의 판단에 따라 사적인 의료보험에 가입을 할 수도 있고, 아예 의료보험에 가입을 하지 않고 각자 자신의 건강 상태와 경제상태 등을 고려하여 개별적인 계획에 따라 건강과 치료에 대응하여 준비하면 된다는 견해는 국민건강보험의 강제를 국가가 개인의 자기결정권을 과도하게 침해하는 것이라고 볼 수도 있다.

憲法裁判所는 건강보험의 문제를 시장경제의 원리에 따라 사보험에 맡기면 상대적으로 질병발생위험이 높거나 소득수준이 낮은 사람들은 보험에 가입하는 것이 매우 어렵거나 불가능하게 되어, 국가가 소득수준이나 질병위험도에 관계없이 모든 국민에게 동질의 의료보장을 제공하고자 하는 목적을 달성할 수 없으므로, 원칙적으로 전국민을 강제로 보험에 가입시키고 경제적 능력에 비례하여 보험료를 납부하도록 하는 것은 의료보장과 소득재분배 효과를 달성하기 위하여 부득이한 것이고, 가입강제와 보험료의 차등부과로 인하여 달성되는 공익은 그로 인하여 침해되는 사익에 비하여 월등히 크다고 할 수 있으므로 이는 헌법에 위반되지 않는다고 하였다(예: 憲 2003. 10. 30.-2000헌마801; 2009. 10. 29.-2008헌바86).

[憲 2003. 10. 30.-2000헌마801] 「**가. 행복추구권 및 재산권침해여부에 대한 판단** (1) **사회보험으로서의 건강보험** 사회보장의 한 부분으로서 국가가 국민을 질병의 위험에서 보호하기 위하여 의료서비스를 제공하는 제도를 의료보장이라고 한다. 국가가 의료보장제도를 시행하는 헌법적 근거는 국민의 인간으로서의 존엄성과 인간다운 생활의 확보 · 유지를 위하여 국가에게 의무를 부과하고 있는 헌법조항들 즉, 헌법 제34조 제1항(모든 국민은 인간다운 생활을 할 권리를 가진다), 동조 제2항(국가는 사회보장 · 사회복지의 증진에 노력할 의무를 진다), 헌법 제36조 제3항(모든 국민은 보건에 관하여 국가의 보호를 받는다) 등에서 찾을 수 있다. 각국의 의료보장제도는 역사, 경제, 사회적 여건에 따라 다른 형태를 취하고 있지만, 재원조성의 방식에 따라 크게 나누어 보면 법률에 자격이 정해진 자가 보험료를 낼 것을 전제로 하여 보험급여를 하는 보험방식과 일반조세를 재원으로 하여 국민 또는 거주자라는 요건만 갖추면 국가가 의료서비스를 보장하는 조세방식으로 구분된다. 이 중 보험방식에 의한 의료보장은 사회보험의 일종인데, 사회보험이란 국가가 사회정책을 수행하기

위해서 보험의 원리와 방식을 도입하여 만든 사회경제제도로서 국민을 대상으로 하여 질병, 사망, 노령, 실업, 기타 신체장애 등으로 인한 활동능력의 상실과 소득의 감소가 발생한 경우 보험방식에 의하여 그것을 보장하는 제도이다. 우리나라는 건강보험에 관하여 이 사회보험제도를 채택하고 있는바, 이 제도 하에서는 법이 정하는 요건을 충족시키는 국민에게 가입의무가 부과됨으로써 보험에의 가입이 법적으로 강제되며, 보험법적 관계가 당사자의 의사와 관계없이 법률에 의하여 성립한다는 점에서 보험가입의 여부가 계약자유의 원리에 따라 당사자간의 자유로운 의사결정에 의하여 이루어지며 보험법적 관계가 민·상법상의 계약에 의하여 성립되는 사보험과는 크게 다르다. 또한 사보험에서는 상업적·경제적 관점이 보험재정운영의 결정적인 기준이 되지만, 사회보험에서는 사회정책적 관점이 우선하는바, 이러한 성격은 특히 보험료의 산정에 있어서 뚜렷하다. 사보험에서는 성별, 연령, 가입연령, 건강상태 등의 피보험자 개인이 지니는 보험위험 즉, 위험발생의 정도나 개연성에 따라 보험료가 산정되지만, 사회보험에서의 보험료는 피보험자의 경제적 능력(소득)에 비례하여 정해진다. 즉, 사보험의 보험료는 보험료와 보험급여간의 보험수리적인 개인별 등가원칙에 의하여 산정되는 반면, 사회보험에서는 사회연대의 원칙을 기반으로 하여 경제적인 약자에게도 기본적인 사회보험의 급여를 주기 위하여 보험료의 산정에 있어서 개인별 등가의 원칙을 철저히 적용하지 아니하고 보험료의 차등부과를 통하여 보험가입자간의 소득재분배효과를 거두고자 한다(憲 2000. 6. 29. -99헌마289 참조). **(2) 강제가입 및 보험료차등부과의 헌법적 정당성 문제** 이와 같이 사회보험방식을 채택함으로써 국가가 국민을 강제로 보험에 가입시키고 경제적 능력에 따른 보험료를 징수하는 제도가 헌법적으로 정당화되는 것인가를 살펴본다. 국가가 의료보장제도를 시행함에 있어 사회보험방식과 조세방식 중 어떠한 방식을 선택할 것인가는 입법자의 재량권에 속하는 문제라 하겠으나, 국가가 사회보험방식을 선택하고 그 목적을 위하여 설립한 공법인인 건강보험공단에 가입하여 경제적 능력에 따라 부과되는 보험료를 납부할 의무를 국민에게 부과하려면, 이로 인한 국민의 기본권에 대한 제한이 정당화되어야 한다. 이러한 의무의 부과는 행복추구권으로부터 파생하는 일반적 행동의 자유의 하나인 공법상의 단체에 강제로 가입하지 아니할 자유와 정당한 사유 없는 금전의 납부를 강제당하지 않을 권리인 재산권에 대한 제한이 되는바, 이러한 기본권에 대한 제한이 과잉금지의 원칙에 위배되지 않고 합헌적이라고 인정되려면 국가가 건강보험공단을 통하여 이행하고자 하는 공적 과제가 헌법적으로 정당하고, 공단에의 강제가입 및 경제력에 따른 보험료의 부과가 공적 과제의 달성을 위하여 필요한 것이며, 이로 인한 기본권의 침해는 필요한 최소한도에 그쳐야 하고, 달성하는 공익이 침해되는 사익보다 커야 할 것이다. **(3) 의료에 관한 사회보험의 필요성** 사회·경제적 관점에서 볼 때 보건의료는 일반의 재화·용역과는 구분되는 특징들을 갖고 있는바, 그 중 하나는 개인의 의료수요는 예상할 수 없으며 실제 의료수요가 발생할 때 그 소요비용은 개인이 감당하기 어려운 경우가 많다는 점이다. 따라서 개인적으로 의료문제에 대처하는 것이 어려운 데 반하여, 집단적으로는 통계적 기법에 의하여 어느 정도 비용의 예상이 가능하므로 건강보험이란 제도를 만들어 이에 대처하게 된 것이다. 그런데 경쟁적 의료보험시장에서 보험회사들은 의료비의 예상지출수준에 상응하는 의료보험료를 부과하므로 그러한 시장에서 보험료는 개인의 소득수준과는 무관하게 위험속성에 따라 변화하게 된다. 이에 따라 상대적으로 질병발생위험이 높거나 소득수준이 낮은 사람들은 사적 의료보험에 가입하는 것이 매우 어렵거나 불가능하게 되고, 건강한 자들과 상대적으로 부유한 자들은 빈곤하고 질병위험이 높은 집단과 함께 보험에 가입하는 것을 회피하려 할 것이므로 건강보험은 고소득층과 상대적으로 건강한 사람들만을 위한 것이 되고 말 염려가 있다. 역사적으로도 사회보험 실시 이전단계에서는 각국에서 의료보험의 가입을 대상자의 자유의사에 맡기는 임의형 의료보험을 실시했는데, 저소득계층은 피보험대상에서 제외되게 되고, 질병위험이 큰 사람일수록 의료보험의 가입가능성이 커짐으로 인하여 보험의 적용인구가 질병위험이 큰 대상자로만 구성되며, 위험분산효과를 가져올 만큼의 충분한 적용인구의 뒷받침이 없어 보험재정에 어려움이 초래되는 등으로 결국 전국민의료보험을 달성하기가 거의 불가능하였던 점을 보여주고 있다. 이러한 문제점을 극복하고 모든 국민에게 경쟁적 시장이 제공할 수 없는 건강보험을 제공하고 보험가입자간의 소득재분배효과를 얻기 위하여 정부가 사회보험의 형태로 건강보험을 실시하게 된 것이다. (4) **강제가입 및 보험료차등부과의 필요성** 사회보험으로서의 건강보험은 그 본질상 강제적 요소가 수반될 수밖에 없다. 보험가입자로서는 그가 지불하는 보험료가 예상의료비용을 초과하는 경우 가입을 하지 않으려 할 것이고, 보험자로서는 질병위험도가 높아 예상의료비용이 보험료를 초과하는 경우 피보험자의 가입을 거부하려 할 것이나, 이런 경우에도 강제로 가입하도록 하여 원칙적으로 전국민을 포괄적 적용대상으로 하여야만 소득수준이나 질병위험도에 관계없이 모든 국민에게 의료보장을 제공하고자 하는 그 본래의 기능을 다할 수 있기 때문이다. 또한 사회보험에서는 경제적인 약자에게도 기본적인 사회보험의 급여를 주고자 하는 것이 목적이기 때문에 가입의 강제 이외에 보험료의 산정에 있어서도 피보험자 개인이 지니는 위험발생의 정도나 개연성이 아닌 피보험자의 경제적 능력(소득)에 비례하여 보험료를 정함으로써 어느 정도 피보험자간의 소득재분배효과도 낳게 된다. 즉, 사회보험의 목적은 국민 개개인에게 절실히 필요한 의료보험을 제공하고 보험가입자간의 소득재분배효과를 거두고자 하는 것이며, 이러한 목적은 동일위험집단에 속한 구성원에게 법률로써 가입을 강제하고 소득재분배를 하기에 적합한 방식으로 보험료를 부과함으로써 달성될 수 있는 것이다(憲 2000. 6. 29. -99헌마289). (5) **소결** 결국 건강보험은 사적인 자율영역에 맡겨 질 수 있는 성격의 문제가 아니라 경제적인 약자에게도 기본적인 의료서비스를 제공하기 위한 국가의 사회보장 · 사회복지 증진의무의 일부로서 공공복리를 위한 것이다. 그러므로 국가가 보험자인 국민건강보험공단의 설립을 통하여 달성하고자 하는 과제는 헌법상 정당하며, 소득재분배와 위험분산의 효과를 거두려는 사회보험의 목표는 임의가입의 형식으로 운영하는 한 달성하기 어렵고 법률로써 가입을 강제하고 소득수준에 따라 차등을 둔 보험료를 부과함으로써만 이루어질 수 있는 것이어서, 국민에게 보험가입의무를 강제로 부과하고 경제적 능력에 따른 보험료를 납부하도록 하는 것은 건강보험의 목적을 달성하기 위하여 적합하고도 반드시 필요한 조치라는 점에서 이로 인한 기본권의 제한은 부득이한 것이고, 가입강제와 보험료의 차등부과로 인하여 달성되는 공익은 그로 인하여 침해되는 사익에 비하여 월등히 크다고 할 수 있으므로 일반적 행동의 자유권으로서의 보험에 가입하지 않을 자유와 재산권에 대한 제한은 정당화된다고 하겠다. 또한 입법자는 건강보험관리체계에 관한 광범위한 입법형성권을 가지므로 건강보험제도를 운영함에 있어 종전과 같이 개별 의료보험조합의 형태로 운영할 것인지 아니면 통합된 건강보험공단의 형태로 운영할 것인지를 정책적 관점에서 결정할 수 있는 것이므로 어떠한 건강보험조합에 가입할 것인지의 선택권을 부여하지 않고 단일한 건강보험공단에 가입하도록 하였다 하여 헌법에 위반되는 것이라 할 수 없다. 그렇다면 건강보험에의 강제가입과 보험료의 징수에 관하여 규정한 법 제5조 제1항, 제62조 제1항 · 제3항 · 제4항은 과잉금지의 원칙에 위배하여 헌법상의 행복추구권, 재산권 등을 침해하는 것이라고 볼 수 없다.」

(iv) 중독성 행위의 금지 도박 등 射倖行爲의 금지, 중독성 물질(예: 대마초)의 생산 · 유통 · 사용의 금지 등도 개인의 사적영역, 즉 시장영역에 해당하고, 사회의 생산력과 노동력의 유지, 삶의 질서의 건강성 유지, 아름다운 풍속의 유지 등과 같은 사회적인 가치를 보호할 필요가 인정되지 않는다는 것이 정당화되면, 이러한 국가의 간섭은 자기결정권을 침해하는 것이라는 결론에 이른다.

(v) 간통죄의 문제 憲法裁判所는 성적자기결정권을 인정하면서도 간통행위를 범죄로 처벌하는 형법의 규정을 합헌이라고 판시하였다(예: 憲 1990. 9. 10.-89헌마82; 1993. 3. 11.-90헌가70; 2001. 10. 25.-2000헌바60; 2008. 10. 30.-2007헌가17등).

간통행위를 당사자간의 민사적인 문제를 넘어 이를 범죄화하여 행위자를 처벌하여야 하는 것인가 하는 것이 간통죄의 문제이다. 근대 이후에 이를 범죄화한 경우를 보면 다음과 같다. 1905. 4. 20. 大韓帝國 법률 제3호로 공포된 刑法大典에서 有夫女가 간통한 경우 그와 상간자를 6월 이상 2년 이하의 유기징역에 처했고(同法 §265), 일제시대인 1912. 4. 1. 시행된 帝令 11호 朝鮮刑事令으로 依用한 일본국의 舊刑法 제183조에서도 부인 및 그 상간자의 간통에 대하여 2년 이하의 징역형으로 처벌하였다. 대한민국 정부수립 후 형법을 제정하던 당시에 간통죄를 존치할 것인지에 대하여 많은 논란이 있었고, 국회의 표결에서 현재와 같이 남녀평등쌍벌주의와 친고죄로 하는 안이 국회의원 출석 의원수(110명)의 과반수를 가까스로 넘은 57표의 찬성으로 통과되었다.

간통행위에 대한 형벌의 태도를 비교법적으로 보면, 男女不平等處罰의 형태, 男女平等處罰의 형태, 男女平等不罰의 형태가 있다. 남녀불평등처벌의 형태는 예컨대 개정 전 프랑스형법이나 이탈리아의 구형법과 같이 남편과 부인의 간통에 대하여 처벌을 달리하는 경우와, 1947년 폐지되기 전의 일본국의 구형법이나 이를 의용한 우리나라 구 형법과 같이 부인의 간통만을 처벌하는 경우가 있었다. 남녀평등처벌의 형태는 우리나라의 현행 형법과 미합중국의 몇몇 주에서 이를 채택하고 있다. 남녀평등불벌의 형태는 간통에 대하여 형사적 제재를 하지 않는 경우이다. 예컨대 덴마

크는 1930년, 스웨덴은 1937년, 일본국은 1947년, 독일은 1969년, 프랑스는 1975년, 스페인은 1978년, 스위스는 1990년, 아르헨티나는 1995년, 오스트리아는 1996년에 간통죄 규정을 폐지하였다.

형법에서 간통행위를 범죄로 정하고 있는 규정은 선량한 성풍속을 보호하고, 일부일처제하의 가정 또는 가정의 기초가 되는 제도로서의 혼인 및 부부간의 성적 성실의무를 보호하기 위하여 규정된 것이다. 민법은 法律婚主義를 채택하고 있으므로(民法 §812) 간통죄의 주체인 '배우자 있는 자'의 배우자는 법률상의 배우자를 말하고 사실상 동거하고 있지 아니하더라도 이에 포함된다. '간통' 및 '상간'행위는 합의에 의한 성교를 의미하는데, 이 때 간통자의 경우 자신이 배우자있는 자라는 것과 배우자 이외의 자와 성교한다는 것을 인식해야 하고, 상간자의 경우 배우자있는 자와 성교하는 것임을 인식하고 있어야 한다. 간통 및 상간행위는 성교시마다 1개의 죄가 성립하고, 장기간에 걸쳐 동거하며 간통하였다고 하여 포괄 1죄가 되는 것은 아니다. 한편 간통죄는 배우자의 고소가 있어야 공소를 제기할 수 있는 친고죄로 배우자가 간통을 종용 또는 유서한 때에는 고소할 수 없다(刑法 §241②). 이에 따라 이혼의사의 합치가 있는 등 다른 이성과의 정교관계가 있어도 이를 인정 내지 묵인한다는 사전 동의(종용)가 있거나, 간통사실을 알고 난 후 혼인관계를 지속시킬 의사로 그 책임을 묻지 않겠다는 의사를 표시하는 사후용서(유서)가 있는 때는 고소할 수 없다. 고소를 할 수 있는 경우에도 그 고소는 혼인이 해소되거나 이혼소송을 제기한 후에만 유효하며, 적법하게 간통고소를 한 후에도 다시 혼인을 하거나 이혼소송을 취하한 때에는 고소가 취하된 것으로 간주된다(刑訴法 §229). 고소는 제1심판결선고 전까지 취소할 수 있으며, 고소를 취소한 자는 다시 고소하지 못한다(同法 §232).

憲法裁判所는 간통죄를 정하고 있는 형법조항에 대하여 4차례에 걸쳐 合憲決定을 하였으며, 그 취지는 다음과 같다.

i) 1990. 9. 10. [89헌마82] 결정에서 다수의견인 합헌의견은, 간통죄의 규정은 헌법 제10조의 개인의 인격권·행복추구권의 전제가 되는 자기운명결정권에 포함된 성적 자기결정권을 제한한다. 그러나 선량한 성도덕과 일부일처주의 혼인제도의 유지 및 가족생활의 보장을 위하여서나 부부간의 성적 성실의무의 수호를 위하여, 그리고 간통으로 야기되는 사회적 해악의 사전예방을 위하여 간통행위를 규제하는 것은 불가피하고, 그러한 행위를 한 자를 2년 이하의 징역에 처하는 것은 성적 자기결정권에 대한 필요최소한의 제한으로서 자유와 권리의 본질적 내용을 침해하는 것은 아니라고 보았다. 이에 대하여, 간통죄가 사회상황·국민의식의 변화에 따라 그 규범력이 완화되었음에도 아직은 범죄적 반사회성이 있다는 재판관 2인의 보충의견,

간통죄 자체의 존폐는 입법정책의 문제이지만 징역형 일원주의를 유지하는 간통죄 형벌규정은 헌법에 합치되지 아니한다는 재판관 2인의 반대의견, 간통의 형사처벌이 국민의 사생활은폐권을 희생시킬만큼 성질서 유지에 기여한다거나 범죄의 예방기능을 다하고 있다고 믿기 어렵고 제도외적 남용으로 인한 역기능이 크다는 점에서 헌법에 반하며, 가령 범죄화가 합헌이더라도 그에 대한 자유형은 과잉금지원칙에 반한다는 재판관 1인의 반대의견이 있었다.

ii) 1993. 3. 11. [90헌가70] 결정에서 위 [89헌마82] 결정의 판시를 그대로 유지하였는데, 위 [89헌마82] 결정 이후에 임명된 재판관 1인은 다수의견의 보충의견에 가담하였다.

iii) 2001. 10. 25. [2000헌바60] 결정에서 다수의견은 위 [89헌마82] 결정의 판시를 그대로 유지하면서 입법자의 간통죄의 폐지 여부에 대한 진지한 접근을 요구하였다. 이에 대하여 간통행위는 부부간에 성적 성실의무를 위반하는 계약위반행위이므로 그에 대한 책임추궁은 계약법의 일반원리에 따라야 하고 윤리적 비난과 도덕적 회오의 대상이 될지언정 형사처벌의 문제는 아니라는 입장에서 간통의 형사처벌은 인간의 존엄성을 보장하도록 한 헌법 제10조에 위반된다는 재판관 1인의 반대의견이 있었다.

iv) 2008. 10. 30. [2007헌가17등] 결정에서는 재판관 4인이 합헌의견, 재판관 4인이 위헌의견, 재판관 1인이 헌법불합치의견으로 위헌의견이 다수였지만 법률의 위헌선언에 필요한 정족수 6인에 미달하여 헌법에 위반되지 않는다는 선언을 하였다.

[憲 2008. 10. 30.-2007헌가17등] **[합헌의견]** 「• 재판관 3인의 합헌의견 (1) **이 사건 법률조항에 의하여 제한되는 기본권** 헌법 제10조는 "모든 국민은 인간으로서의 존엄과 가치를 가지며, 행복을 추구할 권리를 가진다. 국가는 개인이 가지는 불가침의 기본적 인권을 확인하고 이를 보장할 의무를 진다"라고 규정하여 개인의 인격권과 행복추구권을 보장하고 있다. 개인의 인격권 · 행복추구권에는 개인의 자기운명결정권이 전제되는 것이고, 이 자기운명결정권에는 성행위 여부 및 그 상대방을 결정할 수 있는 성적 자기결정권이 또한 포함되어 있으며 간통죄의 규정이 개인의 성적 자기결정권을 제한하는 것임은 틀림없다(憲 1990. 9. 10.-89헌마82 참조). 나아가 이 사건 법률조항은 개인의 성생활이라는 내밀한 사적 생활영역에서의 행위를 제한하므로 우리 헌법 제17조가 보장하는 사생활의 비밀과 자유 역시 제한하는 것으로 보인다(憲 1990. 9. 10.-89헌마82 참조). 그러나 위와 같은 기본권도 절대적으로 보장되는 것은 아니며, 헌법 제37조 제2항에 따라 국가안전보장, 질서유지 또는 공공복리를 위하여 필요한 경우에는 그 본질적 내용을 침해하지 않는 한도에서 법률로써 제한할 수 있는 것이다(憲 1990. 9. 10.-89헌마82 참조). (2) **과잉금지원칙 위배 여부** 국가와 사회의 기초가 되는 가족생활의 초석을 이루고 있는 혼인관계는 개인의 의사나 욕구만으로 형성되는 것은 아니고, 전통과 문화에 기반을 둔 하나의 소중한 사회제도로서의 성격 역시 가진다. 그런데 배우자 있는 자의 간통은 자유로운 의사에 기하여 스스로 형성한 혼인관계

에서 비롯된 성적 성실의무를 위배하는 행위로서 단순한 혼인계약의 위배를 넘어 부부 사이의 근본적인 신뢰를 무너뜨린다. 간통 및 상간행위는 혼인관계의 파탄을 야기하고, 혼인관계를 파탄시키는 정도에 이르지 아니하는 때에도 근대 혼인제도의 근간을 이루는 일부일처주의에 대한 중대한 위협이 되며, 배우자와 가족구성원의 유기 등 사회문제를 야기한다. 간통 및 상간행위가 우리 사회가 요구하는 건전한 성도덕에 반함은 두말할 필요가 없다. 사회질서를 유지하고, 개인의 존엄과 양성평등에 기초한 혼인과 가족생활이 유지될 수 있도록 보장할 국가의 의무(헌법 §36 ① 참조)에 비추어 위와 같은 간통 및 상간행위에 대한 규제의 필요성은 충분히 수긍 가능하고, 바로 이 점에서 이 사건 법률조항의 입법목적의 정당성이 인정된다. 나아가 간통 및 상간행위가 개인의 성적 자기결정으로서 내밀한 사생활의 영역에 속하는 것이라 하더라도 성적 욕구나 사랑의 감정이 내심에 머무른 단계를 떠나 외부에 행위로 표출되어 혼인관계에 파괴적인 영향을 미치게 된 때에는 법이 개입할 수 없거나, 법적 규제가 효과를 발휘할 수 없는 순수한 윤리와 도덕적 차원의 문제만은 아니다. 따라서 이 사건 법률조항이 개인과 사회의 자율적 윤리의식의 제고를 촉구하는데 그치지 아니하고 형벌의 제재를 동원한 행위금지를 선택한 것은 입법목적 달성에 기여할 수 있는 수단으로서 적절하다. 다만 비형벌적 제재나 가족법적 규율이 아닌 '형벌'의 제재를 규정한 것이 지나친 것인지 문제될 수 있으나, 어떠한 행위를 불법이며 범죄라 하여 국가가 형벌권을 행사하여 이를 규제할 것인지의 문제는 인간과 인간, 인간과 사회와의 상호관계를 함수로 하여 시간과 공간에 따라 그 결과를 달리할 수밖에 없는 것이고, 결국은 그 사회의 시대적인 상황·사회구성원들의 의식 등에 의하여 결정될 수밖에 없으며, 기본적으로 입법권자의 의지 즉 입법정책의 문제로서 입법권자의 입법형성의 자유에 속한다(憲 2001. 10. 25.- 2000헌바60 참조). 우리 사회의 구조와 국민의식의 커다란 변화에도 불구하고 우리 사회에서 고유의 정절관념 특히 혼인한 남녀의 정절관념은 전래적 전통윤리로서 여전히 뿌리깊게 자리잡고 있으며, 일부일처제의 유지와 부부간의 성에 대한 성실의무는 우리 사회의 도덕기준으로 정립되어 있어서, 간통은 결국 현재의 상황에서는 사회의 질서를 해치고 타인의 권리를 침해하는 경우에 해당한다고 보는 우리의 법의식은 여전히 유효하다(憲 2001. 10. 25.- 2000헌바60 참조). 다시 말하면, 간통행위자가 속한 가정의 고유한 사정이나 간통 및 상간에 이르게 된 배경, 행위자의 의사에 비추어 배우자에 대한 가해의사나 혼인관계 및 가족생활을 파탄에 이르게 하려는 목적, 경향성이 없는 경우에도 법률상 배우자 있는 자라는 객관적인 행위자의 지위, 배우자 아닌 자와 성교한다는 고의가 인정되는 한 그러한 행위가 사회적 윤리의 상당성을 일탈한 것으로 보며, 그에 동조한 상간자의 행위 역시 유사한 정도의 비난가능성이 존재한다고 보는 것이 현재 우리의 법의식에 부합한다는 것이다. 이에 더하여 간통 및 상간행위는 그 행위태양에 관계없이 혼인과 가족생활의 해체를 초래하거나 초래할 위험성이 높다는 점에서 사전예방에 대한 강한 요청 역시 부인하기 어렵다고 할 것이다. 따라서 이러한 법의식, 그리고 간통 및 상간행위의 예방에 대한 사회의 강한 요청에 기초하여 혼인과 가정의 해체를 야기한 간통 및 상간행위자에 대하여는 그것이 단순한 성적 욕구에서 비롯된 1회적인 것이든, 진정한 사랑의 감정에서 비롯된 것이든, 사전에 이혼의사의 합치 등으로 인한 동의가 있었거나 사후에 혼인과 가정생활을 유지하기로 하는 합의가 있었다는 등의 특별한 사정이 없는 한 엄정한 책임을 부과할 필요가 있다고 본 입법자의 판단이 현저히 자의적인 것이라 보기는 어렵다. 또한 입법자는 고소권자인 배우자의 고소요건으로서 혼인의 해소나 이혼소송의 제기를 규정하여 간통 및 상간행위의 결과로 혼인과 가족생활이 사실상 파탄에 이른 경우에 한하여만 법적 규제가 미치도록 하여 이 사건 법률조항에 의한 자유의 제한범위를 최소화하고 있고, 간통의 종용이나 유서가 있는 경우의 고소권의 제한(형법 §241②) 및 일정한 경우의 고소 취하간주(형소법 §229)와 재고소 금지(형소법 §232)를 규정하여 고소권의 남용을 방지하고 있으므로 개인의 성적 자기결정의 자유 등에 대한 과도한 제한을 인정하기 어렵다. 오늘날 세계입법의 추세가 간통 및 상간행위에 대하여 형벌을 부과하지 아니하는 것이라거나 간통이 이혼사유와 위자료지급사유가 된다는 점을 고려하더라도, 가족법적 법률관계의 조정에 따라 간통행위의 반사회성이 없어져 형사처벌의 필요성이 해소된다고 보기 어렵고, 각국의 시대적 상황이나 국민의 성의식 등 가치관, 평등에 기초한 가족법제도의 완비 여부 등은 현저한 차이가 있으므로 위와 같은 판단이 달라지는 것은 아니다. 나아가 이 사건 법률조항의 행위규제는 법률혼관계가 유지되고 있는 동안 간통할 수 없고, 법률상 배우자 있는 자라는 사실을 알면서 상간할 수 없다는 특정한 관계에서의 성행위 제한이다. 이는 간통행위자에 대하여는 스스로의 자유로운 의사에 따라 형성한 혼인관계에 따르는 당연한 의무 · 책임의 내용에 불과하고, 미혼인 상간자에 대하여도 타인의 법적 · 도덕적 의무위반을 알면서 적극적으로 동참하여서는 아니된다는 것으로 이성과의 정신적인 교감이나, 우발적으로 일어날 수 있는 경미한 성적 접촉까지 금지하는 것은 아니므로 일반적으로 이 사건 법률조항으로 인하여 침해되는 사익은 매우 경미하다. 그에 비하여 이 사건 법률조항으로 인하여 달성되는 공익은 선량한 성도덕을 수호하고, 혼인과 가족제도를 보장한다는 것으로 높은 중요성이 인정되므로 법익균형성 역시 인정할 수 있다. 결국 이 사건 법률조항이 과잉금지원칙에 위배하여 개인의 성적 자기결정권, 사생활의 비밀과 자유를 침해한다고 보기 어렵다. (3) **헌법 제36조 제1항 위배 여부** "혼인과 가족생활은 개인의 존엄과 양성의 평등을 기초로 성립되고 유지되어야 하며, 국가는 이를 보장한다"고 규정하고 있는 헌법 제36조 제1항은, 인간의 존엄과 양성의 평등이 가족생활에 있어서도 보장되어야 함을 규정함과 동시에 혼인과 가족생활에 관한 제도적 보장 역시 규정한다(憲 2002. 3. 28.-2000헌바53 참조). 이 사건 법률조항에 의한 간통 및 상간행위의 처벌이 개인의 성적 자기결정권 등에 대한 과도한 제한으로 볼 수 없음은 앞서 살펴 본 바와 같고, 이 사건 법률조항은 남녀평등처벌주의를 취하고 있으므로 양성의 평등이 훼손될 여지도 없다. 오히려 일부일처제를 보장하고, 건전한 성도덕을 형법상 보호함으로써 혼인과 가족생활의 유지 · 보장 의무이행에 부합한다고 할 것이다(憲 1990. 9. 10.-89헌마82 참조). (4) **책임과 형벌 간 비례원칙 위배 여부** 법정형의 종류와 범위의 선택의 문제는 그 범죄의 죄질과 보호법익에 대한 고려뿐만 아니라 우리의 역사와 문화, 입법당시의 시대적 상황, 국민일반의 가치관 내지 법감정 그리고 범죄예방을 위한 형사정책적 측면 등 여러 가지 요소를 종합적으로 고려하여 입법자가 결정할 사항으로서 역시 입법재량 내지 형성의 자유가 인정되어야 할 분야이다(憲 1992. 4. 28.-90헌바24; 1995. 4. 20.-91헌바11). 이 사건 법률조항은 징역형만을 규정하고 있으나, 2년 이하의 징역에 처하도록 하여 법정형의 상한 자체가 높지 않을 뿐만 아니라, 비교적 죄질이

가벼운 간통행위에 대하여는 선고유예까지 선고할 수 있으므로 행위의 개별성에 맞추어 책임에 알맞은 형벌을 선고할 수 없도록 하는 지나치게 과중한 형벌을 규정하고 있다고 볼 수 없다. 또한 간통 및 상간행위는 일단 소추가 된 때에는 행위태양에 관계없이 필연적으로 가족의 해체로 인한 사회적 문제를 야기한다는 점에서 다른 성풍속에 관한 죄와는 다른 법익침해가 문제되고, 경미한 벌금형은 기존의 혼인관계의 해소에 따른 부양이나 손해배상의 책임을 피하고자 하는 간통행위자에 대하여는 위하력을 가지기 어렵다는 점 등을 고려할 때 입법자가 이 사건 법률조항에 대하여 형법상 다른 성풍속에 관한 죄와 달리 벌금형을 규정하지 아니한 것이 형벌체계상의 균형에 반하는 것이라 할 수도 없다. (5) **소결** 그러므로 이 사건 법률조항은 헌법에 위반되지 아니한다. **• 재판관 1인의 별개의 합헌의견** 나는 다수의 합헌의견이 앞서 설시한 바와 같이, 개인의 성적 자기결정권이나 사생활의 비밀과 자유도 헌법상 기본권의 제한에 관한 일반적인 원칙에 따라 규제의 대상이 될 수 있으므로, 형법이 간통죄를 범죄로서 처벌하는 것 자체는 입법재량의 범위를 벗어난 것이라고 보기 어려워 헌법에 위반되지 않는다고 보나, 다만 이 사건 법률조항이 그 행위의 태양과 관련하여 일부 문제점을 안고 있으므로 이를 해소하기 위하여는 국민적인 합의를 바탕으로 하는 입법적인 개선이 필요하다고 보아 다음과 같은 견해를 밝히고자 한다. 아래 사.항에서 헌법불합치의견이 적절히 지적하는 바와 같이, 간통은 그 행위의 태양이 매우 광범위하고 다양하여 사안에 따라 반사회적 성격이나 비난가능성의 유무 및 정도가 현저히 다른데도, 구체적인 행위 태양의 개별성이나 특수성을 고려하지 않은 채 이들을 간통이라는 한 가지 개념으로 일률적으로 처벌하여 형벌을 부과하는 것은 사실상 부당하거나, 규범적인 의미를 벗어난다는 평가를 받을 수 있다. 물론 이 가운데 상당 부분은 법원이 재판과정에서 법의 해석이나 형의 양정 등을 통하여 문제를 해결할 수 있으리라 여겨지지만, 그럼에도 불구하고 이 사건 법률조항의 부당성에 관한 의혹이 완전히 해소되는 것은 아니라 할 것이다. 이렇듯 성문의 규범이 스스로 예정하거나 의도하지 아니한 사실상의 요인으로 인하여 발생하는 사회적인 문제나 법률적인 평가 등으로 규율의 당부에 관하여 의심이 있는 경우 이를 개선하는 것은 입법재량에 속하는 것으로서 이는 원칙적으로 현실정치의 영역에서 국민을 대표하고 의사를 형성하는 입법기관의 책무이고, 사법기관인 헌법재판소가 적극적으로 개입하여 합헌이나 위헌 여부의 헌법적인 판단을 하여야 할 몫은 아니라 할 것이다. 이 사건 법률조항 중 행위의 태양과 관련하여 헌법불합치의견이 뒤에서 상술하는 바와 같이 반사회적 성격이 미약한 부분의 사례에 이르기까지 이를 처벌하는 것은 사실상으로나 정책적으로 부당한 결과를 초래할 우려가 있으므로, 입법자로서는 여기에 지적되는 문제점에 대하여 우리의 인습과 사회적인 합의, 국민의 법의식 등을 실증적, 종합적으로 고려하여 이를 입법적으로 개선할 수 있도록 정책적인 노력을 기울여야 할 것임을 지적해 두고자 한다.」 **[위헌의견]** 「**• 재판관 3인의 위헌의견** 우리는 형법 제241조가 간통행위를 형사처벌함으로써 개인의 성적(性的) 자기결정권과 사생활의 비밀과 자유를 제한하는 것은 헌법상 과잉금지 원칙에 위반하여 위헌이라고 판단하므로 다음과 같이 견해를 밝힌다. (1) **이 사건 법률조항의 개정 논의** 법무부 형법개정소위원회는 1989. 1.경 8대 2의 찬성으로 간통죄 폐지를 결정하였다. 법무부는 그 의견을 받아들여 형법개정 요강에서 이를 폐지하기로 하였으나, 헌법재판소의 합헌결정(憲 1990. 9. 10.-89헌마82)이 있자 간통죄를 존치시키되 징역형만으로 되어 있는 처벌규정에 벌금형을 추가·보완키로 변경하였다. 그러나 1992. 4. 8. 입법예고된 형법개정법률 안에서는 간통죄가 삭제되어 있었는데, 법무부는 그 이유로, 첫째 기본적으로 개인 간의 윤리적 문제에 속하는 간통죄는 세계적으로 폐지추세에 있고, 둘째 개인의 사생활 영역에 속하는 내밀한 성적 문제에 법이 개입함은 부적절하며, 셋째 협박이나 위자료를 받기 위한 수단으로 악용되는 경우가 많고, 넷째 수사나 재판과정에서 대부분 고소취소되어 국가 형벌로서의 처단기능이 약화되었으며, 다섯째 형사정책적으로 보더라도 형벌의 억지효나 재사회화의 효과는 거의 없고, 여섯째 가정이나 여성보호를 위한 실효성도 의문이라는 점 등을 들었다. 위 입법예고 후인 1992. 5. 27. 법무부는 전문 405조로 구성된 형법개정안을 최종확정하였는데, 이때 간통죄에 대하여 2년 이하의 징역형만으로 규정되어 있던 법정형을 1년 이하의 징역형으로 낮추고 500만 원 이하의 벌금형을 선택적으로 추가하였다. 이와 같이 간통죄가 다시 부활된 것은 위 입법예고 후 각계 각층에서 간통죄의 폐지가 아직은 시기상조라는 의견이 대두하자 존치론과 폐지론의 조화점을 모색한 것으로 보인다. 그러나 1995. 12. 29. 법률 제5057호로 개정된 형법에서는 위 개정안이 입법화되지 못하고, 종래의 간통죄의 규정이 아무런 변화없이 존치하게 되었다. (2) **이 사건 법률조항의 과잉금지원칙 위반 여부** ㈎ **심사기준** 국민의 성적 자기결정권과 사생활의 비밀과 자유는 우리 헌법상 인정되는 기본적 권리이므로 그 제한에 대한 위헌 여부는 엄격한 비례심사를 거쳐야 한다. ㈏ **목적의 정당성** 이 사건 법률조항의 입법목적이 일부일처제에 터잡은 혼인제도를 보호하고 부부간 성적 성실의무를 지키게 하기 위하는데 있다면, 이를 위하여 그 위반자를 형사처벌하는 것에는 목적의 정당성이 인정된다. ㈐ **수단의 적절성 및 피해최소성** 그러나 이러한 입법목적을 달성하기 위하여 간통행위를 형사처벌하는 것이 그 수단에 있어서 적절한지 및 그로 인한 기본권의 제한이 필요최소한도에 그친 것인지에 대하여는 아래에서 보는 바와 같이 동의하기 어렵다. 1) **국민 일반의 법감정의 변화** 최근의 우리 사회는 급속한 개인주의의식·성개방적인 사고의 확산에 따라 성(性)과 사랑은 법으로 통제할 사항이 아닌 사적인 문제라는 인식이 커지고 있다. 또한 오늘날 성도덕과 가족이라는 사회적 법익보다 성적 자기결정권이라는 개인적 법익이 더 중요시 되는 사회로 변해가고 있다. 성의 개방풍조는 막을 수 없는 사회변화이고 이젠 그것을 용인할 수밖에 없게 된 것이다. 이러한 사회환경의 변화로 간통죄의 존립기반이 이제 완전히 붕괴되었다고까지 단언하기는 어렵다고 할지라도, 적어도 그 존립기반이 더 이상 지탱할 수 없을 정도로 근본적인 동요를 하고 있음은 부인하기 어렵다. 2) **형사처벌의 적정성** 가) **형사처벌에 관한 입법권의 범위와 한계** 특정의 인간행위에 대하여 그것이 불법이며 범죄라 하여 국가가 형벌권을 행사하여 이를 규제할 것인지, 아니면 단순히 도덕율에 맡길 것인지의 문제는 인간과 인간, 인간과 사회와의 상호관계를 함수로 하여 시간과 공간에 따라 그 결과를 달리할 수밖에 없는 것이고, 결국은 그 사회의 시대적인 상황·사회구성원들의 의식 등에 의하여 결정될 수밖에 없다(憲 2001. 10. 25.-2000헌바60). 우리의 생활영역에는 법률이 직접 규율할 영역도 있지만 도덕률에 맡겨두어야 할 영역도 있다. 법률을 도덕의 최소한이라 하듯이 법률규범은 그보다 상층규범에 속하는 도덕규범에 맡겨두어야 할 영역까지 함부로 침범해서는 안된다. 법률이 도덕의 영역을 침범하면 그 사회는 법률만능에 빠져서 품격있는 사회발전을 기약할 수 없게 되는 것이다. 불효, 악질적인 채무불이행, 구걸, 자살, 지나친 낭비 등은 모두 비도덕적이고 반사회적인 행위지만, 그렇다고 이러한 행위를 모두 범죄로 처벌할 수는 없다. 도덕적으로 비난받을 만한 행위 모두를 형사처벌의 대상으로 삼는 사회가 반드시 정의로운 사회라고 할 수 없고, 국가가 형벌로써만 국민을 도덕적으로 개선시키려는 시도는 성공하기도 어려울 뿐 아니라 결코 바람직하지도 않기 때문이다. 나) **성생활에 대한 형사처벌** 성인(成人)이 쌍방의 동의 아래 어떤 종류의 성행위와 사랑을 하건, 그것은 개인의 자유 영역에 속하고, 다만 그것이 외부에 표출되어 사회의 건전한 성풍속을 해칠 때에만 비로소 법률의 규제를 필요로 한다. 성도덕에 맡겨 사회 스스로 자율적으로 질서를 잡아야 할 내밀한 성생활의 영역을 형사처벌의 대상으로 삼아 국가가 간섭하는 것은, 국가가 사생활의 비밀과 자유를 침해하는 것이고, 성적 자기결정권의 내용인 성행위 여부와 상대방 결정권을 지나치게 제한하는 것이다. 또한 간통죄보다 선량한 풍속을 더 크게 해치고 비도덕적이며 혐오감이 더 크다고 할 수 있는 근친상간(近親相姦)·수간(獸姦)·혼음(混淫) 등에 대하여 우리 법률은 별도의 처벌규정을 두고 있지 않으면서도, 간통에 대해서만 형벌로 다스리는 것은 입법 체계상 균형이 맞지 않는다. 다) **입법과 판례의 추세** 비록 도덕률에 반하더라도 본질적으로 개인의 사생활에 속하고 사회유해성이 없거나 법익에 대한 명백한 침해가 없는 경우에는 국가권력이 개입해서는 안된다는 비범죄화 경향이 현대 형법의 추세이다. 세계적으로도 간통죄를 폐지해 가는 추세에 있어 대부분의 국가들이 1970년대 이전에 간통죄를 폐지하였다. 간통죄 처벌에 관한 검찰과 법원의 처리경향도 과거에 비해 많이 완화되었다. 간통고소가 취소되지 않으면 원칙적으로 구속되고 실형을 선고받았던 종래의 관례는 불구속되고 집행유예를 선고받는 쪽으로 변해가고 있다. 또한 최근에 대법원은, "당사자가 더 이상 혼인관계를 지속할 의사가 없고 이혼의사의 명백한 합치가 있는 경우에는 비록 법률적으로는 혼인관계가 존속한다 하더라도 상대방의 간통에 대한 사전 동의라고 할 수 있는 종용에 관한 의사표시가 그 합의 속에 포함되어 있는 것으로 보아야 한다(大 2008. 7. 10. -2008도3599)"고 판시함으로써 간통으로 인한 처벌을 완화하려는 경향을 보이고 있다. 3) **형사처벌의 실효성** 가) **일부일처제 및 가정질서 보호** 이 사건 법률조항의 보호법익이 일부일처제에 터잡은 혼인제도임은 합헌론에서도 지적하고 있는 바와 같다. 그러나 일단 간통행위가 발생한 이후에는 이 사건 법률조항이 혼인생활 유지에 전혀 도움을 주지 못한다. 우리 형사법상 간통죄는 친고죄로 되어 있고(형법 §241②) 고소권의 행사는 혼인이 해소되거나 이혼소송을 제기한 후에라야 가능하기 때문에(형소법 §229①), 고소권의 발동으로 기존의 가정은 이미 파탄을 맞게 되고, 설사 나중에 고소가 취소된다고 하더라도 부부감정이 원상태로 회복되기를 기대하기 어려우므로, 간통죄는 더 이상 혼인제도 내지 가정질서의 보호에 기여할 수 없게 된다. 더구나 우리 사회에서 형벌을 받는다는 것은 사회적인 파멸을 초래하므로 간통죄로 처벌받은 사람이 고소를 한 배우자와 재결합할 가능성은 거의 없다. 또한 간통에 대한 형사처벌과정에서 부부갈등이 심화되면서 자녀들의 상처도 더욱 커질 수 있어 원만한 가정질서를 보호할 수도 없다. 오히려 실제로는 간통행위가 없었음에도, 배우자가 상대방 배우자의 간통을 의심 또는 확신하고 이에 대한 증거를 확보하기 위하여 치밀한 뒷조사와 증거수집행위를 시도하게 되는데, 이러한 과정에서 발생하는 상호 불신이 가정을 파탄으로 이끄는 경우도 빈번히 발생하게 된다. 결국 간통행위를 형사처벌함으로써 혼인제도를 보호한다는 것은, 일방 배우자가 간통행위를 하기 이전에, 만일 간통을 하면 형사적으로 처벌된다는 두려움 때문에 간통행위에 이르지 못하게 한다는 것뿐이다. 그러나 이러한 심리적 사전억제수단에 실효성이 있는지 의문일 뿐 아니라, 혼인과 가정의 유지는 당사자의 자유로운 의지와 애정에 맡겨야지, 형벌을 통하여 타율적으로 강제될 수는 없는 것이므로, 이 사건 법률조항이 일부일처제의 혼인제도와 가정질서를 보호한다는 목적을 달성하는데 적절하고 실효성있는 수단이라고 할 수 없다. 나) **부부간의 성적 성실의무 보호** 부부는 동거하며 서로 부양하고 협조하여야 하는바(민법 §826 ① 전단), 그 당연한 결과로서 부정한 행위, 즉 간통행위를 하지 않을 의무가 있다. 그러므로 일방 배우자가 간통행위를 한 경우, 이는 재판상 이혼사유가 되고(민법 §840 i), 그로 인한 재산상 및 정신적 손해를 배상할 의무를 진다(민법 §843, §806). 또한 법원이 자(子)의 양육에 관한 사항과 자(子)에 대한 면접교섭권의 제한·배제에 관하여 자(子)의 복리를 고려하도록 함으로써(민법 §843, §837 ③,④, §837의2②), 부정한 행위를 한 배우자에게 이에 관한 불이익을 줄 수 있도록 하였다. 물론 이러한 부부간 성적 성실의무위반행위가 부도덕하다는 데에는 이견(異見)이 있을 수 없다. 그러나 그러한 위반행위에 대하여 위와 같은 민사법상 책임 이외에 형사적으로 처벌함으로써 부부간 성적 성실의무가 보호될 수 있는지는 의문이다. 왜냐하면 이러한 성실의무는 개인과 사회의 자율적인 윤리의식, 그리고 배우자의 애정과 신의에 의하여 준수되어야 하지, 형벌로 그 생성과 유지를 강요해 봐야 아무 실효성이 없다. 불효를 형벌로써 다스려 효도를 강요할 때 그 효도는 이미 참의미의 효도가 아닌 것과 같이 형벌로써 강요될 정절은 이미 정절이 아닌 것이다. 다) **여성의 보호** 과거 우리 사회에서 간통죄의 존재가 여성을 보호하는 역할을 수행하였던 것은 사실이다. 즉, 우리 사회에서 여성은 사회적·경제적 약자였고 간통행위는 주로 남성에 의하여 이루어졌으므로, 간통죄의 존재가 남성들로 하여금 간통행위에 이르지 않도록 심리적 억제작용을 하였고, 나아가 여성 배우자가 간통 고소를 취소하여 주는 조건으로 남성 배우자로부터 위자료나 재산분할을 받을 수 있었다. 그러나 오늘날 우리 시대의 법적, 사회적, 경제적 변화는 간통죄의 위와 같은 존재이유를 상당 부분 상실하도록 하였다. 우선 여성의 사회적·경제적 활동이 활발하여 짐에 따라 여성의 생활능력과 경제적 능력이 향상됨으로써, 여성이 경제적 약자라는 전제가 모든 부부에 적용되지는 않는다. 또한 1990. 1. 13. 민법의 개정에 따라, 부부가 이혼을 하는 경우 각 당사자에게 재산분할청구권이 부여되는 한편, 자녀에 대한 친권도 남녀 간에 차별없이 평등하게 보장되었다. 즉, 민법상 처의 재산분할청구권이 인정되고 주부의 가사노동도 재산형성에 대한 기여로 인정되어 이혼 후의 생활토대를 마련할 수 있는 제도가 마련되었고, 부부의 이혼 시에 위자료를 통한 손해배상청구권이 현실화되었으며, 양육비의 청구 등으로 자녀의 양육이 가능하게 된 것이다. 물론 남성 배우자가 재산명의를 제3자로 돌려놓은 경우 여성의 위자료 및 재산분할 판결의 실효성있는 집행방안이 필요하지만, 이는 입법적으로 보완할 문제이지 간통죄를 존속시킬 명분은 될 수 없다. 설사 여성 배우자의 경제적 지위가 아직 남성 배우자에 비하여 열악하다는 전제에 서더라도, 간통죄의 존재가 여성 배우자를 반드시 보호한다고 보기도 어렵다. 간통죄 고소를 위하여는 이혼이 전제되어야 하므로 경제적 및 생활능력이 없는 여성 배우자는 오히려 고소를 꺼릴 수도 있다. 2006년 한 해 동안의 간통죄 사건에서 남성 고소인과 여성 고소인의 수가 거의 동일하였는데, 간통행위의 빈도 수에서 남녀 간에 현격한 차이가 있는 현실을 고려하여 보면, 간통죄가 실제로는 여성에게 상대적으로 더 불리하게 작용되는 파행성을 띠고 있음을 알 수 있다. 이와 같이 오늘날 간통죄의 존재가 여성 배우자를 보호하는 기능은 상당 부분 상실되었다고 할 것이다. 라) **소결어** 결국 오늘날 간통죄는 간통행위자 중 극히 일부만 처벌받는 암장범죄화(暗藏犯罪化)되었기 때문에 다수의 잠재적 범죄자를 양산하고 그들의 기본권만을 제한할 뿐, 혼인제도 및 성적 성실의무를 보호하기 위한 실효성은 잃게 되었다. 4) **형사처벌의 예방적 기능** 간통의 유형을 보면 애정에서 비롯되는 경우와 그렇지 않은 경우로 대별할 수 있는데, 애정에서 비롯된 경우에는 어떤 의미에서 확신범 내지 양심범적인 측면이 없지 않아서 통제가 어려운 성격을 가지고 있고, 애정에서 비롯된 경우가 아닌 때에는 온갖 형태로 무수히 저질러지고 있는 남성들의 성매수에서 보듯이 그 역시 현실적으로 범죄의식이 크지 아니하므로, 이를 형사적으로 처벌한다고 하여 간통을 억지하는 효과를 기대하기 어렵다. 한편 과거에 비하여 간통행위가 적발되고 또 처벌까지 되는 비율이 매우 낮아졌다. 간통행위 중 형사사건화되는 수는 1년에 3000~4000건에 불과한 점에 비추어 볼 때, 대부분의 간통행위는 배우자에게 발각되지 않았고, 설사 발각되더라도 배우자가 고소하지 않았다고 보아야 한다. 더구나 간통죄로 구속기소되는 경우는 고소 사건의 10%에도 못미치고, 고소 이후에도 수사나 재판과정에서 고소취소되어 공소권없음 또는 공소기각으로 종결되는 사건이 상당수에 이름으로써 형벌로서의 처단기능이 현저히 약화되었다. 간통죄를 폐지할 경우 성도덕이 문란해지거나 간통으로 인한 이혼이 더욱 빈발해질 것이라고 우려하는 견해도 있으나, 이미 간통죄를 폐지한 여러 나라에서 간통죄의 폐지 이전보다 성도덕이 문란하게 되었다는 통계는 없다. 결국 간통죄는 행위규제규범으로서의 기능을 잃어가고 있어 형사정책상 일반예방 및 특별예방의 효과를 모두 거두기 어렵게 되었다. 5) **형사처벌로 인한 부작용** 간통죄가 건전한 혼인제도 및 부부간 성적 성실의무보호와는 다른 목적을 위하여 악용될 가능성도 배제할 수 없다. 간통행위자 및 상간자에 대한 고소 및 고소취소는 간통행위자의 배우자만이 할 수 있고, 간통죄는 친고죄로서 고소취소 여부에 따라 검사의 소추 여부 및 법원의 공소기각 여부가 결정되므로, 결국 간통행위자 및 상간자의 법적 운명은 간통행위자의 배우자의 손에 전적으로 달려 있게 된다. 그 결과, 이러한 간통고소 및 그 취소가, 사실상 파탄상태에 있는 부부간에 이혼을 용이하게 하려는 수단으로, 사회적으로 명망있는 사람이나 일시적으로 탈선한 가정주부를 공갈하는 수단으로, 상간자로부터 재산을 편취하는 수단으로 악용되는 폐해도 종종 발생한다. 6) **소결어** 이와 같이 간통행위를 형사처벌하는 것은 수단의 적절성과 피해최소성을 갖추지 못하였다고 할 것이다. ㈃ **법익의 균형성** 앞에서 본 바와 같이, 이 사건 법률조항으로 달성하려는 일부일처제에 터 잡은 혼인제도 및 부부간 성적 성실의무 보호라는 공익이 더 이상 이 사건 법률조항을 통하여 달성될 것으로 보기 어려운 반면, 이 사건 법률조항은 개인의 내밀한 성생활의 영역을 형사처벌의 대상으로 삼음으로써 국민의 성적 자기결정권과 사생활의 비밀과 자유라는 기본권을 지나치게 제한하는 것이므로, 결국 이 사건 법률조항은 법익의 균형성을 상실하였다고 할 것이다. (매) **소결** 결국 이 사건 법률조항은 수단의 적절성 및 피해최소성을 갖추지 못하였고, 법익의 균형성도 이루지 못하였으므로 헌법 제37조 제2항의 과잉금지원칙을 위반하여 국민의 성적 자기결정권 및 사생활의 비밀과 자유를 침해하는 것으로 헌법에 위반된다 할 것이다. **• 재판관 1인의 헌법불합치의견** 나는 이 사건 법률조항이 단순히 도덕적 비난에 그쳐야 할 행위 또는 비난가능성이 없거나 근소한 행위 등 국가형벌권 행사의 요건을 갖추지 못한 행위에까지 형벌을 부과하는 등 국가형벌권을 과잉행사하여 헌법에 합치되지 아니한다고 보므로 아래와 같이 의견을 밝힌다. (1) **국가형벌권의 근거와 한계** 개인에 대한 형사처벌은 헌법상 보장된 그의 자유영역에 대한 심각한 침해를 가져온다. 형벌은 원칙적으로 각 개인의 지위, 명성, 사회 기여도 등을 가리지 아니하고 국가가 범죄로 규정한 행위를 범한 사람 누구에게나 틀림없이 가해진다. 우리 사회에서 아무리 저명하고 명성이 있던 인사라고 할지라도 형사제재를 받게 되는 순간 회복할 수 없는 불명예와 치욕이 그에게 새겨지게 되는 것이다. '국가형벌권의 근거는 어디에 있고, 범죄에 대한 정당한 형벌은 무엇인가', '국가는 무엇을 범죄로 규정하여 법익보호와 평화로운 공동생활의 조건을 확보할 것인가'라는 문제에 대해서는 역사적으로, 각 국가사회에 따라 다양하고 광범위한 논의와 입법이 있어왔지만, 이는 매우 난해한 문제로서 일의적으로 정립될 수는 없는 것이다. 국가형벌권의 정당성과 관련해서, 어떠한 행위가 범죄로 규정되어 형벌을 통해 금지되어야 하는가 하는 문제는 형사처벌의 범위를 어디까지로 할 것인가 하는 판단과 관련되어 있다. 국민의 어떠한 행위를 범죄로 규정하고 형사처벌을 할 것인가의 문제는 첫째, 그 행위에 대하여 과연 공적 제재를 가해야 하는가 하는 제재당위성에 대한 판단과 둘째, 이러한 공적 제재의 내용이 반드시 형벌이어야 하는가 라는 형벌필요성에 대한 판단의 두 단계로 나누어진다. 먼저, 공적 제재의 당위성은 어떠한 종류의 제재이든 관계없이 공적 제재의 대상이 되어야 하는 행위인가를 판단하는 소위 당벌성이 있는 행위인가의 여부로 판단하는 것이다. 당벌성의 판단기준은 '반사회성'이라는 기본적 속성이다. 즉 특정 행위가 형사처벌 대상이 되기 위해서 기본적으로 갖추어야 하는 것은 행위의 반사회적 유해성이다. 이는 형벌이 부과되기 위한 필요조건이지만 이것을 갖추었다고 해서 바로 형사처벌의 대상이 된다는 결론을 내릴 수는 없다. 다음, 이러한 제재당위성을 갖추어서 마땅히 제재 받아야 할 행위이기는 하지만, 그 제재가 반드시 형벌이어야 할 필요성까지 있느냐에 대하여 판단해야 한다. 이러한 형벌필요성 측면에서 보면, 법익보호는 형사처벌을 통해서만 이루어지는 것이 아니고, 그 밖의 다른 수단을 통해서도 가능하다. 법익침해라는 속성은 형벌이 부과되기 위한 필요조건이기는 하지만 충분조건은 아닌 것이다. 비록 법익침해행위가 있었다고 하더라도 민사적 제재, 행정제재, 사회법적 제재 등에 의해서도 법익보호가 가능하면 형사처벌을 가하지 않아도 되기 때문이다. 일반적으로 법익침해 행위 중 형사처벌의 대상이 되는 것은 '법익침해가 매우 심한 행위', 즉 '사회적으로 매우 유해한 것으로 평가되는 행위'라고 할 수 있고, 이러한 범위 내에서 범죄의 구성요건이 규정되어야 한다. 형벌은 제재당위성을 갖춘 행위 가운데 다른 제재수단을 통해서는 도저히 형벌에 의한 것과 같은 수준의 일반예방과 특별예방 효과를 볼 수 없는 경우에 한해서 부과되어야 하는 것이다. 법률은 절대로 필요한 형벌만을 규정해야 한다(프랑스 인권선언 제8조). 국가는 형벌필요성의 요건을 갖추지 못한 행위를 범죄로 규정하여 처벌해서는 안된다. 이는 법치주의와 죄형법정주의 등 헌법상의 원리와 바로 관련되는 사항이다. 우리 헌법은 국가권력의 남용으로부터 국민의 기본권을 보호하려는 실질적 법치국가의 실현을 기본이념으로 하고 있고, 따라서 어떤 행위를 범죄로 규정하고 어떠한 형벌을 과할 것인가 하는데 대한 입법자의 입법형성권이 무제한으로 인정될 수는 없다(憲 2004. 12. 16.−2003헌가12). 입법자는 어떠한 행위가 공적 제재의 당위성과 형벌필요성을 갖추어 국가형벌권 행사의 대상이 되는가의 여부에 관하여 시대의 문화와 사회의 가치관 등을 고려하여 판단할 일차적 권한이 있으나, 법치국가원리에 비추어 불필요하거나 과도한 형벌의 위협으로부터 인간의 존엄과 가치를 보호하기 위하여 처벌의 대상이 되는 행위를 입법기술상 가능한 범위에서 명확하게, 또한 상세하게 규율하도록 주의를 기울여야 한다. **(2) 간통행위 태양의 다양성에 따른 형벌권 행사의 요건 및 형벌의 대상이 될 수 없는 행위에 대한 제재** 간통죄의 보호법익은 성적 풍속으로서의 성도덕 또는 가정의 기초가 되는 제도로서의 혼인이다. 이 사건 법률조항에 의하여 제한되는 기본권은 개인의 인격권·행복추구권에서 나오는 성적 자기결정권과 사생활의 비밀과 자유로 보인다. 그런데 형법 제241조가 규정하는 간통행위의 태양은 매우 광범위하고 다양하여 이들 모든 행위에 대하여 위 기본권이 제한되어 위헌이거나 또는 합헌이라고 할 수는 없다고 본다. 즉 이 사건 법률조항이 처벌하는 간통 및 상간행위에는 부부관계가 법률상·사실상 유지되고 있음에도 불구하고 부부간의 성적 성실의무나 신의를 저버린 채 가족 등의 만류에도 불구하고 행하는 간통에서부터 사실상 혼인관계가 파탄에 이르렀으나 미처 법률상 이혼이 이루어지지 아니한 상태에서 새로운 정인(情人)을 만나게 됨에 따라 이루어지는 간통, 지속적으로 단일한 사람을 상대로 이루어짐으로써 반문화적인 첩제도와 같은 사실상의 중혼석 간통에서부터 행위자가 일부일처의 법적 혼인상태의 유지를 원하는 상태에서 일시적으로 행하여지는 1회적 간통, 상간자가 기혼인 경우에서부터 상간자가 미혼인 경우 등에 이르기까지 행위자의 의사나 가정생활의 상태, 행위의 상대방, 행위의 횟수 및 방법 등에 따라 매우 다양한 유형이 포함되며, 개별적 행위유형에 따라 그 반사회성의 유무, 비난 가능성의 유무·정도가 현저하게 다르다. 위와 같은 간통 및 상간행위의 유형 중에는 현재 우리 사회가 요구하는 선량한 성도덕과 가정의 기초가 되는 제도로서의 일부일처주의 혼인제도의 유지 및 가족생활의 보장, 부부간의 성적 성실의무의 수호라는 관점에서 단순히 도덕률이나 민사적 제재 등 다른 제재의 영역에 맡기기 어려운 부분이 존재하고, 그와 같은 행위의 처벌은 국가형벌권의 행사에 관한 입법재량의 범위 내에 있다고 할 것이지만, 장기간 생활을 공동으로 영위하지 아니하는 등 사실상 혼인이 파탄되고 부부간 성적 성실의무가 더 이상 존재한다고 보기 어려운 상태에서 행한 간통이나 단순한 1회성 행위 등과 같이 일부일처주의 혼인제도나 가족생활을 저해하는 바 없고 선량한 성도덕에 반한다고 보기 어려워 반사회성이 극히 약한 경우까지 처벌하는 것은 불필요하거나 과도한 형벌로서 국가형벌권의 과잉행사에 해당하며, 개인의 성적 자기결정과 사생활의 비밀·자유에 관한 지나친 국가의 형벌권 개입에 해당한다고 본다. 즉 이러한 경우는 형벌의 필요성 요건을 갖추지 못하여 민사적 제재 등 다른 수단으로도 충분히 그 제재가 가능하다고 할 것이다. 이 사건 법률조항이 형벌부과의 목적 달성을 위하여 구체적 행위태양의 개별성과 특수성을 고려할 수 있는 가능성을 일체 배제한 상태에서 이를 전혀 고려하지 아니한 채, 간통 및 상간행위의 위와 같은 모든 태양의 행위에 대하여 일률적으로 처벌하도록 규정한 것은 법치국가적 한계를 넘어 국가형벌권을 행사토록 한 것으로 헌법에 합치되지 아니한다. **(3) 잠정적용을 명하는 헌법불합치** 이 사건 법률조항의 위헌성은 간통행위의 처벌을 규정한 것 자체에 있는 것이 아니라, 반사회성이 약하여 형벌에까지 이르지 않아도 될 행위까지 국가형벌권 행사의 대상행위로 형사벌의 처벌범위에 포함되도록 규정한 점에 있으며, 이와 같은 법적 비난가능성이 없거나 근소하여 민사적 제재 등 다른 수단으로도 그 제재가 충분하다고 평가될 수 있는 행위의 범위는 시대와 사회의 변화 및 국민의 법감정 등을 고려하여 입법자가 확정하는 것이 상당하므로 헌법불합치결정을 하되, 이 사건 법률조항의 적용을 중지하는 경우 처벌이 요청되는 간통행위의 처벌마저 불가능해짐에 따라 이 사건 법률조항을 그대로 존속시킬 때보다 더욱 헌법적 질서와 멀어지는 법적상태가 초래될 우려가 있으므로 입법자가 합헌적 법률을 입법할 때까지 잠정적으로 적용하게 할 필요가 있다. **• 재판관 1인의 위헌의견** 나는 간통행위에 대한 형사처벌제도 자체의 위헌 여부에 관하여는 합헌의견에 찬동하면서, 다만 이 사건 법률조항이 법정형으로 징역형만을 규정한 것은 책임과 형벌 간 비례원칙에 합치되지 아니하여 헌법에 위반된다고 보므로, 아래와 같이 반대의견을 밝힌다. **가. 간통행위의 금지 및 형사처벌 자체의 위헌 여부** 이 사건 법률조항이 간통행위를 금지하고 그에 대하여 일정한 형벌을 과하도록 규정한 것 자체의 위헌 여부에 대하여는 합헌의견과 결론을 같이 한다. 다만 합헌의견이 설시하는 바, 이 사건 법률조항에 의하여 제한되는 주된 기본권으로 '개인의 성적자기결정권'을 들고 이를 전제로 과잉금지원칙 위배 여부를 심사하는 것에 대하여는 의문을 표해 두고자 한다. 헌법 제10조가 규정하는 개인의 인격권과 행복추구권에는 개인의 자기운명결정권이 내포되어 있고, 이 자기운명결정권에는 성행위의 여부 및 그 상대방을 선택할 수 있는 성적 자기결정권이 포함되어 있음은 틀림없다(憲 1990. 9. 10.－89헌마82 참조). 그러나 개인의 성적 자기결정권이 배우자 있는 자의 간통행위 및 그 상대방의 상간행위까지 보호하는 것인지는 의문이다. 개인의 '자기결정권'은 원하는 것은 언제든, 무엇이든 할 수 있다는 의미에서의 무제한적 자유를 포함하는 것은 아니다. 개인의 자기결정이 타인과의 관계를 결정하거나 타인에 대하여, 또는 사회에 대하여 영향을 미치게 되는 때에 타인과의 공존을 부정하는 자기결정은 사회적 존재로서 자신의 인격을 발현시키고 자아를 실현하기 위한 자기결정권의 순수한 보호영역을 벗어나게 된다. 이는 성적 자기결정권에 있어서도 마찬가지로, 성적 공동생활을 포함한 공동의 삶의 목적과 가치를 실현하기 위하여 일부일처제에 기초한 혼인이라는 사회적 제도를 선택하는 자기결단을 한 자가 배우자에 대한 성적 성실의무에 위배하여 간통행위로 나아가거나 또는 그러한 점을 알면서 상간하는 것은 간통행위자의 배우자 및 사회적·법적 제도로서의 혼인을 보호하는 공동체에 대한 관계에서 타인과의 공존을 부정하는 것이라는 점에서 '성적 자기결정권'의 보호영역에 포섭될 수 없다고 볼 것이다. 따라서 개인의 성적자기결정권이라는 개념은 일반적인 성폭력범죄, 성희롱 등의 문제 및 배우자 상호간에 있어서도 일방통행적인 성관계는 허용될 수 없다는 등의 문제에 관련하여서는 핵심적 개념이 될 것이지만, 배우자의 고소를 전제로 간통행위를 처벌함으로 인하여 침해되는 주된 기본권으로 삼는 것은 적절하다고 보기 어렵다. 한편, 위헌의견에서 지적하는 바 간통죄의 처벌이 협박이나 위자료를 받기 위한 수단으로 악용되는 사례가 많고 사실상 국가 형벌로서의 처단기능이 약화되었으며 형벌로서의 억지효나 가정보호의 실효성도 거의 없게 되었고 세계적으로 간통죄 폐지의 추세에 있다는 등은 마땅히 경청하여야 할 것이다. 그러나 위와 같은 현실적 악용 사례는 이 사건 법률조항의 제도외적 남용에 따른 사실적이고 결과적인 부작용일 뿐 이 사건 법률조항에 내포된 규범적 결함이라고는 볼 수 없고, 나머지 점들은 입법정책적으로 적절한지 여부 또는 향후 입법적 해결을 함에 있어서 고려하여야 할 사정들일 뿐, 이 사건 법률규정의 위헌 여부를 직접 결정할 요소는 아니라고 볼 것이다. 물론 현재 진행하고 있는 것으로 보이는 성적 도덕관념의 변화가 좀 더 진행되고 그리하여 혼인제도가 지니는 사회적 의미조차도 지금과는 다른 양상으로 변화하여 이 사건 법률조항이 사회일반의 법의식과 너무나 현저하게 괴리되었다고 판단되는 상황이 된다면, 그때는 입법자의 법조항 폐지 조처를 기다릴 필요 없이 위헌선언으로써 문제를 해결해야 할 것이나, 현재로서는 그와 같은 상황에까지 이르렀다고 보이지 아니한다. 부연하건대, 이 사건 법률조항은 혼인제도 및 배우자간의 성적 성실의무를 보호, 보장하는 한편, 간통 및 상간행위자에 대한 자연적 응보관념을 인정하면서도 사적 보복을 금지하는 법체계 등을 구조적으로 조화시키기 위한 입법자의 노력이 구체화된 것으로 볼 것이고, 입법자의 입법형성권의 범위를 일탈하여 현저히 자의적인 것이라고는 볼 수 없다. **나. 법정형 설정의 위헌 여부** 위와 같이 이 사건 법률조항이 간통행위를 금지하고 그에 대하여 일정한 형벌을 과하도록 규정한 것 자체에 대하여는 합헌의견과 결론을 같이 하나, 이 사건 법률조항의 법정형 규정 부분, 즉 "2년 이하의 징역에 처한다"고 하여 자유형 일원주의를 취하고 있는 것에 대하여는 별도로 위헌 여부를 검토할 필요가 있다. 법치국가의 개념은 범죄에 대한 법정형을 정함에 있어 죄질과 그에 따른 행위자의 책임 사이에 적절한 비례관계가 지켜질 것을 요구하는 실질적 법치국가의 이념을 포함(헌재 1992. 4. 8.-90헌바24)하고 있다. 따라서 어떤 행위를 범죄로 규정하고 어떠한 형벌을 과할 것인가 하는 데 대한 입법자의 입법형성권이 무제한한 것이 될 수는 없다. 형벌 위협으로부터 인간의 존엄과 가치를 존중하고 보호하여야 한다는 헌법 제10조의 요구에 따라야 하고, 헌법 제37조 제2항이 규정하고 있는 과잉입법금지의 정신에 따라 형벌개별화의 원칙이 적용될 수 있는 범위의 법정형을 설정하여 실질적 법치국가의 원리를 구현하도록 하여야 하며, 형벌이 죄질과 책임에 상응하도록 적절한 비례성을 지켜야 한다(憲 2003. 11. 27.-2002헌바24). 이 사건 법률조항은 법정형으로 단일한 '징역형'만을 규정하여 법정형의 하한을 비교적 높게 설정하고 있다. 이와 같이 법정형의 하한을 높게 설정하는 것이 정당화되기 위하여는 그 처벌되는 행위의 죄질, 불법성이 일반적으로 중하여 법정형의 하한을 높게 설정하더라도 실제 사례에서 행위자가 책임을 초과하여 형벌을 선고받지 않으리라는 점이 합리적으로 예측될 수 있어야 한다. 그런데 간통 및 상간행위에는 행위의 태양에 따라 죄질이 현저하게 다른 수많은 경우가 존재한다. 예컨대 우연한 기회의 일회적, 찰나적 일탈이 있을 수 있는 반면, 상당한 기간에 걸쳐 배우자에 대한 유기를 수반하는 지속적, 반복적인 범행도 있을 수 있다. 또한 법적으로나 사실상으로나 혼인관계를 유지하는 가운데 간통을 저지른 자와 상대방의 혼인관계가 사실상 파탄에 이른 것으로 믿고 상간한 미혼인 행위자의 경우는 그 법적 책임성이 질적으로 다르다고 평가하여야 할 것이다. 이렇듯 구체적 사례 여하에 따라 책임의 편차가 매우 넓을 것이라는 것은 일반적으로 충분히 예측 가능한 것이다.그럼에도 불구하고 이 사건 법률조항이 간통 및 상간행위에 대하여 선택의 여지없이 반드시 징역형으로만 응징하도록 규정하고 있는 것은, 형벌의 본질상 인정되는 응에 따른 적절한 법운용을 어렵게 하고, 판결 선고 단계에서 법관의 양형재량권을 제한하고 있다. 또한, 현실적으로 구속에 대한 공포감을 이용하여 협박 또는 과도한 위자료를 지급받는 수단으로 악용하는 등 제도의 본지를 벗어난 남용 사례가 발생하는 것도 이와 같이 법정형을 오로지 징역형만으로 한정하고 있는 것에서 기인하는 바가 크다고 보인다. 물론 어떠한 종류의 범죄에 대하여는 행위태양 여하를 묻지 않고 단지 징역형만으로 무겁게 처벌하여야 할 필요성이 있을 수도 있을 것이나, 간통죄 처벌규정의 존폐를 둘러싼 형사정책적 · 입법적 논쟁이 계속되고 있는 현실에서 간통 및 상간행위가 사회적으로 매우 중대한 불법성을 가진다거나 범죄예방의 필요가 긴절하여 일률적으로 엄중하게 처벌하여야 한다고까지 보기는 어렵고, 따라서 이 사건 법률조항의 자유형일원주의의 규율은 정당화되지 아니한다. 결국, 이 사건 법률조항 중 법정형에 관한 부분은 구체적 사안의 개별성과 특수성을 고려할 수 있는 가능성을 배제 또는 제한하고 있으므로, 책임과 형벌 사이의 비례원칙에 위배된다. 다. 결론 이 사건 법률조항이 간통행위를 금지하고 일정한 형사처벌을 하는 것 자체는 헌법에 위반되지 아니하나, 이 사건 법률조항 중 법정형에 관한 부분은 책임과 형벌 사이의 비례원칙에 위배되어 헌법에 위반된다.」

(vi) 혼인빙자간음죄의 문제　憲法裁判所는 혼인을 빙자하여 음행의 상습이 없는 여자를 속여 성행위를 한 것을 형법상의 범죄로 처벌하는 것에 대하여 처음에는 성적자기결정권이나 행복추구권, 사생활의 비밀과 자유, 평등원칙을 침해하는 것이 아니라는 이유로 합헌이라고 판시하였으나(예: 憲 2002. 10. 31.-99헌바40등), 그 이후 판례를 변경하여 이는 이러한 행위를 범죄로 하여 규율하는 입법목적의 정당성이 인정되지 않아 남성의 성적자기결정권과 사생활의 비밀과 자유를 침해하는 것이어서 헌법에 위반된다고 판시(위헌 6 : 합헌 3)하였다(憲 2009. 11. 26.-2008헌바58).

[憲 2009. 11. 26.-2008헌바58] 「헌법 제10조는 "모든 국민은 인간으로서의 존엄과 가치를 가지며, 행복을 추구할 권리를 가진다. 국가는 개인이 가지는 불가침의 기본적 인권을 확인하고 이를 보장할 의무를 진다"라고 규정하여 개인의 인격권과 행복추구권을 보장하고 있다. 개인의 인격권 · 행복추구권에는 개인의 자기운명결정권이 전제되는 것이고, 이 자기운명결정권에는 성행위 여부 및 그 상대방을 결정할 수 있는 성적(性的) 자기결정권이 포함되어 있다. 이 사건 법률조항이 혼인빙자간음행위를 형사처벌함으로써 남성의 성적자기결정권을 제한하는 것임은 틀림없고,

나아가 이 사건 법률조항은 남성의 성생활이라는 내밀한 사적 생활영역에서의 행위를 제한하므로 우리 헌법 제17조가 보장하는 사생활의 비밀과 자유 역시 제한하는 것으로 보인다(憲 2008. 10. 30.-2007헌가17등; 2002. 10. 31.-99헌바40등 참조). 위와 같은 남성의 성적자기결정권 및 사생활의 비밀과 자유도 절대적으로 보장되는 기본권은 아니므로 헌법 제37조 제2항에 따라 국가안전보장, 질서유지 또는 공공복리를 위하여 필요한 경우에는 법률로써 제한할 수 있겠지만(憲 1990. 9. 10.-89헌마82 참조), 이러한 성적자기결정권 등에 대한 제한이 그 한계를 넘어 헌법 제37조 제2항에서 정하고 있는 과잉금지원칙에 위배되어서는 아니되므로 동 기본권제한에 대한 위헌성을 판단함에 있어서도 엄격한 비례심사가 이루어져야 한다. 헌법 제10조는 “모든 국민은 인간으로서의 존엄과 가치를 지니며, 행복을 추구할 권리를 가진다. 국가는 개인이 가지는 불가침의 기본적 인권을 확인하고 이를 보장할 의무를 진다”라고 규정하고 있거니와 인간이 도덕과 관습의 범위 내에서 국가의 간섭 없이 자유롭게 이성(異性)과 애정을 나눌 수 있는 것은 헌법이 규정하는 인간의 존엄과 행복추구의 본질적 내용의 일부를 구성하므로 이성 간의 애정의 자유도 당연히 헌법상의 보호를 받는다. 그리고 이같은 자유도 국가안전보장이나 질서유지 또는 공공복리를 위하여 필요한 경우라면 법률로써 제한할 수야 있겠지만, 남녀간의 내밀한 성적인 자유는 그 자유의 속성상 법률에 의한 제한과는 친하지 않은 속성을 갖고 있으므로 이러한 자유를 제한하는 입법의 위헌성 심사에서도 이러한 특성을 고려하지 않을 수 없다. 이성 간에 성행위를 함에 있어 미성년 또는 심신미약의 부녀를 상대로 한다거나, 폭행이나 협박 등 폭력을 수단으로 한다거나, 여성을 매매의 대상 또는 흥정의 미끼로 삼는다거나, 그 장면을 공중에게 노출시킨다거나, 또는 그로 인하여 위험한 질병이 상대방에게 전염되게 한다거나 하는 등의 해악적 문제가 수반되지 않는 한 이성관계 자체에 대하여 법률이 직접 개입하는 것은 성적 자유에 대한 무리한 간섭이 되기 쉽다. 따라서 남성이 위와 같이 해악적 문제를 수반하지 않는 방법으로 여성을 유혹하는 성적행위에 대해서 국가가 개입하는 것은 억제되어야 한다. 그리고 남성의 여성에 대한 유혹의 방법은 남성의 내밀한 성적자기결정권의 영역에 속하는 것이고, 또한 애정행위는 그 속성상 과장이 수반되게 마련이다. 이러한 관점에서 우리 형법이 혼전 성관계를 처벌대상으로 하지 않고 있는 이상, 혼전 성관계의 과정에서 이루어지는 통상적 유도행위 또한 처벌하여서는 아니되는 것이다. 여성이 혼전 성관계를 요구하는 상대방 남자와 성관계를 가질 것인가의 여부를 스스로 결정한 후 자신의 결정이 착오에 의한 것이라고 주장하면서 국가에 대하여 상대방 남성의 처벌을 요구하는 것은 여성 스스로가 자신의 성적자기결정권을 부인하는 행위이다. 남성이 결혼을 약속했다고 하여 성관계를 맺은 여성만의 착오를 국가가 형벌로써 사후적으로 보호한다는 것은 ‘여성이란 남성과 달리 성적자기결정권을 자기책임 아래 스스로 행사할 능력이 없는 존재, 즉 자신의 인생과 운명에 관하여 스스로 결정하고 형성할 능력이 없는 열등한 존재’라는 것의 규범적 표현이다. 그러므로 이 사건 법률조항은 남녀 평등의 사회를 지향하고 실현해야 할 국가의 헌법적 의무(헌법 §36①)에 반하는 것이자, 여성을 유아시(幼兒視)함으로써 여성을 보호한다는 미명 아래 사실상 국가 스스로가 여성의 성적자기결정권을 부인하는 것이 되는 것이다. 나아가 개인 스스로 선택한 인생관·사회관을 바탕으로 사회공동체 안에서 각자의 생활을 자신의 책임아래 스스로 결정하고 형성하는 성숙한 민주시민이 우리 헌법이 지향하는 바람직한 인간상이라는 점에 비추어 볼 때, 결국 이 사건 법률조항이 보호하고자 하는 여성의 성적자기결정권은 여성의 존엄과 가치에 역행하는 것이라 하지 않을 수 없다. 이러한 점에서 중앙행정기관 중 여성정책의 기획·종합, 여성의 권익증진 등 지위향상에 관한 사무를 관장하는 여성부장관이 이 사건 법률조항에 대하여 여성을 성적 의사결정의 자유도 제대로 행사할 수 없는 존재로 비하하고 있다는 등의 이유로 남녀 평등의 원칙에 위배된다고 하여 위헌의견을 개진한 것은 시사하는 바가 매우 크다 할 것이다. 이 사건 법률조항에 의하여 보호받는 '음행의 상습없는 부녀'란 '불특정인을 상대로 성생활을 하는 습벽'이 없는 기혼 또는 미혼의 부녀를 의미하므로 이른바 '성매매여성' 뿐만 아니라 같은 시기에 다수의 남성과 성관계를 맺는 여성도 그 보호대상에서 제외된다. 그러나 '음행의 상습 있는 부녀'의 성행위 결정요소 중에는 돈을 벌기 위함이라든지 자유분방한 성적 취향 등 다양한 요소가 개입될 수 있어서 '음행의 상습없는 부녀'와 비교할 때 그들의 혼인에 대한 신뢰의 정도가 상대적으로 낮다는 취지를 감안하더라도 이는 정도의 차이에 불과할 뿐 형법이 이를 구분해 한쪽을 보호대상 자체에서 제외시켜야 할 근거가 되지는 못한다. 오히려 혼인빙자간음죄가 다수의 남성과 성관계를 맺는 여성 일체를 '음행의 상습 있는 부녀'로 낙인찍어 보호의 대상에서 제외시키고 보호대상을 '음행의 상습없는 부녀'로 한정함으로써 결국에는 여성에 대한 고전적 정조관념에 기초한 가부장적·도덕주의적 성 이데올로기를 강요하는 셈이 되고 만다. 이는 결국 이 사건 법률조항의 보호법익이 여성의 주체적 기본권으로서 성적자기결정권에 있다기 보다는 현재 또는 장래의 경건하고 정숙한 혼인생활이라는 여성에 대한 남성우월의 고전적인 정조관념에 입각한 것임을 보여준다 할 것이다. 따라서 이 사건 법률조항의 경우 형벌규정을 통하여 추구하고자 하는 목적 자체가 헌법에 의하여 허용되지 않는 것으로서 그 정당성이 인정되지 않는다고 할 것이다.」 이 사건에서 헌법재판소는 혼인을 빙자하여 성관계를 가지는 행위를 범죄로 처벌하는 것은 민사상의 책임을 물어도 되는 것인데 범죄화한 것이라고 하여 헌법 제37조 제2항이 정하는 기본권 제한에서 수단의 최소침해요건에 위반된다고 한 것이 아니라, 기본권을 제한하는 형법의 해당 규정이 입법의 목적에서 정당성을 가지지 못한다고 판시하였다. 이렇게 되면 이러한 행위를 한 것에 대해서는 민사상의 책임도 인정되지 않는다는 결론에 이른다.

일본국에서는 현행 형법이나 구 형법에 혼인을 빙자한 성행위를 범죄로 처벌하는 규정이 없다. 프랑스에서도 형법에 이러한 행위를 처벌하는 규정은 없다. 미합중국에서는 대부분의 주에서 혼인을 빙자한 성행위가 처벌의 대상이 아니며, 일부 주에서만 간통죄와 같이 이를 처벌하는 경우가 있으나 기소되는 경우는 거의 없다. 독일에는 구 형법에 혼인빙자간음죄가 있었으나 개정 형법에서 폐지되었다. 터키, 쿠바, 루마니아 등 소수의 국가들에서는 형법 등에서 혼인빙자간음죄를 처벌하는 규정을 두고 있다. 우리나라는 1953년 형법이 제정되기 전에 적용된 依用 刑法에는 혼인빙자간음죄에 대한 처벌조항이 없었고, 刑法 제304조는 일본국 刑法 假案의 영향을 받은 것으로 알려져 있다. 1992년의 형법 개정법률안에서 형법 제304조를 폐지하기로 논의된 바 있으나, 1995년의 형법개정에는 반영되지 아니하였다.

(3) 자기책임원리

헌법 제10조에 의하여 인정되는 자기결정권은 권리를 인정하는 것이면서 동시에 자기결정권의 한계의 논리로 자기결정에 따른 책임은 자기가 진다는 自己責任原理를 포함하고 있는 것이기도 하다.

자기결정에 따른 것에 대한 자기책임원리는 자기가 결정한 결과와 그에 관련된 부분에 대해서는 자기가 책임을 진다는 것과 반대로 자기가 결정하지 않은 것이나 자기가 결정할 수 없는 것에 대해서는 법적 책임을 지지 않는다는 것을 포함한다(예: 憲 2004. 6. 24.-2002헌가27; 2009. 10. 29.-2008헌바146등). 자신의 범죄에 대해서만 형벌의 책임을 지는 형벌책임주의는 이러한 자기책임원리에 의한 것인 동시에 죄형법정주의의 내용을 이룬다([84] Ⅱ (7)).

> [憲 2009. 10. 29.-2008헌바146등] 「헌법 제10조가 정하고 있는 행복추구권에서 파생되는 자기결정권 내지 일반적 행동자유권은 이성적이고 책임감 있는 사람의 자기 운명에 대한 결정·선택을 존중하되 그에 대한 책임은 스스로 부담하는 것을 전제로 한다. 자기책임의 원리는 이와 같이 자기결정권의 한계논리로서 책임부담의 근거로 기능하는 동시에, 자기가 결정하지 않은 것이나 결정할 수 없는 것에 대하여는 책임을 지지 않고, 책임부담의 범위도 스스로 결정한 결과 내지 그와 상관관계가 있는 부분에 국한됨을 의미하는 책임의 한정원리로 기능한다.」

(4) 일반적 인격권

人格權, 肖像權, 姓名權, 名譽權, 音聲權, 자신의 血統을 알 권리도 인간의 존엄과 가치에서 도출되는 기본권이라고 할 것이다(同旨: 許營a, 325). 이러한 것을 一般的 人格權(allgemeines Persönlichkeitsrecht)이라고 한다. 사생활의 비밀도 일반적 인격권의 내용에 포함되지만, 헌법은 제17조에서 이를 따로 명시하여 정하고 있으므로 헌법 제10조에서 도출되는 일반적 인격권에는 포함되지 않는다.

憲法裁判所는 일반적 인격권(예: 憲 1990. 9. 10.-89헌마82; 1991. 9. 16.-89헌마165; 1997. 3. 27.-95헌가14등; 2001. 7. 19.-2000헌마546; 2002. 7. 18.-2000헌마327; 2003. 6. 26.-2002헌가14)과 명예권(예: 憲 2002. 1. 31.-2001헌바43)을 헌법 제10조에서 도출되는 개별적 기본권으로 인정한다. 청소년을 상대로 성행위를 한 성매수자의 신상을 공개하는 법률의 규정은 인격권이나 사생활의 비밀을 침해하는 것이 아니라고 판시하였다(예: 憲 2003. 6. 26.-2002헌가14. 이 사건은 위헌의견 5: 합헌의견 4로 합헌결정된 것이다).

> [憲 1997. 3. 27.-95헌가14등] 「헌법 제10조는 모든 국민은 인간으로서의 존엄과 가치를 가지며 행복을 추구할 권리가 있다고 규정하고 있는바, 이로써 모든 국민은 그의 존엄한 인격권을 바탕으로 하여 자율적으로 자신의 생활영역을 형성해 나갈 수 있는 권리를 가지는 것이다. 그런데 이 사건의 경우 친생부인의 소의 제척기간을 일률적으로 자의 출생을 안 날로부터 1년으로 규정함으로써 부가 자의 친생자 여부에 대한 의심도 가지기 전에 그 제척기간이 경과하여 버려 결과적으로 부로 하여금 혈연관계가 없는 친자관계를 부인할 수 있는 기회를 극단적으로 제한하고 또

자의 출생 후 1년이 지나서 비로소 그의 자가 아님을 알게 된 부로 하여금 당사자의 의사에 반하면서까지 친생부인권을 상실하게 하는 것이다. 이는 인간이 가지는 보편적 감정에도 반할 뿐 아니라 자유로운 의사에 따라 친자관계를 부인하고자 하는 부의 가정생활과 신분관계에서 누려야 할 인격권 및 행복추구권을 침해하고 있는 것이다.」

[憲 2001. 7. 19.-2000헌마546] 「보통의 평범한 성인인 청구인들로서는 내밀한 신체부위가 노출될 수 있고 역겨운 냄새, 소리 등이 흘러나오는 가운데 용변을 보지 않을 수 없는 상황에 있었으므로 그 때마다 수치심과 당혹감, 굴욕감을 느꼈을 것이고 나아가 생리적 욕구까지도 억제해야만 했을 것임을 어렵지 않게 알 수 있다. 나아가 함께 수용되어 있던 다른 유치인들로서도 누군가가 용변을 볼 때마다 불쾌감과 역겨움을 감내하고 이를 지켜보면서 마찬가지의 감정을 느꼈을 것이다. 그렇다면, 이 사건 청구인들로 하여금 유치기간 동안 위와 같은 구조의 화장실을 사용하도록 강제한 피청구인의 행위는 인간으로서의 기본적 품위를 유지할 수 없도록 하는 것으로서, 수인하기 어려운 정도라고 보여지므로 전체적으로 볼 때 비인도적·굴욕적일 뿐만 아니라 동시에 비록 건강을 침해할 정도는 아니라고 할지라도 헌법 제10조의 인간의 존엄과 가치로부터 유래하는 인격권을 침해하는 정도에 이르렀다고 판단된다.」

[憲 2002. 7. 18.-2000헌마327] 「청구인들의 옷을 전부 벗긴 상태에서 앉았다 일어서기를 반복하게 하는 방법의 이 사건 신체수색은 그 자체로서 청구인들의 명예와 자존심 등을 심하게 손상하는 점 등을 함께 보태어 보면, 피청구인이 청구인들에 대하여 실시한 이 사건 신체수색은 그 수단과 방법에 있어서 필요 최소한의 범위를 명백하게 벗어난 조치로서 이 사건 신체수색으로 말미암아 청구인들에게 심한 모욕감과 수치심만을 안겨주었다고 인정하기에 충분하다. 그렇다면 피청구인의 청구인들에 대한 이러한 과도한 이 사건 신체수색은 그 필요성에도 불구하고 그 수단과 방법에 있어서 필요한 최소한도의 범위를 벗어났을 뿐만 아니라, 이로 인하여 청구인들로 하여금 인간으로서의 기본적 품위를 유지할 수 없도록 함으로써 수인하기 어려운 정도라고 보여지므로 헌법 제10조의 인간의 존엄과 가치로부터 유래하는 인격권 및 제12조의 신체의 자유를 침해하는 정도에 이르렀다고 판단된다.」

[憲 2003. 6. 26.-2002헌가14] 「법 제20조 제2항 제1호상의 신상공개제도는 해당 범죄인들의 일반적 인격권, 사생활의 비밀의 자유를 헌법 제37조 제2항의 과잉금지의 원칙에 위배하여 침해한 것이라 할 수 없다.」 **[위헌의견]** 「**• 법 제20조 제2항 제1호의 위헌성** (1) **인격권의 침해** (가) **제한되는 기본권** 우리 헌법 제10조는 모든 국민은 인간으로서의 존엄과 가치를 가지며 행복을 추구할 권리가 있음을 천명하면서, 국가는 개인이 가지는 불가침의 기본적 인권을 확인하고 이를 보장할 의무가 있음을 강조하고 있다. 따라서 인간은 누구나 각자의 자유의지에 따라 스스로 운명을 개척하고 자신의 인격을 자유롭게 발현하여 행복을 추구해 갈 수 있다. 그리고 이러한 권리는 타고난 용모나 재능, 학력, 빈부, 성별 등을 가리지 않으며, 심지어 범죄인에게까지도 한 인간으로서 가지는 기본적인 존엄과 가치는 존중되고 보장되어야 하는 것이다. 이것이야말로 우리 헌법이 추구하는 최고의 가치이자 지향하는 기초적 이념이라고 할 수 있다. 그런데 국가가 범죄

사실과 같이 개인에 대한 사회적 평가에 중대한 영향을 미치는 정보자료를 함부로 일반에 공개할 경우, 그 개인의 긍정적인 면을 포함한 총체적인 인격이 묘사되는 것이 아니라 단지 부정적인 측면만이 세상에 크게 부각됨으로써 장차 그가 사회와 접촉·교류하며 자신의 인격을 자유롭게 발현하는 것을 심대하게 저해할 수 있다. 그러므로 사회활동을 통한 개인의 자유로운 인격발현을 위해서는, 타인의 눈에 비치는 자신의 모습을 형성하는 데 있어 결정적인 인자가 될 수 있는 각종 정보자료에 관하여 스스로 결정할 수 있는 권리, 다시 말하여 사회적 인격상에 관한 자기결정권이 보장되어야 하고, 국가는 이를 최대한 보장할 책무가 있다. 그러나 이 사건 신상공개제도는 본인이 밝히기를 꺼리는 치부를 세상에 공개하여 위와 같은 사회적 인격상에 관한 자기결정권을 현저하게 제한함으로써 범죄인의 인격권에 중대한 훼손을 초래한다고 볼 것이다. (나) **입법목적의 불명확성** 청소년 성매수자의 신상공개는 '성매수행위의 방지를 통한 청소년의 보호'에 그 목적이 있다. 그러나 구체적인 제도의 취지와 관련해서는, 성매매의 심각성에 대한 일반인의 경각심을 불러일으키기 위한 것이라든가, 청소년 성매수자에 대한 공개를 통해 징벌 및 위하의 효과를 거두기 위한 것이라든가, 또는 성범죄의 방지를 위해 그 잠재적 피해자로 하여금 사전에 정보를 얻도록 하자는 데 입법취지가 있다고 하는 등 그 견해가 분분하다. 이처럼 불분명한 입법의도로 말미암아 통상적으로 이 제도에는 위와 같은 입법목적들이 모두 혼재하는 것으로 인식되고 있으나, 바로 이 때문에 신상공개는 그 어떤 목적에도 적합하지 않은 제도로 운용되는 근본적인 문제를 안고 있다. (다) **과잉금지원칙의 위반** 1) 먼저, 순수히 일반인의 경각심을 불러일으키고자 하는 계도의 목적이라고 하면, 굳이 성매수자의 신상을 공개할 필요는 없다. 비록 사례의 소개가 계도의 효과를 증대하는 데 도움이 될 수 있다고 할지라도, 당사자의 실명이 아니라 가명을 사용하는 등 익명성을 보장해 주더라도 성매매의 심각성을 인식시키기 위한 계도의 목적은 얼마든지 달성할 수 있기 때문이다. 따라서 이렇게 보는 한, 신상공개는 불필요하게 기본권을 제한하는 것이어서 과도하다. 2) 다음으로, 정보제공으로 잠재적 피해자의 보호에 그 목적이 있다고 하면, 현행 신상공개제도는 오히려 불충분한 정보제공으로 실효성이 거의 없다는 비판을 면하기 어렵다. 공개되는 정보가 성명·연령·생년월일·직업·주소(시·군·구까지만)·범죄사실의 요지로 한정되고 있어, 통상 이 자료만으로는 잠재적 피해자측이 공개대상자를 식별하는 것은 매우 힘들기 때문이다. 더구나 이 중 직업과 주소는 확정판결문에 기재된 것을 공개하는데, 그 후에 직업과 주소가 변경된다면 그나마 오히려 잘못된 정보를 제공하는 셈이 된다. 또한, 매년 반기별로 형이 확정된 시점에 즈음하여 획일적으로 최장 6월간만 공개하는 조치도 범죄인의 재범의 위험성으로부터 잠재적 피해자를 보호한다는 목적과는 거리가 멀다. 비교적 경미한 형(벌금, 집행유예 등)을 선고받아 재범위험성이 적은 자의 경우에는 정보제공의 필요성이 그다지 크지 않을 터인데도 신상공개로 당장 대상자의 정상적인 사회생활에 큰 지장을 주는 데 반하여, 재범위험성이 높아 수년의 징역형이 확정된 자의 경우에는 정보제공의 의미가 별로 없는 교도소 수용기간 동안에만 신상을 공개하고, 정작 그가 출소하여 정보제공의 필요성이 있을 때에는 아무런 정보제공이 없어 잠재적 피해자 보호라는 임무를 방기하는 결과를 낳기 때문이다. 따라서 이러한 관점에서 보는 한, 현행 신상공개제도는 별로 실효성이 없어, 수단의 적합성을 인정하기 어렵다. 3) 반면에, 체면을 중시하는 우리 사회에서 범죄사실과 함께 그 신상을 일반 공중에 공개하는 제도적 조치는 현실적으로 상당한 제재 및 위하의 효과를 가진다고 보아야 할 것이다. 그런데 현행 신상공개제도의 주된 목적과 기능이 이처럼 범죄인에게는 창피를 주고 일반국민에 대해서는 '청소년 성매수자는 이렇게 망신을 당한다'고 하는 위하의 효과를 거두는 데 있다고 한다면, 이는 곧 소위 '현대판 주홍글씨'에 비견할 정도로 수치형과 매우 흡사한 특성을 지닌다. 그러나 공개적으로 범죄인의 체면을 깎아내려 그에 대한 대중의 혐오를 유발하고 그 결과 세인의 경멸과 사회적 배척이 가해지도록 하는 수치형의 기본구조는 본질적으로 심각한 문제점들을 안고 있다. 즉, 수치형은 범죄인의 주관적 명예감정이나 그의 사회적 관계 여하에 따라 혹은 범죄인에 대한 대중의 혐오감이 얼마나 광범하고 강렬하게 표출되느냐에 따라 처벌의 강도가 크게 좌우되는 단점이 있다. 그리고 법에 의한 지배원리를 경시하고, 사인에 의한 무절제한 보복행위 내지 자경행위(自警行爲)를 조장할 위험도 내포하고 있다. 무엇보다도 가장 근본적인 오류는 범죄행위의 반가치와 범죄인 인격의 무가치를 혼동하는 것이다. 비록 범죄인일망정 윤리적 책임능력을 갖춘 인격체로 보는 것은 형벌권 행사의 기본 전제이자 궁극적 한계라 할 수 있다. 또한, 사회에서 진정으로 근절해야 할 대상은 엄밀한 의미에서 범죄행위이지 범죄인 본인은 아니라고 할 것이다. 그럼에도 수치형은 이를 분별함이 없이 범죄인을 하나의 인격체로서가 아니라 한낱 범죄퇴치의 수단으로 취급하고 그를 대중의 조롱거리나 경멸의 대상으로 만들어 필경 사회적 매장으로 몰고 가려는 의도가 짙다. 이는 단지 범죄인의 인격을 황폐화시키는 것에서 끝나는 것이 아니라, 사회 전체에 인간존엄성에 대한 불감증을 만연시킬 수 있다. 그리하여 수치형은 19세기 초까지 유럽 등지에서 성행하다가 그 이후부터는 자격형(자격정지, 자격상실 등)으로 변모하기에 이른다. 그런데도 성매수자에 대한 신상공개를 제도화하여 근대 형사제도의 발전과정에서 자취를 감췄던 수치형의 기본구조를 답습하는 것은 시대의 흐름에 맞지 않고, 앞서 본 수치형의 문제점들을 거의 그대로 재현할 우려가 있다. 즉, 현행 신상공개제도는 대상자를 독자적 인격의 주체로서 존중하기보다는 대중에 대한 전시(展示)에 이용함으로써 단순히 범죄퇴치수단으로 취급하는 인상이 짙다. 공개대상자는 주변의 경멸을 시작으로 직장 또는 삶의 근거지를 옮기거나 이혼 기타 가정파탄을 겪는 등 한 개인이 오랫동안 가꿔온 사회적 지위와 환경을 하루아침에 박탈당할 수 있다. 더 나아가서, 죄 없는 가족들에게까지 함께 정신적 고통을 겪게 하거나 그 생활기반을 상실시키는 결과가 초래될 수도 있다. 이렇게 볼 때, 신상공개제도는 국가가 단지 범죄행위만이 아니라 범죄인 본인까지 악으로 규정짓고 사회에서 근절할 대상으로 삼고 있다는 의문을 갖기에 충분하다. 이는 비록 범죄인일망정 그가 지니는 인간으로서의 기본적인 존엄과 가치를 보장하는 것이 국가적 의무임을 천명한 우리 헌법의 이념에 정면으로 배치되는 것이라 아니할 수 없다. 4) 사회 일각에서는 신상공개야말로 뿌리깊은 청소년 성매매의 폐습을 바로잡기 위한 효과적인 대책이며, 그와 같은 극약처방을 도입하는 것이 불가피하다는 주장도 강하게 제기되고 있다. 물론 이러한 지적에도 일면 소홀히 넘어갈 수 없는 부분이 분명히 있다. 그러나 청소년 성매매가 성행하는 것은 어른들의 왜곡된 성의식이나 성 충동 억제력의 부족, 청소년들의 성에 대한 지나친 개방적 사고와 배금주의적 행태, 그리고 남성우월주의에 기초하여 여성을 지배의 대상으로 보는 논리와 10대의 성을 상품화하는 극도의 소비자본주의 풍조 등이 모두 한 데 맞물려 나타난 병폐현상이라 할 것이다. 따라서 이에 대한 근원적 치유는 위와 같은 각 요인에 대처하는 다각적 접근을 통해서만 가능할 것이다. 구체적으로, 형벌이나 신상공개와 같은 처벌 일변도가 아니라, 성범죄자의 치료나 효율적 감시, 청소년에 대한 선도, 기타 청소년 유해환경을 개선하기 위한 정책 추진과 같은 다양한 수단들을 종합적으로 활용하는 것이 얼마든지 가능하고, 오히려 전체 청소년 성매수 사건 중 적발되는 사건의 비율이 극히 미미한 현실에 비추어 볼 때 이와 같은 근본적인 예방책에 치중하는 것이 더 바람직한 것으로 보인다. 그러함에도 국가가 이러한 노력을 다하기도 전에 개인의 인격권에 중대한 침해를 가져올 수 있는 신상공개라는 비정상적인 방법을 동원하는 것은 최소침해성의 관점에서도 문제가 있다. 5) 다른 한편, 신상공개는 이미 형사처벌된 범죄행위 외에 추가적으로 요구하는 대상자의 행위요건이 없어, 동일한 범죄행위에 대하여 거듭 제재를 가하는 경우에 해당한다. 게다가, 일반적인 행정제재의 경우와는 달리 행정상 의무이행 확보를 목적으로 하는 것이 아니라 범죄방지 그 자체를 직접적인 목적으로 하며, 그것도 계도나 정보제공보다는 주로 징벌 및 위하의 효과를 통해 그러한 목적을 추구하는 점에서 그 목적과 기능이 형벌과 상당히 중복된다. 그러나 형사처벌 후에 신상공개까지 한다고 해서 과연 얼마나 더 범죄억지의 효과를 거둘 수 있을지는 미지수다. 신상공개는 일반예방이나 특별예방의 효과가 거의 없고 오히려 당해 범죄인으로 하여금 더욱 파괴적인 행위로 나아가게 할 우려가 있다는 범죄심리학적 분석도 있거니와, 실제로 법시행 후 지금까지 4회에 걸쳐 신상공개가 실시되었지만 성범죄율이 감소하는 징후는 아직 포착되고 있지 아니하다. 그리고 지난 제4회 신상공개에서는 제2회 및 제3회 신상공개 당시 명단에 들었던 4명이 다시 공개대상이 되는 일이 발생하였는바, 이 역시 현행 신상공개제도의 범죄억지 효과가 매우 회의적임을 여실히 보여주고 있다. 무릇 형벌은 개인의 자유와 안전에 대한 중대한 침해를 가져오는 탓에 국가적 제재의 최후수단(ultima ratio)으로 평가된다. 그런데 이미 그러한 형벌까지 부과된 마당에, 형벌과 다른 목적이나 기능을 가지는 것도 아니면서, 형벌보다 더 가혹할 수도 있는 신상공개를 하도록 한 것은 국가공권력의 지나친 남용이다. 더구나, 신상공개로 인해 공개대상자의 기본적 권리가 심대하게 훼손되는 데에 비해 그 범죄억지의 효과가 너무도 미미하거나 불확실한바, 이러한 점에서도 법익의 균형성을 현저히 잃고 있다고 판단된다. 6) 신상공개제도를 옹호하는 입장에서는 최근 미국 연방대법원이 소위 메간법(Megan's Law)에 대해 합헌판결을 한 것에 주목할 필요가 있다고 주장한다. 그러나 메간법은 그 구체적인 입법방향이나 내용에 있어서 우리의 신상공개제도와 현격한 차이가 있을 뿐만 아니라, 미국 연방대법원의 판결은 사후입법처벌금지조항(Ex Post Facto Clause)과 절차적 적법절차원칙(Procedural Due Process)의 위반 여부만 쟁점으로 다루었기 때문에, 우리의 신상공개제도가 과잉금지원칙이나 평등원칙에 위배되는지 등과 관련해서는 전혀 참고가 되지 못한다. 7) 이에 반하여, 영국의 소위 사라법(Sarah's Law)의 제정 사례는 공공의 안전과 범죄인의 인격권이 어떻게 조정되어야 하는지에 대한 하나의 본보기가 될 수 있다. 즉, 1997년에 영국 의회가 통과시킨 성범죄자법(Sex Offender Act of 1997)은 일반적인 통지제도는 규정하지 않고, 그 대신 경찰이 예외적인 경우 그 지역에 거주하는 아동 성범죄자에 관한 정보를 학교나 기타 특정인에게 통지할 수 있도록 하는 규정만 두고 있었다. 그리고 이에 관한 영국 내무부의 실무지침에 의하면, 경찰은 사안별로 범죄의 위험성을 구체적으로 판단하여 단지 예외적으로만 정보를 공개할 수 있을 뿐이었다. 그런데 2000년 7월에 사라 패인(Sarah Payne)이라는 8살 난 소녀가 실종 16일만에 성폭행 후 살해된 채로 발견되는 사건이 발생하였고, 이에 영국의 시민들은 의회에 더욱 엄중한 조치를 마련할 것을 부르짖으며 메간법과 같은 일반적인 통지제도를 도입하라고 촉구하였다. 그러나 들끓는 여론에도 불구하고 영국 의회는 2000년 말에 성범죄자법에 대한 개정안을 통과시키면서 끝내 일반적인 통지제도는 도입하지 않았다. '사라법'이라고 이름 붙여진 동 개정법은 그 대신 단지 지역별 성범죄자들의 숫자만 일반인들에게 공개할 수 있도록 하였다. 이는 한편으로는 성범죄자가 신상공개로 인해 사회적 박해를 당할 위험에 노출되는 것을 피하면서, 다른 한편으로는 일반대중에게 그 지역에 성범죄의 위험이 있음을 주의시키기 위함이었다. 즉, 영국 의회는 일반적인 통지제도에 대한 반성적 고찰 끝에 유권자들의 목소리에 쉽게 쏠리지 않고 아동의 보호에 관한 이익과 성범죄자의 정상적인 사회복귀에 관한 이익을 나름대로 조화롭게 절충하고자 했던 것이다. 이러한 영국의 입법례는, 우리의 신상공개제도가 범죄의 위험성을 개별·구체적으로 평가함이 없이 단지 국민의 도덕성을 회복하고 경각심을 제고한다는 막연한 명분을 내세워 획일적으로 전국에 걸친 일반적인 공개를 함으로써 범죄인의 인격권 및 정상적인 사회복귀를 소홀히 취급하고 있는 것과는 뚜렷한 대조를 이루는 점에서 우리에게 시사하는 바가 크다고 할 것이다. (라) **소결론** 청소년 성매수행위는 자라나는 청소년들의 심신을 병들게 하고 일생에 돌이킬 수 없는 후유증을 남기는 부당한 성적 착취행위일 뿐 아니라, 국가 전체적인 차원에서도 성윤리를 파괴하고 국가의 장래를 어둡게 만드는 범죄라는 점은 누구도 부정할 수 없다. 그러나 그렇다고 해서 청소년 성매수자에 대한 어떠한 기본권 제한도 다 정당화될 수 있는 것은 아니다. 현행 신상공개제도는 청소년 성매매의 심각성을 인식시키기 위한 순수한 계도의 목적을 벗어난 것이고, 공개대상자의 선정 기준이나 공개시점·기간·범위 등에 비추어 보건대 대상자의 구체적 재범위험성에 대처하기 위한 수단도 아니며, 단지 한 개인의 치부를 국가가 직접 적극적으로 일반대중에게 폭로하는 극히 비정상적이고 선정적인 방법을 동원함으로써 징벌 및 위하의 효과를 극대화하는 데에만 주된 초점을 맞추고 있다. 그러나 현행 신상공개제도가 실제로 범죄의 억지나 예방에 실효성이 있다는 증거는 어디에서도 찾아보기 어렵다. 반면에, 신상공개는 이미 형사처벌을 받아 응분의 죄값을 치른 자를 대상으로 또 다시 '사회적 사형선고'를 하는 것과 같은 폐해를 가져온다. 이는 국가공권력에 허용되는 최후수단의 한계를 넘어서는 것일 뿐만 아니라, 그 내용에 있어 오늘날 문명국가에서는 용납되기 힘들 정도의 잔인함과 가혹함이 있다. 이러한 견지에서 청소년 성매수자에 대한 신상공개는 그 구체적 입법목적의 정당성이나 수단의 적합성, 피해의 최소성, 법익의 균형성 등의 요건을 충족하였다고 인정하기 어려우므로 대상자의 인격권을 과도하게 침해하고 있다고 할 것이다. (2) **평등원칙 위반** (가) **문제의 소재** 법 제20조 제2항 제1호는 범죄방지를 이유로 청소년 성매수자의 사회적 인격상에 관한 자기결정권을 제한한다. 그런데 일반 범죄자 및 일부 청소년 대상 성범죄자(이하 '일반범죄자등'이라 한다)에 대해서는 신상공개를 통한 위와 같은 제한을 허용하고 있지 않다. 그러나 범죄방지의 필요성은 일반범죄자등의 경우에도 마찬가지로 인정된다. 그러므로 양자를 차별하는 것이 과연 정당화될 수 있는지는 헌법상 해명의 필요가 있다. (나) **심사의 기준** 헌법에서 특별히 차별의 근거로 삼아서는 안 되는 기준이나 차별이 금지되는 영역을 제시하고 있는 경우 또는 차별적 취급으로 인하여 관련 기본권에 중대한 제한이 초래되는 경우에는, 단지 차별의 합리적 이유의 유무만을 확인하는 정도를 넘어, 차별의 이유와 차별의 내용 사이의 적절한 균형 여부까지 살피는 비례원칙에 의한 심사를 함이 적절하다는 것이 우리 재판소의 확립된 판례이다(헌재 1999. 12. 23.-98헌마363). 이 사건의 경우, 헌법이 금지하는 차별의 기준이나 영역이 적용되고 있지는 않다. 그러나 형이 확정된 자의 범죄사실을 그 실명과 함께 일반에 공개하는 것은 공개대상자의 사회적 인격상에 부정적 영향을 미쳐 그의 자유로운 인격발현을 현저히 가로막을 수 있다는 점에서 인격권이 중대하게 제한되는 경우에 해당한다. 더구나, 모든 범죄에 대해서가 아니라 특정 유형의 범죄에 대해서만 신상공개를 할 경우, 그 대상자는 일반대중의 뇌리에 다른 범죄자보다 더 위험하거나 추잡한 인물로 각인되어 사회적 낙인의 효과가 그만큼 더 증폭된다고 볼 것이므로, 결과적으로 선별적 신상공개는 그 대상자를 특별히 사회적 배척의 표적이 되도록 지목하는 의미를 가진다. 그렇다면, 이 사건에서는 차별취급으로 인하여 관련 기본권에 중대한 제한이 초래되고 있다고 할 것이므로, 비례원칙에 의한 심사기준을 적용함이 상당하다. (다) **구체적 검토** 이러한 전제에서 이 사건의 경우를 살펴보면, 다음과 같은 점에서 과연 차별의 합리적 이유가 존재하는지부터 의문스러운 면이 있다. 우선, 청소년 성매수죄가 신상공개가 되지 않는 다른 범죄들보다 죄질이나 법정형이 반드시 더 무거운 것도 아니다. 그 예로, 미성년자에 대한 살인이나 인질강도죄는 신상공개는 되지 아니하나, 그 죄질이나 법정형은 오히려 청소년 성매수죄보다 훨씬 더 무겁다. 다음으로, 청소년 성매수죄는 성매매에 관해 상대 청소년의 동의가 있을 것을 요건으로 하는 점에서 폭력성이나 불특정인이 불의의 피해자가 될 위험성이 거의 없다. 그리고 예컨대 상습폭행이나 상습강 · 절도와 같이 재범의 위험성이 보다 더 높은 범죄들도 신상공개까지 되는 것은 아니라는 점에 비추어 보면, 청소년 성매수자에 대해 신상공개를 하는 것이 재범의 위험성 때문이라고 보기도 어렵다. 마지막으로, '청소년의 성 보호'라는 보호법익의 특수성이 신상공개 여부를 나누는 결정적인 기준이 되고 있다고 할 수도 없다. 왜냐하면, 청소년에게 성매수행위의 상대방이 되도록 유인 · 권유한 자(법 제6조 제4항), 영업으로 청소년 성매수행위를 하도록 유인 · 권유 또는 강요한 자(법 제7조 제2항 제1호), 청소년 성매수행위의 장소를 제공하거나 청소년 성매수행위를 알선한 자(법 제7조 제2항 제2호, 제3호) 등은 모두 청소년 성매매를 유발 · 조장하는 범죄자들로서, 청소년 성매수자보다 더 무거운 법정형이 예정되어 있는 점에서 위 보호법익을 더 중대하게 침해하는 것으로 평가될 수 있음에도, 신상공개는 되지 않기 때문이다. 그렇다면 결국 일반범죄자등과 청소년 성매수자를 차별할 만한 다른 합리적 이유는 찾기 어렵고, 다만 성인 남성들에게 청소년 성매수행위를 하지 말라는 강력한 경고의 메시지를 전하려는 입법의도만 유일한 차별근거가 아닌가 생각된다. 그러나 이러한 입법의도가 청소년 성매수자에 대한 신상공개를 정당화할 만큼의 성질이나 비중을 가지고 있지 않음은 이미 앞에서 인격권의 침해 여부를 논하면서 살펴본 바와 같다. 즉, 신상공개는 인간 존엄성을 보장하는 헌법정신에 위배되는 측면이 아주 강할 뿐만 아니라, 이미 한번 형사처벌을 받은 자의 정상적인 사회복귀를 지나치게 가로막는 등의 부작용이 큰 반면, 범죄의 억지나 예방에는 그다지 실효성이 없는 제도로서, 위와 같은 입법의도를 실현하기 위한 수단으로서는 너무나 과도하다고 아니할 수 없다. ㈑ **소결론** 그렇다면 일반범죄자등과는 달리 청소년 성매수자만 차별하여 신상공개를 하는 것은 그 차별의 이유와 차별의 내용 사이의 적절한 균형관계를 인정할 수 없으므로 평등원칙에 위배된다고 할 것이다. **• 법 제20조 제5항의 위헌성** (1) **문제의 소재** 법 제20조 제5항은 신상공개의 구체적인 시기 · 기간 · 절차 등에 관한 일체의 사항을 대통령령에서 정하도록 위임하고 있는바, 이 법률조항에 대하여는 그러한 위임이 헌법상 정당화될 수 있는지가 문제된다. (2) **위임입법의 한계** 헌법 제75조는 "대통령은 법률에서 구체적으로 범위를 정하여 위임받은 사항……에 관하여 대통령령을 발할 수 있다"고 규정함으로써 위임입법의 근거와 동시에 그 한계를 명시하고 있다. 즉, 의회입법의 원칙과 법치주의를 실현하려는 위 조항의 취지에 비추어 볼 때, '구체적으로 범위를 정하여'라 함은 누구라도 당해 법률 그 자체로부터 대통령령 등에 규정될 내용의 대강을 예측할 수 있도록 기본적인 사항을 법률에서 구체적이고도 명확하게 규정해 놓고 있어야 한다는 뜻으로 풀이된다. 위임입법의 구체성 · 명확성이 요구되는 정도는 그 규율대상의 종류와 성격에 따라 달라져야 할 것이로되, 특히 국민의 기본권을 직접적으로 제한하거나 침해할 소지가 있는 법규에서는 구체성 · 명확성이 강하게 요구된다고 할 것이다(憲 2000. 1. 27. -96헌바95등). (3) **구체적 검토** ㈎ 신상공개제도에 있어서 그 시기 · 기간 · 절차 등이 가지는 의미는 단순한 부수적 사항 이상의 의미를 내포하고 있다. 먼저, 신상공개의 '시기'와 관련하여서는, 대상자에게 형이 확정된 때에 바로 신상공개절차에 들어갈 것인지 아니면 미국의 메간법처럼 대상자가 형을 마친 후 석방될 무렵에 비로소 신상공개절차에 들어갈 것인지가 문제된다. 그런데 이는 신상공개를 함에 있어서 계도나 위하에 초점을 맞출 것인가 아니면 잠재적 피해자의 자기방어에 필요한 정보제공에 초점을 맞출 것인가와 관련된 것으로서, 신상공개제도의 전반적인 성격을 좌우할 수도 있는 매우 중요한 사항이다. 또한, 신상공개는 일단 행해지고 나면 그로 인한 손해를 돌이키기 어려운 특성이 있는바, 만일 공개대상자 선정 후 행정심판 청구기간이나 행정소송 제소기간이 경과하기도 전에 곧바로 공개를 한다면, 이는 대상자로부터 실질적인 권리구제의 기회를 사실상 박탈하는 것이나 다름없다는 점에서, 대상자를 선정하고 얼마나 지난 후에 공개를 할 것인가 하는 문제도 신상공개의 시기와 관련하여 중요한 쟁점이 된다고 할 것이다. 다음으로, '기간' 역시 신상공개제도의 핵심적 사항에 해당한다. 신상공개제도의 본질은 개인의 사회적 인격상에 부정적 영향을 미칠 수 있는 정보를 '누구든지 접근하기 쉽게 만든다'는 데 있다. 바로 그러한 정보접근의 용이화로 말미암아 대상자는 심리적으로 위축되거나 혹은 예측하지 못한 사회적 박해를 받을 위험에 노출되게 되는 것이다. 그런데 이처럼 신상공개제도의 요체가 일반대중의 정보접근을 용이하게 만드는 데 있다고 한다면, 신상공개가 어떠한 방법으로, 얼마 동안 행해지느냐는 그러한 정보접근의 용이성에 중대한 영향을 미친다는 점에서 신상공개의 효과를 좌우하는 중요 요소가 아닐 수 없다. 마지막으로, 법 제20조 제5항에서 '절차 등'이라고 함은 신상공개가 이루어지기까지의 전과정을 포섭하는 의미로 보인다. 즉, 신상공개에 필요한 자료는 어떻게 수집하고, 그 자료를 어떠한 심사기구에서 어떠한 기준으로 심사하며, 선정과정에서 당사자에게 의견진술 기회를 줄지 여부 혹은 어떤 방식으로 의견진술 기회를 줄 것인지에 관한 모든 사항들이 다 여기에 포함된다고 할 것이다. 그런데 이러한 일련의 사항들 역시 신상공개제도의 중요한 내용을 이룬다고 판단된다. 공개대상자 선정 기준을 구체적 재범의 위험성에 초점을 둘 것인지 아니면 죄질의 정도에 초점을 둘 것인지, 심사기구의 구성에 있어서 어떻게 중립성 및 전문성을 확보할 것인지, 선정과정에서 당사자의 의견표명이 있을 때에 그것을 절차에 어떤 식으로 반영할지 등은 신상공개제도의 전체적인 운용방향 및 그 공정성 확보와 밀접한 관련을 가지기 때문이다. (나) 이처럼 신상공개의 시기 · 기간 · 절차 등은 신상공개제도의 전반적 성격 및 운용방향을 결정짓는 본질적 내용에 해당할 뿐만 아니라, 대상자의 기본권에 직접적인 영향을 주는 중요한 사항이다. 그리고 이들 사항에 있어서는 그 규율대상이 지극히 다양하거나 수시로 변화하는 성질을 지닌다고 볼 수도 없어 위임의 구체성, 명확성이 보다 엄격히 요구된다고 할 것이다. 그럼에도 법 제20조 제5항은 이러한 시기 · 기간 · 절차 등에 관하여 그 기본내용이나 범위를 구체적으로 정함이 없이 일체를 대통령령에서 정하도록 위임하고 있다. 따라서 하위법령을 보지 않고 법만 가지고서 신상공개의 구체적 시기 · 기간 · 절차 등에 관한 내용의 대강을 파악한다는 것은 실로 불가능하다. (4) **소결론** 그렇다면, 위 법률조항은 포괄위임입법규정으로서, 헌법상 위임입법의 정당한 한계를 벗어났다고 할 것이다. **• 결론** 이상에서 살펴본 바와 같이, 법 제20조 제2항 제1호는 대상자의 인격권을 과도하게 침해할 뿐만 아니라, 정당한 이유 없이 일반범죄자등에 비해 청소년 성매수자만을 불리하게 차별함으로써 평등원칙에도 위배되고, 같은 조 제5항은 신상공개의 시기 · 기간 · 절차 등에 관한 기본내용 및 범위를 구체적으로 정함이 없이 일체를 대통령령에 위임함으로써 헌법 제75조의 포괄위임입법금지원칙에 위배되므로 각 위헌선언을 함이 상당하다.」 **[합헌의견]** 「**• 법 제20조 제2항 제1호의 위헌 여부** 이 사건에서는 동 조항상의 신상공개제도가 이중처벌금지의 원칙에 위배되는 것은 아닌지, 인격권 등을 과잉 제한하는 것은 아닌지, 평등원칙에 위배되는 것이 아닌지 등이 문제된다. (1) **이중처벌금지의 원칙 위배 여부** 헌법 제13조 제1항은 "모든 국민은……동일한 범죄에 대하여 거듭 처벌받지 아니한다"고 하여 '이중처벌금지의 원칙'을 규정하고 있다. 이 원칙은 한번 판결이 확정되면 동일한 사건에 대해서는 다시 심판할 수 없다는 '일사부재리의 원칙'이 국가형벌권의 기속원리로 헌법상 선언된 것으로서, 동일한 범죄행위에 대하여 국가가 형벌권을 거듭 행사할 수 없도록 함으로써 국민의 기본권 특히 신체의 자유를 보장하기 위한 것이다. 그런데 헌법 제13조 제1항에서 말하는 '처벌'은 원칙적으로 범죄에 대한 국가의 형벌권 실행으로서의 과벌을 의미하는 것이고, 국가가 행하는 일체의 제재나 불이익처분을 모두 그 '처벌'에 포함시킬 수는 없는 것이다(憲 1994. 6. 30. -92헌바38). 신상공개제도는 형의 종류를 정하고 있는 형법 제41조에 해당되지 않으나, 해당 범죄자에게 확정된 유죄판결 외에 추가적으로 수치감과 불명예 등의 불이익을 주게 되는데, 이러한 불이익이 실질적으로 수치형이나 명예형에 해당되는지 여부를 살펴봄에 있어서는 신상공개제도의 입법목적, 공개되는 내용과 유죄판결의 관계 등이 고려되어야 할 것이다. 법 제20조 제1항은 "청소년의 성을 사는 행위 등의 범죄방지를 위한 계도"가 신상공개제도의 주된 목적임을 명시하고 있는바, 이 제도는 유사한 범죄예방을 위한 하나의 방법으로 도입된 것이며, 이로써 당사자에게는 일종의 수치심과 불명예를 줄 수 있지만 이는 어디까지나 신상공개제도가 추구하는 입법목적에 부수적인 것이지, 주된 것은 아니라고 볼 것이다. 실제로 지금까지 행해진 신상공개의 실상을 보면, 이는 대국민 범죄방지의 계도를 위하여 개인에 대한 부분적인 자료를 공개한 것으로서, 일종의 사례공개를 하는 정도에 불과한 것이었다. 신상공개제도에서 공개되는 신상과 범죄사실은 헌법 제109조 본문에 의해 이미 공개된 재판에서 확정된 유죄판결의 내용의 일부이며 달리 개인의 신상 내지 사생활에 관한 새로운 내용이 아니고, 위에서 본 바와 같이 공익적 목적을 위하여 이를 공개하는 과정에서 부수적으로 수치심 등이 발생된다고 하여 이것을 기존의 유죄판결 상의 형벌 외에 또 다른 형벌로서 '수치형'이나 '명예형'에 해당한다고 볼 수는 없다. 통상 어떤 행위를 범죄로 규정하고, 이에 대하여 어떠한 형벌을 과할 것인가 하는 문제는 우리의 역사와 문화, 입법당시의 시대적 상황과 국민일반의 가치관 내지 법감정, 범죄의 실태와 죄질 및 보호법익 그리고 범죄예방효과 등을 종합적으로 고려하여 입법자에게 입법재량 내지 형성의 자유가 인정되는 것으로(憲 1995. 4. 20.-91헌바 11; 1998. 11. 26.-97헌바67), 입법자에게는 특정 사회적 현상에 대처하기 위해 범죄예방 조치를 택할 수 있는 입법형성의 자유가 허용된다고 볼 것이고, 신상공개제도는 후술하듯이 인권을 침해하는 위헌적인 제도로 파악되기 어려운 이상, 비록 범죄자의 수치심과 불명예를 수반한다고 하더라도 입법자가 19세 미만의 청소년의 성매수 범죄와 같은 새로운 형태의 반사회적인 범죄에 대처하기 위하여 선택할 수 있는 입법형성의 범위 내에 속하는 것이라고 보아야 할 것이다. 이상의 이유에서, 신상공개제도는 범죄에 대한 국가의 형벌권 실행으로서의 과벌에 해당한다고 단정할 수 없으므로 헌법 제13조의 이중처벌금지원칙에 위배되지 않는다. 참고로, 미국 연방대법원은 알래스카주의 메간법이 성범죄자로 하여금 이미 유죄확정되어 대중에게 개방된 판결자료 중 자신의 신상과 유죄판결에 관한 사항에 관하여 관할 당국에 등록하도록 하고(위반시 형사처벌), 그 자료를 당국이 인터넷에 공개한다고 되어 있어도 이를 수치형이나 명예형으로 볼 수는 없다고 판단한 바 있다. (2) **과잉금지의 원칙 위배 여부** (가) **제한되는 기본권** 헌법 제10조 제1문은 "모든 국민은 인간으로서의 존엄과 가치를 가지며, 행복을 추구할 권리를 가진다"고 규정하고 있는데, 이 조항이 보호하는 인간의 존엄성으로부터 개인의 일반적 인격권이 보장된다(憲 1990. 9. 10.-89헌마82; 1991. 9. 16.-89헌마165). 또한 헌법 제17조는 "모든 국민은 사생활의 비밀과 자유를 침해받지 아니한다"고 규정하고 있다. 신상공개제도는 국가가 개인의 신상에 관한 사항 및 청소년의 성매수 등에 관한 범죄의 내용을 대중에게 공개함으로써 개인의 일반적 인격권을 제한하며, 한편 사생활의 비밀에 해당하는 사항을 국가가 일방적으로 공개하는 것이므로, 이는 일반적 인격권과 사생활의 비밀의 자유를 제한하는 것이라 할 것이다. (나) **과잉금지 원칙의 내용** 이러한 권리와 자유의 제한은 그 제한의 목적과 방법 등에 있어서 헌법 제37조 제2항에서 규정한 과잉금지 내지 비례의 원칙에 어긋나서는 아니된다. 과잉금지의 원칙은 국가가 국민의 기본권을 제한하는 내용의 입법활동을 함에 있어서 준수하여야 할 기본원칙 내지 입법활동의 한계를 의미하는 것으로서, 국민의 기본권을 제한하려는 입법의 목적이 헌법 및 법률의 체제상 그 정당성이 인정되어야 하고(목적의 정당성), 그 목적의 달성을 위하여 그 수단이 효과적이고 적절하여야 하며(수단의 적합성), 입법권자가 선택한 기본권 제한의 조치가 입법목적달성을 위하여 설사 적절하다 할지라도 보다 완화된 형태나 수단을 모색함으로써 기본권의 제한은 필요한 최소한도에 그치도록 하여야 하며(피해의 최소성), 그 입법에 의하여 보호하려는 공익과 침해되는 사익을 비교형량할 때 보호되는 공익이 더 커야 한다(법익의 균형성)는 헌법상의 원칙이다(憲 1990. 9. 3.-89헌가95). (다) **입법목적의 정당성 위배 여부** 신상공개제도의 입법목적은 해당 범죄인의 신상과 범죄행위를 일반에게 공개함으로써 어린이나 청소년 대상 성범죄행위에 대하여 일반 국민에게 경각심을 주어 유사한 범죄를 예방하고, 이를 통하여 청소년을 보호하기 위한 것이다. 법 제정 당시 성인들이 청소년의 성을 매수하는 범죄의 규모나 증가추세가 매우 심각한 양상이었고, 청소년에 대한 성범죄가 청소년의 성장에 미치는 중대한 해악에 대한 인식부족과 때마침 인터넷과 같은 매체의 급속한 발달과 맞물려 도덕성의 심각한 해이 현상을 일으켰고, 더 이상 성인이나 청소년들의 도덕성에만 그 개선을 기대할 수 없는 지경에 이르러 법적 제재장치를 통하여 예방될 필요성이 대두되었다. 청소년들의 성을 매수하는 등의 행위는 비록 그들의 형식상 동의에 의한 것이라 해도 정신적 판단력이 약하고 금전적 유혹에 빠지기 쉬운 청소년들에게 있어서는 그것이 진정한 동의에 해당된다고 보기 어려울 뿐 아니라, 그들의 정신과 육체 등의 건전한 성장에 중대한 해악을 주게 된다. 이러한 행위는 돈이면 무엇이든 가능하고 돈을 위해서라면 청소년의 성매매도 할 수 있다는 매우 위험한 배금주의의 표상으로서, 공동체의 사회적 규칙과 법질서에서 심히 벗어나 우리사회의 근본적 도덕성을 타락시키고 선조들이 가꾸어 온 전통문화를 훼손하므로 이에 대한 적극적인 대처를 하지 않고 방치하였을 때는 우리 사회가 타락한 사회로 변할 수 있다는 점에서 매우 우려할 만한 것이다. 입법자는 이러한 사회적 병폐현상에 대처하여 장차 국가의 장래를 책임지게 될 우리의 청소년들을 보호하고 우리 사회의 성문화에 대한 최소한의 도덕성을 지키기 위하여 그와 같은 입법을 한 것으로 볼 것이다. 그렇다면 이러한 입법목적은 헌법 제37조 제2항의 공공복리를 위하여 필요한 것으로서 그 정당성이 인정된다. (라) **수단의 적합성 위배 여부** 신상공개제도가 그러한 입법목적을 달성하기 위한 가장 효과적이고 적절한 수단에 해당하는지는 의문의 여지가 없지 않으나, 상식적으로 볼 때 해당 범죄인의 신상을 대중에게 공개하는 제도는 일반 성인들에게 미성년자 성매수자가 되지 않도록 하는 위하적 내지 예방적 효과를 줄 것이라는 점을 인정할 수 있으므로, 신상공개제도는 과잉금지 원칙에서 요구되는 수단의 적합성을 갖춘 것이라 볼 것이다. 오늘날 성매매 등 아동에 대한 성착취 문제는 전세계의 관심사가 되고 있고 여러나라에서 신상공개제도와 유사한 새로운 입법수단을 마련하고 있는바, 1989년 유엔 '아동권리조약(Convention on the Right of the Child)'은 조약체결국이 아동을 성매매나 기타 성적 착취행위로부터 보호할 의무를 규정한 바 있고(제34조), 한편 1996년 스웨덴 스톡홀름에서 개최된 '상업적 성착취에 대항하는 제1차 세계 대회'에서는 참가국들이 상업적 성착취의 희생자가 되는 아동의 수를 감소시키는 등의 조치를 향후 5년 이내에 개발할 것을 선언하였다. 미국의 경우 성범죄자들로 하여금 직접 관할 당국에 주기적으로 자신의 성명, 주소, 직장, 유죄판결 내용을 등록하게 하며 등록자들은 사진과 지문까지 찍고 그러한 내용들은 인터넷에 공개되고(알래스카주의 경우), 대만의 경우에도 아동및소년성교역방제조례(兒童及少年性交易防制條例, 2000. 11. 8. 수정 공포된 것)에 의하면, 18세 이상의 자가 대가를 받고 아동(12세 미만자)이나 소년(18세 미만자)과 성교 혹은 외설행위, 그 밖에 동법상 아동이나 소년의 성(性)에 관련된 범죄행위를 한 경우에는 형사판결 확정 후 주관기관이 범죄자의 이름과 사진 그리고 판결요지를 공고하도록 규정하고 있다(제34조). 이러한 입법례는 종래의 형벌이나 보안처분 등의 형사제재 수단만으로는 아동과 청소년의 성을 보호하기 위한 입법목적을 달성하기 불충분하다는 것을 반영하는 것이고, 이는 청소년 성매수 범죄와 그 피해자의 특수성에 기인하는 것이라 볼 수 있다. 한편 현행 제도는 얼굴이나 사진 등 공개대상자에 대한 구체적인 정보를 제공하는 것도 아니고 성매수의 상대방인 청소년을 차단하는 효과도 없어 범죄예방의 효과가 없다는 지적이 있으나, 이 제도의 목적 자체가 이른바 메간법의 경우와 같이 출소한 성범죄자로부터 잠재적인 피해자와 지역사회를 보호하기 위해 정보제공을 한다는 구체적이고 특정적인 것이라기 보다는 청소년의 성을 매수하는 행위의 해악과 심각한 문제점을 계도함으로써 청소년의 성을 보호, 구제하여 궁극적으로 청소년의 인권을 보장하고 이들이 건전한 사회구성원으로 성장할 수 있도록 한다는 보다 일반적 차원에서의 청소년 성매수 범죄의 방지에 있고, 신상공개제도가 일반인으로 하여금 청소년 대상 성범죄의 충동을 억제하게 하는 효과가 있다고 할 것이므로 수단의 적합성이 인정되는 것이다. (마) **피해의 최소성 위배 여부** 이 문제를 살펴봄에 있어서는 신상공개제도가 우리 사회에서 심각하게 황폐화되고 있는 청소년의 성을 보호하기 위한 것이라는 앞서 본 바와 같은 극히 중요한 입법목적에 기인한 것인 점을 주목할 필요가 있다. 구체적으로 위와 같은 청소년 성 보호라는 중대한 입법목적을 효과적으로 달성함에 있어 신상공개제도 외에 명백히 덜 제한적인 다른 수단이 있는지 살펴본다. 앞서 보았듯이 형벌이나 보안처분만으로는 그 입법목적을 달성하는데 충분하다고 하기 어렵고, 가령 청소년 대상 성범죄자의 치료나 효율적 감시체계 확립, 청소년에 대한 선도 등의 정책을 생각해 볼 수 있으나, 청소년 대상 성범죄자에 대한 전문적인 교정 인력의 부족 등 물적·인적 시설이 미비하고, 청소년들의 성에 대한 지나친 개방적 사고와 배금주의적 행태, 성을 상품화하는 잘못된 소비풍조, 어른들의 왜곡된 성의식 등 사회문화적 부문에서의 보다 근본적이고 전반적인 개선에는 많은 시간과 노력이 걸리므로, 현재 증가하고 있는 청소년 대상 성범죄를 예방하기 위해서는 신상공개제도와 같은 입법적 수단이 불필요하다고 단정할 수 없는 것이다. 또한 행정당국이나 경찰당국에 범죄자의 명단을 등록케 하고, 지역주민 등의 요청에 의해서 정보를 공개하는 경우를 상정해 보면, 이러한 방법의 실효성을 달성하기 위해서는 지역주민들에게 해당 범죄자에 대한 상세한 정보가 알려져야 하고 이를 위해서는 관보나 인터넷 이상으로 쉽게 접근할 수 있는 신문이나 방송과 같은 공개수단이 선택될 필요가 있다고 보여지는데, 이러한 제도가 현행 제도보다 명백히 덜 침해적이라고 보기 어렵다. 뿐만 아니라 법 제20조 제3항은 신상공개 결정에 있어서 공개대상자 및 대상 청소년의 연령, 범행동기, 범행수단과 결과 등을 감안하여 공개대상자 및 그 가족 등에 대한 부당한 인권침해가 없도록 할 것을 규정하고 있고, 후술하듯이 하위 법령에 의하면 신상공개 대상자로 선정된 자에 대하여 의견진술기회가 부여되는 등 신상공개제도로 인한 당사자의 불이익을 최소화하기 위한 장치를 마련하고 있다. 그렇다면 신상공개제도가 달리 다른 입법수단이 있음에도 불구하고 해당 범죄인들의 기본권을 더 제한하는 것이라고 단정할 수 없고, 가능한 여러가지 수단 가운데 무엇이 보다 덜 침해적이라고 보기 어려운 상황에서 어떠한 수단을 선택할 것인가는 입법자의 형성의 권한 내라 할 것이므로, 신상공개제도는 피해의 최소성 원칙에 어긋나지 아니한다. (바) **법익의 균형성 위배 여부** 성인에 의한 청소년의 성매수 행위는 앞서 언급하였듯이 빠른 속도로 확산되며, 그러한 범죄행위는 청소년의 정신적, 육체적, 사회적 성장에 평생 치유될 수 없는 심각한 위협을 줄 수 있다. 신상공개제도는 범죄자 본인을 처벌하려는 것이 아니라, 현존하는 성폭력위험으로부터 사회 공동체를 지키려는 인식을 제고함과 동시에 일반인들이 청소년 성매수 등 범죄의 충동으로부터 자신을 제어하도록 하기 위하여 도입된 것으로서, 이를 통하여 달성하고자 하는 '청소년의 성보호'라는 목적은 우리 사회에 있어서 가장 중요한 공익의 하나라고 할 것이다. 이에 비하여 청소년 성매수자의 일반적 인격권과 사생활의 비밀의 자유가 제한되는 정도를 살펴보면, 법 제20조 제2항은 "성명, 연령, 직업 등의 신상과 범죄사실의 요지"를 공개하도록 규정하고 있는바 이는 이미 공개된 형사재판에서 유죄가 확정된 형사판결이라는 공적 기록의 내용 중 일부를 국가가 공익 목적으로 공개하는 것으로 공개된 형사재판에서 밝혀진 범죄인들의 신상과 전과를 일반인이 알게 된다고 하여 그들의 인격권 내지 사생활의 비밀을 침해하는 것이라고 단정하기는 어렵다. 또한, 신상과 범죄사실이 공개되는 범죄인들은 이미 국가의 형벌권 행사로 인하여 해당 기본권의 제한 여지를 일반인보다는 더 넓게 받고 있다. 청소년 성매수 범죄자들이 자신의 신상과 범죄사실이 공개됨으로써 수치심을 느끼고 명예가 훼손된다고 하면서 법적 구제를 요청할 경우, 이들의 인격과 사생활도 보호되어야 하지만, 그 보장 정도에 있어서 일반인과는 차이를 둘 수밖에 없는 것이다. 현행법상 유죄로 확정된 범죄인에게 선거권을 제한하는 등 다른 기본권의 제한이 일반인보다 더 넓게 가능하다면, 특정 성범죄에 있어서는 인격권과 사생활의 비밀의 자유도 그것이 본질적인 부분이 아닌 한 넓게 제한될 여지가 있다고 보아야 한다. 그렇다면 청소년 성매수자의 일반적 인격권과 사생활의 비밀의 자유가 제한되는 정도가 청소년 성보호라는 공익적 요청에 비해 크다고 할 수 없으므로 법익의 균형성 원칙에 어긋나지 않는다. (사) **결론** 법 제20조 제2항 제1호상의 신상공개제도는 해당 범죄인들의 일반적 인격권, 사생활의 비밀의 자유를 헌법 제37조 제2항의 과잉금지의 원칙에 위배하여 침해한 것이라 할 수 없다. (3) **평등원칙의 위배 여부** 신상공개의 대상이 되는 성범죄보다 불법성이 더 크다고도 할 수 있는 청소년 대상 일반 범죄들, 예컨대 미성년자 살해행위, 미성년자 약취유인행위등의 범죄자의 신상은 공개하지 않고, 법상의 청소년 대상 성범죄 가운데에서도 청소년 성매수의 장소제공 또는 알선한 자 등 일련의 행위의 범죄자의 신상은 공개되지 않는다는 점에서 평등원칙 위배여부가 문제된다. 신상공개가 되는 청소년 대상 성범죄를 규정한 법률조항의 의미와 목적은 성인이 대가관계를 이용하여 청소년의 성을 매수하는 등의 행위로 인하여 야기되는 피해로부터 청소년을 보호하려는데 있는 것이고, 이에 비추어 볼 때 청소년 대상 성범죄와 그 밖의 일반 범죄는 서로 비교집단을 이루는 '본질적으로 동일한 것'이라고 단언하기는 어려우며, 나아가 그러한 구분기준이 특별히 자의적이라고 볼 만한 사정이 없다. 또한 청소년 대상 성범죄자 가운데 청소년에게 성매수 행위의 상대방이 되도록 유인 · 권유한 자(법 제6조 제4항), 영업으로 청소년 성매수 행위를 하도록 유인 · 권유 또는 강요한 자(법 제7조 제2항 제1호), 청소년 성매수 행위의 장소를 제공하거나 또는 성매수 행위를 알선을 한 자(법 제7조 제2항 제2호, 제3호) 등, 공개대상에서 제외되는 경우는 그 행위의 대상이나 형태에 있어서 청소년 성매수 행위의 공범적 성격의 것들로서 행위불법성의 차이 등을 고려한 것으로 보이므로, 청소년 대상 성범죄자 중 일부 범죄자의 신상이 공개되지 않는다 하더라도 그러한 차별입법이 자의적인 것이라거나 합리성이 없는 것이라고 단정하기 어렵다. 신상공개제도로 인하여 기본권 제한상의 차별을 초래하나, 기본권의 제한의 여지는 앞서 본 바와 같이 일반인에 대해서보다 성매수자에 대해서는 상대적으로 더 큰 것이고, 공개되는 대상이 이미 형사재판에서 드러난 것이며, 다른 범죄행위에 대하여 특별히 아동 성매매 행위자에 대해서만 불이익을 주려는 의도로 입법된 것이 아니고, 여기서의 차별은 그러한 범죄를 예방할 계도적 조치를 입법하는 과정에서 발생한 부수적, 간접적인 차별에 해당되는 것이다. 따라서 법 제20조 제2항의 신상공개제도가 가져오는 차별은 그 입법목적과 이를 달성하려는 수단 간에 비례성을 벗어난 차별이라고 보기 어렵고, 달리 이것이 헌법 제11조 제1항의 평등원칙을 위배하거나 평등권을 침해한 것이라고 볼 수 없다.　(4) **법관에 의한 재판을 받을 권리의 침해 여부**　헌법 제27조 제1항은 "모든 국민은 헌법과 법률이 정한 법관에 의하여 법률에 의한 재판을 받을 권리를 가진다"고 규정한다. 이 조항은 법관에 의하지 아니하고는 민사 · 행정 · 선거 · 가사사건에 관한 재판은 물론 어떠한 처벌도 받지 아니할 권리를 보장한 것이라 해석된다(憲 1998. 5. 28. -96헌바4). 제청법원은 신상공개제도가 청소년보호위원회에 의하여 이루어진다는 점에서 법관에 의한 재판을 받을 권리를 침해한 것이라고 하나, 앞서 보았듯이 신상공개제도는 '처벌'에 해당한다고 할 수 없으므로 이 제도가 법관에 의한 재판을 받을 권리를 침해한 것이라 할 수 없다.　(5) **적법절차 위배 여부**　신상공개제도가 절차적 적법절차에 위배되는 것인지 여부에 관하여 살펴본다(실체적인 측면의 적법절차 문제는 이 사건에서는 앞에서 본 비례의 원칙 위배 여부에 대한 판시와 같이 볼 것이므로 생략한다). 법 제20조 제3항은 청소년보호위원회가 신상 등의 공개를 결정함에는 범행동기, 범행 후의 정황 등을 고려하도록 하고 있고, 제4항은 구체적인 절차 등에 관하여 필요한 사항을 대통령령으로 정하도록 하고 있으며, 하위 법규에서는 이러한 법의 취지에 따라 신상공개 대상자로 선정된 자에 대하여 10일 이상의 기간을 정하여 서면에 의한 의견진술기회를 주도록 하고(운영규정 제9조 제3항), 지정된 기일까지 의견진술을 하지 않은 자에 대하여는 의견이 없는 것으로 간주하며, 의견진술을 한 자에 대하여는 재심의를 하여 신상공개 여부를 결정한다(운영규정 제9조 제4항)고 규정하고 있다. 한편 법상 구체적인 신상공개절차가 법원에 의하지 않고 행정위원회에 의하여 행해지며 동 위원회가 그 과정에서 재량권을 갖는다 하더라도, 신상공개제도가 형벌의 일종이 아니고, 청소년보호위원회가 최소한의 독립성과 중립성을 갖춘 기관이고(청소년보호법 제29조, 제32조 등 참조), 신상공개결정에 대해서는 행정소송을 통해 그 적법 여부를 다툴 기회가 보장되고 있고, 이미 법관에 의한 재판을 거쳐 형이 확정된 이후에 신상공개가 결정된다. 그렇다면 법 제20조 제2항 제1호의 신상공개제도는 법률이 정한 형식적 절차에 따라 이루어지며 그 절차의 내용도 합리성과 정당성을 갖춘 것이라고 볼 것이므로 절차적 적법절차원칙에 위반되는 것이라 할 수 없다. **• 법 제20조 제5항의 위헌 여부** 법 제20조 제5항은 같은 조 제1항 및 제2항의 규정에 의한 계도문 게재 등과 관련한 구체적인 시기 · 기간 · 절차 등에 관하여 필요한 사항은 대통령령으로 정하도록 위임하고 있다. 이 사건에서는 그러한 위임입법이 헌법 제75조에서 금지되는 포괄위임입법이 아닌지가 문제된다. 헌법은 제75조에서 "대통령은 법률에서 구체적으로 범위를 정하여 위임받은 사항과 법률을 집행하기 위하여 필요한 사항에 관하여 대통령령을 발할 수 있다"고 규정하여 위임입법의 근거를 마련하는 한편 대통령령으로 입법할 수 있는 사항을 법률에서 구체적으로 범위를 정하여 위임받은 사항으로 한정함으로써 위임입법의 범위와 한계를 제시하고 있다. 헌법재판소는, '법률에서 구체적으로 범위를 정하여 위임받은 사항'이라 함은 법률에 이미 대통령령으로 규정될 내용 및 범위의 기본사항이 구체적이고 명확하게 규정되어 있어서 누구라도 당해 법률 그 자체로부터 대통령령에 규정될 내용의 대강을 예측할 수 있어야 한다는 것을 의미한다고 하였다(憲 1995. 11. 30.-91헌바 1등; 1999. 1. 28.-97헌가8). 또한 그 예측가능성의 유무는 당해 특정 조항 하나만을 가지고 판단할 것이 아니고 관련 법조항 전체를 유기적 · 체계적으로 종합 판단하여야 하며, 각 대상법률의 성질에 따라 구체적 · 개별적으로 검토하여야 한다(憲 2000. 8. 31.-99헌바104). 이 사건에서 법 제20조 제5항에서 위임되는 "구체적인 시기 · 기간 · 절차 등"은 신상공개에 있어서 본질적 부분은 아니며 어디까지나 부수적인 부분이라고 볼 것이다. 왜냐하면 이미 신상공개제도 자체는 법률에서 규정되고 있고, 이러한 공개의 범위도 법 제20조 제2항 본문에서 자세히 명시되고 있는데, 이러한 내용들이 신상공개제도의 핵심적 내용에 해당된다고 볼 것이기 때문이다. 이미 특정 유죄판결 내용의 신상이 대중에게 일률적으로 공개되는 이상, 법 제20조 제5항이 대통령령으로 언제, 어느 기간 동안, 어떠한 절차에 의해 공개되는지를 정하게 하더라도 이는 그들의 인격권 내지 사생활의 비밀의 제한에 있어서 부수적 문제라 할 수 있는 것이다. 나아가 여기서 대통령령으로 정해질 사항은 "구체적인 시기, 기간, 절차 등 신상공개에 있어서 그 밖에 필요한 사항"이므로 "구체적으로 범위를 정하여" 위임된 것이라 볼 수 있다. 또한 대통령령에 규정될 "시기"는 법 제20조 제1항("계도문을 연 2회 이상 작성")을 고려하면 연 2회 이상으로서 각 확정판결 후 이에 가까운 때가 될 것으로 예상되고, "기간"은 입법목적을 달성하기에 합리적인 기간으로서 위 조항이 "연 2회 이상"이라고 정하고 있으므로 통상 6개월 범위 내일 것이 예측될 수 있으며, "절차"는 제3항 등 법상의 제 규정을 참조할 때 그 절차의 일반적 내용의 대강이 예측될 수 있고, "등"은, 시기, 기간, 절차와 유사하게, 신상공개시 필요한 그 밖의 사항이 대통령령으로 규정될 것임이 어느 정도 예측될 수 있으므로, 결국 대통령령에 규정될 내용의 대강이 예측가능하다 할 것이다. 이상의 이유에서 법 제20조 제5항은 헌법상의 포괄위임입법금지 원칙에 위배된다고 할 수 없다. **• 결론** 법 제20조 제2항 제1호 및 제5항은 헌법에 위반되지 않는다.」

개인이 가지는 姓名에 대하여 침해할 수 없는 것은 姓名權에 의하여 인정된다. 그런데 개인이 성명권을 내세워 자기마음대로 자기의 姓을 결정할 수 있는가 하는 문제가 있다. 憲法裁判所는 개인은 자기의 성을 자유로이 결정하고 사용할 수 있는데, 법률로 자녀가 아버지의 姓과 本을 따르도록 하는 父姓主義方式을 원칙으로 하고 母姓主義方式을 예외로 하는 姓制度를 정하는 것은 국회의 입법형성의 자유에 속하는 것이라고 하면서, 다만, 이러한 방식이 부당한 경우에까지 이를 강제하여 결국 개인의 인격권이나 존엄 또는 양성의 평등(모성주의방식이 필요한 경우에 모성을 따르도록 하는 것)을 침해하는 경우에는 헌법에 위반된다고 판시하였다(憲 2005. 12. 22.-2003헌가6).

[憲 2005. 12. 22.-2003헌가6] 「성명은 개인의 동일성을 식별하는 기호로서 개인의 정체성과 개별성을 상징한다. 사회 속에서 개인이 어떠한 성명으로 상징되고 인식되는가는 누구보다도 그 성명을 사용하는 개인에게 중요한 문제라고 할 것이므로 개인은 원칙적으로 자신이 원하는 내용으로 성명을 결정하여 사용할 수 있어야 한다. 따라서 성명의 구성요소인 성(姓)도 개인의 의사에 따라 자유롭게 결정하고 사용할 수 있다고 할 것이다. 그러나 한편으로 성명은 인간의 모든 사회적 생활관계 형성의 기초가 된다는 점에서 중요한 사회질서에 속한다. 성명의 특정은 사회전체의 법적 안정성의 기초이므로 이를 위해 국가는 개인이 사용하는 성명에 대해 일정한 규율을 가할 수 있으며, 그러한 제한은 불가피한 것이기도 하다. 결국 개인이 성명의 구성요소인 성을 결정하고 사용하는 것에 대해서도 국가가 개입하여 규율할 수 있으며, 다만 그와 같은 규율에 있어 국가가 어느 정도로 개입할 수 있을 것인지가 문제가 될 뿐이다. 그런데 성은 기호가 가지는 성질로 인해 개인의 권리의무에 미치는 실질적인 영향력이 크지 않으며, 성의 사용에 대한 입법은 주로 새로운 규율을 창설하는 것이라기보다는 이미 존재하는 생활양식을 반영하는 형태로 이루어진다는 점에서 성의 사용에 관한 규율에는 폭넓은 입법형성의 자유가 인정된다고 할 것이다.……성에 관한 규율에 대해 폭넓은 입법형성의 자유가 인정된다고 하더라도 그것이 헌법적 이념과 가치에 반하는 것일 수는 없으므로 개인의 인격권을 침해하는 것이거나 개인의 존엄과 양성의 평등에 반하는 내용으로 가족제도를 형성할 수 없다는 한계를 가진다.……성을 통해 인간의 혈통을 모두 반영하는 것은 사실상 불가능할 뿐 아니라 성을 사용하는 제도적 의의가 오로지 인간의 생물학적 혈통의 공시에 있는 것은 아닌 한, 성이 개인의 혈통을 제한된 범위에서만 반영하는 것도 허용된다고 볼 것이다. 따라서 부성주의가 모의 혈통을 반영하지 못하는 한계를 가진다고 해서 그 자체로 성의 본질에 반한다거나 입법형성의 한계를 벗어난 것이라 할 수는 없다.……이 사건 법률조항의 위헌성은 부성주의원칙을 규정한 것 자체에 있는 것이 아니라 부의 성을 사용할 것을 강제하는 것이 부당한 것으로 판단되는 경우에 대해서까지 아무런 예외를 규정하지 않고 있는 것에 있다 할 것이다.」

[52] 第五 效 力

헌법 제10조의 인간의 존엄과 가치는 기본권 보장의 이념적 기초이고 최고원리로서 모든 국가권력과 사인에 대하여 효력을 갖는다. 헌법 제10조와 제37조 제1항을 근거로 하여 도출되는 개별 기본권은 국가에 대하여 직접적인 효력을 가진다. 사인에 의해 인간의 존엄과 가치가 침해되는 것은 국가가 금지해야 할 의무를 가진다.

인간의 존엄과 가치는 헌법개정의 대상에서 제외되기 때문에 憲法改正權力도 구속한다. 뿐만 아니라 이를 부정하는 憲法의 制定은 內容的 正當性을 갖추지 못하여 정당성을 상실한 것이 된다(鄭宗燮g, [25]).

[53] 第六 制限과 그 限界

Ⅰ. 제한의 금지

헌법 제10조가 정하고 있는 인간의 존엄과 가치는 최고의 헌법가치이며 기본권 보장에서의 이념적 기초가 되는 최고의 가치이고 최고원리이기 때문에 어떠한 경우에도 제한될 수 없다. 인간의 존엄과 가치에 대한 제한이 헌법에 근거한 제한의 형태를 지니고 있는 경우라도 이는 인간의 존엄과 가치를 부정하는 헌법제정과 같이 헌법의 자기부정을 의미하기 때문에 어떤 경우에도 허용되지 않는다.

따라서 헌법 제10조의 인간의 존엄과 가치는 헌법개정의 대상에서도 제외되며, 헌법 제37조 제2항에 의한 제한의 대상도 되지 않고, 헌법 제76조와 제77조(대통령의 긴급명령이나 비상계엄)에 의한 제한의 대상도 되지 못하며, 특수신분관계에서도 제한될 수 없다(同旨: 桂禧悅b, 213).

Ⅱ. 도출되는 개별적 기본권

인간의 존엄과 가치로부터 도출되는 개별적 기본권은 다른 개별적 기본권과 마찬가지로 헌법 제37조 제2항 등에 의한 제한이 가능하다. 물론 이 경우에도 헌법 제37조 제2항의 규정에 따라 과잉금지원칙을 위반할 수 없고, 해당 기본권의 본질적 내용을 침해할 수 없다.

제 2 절 幸福의 追求

[54] 第一 意 義

I. 개 념

(1) 헌법 규정

헌법 제10조 제1문은 「모든 국민은……幸福을 追求할 권리를 가진다」라고 규정하고 있다. 법문의 표현에는 幸福을 追求하는 것이 「權利」로 표시되어 있으나, 성질상 이것이 구체적인 권리인지 기본권 보장의 기초가 되는 기본원리 또는 기본가치인지에 대하여는 논란이 있다.

(2) 행복의 의미

헌법 제10조 제1문에서 정하고 있는 내용은 행복의 구체적인 의미나 내용을 정하고 있는 것이 아니라, 모든 국민은 행복을 추구하는 존재라는 것과 「행복의 추구」에 반대되는 그 어떤 것(예: 불행 또는 고통의 강요)도 금지한다는 것을 헌법적 수준에서 정하고 있는 것이다.

이러한 행복은 삶의 모든 영역에서 추구되는 것이다. 따라서 헌법 제10조가 정하고 있는 행복을 정신적 행복이라든가 경제적 행복이라는 것으로 그 의미를 정하는 것은 의미가 없을 뿐 아니라, 「행복의 추구」의 의미를 축소하거나 왜곡하는 것이기도 하다.

II. 연 혁

「幸福追求」(pursuit of happiness)라는 말이 처음 사용된 헌법적 문서는 1776년에 제정된 아메리카의 버지니아권리장전이었다. 버지니아주 대표로 대륙회의에 참석한 T. Jefferson은 버지니아권리장전이 제정된 지 한 달 후 아메리카의 독립선언서를 작성하면서 생명(life), 자유(liberty)와 함께 행복추구(pursuit of happiness)라는 개념을 써 넣었다(J. Locke의 영향을 받은 것이다). 그러나 미합중국연방헌법의 권리장전에는 행복추구라는 용어가 등장하지 않는다.

> 미합중국연방헌법이나 여러 州의 헌법에서는 life, liberty에 뒤이어 재산(property)을 정하고 있음에 반하여(예: 미합중국연방 헌법 수정조항 §14), 많은 주의 헌법에서는 독립선언서에서와 같이 life, liberty 다음에 property를 대신하여 pursuit of happiness를 명시하였다. 미합중국 건국 초기 노예제도를 유지하고 있었던 남부의 주에서는 노예가 가장 중요한 property, 즉 재산이었는데, 주 헌법상 property라는 개념이 사용된 것은 그 주가 노예제도를

가지고 있다는 것을 단적으로 드러내는 것이었다. 따라서 노예제도를 반대했던 T. Jefferson은 독립선언서를 작성하면서 노예제도를 상징하는 property 대신 pursuit of happiness를 사용하였다.

日本國憲法 제13조 제 2 항은 「생명 · 자유 및 행복추구의 권리」를 정하고 있는데, 이 조항은 아메리카의 독립선언서에서 사용되었던 「life, liberty and the pursuit of happines」에서 수용한 것이다(일본국 헌법의 제정과정에서 미합중국 태평양 총사령부는 일본국의 봉건제도를 폐지하는 목적으로 개인존중원칙을 헌법에 명시하였고, 행복추구권도 이런 맥락에서 명문화되었다). 독일연방헌법은 행복추구에 대한 조항을 두고 있지 않다. 독일연방헌법 제 2 조 제 1 항은 인격의 자유로운 발현권을 규정하고 있는데, 독일연방헌법재판소는 이 조항과 인간의 존엄을 정하고 있는 독일연방헌법 제 1 조 제 1 항을 결합하여 이로부터 一般的人格權을 도출하고 있다.

우리나라에서는 1980年憲法에서 행복추구권에 관한 조항을 처음 신설하였고, 현행 1987年憲法에 이르기까지 이를 유지하고 있다.

1962年憲法, 1969年憲法, 1972年憲法은 「모든 국민은 인간으로서의 존엄과 가치를 가지며, 이를 위하여 국가는 국민의 기본적 인권을 최대한으로 보장할 의무를 진다」라고 규정하고 있었다. 그런데 이 규정에 대해서는 너무 간결하고 추상적이기 때문에 실제의 헌법해석이나 입법 및 법제운영면에서 크게 기여하지 못한다는 비판이 있었고, 1980년 헌법을 개정할 당시에 이 규정에 생명권, 인격권, 행복추구권 등을 삽입하여 그 내용을 구체화할 필요성이 있는 점이 지적되었다. 헌법개정안 심의과정에서 국회안을 존중한다는 당시의 분위기와 국회안에 큰 모순이 있거나 부당한 것이 없으면 그대로 채택하기로 한 憲法改正案要綱作成小委員會의 입장에 따라 현행 헌법과 같은 형태로 규정되었다.

[55] 第二 法的 性格

Ⅰ. 문제의 소재

헌법 제10조 제 1 문에서는 행복추구를 보장하면서 행복을 추구할 「권리」라고 정하고 있는데, 행복을 추구할 권리는 다른 개별적 기본권이 구체적이고 특정한 사항에 대한 권리라는 것과 달리 추상적이고 포괄적인 형태로 표현되어 있고, 그 성질에서도 개별적 사항을 규율하는 것이 아니어서 이를 과연 헌법상의 기본권으로 볼 수 있는가 하는 점이 헌법해석상 문제가 된다.

Ⅱ. 학 설

(1) 권리인정설

(a) 포괄적 권리설

헌법 제10조가 행복을 추구할 「권리」를 가진다고 명시하고 있는 이상 행복추구권은 주관적 공권이고, 행복추구의 권리는 인간존재에 고유한 인간의 생래적 권리이므로 헌법 제10조는 행복추구권을 자연권으로 선언하고 있으며, 행복추구권은 헌법에 규정된 기본권 중에서 행복추구의 수단이 될 수 있는 기본권은 물론이고 그 외에도 행복을 추구하는데 필요한 것이면 헌법에 열거되지 아니한 자유와 권리까지도 그 내용으로 하는 包括的 基本權으로 이해하여야 하고(成樂寅, 403), 행복추구권은 신체의 자유라든가 양심의 자유와 같은 소극적 · 방어적 성격의 권리인 동시에 재판청구권 · 노동 3권과 같은 적극적인 성질을 가지는 권리라고 해석한다(權寧星, 383). 또 헌법 제10조의 인간의 존엄과 가치, 행복추구권을 한데 묶어 포괄적으로 이해하는 것이 옳다는 전제에서 헌법 제10조는 인간의 존엄과 가치, 행복추구권을 합하여 포괄적인 主基本權을 헌법에 규정한 것으로 주기본권뿐만 아니라 그와 동시에 협의의 인간의 존엄권과 행복추구권도 함께 보장하고 있다고 해석하기도 한다(金哲洙a, 507).

일본국에서는 과거에 幸福追求權의 보장을 기본권보장의 일반원칙이라고 한 견해가 있었으나, 오늘날에는 포괄적 권리로 해석하는 것이 통설이다. 日本國憲法에는 우리 헌법의 제37조 제 1 항과 같은 규정이 없기 때문에, 행복추구권규정을 「새로운 기본권」을 도출하는 근거규정으로 이해한다. 포괄적 권리로 보는 경우에도 그 보장범위와 내용에 있어서는 i) 개인의 인격적 생존에 필수불가결한 권리와 자유를 포섭하는 포괄적인 주관적 권리라는 견해(人格的利益說=人格的自律說)와 ii) 독일연방헌법 제 2 조 제 1 항의 해석에 의거하여 모든 생활영역에서 인정되는 一般的 行動의 自由로 해석하는 견해(一般的 自由權說)가 대립하고 있다. 우리 헌법은 일본국헌법과 달리 헌법 제37조 제 1 항의 규정을 두고 있고, 헌법상의 원리 · 원칙의 규정에서도 새로운 개별적 기본권이 도출된다고 보면, 우리 헌법의 해석상으로는 행복추구권을 包括的 權利라고 해석할 實益이 없다고 보인다.

(b) 구체적 권리설

행복추구권을 독자적인 헌법상의 권리로 파악한다. 그 결과 헌법소원심판 등 권리구제절차를 통하여 행복추구권이 침해되었다고 직접 다툴 수 있다고 본다. 憲法裁判所의 판례 가운데 이러한 태도를 취하는 것이 있다(예: 憲 1989. 10. 27.-89헌마 56; 1997. 3. 27.-95헌가14등).

(2) 권리부인설

「인간의 존엄과 가치」는 기본권 보장의 가치지표적인 의미를 담고 있기 때문에 기본권 보장의 이념적인 기초로서 헌법에 명문화할 필요가 인정되지만, 행복추구는 행복이라는 말의 상대성과 세속성 때문에 규범적인 차원에서 그 가치로서의 성격을 인정하기 어려우므로 「인간의 존엄과 가치」와 함께 행복추구권을 헌법의 같은 규정에 함께 규정하는 것은 조문 구조상 문제이고, 행복추구는 기본권의 문제가 아니라 인간의 본능의 문제로 처음부터 규범화의 대상이 될 수 없기 때문에 행복추구권은 독자적인 기본권이 아니라 「인간의 존엄과 가치」의 최대한 실현을 내용으로 하는 당위적인 삶의 지표를 밝혀 놓은 것이라고 본다(許營a, 327).

(3) 사　　견

행복의 추구는 그 속성에 있어 자기결정과 같이 인간으로서의 존엄과 가치를 가지는 인간의 존재와 삶에 본질적으로 내포되어 있는 요소이다. 幸福追求原理는 自己決定原理와 함께 인간의 삶에 있어 가장 근본적인 제 1 원리로서 성격을 가지는 것이고, 인간에게 인정되는 자유와 권리는 모두 이를 실현하기 위한 것이다. 따라서 행복추구원리는 자기결정원리와 같이 국가와 국민간의 관계를 지배하는 支配原理일 뿐 아니라 국민의 基本權을 保障함에 있어 상위에 존재하는 理念이고 基本價値이며 根本原理이다. 이는 본질상 개별적인 권리와 달리 포괄적이고 총체적인 가치이므로 구체적 권리로 존재하는 것이 아니라, 개별적인 권리를 창출하고 작용하게 하는 원리로 존재한다. 이와 같이 幸福追求權은 권리를 뜻하는 「權」이라는 표현에도 불구하고 직접 행사할 수 없는 성질의 것이므로 이의 침해에 대하여 권리구제절차를 통하여 주장할 수 없다.

행복추구권을 개별적 기본권과 같이 구체적 권리라고 보면, 헌법상의 개별적 기본권은 명시할 필요가 없어진다. 기본권의 침해에 해당하는 모든 것을 행복추구권의 침해라고 주장하는 것으로 충분하기 때문이다. 행복의 추구가 침해되는 경우에는 구체적인 영역과 사항에 해당하는 개별적 기본권의 침해를 주장할 수 있을 뿐이다. 이런 개별적 기본권은 헌법이 직접 명시하고 있기도 하고, 헌법 제37조 제 1 항에서 도출되기도 하며, 인간의 존엄과 가치 및 행복추구를 정하고 있는 헌법 제10조 제 1 문에서 도출되기도 한다([164] Ⅱ).

Ⅲ. 판　　례

憲法裁判所는 행복추구권에서 개별적 기본권을 도출한 경우도 있고, 행복추구권 자체를 독자적인 권리로 파악한 경우도 있다. 전자의 경우로는 姦通罪의 위헌여부가 문제된 사건에서 헌법 제10조의 인격권과 행복추구권으로부터 자기운명결정권이 도출되고 자기운명결정권에는 구체적인 기본권인 성적 자기결정권이 포함된다고 판시한 것이 그 한 예이고(예: 憲 1990. 9. 10.－89헌마82), 후자의 경우로는 불기소처분에 대한 헌법소원에 있어서 고소인의 행복추구권의 침해여부를 판단한 것(예: 憲 1989. 10. 27.－89헌마56)과 같이 행복추구권 그 자체의 침해여부를 심판의 대상으로 삼은 것이 그에 해당한다(예: 憲 1995. 7. 21.－93헌가14; 1997. 11. 27.－97헌바10). 한편 헌법재판소는 행복추구권을 독자적인 권리로 인정하는 경우에도 포괄적 성격은 인정하지만 적극적 권리성은 인정하지 않는다.

[憲 1995. 7. 21.-93헌가14] 「헌법 제10조의 행복추구권은 국민이 행복을 추구하기 위하여 필요한 급부를 국가에게 적극적으로 요구할 수 있는 것을 내용으로 하는 것이 아니라, 국민이 행복을 추구하기 위한 활동을 국가권력의 간섭 없이 자유롭게 할 수 있다는 포괄적(包括的)인 의미의 자유권으로서의 성격을 가지므로 국민에 대한 일정한 보상금의 수급기준을 정하고 있는 이 사건 규정이 행복추구권을 침해한다고 할 수 없다.」

[憲 1997. 11. 27.-97헌바10] 「청구인은 이 사건 법률조항이 청구인의 행복추구권을 침해한다고 주장하나, 앞에서 본 바와 같이 이 사건 법률조항은 청구인의 재산권과 평등권을 침해하는 것이 아니고, 직업의 자유의 제한과 관련하여서도 신뢰이익보호원칙, 비례의 원칙을 준수하고 있으므로, 이 조항이 포괄적이고 일반조항적인 성격을 갖고 있는 행복추구권을 침해하는 것이라고는 볼 수 없어 청구인의 위 주장도 부당하여 받아들이지 아니한다.」

[56] 第三 內 容

Ⅰ. 행복추구의 보장

(1) 불행의 배제

헌법 제10조 제1문에서 행복추구를 정하고 있는 것은 국민의 삶에서 의도된 不幸이 발생하지 않게 하는 것을 의미한다. 본질적으로 인간은 누구나 행복을 선호하고 불행과 고통을 회피하기 때문에 인간에게 불행의 수용을 강요할 수 없다. 이러한 불행의 배제는 국가든 사인이든 개인에게 불행을 강요하는 행위를 금지하는 것을 의미한다.

(2) 행복의 내용 강제 금지

헌법이 행복추구를 보장하는 것은 헌법, 사회, 국가 또는 어느 누구도 어떤 개인에게 일정한 내용을 행복이라고 수용할 것을 강제할 수 없다는 것을 의미한다. 행복이라는 개념은 形式槪念이고 實質槪念이 아니기 때문에 무엇이 행복에 해당하는지는 오로지 개인이 스스로 판단하여 결정한다. 따라서 개인이 행복을 추구함에 있어 국가가 후견인으로 행위하는 것도 금지된다.

(3) 행복추구의 여건 조성

헌법에서 행복추구를 정하는 것은 국민이 행복을 추구할 수 있다는 것을 단순히 선언하는 것이 아니라, 국가에게 모든 국민이 각자 무엇이 자신의 행복인지를 결정하고 이를 실현할 수 있도록 이를 妨害하는 요소를 除去할 것을 의무로 부과한다(消極的 與件 造成). 이에 더하여 국가는 국민이 행복을 추구할 수 있는 여건을 조성함에 있어 그 역량이 허용하는 범위 내에서 적극적 努力을 할 것을 요구한다(積極的 與件 造成). 그러나 개인마다 추구하는 행복의 내용은 구구하기 때문에 국가가 이러한 여건을 조성하는 노력을 적극적으로 한다고 하더라도 개개인에 대하여 각자의 주관적 가치추구를 실현할 수 있게 하는 것은 아니다. 국가는 개인들이 각자 자신의 개별적인 행복을 추구할 수 있는 일반적인 여건을 조성하는 것에 그친다.

Ⅱ. 판　례

憲法裁判所는 행복추구권의 규정에서 개별적 기본권을 도출하기도 하고, 행복추구권을 독자적인 기본권으로 파악하기도 한다.

(1) 개별적 기본권을 도출한 경우

(a) 일반적 행동자유권, 개성의 자유로운 발현권, 계약의 자유

憲法裁判所는 헌법 제10조 제1문의 인간의 존엄과 가치 및 행복추구권의 보장에서 일반적 행동자유권, 개성의 자유로운 발현권, 계약의 자유가 도출된다고 판시하였다([51] Ⅱ(1)).

(b) 자기결정권

憲法裁判所는 헌법 제10조 제1문의 인간의 존엄과 가치 및 행복추구권의 보장에서 性的自己決定權(예: 憲 1990. 9. 10.-89헌마82; 1997. 7. 16.-95헌가6등)과 소비자의 消費에 대한 自己決定權(예: 憲 1996. 12. 26.-96헌가18)이 도출된다고 판단하였다([51] Ⅱ(2)).

> [憲 1996. 12. 26.-96헌가18] 「이 사건 법률조항이 규정한 구입명령제도는 소주판매업자에게 자도소주의 구입의무를 부과함으로써, 어떤 소주제조업자로부터 얼마만큼의 소주를 구입하는가를 결정하는 직업활동의 방법에 관한 자유를 제한하는 것이므로 소주판매업자의 "직업행사의 자유"를 제한하는 규정이다. 또한 구입명령제도는 비록 직접적으로는 소주판매업자에게만 구입의무를 부과하고 있으나 실질적으로는 구입명령제도가 능력경쟁을 통한 시장의 점유를 억제함으로써 소주제조업자의 "기업의 자유" 및 "경쟁의 자유"를 제한하고, 소비자가 자신의 의사에 따라 자유롭게 상품을 선택하는 것을 제약함으로써 소비자의 행복추구권에서 파생되는 "자기결정권"도 제한하고 있다.」

(2) 독자적 기본권으로 파악한 경우

憲法裁判所는 행복추구권에서 개별적 기본권을 도출하지 않고 곧바로 행복추구권을 독자적인 권리로 파악하여 이의 침해여부를 판단한 것도 있다(예: 憲 1989. 10. 27.-89헌마56; 1997. 3. 27.-95헌가14등; 2007. 2. 22.-2005헌마245; 2007. 2. 22.-2006헌마801).

> [憲 1989. 10. 27.-89헌마56] 「군검찰관의 기소유예처분은 공권력의 행사에 포함되는 것이 명백하므로 이로 인하여 기본권이 침해된 때에는 헌법소원심판청구의 대상이 된다. 범죄혐의가 없음이 명백한 사안인데도 이에 대하여 검찰관이 자의

적이고 타협적으로 기소유예처분을 했다면 이는 헌법 제11조 제1항의 평등권, 헌법 제10조의 행복추구권을 침해한 것이다.」 같은 취지의 것으로는 [2005헌마245], [2006헌마801] 등이 있다.

[憲 1997. 3. 27.-95헌가14등] 「헌법 제10조는 모든 국민은 인간으로서의 존엄과 가치를 가지며 행복을 추구할 권리가 있다고 규정하고 있는바, 이로써 모든 국민은 그의 존엄한 인격권을 바탕으로 하여 자율적으로 자신의 생활영역을 형성해 나갈 수 있는 권리를 가지는 것이다. 그런데 이 사건의 경우 친생부인의 소의 제척기간을 일률적으로 자의 출생을 안 날로부터 1년으로 규정함으로써 부가 자의 친생자 여부에 대한 의심도 가지기 전에 그 제척기간이 경과하여 버려 결과적으로 부로 하여금 혈연관계가 없는 친자관계를 부인할 수 있는 기회를 극단적으로 제한하고 또 자의 출생 후 1년이 지나서 비로소 그의 자가 아님을 알게 된 부로 하여금 당사자의 의사에 반하면서까지 친생부인권을 상실하게 하는 것이다. 이는 인간이 가지는 보편적 감정에도 반할 뿐 아니라 자유로운 의사에 따라 친자관계를 부인하고자 하는 부의 가정생활과 신분관계에서 누려야 할 인격권 및 행복추구권을 침해하고 있는 것이다.」

다만, 행복추구권은 다른 개별적 기본권에 대하여 보충적인 지위에 있다고 하여 어떤 사안에 있어 이를 규율하는 개별적 기본권이 존재하는 경우에는 해당 개별적 기본권의 침해여부만 판단하고 행복추구권의 침해여부를 판단하지 않는다(예: 憲 1998. 10. 29.-97헌마345; 2000. 12. 14.-99헌마112등; 2002. 8. 29.-2000헌가5등; 2006. 3. 30.-2005헌마598; 2007. 4. 26.-2003헌마947등).

[憲 2006. 3. 30.-2005헌마598] 「청구인들은 이 사건 법률규정이 청구인들의 행복추구권을 침해한다고 주장하나, 헌법 제10조 전문의 행복추구권은 다른 개별적 기본권이 적용되지 않는 경우에 한하여 보충적으로 적용되는 기본권이라 할 것이므로, 이 사건에서 행복추구권에 앞서 적용되는 공무담임권의 침해 여부에 대해 판단하는 이상 따로 행복추구권 침해 여부를 판단할 필요는 없다.」

[憲 2007. 4. 26.-2003헌마947등] 「헌법 제10조 전문의 행복추구권은 다른 개별적 기본권이 적용되지 않는 경우에 한하여 보충적으로 적용되는 기본권이어서, 직업선택의 자유, 공무담임권의 침해 여부를 판단하는 이 사건에 있어서는 행복추구권 침해 여부를 독자적으로 판단할 필요는 없다.」

[57] 第四 效 力

헌법 제10조의 행복추구권의 규정은 國家에 대하여 직접 효력을 미친다. 사적영역에서도 행복의 추구는 私人에 존중되어야 하는 가치이다. 사인이 다른 사람의 행복추구를 방해하거나 침해하는 경우에는 국가가 행정적 조치나 민사상 또는 형사상 책임을 묻게 하는 법률을 제정하여 이를 규율한다.

제 2 장　平等의 保護

[58] 第一 意　義

Ⅰ. 헌법 규정

헌법 제11조 제 1 항은 「모든 國民은 法 앞에 平等하다. 누구든지 성별 · 종교 또는 사회적 신분에 의하여 정치적 · 경제적 · 사회적 · 문화적 생활의 모든 영역에 있어서 차별을 받지 아니한다」라고 정하고 있다. 이는 平等保護(equal protection)를 헌법수준에서 보장하고 있는 것이다.

헌법은 평등보호의 구체적인 내용의 하나로 特殊階級의 否認(憲法 §11②)과 榮典一代의 原則(憲法 §11③)을 헌법에서 직접 명시하여 정하고 있다. 헌법은 제11조 이외에도 공적 영역에서 교육기회의 평등(憲法 §31①), 선거권의 평등(憲法 §41①, §67①)을 정하고, 사적 영역에서 노동관계에서의 여성차별의 금지(憲法 §32④), 혼인 · 가족생활에서의 남녀평등(憲法 §36①)과 같이 구체적인 사항에 대하여 평등보호를 직접 정하고 있다.

Ⅱ. 평등원칙

헌법 제11조 제 1 항에서 「모든 국민은 法 앞에 평등하다」라고 정하여 一般的 平等原則을 보장하고 있다. 이는 법의 규율대상이 되는 모든 국민은 법 앞에서 공평하게 대우되어야 한다는 헌법상의 원칙으로서, 국가가 「본질적으로 동일한 것은 평등하게, 상이한 것은 불평등하게」 대우함으로써 인간의 존엄과 가치 및 개성 신장을 실현하고 정의를 실현하는 원리이다. 그 중심내용은 機會의 均等한 保障과 본질적으로 동등한 것을 불평등하게 대우하거나 상이한 것을 평등하게 대우하는 것을 금지하는 「恣意의 禁止」(Willkürverbot) 및 比例原則(Verhältnismäßigkeit)에의 합치성을 보장하는 것이다.

Ⅲ. 평 등 권

헌법 제11조 제 1 항은 「모든 국민은 法 앞에 평등하다」라고 하여 평등보호를 정하고 있는데, 헌법 제11조 제 1 항에 「평등권」이라는 명시적인 표현이 없기 때문에 헌법해석상 이 규정이 과연 平等權을 보장하고 있는 것인가 하는 점에 대해서는 논란이 있을 수 있으나, 평등권의 성질상 헌법상의 권리로 보장되어야 하고, 헌법 제

11조 제 1 항에서 평등보호를 정하고 있으므로 이 조항에서 평등권이 헌법상의 권리로 도출된다고 해석할 것이다(同旨: 權寧星, 385; 金哲洙a, 583; 桂禧悅b, 227; 許營a, 330; 成樂寅, 413). 憲法裁判所의 판례도 헌법 제11조 제 1 항으로부터 평등원칙뿐만 아니라 평등권이 보장됨을 인정하여 이의 침해에 대하여 헌법소원심판으로 다툴 수 있다고 본다(예: 憲 2005. 3. 31.-2003헌마87).

헌법 제11조 제 1 항과 흡사한 일본국헌법의 평등보호조항은 「모든 국민은 법 아래에 평등하며, 인종, 信條, 성별, 사회적 신분 또는 門地에 의하여 정치적 · 경제적 또는 사회적 관계에 있어 차별받지 아니한다」(憲法 §14①)라고 정하고 있는데, 이를 平等原則의 보장으로 보는 것이 통설이고, 평등권의 보장이라고 보지는 않는다.

평등권은 국가에 의하여 차별대우를 받지 아니할 권리와 국가에 대하여 적극적으로 평등하게 취급하여 줄 것을 요구할 수 있는 헌법상의 권리이다. 이러한 평등권은 일상 생활의 전 영역에 걸쳐 인정되는 具體的인 權利이다.

평등권이 구체적인 權利라는 점에서 법적인 성질에서 평등원칙과 구별된다. 평등권은 구체적인 권리이므로 그 침해에 대하여 헌법소원심판으로 다툴 수 있다.

[59] 第二 法的 性格

Ⅰ. 일반적 평등원칙

(1) 국가작용의 구속

一般的 平等原則(principle of equality, allgemeine Gleichheitssatz)은 모든 국가권력의 작용에 적용된다. 국가가 국민에 대하여 국가권력을 행사하는 경우에는 언제나 평등하게 대우하여야 한다. 즉, 국가가 입법권, 행정권, 사법권, 헌법재판권을 행사하는 경우에 언제나 국민을 평등하게 대우하여야 한다.

일반적 평등원칙이 국가권력의 작용을 구속하는 것은 국민이 평등권으로 주장할 수 없는 영역(예: 不法의 平等 問題)에도 미친다. 이런 경우에도 국가는 국가권력을 자의적으로 행사 · 적용하여서는 안 된다.

(2) 기본권 보장의 방법적 기초

헌법이 정하고 있는 一般的 平等原則은 모든 개별적 기본권을 보장함에 있어 橫的으로 공통된 기반을 이루는 基本權保障의 方法的인 基礎로서 기능을 한다(許營a, 330). 이는 구체적 기본권으로 적용되는 것이 아니라 一般條項으로서의 성격을 지니는 것으로 작용하는 것을 말하며, 個別的 平等原則을 정하지 않는 경우에 적용되는 補充的인 성격을 가진다. 헌법이 개별적으로 평등을 정하고 있는 경우에는 헌법 제11조 제 1 항에서 정하는 일반적 평등원칙에 우선하여 적용된다. 그리고 개별적 기본권의 보장에 있어서 불평등한 대우를 받게 되면 그 자체 해당 기본권이 보장하는 영역에서 차별대우하는 것이 되는데, 이런 경우에는 바로 평등권의 침해를 주장할 수 있는 것이 아니고, 해당 기본권으로 보장되는 권리에 대한 차별적 침해를 주장하여야 한다. 개별적 기본권의 제한에서 불평등한 대우가 헌법적으로 수용되는 것이 아니면 당해 개별적 기본권에 대한 침해가 발생한다(이런 경우에는 과잉금지원칙 또는 본질적 내용침해금지원칙에 대한 위반이 성립한다).

Ⅱ. 평 등 권

헌법상의 平等權(Grundrecht auf Gleichheit)은 헌법상 보장되는 권리로서 국가에 의하여 부당한 차별대우를 받지 아니할 것(소극적 인 면)과 국가에 대하여 평등한 대우를 요구할 수 있는(적극적 인 면) 주관적 권리이다. 따라서 이런 평등권을 침해당한 경우에는 구체적인 기본권의 침해에 해당되어 법원이나 헌법재판소의 재판을 통하여 다툴 수 있다.

헌법이 정하고 있는 평등권은 실정헌법에서 보장하기 이전에 인정되는 自然權으로서의 성격을 지닌 것으로 헌법에 실정화되어 있는 것이다(同旨: 金哲洙a, 589; 權寧星, 391; 成樂寅, 412). 따라서 헌법이 이를 부정하는 경우에는 내용적 정당성을 가지지 못한다.

[60] 第三 主 體

헌법 제11조 제1항은 「모든 국민」이라고 정하고 있으므로 국민이 평등권의 주체이고, 평등보호의 대상임이 분명하다.

외국인에게 헌법상의 평등권이 인정되는가 하는 문제가 있다. 외국인에게 인정되는 지위가 국적에 관계없이 인간으로서 당연히 인정되는 것인 경우에는 外國人(예: 憲 2001. 11. 29.-91헌마494)이나 多國籍者 또는 無國籍者도 평등권의 주체가 되고, 평등보호의 대상이 된다. 그러나 외국인이나 다국적자 또는 무국적자는 내국인과 달리 구체적인 권리의 성질과 그 나라의 이해관계에 따라 내국인과 대우를 달리 하는 여러 가지 제한이 따르게 된다(예: 참정권, 직업의 자유, 영업의 자유, 재산권, 토지소유권 등). 외국인의 법적 지위가 법률, 조례, 행정행위 등에 의하여 정해지는 경우에 이는 해당 국가의 주권에 기초한 정책적 판단(=主權的 決定)에 의한 것이므로 이러한 정책적 판단에서 외국인과 내국인 사이에 차별이 있다고 하여 이것이 헌법상의 평등권을 침해하는 것이라고 할 수는 없다. 이러한 정책적 판단은 獨立國家의 主權에 기초한 광범한 재량에 의하여 이루어지는 것이므로 평등보호 위반의 문제는 발생하지 않는다. 재량에 의한 이러한 차별에 대한 조정은 주권을 제약하는 상위의 효력을 가지는 國際法規의 效力이 미칠 때만 가능하다. 외국인에게 평등권의 주체성을 인정해 주는 경우에도 외국인을 언제나 한국국민과 동일하게 대우해야 하는 것은 아니다. 평등보호에서 보호되는 평등은 절대적 평등이 아니라 상대적 평등을 의미하기 때문에 구체적으로 어떤 범위의 평등권을 어느 정도로 외국인이 누릴 수 있느냐는 개별적인 상황을 참작해서 결정할 문제이며, 이를 先驗的으로 획일하여 정할 수는 없다(同旨: 許營a, 333).

외국인들 사이에도 합리적인 이유가 있는 경우에는 평등보호에서 차이를 둘 수 있다. 무국적자에 대해서도 외국인과 달리 합리적인 차이를 둘 수 있다. 憲法裁判所도 같은 취지이다(예: 憲 2001. 11. 29.-99헌마494)

[憲 2001. 11. 29.-99헌마494] 「청구인들이 침해되었다고 주장하는 인간의 존엄과 가치, 행복추구권은 대체로 '인간의 권리'로서 외국인도 주체가 될 수 있다고 보아야 하고, 평등권도 인간의 권리로서 참정권 등에 대한 성질상의 제한 및 상호주의에 따른 제한이 있을 수 있을 뿐이다. 이 사건에서 청구인들이 주장하는 바는 대한민국 국민과의 관계가 아닌, 외국국적의 동포들 사이에 재외동포법의 수혜대상에서 차별하는 것이 평등권 침해라는 것으로서 성질상 위와 같은 제한을 받는 것이 아니고 상호주의가 문제되는 것도 아니므로, 청구인들에게 기본권주체성을 인정함에 아무런 문제가 없다.」

여러 생활영역에서 상황의 변화에 따라 종래보다 외국인을 내국인과 동일하게 대우하는 경우도 있고, 오히려 차이를 두는 경우도 있을 수 있다. 이러한 경우에도 구체적인 사항에서의 평등보호가 憲法에서 보장되는 것인지 국가정책상 法律에서 보장되는 것인지를 구별할 필요가 있다. 국가가 일정한 경우에 정책적으로 외국인을 내국인과 동일하게 대우해 주었다고 하더라도 그렇게 할 필요성이 소멸되면 외국인과 내국인을 달리 대우할 수 있다. 따라서 그 성질을 구별함이 없이 법률에서 외국인을 내국인과 평등하게 대우한다고 이를 외국인의 헌법상 평등권의 주체성을 인정하는 근거로 삼을 수는 없다. 예컨대 지방자치단체에서 일정한 영역에서 외국인을 고용하거나, 일정 기간 동안 그 지역에서 거주하는 외국인에게 선거권 또는 주민투표권을 부여하여도 이는 법률이나 조례에 근거하거나 행정행위에 의하여 인정되는 것이므로 국가는 언제든지 이를 인정하지 않을 수 있다. 이는 국제법상의 國家主權原理에 의하여 정당화된다.

平等權은 법인이나 법인격 없는 단체에게도 인정된다. 정당도 일정한 경우에 평등보호의 대상이 된다(예: 憲 1991. 3. 11.-91헌마21).

[憲 1991. 3. 11.-91헌마21] 「시·도의회의원선거에 있어서 정당은 후보자의 추천과 후보자를 지원하는 선거운동을 통하여 소기의 목적을 추구하는데, 이 경우 평등권 및 평등선거의 원칙으로부터 나오는(선거에 있어서의) 기회균등의 원칙은 후보자에 대하여서는 물론 정당에 대하여서도 보장되는 것이며, 따라서 정당추천의 후보자가 선거에서 차등대우를 받는 것은 바로 정당이 선거에서 차등대우를 받는 것과 같은 결과가 되는 것이다. 이와 같이 정당이 선거에 있어서 기회균등의 보장을 받을 수 있는 헌법적 권리는 정당 활동의 기회균등의 보장과 헌법상 참정권보장에 내포되어 있다고 할 것

이므로 헌법 제8조 제1항 내지 제3항, 제11호 제1항, 제24조, 제25조는 그 직접적인 근거규정이 될 수 있는 것이며, 헌법 전문과 제1조, 제41조 제1항, 제67조 제1항, 제37조 제2항, 제116조 제2항은 간접적인 근거규정이 될 수 있는 것이다.」

[61] 第四 内 容

Ⅰ. 평등원칙

헌법 제11조 제1항에서 정하고 있는 일반적 평등원칙의 「법 앞에 평등하다」라는 의미는 아래의 내용을 구성요소로 하고 있다.

(a) 「법」의 의미

헌법 제11조 제1항에서 정하고 있는 법 앞에 평등이라고 하는 경우의 「법」이라 함은 국회에서 입법하는 형식적 의미의 법률에 한정되지 않고 대한민국의 법체계를 형성하는 모든 法規範을 말한다. 成文法(헌법, 법률, 명령, 규칙, 조례 등)은 물론이고 不文法도 포함하며, 國內法뿐만 아니라 國際法도 포함한다.

(b) 「법 앞에」의 의미

「법 앞에 평등」이라 함은 법의 적용과 집행이 평등하여야 한다는 法適用의 平等(=形式的 平等 Rechtsanwendungsgleichheit), 즉 「법 앞의 평등」(Gleichheit vor dem Gesetz)뿐만 아니라 법의 내용도 인간을 평등하게 대우하는 것이어야 한다는 法制定의 平等(=實質的 平等 Rechtssetzungsgleichheit), 즉 「법의 평등」(Gleichheit des Gesetzes)을 의미한다. 법의 내용이 이미 불평등한 것으로 정하고 있는 경우에는 그 적용이나 집행에서 평등하게 하여도 진정한 평등의 보호는 이루어지지 않기 때문이다. 따라서 국가는 법을 제정하거나 개정하는 경우에 그 내용이 규율의 대상을 차별하는 것이어서는 안 되고, 제정된 법의 적용이나 집행에서도 그 대상을 차별대우하는 것이어서는 안 된다.

이러한 법리에 의할 때, 법집행자(예: 행정부, 법원, 헌법재판소, 지방자치단체장)는 법을 적용함에 있어 평등하게 적용하여야 할 뿐 아니라 입법자(예: 국회, 지방의회)도 입법을 함에 있어 내용이 대상을 불평등하게 대우하는 것으로 정할 수 없다(立法者拘束說, 通說). 憲法裁判所도 헌법 제11조 제1항의 평등원칙에 대하여, 이는 법의 적용뿐만 아니라 입법에서도 불합리한 차별대우를 하여서는 안 된다는 것, 즉 사리에 맞는 합리적인 근거 없이 법을 차별하여 적용하여서는 안 되는 것은 물론 그러한 내용의 입법을 해도 안 된다는 것이라고 판시하였다(예: 憲 1989. 5. 24.-89헌가37등; 1989. 9. 8.-88헌가6; 1999. 7. 22.-98헌가3; 1997. 1. 16.-90헌마110등; 1991. 7. 22.-89헌가106; 1992. 4. 28.-90헌바24; 2000. 8. 31.-97헌가12).

[憲 1989. 5. 24.-89헌가37] 「헌법 제11조 제1항에 정한 법 앞에서의 평등의 원칙은 결코 일체의 차별적 대우를 부정하는 절대적 평등을 의미하는 것은 아니나, 법을 적용함에 있어서 뿐만 아니라 입법을 함에 있어서도 불합리한 차별대우를 하여서는 아니 된다는 것을 뜻한다.」

[憲 1992. 4. 28.-90헌바24] 「우리 헌법이 선언하고 있는 "인간의 존엄성"과 "법 앞에 평등"(헌법 제10조, 제11조 제1항)이란 행정부나 사법부에 의한 법적용상의 평등을 뜻하는 것 외에도 입법권자에게 정의와 형평의 원칙에 합당하게 합헌적으로 법률을 제정하도록 하는 것을 명령하는 이른바 법내용상의 평등을 의미하고 있기 때문에 아무리 특정한 분야의 특별한 목적을 위하여 제정되는 특가법이라 하더라도 입법권자의 법제정상의 형성의 자유는 무한정으로 허용될 수는 없는 것이며 나아가 그 입법내용이 정의와 형평에 반하거나 자의적으로 이루어진 경우에는 평등권 등의 기본권을 본질적으로 침해한 입법권행사로서 위헌성을 면하기 어렵다고 할 것이다.」

[憲 2000. 8. 31.-97헌가12] 「헌법 제11조 제1항이 규정하고 있는 평등원칙은 법치국가질서의 근본요청으로서 모든 국가기관에게 법을 적용함에 있어서 정당한 근거 없이 개인이나 일정한 인적 집단을 불평등하게 대우하는 것을 금지한다. 따라서 모든 사람은 평등하게 법규범을 통해서 의무를 부담하고 권리를 부여받으며, 반대로 모든 공권력주체에 대해서는 일정한 사람들에게 유리하거나 불리하게 법을 적용하거나 적용하지 않는 것이 금지된다. 그러나 헌법 제11조 제1항의 규범적 의미는 이와 같은 '법 적용의 평등'에서 끝나지 않고, 더 나아가 입법자에 대해서도 그가 입법을 통해서 권리와 의무를 분배함에 있어서 적용할 가치평가의 기준을 정당화할 것을 요구하는 '법 제정의 평등'을 포함한다. 따라서 평등원칙은 입법자가 법률을 제정함에 있어서 법적 효과를 달리 부여하기 위하여 선택한 차별의 기준이 객관적으로 정당화될 수 없을 때에는 그 기준을 법적 차별의 근거로 삼는 것을 금지한다. 이 때 입법자가 헌법 제11조 제1항의 평등원칙에 어느 정도로 구속되는가는 그 규율대상과 차별기준의 특성을 고려하여 구체적으로 결정된다.」

(c) 「평등」의 의미

(i) 상대적 평등 인간은 개성, 성격, 능력, 자질, 품성, 지식, 관점, 교양, 신체적 조건, 사회·경제적 조건 등에서 다양한 차이를 가지고 있기 때문에 평등하지 않다. 인간은 기본적으로 다양하게 타고난 개성과 능력과 조건들 속에서 자기의 개성과 능력대로 삶을 영위하여 가며 그 속에서 행복을 추구한다. 따라서 국가는 국민을 하나의 기준으로 획일적으로 인간의 삶을 재단할 수 없고, 絶對的 平等으로 다양한 인간의 삶을 하나의 기준으로 평등화·획일화할 수 없다. 그러나 모든 인간은 인간으로서의 존엄과 가치를 가지고 각기 행복을 추구한다는 점에서는 가치적으로 평등하고, 기본권 보장의 이념상 동일한 조건하에서는 어느 누구의 기본권도 동일하게 대우되어야 하므로 법 앞의 평등에서 말하는 평등은 인간의 다양한 차이에 무관하게 누구나 인간으로서의 존엄과 가치를 가지고 행복을 추구하되 각기 선천적 또는 후천적으로 가지고 있는 다양한 각자의 몫을 인정하는 것을 말한다. 이를 相對的 平等이라고 말한다. 이러한 상대적 평등에서도 平等이라고 함은 모든 대상이 모든 경우에 상대적으로 평등하게 대우한다는 것이 아니라, 둘 이상의 상이한 대상에 대하

여 동일한 조건이나 상황에서 동일한 기준을 적용할 때 그 법적인 효과(권리, 이익, 의무, 불이익의 부여)가 평등한 대우이거나 불평등한 대우로서 헌법적으로 허용되는 합리적인 것이어야 한다는 것을 의미한다.

憲法裁判所의 판례도 헌법 제11조에서 정하고 있는 평등은 상대적 평등이라고 본다(예: 憲 1998. 9. 30.-98헌가7등; 1991. 2. 11.-90헌가27; 1991. 7. 22.-89헌가106; 1992. 4. 28.-90헌바24; 1997. 5. 29.-94헌바5; 2001. 6. 28.-99헌마516; 2007. 5. 31.-2006헌바49).

> [憲 1997. 5. 29.-94헌바5] 「헌법 제11조 제1항의 평등의 원칙은 일체의 차별적 대우를 부정하는 절대적 평등을 의미하는 것이 아니라 합리적 근거 없는 차별을 하여서는 아니 된다는 상대적 평등을 뜻하며, 합리적 근거 있는 차별인가의 여부는 그 차별이 인간의 존엄성 존중이라는 헌법원리에 반하지 아니하면서 정당한 입법목적을 달성하기 위하여 필요하고도 적정한 것인가를 기준으로 판단되어야 한다.」
>
> [憲 2007. 5. 31.-2006헌바49] 「평등의 원칙은 본질적으로 같은 것은 같게, 본질적으로 다른 것은 다르게 취급할 것을 요구한다. 그렇지만 이러한 평등은 일체의 차별적 대우를 부정하는 절대적 평등을 의미하는 것이 아니라 입법과 법의 적용에 있어서 합리적인 근거가 없는 차별을 배제하는 상대적 평등을 뜻하고 따라서 합리적 근거가 있는 차별은 평등의 원칙에 반하는 것이 아니다.」

(ii) 적법한 평등 평등보호에서는 적법한 상태와 행위만이 보호의 대상이 되고 불법의 상태나 위법행위는 보호의 대상이 되지 않는다. 법치주의의 본질상 불법의 영역은 처음부터 법의 보호의 영역에 속하지 않는다. 여기서 문제가 되는 것이 「不法의 平等」(Gleichheit im Unrecht)의 문제이다.

《「불법의 평등」 문제》

> 불법주차를 한 차량이 여러 대가 주차되어 있는데, 고의적으로 그 가운데 高價의 차나 자가용 등 일부 차량에 대해서만 범칙금을 부과하는 조치를 한 경우나, 여러 명이 범죄를 저지른 경우에 共犯 가운데 일부에 대해서만 입건 수사하여 기소한 경우에 그 해당자가 자기와 동일한 처지에 있는 사람들에 대하여는 국가가 자기에게 조치한 것과 동일한 조치를 하지 않고 차별했다고 하면서 평등원칙이나 평등권의 위반을 주장할 수 있는가 하는 점이다. 이 경우에 국가가 법위반자에 대하여 고의적으로 差等 待遇한 것은 사실이지만, 불법을 저지른 자는 법의 보호를 받을 지위에 있거나 이익을 가지는 것이 아니므로(Keine Gleichheit im Unrecht) 이러한 주장을 하여 취소소송, 상소, 헌법소원심판 등을 통하여 국가행위의 효력을 다툴 수는 없다고 할 것이다. 그러나 국가의 이러한 행위는 恣意的인 것이므로 다른 자에 대해서도 동일한 조치를 취할 수 있는 경우에는 취하여야 하고, 차별적인 그러한 조치를 한 공무원은 권한을 자의적으로 행사한 것에 대한 책임(예: 징계)을 진다.

(iii) 간접차별 포함 문제 평등보호는 차별금지를 말하는데, 이 때 차별의 의미에 있어서는 차별이 미치는 정도에 따라 直接差別(unmittelbare Diskriminierung)과

間接差別(mittelbare Diskriminierung)로 나뉜다. 直接差別은 국가작용이 금지된 차별사유에 위반하여 규율대상을 직접 차별대우하는 것을 말하고, 間接差別은 국가작용이 의도적으로 금지된 차별을 행하여 규율대상을 직접 차별하는 것은 아니지만 직접차별을 유발한 것에 간접적으로 영향을 미치는 차별을 말한다.

헌법 제11조 제1항의 평등보호에 있어 직접차별이 금지되는 것에는 의문의 여지가 없으나, 간접차별이 금지되는가에 대해서는 논란이 있다. 간접차별은 해당 사안과 직접 관련성이 없고 비교대상을 직접차별하는 것이 아니며, 이를 인정하면 입법자의 입법형성의 자유를 지나치게 축소·제약하기 때문에 금지되지 아니한다는 견해(間接差別不包含說)와 차별의 원인보다는 차별의 결과에 중점을 두어 결과적으로 차별을 초래하였다면 직접원인이 되었던 간접원인이 되었던 관계없이 모두 원칙적으로 금지되고, 다만 간접차별의 경우에는 직접차별에 비하여 정당화의 요건이 완화된다고 하는 견해가 대립하고 있다(間接差別包含說).

憲法裁判所는 군필자에게 일정 직급의 공무원 채용 등에서 加算點을 주는 규정이 군필자와 군미필자간의 평등문제인데도 이를 남성과 여성간의 평등문제로 다루어 남녀차별에 해당한다고 판시하였다(憲 1999. 12. 23.-98헌마363). 이에 대해서 이 판례가 과연 논증에서 타당한 것인가 하는 점과 차별금지에서 간접차별을 인정한 것인가 하는 점을 두고 논란이 있다.

> [憲 1999. 12. 23.-98헌마363] 「가산점제도는 제대군인과 제대군인이 아닌 사람을 차별하는 형식을 취하고 있다. 그러나 제대군인, 비(非)제대군인이라는 형식적 개념만으로는 가산점제도의 실체를 분명히 파악할 수 없다. 현행 법체계상 제대군인과 비제대군인에 어떤 인적 집단이 포함되는지 구체적으로 살펴보아야만 한다. 위에서 본 바와 같이 제대군인에는 ① 현역복무를 마치고 전역(퇴역·면역 포함)한 남자, ② 상근예비역 소집복무를 마치고 소집해제된 남자, ③ 지원에 의한 현역복무를 마치고 퇴역한 여자, 이 세 집단이 포함되고, 비제대군인에는 ① 군복무를 지원하지 아니한 절대다수의 여자, ② 징병검사 결과 질병 또는 심신장애로 병역을 감당할 수 없다는 판정을 받아 병역면제처분을 받은 남자(병역법 제12조 제1항 제3호, 제14조 제1항 제3호), ③ 보충역으로 군복무를 마쳤거나 제2국민역에 편입된 남자, 이 세 집단이 포함된다. 그러므로 먼저 무엇보다도 가산점제도는 실질적으로 남성에 비하여 여성을 차별하는 제도이다. 제대군인 중 위 ③의 유형에는 전체여성 중의 극히 일부분만이 해당될 수 있으므로 실제 거의 모든 여성은 제대군인에 해당하지 아니한다. 그리고 남자의 대부분은 제대군인 중 위 ①과 ② 유형에 속함으로써 제대군인에 해당한다. 이 사건 심판기록에 편철된 「병역처분자료통보」에 의하면 1994년부터 1998년까지 5년간 현역병입영대상자 처분을 받은 비율은 81.6%에서 87%(보충역은 4.6%에서 11.6%, 제2국민역은 6.4%에서 9.8%, 병역면제는 0.4%에서 0.6%)까지 이르고 있음을 알 수 있는데, 이는 우리나라 남자 중의 80% 이상이 제대군인이 될 수 있음을 나타내는 것이다. 이와 같이 전체 남자 중의 대부분에 비하여 전체 여성의 거의 대부분을 차별취급하고 있으

므로 이러한 법적 상태는 성별에 의한 차별이라고 보아야 한다.……가산점제도는 제대군인에 비하여, 여성 및 제대군인이 아닌 남성을 비례성원칙에 반하여 차별하는 것으로서 헌법 제11조에 위배되며, 이로 인하여 청구인들의 평등권이 침해된다.」

(d) 평등의 판단기준

헌법이 정하고 있는 평등보호가 상대적 평등의 보호라고 하더라도 문제는 구체적인 상황에서 어떤 기준으로 각자의 몫을 정하며, 국가가 이러한 기준으로 인간의 상대적 평등을 판단할 때 그 판단기준이 무엇인가 하는 점이다.

우선 헌법에서 일정한 표지에 근거한 차별을 금지하는 경우에는 입법자도 이에 구속되지만, 헌법에서 차별의 표지를 특정하고 있지 않은 일반적 평등원칙의 경우에는 입법자는 폭넓은 입법형성의 자유를 갖는다.

그런데 차별을 금지하는 경우에도 입법자를 구속하는 기준이 필요하다.

(i) 자의금지의 원칙 이 문제에 대하여 학설과 판례는 오랫동안 「恣意의 禁止」를 판단기준으로 설정하였다. 자의금지원칙은 본질적으로 서로 같은 것을 자의적으로 다르게 취급하거나 본질적으로 서로 다른 것을 자의적으로 동일하게 취급하는 것은 금지된다고 하는 법리이다(예: 憲 1996. 12. 26.-96헌가18; 2001. 11. 29.-99헌마494; 2007. 4. 26.-2006헌바71; 2007. 6. 28.-2004헌마643). 즉 국가는 특정영역에서 입법과 법의 집행에 있어 그 대상이 되는 복수의 집단을 처리하는 경우에 복수의 비교집단들이 동일한 것인 경우에는 그 比較集團을 모두 同一하게 처리하여야 한다는 것이다. 따라서 여기서는 제 1 차적으로 복수의 비교집단들이 모두 동일한 성질의 것인가를 판단하는 것이 필요하다. 서로 다른 성질을 가지는 집단들에는 처음부터 평등여부를 판단하기 위한 대상이 되지 않는다. 일단 비교집단들이 동일한 것으로 결정된 경우에는 법은 이들 비교집단을 모두 동일하게 대우하여야 한다. 이를 어기는 것은 恣意禁止原則에 위반된다. 이 경우에 말하는 恣意라는 개념은 주관적인 책임비난을 의미하는 것이 아니라, 객관적인 의미에서 객관적으로 명백한 근거가 없는 것을 의미한다. 입법자가 규율하려는 영역과 법률규정의 내용 사이에 아무런 내적 관련성이 존재하지 않을 때나 불충분함이 명백한 경우에는 자의적인 것이 된다.

[憲 2007. 4. 26.-2006헌바71] 「평등의 원칙은 입법자에게 본질적으로 같은 것을 자의적으로 다르게, 본질적으로 다른 것을 자의적으로 같게 취급하는 것을 금하고 있다. 그러므로 비교의 대상을 이루는 두 개의 사실관계 사이에 서로 상이한 취급을 정당화할 수 있을 정도의 차이가 없음에도 불구하고 두 사실관계를 서로 다르게 취급한다면, 입법자는 이로써 평등권을 침해하게 된다.」

(ii) 비례원칙 그런데 자의의 금지라는 기준만으로는 입법자의 자의를 효과적으로 통제할 수 없다는 문제가 제기되면서 비례원칙을 함께 판단의 기준으로 삼아

야 한다는 필요성이 제기되었고, 평등의 판단에는 자의금지원칙에서 비례원칙에 이르기까지의 다양한 스펙트럼선상에서 규율대상과 차별기준에 따라 다양한 모습으로 입법자를 구속하게 된다고 본다(桂禧悅b, 239). 이러한 것은 독일연방헌법재판소의 판례에서 취하는 태도이기도 하다. 미합중국 연방최고법원이 평등심사에서 審査基準(level of scrutiny)이라는 수단을 사용하면서 「多層的 審査基準의 方式」(multi-level system of scrutiny)을 개발하여 적용하고 있는 것과 유사하다. 입법목적이 차별을 정당화시키기에 불가피하고 우월적인 것이어야 하고 이런 목적을 달성하는 수단은 필수불가결한 것으로 엄밀하게 고안된 것일 때만 합헌이라는 「嚴格審査(strict scrutiny)」, 차별이 입법목적을 달성함에 있어서 합리적인 관련성을 가지는 경우에는 합헌이라고 하는 「合理性審査」(rationality review, rational basis test), 엄격심사보다는 완화된 기준으로서 입법목적이 중요하고 차별이 이 목적과 실질적으로(substantially) 관련이 있는 경우에는 합헌이라는 「中道的 審査」(intermediate scrutiny), 이러한 심사기준을 적용 영역별로 나누어 일률적으로 적용하는 것이 아니라, 해당 사안별로 차별의 성격과 차별로 인하여 영향을 받게 되는 개인의 이익과 이를 통해 확보되는 정부의 이익의 상대적인 중요성을 고려하여 그에 적합한 심사기준을 선택하여 적용하는 「流動的 審査」(sliding scale)의 기준을 평등심사에 적용하고 있다.

《다층적 심사기준의 방식》

이는 기본적으로 연방국가인 미합중국에서 연방헌법을 州의 법률에 어느 정도로 관철시키는가 하는 문제와 직접 연관된다. 미합중국에서는 연방헌법을 주의 법률에 관철시키는 근거를 연방헌법 수정조항 제14조 제1항의 적법절차로 삼고 있는데, 이런 경우에도 연방이 주의 법률의 내용을 심사할 수 있는 것을 「실체적 적법절차」라는 것으로 정당화하고, 주의 법률의 내용은 심사할 수 없고 단순히 법률제정의 절차만을 심사할 수 있을 때 이를 「절차적 적법절차」라는 개념으로 정당화한다. 실체적 적법절차를 근거로 주의 입법내용을 심사하던 것이 사라진 1937년 이후에는 연방헌법 제14조를 근거로 하여 평등보호를 근거로 주의 입법내용을 심사하고 있다. 이 경우에 연방과 주간의 문제를 고려하여 심사기준을 다양하게 발전시켜 왔다. 연방이 주의 법률 내용을 심사하는 경우에도 연방의 주권과 주의 주권간의 관계문제에서 강약이 문제가 되는데, 연방이 강하게 개입할 때는 엄격심사라는 개념으로 정당화하고, 약하게 개입할 때를 합리성 심사라는 것으로 정당화하였다. 이러한 양자의 기준이 애매하고 명확하지 않게 되자 중도적 심사를 개발하기도 하고(Craig v. Boren(1976) 이래), 사안의 성질에 따라 유동적으로 심사기준을 적용하는 유동적 심사를 심사기준으로 채택하기도 했다. 미합중국 연방최고법원의 이러한 다양한 심사기준에 의할 때, 헌법상의 권리(constitutional right) 가운데 엄격심사의 대상이 되는 것을 fundamental right라고 부르며, 인종에 의한 차별대우금지가 이에 해당한다. 국적을 기준으로 한 차별대우는 원칙적으로 엄격심사기준을 적용하고 예외적으로 합리성심사기준을 적용하며, 性

的 차별, 사생아 차별, 상업적 언론에 대한 규제 등에 대해서는 중도적 심사기준을 적용하고, 경제관련 입법, 연령차별과 정신지체 · 장애자 차별에 대해서는 합리성심사기준을 적용해오고 있다. 엄격심사, 합리성심사, 중간심사라는 심사기준의 「3중기준론」에 대해서는(처음에는 엄격심사와 합리성심사의 2개로 나눈 「2중기준론」이 전개되었으나 후에 그 경직성을 완화할 필요성에 의하여 「3중기준론」으로 나아갔다), 개별적 사건이 가지는 쟁점의 개별성과 구체성에 대하여 살펴보기도 전에 심사기준이 적용될 해당 영역을 기준으로 하여 판단기준을 미리 정하는 점, 차별여부를 판단하는 심사기준을 2개 또는 3개로 극히 단순화시킨 것이라는 점, 다층적 심사기준론에 의하면 엄격심사기준이 적용되는 영역에서는 대부분이 위헌으로 결정되고 합리성심사기준이 적용되는 영역에서는 대부분이 합헌으로 결정되어 위헌여부가 결국 심사기준을 어떤 것을 선택하느냐에 따라 자동으로 결정되어 버리는 경직된 심사이며, 합리성심사는 사실상 평등보호심사를 포기하는 것에 다름이 아니고, 이러한 경직성을 극복하려면 심사기준을 다시 조작하여야 하는 무리를 범하여야 한다는 점 등을 들어 이를 비판하고 평등보호심사에서 통일된 기준을 설정하여야 한다는 비판론이 있는 반면, 선출되지 않은 사법관으로 구성되는 헌법재판기관이 국민에 의해 선출된 의회가 정한 모든 법률에 대하여 하나의 통일된 기준으로 심사하는 것은 헌법재판의 이름을 내세워 사법관들의 생각으로 민주주의를 침해할 위험이 있으므로 위헌법률심사의 한계를 고려하면 심사기준을 다층적으로 설정하여 사법심사와 대의민주주의가 적용되는 영역의 적절한 배분, 헌법재판기관과 의회간의 역할과 기능의 적정한 배분이 이루어지도록 하는 것이 필요하다는 관점에서 이를 지지하는 옹호론도 있다(예: J. Ely; B. Ackerman).

憲法裁判所는 평등위반여부를 恣意의 禁止만을 기준으로 하여 판단하기도 하고(예: 憲 1989. 5. 24.-89헌가37등; 1997. 1. 16.-90헌마110등; 1998. 9. 30.-98헌가7; 2003. 12. 18.-2002헌마593; 2003. 1. 30.-2001헌바64), 자의금지원칙과 함께 比例原則을 심사기준으로 하여 판단하는 경우도 있다(예: 憲 1999. 12. 23.-98헌마363; 2001. 2. 22.-2000헌마25; 2006. 2. 23.-2004헌마675등).

憲法裁判所는 일반적으로 차별에 대한 정당성 여부에 대해서는 恣意性 與否를 심사하지만, 헌법에서 특별히 평등을 요구하고 있는 경우나 차별적 취급으로 인하여 관련 기본권에 대한 중대한 제한을 초래하게 된다면 입법형성권은 축소되어 보다 엄격한 심사척도가 적용된다고 하여 비례심사를 하는 태도를 유지하고 있다(예: 憲 1999. 12. 23.-98헌마363; 1999. 12. 23.-98헌바33; 2000. 8. 31.-97헌가12). 그리하여 恣意審査의 경우에는 차별을 정당화하는 합리적인 이유가 있는지의 여부만 심사하기 때문에 그에 해당하는 비교대상간의 사실상의 차이나 입법목적(차별목적)의 발견 · 확인에 그치는 반면에, 比例審査의 경우에는 단순히 합리적인 이유의 존부 문제가 아니라 차별을 정당화하는 이유와 차별간의 상관관계에 대한 심사, 즉 비교대상간의 사실상의 차이의 성질과 비중 또는 입법목적(차별목적)의 비중과 차별의 정도에 적정한 균형관계가 이루어져 있는가를 심사한다고 하는 태도를 유지하고 있다(예: 憲 2001. 2. 22.-2000헌마25; 2009. 2. 26.-2005헌마765).

[憲 1989. 5. 24.-89헌가37등] 「평등의 개념은 형식적 평등이 아니라 구체적 사회정의와 새로운 질서를 형성하는 실질적인 평등으로 보아야 하며, 따라서 평등

의 원리는 자의금지를 기본으로 한다. 자의의 금지는 입법, 행정, 사법뿐만 아니라 헌법재판에도 모두 적용된다. 평등의 원리로 적용되는 영 · 미국에서의 적법절차의 조항이나, 서독을 비롯한 대륙법계에서의 자의금지의 원칙은 그 본질에 있어서 사회정의의 실현을 의미한다. 즉 평등한 것은 평등하게, 불평등한 것은 불평등하게 취급되어야 하는데, 평등하게 취급할 것을 불평등하게, 불평등하게 취급할 것을 평등하게 취급하는 것은 정의에 반하는 것으로 자의금지의 원칙에 위배된다. 어떠한 조치가 자의금지에 반하는 것인가 하는 것은 객관적으로 보아 실질적 내용이 구체적 정의에 반하느냐 않느냐에 따라 결정될 수밖에 없다. 건전한 일반시민의 상식으로 보아 경우에 어긋나지 않는 선에서 판단하여야 한다. 객관적 상황을 본질적 기준이 아닌 잘못된 기준에 의하여 형식적으로 취급하고 해석할 때에 그것은 자의에 해당된다. 예컨대 인격을 기준으로 할 때에는 자국인과 외국인이 평등하며 달리 차별을 둘 수 없지만, 국적을 기준으로 할 때에는 자국인과 외국인간에 불평등하게 취급할 수도 있으며, 이는 자의금지에 위배되지 않는다.」

[憲 2001. 2. 22.-2000헌마25] 「평등권의 침해 여부에 대한 심사는 그 심사기준에 따라 자의금지원칙에 의한 심사와 비례의 원칙에 의한 심사로 크게 나누어 볼 수 있다. 자의심사의 경우에는 차별을 정당화하는 합리적인 이유가 있는지만을 심사하기 때문에 그에 해당하는 비교대상간의 사실상의 차이나 입법목적(차별목적)의 발견 · 확인에 그치는 반면에, 비례심사의 경우에는 단순히 합리적인 이유의 존부문제가 아니라 차별을 정당화하는 이유와 차별간의 상관관계에 대한 심사, 즉 비교대상간의 사실상의 차이의 성질과 비중 또는 입법목적(차별목적)의 비중과 차별의 정도에 적정한 균형관계가 이루어져 있는가를 심사한다.」

[憲 2009. 2. 26.-2005헌마765] 「교통사고에 의하여 피해자가 사망하였는지의 여부 및 교통사고가 단서조항에 해당하는지의 여부에 따라 교통사고로 인한 피해자들 사이에 재판절차진술권을 행사함에 있어 차별이 발생하게 되는바, 이러한 차별이 헌법적으로 정당한지가 문제된다. (1) **업무상 과실 또는 중대한 과실로 인하여 중상해를 입은 경우** 이 사건 법률조항으로 인하여 단서조항에 해당하지 않는 교통사고로 중상해를 입은 피해자를 단서조항에 해당하는 교통사고의 중상해 피해자 및 사망사고의 피해자와 재판절차진술권의 행사에 있어서 달리 취급한 것이 평등권을 침해하였는지의 여부를 살펴보기로 한다. (가) **심사기준** 일반적으로 차별에 대한 정당성 여부에 대해서는 자의성 여부를 심사하지만, 헌법에서 특별히 평등을 요구하고 있는 경우나 차별적 취급으로 인하여 관련 기본권에 대한 중대한 제한을 초래하게 된다면 입법형성권은 축소되어 보다 엄격한 심사척도가 적용된다. 자의심사의 경우에는 차별을 정당화하는 합리적인 이유가 있는지만을 심사하기 때문에 그에 해당하는 비교대상간의 사실상의 차이나 입법목적(차별목적)의 발견 · 확인에 그치는 반면에, 비례심사의 경우에는 단순히 합리적인 이유의 존부 문제가 아니라 차별을 정당화하는 이유와 차별 간의 상관관계에 대한 심사, 즉 비교대상 간의 사실상의 차이의 성질과 비중 또는 입법목적(차별목적)의 비중과 차별의 정도에 적정한 균형관계가 이루어져 있는가를 심사한다. 국민의 생명 · 신체의 안전은 다른 모든 기본권의 전제가 되며, 인간의 존엄성에 직결되는 것이므로, 단서조항에 해당하지 않는 교통사고로 중상해를 입은 피해자와 단서조항에 해당하는 교통사고의 중

상해 피해자 및 사망사고 피해자 사이의 차별 문제는 단지 자의성이 있었느냐의 점을 넘어서 입법목적과 차별 간에 비례성을 갖추었는지 여부를 더 엄격하게 심사하는 것이 바람직하고, 교통사고 운전자의 기소 여부에 따라 피해자의 헌법상 보장된 재판절차진술권이 행사될 수 있는지 여부가 결정되어 이는 기본권 행사에 있어서 중대한 제한을 구성하기 때문에, 이 사건에 대하여는 종전 선례인 헌법재판소 1997. 1. 16. 90헌마110 등 사건의 결정 이후에 변화된 판례에 따라 엄격한 심사기준에 의하여 판단하기로 한다. (나) **판단** 이 사건 법률조항에 따르면 교통사고로 인하여 피해자가 중상해를 입은 경우에도, 가해 운전자가 어떠한 태양의 주의의무를 위반하였느냐에 따라 기소 여부가 달라진다. 즉 단서조항에 해당하는 교통사고라면 가해 운전자는 기소될 것이고, 단서조항에 해당하지 않으면 종합보험 등에 가입한 조건으로 면책된다. 이 때 단서조항에 해당하지 않는 교통사고로 인하여 중상해를 입은 피해자는, 자신에게 발생한 교통사고의 유형이 단서조항에 해당하지 않는다는 우연한 사정에 의하여 형사재판절차에서의 진술권을 전혀 행사하지 못하게 되는바, 이는 역시 우연하게도 단서조항에 해당하는 교통사고를 당한 중상해 피해자가 재판절차진술권을 행사하게 되는 것과 비교할 때 합리적인 이유 없이 차별취급을 당하는 것이다. 한편, 교특법은 피해자가 사망한 경우에는 단서조항에 해당하는 사고인지의 여부와 관계없이 기소하게 되어 있고(교특법 제3조 제1항, 형법 제268조 참조), 이는 사고관련자들의 주의의무 위반의 정도나 태양이 어떠하든 간에 생명권의 침해라는 크나큰 불법적 요소 때문이라 할 것이다. 그런데 교통사고로 인하여 중상해를 입은 결과, 식물인간이 되거나 평생 심각한 불구 또는 난치의 질병을 안고 살아가야 하는 피해자도 비록 생명권이 침해된 것은 아니지만 이에 비견될 정도의 육체적, 정신적 고통을 받게 되고, 정상적인 생활이 불가능해짐에 따라 가족 등 주변인들의 정신적, 경제적 고통도 이루 말할 수 없는 것이므로, 그 결과의 불법성이 사망사고보다 결코 작다고 단정할 수 없다. 따라서 교통사고로 인하여 피해자가 사망한 경우와 달리 중상해를 입은 경우 가해 운전자를 기소하지 않음으로써 그 피해자의 재판절차진술권을 제한하는 것 또한 합리적인 이유가 없는 차별취급이라고 할 것이다. 그리고 위와 같은 중상해 피해자 간 및 사망사고 피해자와의 차별취급은 중상해 피해자의 재판절차진술권 행사를 사고관련자들의 주의의무의 위반 정도 및 결과의 불법성의 크기 등에 관계없이, 사고유형이 단서조항에 해당하는지의 여부만으로 달리 취급하는 것이므로 신속한 피해회복이라는 이 사건 법률조항의 입법목적이라는 측면에서 보아도 그 차별의 정도에 적정한 균형관계를 이루고 있다고 보기 어렵다. (2) **업무상 과실 또는 중대한 과실로 인하여 중상해가 아닌 상해를 입은 경우** 업무상 과실 또는 중대한 과실로 인한 교통사고로 피해자에게 중상해가 아닌 상해의 결과만을 야기한 경우에는, 위 나. (2) 부분에서 살펴본 바와 같은 이유로 재판절차진술권의 행사에 있어 중상해 피해자와 비교하여 달리 취급할 만한 정당한 사유가 있다 할 것이므로 피해자 보호 및 가해운전자의 처벌에 있어서 평등의 원칙에 반하지 아니한다고 할 것이다. (3) **소결** 이 사건 법률조항으로 인하여 단서조항에 해당하지 아니하는 교통사고로 중상해를 입은 피해자를 단서조항에 해당하는 교통사고의 중상해 피해자 및 사망사고의 피해자와 재판절차진술권의 행사에 있어서 달리 취급한 것은, 단서조항에 해당하지 아니하는 교통사고로 중상해를 입은 피해자들의 평등권을 침해하는 것이라 할 것이다.」

과거에 헌법재판소는 평등심사에 있어 원칙적으로 자의금지원칙을 기준으로 하여 심사하여 왔고, 이따금 비례의 원칙을 기준으로 심사한 것으로 보이는 경우에도 비례심사의 본질에 해당하는 '법익의 균형성(협의의 비례성)'에 대한 본격적인 심사를 하는 경우는 찾아보기 힘들었다고 할 수 있다. 그런데 헌법재판소는 1999. 12. 23. 선고한 98헌마363 사건에서 평등위반심사를 함에 있어 '법익의 균형성' 심사에까지 이르는 본격적인 비례심사를 하고 있다. 헌법재판소는 위 결정에서 비례의 원칙에 따른 심사를 하여야 할 경우로서 첫째, 헌법에서 특별히 평등을 요구하고 있는 경우, 즉 헌법이 차별의 근거로 삼아서는 아니 되는 기준 또는 차별을 금지하고 있는 영역을 제시하고 있음에도 그러한 기준을 근거로 한 차별이나 그러한 영역에서의 차별의 경우 둘째, 차별적 취급으로 인하여 관련 기본권에 대한 중대한 제한을 초래하게 되는 경우를 들면서, 제대군인가산점제도는 위 두 경우에 모두 해당한다고 하여 비례심사를 하고 있다. 현재는 자의금지원칙을 기준으로 하는 경우와 비례원칙을 기준으로 하는 경우를 나누어 양쪽을 모두 심사기준으로 삼는 태도를 유지하고 있다.

(e) 평등심사의 강도

憲法裁判所는 평등원칙의 위반여부를 심사하는 경우에 그 强度가 항상 동일한 것이 아니라 差別根據와 規律領域의 特性 등에 따라 강도가 다르다고 보아, 엄격한 심사기준과 완화된 심사기준으로 나누고 있다.

(i) 엄격한 심사기준　嚴格한 審査基準은 i) 헌법에서 특별히 평등을 요구하고 있는 경우, 즉 헌법이 스스로 차별의 근거로 삼아서는 아니 되는 기준 또는 차별을 특히 금지하고 있는 영역을 제시하고 있는 경우와 ii) 차별적 취급으로 인하여 관련 기본권에 대한 중대한 제한을 초래하는 경우에 적용된다(예: 憲 1997. 1. 16.-90헌마110등; 1999. 12. 23.-98헌마363; 2001. 2. 22.-2000헌마25; 2003. 6. 26.-2002헌가14; 2006. 6. 29-2005헌가13; 2007. 5. 31.-2006헌바49; 2007. 12. 27-2005헌가11). 이 경우에는 국회의 입법형성권은 상당히 축소된다. 그리고 입법자가 설정한 차별이 기본권의 행사에 있어서의 차별을 가져오는 경우에는 그 목적과 수단간에 엄격한 비례성이 심사되어야 한다고 본다(예: 憲 2003. 9. 25.-2003헌마30; 2006. 2. 23.-2004헌마675등).

(ii) 완화된 심사기준　입법자의 형성의 자유와 민주국가의 권력분립적 기능질서를 보장하는 차원에서, 일반적으로 헌법재판소의 심사기준이 되는 통제규범으로서의 평등원칙은 단지 자의적인 입법의 금지만을 의미하기 때문에 緩和된 審査基準이 적용된다. 엄격한 심사기준을 적용하는 경우 이외에는 헌법 제32조 제6항과 같이 헌법에서 差別命令規定을 두고 있는 경우(예: 憲 2001. 2. 22.-2000헌마25)와 합리성심사를 하는 것이 필요한 경우(예: 憲 2006. 2. 23.-2005헌마403)에는 緩和된 審査基準이 적용된다고 한다.

[憲 2007. 5. 31.-2006헌바49] 「평등원칙 심사는 차별근거와 규율영역의 특성 등에 따라 그 심사의 강도를 달리한다. 즉, 입법자의 형성의 자유와 민주국가의

권력분립적 기능질서를 보장하는 차원에서, 일반적으로 헌법재판소의 심사기준이 되는 통제규범으로서의 평등원칙은 단지 자의적인 입법의 금지만을 의미한다. 그러므로 헌법재판소는 입법자의 결정에서 차별을 정당화할 수 있는 합리적인 이유를 찾아볼 수 없는 때에만 평등원칙의 위반을 선언하게 된다. 그러나 헌법에서 특별히 평등을 요구하고 있는 경우, 다시 말하여 헌법이 직접 차별의 근거로 삼아서는 안 되는 기준이나 차별을 특히 금지하는 영역을 제시하는 경우에는 그러한 기준을 근거로 한 차별이나 그러한 영역에서의 차별에 대하여 엄격히 심사하여야 하며, 차별적 취급으로 인하여 관련 기본권에 대한 중대한 제한이 초래되는 경우에도 엄격한 심사척도를 적용하여야 한다. 여기서 엄격히 심사를 한다는 것은 단지 차별의 합리적 이유의 유무만을 확인하는 정도를 넘어, 차별의 이유와 차별 간의 상관관계에 대해서, 즉 비교대상 간의 사실상의 차이의 성질 및 비중 또는 입법목적(차별목적)의 비중과 차별의 정도에 적정한 균형관계가 이루어져 있는지에 대해서도 심사함을 의미한다.」

근로상의 남녀차별(예: 憲 1999. 12. 23.-98헌마363)은 엄격심사기준을 적용하고, 공무담임권의 제한(예: 憲 2002. 10. 31.-2001헌마557; 2006. 2. 23.-2005헌마403), 금전 이외의 재산으로 조세를 납부하는 물납제도(예: 憲 2007. 5. 31.-2006헌바49)에서는 완화된 심사기준을 적용한다.

[憲 1999. 12. 23.-98헌마363] 「평등위반 여부를 심사함에 있어 엄격한 심사척도에 의할 것인지, 완화된 심사척도에 의할 것인지는 입법자에게 인정되는 입법형성권의 정도에 따라 달라지게 될 것이다. 먼저 헌법에서 특별히 평등을 요구하고 있는 경우 엄격한 심사척도가 적용될 수 있다. 헌법이 스스로 차별의 근거로 삼아서는 아니 되는 기준을 제시하거나 차별을 특히 금지하고 있는 영역을 제시하고 있다면 그러한 기준을 근거로 한 차별이나 그러한 영역에서의 차별에 대하여 엄격하게 심사하는 것이 정당화된다. 다음으로 차별적 취급으로 인하여 관련 기본권에 대한 중대한 제한을 초래하게 된다면 입법형성권은 축소되어 보다 엄격한 심사척도가 적용되어야 할 것이다. 그런데 가산점제도는 엄격한 심사척도를 적용하여야 하는 위 두 경우에 모두 해당한다. 헌법 제32조 제4항은 "여자의 근로는 특별한 보호를 받으며, 고용·임금 및 근로조건에 있어서 부당한 차별을 받지 아니한다"고 규정하여 "근로" 내지 "고용"의 영역에 있어서 특별히 남녀평등을 요구하고 있는데, 가산점제도는 바로 이 영역에서 남성과 여성을 달리 취급하는 제도이기 때문이고, 또한 가산점제도는 헌법 제25조에 의하여 보장된 공무담임권이라는 기본권의 행사에 중대한 제약을 초래하는 것이기 때문이다(가산점제도가 민간기업에 실시될 경우 헌법 제15조가 보장하는 직업선택의 자유가 문제될 것이다). 이와 같이 가산점제도에 대하여는 엄격한 심사척도가 적용되어야 하는데, 엄격한 심사를 한다는 것은 자의금지원칙에 따른 심사, 즉 합리적 이유의 유무를 심사하는 것에 그치지 아니하고 비례성원칙에 따른 심사, 즉 차별취급의 목적과 수단간에 엄격한 비례관계가 성립하는지를 기준으로 한 심사를 행함을 의미한다.」

[憲 2006. 2. 23.-2005헌마403] 「평등위반 여부를 심사함에 있어 엄격한 심사척도에 의할 것인지, 완화된 심사척도에 의할 것인지는 입법자에게 인정되는 입법형성권의 정도에 따라 달라지게 된다. 먼저 헌법에서 특별히 평등을 요구하고 있는 경우 엄격한 심사척도가 적용될 수 있다. 헌법이 스스로 차별의 근거로 삼아서

는 아니되는 기준을 제시하거나 차별을 특히 금지하고 있는 영역을 제시하고 있다면 그러한 기준을 근거로 한 차별이나 그러한 영역에서의 차별에 대하여 엄격하게 심사하는 것이 정당화된다. 다음으로 차별적 취급으로 인하여 관련 기본권에 대한 중대한 제한을 초래하게 된다면 입법형성권은 축소되어 보다 엄격한 심사척도가 적용되어야 한다. 이 사건 법률조항은 공무담임권을 제한하고 있는바, 이는 헌법이 차별을 특히 금지하고 있는 영역이거나 차별적 취급으로 인하여 관련 기본권에 대한 중대한 제한을 초래하고 있다고 볼 수 없다. 그리고 공무담임권의 제한의 경우는 그 직무가 가지는 공익실현이라는 특수성으로 인하여 그 직무의 본질에 반하지 아니하고 결과적으로 다른 기본권의 침해를 야기하지 아니하는 한 상대적으로 강한 합헌성이 추정될 것이므로, 주로 평등의 원칙이나 목적과 수단의 합리적인 연관성 여부가 심사대상이 될 것이며, 법익형량에 있어서도 상대적으로 다소 완화된 심사를 하게 된다. 따라서 이 사건 법률조항에 대한 평등권 심사는 합리성 심사로 족하다.」

《상대적 평등의 판단기준》

미합중국이나 독일에서 상대적 평등을 판단하는 기준을 보면 다음과 같다. 미합중국 연방최고법원의 판례에 의하면, 「법의 평등한 보장이란 평등한 법의 보장」이란 판례가 있고, 평등보호조항은 개별적인 차별은 금지하나 어떠한 경우에도 차별을 인정하지 아니하고 모든 사람을 동일하게 취급하는 것을 요청하는 것은 아니며, 합리적(reasonable)인 차별은 가능하다고 한다. 이 때 합리적이란 무엇을 의미하는가는 입법 · 판례 · 학설에 의하여 결정할 수밖에 없을 것인바, Warren 법원은 엄격한 심사기준을 확립하였다. 이는 개인에 대한 정부의 차별조치가 i) 평등보호조항위반의 의심스러운 차별이라고 간주되는 경우에, ii) 그 차별조치가 개인의 기본적 권리이익에 관한 경우에 적용되는 것으로서 정부나 주가 필요불가결한 이익에 기인되었음을 입증하지 않으면 그 조치는 정당화될 수 없다는 이론이다. 이 밖에도 경제적 · 사회적 약자의 지위를 향상하기 위한 우선처우이론이 나타났는데, 이는 호의적 처리 · 적극적 평등화행위론 등으로 불리고 있다. 이는 일반적으로 인종 · 소수민족 · 여성에 대하여 특정의회의 의석 배분 또는 고등교육 · 고용 등에서 평등을 보장해 주기 위한 호의적인 시책을 뜻한다. 그러나 이로써 역차별의 문제가 나타나기도 한다.

독일연방헌법재판소의 판례에 의하면, 「본질적으로 평등한 것을 자의적으로 불평등하게 취급하거나, 본질적으로 불평등한 것을 자의적으로 평등하게 취급하는 것의 금지」라고 하고, 이 恣意의 禁止를 판단기준으로 삼아 이중적인 의미로 객관화시키고 있다. 첫째로는 문제된 처분의 주관적인 동기에서 벗어나서 규정된 상황과 관련하여 객관적으로 부적정성을 판단하여야 하며, 둘째로는 자의의 실제적 내포로서는 헌법이 근거하고 있는 가치질서에 결부시킴으로써 주관적인 「자의」개념을 극복하고 있다. 1980년 이후 독일연방헌법재판소는 「만약에 그 성질이나 내용에 있어서 아무런 차이가 없는 경우에 다른 한 집단을 다른 집단과 달리 취급하면서 다른 처우를 정당화할 수 없는 경우에는 평등권이 침해된다」고 보고 있다. 일반적 평등원칙은 규율대상과 차별기준에 따라서 각각 단순한 자의금지로부터 비례성의 요청에 이르기까지 입법자를 구속하는 다양한 한계가 도출된다고 한다. 즉, 입법자가 개별적 평등원칙에서 언급되고 있는 차별금지의 표지들과 유사한 표지들을 근거로 인적 집단을 불평등하게 대우하는 경우에는 원칙적으로 엄격한 구속을 받게 된다. 그리고 인적 집단의 불평등대우가 소수의 차별로 이르게 될 위험성이 크면 클수록, 그리고 사람이나 사태의 불평등대우가 기본권으로 보호된 자유의 행사에 불리한 영향을 미치면 미칠수록, 입법자의 형성의 자유는 그만큼 더 축소된다. 이와 같은 경우에 연방헌법재판소는 그와 같은 차별을 정당화할 수 있을 정도의 속성과 비중을 지니는 근거들이 존재하는가 여부를 엄격하게 심사한다. 이에 반해서 동일한 규범수범자의 서로 다른 행위에 대하여 규율맥락에 따라서 각각 서로 다른 법적 효과를 부여하는 경우에는 당사자가 어느 정도로 자신의 행동을 통해서 그 차별을 회피할 수 있는가에 따라서 입법자의 형성의 자유가 결정된다. 당사자의 자력에 의한 회피가능성이 인정되는 경우에는 연방헌법재판소는 전통적인 자의금지를 심사기준으로 적용한다(桂禧悅b, 237). 이를 차별대우의 강도를 기준하여 보면, 차별대우하는 것이 약한 수준(geringe Intensität)의 경우와 심한 수준(größere Intensität)의 경우로 나눌 수 있는데, 차별이 약한 경우에는 자의금지원칙만을 기준으로 적용하여 차별대우를 정당화할 수 있는 합리적인 근거가 하나라도 있으면 평등보호에 위반되는 것이 아니라고 하고, 차별이 심한 경우에는 합리성이 없는 차별로 보아 자의금지원칙에서 더 나아가 비례원칙에 합치하는지를 심사를 한다(VerfGE 88, 87; 91, 389; 95, 267).

Ⅱ. 평등의 개별적 문제

(1) 헌법 제11조 제1항 제2문의 성격

헌법 제11조 제1항은 제1문에서 정하고 있는 일반적 평등보호를 제2문에서 개별화·구체화하여 「누구든지 성별·종교 또는 사회적 신분에 의하여 정치적·경제적·사회적·문화적 생활의 모든 영역에 있어서 차별을 받지 아니한다」라고 정하고 있다. 이는 성별의 차이, 종교의 차이, 사회적 신분의 차이 등의 차별금지사유를 정함과 동시에 모든 생활영역에서 불합리한 차별을 금지하는 것을 정하는 것이다.

헌법 제11조 제1항은 제2문의 규정을 보건대, 차별금지생활영역에 관하여는 「모든 영역」이라고 하기 때문에 논란의 여지가 없으나 차별금지사유에 대해서는 「성별·종교 또는 사회적 신분」만을 명시하고 있기 때문에 헌법해석상 이 규정이 제한적 열거규정이냐 예시규정이냐 하는 문제가 있다.

(a) 학 설

(i) **열거규정설** 이것을 열거규정으로 보아, 성별·종교·사회적 신분에 의한 것이 아닌 다른 근거에 의해서는 차별할 수 있다고 한다.

(ii) **예시규정설** 이것은 열거규정이 아니고 예시규정으로서 성별·종교·사회적 신분이 아닌 다른 근거에 의한 차별도 그것이 자의적이거나 불합리한 경우에는 금지된다고 한다(金哲洙a, 593).

(iii) **사 견** 인간의 평등보호는 성별, 종교, 사회적 신분 이외에 연령,

언어, 인종, 출신지역, 신체적 장애, 정치적 신념, 세계관, 건강 등 자신의 노력으로 극복할 수 없는 사유에 의하여 불합리하게 차별하여서는 안 되기 때문에 이러한 경우에도 평등보호가 인정되어야 한다. 그런데 헌법의 규정형식을 보면, 헌법 제11조 제1항 제2문은 차별금지사유를 몇 가지로 명시하고 있으므로 이는 열거적인 것으로 보되, 이 조문에 명시되지 아니한 차별금지사유는 헌법 제11조 제1항 제1문에 따라 판단되어야 한다고 보는 것이 타당하다(同旨: 桂禧悅b, 242).

(b) 판　　례

憲法裁判所는 사고운전자가 피해자를 유기하고 도주한 경우 가중처벌하는 것도 평등에 위반한다고 하여 이를 예시적 규정으로 보고 있다(예: 憲 1992. 4. 14.-90헌바24).

(2) 차별금지사유

헌법 제11조 제1항 제2문에서 「누구든지 성별·종교 또는 사회적 신분에 의하여……차별을 받지 아니한다」라고 정하고 있으나, 여기서 성별, 종교, 사회적 신분이 명시되어 있다고 하여 다른 차별금지사유보다 더 엄격하게 금지되는 사유인 것은 아니다. 이러한 차별금지사유도 연령, 언어, 인종, 출신지역, 신체적 장애, 정치적 신념, 세계관, 건강 등과 비교하여 그 경중에서 차이를 인정할 여지가 없으므로 명시적인 사유이든 비명시적인 사유이든 그 금지에서는 동일하게 취급된다.

(a) 성　　별

(i) 의　　의　　性別에 의한 차별의 금지는 男性과 女性의 평등을 의미한다. 여기서는 남녀평등권이 기본권으로 도출된다. 남성도 여성도 이 기본권의 주체가 된다. 의학적으로 존재하는 中性(=兩性同體 hermaphrodite)도 성별에 의한 차별을 받지 않는다. 중성인 자에 대하여 남성과 여성 가운데 하나를 선택하도록 강요하는 것이나 남성 또는 여성과 차별대우하는 것은 금지된다. 성별에 의한 차별금지는 공법 영역과 사법영역 모두에 허용되지 아니한다. 그러나 성에 관한 가치적 판단의 결과가 아니라 남녀의 생물학적·사실적 차이에 의거한 다른 대우나 그 밖의 합리적 이유가 있는 다른 대우는 헌법상 인정된다(예: 조산원으로 여성을 채용하는 경우, 서비스업의 성격에 맞추어 여성 또는 남성을 채용하는 경우, 여성에게 병역소집을 면제하는 경우, 생리휴가를 여성에게만 인정하는 경우).

헌법의 남녀평등을 구현하기 위하여 헌법은 혼인과 가족생활에서 양성의 평등을 특별히 보장하고 있고(憲法 §36①), 이를 실현하기 위한 법률로는 여성발전기본법이 있다.

(ii) 강간죄의 문제　　강간죄의 행위객체를 婦女에 한정하고 여성의 정조만을 보호하고 있는 것은 성별에 의한 차별이며 헌법위반이라는 견해도 있으나, 大法院은 남녀평등에 위반되지 않는 것으로 본다(예: 大 1967. 2. 28.-67도1).

(iii) 동성동본금혼　　憲法裁判所는 동성동본금혼을 정하고 있는 민법의 규정

에 대해서, 금혼의 범위를 동성동본인 혈족, 즉 남계혈족에만 한정하여 성별에 의한 차별을 하고 있는 것은 이를 시인할 만한 합리적인 이유를 찾아볼 수 없어 평등원칙에 위반된다고 판시하였다(예: 憲 1997. 7. 16.-95헌가6등).

(iv) 특정 성을 구성원으로 하는 단체 남성이나 여성 또는 동성애자 가운데 어느 일방만에 한하여 구성원이 되는 사적 단체를 결성하거나 기업을 운영하는 것 등은 헌법이 보장하는 사적 자치와 결사의 자유, 영업의 자유상 인정된다. 여성 또는 남성만을 종업원 또는 고객으로 하는 영업도 영업의 자유에 의하여 가능하다.

(v) 여성할당제 일정한 자리에 남성이 다수 점하고 있는 것이 여성을 차별하는 것이라고 하면서 법으로 일정 비율의 자리를 여성만으로 채우게 하는 것이 가능한가 하는 女性割當制(Quotenregelung)의 문제가 있다. 이러한 여성할당제는 해당직에 적성이나 능력이 떨어지는 여성을 적성이나 능력이 적합한 남성보다 우대하는 것으로써 동일한 조건과 상황에서 남성을 차별대우하는 逆差別(reverse discrimination)이 발생하여 허용되지 않는다는 것이 독일의 통설이다.

(b) 종 교

(i) 의 의 宗敎에 의한 차별의 금지는 종교의 평등을 의미한다. 헌법에서 국교를 금지하고 있기 때문에(憲法 §20②) 특정한 종교를 국교로 할 수 없을 뿐만 아니라, 국가는 다양한 종교들 가운데 특정 종교에 대하여 우대하거나 차별할 수 없다.

(ii) 종교학교 등 처음부터 특정 종교를 신봉하는 자만 교육시킬 목적으로 사립학교를 설립하고 운영하는 것과 특정 종교를 신봉하는 사람들만 고용하는 사기업을 설립·운영하는 것은 헌법상의 사적 자치에 의하여 인정된다.

(c) 사회적 신분

(i) 의 의 헌법이 명시하고 있는 사회적 신분이 무엇을 의미하는가에 관해서는 그 의미의 애매모호함으로 인하여 견해가 갈리고 있다. 사회적 신분에 인종, 가문, 문벌, 귀화인이나 전과자의 자손 등과 같이 출생에 의하여 형성되는 사회적 지위를 의미하는 선천적 신분이 포함되는 것에는 견해가 일치하지만, 귀화인, 전과자, 부자, 빈자, 사용자, 근로자, 상인, 농민, 어민, 지식인, 기업인, 탤런트, 종교인 등 인간이 후천적으로 사회에서 장기간으로 점하는 지위로서 일정한 사회적 평가를 수반하는 후천적 신분도 포함되는가에 대해서는 긍정설(金哲洙a, 598)과 부정설로 나뉜다.

先天的 身分說에 따르면, 사회적 신분은 가문 내지 문벌과 다를 것이 없게 되어 그 개념이 너무 협소하고, 後天的 身分說(金哲洙a, 598)에 따르면 신분을 지나치게 넓은 의미로 해석하는 것이 되어 사회적 신분이 아닌 것이 거의 없게 되어 문제가 있다. 그런데 헌법 제11조 제1항 제1문과 제2문의 관계에서 보건대, 사회적 신분을 선천

적 신분에 한정하더라도 후천적 신분에 해당하는 문제는 헌법 제11조 제1항 제1문에 의하여 해결되므로 사회적 신분에 후천적 신분이 해당하느냐 하는 논의는 실익이 없다. 憲法裁判所는 전과자를 후천적인 사회적 신분에 해당한다고 보고 있다(예: 憲 1995. 2. 23.-93헌바43).

(ii) 존 · 비속의 관계　부모에 대한 자녀의 지위인 존 · 비속관계 또는 친자관계에 관해서는 이것을 사회적 신분으로 보는 견해와 사회적 신분이 아니라 친족적 · 자연적 신분으로 보는 견해로 갈린다. 이 문제는 尊屬殺害罪의 加重處罰이 위헌인가 하는 것과도 연관이 있다. 존속살해죄의 가중처벌에 대해서는 위헌설과 합헌설이 있다. 존 · 비속관계를 사회적 신분관계라고 하더라도 가중처벌이 해당 사회의 가치질서와 문화에 의해 정당화되면 합리적인 차별에 해당하여 헌법에 합치한다고 할 것이다. 憲法裁判所는 존속살해죄의 가중처벌에 대해서 합헌이라고 판시하였다(예: 憲 2002. 3. 28.-2000헌바53).

[憲 2002. 3. 28.-2000헌바53] 「혼인과 혈연에 의하여 형성되는 친족에 있어서는 존경과 사랑이 그 존재의 기반이라고 말할 수 있고, 이를 바탕으로 직계존속은 비속에 대하여 경제적 측면에서는 물론 정신적 · 육체적 측면에서 올바른 사회구성원으로 성장할 수 있도록 양육하며 보호하고 그 비속의 행위에 대하여 법률상 · 도의상 책임까지 부담하는 한편, 비속은 직계존속에 대하여 가족으로서의 책임 분담과 존경과 보은(報恩)의 기본적 의무를 부담하게 되는데, 이는 인류가 가족을 구성하고 사회를 형성하기 시작한 이래 확립되어진 친족 내지 가족에 있어서의 자연적 · 보편적 윤리로서, 이러한 윤리는 가정은 물론 사회를 유지 · 발전시키는 기본질서를 형성하게 된다는 점에서 형법상 보호되어야 할 가치이며, 이는 배우자의 직계존속에 대하여도 마찬가지이다. 따라서, 존속상해치사의 범행은 위와 같은 보편적 사회질서나 도덕원리, 나아가 인륜에도 반하는 행위로 인식되어 그 패륜성에 대하여는 통상의 상해치사죄에 비하여 고도의 사회적 비난을 받아야 할 이유가 충분하므로, 이를 엄벌하여 반인륜 · 패륜행위를 억제하는 것이 꼭 불합리하다고만은 할 수 없으며, 우리의 윤리관에 비추어 볼 때 아직은 합리적이라 할 것이다. 그리고, 범죄의 처벌에 관한 문제, 즉 법정형의 종류와 범위의 선택은 그 범죄의 죄질과 보호법익에 대한 고려뿐만 아니라 우리의 역사와 문화, 입법 당시의 시대적 상황, 국민 일반의 가치관 내지 법감정 그리고 범죄예방을 위한 형사정책적 측면 등 여러 가지 요소를 종합적으로 고려하여 입법자가 결정할 사항으로서 광범위한 입법재량 내지 형성의 자유가 인정되어야 할 분야이므로, 어느 범죄에 대한 법정형이 그 범죄의 죄질 및 이에 따른 행위자의 책임에 비하여 지나치게 가혹한 것이어서 현저히 형벌체계상의 균형을 잃고 있다거나 그 범죄에 대한 형벌 본래의 목적과 기능을 달성함에 있어 필요한 정도를 일탈하였다는 등 헌법상의 평등의 원칙 및 비례의 원칙 등에 명백히 위배되는 경우가 아닌 한 쉽사리 헌법에 위반된다고 단정하여서는 아니 되는바(憲 1992. 4. 28.-90헌바24; 2001. 11. 29.-2001헌바4 참조), 이 사건에 있어서 보통의 상해치사죄의 법정형이 3년 이상의 유기징역인 데 비하여 이 사건 법률조항의 법정형은 무기 또는 5년 이상의 징역으로서 형벌 본래의 목적이나 역할, 기능 등 보통 상해치사죄와의 차이를 고려하면 이를 특히 과중한 형벌이라고 볼 수 없고, 더욱이 위 법정형에 대하여는 1회의 법률상 감경 또는 작량감경에 의하

더라도 집행유예의 선고가 가능한 점 등에 비추어 볼 때, 이 사건 법률조항에 의한 가중처벌의 정도는 지나치게 가혹하여 형벌체계상의 균형을 상실한 것도 아니고 형벌 본래의 목적과 기능을 달성함에 있어 필요한 정도를 일탈한 것도 아니라 할 것이므로 이를 불합리하다거나 과잉금지원칙에 위반된 것이라고 말할 수도 없다.…… 비속의 직계존속에 대한 존경과 사랑은 봉건적 가족제도의 유산이라기보다는 우리 사회윤리의 본질적 구성부분을 이루고 있는 가치질서이고, 특히 유교적 사상을 기반으로 전통적 문화를 계승·발전시켜 온 우리나라의 경우는 더욱 그러한 것이 현실인 이상, 이 사건 법률조항의 입법목적의 정당성과 이를 달성하기 위한 수단의 적정성, 즉 가중처벌의 이유와 그 정도의 타당성 등에 비추어 그 차별적 취급에는 합리적 근거가 있으므로 헌법 제11조 제1항의 평등원칙에 반한다고 할 수 없다.」

(3) 차별금지영역

헌법 제11조 제1항 제2문 후단에서는 「누구든지 정치적·경제적·사회적·문화적 생활의 모든 영역에 있어서 차별을 받지 아니한다」라고 하여 차별금지가 인간의 생활의 모든 영역에서 인정됨을 정하고 있다. 따라서 헌법상의 평등보호는 모든 생활영역에서 보장되며 어떠한 경우에도 생활영역에 따라 차별되지 않는다. 그러나 생활영역의 성질상 평등보호의 정도에서 차이가 있을 수는 있다.

공립중등학교의 교사임용시험에서 지역사범대학의 출신자에게 합리적인 비율의 가산점을 주는 것은 헌법 제11조에서 정하고 있는 차별금지의 사유나 차별금지영역에는 해당하지 않는다(예: 憲 2007. 12. 27.-2005헌가11).

(4) 사회적 특수계급제도의 부인

헌법은 제11조 제2항에서 「사회적 특수계급의 제도는 인정되지 아니하며, 어떠한 형태로도 이를 창설할 수 없다」라고 하고 있다. 특수계급이란 귀족제도, 노예제도, 조선시대의 班常制度와 같은 과거의 봉건적 신분제도뿐만 아니라 신분계급을 형성하는 모든 형태의 계급을 말한다. 이러한 제도는 인정되지 않으며 어떠한 형태로도 이를 창설하지 못한다. 그러나 영전에 따르는 연금 등의 보훈제도나 전직대통령에 대한 예우는 사회적 특수계급제도에 해당되지 아니한다.

(5) 영전일대의 원칙

헌법은 제11조 제3항에서 「勳章 등의 榮典은 이를 받은 자에게만 효력이 있고, 어떠한 특권도 이에 따르지 아니한다」라고 하여 榮典1代의 原則을 채택하고, 영전의 세습을 부정하고 있다.

그러나 영전의 세습을 부정하는 것은 영전으로 말미암은 특권(예: 자손의 특진·조세감면·형벌면제 등)을 부인하는 것이지 연금의 지급이나 유족에 대한 보훈까지 금지하는 것은 아니다(예: 憲 1997. 6. 26.-94헌마52). 훈장에 수반되는 연금의 지급이나 국가유공자, 군경유가족에 대한 구호는 위헌이 아니며(憲法 §32⑥), 전직대통령에 대한 특별한 예우도 특권제도의 금지에 반하는 것이 아니다.

[憲 1997. 6. 26.-94헌마52] 「헌법 제11조 제 3 항은 "훈장등의 영전은 이를 받은 자에게만 효력이 있고 어떠한 특권도 이에 따르지 아니한다"고 규정하고 있는바, 이를 같은 조 제 1 항 및 제 2 항의 규정과 관련하여 풀이하면 이는 이른바 영전일대의 원칙을 천명한 것으로서 영전의 세습을 금지함으로써 특수계급의 발생을 예방하려는 것이라 볼 수 있다. 따라서 이 법에 의한 독립유공자나 그 유족에게 국가보은적 견지에서 서훈의 등급에 따라 부가연금을 차등지급하는 것은 위 헌법조항에 위배된다고 할 수 없다.」

(6) 헌법상의 구체화 규정

개별적 평등원칙이나 개별적 평등권은 제11조 제 1 항 · 제 2 항 및 제 3 항에서만 규정되고 있는 것이 아니라 헌법의 여러 곳에 규정되어 있다.

(a) 혼인과 가족생활에서의 남녀평등

헌법은 혼인과 가족생활은 개인의 존엄과 양성의 평등을 기초로 성립되고 유지되어야 하며, 국가는 이를 보장한다고 하여(憲法 §36①) 혼인과 가족생활의 영역에서 남녀평등을 특별히 강조하고 있다(예: 憲 2000. 8. 31.-97헌가12; 2002. 8. 29.-2001헌바82). 헌법재판소는 동성동본혼인금지를 헌법 제10조와 제36조 제 1 항에 위반된다고 판시하였다(憲 1997. 7. 16.-95헌가6등).

[憲 2002. 8. 29.-2001헌바82] 「헌법 제36조 제 1 항은 "혼인과 가족생활은 개인의 존엄과 양성의 평등을 기초로 성립되고 유지되어야 하며, 국가는 이를 보장한다"라고 규정하고 있는데, 헌법 제36조 제 1 항은 혼인과 가족생활을 스스로 결정하고 형성할 수 있는 자유를 기본권으로서 보장하고, 혼인과 가족에 대한 제도를 보장한다. 그리고 헌법 제36조 제 1 항은 혼인과 가족에 관련되는 공법 및 사법의 모든 영역에 영향을 미치는 헌법원리 내지 원칙규범으로서의 성격도 가지는데, 이는 적극적으로는 적절한 조치를 통해서 혼인과 가족을 지원하고 제삼자에 의한 침해 앞에서 혼인과 가족을 보호해야 할 국가의 과제를 포함하며, 소극적으로는 불이익을 야기하는 제한조치를 통해서 혼인과 가족을 차별하는 것을 금지해야 할 국가의 의무를 포함한다. 이러한 헌법원리로부터 도출되는 차별금지명령은 헌법 제11조 제 1 항에서 보장되는 평등원칙을 혼인과 가족생활영역에서 더욱더 구체화함으로써 혼인과 가족을 부당한 차별로부터 특별히 더 보호하려는 목적을 가진다. 이 때 특정한 법률조항이 혼인한 자를 불리하게 하는 차별취급은 중대한 합리적 근거가 존재하여 헌법상 정당화되는 경우에만 헌법 제36조 제 1 항에 위배되지 아니한다.」

(b) 교육의 기회균등

헌법은 모든 국민이 능력에 따라 균등하게 교육을 받을 권리를 기본권으로 정하여(憲法 §31①) 교육에서의 기회균등을 보장하고 있다. 이를 실질적으로 구현하기 위하여 적어도 초등교육은 無償義務敎育으로 하여 누구나 최소한의 교육을 받을 수 있는 바탕을 마련하고 있다.

국가가 국립 또는 공립으로 학교등 교육기관을 설립하여 교육의 기회를 제공하는 이상 교육에서의 기회균등은 중·고등교육, 대학교육, 평생교육에서도 존중되어야 한다.

(c) 선거권 등의 평등

헌법은 모든 국민에게 선거권을 부여하면서 보통선거와 평등선거를 선거원칙으로 정하고 있는데(憲法 §41①, §67①), 이는 선거권의 평등을 선거원칙으로 명시한 것이다.

선거권의 평등, 즉 투표권의 평등은 1人 1票에 의하여 양적으로 실현되는 것뿐만 아니라 투표의 가치가 질적으로 평등하게 고려되어야 하는 投票價値의 平等도 포함한다. 이는 유권자수를 기준으로 최대선거구의 유권자수와 최소선거구의 유권자수의 比가 2 : 1 미만일 것을 요구한다.

국민투표의 경우(憲法 §72, §130②)에도 보통투표원칙, 평등투표원칙, 비밀투표원칙, 직접투표원칙, 자유투표원칙이 적용되지만 선거권의 경우와 달리 이에 대한 명시적인 규정이 없으므로 국민투표에서의 평등은 헌법 제11조 제1항에 의하여 보장된다고 할 것이다.

(d) 노동관계에 있어서 여성차별금지

헌법은 「여자의 근로는……고용·임금 및 근로조건에 있어서 부당한 차별을 받지 아니한다」라고 하여 근로관계에 있어서 여성에 대한 부당한 차별을 금지하고 있다(憲法 §32④). 이러한 차별의 금지는 헌법 제11조 제1항에 의해서도 보장되는 것이지만, 근로관계에서 여성에 대한 차별이 용이하고 빈번하게 발생할 수 있는 점을 고려하여 특별히 이를 강조하는 규정을 둔 것이다.

근로에서의 남녀근로자의 차별을 금지하는 것을 구체화한 법률로는 勤勞基準法(§6), 남녀고용평등과 일·가정 양립지원에 관한 법률(§7, §8①, §10, §11①,②) 등이 있다.

[62] 第五 效 力

I. 국가영역에 대한 효력

(1) 국가에 대한 직접적 구속력

평등권과 평등원칙은 기본권으로서 對國家的 효력을 갖는다. 평등은 법의 제정과 법의 적용 모두에 요청되는 것이기 때문에 평등권은 입법권, 행정권, 사법권, 헌법재판권 등 모든 국가작용을 직접 구속한다(예: 憲 1989. 5. 24.-89헌가37; 1990. 6. 25.-89헌마107; 1997. 1. 16.-90헌마110등).

憲法裁判所는 헌법이 헌법재판소와 입법자를 기속하지만, 그때 헌법의 기능은 서로 다른 성질을 가진다고 보아, 헌법상의 평등원칙도 憲法裁判所에게는 다른 국가기관의 행위의 합헌성을 심사하는 기준으로서의 裁判規範을 의미함에 반하여, 입법자인 國會에게는 객관적으로 같은 것은 같게 다른 것은 다르게, 규범의 대상을 실질적으로 평등하게 규율할 것을 요구하는 行爲規範을 의미한다고 본다(예: 憲 1997. 1. 16.-90헌마110등).

> [憲 1997. 1. 16.-90헌마110등] 「헌법재판소와 입법자는 모두 헌법에 기속되나, 그 기속의 성질은 서로 다르다. 헌법은 입법자와 같이 적극적으로 형성적 활동을 하는 국가기관에게는 행위의 지침이자 한계인 행위규범을 의미하나, 헌법재판소에게는 다른 국가기관의 행위의 합헌성을 심사하는 기준으로서의 재판규범 즉 통제규범을 의미한다. 평등원칙은 행위규범으로서 입법자에게, 객관적으로 같은 것은 같게 다른 것은 다르게, 규범의 대상을 실질적으로 평등하게 규율할 것을 요구하고 있다. 그러나 헌법재판소의 심사기준이 되는 통제규범으로서의 평등원칙은 단지 자의적인 입법의 금지기준만을 의미하게 되므로 헌법재판소는 입법자의 결정에서 차별을 정당화할 수 있는 합리적인 이유를 찾아 볼 수 없는 경우에만 평등원칙의 위반을 선언하게 된다. 즉 헌법에 따른 입법자의 평등실현의무는 헌법재판소에 대하여는 단지 자의금지원칙으로 그 의미가 한정축소된다. 따라서 헌법재판소가 행하는 규범에 대한 심사는 그것이 가장 합리적이고 타당한 수단인가에 있지 아니하고 단지 입법자의 정치적 형성이 헌법적 한계 내에 머물고 있는가 하는 것에 국한시켜야 하며, 그럼으로써 입법자의 형성의 자유와 민주국가의 권력분립적 기능질서가 보장될 수 있다. 입법자도 당연히 평등원칙의 기속을 받기 때문에 원칙적으로 동일한 위법과 책임조건을 갖춘 행위에 대하여 형사처벌에 있어서도 동일하게 규율함으로써 형법영역에서 평등원칙을 준수하고 실현할 의무가 있다. 그러나 어떤 행위를 범죄로 하고 이를 어떻게 처벌해야 하는가, 즉 범죄의 유형과 형량을 결정하는 것은 원칙적으로 형성의 자유를 갖는 입법자의 결정사항에 속한다. 따라서 평등원칙의 위반 여부에 대한 헌법재판소의 판단은 단지 자의금지의 원칙을 기준으로 차별을 정당화할 수 있는 합리적인 이유가 있는가의 여부만을 심사하게 된다.」

(2) 국가의 단계적 조치와 평등보호

국가의 입법권, 행정권, 사법권이 평등조항에 직접 구속된다고 하여, 상황의 차이에도 불구하고 언제나 일률적으로 모든 불균등을 제거하도록 하는 것은 아니다. 국가가 합리적인 기준으로 입법목적을 달성하고자 하는 행위를 한 이상 재정이나 제도적 여건 등 그 능력이 허용하는 범위 내에서는 법적 가치의 상향을 위하여 점진적으로 단계적 조치를 취할 수 있으며, 그에 따르는 형식적 불균등현상의 발생은 평등보호에 위반되지 않는다. 그렇지 않으면 법이 추구하는 가치와 반하는 법적 가치의 하향균등화가 발생하기 때문이다(예: 憲 1990. 6. 25.-89헌마107; 1991. 2. 11.-90헌가27).

> [憲 1990. 6. 25.-89헌마107] 「헌법이 보장하는 평등의 원칙은 개인의 기본권 신장이나 제도의 개혁에 있어 법적 가치의 상향적 실현을 보편화하기 위한 것이지,

불균등의 제거만을 목적으로 한 나머지 하향적 균등까지 수용하고자 하는 것은 결코 아니다. 헌법이 규정한 평등의 원칙은 국가가 언제 어디에서 어떤 계층을 대상으로 하여 기본권에 관한 상황이나 제도의 개선을 시작할 것인지를 선택하는 것을 방해하지는 않는다. 말하자면 국가는 합리적인 기준에 따라 능력이 허용하는 범위 내에서 법적 가치의 상향적 구현을 위한 제도의 단계적 개선을 추진할 수 있는 길을 선택할 수 있어야 한다. 이러한 점은 그 제도의 개선에 과다한 재원이 소요되거나 이 사건에서와 같이 전제되는 여러 제도적 여건을 동시에 갖추는 데에는 기술적인 어려움이 따르는 경우에 더욱 두드러진다. 그것이 허용되지 않는다면, 모든 사항과 계층을 대상으로 하여 동시에 제도의 개선을 추진하는 예외적 경우를 제외하고는 어떠한 개선도 평등의 원칙 때문에 그 시행이 불가능하다는 결과에 이르게 되어 불합리 할 뿐 아니라 평등의 원칙이 실현하고자 하는 가치와도 어긋나기 때문이다.……공익사업에 의하여 발생한 개발이익은 성질상 그 비용의 부담자인 기업자를 통하여 궁극적으로는 공익에 귀속되어야 할 것으로서 특정의 토지소유자에게 귀속될 성질의 것이 아니라는 점은 이미 앞서 설시한 바와 같다. 그렇다면, 우리의 법제가 모든 경우에 있어 개발이익을 특정의 토지소유자에게 귀속하게 하는 것을 배제하는 방향으로 제도를 개선하여 나가는 것이 바람직한 일이므로 이에 관한 제도의 개선은 개발이익의 합리적인 평가와 공익으로의 완전한 환수를 목표로 하여야 할 것임은 명백하다. 그러나 이러한 제도의 개선을 실현하기 위해서는 전국토의 지가가 정기적으로 평가되어 있어야 하고, 지가변동이 발생한 모든 사례에서 개발이익의 발생여부와 그 범위를 확정할 수 있는 합리적 기준을 설정하여야 하는 등 기술적으로 어려운 제도적 전제조건들이 일시에 강구되어야 하는 것이기 때문에 동시에 모든 개발이익을 대상으로 한 제도의 개선을 도모하는 것은 사실상 불가능한 일이다. 그렇다면, 개발이익환수제도의 개선을 위해서는 지가의 공시지역을 확대하는 등 점진적인 개선 방안을 모색하는 수밖에 없고, 그 점진적 개선에 평등의 원칙이 어떤 장애가 될 수는 없는 것이다. 따라서 비록 수용되지 아니한 토지소유자가 보유하게 되는 개발이익을 포함하여 일체의 개발이익을 환수할 수 있는 제도적 장치가 마련되지 아니한 제도적 상황에서 기준지가가 고시된 지역 내에 피수용토지를 둔 토지소유자로부터만 이를 환수한다고 하여 합리적 이유 없이 수용여부에 따라 토지소유자를 차별한 것이라고는 인정되지 않는다.」

[憲 1991. 2. 11.-90헌가27] 「헌법상 평등의 원칙은 국가가 언제 어디에서 어떤 계층을 대상으로 하여 기본권에 관한 사항이나 제도의 개선을 시작할 것인지를 선택하는 것을 방해하지는 않는다. 말하자면 국가는 합리적인 기준에 따라 능력이 허용하는 범위 내에서 법적 가치의 상향적 구현을 위한 제도의 단계적 개선을 추진할 수 있는 길을 선택할 수 있어야 한다. 그것이 허용되지 않는다면 모든 사항과 계층을 대상으로 하여 동시에 제도의 개선을 추진하는 예외적인 경우를 제외하고는 어떠한 제도의 개선도 평등의 원칙 때문에 그 시행이 불가능하다는 결과에 이르게 되어 불합리할 뿐 아니라 평등의 원칙이 실현하고자 하는 가치와도 어긋나기 때문이다. 따라서 국가가 종전의 상황을 개선함에 있어서 그 개선의 효과가 일부의 사람에게만 미치고 동일한 상황 하에 있는 다른 사람에게는 미치지 않아 그들 사이에 일견 차별이 생기게 된다고 하더라도 그것만으로는 평등의 원칙을 위반한 것이라고

는 할 수 없다. 이러한 사정은 특히 이 사건과 같이 제도의 개선에 과다한 재원이 소요되는 경우에 분명하다. 이러한 측면에서 교육법 제8조의 2를 본다면 입법자는 장차 중학교 3년의 중등교육에 있어서도 전면적으로 의무교육을 실시할 것을 명백히 규정하고, 다만 현재로서는 국가의 재정형편상 위와 같은 전면실시가 사실상 불가능하다고 판단하여 잠정적인 조치로서 중학교 교육에 대한 의무교육을 단계적으로 순차 확대 실시하도록 한 것뿐이다. 헌법이 초등교육 이외의 의무교육의 범위를 법률로 정하도록 한 것은 이를 법률에 의하여 단계적으로 확대하여 나가려는 데 그 기본 취지가 있는 것이며, 그러한 단계적 확대실시의 과정에서 지역적인 차별이나 피교육자에 따른 차별이 비록 생겨난다고 하더라도 이는 전면적인 실시에 따르는 막대한 재정적인 부담을 감안할 때에 불가피한 조치로서 헌법상 용인될 수 있는 것이라 할 것이다. 나아가 현재 도서·벽지·접적지역과 특수학교에 한하여 의무교육을 실시하고 있는 것은 그러한 경우에는 지리적 여건이나 피교육자의 특성상 교육을 받을 기회가 상대적으로 불리하다는 점을 고려한 것으로 이는 오히려 실질적 평등의 원칙에 부합된다고 할 수 있다. 따라서 교육법 제8조의 2는 헌법 제11조 제1항에 정한 평등의 원칙에 위반되지 아니한다.」

(3) 법체계의 정합성과 평등보호

국가가 입법을 함에 있어서는 實定法規範의 體系가 整合性을 가질 것을 요구한다. 즉 국회가 입법을 함에 있어서 특정한 상황을 규율하기 위하여 선택한 기준은 하나의 동일한 법률 내뿐만 아니라 서로 다른 법률 사이에도 一貫되게 유지되어야 하고, 법률과 다른 법규범간에도 일관되게 유지되어야 한다. 이를 法規範構造의 體系整合性(Systemgerechtigkeit)이라고 한다. 입법이 헌법상의 평등보호조항에 합치하려면 원칙적으로 이러한 체계정합성을 확보하여야 한다. 입법이 그렇지 못하고 體系不整合性을 정당화할만한 사유를 가지지 못하는 한 헌법의 평등조항에 위반된다(예: 憲 2003. 9. 25.-2003헌바16; 2004. 11. 25.-2002헌바66).

그러나 서로 다른 법률 사이에는 동일한 상황을 대상으로 하여 규율하더라도 각각의 법률이 규율하고자 하는 목적이나 추구하는 가치가 서로 다른 경우가 있는데, 이러한 경우에는 그 규율의 내용이 서로 달라도 평등보호에 위반되지 않는다(예: 憲 2003. 6. 26.-2001헌마699).

[憲 2004. 11. 25.-2002헌바66] 「'체계정당성'(Systemgerechtigkeit)의 원리라는 것은 동일 규범 내에서 또는 상이한 규범간에(수평적 관계이건 수직적 관계이건) 그 규범의 구조나 내용 또는 규범의 근거가 되는 원칙면에서 상호 배치되거나 모순되어서는 안 된다는 하나의 헌법적 요청(Verfassungspostulat)이다. 즉 이는 규범 상호간의 구조와 내용 등이 모순됨이 없이 체계와 균형을 유지하도록 입법자를 기속하는 헌법적 원리라고 볼 수 있다. 이처럼 규범 상호간의 체계정당성을 요구하는 이유는 입법자의 자의를 금지하여 규범의 명확성, 예측가능성 및 규범에 대한 신뢰와 법적 안정성을 확보하기 위

한 것이고 이는 국가공권력에 대한 통제와 이를 통한 국민의 자유와 권리의 보장을 이념으로 하는 법치주의원리로부터 도출되는 것이라고 할 수 있다. 그러나 일반적으로 일정한 공권력작용이 체계정당성에 위반한다고 해서 곧 위헌이 되는 것은 아니다. 즉 체계정당성 위반(Systemwidrigkeit) 자체가 바로 위헌이 되는 것은 아니고 이는 비례의 원칙이나 평등원칙위반 내지 입법의 자의금지위반 등의 위헌성을 시사하는 하나의 징후일 뿐이다. 그러므로 체계정당성위반은 비례의 원칙이나 평등원칙위반 내지 입법자의 자의금지위반 등 일정한 위헌성을 시사하기는 하지만 아직 위헌은 아니고, 그것이 위헌이 되기 위해서는 결과적으로 비례의 원칙이나 평등의 원칙 등 일정한 헌법의 규정이나 원칙을 위반하여야 한다. 또한 입법의 체계정당성위반과 관련하여 그러한 위반을 허용할 공익적인 사유가 존재한다면 그 위반은 정당화될 수 있고 따라서 입법상의 자의금지원칙을 위반한 것이라고 볼 수 없다. 나아가 체계정당성의 위반을 정당화할 합리적인 사유의 존재에 대하여는 입법의 재량이 인정되어야 한다. 다양한 입법의 수단 가운데서 어느 것을 선택할 것인가 하는 것은 원래 입법의 재량에 속하기 때문이다. 그러므로 이러한 점에 관한 입법의 재량이 현저히 한계를 일탈한 것이 아닌 한 위헌의 문제는 생기지 않는다고 할 것이다. 이 사건에서 보면 증여세 이외의 조세를 회피할 목적이 인정되는 경우에 명의신탁을 증여로 추정하여 증여세를 부과하는 입법수단을 입법자가 선택한 것은 이미 앞에서 본 바와 같이 조세회피를 방지하고 이를 제재하기 위한 것으로서 그 입법목적이 정당하고 그 수단이 조세회피행위의 방지라는 입법목적을 달성하는데 적합하고 나아가 증여세 이외의 조세를 회피하고자 하는 명의신탁에 대한 제재방법으로 증여세를 부과하는 것이 형벌이나 과징금을 과하는 등의 다른 대체수단에 비하여 납세의무자에게 더 많은 피해를 준다고 볼 수도 없고 명의수탁자가 입게 되는 재산상의 불이익보다 이로써 달성되는 공익이 현저히 크다고 판단된다. 그렇다면 조세범위확장조항을 통하여, 증여세가 아닌 다른 조세를 회피하려는 목적이 명의신탁에 인정되는 경우에도 명의신탁을 증여로 추정하여 증여세를 부과하도록 한 입법의 선택에는 합리적인 이유가 존재하고 여기에 입법재량의 한계를 현저히 일탈한 잘못이 있다고 볼 수 없고 따라서 체계부정합으로 인한 위헌의 문제는 발생하지 않는다고 할 것이다.」

[憲 2003. 9. 25.-2003헌바16] 「이것은 소득세나 법인세 등 국세의 경우에 신고의무불이행과 납부의무불이행에 대하여 별개로 가산세를 부과하고 있는 것과 차이가 난다. 그런데 국세의 경우에는 두 가지 협력의무의 불이행에 대하여 별개로 구분하여 대응하여야 하고 지방세의 경우에는 별개로 구분할 필요 없이 하나로 대응하여도 좋은, 또는 하나로 대응하여야만 할, 무슨 합리적인 사정이 있다고 볼 수 없다. 소득세나 법인세 같은 국세와 취득세 같은 지방세는 똑같은 국민이 부담하는 조세라는 측면에서 본질적인 차이가 없는 것이므로 취득세의 납세의무자를 소득세나 법인세 등의 납세의무자에 비하여 이렇게 차별을 하는 것은 합리적인 이유 없이 같은 것을 서로 다르게 취급하여 헌법상의 평등의 원칙을 위반하는 것이다. 또한 소득세 · 법인세 등 국세에서는 과세표준과 세액의 신고의무위반과 납부의무위반에 대하여 별도로 가산세를 구분하여 부과하면서 법정기한까지 과세표준과 세액을 신고하지 않거나 미달하게 신고한 자에 대하여는 신고하지 않거나 미달하여 신고한

세액에 대하여 일정률(소득세의 경우 20%)에 의하여 가산세를 부과하고, 법정기한까지 납부할 세액을 납부하지 않거나 미달하여 납부한 납세자에 대하여는 법정기한 다음 날부터 고지일까지의 미납일수에 비례하여 가산세를 부과하도록 규정하고 있다. 이에 반하여 취득세의 자진납부의무위반에 대한 가산세는 산출세액의 20%로 획일화되어 있어 미납기간의 장단을 전혀 고려하지 않고 있다. 가산세부과에 있어서 취득세의 소득세 등의 미납자에 비하여 이렇게 차별하여 취급할 합리적인 이유를 찾아보기 어렵다. 이 점에서도 법 제121조 제1항은 평등의 원칙에 어긋난다.」

Ⅱ. 사적영역에서의 평등문제

헌법 제11조의 평등의 보호는 국가가 국민을 대우하는 것에서 적용되고, 私人間에는 적용되지 않는다. 개인이·개인을 어떻게 평가하고 어떠한 관계를 형성하며 서로를 어떻게 대우할 것인지는 순전히 개인의 자기결정의 자유와 사적 자치의 영역에 속하는 사항이다. 자유민주주의에서는 평등도 자유 속에서의 평등을 의미하기 때문에 사인간에 평등을 실현할 필요가 있는 경우에도 개인의 자유와 私的 自治를 침해하지 않아야 한다. 私人間에 있어서 평등을 과도하게 실행하는 경우에는 국가와 사인간에 평등을 적용하는 것과 달리 시민사회의 자율성, 개인의 개성 · 자율, 시장의 자율을 축소 · 침해하는 결과를 가져오게 되는 점을 유의할 필요가 있다. 국가가 私人間에 평등을 강제할 때 이러한 한계를 넘어서면 국가주의와 전체주의에 빠지게 된다.

다만, 사적영역에서도 사인에 의한 사인에 대한 평가와 대우상의 차이가 人種差別과 같이 인간의 존엄에 반하거나 반사회적인 것인 경우에는 제한을 받기 때문에 이러한 부분에서 평등이라는 가치가 보호된다. 이러한 평등은 일정한 범위에서 평등의 가치를 실현하기 위하여 계약의 자유 또는 영업의 자유와 같은 기본권에 대한 제한(예: 고용에 있어 일정한 범위에서 성차별의 금지)으로 인하여 이루어지는 것이지 헌법 제11조의 평등조항이 적용되거나 평등권의 효력이 사인에게 미치기 때문에 인정되는 것은 아니다.

國家人權委員會法은 「법인, 단체 또는 사인에 의하여 차별행위를 당한 경우」에 국가인권위원회에 진정할 수 있게 하여(同法 §30①) 국가인권위원회가 개입할 수 있게 하고 있는데, 법인이나 단체가 사적인 것인 경우에는 법률이 평등이라는 이름으로 사적영역에 적극 개입하는 것이 되어 사적 영역의 자율을 축소시킬 수 있다.

고용관계에서도 국가가 고용하는 경우와 달리 사인간의 고용에서는 국가가 평등을 이유로 고용에 직접 관여할 수 없다. 그 고용이 性, 연령, 학력, 경력 등 어떤 것이든 마찬가지이다. 남녀고용평등과 일·가정 양립지원에 관한 법률은 고용에서의 性에 따른 차별을 「사업주가 근로자에게 성별, 혼인, 가족 안에서의 지위, 임신 또는 출산 등의 사유로 합리적인 이유 없이 채용 또는 근로의 조건을 달리하거나 그 밖의 불이익한 조치를 취하는 경우(사업주가 채용 또는 근로의 조건은 동일하게 적용하더라도 그 조건을 충족할 수 있는 남성 또는 여성이 다른 한 성에 비하여 현저히 적고 그로 인하여 특정 성에게 불리한 결과를 초래하며 그 조건이 정당한 것임을 입증할 수 없는 경우를 포함한다)를 말한다. 다만, 다음 각 목의 어느 하나에 해당하는 경우를 제외한다. 가. 직무의 성격에 비추어 특정 성이 불가피하게 요구되는 경우, 나. 근로여성의 임신·출산·수유 등 모성보호를 위한 조치를 취하는 경우, 다. 그 밖에 이 법 또는 다른 법률에 의하여 적극적 고용개선조치를 취하는 경우」(同法 §2)라고 정하고 있다. 국가가 평등을 근거로 하여 사인의 영업에 일정 부분을 강제하는 경우에 노동법적인 법리에 의하여 정당화되지 않는 한 개인의 영업의 자유를 침해하는 것이 된다.

[63] 第六 制限과 그 限界

평등의 보장은 자유의 보장과 달리 보장되는 내용이 미리 존재하고 그에 대한 제한이 가해지는 것이 아니라, 그 구조에서 서로 비교 가능한 대상간에 차별대우가 존재하는가 하는 사실의 문제와 이러한 차별대우가 헌법의 평등보호에 비추어 정당화되는가 하는 규범의 문제로 구성되어 있다. 따라서 차별대우가 헌법적으로 정당화되면 이는 제한이 아니라 평등한 것으로 인정되는 것이고, 헌법적으로 정당화되지 않으면 평등원칙이나 평등권의 침해가 된다.

Ⅰ. 헌법에 의한 차별의 정당화

헌법은 일정한 사항에 대해서 다른 비교 상대와 구별하여 보다 두텁게 보호하거나 차이를 두어 헌법에서 직접 차별대우를 정당화하고 있다. 여기서는 헌법에서 직접 차별대우를 인정하는 것이므로 더 이상 평등원칙이나 평등권의 침해는 발생하지 않는다.

(1) 정당의 특별한 보호

헌법은 정당을 일반 결사에 비하여 특별히 보호하고 있다. 정당은 그 목적이나 활동이 민주적 기본질서에 위배되어 헌법재판소의 심판에 의하여 해산되는 경우를 제외하고는 해산당하지 아니하고, 그 운영에 필요한 자금을 국고로부터 보조받는다(憲法 §8 ③,④).

정당을 일반 결사와 구별하여 더 두텁게 보호하여야 하는가 하는 문제는 헌법정책적인 문제이다. 그 나라의 국정운영이나 정치발전에 있어 정당이 일반 결사보다 더 중요한 역할과 기능을 하고 이를 두텁게 보호하여야 할 필요가 인정되면 정당을 우대할 수도 있고, 시민사회영역이 발달하고 정치사회영역에서 정당과 일반 정치결사를 구별하여 대우하여야 할 필요성이 없으면 정당을 특별히 우대하지 않을 수도 있다.

(2) 군인·군무원 등에 대한 군사재판

헌법은 민간인인 국민이 원칙적으로 일반법원에서 재판을 받는 것(憲法 §27①)과 달리 군인 또는 군무원 등은 군사법원의 재판을 받도록 하고 있다(憲法 §27②, §110④). 이는 군인과 군무원의 신분적 특수성과 기능 및 군사재판의 특수성을 고려하여 정하고 있는 것이다.

(3) 대통령과 국회의원의 특권과 의무

헌법은 대통령에게 형사상 특권을 인정하고(憲法 §84), 퇴직 후에 법률이 정하는 바에 따라 신분보장과 예우를 받게 하고 있다(憲法 §85). 대통령의 역할상 겸직을 금지하고 있다(憲法 §83). 국회의원에 대해서도 불체포특권과 면책을 인정하면서 법률이 정하는 겸직을 금지하고 청렴과 국가이익우선의 의무를 부과하고 있다(憲法 §43-§46).

헌법의 이러한 규정들은 대통령이나 국회의원을 일반 국민과 달리 취급하는 것인데, 대통령이나 국회의원의 직과 직무의 특성에서 기인한다.

> 퇴직한 대통령에 대하여 신분을 보장하고 예우하여야 하는가 하는 문제도 헌법정책적인 사항이다. 헌법적으로 이를 정당화할 만한 사유가 없으면 신분보장을 하거나 예우를 할 필요가 없다.

(4) 공무원 등의 단결권 등 제한

헌법은 모든 근로자는 원칙적으로 근로조건의 향상을 위하여 자주적인 단결권·단체교섭권 및 단체행동권을 가지는 것으로 정하고 있다(憲法 §33①). 그러나 공무원인 근로자에 대해서는 법률이 정하는 자에 한하여 단결권·단체교섭권·단체행동권을 인정한다(憲法 §33②). 이러한 차별은 국민전체에 대한 봉사자라고 하는 공무원의 특수신분적 지위에서 기인한다. 주요방위산업체에 종사하는 근로자에 대해서도 법률이 정하는 바에 따라 단체행동권을 제한할 수 있다(憲法 §33③). 이러한 차별은 국익과 국방상의 이유에서 기인하는 것이다.

(5) 현역 군인의 문관임용 제한

헌법은 군인은 현역을 면한 후가 아니면 국무총리 또는 국무위원으로 임명될 수 없다고 하여(憲法 §86③, §87④) 현역 군인의 국무총리·국무위원임용을 금지하고 있다. 이는 군의 정치적 중립성과 문민정치의 원칙을 확립하기 위하여 군인의 공무담임권을 제한하여 민간인과 차별하는 것이다.

(6) 국가유공자의 취업우선기회보장

모든 국민은 취업에 있어 원칙적으로 균등한 기회를 가진다. 그러나 헌법은 국가유공자·상이군경·전몰군경의 유가족에게 법률이 정하는 바에 따라 우선적으로 근로의 기회를 부여하고 있다(憲法 §32⑥). 다른 사람들에 비하여 이들을 우대하는 것은 공익을 위하여 피해를 본 사람들의 생계의 일부를 국민이 공동으로 부담하기 위한 것인 동시에 공동체의 통합에 필요한 애국애족의 가치를 함양하기 위한 것이다.

국가유공자등예우및지원에관한법률은 국가기관 및 기업체 등에서 채용시험을 실시하는 경우에 국가유공자 등에 대해서는 최종합격자 결정시까지 치러지는 모든 단계의 시험에 대해 만점의 10퍼센트씩 가점하도록 하는 방식을 채택하고 있다(同法 §31). 헌법재판소는 이 조항에 대하여 합헌이라고 판시하였다가(예: 憲 2001. 2. 22.-2000헌마25) 후에 판례를 변경하여 국가유공자와 그 가족들에 대하여 가산점을 주는 것은 입법정책상 허용되지만 국가유공자의 가족에게 10%의 가산점을 주는 것은 심하게 차별대우하는 것이어서 헌법에 위반된다고 판시하였다(憲 2006. 2. 23.-2004헌마675등).

(7) 군 · 경 등의 국가배상청구권 제한

헌법은 모든 국민이 공무원의 직무상 불법행위로 손해를 받은 경우 법률이 정하는 바에 의하여 국가 또는 공공단체에 대하여 정당한 보상을 청구할 수 있게 정하고 있다(憲法 §29①). 그러나 군인 · 군무원 · 경찰공무원 기타 법률로 정한 자가 전투 · 훈련 등 직무집행과 관련하여 입은 손해에 대하여는 법률이 정한 보상 외에 국가 또는 공공단체에 공무원의 직무상 불법행위로 인한 배상은 청구할 수 없다고 정하고 있다(憲法 §29②).

국가배상의 청구에서 군인 · 군무원 · 경찰공무원 기타 법률로 정한 자를 다른 일반인의 경우와 비교하여 차별대우하는 것이 타당한가 하는 점에 대해서는 의문이 있다. 국가재정형편이 극히 어려워 정상적인 국가배상제도가 작동하기 어려운 경우에는 예외적으로 정당화될 여지가 있으나 헌법이 상정하고 있는 국가재정시스템이나 국가배상시스템상 이들을 일반인과 달리 대우하여야 할 이유가 없으므로 이 규정은 타당하다고 보기 어렵다. 과거 1969年憲法에서는 군인 · 군속에 대한 이중배상청구의 금지에 관한 헌법규정이 없었다. 이 당시 대법원은 보상청구는 가능하나 국가배상청구를 금지한 국가배상법의 규정에 대하여 평등원칙에 반한다는 이유로 위헌이라고 판결하였다(예: 大 1971. 6. 22.-70다1010).

Ⅱ. 법률에 의한 제한

(1) 내 용

헌법 제37조 제2항에 의하여 법률로써 기본권을 제한하는 경우에 상황조건이 다른 경우에는 평등의 문제는 발생하지 않고 기본권 제한의 문제만 발생한다. 그러나 상황조건이 동일한 경우에 기본권의 제한에서 차이가 발생하면 동일한 비교영역에서 차등이 있게 되어 평등의 문제가 발생한다. 이 경우에도 평등의 「제한」은 개념상 성립하기 어렵고 차별대우가 존재하는가 하는 문제와 그러한 차별 대우가 헌법적으로 정당화되는가 하는 것만 문제가 된다. 그 차별이 헌법적으로 정당화되면 평등보호에 포함되고 정당화되지 않으면 차별대우로써 평등원칙이나 평등권을 침해한 것이 된다.

개별적 기본권의 제한에 있어 평등원칙위반이 문제가 되는 경우에는 이에 비례원칙 위반도 고려되는 경우가 있지만, 비례원칙에 위반되지 않아 기본권의 침해가 인정되지 않는 경우에도 동일한 비교영역에 있는 다른 사람과 비교하여 차별대우가 성립하는 경우에는 평등원칙위반이 발생한다. 과잉금지원칙은 한 주체의 개별적 기본권을 대상으로 하여 적용되지만 평등원칙은 비교대상인 복수 주체의 기본권을 대상으로 하기 때문이다.

법률에서 권리, 이익, 불이익, 의무를 부여하면서 수용이 가능한 합리적인 차별이 발생하는 경우는 헌법에 의하여 수용되는 것이어서 평등보호에 위반되지 않는다.

(2) 구체적인 사건

(a) 합헌으로 결정된 경우

憲法裁判所는 다음과 같은 사건에서 평등보호에 위반되지 않는다고 판시하였다. 노동자들의 단결권, 단체교섭권, 단체행동권의 행사에 있어 제3자의 개입을 금지한 것(憲 1990. 1. 15.-89헌가103), 한약업사의 허가 및 영업행위에 대하여 지역적 제한을 가한 것(憲 1991. 9. 16.-89헌마231), 사실상 노무에 종사하는 공무원에 대해서만 근로 3권을 보장하고 그 이외의 공무원들에 대하여는 근로 3권의 행사를 제한한 것(憲 1992. 4. 28.-90헌바27), 보증인 등을 정리계획인가에 따른 면책 등의 효력이 미치는 범위에서 제외한 것(憲 1992. 6. 26.-91헌가8), 초 · 중등학교 교원에 대해서는 교육위원직 겸직을 금지하면서 대학교원에게는 겸직을 허용한 것(憲 1993. 7. 29.-91헌마69), 국가에게 제소시나 상소시에 인지첩부를 하지 않게 한 것(憲 1994. 2. 24.-91헌가3), 제1심 소장, 항소장 및 상고장에 붙여야 할 인지액에 차등을 두어 단계적으로 인지액을 인상하도록 규정한 것(憲 1994. 2. 24.-93헌마10), 국가유공자인 公傷公務員에 국 · 공립학교 교원만을 포함시키고 사립학교교원을 포함시키지 아니한 것(憲 2001. 2. 22.-2000헌마25), 형법 제35조가 누범을 가중처벌하는 것(憲 1995. 2. 23.-93헌바43), 거주지에 따라 자녀를 학교에 입학시켜야 하는 것(憲 1995. 2. 23.-91헌마204), 뇌물죄의 가중처벌에 대한 법정형의 하한이 살인죄보다 무거운 것(憲 1995. 4. 20.-93헌바40), 구(舊) 군법무관임용법 부칙 제3항 소정의 5년 복무기간을 본인의 귀책사유 여부를 불문하고 군법무관이 변호사의 자격을 취득하기 위해 요구하는 것(憲 1995. 6. 29.-90헌바43), 총포 등의 군용물절취행위를 총포 등이 아닌 군용물의 절취행위나 군용물이 아닌 일반 물건의 절취행위에 비하여 특히 중한 형벌을 규정하고 있는 것(憲 1995. 10. 26.-92헌바45), 회사정리제도의 목적상 신고기간 내에 신고하여 정리절차에 참가한 정리채권자와 신고하지 아니함으로써 정리절차에 참가하지 아니한 정리채권자의 권리내용에 차등을 두는 것(憲 1996. 1. 25.-93헌바5), 법인이 대도시 내에서 하는 부동산등기에 대하여 자연인이나 대도시 외의 법인이 하는 부동산등기에 비하여 상대적으로 높은 세율의 등록세를 부과하는 것(憲 1996. 3. 28.-94헌바42), 경매절차의 지연으로 이득을 얻는 지위에 있는 채무자, 소유자, 경락인에 대해서만 보증금을 요구하는 것(憲 1996. 4. 25.-92헌바30), 다른 전문직 종사자들과 달리 법무사에 대하여만 사무원의 수를 제한하는 규정을 둔 것(憲 1996. 4. 25.-95헌마331), 공신력이 요구되는 정도에 따라 업무의 영역을 나누고, 감정평가업자를 그 법적 존재형태와 구성원의 수에 따라 3종으로 나누어 업무를 분담토록 한 것(憲 1996. 8. 29.-94헌마113), 소송물가액에 대하여 일정한 비율의 印紙貼付를 요구하는 것(憲 1996. 10. 4.-95헌가1), 특수한 범죄구성요건에 해당되는 자에 한하여 특별히 기수에 준하여 처벌하도록 규정하고 있는 관세법 제182조 제2항(憲 1996. 11. 28.-96헌가13), 재개발조합의 임원을 공무원으로 의제하는 구 도시재개발법 제69조의 규정(憲 1997. 4. 24.-96헌가3, 96헌바70(병합)), 주택조합 중 지역조합과 직장조합의 조합원자격을 무주택자로 한정하는 것(憲 1997. 5. 29.-94헌바5), 독립유공자 본인에 대한 부가연금지급에 있어 그 공헌과 희생의 정도에 따라 차등을 두는 것(憲 1997. 6. 26.-94헌마52), 법인이 아닌 개인이 1가구당 1대를 초과하여 비영업용 승용차를 취득할 경우 취득세와 등록세를 중과하도록 한 것(憲 1998. 5. 28.-95헌바18), 승객을 승객이 아닌 자와 차별하고 과실 있는 운행자와 과실 없는 운행자에게 다 같이 승객에 대한 무과실책임을 지게 한 것(憲 1998. 5. 28.-96헌가4), 조세범처벌법 제9조 제1항에 규정된 죄를 범한 자로서 연간 포탈세액이 2억원 이상 5억원 미만인 자 또는 5억원 이상인 자에 대하여 특히 가중처벌하는 것(憲 1998. 5. 28.-97헌바68), 운수종사자가 운송수입금 전액을 사업자에게 납부하는 방법으로 하는 운송수입금의 관리제도를 일반택시운송사업영역에 한하여 그 적용을 강제한 것(憲 1998. 10. 29.-97헌마345), 주류·청량음료 제조업자 등 지하수를 사용하는 다른 경우와 달리 먹는 샘물 제조업자에 대해서만 수질개선부담금을 부과한 것(憲 1998. 12. 24.-98헌가1), 무한책임사원에 대하여 경영의 지배 여부 혹은 출자액의 다소와 상관없이 일률적으로 제2차 납세의무를 부과한 것(憲 1999. 3. 25.-98헌바2), 관재담당공무원에 대하여 국유재산의 취득을 제한한 것(憲 1999. 4. 29.-96헌바55), 공무원연금법상 18세 이상으로서 폐질상태에 있지 않은 자는 유족의 범위에서 배제, 유족급여를 받을 수 없게 한 것(憲 1999. 4. 29.-97헌마333), 특정경제범죄가중처벌등에관한법률 제9조 제1항이 금융기관과 사인간의 소비임치계약에 대하여 사인간의 소비임치 내지 소비대차계약과 달리 형사상의 제재를 가한 것(憲 1999. 7. 22.-98헌가3), 군복무기간을 공무원연금법상 공무원의 재직기간에 산입함에 있어서, 장교 등의 경우에는 전투에 종사한 기간을 3배로 계산하여 합산하는데 반하여 병의 경우에는 이를 3배로 계산하지 않고 복무기간만 산입하도록 한 것(憲 1999. 9. 16.-97헌바28), 관광사업자 중 카지노사업자에 대하여만 납부금을 부과하고 있는 것(憲 1999. 10. 21.-97헌바84), 상법 제732조의2에 의할 경우 중대한 과실로 인한 보험사고를 일으킬 가능성이 없는 보험계약자에 대하여도 높은 보험료를 부담하게 되는 것(憲 1999. 12. 23.-98헌가12등), 조합 임원의 결격사유의 하나로서 선거일 공고일 현재 당해 조합의 조합원 신분을 2년 이상 계속 보유하고 있지 않은 자는 조합의 임원이 될 수 없다고 규정한 것(憲 2000. 6. 1.-98헌마386), 국회의원에 대해서는 개인후원회를 허용하면서

시 · 도의원에게는 이를 금지하는 것 또 국회의원이 후원회를 둔 경우 당해 국회의원이 대표자로 있는 지구당은 별도의 후원회를 둘 수 없도록 한 것과 우편요금 감액대상에 국회의원만 포함시키고 시 · 도의원을 제외한 것(憲 2000. 6. 1.-99헌마576), 의보통합시 통합되는 보험자와 통합하는 보험자간의 적립금의 차이(憲 2000. 8. 31.-98헌바27), 화의인가결정의 효력을 보증인이나 물적 담보 등에 미치지 않게 한 것(憲 2000. 6. 29.-99헌마289), 의료업을 영위하는 법인 중 민법상 비영리법인만을 지방세의 면제 대상에서 제외하는 것(憲 2001. 1. 18.-98헌바75 · 89, 99헌바89(병합)), 공무원시험에 있어 국가유공자와 그 유가족에 대한 가산점제도(憲 2001. 2. 22.-2000헌마25), 농 · 축협 임 · 직원의 수재 및 이들에 대한 증재행위에 대하여 일반사인의 경우와는 달리 처벌하는 것(憲 2001. 3. 21.-99헌바72등), 사인이 감청설비를 제조 · 수입 · 판매 등을 하기 위해서는 정보통신부장관의 인가를 받도록 규정한 것(憲 2001. 3. 21.-2000헌바25), 지급거절될 것을 예견하고 수표를 발행한 사람이 그 수표의 지급제시기일에 수표금이 지급되지 아니하게 한 경우 수표의 발행인을 처벌하도록 규정한 것(憲 2001. 4. 26.-99헌가13), 일반 공상공무원의 경우 군인 · 경찰상이공무원과 달리 연금 및 사망일시금을 지급하지 않은 것(憲 2001. 6. 28.-99헌바32), 재직기간 통산제도를 신설하면서 1983년 이전에 퇴직일시금을 수령하고 퇴역한 군인들에 대해서는 신설된 재직기간 통산조항을 소급적용하지 못하도록 하는 부칙규정을 둔 것(憲 2002. 2. 28.-2000헌바69), 형법 제259조 제2항이 직계존속에 대한 형을 가중하도록 한 것(憲 2002. 3. 28.-2000헌바53), 수형자의 가석방 결정시 준법서약서를 제출하도록 한 것(憲 2002. 4. 25.-98헌마425), 일부 선거구에서 시와 군이 하나의 선거구에 속하도록 한 것(憲 2002. 8. 29.-2002헌마4), 요양기관 강제지정제(憲 2002. 10. 31.-99헌바76), 법관의 정년을 직위에 따라 순차적으로 낮게 차등하게 설정한 것(憲 2002. 10. 31.-2001헌마557), 의무사관후보생의 병적에서 제외된 사람의 징집면제연령을 31세에서 36세로 상향조정함에 따라 이해관계자들의 실질적인 법률관계가 달라진 것(憲 2002. 11. 28.-2002헌바45), 정부관리기업체 간부직원은 공무원이 아님에도 직무와 관련한 수재행위에 관하여 공무원으로 의제하여 형법상 공무원에 해당하는 뇌물죄로 처벌하는 것(憲 2002. 11. 28.-2000헌바75), 공무원의 명예퇴직수당에 대한 퇴직소득공제율은 100분의 75로 되어 있으면서 공무원 아닌 자의 명예퇴직수당에 대해서는 100분의 50의 퇴직소득공제율을 규정한 것(憲 2002. 12. 18.-2001헌바55), 대통령령이 정하는 최대주주 또는 최대출자자 및 그와 특수관계에 있는 주주 또는 출자자의 주식 및 출자지분에 대하여는 통상의 방법으로 평가한 주식 등의 가액에 그 100분의 10을 가산하여 평가하도록 한 것(憲 2003. 1. 30.-2002헌바65), 확정된 지급명령에 대하여 확정판결과 동일한 효력을 부여하지 아니한 것과 지급명령을 단기소멸시효기간 연장사유의 하나로 규정하지 아니한 것(憲 2003. 1. 30.-2002헌바61), 부칙이 공소시효 기간의 단축을 규정한 신법 규정을 신법시행 이전에도 소급하여 적용할 것을 규정하고 있는 경과규정의 적용범위에 대하여 제한을 두고 있는 것(憲 2003. 2. 27.-2001헌바22), 병으로 의무복무를 마친 후 자원하여 장교로 임관하여 복무한

자가 예비역 병이 아니라 예비역 장교로 취급되어 예비군훈련기간이 길어진 것(憲 2003. 3. 27.-2002헌바35), 국가유공자의 상이등급에 따라서 기본연금지급에 차등을 두는 것(憲 2003. 5. 15.-2002헌마90), 국외 대학에 취학한 국가유공자의 자녀를 수혜의 범위에서 배제하고 있는 것(憲 2003. 5. 15.-2001헌마565), 휴직자도 직장가입자의 자격을 유지함을 전제로 기존의 보험료 부담을 그대로 지우고 있는 것(憲 2003. 6. 26.-2001헌마699), 산업재해보상보험의 적용제외사업을 정함으로 인해 현 단계에서 일정 범위의 사업이 산업재해보상보험법의 적용을 받지 못한 것(憲 2003. 7. 24.-2002헌바51), 참전명예수당을 신설하면서 국가 재정부담을 고려하여 70세 이상 참전유공자에게만 지급하도록 한 것(憲 2003. 7. 24.-2002헌마522등), 형사책임이 면제되는 소년의 연령을 14세로 한 것(憲 2003. 9. 25.-2002헌마533), 국가공무원 7급 시험에서 기능사 자격증에는 가산점을 주지 않고 기사 등급 이상의 자격증에는 가산점을 주도록 한 것(憲 2003. 9. 25.-2003헌마30), 직장가입자와 지역가입자의 보험료 부과기준을 달리 하고 있는 것(憲 2003. 10. 30.-2000헌마801), 임용결격공무원 또는 당연퇴직공무원을 특별채용할 경우 종전의 사실상 근무기간을 경력으로 인정하지 아니하도록 한 것(憲 2004. 4. 29.-2003헌바64), 특별채용된 모든 당연퇴직공무원에 대하여 일률적으로 경력 및 호봉을 불산입하도록 한 규정이 '선고유예'를 받은 경우를 달리 취급하지 않음으로써 당연퇴직사유의 경중을 고려하지 않은 것(憲 2004. 6. 24.-2003헌바111), 대통령선거소송의 경우에는 다른 비재산권에 관한 소송보다 많은 인지액을 첩부하도록 한 것(憲 2004. 8. 26.-2003헌바20), 통상 31세가 되면 입영의무 등이 감면되나 해외체제를 이유로 병역연기를 한 사람에게는 36세가 되어야 이에 해당되도록 한 것(憲 2004. 11. 25.-2004헌바15), 수용자에게 의료급여를 정지한 것(憲 2005. 2. 24.-2003헌마31등), 행정기관의 장이나 일반 공무원과 달리 지방자치단체의 장에게만 권한대행사유를 둔 것(憲 2005. 5. 26.-2002헌마699등), 기존의 의료유사업자 이외의 자에게는 침구시술 등의 행위를 금한다고 한 것(憲 2005. 5. 26.-2003헌바86), 독거수용중인 청구인이 TV시청을 제한받게 되어 혼거실 수용자 등 다른 수용자들과 차별적인 처우가 이루어진 것(憲 2005. 5. 26.-2004헌마571), 동일한 시기에 산재보험 가입신청을 하고 동일한 시기에 재해가 발생한 여러 사업의 근로자 중, 근로복지공단의 승인 여부에 의하여 보험관계의 성립일이 달라짐으로써 일부는 산재보험의 혜택을 받고 일부는 그렇지 못한 차별이 생긴 것(憲 2005. 7. 21.-2004헌바2), 公傷 군인의 아들에게는 병역혜택을 부여하면서 공상 공무원의 아들에게는 병역혜택을 부여하지 아니하는 것(憲 2005. 9. 29.-2004헌마804), 경찰공무원과 비교하여 소방공무원이 순직군경으로 예우받을 수 있는 사유를 좁게 제한하는 것(憲 2005. 9. 29.-2004헌바53), 정당에 국고보조금을 배분함에 있어 교섭단체의 구성여부에 따라 차등을 두는 것(憲 2006. 7. 27.-2004헌마655), 사립학교 교·직원 가운데 교원에 대하여만 명예퇴직수당의 지급 근거를 두고 사무직원에 대하여는 이에 대한 법적 근거를 두지 않고 학교의 정관 또는 규칙으로 정하도록 구별한 것(憲 2007. 4. 26.-2003헌마533), 교육의 지역적 불균형을 해소하고 지역교육의 균등한 발전과 지역실정에 맞는 교육정책을 수행하기 위하여 교사를 충원함에 있어 사범대학의 졸업자가 자기가 졸업한 사범대학이 있는 지역의 교원임용시험에 응시하는 경우에 加算點을 주어 우수한 인력을 확보할 수 있게 하되 그 가산점의 정도가 다른 지역의 사범대학을 졸업한 응시자의 교원임용을 어렵게 할 정도로 과도하지 않는 경우(憲 2007. 12. 27.-2005헌가11), 상속인들 중 누구라도 제사주재자가 되는 자에게 제사용 재산을 승계할 수 있도록 정하는 것(憲 2008. 2. 28.-2005헌바7), 특정범죄 가중처벌 등에 관한 법률에서 미성년자를 약취유인한 자에 대해 유사범죄보다 법정형을 높게 규정한 것(憲 2009. 2. 26.-2008헌바9), 공직선거법상 중증장애인의 선거운동을 위하여 선거운동원 추가 등을 배려하지 않고 일률적으로 선거운동을 제한한 것(憲 2009. 2. 26.-2006헌마626. 5인의 반대의견 있음), 전공별로 그리고 출신대학별로 로스쿨의 입학정원을 3분의 1의 비율을 기준으로 제한하는 것(憲 2009. 2. 26.-2007헌마1262), 집행유예에 비하여 선고유예의 실효사유를 넓게 규정한 형법 제61조 제1항(憲 2009. 3. 26.-2007헌가19), 군인연금 중 퇴역연금에 관해 전액 압류를 금지하고 있는 것(憲 2009. 7. 30.-2007헌바139), 형법 제73조 제1항이 "형기에 산입된 판결선고 전 구금의 일수는 가석방에 있어서 집행을 경과한 기간에 산입한다"라고만 규정하고, 사형판결 확정 후 무기징역형으로 감형된 자의 사형집행 대기기간을 무기수의 가석방에 있어서 집행을 경과한 기간에 산입한다는 규정을 두지 않은 것(憲 2009. 10. 29.-2008헌마230), 금고 이상의 형의 집행유예를 선고받고 그 기간이 경과한 후 2년을 경과하지 아니한 자는 변호사가 될 수 없다고 규정한 것(憲 2009. 10. 29.-2008헌마432).

(b) 위헌으로 결정된 경우

憲法裁判所는 다음과 같은 사건에서 평등보호에 위반된다고 판시하였다. 국가를 상대로 하는 재산권의 청구에 관하여는 가집행의 선고를 할 수 없다고 한 것(憲 1989. 1. 25.-88헌가7), 금융기관의 연체대출금에 관한 경매절차에 있어서 합리적 근거없이 금융기관에게 우월한 지위를 부여하는 금융기관의연체대출금에관한특별조치법 제5조의2(憲 1989. 5. 24.-89헌가37), 판사 · 검사 · 군법무관 또는 경찰공무원의 재직기간이 통산하여 15년에 달하지 아니한 자는 변호사의 개업신고 전 2년 이내의 근무지가 속하는 지방법원의 관할구역 안에서는 퇴직한 날로부터 3년간 개업할 수 없게 한 것(憲 1989. 11. 20.-89헌가102), 성업공사에 이관되었거나 회수가 위임된 채권의 채무자인 회사에 관하여는 회사정리법에 의한 정리절차를 진행하지 못하게 한 것(憲 1990. 6. 25.-89헌가98등), 국 · 공립사범대학 등 출신자를 교육공무원인 국 · 공립학교 교사로 우선하여 채용하도록 규정한 것(憲 1990. 10. 8.-89헌마89), 시 · 도의회의원 후보자에게 700만원의 기탁금을 요구하는 것(憲 1991. 3. 11.-91헌마21), 국유잡종재산에 대한 시효취득을 부인하는 국유재산법 제5조 제2항(憲 1991. 5. 13.-89헌가97), 과실로 사람을 치상하게 한 자가 구호행위를 하지 아니하고 도주하거나 고의로 유기함으로써 치사의 결과에 이르게 한 경우에 살인죄와 비교하여 그 법정형을 더 무겁게 한 것(憲 1992. 4. 28.-90헌바24), 법인의 경영을 사실상 지배하거나 당해 법인의 발행주식총액의 100분의 51 이상의 주식에 관한 권리를 실질적으로 행사하는지 여부에 관계없이 과점주주 중 주식을 가장 많이 소유한 자와 서로 도와서 일상생활비를 공통으로 부담한다는 이유만으로 일률적으로 제2차 납세의무를 지우는 것(憲 1998. 5. 28.-97헌가13), 경매의 실행에 채무명의를 요하지 아니하는 부동산 임의경매절차에 있어 금융기관이 신청한 경우에만 발송송달의 특례를 인정한 것(憲 1998. 9. 30.-98헌가7, 96헌바93(병합))(한정위헌), 제대군인에 대한 가산점제도(憲 1999. 12. 23.-98헌마363), 정당행위에 해당하므로 '죄가 안됨' 처분을 하였어야 함에도 수사를 미진하여 일부 인정되는 폭행사실만으로 범죄혐의를 인정하여 각 기소유예처분한 것(憲 2000. 1. 27.-99헌마481), 상소제기기간중의 시간의 소비에 대해 불이익을 주는 것(憲 2000. 7. 20.-99헌가7), 생전에 등록신청을 하지 않은 일부 사람에 대하여 그들이 고엽제후유증으로 사망한 것인지 여부를 판정받을 기회를 배제한 것(憲 2001. 6. 28.-99헌마516)(헌법불합치), 정부수립이전이주동포를 재외동포법의 적용대상에서 제외한 것(憲 2001. 11. 29.-99헌마494)(헌법불합치), 약사에게는 법인을 구성하여 업무를 수행할 수 없도록 한 것(憲 2002. 9. 19.-2000헌바84)(헌법불합치), 전통사찰의 경내지 등에 대한 모든 유형의 소유권변동이 전통사찰을 훼손할 수 있음에도 불구하고, 다른 소유권변동원인과 달리 '공용수용'으로 인한 소유권변동에 대해서는 아무런 규제를 하지 아니한 것(憲 2003. 1. 30.-2001헌바64), 지방자치단체의 장으로 하여금 당해 지방자치단체의 관할구역과 같거나 겹치는 선거구역에서 실시되는 지역구 국회의원선거에 입후보하고자 하는 경우에 당해 선거의 선거일 전 180일까지 그 직을 사퇴하도록 하는 경우(憲 2003. 9. 25.-2003헌마106), 특가법이 매수와 판매목적소지의 마약사범만을 가중하는 경우(憲 2003. 11. 27.-2002헌바24), 미결수용자 중 군행형법의 적용을 받는 자의 면회횟수를 행형법의 적용을 받는 자에 비하여 감축한 경우(憲 2003. 11. 27.-2002헌마193), 국·공립학교의 교사시험에서 국가유공자의 가족에게 10%의 가산점을 주는 경우(憲 2006. 2. 23.-2004헌마675등), 교원징계 재심위원회의 재심결정에 대하여 재심청구를 한 교원만 행정소송을 제기할 수 있을 뿐, 학교법인은 이를 제기할 수 없도록 한 것(憲 2006. 2. 23.-2005헌가7등. 평등원칙에 위배되지 않는다고 한 [憲 1998. 7. 16.-95헌바19등]의 판례에 변경이 있는 것임), 의사와 한의사의 면허를 모두 가진 복수면허의 의료인에 대하여 교차 또는 순차적으로 이루어지는 양방 및 한방 의료행위를 할 수 없게 하거나, 진찰과 같이 국민 건강에 대한 안전성에 문제가 없는 영역에 이르기까지 무차별적으로 양·한방 의료행위의 결합을 금지하는 등과 같이 복수의 면허를 가진 의료인들을 단수의 면허를 가진 의료인들과 동등하게 취급하는 것(憲 2007. 12. 27.-2004헌마1021), 고급오락장에 대한 취득세 중과세율을 규정한 구 지방세법 제112조 제2항 제4호를 고급오락장으로 사용할 목적이 없는 취득의 경우에도 적용하는 것(憲 2009. 9. 24.-2007헌바87), 파산절차에서 (구) 독점규제 및 공정거래에 관한 법률에 의한 과징금 및 가산금 채권을 특별히 취급하여 다른 일반파산채권보다 국가가 먼저 변제받게 하는 것(憲 2009. 11. 26.-2008헌가9).

[64] 第七 侵害와 救濟

평등원칙이나 평등권이 침해되어 피해가 발생한 경우에는 이를 구제하여야 한다. 통상의 경우에는 해당 권리의 침해로 나타나기 때문에 해당 권리의 침해에서의 구제방법에 따라 해결되지만, 평등권 그 자체의 침해가 문제가 되는 경우에는 이에 대한 구제를 하여야 한다.

특히 유의하여야 하는 것은 평등에서는 동일한 조건이나 상황에 있는 복수의 대상을 비교하기 때문에 국가로부터 수혜나 급부를 받는 경우에 국가의 입법행위나 행정행위로 일방이 차별대우를 받은 것으로 밝혀지면 그러한 국가작용을 평등위반으로 효력을 상실시킬 수 없다는 점이다. 이 경우에 국가의 조치를 무효화시키거나 취소하면 정당하게 수혜를 받는 자까지 급부를 받지 못하는 사태가 발생한다. 위헌법률심판에서 이 경우가 발생하면 위헌결정을 하여 당해 법률이나 법률조항의 효력을 상실시키는 것이 아니라 해당 법률의 효력을 유지하게 하는 憲法不合致決定을 하고 法律改善을 促求하는 결정을 한다. 憲法裁判所도 이런 경우에 헌법불합치결정을 하고 있다.

《기본권 보장의 구조》

헌법 제10조의 인간의 존엄과 가치가 기본권보장의 이념적 기초이며 최고원리이고, 헌법 제11조의 평등보호가 기본권 보장의 방법적 기초라고 할 때, 나머지 제11조 이하의 개별적 기본권은 이와 연관을 가지고 보장되는데, 이의 유기적 상호연관구조는 다음과 같다.

기본권 보장의 이념적 기초	
기본권 보장의 방법적 기초	개별적 기본권

그런데 헌법의 개별적 기본권은 각기 그 성질에서 차이가 있을 뿐 아니라 기본권 목록에 등재된 배경과 시기도 다르므로 이를 일률적으로 말하기는 어렵다. 예컨대 학문의 자유와 선거권은 그 보장의 이념에 있어 전자가 人間의 尊嚴과 價値를 이념으로 한다면 후자는 헌법이 대의제도를 채택하면서 비로소 헌법상의 권리로 보장되는 것이기 때문에 國民主權原理가 보다 밀접한 이념이 된다. 따라서 학문의 자유 보장의 이념적 기초를 인간의 존엄과 가치라고 한다면 선거권 보장의 이념적 기초는 국민주권원리라고 할 수 있다. 이를 구조로 보면 아래와 같다.

《학문의 자유의 보장》

인간의 존엄과 가치	
평등원칙	학문의 자유

《선거권의 보장》

국민주권원리	
평등원칙	선거권

《기본권의 분류 문제》

헌법의 기본권 목록에 있는 다양한 기본권들은 그 성질, 보호이익, 기능에서도 차이가 있을 뿐 아니라 기본권 목록에 오른 배경이나 시기에서도 차이가 있기 때문에 이를 하나의 기준으로 분류하기는 어렵다. 성질에 따라 자유권적 기본권, 평등권, 청구권적 기본권, 참정권적 기본권, 사회권적 기본권 등으로 분류하기도 하고, 이러한 분류가 정확하지 않아 생활영역을 기준으로 하여 이를 보완하는 분류를 시도하기도 하지만 오늘날 기본권이 복합적이고 重層的인 성격을 가지고 여러 기능을 한다는 점을 고려하면 어느 하나의 기준을 가지고 단순히 평면적으로 분류하는 것은 무모한 일이기도 하다. 그래서 기본권의 분류를 無用하다고 하는 견해도 있다. 예컨대 알 권리의 경우 어떤 대상에 대하여 알려고 하는 것은 자유권의 성질을 가지지만, 알 권리의 대상이 정치영역이냐 경제영역이냐 정보영역이냐 직업영역이냐 등에 따라 각기 정치적 권리, 경제적 권리, 정보에 관한 권리, 생활권, 사회적 권리 등으로서의 다양한 성격을 가지게 된다. 따라서 기본권의 평면적인 분류는 자칫 해당 기본권의 기능이나 성질을 왜곡시킬 위험이 있다. 그런데 기본권의 분류에서 實益이 있는 경우는 效力에 있어 차이를 가지는 경우이다. 헌법상 직접 바로 청구할 수 있는 것인가 아니면 법률에 의하여 구체화되는 권리인가 하는 점은 그 기본권의 행사와 실현에서 차이를 가지므로 어떤 기본권이 이 가운데 어느 것에 해당하는가 하는 문제는 중요하고 구별할 실익이 있다. 예컨대 국가에 대하여 구체적 급부를 요구할 수 있는 社會的 基本權은 통상 법률에 의하여 구체화되는 권리인데, 이 경우 어떤 기본권이 사회적 기본권에 해당하는지의 여부는 효력상 매우 중요하다. 그런데 사회적 기본권이라는 용어도 사회영역을 규율하는데 있어 인정되는 기본권인지 아니면 생활배려를 위하여 국가가 구체적인 급부를 제공하여야 하는 경우에 이를 청구할 수 있는 권리인지에 대하여는 명백한 정의도 없이 혼용되고 있다. 예컨대 근로자의 단결권 · 단체교섭권 · 단체행동권은 국가에 대하여 어떠한 생활배려적 급부를 구체적으로 구하는 것이 아니라 사회 · 경제활동의 영역에서 보장되는 기본권이라는 성질이 강하고 오히려 자유권으로서의 성격이 강하다. 그리고 교육을 받을 권리도 자유권적 성질과 사회권적 성질 중에서 사회권적 성질이 더 강하다고 보기 어렵다. 이런 점을 고려하면 사회적 기본권의 범위는 매우 조심스럽게 설정하여야 하고, 사회적 기본권이 법률에 의하여 구체화된다는 점에서 기본권의 보장을 충실히 하기 위해서는 사회적 기본권은 구체적인 생활배려를 청구할 수 있는 권리로 한정하는 것이 합당하다. 이런 점에서 기본권을 일률적으로 분류하는 것은 타당하지 않고 개별적 기본권마다 그 성질과 효력을 밝혀야 하지만, 이 책에서는 헌법 제11조 이하의 개별적 기본권을 단순히 나열할 수는 없어 편의상 기본권의 성질을 기준으로 하되 그것이 주로 작용하는 생활영역을 고려하여 대체적으로 분류하기로 한다. 따라서 어떤 기본권이 자유권적 기본권으로 분류되어 있다고 하더라도 자유권으로서의 성질만 가지는 것이 아니라 다른 생활권이나 경제적 기본권 등 다른 기본권으로서의 성질과 기능도 가지는 경우가 있음을 유의할 필요가 있다.

제 3 장　自由權的 基本權

제 1 절　生命 및 人身의 自由

1. 生 命 權

[65] 第一　意　　義

Ⅰ. 개　　념

生命權(right to life, Recht auf Leben)은, 인간의 생명에 대한 권리를 말한다. 생명권은 무엇보다 인간의 존재를 보장하는 것이므로 인간의 존엄과 가치에서 가장 본질적인 부분이다. 인간의 모든 자유와 권리는 생명을 전제로 해서만 성립하고 인정할 수 있는 것이기 때문에 생명권은 모든 기본권의 전제가 되는 권리이다.

생명권의 대상이 되는 生命(life)이란 自然的 槪念으로서 「아직도 생존하지 않은 것」과 「죽음」에 반대되는 인간의 정신적·신체적인 生의 존재를 의미한다. 생명은 인간의 존재 그 자체로 자연적으로 인정되는 것이기 때문에 이러한 자연적 존재에 대하여 사회적 또는 법적인 기준으로 그 가치를 부정하거나 평가할 수 없다. 따라서 「존재할 가치가 없는 생명」이나 「무의미한 생명」이라는 등의 가치판단은 법적으로 허용되지 않는다.

생명의 규범적인 의미를 확정하기 위해서는 생명이 존재하기 시작하는 始期와 종료되는 終期를 확정하는 것이 필요한데, 법적으로는 이러한 시기부터 종기까지의 기간 동안에 존재하는 자연적 생명을 생명권의 보호대상으로 한다.

Ⅱ. 헌법적 근거

(1) 헌법 규정

생명권이 이렇게 본질적이고 중요한 권리임에도 헌법에는 이를 명문으로 정하고 있는 규정은 없다.

독일연방헌법은 「누구든지 생명과 신체를 훼손당하지 아니할 권리를 가진다」(同憲法 §2②) 라고 정하여 생명권을 명시적으로 보장하고 있다. 동시에 동법 제102조는 명시적으로 사형을 금지하고 있다. 일본국헌법은 「모든 국민은 개인으로서 존중된다. 생명, 자유 및 행복추구에 대한 국민의 권리에 있어서는……최대의 존중을 필요로 한다」(同憲法 §13)라고 하여 생명권을 명시하고 있다. 인도네시아헌법(同憲法 §28A), 말레이시아헌법(同憲法 §5)도 생명권의 보장을 명시하고 있다. 타이헌법은 헌법에서 고문, 잔혹행위, 잔혹하거나 비인도적인 처벌을 금지하면서 동시에 사형의 허용을 명시적으로 인정하고 있다(同憲法 §31).

(2) 학 설

헌법이론상 생명권을 헌법상의 권리로 인정한다고 하더라도 실정헌법의 해석·적용상 생명권 보장의 근거규정을 확정할 필요가 있다. 이 문제에 관하여는 법해석상 견해가 갈린다. 인간의 존엄과 가치를 규정하고 있는 헌법 제10조에서 찾는 견해(金哲洙a, 517), 헌법 제10조 및 신체의 자유를 규정한 헌법 제12조 제 1 항에서 찾는 견해(成樂寅, 438), 이들 규정을 종합하여 헌법 제10조, 제12조 제 1 항, 제37조 제 1 항에서 찾는 견해(權寧星, 407; 桂禧悅b, 270) 등이 있다.

생각건대, 생명권은 인간의 존엄과 가치의 중핵을 이루는 것으로 우리 헌법의 기본권질서의 논리적인 전제이고 기초이다. 인간의 존엄과 가치는 물론이고 어떠한 자유와 권리도 생명을 전제하지 않고는 인정되지 않기 때문이다. 따라서 헌법이 다른 권리를 헌법상의 권리로 보장하고 있는 이상 생명권은 그에 대한 명문규정의 유무에 관계없이 당연히 인정되는 헌법상의 권리이다(同旨: 許營a, 346). 헌법해석으로는 헌법 제10조, 제12조 제 1 항, 제37조 제 1 항이 그 근거규정이 된다.

(3) 판 례

憲法裁判所는 생명권을 명문규정의 유무와 무관하게 당연히 인정되는 헌법상의 권리로 보고 있다(예: 憲 1996. 11. 28.-95헌바1).

> [憲 1996. 11. 28.-95헌바1] 「인간의 생명은 고귀하고, 이 세상에서 무엇과도 바꿀 수 없는 존엄한 인간존재의 근원이다. 이러한 생명에 대한 권리는 비록 헌법에 명문의 규정이 없다 하더라도 인간의 생존본능과 존재목적에 바탕을 둔 선험적이고 자연법적인 권리로서 헌법에 규정된 모든 기본권의 전제로서 기능하는 기본권 중의 기본권이라 할 것이다.」

[66] 第二 法的 性格

Ⅰ. 방 어 권

생명권은 국가가 개인의 생명을 침해할 위험이 있는 경우 이를 방지·제거할 것을 요구할 수 있는 對國家的 防禦權으로서의 성격을 가진다. 따라서 국가는 집단학살이나 우생학적 단종시술과 같이 생명을 단절하는 행위를 할 수 없다.

Ⅱ. 보호청구권

생명권은 제3자에 의한 생명권의 침해로부터 보호해 줄 것을 국가에 청구할 수 있는 保護請求權으로서의 성격도 가진다. 따라서 살인은 금지되고, 기아 · 질병 · 공해 · 사적 폭력 등에 의하여 생명의 위협을 받고 있는 국민을 구호하지 않고 방치하는 국가의 부작위도 허용되지 않는다.

> 生命權이 국가에 대하여 생존을 위한 사회 · 경제적 여건을 마련해 줄 것을 요구할 수 있는 生存權으로서의 성격도 가지느냐 하는 문제가 있다. 이를 인정하는 견해도 있으나(金哲洙a, 518; 成樂寅, 438), 생명권과 생존권은 개념상 법적으로 구별되고, 헌법상 생존권이 생명권과 구별되어 따로 보장되는 경우에는 생명권에 생존권의 성질을 인정할 여지가 없다고 할 것이다. 따라서 생존권을 보장하고 있는 경우에 생명권을 근거로 하여 국가에 대하여 생존을 위한 사회 · 경제적 여건을 마련해 줄 것을 요구하는 것은 인정되지 않는다. 그러나 국가의 능력이 있음에도 의료지원이나 식량지원을 하지 않아 보호받아야 마땅한 자를 사망에 이르도록 방치하는 것은 허용되지 않는다.

[67] 第三 主 體

생명권은 성질상 인간의 권리이므로 내 · 외국인을 불문하고 자연인에게만 인정된다. 법인은 어떠한 경우에도 생명권의 주체가 되지 못한다.

자연인의 경우 언제부터 생명권의 주체가 되는지(生命의 始期)와 관련하여 아직 출생하지 않은 胎兒가 생명권의 주체가 될 수 있는지가 문제된다. 인간의 생명은 출생으로부터 시작되는 것이 아니라 수정과 착상의 과정을 거치면서 시작되고, 형성중인 생명도 생명이라는 점에서 태아도 생명권의 주체가 되는 점에서는 의문이 없다. 憲法裁判所도 태아가 생명권의 주체가 된다고 판시하였다(憲 2008. 07. 31.-2004헌바81).

> [憲 2008. 07. 31.-2004헌바81] 「인간의 생명은 고귀하고, 이 세상에서 무엇과도 바꿀 수 없는 존엄한 인간 존재의 근원이다. 이러한 생명에 대한 권리, 즉 생명권은 비록 헌법에 명문의 규정이 없다 하더라도 인간의 생존본능과 존재목적에 바탕을 둔 선험적이고 자연법적인 권리로서 헌법에 규정된 모든 기본권의 전제로서 기능하는 기본권 중의 기본권이다. 모든 인간은 헌법상 생명권의 주체가 되며, 형성 중의 생명인 태아에게도 생명에 대한 권리가 인정되어야 한다. 따라서 태아도 헌법상 생명권의 주체가 되며, 국가는 헌법 제10조에 따라 태아의 생명을 보호할 의무가 있다.」

다만, 언제부터 태아로 볼 것인가를 놓고 落胎(=姙娠中絕)와 관련하여 의견이 대립하고 있다. 大法院은 이에 대하여 규칙적인 진통을 동반하면서 분만이 개시된 때(진통설 또는 분만개시설)에 사람으로 본다(大 1982. 10. 12.-81도2621; 1998. 10. 9.-98도949; 2007. 6. 29.-2005도3832).

[大 2007. 6. 29.-2005도3832] 「사람의 생명과 신체의 안전을 보호법익으로 하고 있는 형법의 해석으로는 규칙적인 진통을 동반하면서 분만이 개시된 때(소위 진통설 또는 분만개시설)가 사람의 시기라고 봄이 타당하다.」

태아의 생명권의 주체성에 대하여 독일연방헌법재판소는 생명이 모든 것을 의미하기 때문에 생명권의 주체는 이미 태어난 인간이나 독자적 생존가능성을 가진 태아에게만 국한되는 것은 아니라고 하고, 인간의 생명은 수정 후 14일 이후부터 시작한다고 하면서 이 때부터 태아를 생명권의 주체로 본다. 그리고 이런 태아의 생명보호는 원칙적으로 임신의 전 기간 동안 임산부의 자기결정권에 우선한다고 하고, 착상후 12주 내에 한하여 다른 방법이 없는 중대한 긴급상황에 임하여 임산부의 동의와 의사의 시술에 의해서만 낙태가 허용된다고 판시하였다(예: BVerfGE 39, 1ff). 반면 미합중국 연방최고법원은 Roe v. Wade 사건(410 U.S. 113)에서 태아는 잠재적 생명이기는 하지만 헌법상 '인간'(person)에 포함되지 않기 때문에 국가가 태아의 생명보호를 위해 임산부의 낙태를 제한하려면 태아가 모체 밖에서 '생존할 수 있는 능력'(viability)을 가지고 있음을 증명해야 한다고 하면서 그 생존가능시점인 임신 6개월 이전에는 태아의 생명은 보호받지 못한다고 판결한 이래 실질적으로 생존능력을 갖춘 태아에게만 생명권의 주체성을 인정하고 있다.

[68] 第四 內 容

Ⅰ. 생명의 보호

생명권은 생명 그 자체의 보호를 말한다. 이는 인간이 살아 있는 자연의 상태 그대로 존재하는 것을 말한다. 따라서 국가는 인간의 생명을 부정하거나 박탈할 수 없다. 이와 관련하여 유일한 예외로 논의되는 것이 사형제도이다.

Ⅱ. 국가에 대한 생명보호의 청구

생명권은 생명이 부정되거나 침해될 위험이 있는 경우에 이를 방지할 것을 국가에 대하여 요구할 수 있는 권리를 그 내용으로 한다. 생명은 한번 부정되면 회복할 수 없는 것이므로 생명의 부정·박탈과 같이 이미 생명권이 침해된 상태를 배제하는 것은 현실에서 성립할 수 없다. 따라서 생명권의 보호는 생명권의 침해에 대한 위험을 국가에 대하여 방지·제거해 줄 것을 청구할 수 있는 것을 그 내용으로 한다.

이러한 경우의 생명에 대한 위험은 공권력의 작용에 의한 생명의 위협, 의료지원을 받지 못하고 방치됨에 의한 생명의 위협, 餓死에 방치됨에 의한 생명의 위협 등이 있다.

[69] 第五 效　力

생명권은 대국가적으로 직접적인 효력을 가지고 있으므로 입법 · 행정 · 사법은 이에 구속된다. 생명권에 대한 국가의 보호의무는 포괄적이므로 생명에 대한 국가의 직접적인 침해가 금지될 뿐만 아니라, 일정한 경우에 국가가 국민의 생명이 없어짐을 적극 방지하고 보호해야 할(예: 기아로부터의 보호) 의무를 진다. 그리고 국가는 사인에 의한 불법적인 침해로부터 생명권을 보호할 책임도 진다.

생명권은 사인 상호간에도 존중되어야 한다. 국가는 민사법, 형사법 등을 통하여 이를 구체적으로 보장한다. 이 문제와 관련하여 自殺이 헌법상 허용되는 것인가 하는 문제가 있다(자살미수의 가벌여부). 생명권의 처분은 허용되지 않으나 자살의 경우에는 타인에게 해를 미치지 않고 스스로 목숨을 포기하는 것이므로 헌법상 허용된다고 할 것이다. 그러나 자살은 생명권의 실현이 아니고 생명권의 주체가 불가피하게 스스로 생명을 포기하는 것일 뿐이므로 타인의 자살을 교사하거나 방조하는 것은 헌법이 생명권을 존중하고 보호하는 가치에 위반하여 허용되지 않는다.

[70] 第六 制限과 그 限界

Ⅰ. 제　한

(1) 일　반

생명권은 절대적 기본권으로서 헌법 제37조 제 2 항에 따라 법률로써 제한할 수 없는 권리인지의 여부가 문제된다. 만일 생명권이 절대적 기본권이라고 한다면 어떠한 경우에도 생명에 대한 제한이 인정될 수 없을 것이다. 그러나 둘 이상의 생명이 양립할 수 없거나 생명에 못지 않은 중대한 공공의 이익을 보호해야 하는 경우처럼 생명에 대한 제한이 불가피하게 요청되는 경우를 충분히 예견할 수 있다. 따라서 비록 생명권이 헌법상 다른 기본권보장의 전제가 되고 최대한 존중되어야 하는 권리라 하더라도 헌법 제37조 제 2 항에 따라 법률로서 제한할 여지는 있다. 그러나 생명권의 성질상 이는 극히 필요최소한에 그쳐야 한다.

憲法裁判所는 생명권이 헌법 제37조 제 2 항에 의한 일반적 법률유보의 대상이 된다고 보고 있다(예: 憲 1996. 11. 28.-95헌바1).

> [憲 1996. 11. 28.-95헌바1] 「인간의 생명에 대하여는 함부로 사회과학적 혹은 법적인 평가가 행하여져서는 안될 것이지만, 비록 생명에 대한 권리라고 하더라도 그것이 헌법상의 기본권으로서 법률상의 의미가 조영되어야 할 때에는 그 자체로서 모든 규범을 초월하여 영구히 타당한 권리로서 남아 있어야 하는 것이라고 볼 수는 없다. 다시 말하면 한 생명의 가치만을 놓고 본다면 인간존엄성의 활력적인 기초를

의미하는 생명권은 절대적 기본권으로 보아야 함이 당연하고, 따라서 인간존엄성의 존중과 생명권의 보장이란 헌법정신에 비추어 볼 때 생명권에 대한 법률유보를 인정한다는 것은 이념적으로는 법리상 모순이라고 할 수도 있다. 그러나 현실적인 측면에서 볼 때 정당한 이유없이 타인의 생명을 부정하거나 그에 못지 아니한 중대한 공공이익을 침해한 경우에 국법은 그 중에서 타인의 생명이나 공공의 이익을 우선하여 보호할 것인가의 규준을 제시하지 않을 수 없게 되고, 이러한 경우에는 비록 생명이 이념적으로 절대적 가치를 지닌 것이라 하더라도 생명에 대한 법적 평가가 예외적으로 허용될 수 있다고 할 것이므로, 생명권 역시 헌법 제37조 제 2 항에 의한 일반적 법률유보의 대상이 될 수밖에 없다 할 것이다.」

(2) 구체적 문제

(a) 사형제도

死刑(death penalty, capital punishment)制度의 위헌성에 관한 논의는 i) 생명권이 제한가능한 기본권인지 여부, ii) 생명권을 제한하는 사형제도가 기본권의 본질적 내용 침해금지를 정하고 있는 헌법 제37조 제 2 항에 위반하는 것인지 여부, iii) 사형제도가 과잉금지원칙에 위반하여 생명권을 과도하게 제한하는 것인지 여부의 문제를 포함한다.

(i) 위 헌 설 　i) 사형은 형벌의 목적의 하나인 범죄자에 대한 개선을 포기하는 것이므로 그 정당성을 인정할 수 없고, ii) 재판은 인간이 하는 심판이므로 오판을 절대적으로 배제할 수 없고, iii) 사형을 통해 범죄의 일반적 예방의 효과를 거둘 수 있다는 실증적 연구결과가 없고 그 효과면에서 무기징역형을 최고의 형벌로 정하는 경우와 비교하여 큰 차이가 없으므로 사형이 형벌의 한 수단으로 적정하다거나 필요한 방법이라 할 수 없으며, iv) 사회로부터 범죄를 격리한다는 기능은 무기징역을 통해서도 달성할 수 있어 사형은 피해 최소성의 원칙에도 반하므로, 사형제도는 과잉금지원칙에 위반된다고 한다.

(ii) 합 헌 설 　i) 사형은 국민일반에 대한 심리적 威嚇를 통하여 범죄의 발생을 예방하고, 이를 집행함으로써 특수한 사회악의 근원을 영구히 제거하여 사회를 방어한다는 공익상의 목적을 가진 형벌이고, ii) 사형은 인간의 죽음에 대한 공포본능을 이용한 가장 냉엄한 궁극의 형벌로서 그 위하력이 강한 만큼 이를 통한 일반적 범죄예방효과도 더 클 것이라고 추정되며, iii) 무기징역형이 사형의 일반예방적 효과를 대체할 수 있다고 단정하기는 어려우므로, 사형제도는 헌법상의 과잉금지원칙에 위반되지 않는다고 한다.

사형제도를 둘러싸고 이것이 실정헌법에 위반되는가 하는 위헌성 문제의 소지를 제거하기 위하여 실정헌법에 사형의 금지나 사형의 허용을 명문으로 정하고 있는 경우도 있다. 이 경우에도 위헌성의 문제는 발생하지 않지만 사형의 존폐여부의 문제는 여전히 남아 있다. 2003년을 기준으로 볼 때, 전세계 국가 가운데 사형을 금지하고 있는 나라는 80개국이고, 전시범죄 등에 한해서만 사형을 인정하고 있는 나라는 15개국이다. 78개국은 일반적으로 사형제도를 인정하고 있는 것으로 나타나 있다(Amnesty International, 2004. 4). 미합중국에서는 연방정부와 38개 州에서는 사형제도를 두고 있고, Washington D.C.와 12개 州(Hawaii, Alaska, North Dokota, Minnesota, Iowa, Wisconsin, Missouri, West Virginia, Vermont, Maine, Massachusetts, Rhode Island)에서는 사형제도를 두지 않고 있다.

(iii) 판 례 憲法裁判所는 사형제도가 비례원칙에 반하지 아니하여 합헌이라고 판시하였다(예: 憲 1996. 11. 28.-95헌바1). 大法院도 사형제도가 합헌이라고 판시하였다(예: 大 1987. 9. 8.-87도1458; 1991. 10. 26.-90도2906). 그러나 이 경우에도 사형의 선고는 그것이 정당화될 수 있는 특별한 사정이 있는 경우에만 허용된다는 입장이다(예: 大 2000. 7. 6.-2000도1507).

[憲 1996. 11. 28.-95헌바1] 「모든 인간의 생명은 자연적 존재로서 동등한 가치를 갖는다고 할 것이나 그 동등한 가치가 서로 충돌하게 되거나 생명의 침해에 못지 아니한 중대한 공익을 침해하는 등의 경우에는 국민의 생명·재산 등을 보호할 책임이 있는 국가는 어떠한 생명 또는 법익이 보호되어야 할 것인지 그 규준을 제시할 수 있는 것이다. 인간의 생명을 부정하는 등의 범죄행위에 대한 불법적 효과로서 지극히 한정적인 경우에만 부과되는 사형은 죽음에 대한 인간의 본능적인 공포심과 범죄에 대한 응보욕구가 서로 맞물려 고안된 "필요악"으로서 불가피하게 선택된 것이며 지금도 여전히 제 기능을 하고 있다는 점에서 정당화될 수 있다. 따라서 사형은 이러한 측면에서 헌법상의 비례의 원칙에 반하지 아니한다 할 것이고, 적어도 우리의 현행 헌법이 스스로 예상하고 있는 형벌의 한 종류이기도 하므로 아직은 우리의 헌법질서에 반하는 것이라고는 판단되지 아니한다.」

[大 1991. 10. 26.-90도2906] 「헌법 제12조 제 1 항에 의하면 형사처벌에 관한 규정이 법률에 위임되어 있을 뿐 그 처벌의 종류를 제한하지 않고 있으며, 현재 우리나라의 실정과 국민의 도덕적 감정 등을 고려하여 국가의 형사정책으로 질서유지와 공공복리를 위하여 형법 등에 사형이라는 처벌의 종류를 규정하였다 하여 이것이 헌법에 위반된다고 할 수 없다.」

[大 2000. 7. 6.-2000도1507] 「우리 법이 사형제도를 두고 있지만, 사형은 사람의 목숨을 빼앗는 마지막 형벌이므로, 사형의 선고는 범행에 대한 책임의 정도와 형벌의 목적에 비추어 그것이 정당화될 수 있는 특별한 사정이 있는 경우에만 허용될 수 있으므로, 사형을 선고함에 있어서는 범인의 연령, 직업과 경력, 성행, 지능, 교육정도, 성장과정, 가족관계, 전과의 유무, 피해자와의 관계, 범행의 동기, 사전계획의 유무, 준비의 정도, 수단과 방법, 잔인하고 포악한 정도, 결과의 중대성, 피해자의 수와 피해감정, 범행 후의 심정과 태도, 반성과 가책의 유무, 피해회복의 정도, 재범의 우려 등 양형의 조건이 되는 모든 사항을 참작하여 위와 같은 특별한 사정이 있음을 명확하게 밝혀야 한다.」

미합중국 연방최고법원은 1972년에 사형제도를 위헌이라고 판결하였다가(Furman v. Georgia, 408 U.S. 238), 1976년에 이를 번복하고 사형제도를 합헌이라고 판결하였다(Gregg v. Georgia, 428 U.S. 153). 1995년 남아프리카공화국 헌법재판소는, 사형은 헌법에서 정하고 있는 잔혹하고 비인도적이며 비열한 형벌의 금지규정(同憲法 §12(1)e에 위반되는 것)에 위반되는 것이므로 위헌이라고 판결하였다.

(b) 인공임신중절

刑法 제269조, 제270조는 부녀 및 의사 등의 落胎行爲를 형사처벌하도록 규정하고 있으나, 母子保健法 제14조는 우생학적 · 유전학적 · 의학적 · 윤리적 적응사유에 한하여 의사는 본인과 배우자의 동의에 의하여 인공임신중절수술을 할 수 있다고 규정하고 있다.

母子保健法 제14조는 인공임신중절수술의 허용사유로서 i) 본인 또는 배우자가 대통령령이 정하는 우생학적 또는 유전학적 정신장애나 신체질환이 있는 경우, ii) 본인 또는 배우자가 대통령령이 정하는 전염성 질환이 있는 경우, iii) 강간 또는 준강간에 의하여 임신된 경우, iv) 법률상 혼인할 수 없는 혈족 또는 인척간에 임신된 경우, v) 임신의 지속이 모건의학적 이유로 모체의 건강을 심히 해하고 있거나 해할 우려가 있는 경우를 정하고 있다.

낙태의 허용여부는 태아의 생명권과 임산부의 자기결정권이 충돌하는 문제이다. 앞서 살펴보았듯이 태아도 생명권의 주체가 되고, 낙태를 할 수 있는 임산부의 자기결정권보다 태아의 생명권이 우선하기 때문에 원칙적으로 낙태는 금지되어야 한다. 따라서 형사처벌로서 낙태를 금지하는 刑法 제269조, 제270조는 합헌이다.

다만, 임신의 지속이 모체의 생명과 건강에 심각한 위험을 초래하는 경우처럼 태아의 생명과 임산부의 생명이 충돌하는 때에는 태아의 생명권도 예외적으로 제한가능하다 할 것이다. 그러나 母子保健法 제14조는 인공임신중절수술의 허용사유를 지나치게 광범위하게 규정하여 태아의 생명권 침해를 가능하게 할 소지를 안고 있어 위헌성논란이 있다.

(c) 안 락 사

안락사에는 i) 격렬한 고통에 허덕이는 치유불가능한 환자의 고통을 제거하기 위하여 약물주사 등의 방법으로 환자의 생명을 적극적으로 끊는 積極的 安樂死(active euthanasia)와 ii) 생명유지장치를 제거하거나 치료를 중지하여 죽음에 이르게 하는 消極的 安樂死(passive euthanasia)가 있다.

(i) 적극적 안락사 생명유지조치 없이도 생존가능한 생명을 적극적으로 단절하는 것은 비록 고통을 제거하려는 목적이라 할지라도 정당화될 수 없고, 생명권의 주체라도 자유로이 생명을 처분할 자유는 인정될 수 없다. 따라서 積極的 安樂死

는 비록 환자의 부탁이 있다 할지라도 생명권을 침해하여 위헌이고, 형법상 (촉탁)살인죄의 처벌을 면할 수 없다.

(ii) 소극적 안락사　　생명유지조치 없이는 살아갈 수 없고, 회생불가능한 질병으로 인하여 극심한 고통에 시달리는 환자가 자연적으로 죽음을 맞이할 수 있도록 생명유지조치의 중지를 요구하는 경우까지 의사에게 환자의 생명을 연장시켜야 할 의무가 인정된다고 볼 수는 없다. 따라서 환자가 자연적으로 품위있게 죽을 수 있는 권리를 주장하는 경우에 한하여 생명유지조치를 중지하는 消極的 安樂死는 허용된다 할 것이다. 이를 긍정하는 견해는 특히 존엄하게 죽을 권리에 근거하여 인정된다고 하여 尊嚴死(death with dignity)라고 부르기도 한다.

이러한 소극적 안락사는 엄격한 요건하에서만 허용할 수 있는데, 어떤 경우에도 인간의 생명이 경시되어서는 안 된다. 대법원은 회복불가능한 사망 단계에 진입한 환자에 대한 진료 중단은 일정한 조건하에 허용될 수 있다고 판시하였다(예: 大 2009. 5. 21.-2009다17417).

[大 2009. 5. 21.-2009다17417] 「(1) 의학적으로 환자가 의식의 회복가능성이 없고 생명과 관련된 중요한 생체기능의 상실을 회복할 수 없으며 환자의 신체상태에 비추어 짧은 시간 내에 사망에 이를 수 있음이 명백한 경우(이하 '회복불가능한 사망의 단계'라 한다)에 이루어지는 진료행위(이하 '연명치료'라 한다)는 원인이 되는 질병의 호전을 목적으로 하는 것이 아니라 질병의 호전을 사실상 포기한 상태에서 오로지 현 상태를 유지하기 위하여 이루어지는 치료에 불과하므로, 그에 이르지 아니한 경우와는 다른 기준으로 진료중단 허용 가능성을 판단하여야 한다. 환자가 회복불가능한 사망의 단계에 진입한 경우, 환자는 전적으로 기계적인 장치에 의존하여 연명하게 되고, 전혀 회복가능성이 없는 상태에서 결국 신체의 다른 기능까지 상실되어 기계적인 장치에 의하여서도 연명할 수 없는 상태에 이르기를 기다리고 있을 뿐이므로, 의학적인 의미에서는 치료의 목적을 상실한 신체 침해 행위가 계속적으로 이루어지는 것이라 할 수 있으며, 이는 죽음의 과정이 시작되는 것을 막는 것이 아니라 자연적으로는 이미 시작된 죽음의 과정에서의 종기를 인위적으로 연장시키는 것으로 볼 수 있다. 생명권이 가장 중요한 기본권이라고 하더라도 인간의 생명 역시 인간으로서의 존엄성이라는 인간 존재의 근원적인 가치에 부합하는 방식으로 보호되어야 할 것이다. 따라서 이미 의식의 회복가능성을 상실하여 더 이상 인격체로서의 활동을 기대할 수 없고 자연적으로는 이미 죽음의 과정이 시작되었다고 볼 수 있는 회복불가능한 사망의 단계에 이른 후에는, 의학적으로 무의미한 신체 침해 행위에 해당하는 연명치료를 환자에게 강요하는 것이 오히려 인간의 존엄과 가치를 해하게 되므로, 이와 같은 예외적인 상황에서 죽음을 맞이하려는 환자의 의사결정을 존중하여 환자의 인간으로서의 존엄과 가치 및 행복추구권을 보호하는 것이 사회 상규에 부합되고 헌법정신에도 어긋나지 아니한다고 할 것이다. 그러므로 회복불가능한 사망의 단계에 이른 후에 환자가 인간으로서의 존엄과 가치 및 행복추구권에 기초하여 자기결정권을 행사하는 것으로 인정되는 경우에는 특별한 사정이 없는 한 연명치료의 중단이 허용될 수 있다.

(2) 환자가 회복불가능한 사망의 단계에 이르렀을 경우에 대비하여 미리 의료인에게 자신의 연명치료 거부 내지 중단에 관한 의사를 밝힌 경우(이하 '사전의료지시'라 한다)에는 비록 진료 중단 시점에서 자기결정권을 행사한 것은 아니지만 사전의료지시를 한 후 환자의 의사가 바뀌었다고 볼 만한 특별한 사정이 없는 한 사전의료지시에 의하여 자기결정권을 행사한 것으로 인정할 수 있다. 다만, 이러한 사전의료지시는 진정한 자기결정권 행사로 볼 수 있을 정도의 요건을 갖추어야 한다. 따라서 의사결정능력이 있는 환자가 의료인으로부터 직접 충분한 의학적 정보를 제공받은 후 그 의학적 정보를 바탕으로 자신의 고유한 가치관에 따라 진지하게 구체적인 진료행위에 관한 의사를 결정하여야 하며, 이와 같은 의사결정 과정이 환자 자신이 직접 의료인을 상대방으로 하여 작성한 서면이나 의료인이 환자를 진료하는 과정에서 위와 같은 의사결정 내용을 기재한 진료기록 등에 의하여 진료 중단 시점에서 명확하게 입증될 수 있어야 비로소 사전의료지시로서의 효력을 인정할 수 있다. 환자 본인의 의사에 따라 작성된 문서라는 점이 인정된다고 하더라도, 의료인을 직접 상대방으로 하여 작성하거나 의료인이 참여한 가운데 작성된 것이 아니라면, 환자의 의사결정능력, 충분한 의학적 정보의 제공, 진지한 의사에 따른 의사표시 등의 요건을 갖추어 작성된 서면이라는 점이 문서 자체에 의하여 객관적으로 확인되지 않으므로 위 사전의료지시와 같은 구속력을 인정할 수 없고, 아래에서 보는 바와 같이 환자의 의사를 추정할 수 있는 객관적인 자료의 하나로 취급할 수 있을 뿐이다. (3) 한편, 환자의 사전의료지시가 없는 상태에서 회복불가능한 사망의 단계에 진입한 경우에는 환자에게 의식의 회복가능성이 없으므로 더 이상 환자 자신이 자기결정권을 행사하여 진료행위의 내용 변경이나 중단을 요구하는 의사를 표시할 것을 기대할 수 없다. 그러나 환자의 평소 가치관이나 신념 등에 비추어 연명치료를 중단하는 것이 객관적으로 환자의 최선의 이익에 부합한다고 인정되어 환자에게 자기결정권을 행사할 수 있는 기회가 주어지더라도 연명치료의 중단을 선택하였을 것이라고 볼 수 있는 경우에는 그 연명치료 중단에 관한 환자의 의사를 추정할 수 있다고 인정하는 것이 합리적이고 사회상규에 부합된다. 이러한 환자의 의사 추정은 객관적으로 이루어져야 한다. 따라서 환자의 의사를 확인할 수 있는 객관적인 자료가 있는 경우에는 반드시 이를 참고하여야 하고, 환자가 평소 일상생활을 통하여 가족, 친구 등에 대하여 한 의사표현, 타인에 대한 치료를 보고 환자가 보인 반응, 환자의 종교, 평소의 생활 태도 등을 환자의 나이, 치료의 부작용, 환자가 고통을 겪을 가능성, 회복불가능한 사망의 단계에 이르기까지의 치료 과정, 질병의 정도, 현재의 환자 상태 등 객관적인 사정과 종합하여 환자가 현재의 신체상태에서 의학적으로 충분한 정보를 제공받는 경우 연명치료 중단을 선택하였을 것이라고 인정되는 경우라야 그 의사를 추정할 수 있을 것이다. (4) 환자 측이 직접 법원에 소를 제기한 경우가 아니라면, 환자가 회복불가능한 사망의 단계에 이르렀는지 여부에 관하여는 전문의사 등으로 구성된 위원회 등의 판단을 거치는 것이 바람직하다.」 연명치료 중단의 허용기준에 대한 다수의견에 대해서는 생명에 직결되는 진료에 있어서 환자의 자기결정권은 소극적으로 그 진료 내지 치료를 거부하는 방법으로는 행사될 수 있어도 이미 환자의 신체에 삽입, 장착되어 있는 인공호흡기 등의 생명유지장치를 제거하는 방법으로 치료를 중단하는 것과 같이 적극적인 방법으로 행사되는 것은 허용되지 아

니한다는 2인 대법관의 반대의견이 있다. 「다수의견과는 달리, 생명에 직결되는 진료에 있어서 환자의 자기결정권은 소극적으로 그 진료 내지 치료를 거부하는 방법으로는 행사될 수 있어도 이미 환자의 신체에 삽입, 장착되어 있는 인공호흡기 등의 생명유지장치를 제거하는 방법으로 치료를 중단하는 것과 같이 적극적인 방법으로 행사되는 것은 허용되지 아니하며, 따라서 원고의 이 사건 청구는 인용될 수 없다고 본다. 그 이유는 다음과 같다. 의료계약의 본질과 특성상 의사는 진료를 행함에 있어 환자의 상황과 당시의 의료수준 그리고 자기의 지식경험에 따라 적절하다고 판단되는 진료방법을 선택할 상당한 범위의 재량을 가진다. 따라서 환자가 의료인에게 특정한 의료행위나 치료방법을 강요할 수 없다. 그러나 모든 사람은 인간으로서의 존엄과 가치를 가지며 이에 터잡아 신체의 불가침성과 완전성을 보전할 기본적인 권리를 가지므로 인체에 대한 어떤 형태의 침해일지라도 이를 거부하고 거절할 권리가 있다고 할 것이다. 따라서 의료행위가 신체에 대한 침해적인 요소를 포함하는 것인 때에는 환자의 동의 내지 승낙이 없이는 그 시술을 할 수 없고, 환자는 자기결정권에 기하여 이를 거부할 수 있으며, 이는 그 의료행위가 생명유지장치의 삽입, 장착과 같이 생명에 직결되는 것이라고 하더라도 마찬가지라고 할 것이다. 다만, 이러한 인체를 침해하는 의료행위의 거부에 관한 환자의 자기결정권의 행사가 정당하기 위하여는, 의사결정능력이 있는 상태에서 의료인으로부터 직접, 충분한 의학적 정보를 제공받아 설명을 들은 후 이를 바탕으로 자신의 고유한 가치관에 따라 진지하게 심사숙고한 결과라는 점이 전제되어야 한다. 그리고 이러한 자기결정권은 사전의료지시의 방법으로도 행사될 수 있다. 그러나 자기결정권도 구체적인 권리의 하나이므로 타인의 권리를 침해할 수 없고 헌법질서에 위반되지 않는 범위에서만 보호받을 수 있는 내재적 한계가 있으며, 생명권의 주체라고 하더라도 자살의 경우와 같이 자기 생명을 자유롭게 처분하는 것은 헌법상 자기결정권의 한계를 벗어나는 것으로서 사회상규에 반하므로 허용될 수 없다. 그러므로 환자가 인위적으로 생명을 유지, 연장하기 위한 생명유지장치의 삽입 또는 장착을 거부하는 경우, 특별한 사정이 없는 한, 비록 환자의 결정이 일반인의 관점에서는 비합리적인 것으로 보이더라도 의료인은 환자의 결정에 따라야 하고 일반적인 가치평가를 이유로 환자의 자기결정에 따른 명시적인 선택에 후견적으로 간섭하거나 개입하여서는 아니 된다. 환자의 이러한 자기결정권 행사가 있는 때에는 의료인이 의료법 상의 진료 또는 응급의료에 관한 법률상의 응급의료를 행하지 아니할 정당한 사유가 있는 경우에 해당한다고 할 것이다. 그러나 이와는 달리, 이미 생명유지장치가 삽입 또는 장착되어 있는 환자로부터 생명유지장치를 제거하고 그 장치에 의한 치료를 중단하는 것은 환자의 현재 상태에 인위적인 변경을 가하여 사망을 초래하거나 사망시간을 앞당기는 것이므로, 이미 삽입 또는 장착되어 있는 생명유지장치를 제거하거나 그 장치에 의한 치료를 중단하라는 환자의 요구는 특별한 사정이 없는 한 자살로 평가되어야 하고, 이와 같은 환자의 요구에 응하여 생명유지장치를 제거하고 치료를 중단하는 것은 자살에 관여하는 것으로서 원칙적으로 허용되지 않는다고 할 것이다. 다만, 생명유지장치가 삽입, 장착되어 있는 상태에서도 환자가 몇 시간 또는 며칠 내와 같이 비교적 아주 짧은 기간 내에 사망할 것으로 예측, 판단되는 경우에는, 환자가 이미 돌이킬 수 없는 사망의 과정에 진입하였고 생명유지장치에 의한 치료는 더 이상 의학적으로 의미가 없으며 생명의 유지, 보전에 아무런 도움도 주지 못하는 것이므로, 이 때에는 생명유지장치를 제거하고 치료를 중단하는 것이 허용된다고 할 것이다. 이 경우의 치료중단은 사망을 초래하거나 사망시간을 앞당기는 것으로 평가할 것이 아니다. 그런데, 다수의견은 '환자가 의식의 회복가능성이 없고 생명과 관련된 중요한 생체기능의 상실을 회복할 수 없으며 환자의 신체상태에 비추어 짧은 시간 내에 사망에 이를 수 있음이 명백한 경우'를 '회복불가능한 사망의 단계'라고 정의하고, 그 단계에 이른 환자는 이미 의식의 회복가능성을 상실하여 더 이상 인격체로서의 활동을 기대할 수 없고 자연적으로는 이미 죽음의 과정이 시작되어 연명치료를 계속하는 것은 의학적으로 무의미한 신체침해행위를 강요하는 것이 되므로 그 환자에 대하여는 사전의료지시에 의한 자기결정권의 행사에 따라, 또는 추정되는 환자의 의사에 따라 생명유지장치를 제거하는 방법으로 연명치료를 중단하는 것이 허용된다고 하고 있다. 그러나 다수의견은 의료계약의 본질과 특수성에 반하여 환자가 의료인에게 특정한 의료행위 또는 치료행위를 하도록 강요하는 것이어서 부당하다. 나아가 다수의견이 말하는 '환자의 신체상태에 비추어 짧은 시간 내에 사망에 이를 수 있음이 명백한 경우'의 의미가 어떤 것인지 분명하지는 않지만, 이 사건에서 담당 주치의 또는 감정의들은 인공호흡기가 장착된 상태에서 원고의 기대여명이 짧게는 4개월 이상, 길게는 1년 이상이라는 의견을 제시하였음에도 불구하고 원고가 이미 회복불가능한 사망의 단계에 이른 것으로 판단하고 있는 점에 비추어 보면, 인공호흡기 등의 생명유지장치가 장착되어 있는 환자의 경우에는 그 장치가 장착되지 않는 신체상태를 기준으로 하여 그가 비교적 짧은 시간 내에 사망에 이를 것인지 여부를 판단한다는 뜻이라고 해석된다. 그러나 호흡을 통해 체세포에 산소가 공급되지 않으면 모든 체세포가 곧 기능을 상실하여 사람이 사망에 이르는 것이므로, 다수의견의 기준에 따르는 한에 있어서는, 비록 의식의 회복가능성이 없다는 점이 전제되어 있기는 하지만, 자발호흡을 완전히 회복하지 못한 모든 환자가 회복불가능한 사망의 단계에 이른 것으로 분류, 평가될 위험이 있다. 사람의 심폐기능이 정지되지 않는 한 아직 사망한 것이 아니며, 그 심폐기능이 자발적인 것인지 인공호흡기 등의 생명유지장치의 도움에 의한 것인지에 따라 달리 볼 것은 아니다. 장기등 이식에 관한 법률은 그 법이 정한 기준 및 절차에 따라 뇌 전체의 기능이 되살아 날 수 없는 상태로 정지되었다고 판정된 자를 '뇌사자'로, 뇌사자를 제외한 자를 '살아 있는 사람'으로 정의하면서(제3조 제4호), 뇌사자로 판정되지 아니한 자로부터 장기등을 적출하여 사망에 이르게 한 자를 살인죄와 같은 형으로 처벌하도록 규정하고 있다(제39조). 한편, 응급의료에 관한 법령은 심폐소생술이 필요한 경우를 응급환자의 하나로 정의하고, 응급환자의 발생부터 생명의 위험에서 회복되거나 심신상의 중대한 위해가 제거되기까지의 과정에서 응급환자를 위하여 행하여지는 응급처치 등을 응급의료라고 정의하면서(법 제2조, 시행규칙 제2조), 모든 국민은 응급의료를 받을 권리를 가지며(법 제3조), 응급의료종사자는 업무 중에 응급의료를 요청받거나 응급환자를 발견한 때에는 즉시 응급의료를 행하여야 하며 정당한 사유 없이 이를 거부하거나 기피하지 못한다고 규정하고 있다. 그러므로 뇌사로 추정조차 되지 아니하는 자는 인공호흡기 등의 생명유지장치의 도움을 받는지 여부와 관계없이 여전히 '살아 있는 사람'이며, 그로부터 인공호흡기 등을 제거함으로써 그로 하여금 사망에 이르게 하는 행위는 응급의료의 거부 내지 기피에 해당하여 현행법상 그 생명을 침해하는 행위로 평가할 수밖에 없다. 다만, 그 환자가 인공호흡기 등을 장착하여 그 도움을 받는 상태에서도 사망에 극히 근접해 있는 경우라면, 이 때의 인공호흡기 등의 제거는 생명을 침해하는 것으로 평가할 수 없고 사회상규에도 반하지 아니하는 것으로 볼 수 있을 것이다. 그러나 사망에 근접하였는지 여부를 인공호흡기 등이 장착된 상태가 아니라 그 장치가 제거된 상태를 기준으로 하여 판단하고 인공호흡기 등의 제거가 허용된다고 보는 것은 현행법상 용인될 수 없고, 그 정당성의 근거를 찾을 수도 없다. 만일 다수의견이, 회복불가능한 사망의 단계에 이른 환자에 대한 인공호흡기 등에 의한 치료는 의학적인 의미에서 치료의 목적을 상실한 신체침해행위가 계속적으로 이루어지는 것이어서 환자의 인간으로서의 존엄과 가치 및 행복추구권에 반한다고 하는 가치판단에서 그 치료중단행위의 정당성의 근거를 찾는 취지라면, 굳이 환자의 자기결정권에 기한 입론을 할 필요도 없을 것이다. 이러한 법리에 따라 이 사건을 검토하여 보면, 원고는 생명유지장치인 인공호흡기가 이미 삽입, 장착되어 있는 상태에서 그 장치의 제거를 구하고 있으므로 그 청구가 정당하려면 원고가 앞에서 본 바와 같이 생명유지장치가 삽입, 장착되어 있는 상태에서도 원고가 비교적 아주 짧은 기간 내에 사망할 것으로 예측, 판단되는 돌이킬 수 없는 사망의 과정에 진입하였다는 점이 전제되어야 할 것이다. 그러나 이 사건에서 원고의 뇌가 비록 전반적으로 심한 위축을 보이고 뇌간 및 소뇌도 심한 손상으로 위축되어 있으나, 아직 뇌사 상태에는 이르지 아니한 지속적 식물인간 상태라는 점에 대하여는 담당 주치의와 감정의의 의견이 일치되어 있고, 다수의견도 인정하는 터이다. 그리고 앞서의 다른 반대의견에서 적절히 지적하고 있는 바와 같이, 이 사건 소제기 당시 및 제1심 변론종결 당시 원고의 기대여명은 1년 내지 2년이라는 것이었고, 현재에 있어서도 적어도 4개월 이상이라는 것이므로, 원고를 가리켜 앞에서 본 바와 같은 의미에서의 이른바 돌이킬 수 없는 사망의 과정에 진입하였다고는 도저히 말할 수 없다. 그렇다면 이 사건은 환자에게 장착된 인공호흡기의 제거가 정당화될 수 있는 경우에 해당한다고는 볼 수 없으므로, 원고의 이사건 청구는 다른 요건을 나아가 따져 볼 것도 없이 인용될 수 없다. 사람의 생명은 그 무엇과도 바꿀 수 없는 고귀한 것이고, 살아 있다는 것 자체로 가치가 있다. 사람의 정신과 뇌의 기능은 오묘한 것이어서 단순히 물리적으로 또는 의학적으로만 판단하기 어려운 측면이 있음은 누구도 부인하기 어렵다. 지속적 식물인간 상태로 10여년 이상의 장기간이 지난 후에 의식이 회복된 예도 있고, 자발호흡이 없어 인공호흡기를 제거하면 곧 사망에 이를 것이라는 판단 아래 인공호흡기를 제거하였으나 수년간을 더 생존한 예도 있음을 우리는 알고 있다. 다수의견은 의료계약의 본질과 특성에 반하여 환자가 의료인에게 특정한 의료행위 또는 치료방법을 시행할 것을 강요하는 결과로 될 뿐만 아니라, 사망에 근접한 경우로 볼 수 있는 범위를 지나치게 확장하여 인정함으로써 오히려 생명의 침해를 용인하는 결과로 될 위험이 있는 것이어서 부당하다. 이상의 이유로 다수의견에 찬동하지 아니한다.」

이 사건에서 대법원의 판결 이후 2009. 6. 23. 병원에서 인공호흡기를 제거한 환자는 2010. 1. 10.에 숨졌는데, 병원에서는 인공호흡기를 제거한 이후에도 영양분과 산소를 공급했고, 약물 치료를 하였다. 따라서 결과적으로 이 사건은 존엄사의 사례라고 보기는 어렵게 되었다.

이 사건의 제1심 지방법원의 판결은, 생명연장의 치료가 회복가능성이 없는 환자에게 육체적 고통이 될뿐만 아니라 식물상태로 의식 없이 생명을 연장하여야 하는 정신적 고통의 무의미한 연장을 강요하는 결과를 가져와 인간의 존엄과 인격적 가치를 해할 수 있는 경우에는 환자가 자연스러운 죽음을 맞이하는 것이 인간의 존엄과 가치에 더 부합하게 되어 죽음을 맞이할 이익이 생명을 유지할 이익보다 더 크게 된다고 보고, 의식불명의 식물상태로 인공호흡기에 의존하여 생명을 유지하고 있는 환자는, i) 치료가 계속되더라도 회복가능성이 없어 치료가 의학적으로 무의미하고, ii) 환자가 사전에 한 의사표시, 성격, 가치관, 종교관, 가족과의 친밀도, 생활태도, 나이, 기대생존기간, 환자의 상태 등을 고려하여 환자의 치료중단의 의사가 추정되는 경우에는 생명의 연장을 원하지 아니하고 인공호흡기의 제거를 요구하는 患者의 自己決定權의 행사는 제한되지 아니하고 의사는 이를 거부할 수 없다고 판시하고, 해당 요건의 충족을 인정하고 의사로 하여금 인공호흡기를 제거하라는 판결을 하였다(서울서부지법 2008. 11. 28.-2008가합6977). 고등법원의 항소심에서는 제1심 판결을 기본적으로 수용하고, 헌법하에서 법률로 환자의 연명치료를 중단하는 입법을 하는 것이 허용된다고 보고, 현재 이에 대한 법률이 없는 상태에서 연명치료의 중단이 허용되는 경우는 i) 환자가 회생가능성이 없는 非可逆的인 사망과정에 진입하여 있을 것, ii) 환자의 일시적 충동이 아닌 진지하고 합리적인 치료중단의 의사가 있을 것, iii) 중단을 구하는 치료행위의 내용은 사망과정의 연장으로서 현 상태의 유지에 관한 것일 것, iv) 치료중단의 시행이 醫師에 의하여 행해질 것이라는 요건을 충족시킨 경우에 한한다고 판시하였다(서울고법 2009. 2. 10.-2008나116869).

이 사건의 제1심 가처분결정(본안사건 담당 재판부와 다른 재판부에서 하였음)에서는 환자가 사망하거나 생명이 단축될 가능성이 상당히 높아지는 경우에 치료를 중단하는 것은 헌법상의 자기결정권을 근거로 하여 무제한으로 허용되는 것은 아니라고 보고, i) 치료의 중단은 환자가 회복가능성이 없음이 명백하고, ii) 죽음이 임박하고, iii) 치료가 의학적으로 무의미한 것이 객관적으로 확인 · 진단되어야 하며, iv) 치료중단에 대한 환자 본인의 진지하고도 명확한 의사를 확인할 수 있을 때(환자 본인의 자기결정권의 행사) 한하여 허용될 수 있다고 보았다(서울서부지법 2008. 7. 10.-2008카합822).

합법적인 존엄사로 인정되기 위해서는 모든 경우에 재판을 하여 결정할 것이 아니라 이에 관한 법률을 제정하는 것이 필요하다. 그런데 이러한 법률을 국가가 제정하지 않는 행위를 입법부작위라고 할 수 있는가 하는 것이 문제가 된다. 憲法裁判所

는 연명치료 중단에 관한 자기결정권이 죽음에 임박한 환자에게 헌법상 보장된 기본권이기는 하지만 국가가 이를 보호하기 위하여 연명치료 중단 등에 관한 법률의 입법의무가 있다고 볼 수는 없다고 하고, 이를 입법부작위에 대한 헌법소원으로 다투는 것은 부적법하다고 판시하였다(例: 憲 2009. 11. 26.-2008헌마385).

대법원의 위 판결의 법리가 적용되는 경우에는 인공호흡기 등 생명연장유지장치를 제거해도 살인의 책임을 지지 않는다. 이 판결 이전에는 대법원은 인공호흡기를 제거한 행위에 대하여 형법상의 살인행위에 해당한다고 하였다(例: 大 2004. 6. 24.-2002도995).

(d) 전투 · 정당방위 등에 의한 살인

군인 · 경찰관 등이 전투나 직무수행과정에서 적을 사살하거나 정당방위로 인질범을 살해한 경우 등은 공동체의 존속 · 방위라는 중대한 국가적 이익과 국민의 생명권을 보호하기 위한 직무수행과정에서 불가피하게 생명권을 박탈한 것이므로 생명권을 침해하는 위헌적인 행위가 아니다.

군인 · 경찰관 · 소방관 등에게 타인의 생명을 구하기 위하여 생명의 희생을 감수하도록 요구하고 그 위반행위를 처벌하는 것(例: 군형법상의 적전 군무이탈자의 처벌)은 중대한 공익을 위하거나 다른 생명을 구하는 것이 절박한 경우와 같이 아주 엄격한 요건하에 생명권에 대한 제한으로 허용된다 할 것이다(反對: 許營a, 347).

Ⅱ. 제한의 한계

생명권을 법률에 의해 제한하는 것이 가능하더라도 기본권 제한의 한계를 준수하여야 한다. 그런데 생명권의 제한은 곧 생명의 박탈을 의미하므로, 생명권을 제한할 경우 헌법 제37조 제2항 단서의 본질적 내용의 침해금지 규정을 위반하는 것은 아닌지가 문제된다. 그러나 생명권의 특성상 그 제한은 생명의 완전한 박탈을 의미하므로 생명권의 본질적 부분과 비본질적 부분을 나누어 본질적 내용의 침해여부를 검토하는 것 자체가 불가능하다. 따라서 생명권에 관한 한 본질적 내용침해금지 규정은 적용이 제외된다고 보는 것이 타당하다. 憲法裁判所도 동일한 취지의 입장이다(例: 憲 1996. 11. 28.-95헌바1).

그러나 과잉금지원칙과 같은 기본권 제한의 한계에 관한 다른 원칙들은 엄격히 준수되어야 한다. 따라서 생명권에 대한 제한은 최소한 동등한 가치가 있는 다른 생명 또는 그에 상당하는 공공의 이익을 보호하기 위한 불가피성이 충족되는 극히 예외적인 경우에만 허용된다.

[憲 1996. 11. 28.-95헌바1] 「청구인은 사형이란 헌법에 의하여 국민에게 보장된 생명권의 본질적 내용을 침해하는 것으로 되어 헌법 제37조 제2항 단서에 위반

된다는 취지로 주장한다. 그러나 생명권에 대한 제한은 곧 생명권의 완전한 박탈을 의미한다 할 것이므로, 사형이 비례의 원칙에 따라서 최소한 동등한 가치가 있는 다른 생명 또는 그에 못지 아니한 공공의 이익을 보호하기 위한 불가피성이 충족되는 예외적인 경우에만 적용되는 한, 그것이 비록 생명을 빼앗는 형벌이라 하더라도 헌법 제37조 제2항 단서에 위반되는 것으로 볼 수는 없다 할 것이다.」

2. 人身을 毁損당하지 않을 權利

[71] 第一 意 義

I. 개 념

人身을 훼손당하지 않을 권리라 함은 사람으로서 타고난 精神(=마음)과 身體(=몸)를 타자 또는 외부로부터 침해당하지 않을 권리를 말한다. 여기서 말하는 人身이라 함은 정신과 신체로 이루어진 생명을 가진 사람의 실체를 의미한다. 인간이 인간으로서의 존엄과 가치를 가지기 위해서는 사람으로서 존재하고 살아감에 있어 몸과 정신이 타자 또는 외부의 힘에 의해 고통을 받지 않고 자기가 출생할 때와 동일하게 유지하며 자기가 원하는 바에 따라 穩全하게 유지되어야 한다.

사람을 형성하는 몸과 정신은 관념과 개념의 면에서는 나눌 수 있으나, 서로 밀접불가분한 관계에 있어 이를 보호하는 실제에서는 양자를 분리하는 것이 용이하지 않다. 따라서 통상 어느 하나에 대한 침해는 다른 하나에 대한 침해를 동반하는 경우가 빈번하다.

인신을 훼손당하지 않을 권리가 실정법규범에 明文化되기 시작한 것은 제2차 세계대전을 거치면서 그 반성의 결과로 나온 것이다. 예컨대 독일의 나치정권이나 일본국의 군국주의정권에 의해서 행해진 사람의 人身에 대한 갖가지 蠻行, 즉 인간생체실험, 斷種, 고문, 강제적 去勢 등 인륜에 반하는 범죄를 恣行한 것에 대한 반성으로 헌법과 국제법에서 실정화하기에 이르렀다. 예컨대 1948년의 세계인권선언(§5), 1949년의 獨逸聯邦憲法(§2 ②), 1950년의 유럽인권규약(§3), 1976년에 시행된 인간의 시민적 · 정치적 권리에 관한 국제규약(§7)이 그러한 것들이다.

Ⅱ. 헌법의 해석

신체나 몸의 완전성을 보장하는 것에 관하여, 이를 헌법 제12조 제1항의 「신체의 자유」를 포함시켜 해석하는 견해(許營a, 348)와 이를 「身體를 毁損당하지 않을 權利」로 개념화하고 헌법 제12조 제1항과 분리하는 견해가 있다(權寧星, 412; 桂禧悅b, 281).

신체에 損傷을 입거나 毁損당하지 않고 원래 태어났을 때와 동일하게 신체의 완전함을 유지하는 것은 신체활동의 자유의 문제가 아니므로 이를 헌법 제12조 제1항에서 정하는 신체의 자유에 포함시키는 것으로 해석하는 것은 개념상 정확하지 않다. 인간이 인간으로서의 존엄과 가치를 가지고 행복을 추구할 수 있기 위해서는 신체의 완전함만이 아니라 정신의 온전함도 보장되어야 하므로 「身體를 毁損당하지 않을 權利」보다는 「人身을 毁損당하지 않을 權利」라고 하는 것이 타당하다(헌법은 제12조 제1항에서 신체라는 용어를 사용하고 있으므로 이와 구별되는 개념이 필요하다). 이러한 의미의 人身에는 신체와 정신이 모두 포함되므로 헌법 제12조 제1항의 「身體」에 해당한다고 해석할 수 없다.

독일연방헌법은 「신체를 훼손당하지 않을 권리」(Recht auf körperliche Unversehrtheit)와 「신체의 자유」(Freiheit der Person)를 별개로 정하고 있고, 이런 구조하에서 신체의 자유는 신체활동의 자유(körperliche Bewegungsfreiheit)로 해석된다.

[72] 第二 憲法的 根據

인신을 훼손당하지 않을 권리는 성질에 있어서 당연히 헌법의 수준에서 보장되는 권리이다. 그런데 이러한 기본권에 대해서 현행 헌법은 독립된 조항에서 명시적으로 정하고 있지는 않다. 이로 인하여 인신을 훼손당하지 않을 권리에 대한 헌법상의 근거조항이 어느 것이냐에 따라 헌법해석에서 견해가 갈린다.

I. 학 설

인신의 완전성의 보장에 대한 헌법상의 근거에 대해서는 헌법 제10조의 행복추구권이라는 견해(金哲洙a, 536), 헌법 제12조의 신체의 자유라는 견해(許營a, 348), 헌법 제10조, 제12조, 제37조 제1항이라는 견해(權寧星, 412), 헌법 제10조, 제37조 제1항이라는 견해(桂禧悅b, 282)가 있다.

人身을 훼손당하지 않을 권리에서 말하는 인신은 신체와 정신을 말하고, 그 보호범위는 신체와 정신의 활동이 아니라 신체의 완전함과 정신의 온전함의 유지이므로, 헌법 제10조, 제37조 제1항이 그 직접적인 근거규정이 된다고 할 것이며, 신체의 완전함의 유지에 있어서는 이의 보장을 전제로 하는 신체활동의 자유를 보장하는 헌법 제12조 제1항이 간접적인 근거규정으로 추가된다고 할 것이다. 신체의 활동에 대해서는 헌법 제12조 제1항이 보장하고 있고, 정신의 활동에 있어서는 각종의 정신활동영역(예: 양심의 자유, 종교의 자유, 학문의 자유, 예술의 자유 등)을 보호하는 개별적 기본권에 의해서 보장된다.

II. 판 례

憲法裁判所의 판례를 보건대, 헌법 제12조 제1항의 신체의 자유에 신체의 완전함과 신체활동의 자유가 포함되어 있다고 보고, 신체의 완전함에는 정신의 온전함까지 포함되어 있다고 보는 듯한 부분이 발견된다(예: 憲 1992. 12. 24.-92헌가8).

[73] 第三 主 體

신체를 훼손당하지 않을 권리는 성질상 自然人에게만 인정되고, 法人이나 단체나 結社에게는 인정되지 않는다. 자연인인 이상 남녀노소, 정신적 또는 신체적 장애의 여부에 관계없이 모든 국민에게 인정된다. 胎兒와 外國人도 이 권리의 주체가 된다.

《死者의 주체성 문제》

인신을 훼손당하지 않을 권리는 통상 생명을 전제로 하여 인정되는 것이지만, 死者의 死體도 법문화에 따라 헌법상의 권리로 보호를 받는 범위에서는 그 완전성의 보호가 헌법상의 권리로 될 여지가 있다. 종교적 또는 문화적인 요인으로 인하여 행해지는 장례의 방법에 의해 사체가 훼손되는 것(예컨대 火葬, 鳥葬, 風葬)은 허용되지만, 다른 이유에 의하여 고의로 사체를 손괴하는 행위는 사체의 완전함을 침해하는 것에 해당한다. 이를 인정하는 경우 그 헌법적 근거를 헌법 제10조의 인간의 존엄과 가치의 보장이라고 할 것인가, 여기서 말하는 「人身을 毁損당하지 않을 權利」라고 할 것인가 하는 해석상의 문제가 있다. 사체는 시간의 경과에 따라 자연적으로 완전함에 변화가 생기고 「人身을 毁損당하지 않을 權利」는 생명을 전제로 하여 인정되는 것이므로 헌법 제10조가 정하고 있는 인간의 존엄과 가치의 보장이 이의 근거가 된다고 할 것이다. 형법은 사체, 유골, 유발을 汚辱하거나(刑法 §159), 손괴, 유기, 은닉, 영득한 행위를 범죄로 처벌한다(同法 §161).

[74] 第四 內 容

인신을 훼손당하지 않을 권리는 身體와 精神(마음, 이성, 감정, 靈的인 힘 포함)의 훼손당하지 않은 온전함(=완전성 körperliche Unversehrtheit)을 유지하고 이에 대하여 침해받지 않을 자유를 의미한다. 이는 사람이 생래적으로 지니고 있는 자연적인 신체와 정신의 생물학적 기능과 신체 외형의 완전함을 보호하는 것을 말한다. 이렇게 볼 때, 인신을 훼손당하지 않을 권리는 신체의 완전성의 유지와 정신의 온전성의 유지를 그 내용으로 한다.

이러한 신체와 정신의 완전성 또는 온전성의 보호는 健康(Gesundheit)의 보호보다 넓다. 건강은 침해되지 않더라도 몸이나 정신의 완전성에는 침해가 있을 수 있다.

I. 신체의 완전성의 유지

身體(=몸)의 完全性의 유지라 함은 사람의 몸의 생리적인 기능과 생물학적 외형을 외부의 침해를 받지 않고 온전하게 유지하는 것을 말한다. 신체의 완전성의 유지는 신체활동의 자유에 있어 필수적으로 先存하는 전제가 되고, 신체의 완전성 유지와 신체활동의 자유는 불가분의 관계에 있지만, 헌법의 해석상 그 개념과 근거규정으로 볼 때 이 둘은 구별하여 이해해야 한다([79] Ⅱ).

신체에 대한 강제실험, 보건·건강을 위한 것이 아닌 강제치료, 법적 근거가 없는 강제예방접종이나 혈액·뇌수·척수 등 체액의 강제채취, 강제적인 臟器除去, 강제적인 거세나 불임조치, 신체형, 신체 일부의 강제적인 변형이나 절단, 시끄럽거나 불쾌한 소리로 신체의 기능에 영향을 주는 행위 등은 인신을 훼손당하지 않을 권리를 침해하는 것이다.

Ⅱ. 정신의 온전성의 유지

精神의 穩全性의 유지라 함은 인간이 생래적으로 타고난 정신을 외부로부터 침해당하지 않는 것을 말한다. 언어적 폭력, 심리적인 폭력, 정신적 고문 등의 방법으로 정신의 온전함을 훼손하는 것은 인신을 훼손당하지 않을 권리를 침해하는 것이다. 통상 신체의 완전성에 대한 침해가 있으면 정신의 온전성을 유지할 수 없기 때문에 대부분의 경우 인신을 훼손당하지 않을 권리가 침해되는 경우에는 신체와 정신이 동시에 침해되는 상황이 발생한다.

[75] 第五 效 力

인신을 훼손당하지 않을 권리는 對國家的으로 효력을 가진다. 私人間에 있어서도 존중되어야 하는바, 사인에 의한 침해도 금지된다. 국가는 이를 보장하는 방법으로서, 신체의 훼손에 대하여 민사상으로는 손해배상책임을 지우고(民法 §750), 형사상으로는 상해죄(刑法 §257) 또는 폭행죄(刑法 §260) 등의 책임을 지운다.

[76] 第六 制限과 그 限界

인신을 훼손당하지 않을 권리는 정당한 이유가 있는 경우에는 법률로써 제한될 수 있다(憲法 §37②). 물론 정당한 제한인 경우에도 그 제한은 필요최소한에 그쳐야 하며 불법적인 신체의 훼손행위는 상해죄 등으로 처벌을 받게 된다(權寧星, 412).

3. 身體의 自由

[77] 第一 意 義

Ⅰ. 개 념

신체의 자유는 인간의 생명을 전제로 하여 행해지는 身體活動의 自由를 말한다. 헌법은 「모든 국민은 신체의 자유를 가진다」라고 하여(憲法 §12①) 이를 보장하고 있다.

신체의 자유는 인간의 자유와 권리의 역사에서 통치권력과 지배자의 강압으로부터 가장 많이 침해받아 왔고, 따라서 이의 보장은 인권과 자유의 보장에서 중핵을 이루어 왔다. 특히 군주정치, 독재, 권위주의통치에서는 국민의 신체활동에 대한 억압을 통하여 통치자의 목적을 달성하고자 하였고, 이로 인하여 신체의 자유가 빈번하게 침해당하였으므로 이의 보호와 제한에 있어 적용되는 헌법적 법리와 구체적인 절차 및 제도는 오랜 기간을 거치면서 다듬어지고 精緻化되어 왔다. 헌법도 이러한 법리와 구체적인 절차와 제도를 제12조에서 명시적으로 정하고 있다.

신체의 자유는 자연권으로서 기본권 보장에 있어 일찍부터 고전적인 목록에 포함되어 발전하여 왔다. 영국에서는 1215년의 대헌장(Magna Carta), 1628년의 권리청원(Petition of Rights), 1679년의 인신보호법(Habeas Corpus Act), 1689년의 권리장전(Bill of Rights)에서 명문화하였다. 아메리카에서는 1776년의 버지니아권리장전, 1787년의 미합중국연방헌법에서 명문화되었다. 프랑스에서는 1789년의 인간과 시민의 권리선언에서 명문화되었으며, 그 후 제정된 각국의 헌법에서는 이에 대한 보장이 보편화되었다.

Ⅱ. 거주 · 이전의 자유와의 관계

헌법 제12조 제1항의 신체활동의 자유와 헌법 제14조의 거주 · 이전의 자유가 어떠한 관계에 있는지 문제가 된다. 滯留期間을 기준으로 하여 社會常規上 居住나 居住의 移轉이라고 볼 정도로 신체활동으로 일정한 곳에 체류하는 기간이 긴 경우에는 거주 · 이전의 자유에 해당하고 그렇지 아니한 경우에는 헌법 제12조 제1항의 신체활동의 자유에 해당한다는 견해와 이러한 시간적인 요소에 장소적 요소를 결부시켜 생활권, 즉 居所나 滯留地와 같은 일상적으로 전개되는 직접적인 擧動領域의 변경이 있는 경우에는 거주 · 이전의 자유에 해당하고 그렇지 아니한 경우는 신체활동의 자유에 해당한다고 보는 견해가 있다(桂禧悅b, 288).

신체활동의 자유는 시간의 長短이나 장소의 변경과 무관하게 인정되는 것이다. 다만, 신체활동으로 인하여 장소의 임의적인 변경이 수반되는 경우에 이의 장소가

居住 · 移轉의 개념에 해당하면 이는 憲法 제14조가 정하고 있는 거주 · 이전의 자유에 의해 보장되는 것이고, 신체활동의 자유에 의해 보장되는 것이 아니라고 할 것이다. 신체활동은 통상 장소를 근거로 하여 발생하는데, 이러한 경우에도 장소를 근거로 한 신체활동이 憲法 제14조에서 보장하는 거주에 해당하면 憲法 제14조에 의해 보장되고, 그렇지 아니한 경우(예: 통행로, 空中, 水中 등에서의 신체활동)에는 憲法 제12조 제1항에 의해 보장된다.

[78] 第二 主 體

신체의 자유는 성질상 자연인에게만 인정된다. 외국인도 그 주체가 된다. 법인에게는 성질상 인정될 여지가 없다.

[79] 第三 內 容

Ⅰ. 신체활동의 자유

헌법 제12조 제1항에서 정하는 신체의 자유는 신체활동의 자유를 의미한다. 身體活動(körperliche Bewegungsfreiheit)의 自由란 신체의 완전성을 전제로 하여 신체를 가지고 있는 해당 주체가 자기의 意志에 따라 임의적으로 자유롭게 행동하고 움직일 수 있는 자유를 말한다.

신체의 자유에서 말하는 身體란 사람이 생래적으로 지니고 있는 신체의 생물학적 외형과 생리적인 기능을 말하며, 그 활동의 자유란 신체활동의 주체가 가지는 신체활동에서의 任意性과 自律性을 의미한다. 적극적으로는 팔과 다리를 움직이는 것과 같이 신체의 각 부분을 움직이는 동작을 하는 것과 잠을 자거나 걷거나 자기가 원하는 곳으로 이동하는 자유 등이 이에 해당하며, 소극적으로는 일정한 장소에서 움직이지 않을 자유도 이에 포함된다. 따라서 강제로 연행하거나 신체의 동작을 강제하는 것은 신체활동의 자유를 침해하는 것이 된다.

Ⅱ. 인신을 훼손당하지 않을 권리의 포함여부

인신을 훼손당하지 않을 권리와 신체활동의 자유는 서로 밀접불가분의 관계에 있다. 다만, 인신을 훼손당하지 않을 권리에서 보았듯이, 헌법해석상 身體(=몸)의 완전성의 유지는 정신의 온전성과 함께 憲法 제10조, 제37조 제1항에 근거한 인신을 훼손당하지 아니할 권리에 의하여 보장되기 때문에 憲法 제12조 제1항의 신체의 자유에는 포함되지 않는다([74] Ⅰ). 인신을 훼손당하지 않을 권리에서 말하는 인신에는 신체와 정신이 모두 포함되지만, 憲法 제12조 제1항에서 보장하는 신체의 자유에서 말하는 신체는 몸만 의미하고 정신은 포함하지 않는다.

憲法裁判所의 판례는 憲法 제12조 제1항이 정하고 있는 신체의 자유에는 신체를 훼손당하지 않을 자유와 신체활동의 자유가 포함되어 있다고 본다(예: 憲 1992. 12. 24.-92헌가8).

[憲 1992. 12. 24.-92헌가8] 「헌법 제12조 제1항 전문에서 "모든 국민은 신체의 자유를 가진다"라고 규정하여 신체의 자유를 보장하고 있는 것은, 신체의 안전성이 외부로부터의 물리적인 힘이나 정신적인 위험으로부터 침해당하지 아니할 자유와 신체활동을 임의적이고 자율적으로 할 수 있는 자유를 말하는 것이며……」

[80] 第四 效 力

신체의 자유는 대국가적으로 효력이 미칠 뿐 아니라 私人에 의한 침해도 금지된다. 사인간에도 신체의 자유는 존중되어야 한다. 사인이 사인의 신체활동의 자유를 침해한 경우에는 민법상 손해배상책임을 지고 형법상 범죄를 구성하여(예: 체포죄, 감금죄) 이에 대한 책임을 진다.

[81] 第五 制限과 그 限界

I. 제 한

신체의 자유는 국가의 刑罰權의 행사와 관련하여 침해될 여지가 많기 때문에 헌법은 국가형벌권의 행사에 의한 신체의 자유의 제한을 인정하면서 그와 동시에 이러한 국가형벌권의 행사에서 발생할지도 모를 신체의 자유의 침해를 방지하기 위하여 그 한계를 구체적으로 정하고 있다. 이에 대해서는 人身保護를 위한 憲法原理와 刑事節次에 관한 基本權에서 살펴보기로 한다.

II. 구체적인 문제

(1) 강제연행 등

당사자의 의사에 반하여 경찰관의 임의동행의 한계를 넘는 강제연행, 영장이 없는 체포나 구금, 신체의 수색, 강제구인, 강제구류, 강제노역, 보안처분 등은 신체의 자유를 침해하는 것이다. 자유형이나 未決拘禁의 경우는 헌법 제12조 제1항의 적법절차와 제37조 제2항에 의하는 한 허용된다.

원심판결의 선고 후 상소제기일의 전일까지의 구속기간을 刑期에의 法定通算에서 제외하는 것은 신체의 자유를 침해하는 것이다(예: 憲 2000. 7. 20.-99헌가7).

(2) 증인 · 참고인에 대한 동행명령

憲法裁判所는 범죄사건의 수사상 필요로 인하여 參考人으로 출석을 요구받은 자가 정당한 사유없이 출석요구에 응하지 아니한 때 특별검사가 특정 장소까지 동행할 것을 명령하고 이러한 동행명령에 불응하는 경우에 1,000만원 이하의 벌금에 처하도록 하는 것은 헌법 제37조 제2항의 과잉제한금지원칙에 위반하여 신체의 자유를 침해하는 것이라고 판시하였다(예: 憲 2008. 1. 10.-2007헌마1468). 국회에서의 증언 · 감정 등에 관한 법률은 국정감사나 국정조사를 위한 위원회는 증인이 정당한 이유없이 출석하지 아니하는 때에는 그 의결로 해당 증인에 대하여 지정한 장소까지 동행할 것을 명령할 수 있게 하고(同法 §6), 이러한 동행명령에 불응한 경우에는 국회모욕죄로 5년 이하의 징역에 하도록 정하고 있다(同法 §13).

(3) 징병제 등의 문제

(a) 징 병 제

국민은 공동체의 존속과 안전을 보장하기 위하여 이에 복무하여야 하는데, 헌법은 이를 위하여 국방의무나 징병제를 명시하고 있는 경우가 많다. 징병제는 헌법에서 명시하고 있지 않더라도 기본권의 제한에 의하여 인정된다. 우리나라에서는 憲法 제39조에 따라 모든 국민은 국방의 의무를 지기 때문에 신체의 자유를 이유로 징병을 거부하거나 부정할 수 없다. 국방의 의무를 명시적으로 정하지 않는 경우에는 憲法 제37조 제2항에 근거하여 남녀 구별 없이 징집할 수 있다.

(b) 비군사적 활동에 군인의 강제 동원

강제로 징병한 군인에게 국방의 의무가 아닌 다른 목적을 위하여 국가가 강제로 특정한 행위를 하게 하는 것(예: 군사적 목적이 아닌 노역지원에의 강제동원, 정권유지를 위한 활동, 평시의 치안유지활동, 공공기관의 경비활동 등)은 군인이 가지는 신체활동의 자유를 침해하는 것이다. 그러나 군대가 허가하고 군인이 자발적으로 원하여 대민지원활동(예: 수해복구작업, 모내기 또는 추수의 지원)을 하는 것은 헌법에 합치한다.

4. 人身保護를 위한 憲法原理

[82] 第一 法律主義

I. 의 의

헌법 제12조 제1항은 「누구든지 법률에 의하지 아니하고는 逮捕 · 拘束 · 押收 · 搜索 또는 審問을 받지 아니하며, 법률과 적법한 절차에 의하지 아니하고는 處罰 ·

保安處分 또는 强制勞役을 받지 아니한다」라고 규정하여, 체포·구속·압수·수색·심문·처벌·보안처분·강제노역에 대하여 法律主義를 정하고 있다.

Ⅱ. 내 용

헌법 제12조 제1항이 정하고 있는 법률주의에서 말하는 「法律」이라 함은 국회에서 제정하는 형식적 의미의 법률과 이와 동등한 효력을 가지는 긴급명령, 긴급재정경제명령을 의미한다. 그 이외의 법규범으로는 이러한 조치를 할 수 없다.

법률에 의하여 이러한 조치를 하는 경우에도 이는 기본권의 제한에 해당하므로 헌법 제37조 제2항의 적용을 받는다. 즉 이러한 조치를 하여야 하는 정당한 목적이 존재하여야 하고, 그 방법에서도 과잉금지원칙 등의 한계를 일탈하지 않아야 한다. 따라서 헌법 제12조 제1항은 헌법 제37조 제2항을 배제하지 않는다.

「逮捕」란 강제적으로 사람을 단기간 붙잡는 체포행위를 하거나, 붙잡아 끌고 가는 拘引行爲를 하거나, 어떤 장소에 두는 拘留行爲를 하는 등의 신체활동의 제한을 말한다.

「拘束」은 강제적으로 신체의 자유를 제한하여 비교적 장기간 장소적 이전가능성을 금지하는 것이다. 여기에서 말하는 구속에는 拘引과 拘禁을 포함한다. 1948년헌법부터 1980년헌법까지 拘禁으로 되어 있었는데, 아무런 이유없이 현행 헌법에는 拘束으로 되어 있다. 이는 종래의 헌법과 같이 拘禁이라고 해야 옳다. 1987년헌법개정시 잘못 인쇄된 것으로 보인다.

「押收」란 강제로 어떤 물건에 대하여 점유를 취득하거나 그 점유를 계속 유지하는 것을 말한다.

「搜索」은 물건이나 사람을 발견하기 위하여 강제로 신체 또는 일정한 장소를 강제로 검색하는 것을 말한다. 헌법 제12조 제1항은 신체의 자유의 영역에서 수색에 대한 법률주의를 정하고 있으나, 수색에 대한 법률주의는 헌법 제16조가 정하고 있는 주거의 자유에서도 인정된다.

「審問」은 사람으로 하여금 어떠한 사항에 대하여 강제로 답변하게 하는 것이다. 인간은 침묵의 자유를 가지기 때문에 법률에 의하지 않고는 말할 의무를 부담하지 않는다.

「處罰」은 형사상의 처벌을 의미한다. 이러한 처벌에 행정상의 처벌이 포함되는가 하는 문제가 있다. 기본권의 제한은 행정의 영역에서도 발생하고 기본권의 보호는 여기서도 인정되어야 하므로 개인에게 불이익을 주는 모든 행정상의 제재는 이러한 처벌에 포함된다고 할 것이다(同旨: 權寧星, 424). 行政刑罰뿐만 아니라 行政秩序罰도 포함되고, 執行罰과 懲戒罰도 포함된다.

「保安處分」이란 형벌과는 별개로 범죄위험자나 범죄행위자에 대하여 위험성을 요건으로 강제로 과하는 범죄예방처분을 말한다.

「强制勞役」은 사람의 의사에 반하여 강제적으로 노동행위를 하게 하는 것을 말한다.

[83] 第二 適法節次原理

Ⅰ. 의 의

헌법 제12조 제1항은 처벌 · 보안처분 · 강제노역에 있어서는 법률주의 이외에 적법절차원리를 적용하고 있으며, 헌법 제12조 제3항의 영장주의에도 적법절차원리를 적용하고 있다.

적법절차원리는 법치주의원리의 내용을 이루는 일반적 헌법원리로서의 성질을 지니고 있다. 따라서 이는 인신의 자유의 보호에만 적용되는 것이 아니고 모든 공권력의 행사에 적용되는 헌법원리이다.

Ⅱ. 내 용

헌법상 適法節次原理는 공권력의 행사가 적정한 절차에 의하여 이루어져야 한다는 것인데, 이의 구체적인 내용은 헌법의 규정체계에 따라 다르게 나타날 수 있다. 적법절차에 해당하는 내용이 독립된 헌법조항으로 명문화된 경우도 있고(예: 우리 헌법), 포괄적인 적법절차의 조항으로 규정된 경우도 있다(예: 미합중국헌법).

적법절차(due process of law)의 원리는 원래 1215년의 영국의 Magna Carta에서 유래한 것으로 1628년의 「권리청원」의 규정(§4)을 거쳐 미합중국연방헌법 수정조항 제5조와 제14조 제1항에서 명문화되었다. 일본국헌법 제31조와 독일연방헌법 제104조에서도 이를 규정하고 있다. 우리 헌법사에 있어서는 현행 1987년헌법에서 처음 이를 명문화하였다. 그런데 적법절차의 내용은 그 나라의 헌법의 체계에 따라서 다르게 나타나고 있다. 미합중국의 경우에 적법절차조항(Due Process Clause)은 「마법의 상자」라고 부를 만큼 헌법해석을 통하여 적법절차조항에서 다양한 내용을 도출하고 있고, 우리 헌법 제37조 제2항에서 정하는 기본권 제한에서의 과잉금지원칙도 절차적 적법절차(procedural due process)의 내용으로 인정하고 있다. 그런데 우리 헌법은 적법절차의 규정과는 별도로 헌법 제37조 제2항에서 절차적 적법절차에 해당하는 내용을 정하고 있다. 따라서 헌법해석에서 적법절차의 내용을 확정함에 있어서는 나라마다 취하고 있는 헌법의 구조와 체계에 따라 다르게 나타날 수 있다.

헌법상의 적법절차원리는 입법, 행정, 사법, 헌법재판 등 모든 국가작용은 헌법과 정당한 법률을 근거로 하고 법규범에 따른 정당한 절차를 밟아 행사되어야 한다는 헌법원리를 말한다. 이러한 것은 국가권력의 작용이나 권한의 행사가 절차에 있어서 합리적이고 정당하여야 한다는 것으로서 法治主義와 節次的 民主主義의 구체적인 發現이다.

적법절차에서 말하는 「適法」이라 함은 실정법만이 아니라 넓은 의미에서의 법규범의 원리나 이념에 적합하여야 하고, 절차가 정당하고 적정하여야 한다는 것을 말한다. 憲法裁判所는 헌법 제12조 제1항 및 제3항에 규정된 적법절차의 원칙은 절차의 적법성뿐만 아니라 절차의 적정성까지 보장되어야 한다는 뜻(예: 憲 1993. 7. 29.-90헌바35; 2007. 4. 26.-2006헌바10), 즉 형식적인 절차뿐만 아니라 실체적 법률내용이 합리성과 정당성을 갖춘 것이어야 한다는 실질적인 의미로 확대 해석되는 것으로 본다(예: 憲 1992. 12. 24.-92헌가8; 1998. 5. 28.-96헌바4; 2007. 4. 26.-2006헌바10; 2008. 1. 17.-2006헌바38). 그러나 법률 내용의 합리성이나 정당성은 내용의 문제이지 절차의 문제가 아니기 때문에 적법절차원리에 해당하지 않는다고 할 것이다. 절차에 관하여 정하고 있는 법률조항의 경우에는 그 내용이 합리성과 정당성을 갖추지 못하면 헌법상의 적법절차원리에 위반된다고 할 것이다(예: 憲 2008. 1. 17.-2006헌바38).

「節次」란 권력행사의 과정이 따르는 기술적인 순서나 방법을 말한다. 이러한 절차에는 예컨대 통지, 의사의 개진, 청문, 증언, 관계자의 진술 등이 있다.

憲法裁判所는 적법절차원리에서 도출되는 가장 중요한 절차적 요청의 하나로 당사자에 대한 적절한 고지, 당사자에 대한 의견 및 자료제출의 기회 부여를 들고 있다(예: 憲 2003. 7. 24.-2001헌가25; 2007. 4. 26.-2006헌바10).

> [憲 1993. 7. 29.-90헌바35] 「헌법 제13조에 규정한 형벌법규불소급, 일사부재리 및 연좌제금지의 원칙과 헌법 제12조 제3항에 규정한 영장주의의 원칙을 아울러 고려하면, 위 헌법조항이 규정하는 적법절차주의는 적어도 형사소송절차에 있어서는 그 절차를 규율하는 법이 형식적 의미의 법률로 정하여져야 할 뿐만 아니라, 그 법률의 내용이 정의에 합치되는 것이어야 한다는, 다시 말하자면 절차의 적법성뿐만 아니라 절차의 적정성까지 보장되어야 한다는 뜻으로 이해하는 것이 마땅하다고 본다.」
>
> [憲 2007. 4. 26.-2006헌바10] 「헌법 제12조 제1항 및 제3항에 규정된 적법절차의 원칙은 일반적 헌법원리로서 모든 공권력의 행사에 적용되는바, 이는 절차의 적법성뿐만 아니라 절차의 적정성까지 보장되어야 한다는 뜻으로 이해된다. 즉 형식적인 절차뿐만 아니라 실체적 법률내용이 합리성과 정당성을 갖춘 것이어야 한다는 실질적인 의미로 확대 해석되고 있다. 나아가 우리 헌법재판소는 이 적법절차의 원칙의 적용범위를 형사소송절차에 국한하지 않고 모든 국가작용에 대하여 문제된 법률의 실체적 내용이 합리성과 정당성을 갖추고 있는지 여부를 판단하는 기준으로 적용된다고 판시함으로써 ……」

Ⅲ. 적용영역

헌법 제12조 제1항에서 정하고 있는 적법절차는 인신보호를 위한 형사절차에 적용되는 것임에는 의문의 여지가 없다. 그런데 적법절차의 이념과 그 원리에 비추어 볼 때, 적법절차가 신체의 자유를 보장하는 헌법 제12조 제1항과 제3항에서 정하고 있다고 하여 처벌·보안처분·강제노역·영장발부에만 제한적으로 적용되는가 아니면 이외에 행정절차나 기타 절차에도 적용되는가 하는 문제가 제기된다. 헌법이 정하는 적법절차가 명시적으로는 인신의 자유를 보호하는 조항에 규정되어 있으나, 그 이념이나 원리가 법치주의원리의 내용을 이루고 있으므로 이는 일반적인 헌법원리에 해당한다. 따라서 적법절차는 기본권을 제한하는 모든 절차와 立法節次나 行政節次 등 공권력의 행사와 관련된 모든 절차에도 적용된다고 할 것이다(通說).

憲法裁判所의 판례도 동일한 취지이다(예: 憲 1989. 9. 8.-88헌가6; 1990. 11. 19.-90헌가48; 1992. 12. 24.-92헌가8; 1993. 7. 29.-90헌바35; 1998. 5. 28.-96헌바4; 2007. 4. 26.-2006헌바10; 2008. 1. 17.-2006헌바38). 적법절차는 업무정지와 같은 불이익처분에도 적용된다(예: 憲 1990. 11. 19.-90헌가48).

[憲 1992. 12. 24.-92헌가8] 「우리 현행 헌법에서는 제12조 제1항의 처벌, 보안처분, 강제노역 등 및 제12조 제3항의 영장주의와 관련하여 각각 적법절차의 원칙을 규정하고 있지만 이는 그 대상을 한정적으로 열거하고 있는 것이 아니라 그 적용대상을 예시한 것에 불과하다고 해석하는 것이 우리의 통설적 견해이다. 다만 현행 헌법상 규정된 적법절차의 원칙을 어떻게 해석할 것인가에 대하여 표현의 차이는 있지만 대체적으로 적법절차의 원칙이 독자적인 헌법원리의 하나로 수용되고 있으며 이는 형식적인 절차뿐만 아니라 실체적 법률내용이 합리성과 정당성을 갖춘 것이어야 한다는 실질적 의미로 확대 해석하고 있으며, 우리 헌법재판소의 판례에서도 이 적법절차의 원칙은 법률의 위헌여부에 관한 심사기준으로서 그 적용대상을 형사소송절차에 국한하지 않고 모든 국가작용 특히 입법작용 전반에 대하여 문제된 법률의 실체적 내용이 합리성과 정당성을 갖추고 있는지 여부를 판단하는 기준으로 적용되고 있음을 보여주고 있다(헌재 1989. 9. 8.-88헌가6; 1990. 11. 19.-90헌가48 등 참조). 현행 헌법상 적법절차의 원칙을 위와 같이 법률이 정한 절차와 그 실체적인 내용이 합리성과 정당성을 갖춘 적정한 것이어야 한다는 것으로 이해한다면, 그 법률이 기본권의 제한입법에 해당하는 한 헌법 제37조 제2항의 일반적 법률유보조항의 해석상 요구되는 기본권제한법률의 정당성 요건과 개념상 중복되는 것으로 볼 수도 있을 것이나, 현행 헌법이 명문화하고 있는 적법절차의 원칙은 단순히 입법권의 유보제한이라는 한정적인 의미에 그치는 것이 아니라 모든 국가작용을 지배하는 독자적인 헌법의 기본원리로서 해석되어야 할 원칙이라는 점에서 입법권의 유보적 한계를 선언하는 과잉입법금지의 원칙과는 구별된다고 할 것이다.」

Ⅳ. 판 례

구체적 사건에서 헌법상의 적법절차에 위반되는지의 여부에 대하여 憲法裁判所가 판단한 내용을 보면 다음과 같다.

(1) 위헌이라는 판례

i) 전과나 감호처분을 선고받은 사실 등에 해당되면 재범의 위험성유무를 불문

하고 반드시 그에 정한 보호감호를 선고하여야 할 의무를 부과하는 법률조항(예: 憲 1989. 7. 14.-88헌가5등), ii) 무죄 등의 판결이 선고되었음에도 검사로부터 사형, 무기 또는 10년 이상의 징역이나 금고형에 해당한다는 진술이 있는 사건의 경우 구속영장의 효력을 잃지 않는다고 규정한 법률조항(예: 憲 1992. 12. 24.-92헌가8), iii) 불출석재판을 허용하는 법규정, 즉 제1심공판절차에서 피고인에 대한 송달불능보고서가 접수된 때로부터 6월이 경과하도록 피고인의 소재를 확인할 수 없는 때에는 사형·무기 또는 단기 3년 이상의 징역이나 금고에 해당하는 사건이 아닌 경우 대법원 규칙이 정하는 바에 따라 피고인의 진술 없이 재판할 수 있도록 규정한 소송촉진등에관한특례법 제23조는 자기에게 아무런 책임 없는 사유로 출석하지 못한 피고인에 대하여 별다른 증거조사도 없이 곧바로 유죄판결을 선고할 수 있도록 한 것(예: 憲 1998. 7. 16.-97헌바22), iv) 검사가 법원의 증인으로 채택된 수감자를 그 증언에 이르기까지 거의 매일 검사실로 하루종일 소환하여 피고인측 변호인이 접근하는 것을 차단하고, 검찰에서의 진술을 번복하는 증언을 하지 않도록 회유, 압박하는 것은 적법절차에 위배된다(예: 憲 2001. 8. 30.-99헌마496)라는 판례 등이 있다.

(2) 합헌이라는 판례

i) 주민투표를 실시하지 않고 주민의견 조사와 지방의회의 의견청취만으로 이루어진 지방자치단체의 폐치·분합(예: 憲 1994. 12. 29.-94헌마201), ii) 음주운전측정에 응하도록 하고 불응시 처벌하도록 한 도로교통법 규정(예: 憲 1997. 3. 27.-96헌가11), iii) 공정거래위원회가 과징금을 부과하는 규정(예: 憲 2003. 7. 24.-2001헌가25)을 합헌이라고 판시하였다.

[84] 第三 罪刑法定主義

Ⅰ. 의 의

죄형법정주의라 함은 범죄와 형벌은 법률로써 규정되어 있어야 한다는 法原則을 말한다. 이는 「법률이 없으면 범죄가 없고, 법률이 없으면 형벌도 없다」(Nullum crimen, nulla poena sine lege)고 표현된다. 이에 따를 때, 죄형법정주의는 「법률이 없으면 범죄가 없다」라는 명제와 「법률이 없으면 형벌이 없다」라는 명제로 이루어져 있다.

헌법은 제12조 제1항과 제13조 제1항에서 이러한 죄형법정주의를 천명하고 있다(예: 憲 1991. 7. 8.-91헌가4; 1993. 5. 13.-92헌마80).

[憲 1991. 7. 8.-91헌가4] 「"법률이 없으면 범죄도 없고 형벌도 없다"라는 말로 표현되는 죄형법정주의는 이미 제정된 정의로운 법률에 의하지 아니하고는 처벌되지 아니한다는 원칙으로서 이는 무엇이 처벌될 행위인가를 국민이 예측가능한 형식으로 정하도록 하여 개인의 법적 안정성을 보호하고 성문의 형벌법규에 의한 실정법질서를 확립하여 국가형벌권의 자의적(恣意的) 행사로부터 개인의 자유와 권리를

보장하려는 법치국가 형법의 기본원칙이며, 우리 헌법도 제12조 제1항 후단에 "법률과 적법한 절차에 의하지 아니하고는 처벌·보안처분 또는 강제노역을 받지 아니한다"라고 규정하고, 제13조 제1항 전단에 "모든 국민은 행위시의 법률에 의하여 범죄를 구성하지 아니하는 행위로 소추되지 아니하며"라고 규정하여 죄형법정주의를 천명하였고……」

Ⅱ. 내 용

죄형법정주의는 구체적으로 成文法律主義, 刑罰遡及의 禁止, 絶對的 不定期刑 宣告의 禁止, 明確性의 原則, 類推解釋의 禁止, 適正性의 原則, 刑罰責任主義를 그 내용으로 가지고 있다. 이는 범죄와 형벌에 있어서 법치주의가 적용되는 것을 의미한다.

(1) 성문법률주의

成文法律主義는 범죄와 형벌은 성문의 형식적 의미의 법률로 정하여야 한다는 것을 말하는데(예: 憲 1991. 7. 8.-91헌가4; 1998. 3. 26.-96헌가20; 1999. 2. 25.-97헌바3), 헌법 제12조 제1항은 「누구든지……법률과 적법한 절차에 의하지 아니하고는 處罰·保安處分 또는 强制勞役을 받지 아니한다」라고 정하여 이를 보장하고 있다. 이로부터 관습법에 의하여 범죄를 인정하거나 처벌하는 것은 금지된다는 법리(慣習刑法의 禁止)가 도출된다.

범죄와 형벌에 관한 사항에 있어서도 委任立法의 근거와 한계에 관한 헌법 제75조와 제95조는 적용된다. 刑罰法規의 委任을 하기 위해서는 특히 긴급한 필요가 있거나 미리 법률로써 자세히 정할 수 없는 부득이한 사정이 있는 경우에 한정되어야 하고, 이러한 경우에 범죄의 구성요건은 처벌대상행위가 어떠한 것이라고 예측할 수 있을 정도로 법률에서 구체적으로 규정하여야 한다(예: 憲 1995. 10. 26.-93헌바62; 1996. 2. 29.-94헌마213; 1998. 3. 26.-96헌가20; 2004. 9. 23.-2002헌가26; 2007. 7. 26.-2005헌바100; 2007. 7. 26.-2006헌바12).

[憲 2007. 7. 26.-2005헌바100] 「범죄와 형벌에 관한 사항에 있어서도 위임입법의 근거와 한계에 관한 헌법 제75조 및 제95조는 적용되는 것이고, 다만 법률에 의한 처벌법규의 위임은 그 요건과 범위가 보다 엄격하게 제한적으로 적용되어야 한다. 따라서 형벌법규의 위임을 하기 위해서는 특히 긴급한 필요가 있거나 미리 법률로써 자세히 정할 수 없는 부득이한 사정이 있는 경우에 한정되어야 하며, 이러한 경우에도 범죄의 구성요건은 처벌대상행위가 어떠한 것이라고 예측할 수 있을 정도로 법률에서 구체적으로 규정하여야 하되, 위임입법의 위와 같은 예측가능성의 유무를 판단함에 있어서는 당해 특정 조항 하나만을 가지고 판단할 것이 아니고 관련 법조항 전체를 유기적·체계적으로 종합하여 판단하여야 한다.」

[憲 2007. 7. 26.-2006헌바12] 「헌법 제75조는 위임입법의 필요성을 인정하면서 동시에 그 범위와 한계를 정하고 있다. 즉 법률의 대통령령에 대한 위임은 반

드시 구체적 · 개별적으로 한정된 사항에 대하여 행하여져야 하고 일반적 · 포괄적인 위임을 하여서는 아니 된다. 특히 우리 헌법 제12조 및 제13조에서 천명하고 있는 죄형법정주의 원칙상 처벌법규에 관한 위임입법은 특히 긴급한 필요가 있거나 미리 법률로써 자세히 정할 수 없는 부득이한 사정이 있는 경우에 수권법률에 처벌대상인 행위가 어떠한 것일 거라고 예측할 수 있을 정도로 구체적으로 규정되고 형벌의 종류 및 그 상한과 폭이 명백하여야만 죄형법정주의에 반하지 않는다.」

(2) 형벌소급의 금지

刑罰遡及의 禁止는 범죄와 형벌에서의 소급입법의 금지를 말하는데, 행위 당시에는 처벌의 대상이 되지 않았던 행위를 행위 후에 이를 범죄로 하고 처벌하는 입법의 제정을 금지하는 것을 말한다. 헌법 제13조 제1항은 「모든 국민은 행위시의 법률에 의하여 범죄를 구성하지 아니하는 행위로 소추되지 아니하며……」라고 정하여 이를 보장하고 있다.

이와 관련하여 憲法裁判所는 공소시효의 정지규정을 과거에 이미 행한 범죄에 대하여 적용하도록 하는 법률이라 하더라도 그 사유만으로 형벌불소급의 원칙에 언제나 위배되는 것으로 단정할 수는 없다고 하였다(예: 憲 1996. 2. 16.-96헌가2등).

[憲 1996. 2. 16.-96헌가2등] 「우리 헌법이 규정한 형벌불소급의 원칙은 형사소추가 "언제부터 어떠한 조건하에서" 가능한가의 문제에 관한 것이고, "얼마동안" 가능한가의 문제에 관한 것은 아니다. 다시 말하면 헌법의 규정은 "행위의 가벌성"에 관한 것이기 때문에 소추가능성에만 연관될 뿐, 가벌성에는 영향을 미치지 않는 공소시효에 관한 규정은 원칙적으로 그 효력범위에 포함되지 않는다. 행위의 가벌성은 행위에 대한 소추가능성의 전제조건이지만 소추가능성은 가벌성의 조건이 아니므로 공소시효의 정지규정을 과거에 이미 행한 범죄에 대하여 적용하도록 하는 법률이라 하더라도 그 사유만으로 헌법 제12조 제1항 및 제13조 제1항에 규정한 죄형법정주의의 파생원칙인 형벌불소급의 원칙에 언제나 위배되는 것으로 단정할 수는 없다. ……만일 법원이 특별법이 처벌하려는 대상범죄의 공소시효가 아직 완성되지 않았다고 판단한다면, 특별법은 단지 진행중인 공소시효를 연장하는 법률로서 이른바 부진정소급효를 갖게 된다. 헌법 제13조 제1항에서의 가별성을 결정하는 범죄구성요건과 형벌의 영역(이에 관한 한 절대적 소급효의 금지)을 제외한다면 소급효력을 갖는 법률이 헌법상 절대적으로 허용되지 않는 것은 아니다. 다만 소급입법은 법치주의원칙의 중요한 요소인 법적 안정성의 요청에 따른 제한을 받을 뿐이다. 헌법재판소의 판례도 형벌규정에 관한 법률 이외의 법률은 부진정소급효를 갖는 경우에는 원칙적으로 허용되고, 단지 소급효를 요구하는 공익상의 사유와 신뢰보호의 요청 사이의 교량과정에서 신뢰보호의 관점이 입법자의 형성권에 제한을 가할 뿐이라는 것이다.」

(3) 절대적 부정기형 선고의 금지

자유형의 선고에 있어 선고형의 기간을 정하지 않고 형을 선고하는 것을 금지하는 絕對的 不定期刑 宣告의 禁止도 죄형법정주의에서 요청된다.

(4) 명확성의 원칙

범죄의 구성요건과 그 법적 효과로서 형벌을 정하는 실정법의 내용과 표현이 명확하여야 하는 明確性의 原則(예: 憲 1990. 1. 15.-89헌가103; 1992. 2. 25.-89헌가104; 1992. 4. 28.-90헌바27등; 1993. 3. 1.-92헌바33; 1994. 7. 29.-93헌가4등; 1997. 3. 27.-95헌가17; 1998. 3. 26.-97헌마194; 1998. 7. 16.-96헌바35; 2000. 6. 29.-98헌가10; 2000. 6. 29.-98헌바67; 2002. 6. 27.-2001헌바70; 2007. 4. 26.-2003헌바71)도 죄형법정주의의 내용이다.

헌법이 정하고 있는 罪刑法定主義로부터 파생되는 明確性의 原則은 누구나 법률이 처벌하고자 하는 행위가 무엇이며 그에 대한 형벌이 어떠한 것인지를 예견할 수 있고, 그에 따라 자신의 행위를 결정할 수 있도록 犯罪의 構成要件과 刑罰을 명확하게 규정하여야 한다는 원칙이다(예: 憲 2000. 6. 29.-98헌가10; 2007. 4. 26.-2003헌바71; 2007. 5. 31.-2006헌가10).

[憲 1990. 1. 15.-89헌가103] 「죄형법정주의의 원칙은 법률이 처벌하고자 하는 행위가 무엇이며 그에 대한 형벌이 어떠한 것인지를 누구나 예견할 수 있고, 그에 따라 자신의 행위를 결정할 수 있게끔 구성요건이 명확히 규정될 것을 요구한다. 그러나 처벌법규의 구성요건이 명확하여야 한다고 하여 입법권자가 모든 구성요건을 단순한 의미의 서술적인 개념에 의하여 규정하여야 한다는 것은 아니다. 처벌법규의 구성요건이 다소 광범위하여 어떤 범위에서는 법관의 보충적인 해석을 필요로 하는 개념을 사용하였다고 하더라도, 그 점만으로는 헌법이 요구하는 처벌법규의 명확성에 반드시 배치되는 것이라고는 볼 수 없다. 그렇지 않으면, 처벌법규의 구성요건이 지나치게 구체적이고 정형적이 되어 부단히 변화하는 다양한 생활관계를 제대로 규율할 수 없게 될 것이기 때문이다. 다만, 자의를 허용하지 않는 통상의 해석방법에 의하더라도 당해 처벌법규의 보호법익과 그에 의하여 금지된 행위 및 처벌의 종류와 정도를 누구나 알 수 있도록 규정되어 있어야 하는 것이다. 따라서 처벌법규의 구성요건이 어느 정도 명확하여야 하는가는 일률적으로 정할 수 없고, 각 구성요건의 특수성과 그러한 법적 규제의 원인이 된 여건이나 처벌의 정도 등을 고려하여 종합적으로 판단하여야 한다.」

[憲 2002. 6. 27.-2001헌바70] 「형벌조항의 규율방식은 크게 그 규율대상에 포섭되는 모든 사례를 구성요건으로 빠짐없이 열거하는 방식과, 규율대상의 공통적인 징표를 모두 포섭하는 용어를 구성요건으로 규정하는 방식 등으로 나누어 볼 수 있다. 전자는 규율대상이 명확하다는 장점이 있는 반면 경우에 따라서는 법규범의 흠결이 발생하는 것을 막을 수 없다는 단점이 있고, 후자는 규율대상을 모두 포섭할 수 있다는 장점이 있는 반면, 법률을 해석 적용함에 있어 자의(恣意)가 개입함으로써 규율대상을 무한히 확대해 나갈 우려가 있다는 단점이 있다. 위와 같은 두 가지 규율방식의 단점을 보완하기 위하여 이른바 '예시적 입법'이라는 규율방식을 채택하는 경우가 있는데, 예시적 입법에서는 규율대상인 대전제를 규정함과 동시에 구성요건의 외연(外延)에 해당되는 개별사례를 예시적으로 규정하게 된다.…… 예시

적 입법형식의 경우, 구성요건의 대전제인 일반조항의 내용이 지나치게 포괄적이어서 법관의 자의적인 해석을 통하여 그 적용범위를 확장할 가능성이 있다면, 죄형법정주의의 원칙에 위배될 수 있다. 따라서 예시적 입법형식이 법률명확성의 원칙에 위배되지 않으려면, 예시한 개별적인 구성요건이 그 자체로 일반조항의 해석을 위한 판단지침을 내포하고 있어야 할 뿐만 아니라, 그 일반조항 자체가 그러한 구체적인 예시를 포괄할 수 있는 의미를 담고 있는 개념이 되어야 한다.」

[憲 2007. 4. 26.-2003헌바71] 「우리 헌법 제12조 제1항 및 제13조 제1항에서 천명하고 있는 죄형법정주의로부터 파생되는 명확성의 원칙은 누구나 법률이 처벌하고자 하는 행위가 무엇이며 그에 대한 형벌이 어떠한 것인지를 예견할 수 있고, 그에 따라 자신의 행위를 결정할 수 있도록 범죄의 구성요건과 형벌은 명확하게 규정되어야 한다는 원칙이다. 여기서 구성요건이 명확하여야 한다는 것은 그 법률을 적용하는 단계에서 가치판단을 전혀 배제한 무색투명한 서술적 개념으로 규정되어져야 한다는 것을 의미하는 것은 아니고 입법자의 입법의도가 건전한 일반상식을 가진 자에 의하여 일의적(一義的)으로 파악될 수 있는 정도의 것을 의미하는 것이라고 할 것이다. 따라서 다소 광범위하고 어느 정도의 범위에서는 법관의 보충적인 해석을 필요로 하는 개념을 사용하여 규정하였다고 하더라도 그 적용단계에서 다의적(多義的)으로 해석될 우려가 없는 이상 그 점만으로 헌법이 요구하는 명확성의 요구에 배치된다고는 보기 어렵다.」

[憲 2007. 5. 31.-2006헌가10] 「헌법 제12조 및 제13조를 통하여 보장되고 있는 죄형법정주의의 원칙은 범죄와 형벌이 법률로 정하여져야 함을 의미하며, 이러한 죄형법정주의에서 파생되는 명확성의 원칙은 법률이 처벌하고자 하는 행위가 무엇이며 그에 대한 형벌이 어떠한 것인지를 누구나 예견할 수 있고, 그에 따라 자신의 행위를 결정할 수 있도록 구성요건을 명확하게 규정할 것을 요구하고 있다. 그러므로 형사처벌의 대상이 되는 구성요건은 가능한 한 명백하고 확장할 수 없는 개념을 사용하여 구체적이고 명료하게 규정할 것을 요하고, 만일 범죄의 구성요건이 추상적이거나 모호한 개념으로 이루어지거나 그 적용범위가 너무 광범위하고 포괄적이어서 불명확한 경우에는 국민이 법률에 의하여 금지된 행위가 무엇인가를 알 수 없게 되어 죄형법정주의의 원칙에 위배된다. 구성요건이 어느 정도 특정되어야 명확성의 원칙에 반하지 않는가를 판단함에 있어 우리 재판소는 통상의 판단능력을 가진 사람이 그 의미를 이해할 수 있었는가를 기준으로 하고 있다.」

문제는 범죄의 구성요건과 형벌을 정하고 있는 내용과 표현이 어느 정도가 되어야 명확하다고 할 것인가 하는 점이다. 범죄의 구성요건을 정하고 있는 법률조항에 요구되는 명확성은 입법자의 입법의도가 건전한 일반상식을 가진 통상의 판단능력을 가진 자에 의하여(예: 憲 1997. 9. 25.-96헌가16; 2007. 5. 31.-2006헌가10) 一義的으로 파악될 수 있는 정도의 것을 의미한다. 따라서 해당 법률조항을 적용하는 단계에서 반드시 가치판단이 배제된 무색투명한 서술적 개념으로 규정되어야 하는 것도 아니고, 어느 정도의 범위에서 법관의 보충적인 해석을 필요로 하는 개념을 사용하여도 그 적용단계에서 多義的으로 해석될 우려가 없는 경우는 명확성이 인정된다. 그러나 범죄의 구성요건이 추상적이거나 모호한 개념으로 이루어졌거나 그 적용범위가 너무 광범위하고 포괄적이어서 불명확한 경우에는 일반 국민이 법률에 의하여 금지된 행위가 무엇인지를 알 수 없기 때문에 죄형법정주의의 원칙에 위배된다고 할 것이다(예: 憲 2007. 5. 31.-2006헌가10; 2007. 7. 26.-2006헌가9).

[憲 2007. 7. 26.-2006헌가9] 「헌법 제12조 및 제13조를 통해 보장되는 죄형법정주의원칙은 범죄와 형벌이 법률로 정하여져야 함을 의미하며, 이러한 죄형법정주의에서 파생되는 명확성의 원칙은 법률이 처벌하고자 하는 행위가 무엇이며 그에 대한 형벌이 어떠한 것인지를 누구나 예견할 수 있고, 그에 따라 자신의 행위를 결정할 수 있도록 구성요건을 명확하게 규정할 것을 의미한다. 그러나 처벌법규의 구성요건이 명확하여야 한다고 하더라도 입법권자가 모든 구성요건을 단순한 의미의 서술적 확정개념에 의하여 규정하여야 한다는 것은 아니고, 다소 광범위하여 법관의 보충적인 해석을 필요로 하는 개념을 사용하였다고 하더라도 통상의 해석방법에 의하여 건전한 상식과 통상적인 법감정을 가진 사람이라면 당해 처벌법규의 보호법익과 금지된 행위 및 처벌의 종류와 정도를 알 수 있도록 규정하였다면 헌법이 요구하는 처벌법규의 명확성원칙에 배치되는 것은 아니다. 만일 모든 구성요건을 단순한 서술적 확정개념으로만 규정할 것을 요구한다면 처벌법규의 구성요건이 지나치게 구체적이고 정형적이 되어 부단히 변화하는 다양한 생활관계를 제대로 규율할 수 없게 될 것이기 때문이다. 따라서 법규범이 불확정개념을 사용하는 경우라도 법률해석을 통하여 법원의 자의적인 적용을 배제하는 합리적이고 객관적인 기준을 얻는 것이 가능한 경우는 명확성의 원칙에 반하지 아니한다.」

憲法裁判所는 이러한 것을 전제로 하여 처벌법규의 구성요건이 어느 정도로 명확하여야 하는가는 일률적으로 정할 수 없고, 각 구성요건의 특수성과 그러한 법적 규제의 원인이 된 여건이나 처벌의 정도 등을 고려하여 종합적으로 판단하여야 한다는 입장을 취하고 있다(예: 憲 1989. 12. 22.-89헌가13; 1990. 1. 15.-89헌가103).

憲法裁判所는 「노동조합 및 노동관계조정법」(2001. 3. 28. 법률 제6456호로 개정된 것) 제92조 제1호 다목 중 '징계의 중요한 절차'에 관한 사항을 위반한 경우 범죄로 처벌하는 것으로 정하고 있는 것에 대하여 이는 죄형법정주의에서 요구하는 명확성의 원칙에 위반되지 않는다고 판시하였다(憲 2007. 7. 26.-2006헌가9).

[憲 2007. 7. 26.-2006헌가9] 「이 사건 법률조항 중 "중요한" 또는 "중요한 절차" 부분이 죄형법정주의의 명확성원칙에 위반되는지 여부에 대해 살펴본다. 단체협약은 노동조합과 사용자가 단체교섭의 결과 합의한 사항을 서면으로 작성한 것을 말하고 단체협약위반행위에 대한 처벌규정의 주된 수범자는 사용자와 근로자인데 이와 같이 수범자들이 일정한 범위로 제한되어 있는 경우에는 그 규정의 명확성에 대한 요구가 다소 완화될 수 있다. 이 사건 법률조항의 주된 수범자인 사용자(법문상으로는 근로자도 수범자에서 배제되지 않았으나 징계에 관한 절차를 준수할 것을 요구받는 대상은 주로 사용자일 것이다)는 단체교섭에 참여하고 단체협약의 체결에

관여한 일방 당사자로서 단체협약의 내용이 된 '징계의 절차 중에서 중요하다고 볼 수 있는 사항'이 무엇인지를 충분히 파악하거나 예측할 수 있는 지위에 있다. 또 이 사건 법률조항의 입법취지는 사용자로 하여금 단체협약으로 체결된 징계의 절차를 준수하도록 하여 징계의 객관성과 공정성을 확보하고 나아가 사용자의 징벌권 남용을 방지하고자 하는 것으로 보인다. 그리고 이 사건 법률조항은, 그 입법과정에서 처벌의 대상이 되는 위반행위의 범위를 제한하려는 사용자측(경영계)의 요구가 반영되어 모든 절차의 위반이 아닌 "중요한" 절차에 관한 사항에 대한 위반만을 처벌하도록 규정하게 되었던 것이다. 이와 같은 입법취지와 입법경위에 비추어 볼 때, 여기서 "중요한 절차"에 관한 사항이란 기본적으로 징계의 효력에 영향을 미칠 수 있는 절차로서 당해 단체협약의 체결과정에서 고려하기로 한, 근로자의 근로권과 그 방어에 중요한 영향을 줄 수 있는 절차에 관한 사항 등으로 그 의미를 제한하여 확정할 수가 있을 것이며, 그러나 궁극적으로는 법관이 개별적인 사건들에서 이 사건 법률조항을 합헌적으로 해석·적용하여 판례를 축적해 감으로써 이 사건 "중요한 절차"에 관한 사항의 의미를 보다 구체화해야 할 것이다. (3) 따라서 법원이 이 사건 법률조항의 "중요한 절차" 부분을 해석함에 있어, 이 사건 법률조항의 입법목적, 수범자의 범위, 단체협약의 특성과 그 체결과정 및 통상의 운용실태, 구 노동조합법 조항에 대해 위헌선언한 헌법재판소 결정의 취지, 이 사건 법률조항의 입법과정에서 논의된 내용을 비롯한 입법경위 등을 종합적으로 고려하여, 이 사건 법률조항의 수범자가 그 구체적인 의미를 충분히 예측할 수 있는 내용으로 합리적이고 객관적인 해석의 기준을 충분히 마련할 수 있을 것으로 보이므로, 이 사건 법률조항이 명확성의 원칙에 반한다고 볼 것은 아니다.」

(5) 유추해석의 금지

범죄와 형벌에 대한 법규정이 없음에도 다른 법규정의 해석을 통하여 범죄와 형벌을 인정하는 것을 금지하는 類推解釋의 禁止도 죄형법정주의에서 요구된다.

(6) 적정성의 원칙

형벌법규의 내용이 정당해야 한다는 適正性의 原則은 헌법 제12조 제1항의 죄형법정주의의 규정과 헌법상의 법치주의원리에 의해 인정된다.

憲法裁判所는 평시에 일어난 군대 내 상관살해를 그 동기와 행위태양을 묻지 아니하고 무조건 사형으로 처벌하는 것은 형벌체계상의 정당성을 잃은 것으로서 범죄의 중대성 정도에 비하여 심각하게 불균형적인 과중한 형벌이고, 적정한 형벌의 제정이 될 수 없다고 하였다(憲 2007. 11. 29.-2006헌가13).

[憲 2007. 11. 29.-2006헌가13] 「평시에 일어난 군대 내 상관살해를 그 동기와 행위태양을 묻지 아니하고 무조건 사형으로 다스리는 것은 형벌체계상의 정당성을 잃은 것으로서 범죄의 중대성 정도에 비하여 심각하게 불균형적인 과중한 형벌이고, 형사정책적인 관점에서 보거나 작금의 세계적인 입법추세에 비추어 보더라도 적정한 형벌의 제정이라고 보기 어렵다.……범행동기와 죄질에 무관하게 사형만을

유일한 법정형으로 규정하고 있는 것은 형벌이 죄질과 책임에 상응하는 적절한 비례성을 갖추고 있다고 보기 어렵고, 인간의 존엄과 가치를 존중하고 형벌이 죄질과 책임에 상응하도록 정하여야 한다는 실질적 법치국가의 이념에 반한다.」

이는 헌법상의 過剩制限禁止原則의 문제로 돌아간다. 즉 어떤 행위를 국가가 통제할 때 이를 犯罪化(criminalization)하여 통제하는 것이 타당한지 아니면 非犯罪化하여 통제하는 것이 타당한지 하는 것과 犯罪로 하여 처벌하는 경우에 어떤 刑罰을 부과할 것인지 하는 문제는 죄형법정주의의 내용을 이룬다고 할 것이다.

(7) 형벌책임주의

죄형법정주의에 의할 때, 범죄행위에 대하여 형사상의 책임을 지는 자는 범죄행위를 한 자에 한정되며 해당 범죄행위를 하지 않은 자는 책임을 지지 않는다. 이를 刑罰責任主義라고 한다. 어떤 행위의 주체가 어떤 행위에 대하여 법적인 책임을 지는 것은 정당한 사유가 없는 한 그 행위가 자신이 행한 것인 경우에 한하고 다른 행위주체가 한 행위에 대해서는 책임을 지지 않는 것이 법치주의의 내용이다. 이는 범죄와 형벌에 대해서도 그대로 적용되는데, 죄형법정주의에는 범죄와 형벌간의 관계에서 이러한 내용이 포함된다.

憲法裁判所는 兩罰規定에 대하여 개인이든 법인의 경우이든 종업원의 위법행위에 대하여 영업주의 귀책사유의 존재여부를 묻지 않고 종업원이 위법행위를 한 모든 경우에 대하여 영업주에게 자동적으로 형사상의 책임을 지게 하는 것은 법치주의, 헌법 제10조, 죄형법정주의의 당연한 내용인 형벌에 대한 책임주의에 위반되기 때문에 위헌이라고 판시하였다(예: 憲 2007. 11. 29.-2005헌가10; 2009. 7. 30.-2008헌가10; 2009. 7. 30.-2008헌가14등; 2009. 10. 29.-2009헌가6). 종업원의 위반행위에 대하여 양벌조항으로서 개인인 영업주에게도 동일하게 무기 또는 2년 이상의 징역형의 법정형으로 처벌하도록 규정하고 있는 '보건범죄단속에 관한 특별조치법' 제6중 제5조에 의한 처벌 부분은 형사법상 책임원칙에 반하여 법치주의와 헌법 제10조에 위반된다고 하였고(憲 2007. 11. 29.-2005헌가10), 영업주가 고용한 종업원 등의 업무에 관한 범법행위에 대하여 영업주도 함께 처벌하는 청소년보호법(2004. 1. 29. 법률 제7161호로 개정된 것) 제54조 중 「개인의 대리인 · 사용인 기타 종업원이 그 개인의 업무에 관하여 제51조 제8호의 위반행위를 한 때에는 그 개인에 대하여도 해당 조의 벌금형을 과한다」는 부분은 책임주의에 반하여 헌법에 위반된다고 하였으며(憲 2009. 7. 30.-2008헌가10), '사행행위 등 규제 및 처벌특례법'(2006. 3. 24. 법률 제7901호로 개정된 것) 제31조 중 「법인의 대리인 · 사용인 기타 종업원이 그 법인의 업무에 관하여 제30조 제2항 제1호의 위반행위(무허가 사행행위영업)를 한 때에는 그 법인에 대하여도 동조의 벌금형을 과한다」는 부분도 책임주의에 반하여 헌법에 위반된다고 하였다

(憲 2009. 7. 30.-2008헌가14등). 의료법(2007. 4. 11. 법률 제8366호로 전부개정된 것) 제91조 제2항 중 「개인의 대리인, 사용인, 그 밖의 종업원이 제87조 제1항 제2호 중 제27조 제1항의 규정에 따른 위반행위를 하면 그 개인에게도 해당조문의 벌금형을 과한다」는 부분도 헌법상의 법치주의와 죄형법정주의에 위반되어 헌법에 위반된다고 하였다(憲 2009. 10. 29.-2009헌가6).

[憲 2009. 7. 30.-2008헌가10] 「형벌은 범죄에 대한 제재로서 그 본질은 법질서에 의해 부정적으로 평가된 행위에 대한 비난이다. 일반적으로 범죄는 법질서에 의해 부정적으로 평가되는 행위, 즉 행위반가치(行爲反價値)와 그로 인한 부정적인 결과의 발생, 즉 결과반가치(結果反價値)라고 말할 수 있으나, 여기서 범죄를 구성하는 핵심적 징표이자 형벌을 통해 비난의 대상으로 삼는 것은 '법질서가 부정적으로 평가한 행위에 나아간 것', 즉 행위반가치에 있다. 만약 법질서가 부정적으로 평가한 결과가 발생하였다고 하더라도 그러한 결과의 발생이 어느 누구의 잘못에 의한 것도 아니라면, 부정적인 결과가 발생하였다는 이유만으로 누군가에게 형벌을 가할 수는 없다. 물론 결과의 제거와 원상회복을 위해 그 결과 발생에 아무런 잘못이 없는 개인이나 집단에 대해, 민사적 또는 행정적으로 불이익을 가하는 것이 공평의 관념에 비추어 볼 때 허용되는 경우도 있을 수 있다. 그러나 법질서가 부정적으로 평가할 만한 행위를 하지 않은 자에 대해서 형벌을 부과할 수는 없다. 왜냐하면 형벌의 본질은 비난가능성인데, 비난받을 만한 행위를 하지 않은 자에 대한 비난이 정당화될 수 없음은 자명한 이치이기 때문이다. 이와 같이 '책임없는 자에게 형벌을 부과할 수 없다'는 형벌에 관한 책임주의는 형사법의 기본원리로서, 헌법상 법치국가의 원리에 내재하는 원리인 동시에, 국민 누구나 인간으로서의 존엄과 가치를 가지고 스스로의 책임에 따라 자신의 행동을 결정할 것을 보장하고 있는 헌법 제10조의 취지로부터 도출되는 원리이다. 그런데 이 사건 법률조항은 영업주가 고용한 종업원 등이 그 업무와 관련하여 위반행위를 한 경우에, 그와 같은 종업원 등의 범죄행위에 대해 영업주가 비난받을 만한 행위가 있었는지 여부, 가령 종업원 등의 범죄행위를 지시하였거나 이에 실질적으로 가담하였거나 도움을 주었는지 여부, 아니면 영업주의 업무와 관련한 종업원 등의 행위를 지도하고 감독하는 노력을 게을리 하였는지 여부와는 전혀 관계없이 종업원 등의 범죄행위가 있으면 자동적으로 영업주도 처벌하도록 규정하고 있다. 한편, 이 사건 법률조항을 '영업주가 종업원 등에 대한 선임감독상의 주의의무를 위반한 과실 기타 영업주의 귀책사유가 있는 경우에만 처벌하도록 규정한 것'으로 해석함으로써 책임주의에 합치되도록 합헌적 법률해석을 할 수 있는지가 문제될 수 있으나, 합헌적 법률해석은 어디까지나 법률조항의 문언과 목적에 비추어 가능한 범위 안에서의 해석을 전제로 하는 것이므로 위와 같은 해석은 문언상 가능한 범위를 넘어서는 해석으로서 허용되지 않는다고 보아야 한다. 따라서 이 사건 법률조항은 아무런 비난받을 만한 행위를 한 바 없는 자에 대해서까지, 다른 사람의 범죄행위를 이유로 처벌하는 것으로서 형벌에 관한 책임주의에 반하는 것이라 하지 않을 수 없다(憲 2007. 11. 29.-2005헌가10). 결국, 이 사건 법률조항은 다른 사람이 행한 범죄에 대하여 그 선임·감독상의 책임 유무를 묻지 않고 형벌을 부과함으로써 책임주의에 반하므로, 헌법상 법치국가의 원리와 헌법 제10조에 위반

된다고 할 것이다.」

大法院은 양벌규정에 의하여 영업주를 처벌하는 것은 종업원의 위법행위로 인한 처벌에 종속하는 것이 아니라 종업원의 선임감독상의 과실에 의하여 처벌되는 것이라고 본다(예: 大 1982. 6. 22.-82도777; 1987. 11. 10.-87도1213; 2002. 1. 25.-2001도5595; 2006. 2. 24.-2005도7673).

> [大 2006. 2. 24.-2005도7673] 「양벌규정에 의한 영업주의 처벌은 금지위반 행위자인 종업원의 처벌에 종속하는 것이 아니라 독립하여 그 자신의 종업원에 대한 선임감독상의 과실로 인하여 처벌되는 것이므로 종업원의 범죄성립이나 처벌이 영업주 처벌의 전제조건이 될 필요는 없다.」

Ⅲ. 적용영역

죄형법정주의는 새로 형벌법규를 제정할 때뿐만 아니라 기존의 형벌법규를 더 강화한 때에도 적용된다.

죄형법정주의는 범죄와 형벌에 적용된다. 범죄와 형벌인 이상 사법적인 영역뿐만 아니라 행정적인 영역(행정범죄와 행정형벌)에도 적용된다. 형벌법규의 경우에도 위임입법은 헌법상 인정되는데, 죄형법정주의에 비추어 형벌법규의 위임은 다른 영역에서의 위임입법보다 그 구체성이 더 강하게 요구된다(예: 憲 1991. 7. 8.-91헌가4; 1996. 2. 29.-94헌마213; 1998. 3. 26.-96헌가20; 2000. 6. 29.-99헌가16; 2000. 7. 20.-99헌가15).

> [憲 1991. 7. 8.-91헌가4] 「처벌법규의 위임은 특히 긴급한 필요가 있거나 미리 법률로써 자세히 정할 수 없는 부득이한 사정이 있는 경우에 한정되어야 하고 이러한 경우일지라도 법률에서 범죄의 구성요건은 처벌대상인 행위가 어떠한 것일 것이라고 이를 예측할 수 있을 정도로 구체적으로 정하고 형벌의 종류 및 그 상한과 폭을 명백히 규정하여야 한다.」

[85] 第四 二重處罰의 禁止

Ⅰ. 의 의

憲法 제13조 제1항은 「모든 국민은……동일한 범죄에 대하여 거듭 처벌을 받지 아니한다」라고 정하여 一事不再理(ne bis in idem)와 二重處罰의 禁止를 정하고 있다. 동일한 범죄에 대하여는 한번의 처벌로 책임을 지는 것으로 충분하므로 이러한 이중처벌의 금지를 헌법상의 원칙으로 정하여 신체의 자유와 재산권 등 국민의 기본권을 보장하고 동시에 국가의 형벌권을 실현시키고 있다. 이러한 실체법상의 이중처벌의 금지원칙은 재판에 적용되어 절차법상 一事不再理로 나타나는데, 이는 동일한 형사재판에서 재판이 확정되어 실체적 확정력이 발생하면 동일한 사건에 대하여 다시 재판할 수 없다는 것을 의미한다. 이러한 것은 略式裁判(刑訴法 §457)은 물론이고 卽決審判에 의한 즉결처분의 경우(卽審法 §16)에도 동일하다.

Ⅱ. 적용영역

이중처벌의 금지는 국가형벌권의 행사에 따르는 형사처벌의 영역에 적용되고, 그 이외의 국가가 행하는 각종의 제재나 불이익처분에는 적용되지 아니한다. 헌법재판소와 대법원의 판례도 동일한 견해이다. 憲法裁判所는 헌법 제13조 제1항에서 금지하는 이중처벌은 거듭된 국가의 형벌권 행사를 금지하는 것일 뿐이고, 형벌권 행사에 덧붙여 일체의 제재나 불이익처분을 부가할 수 없는 것은 아니라고 판시하고 있다(예: 憲 1994. 6. 30.-92헌바38; 2001. 5. 31.-99헌가18등; 2002. 7. 18.-2000헌바57).

> [憲 1994. 6. 30.-92헌바38] 「헌법 제13조 제1항은 "모든 국민은……동일한 범죄에 대하여 거듭 처벌받지 아니한다"고 하여 이른바 "이중처벌금지의 원칙"을 규정하고 있는바, 이 원칙은 한번 판결이 확정되면 동일한 사건에 대해서는 다시 심판할 수 없다는 "일사부재리의 원칙"이 국가형벌권의 기속원리로 헌법상 선언된 것으로서, 동일한 범죄행위에 대하여 국가가 형벌권을 거듭 행사할 수 없도록 함으로써 국민의 기본권 특히 신체의 자유를 보장하기 위한 것이라고 할 수 있다. 이러한 점에서 헌법 제13조 제1항에서 말하는 "처벌"은 원칙으로 범죄에 대한 국가의 형벌권 실행으로서의 과벌을 의미하는 것이고, 국가가 행하는 일체의 제재나 불이익처분을 모두 그 "처벌"에 포함시킬 수는 없다 할 것이다. 다만, 행정질서벌로서의 과태료는 행정상 의무의 위반에 대하여 국가가 일반통치권에 기하여 과하는 제재로서 형벌(특히 행정형벌)과 목적 기능이 중복되는 면이 없지 않으므로, 동일한 행위를 대상으로 하여 형벌을 부과하면서 아울러 행정질서벌로서의 과태료까지 부과한다면 그것은 이중처벌금지의 기본정신에 배치되어 국가 입법권의 남용으로 인정될 여지가 있음을 부정할 수 없다.……이중처벌금지의 원칙은 처벌 또는 제재가 "동일한 행위"를 대상으로 행해질 때에 적용될 수 있는 것이고, 그 대상이 동일한 행위인지의 여부는 기본적 사실관계가 동일한지 여부에 의하여 가려야 할 것이다.」

憲法裁判所와 大法院의 판례에 의하면, 보호감호처분과 형벌(예: 憲 1989. 7. 14.-88헌가5등; 2001. 3. 21.-99헌바7), 보안처분과 형벌(예: 憲 1989. 7. 14.-88헌가5등; 1991. 4. 1.-89헌마17등; 1996. 11. 28.-95헌바20; 1997. 11. 27.-92헌바28), 누범가중처벌(예: 憲 1995. 2. 23.-93헌바43; 2002. 10. 31.-2001헌바68), 상습범의 가중처벌(예: 憲 1995. 3. 23.-93헌바59), 행정형벌과 행정질서벌인 과태료의 부과(예: 憲 1994. 6. 30.-92헌바38), 운행정지처분과 형사처벌(예: 大 1983. 6. 14.-82누439), 동일한 범죄에 대한 외국의 확정판결과 형사처벌(예: 大 1983. 10. 25.-83도2366), 동일한 사유로 인한 직위해제처분과 감봉처분(예: 大 1983. 10. 25.-83누184), 형벌과 신상공개(예: 憲 2003. 6. 26.-2002헌가14)는 서로 이중처벌의 관계에 있지 않다고 본다.

[86] 第五 親族의 行爲로 인한 不利益處遇의 禁止

Ⅰ. 의 의

憲法 제13조 제3항은 「모든 國民은 자기의 행위가 아닌 親族의 행위로 인하여

불이익한 處遇를 받지 아니한다」라고 정하여 근대 형법의 이념인 自己責任(=個人責任)의 原則을 헌법원칙으로 정하고 있다. 이러한 자기책임의 원칙은 전근대적인 連坐制를 부정한 것이고, 형사법원리상으로는 근대 刑事責任個別化의 原理를 헌법원칙으로 확인한 것이다.

연좌제는 동양에서 실시되었던 것인데(예: 중국의 唐律, 大明律), 우리 역사에서도 전근대적인 것으로 남아 있었다. 조선시대에는 대명률에 의거하여 連坐刑이 통용되었다. 이러한 연좌제는 조선시대 말(개국 503년) 勅令에 의하여 폐지되었다. 1980년헌법에서 연좌제의 금지를 명문화한 이후 현재까지 유지되고 있다.

Ⅱ. 내 용

「不利益한 處遇」란 형벌 이외에 국가로부터 받는 모든 종류의 불이익한 처우를 말한다.

헌법 제13조 제3항의 「親族」은 민법상의 친족인 배우자 · 혈족 · 인척(民法 §777)에 한하지 않고, 그 밖의 모든 타인도 이에 포함된다.

[憲 1996. 1. 25.-95헌가5] 「反國家行爲者의처벌에관한특별조치법 제8조는 제2조 제2항에서 "이 법에서 반국가행위자의 재산이라 함은 행위자가 실질적으로 소유하고 있는 동산 · 부동산 · 유가증권 기타 일체의 재산적 가치 있는 물건 또는 권리를 말한다"고 규정하고 있고, 제10조에서 몰수판결의 효력은 몰수대상물의 명의자 또는 점유자에 대하여도 효력이 있다고 규정한 점과 종합하여 보면, 친족의 재산까지도 반국가행위자의 재산이라고 검사가 적시하기만 하면 특조법 제7조 제7항에 의하여 증거조사 없이 몰수형이 선고되게 되어 있으므로, 헌법 제13조 제3항에서 금지한 연좌형이 될 소지도 크다. 따라서 특조법 제8조는 헌법 제13조 제3항에도 위반된다.」

Ⅲ. 구체적인 문제

선거사무장 등의 선거범죄로 인한 후보자의 당선무효책임(公選法 §265)은 선거사무장 등 선거운동에 관여한 자의 행위가 후보자의 의사 또는 영향력하에서 후보자를 위하여 행위를 한 것이고, 이러한 선거운동은 성질상 후보자의 선거활동에 속하는 것이므로 이러한 자의 행위에 기초하여 후보자에게 당선무효의 책임을 묻는 것은 선거제도와 선거원리에 합당하여 이를 연좌제라고 할 수 없다(예: 憲 2005. 12. 22.-2005헌마19). 大法院도 이를 헌법 제13조 제3항이 금지하고 있는 연좌제라고 보지 않는다(예: 大 1997. 4. 11.-96도3451)(鄭宗燮g, [302] Ⅴ).

[大 1997. 4. 11.-96도3451] 「원심은……선거사무장 또는 회계책임자가 기부행위를 한 죄로 징역형을 선고받는 경우에 그 후보자의 당선이 무효로 되는 것은 그러한 뜻을 규정하고 있는 공직선거및선거부정방지법 제265조의 규정에 의한 것일

뿐이고, 피고인들에 대하여 징역형을 선고하는 것이 연좌제를 금지한 헌법위반이라 고 할 수는 없다고 판시하였는바, 기록과 관계 법령의 규정내용에 비추어 원심의 위와 같은 판단은 정당한 것으로 수긍할 수 있고, 원심판결에 헌법상의 연좌제 금지와 관련한 법리오해의 위법이 있다 할 수 없다.」

[87] 第六 無罪推定의 原則

Ⅰ. 의 의

헌법 제27조 제4항은 「형사피고인은 유죄의 판결이 확정될 때까지는 무죄로 추정된다」라고 정하여 무죄추정의 원칙을 헌법원칙으로 정하고 있다. 이는 재판에 있어서 무죄의 판결이든 유죄의 판결이든 재판이 확정될 때까지 형사피의자나 형사피고인은 무죄로 추정된다는 것을 의미한다. 무죄판결(刑訴法 제325조)이 확정되면 그 이전까지 무죄로 추정되던 효력은 종료되고 확정적으로 무죄의 효력이 발생한다.

여기서 말하는 유죄판결은 실형을 선고하는 刑宣告의 판결 이외에 刑의 免除, 執行猶豫의 판결, 宣告猶豫의 판결도 포함된다. 免訴判決, 公訴棄却의 판결, 공소기각의 결정, 管轄違反의 판결은 유죄 또는 무죄에 대한 실체적 재판이 아니고 형식적 재판이므로 무죄추정은 그대로 유지된다.

무죄의 추정은 법치국가의 일반원칙에 해당하고, 헌법상의 원리 또는 원칙이다. 그리고 이 무죄추정원칙으로부터 無罪推定을 받을 權利가 기본권으로 도출된다(신동운, 626).

憲法裁判所는 무죄추정의 원칙은 증거법에 국한된 원칙이 아니라 수사절차에서 공판절차에 이르기까지 형사절차의 전 과정을 지배하는 지도원리로서 인신의 구속 자체를 제한하는 원리로 작용한다고 본다(예: 憲 2009. 6. 25.-2007헌바25).

> [憲 2009. 6. 25.-2007헌바25] 「헌법상 무죄추정의 원칙은 형사재판에 있어서 유죄의 판결이 확정될 때까지 피의자나 피고인은 원칙적으로 죄가 없는 자로 다루어져야 하고, 그 불이익은 필요최소한에 그쳐야 한다는 것을 의미한다. 이러한 무죄추정의 원칙은 증거법에 국한된 원칙이 아니라 수사절차에서 공판절차에 이르기까지 형사절차의 전 과정을 지배하는 지도원리로서 인신의 구속 자체를 제한하는 원리로 작용한다. 유죄의 확정판결이 있을 때까지 국가의 수사권은 물론 공소권, 재판권, 행형권 등의 행사에 있어서 피의자 또는 피고인은 무죄로 추정되고 그 신체의 자유를 해하지 아니하여야 한다는 무죄추정의 원칙은, 인간의 존엄성을 기본권질서의 중심으로 보장하고 있는 헌법질서 내에서 형벌작용의 필연적인 기속원리가 될 수밖에 없고……」

무죄추정(Unschuldvermutung)의 원칙은 국가우월주의의 형사법체계에서 유무죄의 여부가 분명하지 않은 상황에서도 嫌疑刑을 두어 처벌하던 전제주의형벌체계의 부정으로 나타난 것이다. 1789년 프랑스의 「인간과 시민의 권리선언」(§9)에서 명문화된 이

후, 1948년의 「세계인권선언」(§11)에서도 명문화되었다. 1953년의 「유럽인권선언」에서도 명문화되어 가입국에 법적 의무를 부과하는 형태로 발전하였다(동선언 §6②). 우리 헌법사에서는 1980년헌법에서 이를 처음으로 헌법규정(§26④)으로 명문화한 이래 현재까지 유지되고 있다. 우리나라가 가입한 1990년의 「시민적·정치적 권리에 관한 국제협약」도 이를 명문화하고 있다(동조약 §14②).

Ⅱ. 내 용

무죄추정의 원칙은 유죄확정의 책임과 관련되어 있는 범위에서는 형사상의 증거법에 관한 사항, 형사절차에 관한 사항뿐만 아니라 그 밖의 기본권의 제한에 관한 사항에 적용되는 것으로 이는 「有罪確定의 責任」을 배제하는 것을 의미한다. 유죄확정의 책임에 포함되어 있지 않은 비난가능성에 대해서는 윤리적으로나 사회적 또는 법적으로 그 책임이 면제되지 않으므로 이 경우에는 무죄추정의 법리는 적용되지 않는다. 따라서 피의자와 피고인의 경우에 유죄판결이 확정될 때까지는 원칙적으로 무죄인 사람으로 다루어져야 하고, 그 불이익은 필요한 최소한에 그쳐야 한다(예: 憲 1990. 11. 19.-90헌가48; 1997. 5. 29.-96헌가17; 2008. 1. 10.-2007헌마1468).

無罪推定의 原則은 i) 형사증거법상 「의심스러울 때는 피고인에게 유리하게」(in dubio pro reo)의 법리가 작용하도록 하여 법원으로 하여금 유죄의 심증형성이 어려운 경우에는 무죄판결을 하도록 입법하여야 하고, ii) 형사재판에서 유죄입증의 책임을 국가에게 부담시키며, iii) 공소시효의 완성에 있어서도 피의자나 피고인에게 유리한 사실에 기초하여 판단하여야 한다. iv) 형사절차에서는 豫斷이 배제되고, v) 未決收容者(구속 피의자, 구속 피고인)는 정당한 이유가 없는 한 법적 지위에서 일반인과 동일하게 처우되어야 하며, vi) 당해 형사절차 이외의 분야에서는 불이익을 당하지 않아야 한다는 것을 내용으로 한다(신동운, 627). 이에 의할 때, 수사기관이 피의자의 피의사실을 공표하여 고의로 명예를 훼손하는 것이나 수감에 있어 미결수에 대하여 기결수에게 부과되는 의무를 부과하는 것은 허용되지 않는다. 그러나 수사단계에서 피의자의 혐의사실이나 증거관련 사항 등이 공표되는 것은 법질서의 보호·유지라는 공익과 국민의 알권리를 충족시킨다는 면에서 인정된다. 범죄의 혐의가 있는 자가 그렇지 아니한 일반인과 동등하게 평가될 수는 없으며 이는 무죄추정원칙과 무관하다.

무죄추정원칙과 관련하여 不拘束搜査나 不拘束裁判이 무죄추정원칙의 내용인가 하는 문제가 있다. 憲法裁判所는 이를 긍정하고 있는(예: 憲 1992. 1. 28.-91헌마111; 2003. 11. 27.-2002헌마193; 2009. 6. 25.-2007헌바25) 반면에, 大法院은 이를 부정하고 있다(예: 大 2001. 11. 30.-2001도5225). 수사나 재판에서 피의자 또는 피고인을 체포 또는 구속할 것인가 하는 문제는 재범의 가능성이나 위험성 등과 같은 실체법적인 이유나 도주의 우려, 증거의 인멸, 주거의 부정 등 수사나 재판의 절차법적인 기능에 따라 결정되는 성질의 것이고, 체포나 구속은 유죄확정의 효력과는 무관하므로 이는 무죄추정원칙의 내용이라고 할 수 없다(反對: 신동운, 629).

[憲 2009. 6. 25.-2007헌바25] 「신체의 자유를 최대한으로 보장하려는 헌법 정신 특히 무죄추정의 원칙으로 인하여 수사와 재판은 원칙적으로 불구속상태에서 이루어져야 한다. 그러므로 구속은 구속 이외의 방법에 의하여서는 범죄에 대한 효과적인 투쟁이 불가능하여 형사소송의 목적을 달성할 수 없다고 인정되는 예외적인 경우에 한하여 최후의 수단으로만 사용되어야 하며 구속수사 또는 구속재판이 허용될 경우라도 그 구속기간은 가능한 한 최소한에 그쳐야 한다. 이처럼 신체의 자유를 규정한 헌법 제12조와 무죄추정의 원칙을 규정한 헌법 제27조 제4항의 정신에 비추어 당연하게 해석되어 온 일반원칙은, 2007. 6. 1. 법률 제8435호로 개정된 형사소송법 제198조 제1항이 "피의자에 대한 수사는 불구속 상태에서 함을 원칙으로 한다"라고 불구속수사의 원칙을 천명함으로써 입법화되었다.」

憲法裁判所는 방론이기는 하지만, 무죄추정원칙이 제도적으로 표현된 것으로 공판절차의 입증단계에서 거증책임(擧證責任)을 검사에게 부담시키는 제도, 보석 및 구속적부심 등 인신구속의 제한을 위한 제도, 피의자 및 피고인에 대한 부당한 대우 금지 등이 있다고 한다(예: 憲 2001. 11. 29.-2001헌바41; 2009. 6. 25.-2007헌바25).

프랑스의 형사소송법은 구속사유로, 진실을 규명하는데 필요한 물적 증거 또는 정황의 보전, 증인 또는 피해자, 그 가족에 대한 압력의 방지, 피의자와 공동정범 또는 공범간의 부정한 통모의 방지, 피의자의 보호(예: 자해 등), 법원의 처분에 대한 피의자의 신병 확보, 범죄의 종식 또는 재범의 방지, 중죄에 한하여 피해의 중요성, 범행상황, 범죄의 중대성으로 인하여 야기된 공공질서에 대한 예외적이고 지속적인 혼란의 종식을 정하고 있다(同法 §144).

[憲 1992. 1. 28.-91헌마111] 「이 무죄추정의 원칙으로 인하여 불구속수사, 불구속재판을 원칙으로 하고 예외적으로 피의자 또는 피고인이 도망할 우려가 있으나 증거를 인멸할 우려가 있는 때에 한하여 구속수사 또는 구속재판이 인정될 따름이다.」

[大 2001. 11. 30.-2001도5225] 「무죄추정을 받는 피고인이라고 하더라도 그에게 구속의 사유가 있어 구속영장이 발부, 집행된 이상 신체의 자유가 제한되는 것은 당연한 것이므로, 이러한 조치가 무죄추정의 원칙에 위배되는 것이라고 할 수는 없다.」

憲法裁判所는 다음의 경우에 무죄추정의 원칙에 반한다고 판시하였다. 공소가 제기된 변호사에 대하여 확정판결이 있을 때까지 법무부장관이 변호사업무정지를 명할 수 있도록 규정한 변호사법의 규정(憲 1990. 11. 19.-90헌가48), 형사사건으로 공소가 제기되면 확정판결이 있기 전이라도 해당 사립학교교원에 대하여 일률적으로 직위해제하도록 정하고 있는 사립학교법의 규정(憲 1994. 7. 29.-93헌가3등), 몰수할 것으로 인정되는 물품을 압수한 경우에 있어서 범인이 당해 관서에 출두하지 아니하거나 또는 범인이 도주하여 그 물품을 압수한 날로부터 4월을 경과한 때에는 당해 물품은 별도의 재판이나 처분 없이 국고에 귀속한다고 규정하고 있는 관세법의 규정(憲 1997. 5. 29.-96헌가17), 국가보안법 제7조와 제10조의 죄에 대하여 수사기관에 의한 피의자의 구속기간을 형사소송법상의 30일보다 많은 50일로 정하고 있는 국가보안법의 규정(憲 1992. 4. 14.-90헌마82), 형사사건으로 기소되기만 하면 사건의 경중에 무관하게 일률적으로 당해 공무원에 대하여 직위해제하도록 한 국가공무원법의 규정(憲 1998. 5. 28.-96헌가12; 2003. 7. 24.-2001헌가25). 미결수용자에게 수용시설 안에서 재소자용 의류를 입게 하는 것은 구금 목적의 달성, 시설의 규율과 안전유지를 위한 필요 최소한의 제한으로서 정당성 · 합리성을 갖춘 재량의 범위 내의 조치이지만, 수사 또는 재판을 받을 때에도 재소자용 의류를 입게 하는 것은 무죄추정의 원칙에 반하고 인격권 및 행복추구권, 공정한 재판을 받을 권리를 침해한 것이라고 판시하였다(憲 1999. 5. 27.-97헌마137). 판결선고전 구금일수의 통산을 규정한 형법이 미결구금일수의 일부만을 형기에 통산하는 것으로 정하는 것은 무죄추정의 원칙과 적법절차의 원칙에 반하는 것이어서 헌법에 위반된다고 결정하였다(憲 2009. 6. 25.-2007헌바25).

그러나 공소제기의 기초를 이루는 공무원의 비위사실을 기초로 하여 징계처분을 하는 것은 무죄추정의 원칙에 위배되지 않는다(예: 大 1983. 9. 27.-83누89; 1984. 9. 11.-84누110).

Ⅲ. 적용영역

(1) 주관적 범위

무죄추정은 법문에는 被告人으로 명시되어 있으나 被疑者에게도 적용된다. 헌법재판소의 판례도 동일한 견해이다(예: 憲 1992. 1. 28.-91헌마111; 1997. 5. 29.-96헌가17).

> [憲 1992. 1. 28.-91헌마111] 「헌법 제27조 제4항은 "형사피고인은 유죄의 판결이 확정될 때까지 무죄로 추정된다"라고 하여 이른바 무죄추정의 원칙을 선언하였는데 공소가 제기된 형사피고인에게 무죄추정의 원칙이 적용되는 이상, 아직 공소제기조차 되지 아니한 형사피의자에게 무죄추정의 원칙이 적용되는 것은 너무도 당연한 일이며……」

(2) 객관적 범위

무죄추정의 원칙은 증거법에 국한되지 않고 수사절차에서 공판절차에 이르기까지 형사절차의 전 과정에 적용되고(예: 憲 2003. 11. 27.-2002헌마193), 형사절차상의 처분뿐만 아니라 기타 기본권 제한과 같은 불이익처분에도 적용된다(예: 憲 1990. 11. 19.-90헌가48).

> [憲 1990. 11. 19.-90헌가48] 「변호사법 제15조에서 변호사에 대해 형사사건

> 으로 공소가 제기되었다는 사실만으로 업무정지명령을 발하게 한 것은 아직 유무죄가 가려지지 아니한 범죄의 혐의사실뿐 확증 없는 상태에서 유죄로 추정하는 것이 되며 이를 전제로 한 불이익한 처분이라 할 것이다. 공소의 제기가 있는 피고인이라도 유죄의 확정판결이 있기까지는 원칙적으로 죄가 없는 자에 준하여 취급하여야 하고, 불이익을 입혀서는 안 된다고 할 것으로 가사 그 불이익을 입힌다 하여도 필요한 최소한도에 그치도록 비례의 원칙이 존중되어야 하는 것이 헌법 제27조 제4항의 무죄추정의 원칙이며, 여기의 불이익에는 형사절차상의 처분뿐만 아니라 그 밖의 기본권제한과 같은 처분도 포함된다고 할 것이다.」

그러나 행정소송에 관한 판결이 확정되기 전에 과징금부과 등 행정청의 제재처분에 대하여 공정력과 집행력을 인정하는 것은 무죄추정의 원칙에 위배되지 않는다(예: 憲 2003. 7. 24.-2001헌가25).

> [憲 2003. 7. 24.-2001헌가25] 「이 사건 법률조항에 의한 과징금은 형사처벌이 아닌 행정상의 제재이고, 행정소송에 관한 판결이 확정되기 전에 행정청의 처분에 대하여 공정력과 집행력을 인정하는 것은 이 사건 과징금에 국한되는 것이 아니라 우리 행정법체계에서 일반적으로 채택되고 있는 것이므로, 과징금 부과처분에 대하여 공정력과 집행력을 인정한다고 하여 이를 확정판결 전의 형벌집행과 같은 것으로 보아 무죄추정의 원칙에 위반된다고 할 수 없다.」

(3) 시간적 범위

무죄추정의 원칙은 유죄판결의 확정시까지 인정된다. 검사가 불기소처분을 한 경우에는 물론이고, 제1심이나 제2심에서 유죄를 선고한 경우에도 이러한 유죄판결이 확정되기 전까지는 무죄가 추정된다. 유죄판결이 확정되는 것은 대법원의 판결선고(刑訴法 §380-§382, §396), 상소기간의 도과(刑訴法 §358, §374), 상소권의 포기(刑訴法 §349), 상소취하(刑訴法 §349)에 의하여 이루어진다.

헌법상의 무죄추정의 원칙은 유죄판결의 확정으로 종료하므로 유죄판결이 확정된 이후에 이에 대하여 제기하는 재심의 청구절차에는 적용되지 않는다. 그러나 「의심스러울 때는 피고인에게 유리하게」의 법리는 재심절차에서도 인정된다고 할 것이다(同旨: 신동운, 496).

[88] 第七 令狀主義

Ⅰ. 의 의

헌법은 제12조 제1항에서 「누구든지 법률에 의하지 아니하고는 체포 · 구속 · 압수 · 수색……을 받지 아니하며, ……」라고 정하고, 제12조 제3항에서 「체포 · 구속 · 압수 또는 수색을 할 때에는 적법한 절차에 따라 검사의 신청에 의하여 법관이 발부한 영장을 제시하여야 한다」라고 정하여, 체포·구속·압수·수색에 있어서 事前令狀主義를 정하고 있다. 헌법 제12조 제1항의 위 규정은 공판단계에서 법관의 직권에 의한 영장발부의 근거이고, 헌법 제12조 제3항은 검사의 신청에 의한 법관의 영장발부의 근거이다. 이러한 영장발부에 의한 강제는 법관에 의한 인신의 제한이다.

강제수사는 범죄수사에서 필요한 것이지만, 이를 인정하는 동시에 강제수사가 헌법과 법률이 정하는 엄격한 절차를 따르도록 하여 강제수사에 따른 인신의 침해를 방지하고자 하는 것이다. 이러한 사전영장주의는 형사소송법의 영역을 지배하기 때문에 형사소송법도 이를 확인하고 이에 대하여 구체적으로 정하고 있다(刑訴法 §200의2 이하, §215 이하, §221의3 이하).

영장주의는 영미법에서 발달한 제도이다. 우리나라에는 미군정기에 미합중국연방헌법 수정조항(amendment) 제4조의 영장주의에 영향을 받아 軍政法令 제176호 「刑事訴訟法의 改正」에 의하여 처음 도입된 후 1948년헌법부터 헌법상의 원리로 정해오고 있다(1948년헌법 §9).

Ⅱ. 내 용

(1) 사전영장

헌법 제12조 제3항에서 정하고 있는 영장주의는 체포·구속·압수·수색을 하기 전에 행하는 事前令狀을 원칙으로 하고 事後令狀은 예외적으로 헌법이 직접 별도로 정하고 있는 경우에만 인정된다는 것을 그 내용으로 한다.

영장주의는 체포·구속·압수·수색에 있어서 적용된다. 따라서 결국 체포·구속·압수·수색에서는 법률주의, 적법절차원리, 영장주의가 적용되는 셈이다.

통신의 자유에서 문제가 되는 통신비밀보호법이 정하고 있는 監聽에 있어서는 영장이 아닌 법관의 허가를 얻도록 하고 있다([41] I (2)). 이러한 허가는 성질상 영장의 발부와 동일하다고 할 것이다. 그렇지만 감청은 헌법 제12조 제3항에서 정하는 체포·구속·압수·수색 가운데 어느 것에도 해당하지 않으므로 감청에서는 헌법 제12조 제3항이 적용되지 않는다.

(2) 일반영장의 금지

헌법에서 정하고 있는 영장은 사전영장이든 사후영장이든 범죄의 내용, 구금할 장소, 압수·수색의 목적물과 범위가 특정되지 않은 一般令狀은 금지된다. 따라서 압수의 목적물과 수색의 대상과 범위가 애매모호하거나 포괄적인 一般令狀(general warrant)은 헌법상 허용되지 않는다.

영장제도에서 적법절차는 검사의 영장신청의 절차에도 적용되고, 법관의 영장발부절차에도 적용된다. 형사소송법의 令狀實質審査制度(刑訴法 §214의2)는 이러한 적법절차를 실현하는 하나의 방법으로 채택되어 있는 것이다. 공판단계에서 피고인에 대하여 법관이 영장을 발부하는 경우에는 검사의 신청이 필요하지 않고, 이는 적법절차원리에 어긋나지 않는다(예: 憲 1997. 3. 27.-96헌바28).

[憲 1997. 3. 27.-96헌바28] 「현행 헌법 제12조 제3항 중 "검사의 신청"이라는 부분의 취지도 모든 영장의 발부에 검사의 신청이 필요하다는 것이 아니라 수사단계에서 영장의 발부를 신청할 수 있는 자를 검사로 한정한 것으로 해석함이 타당하다.…… 영장주의의 본질과 헌법 제12조 제3항의 연혁을 종합하여 살펴보면, 영장주의는 헌법 제12조 제1항 및 제3항의 규정으로부터 도출되는 것이고, 그 중 헌법 제12조 제3항이 "……구속……을 할 때에는……검사의 신청에 의하여 법관이 발부한 영장……"이라고 규정한 취지는 수사단계에서의 영장주의를 특히 강조함과 동시에 수사단계에서의 영장신청권자를 검사로 한정한 데 있다고 해석된다(공판단계에서의 영장발부에 관한 헌법적 근거는 헌법 제12조 제1항이다).」

Ⅲ. 예 외

(1) 사후영장

헌법 제12조 제3항은 체포·구속·압수·수색에 있어서 「현행범인인 경우와 장기 3년 이상의 형에 해당하는 죄를 범하고 도피 또는 증거인멸의 염려가 있을 때에는 사후에 영장을 청구할 수 있다」라고 하여 사전영장의 예외를 직접 정하고 있다. 刑事訴訟法에서는 현행범의 체포(刑訴法 §212)와 긴급체포(同法 §200의3)로 구체화되어 있다. 죄증이 명백한 경우와 중한 범죄의 경우에 대하여 효율적인 수사를 하기 위한 것이다. 그러나 이러한 것은 刑事訴訟法 제200조의4와 同法 제213조의2에 의하여 48시간 내에 구속영장을 청구하거나 아니면 석방하게 되어 있기 때문에 令狀主義의 緩和일 뿐 영장주의를 배제하는 것이 아니다. 따라서 헌법이 정하는 경우에만 사후영장이 가능하고 그 이외에는 사후영장은 허용되지 않는다. 이러한 경우 이외에 헌법 제37조 제2항을 근거로 하여 법률로써 사후영장을 인정할 수 없다.

(2) 비상계엄

헌법 제77조 제3항은 「비상계엄이 선포된 때에는 법률이 정하는 바에 의하여 영장제도……에 관하여 특별한 조치를 할 수 있다」라고 정하고 있다. 이와 관련하여 여기서 말하는 「특별한 措置」가 무엇을 말하는가 하는 점에 대하여 논란이 있다. 비상계엄하에서도 영장제도 자체를 정지할 수는 없다고 할 것이다(同旨: 金哲洙a, 729; 權寧星, 429). 과거 헌법위원회의 판례 중 비상계엄시에도 법관의 영장을 배제할 수 없다고 판시한 것이 있다(1953. 10. 8.-42 86年憲委 제2호).

[1953. 10. 8.-4286年憲委 제2호] 「헌법 제9조는……사후에 영장의 교부를

청구할 수 있는 예외의 경우를 제하고는 여하한 경우에도 법관의 영장이 없는 逮捕拘禁搜索할 수 없다는 것이 헌법 제9조의 正當的 解釋일뿐 아니라 국민의 기본권리인 신체의 자유를 보장한 헌법정신에 적응한다고 확신한다.……비상계엄의 선포에 수반한 계엄사령관의 공포 또는 포고 중 계엄지역에 있어서는 逮捕拘禁搜索에 관하여 법관의 영장을 요하지 아니한다는 취지의 부분과 검찰청이 법관의 영장 없이 검사가 발부한 영장으로 逮捕拘禁搜索을 실시하는 것은 모두 계엄법 제13조의 法意를 억측곡해함에 기인한 것으로 헌법 제9조 제2항에 위반됨이 이상 논한 바에 의하여 명료한 것이다.」

Ⅳ. 구체적인 문제

(1) 음주측정

飮酒測定에서 영장주의가 적용되는가 하는 것이 문제가 된다. 음주측정은 헌법 제12조 제3항의 체포·구속·압수·수색의 어느 것에도 해당하지 않기 때문에 헌법 제12조 제3항의 영장주의가 적용되지 않는다. 그런데 이는 신체활동의 자유를 제한하는 것이므로 헌법 제37조 제2항은 적용된다(예: 憲 2004. 1. 29-2002헌마293).

憲法裁判所는 음주측정에는 영장을 필요로 하지 않는다고 판시하였다(예: 憲 1997. 3. 27.-96헌가11).

[憲 1997. 3. 27.-96헌가11] 「이 사건에서 문제되는 음주측정은 후자의 경우로서 교통안전과 위험방지를 위해 음주측정을 할 필요성이 있을 것을 요건으로 하지 아니하며, 주취상태에서 자동차 등을 운전 "하였다"고 인정할 만한 상당한 이유가 있기만 하면 음주측정을 할 수 있다. 그러므로 이 사건 음주측정은 이미 행하여진 주취운전이라는 범죄행위에 대한 증거수집을 위한 음주측정으로서의 의미를 가진다.……음주측정은 호흡측정기에 의한 측정의 성질상 강제될 수 있는 것이 아니며 또 실무상 숨을 호흡측정기에 한두 번 불어 넣는 방식으로 행하여지는 것이므로 당사자의 자발적 협조가 필수적인 것이다. 따라서 당사자의 협력이 궁극적으로 불가피한 측정방법을 두고 강제처분이라고 할 수 없을 것이다(호흡측정을 강제로 채취할 수 있는 물리적·기계적 방법이 기술적으로 불가능하다고 단정할 수는 없겠으나, 적어도 인간의 존엄성을 훼손하지 아니하는 적법한 보편적 방법으로는 불가능하다고 보아야 할 것이다). 이와 같이 이 사건 음주측정을 두고 영장을 필요로 하는 강제처분이라 할 수 없는 이상 이 사건 법률조항은 헌법 제12조 제3항의 영장주의에 위배되지 아니한다.」

[憲 2004. 1. 29.-2002헌마293] 「경찰공무원이 위 지점에서 청구인이 진행하던 방향의 전 차로를 가로막고 청구인을 비롯하여 지나가는 모든 운전자를 대상으로 음주단속을 실시한 행위……는 도로교통법 제41조 제2항 전단에 근거를 둔 적법한 경찰작용이라 하겠다.……불특정 다수인을 상대로 한 일제단속식 음주단속이 그 자체로 허용되는 방식이라 하더라도, 개별적·구체적인 단속행위가 아무렇게나 이루어지더라도 괜찮다는 것을 의미하지는 않는다. 기본권제한의 일반원칙인 과잉금지원칙은 이 경우에도 준수되어야 하므로, 그러한 음주단속을 하더라도 관련 국민들의 피해를 최소화하는 범위 내에서, 법익형량이 이루어지는 가운데 실시되어야 한다. 그러한 기준을 일률적으로 제시할 수는 없겠지만, 일응 ① 음주단속의 필요성이 큰, 즉 음주운전이 빈발할 것으로 예상되는 시간과 장소를 선정하여야 할 것이

고, ② 운전자 등 관련국민의 불편이 극심한 단속은 가급적 자제하여야 하며, ③ 전방지점에서의 사전예고, 단시간 내의 신속한 실시 등과 같은 방법상의 한계도 지켜야 할 것이다.」

(2) 행정상 즉시강제

行政上 卽時强制를 행함에 있어서도 헌법상의 영장주의가 적용되는가 하는 문제가 있다. 이에 관해서는 영장주의가 형사절차에만 적용된다는 규정이 없고 기본권보장에 충실하여야 하므로 행정상 즉시강제에도 영장이 요구된다고 하는 令狀必要說과 헌법 제12조 제3항은 자유권을 보장하기 위한 것이므로 행정상 즉시강제에는 영장이 요구되지 않는다고 하는 令狀不要說이 대립하고 있다.

행정강제의 특성상 행정목적을 위하여 불가피하게 영장주의를 적용할 수 없는 경우(예: 전염병 환자, 정신질환자의 강제입원)에는 영장을 요구할 수 없으나, 정신질환자의 장기적인 강제수용과 같이 개인의 자유가 지속적으로 제한을 받는 경우에는 행정상 즉시강제에도 영장이 요구된다고 할 것이다(同旨: 金哲洙a, 733; 成樂寅, 462; 桂禧悅b, 307; 權寧星, 428).

憲法裁判所는 행정상 즉시강제에서 급박한 필요가 있고 공익이 우선하고 과잉금지원칙에 위반되지 않는 경우에는 영장없이도 불법게임물을 수거·폐기할 수 있다고 판시하였다(예: 憲 2002. 10. 31.-2000헌가12). 大法院은 행정상 즉시강제에 영장주의가 적용되지 않는 경우를 인정하고 있다(예: 大 1997. 6. 13.-96다56115).

(3) 경찰서 보호실의 유치

수사의 편의상 임의로 사람을 경찰서 보호실에 留置하는 것은 監禁에 해당하므로 헌법 제12조 제3항에 따라 영장주의가 적용된다(예: 大 1994. 3. 11.-93도958).

> [大 1994. 3. 11.-93도958] 「경찰서에 설치되어 있는 보호실은 영장대기자나 즉결대기자 등의 도주방지와 경찰업무의 편의 등을 위한 수용시설로서 사실상 설치, 운영되고 있으나 현행법상 그 설치근거나 운영 및 규제에 관한 법령의 규정이 없고, 이러한 보호실은 그 시설 및 구조에 있어 통상 철창으로 된 방으로 되어 있어 그 안에 대기하고 있는 사람들이나 그 가족들의 출입이 제한되는 등 일단 그 장소에 유치되는 사람은 그 의사에 기하지 아니하고 일정장소에 구금되는 결과가 되므로, 경찰관직무집행법상 정신착란자, 주취자, 자살기도자 등 응급의 구호를 요하는 자를 24시간을 초과하지 아니하는 범위 내에서 경찰관서에 보호조치할 수 있는 시설로 제한적으로 운영되는 경우(경찰관직무집행법 제4조 제1항, 제7항)를 제외하고는 구속영장을 발부받음이 없이 피의자를 보호실에 유치함은 영장주의에 위배되는 위법한 구금으로서 적법한 공무수행이라고 볼 수 없다 할 것이다.」

(4) 별건체포·구속

別件逮捕나 별건구속은 수사기관이 원래 의도한 사건(=본건)의 수사를 위하여 다른 사건(=별건)을 이유로 피의자를 체포 또는 구속하는 것을 말한다. 즉 영장신청이 쉬운 별건으로 체포 또는 구속영장을 발부받은 후에 본건을 수사하는 것을 말한다. 이러한 것이 허용되는가 하는 점에 대해서는, 체포나 구속이 합법적인 것인 이상 별건을 기준으로 하더라도 체포 또는 구속요건에 합치하면 체포 또는 구속을 할 수 있다고 보는 견해(合憲說)도 있으나, 별건체포나 별건구속은 본건에 대한 영장주의를 형해화시켜 헌법 제12조 제3항에 위반되고, 헌법 제12조 제5항의 체포 또는 구속의 이유고지를 받을 권리를 침해하며, 헌법 제12조 제3항의 적법절차에 위반된다고 할 것이다(同旨; 金哲洙a, 732; 權寧星, 429; 許營a, 358; 桂禧悅b, 285). 본건에 대한 수사를 진행하고 있음에도 오로지 체포 또는 구속을 하기 위한 목적으로 별건을 이유로 함이 그 의도상 명백히 나타난 경우에는 헌법상 허용되지 않는다고 할 것이다(지배적 견해).

실무에서는 별건체포나 별건구속은 중한 본건이 아니라 경한 별건을 이유로 체포 또는 구속하는 것으로 나타난다. 별건체포 또는 별건구속하에서 수집된 증거는 위법한 증거로서 증거능력이 없다고 할 것이다(同旨: 신동운, 225). 그러나 실제에서 본건과 별건이 구별되지 않는 경우와 본건이 여러 개인 경우(예: 실체적 경합범)에 그 가운데 어느 하나의 사건에 있어 체포 또는 구속요건을 갖춘 경우에는 이러한 체포 또는 구속은 별건체포나 별건구속에 해당하는 것이 아니어서 적법하다.

(5) 증인 · 참고인에 대한 영장없는 동행명령

범죄사건의 수사상 필요로 인하여 參考人으로 출석을 요구받은 자가 정당한 사유없이 출석요구에 응하지 아니한 때 특별검사가 특정 장소까지 동행할 것을 명령하는 것은 영장주의에 위반되는가 하는 문제가 있다. 憲法裁判所는 이에 대하여 9인의 재판관 중 5인은 영장주의에 위반된다고 하였고 4인은 위반되지 않는다고 하였다(憲 2008. 1. 10.-2007헌마1468). 국회에서의 증언 · 감정 등에 관한 법률은 국정감사나 국정조사를 위한 위원회는 증인이 정당한 이유없이 출석하지 아니하는 때에는 그 의결로 해당 증인에 대하여 지정한 장소까지 동행할 것을 명령할 수 있게 하고, 이에는 영장주의를 적용하지 않고 있다(同法 §6).

[憲 2008. 1. 10.-2007헌마1468] 이 사건에서 영장없이 사건의 참고인을 특정 장소까지 동행할 것을 명령하는 것에 대해서 9인의 재판관 중 5인은 영장주의에 위반된다고 하였고 4인은 위반되지 않는다고 하였다. **[위헌의견]** 「헌법 제12조 제3항의 '체포 · 구속 · 압수 · 수색'에는 강제구금은 물론 강제구인, 강제동행 및 강제구류 등이 포함된다. 따라서 법률이 수사기관으로 하여금 법관에 의한 영장에 의하지 아니하고 참고인에 대하여 실질적으로 이와 동일한 행위를 하도록 허용한다면, 이는 헌법상 영장주의원칙을 위반한 것이거나 적어도 위 헌법상 원칙을 잠탈하는 것이라고 할 것이다. 그런데 이 사건 동행명령조항에 의하면, 특별검사가 참고인

에 대하여 동행명령을 하는 이유, 동행할 장소, 동행명령을 거부하면 처벌된다는 취지를 기재한 동행명령장을 발부하고, 특별수사관 또는 사법경찰관이 이를 참고인에게 제시하면서 동행할 것을 요구하며, 만일 참고인이 정당한 사유 없이 동행명령을 거부하면 천만 원 이하의 벌금형이라는 형사처벌이 가해진다. 한편 참고인의 입장에서 무엇이 '동행을 거부할 정당한 사유'인지에 대하여 현장에서 판단하기 어려울 뿐 아니라, 위 조항의 문언취지상 그 '정당한 사유'가 제한적일 수밖에 없으므로 후일 정당한 사유를 이유로 무죄를 받기도 쉽지 않을 것이다(大 2006. 12. 8.-2006도7113; 서울중앙지방법원 2007. 9. 4.-2007노2078 참조). 더욱이 누구든지 단지 수사의 협조자로 지목되었다는 이유 때문에 아무런 잘못 없이 동행명령을 거부하였다는 이유만으로 형사처벌을 받는 것을 원하지 않을 뿐 아니라, 특히 경제적으로 궁핍한 참고인의 경우 벌금형을 선고받고 이를 납입하지 않으면 3년 이하의 기간 동안 노역장에 유치되므로(형법 §60, §70), 그러한 참고인이 형사처벌을 감수하면서 동행명령을 거부하리라고 기대하기 어렵다고 할 것이다. 4) 결국 이 사건 동행명령조항이 규정하는 참고인에 대한 동행명령제도는, 참고인의 신체의 자유를 사실상 억압하여 일정 장소로 인치하는 것과 실질적으로 같으므로 헌법 제12조 제3항이 정한 영장주의원칙이 적용되어야 할 것이다. 그럼에도 불구하고 법관이 아닌 특별검사가 동행명령장을 발부하도록 하고 정당한 사유 없이 이를 거부한 경우 벌금형에 처하도록 함으로써, 실질적으로는 참고인의 신체의 자유를 침해하여 지정된 장소에 인치하는 것과 마찬가지의 결과가 나타나도록 규정한 이 사건 동행명령조항은 영장주의원칙을 규정한 헌법 제12조 제3항에 위반되거나 적어도 위 헌법상 원칙을 잠탈하는 것으로서 위헌이라 할 것이다.」 **[합헌의견]** 「신체의 자유와 관련한 헌법상 영장주의는 '신체에 대해 직접적이고 현실적인 강제력이 행사되는 경우'에 적용되는 것으로 보아야 한다. 신체에 대한 직접적이고 현실적인 강제력의 행사는 그 자체로 중대한 법익 침해일 뿐 아니라, 신체의 자유는 다른 기본권의 전제이자 기초가 된다는 점에서 신체의 자유에 대한 직접적인 제한은 다른 기본권의 행사도 제약하기 마련이며, 특히 현실적인 강제력을 통한 신체의 자유에 대한 침해는 사실상 원상회복도 어렵기 때문에 신체의 자유에 대한 직접·현실적인 강제력의 행사는 반드시 법관이 발부한 영장에 의해서만 가능하도록 하겠다는 것이 헌법상 영장주의의 의미인 것이다. 따라서 직접적이고 현실적인 강제력의 행사가 아니라, 사후적인 제재를 통한 심리적, 간접적인 강제를 수단으로 상대방의 신체의 자유에 대해 일정한 제한을 가하는 것은, 그 제한의 목적과 제재의 정도에 따라 과잉금지원칙에 위반하여 헌법 제12조 제1항이 규정한 신체의 자유를 침해하는지 여부가 문제될 수는 있을지언정, 헌법 제12조 제3항의 영장주의의 적용 대상은 될 수 없다. 우리 헌법이 영장주의를 통해 특히 강력하게 보호하고자 하는 것은 신체의 자유에 관련한 '자유로운 심리상태'가 아니라 '신체의 현실적인 자유상태'이며, 심리적 억압을 통한 사실상의 신체의 자유에 대한 침해는 영장주의가 아니라 헌법 제12조 제1항이 규정한 일반적인 신체의 자유를 통해 보호되는 것이다. 이 사건 동행명령조항은, 특별검사의 출석요구에 정당한 사유 없이 응하지 아니한 참고인에게 지정한 장소까지 동행할 것을 명령할 수 있도록 하고, 그 동행명령을 정당한 사유 없이 거부한 자는 1천만 원 이하의 벌금에 처하도록 규정하고 있다. 이 사건 동행명령조항이 동행을 거부한 참고인에 대해 직접·현실적인 강제력을 행사하여 그 참고인을 지정된 장소로 인치할 수 있도록 한 규정이 아님은 문언상 명백할 뿐만 아니라, 이 사건 동행명령조항이 그 집행 등에 관하여 준용하고 있는 국회증언법 제6조에 규정된 동행명령제의 입법 경위(최초 법률안에서 '동행명령'과 '구인'을 명백히 구별하여 모두 규정하여 국회의 의결을 거쳤으나, 대통령의 거부권 행사로 구인을 삭제하고 동행명령만을 규정하면서 그 위반에 대해 국회 모욕죄로 처벌하도록 규정한 것)에 비추어 보더라도 알 수 있는 것이다. 또한 동행명령을 거부한 참고인은 동행명령 거부에 대한 벌금형 부과를 위한 형사재판절차에서 동행명령을 거부한 정당한 사유를 주장하여 처벌의 당부를 다툴 수 있고, 그 정당한 사유의 존부를 포함한 형사처벌 여부는 최종적으로 법원이 결정하도록 되어 있다는 점을 고려하면, 이 사건 동행명령조항이 참고인의 신체에 직접적이고 현실적인 강제력의 행사를 허용하고 있는 규정이 아니라는 것은 더욱 분명해진다. 결국 이 사건 동행명령조항은 동행명령을 거부하는 참고인에 대해 직접적이고 현실적인 강제력을 행사할 수 있음을 규정한 것이 아니라, 동행명령을 거부할 정당한 사유가 없는 참고인에 대하여 지정된 장소에 출석할 의무를 부과하고, 벌금형이라는 제재를 수단으로 하여 그 출석의무의 이행을 심리적, 간접적으로 강제하는 것이어서, 영장주의의 적용 대상이 될 수 없다.……이 사건 동행명령조항은, 특별검사의 출석요구에 정당한 사유 없이 응하지 아니한 참고인에게 지정한 장소까지 동행할 것을 명령할 수 있도록 하고, 그 동행명령을 정당한 사유 없이 거부한 자는 1천만 원 이하의 벌금형에 처하도록 규정하고 있다. 위 조항의 취지는, 벌금형의 제재 수단을 마련함으로써 심리적·간접적인 강제를 통하여 참고인의 출석을 확보하고자 하는 것일 뿐, 동행명령에 불응하는 참고인의 신체에 대하여 직접적이고 현실적인 강제력의 행사, 즉 강제인치 등을 허용하는 조항이 아니다. 이 점은 위 조항의 문언상 명백할 뿐만 아니라, 위 조항이 그 집행 등에 관하여 준용하고 있는 국회증언법 제6조의 입법경위에 비추어서도 알 수 있다. 따라서 이 사건 동행명령조항은 헌법 제12조 제3항이 규정하고 있는 영장주의의 적용대상이 될 수 없다 할 것이므로, 헌법상의 영장주의에 위반되지 아니한다.」

[89] 第八 自白의 證據能力 및 證明力의 制限

Ⅰ. 의 의

헌법 제12조 제7항은「被告人의 自白이 拷問·暴行·脅迫·拘束의 부당한 長期化 또는 欺罔 기타의 방법에 의하여 自意로 陳述된 것이 아니라고 인정될 때 또는 正式裁判에 있어서 被告人의 自白이 그에게 不利한 유일한 증거일 때에는 이를 有罪의 증거로 삼거나 이를 이유로 處罰할 수 없다」라고 하여 자백의 증거능력과 증명력을 제한하고 있다.

이러한 것은 형사소송법상 증거법의 법리이지만 신체의 자유 등 국민의 기본권을 보호하는 수준에서도 필수적으로 요구되어 헌법상의 원리로 정하고 있다. 이러한 헌법상의 원리로부터 이러한 자백을 강요받지 않을 권리가 기본권으로 도출된다.

영국의 형사법의 발달을 보면, 보통법에 의하여 任意性의 法理(voluntariness standard)에 기초한 自白排除法則이 인정되어 왔다.

Ⅱ. 내 용

자백은 자기의 범죄사실의 일부 또는 전부를 시인하는 진술을 말한다. 헌법 제12조 제7항은 이러한 자백이 형사재판에서 증거능력이 부인되는 경우와 증명력이 부인되는 경우를 헌법상의 법리로 정하고 있다.

(1) 증거능력의 제한

헌법 제12조 제7항의「被告人의 自白이 拷問·暴行·脅迫·拘束의 부당한 長期化 또는 欺罔 기타의 방법에 의하여 自意로 陳述된 것이 아니라고 인정될 때」라 함은 자백의 임의성이 인정되지 않는 때를 의미한다. 구속은 拘禁을 의미한다. 憲法 제12조 제7항에 의하면, 자의에 따른 진술이 아닌 자백, 즉 임의성이 인정되지 않는 자백인 이상 이러한 자백을 얻어낸 방법은 그 종류와 유형을 불문한다. 임의성이 인정되지 않는 경우란 자백이 임의로 진술한 것이 아니라고 의심할만한 이유가 있는 때를 의미한다(예: 大 1955. 4. 29.-4287刑上55). 이러한 임의성이 없는 자백은 증거능력이 없어 유죄의 증거로 할 수 없다.

잠을 재우지 않고 밤샘수사를 하여 얻어진 자백의 증거능력도 부정된다(예: 大 1997. 6. 27.-95도1964). 경찰의 수사단계에서 고문에 의한 자백을 하고 그 임의성이 없는 상태가 검사의 피의자신문의 단계에까지 계속되었다고 인정하는 경우에는 검사의 자백강요가 없었다고 하더라도 검찰에서의 자백의 임의성이 부정된다(예: 大 1992. 11. 24.-92도2409).

(2) 증명력의 제한

憲法 제12조 제7항은「正式裁判에 있어서 被告人의 自白이 그에게 不利한 유일한 증거일 때에는 이를 有罪의 증거로 삼거나 이를 이유로 處罰할 수 없다」라고 하여 자백의 증거능력이 인정되더라도 이것이 유일한 증거인 경우에는 증명력이 없어 有罪의 증거로 삼거나 이를 이유로 處罰할 수 없다고 정하고 있다. 이는 自由心證主義에 대한 예외로서 자백의 진실성을 담보하고 기본권의 침해를 방지하기 위하여 인정되는 것이다. 따라서 이러한 경우에 유죄판결을 하고자 하는 경우에는 補强證據가 필요하다.

이러한 자백의 증명력의 제한은 정식재판에서 인정되는 것이므로 약식재판에서는 자백이 유일한 증거인 경우에도 처벌할 수 있다(卽審法 §10). 이는 헌법 제12조 제7항에 위반되지 않는다(同旨: 金哲洙a, 753).

보강증거에 관하여 大法院은 보강증거로서는 직접증거 뿐 아니라 상황증거도 증거능력이 있다(大 1966. 7. 26.-66도634)고 하고,「자백에 대한 보강증거는 범죄사실이 전부 또는 중요부분을 인정할 수 있는 정도가 되지 아니하더라도 피고인의 자백이 가공적인 것이 아닌 진실한 것임을 인정할 수 있는 정도만 되면 족하고, 직접증거가 아닌 간접증거나 정황증거도 보강증거가 될 수 있는 것」(大 1995. 7. 25.-95도1148)이라고 판시하였다.

5. 人身保護를 위한 刑事節次에 관한 基本權

[90] 第一 陳述拒否權

Ⅰ. 의 의

헌법 제12조 제2항은 「모든 國民은…… 刑事上 자기에게 不利한 陳述을 强要당하지 아니한다」라고 하여 진술거부권을 정하고 있다. 陳述拒否權은 피고인이나 피의자 또는 장차 피고인이나 피의자가 될 자가 수사절차나 공판절차 또는 행정절차나 국회의 조사절차 등에서 형사상 자기에게 불리한 진술을 거부할 수 있는 권리를 말한다. 默秘權이라고도 한다.

진술거부권을 헌법상의 기본권으로 보장하는 것은, 피고인 또는 피의자의 권리를 실체적 진실발견이나 사회정의의 실현이라는 국가이익보다 우선적으로 보호함으로써 인간의 존엄과 가치를 보장하고, 비인간적인 자백의 강요와 고문을 근절하고자 함이며, 피고인 또는 피의자와 검사 사이에 武器對等을 도모하여 공정한 재판의 이념을 실현하고자 하는 데 있다(예: 憲 1997. 3. 27.-96헌가11; 2001. 11. 29.-2001헌바41).

진술거부권은 형사상 불리한 진술을 거부할 수 있는 권리이기 때문에 일반적으로 말을 하지 않을 자유는 헌법 제21조 제1항의 언론의 자유로 보장되는 것이다. 양자는 구별된다.

> 진술거부권은 16세기 후반 영국에서 보통법(common law)상의 권리로 확립된 후 1791년 미합중국연방헌법 수정 제5조에서 불리한 진술을 강요당하지 않을 권리, 즉 自己負罪拒否權(privilege against self-incrimination)으로 명문화되었다. 특히 미국의 경우 「미란다 원칙」으로 구체화되었는데, 그 내용은 i) 피의자를 심문하기 전에 피의자가 진술거부권을 가지고 있다는 사실, ii) 피의자의 진술이 그에게 불리한 증거로 사용될 수 있다는 사실, iii) 피의자가 변호인의 도움을 받을 수 있다는 사실을 고지하여야 한다는 것이다(Miranda v. Arizona, 384 U.S. 436(1966)).

Ⅱ. 주 체

진술거부권의 주체는 통상 수사단계의 피의자 또는 공판절차 중에 있는 피고인이지만, 형사상 불리한 진술로 피의자 또는 피고인이 될 가능성이 있는 자도 이에 해당한다(예: 憲 1990. 8. 27.-89헌가118; 1997. 3. 27.-96헌가11).

[憲 1990. 8. 27.-89헌가118] 「진술거부권은 형사절차에서만 보장되는 것은

아니고 행정절차이거나 국회에서의 질문 등 어디에서나 그 진술이 자기에게 형사상 불리한 경우에는 묵비권을 가지고 이를 강요받지 아니할 국민의 기본권으로 보장된다. 따라서 현재 형사피의자나 피고인으로서 수사 및 공판절차에 계속중인 자뿐만 아니라 교통사고를 일으킨 차량의 운전자 등과 같이 장차 형사피의자나 피고인이 될 가능성이 있는 자에게도 그 진술내용이 자기의 형사책임에 관련되는 것일 때에는 그 진술을 강요받지 않을 자기부죄(自己負罪)거절의 권리가 보장되는 것이다.」

Ⅲ. 내 용

(1) 진술의 거부

진술이라 함은 통상 생각이나 지식, 경험적 사실을 언어를 통하여 표출하는 것을 말한다. 이러한 언어행위에는 발음, 문자의 기재, 신체적 동작, 표정 등이 포함된다. 도로교통법에 규정된 음주측정은 호흡측정기에 입을 대고 호흡을 불어 넣음으로써 신체의 물리적·사실적 상태를 그대로 드러내는 행위에 불과하기 때문에 이러한 진술에 해당하지 않는다(예: 憲 1997. 3. 27.-96헌가11). 진술의 거부는 진술자가 자신의 의사에 따라 진술하기를 거절하는 것을 말한다.

진술거부권으로 인하여 피고인은 범죄사실에 대하여 진술을 거부하고 침묵할 수 있을 뿐 아니라 거짓진술을 할 수 있다. 이와 관련하여 大法院은, 이러한 행위가 방어권 행사의 범위를 넘어 객관적이고 명백한 증거가 있음에도 진실의 발견을 적극적으로 숨기거나 법원을 誤導하려는 시도에 기인한 경우에는 加重的 量刑의 조건으로 참작될 수 있다고 판시하였다(예: 大 2001. 3. 9.-2001도192).

[大 2001. 3. 9.-2001도192] 「형법 제51조 제4호에서 양형의 조건의 하나로 정하고 있는 범행 후의 정황 가운데에는 형사소송절차에서의 피고인의 태도나 행위를 들 수 있는데, 모든 국민은 형사상 자기에게 불리한 진술을 강요당하지 아니할 권리가 보장되어 있으므로(헌법 제12조 제2항), 형사소송절차에서 피고인은 방어권에 기하여 범죄사실에 대하여 진술을 거부하거나 거짓진술을 할 수 있고, 이 경우 범죄사실을 단순히 부인하고 있는 것이 죄를 반성하거나 후회하고 있지 않다는 인격적 비난요소로 보아 가중적 양형의 조건으로 삼는 것은 결과적으로 피고인에게 자백을 강요하는 것이 되어 허용될 수 없다고 할 것이나, 그러한 태도나 행위가 피고인에게 보장된 방어권 행사의 범위를 넘어 객관적이고 명백한 증거가 있음에도 진실의 발견을 적극적으로 숨기거나 법원을 오도하려는 시도에 기인한 경우에는 가중적 양형의 조건으로 참작될 수 있다고 할 것이다.」

(2) 진술강요의 금지

국민은 진술거부권을 가지기 때문에 진술할 것을 강요당하지 않는다. 형사상 자기에게 불리한 陳述을 强要하는 것은 헌법위반이다. 강요의 방법에는 구별이 없으며 모든 종류의 방법에 의한 강요가 이에 해당한다. 고문이나 위협은 물론이고 법률의 형태로 진술을 강요하는 것도 포함한다(예: 憲 1997. 3. 27.-96헌가11).

憲法裁判所는, 교통사고를 일으킨 운전자에게 신고의무를 부담시키고 있는 도로교통법의 규정은 피해자의 救護 및 교통질서의 회복을 위한 조치가 필요한 범위 내에서 교통사고의 객관적 내용만을 신고하도록 한 것으로 해석하고, 형사책임과 관련되는 사항에는 적용되지 아니하는 것으로 해석하는 한 헌법상의 진술거부권을 침해하지 않는다고 판시하였고(憲 1990. 8. 27.-89헌가118), 脫營을 한 군인이 복귀명령을 준수하지 아니한 행위를 명령위반죄로 처벌하는 것은, 형사처벌을 함으로써 軍務離脫罪를 범한 자에게 자수의무를 부과하는 결과가 될 수 있다고 하더라도 이는 군병력의 유지를 주된 목적으로 하는 복귀명령의 부수적인 효과에 불과하므로 이러한 복귀명령이 군무이탈자의 진술거부권을 침해하는 것은 아니라고 판시하였다(憲 1995. 5. 25.-91헌바20).

(3) 진술거부권의 고지

진술거부권은 수사의 주체가 사전에 진술거부권이 있음을 당사자에게 고지할 때 충분히 보장된다. 刑事訴訟法은 檢事 또는 司法警察官은 捜査에 필요하여 被疑者의 출석을 요구하여 陳述을 들을 때에는 미리 被疑者에 대하여 진술을 거부할 수 있음을 알리도록 의무화하고 있다(刑訴法 §244의3). 공판절차에서 재판장도 피고인에게 심문에 대한 진술을 거부할 수 있다는 취지를 설명해야 한다(同法 §283의2②. 刑訴規則 §127).

진술거부권을 告知받을 권리가 헌법상의 기본권인가 형사소송법상의 권리인가에 대하여 논란이 있을 수 있다. 명문의 규정은 없지만, 진술거부권의 실효적인 보장이라는 면에서 볼 때, 진술거부권을 고지받을 권리는 기본권이라고 하는 것이 타당하다(同旨: 桂禧悅b, 316).

진술거부권을 고지하지 않고 자백을 받은 경우에 그 진술은 증거능력이 부정된다(예: 大 1992. 6. 23.-92도682).

Ⅳ. 적용영역

진술의 거부는 형사상 자기에게 불리한 진술인 이상 형사절차에 한정하지 않고 행정절차나 국회에서의 조사절차 등에서도 인정된다(예: 憲 1990. 8. 27.-89헌가118; 1997. 3. 27.-96헌가11).

그러나 진술의 거부라 함은 범죄의 성립과 양형에서의 불리한 사실 등을 진술하는 것을 거부하는 것을 말하기 때문에, 단순히 자기의 인격, 명예, 성실성, 신뢰성, 평판이 훼손될 우려가 있거나 행정상의 불리한 처분을 받을 우려가 있는 사실에 대해서는 진술을 거부하지 못한다(同旨: 桂禧悅b, 316).

[91] 第二 辯護人의 助力을 받을 權利

Ⅰ. 의 의

헌법 제12조 제4항은「누구든지 逮捕 또는 拘束을 당한 때에는 즉시 辯護人의 助力을 받을 權利를 가진다. 다만, 형사피고인이 스스로 변호인을 구할 수 없을 때에는 법률이 정하는 바에 의하여 국가가 변호인을 붙인다」라고 규정하고 있다.

Ⅱ. 주 체

逮捕 또는 拘束을 당한 자연인은 누구든지 변호인의 조력을 받을 권리를 가진다. 나아가 임의동행된 피의자나 피내사자에게도 인정되고, 체포 또는 구속을 당하지 아니한 불구속 피의자나 피고인에게도 인정된다(예: 大 1996. 6. 3.-96모18; 憲 2004. 9. 23.-2000헌마138). 그러나 형사절차가 종료되어 교정시설에 수용중인 受刑者에게는 원칙적으로 변호인의 조력을 받을 권리는 인정되지 않는다. 따라서 수형자가 단순히 변호인을 만나려는 행위는 정당한 사유가 없는 한 변호인의 조력을 받을 권리로 보호되지 않는다(예: 憲 1998. 8. 27.-96헌마398).

[憲 1998. 8. 27.-96헌마398] 「변호인의 조력을 받을 권리는 형사절차에서 피의자 또는 피고인이 검사 등 수사·공소기관과 대립되는 당사자의 지위에서 변호인 또는 변호인이 되려는 자와 사이에 충분한 접견교통에 의하여 피의사실이나 공소사실에 대하여 충분하게 방어할 수 있도록 함으로써 피고인이나 피의자의 인권을 보하려는데 그 제도의 취지가 있는 점에 비추어 보면, 형사절차가 종료되어 교정시설에 수용중인 수형자는 원칙적으로 변호인의 조력을 받을 권리의 주체가 될 수 없다. 다만, 수형자의 경우에도 재심절차 등에는 변호인 선임을 위한 일반적인 교통·통신이 보장될 수도 있겠으나, 기록에 의하면 청구인은 교도소 내에서의 처우를 왜곡하여 외부인과 연계, 교도소 내의 질서를 해칠 목적으로 변호사에게 이 사건 서신을 발송하려는 것이므로 이와 같은 경우에는 변호인의 조력을 받을 권리가 보장되는 경우에 해당한다고 할 수 없다.」

[憲 2004. 9. 23.-2000헌마138] 「우리 헌법이 변호인의 조력을 받을 권리가 불구속 피의자·피고인 모두에게 포괄적으로 인정되는지 여부에 관하여 명시적으로 규율하고 있지는 않지만, 불구속 피의자의 경우에도 변호인의 조력을 받을 권리는 우리 헌법에 나타난 법치국가원리, 적법절차원칙에서 인정되는 당연한 내용이고, 헌법 제12조 제4항도 이를 전제로 특히 신체구속을 당한 사람에 대하여 변호인의 조력을 받을 권리의 중요성을 강조하기 위하여 별도로 명시하고 있다고 할 것이다.」

[大 1996. 6. 3.-96모18] 「변호인의 조력을 받을 권리를 실질적으로 보장하기 위하여는 변호인과의 접견교통권의 인정이 당연한 전제가 되므로, 임의동행의 형식으로 수사기관에 연행된 피의자에게도 변호인 또는 변호인이 되려는 자와의 접견교통권은 당연히 인정된다고 보아야 하고, 임의동행의 형식으로 연행된 피내사자의 경우에도 이는 마찬가지이다.」

Ⅲ. 내 용

(1) 조 력

辯護人의 助力을 받을 權利는 변호인을 선임하고, 변호인으로부터 조력을 받는 권리를 말한다. 여기서 말하는 조력은 충분한 조력을 의미한다(예: 憲 1992. 1. 28.-91헌마111; 1997. 11. 27.-94헌마60). 조력을 받을 권리에서의 조력은 조력을 제공하는 쪽과 받는 쪽 쌍방, 즉 변호인과 변호인의 조력을 받을 지위에 있는 자 사이에 형성되는 관계적인 것이므로 변호인을 방해하든 변호인의 조력을 받을 지위에 있는 자를 방해하든 어느 경우나 변호인의 조력을 받을 권리를 행사할 수 없게 되면 이는 변호인의 조력을 받을 권리를 침해하는 것이 된다.

憲法裁判所는 변호인이 구속된 피의자를 만나지 못하게 방해하는 행위(구치소의 문을 열어 주지 않는 것, 변호인의 행동을 제한하는 것 등)는 변호인의 업무를 방해하는 것으로서 변호인의 권리를 침해하는 것이기는 하지만 피의자의 접견교통권을 침해하는 것은 아니라는 취지로 판시하였다(예: 憲 1991. 7. 8.-89헌마181). 그러나 이는 변호인의 조력을 받을 권리의 행사가 변호인과 변호인의 조력을 받을 지위에 있는 자의 상호관계에서 이루어진다는 점을 간과한 것이다. 변호인의 접견교통권은 형사소송법에 의하여 인정되는 법률상의 권리이지만, 변호인이 피의자 또는 피고인과 접견교통할 수 없게 하는 행위는 변호인의 접견교통권을 침해하는 동시에 피의자 또는 피고인의 접견교통권을 침해하는 것이 된다. 헌법재판소는 피구속자를 조력할 변호인의 권리 중 그것이 보장되지 않으면 피구속자가 변호인으로부터 조력을 받는다는 것이 유명무실하게 되는 핵심적인 부분은 헌법상의 기본권으로서 보호된다고 판시하였다(예: 憲 2003. 3. 27.-2000헌마474).

[憲 1991. 7. 8.-89헌마181] 「헌법상의 변호인과의 접견교통권은 위 헌법 조항의 문언에 비추어 체포 또는 구속당한 피의자·피고인 자신에만 한정되는 신체적 자유에 관한 기본권이지, 그 규정으로부터 변호인의 구속피의자·피고인의 접견교통권까지 파생된다고 할 수는 없을 것이다. 따라서 변호인 자신의 구속피의자·피고인과의 접견교통권은 헌법상의 권리라고는 말할 수 없으며, 헌법상 보장되는 피의자·피고인의 접견교통권과는 별개의 것으로 단지 형사소송법 제34조에 의하여 비로소 보장되는 권리임에 그친다고 할 것이다.」

[憲 2003. 3. 27.-2000헌마474] 「피구속자를 조력할 변호인의 권리 중 그것이 보장되지 않으면 피구속자가 변호인으로부터 조력을 받는다는 것이 유명무실하게 되는 핵심적인 부분은 조력을 받을 피구속자의 기본권과 표리의 관계에 있기 때문에 이러한 핵심부분에 관한 변호인의 조력할 권리 역시 헌법상의 기본권으로서 보호되어야 한다.……구속적부심절차에서 피구속자에 대한 고소장과 경찰의 피의자신문조서의 열람은 피구속자를 충분히 조력하기 위하여 변호인인 청구인에게 그 열람이 반드시 보장되지 않으면 안 되는 핵심적 권리로서 청구인의 기본권에 속한다

할 것이다.……그렇다면 고소장과 피의자신문조서에 대한 열람 및 등사를 거부한 피청구인의 정보비공개결정은 청구인의 피구속자를 조력할 권리 및 알권리를 침해하여 헌법에 위반된다고 할 것이다.」

(2) 변호인을 선임할 권리

변호인의 조력을 받을 권리에서는 우선 변호인을 선임할 수 있어야 하기 때문에 변호인을 선임하는 권리는 그 내용을 이룬다. 헌법 제12조 제4항은 「刑事被告人이 스스로 辯護人을 구할 수 없을 때에는 法律이 정하는 바에 의하여 國家가 辯護人을 붙인다」라고 하여, 형사피고인의 경우 국선변호를 헌법상의 제도로 정하고 있다. 이 규정으로부터 형사피고인은 일정한 요건을 갖춘 경우 국선변호를 받을 권리를 기본권으로 보장받고 있다. 국선변호는 無資力者나 사회적 약자에 대하여 변호인의 조력을 받을 권리를 실현하고, 형사절차에서의 정의를 실현하기 위한 것이다. 刑事訴訟法은 일정한 경우 체포 또는 구속된 피의자(刑訴法 §214의2⑩)와 피고인(刑訴法 §33, §282, §283)에 대하여 국선변호를 선임하게 정하고 있다. 피의자에 대한 국선변호는 형사소송법상의 권리임에 비하여 피고인에 대한 國選辯護는 헌법상의 기본권이다(憲法 §12④ 但書).

憲法裁判所는 형사피의자의 국선변호인에 대해서는 헌법이 아무런 입법위임을 하고 있지 않기 때문에 국가가 형사피의자를 위한 국선변호인제도를 입법해야 할 의무는 없다고 판시하였다(예: 憲 2008. 7. 1.-2008헌마428).

(3) 변호인과의 접견교통권

변호인을 선임한 후에는 변호인과 접견하고 교통할 수 있어야 변호인의 조력을 받을 수 있으므로 변호인과 접견교통할 권리(接見交通權)는 변호인의 조력을 받을 권리의 필수불가결한 내용을 이루는 핵심적인 것이다(예: 憲 1992. 1. 28.-91헌마111; 2009. 10. 29.-2007헌마992).

[憲 2009. 10. 29.-2007헌마992] 「헌법 제12조 제4항 본문은 "누구든지 체포 또는 구속을 당한 때에는 즉시 변호인의 조력을 받을 권리를 가진다"라고 규정하여 신체구속을 당한 사람에 대하여 변호인의 조력을 받을 권리를 기본권으로 보장하고 있다. 여기서 '변호인의 조력'은 '변호인의 충분한 조력'을 의미하는 것인바, 신체구속을 당한 사람에 대하여 변호인의 충분한 조력을 받게 하기 위하여는 무엇보다도 신체구속을 당한 사람이 변호인과 충분한 상담을 할 수 있도록 해 주어야만 할 것이므로 변호인의 조력을 받을 권리의 필수적 내용은 신체구속을 당한 사람과 변호인과의 접견교통이다. 변호인은 접견을 통하여 구속된 피의자나 피고인의 상태를 파악하여 그에 따른 적절한 대응책을 강구하고, 피의사실이나 공소사실의 의미를 설명해 주고 그에 관한 피의자나 피고인의 의견을 들어 대책을 의논한다. 또한 법적·심리적으로 불안한 상태에 있는 피의자나 피고인은 변호인과의 접견을 통하여 위로를 받음으로써 심리적인 안정을 회복하고, 형사소송절차 내에서 효과적으로 방어권을 행사할 수 있게 된다.」

접견교통권에서 말하는 접견교통은 자유로운 접견과 교통을 의미한다. 이러한 자유로운 접견은 구속된 자와 변호인의 접견에 교도관이나 수사관 등 관계공무원의 참여가 없어야 가능하다. 관계공무원이 가까이서 감시하면서 대화내용을 듣거나 녹취하거나 또는 사진을 찍는 등 불안한 분위기를 조성하는 행위는 변호인의 조력을 받을 권리를 침해하는 것이다(예: 憲 1992. 1. 28.-91헌마111).

憲法裁判所는, 변호인의 조력을 받을 권리의 보장에는 구속을 당한 사람과 변호인 사이의 교통내용에 대한 비밀의 보장과 부당한 간섭의 금지가 포함되는데, 이러한 취지는 접견뿐만 아니라 변호인과 미결수용자 사이의 書信에도 적용되어 그 비밀이 보장되어야 한다고 하면서, 다만, 양자 사이의 서신으로서 그 비밀을 보장받기 위하여는, 교도소측에서 상대방이 변호인이라는 사실을 확인할 수 있어야 하고, 서신을 통하여 마약 등 소지금지품의 반입을 도모한다든가 그 내용에 도주·증거인멸·수용시설의 규율과 질서의 파괴 기타 형벌법령에 저촉되는 내용이 기재되어 있다고 의심할 만한 합리적인 이유가 있는 경우가 아니어야 한다고 판시하였다(예: 憲 1995. 7. 21.-92헌마144).

(4) 변호인의 변호활동

변호인이 체포 또는 구속당한 자를 변호하기 위하여 행하는 활동(예: 소송기록의 열람, 참고인 또는 증인의 접견, 공격과 방어의 준비행위 등)은 변호인의 권리일뿐만 아니라 변호인의 조력을 받을 권리에도 해당한다(同旨: 桂禧悅 b, 319, 298). 憲法裁判所도 정당한 사유를 밝히지 아니한 채 수사기록의 열람·등사를 거부한 검사의 행위는 피고인의 신속·공정한 재판을 받을 권리와 변호인의 조력을 받을 권리를 침해하는 것이라고 판시하였다(예: 憲 1997. 11. 27.-94헌마60).

> [憲 1997. 11. 27.-94헌마60] 「변호인의 조력을 받을 권리는 그와 같은 접견교통권에 그치지 아니하고 더 나아가 피고인이 그의 변호인을 통하여 수사서류를 포함한 소송관계 서류를 열람·등사하고 이에 대한 검토결과를 토대로 공격과 방어의 준비를 할 수 있는 권리도 포함된다고 보아야 한다. 왜냐하면 변호인의 조력을 받을 권리가 보장된다는 것은 피고인을 위한 변호인의 활동이 충분히 보장됨을 의미하는 것이며, 변호인의 변론활동중 수사기록에 대한 검토는 피고인에게 유리한 증거는 이를 피고인의 이익으로 원용하고 불리한 증거에 대하여는 검사의 공격에 대하여 효율적인 방어를 위하여 필수적인 것이므로 이에 대한 접근이 거부되어서는 실질적 당사자대등이 이루어졌다고 할 수 없고, 피고인에게 변호인의 조력을 받을 권리가 충분하게 보장되었다고 할 수 없을 것이기 때문이다.…… 변호인의 수사기록 열람·등사에 대한 지나친 제한은 결국 피고인에게 보장된 변호인의 조력을 받을 권리를 침해하게 되는 것이다.」

Ⅳ. 제 한

변호인의 조력을 받을 권리도 헌법 제37조 제2항에 의하여 제한할 수 있다. 변호인의 조력을 받을 권리는 최대한 보장되어야 하지만, 이러한 것이 아무런 제한없이 인정되는 것은 아니다. 변호인의 접견·교통도 다른 이익을 보호해야 할 필요성이 있는 경우에는 시간, 장소, 방법에 대한 제한이 가능하다.

헌법재판소의 판례 가운데는 변호인과의 자유로운 접견은 신체구속을 당한 사람에게 보장된 변호인의 조력을 받을 권리의 가장 중요한 내용이어서 국가안전보장·질서유지·공공복리 등 어떠한 명분으로도 제한될 수 있는 성질의 것이 아니라고 판시한 것도 있고(예: 憲 1992. 1. 28.-91헌마111), 피고인이 변호인과 면접·교섭할 수 있는 권리는 최대한 보장되어야 하지만, 계호의 필요성과 접견의 비밀성을 위하여 비례의 원칙에 따라 일반적 기준 아래에서 그 절차, 시간, 장소, 방식 등이 제한될 수 있다고 판시한 것도 있다(憲 2009. 10. 29.-2007헌마992). 피의자 또는 피고인이 자신의 범죄행위에 변호인을 공범으로 가담시키려고 했다는 사정만으로 변호인과의 접견교통을 금지하는 것은 정당화되지 않는다(大 2007. 1. 31.-2006모656).

[憲 1992. 1. 28.-91헌마111] 「신체구속을 당한 사람에 대하여 변호인의 충분한 조력을 받게 하기 위하여서는 무엇보다도 먼저 신체구속을 당한 사람이 변호인과 충분한 상담을 할 수 있도록 해 주어야만 할 것이므로 변호인의 조력을 받을 권리의 필수적 내용은 신체구속을 당한 사람과 변호인과의 접견·교통일 것이다. 변호인은 접견을 통하여 구속된 피의자, 피고인의 상태를 파악하여 그에 따른 적절한 대응책을 강구하고, 피의사실이나 공소사실의 의미를 설명해 주고 그에 관한 피의자·피고인의 의견을 듣고 대책을 의논하며, 피의자나 피고인 진술의 방법, 정도, 시기, 내용 등에 대하여 변호인으로서의 의견을 말하고 지도도 하고, 진술거부권이나 서명날인거부권의 중요성과 유효적절한 행사방법을 가르치고 그것들의 유효적절한 행사에 의하여 억울한 죄를 면할 수 있다는 것을 인식시켜야 하며, 수사기관에 의한 자백강요, 사술(詐術), 유도(誘導), 고문 등이 있을 수 있다는 것을 알려 이에 대한 대응방법을 가르쳐 허위자백을 하지 않도록 권고하고, 피의자로부터 수사관의 부당한 조사(유도, 협박, 이익공여, 폭력 등) 유무를 수시로 확인해야 하며, 피의자나 피고인의 불안, 절망, 고민, 허세 등을 발견하면 그 감정의 동요에 따라 격려하여 용기를 주거나 위문하거나 충고하여야 할 것이다. 그런데 이러한 일은 구속된 자와 변호인의 대화내용에 대하여 비밀이 완전히 보장되고 어떠한 제한, 영향, 압력 또는 부당한 간섭없이 자유롭게 대화할 수 있는 접견을 통하여서만 가능하고 이러한 자유로운 접견은 구속된 자와 변호인의 접견에 교도관이나 수사관 등 관계공무원의 참여가 없어야 가능할 것이다. 만약 관계공무원이 가까이서 감시하면서 대화내용을 듣거나 녹취하거나 또는 사진을 찍는 등 불안한 분위기를 조성한다면 변호인의 이러한 활동은 방해될 수밖에 없고 이는 변호인의 조력을 받을 권리나 진술거부권을 기본권으로 보장한 헌법정신에 크게 반하는 일이다. 공소제기를 잘못하거나 오판 등에 의한 원죄(冤罪)는 구속된 피의자, 피고인과 변호인의 자유로운 접견·교통에 의하여 사전에 예방될 수 있을 것이다. 이상과 같이 변호인과의 자유로운 접견은 신체구속을 당한

사람에게 보장된 변호인의 조력을 받을 권리의 가장 중요한 내용이어서 국가안전보장·질서유지·공공복리 등 어떠한 명분으로도 제한될 수 있는 성질의 것이 아니다.」 [憲 2009. 10. 29.-2007헌마992] 「재판을 앞둔 피고인이 방어권 행사를 준비하기 위한 변호인과의 면접·교섭권은 최대한 보장되어야 할 권리라고 할 것이고, 이와 같은 중대한 기본권을 침해하는 조치는 위헌적이라고 할 것이다. 특히 신체가 구속되어 있는 피고인으로서는 심리적으로도 가장 불안한 시점이라고 할 것이어서, 변호인의 법률적·심리적 조력을 가장 필요로 하는 시점이라고 할 것이므로 그 면접·교섭권의 보장이 더욱 절실히 요청된다고 할 것이다. 그러나 구속피고인의 변호인 면접·교섭권의 위와 같은 중요성은 독자적으로 존재하는 것이 아니라 국가형벌권의 적정한 행사와 피고인의 인권보호라는 형사소송절차의 전체적인 체계 안에서 의미를 갖고 있는 것이다. 따라서 구속피고인의 변호인 면접·교섭권은 최대한 보장되어야 하지만, 형사소송절차의 위와 같은 목적을 구현하기 위하여 제한될 수 있다. 다만 이 경우에도 그 제한은 엄격한 비례의 원칙에 따라야 하고, 시간·장소·방법 등 일반적 기준에 따라 중립적이어야 한다. 이에 따라 행형법(2007. 12. 21. 법률 제8728호 '형의 집행 및 수용자의 처우에 관한 법률'로 전부 개정되기 전의 것)은 제18조에서 수용자의 접견에 관한 일반적 규정을 두는 것과는 별도로, 제66조 제1항에서 미결수용자와 변호인 간의 접견에 관한 특별규정을 두어, 미결수용자와 변호인과의 접견에는 교도관이 참여하거나 그 내용을 청취 또는 녹취하지 못하고, 단지 보이는 거리에서 미결수용자를 감시할 수 있도록만 하였다. 또한 행형법 시행령(2008. 10. 29. 대통령령 제21095호로 전부 개정되기 전의 것)도 미결수용자와 변호인 간의 접견에 대하여는 특별규정을 두어, 접견시간 및 접견횟수의 제한이 없도록 하고(제54조, 제56조 제2항), 접견시에도 일반 접견과는 달리 변호인의 성명과 주소만을 기록할 뿐 면담요지등을 기록하지 않도록 하였다(제58조 제1항). 나아가 계호근무준칙(법무부훈령 제520호, 2005. 7. 11. 개정된 것) 제275조는 출정수용자의 일반적 접견은 허가하지 아니하면서도, 변호인과의 접견은 허용하되, 다만 계호의 효율성과 접견의 특성을 고려하여 변호인 접견의 절차(제1호), 장소(제2호) 및 방식(제3호, 제4호) 등을 규율하고 있다. 결국 출정피고인에게도 변호인과의 면접·교섭권을 최대한 보장하여야 하지만, 계호의 필요성과 접견의 비밀성을 위하여 비례의 원칙에 따라 일반적 기준 아래에서 그 절차, 시간, 장소, 방식 등이 제한될 수 있다고 할 것이다. 이 사건 심판기록에 의하면, 청구인은 법정 옆 구속피고인 대기실에서 재판을 대기하던 중 자신에 대한 재판 시작 전 약 20분전에 교도관 김○호에게 변호인과의 면담을 요구하였다. 당시 위 대기실에는 청구인을 포함하여 14인이 대기 중이었고, 그 중 11인은 살인미수, 강간치상 등 이른바 강력범들이었다. 반면 대기실에서 근무하는 교도관은 위 김○호를 포함하여 2명뿐이었고, 위 대기실에는 다른 피고인들로부터 접견의 비밀이 보장될 공간이 없었다. 또한 청구인은 변호인과의 면접에 관하여 사전에 서면은 물론 구두로도 신청한 바 없어, 교도관들이 이에 대한 준비를 하지 아니하였을 뿐 아니라, 청구인이 만나고자 하는 변호인이 법정에 있는지조차 알 수 없는 상황이었다. 이 때 교도관 김○호가 계호근무준칙상의 변호인 접견절차를 무시하고라도 청구인의 변호인과의 면접을 허용하려면, 위 김○호가 법정으로 들어가 변호인을 찾은 후 면담의 비밀성이 보장되고 계호에도 문제가 없는 공간을 찾아서 김○호가 면담내용이 들리지 않는 거리에서 지켜보는 가운데 면담을 하게 하여줄 수밖에 없다. 그러나 위 상황에서 김○호가 청구인과 변호인 간의 면담을 위하여 이와 같은 행위를 하여주리라고 기대하는 것은 현실적으로 어려울 뿐 아니라 오히려 그러한 행위가 다른 피고인들의 계호 등 교도행정업무에 치명적 위험이 될 가능성도 배제할 수 없다. 결국 위와 같은 시간적·장소적 상황을 고려할 때, 청구인의 이 사건 면담 요구는 구속피고인의 변호인과의 면접·교섭권으로서 현실적으로 보장할 수 있는 한계 범위 밖이라고 아니할 수 없다. 따라서 청구인의 변호인 면담 요구를 받아들이지 아니한 교도관 김○호의 이 사건 접견불허행위는 청구인의 기본권을 침해하는 위헌적인 공권력의 행사라고 보기 어렵다.」 이 사건에는 2인의 반대의견이 있다.

[92] 第三 不當한 逮捕·拘束으로부터의 自由

인신의 자유를 보호함에 있어서는 국가로부터 부당한 체포를 당하거나 구속을 당하는 것이 금지되어야 하고, 국가로부터 이러한 침해를 받은 경우에는 이를 구제받는 장치가 마련되어야 한다. 憲法 제12조 제6항은 「누구든지 체포 또는 구속을 당한 때에는 적부의 심사를 법원에 청구할 권리를 가진다」라고 하여 구속적부심사청구권을 기본권으로 보장하고 있다. 구속적부심사에 대한 구체적인 것은 刑事訴訟法에서 정하고 있다(刑訴法 §214의2).

[93] 第四 拷問의 禁止

I. 의 의

憲法 제12조 제2항은 「모든 국민은 고문을 받지 아니하며……」라고 하여 사람에 대한 拷問을 금지하고 있다. 고문은 자백을 받아내는 등의 목적으로 사람에게 정신적 또는 신체적 폭력을 가하는 것을 말한다.

헌법에서 고문의 금지를 명시적으로 정하고 있는 것은, 고문은 사람의 정신과 신체를 파괴시키고 인간의 존엄성과 인격을 정면으로 훼손하는 행위임에도 인류의 역사상 이러한 행위가 여러 나라에서 국가권력에 의해 자행되어 왔고, 오늘날까지도 근절되지 않고 있기 때문에 어떠한 경우에도 인간의 삶에서 고문이 행해질 수 없게 하기 위한 것이다. 이러한 고문금지는 인신의 자유를 보호함에 있어서 필수적으로 요구되는 것이다.

형사재판상 자백이 「증거의 왕」으로 다루어지면서 고문은 범죄혐의자의 자백을 손쉽게 받아내어 처벌하기 위해서 뿐만 아니라, 無辜한 이에게 죄를 억지로 뒤집어 씌우는 수단으로 사용되기도 하였다. 우리나라에서도 독재와 권위주의통치를 거치면서 김근태 고문사건(이에 대한 국가배상판결은 서울지법 1992. 1. 30.-86가합5126), 부천서 성고문사건(大 1988. 1. 29.-86모58), 박종철 고문치사 사건(大 1991. 12. 27.-90도2801) 등 고문사건이 빈번하게 발생하였고, 근래에도 형사피의자 고문치사

사건 등이 발생하는 점을 보건대, 아직도 우리 사회에서는 여전히 고문이 발생할 여지가 존재하고 있다.

이와 같은 현실에서 국제적으로도 고문의 방지를 위한 노력이 계속되어 왔다. 1948년 「세계인권선언」 제 5 조, 1976년 「시민적 및 정치적 권리에 관한 국제규약」 제 7 조, 1987년 「고문 및 그 밖의 잔혹하고 비인도적이거나 굴욕적인 대우 또는 처벌의 방지에 관한 협약」(Convention against Torture and Other Cruel, Inhuman or Degrading Treatment or Punishment, 우리나라는 1995년 가입)이 그 대표적인 예이다. 그러나 여전히 세계 곳곳에서 인종 또는 민족의 갈등으로 내분을 겪는 나라와 독재와 권위주의통치가 행해지는 나라들에서는 고문과 학살이 빈번하게 발생하고 있다.

Ⅱ. 내 용

고문은 형사절차나 행정절차 등 모든 경우에 절대적으로 금지되며, 국적을 불문하고 모든 자연인은 고문을 받지 않을 권리를 가진다. 이러한 고문을 받지 않을 권리는 憲法 제12조 제 2 항에서 정하고 있는 기본권이다.

刑法 제125조와 特定犯罪加重處罰등에관한法律 제 4 조의2는 고문행위를 한 공무원을 형사처벌하는 규정을 두고 있다. 또한 공무원에 의해 고문을 당한 사람은 국가에 대하여 국가배상청구권을 갖는다. 고문의 근절을 위한 보다 실효적인 방안으로서 憲法 제12조 제 7 항은 「피고인의 자백이 고문……기타의 방법에 의하여 자의로 진술된 것이 아니라고 인정될 때……이를 유죄의 증거로 삼거나 이를 이유로 처벌할 수 없다」라고 규정하여 고문에 의한 자백의 증거능력을 부정하고 있으며, 刑事訴訟法 제309조는 이를 재확인하고 있다.

고문금지조항과 관련하여 형사피의자나 형사피고인에 대한 마취분석(Narko-analyse)은 허용되지 않는다고 할 것이며, 거짓말탐지기 사용의 경우 大法院은 피의자가 그 사용을 동의하고 일정한 조건이 갖추어진 경우에 한하여 이로부터 얻어진 증거의 증거능력을 인정하는 입장이다(예: 大 1987. 7. 21.-87도968; 1986. 11. 25.-85도2208 등).

[94] 第五 正當한 裁判을 받을 權利

Ⅰ. 의 의

인신의 자유를 보호함에 있어서는 그 자유가 침해된 경우에 이를 구제하는 장치가 필수적으로 마련되어야 할 뿐 아니라, 재판을 받는 과정에서도 인신의 자유가 침해되지 않아야 한다. 재판을 받는 경우에 형사피고인이나 당사자는 국가에 대하여 약자의 지위에 있고, 국가는 裁判權이라는 국가권력을 가지고 있고 당사자는 이러한 권력의 적용을 받는 지위에 있으므로 재판의 과정에서 인신의 자유가 침해될 우려가 존재한다. 특히 형사재판에서 인신이 구속된 경우에 재판절차가 정당하고 합리적으로 진행되지 않으면 그 자체로서 인신의 자유를 침해하는 일이 발생한다. 정당한 재판이라 함은 실체법적으로 합헌적 법률에 의하여 이루어질뿐만 아니라 절차적으로도 합헌적이고 합법적인 재판을 의미한다.

憲法 제27조 제1항은 「모든 국민은 헌법과 법률이 정한 법관에 의하여 법률에 의한 재판받을 권리를 가진다」라고 규정하고, 동조 제2항은 군인 또는 군무원이 아닌 국민에 대하여 원칙적으로 군사재판을 금지하는 것을 정하고 있는 동시에 동조 제3항에서 「모든 국민은 신속한 재판을 받을 권리를 가진다. 형사피고인은 상당한 이유가 없는 한 지체없이 공개재판을 받을 권리를 가진다」라고 하여 신속한 재판을 받을 권리와 공개재판을 받을 권리를 국민의 기본권으로 규정하고 있다. 재판의 공정과 정당성을 확보하고 신체의 자유에 대한 부당한 제한을 방지하기 위해서는 「신속하고 공개된 재판」이 이루어지는 것이 필수적이므로 헌법은 이를 특별히 명시적으로 정하고 있다.

Ⅱ. 내 용

迅速한 裁判이란 정당한 이유 없이 재판이 장기화되는 것을 금지하는 것이며, 公開된 裁判이란 사건당사자와 관련인 이외의 자에게 재판의 방청을 허용하는 것이다. 憲法 제27조 제3항은 공개재판을 받을 권리의 주체로 형사피고인을 명시하고 있지만, 헌법 제109조의 규정을 볼 때 이는 형사피고인뿐만 아니라 모든 국민에게 인정된다고 할 것이다. 헌법은 제109조에서 「국가의 안전보장 또는 안녕질서를 방해하거나 선량한 풍속을 해할 염려가 있을 때」에는 법원의 결정으로 審理를 공개하지 않을 수 있음을 정하고 있으나, 이 경우에도 判決은 공개해야 한다. 성폭력범죄의처벌및피해자보호등에관한법률은 피해자의 사생활을 보호하기 위하여 필요한 경우에 심리의 비공개와 증인신문의 비공개를 인정하고 있다(同法 §22).

Ⅲ. 판 례

憲法裁判所는 구형사소송법 제361조 제1항·제2항이 항소법원에의 기록송부시 검사를 거치도록 한 것은 피고인의 신속·공정한 재판을 받을 기본권을 침해하여 위헌이며(憲 1995. 11. 30.-92헌마44), 국가보안법 제7조(찬양·고무) 및 제10조(불고지)의 죄에 대해서까지 동법 제19조가 수사기관에 의한 피의자구속기간을 50일까지 인정한 것은 피의자의 신체의 자유, 무죄추정의 원칙 및 신속한 재판을 받을 권리를 침해하는 것이고(憲 1992. 4. 14.-90헌마82), 국가보안법위반사건 변호인의 수사기록 열람·등사신청에 대하여 국가기밀의 누설이나 증거인멸, 증인협박, 사생활침해의 우려 등 정당한 사유를 밝히지 아니한 채 전부 거부한 것은 청구인의 신속하고 공정한 재판을 받을 권리와 변호인의 조력을 받을 권리를 침해한 것으로서 위헌임을 확인한 바 있다(憲 1997. 11. 27.-94헌마60).

그런데 헌법재판소는, 법원은 민사소송법 제184조에서 정하는 기간 내에 반드시 판결을 선고해야 할 법률상의 의무가 발생한다고 볼 수 없고, 신속한 재판을 위한 어떤 직접적이고 구체적인 청구권이 헌법 제27조 제3항으로부터 직접 발생하지 않기 때문에 재판의 지연에 대한 헌법소원은 부적법하다고 판시하였다(憲 1999. 9. 16.-98헌마75). 그러나 정당한 이유없이 재판을 하지 않고 방치함으로 인하여 당사자의 이익을 침해한 경우에는 신속한 재판을 받을 권리를 침해한 것으로 위헌이다. 헌법 제27조 제3항에서 정하는 신속한 재판을 받을 권리는 구체적인 기본권이다.

[95] 第六 刑事補償請求灌

국가로부터 인신의 자유를 침해당한 경우에 그 구제를 해주는 장치가 필수적으로 요구된다. 이러한 구제에는 구제의 절차를 보장하는 재판절차상의 장치도 필요하고, 그 구제의 구체적인 내용을 보장하는 것도 필요하다.

憲法 제28조는 「형사피의자 또는 형사피고인으로서 구금되었던 자가 법률이 정하는 불기소처분을 받거나 무죄판결을 받은 때에는 법률이 정하는 바에 의하여 국가에 정당한 보상을 청구할 수 있다」라고 하여 형사보상청구권을 기본권으로 정하고 있다. 이러한 형사보상청구권은 국가가 피해구제의 내용으로서 형사보상을 보장할 뿐 아니라, 이러한 구제를 구할 수 있는 절차를 보장하는 것이기도 하다(상세한 것은 刑事補償請求權을 보기 바람).

제2절 精神的 自由

1. 良心의 自由

[96] 第一 意 義

I. 개 념

(1) 헌법 규정

헌법은 제19조에서 「모든 국민은 良心의 自由를 가진다」라고 하여 良心의 自由(freedom of conscience, Gewissensfreiheit)를 국민의 기본권으로 보장하고 있다.

헌법에서 보장하고 있는 良心의 自由는 한 개인이 자기의 자율적인 판단하에 구체적으로 무엇이 옳고 그른 것인지를 결정할 수 있는 倫理的·道德的 認識의 형성과 그에 기초한 行動의 자유를 말한다(예: 憲 1997. 3. 27.-96헌가11; 2001. 8. 30.-99헌바92등; 2002. 4. 25.-98헌마425; 2004. 8. 26.-2002헌가1). 양심의 자유는 인간이 인간의 존엄과 가치를 유지하고 살아감에 있어 필수적으로 요구되는 것으로서, 신앙의 자유, 의사형성·유지의 자유, 사상형성·유지의 자유와 같이 정신적 자유의 근원을 이루는 것이다.

양심의 자유에서 가장 기본이 되는 것은 양심형성이라는 절대적인 내심의 자유이고, 그 다음은 이를 외부로 나타내어 자신의 양심을 실현하는 양심활동의 자유이다.

(2) 헌법 제19조의 양심

(a) 「양심」의 정의

헌법이 양심의 자유로 보장하는 良心은 옳고 그른 것에 대한 판단을 추구하는 가치적·도덕적 마음가짐을 말하고, 이는 그 형성과 변경에 외부적 개입과 억압에 의한 강요가 있어서는 안 되는 인간의 윤리적 내심영역에 속한다(예: 憲 2002. 1. 31.-2001헌바43). 이러한 양심은 외부에 대해서는 자기를 존재하게 하고 내부적으로는 자기가 누구인지를 인식할 수 있게 하는 근거이므로 한 인간에게 있어서 개인적 인격체로서의 正體性과 同質性을 유지하게 하는 요소를 이룬다(예: 憲 2002. 4. 25.-98헌마425등; 2004. 8. 26.-2002헌가1).

양심의 한자어는 「良心」으로 표시되는데, 그 文語的인 意味만 보면 「선량한(良) 마음(心)」이라고 번역될 수 있으나, 이는 헌법이 정하고 있는 양심의 자유에서 말하는 양심은 아니다. 개인이 가지는 내심의 불량한 나쁜 마음도 양심의 자유로 보장된다. 이런 점에서 conscience를 良心으로 번역하는 것이 적합한 용어선택인지는 의문이다.

헌법 제19조에서 보호하는 양심은 개인의 구체적인 양심을 말하며, 막연하고 추상적인 양심을 말하는 것이 아니다(예: 憲 1997. 3. 27.-96헌가11; 2001. 8. 30.-99헌바92등; 2002. 4. 25.-98헌마425등; 2004. 8. 26.-2002헌가1).

良心은 서로 다른 개인마다 자기 존재를 가능하게 만드는 극히 主觀的이고 個人的인 性質을 가지는 것이어서 양심의 자유에 따른 판단내용은 사람마다 다를 수 있다. 행복을 추구함에 있어 각 개인에게 무엇이 행복인지는 어느 누구도 결정할 수 없듯이, 개인의 구체적인 양심도 어느 누구에 의해서도 결정되지 않고 오로지 자기 자신만이 정하는 것이다(예: 憲 2004. 8. 26.-2002헌가1). 따라서 개인의 양심은 대상, 내용, 동기에 의하여 그 인정여부를 판단할 수 없으며(예: 憲 2004. 8. 26.-2002헌가1), 오로지 개인의 내심의 자율적 결정에만 의존한다.

[憲 2002. 1. 31.-2001헌마43] 「양심은 옳고 그른 것에 대한 판단을 추구하는 가치적·도덕적 마음가짐으로, 개인의 소신에 따른 다양성이 보장되어야 하고 그 형성과 변경에 외부적 개입과 억압에 의한 강요가 있어서는 아니 되는 인간의 윤리적 내심영역이다. 보호되어야 할 양심에는 세계관·인생관·주의·신조 등은 물론, 이에 이르지 아니하여도 보다 널리 개인의 인격형성에 관계되는 내심에 있어서의 가치적·윤리적 판단도 포함될 수 있다. 그러나 단순한 사실관계의 확인과 같이 가치적·윤리적 판단이 개입될 여지가 없는 경우는 물론, 법률해석에 관하여 여러 견해가 갈리는 경우처럼 다소의 가치관련성을 가진다고 하더라도 개인의 인격형성과는 관계가 없는 사사로운 사유나 의견 등은 그 보호대상이 아니라고 할 것이다.」

[憲 2004. 8. 26.-2002헌가1] 「헌법상 보호되는 양심은 어떤 일의 옳고 그름을 판단함에 있어서 그렇게 행동하지 아니하고는 자신의 인격적인 존재가치가 허물어지고 말 것이라는 강력하고 진지한 마음의 소리로서 절박하고 구체적인 양심을 말한다. 즉, '양심상의 결정'이란 선과 악의 기준에 따른 모든 진지한 윤리적 결정으로서 구체적인 상황에서 개인이 이러한 결정을 자신을 구속하고 무조건적으로 따라야 하는 것으로 받아들이기 때문에 양심상의 심각한 갈등이 없이는 그에 반하여 행동할 수 없는 것을 말한다. 인간의 존엄성 유지와 개인의 자유로운 인격발현을 최고의 가치로 삼는 우리 헌법상의 기본권체계 내에서 양심의 자유의 기능은 개인적 인격의 정체성과 동질성을 유지하는 데 있다.…… '양심의 자유'가 보장하고자 하는 '양심'은 민주적 다수의 사고나 가치관과 일치하는 것이 아니라, 개인적 현상으로서 지극히 주관적인 것이다. 양심은 그 대상이나 내용 또는 동기에 의하여 판단될 수 없으며, 특히 양심상의 결정이 이성적·합리적인가, 타당한가 또는 법질서나 사회규범, 도덕률과 일치하는가 하는 관점은 양심의 존재를 판단하는 기준이 될 수 없다. 일반적으로 민주적 다수는 법질서와 사회질서를 그의 정치적 의사와 도덕적 기준에 따라 형성하기 때문에, 그들이 국가의 법질서나 사회의 도덕률과 양심상의 갈등을 일으키는 것은 예외에 속한다. 양심의 자유에서 현실적으로 문제가 되는 것은 사회적 다수의 양심이 아니라, 국가의 법질서나 사회의 도덕률에서 벗어나려는 소수의 양심이다. 따라서 양심상의 결정이 어떠한 종교관·세계관 또는 그 외의 가치체계에 기초하고 있는가와 관계없이, 모든 내용의 양심상의 결정이 양심의 자유

에 의하여 보장된다.」

憲法裁判所는, 헌법상 그 침해로부터 보호되는 양심은 i) 문제된 당해 실정법의 내용이 양심의 영역과 관련되는 사항을 규율하는 것이어야 하고, ii) 이에 위반하는 경우 이행강제, 처벌 또는 법적 불이익의 부과 등 법적 강제가 따라야 하며, iii) 그 위반이 양심상의 명령에 따른 것이어야 한다고 판시하였다(예: 憲 2002. 4. 25.-98헌마425등).

(b) 헌법 제46조 제2항의 양심과의 관계

憲法 제46조 제2항은 「국회의원은 國家利益을 우선하여 良心에 따라 職務를 행한다」라고 정하고 있다. 여기서 말하는 양심이란 代議原理에 의하여 국회의원에게 부여되어 있는 지위와 역할에 따른 직무수행상의 양심을 말한다. 즉 국회의원이 전체 국민의 대표자로서 命令的 委任이 배제된 상태에서 전체 국민의 이익을 실현하는데 적합한 방향으로 권한을 행사하여야 한다는 의미이고, 국회의원이 공적인 권한을 개인적이고 주관적인 판단에 따라 마음대로 행사할 수 있다는 것을 의미하는 것이 아니다. 이런 점에서 憲法 제19조의 양심과 憲法 제46조 제2항의 양심은 서로 구별된다. 국회의원이 직무를 수행함에 있어 양자가 서로 충돌하는 경우에는 국회의원 개인의 주관적 양심을 후퇴시키고 헌법 제46조 제2항의 양심을 우선시켜야 한다.

(c) 헌법 제103조의 양심과의 관계

憲法 제103조는 「법관은 헌법과 법률에 의하여 그 良心에 따라 獨立하여 심판한다」라고 정하고 있다. 여기서 말하는 양심이란 법관에게 부여되어 있는 지위와 역할에 따른 직무수행상의 양심을 말한다. 법관이 사법권을 행사하는 주체로서 분쟁을 해결하거나 형사재판권을 행사함에 있어 개인의 主觀的이고 私的인 판단에 의존하지 말고 司法官으로서의 역할과 기능에 합치하도록 자기의 권한을 행사하여야 한다는 의미이다. 따라서 법관의 양심에 따른 재판이 가능하기 위해서는 재판의 독립이 보장되어야 한다. 이런 점에서 憲法 제19조의 양심과 憲法 제103조의 양심은 구별된다. 법관이 직무를 수행함에 있어서 양자가 서로 충돌하는 경우에는 법관이 사사로이 가지고 있는 신념, 신조, 가치기준, 믿음, 양심을 후퇴시키고 憲法 제103조의 양심을 우선시켜 공정한 법관의 관점에서 법의 객관적인 의미에 따라 재판하여야 한다(鄭宗燮g, [343] Ⅱ(2)).

헌법재판소의 재판관의 경우에도 법관의 경우와 동일하게 「재판관은 헌법과 법률에 의하여 그 良心에 따라 獨立하여 심판한다」라고 정하고 있다(憲裁法 §4). 이는 憲法裁判所法에서 정하고 있지만, 헌법 제103조에 비추어 보면 원래 헌법에 규정되어야 하는 사항이다. 헌법입법상의 불비이다. 따라서 헌법재판소의 재판관의 경우에도 헌법 제19조의 양심과 헌법재판소법 제4조의 양심이 충돌하는 경우에는 후자를 우선시켜 헌법재판권을 행사하여야 한다.

(3) 사상 및 종교와의 구별

(a) 사상과의 구별

思想을 자기의 외부세계에 대한 인식의 형성과 그 실현이라고 볼 때, 이러한 사상이 헌법 제19조의 양심에 포함되는가 하는 문제가 있다. 외부 세계에 대하여 개인이 가지는 세계관은 정치, 경제, 사회, 문화, 세계, 공동체 등 인간의 생활의 각 영역별로 존재할 수 있는데, 이러한 사상의 자유(Gedankenfreiheit)에 대하여 헌법이 따로 명시적으로 정하고 있지 않는 경우에 이를 헌법상 어떻게 해결할 것인가 하는 점이다. 헌법 제19조의 양심에 사상도 포함된다고 헌법을 해석하는 견해가 있다(權寧星, 477; 金哲洙a, 917; 桂禧悅b, 329).

그러나 헌법해석론에 의하면, 사상의 자유는 헌법 제10조, 헌법 제19조, 헌법 제20조 제1항, 의사의 형성을 보장하는 헌법 제22조 제1항, 헌법 제37조 제1항을 근거로 하여 헌법상의 권리로 도출할 수 있다. 헌법재판소는 자유민주적 법치국가에서는 사상의 자유가 인정된다고 보고 있으므로(예: 憲 2002. 4. 25.-98헌마425등) 우리 헌법에서도 사상의 자유가 인정되는 것으로 해석한다고 보인다. 憲法裁判所는 헌법 제19조가 정하는 양심을 정의하면서, 「보호되어야 할 양심에는 세계관 · 인생관 · 주의 · 신조 등은 물론, 이에 이르지 아니하여도 보다 널리 개인의 인격형성에 관계되는 내심에 있어서의 가치적 · 윤리적 판단도 포함될 수 있다」라고 판시한 것이 있다(예: 憲 2002. 1. 31.-2001헌바43).

日本國憲法 제19조는 「사상 및 양심의 자유는 이를 침해할 수 없다」라고 하여, 사상의 자유와 양심의 자유를 구별하여 따로 정하고 있다. 이에 관해서는 양심은 사람의 사상 가운데 윤리적인 면을 가리키고 사상은 논리적인 면을 가리키는 것이라고 구별하는 견해와 엄밀히 볼 때 이를 구별할 실익이 없다고 보는 견해가 있다. 일본국헌법에서 사상과 양심의 자유를 구별하여 정한 것에는 1945년의 「일본국의 항복조건을 정하는 선언」(Proclamation Defining Terms for Japanese Surrender), 즉 포츠담선언 제10조의 「언론, 종교 및 사상의 자유와 함께 기본적 인권의 존중을 확립하게 한다」는 내용도 영향을 미쳤다고 본다.

(b) 종교와의 구별

양심의 자유는 중요한 정신적 기본권에 해당한다. 양심의 자유를 보장하는 실정헌법상의 구조에 따라 그 의미는 늘어나기도 하고 줄어들기도 하는데, 헌법에서 종교의 자유나 학문의 자유를 따로 보장하지 아니하는 경우에는 양심의 자유에 이러한 것(종교적 양심, 학문적 양심)도 포함되어 廣義로 보장되지만, 현행헌법과 같이 종교의 자유나 학문의 자유와 구별하여 양심의 자유를 독립하여 보장하는 구조에서는 양심은 종교적 판단이나 지적 판단의 자유를 포함하지 않는 狹義로서 보장된다.

Ⅱ. 연 혁

良心의 문제는 서양에서는 宗敎의 문제와 不可分의 관계를 가지고 거론되면서 등장하였다. 하나의 종교적인 관점(예: 기독교)과 그에 근거한 가치판단을 기준으로 삼아 인간의 삶을 규율하는 것에 대하여 의문을 가지고 이와 달리 생각하고 삶을 영위할 수 있는 관점과 가치판단을 가질 수 있다는 것을 정당화하기 위하여 良心의 자유가 주장되었다. 하나의 종교적 관점이 아닌 다른 종교적 관점(예: 종교개혁)이나 신념과 분리되어 진리를 탐구하는 자유를 확보하기 위하여(예: 서양 중세의 기독교와 Aristoteles철학간의 대립) 양심이라는 개념이 부각되었다. 여기서는 양심이 종교의 자유나 학문의 자유를 확보하는 근거로 주로 주장되었다. 그러던 것이 점차 종교의 자유와 학문의 자유가 분화되고 발전하면서, 양심의 자유는 종교의 자유나 학문의 자유 등과는 별개로 독자적인 자유영역으로 주장되고 보장되기에 이르렀다.

《기독교의 마녀재판과 양심의 자유》

성문 헌법상 양심의 자유가 규정된 것은 직접적으로는 서구 기독교에 의해 자행된 異端裁判(inquisition) 또는 魔女裁判(witch trials)으로 저질러진 인류 역사상 전대미문의 인간성의 부정과 집단살육에 대하여 저항한 인간성의 승리로 문서화된 것이다. 처음에 이단재판은 12세기 후반에 남프랑스지방에서 부패와 패악과 불륜과 거짓으로 만신창이가 된 로마카톨릭에 대하여 일어난 카톨릭비판운동 또는 개혁운동(예: Waldensians, Albigensians, Cathars)을 로마교황청이 잔혹하게 탄압하는 것에서 본격적으로 출발하였다. 제 4 차 십자군 전쟁에서 돌아온 군대를 이런 비판운동들을 탄압하는 것으로 시작하여 무자비한 토벌을 감행하였다. 교황 Gregory IX 때에는 본격적으로 異端裁判制度(inquisitio pravitatis hereticae)를 창설하여 전 세계의 로마카톨릭에 반대하는 사람들을 이단자로 몰아 불에 태워 죽이기 시작하였다. 異端裁判官(inquisitio)은 이단자를 색출, 체포, 기소, 심문, 재판, 처형하는 일체의 권한을 행사하였다. 이런 이단재판은 유럽 전역과 멕시코, 스페인령 페루, 구아테말라, 포르투갈령 고아, 필리핀 등에 이르기까지 전 세계로 파급되었다. 1318년 교황 John XXII의 교서에 따라 마녀재판을 이단재판의 관할로 하면서 이단재판은 마녀재판으로 변하였다. 로마카톨릭에 대항하는 교리, 사상, 학문, 신앙, 행동 등 교황청이 정하는 것과 배치되는 것은 모두 마녀로 낙인을 찍어 절멸시켰다. 구교인 카톨릭과 신교인 개신교가 서로를 마녀로 낙인찍어 싸우는 단계에 들어가면서 마녀재판은 더욱 격화되었다. 교황 Boniface VIII도 이단자로 고발되었다. 이러한 마녀재판은 종교적인 이유에서만 아니라 교회내의 권력투쟁, 정치적 반대자의 제거, 이단자의 재산 차지, 유태인 등 다른 인종의 제거, 여성의 악마화 등의 이유가 추가되면서 걷잡을 수 없게 되었다. 이단자나 마녀의 재산을 누가 차지하느냐를 두고 세속재판과 이단재판이 서로 관장하려고 다투었다. 마녀재판을 진행하면서 색출과 고문과 처형의 방법도 더욱 악랄해져 갔다. 색출은 고발, 밀고, 소문 등으로 마구잡이로 낙인 찍어 체포하고 피고인에게 유리한 증거나 변호는 허용되지 않는 상태에서 각종의 잔혹한 고문으로 날조된 자백을 받아 태워죽이기, 찢어

죽이기, 물로 끓여죽이기, 화로에 쪄죽이기 등 여러 형태의 잔혹하고 반인간적인 방법으로 죽였다(오늘날 서구 인권관련문서들에 정하고 있는 '잔혹하고 반인간적인 형벌의 금지'는 이러한 그들의 죄악에 바탕을 두고 있다). 이런 과정에서 마녀색출방법, 심문방법, 고문방법, 처형방법 등을 개발한 책들이 앞다투어 유포되었고, 고문기술자들이 큰 돈을 벌기도 했다(심문을 뜻하는 quesito가 서양에서 고문의 의미를 가지게 된 것은 바로 이 당시 심문이 곧 고문의 방법으로 행해진데서 기인한다). 고문은 1252년 교황 Innocent IV가 인정하면서 더욱 널리 사용되었다. 이러한 마녀재판은 그 기본구조가 이단자나 마녀라고 낙인을 찍는 기독교와 이에 의해 낙인을 찍히는 자로 이분되어 결국 구교와 신교가 그와 다른 자들을 이단이나 마녀로 낙인찍어 마음대로 살육하였다. 잔다르크, 후스, 사보나롤라, 갈릴레이, 케플러의 모친도 모두 이 과정에서 수난과 희생을 치렀다. 이런 인간사냥은 무지한 자에 의한 것이 아니었다. 악명으로 이름 높은 Bernardo Gui, Konrad von Marburg, Thomás de Torquemada 등과 같은 유명 수도사, 신학자, 법학자 등 지식인들이 대거 가담하였고, Jean Bodin, Enward Coke, Francis Bacon, Martin Luther, John Calvin, Melanhiton, Erasmus, Thomas Aquinas까지 가담 · 동조하였다. 이러한 마녀재판은 아메리카에서도 발생하였는데, 1692년 매사추세츠주(Massachusetts)의 세일럼(Salem)에서 Parris 목사의 딸이 아프기 시작한 것이 발단이 되어 흑인 하녀를 마녀라고 하기 시작하여 마을의 20명을 마녀로 몰아 교수형과 압살형으로 처형하고 5명을 감옥형을 보낸 사건이다. 이 사건은 1696년 재판에 참여한 배심원들이 잘못을 저질렀다는 의견을 제출하여 결국 이 재판은 파기되었고, Parris 목사는 추방당하였다. 이후 아메리카에서는 마녀재판이 없어졌다. 마녀재판은 이와 같이 12세기에서 시작되어 17세기에 막을 내린다. 이단재판 또는 마녀재판으로 희생된 수는 정확하지 않다. 적게는 100만명에서 많게는 1,000만명으로 주장되고 있다. 현재로서는 모든 자료가 조사되지 않아서 희생자를 확정하는 것은 곤란하다. 몇몇 나라에서는 19세기에도 이단재판을 계속하였다. 이단재판과 마녀재판에 관한 기록은 여러 곳에 산재하여 있고, 많은 수가 바티칸 비밀문서실에 보관되어 있다. 로마교황청은 1992년에 비로소 갈릴레이재판이 잘못되었음을 인정하고 사면을 하였고, 1998년에 그들이 지정하는 12명의 학자에게만 재판기록 등을 공개하였을 뿐 일반에게 공개하지 않고 있다. 양심의 자유는 이러한 마녀재판을 겪으면서 기독교가 아닌 다른 종교나 사상이나 이론을 탐구하고 이를 믿을 자유로 인정되기 시작하였다.

양심의 자유는 영국에서 1647년 「人民協約」(Agreement of the People)에서 규정되었으나 발효되지 못하였고, 1663년 아메리카의 로드아일랜드(Rhode Island)에 대한 식민지허가장에서 종교의 자유와 함께 양심의 자유를 규정하였다. 독일에서는 1919년 바이마르헌법에서 양심의 자유를 정하였고, 현행 독일연방헌법에서도 종교의 자유와 양심의 자유를 구별하여 정하고 있다.

우리나라에서는 1948년헌법에서부터 양심의 자유를 실정 헌법에 명시하여 보장하였다. 여기서는 「모든 국민은 信仰과 良心의 자유를 가진다」(憲法 §12)라고 하여 동일한 조항에서 신앙의 자유와 함께 양심의 자유를 보장하는 형태를 취하였다. 1962년헌법부터는 종교의 자유와 별개의 조항에서 양심의 자유를 보장하는 형태를 취하여 현재에 이르고 있다.

[97] 第二 主 體

양심의 자유는 성질상 자연인에게 인정되는 기본권이다. 자연인에는 외국인도 포함된다. 법인이나 단체에게는 양심의 자유가 인정되지 않는다. 헌법재판소는 양심의 자유는 법인에게는 인정되지 않지만 법인의 대표자에게는 인정된다고 판시하였다(예: 憲 1991. 4. 1.-89헌마160).

[98] 第三 內 容

헌법 제19조의 양심의 자유는 良心形成의 自由라는 내적인 자유와 이에 의하여 형성된 양심을 실현하는 良心活動의 自由라는 외적인 자유로 보장된다. 憲法裁判所도 같은 견해이다(예: 憲 1998. 7. 16.-96헌바35; 2004. 8. 26.-2002헌가1).

[憲 1998. 7. 16.-96헌바35] 「헌법 제19조가 보호하고 있는 양심의 자유는 양심형성의 자유와 양심적 결정의 자유를 포함하는 내심적 자유(forum internum)뿐만 아니라, 양심적 결정을 외부로 표현하고 실현할 수 있는 양심실현의 자유(forum externum)를 포함한다고 할 수 있다. 내심적 자유, 즉 양심형성의 자유와 양심적 결정의 자유는 내심에 머무르는 한 절대적 자유라고 할 수 있지만, 양심실현의 자유는 타인의 기본권이나 다른 헌법적 질서와 저촉되는 경우 헌법 제37조 제2항에 따라 국가안전보장·질서유지 또는 공공복리를 위하여 법률에 의하여 제한될 수 있는 상대적 자유라고 할 수 있다. 그리고 양심실현은 적극적인 작위의 방법으로도 실현될 수 있지만 소극적으로 부작위에 의해서도 그 실현이 가능하다 할 것이다.」

[憲 2004. 8. 26.-2002헌가1] 「헌법 제19조의 양심의 자유는 크게 양심형성의 내부영역과 형성된 양심을 실현하는 외부영역으로 나누어 볼 수 있으므로, 그 구체적인 보장내용에 있어서도 내심의 자유인 '양심형성의 자유'와 양심적 결정을 외부로 표현하고 실현하는 '양심실현의 자유'로 구분된다. 양심형성의 자유란 외부로부터의 부당한 간섭이나 강제를 받지 않고 개인의 내심영역에서 양심을 형성하고 양심상의 결정을 내리는 자유를 말하고, 양심실현의 자유란 형성된 양심을 외부로 표명하고 양심에 따라 삶을 형성할 자유, 구체적으로는 양심을 표명하거나 또는 양심을 표명하도록 강요받지 아니할 자유(양심표명의 자유), 양심에 반하는 행동을 강요받지 아니할 자유(부작위에 의한 양심실현의 자유), 양심에 따른 행동을 할 자유(작위에 의한 양심실현의 자유)를 모두 포함한다.」

Ⅰ. 양심형성의 자유

양심형성의 자유라 함은 외부로부터의 부당한 간섭이나 강제를 받지 않고 개인의 내심영역에서 양심을 形成하고 양심상의 決定을 내리는 동시에 내적인 확신을 보유·유지하는 자유를 말한다.

양심형성의 자유는 순전히 개인의 마음 속에서만 이루어지므로 內心의 自由에 해당하고, 이는 다른 내심의 자유와 마찬가지로 어떠한 경우에도 제한할 수 없는 絕對的 基本權으로서의 성질을 가진다.

양심의 형성이 자기 스스로의 판단에 의해 이루어진 이상, 양심형성의 과정이나 방법에서 외부의 선전·선동이나 洗腦작용에 영향을 받았거나, 약물이나 최면술 등의 영향을 받아 형성된 양심도 보호된다(同旨: 桂禧悅b, 331). 그러나 외부(예: 국가 또는 사회의 각종 세력)의 영향력이 개인의 양심형성에서 이루어지는 판단이나 인식의 자율성을 왜곡할만큼 심한 경우는 양심형성의 자유의 침해가 된다.

Ⅱ. 양심활동의 자유

양심활동의 자유라 함은 인간의 내심에서 형성된 양심을 외부로 表明하거나 표명하지 않으면서 양심에 따라 자기의 삶을 형성하고 활동하는 자유를 말한다. 여기서 消極的 良心活動의 自由를 인정함에 있어서는 異論이 없으나, 積極的 良心活動의 自由를 양심의 자유로 인정할 수 있는가 하는 점에 논란이 있다.

양심활동의 자유는 양심형성의 자유와 달리 법질서에 위배되거나 타인의 권리를 침해할 수 있기 때문에 법률에 의하여 제한할 수 있는 相對的 基本權으로서의 성질을 가진다(예: 憲 1998. 7. 6.-96헌바35; 2004. 8. 26.-2002헌가1). 따라서 양심의 활동에 해당하는 이상 소극적 양심활동이든 적극적 양심활동이든 법률에 의하여 제한할 수 있다.

(1) 소극적 양심활동의 자유

소극적 양심활동의 자유는 자기의 양심을 표명할 것을 외부로부터 강제당하지 아니할 자유와 양심에 반하는 행동을 강제당하지 아니할 자유를 말한다. 양심을 지키는 자유라고도 말한다.

(a) 양심을 표명하도록 강제당하지 아니할 자유

자기의 양심을 표명하도록 강제당하지 아니할 자유는 각종의 방법과 행태로 자기의 양심을 외부에 표출되도록 강제하는 것이 금지된다는 것을 말한다(예: 憲 1991. 4. 1.-89헌마160; 1997. 3. 27.-96헌가11; 1997. 11. 27.-92헌바28). 양심상의 결정과 판단을 외부로 표시하지 않을 良心上 沈默의 自由도 이에 해당한다. 일정한 행동을 하도록 하여 양심이 간접적으로 표명되게 하고, 이를 통하여 그 사람의 내면의 양심을 추정할 수 있게 하는 良心推知도 금지된다. 따라서 국가에 대한 충성서약이나 국기밟기 등을 통하여 자기의 양심을 노출하게 하는 것도 양심의 자유를 침해하는 것이다(金哲洙a, 920; 桂禧悅b, 333).

양심의 자유가 침해되는 경우는 내심에서 우러나오는 윤리적 확신과 이에 반하는 외부적 법질서의 요구가 서로 피할 수 없는 상태로 충돌할 때에 발생한다. 그러므로 당해 실정법이 특정의 행위를 금지하거나 명령하는 것이 아니라 단지 특별한 혜택을 부여하거나 권고 내지 허용하고 있는 데에 불과하다면, 수범자는 수혜를 스스로 포기하거나 권고를 거부함으로써 법질서와 충돌하지 아니한 채 자신의 양심을 유지·보존할 수 있으므로 양심의 자유에 대한 침해가 된다고 할 수 없다. 따라서 양심의 자유를 침해하는 정도의 외부적 법질서의 요구가 있다고 할 수 있기 위해서는 법적 의무가 부과되고 그 의무를 위반한 때에 이행강제, 처벌 또는 법적 불이익의 부과 등과 같은 방법에 의한 강제력의 행사가 있어야 한다. 여기서 말하는 법적 불이익의 부과라고 함은 권리침해의 정도에는 이르지 아니하더라도 기존의 법적 지위를 박탈하거나 법적 상태를 악화시키는 등 적어도 현재의 법적 지위나 상태를 장래에 있어 불안하게 변모시키는 것을 의미한다(憲 2002. 4. 25.-98헌마425등).

憲法裁判所는 假釋放의 조건으로 遵法誓約을 하게 하는 것은 양심의 자유를 침해하는 것이 아니라고 판시하였고(예: 憲 2002. 4. 25.-98헌마425등. 준법서약제도는 「가석방 심사등에 관한 규칙」에서 정하고 있었는데, 2003. 7. 31. 해당규정을 삭제하여 이 제도를 폐지하였다), 보안관찰처분은 보안관찰처분대상자의 내심의 작용을 문제삼는 것이 아니라, 보안관찰처분대상자가 보안관찰해당범죄를 다시 저지를 위험성이 내심의 영역을 벗어나 외부에 표출되는 경우에 재범의 방지를 위하여 내려지는 특별예방적 목적의 처분이므로 양심의 자유를 침해하는 것이 아니라고 판시하였다(예: 憲 1997. 11. 27.-92헌바28).

(b) 양심에 반하는 행동을 강제당하지 아니할 자유

양심에 반하는 행동을 강제당하지 아니할 자유는 자기의 양심에 반하는 행동을 하지 않을 자유를 말한다. 헌법재판소도 이를 인정한다(예: 憲 1991. 4. 1.-89헌마160; 1997. 3. 27.-96헌가11; 1997. 11. 27.-92헌바28). 각자 양심적 판단에 따라 일정한 행동을 하지 않는 것이 법질서를 침해하는 경우에는 양심의 자유로 보호되지 않는다(예: 憲 2004. 8. 26.-2002헌가1).

憲法裁判所는 전투경찰관에 대한 시위진압명령은 양심의 자유의 침해가 아니라고 판시하였다(예: 憲 1995. 12. 28.-91헌마80).

(2) 적극적 양심활동의 자유

적극적 양심활동의 자유는 적극적인 형태로 자기의 양심에 따른 行動을 할 자유를 말한다. 良心實現의 自由라고도 말한다.

(a) 부 정 설

양심에 기초한 적극적인 행위는 각자의 주관적인 판단에 따라 행동하는 것이고, 이를 인정하는 것은 공동체의 법질서나 타인의 자유와 권리를 침해하기 때문에 인정할 수 없다고 본다. 부정설의 경우에는 양심실현의 자유를 표현의 자유, 행동의 자유에 속한다고 본다(權寧星, 483; 金哲洙a, 924).

(b) 긍 정 설

양심의 자유를 보장하는 것은 절대적 기본권인 내심의 양심형성의 자유나 소극적 양심활동의 자유만을 보장하는 것으로 충분하지 못하고, 적극적 양심활동의 자유도 보장되어야 헌법에서 양심의 자유를 보장하는 진정한 의미가 있다고 본다(許營a, 396; 桂禧悅b, 336).

긍정설이 타당하다. 憲法裁判所도 양심활동의 자유를 인정한다(예: 憲 1998. 7. 16.-96헌바35; 2004. 8. 26.-2002헌가1). 적극적 양심활동의 자유는 주관적 가치판단을 기초로 하고 있어 다른 법익과 충돌하거나 이를 침해하기 쉽기 때문에 그 제한이 다른 어떤 양심활동의 자유보다 더 많이 인정된다.

憲法裁判所는 선거법이 인정하지 않는 방법에 의한 문서 · 도화의 배부 · 게시 등을 금지하는 것은, 자신의 태도나 입장을 외부에 설명하거나 해명하는 행위는 진지한 윤리적 결정에 관계된 행위가 아니라 단순한 생각이나 의견 등의 표현행위이기 때문에 내면적으로 구축된 인간의 양심이 왜곡 · 굴절된다고 할 수 없다고 판시하였다(예: 憲 2001. 8. 30.-99헌바92등).

[99] 第四 制限과 그 限界

I. 제 한

(1) 양심활동의 자유에 대한 제한

양심의 자유도 내심에 머무르지 않고 외부로 나타나는 이상 상대적 기본권으로서 제한을 받는다. 헌법상의 양심의 자유에 대해서는 헌법 제37조 제2항에 따라 제한이 가능하다. 공동체의 생활을 하면서 각자 자기의 개인적이고 주관적인 가치판단을 내세워 공동체와 타인의 이익을 침해하는 행위를 할 수 없기 때문이다.

헌법, 헌법질서 또는 국가를 부정하거나 파괴하려는 사상이나 양심에 기초한 행위는 양심의 자유로 보호받지 못한다(예: 憲 2004. 8. 26.-2002헌가1; 大 1986. 11. 11.-86도1786; 1996. 9. 10.-95도939). 개개인의 구구한 양심의 자유가 국가의 존립이나 국가안전보장을 위태롭게 하거나 헌법질서를 파괴하는 근거 또는 권원이 될 수는 없기 때문이다(同旨: 桂禧悅b, 343).

[憲 2004. 8. 26.-2002헌가1] 「양심의 자유가 보장된다는 것은, 곧 개인이 양심상의 이유로 법질서에 대한 복종을 거부할 수 있는 권리를 부여받는다는 것을 의미하지는 않는다. 모든 개인이 양심의 자유를 주장하여 합헌적인 법률에 대한 복종을 거부할 가능성이 있으며, 개인의 양심이란 지극히 주관적인 현상으로서 비이성적 · 비윤리적 · 반사회적인 양심을 포함하여 모든 내용의 양심이 양심의 자유에 의하여 보호된다는 점을 고려한다면, '국가의 법질서는 개인의 양심에 반하지 않는 한 유효하다'는 사고는 법질서의 해체, 나아가 국가공동체의 해체를 의미한다. 그러나 어떠한 기본권적 자유도 국가와 법질서를 해체하는 근거가 될 수 없고, 그러한

의미로 해석될 수 없다.」

[大 1986. 11. 11.-86도1786] 「사상의 자유도 그것이 순수한 내심의 상태에서 벗어나 반국가단체를 이롭게 하는 외부적인 형태로 나타난 경우에는 그 자유의 한계를 넘은 것이라 할 것인바……」

[大 1996. 9. 10.-95도939] 「원심은 '사회민주주의 청년연맹'은 사회주의를 기본강령으로 하고, 우리 사회를 계급간 적대가 존재하는 계급사회로, 우리나라를 외세에 예속된 식민지로 규정하고 있으며, 노동대중의 의식화 · 조직화사업을 통한 사회적 해방을 완수하고, 일제의 제국주의 침략을 배제하고 군부파시즘을 종식시키며, 자본의 국유화 등으로 사유재산제도를 변혁시키고, 외세의 영향력하에 있는 정권을 청산하기 위하여 그 변혁을 불가능하게 하는 모든 세력에 대하여는 대중정치투쟁과 민중항쟁 등을 포함한 모든 방법을 동원하여 제거, 타파시키는 것을 목적으로 하는 단체인 사실 및 그 밖에 제1심이 판시한 피고인의 범죄사실이 충분히 인정된다고 한 후……원심의 위와 같은 사실인정 및 판단은 옳고……피고인의 판시와 같은 행위는 헌법상 자유민주적 기본질서를 위반한 것으로 헌법 제19조가 보장하는 양심의 자유의 한계를 벗어난 것으로 볼 것이다.」

(2) 구체적인 문제

(a) 양심에 근거한 범죄행위

개인의 양심적 판단에 기초하여 범죄행위를 하는 것은 양심의 자유로 인정되지 않는다. 이러한 범죄행위는 위법성뿐만 아니라 책임도 조각되지 않는다. 양심적 판단에 따라 확신을 가지고 범죄행위를 행한 확신범의 경우는 형사처벌된다. 사안에 따라서는 형사적으로 量刑에서 참작이 되어 감경(刑法 §51iii)이 되는 경우가 있을 수는 있다.

(b) 양심에 근거한 병역의무의 거부

개인이 자신의 主觀的인 良心(思想)에 의한 판단에 따라 헌법이 정하는 국방의무를 거부할 수 있는가 하는 문제가 있다. 국민에게 부여되는 헌법상 의무는 특별한 이유가 없는 한 성별, 종교, 나이, 개인의 주관적 신념이나 가치판단에 無關하게 履行되어야 하는 것이므로 이는 거부할 수 없다. 따라서 이 경우에 양심의 자유를 들어 이를 거부하지는 못한다. 뿐만 아니라 국방의무가 헌법상의 의무로 明示되어 있지 않더라도 헌법 제37조 제2항에 따라 기본권 제한이라는 방법으로 징집할 수 있는데, 이는 양심의 자유에 대한 정당한 제한이고 그 침해가 되지 않는다.

憲法裁判所와 大法院은 양심의 자유에 근거하여 헌법상의 병역의무를 거부할 수 없다고 본다(예: 憲 2004. 8. 26.-2002헌가1; 大 1955. 12. 21.-65도894; 1969. 7. 22.-69도934; 1985. 7. 23.-85도1094; 1992. 9. 4.-92도1534; 2004. 7. 15.-2004도2965).

[憲 2004. 8. 26.-2002헌가1] 「헌법 제19조의 양심의 자유는 개인에게 병역의무의 이행을 거부할 권리를 부여하지 않는다. 양심의 자유는 단지 국가에 대하여 가능하면 개인의 양심을 고려하고 보호할 것을 요구하는 권리일 뿐, 양심상의 이유

로 법적 의무의 이행을 거부하거나 법적 의무를 대신하는 대체의무의 제공을 요구할 수 있는 권리가 아니다. 따라서 양심의 자유로부터 대체복무를 요구할 권리도 도출되지 않는다. 우리 헌법은 병역의무와 관련하여 양심의 자유의 일방적인 우위를 인정하는 어떠한 규범적 표현도 하고 있지 않다. 양심상의 이유로 병역의무의 이행을 거부할 권리는 단지 헌법 스스로 이에 관하여 명문으로 규정하는 경우에 한하여 인정될 수 있다.…… 병역의무와 양심의 자유가 충돌하는 경우 입법자는 법익형량과정에서 국가가 감당할 수 있는 범위 내에서 가능하면 양심의 자유를 고려해야 할 의무가 있으나, 법익형량의 결과가 국가안보란 공익을 위태롭게 하지 않고서는 양심의 자유를 실현할 수 없다는 판단에 이르렀기 때문에 병역의무를 대체하는 대체복무의 가능성을 제공하지 않았다면, 이러한 입법자의 결정은 국가안보라는 공익의 중대함에 비추어 정당화될 수 있는 것으로서 입법자의 '양심의 자유를 보호해야 할 의무'에 대한 위반이라고 할 수 없다.」

[大 2004. 7. 15.-2004도2965] 「우리 헌법은 헌법 제5조 제2항에서 "국군은 국가의 안전보장과 국토방위의 신성한 의무를 수행함을 사명으로 하며, 그 정치적 중립성은 준수된다"고 규정하고, 제39조 제1항에서는 "모든 국민은 법률이 정하는 바에 의하여 국방의 의무를 진다"고 규정하고 있다. 현대 민주국가에서 주권자인 국민에게 국방의 의무라는 헌법적 의무를 부담시키는 것은 그것이 주권자인 국민 자신에게도 필요한 일이라는 관점에서 정당화된다. 즉 국민이 이러한 헌법적 의무를 부담함으로써 비로소 국민 스스로가 그의 기본권의 실현과 보호를 위한 전제조건인 국가의 존립과 안전을 유지할 수 있다는 점 때문에 국민은 헌법적 의무로서 국방의 의무를 부담하게 되는 것이다. 결국 헌법 제39조 제1항이 규정한 국방의 의무는 외적으로부터 국가를 방위하여 국가의 정치적 독립성과 영토의 완전성을 수호할 의무로서 납세의 의무와 더불어 국가의 존립을 가능하게 하는 가장 기본적인 의무라 할 것이고, 특히 남북이 분단되어 여전히 서로 군사적으로 대치되고 있어 불안정성과 불가예측성이 상존하는 우리나라의 특수한 현실적 안보상황을 고려하면 국방의 의무는 보다 강조되어도 지나치다고 할 수는 없을 것이다. 이 사건 법률조항은 바로 이와 같이 가장 기본적인 국민의 국방의 의무를 구체화하기 위하여 마련된 것이다. 그리고 이와 같은 병역의무가 제대로 이행되지 않아 국가의 안전보장이 이루어지지 않는다면 국민의 인간으로서의 존엄과 가치도 보장될 수 없음은 불을 보듯 명확한 일이다. 따라서 병역의무는, 궁극적으로는 국민 전체의 인간으로서의 존엄과 가치를 보장하기 위한 것이라 할 것이고, 피고인의 양심의 자유가 위와 같은 헌법적 법익보다 우월한 가치라고는 할 수 없다. 그 결과, 위와 같은 헌법적 법익을 위하여 헌법 제37조 제2항에 따라 피고인의 양심의 자유를 제한한다 하더라도 이는 헌법상 허용된 정당한 제한이라 할 것이다.」

독일연방헌법 제4조 제3항은 「누구도 양심에 반하여 무기를 사용하는 兵役에 강제되지 않는다」라고 정하고, 동법 제12조a는 「양심상의 이유로 무장병역을 거부하는 자에 대해서는 대체복무의 의무를 지울 수 있다. 대체복무기간은 군복무기간을 초과할 수 없다. 자세한 것은 법률로 정한다. 이 법률은 양심에 따른 결정의 자유를 침해할 수 없고, 군대나 연방국경수비대와 무관한 대체복무도 가능하도록 규정해야 한다」라고 정하여, 양심을 근거로 한 武裝兵役遂行의 拒否와 대체복무를 인정하고 있다. 실제에서는 다양한 개인의 양심을 기준으로 병역면제여부를 판단하는 것이 어렵기 때문에 대부분은 종교를 이유로 한 병역거부의 문제로 다루고 있다. 이러한 여건하에서도 독일에서는 특정전쟁에의 참전이나 특정무기의 사용을 거부하는 「선택적 병역거부」는 인정하지 않는다(BVerfGE 12, 45; 48, 127). 미합중국에서도 동일하다(Welch v. U.S.(1970); Gillette v. U.S.(1971)).

(c) 양심에 근거한 납세의무의 거부

개인이 자신의 양심적 판단에 기초하여 세금을 납부하지 않는 것도 인정되지 않는다. 납세자거부운동은 인정된다고 하더라도 국가나 지방자치단체의 정당한 課稅에 대하여 개인의 주관적인 양심적 또는 사상적 판단에 기초하여 납세를 거부할 수는 없다. 양심적 판단에 따른 행위가 헌법 제38조가 정하는 納稅義務보다 우월적인 지위에 있지는 않다.

(d) 운전자에 대한 강제음주측정

음주운전을 방지하기 위하여 경찰이 강제로 음주여부를 측정하는 것은 선악에 대한 윤리적 결정을 강제하는 것이 아니어서 양심의 자유를 침해하는 것이 아니다(예: 憲 1997. 3. 27.-96헌가11).

(e) 법원의 사죄광고명령

타인의 명예를 훼손한 자에 대하여 민사상 피해를 구제하는 방법으로 법원이 패소한 피고에 대하여 謝罪廣告를 할 것을 명하는 것이 양심의 자유를 침해하는 것인가 하는 문제가 있다. 학설상으로는 긍정설과 부정설이 대립한다. 헌법재판소는 양심의 자유를 침해한다고 판시하였다(예: 憲 1991. 4. 1.-89헌마160). 이와 달리 헌법에 위반되지 않는다고 한 판결도 있다(예: 서울민사지방법원 1969. 6. 20. 일본최고재판소 1956. 7. 4.).

(f) 공정거래위원회의 법위반사실공표명령

공정거래위원회가 사업자단체의 금지행위를 위반한 사업자단체에게 법위반사실을 공표하도록 명하는 것은 단순히 법위반사실 자체를 공표하라는 것에 그치고 윤리적·도덕적 판단을 강요하는 것이 아니기 때문에 양심의 자유를 침해하는 것이 아니다(예: 憲 2002. 1. 31.-2001헌바43).

Ⅱ. 제한의 한계

(1) 원 칙

양심이 외부에 표출된 양심활동의 자유에 대해서는 제한이 가능한데, 이러한 제한에는 한계가 있다. 여기에는 헌법 제37조 제2항에서 정하는 過剩制限禁止原則과 本質的內容侵害禁止原則이 적용된다. 憲法裁判所는 國家保安法에서 정하고 있는 不告知罪는 헌법 제37조 제2항의 과잉금지원칙에 위반되는 것이 아니라고 판시하였다

(예: 憲 1998. 7. 16.-96헌바35).

[憲 1998. 7. 16.-96헌바35] 「불고지죄는 국가의 존립과 안전에 저해가 되는 타인의 범행에 관한 객관적 사실을 고지할 의무를 부과할 뿐이고 개인의 세계관·인생관·주의·신조 등이나 내심에 있어서의 윤리적 판단을 그 고지의 대상으로 하는 것은 아니므로 양심의 자유 특히 침묵의 자유를 직접적으로 침해하는 것이라고 볼 수 없을 뿐만 아니라 국가의 존립·안전에 저해가 되는 죄를 범한 자라는 사실을 알고서도 그것이 본인의 양심이나 사상에 비추어 범죄가 되지 아니한다거나 이를 수사기관 또는 정보기관에 고지하는 것이 양심이나 사상에 어긋난다는 등의 이유로 고지하지 아니하는 것은 결국 부작위에 의한 양심실현 즉 내심의 의사를 외부에 표현하거나 실현하는 행위가 되는 것이고 이는 이미 순수한 내심의 영역을 벗어난 것이므로 이에 대하여는 필요한 경우 법률에 의한 제한이 가능하다 할 것이다. 그리고 여러 가지 국내외 정세의 변화에도 불구하고 남·북한의 정치·군사적 대결이나 긴장관계가 여전히 존재하고 있는 우리의 현실, 불고지죄가 보호하고자 하는 국가의 존립·안전이라는 법익의 중요성, 범인의 친족에 대한 형사처벌에 있어서의 특례설정 등 제반사정에 비추어 볼 때 이 사건 심판대상 법률조항이 양심의 자유를 제한하고 있다 하더라도 그것이 헌법 제37조 제2항이 정한 과잉금지의 원칙이나 기본권의 본질적 내용에 대한 침해금지의 원칙에 위반된 것이라고 볼 수 없다.」

양심의 자유는 극히 주관적이고 개별적이기 때문에 양심의 자유가 외부로 표출되는 경우에는 타인의 이익이나 공동체의 이익과 충돌하기 쉬운 점이 있는 동시에 인간존재의 필수적이고 본질적인 요소이므로 다양한 가치와 판단기준을 가지고 동일한 공동체에서 살고 있는 사람들이 공존할 수 있는 기준을 찾아내는 것이 필요하다. 서로 충돌하는 극히 주관적인 판단과 내심의 소리들을 조정하기란 쉽지 않다. 따라서 여기서는 무엇보다 寬容의 原理가 서로 충돌하는 이익들을 조화시키는 데 중요한 기능을 하게 된다(同旨: 桂禧悅b, 343).

(2) 이익형량에서의 특수성

양심실현의 보장에 대하여 제한하여야 할 필요가 있는 경우, 그 이익형량에서는 다른 기본권과 달리 특수한 성격을 가진다. 憲法裁判所는 양심의 자유와 공익이 서로 충돌하는 경우에는 이익형량을 통하여 양심의 자유와 공익을 조화와 균형의 상태로 이루어 양 법익을 함께 실현하는 것이 아니라, 단지 양심의 자유와 공익 중 양자택일을 해야 하는 점이 특징이라고 판시하였다(예: 憲 2004. 8. 26.-2002헌가1).

[憲 2004. 8. 26.-2002헌가1] 「양심실현의 자유의 보장 문제는 '양심의 자유'와 양심의 자유에 대한 제한을 통하여 실현하고자 하는 '헌법적 법익' 및 '국가의 법질서' 사이의 조화의 문제이며, 양 법익간의 법익형량의 문제이다. 그러나 양심실현의 자유의 경우 법익교량과정은 특수한 형태를 띠게 된다. 수단의 적합성, 최

소침해성의 여부 등의 심사를 통하여 어느 정도까지 기본권이 공익상의 이유로 양보해야 하는가를 밝히는 비례원칙의 일반적 심사과정은 양심의 자유에 있어서는 그대로 적용되지 않는다. 양심의 자유의 경우 비례의 원칙을 통하여 양심의 자유를 공익과 교량하고 공익을 실현하기 위하여 양심을 상대화하는 것은 양심의 자유의 본질과 부합될 수 없다. 양심상의 결정이 법익교량과정에서 공익에 부합하는 상태로 축소되거나 그 내용에 있어서 왜곡·굴절된다면, 이는 이미 '양심'이 아니다. 이 사건의 경우 종교적 양심상의 이유로 병역의무를 거부하는 자에게 병역의무의 절반을 면제해 주거나 아니면 유사시에만 병역의무를 부과한다는 조건하에서 병역의무를 면제해 주는 것은 병역거부자의 양심을 존중하는 해결책이 될 수 없다. 따라서 양심의 자유의 경우에는 법익교량을 통하여 양심의 자유와 공익을 조화와 균형의 상태로 이루어 양 법익을 함께 실현하는 것이 아니라, 단지 '양심의 자유'와 '공익' 중 양자택일, 즉 양심에 반하는 작위나 부작위를 법질서에 의하여 '강요받는가 아니면 강요받지 않는가'의 문제가 있을 뿐이다.」

(3) 국가의 대안제시의무

양심의 자유를 제한함에 있어서 국가는 양심의 자유를 제한하지 않고도 공동체의 존립과 법질서를 유지할 수 있는 대안이 있는지를 찾아 이를 제시하여야 하는 의무를 진다. 국가가 주어진 상황에서 이러한 대안을 제시하여야 하는 의무를 다했음에도 달리 적합한 대안을 찾지 못할 때에만 양심을 제한하는 원래의 조치가 정당성을 가진다(예: 憲 2004. 8. 26.-2002헌가1).

大法院은 병역의무의 이행을 확보하기 위하여 현역입영을 거부하는 자에 대하여 형벌을 부과할 것인지, 대체복무를 인정할 것인지 여부에 관하여는 입법자에게 광범위한 입법재량이 유보되어 있다고 본다. 그리고 兵役法이 질병 또는 심신장애로 병역을 감당할 수 없는 자에 대하여 병역을 면제하는 규정을 두고 있고, 일정한 자에 대하여는 공익근무요원, 전문연구요원, 산업기능요원 등으로 근무할 수 있는 병역특례제도를 두고 있으면서도 양심 및 종교의 자유를 이유로 현역입영을 거부하는 자에 대하여는 현역입영을 대체할 수 있는 특례를 두지 아니하고 형벌을 부과하는 규정만을 두고 있다고 하더라도 이것이 헌법상의 과잉제한금지 원칙에 위반되거나 종교에 의한 차별금지원칙에 위반되는 것은 아니라고 판시하였다(예: 大 2004. 7. 15.-2004도2965).

[憲 2004. 8. 26.-2002헌가1] 「(1) 개인이 법률에 의하여 양심실현의 자유를 침해당했다고 주장하는 경우는 법률이 국민 누구에게나 적용되는 법적 의무를 부과하면서 자신의 고유한 윤리적 갈등상황을 특별히 배려해 주지 않는다는 것, 즉 개인의 양심상의 갈등상황을 고려하는 의무면제규정이나 대체의무규정과 같은 특례규정을 두고 있지 않다는 것을 문제삼는 경우이다. 국가가 양심실현의 자유를 보장하는가의 문제는 법공동체가 개인의 양심을 존중하는 방법을 통하여 양심상의 갈등을 덜어줄 가능성을 가지고 있는가의 여부에 관한 문제이다. 결국 양심실현의 자유의

보장문제는 '국가가 민주적 공동체의 다수결정과 달리 생각하고 달리 행동하고자 하는 소수의 국민을 어떻게 배려하는가'의 문제, 소수에 대한 국가적·사회적 관용의 문제이며, '국가가 자신의 존립과 법질서를 유지하면서도 또한 개인의 양심도 보호하는 대안을 제시할 수 있는가'의 문제이다. 양심의 자유는 일차적으로 입법자에 대한 요청으로서 가능하면 양심의 자유가 보장될 수 있도록 법질서를 형성해야 할 의무를 부과하는 기본권이다. 법적 의무와 개인의 양심이 충돌하는 경우 법적 의무의 부과를 통하여 달성하고자 하는 공익의 실현과 법질서를 위태롭게 함이 없이 법적 의무를 대체하는 다른 가능성이나 법적 의무의 개별적 면제와 같은 대안을 제시함으로써 양심상의 갈등이 제거될 수 있다면, 입법자는 이와 같은 방법을 통하여 개인의 양심과 국가 법질서의 충돌가능성을 최소화해야 할 의무가 있다. (2) 따라서 이 사건 법률조항이 양심의 자유를 침해하는지의 문제는 '입법자가 양심의 자유를 고려하는 예외규정을 두더라도 병역의무의 부과를 통하여 실현하려는 공익을 달성할 수 있는지'의 여부를 판단하는 문제이다. 입법자가 공익이나 법질서를 저해함이 없이 대안을 제시할 수 있음에도 대안을 제시하지 않는다면, 이는 일방적으로 양심의 자유에 대한 희생을 강요하는 것이 되어 위헌이라 할 수 있다. 그런데 양심의 자유를 주장하는 자에 대하여 아무런 대체의무의 부과 없이 국민 모두에게 적용되는 의무로부터 면제하는 것은 헌법상 허용되지 않는 특권을 부여하는 것과 같다. 그러므로 양심의 자유가 국민의 의무로부터의 예외를 요청한다면, 국가적 관용과 예외의 허용이 소수의 특권이 되지 않도록 국가는 가능하면 다른 대체의무의 부과를 통하여 이러한 불평등적 요소를 상쇄해야 한다. 병역의무와 관련하여 의무부과의 불평등적 요소를 가능하면 제거하면서도 개인의 양심을 고려하는 수단, 즉 양심과 병역의무라는 상충하는 법익을 이상적으로 조화시키는 방안으로서 대체적 민간복무제(이하 '대체복무제'라 한다)가 고려된다. 대체복무제란 양심적 병역거부자로 하여금 국가기관, 공공단체, 사회복지시설 등에서 공익적 업무에 종사케 함으로써 군복무를 갈음하는 제도를 말하는데, 현재 실제로 다수의 국가에서 헌법상 또는 법률상의 근거에 의하여 이 제도를 도입하여 병역의무와 양심간의 갈등상황을 해결하고 있다. (3) 그렇다면 이 사건 법률조항의 위헌여부는 '입법자가 대체복무제도의 도입을 통하여 병역의무에 대한 예외를 허용하더라도 국가안보란 공익을 효율적으로 달성할 수 있는지'에 관한 판단의 문제로 귀결된다.」

[大 2004. 7. 15.-2004도2965] 「병역의무의 이행을 확보하기 위하여 현역입영을 거부하는 자에 대하여 형벌을 부과할 것인지, 대체복무를 인정할 것인지 여부에 관하여는 입법자에게 광범위한 입법재량이 유보되어 있다고 보아야 하므로, 병역법이 질병 또는 심신장애로 병역을 감당할 수 없는 자에 대하여 병역을 면제하는 규정을 두고 있고, 일정한 자에 대하여는 공익근무요원, 전문연구요원, 산업기능요원 등으로 근무할 수 있는 병역특례제도를 두고 있음에도 양심 및 종교의 자유를 이유로 현역입영을 거부하는 자에 대하여는 현역입영을 대체할 수 있는 특례를 두지 아니하고 형벌을 부과하는 규정만을 두고 있다고 하더라도 과잉금지 또는 비례의 원칙에 위반된다거나 종교에 의한 차별금지 원칙에 위반된다고 볼 수 없으므로……」

2. 宗教의 自由

[100] 第一 意 義

Ⅰ. 개 념

(1) 헌법 규정

憲法 제20조 제1항은 「모든 국민은 宗教의 自由를 가진다」라고 하여 宗教(freedom of religion, Glaubensfreiheit, Religionsfreiheit)의 자유를 보장하고, 제2항은 「國教는 인정되지 아니하며, 종교와 정치는 분리된다」라고 하여 國教의 否定과 政教分離를 정하고 있다.

인간은 신체와 정신과 心靈을 가진 존재로서 靈的인 삶도 영위하며 살아간다. 인간이 행복을 추구함에는 신체의 완전성과 정신의 온존성이 필요할 뿐 아니라 영적인 존재로서 영적인 영역에서 자신의 평온과 자기성취 및 자기실현을 향유하고, 초월적 세계에 대한 자기의 입장을 정하며 그 속에서 자신이 추구하고자 하는 바를 구하고 행하며 살아간다. 이러한 영역에서의 인간 활동을 보장하고자 하는 것이 종교의 자유이다.

인간의 영적인 활동과 정신적인 활동 및 그에 기초한 신체적인 활동은 원시시대부터 있어온 활동이고 행위이다. 그러나 인간의 역사에서는 종교와 종교적인 삶을 자유로이 향유할 수 있는 자유를 억압하거나 부정한 경우도 있었기 때문에 헌법은 이를 방지하고 종교적 삶을 보장하기 위하여 실정법상의 권리로 보장하고 있다.

(2) 종교의 정의

인간의 정신적 작용과 영적인 작용에서의 다양함과 해명되지 않은 부분으로 인하여 종교의 개념을 定義하기란 쉽지 않다. 이로 인하여 종교의 개념도 관점에 따라 다양하게 정의될 수 있다. 그러나 대체적으로 정의하는 바에 따르면, 헌법에서 보장하는 종교라 함은 超自然的·超人間的 存在나 本質(超越者, 神, 造物主, 絕對的 存在, 無, 空 등)에 대하여 이를 敬畏하고 崇拜하거나 믿는 개개인의 주관적인 확신과 그에 기초한 행위라고 정의할 수 있다. 어떤 존재자는 인격적 존재일 수도 있고, 비인격적 존재일 수도 있으며, 영적인 삶이 현세적일 수도 있고, 내세적일 수도 있다. 神은 唯一神일 수도 있고, 多神일 수도 있다. 신의 존재를 부정하는 無神論(humanism)을 믿는 것도 종교에 해당한다. 존재자는 太極, 無極, 無, 空 등과 같이 존재하지 않는 존재일 수도 있다. 영적인 영역과 관련이 없는 주관적인 인식과 확신에 대한 자유는 의사형성의 자유에 해당하며 종교의 자유에 해당하지 않는다.

종교의 개념이 이러한 것인 이상, 이에 어떠한 教理나 經典이 있어야 하는 것은 아니며, 어떤 儀禮나 儀式이 있어야 하는 것도 아니다. 종교단체와 같은 어떤 종교적 집단이 존재하여야 하는 것도 아니며, 司祭가 있어야 하는 것도 아니다.

종교의 영역에서 말하는 正統이냐 異端이냐 하는 것은 해당 종교 내부의 교리상의 문제일 뿐이고, 헌법적으로는 정통이든 이단이든 사회 또는 개인에게 害惡을 끼치지 않는 이상 모두 종교의 자유로 보장된다. 종교단체 내부의 규율에 위반하여 행한 설교, 강론 등 종교행위도 종교의 자유로 보호된다(예: 大 1971. 9. 28.-71도1465).

[大 1971. 9. 28.-71도1465] 「목사 최○○이 위에서 본 바와 같이 정식절차를 밟은 위임목사가 아니고, 위임목사가 아닐 경우에는 당회가 그 결의에 의하여 예배인도와 설교를 거부할 수 있으며 거부할 경우에는 그를 주관할 수 없게 되어 있는데 당회가 결의하여 위 최○○에게 예배인도를 하지 못하도록 통고한 사실이 있다고 할지라도 위 최○○이 대한예수교 장로회의 목사임에는 틀림이 없고, 그가 그 교의를 신봉하는 평신도 약 350여명 앞에서 그 교지에 따라 설교와 예배인도를 하고 있었던 것으로 보인다. 그렇다면 다른 특별한 사정이 없는 한 위와 같은 설교와 예배인도는 형법상 보호를 받을 가치가 있다고 할 것이요, 피고인들이 이 예배장소에 침입하여 위 최○○의 예배인도 및 설교를 방해하기 위하여 폭행, 폭언, 소란 등 의식의 평온한 수행에 지장을 주는 행위를 하였다면 이러한 행위는 형법 제158조가 규정하고 있는 예배 또는 설교를 방해하는 죄에 해당한다 할 것이다.」

超自然的·超人間的 存在나 本質에 대한 주관적인 확신과 그에 기초한 행위라고 하더라도 인간의 존엄과 가치를 부정하는 反人倫的이거나 反社會的인 것과 공동체와 국가를 부정하거나 법질서를 침해하는 행위는 종교의 자유로 보호되지 않는다.

(3) 양심의 자유와의 관계

憲法은 제20조에서 종교의 자유를 헌법 제19조의 양심의 자유와 구별하여 정하고 있으므로 종교의 개념에 양심은 포함되지 않는다(종교적 양심은 헌법 §20에 의해 보장된다). 따라서 헌법 제20조는 종교적 가치판단과 이에 대한 확신을 보장하는 것이고, 헌법 제19조는 윤리적 가치판단과 이에 대한 확신을 보장하는 것이다.

Ⅱ. 연 혁

종교의 자유는 고대부터 多宗教가 허용되던 곳에서는 이미 존재하였다. 서양과 동양에서는 시대와 나라에 따라 하나의 종교만을 인정하고 다른 종교를 부정한 경우도 있었는데, 여기서는 종교의 자유가 인정되지 않았다. 서구에서 종교의 자유는 중세 기독교를 國教로 채택하면서 이에 대항하는 세력의 투쟁으로 획득되었고, 동양에서도 통치에 필요한 종교만을 허용하던 것에 대항하여 새로운 사상과 신앙체계를 형성하는 과정에서 인정되었다. 공동체의 구성원이 모두 하나의 신앙만을 가지고 다른 신앙이 필요하지 않다고 합의된 동질적인 공동체에서는 하나의 종교만을 신봉하는 나라도 있다.

서양에서 종교의 자유가 실정법에서 보장되기 시작한 것은 1647년 영국의 「人民協約」에서 이를 보장한 것이 효시였지만, 실행되지 못하였다. 아메리카의 식민지에서 종교의 자유가 명시적으로 보장되면서 비로소 실정법에서 종교의 자유가 보장되기 시작하였고, 1663년 영국의 왕이 아메리카의 식민지 로드아일랜드(Rhode Island) 등에 대하여 수여한 헌장에서 종교의 자유를 명문화하였다. 그러던 것이 1776년 버지니아 권리장전에서 명문화되면서 실정헌법에 보장되기 시작하여 1791년 미합중국연방헌법에서 권리장전의 내용으로 명문화되기에 이르렀다.

우리나라에서는 1948年憲法에서부터 종교의 자유를 보장하였다. 여기서는 「모든 국민은 信仰과 良心의 자유를 가진다」(憲法 §12)라고 하여 동일한 조항에서 양심의 자유와 함께 종교의 자유를 보장하는 형태를 취하였다. 1962年憲法부터는 양심의 자유와 독립된 조항으로 종교의 자유를 보장하는 형태를 취하여 현재에 이르고 있다.

[101] 第二 主 體

종교의 자유는 모든 자연인에게 인정된다. 자연인이라면 國民이든 外國人이든 무국적자이든 구별 없이 모두에게 인정된다. 종교의 자유 가운데 신앙의 자유와 같은 내심의 자유는 성질상 自然人에게만 인정된다.

未成年者에게도 종교의 자유가 인정된다. 특정한 나라에서는 그 나라의 사정에 따라 종교의 자유가 인정되는 연령을 명시적으로 정하는 경우도 있다(예: 독일에서는 14세 이상의 자에 대하여 종교의 자유를 인정한다). 친권자나 후견인이 종교문제에 대하여 판단능력이 없거나 미약한 아동으로 하여금 특정 종교를 신앙하게 하거나 종교적인 세례를 받게 하는 것은 미성년자의 종교의 자유를 침해하는 것일 수 있다.

종교적 의식 · 집회의 자유나 종교적 결사의 자유는 성질상 허용되는 범위 내에서 宗教團體나 宗教法人에게도 인정된다.

[102] 第三 內 容

종교의 자유는 內心의 信仰의 自由, 宗教的 行爲의 自由를 그 내용으로 하는데, 이러한 자유에는 消極的인 것과 積極的인 것이 모두 포함된다.

Ⅰ. 신앙의 자유

신앙의 자유는 超自然的·超人間的 存在나 本質에 대하여 이를 敬畏하고 崇拜하거나 믿는 개개인의 주관적인 확신, 즉 신앙을 적극적으로 가지거나 이를 가지지 않을 자유를 말한다. 이러한 신앙의 형성, 변경, 포기의 자유가 포함된다. 신앙의 자유는 인간의 내심의 영역에 속하기 때문에 절대적으로 보호되는 기본권이다. 따라서 이는 신앙의 자유는 어떠한 경우에도 제한할 수 없다. 신앙의 자유는 종교적인 확신이나 믿음의 형성·변경·포기에 있어 직접적이거나 간접적이거나 또는 사실적이거나를 불문하고 어떠한 형태의 국가적인 영향력도 부정되며, 신앙의 형성·변경·포기에 대한 국가적 강제는 어떠한 형태이든 인정되지 않는다.

Ⅱ. 종교적 행위의 자유

종교의 자유에는 내심의 신앙의 자유만이 아니라 자신의 신앙을 외부로 나타내고, 신앙에 따라 각종 종교적인 행위나 집회·결사를 하고, 자신의 신앙을 타인에게 전파하고 가르치는 宗教的 行爲(=宗教活動)의 自由도 포함된다. 종교의 자유가 사람의 마음 속에만 머무르고 외부로 표현할 수 없다면 인간의 표현하고자 하는 욕구를 부정하는 것일 뿐만 아니라 진정하게 행복을 추구할 수 없기 때문에 어떠한 자유도 내심의 영역에만 가두어 둘 수 없다.

신앙을 외부로 자유로이 표현하거나 표출하는 宗教活動에는 다양한 양태가 있는데, 편의상 信仰의 告白, 宗教的 儀式과 集會, 宗教의 傳播와 教育으로 나누어 볼 수 있다.

(1) 신앙고백의 자유

信仰告白의 自由는 내심의 신앙을 적극적으로 외부로 표출하는 자유와 소극적으로 자신의 신앙을 외부로 나타내지 않을 자유(宗教沈默의 自由)를 말한다. 개인이 자신의 신앙을 외부에 표현하기를 원하지 않을 때에 국가는 어떤 경우에도 개인의 신앙을 외부로 표출시키기 위하여 어떠한 영향을 주거나 구체적인 행위를 할 수 없다. 개인의 신앙을 표출시키기 위하여 강제력을 행사하거나 유도하거나 차별하는 것은 허용되지 않는다. 예컨대 십자가밟기나 불상부수기 등의 행위를 강요하여 내면의 신앙이 밖으로 표출하게 하는 것은 신앙고백의 자유를 침해하는 것이다.

(2) 종교적 의식·집회의 자유

종교의 자유에는 자신의 신앙을 고양시키거나 표출하기 위한 儀禮 또는 儀式을 행하는 宗教的 儀式의 自由가 포함되고, 여러 사람이 종교적 목적을 가지고 모임을 하는 宗教的 集會의 自由가 포함된다. 이를 宗教行事의 자유라고도 한다.

종교적 의식에는 默想, 祈禱, 禮拜, 禮佛, 讀經, 춤, 노래, 강론 등 종류와 樣態를 가리지 않는다. 출생을 기념하거나 葬禮 또는 祭禮를 위한 종교적 의식행위도 이에 포함된다.

종교적 집회에는 종교적 의식을 하기 위한 집회뿐만 아니라 종교적 목적을 실현하기 위한 示威도 포함된다. 국가는 이러한 종교적 의식이나 종교적 집회를 금지하거나 방해할 수 없고, 이를 강제할 수도 없다. 헌법 제20조가 보장하는 종교적 집회의 자유는 헌법 제21조에서 정하는 일반적인 집회의 자유에 비하여 특별한 지위에서 더 두터운 보호를 받는다. 사인이 다른 사람의 종교적 의식을 방해한 경우에는 刑法 제158조(장례식등의 방해죄)에 의해 처벌된다.

종교적 의식 · 집회의 행위가 타인의 평온한 삶을 침해하거나 사회질서를 침해하는 경우에는 제한된다. 종교의식 · 집회에서의 音聲 · 音響을 확성기로 외부에 들리게 하거나 그 사회의 통념상 인내하기 어려울 정도로 소리를 지르거나 북이나 종과 같은 종교적 악기의 소리를 내는 것은 허용되지 않는다. 예컨대 集會및示威에관한法律은 종교적 집회에 대해서는 옥외집회나 시위에서 신고를 요구하지 않는다(同法 §15).

(3) 종교적 결사의 자유

宗教的 結社의 自由는 특정한 종교적 목적을 달성하기 위하여 당해 종교적 신앙을 가진 다수의 사람들이 모여 단체 또는 조직을 결성할 수 있는 자유를 말한다. 종교단체나 종교법인을 결성 · 설립하거나 해체하는 행위가 이에 해당한다. 개인이 이러한 종교단체나 종교법인에 참가 또는 가입하거나 탈퇴하는 자유도 포함된다. 헌법 제20조가 보장하는 종교적 결사의 자유는 헌법 제21조에서 정하는 일반적인 결사의 자유에 비하여 특별한 지위에서 더 두터운 보호를 받는다.

종교단체가 그에 소속한 구성원에 대하여 종교적 목적으로 일정한 內部規律을 하는 것도 원칙적으로 종교적 결사의 자유로 인정된다. 그러나 그러한 내부규율도 반인륜적이고 반사회적인 경우에는 종교행위로 인정되지 못하므로 종교적 결사의 자유로 보호받지 못한다.

종교법인이 반사회적이거나 반인륜적인 행위를 하는 경우에 국가가 이를 해산할 것을 명하는 것은 합헌이다(예: 일본국의 옴 眞理教解散事件).

(4) 종교전파 · 교육의 자유

종교의 자유에는 자신의 종교를 타인에게 전파하고 선전하는 자유와 특정 종교를 교육하는 자유도 포함된다.

(a) 종교전파의 자유

종교전파의 자유는 대상자에 관계없이 누구에게나 자신의 종교 또는 종교적 확신(無神論 포함)을 알리고 선전하는 자유를 말한다. 布敎行爲 또는 宣敎行爲가 이에 해당한다(예: 大 2003. 10. 9.-2003도4148). 전파의 방법이나 양태에는 제한이 없다. 다른 종교를 비판하거나 부정하는 행위도 종교표현의 자유에 포함되고, 다른 종교를 신봉하는 사람을 설득하거나 교육하여 개종시키는 행위도 이에 포함된다(예: 憲 2001. 9. 27.-2000헌마159; 大 1996. 9. 6.-96다19246등).

구소련 1977년헌법은 종교적 예배를 행할 권리와 함께 無神論을 선전할 권리도 규정하고 있었다(同憲法 §52②).

종교표현의 자유는 일반적인 표현의 자유와 달리 두텁게 보호된다. 종교의 선교, 전파나 다른 종교의 비판, 종교 자체의 부정이나 비판 등을 나타내기 위한 표현이 일반적인 경우보다 다소 지나치다고 하더라도 용인된다. 大法院은 종교적 목적을 위한 언론·출판의 경우에는 그 밖의 일반적인 언론·출판에 비하여 고도의 보장을 받는다고 보고, 그 언론·출판의 목적이 다른 종교나 종교집단에 대한 신앙교리 논쟁으로서 같은 종파에 속하는 신자들에게 비판하고자 하는 내용을 알리고 아울러 다른 종파에 속하는 사람들에게도 자신의 신앙교리 내용과 반대 종파에 대한 비판의 내용을 알리기 위한 것이라면 그와 같은 비판할 권리는 최대한 보장받아야 하는 것이라고 본다(예: 大 2007. 2. 8.-2006도4486; 2007. 4. 26.-2006다87903; 2007. 10. 26.-2006도5924).

[大 2007. 2. 8.-2006도4486] 「우리 헌법 제20조 제1항은 "모든 국민은 종교의 자유를 가진다"라고 규정하고 있는데, 종교의 자유에는 자기가 신봉하는 종교를 선전하고 새로운 신자를 규합하기 위한 선교의 자유가 포함되고 선교의 자유에는 다른 종교를 비판하거나 다른 종교의 신자에 대하여 개종을 권고하는 자유도 포함되는바, 종교적 선전, 타 종교에 대한 비판 등은 동시에 표현의 자유의 보호대상이 되는 것이나, 그 경우 종교의 자유에 관한 헌법 제20조 제1항은 표현의 자유에 관한 헌법 제21조 제1항에 대하여 특별 규정의 성격을 갖는다 할 것이므로 종교적 목적을 위한 언론·출판의 경우에는 그 밖의 일반적인 언론·출판에 비하여 보다 고도의 보장을 받게 된다고 할 것이다.」

[大 2007. 4. 26.-2006다87903] 「우리 헌법 제20조 제1항은 "모든 국민은 종교의 자유를 가진다"고 규정하고 있는데, 종교의 자유에는 자기가 신봉하는 종교를 선전하고 새로운 신자를 규합하기 위한 선교의 자유가 포함되고, 선교의 자유에는 다른 종교를 비판하거나 다른 종교의 신자에 대하여 개종을 권고하는 자유도 포함되는바, 종교적 선전과 타 종교에 대한 비판 등은 동시에 표현의 자유의 보호대상이 되는 것이나, 그 경우 종교의 자유에 관한 헌법 제20조 제1항은 표현의 자유에 관한 헌법 제21조 제1항에 대하여 특별규정의 성격을 갖는다 할 것이므로 종교적 목적을 위한 언론·출판의 경우에는 그 밖의 일반적인 언론·출판에 비하여 고

도의 보장을 받게 되고, 특히 그 언론·출판의 목적이 다른 종교나 종교집단에 대한 신앙교리 논쟁으로서 같은 종파에 속하는 신자들에게 비판하고자 하는 내용을 알리고 아울러 다른 종파에 속하는 사람들에게도 자신의 신앙교리 내용과 반대종파에 대한 비판의 내용을 알리기 위한 것이라면 그와 같은 비판할 권리는 최대한 보장받아야 할 것인바, 그로 인하여 타인의 명예 등 인격권을 침해하는 경우에 종교의 자유 보장과 개인의 명예 보호라는 두 법익을 어떻게 조정할 것인지는 그 비판행위로 얻어지는 이익, 가치와 공표가 이루어진 범위의 광협, 그 표현방법 등 그 비판행위 자체에 관한 제반 사정을 감안함과 동시에 그 비판에 의하여 훼손되거나 훼손될 수 있는 타인의 명예 침해의 정도를 비교 고려하여 결정하여야 한다.」

[大 2007. 10. 26.-2006도5924] 「명예훼손죄가 성립하기 위하여는 사실의 적시가 있어야 하는데, '사실의 적시'란 가치판단이나 평가를 내용으로 하는 의견표현에 대치되는 개념으로서 시간과 공간적으로 구체적인 과거 또는 현재의 사실관계에 관한 보고 내지 진술을 의미하는 것이며 그 표현내용이 증거에 의한 입증이 가능한 것을 말하고, 판단할 진술이 사실인가 또는 의견인가를 구별함에 있어서는, 언어의 통상적 의미와 용법, 입증가능성, 문제된 말이 사용된 문맥, 그 표현이 행하여진 사회적 정황 등 전체적 정황을 고려하여 판단하여야 할 것이고, 적시된 사실은 이로써 특정인의 사회적 가치 내지 평가가 침해될 가능성이 있을 정도로 구체성을 띠어야 하는 것이며, 비록 사실을 적시하였더라도 그 사실이 특정인의 사회적 가치 내지 평가를 침해할 수 있는 내용이 아니라면 형법 제307조 소정의 명예훼손죄는 성립하지 않으며, 헌법상 종교의 자유가 보장되는 점에 비추어 다른 종교 또는 종교집단을 비판할 자유 역시 최대한 보장되어야 한다.……이 사건 유인물의 내용 중에서 "공소외인(대한예수 교침례회)는 구원파 계열의 이단이다," "공소외인은 체계적으로 신학을 공부한 적이 없다"라는 기재부분은 그 의견의 기초가 되는 사실을 함께 기술하면서 의견을 표명한 것으로서 피고인들의 주관적인 종교적·교리적 분석에 기초한 순수한 의견 또는 논평에 해당하는 것이고, "공소외인이 기성교회를 공격하고 폄하하며 자기들을 드러내기만을 고집하려고 시도하였다" 또는 "공소외인의 시도를 막아 우리 고장 대전이 이단들이 발호하는 도시라는 불명예를 씻어내고 우리 고장 대전과 우리 가정 및 자녀를 지켜내자"라는 등의 기재부분이나 "성경 위에 활동하는 마귀나 벌레 등을 젓가락으로 집어내는 형상"을 희화한 그림부분 역시 전체적인 맥락에서 피고인들의 의견을 표명하고 있는 것일 뿐 이를 사실의 적시에 해당한다고 보기 어려우며, "구원파는 '성경세미나'라는 모임을 통하여 대전시민에게 다가간다"라는 기재부분 등은 공소외인의 사회적 가치 내지 평가를 침해할 수 있는 명예훼손적 표현에 해당하지 않으므로, 피고인들이 이 사건 유인물을 배포한 행위를 명예훼손죄로 의율할 수 없다.……」

그러나 종교전파의 행위가 타인의 평온한 삶이나 사회질서를 침해하는 경우에는 제한된다(예: 大 2003. 10. 9.-2003도4148). 상대방이 듣거나 수용하기를 원하지 않는 경우에 자신의 종교를 계속 전파하거나 강제로 받아들이게 하는 행위는 타인의 사생활의 자유, 종교의 자유, 양심의 자유를 침해하는 것이 된다.

[大 2003. 10. 9.-2003도4148] 「불가불 타인의 주목을 끌고 자신의 주장을 전파하기 위하여 목소리나 각종 음향기구를 사용하여 이루어지는 선교행위가 소정의 인근소란행위의 구성요건에 해당되어 형사처벌의 대상이 된다고 판단하기 위해서는 당해 선교행위가 이루어진 구체적인 시기와 장소, 선교의 대상자, 선교행위의 개별적인 내용과 방법 등 제반 정황을 종합하여 그러한 행위가 통상 선교의 범위를 일탈하여 다른 법익의 침해에 이를 정도가 된 것인지 여부 등 법익간의 비교교량을 통하여 사안별로 엄격하게 판단해야 할 것이다.」

(b) 종교교육의 자유

종교의 자유에는 종교교육의 자유도 포함된다(예: 憲 2000. 3. 30.-99헌바14; 2001. 9. 27.-2000헌마159; 大 1996. 9. 6.-96다19246등). 종교교육이라 함은 특정 종교의 교리나 내용 또는 無神論을 타인에게 장려하고 교육하거나 종교지도자나 교리자를 육성하는 행위를 말한다. 이러한 교육에는 타 종교를 비판하거나 非難 또는 誹謗할 목적으로 행하는 교육도 포함된다. 주체가 개인이든 종교단체이든 불문하고, 학교든 가정이든 기타 단체이든 장소와 시간을 불문한다.

국가나 지방자치단체가 특정 종교를 교육하기 위하여 國立學校 또는 公立學校를 설립하고 종교교육을 하는 것은 헌법 제11조의 종교로 인한 차별대우의 금지에 위반하고 헌법 제20조 제2항의 政敎分離條項에 위반되어 위헌이다. 국립대학이나 공립대학에 종교학과를 두어 일반적으로 종교에 관한 연구와 강의를 하는 것은 헌법에 위반되지 않는다. 그러나 특정 종교에 한정하여 이를 고양·선전하거나 부정하기 위하여 연구하고 강의하는 것은 허용되지 않는다.

종교교육을 목적으로 私立學校를 설립하여 자발적으로 입학한 학생을 상대로 특정 종교를 교육하는 것은 종교교육의 자유로 인정된다(예: 大 1989. 9. 26.-87도519; 1998. 11. 10.-96다37268). 그러나 사립학교라고 하더라도 자신의 자발적 의사와 반하여 강제로 배정되어 입학한 경우에 그 학생에 대하여 특정 종교를 교육하는 것은 해당 학생의 종교의 자유, 양심의 자유, 사상의 자유, 사생활의 자유를 침해하는 것이다. 종교학교에 입학하기를 원하지 않는 사람에게 종교학교에 강제로 배정하는 것도 같은 이유로 헌법에 위반된다. 부모가 종교학교에의 입학에 동의한다고 하더라도 당사자인 학생이 이를 원하지 않으면 자발적인 입학이라고 하기 어렵다. 아동이나 청소년도 종교의 자유를 가지기 때문에 당사자의 의사에 반하여 부모가 이를 부정하거나 無視할 수 없다.

[大 1989. 9. 26.-87도519] 「종교의 자유에는 종교를 위한 선전 포교의 자유가 포함되며 정교분리 원칙상 국·공립학교에서의 특정종교를 위한 종교교육은 금지되나(교육법 제5조 제2항) 사립학교에서의 종교교육 및 종교지도자 육성은 선교의 자유의 일환으로서 보장되는 것이다.」

[大 1998. 11. 10.-96다37268] 「원심은…… 사립학교는 국·공립학교와는 달

리 종교의 자유의 내용으로서 종교교육 내지는 종교선전을 할 수 있고, 학교는 인적·물적 시설을 포함한 교육시설로서 학생들에게 교육을 실시하는 것을 본질로 하며, 특히 대학은 헌법상 자치권이 부여되어 있으므로 사립대학은 교육시설의 질서를 유지하고 재학관계를 명확히 하기 위하여 법률상 금지된 것이 아니면 학사관리, 입학 및 졸업에 관한 사항이나 학교시설의 이용에 관한 사항 등을 학칙 등으로 제정할 수 있으며, 또한 구 교육법시행령 제55조는 학칙을 학교의 설립인가신청에 필요한 서류의 하나로 규정하고, 제56조 제1항은 학칙에서 기재하여야 할 사항으로 '교과와 수업일수에 관한 사항', '고사(또는 시험)와 과정수료에 관한 사항', '입학·편입학·퇴학·전학·휴학·수료·졸업과 상벌에 관한 사항' 등을 규정하고 있으므로, 사립대학은 종교교육 내지 종교선전을 위하여 학생들의 신앙을 가지지 않을 자유를 침해하지 않는 범위 내에서 학생들로 하여금 일정한 내용의 종교교육을 받을 것을 졸업요건으로 하는 학칙을 제정할 수 있는바, 위 인정사실에 의하면, 위 대학교의 예배는 복음 전도나 종교인 양성에 직접적인 목표가 있는 것이 아니고, 신앙을 가지지 않을 자유를 침해하지 않는 범위 내에서 학생들에게 종교교육을 함으로써 진리·사랑에 기초한 보편적 교양인을 양성하는 데 목표를 두고 있다고 할 것이므로, 대학예배에의 6학기 참석을 졸업요건으로 정한 위 대학교의 학칙은 헌법상 종교의 자유에 반하는 위헌무효의 학칙이 아니라고 판단하였다.…… 대학의 자율성 및 학교교육의 성질에 관하여 규정한 헌법조항과 교육에 대하여 규정하고 있는 관계 법령의 내용 등을 종합하여 볼 때, 원고가 숭실대학교에서 법학과의 교육과정을 이수하고 있을 당시 구 교육법시행령 제56조에서 학칙의 기재사항으로 규정한 교육과정이나 졸업 학위수여에 관한 사립대학의 학칙은 그 내용이 법령에 위배되거나 학교교육의 본질에 반하는 등의 특별한 사정이 없는 한 당연히 구속력을 가진다. 따라서 이 사건에서도 숭실대학교의 학생인 원고는 대학예배의 6학기 참석을 졸업요건으로 정한 위 대학교의 학칙에 구속된다. 원심판결은 이유를 다소 달리하나 위 학칙의 내용이 원고에게도 구속력이 있다고 한 결론에 있어서는 정당하다.」

종교교육을 하거나 종교지도자를 양성하는 것은 종교교육의 자유상 인정되지만, 그러한 행위를 하는 기관이 학교인 이상 학교교육을 규율하는 헌법상의 교육법적 법리들과 그에 기한 법률의 적용을 받는다(예: 大 1992. 12. 22.-92도1742).

[大 1992. 12. 22.-92도1742] 「종교교육 및 종교지도자의 양성은 헌법 제20조에 규정된 종교의 자유의 한 내용으로서 보장되지만, 한편 교육기관 등을 정비하여 국민의 교육을 받을 권리를 실질적으로 보장하고자 하는 교육제도 등에 관한 법률주의에 관한 헌법 제31조 제1항, 제6항 및 교육법상의 각 규정내용과 아울러 교육제도가 기본적으로 인류문화발전의 초석인 점을 고려할 때, 학교란 교육을 위하여 그에 상당한 인적·물적 설비를 갖추어 피교육자로 하여금 인간사회의 문화의 재생산 내지 증진을 위하여 계획적으로 정비된 교육내용을 영속적으로 가르침받게 하기 위하여 설치된 기관을 의미한다고 볼 것이고, 이러한 관점에서 보면 종교교육 및 종교지도자의 양성은 그것이 학교라는 교육기관의 형태를 취할 때에는 헌법 제31조 제1항, 제6항의 규정 및 이에 기한 교육법상의 각 규정들에 의한 규제를 받게 된

다고 보아야 할 것이다.」

Ⅲ. 정교분리의 원칙

(1) 의 의

헌법 제20조 제2항은 政教分離를 명문으로 정하고 있다. 여기서 말하는 정교분리는 단순히 정치와 종교의 분리를 말하는 것이 아니라, 國家(state)와 宗教를 엄격히 분리하는 것을 말하며, 국교의 부정보다 넓은 의미를 가진다. 여기서 말하는 국가는 국가와 그 기관, 지방자치단체와 그 기관을 의미한다.

나라별로 보면, 그 나라의 고유한 역사적인 배경과 사정으로 인하여 유형상 정교분리의 형태에서 다소 차이를 보이고 있다. 예컨대 이슬람국가들과 같이 이슬람교를 국교로 하고 나머지 종교를 인정하지 않는 유형, 영국이나 이탈리아와 같이 국교 또는 공인종교를 인정하면서 동시에 다른 종교에 대하여 관용을 인정하는 유형, 미합중국과 같이 헌법에 국교의 부정을 명시하여 국가와 종교의 분리를 철저하게 관철하는 유형, 독일과 같이 국교를 인정하지는 않지만 국가와 종교간에 일정한 협력을 인정하는 온건한 분리의 유형 등이 있다. 우리나라와 일본국은 미합중국연방헌법을 따른 것으로 국가와 종교를 엄격하게 분리하는 유형에 해당한다.

(2) 내 용

정교분리는 국가의 비종교성, 종교에 대한 국가의 중립, 국가에 대한 종교의 중립을 그 내용으로 한다.

(a) 국가의 비종교성

정교분리는 국가의 비종교성을 내용으로 한다. 국가는 종교적 성격을 띠어서는 안 된다는 의미이다. 그러나 종교라는 것이 완벽하게 일의적으로 정의하기 어려우므로 완화된 정도의 종교성은 일정한 범위 내에서 인정된다.

국가 또는 지방자치단체가 國葬 또는 地方自治團體葬이라는 장례의식을 거행하거나 戰歿者나 國家有功者에 대하여 慰靈祭를 지내거나 국립묘지를 설치하여 그에 安葬하거나 위령탑을 건립하는 것은 인정된다. 정부의 공사의 기공식이나 준공식에서 전래 민속풍습에 따른 告祀를 지내는 것은 특정한 종교의식이라기보다 종교를 가지거나 종교를 가지지 않는 사람들에게 風習上 인정되어 온 것인 이상 이러한 고사를 지내는 행위는 인정된다. 그러나 대통령이나 공무원이 공직에 취임하거나 선서하는 행위를 예배행위 등 특정한 종교적 의식에 따라 행하는 것은 인정되지 않는다.

국가나 지방자치단체가 관광진흥의 목적이라고 하더라도 특정 종교의 상징물이나 숭배의 대상이 되는 조형물(예: 불상, 십자가, 예수상 등)을 건립하는 것은 허용되지 않는다. 그러나 종교적 조형물의 조성·복원을 문화재보호의 차원에서 지원하거나 발주하는 행위는 국가나 지방자치단체의 문화재보호의무를 수행하는 것에 해당하므로 인정된다.

大法院은 공군참모총장이 수하의 장병들을 상대로 단결심의 함양과 조직의 유지·관리를 위하여 계몽적인 차원에서 군종장교로 하여금 교계에 널리 알려진 특정 종교에 대한 비판적 정보를 담은 책자를 발행·배포하게 한 행위는 특별한 사정이 없는 한 정교분리의 원칙에 반하는 것이 아니라고 판시하였다(예: 大 2007. 4. 26.-2006다87903).

[大 2007. 4. 26.-2006다87903] 「군대 내에서 군종장교는 국가공무원인 참모장교로서의 신분뿐 아니라 성직자로서의 신분을 함께 가지고 소속 종단으로부터 부여된 권한에 따라 설교·강론 또는 설법을 행하거나 종교의식 및 성례를 할 수 있는 종교의 자유를 가지는 것이므로, 군종장교가 최소한 성직자의 신분에서 주재하는 종교활동을 수행함에 있어 소속종단의 종교를 선전하거나 다른 종교를 비판하였다고 할지라도 그것만으로 종교적 중립을 준수할 의무를 위반한 직무상의 위법이 있다고 할 수 없다. 한편, 우리 헌법 제20조 제1항은 "모든 국민은 종교의 자유를 가진다"고 규정하고 있는데, 종교의 자유에는 자기가 신봉하는 종교를 선전하고 새로운 신자를 규합하기 위한 선교의 자유가 포함되고 선교의 자유에는 다른 종교를 비판하거나 다른 종교의 신자에 대하여 개종을 권고하는 자유도 포함되는바, 종교적 선전과 타 종교에 대한 비판 등은 동시에 표현의 자유의 보호대상이 되는 것이나, 그 경우 종교의 자유에 관한 헌법 제20조 제1항은 표현의 자유에 관한 헌법 제21조 제1항에 대하여 특별규정의 성격을 갖는다 할 것이므로 종교적 목적을 위한 언론·출판의 경우에는 그 밖의 일반적인 언론·출판에 비하여 고도의 보장을 받게 되고, 특히 그 언론·출판의 목적이 다른 종교나 종교집단에 대한 신앙교리 논쟁으로서 같은 종파에 속하는 신자들에게 비판하고자 하는 내용을 알리고 아울러 다른 종파에 속하는 사람들에게도 자신의 신앙교리 내용과 반대종파에 대한 비판의 내용을 알리기 위한 것이라면 그와 같은 비판할 권리는 최대한 보장받아야 할 것인바, 그로 인하여 타인의 명예 등 인격권을 침해하는 경우에 종교의 자유 보장과 개인의 명예 보호라는 두 법익을 어떻게 조정할 것인지는 그 비판행위로 얻어지는 이익, 가치와 공표가 이루어진 범위의 광협, 그 표현방법 등 그 비판행위 자체에 관한 제반 사정을 감안함과 동시에 그 비판에 의하여 훼손되거나 훼손될 수 있는 타인의 명예 침해의 정도를 비교 고려하여 결정하여야 할 것이다.……대한민국 산하 공군참모총장이 전 공군을 지휘·감독할 지위에서 수하의 장병들을 상대로 단결심의 함양과 조직의 유지·관리를 위하여 계몽적인 차원에서 군종장교로 하여금 교계에 널리 알려진 특정 종교에 대한 비판적 정보를 담은 책자를 발행·배포하게 하였더라도, 특별한 사정이 없는 한 이러한 행위가 정교분리의 원칙에 반하는 위법한 직무집행에 해당된다고 보기 어렵다고 할 것이다.」

(b) 종교에 대한 국가의 중립

국가는 종교와 분리되어 있기 때문에 종교에 대한 중립을 유지하여야 하고 종교에 개입하거나 관여하지 못한다. 국가가 국교를 인정하지 못하는 것도 이에 포함되고, 국가가 특정 종교를 優待하거나 特惠를 주거나 차별할 수 없는 것도 이에 포함된다. 특정 종교를 신앙하는 자들에 대하여 국가가 우대하거나 차별하는 것은 憲法 제11조 제1항의 평등조항에 위반되지만, 특정 종교 그 자체에 대하여 우대하거나 차별하는 것은 憲法 제20조 제2항의 정교분리원칙에 위반된다. 정교분리는 국가와 종교를 분리하는 것이기 때문에 특정 종교에 대한 국가의 관여만 금지하는 것이 아니라, 종교영역과 비종교영역(예: 학문, 예술, 사상 등)과의 관계에서 종교영역에 관여하는 것도 금지한다. 종교의 자유는 특정 종교를 가진 자와 종교라는 것을 가지지 아니하는 확신을 가진 자(=신앙을 가지지 아니할 자유를 향유하는 자)에게 모두 평등하게 인정되는 것이므로 非營利團體에 대한 免稅 또는 조세상의 우대조치로 인하여 이에 포함되는 종교단체가 동일한 혜택을 받는 것은 허용되지만(여기서 유의할 것은 특정 종교단체를 비영리단체로 볼 수는 있지만 公益團體로 보기는 어렵다는 점이다), 종교단체나 종교법인에 한하여 조세상의 혜택을 주는 것은 정교분리원칙의 내용인 特權賦與禁止에 위반되어 허용되지 않는다. 정교분리를 내세워 종교단체에 대한 국가의 과세를 부정하는 것도 허용되지 않는다. 종교단체의 종교적 행사에 지출되는 비용의 일부를 국가나 지방자치단체의 재정에서 지원하는 행위는 허용되지 않는다.

국가나 지방자치단체가 설립한 학교에서 특정 종교에 대하여 교육을 하는 것이 금지되는 것과 스스로 종교적인 행사를 하는 것이 금지되는 것도 政教分離原則에서 나오는 효과이다. 또 국가나 지방자치단체는 그에 소속한 공무원에 대하여 종교적 활동을 강제할 수 없다. 공무원도 공무수행과 관련된 활동을 하면서 종교행위나 종교활동을 할 수 없다(예컨대, 공무시간중 종교적 행위를 하는 것, 장관이 같은 종교를 가진 부하직원들과 종교적 의식이나 집회를 하거나 조직을 결성하는 행위).

사찰, 성당, 교회 등 종교적 건물이 文化遺産(cultural heritage)으로서의 가치를 인정받아 문화유산의 보호정책의 차원에서 국가의 지원과 보호를 받는 것은 정교분리에 위반되는 것이 아니다.

사립학교의 조성을 국가가 재정적으로 지원하는 정책에 있어 사립학교 가운데 특정 종교단체가 운영하는 경우에도 국가가 國庫로 지원을 할 수 있는가 하는 문제가 있다. 종교단체라고 하더라도 사립학교를 건립하여 학생에 대한 일반적 교육만 하면 상관이 없으나, 국가의 지원을 받아 설립한 학교에서 자기의 종교교육도 함께 하는 경우에는 국가의 종교적 중립성에서 문제가 된다.

(c) 국가에 대한 종교의 중립

정교분리의 원칙은 종교가 국가나 국가적 사항에 개입하거나 관여하는 것을 금지한다. 특정 종교단체나 그 구성원들이 국가기구나 국가기관이 설치한 위원회를 장악하는 것은 허용되지 않는다.

종교단체가 일반적인 정치적 의사를 표현하는 것은 정치적 자유로 인정된다. 특정 종교단체가 선거에 집단적으로 적극 참여하거나 정치단체를 결성하는 것도 인정된다. 그러나 자기 종교단체에 소속한 대통령, 국회의원, 기타 공무원에 대하여 종교를 배경으로 정치적인 영향을 미치거나 정책과 관련하여 지시나 명령을 하는 것은 허용되지 않는다. 특정 종교를 신봉하는 사람들이 모여 정당을 설립할 수 있지만, 그에 소속한 선거직 또는 임명직 공무원이 자신의 종교적 교리나 이상을 국가정책에 반영하고 국가로 하여금 그 종교에 복속되게 하려는 의도를 가지고 행하는 행위는 인정되지 않는다.

(3) 성 질

정교분리는 헌법상의 원칙으로서 국가가 종교에 간섭하는 것과 종교가 국가에 간섭하는 것을 금지하는 것이고, 이러한 원칙에 위반되는 것은 위헌으로서 효력이 인정되지 않는다는 것을 의미하지만, 정교분리를 명시적으로 정하지 않더라도 종교의 자유에 정교분리가 포함된다고 할 것이며(同旨: 桂禧悅b, 355), 헌법 제20조 제2항의 정교분리원칙에서 종교의 자유의 내용을 이루는 권리도 도출된다. 국민은 국가와 종교가 분리된 것을 전제로 하여 종교의 자유를 향유하기 때문에 정교분리원칙에 어긋나는 국가 또는 종교단체의 행위에 대하여 정교분리를 전제로 하는 자유나 권리가 침해되었음을 주장할 수 있다. 따라서 국가, 종교단체, 개인이 정교분리원칙에 위반하는 행위를 한 것이 정교분리를 전제로 하는 개인의 권리나 자유를 직접 침해한 경우에는 정교분리원칙의 위반을 이유로 국가 또는 종교단체 또는 개인에 대하여 손해배상책임을 청구할 수 있다고 할 것이다. 이와 달리 정교분리원칙은 制度保障이라거나 단순한 헌법상의 원칙이라는 이유로 이러한 손해배상책임이 인정되지 않는다고 보는 견해가 있다(金哲洙a, 935; 權寧星, 489).

일본국에서 이 문제는 야스쿠니(靖國)神社와 같은 神社에 국고지원으로 참배행사를 하거나 內閣總理大臣과 같은 공무원이 참배하는 행위에 대하여 세금을 낸 국민 가운데 이로 인하여 고통을 받은 자가 있는 경우에, 야스쿠니신사를 운영하면서 이의 국영화를 추진하는 '日本遺族會'나 국가를 상대로 손해배상을 청구할 수 있는가 하는 문제로 논의된다.

Ⅳ. 국교부인의 원칙

憲法 제20조는 제1항에서 종교의 자유를 정하고 제2항에서 國敎의 否認을 정하고 있다. 여기서 國敎라 함은 국가 또는 그 기관으로부터 그 나라의 종교로 지정받아 특별한 보호와 각종의 혜택을 부여받는 특정 종교를 말한다. 國家宗敎든 國民宗敎든 명칭에 관계없이 이러한 성질을 가지는 종교는 국교에 해당한다. 국교의 부정은 헌법이 명시적으로 정하고 있는 원칙인데, 이러한 원칙은 종교의 자유를 보장

하는 조건인 동시에 그 내용을 이루는 것이기도 하다.

국가가 특정 종교를 국민 모두가 신봉하여야 하는 종교로 정하고, 이러한 종교 이외에는 어떠한 종교도 인정하지 않는 경우에는 종교의 자유는 존재하지 않는다. 국가가 신앙의 형성과 종교활동을 강제하기 때문이다. 특정 종교를 국교로 인정함과 동시에 다른 종교들도 신앙할 수 있음을 허용하는 경우에도 국교의 존재가 법적으로 또는 사실적으로 다른 종교를 차별하는 결과를 가져오므로 국교의 인정은 종교의 자유를 심하게 제한하거나 침해하는 것이 된다.

[103] 第四 效 力

종교의 자유는 국가에 대하여 방어권으로서 직접적인 효력을 가진다. 따라서 국가는 어떤 경우에도 종교의 자유를 침해할 수 없다.

종교의 자유는 다른 기본권과 마찬가지로 私人에 대해서는 직접 효력을 미치지 못하지만, 개인들 사이에서도 존중되어야 한다. 국교를 정하고 있는 나라에서는 종교의 자유는 제한되지만, 종교의 자유가 인정되는 다종교의 나라에서는 국가뿐 아니라 개인에 의해서도 종교의 자유가 침해되면 안 된다. 종교의 자유를 침해하는 사인의 행위에 대하여 국가는 이를 방지하고 그 침해에 따른 구제를 해주어야 한다.

사인간에 있어서도 종교의 자유가 보호되어야 한다는 점에서 문제가 되는 것은 부모가 자녀의 신앙의 자유와 종교선택의 자유에 어느 정도 관여할 수 있는가 하는 점이다. 이는 종교의 자유의 주체와도 관련이 된다. 그런데 자녀의 출산에서 종교적인 의식을 치르거나 부모가 자녀의 신앙을 정하거나 종교를 선택하는 것이 兒童의 權利와 관련하여 문제가 된다. 나중에 자녀가 성장하면서 스스로 신앙의 문제에 대하여 결정한다고 하더라도 자녀가 태아나 유아 또는 아동인 때에 특정 신앙을 부모가 결정하는 것은 자녀의 삶에 상당한 영향을 주게 된다. 이 문제는 그 나라의 역사나 문화와도 관련이 있어 간단하지 않다. 그래서 종교의 자유를 일정 연령 이상의 경우에만 인정되는 것으로,헌법제정권자인 국민이 결단하여 헌법에서 정해버리는 경우도 있다(예: 독일). 그러나 과연 종교의 자유를 연령으로 제한할 수 있는가 하는 문제는 여전히 존재한다. 부모의 종교활동과 관련하여 자녀를 그 활동이나 장소에 데려갈 수는 있다고 하더라도 자녀가 아직 신앙이나 해당 종교에 대하여 이해하지 못하는 시기에 부모가 자녀의 종교를 결정하는 것은 신앙의 자유를 제약하는 것이기 때문에 친권으로 정당화하는 데는 약점이 있다고 보인다.

특정 종교단체나 신자가 그 종교단체에서 탈퇴하거나 개종한 사람에 대하여 다양한 방법으로 비난하거나 협박을 가하는 경우에는 형법상의 모욕죄 또는 협박죄의 책임을 질 뿐 아니라 정신적 손해에 대하여 위자료를 지급할 책임을 진다.

[大 1996. 9. 6.-96다19246등] 「종교적 선전, 타 종교에 대한 비판 등은 동시에 표현의 자유의 보호대상이 되는 것이나, 그 경우 종교의 자유에 관한 헌법 제20조 제1항은 표현의 자유에 관한 헌법 제21조 제1항에 대하여 특별 규정의 성격을 갖는다 할 것이므로 종교적 목적을 위한 언론·출판의 경우에는 그 밖의 일반적인 언론·출판에 비하여 보다 고도의 보장을 받게 된다고 할 것이다. 따라서 다른 종교나 종교집단을 비판할 권리는 최대한 보장받아야 할 것인데, 그로 인하여 타인의 명예 등 인격권을 침해하는 경우에 종교의 자유 보장과 개인의 명예보호라는 두 법익을 어떻게 조정할 것인지는, 그 비판행위로 얻어지는 이익, 가치와 공표가 이루어진 범위의 광협, 그 표현 방법 등 그 비판행위 자체에 관한 제반 사정을 감안함과 동시에 그 비판에 의하여 훼손되거나 훼손될 수 있는 타인의 명예 침해의 정도를 비교·고려하여 결정하여야 한다 할 것이다.」

[104] 第五 制限과 그 限界

Ⅰ. 제 한

(1) 종교활동에 대한 제한

종교의 자유도 외부로 표출되는 경우에는 다른 이익과 충돌될 수 있다. 종교의 자유 가운데 신앙의 자유는 絕對的 基本權인 內心의 自由에 해당하므로 어떠한 경우에도 이를 제한할 수 없으나, 신앙의 자유가 외부로 나타난 종교적 의식·집회의 자유나 종교적 전파·교육의 자유는 相對的 基本權으로서 다른 이익과 충돌하는 경우에는 이익들간에 조화를 유지하고 실현할 필요에 따라 憲法 제37조 제2항에 의하여 제한될 수 있다.

정교분리는 국가와 종교를 분리하는 것을 헌법에서 정하고 있기 때문에 여기서는 법익형량의 여지없이 언제나 국가와 종교는 분리된다.

(2) 구체적인 문제

(a) 종교교육기관의 설립에 대한 인가·등록

종교단체가 운영하는 교육기관에 대하여 설립인가 또는 설립등록을 하도록 법률로써 정하는 것은 종교의 자유를 침해하는 것이 아니다(예: 憲 2000. 3. 30.-99헌바14; 大 1989. 9. 26.-87도519; 2001. 2. 23.-99두6002).

(b) 폭행·상해 등이 수반되는 종교적 행위

정신질환을 치료하는 종교적 방법에 폭행과 상해가 수반되어(특별한 기도행위 또는 종교의식이라고 함) 결과적으로 피해자를 사망에 이르게 하거나 폭행이나 상해의 피해를 입힌 경우에는 종교의 자유로 보호되지 않고, 민형사책임 등 법적인 책임을 진다(예: 일본국의 加持祈禱事件).

(c) 종교인의 범인은닉행위

종교인(예: 승려, 목사, 신부)이 범죄를 범한 자를 종교적인 교화·인도와 구제의 목적으로 숨겨준 행위는 종교활동(예: 목회활동)의 일환으로 인정할 수 있기 때문에 형사상의 책임이 인정되지 않는다고 보는 견해가 있다(예: 일본국의 種谷牧師事件). 그러나 종교인이라고 하더라도 진지한 종교적 신념하에 행한 것이 아니라 단순히 범인을 은닉한 경우에는 범인은닉죄의 책임을 진다(예: 大 1983. 3. 8.-82도3248). 개인이 종교적인 신념이나 사상, 양심에 기초하여 범인을 은닉한 경우에도 범인은닉죄의 책임을 진다.

(d) 종교를 이유로 한 수혈거부

종교적 신앙을 이유로 환자인 가족에게 수혈을 하지 못하게 하여 사망에 이르게 한 경우(「여호와의 증인」의 교리에 따른 행위임), 이는 종교의 자유로 보호되지 못하고 이에 따른 형사적 책임을 진다(예: 大 1980. 9. 24.-79도1387).

(e) 종교를 이유로 한 병역의무거부

헌법에서 모든 국민에게 국방의 의무를 부과하고 있고, 徵兵制를 실시하는 나라에서 종교를 이유로 하여 국방의무를 회피하거나 징집에서 제외되고자 하는 행위는 인정되지 않는다.

헌법재판소와 대법원은 「여호와의 증인」이라는 종교를 이유로 하여 병역을 거부하는 행위에 대하여 병역법위반의 죄로 처벌하는 것은 헌법 제19조의 양심의 자유 또는 헌법 제20조의 종교의 자유를 침해하는 것이 아니라고 판시하였다(예: 憲 2004. 8. 26.-2002헌가1; 大 1965. 12. 21.-65도894; 1969. 7. 22.-69도934; 1985. 7. 23.-85도1094; 1992. 9. 14.-92도1534; 2004. 7. 15.-2004도2965).

(f) 종교를 이유로 한 학교에서의 검도 또는 군사훈련의 거부

국립학교 또는 공립학교에서 학생들에게 의무적으로 劍道나 軍事訓鍊을 하게 하고 이를 거부하는 학생에 대하여 불이익처분을 하는 것은 해당 학생의 종교의 자유를 침해하는 것이 된다. 일본국에서 「여호와의 증인」이라는 종교를 믿는 공립고등학교 학생이 필수과목으로 되어 있는 검도실기를 수강하기를 거부하자 이에 대하여 학교장이 1년차에는 유급조치를 하고 2년차에는 퇴학처분을 한 사건이 발생하였는데, 이 사건에서 최고재판소는 이 경우 검도실기가 아니라도 체육교육의 목적을 달성할 수 있는 대체적인 방법이 있고, 공교육은 종교적 중립성을 지켜야 함에도 학교장이 이러한 조치를 한 것은 사회관념상 현저하게 타당성을 결여하고 학교장의 재량권을 현저하게 일탈한 것이라고 판시하였다(最高裁 1996. 3. 8. 神戸高專劍道實技拒否事件). 이러한 경우에 종교의 자유를 이유로 한 검도실기나 군사훈련의 면제가 해당자를 나머지 학생들과 비교하여 우대하는 결과를 가져와서는 안 된다.

(g) 종교를 이유로 한 국기에 대한 경례 거부

大法院은, 국기에 대한 경례가 종교상의 우상숭배에 해당한다는 이유로 이를 거부하여 학칙을 위반한 학생에 대하여 제적처분을 한 것은 정당하다고 판시하였다(예: 大 1976. 4. 27.-75누249).

(h) 일요일에 국가시험을 시행하는 행위

일요일에 국가가 시험을 시행하여 종교적 예배를 보아야 하는 사람으로 하여금 결시를 하게 하거나 국가시험을 봄으로 인하여 예배행위를 할 수 없게 하는 것이 종교의 자유를 침해하는가 하는 문제가 있다. 憲法裁判所는 이 문제에 대하여 한국에서는 일요일이 종교적 축일이 아니라 일반적인 공휴일이므로 일요일에 예배를 보아야 하는 사람을 다른 종교와 차별대우하는 것이 아니고, 일요일에 국가시험을 실시하여야 하는 이익과 비교하여 볼 때, 헌법 제37조 제2항의 한계를 벗어난 것이 아니라고 판시하였다(예: 憲 2001. 9. 27.-2000헌마159). 공립학교에서 일요일에 수업참관행사를 하거나 시험을 실시하는 경우에도 동일한 문제가 발생한다.

Ⅱ. 제한의 한계

종교활동의 자유를 제한하는 경우에도 헌법 제37조 제2항이 정하는 한계를 침해하지 못한다. 헌법재판소도 종교활동의 제한에서 헌법 제37조 제2항을 적용하고 있다.

3. 學問의 自由

[105] 第一 意 義

Ⅰ. 개 념

(1) 헌법 규정

憲法 제22조 제1항은 「모든 國民은 學問과 藝術의 自由를 가진다」라고 하여 학문의 자유(freedom of science, Wissenschaftsfreiheit)를 예술의 자유과 함께 규정하고 있다. 헌법은 학문의 자유과 예술의 자유를 별개의 것으로 정하고 있기 때문에 개념상으로는 학문의 개념에 예술은 포함되지 않는다.

憲法 제22조 제2항은 「저작자 · 발명가 · 과학기술자와 예술가의 권리는 법률로써 보장한다」고 정하여, 학문행위와 예술행위의 결과물을 당사자의 권리로 보장할 필요가 있는 것은 법률에 의하여 보호된다고 하는 것을 정하고 있다. 이는 주로 지적재산권을 의미하는데, 규정의 체계상 재산권을 보장하는 규정(憲法 §23)에서 정하는 것

이 타당하다.

(2) 학문의 개념

學問의 自由는 인간이 학문적 연구와 학문적 교수활동을 함에 있어 국가나 타존재로부터 방해받지 않을 자유를 말하며, 헌법은 이를 기본권으로 보장하고 있다.

헌법 제22조 제1항의 학문의 자유에서 말하는 學問이라 함은 인식 대상, 가치, 판단 등 어떠한 대상에 대하여 知的으로 探求하고 窮究하는 행위를 말한다. 이는 존재 그 자체와 현존재를 둘러싸고 발생하거나 일체의 실체적 또는 관념적 현상과 그들 상호간의 관계를 다양한 방법(예: 연역적·논리적·원리적·경험적 방법 등)으로 진지하고 계획적으로 탐구하는 것을 의미한다. 학문은 오늘날에 이르기까지 매우 다양하게 분화하여 발전하고 있으므로 이는 매우 포괄적인 개념인데, 여기에는 단순한 사색과 관찰뿐만 아니라, 실험, 조사, 답사, 발굴, 기술개발, 독서, 집필 등의 다양한 활동이 포함된다. 따라서 오늘날 學問의 自由에 의해서 보호되는 영역은 매우 광범위하다.

학문이란 흔히 진리(참과 거짓)의 문제를 탐구하는 것으로 정의하지만, 학문이 분화된 오늘날에는 더 이상 타당하지 않다. 존재, 가치, 기술, 미, 영성, 신앙, 과학, 기술 등의 다양한 문제들에 대하여 생각하거나 어떤 답을 찾거나 해결의 방법을 구하는 진지한 활동들도 이에 포함되므로 모든 지적 탐구의 활동이 이에 해당한다고 할 것이다.

Ⅱ. 연 혁

서구 역사에 학문의 자유는 중세 기독교의 억압하에서 자유로운 지식을 추구하는 사상으로 발전하였다. 학문의 자유는 기독교의 억압적 지배를 배척하고 세계와 사회와 인간에 관한 다양한 지식, 인식, 신앙을 추구하는 것으로 나타났기 때문에 처음에는 학문의 자유, 양심의 자유, 신앙의 자유는 분화되지 않고 전개되었다. 서구 중세에서 기독교의 지배에 대항하여 아리스토텔레스의 철학과 과학에 대한 연구는 바야흐로 르네상스를 맞이하면서 학문의 자유, 신앙의 자유로 길을 열어 주었다. 학문의 자유의 정신적인 연원은 인문주의와 계몽사상으로 소급된다. 영국에서는 F. Bacon(1561-1626)과 J. Milton(1608-1674)이 학문의 자유를 주장하였고, 중세 프랑스에서는 파리대학에서 자유로운 지식를 추구하는 운동이 전개되었다. 독일에서는 J. G. Fichte(1762-1814)나 F. W. J. v. Schelling(1775-1854)에 의해 주장되었고, 이들의 영향으로 W. v. Humboldt(1767-1835)에 의해 1810년 베를린 대학이 설립되었다.

學問의 自由가 헌법의 차원에서 최초로 보장된 것은 1849년의 프랑크푸르트헌법에서였다(同憲法 §152). 그 후 1850년 프로이센헌법(同憲法 §20)에 규정되었고, 1919년의 바이마르헌법(同憲法 §142)에도 규정되었다. 현재에는 거의 모든 국가가 헌법에 學問의 自由를 규정하고 있다. 우리나라에서는 1948년헌법부터 학문의 자유를 보장하기 시작하여 현재까지 지속되고 있다.

> 학문의 자유를 헌법전에서 명시적으로 보장하고 있는 것은 앵글로색슨과 프랑스의 법적 전통은 아니고, 「학문과 그 교수는 자유이다」라고 한 1849년의 프랑크푸르트헌법에서 비롯하는 독일의 전통이다. 특히 여기서는 학문의 자유가 「대학의 자유」(akademische Freiheit)로서의 면을 강하게 지니고 있었다.

[106] 第二 法的 性格

헌법이 제22조 제1항에서 보장하고 있는 학문의 자유는 모든 사람에게 인정하고 있는 헌법상의 권리이다. 따라서 모든 사람은 학문의 자유를 구체적인 권리로서 국가에 대하여 직접 주장할 수 있다.

[107] 第三 主 體

學問의 自由의 주체는 기본적으로 자연인이다. 학문의 자유는 자연인인 이상 대학의 교수나 연구소의 연구원에 한정되지 않으며, 학문적인 활동을 하거나 하려고 하는 국민에게 인정된다. 그런데 학문의 자유 가운데서도 구체적으로 연구의 자유와 연구결과발표와 학술적 집회결사의 자유는 일반국민에게 인정되지만, 교수의 자유는 그 본래의 취지에 의할 때 주로 대학이나 고등교육기관의 연구원에게 인정된다.

학문의 자유는 성질상 모든 인간에게 인정되므로 외국인, 무국적자, 복수국적자에게도 인정된다.

학문의 자유의 구체적인 내용 가운데서도 성질상 허용되는 범위 내에서는 法人(예: 연구활동을 하는 사단법인)이나 단체(예: 연구단체)도 그 주체가 되는 경우가 있다. 이러한 법인에는 私法人이든 公法人이든 차이가 없다.

> [憲 2001. 1. 18.-99헌바63] 「학교법인은 사립학교만을 설치 · 경영함을 목적으로 하는 법인인 만큼 사립학교의 교원이나 교수들과 달리 법인자체가 학문활동이나 예술활동을 하는 것으로 볼 수는 없고……」

憲法裁判所는 국립대학인 서울대학교(공법인이 아닌 영조물)도 학문의 자유의 주체가 되는 경우가 있음을 인정하고 있다(예: 憲 1992. 10. 1.-92헌마68등).

[108] 第四 内　容

헌법 제22조 제 1 항이 보장하는 학문의 자유는 그 내용에서 연구의 자유, 학술활동의 자유를 포함한다.

> [憲 1992. 11. 12.-89헌마88] 「학문의 자유라 함은 진리를 탐구하는 자유를 의미하는데, 그것은 단순히 진리탐구의 자유에 그치지 않고 탐구한 결과에 대한 발표의 자유 내지 가르치는 자유(편의상 대학의 교수의 자유와 구분하여 수업(授業)의 자유로 한다) 등을 포함하는 것이라 할 수 있다. 다만, 진리탐구의 자유와 결과발표 내지 수업의 자유는 같은 차원에서 거론하기가 어려우며, 전자는 신앙의 자유·양심의 자유처럼 절대적인 자유라고 할 수 있으나, 후자는 표현의 자유와도 밀접한 관련이 있는 것으로서 경우에 따라 헌법 제21조 제 4 항은 물론 제37조 제 2 항에 따른 제약이 있을 수 있는 것이다. 물론 수업의 자유는 두텁게 보호되어야 합당하겠지만 그것은 대학에서의 교수의 자유와 완전히 동일할 수는 없을 것이며 대학에서는 교수의 자유가 더욱 보장되어야 하는 반면, 초·중·고교에서의 수업의 자유는 후술하는 바와 같이 제약이 있을 수 있다고 봐야 할 것이다.」

Ⅰ. 학문의 자유

(1) 연구의 자유

研究의 自由라 함은 연구의 과제, 방법, 기간, 장소 등을 자유로이 선택하고 결정하며, 연구행위를 실행하는 자유를 의미한다. 학술활동의 자유가 연구의 자유를 전제로 해서만 성립할 수 있는 것임을 고려할 때, 연구의 자유는 학문의 자유의 핵심을 이룬다. 따라서 연구의 자유는 학술활동의 자유와 비교하여 보다 두텁게 보장된다.

학문의 연구는 기존의 사상이나 가치 또는 인식에 관하여 의문을 제기하고 비판함으로써 이를 개선하거나 새로운 것을 창출하려는 노력이기도 하므로 그 연구의 자료가 사회에서 현재 수용되고 있는 기존의 사상이나 가치체계 또는 인식체계와 상반되거나 저촉된다고 하여도 인정된다(예: 大 1982. 5. 25.-82도716). 따라서 연구에는 인간의 부정·말살, 공동체의 파괴·소멸, 인감의 삶에 대한 심대한 재앙을 초래할 것을 목적으로 하지 아니하는 한 「似而非研究」라는 개념은 성립하지 않는다.

> [大 1993. 2. 9.-92도1711] 「"사회주의의 이론, 역사, 현실"이라는 책은, 단순한 사회주의에 대한 연구를 넘어서서 한국사회를 이른바 신식민지 국가독점자본주의사회로 파악하고 그에 입각하여 반제반독점민중민주주의혁명을 일으킴으로써 한국사회를 변혁하여야 한다는 주장이 담겨진 것인바, 이와 같이 한국사회를 신식민지국가독점자본주의사회로 파악하는 것 자체는 학문적 연구의 결과이므로 비록 그 분석방법이 마르크스주의에 입각한 것이라 하여도 이는 헌법이 보장하고 있는 학문의 범주 내에 속하는 것이어서 국가보안법에 저촉되는 것이라고 볼 수 없다. 그러나 위 책에서 주장하고 있는 반제반독점민중민주주의혁명론은 적극적으로 한국사회

의 정치경제체제를 변혁하여야 한다는 정치적 행동을 주창하는 것이어서 더 이상 학문의 영역에 속한다고는 볼 수 없을 뿐만 아니라……」

학문적 연구를 바탕으로 하여 이에서 정치적 행위로 나아가는 것은 학문활동이 아니라 정치적 활동이기 때문에 그에 대한 제한이 가능하게 된다.

(2) 학술활동의 자유

학문의 자유에는 연구의 자유뿐만 아니라, 학술활동의 자유도 포함된다. 이러한 학술활동의 자유에는 구체적으로 교수의 자유, 연구결과발표의 자유, 학술적 활동의 자유가 포함된다. 학문연구의 결과에 근거하여 이를 행동으로 실행하는 것은 그 내용에 따라 일반적 행동의 자유, 의사표현의 자유, 양심실행의 자유, 종교실행의 자유 등에 해당하고 학술활동의 자유에는 해당하지 않는다.

(a) 교수의 자유

敎授(=講義=講學 teaching, Lehre)의 自由는 연구에 의해서 얻어진 결과를 대학과 이에 상응하는 고등교육기관에서 수강자에게 전달할 자유를 말하는데, 발표의 대상, 내용, 형식, 방법, 시기, 장소 등을 자유롭게 선택할 수 있음을 뜻한다. 이를 헌법에서 학문의 자유로 두텁게 보장하는 것은 대학과 대학원의 세미나 · 강의와 같이 敎授行爲 자체가 하나의 硏究課程이기 때문이다. 어떠한 가르치는 행위가 교수행위에 해당하는가를 결정함에 있어서는 과거에 대학 이외에서 행하는 강연이나 일반 교육적 행위(예: 초등중등학교, 사설학원에서의 강의)와 구별하기 위하여 그 장소가 고등교육기관일 것을 필요로 했으나, 오늘날 교수행위는 인터넷으로도 행해지므로 장소적 요소는 무의미하고, 그 성격과 기능이 대학에서 행해지는 교수와 동일한 것인가 하는 것에 의하여 다른 행위들과 구별된다.

학문의 자유로 보장하는 敎授의 自由는 대학과 같은 고등교육기관에서 수강자에게 진리의 탐구에 대한 자주적이고 비판적인 능력을 길러주는 학문활동의 자유를 의미한다. 따라서 강의내용에 대하여 비판할 능력과 지식이 없는 아동이나 청소년을 상대로 단순히 지식을 전달하는 敎育의 自由와는 구별된다(同旨: 許營a, 413; 桂禧悅b, 363). 따라서 초중등학교의 교사는 교육의 자유는 가질지언정 학교에서 가르치는 학생을 상대로 하는 교수의 자유를 가지지 못한다. 憲法裁判所도 敎授의 自由와 敎育을 구별하고 있다(예: 憲 1992. 11. 12.-89헌마88; 2003. 9. 25.-2001헌마814).

[憲 2003. 9. 25.-2001헌마814] 「진리탐구의 과정과는 무관하게 단순히 기존의 지식을 전달하거나 인격을 형성하는 것을 목적으로 하는 '교육'은 학문의 자유의 보호영역이 아니라 교육에 관한 기본권(헌법 제31조)의 보호영역에 속한다고 할 것이다.」

이처럼 教授의 自由는 대학 등의 고등교육기관에서 행해지는 학술활동을 보호한다는 점에서 그런 제약이 없는 研究結果發表의 自由와는 다르다. 教授의 自由의 주된 내용으로는 教授內容의 自由와 教授方法의 自由를 들 수 있다. 따라서 연구자는 교수의 내용과 방법 등에 대해서 외부의 지시나 감독을 받지 않는다. 그러나 강단이라고 하더라도 헌법상의 기본가치나 기본질서를 부정하거나 파괴하는 내용을 교수하는 행위는 금지된다. 헌법질서에 대한 학문적 비판은 허용된다.

교수의 자유에는 항상 전달자(예: 교수, 강의담당자)의 내용을 수용하는 수신자(예: 학생, 수강생)가 있기 마련이지만, 교수의 자유는 전달자만 주체로 할 뿐이고 수신자는 교수의 자유의 주체는 되지 못한다. 수신자는 교육을 받을 권리와 학문의 자유 등의 주체가 된다.

(b) 연구결과발표의 자유

研究結果發表의 自由는 연구를 통해서 얻은 학문적 결과물을 교수 이외의 방법으로 외부에 공개하고 전달하는 자유로서 발표의 대상, 내용, 형식, 방법, 시기, 장소 등을 자유롭게 선택할 수 있음을 뜻한다. 저서의 출판, 논문의 발표, 각종의 학술회의, 강연 등이 그 예이다.

연구결과발표의 자유에서는, 發表內容의 自由와 發表方法의 자유가 중요하다. 중요한 것은 발표내용의 학문성이지 발표의 대상이나 장소는 아니다.

따라서 발표의 방법이나 대상, 장소에 따라서 그 보호의 정도가 달라지지 않는다. 研究結果發表의 自由는 表現의 自由의 한 내용이지만, 발표의 내용이 학문적일 경우 學問의 自由를 통해 특별히 보호한다. 즉 研究結果發表의 自由는 表現의 自由에 대해 특별법의 지위를 갖는다(同旨: 桂禧悅b, 363; 金哲洙a, 943).

(c) 학술적 집회 · 결사의 자유

학문활동을 위한 集會 · 結社의 自由란 학문적 연구를 목적으로 모이거나 단체를 조직할 수 있는 권리를 의미한다. 이는 研究結果發表의 自由의 전제가 된다. 학문활동의 보호를 위하여 일반적인 集會와 結社의 自由보다 상대적으로 강하게 보장된다. 이런 이유로 集會및示威에관한法律은 학문적 집회에 대해서는 同法의 적용을 배제하고 있다(同法 §15).

Ⅱ. 대학의 자유

(1) 의 의

大學의 自由란 대학이 자유로운 연구와 교육을 위해 필요한 사항을 국가나 외부의 간섭없이 자유롭게 결정할 수 있는 것을 말한다(예: 憲 1992. 10. 1.-92헌마68 등; 2001. 2. 22.-99헌마613). 대학의 자유는 學問의 自由의 한 내용을 이루는데, 이러한 대학의 자유를 보장하는데는 대학의 자치가 필수적으로 요구된다.

헌법은 현대 사회에서 지식의 창출과 인간의 창조성의 개발 및 고급인력의 양성에 있어 대학이 가지는 고유한 기능을 중시하여 제31조 제4항이라는 별도의 명문조항을 두고 있다.

(2) 헌법적 근거

대학의 자유에 대한 헌법의 근거조항에 대해서는 헌법 제31조 제4항이라는 견해(金哲洙a, 946), 헌법 제22조 제1항과 제31조 제4항이라는 견해가 있다(權寧星, 271). 헌법은 대학의 자유와 관련하여 헌법 제31조 제4항에서 명시적인 규정을 두고 있고, 대학의 자유는 헌법 제31조 제4항과 같은 명문규정을 두지 않더라도 학문의 자유와 밀접불가분하게 발전하여 왔고 학문의 자유를 보장하는 핵심적인 내용이므로 헌법 제22조에서 정하고 있는 학문의 자유에서 도출된다. 따라서 대학의 자유는 헌법 제22조와 제31조 제4항을 명시적인 근거조항으로 하여 인정된다. 이로 인하여 대학의 자유는 헌법상의 권리로 보장된다(예: 憲 1992. 10. 1.-92헌마68등; 1998. 7. 16.-96헌바33).

[憲 1998. 7. 16.-96헌바33] 「헌법 제22조 제1항에서 규정한 학문의 자유 등의 보호는 개인의 인권으로서의 학문의 자유뿐만 아니라 특히 대학에서 학문연구의 자유·연구활동의 자유·교수의 자유 등도 보장하는 취지이다. 이와 같은 대학에서의 학문의 자유에 대한 보장을 담보하기 위하여는 대학의 자율성이 보장되어야 한다. 헌법 제31조 제4항도 "교육의 자주성·전문성·정치적 중립성 및 대학의 자율성은 법률이 정하는 바에 의하여 보장된다"고 규정하여 교육의 자주성·대학의 자율성을 보장하고 있는데, 이는 대학에 대한 공권력 등 외부세력의 간섭을 배제하고 대학구성원 자신이 대학을 자주적으로 운영할 수 있도록 함으로써 대학인으로 하여금 연구와 교육을 자유롭게 하여 진리탐구와 지도적 인격의 도야(陶冶)라는 대학의 기능을 충분히 발휘할 수 있도록 하기 위한 것이며, 교육의 자주성이나 대학의 자율성은 헌법 제22조 제1항이 보장하고 있는 학문의 자유의 확실한 보장수단으로 꼭 필요한 것으로서 이는 대학에게 부여된 헌법상의 기본권이다. 여기서 대학의 자율은 대학시설의 관리·운영만이 아니라 전반적인 것이라야 하므로 연구와 교육의 내용, 그 방법과 대상, 교과과정의 편성, 학생의 선발과 전형 및 특히 교원의 임면에 관한 사항도 자율의 범위에 속한다.」

(3) 주 체

大學의 自由의 主體가 누가 되느냐에 대해서 견해의 대립이 있다. 大學의 自治의 主體에 대해서는 教授會가 주체라는 教授會主體說과 교수는 물론 학생, 교직원 등 대학의 모든 구성원이 주체라는 大學構成員主體說이 대립한다.

大學의 自治가 學問의 自由의 한 내용인 大學의 自由의 수단인 점을 생각하면

敎授會主體說이 타당하다. 이런 경우에도 교수 개개인이 각자의 지분을 가지고 대학자치의 주체가 되는 것은 아니다. 개개의 교수도 대학이나 학사운영에 관한 교수회의 결정에 따라야 한다. 학생들은 학문연구와의 관련성이 인정되는 범위(예: 학사행정이나 대학운영에 대한 비판) 내에 한하여 주체성이 인정된다(同旨: 權寧星, 272; 桂禧悅b, 369). 그러나 학생은 대학의 관리 · 운영의 주체는 될 수 없다(대학의 관리 · 운영에 학생이 참여하는 것은 가능하다.).

[憲 2006. 4. 27.-2005헌마1047등] 「헌법재판소는 대학의 자율성은 헌법 제22조 제1항이 보장하고 있는 학문의 자유의 확실한 보장수단으로 꼭 필요한 것으로서 대학에게 부여된 헌법상의 기본권으로 보고 있다(憲 1992. 10. 1.-92헌마68등). 대학의 자치의 주체를 기본적으로 대학으로 본다고 하더라도 교수나 교수회의 주체성이 부정된다고 볼 수는 없고, 가령 학문의 자유를 침해하는 대학의 장에 대한 관계에서는 교수나 교수회가 주체가 될 수 있고, 또한 국가에 의한 침해에 있어서는 대학 자체 외에도 대학 전구성원이 자율성을 갖는 경우도 있을 것이므로 문제되는 경우에 따라서 대학, 교수, 교수회 모두가 단독, 혹은 중첩적으로 주체가 될 수 있다고 보아야 할 것이다. 나아가 전통적으로 대학자치는 학문활동을 수행하는 교수들로 구성된 교수회가 누려오는 것이었고, 현행법상 국립대학의 장 임명권은 대통령에게 있으나, 1990년대 이후 국립대학에서 총장 후보자에 대한 직접선거방식이 도입된 이래 거의 대부분 대학 구성원들이 추천하는 후보자 중에서 대학의 장을 임명하여 옴으로써 대통령이 대학총장을 임명함에 있어 대학교원들의 의사를 존중하여 온 점을 고려하면, 청구인들(교수, 교수회, 교수평의회)에게 대학총장 후보자 선출에 참여할 권리가 있고 이 권리는 대학의 자치의 본질적인 내용에 포함된다고 할 것이므로 결국 헌법상의 기본권으로 인정할 수 있다.」

(4) 내 용

대학의 자유는 대학의 인사, 관리, 운영, 재정, 학사에서 외부의 간섭을 받지 않고 자율적으로 결정하는 것을 그 내용으로 한다(예: 憲 1992. 10. 1. 92-헌마68등; 2001. 2. 22.-99헌마613). 이는 국공립대학이든 사립대학이든 차이가 없다.

[憲 1992. 10. 1.-92헌마68등] 「헌법(제31조 제4항)이 교육의 자주성 · 전문성 · 정치적 중립성보장규정과 별도로 대학의 자율성을 명문으로 특히 보장하고 있는 이유는 교육진흥과 문화창달을 위하여서는 적어도 대학에서는 교육의 자치가 더욱 보장되어야 한다는 데서 비롯된 것으로서 대학의 자치라 함은 대학이 인사문제를 비롯하여 대학의 관리 및 운영과 학사관리 등에 관하여 자주적 결정권을 갖는 것을 의미하는 것이다. 여기에서 학사관리에 관한 자주적 결정권에는 대학이 학생의 선발전형, 학위의 수여, 학생에 대한 포상과 징계문제에 대하여 외부의 부당한 간섭을 배제하고 독자적으로 처리할 수 있는 자주적 결정권이 포함되어 있음은 의문의 여지가 없는 것이다.……대학의 자율은 대학시설의 관리 · 운영만이 아니라 학사관리 등 전반적인 것이라야 하므로 연구와 교육의 내용, 그 방법과 그 대상, 교과과정의 편성, 학생의 선발, 학생의 전형도 자율의 범위에 속해야 하고 따라서 입학시험제도도 자주

적으로 마련될 수 있어야 한다. 다만 이러한 대학의 자율권도 헌법상의 기본권이므로 기본권제한의 일반적 법률유보의 원칙을 규정한 헌법 제37조 제2항에 따라 국가안전보장 · 질서유지 · 공공복리 등을 이유로 제한(필요, 최소한의 한도에서)될 수 있는 것이며……」

(a) 학사의 자치

대학의 자유에는 學事에 대한 자치가 포함된다. 학생의 선발과 전형방법, 성적의 평가, 상벌 등을 대학이 스스로 정할 수 있다(예: 憲 1992. 10. 1.-92헌마68등).

[憲 1992. 10. 1.-92헌마68등] 「대학별 고사를 실시키로 한 서울대학교가 대학별 고사과목을 어떻게 정할 것인가, 영어 이외의 외국어를 선택과목으로 하기로 정하였다면 그러한 외국어의 범위를 어떻게 정할 것인가는 고등학교 교과과목의 범위 내에서 서울대학교의 자율에 맡겨진 것이므로 서울대학교가 인문계열의 대학별 고사과목을 정함에 있어, 국어(논술), 영어, 수학1을 필수과목으로 하고 한문 및 불어, 독어, 중국어, 에스파냐어 등 5과목 중 1과목을 선택과목으로 정하여 일본어를 선택과목에서 제외시킨 것은 교육법 제111조의2 및 앞으로 개정될 교육법시행령 제71조의2의 제한범위 내에서의 적법한 자율권행사라 할 것이다.……물론 고등학교 교육과정의 외국어 교과 중에 일본어과목이 독일어, 프랑스어, 에스파냐어, 중국어 등 과목과 함께 선택과목의 하나로 채택되어 있고 고등학교 중 일본어를 가르치고 있는 학교가 많고 심지어 독일어, 프랑스어, 에스파냐어, 중국어 등 과목을 완전히 배제한 채 외국어 선택과목으로는 오로지 일본어 하나만을 가르치고 있는 고등학교도 상당수(相當數)이며 현재 고등학교에서 일본어를 외국어 선택과목으로 배우고 있는 학생들 중 94학년도에 대학진학 예정인 2학년생과 95학년도에 대학진학 예정인 1학년생은 그들이 서울대학교 인문계열 진학을 희망할 경우 일본어를 선택과목으로 시험을 치를 수 없게 되어 고등학교에서 독일어, 프랑스어, 에스파냐어, 중국어 중 하나를 외국어 선택과목으로 배우고 있는 학생들보다 불리한 입장에 놓이게 되었다고 주장할 수도 있을 것이다. 그러나 이러한 불이익은 서울대학교가 학문의 자유와 대학의 자율권이라고 하는 기본권의 주체로서 자신의 주체적인 학문적 가치판단에 따른, 법률이 허용하는 범위 내에서의 적법한 자율권행사의 결과 초래된 반사적 불이익이어서 부득이한 일이다.」

(b) 인사의 자치

大學의 自治는 우선 人事에 대한 自治를 의미한다. 즉 대학은 교수의 임용과 보직을 자율적으로 결정할 수 있다. 이와 관련하여 교수의 재임용제도의 위헌성이 문제되었는데, 헌법재판소는 종전의 견해(憲 1998. 7. 16.-96헌바33등)를 변경하여 절차적 보장 없이 교수의 재임용을 임용권자의 자의에 맡긴 것은 위헌이라고 판시한 바 있다(憲 2003. 2. 27.-2000헌바26). 임용절차는 교육공무원법에서 정하고 있다.

(c) 관리 · 재정의 자치

施設과 財政에 있어서의 자치를 의미한다. 연구와 교육을 위한 시설의 관리와 연구와 교육의 내용 및 방법, 교과과정의 편성을 자주적으로 정할 수 있다. 그리고 대학의 재정에 대해서도 자율성을 가진다.

(d) 존속의 문제

대학의 자유에 대학이 계속적으로 존속하는 것은 포함되지 않는다. 국공립대학은 국가가 폐교할 수 있고(예: 憲 2001. 2. 22.-99헌마613), 사립대학은 재단에서 폐교를 결정할 수 있다. 다만, 그러한 폐교가 정당한 것인가 하는 문제는 남지만, 대학의 존립이 헌법에 의하여 보장되는 것은 아니다.

(5) 제 한

(a) 제한의 가능성

대학의 자유도 학문 일반의 자유의 제한과 마찬가지로 법률에 의해서 제한이 가능하고 그 경우에도 본질적 내용의 침해는 금지된다(예: 憲 1992. 10. 1.-92헌마68등). 대학의 자유도 학문의 자유나 교육이 추구하는 목적이나 가치에 위반하는 경우에는 제한이 가능하다.

> [大 1990. 8. 28.-89누8255] 「대학교 총장인 피고가 해외근무자들의 자녀를 대상으로 한 교육법시행령 제71조의2 제4항 소정의 특별전형에서 외교관, 공무원의 자녀에 대하여만 획일적으로 과목별 실제 취득점수에 20%의 가산점을 부여하여 합격사정을 함으로써 실제 취득점수에 의하면 충분히 합격할 수 있는 원고들에 대하여 불합격처분을 하였다면 위법하다.」

(b) 대학에 대한 경찰권의 행사

대학의 자치와 경찰권의 한계가 문제되는데, 연구와 교육의 공간이라는 특성을 고려할 때, 대학 내의 질서유지는 일차적으로 대학에 맡겨야 한다(구내의 안전과 질서유지를 위하여 대학은 자체의 대학경찰을 둘 수 있다). 그러나 대학이라고 하여 국가의 경찰권을 전적으로 배제하는 治外法權區域이 될 수 없는바, 대학의 자율권의 범위를 넘어서는 사태가 발생할 때에는 경찰이 개입할 수 있다(예: 대학 내의 범죄행위, 폭력적 시위). 대학의 구내에서 공중의 참가가 허용된 정치집회, 노동투쟁을 위한 집회 등 학문활동의 연장선상에 있지 않은 행위가 경찰권의 발동요건을 충족시키는 경우에는 대학이라고 하더라도 국가는 경찰권을 행사할 수 있다. 이러한 경찰권을 행사하는 경우에도 헌법 제37조 제2항 등이 정하는 한계를 넘어설 수는 없다.

[109] 第五 效 力

학문의 자유는 우선 대국가적 효력을 갖는다. 따라서 국가에 대하여 학문활동에 대한 부당한 간섭이나 침해를 중단할 것을 청구할 수 있다.

또 학문의 자유는 사립대학의 설립자나 재단, 그 관리자에 의해서도 침해될 수 있고, 학내 구성원인 학생이나, 교수에 의해서도 침해될 수 있다. 학문의 자유는 사인간에도 존중되어야 하는바 국가는 이를 보호하는 조치를 하여야 한다.

[110] 第六 制限과 그 限界

Ⅰ. 제 한

學問의 自由도 헌법 제37조 제2항에 의해서 법률로 제한할 수 있다. 그런데 이러한 제한은 구체적인 내용에 따라 개별적으로 판단되어져야 한다. 학문의 자유에 대한 제한은 연구의 자유에 대한 제한과 학술활동의 자유에 대한 제한이 있다.

(1) 연구의 자유에 대한 제한

연구의 자유에 대한 제한도 가능하다. 오늘날 학문연구는 다양하게 분화하여 연구행위가 정신적 영역에만 머무는 것이 아니라, 연구의 실행이 인간이나 공동체를 파멸시키거나 부정하는 결과를 가져오거나 그러할 위험을 야기하는 것과 같이 연구행위 그 자체로 대외적 영향을 미치는 경우가 있는데(예: 인간의 복제, 대량학살의 생화학무기 등), 이런 경우에는 연구의 과제선정을 금지하거나 그 실행을 금지할 수 있다. 그러나 연구가 내심의 영역에 머물고 있는 경우에는 성질상 제한할 수 없음은 당연하다.

憲法裁判所의 판례 가운데는 「진리탐구의 자유와 결과발표 내지 수업의 자유는 같은 차원에서 거론하기가 어려우며, 전자는 신앙의 자유·양심의 자유처럼 절대적인 자유라고 할 수 있으나……」(예: 憲 1992. 11. 12.-89헌마88)라고 하여 연구의 자유를 절대적 자유로 이해한 듯한 것이 있다. 그러나 이는 연구의 자유가 구체적으로 무엇을 의미하는지를 개별화하여 이해하지 않고 만연히 정신적 자유로만 이해한 결과에서 비롯된 것으로 타당하다고 할 수 없다.

그런데 研究의 自由는 학문의 자유의 핵심적인 영역에 속하고, 학술활동의 자유의 전제가 되므로 그 제한은 매우 신중하게 이루어져야 한다. 먼저 학문영역에서의 자율적인 통제를 우선적으로 하고, 그 다음 단계로 헌법 제37조 제2항에 의한 제한을 하는 것이 타당하다. 그러나 사정이 급박한 경우에는 바로 헌법 제37조 제2항에 의하여 제한할 수 있다.

[大 1986. 9. 9.-86도1187] 「원심은 위 서적들이 객관적으로 보아 북괴의 대남선전활동과 그 내용을 같이 하는 내용들이고 동 피고인이 이를 탐독한 것은 반국가단체를 이롭게 할 목적이 있다고 하여 국가보안법 제7조 제5항을 적용하였는바 헌법상 학문의 자유도 진리의 탐구를 순수한 목적으로 하는 경우에 한하여 보호를 받는 것이므로 반국가단체를 이롭게 할 목적으로 공산주의혁명이론 및 전술에 관한 내용을 담은 서적을 소지하고 있었다면 그것은 학문의 자유에 대한 한계를 넘은 것

이라고 할 것이며 또 소지한 서적이 국내에서 번역, 소개되었다거나 대학에서 부교재로 사용되는 것이라 하여도 순수한 학문의 목적으로 소지한 것이 아닌 이상 위 범죄의 성립에는 아무런 영향이 없다 할 것이다.」

(2) 학술활동의 자유에 대한 제한

교수의 자유, 연구결과발표의 자유, 학술적 집회·결사의 자유도 제한할 수 있다. 研究結果發表의 自由는 일반적인 表現의 自由에 대해 특별법적 관계에 있고, 학문활동을 위한 集會·結社의 自由가 일반적인 集會·結社의 自由보다 상대적으로 두터운 보호를 받는 모습으로 나타난다. 따라서 제한에서도 이러한 점이 고려되어야 할 것이다.

독일연방헌법은 교수의 자유(Freiheit der Lehre)를 인정하면서 동시에 「교수의 자유는 헌법에 대한 충성(Treue zur Verfassung)을 면제하지 않는다」고 하여(同憲法 §5③) 헌법에서 명문으로 직접 제한하고 있다.

Ⅱ. 제한의 한계

학문의 자유를 제한함에 있어서도 헌법 제37조 제2항이 정하는 한계가 있다. 이러한 한계는 학문의 자유에 포함되는 개별적인 자유에 따라 달리 나타난다.

4. 藝術의 自由

[111] 第一 意 義

Ⅰ. 개 념

(1) 헌법 규정

憲法 제22조 제1항은 「모든 국민은 學問과 藝術의 自由를 가진다」라고 정하면서, 학문의 자유와 함께 藝術의 自由(freedom of arts, Kunstfreiheit)를 정하고 있다. 헌법의 규정형식으로 볼 때, 동일한 조항에 명시되어 있지만, 학문의 자유와 따로 예술의 자유를 정하고 있기 때문에 예술은 학문의 개념에 포함되지 않는다.

예술의 자유를 학문의 자유와 불가분의 것으로 정하고 있는 것은 바이마르헌법의 「예술, 학문 및 교수는 자유이다」라고 하는 것에서 볼 수 있고, 독일연방헌법의 「예술과 학문, 연구 및 교수는 자유이다」(同憲法 §5③)라고 정하고 있는 규정도 형태적으로 이를 따르고 있다. 일본국헌법에서는 「학문의 자유는 이를 보장한다」(同憲法 §23)라고만 정하여 예술의 자유를 따로 정하고 있지 않다. 여기서는 예술의 자유를 표현의 자유에 포함되는 것으로 해석되고 있다.

아울러 憲法 제22조 제 2 항은 예술가의 권리는 법률로써 보호한다고 정하여, 예술가의 권리보호에 대하여 헌법의 수준에서 강조하고 있다.

(2) 헌법 제22조의 의미

(a) 예술의 개념

헌법 제22조에는 예술과 예술가라는 용어가 사용되고 있다. 먼저 예술과 예술가의 관계를 보면, 예술은 예술가의 행위를 말하는 것이 아닐 뿐 아니라 예술의 자유는 모든 사람이 가지기 때문에 예술가만이 예술의 자유를 가지는 것도 아니다. 따라서 헌법 제22조 제 2 항에서 정하고 있는 예술가라는 개념은 先驗的인 것이 아니다.

무엇을 예술이라고 할 것인가 하는 점에 대해서는 과거에는 예술의 장르에 해당하는 것을 기준으로 예술과 비예술을 구별하기도 했으나, 현대 예술에서 이미 장르의 개념이 해체된 이상 장르를 기준으로 예술의 개념을 확정하는 것은 어렵다. 그렇다고 하여 모든 표현행위를 예술행위라고 할 수는 없지만, 미적 가치(미적 가치의 존재에 대해서도 의견합치를 보지 못하고 있다)를 추구하는 것에서부터 정치적 사상이나 목적을 추구하는 표현(정치적 선전·선동 그림)이나 영리를 추구하는 표현행위(조각, 회화, 비디오 등에 의한 광고, 패션쇼)에 이르기까지 다양하게 나타나는 행위들이 각기 정치적인 표현행위, 상업적 표현행위, 학술적 표현행위, 사상적 표현행위, 종교적 표현행위, 전투적·군사적 표현행위 등에 해당하는 경우에는 해당 영역의 문제이고 예술의 자유라는 이름으로 보호하는 것은 타당하지 않다.

그러나 헌법 제22조의 규정이 있는 이상, 예술행위와 비예술행위를 구별할 필요가 있다. 음악, 회화, 판화, 조각, 도자기, 공예, 디자인, 건축, 사진, 영화, 연극, 무용, 오페라, 판소리, 영상매체예술, 레이저예술, 행위예술, 전위예술 등 일정한 장르의 형태를 띤 표현방법을 통하여 어떤 가치를 표현한 것으로서 다른 개별적 기본권의 영역에 해당하지 않는 행위를 일응 예술행위라고 정의할 수 있다. 이러한 경우에도 그 표현이 지닌 의미에 따라 해당 행위는 다양하게 평가된다.

(b) 예술가의 권리

예술과 예술가라는 개념의 관계는 위에서 본 바와 같으므로 헌법 제22조 제 2 항에서 예술가의 권리를 법률로써 보호한다는 것은 예술가가 아닌 사람과 구별되는 예술가가 선험적으로 존재하여 그의 권리를 특별히 보호한다는 의미가 아니라, 예술행위 또는 예술행위의 결과물 가운데 권리로 보호할 가치가 있는 것은 법률로 보호한다는 의미이다.

오늘날 예술이라는 개념이 더 이상 정의불가능한 것으로 되어, 표현행위에 포함되는 이상, 예술가를 법적 의미로 확정하는 것은 타당하지 않다. 따라서 표현행위의 결과를 권리로 보장할 필요가 있으면 이를 권리로 보장하면 충분하고 따로 예술가의 권리라는 것을 설정할 필요도 없고, 가능하지도 않다. 예술이나 과학의 기반이 미약한 사회에서는 이를 독려하고 강조하기 위하여 선언적 의미로 헌법에서 정할 수도 있으나, 헌법이 실효성을 가지는 법규범임에 비추어 보면, 예술가이든 과학자이든 저작자이든 일반 국민이든 그의 지적재산권이 동일하게 보호되는 상황에서는 예술가나 과학자 등의 권리가 보호된다는 것은 명시할 필요가 없다. 헌법 제22조 제2항과 같은 文言은 재검토할 필요가 있다.

Ⅱ. 연 혁

예술의 자유가 학문의 자유와 더불어 헌법에서 보장된 것은 1919년 바이마르헌법에서 보인다. 우리나라에서는 1948년헌법에서 예술의 자유를 학문의 자유와 함께 동일한 조항에서 정한 이후 현재까지 계속 동일한 형태를 취하면서 보장하고 있다.

예술가의 권리보장에 대한 규정도 1948年憲法에서 저작자, 발명가, 예술가의 권리는 법률로써 보호한다는 것을 정한 이후 헌법의 개정이 있었음에도 줄곧 동일하게 규정되어 오다가 1987年憲法에서는 과학기술자를 추가하여 동일한 유형의 내용을 명시하고 있다.

[112] 第二 主 體

Ⅰ. 자 연 인

藝術의 自由의 主體는 예술적 활동을 하거나 하려고 하는 모든 사람이다. 예술의 자유는 예술가의 자유가 아니라 모든 국민의 자유이다. 예술의 자유는 자연인의 자유이고, 자연인인 이상 외국인이나 무국적자에게도 인정된다.

Ⅱ. 법인 · 단체

법인이나 단체의 경우 주체가 되는지 문제된다. 주체성을 부정하는 견해는 예술의 자유는 극히 개인적인 권리여서 예술가 개인만이 그 주체가 되며, 오페라하우스, 미술관, 오케스트라, 박물관 등의 단체는 예술의 자유의 주체가 되지 못한다고 하는 부정설(同旨: 許營a, 423)과 예술의 자유는 개인적인 권리에 그치는 것이 아니고 법인이나 단체도 그 주체가 된다고 하는 긍정설이 있다(桂禧悅b, 381).

생각건대, 법인이나 단체에게 예술의 자유가 인정되는가 하는 문제는 일률적으로 말하기 어렵다. 예술의 자유에 포함되는 개별적인 내용에 따라 성질상 자연인만이 향유할 수 있는 것은 법인이나 단체에게는 인정되지 않지만, 예술행위를 위한 집회나 결사의 자유가 보장되는 범위 내에서는 이러한 집회를 개최한 단체는 그 주체가 된다. 견해에 따라서는 법인과 법인이 아닌 예술단체를 구별하여 전자만이 예술의 자유의 주체라고 보는 견해도 있으나(權寧星, 545), 성질상 법인이나 단체에게 인정되는 예술의 자유인 이상 그 주체가 법인격을 가진 것인가의 여부는 구별할 필요가 없다고 할 것이다.

독일연방헌법재판소는 예술품을 보급하는 출판사나 음반제작사가 예술의 자유의 주체가 됨을 인정하였다(BVerfGE 30, 173; 36, 321; 67, 213; 77, 240).

[113] 第三 內 容

Ⅰ. 예술창작의 자유

예술의 자유에는 예술작품을 자유롭게 창작하는 藝術創作의 自由가 포함된다. 이는 藝術의 自由의 핵심적인 내용으로서 예술창작의 소재와 방법의 선택과 과정이 자유로워야 된다는 것을 의미한다(예: 憲 1993. 5. 13.-91헌바17). 그러나 표현의 소재나 방법이 반사회적이고 불법적인 것이 되어서는 안 된다(예: 살인의 제전, 폭력적 행위, 파괴행위, 방화행위, 음란행위 등).

[憲 1993. 5. 13.-91헌바17] 「헌법 제22조는 모든 국민은 학문과 예술의 자유를 가진다고 규정하고 있다. 예술의 자유의 내용으로서는 일반적으로 예술창작의 자유, 예술표현의 자유, 예술적 집회 및 결사의 자유 등을 들고 있다. 그 중 예술창작의 자유는 예술창작활동을 할 수 있는 자유로서 창작소재, 창작형태 및 창작과정 등에 대한 임의로운 결정권을 포함한 모든 예술창작활동의 자유를 그 내용으로 한다. 따라서 음반 및 비디오물로써 예술창작활동을 하는 자유도 이 예술의 자유에 포함된다.」

藝術은 그 본질적 속성으로 강한 自己目的性을 가지므로 영리를 목적으로 하는 상업광고물은 예술창작의 자유에 의해서 보호되지 않는다. 또 지기표현의 성격이 없는 단순한 기능적 작업(예: 요리, 수공업, 미용, 이발 등)도 예술의 자유로 보호되지는 않는다.

Ⅱ. 예술표현의 자유

예술의 자유에는 藝術表現의 自由가 포함된다(예: 憲 1993. 5. 13.-91헌바17; 2004. 5. 27.-2003헌가1등). 예술표현의 자유는 전시, 연주, 공연, 보급 등의 방법을 통해서 예술작품이나 예술행위를 스스로 또는 타인을 상대로 하여 표현하는 자유를 의미한다.

藝術表現의 自由를 통해 예술은 행위자와 수용자 사이에 소통이 이루어지게 된다. 예술표현의 자유는 예술창작의 자유와 밀접한 관계를 가지는데, 예술창작이 없으면 예술표현이 보장될 수 없고, 예술표현이 없으면 예술창작은 별 의미가 없게 된다.

예술표현의 자유와 관련하여 예술품의 普及에 종사하는 출판업자나 음반업자에게도 예술의 자유가 인정되는가 하는 문제가 있다. 憲法裁判所는 이를 인정하고 있다(예: 憲 1993. 5. 13.-91헌바17).

[憲 1993. 5. 13.-91헌바17] 「예술표현의 자유는 창작한 예술품을 일반대중에게 전시·공연·보급할 수 있는 자유이다. 예술품보급의 자유와 관련해서 예술품보급을 목적으로 하는 예술출판자 등도 이러한 의미에서의 예술의 자유의 보호를 받는다고 하겠다. 따라서 비디오물을 포함하는 음반제작자도 이러한 의미에서의 예술표현의 자유를 향유한다고 할 것이다.」

예술품의 경제적 활용은 재산권에 의해서, 예술작품에 대한 비평은 학문의 자유 또는 언론의 자유로 보호된다.

Ⅲ. 예술적 집회·결사의 자유

예술의 자유에는 예술적 집회·결사의 자유가 포함된다. 藝術的 集會·結社의 自由는 예술활동을 위하여 집회를 개최하고 결사를 조직할 수 있는 자유이다(桂禧悅b, 378). 예술적 집회·결사의 자유는 예술에 요구되는 고도의 자율성 때문에 일반적인 집회나 결사보다 더 강한 보호를 받는다. 集會및示威에관한法律 제15조는 예술적 집회에 대한 규제를 완화하고 있다.

[114] 第四 效 力

藝術의 自由는 예술의 창작과 표현에 있어 국가에 대하여 부당한 간섭의 배제를 요구할 수 있고, 예술적 활동을 위한 集會와 示威에 대한 부당한 간섭의 배제를 요구할 수 있는 것을 보장한다.

그러나 국민이 국가를 상대로 예술의 진흥과 발전을 위한 구체적인 행위를 할 것을 요구할 수는 없다. 국가는 예술과 문화의 진흥을 위하여 그에 필요한 정책을 수립하고(예: 예술진흥을 위한 입법) 이를 적극 추진할 수 있으나, 개별 국민이 이를 요구하는 것은 헌법 제22조 제1항에서 보장되지 않는다.

예술의 자유를 내세워 他人의 자유와 권리를 침해하는 것은 허용되지 않는다. 국가는 私人間에 이러한 침해행위가 발생하지 않도록 하는 조치와 침해행위가 발생한 경우에 권리가 구제될 수 있도록 하는 조치를 하여야 한다.

[115] 第五 制限과 그 限界

Ⅰ. 제 한

藝術의 自由도 헌법 제37조 제2항에 의해 법률에 의한 제한이 가능하다(예: 憲 1993. 5. 13.-91헌바17; 大 1990. 9. 25.-90도1586; 1990. 12. 11.-90도2328). 그러나 예술행위가 가지는 창조성의 면을 고려할 때, 學問의 自由와 마찬가지로 가능한 한 국가가 제한하는 것은 자제하는 것이 바람직하다.

예술행위라는 것은 매우 다양한 표현행위로 나타나기 때문에 일률적으로 말하기는 어려우나, 예술의 자유 가운데 예술창작의 자유는 예술표현의 자유보다 두텁게 보장된다. 표현행위 가운데는 창작행위가 곧 표현행위인 경우도 있다(예: 행위예술, 전위예술 등). 헌법이 추구하는 인간의 존엄과 가치, 자유민주적 기본질서, 헌법이 보호하는 타인의 자유와 권리, 공중도덕이나 사회윤리 등을 침해하는 행위는 예술의 자유로 보장되지 않는다(예: 음란행위, 포르노그라피의 제작 · 유포, 잔혹한 표현행위).

음란행위의 표현이 어느 정도에서 허용되는가 하는 문제는 예술의 자유에 한정되는 문제는 아니고, 일반적인 표현의 자유에 관한 것이며, 이는 사회의 성윤리나 성도덕과 음란물에 접하지 않을 자유(음란으로부터의 자유)와 충돌되지 않는 범위 내에서 인정된다. 大法院은 淫亂의 개념에 대하여, 사회통념상 일반 보통인의 성욕을 자극하여 성적 흥분을 유발하고 정상적인 성적 수치심을 해하여 성적 도의관념에 반하는 것으로서, 표현물을 전체적으로 관찰 · 평가해 볼 때 단순히 저속하다거나 문란한 느낌을 준다는 정도를 넘어서서 존중 · 보호되어야 할 인격을 갖춘 존재인 사람의 존엄성과 가치를 심각하게 훼손 · 왜곡하였다고 평가할 수 있을 정도로, 노골적인 방법에 의하여 성적 부위나 행위를 적나라하게 표현 또는 묘사한 것으로서, 사회통념에 비추어 전적으로 또는 지배적으로 성적 흥미에만 호소하고 하등의 문학적 · 예술적 · 사상적 · 과학적 · 의학적 · 교육적 가치를 지니지 아니하는 것을 뜻한다고 보고, 표현물의 음란 여부를 판단함에 있어서는 표현물 제작자의 주관적 의도가 아니라 그 사회의 평균인의 입장에서 그 시대의 건전한 사회통념에 따라 객관적이고 규범적으로 평가하여야 한다고 판시하였다(예: 大 2008. 3. 13.-2006도3558; 2008. 4. 11.-2008도254).

[大 2008. 3. 13.-2006도3558] 「'음란'이라는 개념이 사회와 시대적 변화에 따라 변동하는 상대적이고도 유동적인 것이고, 그 시대에 있어서 사회의 풍속, 윤리, 종교 등과도 밀접한 관계를 가지는 추상적인 것이므로, 구체적인 판단에 있어서는 사회통념상 일반 보통인의 정서를 그 판단의 규준으로 삼을 수밖에 없다고 할지라도, 이는 일정한 가치판단에 기초하여 정립할 수 있는 규범적인 개념이므로, '음란'이라는 개념을 정립하는 것은 물론 구체적인 표현물의 음란성 여부도 종국적으로는 법원이 이를 판단하여야 하는 것이다.……형사법이 도덕이나 윤리 문제에 함부로 관여하는 것은 바람직하지 않고 특히 개인의 사생활 영역에 속하는 내밀한 성적 문제에 개입하는 것은 필요 최소한의 범위 내로 제한함으로써 개인의 성적 자기결정권 또는 행복추구권이 부당하게 제한되지 않도록 해야 한다는 점, 개인의 다양한 개성과 독창적인 가치 실현을 존중하는 오늘날 우리 사회에서의 음란물에 대한 규제 필요성은 사회의 성윤리나 성도덕의 보호라는 측면을 넘어서 미성년자 보호 또는 성인의 원하지 않는 음란물에 접하지 않을 자유의 측면을 더욱 중점적으로 고려하여야 한다는 점 등에 비추어 볼 때, 구 정보통신망 이용촉진 및 정보보호 등에 관한 법률 제65조 제1항 제2호에서 규정하고 있는 '음란'이라 함은 사회통념상 일반

보통인의 성욕을 자극하여 성적 흥분을 유발하고 정상적인 성적 수치심을 해하여 성적 도의관념에 반하는 것으로서, 표현물을 전체적으로 관찰 · 평가해 볼 때 단순히 저속하다거나 문란한 느낌을 준다는 정도를 넘어서서 존중 · 보호되어야 할 인격을 갖춘 존재인 사람의 존엄성과 가치를 심각하게 훼손 · 왜곡하였다고 평가할 수 있을 정도로, 노골적인 방법에 의하여 성적 부위나 행위를 적나라하게 표현 또는 묘사한 것으로서, 사회통념에 비추어 전적으로 또는 지배적으로 성적 흥미에만 호소하고 하등의 문학적 · 예술적 · 사상적 · 과학적 · 의학적 · 교육적 가치를 지니지 아니하는 것을 뜻한다고 볼 것이고, 표현물의 음란 여부를 판단함에 있어서는 표현물 제작자의 주관적 의도가 아니라 그 사회의 평균인의 입장에서 그 시대의 건전한 사회통념에 따라 객관적이고 규범적으로 평가하여야 한다.……한편, 비디오물의 내용을 편집 · 변경함이 없이 그대로 옮겨 제작한 동영상의 경우, 동영상을 정보통신망을 통하여 제공하는 행위가 아동이나 청소년을 유해한 환경에 빠뜨릴 위험성이 상대적으로 크다는 것을 부정할 수는 없지만, 이는 엄격한 성인인증절차를 마련하도록 요구 · 강제하는 등으로 대처해야 할 문제이지, 그러한 위험성만을 내세워 비디오물과 그 비디오물의 내용을 그대로 옮겨 제작한 동영상의 음란 여부에 대하여 달리 판단하는 것은 적절하지 않다.……원심이 인정한 사실관계에 의하면, 이 사건 동영상들은 영상물등급위원회로부터 18세 관람가로 등급 분류를 받은 비디오물을 편집 · 변경함이 없이 그대로 옮겨 제작한 동영상들로서, 주로 남녀 간의 성교나 여성의 자위 장면 또는 여성에 대한 애무 장면 등을 묘사한 것이기는 하지만, 남녀 성기나 음모의 직접적인 노출은 없고 여성의 가슴을 애무하거나 팬티 안이나 팬티 위로 성기를 자극하는 장면을 가까이에서 촬영한 것을 보여주는 것이 대부분이라는 것인바, 그렇다면 앞서 본 법리에 비추어 이러한 동영상들은 전체적으로 관찰 · 평가해 볼 때 그 내용이 상당히 저속하고 문란한 느낌을 주는 것은 사실이라고 할지라도, 이를 넘어서서 형사법상 규제의 대상으로 삼을 만큼 사람의 존엄성과 가치를 심각하게 훼손 · 왜곡하였다고 평가할 수 있을 정도로 노골적인 방법에 의하여 성적 부위나 행위를 적나라하게 표현 또는 묘사한 것이라고 단정할 수는 없다.」

대한민국의 체제를 부정 · 왜곡하거나 공산주의를 찬양 · 전파하는 예술작품의 창작은 허용되지 않으며(예: 大 1990. 12. 11.-90도2328), 타인의 명예를 훼손하는 예술작품의 제작과 전파행위도 허용되지 않는다.

Ⅱ. 제한의 한계

(1) 한계의 원칙

예술의 자유를 제한하는 경우에도 헌법상의 한계를 넘어서는 안 된다(예: 憲 1993. 5. 13.-91헌바17). 표현행위라도 그 표현의 내용, 방법, 형태에 따라 제한과 한계는 다르게 된다.

(2) 허가 · 검열의 금지

예술의 자유에도 창작에서 표현에 이르는 단계까지 어디에서도 국가에 의한 사전의 허가나 검열은 금지된다. 헌법은 국가에 의한 事前 許可 · 檢閱의 禁止에 대하여 언론 · 출판의 자유를 정하고 있는 제21조 제2항에서 정하고 있으나, 허가 · 검열의 금지는 그 법리의 성격상 표현의 자유에 적용되는 것이므로 국가에 의한 사전 허가 · 검열의 금지는 언론 · 출판의 자유에 한정되어 인정되는 것이 아니다([121] Ⅲ(1)).

영화의 상영이나 음반이나 비디오물의 제작 · 유포행위는 예술표현의 자유에 해당하므로 이에 대한 사전의 검열은 헌법 제21조 제2항에서 정하고 있는 사전 허가 · 검열의 금지법리에 의하여 허용되지 않는다.

憲法裁判所는 법률로 공연윤리위원회로 하여금 영화의 상영에 앞서 그 내용을 심사하여 상영여부를 결정할 수 있게 하는 것이나(憲 1996. 10. 4.-93헌가13), 영상물등급위원회가 영화 상영 이전에 그 내용을 심사하여 등급분류보류결정을 함으로써 실질적으로 영화를 상영할 수 없게 하는 것은 사전검열에 해당한다고 판시하였다(憲 2001. 8. 30.-2000헌가9).

[憲 1996. 10. 4.-93헌가13] 「의사표현의 자유는 헌법 제21조 제1항이 규정하는 언론 · 출판의 자유에 속하고, 여기서 의사표현의 매개체는 어떠한 형태이건 그 제한이 없다고 할 것이다. 영화도 의사표현의 한 수단이므로 영화의 제작 및 상영은 다른 의사표현수단과 마찬가지로 헌법에 의한 보장을 받음은 물론 영화는 학문적 연구결과를 발표하는 수단이 되기도 하고, 예술표현의 수단이 되기도 하므로 그 제작 및 상영은 학문 · 예술의 자유를 규정하고 있는 헌법 제22조 제1항에 의하여도 보장을 받는다. ……법은, 영화는 상영 전에 공륜의 사전심의를 받아야 할 의무를 부과하고(제12조 제1항), 사전심의를 거치지 않은 모든 영화의 상영을 금지하고(제12조 제2항), 사전심의를 받지 아니하고 영화를 상영한 자는 2년 이하의 징역 또는 500만원 이하의 벌금에 처하도록(제32조 제5호) 규정하고 있다. 한편 법 제13조 제1항은 영화에 대한 심의기준을 정하고, 심의기관인 공륜이 그 기준에 적합하지 않은 영화에 대하여는 심의필 결정을 할 수 없으나, 해당 부분을 삭제하여도 상영에 지장이 없다고 인정되는 경우에는 그 부분을 삭제하고 심의필을 결정할 수 있도록 규정하고 있다. 그렇다면 법이 규정하고 있는 영화에 대한 심의제의 내용은 심의기관인 공륜이 영화의 상영에 앞서 그 내용을 심사하여 심의기준에 적합하지 아니한 영화에 대하여는 상영을 금지할 수 있고, 심의를 받지 아니하고 영화를 상영할 경우에는 형사처벌까지 가능하도록 한 것이 그 핵심이므로 이는 명백히 앞서 "가의 (1)"에서 밝힌 헌법 제21조 제2항이 금지한 사전검열제도를 채택하고 있다고 볼 수밖에 없다. 헌법상의 검열금지의 원칙은 검열이 행정권에 의하여 행하여지는 경우에 한하므로 영화의 심의기관인 공륜이 이에 해당하는지에 대하여 의문이 있을 수 있다. 그러나 검열을 행정기관이 아닌 독립적인 위원회에서 행한다고 하더라도 행정권이 주체가 되어 검열절차를 형성하고 검열기관의 구성에 지속적인 영향을 미칠 수 있는 경우라면 실질적으로 보아 검열기관은 행정기관이라고 보아야 한다. 왜냐하면 그렇게 해석하지 아니한다면 검열기관의 구성은 입법기술의 문제이므로 정부에게 행정관청이 아닌 독립

된 위원회의 구성을 통하여 사실상 검열을 하면서도 헌법상 검열금지원칙을 위반하였다는 비난을 면할 수 있는 길을 열어주기 때문이다. 그런데 법은 영화를 상영하기 전에 공륜의 사전심의를 받아야 한다고 규정하고 있고, 공연법과 그 시행령에 의하면 공륜의 위원은 문화체육부장관에 의하여 위촉되고(공연법 제25조의 3 제3항), 위원장과 부위원장의 선출은 장관의 승인을 받아야 하며(같은 법 시행령 제20조 제1항), 위원장은 심의결과를 장관에게 보고하여야 하고(같은 법 시행령 제21조), 공륜은 국가예산의 범위 안에서 공륜의 운영에 필요한 경비의 보조를 받을 수 있도록(같은 법 제25조의 3 제6항) 규정하고 있다. 그렇다면 공륜이 민간인으로 구성된 자율적인 기관이라고 할지라도 법에서 영화에 대한 사전허가제도를 채택하고, 공연법에 의하여 공륜을 설치토록 하여 행정권이 공륜의 구성에 지속적인 영향을 미칠 수 있게 하였으므로 공륜은 검열기관으로 볼 수밖에 없다. 또한 공륜이 비록 그의 심의활동에 있어서 독립성이 보장된 심의기관이라 할지라도 검열기관인가를 판단하는데 있어서 그것은 결정적인 것이 되지 못한다. 심의기관의 독립성이 보장되어야 하는 것은 단지 심의절차와 그 결과의 공정성 및 객관성을 확보하기 위하여 모든 형태의 심의절차에 요구되는 당연한 전제일 뿐이기 때문이다. 국가에 의하여 검열절차가 입법의 형태로 계획되고 의도된 이상, 비록 검열기관을 문화체육부장관에서 민간인들로 구성된 공륜으로 대체했다고 하여 법이 정한 사전심의제도의 법적 성격이 바뀌는 것은 아니다.」

[憲 2001. 8. 30.-2000헌가9] 「**가. 영상물심의제도의 연혁 및 이 사건 법률조항의 내용** (1) **영상물심의제도의 연혁** 이 사건 법률조항이 규정하고 있는 등급분류보류제도가 사전검열에 해당하는 등 위헌적인 것인지의 여부를 살펴보기 위해서는 영상물심의제도의 연혁에 대한 고찰이 필요하다. 영화에 대한 심의제도는 1962. 1. 20. 법률 제995호에 의해 영화법이 제정된 당시부터 도입되었다. 이 당시의 심의주체는 문공부장관이었고, 그 운영방식은 영화상영사전허가제를 채택하고 있었다. 그리고 1984. 12. 31. 법률 제3776호에 의해 영화법이 일부개정되면서, 심의주체는 공연윤리위원회로 되었으며, 운영방식은 사전심의제의 형태를 띠었다. 그런데 1995. 12. 30. 법률 제5129호에 의해 영화법이 폐지되고 새로이 영화진흥법이 제정되면서도, 이러한 사전심의제는 여전히 채택되고 있었다. 하지만 우리 재판소는 1996. 10. 4. 영화법 제12조 등에 대한 위헌제청 등의 사건에서 이러한 공연윤리위원회에 의한 사전심의가 사전검열에 해당하는 것으로 판단하여 위헌선언하였다(憲 1996. 10. 4.-93헌가13등, 공연윤리위원회에 의한 음반의 사전심의에 관하여는 憲 1996. 10. 31.-94헌가6; 1997. 3. 27.-97헌가1, 공연윤리위원회에 의한 비디오물의 사전심의에 관하여는 憲 1998. 12. 24.-96헌가23; 2000. 2. 24.-99헌가1). 위와 같은 우리 재판소의 위헌결정의 결과 1997. 4. 10. 법률 제5321호에 의한 영화진흥법의 일부개정으로 상영등급부여제도(사전등급제)가 도입되었는데, 이러한 등급부여를 위한 심의주체는 종전의 공연윤리위원회에서 한국공연예술진흥협의회로 바뀌었으며, 등급구분은 전체관람가, 12세관람가, 15세관람가, 18세관람가로 구분되었다. 그리고 이때부터 본격적으로 등급부여보류제도가 신설되어 6개월 이내의 기간을 정하여 등급부여를 보류할 수 있도록 하였다. 그리고 1999. 2. 8. 법률 제5929호에 의한 영화진흥법의 전문개정에서는 심의주체가 다시 영상물등급위원회로 바뀌었으며, 등급구분에 있어서도 '15세관람가' 등급이 삭제되었고, 등급보류기간도 6개월에서 3개월로 축소변경되었다. 그런데 우리 재판소는 1999. 9. 16. 음반및비디오물에관한법률 제17조 제1항등 위헌제청사건에서 한국공연예술진흥협의회에 의한 비디오물의 사전심의도 사

전검열에 해당한다 하여 구 음반및비디오물에관한법률(1997. 4. 10. 법률 제5322호로 개정되고, 1999. 2. 8. 법률 제5925호 음반 · 비디오물및게임물에 관한법률 부칙 제2조로 폐지되기 이전의 것)상의 조항들에 대해서 위헌선언을 하였다(憲 1999. 9. 16.-99헌가1). 한편, 2000. 1. 21. 법률 제6186호에 의한 영화진흥법의 일부개정에서는 기존에 삭제되었던 '15세관람가' 등급이 다시 신설되었다. (2) **이 사건 법률조항의 내용** 이 사건 법률조항은 이른바 상영등급분류보류제도를 규정하고 있는바, 이는 영상물등급위원회가 영화의 상영 이전에 영화의 상영등급을 분류함에 있어 당해 영화가 일정한 기준에 해당된다고 판단하는 경우에는 당해 영화에 대한 등급분류를 일정 기간 보류할 수 있는 제도를 말한다. 그리고 이 사건 법률조항의 입법취지는, 위와 같은 영상물심의제도의 연혁을 살펴 볼 때, 영화의 상영 이전에 영화의 내용을 검토하여 당해 영화의 내용이 일정한 기준을 충족하는 경우에는 그 상영을 금지함으로써, 폭력 · 음란의 과도한 묘사로부터 청소년 및 공서양속을 보호하고, 기타 국가안전보장이나 질서유지를 위해 대중성 · 오락성 · 직접성이 그 특징인 영화를 규제하기 위한 것으로 볼 수 있다. 그런데, 이 사건 법률조항에 의해 인정되는 위와 같은 내용의 등급분류보류제도가 헌법 제21조 제2항이 금지하고 있는 사전검열에 해당하는지가 문제이다. **나. 이 사건 법률조항의 위헌 여부** (1) **영화와 언론 · 출판의 자유** 이 사건 법률조항이 규정하고 있는 등급분류보류제도가 영화에 대한 규제수단으로서 기능한다고 할 때, 과연 영화의 법적 성격을 어떻게 파악해야 하는가가 이 사건의 해결에 있어서 중요한 의미를 가진다. 헌법 제21조 제1항은 모든 국민은 언론 · 출판의 자유를 가진다고 규정하여 언론 · 출판의 자유를 보장하고 있는바, 의사표현의 자유는 바로 언론 · 출판의 자유에 속한다. 따라서 의사표현의 매개체를 의사표현을 위한 수단이라고 전제할 때, 이러한 의사표현의 매개체는 헌법 제21조 제1항이 보장하고 있는 언론 · 출판의 자유의 보호대상이 된다고 할 것이다. 그리고 의사표현 · 전파의 자유에 있어서 의사표현 또는 전파의 매개체는 어떠한 형태이건 가능하며 그 제한이 없다고 하는 것이 우리 재판소의 확립된 견해이다. 즉, 담화 · 연설 · 토론 · 연극 · 방송 · 음악 · 영화 · 가요 등과 문서 · 소설 · 시가 · 도화 · 사진 · 조각 · 서화 등 모든 형상의 의사표현 또는 의사전파의 매개체를 포함한다고 할 것이다(憲 1993. 5. 13.-91헌바17). 그러므로 이 사건에서 문제가 되고 있는 영화도 의사형성적 작용을 하는 한 의사의 표현 · 전파의 형식의 하나로 인정되며, 결국 언론 · 출판의 자유에 의해서 보호되는 의사표현의 매개체라는 점은 의문의 여지가 없다. (2) **검열금지원칙 위반 여부** (가) **헌법 제21조 제2항의 검열의 의미 및 요건** 헌법 제21조 제2항은 언론 · 출판에 대한 허가나 검열은 인정되지 아니한다고 규정하고 있다. 여기서 말하는 검열은 그 명칭이나 형식과 관계없이 실질적으로 행정권이 주체가 되어 사상이나 의견 등이 발표되기 이전에 예방적 조치로서 그 내용을 심사, 선별하여 발표를 사전에 억제하는, 즉 허가받지 아니한 것의 발표를 금지하는 제도를 뜻하고, 이러한 사전검열은 법률로써도 불가능한 것으로서 절대적으로 금지된다(憲 1996. 10. 4.-93헌가13등; 1996. 10. 31.-94헌가6; 1997. 3. 27.-97헌가1; 1998. 2. 27.-96헌바2). 언론 · 출판에 대하여 사전검열이 허용될 경우에는 국민의 예술활동의 독창성과 창의성을 침해하여 정신생활에 미치는 위험이 클 뿐만 아니라 행정기관이 집권자에게 불리한 내용의 표현을 사전에 억제함으로써 이른바 관제의견이나 지배자에게 무해한 여론만이 허용되는 결과를 초래할 염려가 있기 때문에 헌법이 절대적으로 금지하고 있는 것이다. 그러나 검열금지의 원칙은 모든 형태의 사전적인 규제를 금지하는 것은 아니고, 의사표현의 발표여부가 오로지 행정권의 허가에 달려 있는 사전심사만을 금지하는 것이다. 그리고 검열은 일반적으로 허가를 받기 위한 표현물의 제출의무, 행정권이 주체가 된 사전심사절차, 허가를 받지 아니한 의사표현의 금지 및 심사절차를 관철할 수 있는 강제수단 등의 요건을 갖춘 경우에만 이에 해당하는 것이다(憲 1996. 10. 4.-93헌가13 등; 1996. 10. 31.-94헌가6). (나) **이 사건 법률조항의 위헌성** 그러면, 이 사건 법률조항이 규정하고 있는 영상물등급위원회에 의한 등급분류보류제도가 과연 허가를 받기 위한 표현물의 제출의무, 행정권이 주체가 된 사전심사절차, 허가를 받지 아니한 의사표현의 금지 및 심사절차를 관철할 수 있는 강제수단 등의 요건을 모두 충족시키는 검열에 해당하는지 여부를 살핀다. 1) **허가를 받기 위한 표현물의 제출의무** 영화진흥법 제21조 제1항은 영화가 상영되기 위해서는 상영 전에 영상물등급위원회로부터 상영등급을 분류받아야 할 것을 규정하고 있다. 우리 재판소가 영화의 상영으로 인한 실정법위반의 가능성을 사전에 막고, 청소년 등에 대한 상영이 부적절할 경우 이를 유통단계에서 효과적으로 관리할 수 있도록 미리 등급을 심사하는 것은 사전검열이 아니라고 하여 사전등급제 그 자체는 사전검열에 해당되지 아니한다고 한 바 있지만, 사전등급제가 관철되기 위해서는 영화라는 표현물이 등급분류업무를 담당하는 기관에 상영 이전에 제출되어야 한다는 점은 분명하다. 이 사건 법률조항에 의해 인정되는 등급분류보류결정은 등급분류의 일환으로서 행해지기 때문에, 등급분류보류제도는 '허가를 받기 위한 표현물의 제출의무'라는 요건을 충족시킨다. 2) **행정권이 주체가 된 사전심사절차** 헌법상의 검열금지의 원칙은 검열이 행정권에 의하여 행하여지는 경우에 한하므로 영화의 심의 및 등급분류기관인 영상물등급위원회가 이에 해당하는지에 대하여 의문이 있을 수 있다. 그런데 여기서 영상물등급위원회가 행정기관인가의 여부는 기관의 형식에 의하기보다는 그 실질에 따라 판단되어야 할 것이다. 예를 들면 검열을 행정기관이 아닌 독립적인 위원회에서 행한다고 하더라도 행정권이 주체가 되어 검열절차를 형성하고 검열기관의 구성에 지속적인 영향을 미칠 수 있는 경우라면 실질적으로 보아 검열기관은 행정기관이라고 보아야 한다. 왜냐하면 그렇게 해석하지 아니한다면 검열기관의 구성은 입법기술의 문제이므로 정부에게 행정관청이 아닌 독립된 위원회의 구성을 통하여 사실상 검열을 하면서도 헌법상 검열금지원칙을 위반하였다는 비난을 면할 수 있는 길을 열어주기 때문이다(憲 1996. 10. 4.-93헌가13등). 그런데, 영화에 대한 심의 및 상영등급분류업무를 담당하고 등급분류보류결정권한을 갖고 있는 영상물등급위원회의 경우에도, 비록 이전의 공연윤리위원회나 한국공연예술진흥협의회와는 달리 문화관광부장관에 대한 보고 내지 통보의무는 없다고 하더라도, 여전히 영상물등급위원회의 위원을 대통령이 위촉하고(공연법 제18조 제1항), 영상물등급위원회의 구성방법 및 절차에 관하여 필요한 사항은 대통령령으로 정하도록 하고 있으며(공연법 제18조 제2항, 공연법시행령 제22조), 국가예산의 범위 안에서 영상물등급위원회의 운영에 필요한 경비의 보조를 받을 수 있도록 하고 있는 점(공연법 제30조) 등에 비추어 볼 때, 행정권이 심의기관의 구성에 지속적인 영향을 미칠 수 있고 행정권이 주체가 되어 검열절차를 형성하고 있다고 보지 않을 수 없다. 영상물등급위원회가 비록 그의 심의 및 등급분류활동에 있어서 독립성이 보장된 기관이라 할지라도(공연법 제23조), 그것이 검열기관인가 여부를 판단하는 데 있어서 결정적인 것이라고는 할 수 없다. 심의기관의 독립성이 보장되어야 하는 것은 단지 심의절차와 그 결과의 공정성 및 객관성을 확보하기 위하여 모든 형태의 심의절차에 요구되는 당연한 전제일 뿐이기 때문이다(憲 1996. 10. 4.-93헌가13등). 국가에 의하여 검열절차가 입법의 형태로 계획되고 의도된 이상, 비록 검열기관을 민간인들로 구성하고 그 지위의 독립성을 보장한다고 해서 영화진흥법이 정한 등급분류보류제도의 법적 성격이 바뀌는 것은 아니다. 따라서 이러한 영상물등급위원회에 의한 등급분류보류제도는 '행정권이 주체가 된 사전심사절차'라는 요건도 충족시킨다. 3) **허가를 받지 아니한 의사표현의 금지 및 심사절차를 관철할 수 있는 강제수단** 영화진흥법에 의하면, 영화가 상영되기 위해서는 그 상영 이전에 영상물등급위원회로부터 등급을 분류받아야 하고(영화진흥법 제21조 제1항), 상영등급을 분류받지 아니한 영화는 상영이 금지되며(영화진흥법 제21조 제2항), 만약 상영등급의 분류를 받지 않은 채 영화를 상영할 경우 과태료가 부과되고(영화진흥법 제41조 제1항 제2호), 상영등급을 분류받지 아니한 영화가 상영되는 경우에는 문화관광부장관이 그 상영금지 혹은 정지명령을 발할 수 있으며(영화진흥법 제29조 제1호), 이러한 명령을 위반한 경우에는 형벌까지 부과할 수 있게 되어 있다(영화진흥법 제40조 제3호). 이상과 같은 영화진흥법상의 내용을 살펴볼 때, 등급분류보류는 영화에 대한 심의 및 상영등급분류를 그 논리적 전제로 하고 있는바, 그와 같은 심의 및 상영등급분류는 의사표현 전에 이루어진다. 즉, 어떤 영화가 상영되기 이전에 영상물등급위원회에 의해 당해 영화의 심의 및 상영등급분류가 이루어지고, 이러한 과정에서 당해 영화의 내용이 일정한 기준을 충족하는 경우에는 상영등급분류가 보류된다. 그런데, 등급분류보류의 횟수제한이 설정되어 있지 않아 등급분류보류기간의 상한선이 없는 것과 마찬가지의 효과가 발생한다. 이 사건 법률조항에 의하면 3개월 이내의 기간을 정하여 등급분류를 보류할 수 있게 되어 있지만, 3개월 이내의 일정한 등급분류보류기간이 만료된 뒤에도 등급분류보류의 원인이 치유되지 않는 한, 즉 영화제작자가 자진해서 문제되는 내용을 삭제 내지 수정하지 않는 한 무한정 등급분류가 보류될 수 있다. 이는 비록 형식적으로는 '등급분류보류'에 의하더라도, 실질적으로는 영상물등급위원회의 허가를 받지 않는 한 무한정 영화를 통한 의사표현이 금지될 수 있다는 것을 의미한다. 그리고 우리 재판소가 사전등급제 자체는 사전검열이 아니라고 판단하였고 또한 위와 같은 강제수단들이 이러한 사전등급제를 관철하기 위한 불가피한 것들이라고 할지라도, 등급분류보류결정은 등급분류의 일환으로 행해지기 때문에, 결과적으로 등급분류보류가 결정된 영화에 대해서도 이러한 강제수단들이 적용된다. 따라서 영상물등급위원회에 의한 등급분류보류제도는 '허가를 받지 아니한 의사표현의 금지' 및 '심사절차를 관철할 수 있는 강제수단'이라는 요건도 충족시킨다. **4. 결론** 위와 같은 이유로 이 사건 법률조항이 규정하고 있는 영상물등급위원회의 등급분류보류제도는 우리 헌법이 절대적으로 금지하고 있는 사전검열에 해당하는 것으로서 더 나아가 비례의 원칙이나 명확성의 원칙에 반하는지 여부를 살펴볼 필요도 없이 헌법에 위반된다고 할 것이므로 주문과 같이 결정한다.」

憲法裁判所는 법률로 공연윤리위원회가 음반이나 비디오물의 제작·판매 등에 대하여 사전에 심의하여 그 여부를 결정하는 것이 사전검열에 해당한다고 보았고(음반의 경우: 憲 1996. 10. 31.-94헌가6; 1997. 3. 27.-97헌가1, 비디오물의 경우: 憲 1998. 12. 24.-96헌가23; 2000. 2. 24.-99헌가17), 한국공연예술진흥협의회에서 비디오물을 사전에 심의하는 것에 대하여 한국공연예술진흥협의회가 공연윤리위원회와 법적 성격에서 차이가 없다고 보아 이 협의회에 의한 심의 역시 사전검열에 해당한다고 하였다(憲 1999. 9. 16.-99헌가1). 뿐만 아니라 영상물등급위원회의 외국비디오물수입 추천행위와(憲 2005. 2. 3.-2004헌가8) 외국 음반의 국내제작 추천제도도 사전검열에 해당한다고 판시하였다(憲 2006. 10. 26.-2005헌가14).

[憲 1997. 3. 27.-97헌가1] 「헌법재판소는 법 제16조 제1항 중 음반의 제작에 관한 부분 제16조 제2항 전문부분 중 음반의 판매에 관한 부분, 제24조 제1항 제4호 및 제24조 제2항 중 각 음반을 판매한 자에 관한 부분에 대하여 다음과 같은 이유로 위헌이라고 판단하였다. 즉 헌법 제21조 제1항은 언론·출판의 자유를 보장하고 있고, 의사표현의 자유는 언론·출판의 자유에 속하며, 의사표현의 매개체인 음반의 제작·판매 등의 자유도 이 조항에 의하여 보장을 받는다. 한편 헌법 제21조 제2항은 언론·출판에 대한 허가나 검열을 절대적으로 금지하고 있으며, 따라서 비록 헌법 제37조 제2항이 국민의 자유와 권리를 국가안전보장·질서유지 또는 공공복리를 위하여 필요한 경우에 한하여 법률로써 제한할 수 있도록 규정하고 있다고 하더라도 언론·출판의 자유에 대하여는 검열을 수단으로 한 제한만은 법률로써도 절대 허용되지 아니한다고 할 것이다. 그리고 헌법 제21조 제2항에서의 검열은 그 명칭이나 형식과 관계없이 실질적으로 행정권이 주체가 되어 사상이나 의견 등이 발표되기 이전에 예방적 조치로서 그 내용을 심사·선별하여 사전에 억제하는, 즉 허가를 받지 아니한 것의 발표를 금지하는 제도를 뜻한다. 그런데 법 제16조 제1항 중 음반의 제작에 관한 부분, 제16조 제2항 전문부분 중 음반의 판매에 관한 부분, 제24조 제1항 제4호 및 제24조 제2항 중 각 음반을 판매한 자에 관한 부분은 심의기관인 공연윤리위원회가 음반의 제작·판매에 앞서 그 내용을 심사하여 심의기준에 적합하지 아니한 음반에 대하여는 판매를 금지하고, 심의를 받지 아니한 음반을 제작·판매할 경우에는 형사처벌까지 할 수 있도록 규정하고 있으므로, 공연윤리위원회는 실질적으로 헌법 제21조 제2항에서 금지하는 검열기관으로 보아야 할 것이고, 그 심의는 동 조항에서 말하는 검열로 보아야 할 것이다. 따라서 위 법률조항부분은 사전검열제도에 해당하여 헌법에 위반된다(憲 1996. 10. 31.-94헌가6 참조). 이 사건 심판대상조항들은 사전심의를 받지 아니한 음반을 "판매·배포 또는 대여할 목적으로 보관"하는 행위에 대한 금지와 처벌에 관한 규정으로서, 그 규정형식상 위 헌법재판소결정에서 판단한 "판매"행위와 동일조항 내에 병열적으로 규정되어 있고, 내용상으로도 이를 구별할 이유가 없을 뿐 아니라 오히려 판매보다 전 단계인 보관에 대하여는 검열금지의 원칙이 더욱 엄격하게 적용되어야 할 필요가 있다고 할 수도 있으므로 위 결정과 달리 판단할 아무런 합리적 이유가 없다 할 것이다.」

[憲 1998. 12. 24.-96헌가23] 「우리 재판소는 1996. 10. 4. 선고한 93헌가13, 91헌바10(병합) 사건에서 영화법(1984. 12. 31. 법률 제3776호로 개정되고 1995. 12. 30. 법률 제5129호로 폐지되기 전의 것, 이하 같다) 제12조 제1항 및 제2항, 같은 법 제13조 제1항 중 공연윤리위원회의 심의에 관한 부분은 각 헌법에 위반된다고 판시한 바 있고(憲 1996. 10. 4.-93헌가13등), 또한 같은 해 10. 31. 선고한 94헌가6 사건에서 구 음반및비디오물에관한법률(1991. 3. 8. 법률 제4351호로 제정되어 1995. 12. 6. 법률 제5016호로 전문개정되기 전의 것) 제16조 제1항 중 음반의 제작에 관한 부분, 제16조 제2항 전문부분 중 음반의 판매에 관한 부분, 제24조 제

1항 제4호 및 제24조 제2항 중 각 음반을 판매한 자에 관한 부분은 헌법에 위반된다고 판시한 바 있으며(憲 1996. 10. 31.-94헌가6), 1997. 3. 27. 선고한 97헌가1 사건에서 구 음반및비디오물에관한법률(1991. 3. 8. 법률 제 4351호로 제정되고, 1995. 12. 6. 법률 제5016호로 전문개정되기 전의 것) 제16조 제2항 전문부분 중 음반의 보관에 관한 부분, 제24조 제1항 제4호 및 제24조 제2항 중 각 음반을 보관한 자에 관한 부분은 헌법에 위반된다고 판시한 바 있는데(憲 1997. 3. 27.-97헌가1), 이들 결정의 이유요지는 다음과 같다. 즉, 영화나 음반은 의사표현의 한 수단이므로 영화의 제작·상영이나 음반의 제작·판매는 다른 의사표현수단과 마찬가지로 헌법 제21조 제1항에 의하여 보장을 받음은 물론, 영화나 음반은 학문적 연구결과를 발표하는 수단이 되기도 하고, 예술표현의 수단이 되기도 하므로 그 제작 및 상영·판매는 학문·예술의 자유를 규정하고 있는 헌법 제22조 제1항에 의하여도 보장을 받는다. 헌법 제21조 제1항과 제2항은 모든 국민은 언론·출판의 자유를 가지며, 언론·출판에 대한 허가나 검열은 인정되지 아니한다고 규정하고 있는데, 여기서의 검열은 행정권이 주체가 되어 사상이나 의견 등이 발표되기 이전에 예방적 조치로서 그 내용을 심사, 선별하여 발표를 사전에 억제하는, 즉 허가받지 아니한 것의 발표를 금지하는 제도를 뜻한다. 그러므로 언론·출판의 자유에 대하여는 검열을 수단으로 한 제한만은 법률로써도 허용되지 아니한다. 영화법은, 영화는 상영 전에 공연윤리위원회의 사전심의를 받아야 할 의무를 부과하고(제12조 제1항), 사전심의를 거치지 않은 모든 영화의 상영을 금지하고(제12조 제2항), 사전심의를 받지 아니하고 영화를 상영한 자는 2년 이하의 징역 또는 500만원 이하의 벌금에 처하도록(제32조 제5호) 규정하고 있는 등 영화법이 규정하고 있는 영화에 대한 심의제의 내용은 심의기관인 공연윤리위원회가 영화의 상영에 앞서 그 내용을 심사하여 심의기준에 적합하지 아니한 영화에 대하여는 상영을 금지할 수 있고, 심의를 받지 아니하고 영화를 상영할 경우에는 형사처벌까지 가능하도록 한 것이 그 핵심이며, 음반및비디오물에관한법률 제16조는 제1항에서 음반의 제작시 공연윤리위원회의 사전심의를 받을 의무를 부과하고, 제2항에서 사전심의를 받지 않은 모든 음반에 관하여 판매 등을 금지하면서, 위에 위반한 경우에는 제24조 제1항 제4호에 따라 형사처벌을 하고, 제24조 제2항에 따라 위반자가 소유 또는 점유하는 음반과 그 제작기자재 등을 몰수할 수 있도록 규정하고 있는 등 심의기관인 공연윤리위원회가 음반의 제작·판매에 앞서 그 내용을 심사하여 심의기준에 적합하지 아니한 음반에 대하여는 제작·판매를 금지하고, 심의를 받지 아니한 음반을 제작·판매할 경우에는 형사처벌까지 할 수 있도록 규정하고 있는 것이므로 이는 명백히 위에서 밝힌 헌법 제21조 제2항이 금지한 사전검열제도를 채택하고 있다고 볼 수밖에 없다. 또한 공연윤리위원회는 민간인으로 구성된 자율적인 기관이라고 할지라도 영화법과 음반및비디오물에관한법률에서 영화와 음반에 대한 사전허가제도를 채택하고, 공연법에 의하여 공연윤리위원회를 설치토록 하여 행정권이 공연윤리위원회의 구성에 지속적인 영향을 미칠 수 있게 하였으므로 공연윤리위원회는 실질적으로 헌법 제21조 제2항에서 금지하는 검열기관으로 보아야 한다. 따라서 위의 영화법조항들과 음반및비디오물에관한법률조항들은 헌법 제21조 제2항에 위배되는 사전검열제도에 해당하여 헌법에 위반된다. 비디오물은 영화나 음반에 비하여 비공연성, 높은 유통성, 복제용이성 및 접근용이성 등의 특성을 가지고 있으나, 영화나 음반 및 비디오물은 본질적으로 동일 내지 유사한 영상매체이고, 사전심의의 기관, 심의의 효과 등 동일한 사전심의제도를 채택하고 있으므로 비디오물에 관하여도 위 결정과 달리 판단할 아무런 합리적 이유가 없고, 또한 위 결정의 선고 이후에 달리 그 견해를 변경하여야 할 특별한 사정변경이 있는 것도 아니다. 그렇다면 법이 규정한 공연윤리위원회의 심의는 헌법 제21조 제2항의 검열에 해당하므로 비디오물의 제작등을 하기에 앞서 공연윤리위원회의 심의를 받도록 하고, 그 심의를 받지 아니한 비디오물의 판매 등을 금지하면서 이에 위반한 자를 처벌하며, 그 자가 소유 또는 점유하는 비디오물을 필요적으로 몰수·추징하도록 하는 내용의 이 사건 법률조항들은 헌법 제21조 제2항에 위반된다.」

[憲 2005. 2. 3.-2004헌가8] 「나. **수입추천제도의 연혁 및 내용** (1) **입법연혁** 외국비디오물 수입추천제도는 1991. 3. 8. 법률 제4351호에 의해 제정된 음반및비디오물에관한법률이 규정하고 있던 외국비디오물 수입허가제도에서부터 비롯되었다. 당시 음반및비디오물에관한법률 제13조 제1항은 외국비디오물을 수입 또는 반입하거나 이를 국내에서 판매·배포·대여 등의 목적으로 복제하고자 할 때에는 문화부장관의 허가를 받도록 규정하고 있었고, 같은법 제24조 제1항 제2호는 제13조 제1항을 위반한 자에 대해서 3년 이하의 징역 또는 2천만 원 이하의 벌금에 처하도록 규정하고 있었다. 1995. 12. 6. 법률 제5016호에 의해 음반및비디오물에관한법률이 전문개정되면서, 문화부장관에 의한 수입허가제도는 공연윤리위원회에 의한 수입추천제도로 바뀌었고, 이 때부터 추천을 받지 아니하고 수입된 외국비디오물의 유통에 대해서도 별도의 형사처벌이 부과되었다. 1997. 4. 10. 음반및비디오물에관한법률의 일부개정으로 수입추천의 주체가 한국공연예술진흥협의회로 바뀌었다가, 1999. 2. 8. 법률 제5925호에 의해 제정된 음반·비디오물및게임물에관한법률에 의해, 수입추천의 주체는 다시 영상물등급위원회로 바뀌었으며, 추천을 받지 아니하고 외국비디오물을 수입하는 행위와 추천을 받지 아니하고 수입된 외국비디오물의 유통 및 유통목적 보관행위 등에 대해 부과하는 형벌도 강화되었다. 1999. 2. 8. 법률 제5925호에 의해 제정된 음반·비디오물및게임물에관한법률이 규정하고 있는 수입추천제도 관련조항들이 바로 제청신청법원의 당해사건에 적용되는 법률로서 이 사건 심판대상조항들이다(외국비디오물에 대한 수입추천제도는 2001. 5. 24. 음반·비디오물및게임물에관한법률 전문개정시에 완전히 폐지되었다). (2) **수입추천제도의 내용** 이 사건 법률조항들에 의해 인정되고 있는 외국비디오물 수입추천제도는, 외국비디오물을 수입하고자 하는 자는 수입하고자 하는 외국비디오물에 대하여 수입하기 전에 반드시 영상물등급위원회로부터 수입추천을 받도록 하고, 이 때 영상물등급위원회는 수입추천신청의 대상이 된 당해 외국비디오물이 음반·비디오물및게임물에관한법률 및 영상물등급위원회가 정하는 일정한 기준에 해당된다고 판단되는 경우에 수입추천을 하지 않을 수 있으며, 수입추천을 받지 아니한 자는 당해 외국비디오물을 수입하거나 유통시킬 수 없고, 이를 위반한 자에 대하여는 형사처벌을 부과하는 제도를 말한다. 외국비디오물에 대한 수입추천제도의 연혁과 수입추천불가 판정의 기준에 관한 관련조항(법 제16조 제5항)을 살펴볼 때, 이 사건 법률조항의 입법취지는 유통을 위한 외국비디오물의 수입 이전에 외국비디오물의 내용을 검토하여 당해 비디오물의 내용이 일정한 기준에 해당하는 경우에는 그 수입을 원천적으로 금지하거나 추천을 받지 아니하고 수입된 외국비디오물의 유통을 금지함으로써, 폭력·음란의 과도한 묘사로부터 청소년 및 공서양속을 보호하고, 기타 국가안전보장이나 질서유지를 위

해 외국비디오물을 규제하기 위한 것으로 보인다. 다. **수입추천제도가 검열금지원칙에 위반되는지 여부** (1) **외국비디오물의 수입과 언론 · 출판의 자유** 헌법 제21조 제1항은 모든 국민은 언론 · 출판의 자유를 가진다고 규정하여 언론 · 출판의 자유를 보장하고 있는바, 의사표현의 자유는 바로 언론 · 출판의 자유에 속한다. "음반 및 비디오물도 의사형성적 작용을 하는 한 의사의 표현 · 전파의 형식의 하나로 인정되며, 이러한 작용을 하는 음반 및 비디오물의 제작은 언론 · 출판의 자유에 의해서도 보호된다"는 것이 헌법재판소의 판례이다(憲 1993. 5. 13.-91헌바17; 1996. 10. 31.-94헌가6 참조). 외국비디오물의 수입 · 배포행위도 의사형성적 작용이라는 관점에서 당연히 의사의 표현 · 전파 형식의 하나에 해당함을 인정할 수 있으므로, 외국비디오물의 수입 · 배포행위 역시 언론 · 출판의 자유의 보호범위 내에 있고, 이러한 영역에 대한 사전검열은 우리나라 헌법이 금지하는 것으로 허용되지 않는다고 할 것이다. (2) **수입추천제도가 사전검열에 해당하는지 여부** 이 사건 법률조항들이 규정하고 있는 영상물등급위원회에 의한 외국비디오물 수입추천제도가, 헌법재판소가 헌법상 금지되는 사전검열의 판단기준으로 제시한 "일반적으로 허가를 받기 위한 표현물의 제출의무, 행정권이 주체가 된 사전심사절차, 허가를 받지 아니한 의사표현의 금지 및 심사절차를 관철할 수 있는 강제수단" 등의 요소를 갖춘 사전검열제도에 해당하는지 여부를 살펴본다. ㈎ 법 제16조 제1항은 외국에서 제작된 비디오물을 수입하고자 하는 자는 반드시 수입하고자 하는 비디오물에 대하여 영상물등급위원회로부터 수입추천을 받도록 규정하고, 같은 조 제5항은 영상물등급위원회가 수입추천할 수 없는 비디오물에 관한 내용상의 심사기준을 규정하고 있다. 이러한 관련조항과 제도의 취지에 비추어 볼 때 외국비디오물이라는 표현물이 국내에서 유통되기 위해서는 수입추천업무를 담당하는 기관에 유통 이전에 제출되어야 한다는 점은 이론의 여지가 없다. ㈏ 헌법상의 검열금지원칙은 검열이 행정권에 의하여 행하여지는 경우에 한정하여 적용되므로 외국비디오물의 수입추천기관인 영상물등급위원회가 검열과 관련하여 행정기관에 해당하는지 여부가 문제된다. 헌법재판소는 2001. 8. 30. 선고 2000헌가9 결정에서 영화진흥법(1999. 2. 8. 법률 제5929호로 전문개정된 것) 제21조 제4항이 규정하고 있던 영화의 상영등급분류보류제도의 위헌성 여부를 심사하면서, 영상물등급위원회의 성격과 관련하여 다음과 같이 판시하였다. "영화에 대한 심의 및 상영등급분류업무를 담당하고 등급분류보류결정권한을 갖고 있는 영상물등급위원회의 경우에도, 비록 이전의 공연윤리위원회나 한국공연예술진흥협의회와는 달리 문화관광부장관에 대한 보고 내지 통보의무는 없다고 하더라도, 여전히 영상물등급위원회의 위원을 대통령이 위촉하고(공연법 제18조 제1항), 영상물등급위원회의 구성방법 및 절차에 관하여 필요한 사항은 대통령령으로 정하도록 하고 있으며(공연법 제18조 제2항, 공연법시행령 제22조), 국가예산의 범위 안에서 영상물등급위원회의 운영에 필요한 경비의 보조를 받을 수 있도록 하고 있는 점(공연법 제30조) 등에 비추어 볼 때, 행정권이 심의기관의 구성에 지속적인 영향을 미칠 수 있고 행정권이 주체가 되어 검열절차를 형성하고 있다고 보지 않을 수 없다. 영상물등급위원회가 비록 그의 심의 및 등급분류활동에 있어서 독립성이 보장된 기관이라 할지라도(공연법 제23조), 그것이 검열기관인가 여부를 판단하는 데 있어서 결정적인 것이라고는 할 수 없다. 심의기관의 독립성이 보장되어야 하는 것은 단지 심의절차와 그 결과의 공정성 및 객관성을 확보하기 위하여 모든 형태의 심의절차에 요구되는 당연한 전제일 뿐이기 때문이다. 국가에 의하여 검열절차가 입법의 형태로 계획되고 의도된 이상, 비록 검열기관을 민간인들로 구성하고 그 지위의 독립성을 보장한다고 해서 영화진흥법이 정한 등급분류보류제도의 법적 성격이 바뀌는 것은 아니다. 따라서 이러한 영상물등급위원회에 의한 등급분류보류제도는 '행정권이 주체가 된 사전심사절차'라는 요건도 충족시킨다." 영상물등급위원회는 2001. 5. 24. 법 개정시에 그 근거규정이 공연법에서 음반·비디오물및게임물에관한법률로 바뀌고 관련조항의 일부 내용이 변경되었지만, 이 사건 법률조항들에서 인정되고 있는 외국비디오물의 수입추천업무를 수행하는 영상물등급위원회는 개정전 공연법에 의거 설치되고 있던 것으로서 위 헌재 2001. 8. 30. 선고 2000헌가9 결정에서 영화의 상영등급분류보류제도의 운영주체로서 행정기관성 여부를 판단하였던 바로 그 영상물등급위원회와 동일한 것이다. 따라서 이 사건 영상물등급위원회는 검열과 관련해서는 그 조직과 구성면에서 행정권의 성격을 가진 행정기관에 해당한다고 할 것이다. (다) 다음으로 이 사건 수입추천제도가 '허가를 받지 아니한 의사표현의 금지 및 심사절차를 관철할 수 있는 강제수단' 등의 요소를 갖추고 있는지에 관해 본다. 법에 의하면, 외국비디오물이 유통을 위해 수입되기 위해서는 그 수입 이전에 영상물등급위원회로부터 수입추천을 받아야 하고(법 제16조 제1항), 외국비디오물의 내용이 일정한 기준에 해당하는 경우에는 영상물등급위원회가 수입추천을 할 수 없게 되어 있으며(법 제16조 제5항), 추천을 받지 않고 외국비디오물을 수입하거나 또는 추천을 받지 아니하고 수입된 외국비디오물을 유통하거나 유통목적으로 보관하였을 경우에는 각 형사벌이 부과되고(법 제29조 제1항 제4호 및 제30조 제5호), 추천을 받지 않고 수입된 비디오물에 대해서는 문화관광부장관 등이 관계공무원으로 하여금 이를 수거하여 폐기하게 할 수 있게 되어 있다(법 제24조 제3항 제2호). 이러한 법의 내용에 비추어 볼 때, 외국비디오물의 내용이 법 및 영상물등급위원회가 정하는 일정한 기준에 해당하는 경우에는 외국비디오물 수입업자가 자진해서 문제되는 내용을 삭제하거나 수정하지 않는 한 당해 외국비디오물은 원천적으로 국내에서의 유통이 금지될 수 있다. 비록 그 외형적인 형태가 '수입추천'이라고는 하지만, 이는 영상물등급위원회의 추천을 받지 아니하는 한 외국비디오물을 통한 의사표현이 금지되는 것을 의미하므로, 이 사건 법률조항들이 규정하고 있는 수입추천제도는 실질적으로 허가를 받지 아니한 의사표현의 금지에 해당하는 것으로 평가할 수 있다. 또한 이 사건 법률조항들에 의해 인정되고 있는 외국비디오물 수입추천제도는 그 절차를 관철하는 수단으로서 형사처벌규정 및 강제수거·폐기규정을 수반하고 있으므로, 심사절차를 관철할 수 있는 강제수단이라는 요소도 구비하고 있음이 명백하다. **(3) 소결론** 위에서 본 바와 같이 이 사건 법률조항들이 규정하고 있는 외국비디오물 수입추천제도는, 외국비디오물의 수입·배포라는 의사표현행위전에 표현물을 행정기관의 성격을 가진 영상물등급위원회에 제출토록 하여 표현행위의 허용여부를 행정기관의 결정에 좌우되게 하고, 이를 준수하지 않는 자들에 대하여 형사처벌 등의 강제조치를 규정하고 있는바, 허가를 받기 위한 표현물의 제출의무, 행정권이 주체가 된 사전심사절차, 허가를 받지 아니한 의사표현의 금지, 심사절차를 관철할 수 있는 강제수단이라는 요소를 모두 갖추고 있으므로, 우리나라 헌법이 절대적으로 금지하고 있는 사전검열에 해당한다.」

憲法裁判所는 위의 판례에서 영화, 음반, 비디오물에 대한 사전 검열이 위헌이라는 것을 논증하는 논리로, 헌법 제21조 제2항은 언론·출판에 대하여 사전 검열을 금지하고 있다는 것을 전제로 하고 이러한 언론에는 의사표현의 자유가 포함되고 이 의사표현의 자유에 영화, 음반, 비디오물에 의한 표현도 포함되므로 영상, 음반, 비디오물에 대한 사전 검열은 헌법 제21조 제2항에 위반된다는 논리를 만들었다. 그러나 영상, 음반, 비디오물이 단순한 의사표현에 해당하는 경우도 있지만, 학문발표, 양심표현, 예술표현, 종교표현 등에 해당하는 경우도 있다. 그런데 우리 헌법은 표현의 자유에 대하여 「모든 국민은 표현의 자유를 가진다」라고 일반적으로 정하고 있지 않고, 언론·출판·집회의 자유 이외에 학문의 자유, 양심의 자유, 예술의 자유, 종교의 자유를 따로 정하고 있으므로 표현에서도 언론의 자유에 해당하는 의사표현의 자유와 학문상의 표현의 자유, 양심표현의 자유, 예술표현의 자유, 종교표현의 자유는 구별된다. 우리 헌법의 기본권 규정방식이 이러하다면 헌법재판소와 같이 논리를 만드는 것보다는 헌법 제21조 제2항의 사전 허가·검열의 금지원칙은 모든 표현의 자유에 해당하는 것이라고 하고, 이것이 단순한 의사표현의 자유에 관한 것일 때에는 헌법 제21조 제2항의 위반, 양심표현의 경우에는 헌법 제19조와 헌법 제21조 제2항의 위반, 종교표현의 경우에는 헌법 제20조 제1항과 헌법 제21조 제2항의 위반, 학문상의 표현의 경우와 예술표현의 경우에는 헌법 제22조 제1항과 헌법 제21조 제2항의 위반이라고 하는 것이 우리 헌법의 해석에 보다 적합한 것이다.

5. 言論·出版의 自由

[116] 第一 意 義

I. 개 념

(1) 헌법 규정

헌법 제21조는 「① 모든 국민은 언론·출판의 자유……를 가진다. ② 언론·출판에 대한 허가나 검열……는 인정되지 아니한다. ③ 통신·방송의 시설기준과 신문의 기능을 보장하기 위하여 필요한 사항은 법률로 정한다. ④ 언론·출판은 타인의 명예나 권리 또는 공중도덕이나 사회윤리를 침해하여서는 아니 된다. 언론·출판이 타인의 명예나 권리를 침해한 때에는 피해자는 이에 대한 피해의 배상을 청구할 수 있다」라고 하여 言論·出版의 自由 및 言論·出版에 대한 許可·檢閱의 금지, 통신·방송의 시설기준 등의 법정주의, 언론·출판의 자유의 한계를 정하고 있다.

언론·출판의 자유는 집회·결사의 자유와 함께 표현의 자유에 포함된다. 표현의 자유란 사상이나 의견을 외부에 표현하는 자유로서 개인적 표현의 자유인 언론 · 출판의 자유와 집단적 표현의 자유인 집회 · 결사의 자유를 총칭하는 개념이다. 헌법 제21조 제1항은 「모든 국민은 언론 · 출판의 자유와 집회 · 결사의 자유를 가진다」고 하여 표현의 자유를 하나의 조문에서 규정하고 있으나, 집회 · 결사의 자유는 언론 · 출판의 자유와는 달리 다수인의 공동행동을 전제로 하는 것으로 서로 구별된다.

(2) 언론 · 출판의 자유의 개념

고전적 의미에서 언론 · 출판의 자유는 자신의 생각 또는 의견을 언어 · 문자 등으로 불특정 다수인에게 표명하거나 전달하는 의사표현의 자유를 말한다. 그런데 오늘날 언론 · 출판의 자유는 의사표현의 자유 외에 보도의 자유 · 알 권리 · 액세스권까지도 그 내용으로 한다.

言論이라 함은 구두에 의한 표현을 말하고, 出版이라 함은 문자 및 형상에 의한 표현을 말하는 것이지만, 일반적으로 언론 · 출판의 자유에서 말하는 「言論 · 出版」이란 의사 및 지식 · 경험 등을 표현하는 모든 수단, 즉 담화 · 연설 · 토론 · 연극 · 방송 · 음악 · 영화 · 가요 등과 문서 · 서적 · 사진 · 조각 · 서화 · 소설 · 시가 기타 형상에 의한 것을 모두 포함한다.

(3) 다른 기본권과의 관계

(a) 타 의사의 형성

의사의 형성과 표현에 대한 자유 가운데서도 헌법은 양심의 자유, 종교의 자유, 예술의 자유, 학문의 자유 등을 따로 정하고 있으므로 양심적 의사의 형성과 표현, 종교적 의사의 형성과 표현, 학문적 의사형성과 표현, 예술적 의사형성과 표현 등은 각기 직접 근거되는 기본권인 양심의 자유(憲法 §19), 종교의 자유(憲法 §20), 학문의 자유(憲法 §22①), 예술의 자유(憲法 §22①)에 의하여 우선적으로 보호받는다(예: 大 1996. 9. 6.-96다19246).

> [憲 1996. 10. 31.-94헌가6] 「의사표현의 자유는 언론 · 출판의 자유에 속하고, 여기서 의사표현의 매개체는 어떠한 형태이건 그 제한이 없다고 할 것이다. 따라서 이 사건에서 문제되고 있는 음반은 학문적 연구결과를 발표하는 수단이 되기도 하고, 예술표현의 수단이 되기도 하므로 그 제작 및 판매 배포는 학문 · 예술의 자유를 규정하고 있는 헌법 제22조 제1항에 의하여 보장받음과 동시에 헌법 제21조 제1항에 의하여도 보장을 받는다.」

(b) 타 정보에 대한 권리

언론 · 출판의 자유는 개인이 불특정 다수인을 상대로 자발적으로 하는 의사표현을 보호한다. 자신의 사적 영역에 속하는 정보에 관한 보호는 사생활의 비밀 · 자유(憲法 §17)의 규율영역이고, 개인간의 사적인 정보교환은 통신의 자유(憲法 §18)로 보호받는다.

(c) 집회에서의 표현

집회에서의 연설이나 토론이 집회의 자유에 의하여 보호받는지 아니면 언론·출판의 자유로 보호받는지에 대하여, 집회·결사조항은 언론·출판조항에 대한 특별법적 규정이기 때문에 집회의 자유로서 보장된다는 견해(權寧星, 493)와 언론·출판의 자유로서 보장되어야 한다는 견해(金哲洙a, 1017)가 있다. 집회의 자유는 집회 그 자체에 대한 보호에 중점이 있고, 집회에서의 활동은 각기 해당 행위를 보호하는 기본권에 의해서도 보호되므로, 이 경우에는 집회의 자유와 언론의 자유가 경합적으로 적용된다고 할 것이다.

(4) 언론·출판의 자유의 중요성 및 기능

언론·출판의 자유는 자유로운 인격발현의 수단이고, 합리적이고 건설적인 의사형성 및 진리발견의 수단이며, 민주주의 국가의 존립과 발전에 필수불가결한 기본권으로서 중요성을 가진다(예: 憲 1998. 4. 30.-95헌가16). 이에 근거하여 언론·출판의 자유는 다른 기본권보다 우월적 지위가 보장되어야 하고, 그에 대한 제한은 필요최소한에 그쳐야 한다는 주장이 있다. 그러나 이런 점을 이유로 다른 기본권에 비하여 항상 우월적 지위에 있는 것은 아니다. 다른 기본권과 충돌이 발생하는 경우에는 기본권 충돌의 문제로 돌아간다.

Ⅱ. 연 혁

언론·출판의 자유는 영국에서 1649년의 人民協約(The Agreement of the People)에서 선언되고, 1695년에 檢閱法(The Licensing Act)의 폐지로 거의 확립되었다. 그 후 1766년 버지니아 권리장전(同章典 §12), 1791년 미합중국연방헌법(同憲法 修正條項 §1), 1789년 프랑스 인권선언(同宣言 §11)에서 표현의 자유가 규정된 이래 거의 모든 헌법이 이를 규정하고 있다.

[117] 第二 法的 性格

언론·출판의 자유는 국가권력의 간섭이나 방해를 받지 않고 자유롭게 의사를 표현하고, 의사형성에 필요한 정보를 수집할 수 있는 주관적 공권으로서 自由權의 성격을 갖는다. 한편, 언론·출판의 자유는 의사표현과 여론형성을 통해 국민적 공감대에 바탕을 둔 민주정치를 실현하기 위한 제도보장으로서의 성격도 갖는다.

언론·출판의 자유가 갖는 이 같은 성격은 언론·출판의 자유의 구체적인 내용에 따라 다르게 나타난다. 의사표현의 자유와 알 권리에서는 주관적 권리로서 자유권의 성격이 강하게 나타나지만, 언론기관의 자유와 보도의 자유에서는 제도보장의 성격이 상대적으로 강하게 나타난다(同旨: 許營a, 542;).

[118] 第三 主　體

언론 · 출판의 자유는 개인의 자유뿐만 아니라 언론기관의 자유까지 포함하므로 신문사 · 방송사와 같은 법인이나 권리능력 없는 사단에게도 기본권 주체성이 인정된다(예: 憲 1995. 7. 21.-92헌마177).

외국인도 원칙적으로 언론 · 출판의 자유의 주체가 될 수 있으나, 외국인의 정치적 표현의 자유는 보다 많은 제한을 받을 수 있다.

[119] 第四 內　容

언론 · 출판의 자유는 자신의 의사를 형성하고(意思形成의 自由), 불특정 다수인에게 그 의사를 표현 · 전달하고(意思表現의 自由), 언론기관 등이 객관적인 사실 등을 보도 · 전파할 수 있는 자유(報道의 自由)를 그 내용으로 한다. 의사의 표현은 實名이든 익명으로 하든 상관없다. 또한 보도매체를 이용해서 자기의 입장을 밝히고 여론형성에 기여할 수 있는 권리(액세스(access)權)도 언론 · 출판의 자유의 내용에 포함된다.

Ⅰ. 의사표현의 자유

意思表現의 自由라 함은 불특정 다수인에게 자신의 의사를 표현하고 전달할 자유로서 언론 · 출판의 자유의 기본적 내용이다. 의사표현 및 전달의 형식에는 아무런 제한이 없다. 언어 · 문자 · 도형뿐만 아니라 음반, 비디오물, 현수막, 인터넷 등을 통한 의사표현은 물론이고 패러디(parody), 象徵的 表現까지 포함된다. 헌법재판소도 영화, 음반, 비디오물, 인터넷 광고물 등에 대하여 언론 · 출판의 자유에 의한 보호를 받는 대상이라고 판시하였다(예: 憲 1993. 5. 13.-91헌바17; 1996. 10. 4.-93헌가13등).

意思의 개념에는 어떤 사항에 대한 평가적인 의사뿐만 아니라 사실에 대한 의사도 포함된다. 개인의 의사표시에 의한 사실의 전달은 신문 · 방송 등의 언론기관의 보도의 자유와는 구별된다.

> [憲 1993. 5. 13.-91헌바17] 「일반적으로 헌법상의 언론 · 출판의 자유의 내용으로서는, 의사표현 · 전파의 자유, 정보의 자유, 신문의 자유 및 방송 · 방영의 자유 등을 들고 있다. 이러한 언론 · 출판의 자유의 내용 중 의사표현 · 전파의 자유에 있어서 의사표현 또는 전파의 매개체는 어떠한 형태이건 가능하며 그 제한이 없다. 즉 담화 · 연설 · 토론 · 연극 · 방송 · 음악 · 영화 · 가요 등과 문서 · 소설 · 시가 · 도화 · 사진 · 조각 · 서화 등 모든 형상의 의사표현 또는 의사전파의 매개체를 포함한다. 그러므로 음반 및 비디오물도 의사형성적 작용을 하는 한 의사의 표현 · 전파의

형식의 하나로 인정되며, 이러한 작용을 하는 음반 및 비디오물의 제작은 언론·출판의 자유에 의해서도 보호된다고 할 것이다.」

Ⅱ. 보도의 자유

(1) 개 념

報道의 自由란 신문·잡지·통신 등 출판물과 라디오·텔레비전 등 전파매체에 의하여 뉴스를 보도하고 논평을 할 수 있는 자유, 즉 매스컴(mass communication)의 자유를 말한다. 보도의 자유는 i) 언론기관 설립의 자유, ii) 편집·보도의 자유, iii) 취재의 자유, iv) 언론기관 내부의 자유를 그 내용으로 한다.

(2) 언론기관 설립의 자유

(a) 언론기관 시설기준 법정주의

보도의 자유는 언론기관을 자유로이 설립할 수 있는 언론기관설립의 자유를 포함한다. 따라서 신문·통신·방송기관 등의 설립에 있어 시설기준을 지나칠 정도로 과중하게 규정할 경우에는 언론·출판의 자유를 침해하는 것이 된다. 그런데 현대사회에서 언론기관이 갖는 중요성에 비추어 언론·출판의 자유의 실질적 보장을 위해서는 언론기관이 건전하게 존립·운영될 수 있는 조직과 형태를 갖추고 언론의 독과점을 방지하는 것이 필요하다. 여기서 헌법 제21조 제3항은「통신·방송의 시설기준과 신문의 기능을 보장하기 위하여 필요한 사항은 법률로 정한다」고 하여 언론기관의 施設基準 法定主義를 명시하고 있다. 이에 따라 신문등의자유와기능보장에관한법률 및 방송법은 언론기관의 설립 및 그 시설기준 등에 관하여 일정한 제한을 정하고 있다.

(b) 신문등의자유와기능보장에관한법률

신문등의자유와기능보장에관한법률은 신문을 발행하거나 인터넷신문 또는 인터넷뉴스서비스를 전자적으로 발행하려 하는 자의 등록의무를 정하고(§9), 발행인 또는 편집인의 결격사유를 정하는(§13) 한편, 법인이 아닌 자는 일간신문이나 일반주간신문을 발행할 수 없도록 규정하고 있다(同條③). 언론기관의 독과점을 방지하기 위하여 일간신문, 뉴스통신(뉴스통신진흥에관한법률의 규정에 의한 뉴스통신)간의 겸영을 규제(§15②)할 뿐 아니라, 대통령령이 정하는 대기업 또는 계열회사는 일간신문이나 뉴스통신을 경영하는 법인이 발행한 주식 또는 지분의 2분의 1을 초과하여 취득 또는 소유할 수 없다고 규정하고 있다(§15④).

憲法裁判所는 구 정기간행물의등록등에관한법률에 대한 위헌법률심판에서 i) 정기간행물을 발행하려면 일정한 사항을 등록하고 이를 위반한 경우에는 형사처벌하도록 규정한 정기간행물의 발행 登錄制는 표현내용 자체에 대한 사전검열 및 허가제가 아니고 과잉금지의 원칙에 위반되지도 아니하여 합헌이라 하였고(예: 憲 1997. 8. 21.-93헌바51), ii) 그 등록을 위한 施設基準에 관하여 인쇄시설 등을 자기소유이어야 하는 것으로 해석하는 한 헌법이 금지하고 있는 허가제의 수단으로 남용될 소지가 있고 과잉금지의 원칙이나 비례의 원칙에 반하여 위헌이라고 판시하였다(예: 憲 1992. 6. 26.-90헌가23).

(c) 방 송 법

방송법은 지상파방송사업, 종합유선방송사업 등 방송사업에 관한 허가 · 승인 · 등록제를 정하고(同法 §9), 국가 · 지방자치단체 또는 법인이 아닌 자는 방송사업을 할 수 없도록 규정하고 있다(同法 §13). 방송법은 방송사업의 독과점을 막기 위하여 방송사업자 간 상호 겸영이나 일정 한도 이상의 상호지분 소유를 금지하고(同法 §8⑥-⑨), 대기업이나 일간신문, 뉴스통신을 경영하는 법인이 지상파 방송사업자 등의 주식 또는 지분 총수 중 일정 한도 이상을 소유하는 것과 대통령령이 정하는 구독률이 100분의 20 이상인 일간신문을 경영하는 법인이 지상파 방송사업 등을 겸영하거나 그 주식 또는 지분을 소유하는 것을 금지하며(同法 §8 ③,④, ⑤), 지상파방송사업 등의 사유화를 방지하기 위하여 지상파방송사업자 등의 주식 또는 지분의 100분의 40을 초과하여 소유할 수 없도록 하고 있다(同法 §8②).

憲法裁判所는 정보유통의 통로가 유한하고 거대한 사회적 영향력을 갖는 방송매체의 특징 및 방송시설기준을 법률로 정하도록 한 헌법 제21조 제3항에 비추어 볼 때 진입규제로서 방송사업의 허가제를 두는 것 자체는 헌법상 허용된다고 판시하였다(예: 憲 2001. 5. 31.-2000헌바43).

[憲 2001. 5. 31.-2000헌바43] 「국가는 또한 언론의 자유와 조화를 이루는 범위 내에서 매체산업의 균형발전이라는 경제정책적 목적이나 사회 · 문화정책적 목적을 달성하기 위한 규제를 할 수도 있는데, 예컨대 방송매체의 소유에 관한 규제는 견해의 다양성을 보장한다는 입법목적 외에 매체산업의 균형적 발전이라든가 자국문화의 보호와 같은 입법목적을 복합적으로 가질 수도 있다.……한편, 헌법 제21조 제3항은 "통신 · 방송의 시설기준과 신문의 기능을 보장하기 위하여 필요한 사항은 법률로 정한다"고 규정하여 일정한 방송시설기준을 구비한 자에 대해서만 방송사업을 허가하는 허가제가 허용될 여지를 주는 한편 방송사업에 대한 시설기준을 "법률"로 정하도록 함으로써 행정부에 의한 방송사업허가제의 자의적 운영이 방지되도록 하고 있다.」

(3) 편집 · 보도의 자유

편집 · 보도의 자유는 국가로부터 간섭을 받지 않고 자유롭게 기사나 방송내용을 편집 · 편성하여 보도할 수 있는 자유를 말한다. 이것을 좁은 의미의 보도의 자유라고 한다. 편집 · 보도 내용에 대한 사전검열은 금지되지만(憲法 §22②), 사후검열은 가능하다. 신문등의자유와기능보장에관한법률은 신문의 納本制度를 정하고 있는데(同法 §20), 헌법재판소는 정기간행물의 공보처장관(현행법상으로는 문화체육관광부장관)에의 납본제도는 언론·출판에 대한 사전검열이 아니어서 언론·출판의 자유를 침해하는 것이 아니므로 합헌이라고 판시한 바 있다(예: 憲 1992. 6. 26.-90헌바26).

방송의 경우는 가용주파수의 한정성 및 방송효과의 광범위성 때문에 방송내용의 다양성과 공정성을 확보한다는 목적으로 편집·보도의 자유에 대한 보다 많은 규제가 이루어질 수 있다. 따라서 방송법은 방송편성의 자유와 독립을 보장하면서도(同法 §4①), 방송의 공적 책임과 공정성 및 공익성을 강조하고(同法 §5, §6), 방송통신위원회의 설치 및 운영에 관한 법률에서는 방송통신심의위원회로 하여금 이를 심의할 수 있게 하고 있다(同法 §18, §21).

(4) 취재의 자유

보도의 자유 속에는 取材의 自由가 포함된다. 따라서 국가는 기자 등의 취재를 방해해서는 안 된다. 다만, 국가기밀이나 개인의 사생활 등 타이익을 보호하기 위하여 일정한 제한을 할 수는 있다.

취재의 자유와 관련하여 기자에게 재판 등에서 취재원에 대한 진술을 거부할 수 있는 「取材源秘匿權」이 인정될 수 있는지가 문제된다. 이에 대해서는 공정하고 효과적인 법집행과 실체적 진실발견 등을 이유로 취재원비닉권을 인정할 수 없다는 否定說이 있다(입법례에서도 일반적인 경향이다. 미합중국 연방최고법원도 이를 언론의 자유에 포함되지 않는다고 본다(Branzburg v. Hayes, 408 U.S. 665(1972))). 그러나 취재원비닉권을 인정하지 않는다면 취재원의 협조를 구할 수 없게 되어 언론의 진실보도 및 공정보도에 심각한 지장을 초래하므로 이를 인정하는 것보다 더 중한 이익이 존재하지 않는 한 이를 인정하는 肯定說이 타당하다(許營a, 549; 成樂寅, 528).

(5) 언론기관의 내부적 자유

언론기관의 내부적 자유로서 경영권에 대한 관계에서 編輯權·編成權의 인정여부가 문제되고 있다. 언론사 내부에서 경영인과 편집인 및 기자들의 상호관계는 사법상의 계약에 의하여 규율되는 관계이기 때문에 경영자에 대한 편집자 및 기자의 編輯權·編成權은 언론·출판의 자유로 인정된다고 하기 어렵다(反對: 金哲洙a, 986; 許營a, 548; 成樂寅, 528; 權寧星, 503).

과거 독재와 권위주의통치가 지배하던 시대에 언론사는 정부의 억압과 지배하에 있었다. 그래서 경영자는 언론사를 경영하기 위해서는 정부가 요구하는 대로 신문이나 방송의 편집이나 편성에 간섭하였다. 이러한 상황에서 기자는 정부에 대항하여 언론의 자유를 확보하기 위하여, 정부의 하수인의 역할을 하는 경영자에 대해서도 언론의 자유를 주장할 수 있다고 하며, 이를 경영자에 대한 기자의 편집권 또는 편성권이라고 하였고, 이는 헌법상의 언론의 자유로 보장되는 것이라고 하였다. 그러나 오늘날 정부와 언론사간에는 이러한 현상이 없어졌을 뿐 아니라, 법리적으로 기자는 언론사와 고용계약을 체결하여 임금을 받는 피고용자의 지위에 있는 사적인 관계에 있다. 언론사의 경영방침이나 지향점이 기자 개인의 그것과 일치하지 않는다고 하여 법률에서 특별히 정하고 있지 않는 한 이를 편집권이나 취재권을 기본권으로서 경영자에 대하여 주장할 수는 없다. 언론사와 기자와의 관계는 편집권을 기자에게 상당부분 맡겨 놓는 경우도 있고, 경영자가 편집국장을 통하여 언론사의 지향점에 합치하도록 하는 경우도 있고, 경영자가 직접 편집권에 관여하는 경우도 있을 수 있는데, 이는 어디까지나 경영자와 기자간의 사적인 관계에서 정해지는 것이다. 세계 대부분의 언론사가 이러한 형편이다. 이러한 경우 기자는 개인적 가치 판단에 따라 사적인 고용계약을 유지하거나 해지하면 된다. 국영언론사가 아닌 이상 뉴스평가에서 가치중립은 존재하지 않는다. 뉴스를 어떻게 평가하고 편집하는가는 언론사의 편집의 자유이다. 수요자는 다양한 언론사에 대하여 자기 취향과 필요에 따라 선택하게 된다.

신문등의자유와기능보장에관한법률은 「신문사업자 및 인터넷신문사업자는 이 법이 정하는 바에 따라 편집인의 자율적인 편집을 보장하여야 한다」고 명시하고 있다(同法 §3③). 방송법은 「방송편성의 자유와 독립은 보장된다」(同法 §4①)고 하면서, 누구든지 방송편성에 관하여 방송법이나 다른 법률에 의하지 아니하고는 어떠한 규제나 간섭을 할 수 없고(同條 ②), 방송사업자는 방송편성책임자를 선임하고, 그 성명을 방송시간 내에 매일 1회 이상 공표하여야 하며, 방송편성책임자의 자율적인 방송편성을 보장하여야 하며(同條 ③), 종합편성 또는 보도에 관한 전문편성을 행하는 방송사업자는 방송프로그램제작의 자율성을 보장하기 위하여 취재 및 제작 종사자의 의견을 들어 방송편성규약을 제정하고 이를 공표하여야 한다(同條 ④)고 규정하고 있다.

그런데 신문과 방송의 대사회적 · 대사인력 영향력에 비추어 볼 때, 편집자 및 기자의 편집 · 편성에서의 잘못에 대해서는 통제하고 책임을 물을 수 있어야 한다.

Ⅲ. 액세스(Access)권

(1) 개　　념

액세스권(right of access to mass media)이라 함은 넓은 의미에서 일반 국민이 자신의 생각이나 의견을 발표하기 위하여 언론매체(mass media)에 자유로이 접근하여 그것을 이용할 수 있는 권리를 말한다. 액세스권은 국민과 국가 사이에 발생하는 문제가 아니라 국민과 언론기관 사이에 발생하는 문제라는 점에서 그 특성이 있다.

언론기관이나 국민은 다 같이 私人이기 때문에 언론기관에 대한 접근 · 이용권은 고전적인 언론 · 출판의 자유의 내용에 포함되지 않았다. 그러나 현대 언론기업은 집중화, 독과점화하여 언론기관이 자의적으로 국민의 접근과 이용을 거부할 경우 국민은 그 생각과 의견을 자유로이 발표할 기회를 상실하게 되고, 일방적인 정보의 수령자의 지위로 전락하게 된다. 이에 1967년 미국의 J. A. Barron은 「연방의회는 언론 또는 출판의 자유를 제한하는 법률을 제정해서는 아니 된다」고 규정하고 있는 미국 수정헌법 제 1 조가 「토론을 위한 적당한 기회까지 선언한 것」이라고 해석함으로써 매스미디어에 대한 액세스권의 정립을 위한 국가의 적극적인 역할을 강조하였다. 이에 따라 오늘날 언론기관에 대한 액세스권은 현대적 의미의 언론 · 출판의 자유의 한 내용으로 인정되고 있다.

(2) 헌법적 근거

액세스권은 국가에 대한 권리가 아닌 언론기관에 대한 권리라는 점에서 헌법적 근거에 대하여는 다양한 견해가 있다. 헌법 제21조 제 4 항이라는 견해, 언론 · 출판의 자유의 객관적 가치질서로서의 성격에서 찾아야 한다는 견해(許營a, 553), 알 권리와 마찬가지로 헌법 제21조 제 1 항을 비롯하여 제10조, 제34조 제 1 항 등을 근거로 한다는 견해(權寧星, 500; 成樂寅, 521) 등이 있다.

액세스권의 헌법적 근거는 언론의 자유의 객관적 가치질서로서의 성격에서 찾는 것이 타당하다. 다만, 후술하는 반론권 내지 해명권(협의의 액세스권)은 자기와 관계가 있는 보도에 대한 반론 내지 해명의 기회를 요구할 수 있는 권리라는 점에서 헌법 제10조의 인간의 존엄과 가치에 기초한 인격권과 헌법 제21조 제 1 항의 의사표현의 자유에서 인정되는 것이라고 해석할 수 있다.

(3) 내 용

액세스권은 i) 일반 국민이 자신의 사상이나 의견을 발표하기 위하여 언론기관(mass media)에 자유로이 접근하여 그것을 이용할 수 있는 권리인 광의의 액세스권(genral right of access)과 ii) 언론기관에 의하여 명예훼손이나 비판 등을 당한 국민이 그 언론기관에 대하여 자기와 관계가 있는 보도에 대한 반론 내지 해명을 요구할 수 있는 反論權 및 解明權, 즉 협의의 액세스권을 그 내용으로 한다.

(a) 광의의 액세스권

광의의 액세스권(=일반적 액세스권)의 인정범위는 각국마다 상이하고, 그 내용도 명확하게 구체화되어 있지 않다. 광고주와 언론기관 사이의 문제, 예를 들어 광고주가 언론기관에 대하여 자신의 의견을 광고라는 형식을 통하여 표현 · 전달하는 意見廣告를 게재 · 방영해 줄 것을 요구할 권리가 인정되는지 여부 등이 광의의 액세스권의 문제로서 논의된다. 방송법은 종합편성 및 보도전문편성을 행하는 방송사업자에게 시청자의 권익을 보호하기 위하여 시청자위원회를 두도록 하고, 시청자위원회가 방송편성 및 내용에 대한 의견제시나 시정요구를 할 수 있도록 규정하고 있다(同法 §87-§90).

(b) 협의의 액세스권(반론권 및 해명권)

협의의 액세스권으로서 반론권 및 해명권은 언론중재 및 피해구제 등에 관한 법률에서 訂正報道請求權(§14, §15), 反論報道請求權(§16) 및 追後報道請求權(§17)으로 인정되고 있다.

반론권이란 신문·방송 등 언론기관의 기사에 의해 비판·공격 기타 피해를 받은 자가 이에 대한 반론을 게재 또는 방송하도록 당해 언론기관에 요구할 수 있는 권리를 말한다. 반론권은 프랑스대혁명 후의 신문검열 폐지와 정치적 혼란 속에서 언론의 자유가 남용되자 이에 대한 구제수단으로 1822년 프랑스에서 처음 입법화되어 그 후 유럽의 여러 나라에서 법제화되었다. 憲法裁判所는 인격권 및 사생활의 비밀과 자유를 반론권의 헌법적 근거로 보면서, 구 정기간행물의등록등에관한법률상의 정정보도청구권제도는 그 명칭에 불구하고 피해자의 반론게재청구권으로 해석되고, 이는 언론의 자유와 서로 충돌되는 면이 없지 아니하나 전체적으로는 상충되는 기본권 사이에 합리적인 조화를 이루는 것으로 판단되므로 합헌이라고 판시하였다(憲 1991. 9. 16.-89헌마165).

[憲 1991. 9. 16.-89헌마165] 「반론권으로서의 정정보도청구권이 인정되는 취지로는 다음의 두 가지를 들 수 있다. 첫째, 언론기관이 특정인의 일반적 인격권을 침해한 경우 피해를 받은 개인에게도 신속·적절하고 대등한 방어수단이 주어져야 함이 마땅하며, 특히 공격내용과 동일한 효과를 갖게끔 보도된 매체 자체를 통하여 방어 주장의 기회를 보장하는 반론권제도가 적절하고 형평의 원칙에도 잘 부합할 수 있다는 점이다. 둘째, 독자로서는 언론기관이 시간적 제약 아래 일방적으로 수집 공급하는 정보에만 의존하기보다는 상대방의 반대주장까지 들어야 비로소 올바른 판단을 내릴 수 있기 때문에 이 제도는 진실발견과 올바른 여론형성을 위하여 중요한 기여를 할 수 있게 된다는 점이다.……우리 헌법 제10조는 「모든 국민은 인간으로서의 존엄과 가치를 가지며, 행복을 추구할 권리를 가진다」라고 규정하고 있고 제17조는 「모든 국민은 사생활의 비밀과 자유를 침해받지 아니한다」고 규정하고 있으며 한편 제21조의 제1항은 「모든 국민은 언론·출판의 자유를 가진다」라고 규정하고, 제4항은 "언론·출판이 타인의 명예나 권리 또는 공중도덕이나 사회윤리를 침해하여서는 아니 된다"고 규정함으로써 언론·출판의 자유를 보장하는 동시에 언론·출판의 자유가 민주사회에서 비록 중요한 기능을 수행한다고 하더라도 그것이 인간의 존엄성에서 유래하는 개인의 일반적 인격권 등의 희생을 강요할 수는 없음을 분명히 밝히고 있다. 헌법의 위 조항들을 종합해 볼 때 언론기관에 의하여 일반적인 인격권이나 사생활의 비밀과 자유를 침해받은 피해자에게 인간의 존엄과 가치 및 사생활의 비밀과 자유권을 보호하기 위하여 신속하고도 적절한 방어의 수단이 주어져야 함이 형평의 원리에 부합한다고 할 것이다. 그러므로 이 법이 규정한 반론권으로서의 정정보도청구권은 바로 헌법상 보장된 인격권에 그 바탕을 둔 것으로서, 피해자에게 보도된 사실적 내용에 대하여 반박의 기회를 허용함으로써 피해자의 인격권을 보호함과 동시에 공정한 여론의 형성에 참여할 수 있도록 하여 언론보

도의 객관성을 향상시켜 제도로서의 언론보장을 더욱 충실하게 할 수도 있을 것이라는 취지 아래 헌법의 위에 든 각 조항들을 근거로 하여 제정된 것이다.」

事實的 主張에 관한 언론보도가 진실하지 아니함으로 인하여 피해를 입은 피해자는 당해 언론보도가 있음을 안 날부터 3월 이내에 그 보도내용에 관한 訂正報道를 언론사에 청구할 수 있다. 다만, 당해 언론보도가 있은 후 6월이 경과한 때에는 그러하지 아니하다(言仲法 §14①). 이러한 청구에는 언론사의 고의 · 과실이나 위법성을 요하지 아니한다(同條 ②). 국가 · 지방자치단체, 기관 또는 단체의 장은 당해 업무에 대하여 그 기관 또는 단체를 대표하여(同條 ③), 민사소송법상 당사자능력이 없는 기관 또는 단체라도 하나의 생활단위를 구성하고 보도내용과 직접적인 이해관계가 있는 때에는 그 대표자가 정정보도를 청구할 수 있다(同條 ④).

언론사의 대표자가 청구를 수용하는 때에는 지체 없이 피해자 또는 그 대리인과 정정보도의 내용 · 크기 등에 관하여 협의한 후 그 청구를 받은 날부터 7일 내에 정정보도문을 방송 또는 게재하여야 한다. 다만, 신문 및 잡지 등 정기간행물의 경우 이미 편집 및 제작이 완료되어 부득이한 때에는 다음 발행 호에 이를 게재하여야 한다(同法 §15③).

事實的 主張에 관한 언론보도로 인하여 피해를 입은 자는 그 보도내용에 관한 反論報道를 언론사에 청구할 수 있다(同法 §16①). 이러한 청구에는 언론사의 고의 · 과실이나 위법함을 요하지 아니하며, 보도내용의 진실 여부를 불문한다(同條 ②). 반론보도청구에 관하여는 따로 규정된 것을 제외하고 정정보도에 관한 규정을 준용한다(同條 ③).

언론에 의하여 범죄혐의가 있거나 형사상의 조치를 받았다고 보도 또는 공표된 자는 그에 대한 형사절차가 무죄판결 또는 이와 동등한 형태로 종결된 때에는 그 사실을 안 날부터 3월 이내에 언론사에 이 사실에 관한 추후보도의 게재를 청구할 수 있다(言仲法 §17①). 이 때 추후보도에는 청구인의 명예나 권리회복에 필요한 설명 또는 해명이 포함되어야 하며(同法 §17②), 그 청구 · 중재 및 법원의 심판절차에 관해서는 정정보도청구권에 관한 규정이 준용된다(同法 §17③).

(4) 한 계

국민의 언론기관에 대한 권리인 액세스권은 언론기관이 갖는 보도의 자유, 계약의 자유 등과 충돌할 수 있다. 이 때에는 언론기관이 갖는 보도의 자유 등도 헌법적으로 보호되어야 하기 때문에 일방적으로 액세스권을 우선시킬 수는 없고, 기본권의 충돌이론에 의하여 해결하여야 할 것이다. 다만, 인격적 가치의 침해에 대응하는 反論權 및 解明權은 우선적으로 보호되어야 할 것이고, 액세스권에 의해서 요구되는 내용이 민주적인 여론형성과 관계가 클수록 그 보호의 필요성이 커진다고 볼 수 있다(同旨: 許營a, 553).

[120] 第五 效 力

언론·출판의 자유는 대국가적 효력을 가진다. 언론·출판의 자유가 私人에 의해서도 침해될 수 없는 것을 기본권의 대사인적 효력으로 보아 직접 적용되는 결과라는 직접적용설과(許營a, 260; 成樂寅, 517), 간접적으로 적용된다는 견해(同旨: 權寧星, 504)가 있으나, 이는 기본권의 효력이 아니고 헌법에서 보장되는 가치 중 사인간에도 존중되어야 하는 성질을 가지는 것이고, 국가가 이를 보장해야 하는 국가기능에 따른 것이다. 헌법상 제21조 제4항은 언론·출판의 자유를 행사함에 있어 발생할 수 있는 사인간의 이익충돌에 대하여 헌법이 직접 정하고 있는 것이지만, 이는 헌법 제37조 제2항에 의해서도 당연히 인정되는 것을 강조하여 명기한 것이다. 따라서 이러한 것이 기본권의 효력을 변경하는 것은 아니다.

《헌법 제21조 제4항》

헌법 제21조 제4항은 「언론·출판은 타인의 명예나 권리 또는 공중도덕이나 사회윤리를 침해하여서는 아니 된다. 언론·출판이 타인의 명예나 권리를 침해한 때에는 피해자는 이에 대한 피해의 배상을 청구할 수 있다」고 규정하고 있다. 헌법 제21조 제4항의 헌법상 의의에 대하여 i) 언론·출판의 內在的 限界를 정한 것으로 보는 견해(金哲洙a, 990; 權寧星, 505; 成樂寅, 539)와 ii) 헌법정책적 결단으로서 언론·출판의 자유가 넘어설 수 없는 구체적인 憲法的 限界를 명시함과 동시에 私人간에 直接的 效力을 가진다는 것을 특별히 명시한 것이라는 견해(許營a, 554)가 있다. 헌법은 제37조 제2항에 의하여 일반적 법률유보 방식을 취하고 있으므로 기본권의 내재적 한계는 생각할 필요가 없다. 또한 헌법 제21조 제4항의 사유는 일반적 법률유보에 관한 헌법 제37조 제2항의 기본권 제한 목적의 일부에 지나지 않고, 언론·출판의 자유는 헌법 제21조 제4항의 사유에 한정하여 제한되는 것이 아니라 헌법 제37조 제2항이 정하는 목적에 의해서도 제한될 수 있으므로, 헌법 제21조 제4항은 우리 헌법구조상 개별적 헌법유보(헌법 직접적 제한)로서 기능하지 못한다. 따라서 헌법 제21조 제4항은 언론·출판의 자유의 한계를 강조하는 당연한 내용을 정하고 있는 주의적인 규정에 지나지 않는다고 할 것이다([144] Ⅲ). 헌법입법의 기술로 볼 때에는 헌법 제37조 제2항이 있는 이상 이는 蛇足에 불과하므로 삭제하여도 무방하다. 憲法裁判所는 「헌법 제21조 제4항은 "언론·출판은 타인의 명예나 권리 또는 공중도덕이나 사회윤리를 침해하여서는 아니 된다"고 규정하고 있는바, 이는 언론·출판의 자유에 따르는 책임과 의무를 강조하는 동시에 언론·출판의 자유에 대한 제한의 요건을 명시한 규정으로 볼 것이고, 헌법상 표현의 자유의 보호영역 한계를 설정한 것이라고는 볼 수 없다」고 판시하였다(예: 憲 2009. 5. 28.-2006헌바109).

[121] 第六 制限과 그 限界

Ⅰ. 제 한

언론 · 출판의 자유는 헌법 제37조 제 2 항에 의하여 「국가안전보장 · 질서유지 또는 공공복리를 위하여 필요한 경우에 한하여 법률」로써 제한 가능하다. 또한 「통신 · 방송의 시설기준과 신문의 기능을 보장하기 위하여 필요한 사항은 법률로 정한다」고 하여 언론기관 施設基準 法定主義를 규정한 헌법 제21조 제 3 항이 건전하고 공정한 언론제도의 확립을 위하여 보도의 자유 내지는 언론기관설립의 자유를 제한하는 근거가 될 수 있음은 앞에서 살펴본 바와 같다.

Ⅱ. 구체적인 문제

(1) 명예훼손

名譽란 「사람의 품성, 덕행, 명성, 신용 등 인격적 가치에 대하여 사회로부터 받는 객관적인 평가」(예: 大 2000. 7. 28.-99다6203) 내지는 「사람의 가치에 대한 사회적 평가」(예: 憲 1999. 6. 24.-97헌마265)로서 헌법상 기본권인 인격권의 한 내용을 이루고([51] Ⅱ (4)), 名譽毁損이란 「명예 주체에 대한 사회적 평가를 저하시키는 일체의 행위」를 말한다(예: 大 1997. 10. 28.-96다38032; 1999. 10. 8.-98다40077).

i) 사실 또는 허위의 사실을 적시하여 공연히 명예를 훼손하거나, 비방할 목적으로 출판물 등에 의하여 명예를 훼손할 경우 형법에 의하여 처벌을 받는다(刑法 §307, §309, §312②). ii) 고의 또는 과실로 타인의 명예를 훼손할 경우 민법상 불법행위를 구성하여 손해배상책임을 진다(民法 §750, §751). iii) 그러나 타인의 명예를 훼손한 언론 · 출판이라 하더라도 「진실한 사실로서 오로지 공공의 이익에 관한 것인 때에는 처벌하지 아니한다」(刑法 §310). 大法院은 형법 제310조를 바탕으로 형법상 명예훼손이나 민법상 손해배상책임 양자 모두에 적용되는 위법성조각사유에 대하여 「그 목적이 오로지 공공의 이익을 위한 것일 때에는 적시된 사실이 진실이라는 증명이 있거나 그 증명이 없다 하더라도 행위자가 그것을 진실이라고 믿었고 또 그렇게 믿을 상당한 이유가 있으면 위법성이 없다고 보아야 할 것」이라고 판시하고 있다(예: 大 1998. 5. 8.-97다34563; 1999. 4. 27.-98다16203).

[大 1988. 10. 11.-85다카29] 「우리가 민주정치를 유지함에 있어서 필수불가결한 언론, 출판 등 표현의 자유는 가끔 개인의 명예나 사생활의 자유와 비밀 등 인격권의 영역을 침해할 경우가 있는데 표현의 자유 못지않게 이러한 사적 법익도 보호되어야 할 것이므로 인격권으로서의 개인의 명예의 보호(구 헌법 §9)와 표현의 자유의 보장(구 헌법 §20①)이라는 두 법익이 충돌하였을 때 그 조정을 어떻게 할 것인지는 구체적인 경우에 사회적인 여러 가지 이익을 비교하여 표현의 자유로 얻어지는 이익, 가치와 인격권의 보호에 의하여 달성되는 가치를 형량하여 그 규제의 폭과 방법을 정해야 할 것이다. 위와 같은 취지에서 볼 때 형사상이나 민사상으로 타인의 명예를 훼손

하는 행위를 한 경우에도 그것이 공공의 이해에 관한 사항으로서 그 목적이 오로지 공공의 이익을 위한 것일 때에는 진실한 사실이라는 증명이 있으면 위 행위에 위법성이 없으며 또한 그 증명이 없더라도 행위자가 그것을 진실이라고 믿을 상당한 이유가 있는 경우에는 위법성이 없다고 보아야 할 것이다. 이렇게 함으로써 인격권으로서의 명예의 보호와 표현의 자유의 보장과의 조화를 꾀할 수 있다 할 것이다.」

[憲 1999. 6. 24.-97헌마265] 「국민의 알권리와 다양한 사상·의견의 교환을 보장하는 언론의 자유는 민주제의 근간이 되는 핵심적인 기본권이고, 명예 보호는 인간의 존엄과 가치, 행복을 추구하는 기초가 되는 권리이므로, 이 두 권리를 비교형량하여 어느 쪽이 우위에 서는지를 가리는 것은 헌법적인 평가 문제에 속하는 것이다. 그러므로 언론매체의 명예훼손적 표현에 위에서 본 실정법을 해석·적용할 때에는 언론의 자유와 명예 보호라는 상반되는 헌법상의 두 권리의 조정 과정에 다음과 같은 사정을 고려하여야 한다. 즉, 당해 표현으로 인한 피해자가 공적 인물인지 아니면 사인(私人)인지, 그 표현이 공적인 관심 사안에 관한 것인지 순수한 사적인 영역에 속하는 사안인지, 피해자가 당해 명예훼손적 표현의 위험을 자초(自招)한 것인지, 그 표현이 객관적으로 국민이 알아야 할 공공성·사회성을 갖춘 사실(알 권리)로서 여론형성이나 공개토론에 기여하는 것인지 등을 종합하여 구체적인 표현 내용과 방식에 따라 상반되는 두 권리를 유형적으로 형량한 비례관계를 따져 언론의 자유에 대한 한계 설정을 할 필요가 있는 것이다. 공적 인물과 사인, 공적인 관심 사안과 사적인 영역에 속하는 사안간에는 심사기준에 차이를 두어야 하고, 더욱이 이 사건과 같은 공적 인물이 그의 공적 활동과 관련된 명예훼손적 표현은 그 제한이 더 완화되어야 하는 등 개별사례에서의 이익형량에 따라 그 결론도 달라지게 된다.……객관적으로 국민이 알아야 할 공공성·사회성을 갖춘 사실(알권리)은 민주제의 토대인 여론형성이나 공개토론에 기여하므로 형사제재로 인하여 이러한 사안의 게재(揭載)를 주저하게 만들어서는 안 된다. 신속한 보도를 생명으로 하는 신문의 속성상 허위를 진실한 것으로 믿고서 한 명예훼손적 표현에 정당성을 인정할 수 있거나, 중요한 내용이 아닌 사소한 부분에 대한 허위보도는 모두 형사제재의 위협으로부터 자유로워야 한다(大 1996. 8. 23.-94도3191). 시간과 싸우는 신문보도에 오류(誤謬)를 수반하는 표현은, 사상과 의견에 대한 아무런 제한없는 자유로운 표현을 보장하는 데 따른 불가피한 결과이고 이러한 표현도 자유토론과 진실확인에 필요한 것이므로 함께 보호되어야 하기 때문이다. 그러나 허위라는 것을 알거나 진실이라고 믿을 수 있는 정당한 이유가 없는데도 진위(眞僞)를 알아보지 않고 게재한 허위보도에 대하여는 면책을 주장할 수 없다.」

인터넷과 같은 정보통신망을 통하여 타인의 명예를 훼손하거나 모욕하는 행위는 제한할 수 있다. 이에 대해서는 정보통신망 이용촉진 및 정보보호 등에 관한 법률, 형법 등이 있다. 정보통신망을 통한 타인의 이익이나 공익에 대한 침해를 방지하기 위하여 실명제의 방법을 통하여 제한할 수도 있다(예: 公職選擧法 §82의6). 다만, 이러한 제한이 헌법 제37조 제2항이 정하는 과잉금지원칙에 위반되면 안 된다.

(2) 사생활의 비밀과 자유의 침해

헌법 제17조는 사생활의 비밀과 자유를 보장하고 있으므로 언론이 사생활의 비밀과 자유를 침해하였을 때에는 민법상 불법행위로서 손해배상책임을 물을 수 있다(예: 大 1998. 9. 4.-96다11327). 언론·출판의 자유와 사생활의 비밀의 자유간의 기본권 충돌과 그 해결에 관하여 자세한 사항은 사생활의 비밀과 자유 부분에서 설명한 바와 같다([136] I (2)).

《명예·권리침해에 대한 구제수단》

1. **형사고소** 언론에 의하여 명예훼손을 당한 경우에 형법상 명예훼손죄(刑法 §307, §309)에 해당함을 이유로 고소할 수 있다.

2. **손해배상청구** 언론에 의하여 명예훼손이나 사생활의 비밀과 자유를 침해당한 경우에 민법상 불법행위책임에 기하여 손해배상을 청구할 수 있다(民法 §750, §751).

3. **민법 제764조 명예회복에 적당한 처분** 「타인의 명예를 훼손한 자에 대하여는 법원은 피해자의 청구에 의하여 손해배상에 갈음하거나 손해배상과 함께 명예회복에 적당한 처분을 할 수 있다」(民法 §764). 종래 '명예회복에 적당한 처분'으로 가장 많이 이용되던 것이 謝罪廣告였으나, 憲法裁判所는 양심의 자유 및 인격권 침해를 이유로 민법 제764조의 '명예회복에 적당한 처분'에 사죄광고를 포함시키는 것은 헌법에 위반된다고 결정하였다(憲 1991. 4. 1.-89헌마160). 따라서 실무상으로는 '정정보도문'을 게재하는 형식의 원상회복방법이 많이 사용되고 있다. 정정보도문은 이전 보도의 잘못된 점을 밝혀서 그것을 바로잡고, 명예훼손에 따른 민사판결이 있었다는 취지를 알리는 것을 그 내용으로 한다.

4. **가처분신청** 명예 기타 인격권의 침해 등을 이유로 출판물의 배포금지가처분이나 방영금지가처분도 가능하다(民執法 §302).

5. **정정보도청구 등** 피해자는 사실적 주장에 관한 언론보도로 피해를 입은 때에는 反論報道를 청구할 있고(言仲法 §16①), 그 보도가 진실하지 않은 때에는 訂正報道를 청구할 수 있으며(同法 §14①), 언론에 의해 범죄혐의가 있거나 형사상의 조치를 받았다고 보도·공표된 자가 무죄판결등을 받은 경우에는 追後報道를 청구할 수 있다(同法 §17①). 언론보도로 인한 분쟁의 조정·중재·침해사항의 심의를 위하여 언론중재위원회를 두고 있다(同法 §7①). 피해자는 정정보도·반론보도·추후보도청구의 訴를 중재절차를 거침이 없이 법원에 제기할 수 있다(同法 §26①).

(3) 공중도덕이나 사회윤리의 침해

공중도덕이나 사회윤리의 침해와 관련해서는 언론·출판에 의한 음란한 표현이 허용될 수 없는 것인지, 만약 허용될 수 없다면 淫亂의 개념은 무엇인지가 특히 문제된다.

憲法裁判所의 판례에 의하면, 엄격한 의미의 음란표현은 사회의 건전한 성도덕을 크게 해칠 뿐만 아니라 사상의 경쟁메커니즘에 의해서도 그 해악이 해소되기 어려우므로 언론·출판의 자유에 의해서 보호되지 않는다고 한 적이 있으나(예: 憲 1998. 4. 30.-95헌가16),

후에는 이를 변경하여 음란표현도 헌법 제21조가 규정하는 언론 · 출판의 자유의 내용에 포함된다고 하고, 이는 헌법 제37조 제 2 항에 의하여 제한할 수 있다고 하였다(예: 憲 2009. 5. 28.-2006헌바109). 형법 제243조 내지 제245조는 음란한 문서, 도화, 필름 기타 물건을 반포, 판매 또는 임대하거나 공연히 전시 또는 상영한 자(刑法 §243), 위 목적으로 음란한 물건을 제조, 소지, 수입 또는 수출한 자(同法 §244) 또는 공연히 음란한 행위를 한 자(同法 §245)를 처벌하고 있다.

[憲 1998. 4. 30.-95헌가16] 「'음란'이란 인간존엄 내지 인간성을 왜곡하는 노골적이고 적나라한 성표현으로서 오로지 성적 흥미에만 호소할 뿐 전체적으로 보아 하등의 문학적 · 예술적 · 과학적 또는 정치적 가치를 지니지 않는 것……」

[大 1995. 6. 16.-94도2413] 「형법 제243조의 음화등의반포등죄 및 같은 법 제244조의 음화등의제조등죄에 규정한 음란한 문서라 함은 일반 보통인의 성욕을 자극하여 성적 흥분을 유발하고 정상적인 성적수치심을 해하여 성적 도의관념에 반하는 것을 가리킨다고 할 것이고, 문서의 음란성의 판단에 있어서는 당해 문서의 성에 관한 노골적이고 상세한 묘사 · 서술의 정도와 그 수법, 묘사 · 서술이 문서전체에서 차지하는 비중, 문서에 표현된 사상 등과 묘사 · 서술과의 관련성, 문서의 구성이나 전개 또는 예술성 · 사상성 등에 의한 성적 자극의 완화의 정도, 이들의 관점으로부터 당해 문서를 전체로서 보았을 때 주로 독자의 호색적 흥미를 돋구는 것으로 인정되느냐의 여부 등의 여러 점을 검토하는 것이 필요하고, 이들의 사정을 종합하여 그 시대의 건전한 사회통념에 비추어 그것이 공연히 성욕을 흥분 또는 자극시키고 또한 보통인의 정상적인 성적 수치심을 해하고, 선량한 성적 도의관념에 반하는 것이라고 할 수 있는가의 여부에 따라 결정되어야 할 것이다.」

[憲 2009. 5. 28.-2006헌바109] 「'음란'의 사전적 의미는 '사람 또는 그 행동이 성(性)에 대해 삼가지 않고 난잡한 경우나 책 · 그림 · 사진 · 영화 등이 그 내용에 있어서 성(性)을 노골적으로 다루고 있어 난잡한 것'으로서, 음란물은 선량한 풍속을 해한다거나 그 사회의 도덕성을 훼손한다는 것을 주된 이유로 하여 오래전부터 규제의 대상이 되어 왔다. 그런데 '음란'이란 개념 자체가 사회와 시대적 변화에 따라 변동하는 상대적, 유동적인 것이고 그 시대에 있어서 사회의 풍속, 윤리, 종교 등과도 밀접한 관계를 가지는 것이며(大 1997. 12. 26.-97누11287), 인터넷은 진입장벽이 낮고 표현의 쌍방향성이 보장되는 등의 장점으로 오늘날 가장 거대하고 주요한 표현매체의 하나로 자리를 굳혔고, 이와 같은 표현매체에 관한 기술의 발달은 표현의 자유의 장을 넓히고 질적 변화를 야기하고 있으므로, 계속 변화하는 이 분야에서의 규제 수단 또한, 헌법의 틀 내에서 다채롭고 새롭게 강구되어야 할 것이다(憲 2002. 6. 27.-99헌마480). 그리하여 우리 재판소는 '출판사 및 인쇄소의 등록에 관한 법률' 제 5 조의 2 제 5 호 등에 대한 위헌제청 사건에서 위 법률조항의 '음란' 개념에 대하여 "음란이란 인간존엄 내지 인간성을 왜곡하는 노골적이고 적나라한 성표현으로서 오로지 성적 흥미에만 호소할 뿐 전체적으로 보아 하등의 문학적, 예술적, 과학적 또는 정치적 가치를 지니지 않은 것"이라고 규정한 바 있다(憲 1998. 4. 30.-95헌가16). 한편, 대법원은 "음란한 문서라 함

> 은 일반 보통인의 성욕을 자극하여 성적 흥분을 유발하고 정상적인 성적 수치심을 해하여 성적 도의관념에 반하는 것을 가리킨다고 할 것이고, 문서의 음란성의 판단에 있어서는 당해 문서의 성에 관한 노골적이고 상세한 묘사서술의 정도와 그 수법, 묘사서술이 문서 전체에서 차지하는 비중, 문서에 표현된 사상 등과 묘사서술과의 관련성, 문서의 구성이나 전개 또는 예술성·사상성 등에 의한 성적 자극의 완화의 정도, 이들의 관점으로부터 당해 문서를 전체로서 보았을 때 주로 독자의 호색적 흥미를 돋구는 것으로 인정되느냐의 여부 등의 모든 점을 검토하는 것이 필요하고, 이들의 사정을 종합하여 그 시대의 건전한 사회통념에 비추어 그것이 '공연히 성욕을 흥분 또는 자극시키고 또한, 보통인의 정상적인 성적 수치심을 해하고, 선량한 성적 도의관념에 반하는 것'이라고 할 수 있는가의 여부를 결정하여야 할 것이다"라고 일관되게 판시하여 오다가(大 1995. 6. 16.-94도2413; 1997. 8. 27.-97도937; 2000. 10. 27.-98도679), 최근에는 구 정보통신망법에서 규정하고 있는 '음란' 개념에 대하여 "사회통념상 일반 보통인의 성욕을 자극하여 성적 흥분을 유발하고 정상적인 성적 수치심을 해하여 성적 도의관념에 반하는 것으로서, 표현물을 전체적으로 관찰·평가해 볼 때 단순히 저속하다거나 문란한 느낌을 준다는 정도를 넘어서서 존중·보호되어야 할 인격을 갖춘 존재인 사람의 존엄성과 가치를 심각하게 훼손·왜곡하였다고 평가할 수 있을 정도로 노골적인 방법에 의하여 성적 부위나 행위를 적나라하게 표현 또는 묘사한 것으로서, 사회통념에 비추어 전적으로 또는 지배적으로 성적 흥미에만 호소하고 하등의 문학적·예술적·사상적·과학적·의학적·교육적 가치를 지니지 아니하는 것을 뜻한다고 볼 것"이라고 판시하여(大 2008. 3. 13.-2006도3558; 2008. 3. 27.-2006도6317; 2008. 5. 8.-2007도47129; 2008. 7. 10.-2008도244), 우리 재판소가 본 '음란'의 개념과 크게 다르지 아니한 입장을 보이고 있다.」

(4) 국가비상사태의 경우

비상계엄이 선포된 경우에는 헌법 제77조 제3항에 따라 언론·출판의 자유도 특별조치로써 검열 등의 사전통제를 받게 된다.

Ⅲ. 제한의 한계

(1) 허가·검열의 금지

(a) 허가·검열의 개념

헌법 제21조 제2항은「언론·출판에 대한 허가나 검열……는(은) 인정되지 아니한다」라고 규정하여 언론·출판에 대한 許可와 檢閱을 금지하고 있다.

許可라 함은 언론·출판의 자유를 일반적으로 금지한 후 특정한 경우에 한하여 그 금지를 해제하여 주는 행정처분을 뜻한다. 檢閱이라 함은 행정권이 주체가 되어 사상이나 의견 등이 발표되기 이전에 예방적 조치로서 그 내용을 심사·선별하여 허가받지 아니한 발표를 사전에 금지하는 것을 말하고, i) 일반적으로 허가를 받기 위한 표현물의 제출의무, ii) 행정권이 주체가 된 사전심사절차, iii) 허가를 받지 아니한 의사표현의 금지, iv) 심사절차를 관철할 수 있는 강제수단 등을 요건으로 한다

(예: 憲 1996. 10. 4.-93헌가13).

허가나 검열은 언론의 내용에 대한 사전적 제한이라는 점에서 헌법 제21조 제2항의 허가나 검열을 본질적으로 같은 것이라고 할 것이고, 허가의 요건은 검열의 요건과 성질상 차이가 없다(예: 憲 2001. 5. 31.-2000헌바43).

허가나 검열과 같은 언론·출판에 대한 사전억제는 자유로운 의사표현 자체를 봉쇄하여 집권세력에 유리한 의견의 발표만이 허용됨으로써 사상과 의사의 자유시장의 성립을 방해하므로 허용될 수 없다. 헌법 제21조 제2항의 검열금지규정은 헌법에서 직접 기본권 제한의 한계를 명시하고 있는 것이므로 헌법 제37조 제2항에 따라 법률에 의하더라도 언론·출판에 대한 허가·검열을 수단으로 하는 제한은 어떤 경우에도 허용되지 않는다.

헌법은 허가나 검열의 금지에 대해서 언론·출판의 자유를 정하고 있는 제21조 제2항에서 정하고 있으나, 허가나 검열의 금지를 헌법에서 정하고 있는 취지에 비추어 보면, 表現의 自由에 적용되는 법리이므로 이는 언론이나 출판에 한정하지 않고 모든 종류의 표현의 자유에 해당한다고 할 것이다. 즉 예술표현의 자유, 종교표현의 자유, 학문연구발표의 자유에도 사전의 허가나 검열은 금지된다.

헌법 제21조 제2항에서 정하고 있는 사전 허가검열의 금지는 그 성격상 표현의 자유에 일반적으로 적용되는 헌법원리를 정하고 있는 규정이라고 보아야 한다. 따라서 헌법 제21조 제2항에서 사전 허가검열의 금지가 언론·출판에 대하여 정하고 있다고 하여 이를 근거로 다른 표현의 자유에는 사전 허가나 금지가 허용된다고 반대해석을 하면 안 된다.

> [憲 1996. 10. 4.-93헌가13] 「헌법 제21조 제1항과 제2항은 모든 국민은 언론·출판의 자유를 가지며, 언론·출판에 대한 허가나 검열은 인정되지 아니한다고 규정하고 있다. 여기서의 검열은 행정권이 주체가 되어 사상이나 의견 등이 발표되기 이전에 예방적 조치로서 그 내용을 심사, 선별하여 발표를 사전에 억제하는, 즉 허가받지 아니한 것의 발표를 금지하는 제도를 뜻한다.……여기서 말하는 검열은 그 명칭이나 형식에 구애됨이 없이 실질적으로 위에서 밝힌 검열의 개념에 해당되는 모든 것을 그 대상으로 하는 것이다. 그러나 검열금지의 원칙은 모든 형태의 사전적인 규제를 금지하는 것이 아니고, 단지 의사표현의 발표여부가 오로지 행정권의 허가에 달려 있는 사전심사만을 금지하는 것을 뜻한다. 그러므로 검열은 일반적으로 허가를 받기 위한 표현물의 제출의무, 행정권이 주체가 된 사전심사절차, 허가를 받지 아니한 의사표현의 금지 및 심사절차를 관철할 수 있는 강제수단 등의 요건을 갖춘 경우에만 이에 해당하는 것이다. 한편, 표현의 자유에 대한 검열을 수단으로 한 제한은 위에서 본 바와 같이 법률로써도 허용될 수 없는 것이기 때문에 검열의 의미는 다음과 같이 제한적으로 해석하여야 함이 마땅하다. ① 먼저 헌법 제21

조 제2항이 금지하는 검열은 사전검열만을 의미하므로 개인이 정보와 사상을 발표하기 이전에 국가기관이 미리 그 내용을 심사·선별하여 일정한 범위내에서 발표를 저지하는 것만을 의미하고(憲 1992. 11. 1.-89헌마88 참조), 헌법상 보호되지 않는 의사표현에 대하여 공개한 뒤에 국가기관이 간섭하는 것을 금지하는 것은 아니다(憲 1992. 6. 26.-90헌바26). 그러므로 사후심사나 앞에서 밝힌 검열의 성격을 띠지 아니한 그 외의 사전심사는 검열에 해당하지 아니한다. 다만, 이러한 검열의 성격을 띠지 아니한 심사절차의 허용여부는 표현의 자유와 이와 충돌되는 다른 법익 사이의 조화의 문제이므로 헌법상의 기본권제한의 일반적 원칙인 헌법 제37조 제2항에 의하여 상충하는 다른 법익과의 교량과정을 통하여 결정된다 할 것이다. ② 검열금지의 원칙은 정신작품의 발표 이후에 비로소 취해지는 사후적인 사법적 규제를 금지하는 것이 아니므로 사법절차에 의한 영화상영의 금지조치(예컨대 명예훼손이나 저작권 침해를 이유로 한 가처분 등)나 그 효과에 있어서는 실질적으로 동일한 형벌규정(음란, 명예훼손 등)의 위반으로 인한 압수는 헌법상의 검열금지의 원칙에 위반되지 아니한다. ③ 검열금지의 원칙은 바로 영화에 대한 사전심사를 모두 금지하는 것도 아니다. 영화는 시청각을 표현수단으로 하는 영상매체의 특수성으로 말미암아 일단 상영되고 나면 그 자극이나 충격이 매우 강하게 그리고 직접 전달되어 영향력이 클 뿐만 아니라, 비디오의 보급이 일반화되면서 그 파급효과가 광범위하게 이루어질 수 있게 되었고, 일단 소비자에게 보급되고 난 뒤에는 이를 효율적으로 규제할 방법마저 없다. 그러므로 영화를 상영 또는 보급하기 이전에 심사·규제해야 할 필요가 있음은 물론, 특히 청소년이 음란, 폭력 등 영화에 접근하는 것을 미리 막아야 할 필요성 역시 매우 크다. 심의기관에서 허가절차를 통하여 영화의 상영 여부를 종국적으로 결정할 수 있도록 하는 것은 검열에 해당하나, 예컨대, 영화의 상영으로 인한 실정법위반의 가능성을 사전에 막고, 청소년 등에 대한 상영이 부적절할 경우 이를 유통단계에서 효과적으로 관리할 수 있도록 미리 등급을 심사하는 것은 사전검열이 아니다. 설사 등급심사를 받지 아니한 영화의 상영을 금지하고 이에 위반할 때에 행정적 제재를 가하는 경우(예컨대 새 영화진흥법 시안 제11조의 등급심의)에도 검열에는 해당하지 아니한다. 여기서의 상영금지는 심의의 결과가 아니고 단지 일괄적인 등급심사를 관철하기 위한 조치에 지나지 아니하기 때문이다.」

(b) 구체적 사건

검열에 해당되는지 여부가 문제된 憲法裁判所의 판례를 살펴보면 다음과 같다.

(i) 인정한 사례 구 영화법상 심의기관인 공연윤리위원회가 영화의 상영에 앞서 그 내용을 심사하여 심의기준에 적합하지 아니한 영화에 대하여는 상영을 금지할 수 있고, 심의를 받지 아니하고 영화를 상영할 경우에는 형사처벌까지 가능하도록 한 영화에 대한 사전심의제도는 검열에 해당한다(憲 1996. 10. 4.-93헌가13). 영상물등급위원회가 영화의 상영에 앞서 그 등급을 심사하여 등급분류보류판정을 받은 영화는 상영이 금지되고 등급분류보류판정을 받은 영화를 상영할 경우에는 형사처벌까지 가능하도록 한 영화등급심사제는 사전검열에 해당한다(憲 2001. 8. 30.-2000헌가9). 마찬가지의 이유로 구 음반및비디오

물에관한법률상 심의기관인 공연윤리위원회에 의한 음반이나 비디오물의 제작·판매 등에 대한 사전심의제도는 검열에 해당한다(음반의 경우: 憲 1996. 10. 31.-94헌가6; 1997. 3. 27.-97헌가1. 비디오물의 경우: 憲 1998. 12. 24.-96헌가23; 2000. 2. 24.-99헌가17). 구 음반및비디오물에관한법률상 한국공연예술진흥협의회도 공연윤리위원회와 마찬가지의 검열기관이므로 그에 의한 비디오물에 대한 사전심의제도 역시 검열에 해당한다(憲 1999. 9. 16.-99헌가1). 영상물등급위원회의 외국비디오물수입 추천행위(憲 2005. 2. 3. -2004헌가8)와 외국음반의 국내제작 추천제도(憲 2006. 10. 26. -2005헌가14)도 의사표현에 대한 사전검열행위에 해당하여 위헌이다. 이러한 판례에서 憲法裁判所는 구공연법과 음반및비디오물에관한법률상의 영상물등급위원회를 행정기관에 해당한다고 판시하였다(憲 2006. 10. 26. -2005헌가14).

한국광고자율심의기구가 행하는 텔레비전 방송광고에 대한 사전심의는 행정기관에 의한 사전검열로서 헌법이 금지하는 사전검열에 해당한다(憲 2008. 6. 26. -2005헌마506). 구 음반·비디오물 및 게임물에 관한 법률에서 정하고 있는 영상물등급위원회에 의한 비디오물 등급분류 보류제도는 행정기관에 의한 사전검열에 해당하여 헌법에 위반된다(憲 2008. 10. 30. -2004헌가18).

[憲 2008. 10. 30.-2004헌가18] 「헌법상의 검열금지의 원칙은 검열이 행정권에 의하여 행하여지는 경우에 한하므로 비디오물의 심의 및 등급분류기관인 영상물등급위원회가 이에 해당하는지에 대하여 의문이 있을 수 있다. 그런데 여기서 영상물등급위원회가 행정기관인가의 여부는 기관의 형식에 의하기보다는 그 실질에 따라 판단되어야 할 것이다. 예를 들면 검열을 행정기관이 아닌 독립적인 위원회에서 행한다고 하더라도 행정권이 주체가 되어 검열절차를 형성하고 검열기관의 구성에 지속적인 영향을 미칠 수 있는 경우라면 실질적으로 보아 검열기관은 행정기관이라고 보아야 한다. 왜냐하면 그렇게 해석하지 아니한다면 검열기관의 구성은 입법기술의 문제이므로 정부에게 행정관청이 아닌 독립된 위원회의 구성을 통하여 사실상 검열을 하면서도 헌법상 검열금지원칙을 위반하였다는 비난을 면할 수 있는 길을 열어주기 때문이다. 그런데 비디오물에 대한 심의 및 상영등급분류업무를 담당하고 등급분류보류결정권한을 갖고 있는 영상물등급위원회의 경우에도, 비록 이전의 공연윤리위원회나 한국공연예술진흥협의회와는 달리 문화관광부장관에 대한 보고 내지 통보의무는 없다고 하더라도, 여전히 영상물등급위원회의 위원을 대통령이 위촉하고(§7 ②), 위원회의 운영에 필요한 경비를 국고에서 보조할 수 있으며(§19 ①), 국고 예산 등이 수반되는 사업계획 등은 미리 문화관광부장관과 협의하도록 규정하고 있는 점(§19 ②) 등에 비추어 볼 때, 행정권이 심의기관의 구성에 지속적인 영향을 미칠 수 있고 행정권이 주체가 되어 검열절차를 형성하고 있다고 보지 않을 수 없다. 영상물등급위원회가 비록 그의 심의 및 등급분류활동에 있어서 독립성이 보장된 기관이라 할지라도(§15), 그것이 검열기관인가 여부를 판단하는 데 있어서 결정적인 것이라고는 할 수 없다. 심의기관의 독립성이 보장되어야 하는 것은 단지 심의절차와 그 결과의 공정성 및 객관성을 확보하기 위하여 모든 형태의 심의절차에 요구되는 당연한 전제일 뿐이기 때문이다. 국가에 의하여 검열절차가 입법의 형태로 계획되고 의도

된 이상, 비록 검열기관을 민간인들로 구성하고 그 지위의 독립성을 보장한다고 해서 음비게법이 정한 등급분류보류제도의 법적 성격이 바뀌는 것은 아니다. 따라서 이러한 영상물등급위원회에 의한 등급분류보류제도는 '행정권이 주체가 된 사전심사절차'라는 요건도 충족시킨다. 음비게법에 의하면, 비디오물은 유통 또는 시청의 제공 전에 반드시 영상물등급위원회로부터 등급분류를 받아야 하고(§20①), 등급분류를 받지 아니한 비디오물의 유통 등이 금지되며(§21①), 등급분류가 보류된 비디오물이나 등급분류를 받지 아니한 비디오물에 대하여 문화관광부장관 등은 관계공무원으로 하여금 이를 수거하여 폐기하게 할 수도 있고(§42③ ii, iii), 이를 유통 또는 시청에 제공한 자는 2년 이하의 징역 또는 2천만 원 이하의 벌금에 처하도록 규정(§50 vii)하고 있다. 이상과 같은 음비게법상의 내용을 살펴볼 때, 등급분류보류는 비디오물에 대한 심의 및 등급분류를 그 논리적 전제로 하고 있는바, 그와 같은 심의 및 등급분류는 의사표현 전에 이루어진다. 즉 어떤 비디오물이 유통 이전 단계에서 영상물등급위원회에 의해 당해 비디오물의 심의 및 등급분류가 이루어지고, 이러한 과정에서 당해 비디오물의 내용이 일정한 기준을 충족하는 경우에는 등급분류가 보류된다. 그런데 등급분류보류의 횟수제한이 설정되어 있지 않아 등급분류보류기간의 상한선이 없는 것과 마찬가지의 효과가 발생한다. 이 사건 법률조항에 의하면 3개월 이내의 기간을 정하여 등급분류를 보류할 수 있게 되어 있지만, 3개월 이내의 일정한 등급분류보류기간이 만료된 뒤에도 등급분류보류의 원인이 치유되지 않는 한, 즉 비디오물제작자가 자진해서 문제되는 내용을 삭제 내지 수정하지 않는 한 무한정 등급분류가 보류될 수 있다. 이는 비록 형식적으로는 '등급분류보류'에 의하더라도, 실질적으로는 영상물등급위원회의 허가를 받지 않는 한 무한정 비디오물을 통한 의사표현이 금지될 수 있다는 것을 의미한다. 그리고 우리 재판소가 사전등급제 자체는 사전검열이 아니라고 판단하였고 또한 위와 같은 강제수단들이 이러한 사전등급제를 관철하기 위한 불가피한 것들이라고 할지라도, 등급분류보류결정은 등급분류의 일환으로 행해지기 때문에, 결과적으로 등급분류보류가 결정된 비디오물에 대해서도 이러한 강제수단들이 적용된다. 따라서 영상물등급위원회에 의한 등급분류보류제도는 '허가를 받지 아니한 의사표현의 금지' 및 '심사절차를 관철할 수 있는 강제수단'이라는 요건도 충족시킨다.」

(ii) 부정한 사례　　자신이 연구한 결과를 얼마든지 책자로 발표할 수 있으므로 교과서 검·인정 제도는 검열과는 관계없다(憲 1992. 11. 12.-89헌마88). 정기간행물의 공보처장관에의 납본제도는 그 정기간행물의 내용을 심사하여 이를 공개 내지 배포하는데 대한 허가나 금지와는 전혀 관계 없는 것이므로 사전검열이라고 볼 수 없다(憲 1992. 6. 26.-90헌바26). 정기간행물을 발행하기 전에 일정한 사항을 등록한 뒤에 정기간행물을 발행할 수 있도록 한 규정은 등록관청으로 하여금 정기간행물의 내용을 심사·선별하여 정기간행물을 사전에 통제하기 위한 규정이 아니므로 허가나 검열에 해당하지 않는다(憲1997. 8. 21.-93헌바51). 옥외광고물 등의 종류·모양·크기 등을 규제하는 것은 광고물 등의 내용을 심사·선별하여 광고물을 사전에 통제하는 것이 아니므로 사전허가·검열에 해당하

지 않는다(憲 1998. 2. 27.-96헌바2). 민사소송법 제714조 제 2 항에 의한 방영금지가처분은 행정권에 의한 사전심사나 금지처분이 아니라 개별 당사자간의 분쟁에 관하여 사법부가 사법절차에 의하여 심리, 결정하는 것이므로 사전검열에 해당하지 않는다(憲 2001. 8. 30-2000헌바36). 비디오물 등급분류는 사전검열에 해당하지 않는다(憲 2007. 10. 4.-2004헌바36).

(c) 허가나 검열 이외의 사전제한

허가나 검열의 금지가 언론·출판에 대한 사전제한을 언제나 금지하는 것은 아니다. 성질상 사전제한이 불가피한 경우에는 허가나 검열에 해당하지 않는 한 헌법 제37조 제 2 항에 의하여 가능하다(예: 憲 1996. 10. 4.-93헌가13).

(2) 한계의 원칙

언론·출판의 자유가 헌법 제37조 제 2 항에 의해서 제한이 가능한 기본권이라고 하더라도 언론·출판의 자유가 가지는 기능에 비추어 그 제한은 엄격한 한계를 준수하여야 한다.

미합중국에서는 수정 헌법 제 1 조와 관련하여 표현의 자유에 대한 제한입법의 한계원리들이 개발·발전되어 왔다. 예컨대 i) 사전억제금지의 이론, ii) 표현의 자유를 제약하는 입법의 합헌성추정의 배제원칙, iii) 막연하기 때문에 무효의 이론, iv) 명백하고 현존하는 위험의 원칙, v) 필요최소한도의 규제수단의 선택에 관한 원칙, vi) 비교형량의 원칙과 이중기준의 원칙, vii) 거증책임의 전환, 당사자적격의 요건완화 등의 소송절차상의 이론 등이 이에 해당한다.

미합중국의 이러한 원칙은 우리 헌법에서는 명확성의 원칙, 과잉금지원칙 등 기본권제한의 한계로 다양하게 표현되어 있다. 憲法裁判所도 표현의 자유를 제한하는 경우에 명확성의 원칙(예: 憲 1998. 4. 30.-95헌가16; 2002. 6. 27.-99헌마480)과 과잉금지원칙(예: 憲 2002. 6. 27.-99헌마480)을 적용하고 있다.

[憲 1998. 4. 30.-95헌가16] 「법치국가원리의 한 표현인 명확성의 원칙은 기본적으로 모든 기본권제한입법에 대하여 요구된다. 규범의 의미내용으로부터 무엇이 금지되는 행위이고 무엇이 허용되는 행위인지를 수범자가 알 수 없다면 법적 안정성과 예측가능성은 확보될 수 없게 될 것이고, 또한 법집행 당국에 의한 자의적 집행을 가능하게 할 것이기 때문이다(憲 1990. 4. 2.-89헌가113; 1996. 8. 29.-94헌바15; 1996. 11. 28.-96헌가15 참조). 표현의 자유를 규제하는 입법에 있어서 이러한 명확성의 원칙은 특별히 중요한 의미를 지닌다. 민주사회에서 표현의 자유가 수행하는 역할과 기능에 비추어 볼 때, 불명확한 규범에 의한 표현의 자유의 규제는 헌법상 보호받는 표현에 대한 위축적 효과를 수반하기 때문이다. 즉, 무엇이 금지되는 표현인지가 불명확한 경우에는, 자신이 행하고자 하는 표현이 규제의 대상이 아니라는 확신이 없는 기본권주체는—형벌 등의 불이익을 감수하고서라도 자신의 의견을 전달하고자 하는 강한 신념을 가진 경우를 제외하고—대체로 규제를 받을 것을 우려해서 표현행위를 스스로 억제하게 될 가능성이 높은

것이다. 그렇기 때문에 표현의 자유를 규제하는 법률은 그 규제로 인해 보호되는 다른 표현에 대하여 위축적 효과가 미치지 않도록 규제되는 표현의 개념을 세밀하고 명확하게 규정할 것이 헌법적으로 요구된다. 그러나 모든 법규범의 문언을 순수하게 기술적 개념만으로 구성하는 것은 입법기술적으로 불가능하고 또 바람직하지도 않기 때문에 어느 정도 가치개념을 포함한 일반적, 규범적 개념을 사용하지 않을 수 없다. 따라서 명확성의 원칙이란 기본적으로 최대한이 아닌 최소한의 명확성을 요구하는 것이다. 그러므로 법문언이 해석을 통해서, 즉 법관의 보충적인 가치판단을 통해서 그 의미내용을 확인해낼 수 있고, 그러한 보충적 해석이 해석자의 개인적인 취향에 따라 좌우될 가능성이 없다면 명확성의 원칙에 반한다고 할 수 없다 할 것이다.」

[憲 2002. 6. 27.-99헌마480] 「헌법 제37조 제2항에 근거한 과잉금지원칙은 모든 기본권제한입법의 한계원리이므로 표현의 자유를 제한하는 입법도 이 원칙을 준수하여야 함은 물론이나, 표현의 자유의 경우에 과잉금지원칙은 위에서 본 명확성의 원칙과 밀접한 관련성을 지니고 있다. 불명확한 규범에 의하여 표현의 자유를 규제하게 되면 헌법상 보호받아야 할 표현까지 망라하여 필요 이상으로 과도하게 규제하게 되므로 과잉금지원칙과 조화할 수 없게 되는 것이다.」

憲法裁判所는 표현의 자유를 제한함에 있어 명백한 위험이 존재하는 경우에 정당화된다고 하여 明白性의 原則을 인정한 바 있다(예: 憲 1990. 4. 2.-89헌가113).

[憲 1990. 4. 2.-89헌가113] 「국가보안법 제7조 제1항 소정의 찬양·고무·동조 그리고 이롭게 하는 행위 모두가 곧바로 국가의 존립·안전을 위태롭게 하거나 또는 자유민주적 기본질서에 위해를 줄 위험이 있는 것이 아니므로 그 행위일체를 어의대로 해석하여 모두 처벌한다면 합헌적인 행위까지도 처벌하게 되어 위헌이 되게 된다는 것은 앞서 본 바이다. 그렇다면 그 가운데서 국가의 존립·안전이나 자유민주적 기본질서에 무해한 행위는 처벌에서 배제하고, 이에 실질적 해악을 미칠 명백한 위험성이 있는 경우로 처벌을 축소제한하는 것이 헌법 전문·제4조·제8조 제4항·제37조 제2항에 합치되는 해석일 것이다. 이러한 제한해석은 표현의 자유의 우월적 지위에 비추어 당연한 요청이라 하겠다. 여기에 해당되는가의 여부는 제7조 제1항 소정의 행위와 위험과의 근접정도도 기준이 되겠지만 특히 해악이 크냐 작느냐의 정도에 따라 결정함이 합당할 것이다.……따라서 제7조 제5항도 제1항의 경우와 마찬가지로 국가보안법의 입법목적 등에 맞추어 그 소정행위에 의하여 국가의 존립·안전이나 자유민주적 기본질서에 실질적 해악을 줄 명백한 위험성이 있는 경우에 적용되는 것으로 해석할 것이다. 이와 같이 해석되는 이상, 제7조 제5항 역시 전면위헌이라고 할 수 없다. 여기에서 국가의 존립안전이나 자유민주적 기본질서에 실질적 해악을 줄 명백한 위험성이 있는 경우란 특단의 사정이 없는 한 그 표현물의 내용이 그와 같은 경우일 때라고 볼 것이고 국가의 존립·안전이나 자유민주적 기본질서에 실질적 해악이 될 정도가 못되거나 해악이 되는지 여부가 불분명한 경우에는 배제된다고 할 것이다.」

憲法裁判所는 일간신문과 뉴스통신을 상호 겸영할 수 없게 하는 것과 일간신문과 방송법에 의한 종합편성 또는 보도에 관한 전문편성을 행하는 방송사업을 兼營할 수 없게 하는 것은 언론의 다양성을 보장하기 위한 필요한 한도 내의 제한이라고 할 것이어서 신문의 자유를 침해하는 것이 아니라고 판시하였다. 그러나 일간신문, 뉴스통신 또는 방송사업을 경영하는 법인이 발행한 주식 또는 지분의 2분의 1 이상을 소유하는 자로 하여금 다른 일간신문 또는 뉴스통신을 경영하는 법인이 발행한 주식 또는 지분의 2분의 1 이상을 취득 또는 소유할 수 없도록 하는 異種 미디어간의 교차소유 규제는 신문의 복수소유를 일률적으로 금지하고 있으므로 신문의 자유를 침해한다고 보았다(예: 憲 2006. 6. 29.-2005헌마165등).

국민이 선택하여 구독하는 일간신문의 발행부수를 제한하기 위하여 구독자가 많은 경우를 시장지배적사업자로 규정하여 독점규제및공정거래에관한법률로 통제하고 신문발전기금의 지원을 금지하는 것은 합리적인 이유 없이 발행부수가 많은 신문사업자를 다른 사업자와 차별하여 신문사업자의 평등권을 침해하고 불합리하고 부적절하게 신문의 자유를 침해하여 헌법에 위반된다고 판시하였다(예: 憲 2006. 6. 29.-2005헌마165등).

6. 集會 · 結社의 自由

[122] 第一 意 義

헌법 제21조 제1항은「모든 국민은 집회 · 결사의 자유를 가진다」고 정하고, 제2항은「집회 · 결사에 대한 허가는 인정되지 아니한다」라고 정하여, 집회 · 결사의 자유를 보장함과 동시에 이에 대한 許可制度를 금지하고 있다.

집회, 결사는 사회의 안정성을 위협하는 요소가 되므로 전근대국가에서는 보장보다는 탄압의 대상이 되었으나, 집회, 결사의 자유를 인정함으로써 사회적 소수자의 정치적 의사표현이 가능해지고 소수와 다수의 평화로운 교체가 가능한바, 현대입헌주의헌법에서는 필수불가결한 권리로 보장되고 있다.

[123] 第二 集會의 自由

Ⅰ. 의 의

(1) 집회의 의의

集會라 함은 2인 이상이 특정한 장소에 모여 공동의 의사를 표현하는 행위를 말한다. 1인 시위는 표현의 자유로 보호되고, 집회의 자유의 영역에 해당되지는 않는다. 집회 구성원이 3인 이상이어야 한다는 견해(成樂寅, 560; 權寧星, 531)도 있으나, 2인이 모인 경우를 집회에서 굳이 배제할 이유는 없다. 목적적 요건과 관련하여 공익을 위한 의사에 한정된다는 견해, 의사표현으로 족하다는 견해, 의사표현의 목적조차 불요하다는 견해가 제시되고 있으나, 공익상의 목적만으로 한정하는 경우 집회의 자유가 공익이라는 모호한 개념의 해석에 의해 지나치게 좁게 설정될 수 있고, 의사표현의 목적조차 없다면 표현의 자유의 확장으로서의 집회의 자유의 의미가 상실되므로 의사표현의 내용은 묻지 않되 의사표현의 목적은 있어야 한다고 보아야 할 것이다(同旨: 許營a, 563). 침묵집회도 무엇을 전달하고자 하는 의사표현의 목적은 가지고 있다. 행태 요건으로 특정한 장소에 회합할 것이 요구된다. 모임을 통해 다수인의 위력을 보이지 않는 경우 개인적 표현의 자유 이상의 보호가 필요하지 않기 때문이다. 주최자의 유무는 문제되지 아니한다.

(2) 시위와의 관계

示威라 함은 多數人이 共同의 目的을 가지고 도로·광장·공원 등 公衆이 자유로이 통행할 수 있는 場所를 행진하거나 威力 또는 氣勢를 보여 不特定 多數人의 의견에 영향을 주거나 제압을 가하는 행위를 말한다(집회및시위에 관한법률 §2ii). 현행 법제는 집회와 시위를 법률적으로 구별되는 개념으로 사용하고 있는바, 양자의 차이는 집회는 한 장소에 머무르는 반면 시위는 행진 등 장소를 진행하는 데 있다. 시위가 이동하는 집회라고 하더라도 참여자의 집단적 의사표현의 수단이라는 점에서는 집회와 다를 바가 없다. 따라서 시위도 집회의 자유에 의해 보호되는 행위태양이라 할 것이다. 다만 시위는 일반 공중에게 불편을 끼칠 개연성이 높으므로 일반 집회보다 더 높은 정도의 제한이 있을 수 있다.

[憲 1994. 4. 28.-91헌바14] 「"공중이 자유로이 통행할 수 있는 장소"라는 장소적 제한개념은 위에서 본 바와 같이 집시법상 "시위"개념(집시법 제2조 제2호)전부의 필요불가결한 요소도 아니라는 점, 집회(특히 옥외집회) 및 시위라는 개념은 집시법의 여러 규정에 공통적으로 사용된 기초개념으로서 이러한 기초개념은 집시법의 규제목적(제1조)이 실현될 수 있도록 개별적, 구체적인 여러 가지 사안에 대하여서도 빠짐없이 또 모순 없이 적용될 수 있게끔 포괄적이면서도 명확히 규정되어야 한다는 점 등을 고려하면, 옥외집회의 정의규정에 위와 같은 장소적 제한개념을 추가하지 아니한 것은 합리적인 이유가 있다고 인정되고 그것이 집회(옥외집회)의 주최자를 시위의 주최자보다 합리적 이유 없이 불리하게 차별한 것이라든가 또는 옥외집회의 개념을 너무 넓게 규정하여 집회의 자유의 본질적 내용을 침해하였거나 그것을 필요 이상으로 과도하게 제한하였다고는 볼 수 없다.」

Ⅱ. 법적 성격

집회의 자유는 원칙적으로 대국가적 방어권에 해당하는 자유권으로서의 성격을 갖는다. 그러나 집회시에는 공공장소를 이용하거나 교통통제가 이루어지는 등 다소간의 사회적 배려가 있어야 하는 경우가 많을 것이며, 국가는 집회의 자유의 실질적 보장을 위해 집회자와 일반 공중간의 이해관계의 충돌을 조정해 주어야 한다. 이러한 점에서 집회의 자유는 한정적으로 국가를 향한 청구권으로서의 성격도 어느 정도는 갖는다고 보아야 할 것이다.

Ⅲ. 주 체

집회의 자유는 집단적 의사표현의 자유를 보호하는 권리임을 고려할 때, 자연인 이외에 법인도 집단적 의사표현을 해야 할 상황이 있을 수 있으므로 권리의 주체가 될 수 있다 할 것이다. 국민 이외에 외국인도 집단적 의사표시의 필요가 있는 경우에는 그 제한의 정도는 별론으로 하더라도 주체성이 인정된다.

Ⅳ. 내 용

집회의 자유는 그 내용으로 집회의 개최 및 참가여부에 대한 국가의 개입 · 강제를 금지하는 것을 핵심으로 한다. 집회의 자유의 주체는 집회의 개최 및 참가, 탈퇴여부를 자유로이 결정할 수 있고, 국가는 집회의 개최의 강제, 참가의 강제 내지 개최의 금지, 참가의 금지를 강요할 수 없다. 그러나 국가는 기본권 제한의 한계 내에서 일정한 집회의 자유의 제한을 법률로서 규정할 수 있는데, 특별히 집회에 대한 허가제는 금지되는 것으로 규정되어 있다(憲法 §21②).

폭력을 사용하는 집회는 집회의 자유의 보호영역에 포함되지 않는다(예: 憲 2003. 10. 30.-2000헌바67등; 2009. 9. 24.-2008헌가25). 폭력의 내용이 무엇인가에 대해서는 심리적 폭력설과 물리적 폭력설이 제기되고 있으나, 집회의 자유의 두터운 보장을 위해 물리적 폭력설이 타당하다. 집회시의 의사표현이 집회의 자유와 표현의 자유 어느 쪽의 보장을 받는 것인가에 대한 견해 대립이 있으나, 양 기본권이 경합적으로 적용되는 집회에 있어서의 표현의 자유로 파악하면 족할 것이다(예: 憲 1992. 1. 28.-89헌가8).

[憲 1992. 1. 28.-89헌가8] 「집회 · 시위의 규제에는 집회에 있어서의 의사표현 자체의 제한의 경우와 그러한 의사표현에 수반하는 행동자체의 제한 두 가지가 있을 수 있다. 전자의 경우에는 제한되는 기본권의 핵심은 집회에 있어서의 표현의 자유라고 볼 것이다.」

[憲 2003. 10. 30.-2000헌바67등] 「(1) 집회의 자유는 집회의 시간, 장소, 방법과 목적을 스스로 결정할 권리를 보장한다. 집회의 자유에 의하여 구체적으로 보

호되는 주요행위는 집회의 준비 및 조직, 지휘, 참가, 집회장소·시간의 선택이다. 그러나 집회를 방해할 의도로 집회에 참가하는 것은 보호되지 않는다. 주최자는 집회의 대상, 목적, 장소 및 시간에 관하여, 참가자는 참가의 형태와 정도, 복장을 자유로이 결정할 수 있다. 비록 헌법이 명시적으로 밝히고 있지는 않으나, 집회의 자유에 의하여 보호되는 것은 단지 '평화적' 또는 '비폭력적' 집회이다. 집회의 자유는 민주국가에서 정신적 대립과 논의의 수단으로서, 평화적 수단을 이용한 의견의 표명은 헌법적으로 보호되지만, 폭력을 사용한 의견의 강요는 헌법적으로 보호되지 않는다. (2) 집회의 자유는 일차적으로 국가공권력의 침해에 대한 방어를 가능하게 하는 기본권으로서, 개인이 집회에 참가하는 것을 방해하거나 또는 집회에 참가할 것을 강요하는 국가행위를 금지하는 기본권이다. 따라서 집회의 자유는 집회에 참가하지 못하게 하는 국가의 강제를 금지할 뿐 아니라, 예컨대 집회장소로의 여행을 방해하거나, 집회장소로부터 귀가하는 것을 방해하거나, 집회참가자에 대한 검문의 방법으로 시간을 지연시킴으로써 집회장소에 접근하는 것을 방해하거나, 국가가 개인의 집회참가행위를 감시하고 그에 관한 정보를 수집함으로써 집회에 참가하고자 하는 자로 하여금 불이익을 두려워하여 미리 집회참가를 포기하도록 집회참가의사를 약화시키는 것 등 집회의 자유행사에 영향을 미치는 모든 조치를 금지한다. (3) 집회장소는 특별한 상징적 의미를 가진다.……집회가 국가권력에 의하여 세인의 주목을 받지 못하는 장소나 집회에서 표명되는 의견에 대하여 아무도 귀기울이지 않는 장소로 추방된다면, 기본권의 보호가 사실상 그 효력을 잃게 된다는 점에서도 집회의 자유에 있어서 장소의 중요성은 뚜렷하게 드러난다. 집회장소가 바로 집회의 목적과 효과에 대하여 중요한 의미를 가지기 때문에, 누구나 '어떤 장소에서' 자신이 계획한 집회를 할 것인가를 원칙적으로 자유롭게 결정할 수 있어야만 집회의 자유가 비로소 효과적으로 보장되는 것이다. 따라서 집회의 자유는 다른 법익의 보호를 위하여 정당화되지 않는 한, 집회장소를 항의의 대상으로부터 분리시키는 것을 금지한다.」

Ⅴ. 효 력

국가가 집회의 개최의 강제, 참가의 강제 내지 개최의 금지, 참가의 금지를 강제하는 경우 국민은 국가의 강제를 거부할 수 있다(集示法 §3①,②). 집회의 신고제를 사실상 허가제로 운영하는 경우에도 국가의 집회 허가 유무를 불문하고 집회를 할 수 있다. 법률이 정한 한도 내에서는 집회를 위해 보호를 요청할 수 있다(集示法 §3③).

Ⅵ. 제한과 그 한계

(1) 제 한

집회의 자유는 자유권적 기본권이지만 기본적으로 다중의 위력을 통해 집단적 의사를 타인에게 듣기를 요구하는 행위라는 점에서 집회 참여자 이외의 국민에게 해악을 끼칠 가능성이 높고, 집단 행동이 통제의 범위를 벗어나거나 무력의 충돌이 일어나는 등 사회의 안녕을 깨뜨릴 가능성이 높다. 따라서 집회의 자유는 제한 가능성이 높은 기본권이라 할 것이다.

다중에 의한 집회가 헌법 제37조 제2항에서 정하는 이익이나 다른 개인의 이익을 침해하는 경우에는 허용되지 아니하며, 이러한 집회로 인하여 타자에게 피해를 가한 경우에는 법적 책임을 진다. 개인의 집회의 자유와 공익이 충돌하거나 개인의 집회의 자유와 다른 개인의 기본권이 충돌하는 경우에는 헌법 제37조 제2항을 근거로 하여 국가가 이를 조정한다. 이러한 조정은 입법, 행정, 재판에서 이루어진다.

집회의 자유를 구체화하고 있는 법은 집회및시위에관한법률이다. 이 법에 의할 때 집회의 주최자는 특정인을 시위에 참가하는 것을 배제할 수 있으나 언론기관의 기자는 출입을 막을 수 없다(集示法 §4). 집회 주최의 제한을 받는 경우로는 헌법재판소의 결정에 의해 해산된 정당의 목적을 달성하기 위한 경우, 공공의 안녕질서에 직접적 위협을 가할 것이 명백한 경우이다(集示法 §5).

옥외집회 또는 시위를 주최하고자 하는 경우 주최자는 관할 경찰서장에게 신고의무를 부담한다(集示法 §6, §7). 신고시 관할 경찰서장은 집회가 금지되는 목적의 집회인 경우(同法 §5), 대통령령이 정하는 주요도시의 주요도로에서의 집회 또는 시위여서 교통유통을 방해할 우려가 있는 경우(同法 §12), 일출 전 내지 일몰 후의 집회인 경우(同法 §10), 집회가 금지되는 장소에서의 집회인 경우(同法 §11), 주거지역, 초중등학교 내지 군사지역 근처로 집회로 피해 우려가 있으며 거주자 내지 관리자의 금지 요청이 있는 경우(同法 §8③), 수개의 집회가 중복되어 충돌 우려가 있는 경우(同法 §8②)에는 금지통고를 할 수 있다(同法 §8①). 집회금지 통고에 대해 집회 주최자는 이의신청을 제기할 수 있다(同法 §9).

憲法裁判所는 옥외집회나 시위를 주최하려는 자로 하여금 사전에 관할경찰서장에게 신고하게 하는 집회및시위에관한법률 제6조의 事前申告制度는 허가금지에도 위반되지 않고 과잉제한금지원칙에도 위반되는 점이 없어 헌법에 위반되지 않는다고 판시하였다(예: 憲 2009. 5. 28.-2007헌바22).

[憲 2009. 5. 28.-2007헌바22] 「집회의 자유를 한층 보장하기 위하여 우리 헌법 제21조 제2항은 '집회에 대한 허가는 인정되지 아니한다'고 규정함으로써 다른 기본권 조항과는 달리 기본권을 제한하는 특정 국가행위를 명시적으로 배제하고 있다. 그런데 집회의 자유의 행사는 다수인의 집단적인 행동을 수반하기 때문에 집단행동의 속성상 의사표현의 수단으로서 개인적인 행동의 경우보다 공공의 안녕질서나 법적 평화와 마찰을 빚을 가능성이 큰 것 또한, 사실이다. 특히 옥외집회는 일정한 옥외장소나 도로의 사용을 전제로 하므로 그러한 가능성이 더욱 높고, 이에 따라 사전에 집회의 자유와 다른 법익을 조화시킬 수 있는 제도적 장치가 요청된다. 그리하여 구 집시법 제6조 제1항은, 옥회집회를 주최하려는 자는 그에 관한

신고서를 옥외집회를 시작하기 720시간 전부터 48시간 전에 관할 경찰서장에게 제출하도록 하고 있다. 이러한 사전신고는 경찰관청 등 행정관청으로 하여금 집회의 순조로운 개최와 공공의 안전보호를 위하여 필요한 준비를 할 수 있는 시간적 여유를 주기 위한 것으로서, 협력의무로서의 신고라고 할 것이다. 결국, 구 집시법 전체의 규정 체제에서 보면 법은 일정한 신고절차만 밟으면 일반적·원칙적으로 옥회집회 및 시위를 할 수 있도록 보장하고 있으므로, 집회에 대한 사전신고제도는 헌법 제21조 제2항의 사전허가금지에 반하지 않는다고 할 것이다.」

집회시에 주최자는 확성기 등으로 기준을 초과하는 소음을 발생시켜서는 안 된다(同法 §14). 집회 주최자는 폭행, 협박, 손괴, 방화 등 질서를 문란하게 하는 행위, 옥내집회 주최를 하면서 확성기를 설치하여 옥외참가를 유발하는 행위 등을 해서는 안 된다(同法 §16④,⑤). 집회의 일련의 조건이 충족되지 않거나 위반된 경우 해산사유가 된다.

집시법의 신고의무에도 불구하고 특별히 주최자가 없이 우발적으로 성립된 집회는 신고를 기대할 수 없어 우발적 집회에 집시법을 적용하여 처벌 내지 강제해산할 수 있을 것인가가 문제된다. 사전신고가 없었다 하더라도 집회의 목적, 행위태양 등을 고려하여 당해 우발적 집회가 집회의 개념에 포섭되는 경우에는 신고의 유무를 불문하고 집회의 자유에 의해 보호되며, 그 한계도 인정된다고 보아야 할 것이다.

(2) 제한의 한계

집회에 대한 許可는 인정되지 않는다(憲法 §21①). 여기서 말하는 허가는 헌법이 보장하는 집회의 자유상 옥내 또는 옥외의 집회를 할 수 있음에도 이를 금지하고 행정청이 그 집회의 가부를 결정하는 것을 의미한다. 헌법 제21조 제2항은 이러한 허가는 어떠한 경우에도 허용되지 않는다는 것을 명시적으로 정하고 있는 個別的 憲法留保條項이다. 이와 같이 헌법이 이러한 허가를 금지하고 있는 영역에서는 헌법 제37조 제2항에 근거하여 기본권의 제한형식으로 허가를 입법화하는 것은 허용되지 않는다. 그러나 개인의 집회의 자유가 다른 이익(범죄 방지, 질서유지, 공공안전 등의 공익)을 침해하거나 타자의 자유나 권리(예: 타인의 수면권, 휴식권, 주거의 평온, 영업의 자유)를 침해하는 것인 경우(예: 야간의 특정 시각부터 일정한 시간 동안의 집회나 시위, 해당 집회와 연관이 없는 타인의 집 앞에서의 집회)에는 이 범위 내에서는 집회의 자유가 처음부터 인정되지 않으므로(집회의 자유의 보호영역에 포함되지 않음) 허가라는 것도 존재할 수 없다. 이러한 집회는 금지된다. 그런데 어떤 집회가 다른 이익을 침해하거나 타자의 기본권을 침해하는 것인지는 결과적으로 정해지는 것이므로 사전에 이를 금지할 수는 없다. 옥외집회나 시위가 야간에 행해지는 것인 경우에 이에 대하여 특정 시간 이후에는 그러한 집회나 시위를 할 수 없도록 시간적 제한을 두어 이를 위반한 때에 사후에 법적 책임을 물을 수는 있지만, 제한시각을 넘길 우려가 있다고 하여 처음부터 해당 집회나 시위를 할 수 없게 봉쇄하는 것은 인정되지 않는다.

헌법에서 집회의 자유를 정하면서 동시에 허가를 금지하는 것을 개별적 헌법유보로 정하고 있는 예는 흔하지 않다. 한국헌법과 독일헌법에서 볼 수 있다.

憲法裁判所는 헌법 제21조 제2항에서 금지하고 있는 「許可」는 행정권이 주체가 되어 일반적인 집회금지를 특정한 경우에 사전에 심사하여 이 금지를 해제하는 것이라고 한다(예: 憲 2001. 5. 31.-2000헌마43; 2008. 6. 26.-2005헌마506; 2009. 9. 24.-2008헌가25).

[憲 2009. 9. 24.-2008헌가25] 「이 사건 헌법규정에서 금지하고 있는 '허가'는 행정권이 주체가 되어 집회 이전에 예방적 조치로서 집회의 내용·시간·장소 등을 사전심사하여 일반적인 집회금지를 특정한 경우에 해제함으로써 집회를 할 수 있게 하는 제도, 즉 허가를 받지 아니한 집회를 금지하는 제도를 의미한다. 그러므로 이 사건 헌법규정에서 금지하고 있는 '허가'제는 집회의 자유에 대한 일반적 금지가 원칙이고 예외적으로 행정권의 허가가 있을 때에만 이를 허용한다는 점에서, 집회의 자유가 원칙이고 금지가 예외인 집회에 대한 신고제와는 집회의 자유에 대한 이해와 접근방법의 출발점을 달리 하고 있는 것이다{집회 신고제를 규정한 집회 및 시위에 관한 법률 제6조 제1항에 관하여 헌법재판소는 이미 2009. 5. 28. 2007헌바22 결정(공보 152, 1125 이하)에서 합헌결정을 한 바 있다}. 따라서 집회에 대한 '허가'를 금지하고 있는 이 사건 헌법규정 속에 담겨져 있는 국민들의 가치적 합의는 집회의 자유가 행정권의 사전판단에 따라 그 허용여부가 결정되는 이상, 그것은 언론출판의 자유에 있어서 허가나 검열과 같은 것이므로 비록 그 허용여부가 행정권의 기속재량이라고 하더라도 이를 헌법자체에서 직접 금지하겠다는 헌법적 결단의 표현인 것이다.」

憲法裁判所는 집회의 자유에 대한 제한에 있어 헌법 제21조 제2항의 허가금지는 헌법 제37조 제2항에 앞서서 적용되는 우선적이고 제1차적인 위헌심사기준이라고 본다(예: 憲 2009. 9. 24.-2008헌가25).

[憲 2009. 9. 24.-2008헌가25] 「헌법 제21조 제2항(이하 '이 사건 헌법규정'이라 한다)은 "언론·출판에 대한 허가나 검열과 집회·결사에 대한 허가는 인정되지 아니한다"고 규정함으로써 헌법 자체에서 언론·출판에 대한 허가나 검열의 금지와 더불어 집회에 대한 허가금지를 명시함으로써, 집회의 자유에 있어서는 다른 기본권 조항들과는 달리, '허가'의 방식에 의한 제한을 허용하지 않겠다는 헌법적 결단을 분명히 하고 있다. 헌법 연혁적으로 살펴보건대, 집회에 대한 허가 금지조항은 위 표 (1)에서 보는 바와 같이 처음으로 1960. 6. 15. 개정헌법 제28조 제2항 단서에서 규정되었으며, 1962. 12. 26. 개정헌법 제18조 제2항 본문에서 그대로 유지되었으나 1972. 12. 27. 개정헌법에서 삭제되었다가 1987. 10. 29. 개정된 현행 헌법에서 다시 규정된 것이다. 위와 같은 이 사건 헌법규정의 연혁적 변천과정, 그 중에서도 특히 1972년 소위 유신헌법에서 삭제되었던 언론·출판에 대한 허가나 검열의 금지와 함께 집회에 대한 허가제 금지규정을 다시 부활시킨 역사적 배경 내지 정치·사회·문화적 상황

> 등을 종합하여 보면, 이 사건 헌법규정은, 언론·출판의 자유와 더불어 집회의 자유가 형식적·장식적 기본권으로 후퇴하였던 과거의 헌정사에 대한 반성적 고려에서, 집회의 자유가 실질적으로 보장되지 않는 한 자유민주주의적 헌정질서가 발전·정착되기는 어렵다는 역사적 경험을 토대로, 그동안 삭제되었던 언론·출판에 대한 허가나 검열 금지와 함께 집회에 대한 허가제 금지를 다시금 살려내어, 집회의 허용 여부를 행정권의 일방적·사전적 판단에 맡기는 집회에 대한 허가제는 집회에 대한 검열제와 마찬가지이므로 이를 절대적으로 금지하겠다는 헌법개정권력자인 국민들의 헌법가치적 합의이며 헌법적 결단이라고 보아야 할 것이다. 또한, 비교헌법적으로 보더라도, 이 사건 헌법규정처럼 헌법자체에서 집회의 자유에 대하여 허가제금지를 규정하고 있는 입헌례는 우리나라와 독일을 제외하고는 그 유례를 찾기 어려울 정도로 매우 드문 경우인바, 현행 헌법이 이처럼 매우 독특한 입헌례를 가지게 된 이유는 앞서 본 바와 같이 과거의 헌정사에 대한 반성에서 집회의 자유를 더욱 철저하게 보장하기 위한 헌법적 결단이므로 이 사건 헌법규정을 해석함에 있어서는 이러한 비교법적 연구의 결과도 충분히 감안되어야 할 것이다. 따라서 이 사건 헌법규정은 헌법 자체에서 직접 집회의 자유에 대한 제한의 한계를 명시하고 있으므로 기본권 제한에 관한 일반적 법률유보조항인 헌법 제37조 제2항에 앞서서, 우선적이고 제1차적인 위헌심사기준이 되어야 하는 것이다.」

憲法裁判所는 집회및시위에관한법률에서 「누구든지 해가 뜨기 전이나 해가 진 후에는 옥외집회 또는 시위를 하여서는 아니된다」고 규정하여 야간옥외집회를 일반적으로 금지하고 단서에서 「다만 집회의 성격상 부득이하여 주최자가 질서유지인을 두고 미리 신고한 경우에는 관할경찰서장은 질서 유지를 위한 조건을 붙여 해가 뜨기 전이나 해가 진 후에도 옥외집회를 허용할 수 있다」고 규정하는 것은 야간옥외집회를 일반적으로 금지하되 행정권인 관할경찰서장이 집회의 성격 등을 포함하여 야간옥외집회의 허용 여부를 사전에 심사하여 결정하는 것이므로 야간옥외집회에 대한 허가에 해당하여 헌법에 합치하지 않는다고(위헌: 5, 헌법불합치: 2, 합헌: 2) 판시하였다(예: 憲 2009. 9. 24.-2008헌가25).

국가가 집회의 자유를 제한하는 경우에는 기본권 제한의 일반 원칙을 지켜야 한다. 국가안전보장, 질서유지 또는 공공복리의 목적을 위해서 필요한 경우에 한하여 법률로써 제한해야 하되, 제한시에도 집회의 자유의 본질적인 내용을 침해해서는 안된다(憲法 §37②).

[124] 第三 結社의 自由

I. 의 의

結社의 자유는 2인 이상이 공동의 목적을 형성하거나, 수행하기 위해 조직·단체를 만들 수 있는 자유를 의미한다.

결사라 함은 특정의 다수인이 정치적 · 경제적 · 종교적 · 문화적 · 학문적 · 예술적 기타 어떠한 공동의 목적을 가지고 어느 정도 계속적으로 결합한 自律的인 人的 · 精神的 結合體를 말한다. 그 구성원은 그 단체의 조직화된 의사형성에 원칙적으로 따르는 경우이다. 특정한 장소를 전제로 하지 않는 점에서 集會와 구별된다. 2인 이상이 요구되며, 목적이 무엇인가를 묻지 아니한다(예: 憲 2002. 9. 19.-2000헌바84). 정당(憲法 §8), 종교(憲法 §20), 학문과 예술단체(憲法 §22), 노동조합(憲法 §33) 등은 결사의 자유 이외에 헌법상 가중된 보호를 받는다.

그러나 공공목적에 의해 국가가 조직한 특수단체나 公法의 結社는 국가의 개입으로 自律性을 가지지 않기 때문에 결사의 자유의 보호대상에 포함되지 아니한다(예: 憲 1994. 2. 24.-92헌바43; 1996. 4. 25.-92헌바47; 2000. 11. 30.-99헌마190).

[憲 1994. 2. 24.-92헌바43] 「헌법 제21조 제1항이 보장하고 있는 결사의 자유에 의하여 보호되는 "결사"개념에는 법이 특별한 공공목적에 의하여 구성원의 자격을 정하고 있는 특수단체의 조직활동까지 그에 해당하는 것으로 볼 수 없다. 주택건설촉진법상의 주택조합은 주택이 없는 국민의 주거생활의 안정을 도모하고 모든 국민의 주거수준의 향상을 기한다는(同法 제1조) 공공목적을 위하여 법이 구성원의 자격을 제한적으로 정해 놓은 특수조합이어서 이는 헌법상 결사의 자유가 뜻하는 헌법상 보호법익의 대상이 되는 단체가 아니며……」

[憲 1996. 4. 25.-92헌바47] 「(축산업협동조합법상 축산업협동조합은) 그 목적이나 설립 · 관리면에서 자주적인 단체로서 공법인이라고 하기보다는 사법인이라고 할 것이다(헌재 1991. 3. 11.-90헌마28 참조). ……따라서 축협의 설립과 관련하여도 결사의 자유는 보장된다고 할 것인바……」

[憲 2000. 11. 30.-99헌마190] 「헌법 제21조가 규정하는 결사의 자유에서의 결사란 자연인 또는 법인이 공동목적을 위하여 자유의사에 기하여 결합한 단체를 말하는 것으로 공적책무의 수행을 목적으로 하는 공법상의 결사는 이에 포함되지 아니한다(헌재 1996. 4. 25.-92헌바47 참조)고 할 것인바, 앞에서 살핀 바와 같이 농조(농지개량조합)를 공법인으로 보는 이상, 농조는 헌법상 결사의 자유가 뜻하는 헌법상 보호법익의 대상이 되는 단체로 볼 수 없고(헌재 1994. 2. 24.-92헌바43 참조)……」

[憲 2002. 9. 19.-2000헌바84] 「헌법재판소는 결사의 자유에서 말하는 결사란 자연인 또는 법인의 다수가 상당한 기간 동안 공동목적을 위하여 자유의사에 기하여 결합하고 조직화된 의사형성이 가능한 단체를 말하는 것이라고 정의하여 공동목적의 범위를 비영리적인 것으로 제한하지는 않았고, 다만, 결사 개념에 공법상의 결사나 법이 특별한 공동목적에 의하여 구성원의 자격을 정하고 있는 특수단체의 조직활동은 해당되지 않는다고 판시한 바 있을 뿐이며, 연혁적 이유 이외에는 달리 영리단체를 결사에서 제외하여야 할 뚜렷한 근거가 없는 터이므로, 영리단체도 헌법상 결사의 자유에 의하여 보호된다고 보아야 할 것이다.」

Ⅱ. 법적 성격

결사의 자유는 원칙적으로 대국가적 방어권에 해당하는 자유권으로서의 성격을 갖는다.

Ⅲ. 주 체

결사의 자유는 자연인과 법인에게 인정된다. 법인 · 단체간에도 단체를 조직할 필요가 있을 수 있으므로 법인 · 단체도 결사의 자유의 주체가 된다. 외국인의 경우에도 원칙적으로 결사의 자유를 보장해야 할 것이나 공동체의 외부인인만큼 그 권리의 행사에 있어 광범위한 제한을 받을 수 있다.

Ⅳ. 내 용

결사의 자유의 내용은 단체의 결성 및 참가 여부에 대한 국가의 개입을 금지하는 것을 핵심으로 한다. 결사의 자유의 주체는 단체의 결성 및 참가, 탈퇴 여부를 자유로이 결정할 수 있고, 국가는 단체의 결성의 강제, 참가의 강제 내지 결성의 금지, 참가의 금지를 강요할 수 없다.

그러나 국가는 기본권 제한의 한계 내에서 일정한 결사의 자유의 제한을 법률로서 규정할 수 있는데, 일정한 단체의 결성과 가입을 법률로 강제할 수 있는 것은 이에 근거를 두고 있다(예: 변호사회, 의사회).

> [憲 1996. 4. 25.-92헌바47] 「헌법 제21조가 규정하는 결사의 자유라 함은 다수의 자연인 또는 법인이 공동의 목적을 위하여 단체를 결성할 수 있는 자유를 말하는 것으로 적극적으로는 ① 단체결성의 자유, ② 단체존속의 자유, ③ 단체활동의 자유, ④ 결사에의 가입 · 잔류의 자유를, 소극적으로는 기존의 단체로부터 탈퇴할 자유와 결사에 가입하지 아니할 자유를 내용으로 하는바, 위에서 말하는 결사란 자연인 또는 법인의 다수가 상당한 기간 동안 공동목적을 위하여 자유의사에 기하여 결합하고 조직화된 의사형성이 가능한 단체를 말하는 것으로 공법상의 결사는 이에 포함되지 아니한다.」

Ⅴ. 효 력

결사의 자유를 제한하는 공권력의 행사에 기본권 주체는 대항할 수 있고, 법률에 따라 단체 결성에 대한 국가의 지원을 요구할 수 있다.

Ⅵ. 제한과 그 한계

결사에 대한 許可는 금지된다(憲法 §21②). 결사의 자유는 그 자체로는 사회에 어떤 해악을 미친다고 보기는 어려울 것이나, 사회의 변혁이나 안정성을 침해할 위험성이 큰 기본권이라 할 것이므로 국가는 필요한 경우 결사의 자유를 제한할 수 있다. 다만, 그 한계는 기본권 제한의 일반원칙에 따라 목적의 정당성, 수단의 적정성, 침해의 최소성, 법익의 균형성을 준수해야 하며, 어떤 경우에도 결사의 자유의 본질적 내용을 침해해선 안 된다(憲法 §37②). 신고제는 집회의 자유와 마찬가지로 헌법의 허용범위 내로 해석되나 현재 결사시 신고의무를 부과하는 법률은 제정되어 있지 않다. 현행법상으로 결사의 자유가 제한되는 경우로는 반국가단체를 구성, 가입하는 경우(國家保安法 §3)와 범죄를 목적으로 하는 단체를 조직, 가입한 경우(刑法 §114) 등이 있다.

> [憲 2000. 6. 1.-99헌마553] 「기존의 축협중앙회를 해산하여 신설되는 농협중앙회에 합병토록 하고 신설 농협중앙회가 기존축협중앙회의 자산·조직 및 직원을 승계하도록 규정한 위 농업협동조합법 부칙 제2조 제2호, 제6조, 제7조 제1항, 제2항, 제10조, 제11조는, 일선 조합의 부실, 조직의 비대화, 신용사업의 경쟁력상실 등 축협중앙회의 어려운 상황을 극복하기 위한 효과적이고도 불가피한 선택으로, 위 법률에서 양축인들의 자조조직이 유지될 뿐만 아니라(§128③, §132), 기존의 축협중앙회 사업도 신설중앙회가 그대로 이어받으며(§134), 지역별·업종별 축협은 그대로 존속하는(§11) 등, 축산부분의 자율성과 단체성도 배려하고 있는 점 등을 고려하면, 그것이 비록 청구인들의 결사의 자유, 직업의 자유, 재산권 등 기본권을 제한한다고 하더라도, 그 정도가 과도하여 기본권제한의 목적·수단간의 비례성을 현저히 상실하였다고 보기 어렵고, 그 입법목적 및 통합이 지니는 고도의 공익성 등에 비추어 입법재량권의 범위를 현저히 일탈한 것이라고 할 수 없다.」
>
> [憲 2002. 9. 19.-2000헌바84] 「결사의 자유에서 말하는 '결사'란 자연인 또는 법인의 다수가 상당한 기간 동안 공동목적을 위하여 자유의사에 기하여 결합하고 조직화된 의사형성이 가능한 단체를 말하는 것으로서, 영리단체도 헌법상 결사의 자유에 의하여 보호된다. 따라서 약사가 아니면 약국을 개설할 수 없도록 한 약사법 제16조 제1항은 결국 법인을 설립하여 약국을 경영하려는 약사 개인들과 이러한 법인의 결사의 자유를 제한하는바, 그러한 제한에 합리적 이유가 없으므로 위헌이다.」

제3절 私生活 및 情報의 自由

1. 住居의 自由

[125] 第一 意 義

Ⅰ. 헌법 규정

헌법 제16조는 「모든 國民은 住居의 自由를 침해받지 아니한다. 住居에 대한 押收나 搜索을 할 때에는 檢事의 申請에 의하여 法官이 발부한 令狀을 제시하여야 한다」라고 하여 주거의 자유(Unverletzlichkeit der Wohnung)를 기본권으로 보장하고, 그 제한의 한 양태인 주거에 대한 압수·수색에서는 법관이 발부하는 영장이 필요하다는 令狀主義를 규정하고 있다.

주거는 개인에게 있어 각자의 城이라는 말이 있듯이, 인간의 일상적인 삶에 있어서 개인의 자유의 기초이고 자유로운 삶을 영위하는데 있어 필수적인 영역이다. 그래서 주거의 불가침은 고대 로마시기부터 주거의 神聖思想 이래 인간의 존엄과 결부되어 인정되어 온 것으로 근대입헌주의헌법의 핵심을 이루는 내용으로 형성되었고, 프랑스혁명 이후 1795년헌법에서 헌법상의 권리로 보장된 이래 고전적 자유권으로 보장되어 오고 있다(1789년 프랑스 인권선언에서는 명시적 규정을 두지 않았다). 우리 헌법사에서는 1948년헌법에서부터 주거의 자유를 보장하였다.

주거의 자유의 보장은 헌법 제18조가 정하고 있는 통신의 자유와 비밀의 보장과 함께 사생활영역의 보장에서 핵심적인 역할을 한다. 私生活의 空間인 주거의 보호가 이루어지지 않는다면 사생활의 내용에 대한 보호도 기대하기 어렵다는 점에서 주거의 자유는 私生活의 秘密과 自由의 보호를 위한 기초가 된다. 그리고 법인의 경우에 주거의 불가침은 국가로부터 사적 영역에 대한 불가침을 보장하여 주거의 평온을 유지하는데 있다.

Ⅱ. 주거의 개념

헌법상 住居의 개념은 사적인 생활의 居處로서 일반인에게는 출입이 허용되지 않는 모든 종류와 형태의 건조물이나 시설을 뜻한다. 현재의 거주 여부는 불문한다.

과거 사회의 발전이 낮은 단계에서는 사람들의 사적인 활동은 주로 주택에서 이루어져 주거의 자유는 주로 주택에서의 평온과 활동을 보장하는데 치중되었으나 사회의 발전에 따라 사람이 활동하는 사적 공간은 住宅 이외의 공간으로 넓어지게 되어 주거의 자유로 보장하는 주거의 개념도 확대되었다. 따라서 住居에는 주택(지하실, 테라스, 마당, 건물 부속시설 포함) 이외에도 호텔의 객실 등 각종 형태의 숙소, 점포, 공장, 학교, 회사, 대학의 연구실, 강의실(예: 大 1992. 9. 25.-92도1520) · 화실 · 실험실 등 각종의 작업장 등도 주거에 포함된다(通說). 울타리로 둘러싸여 있지만 거주관계를 확인할 수 없는 밭이나 정원, 목장 등은 사적인 거처가 아니므로 주거라고 하기 어렵지만(이에 대한 침해는 재산권 침해가 된다), 주거공간과 밀접하게 연결되어 기능상 주거활동의 공간으로 활용되는 경우에는 부속된 마당, 정원이나 텃밭, 헛간, 차고 등도 주거에 해당한다. 사적인 거처공간인 이상 반드시 공간적 · 물리적으로 외부에 대해 폐쇄적인 것이어야 주거로 보호되는 것은 아니다. 주차장에는 주차중인 자동차는 주거에 해당하지 않으나, 캠핑차를 타고 여행 · 캠핑을 하는 경우에는 그 캠핑차는 주거에 해당한다.

누구에게나 출입이 허용되어 있는 공간은 주거에 해당하지 않는다. 출입의 허용에서 시간적 제한이 있는 경우에는 출입이 허용되는 시간 동안만 주거에 해당한다.

Ⅲ. 주거의 자유의 개념

住居의 자유는 개방되지 않은 사적 공간인 주거를 공권력이나 제3자에 의해 침해당하지 않을 권리를 의미한다.

[126] 第二 法的 性格

주거의 자유는 기본적으로 주관적 권리으로서의 성격을 가진다. 즉 個人의 주거에 대한 국가의 침해나 사인의 침해에 대한 防禦權으로서의 성격을 가진다. 그러나 국가에 대해 적정한 주거의 공간을 마련하여 줄 것을 청구할 수 있는 給付請求權은 아니다(同旨: 桂禧悅b, 405).

[127] 第三 主 體

주거의 자유의 主體는 주거에 거주하는 모든 자연인이다. 즉 주거의 자유는 人間의 권리이기 때문에 국민 이외에 外國人이나 無國籍者에게도 인정된다. 未成年者도 그 주체가 된다. 주거의 개념은 사업장에까지 확장되므로 法人이나 權利能力 없는 社團도 그 주체가 된다(同旨: 桂禧悅b, 406, 反對: 權寧星, 461). 공법인의 경우도 그 주체가 되는 경우가 있다(예: 공법인 형태의 공영방송국, 국공립대학).

주거의 자유의 주체는 해당 주거에 거주하는 자이다. 거주하고 있는 해당 주거의 소유자는 물론이고 세입자도 포함된다. 그러나 주거를 임대한 소유자는 주거의 자유의 주체가 되지 못한다.

독일연방헌법재판소도 여러 차례의 판례를 통해 법인이나 단체의 주체성을 인정했다. 예컨대, 합자회사(BVerfGE 42, 212), 등록된 단체(BVerfGE 44, 353), 유한책임회사(BVerfGE 76, 83) 등이 이에 해당한다.

구체적인 경우에 주거의 자유의 주체는 주거의 개념과 직결되어 있다. 일반적으로 주거의 자유의 주체는 그 주거에 거주함으로써 편익을 얻고 있는 자인데, 대부분의 경우 所有者가 주체가 될 것이다. 그러나 주거에 세입자나 임차인이 있는 경우 소유자가 아닌 세입자나 임차인이 주거의 자유의 주체가 된다. 호텔 객실의 경우도 호텔소유자가 아닌 투숙자가 주거의 자유의 주체가 된다. 공장이나 학교, 회사, 작업장의 경우에도 그 생활공간의 장인 공장장이나 학교장, 사장 또는 그들로부터 위임을 받은 자 등이 주거의 자유의 주체가 된다.

[128] 第四 內 容

Ⅰ. 주거의 불가침

住居의 不可侵이란 주거의 자유의 주체의 同意나 承諾을 받지 않거나 의사에 반하여 그 주거에 들어가는 행위(예: 국가에 의한 부당한 압수 · 수색)를 할 수 없음을 말한다. 이 때 거주자의 同意에는 명시적인 동의 외에 추정적인 동의도 포함된다. 승낙 또는 동의는 주거의 자유의 주체나 그 대리인이 한 것이어야 한다. 주체가 복수인 경우에는 주거가 각 주체에게 개별공간으로 분할되지 않는 이상 주체인 전원의 동의나 승낙이 필요하다. 자유와 권리는 다수결로 박탈할 수 없기 때문이다.

불법적인 방법으로 주거에 들어가는 것만 주거의 침해가 아니라 불법행위를 할 목적으로 타인의 주거에 들어가는 경우에도 주거의 자유의 침해가 된다. 大法院은 간통을 위해 처의 동의를 얻어 주거에 들어간 경우에도 남편의 동의가 없음을 들어 주거침입죄의 성립을 인정한 바 있다(예: 大 1958. 5. 23.-4291刑上117). 대리시험자의 시험장 입장도 주거침입죄로 처벌하며(예: 大 1967. 12. 19.-67도1281), 일반인의 출입이 허용된 음식점에 도청의 목적으로 출입한 경우에도 영업주의 명시적 또는 추정적 의사에 반하여 들어가면 주거침입죄가 성립된다(예: 大 1997. 3. 28.-95도2674).

주거 내에 도청기 · 카메라 등 기기를 설치하여 도청 · 녹음 · 촬영 등을 하는 경우에는 주거의 자유가 침해되지만(사생활의 보호와 비밀, 통신의 자유와 경합적 침해), 주거 밖에서 이러한 행위를 하는 것은 원칙적으로 私生活의 秘密과 自由 또는 통신의 자유에 대한 侵害에 해당하고 住居의 自由에 대한 侵害는 아니다. 그러나 주거의 자유는 주거의 평온을 보호하는 데 있으므로 주거 밖에 설치된 시각적 장치나 음향적 장치라도 주거의 평온을 유지하기 위한 외부와의 차단메커니즘을 제거하는 수단으로 이용되는 경우에는 주거의 자유를 침해하는 것이 된다.

Ⅱ. 쾌적한 주거생활의 보장 문제

현대의 주거생활은 주거의 불가침만으로 충분하지는 않다. 삶의 질을 높이고 유지하는데는 주거의 불가침뿐만 아니라 위험으로부터 보호받고 쾌적하며 편한 주거생활이 필요하다. 이는 사람이 인간답게 사는데 필수적으로 요구되는 것이기도 하다.

憲法 제35조 제3항은 「국가는 주택개발정책 등을 통하여 모든 국민이 쾌적한 주거생활을 할 수 있도록 노력하여야 한다」라고 규정하여 국민의 쾌적한 주거생활을 특별히 강조하여 보장하고 있다. 쾌적한 주거생활은 환경친화적인 주거에 한하지 않고, 주거를 둘러싼 모든 환경이 주거생활의 안전과 쾌적함을 유지할 수 있게 하는 것을 필요로 한다. 憲法 제35조 제3항은 주거의 「자유」의 내용은 아니지만, 주거의 자유와 주거생활을 실질화하는 가치의 보장이다. 이에 따라 국가는 적극적인 주택개발정책 등을 통하여 주택을 개발하여 국민에게 공급하고 국민이 건강하고 쾌적한 생활을 영위할 수 있는 주거환경을 조성하여 줄 의무가 있다. 그러나 헌법 제35조 제3항에서 기본권이 도출되는 것은 아니다.

> 憲法 제35조 제3항은 현행 1987年憲法에서 신설된 규정이다. 이 조항은 일종의 국가목표규정으로서의 성격을 지니고 있기 때문에 이에서 개개인이 자신의 쾌적한 주거생활을 확보하기 위해 국가에 대하여 일정한 배려와 급부를 요구할 수 있는 권리는 도출되지 않는다.

주거의 자유는 국가에 대하여 충분한 주거공간을 마련해줄 것을 요구하거나 주거공간의 적정한 배분을 요구할 수 있는 권리를 포함하지 않는다. 그러나 주거의 자유는 통상 住居의 존재를 전제로 하므로 국민이 住宅을 가질 수 있게 하는 것은 중요한 의미를 가진다. 주택을 가지지 못한 상황에서는 주거의 자유와 쾌적한 주거생활이란 의미를 가지기 어렵다. 따라서 시장에서 주택이 원활하게 공급되지 못하는 경우에는 국가가 주택개발정책 등을 수립하여 국민이 주택을 확보할 수 있도록 노력해야 한다. 이를 실현하기 위한 구체적인 법률로는 주택법, 택지개발촉진법, 임대주택법 등이 있다.

[129] 第五 效　力

주거의 자유는 대국가적 효력을 가지는 주관적 권리이다. 따라서 국가가 주거에 대하여 간섭하거나 영향력을 행사하는 등의 방법으로 주거의 자유를 침해하는 경우에는 피해자는 침해의 배제를 요구할 수 있다.

주거의 자유는 사인 상호간에도 보호되어야 하는 가치이므로 국가는 사인에 의한 주거침해가 발생하지 않게 하거나 침해의 배제 또는 손해의 전보를 실현할 수 있는 장치를 마련하여야 한다.

[130] 第六 制限과 그 限界

I. 제 한

주거의 자유도 절대적으로 보장되는 기본권은 아니다. 따라서 헌법 제37조 제2항에 의해 법률에 의하여 제한할 수 있다. 그런데 그 제한이 주거에 대한 압수 또는 수색인 경우에는 반드시 헌법 제16조에서 정하고 있는 영장주의를 따라야 한다. 이러한 영장주의에 대한 규정은 형사절차의 근거가 되는 것이기도 하지만, 영장 없이 주거를 압수하거나 수색할 수 없다는 제한의 한계를 정하는데 더 많은 강조점이 있다.

(1) 영장주의와 그 예외

주거의 자유는 최대한 보장되어야 하지만, 주거가 범인이나 범죄의 증거물 등을 은닉하는 장소가 되어서는 안 되므로 憲法은 제16조에서 令狀主義에 의한 제한을 인정하고 있다. 令狀主義에 의한 住居의 自由의 制限은 적법절차를 통하여 국가권력에 의한 자의적인 주거에 대한 압수나 수색을 방지하고, 이로써 주거의 자유를 더욱 강하게 보장하는 역할을 한다.

주거에 대한 압수나 수색을 위해서는 정당한 이유가 있어야 하고 검사의 신청에 따라 適法한 節次에 의해 발부된 영장이 있어야 한다. 정당한 이유는 범죄의 嫌疑의 存在와 그 搜査의 客觀的 必要性을 의미한다. 令狀은 法官이 檢事의 신청에 따라서 발부한 것이어야 하고, 영장에는 압수할 물건과 수색할 장소가 구체적으로 기재되어 있어야 한다(刑訴法 §114①). 압수와 수색의 대상을 포괄적으로 기재한 一般令狀은 금지된다.

다만, 逮捕, 現行犯逮捕, 緊急逮捕, 拘束을 하는 경우에는 따로 압수영장 또는 수색영장 없이도 주거에 대한 압수나 수색을 허용하고 있다(通說. 刑訴法 §216).

(2) 행정상 즉시강제와 영장주의

行政上 卽時强制에도 令狀主義가 적용되는지에 대해서는 영장제도는 국가형벌권으로부터 국민의 자유를 보장하기 위한 것이므로 행정상 즉시강제의 내용으로 주거의 압수나 수색이 이루어지는 경우에는 영장이 필요 없다고 하는 견해가 있으나, 행정상 즉시강제가 순수한 행정 목적을 위한 경우나 특히 긴급을 요하는 경우(전염병 예방이나 소방을 위한 경우)에는 형사절차와 달리 이에는 영장주의가 적용되지 않는다고 할 것이지만, 개

인의 자유가 지속적으로 제한을 받는 경우나 행정상의 목적 이외에 형사상의 목적을 위한 경우에는 영장주의가 적용된다고 할 것이다(多數說)([88] Ⅳ(2)).

(3) 법률에 의한 제한

주거의 자유는 헌법 제37조 제2항에 의해 國家安全保障·秩序維持 또는 公共福利를 위하여 필요한 경우에 한하여 法律로써 제한할 수 있다. 주거의 자유를 제한하는 법률로는 형사소송법(§106 이하, §216), 소방기본법(§26), 경찰관직무집행법(§7), 전염병예방법(§42), 자연재해대책법(§11 등), 우편법(§5①), 마약류관리에 관한 법률(§41), 관세법(§296), 국세징수법(§26) 등이 있다. 이런 법률에 의해 제한하는 경우에도 과잉금지원칙과 본질적 내용침해 금지의 원칙을 준수해야 함은 당연하다.

Ⅱ. 제한의 한계

주거의 자유의 제한에서도 헌법 제37조 제2항에서 정하는 과잉금지원칙이나 본질적내용침해금지원칙이 적용될 뿐 아니라, 헌법상의 평등원칙, 신뢰보호원칙 등 각종의 헌법적 한계가 적용된다.

특히 헌법 제16조의 영장주의는 법치주의와 적법절차의 원리를 주거의 자유에 대한 제한에 있어서 일정한 경우에 명시적으로 구체화하고 있는 것이어서 주거에 대한 압수 또는 수색에서는 반드시 지켜져야 하는 한계로 작용한다.

2. 私生活의 秘密과 自由

[131] 第一 意 義

Ⅰ. 개 념

(1) 헌법 규정

헌법 제17조는 「모든 국민은 私生活의 秘密과 自由를 침해받지 아니한다」고 규정하여 외부의 침해로부터 개인의 사적 영역을 보호하고 사생활의 자유로운 형성을 보장하고 있다.

사생활에 관한 권리는 전통적으로 개인이 외부의 간섭을 받지 않고 혼자 그대로 있을 수 있는 권리(right to be let alone)를 중심적인 내용으로 하고 있지만, 현대 과학기술의 발달과 함께 도래한 정보화사회에서는 컴퓨터, 원격사진촬영기기 등을 이용한 개인정보의 수집·처리·관리가 대량·집단화됨에 따라 개인의 사생활의 비밀과 자유가 침해될 가능성이 현저하게 증대하였고, 이에 따라 사생활의 비밀과 자유의 보장이 그 어느 때보다 중요하게 되었고, 개인의 자기정보관리권이 중요한 내용으로 추가되기에 이르렀다.

자주 사생활의 비밀과 자유에 대한 권리를 프라이버시(privacy)권이라고 하기도 하나, 프라이버시는 사생활의 비밀과 자유뿐만 아니라 통신의 비밀, 인격권, 초상권, 성명권, 명예권, 주거의 자유 등도 포함하는 광범위한 것이므로 통신의 자유와 주거의 자유를 따로 정하고 있는 우리 헌법의 개별적 기본권규정의 구조상 헌법 제17조의 사생활의 비밀과 자유에 대한 권리를 프라이버시권과 동일시할 수 없다. 프라이버시권의 구체적인 내용이 무엇인가 하는 문제는 그 나라 헌법이 프라이버시에 해당하는 내용을 포괄적으로 정하고 있는지, 개별화하여 정하고 있는지에 따라 다르게 정해진다. 인격권, 초상권, 성명권, 명예권을 헌법 제10조 제1문에서 도출하는 경우에는 헌법 제17조의 내용에서 제외된다.

(2) 사생활의 비밀과 자유의 의미

(a) 사생활의 비밀

헌법 제17조에서 말하는 「私生活의 秘密」은 외부의 자가 자신의 사적인 생활영역을 들여다보거나 공개하는 것에 대한 방어 및 보호를 의미한다. 인간은 본질적으로 자기만의 생활영역을 가지고 살 자연적인 권리를 가진다. 인간은 누구나 각기 인간으로서의 존엄과 가치를 가지고 자기가 원하는 대로 살 자유를 가지고 이러한 삶에 대하여 남에게 알려지지 않을 자유를 가지기 때문에 사생활의 비밀을 보장받는 것은 자연권으로서의 성질을 가지는 것이다.

(b) 사생활의 자유

헌법 제17조에서 말하는 「私生活의 自由」는 개개인이 자신만의 삶을 구상하고 이를 자유로이 형성해 나감에 있어 누구로부터도 간섭이나 방해를 받지 않을 자유를 의미한다. 이러한 자유도 자연권으로서의 성질을 가지며, 사생활의 비밀과 함께 헌법상 보장되어 인간이 존엄과 가치를 가지고 인격체로 살아감에 있어 기본적인 조건이 된다.

사생활의 비밀과 자유의 보호대상으로는 개인의 내밀한 내용의 비밀을 유지할 권리, 개인이 자신의 사생활의 불가침을 보장받을 수 있는 권리, 개인의 내심영역이나 성적 영역과 같은 내밀한 영역에 대한 보호, 인격적인 감정세계의 존중의 권리와 정신적인 내면생활이 침해받지 아니할 권리 등이 있다.

[憲 2003. 10. 30.-2002헌마518] 「사생활의 비밀은 국가가 사생활영역을 들여다보는 것에 대한 보호를 제공하는 기본권이며, 사생활의 자유는 국가가 사생활의 자유로운 형성을 방해하거나 금지하는 것에 대한 보호를 의미한다. 구체적으로 사생활의 비밀과 자유가 보호하는 것은 개인의 내밀한 내용의 비밀을 유지할 권리,

개인이 자신의 사생활의 불가침을 보장받을 수 있는 권리, 개인의 양심영역이나 성적 영역과 같은 내밀한 영역에 대한 보호, 인격적인 감정세계의 존중의 권리와 정신적인 내면생활이 침해받지 아니할 권리 등이다.」

Ⅱ. 연　　혁

사생활의 비밀과 자유는 영국의 Common Law에서는 명예훼손이나 불법행위 분야의 문제로 다루어져 왔을 뿐 특별히 헌법수준의 권리로 이해되지는 않았으나, 1890년 미국의 Warren-Brandeis의 *"The Right to Privacy"*라는 논문이 발표된 이래 독립된 권리로서 인정받기 시작하였다.

우리 헌법에서는 과거 학설이나 판례 등을 통하여 인식되어 오다가 1980年憲法에서 「모든 국민은 사생활의 비밀과 자유를 침해받지 아니한다」(同憲法 §16)라고 정해지면서 최초로 명문화되었다.

[132] 第二 法的 性格

Ⅰ. 학　　설

사생활의 비밀 · 자유의 법적 성격에 대하여는, 우리 헌법은 사생활의 비밀 · 자유를 자유권 조항에서 규정하고 있고 정보화사회에서 개인의 존엄을 보장하기 위한 정보에 대한 자기결정권은 헌법 제10조에서 보장된다고 볼 것이므로 사생활의 비밀 · 자유는 소극적인 권리라고 이해하는 견해(金哲洙a, 838)가 있는 반면, 사생활의 비밀과 자유는 인간의 존엄과 가치에 기초한 인격권적 성격과, 자유권적 성격 및 이의 보호를 위한 청구권적 성격을 동시에 내포하고 있는 권리로서의 성격을 갖는다고 보는 견해(權寧星, 449; 成樂寅, 577)가 있다.

사생활의 비밀과 자유는 기본적으로 개인의 사적 영역에 대한 국가의 간섭이나 침해를 금지함으로써 개인이 사생활을 자유롭게 형성해 나가는 것을 보장해준다는 점에서 자유권적 성격을 가질 뿐만 아니라, 오늘날과 같이 고도로 정보화된 현대 사회에서는 사생활의 비밀과 자유를 위해 자기의 정보에 대한 자율적인 통제가 필수적이라는 점에서 청구권적 성격도 가지며, 사생활의 자유를 통해 인간의 존엄성과 가치를 발현하는 인격권을 보장할 수 있게 된다는 점에서 인격권적 성격도 가지는 복합적 성격의 권리라고 할 수 있다.

Ⅱ. 판　　례

大法院은 헌법 제17조는 개인의 사생활 활동이 타인으로부터 침해되거나 사생활이 함부로 공개되지 아니할 소극적인 권리는 물론, 자신에 대한 정보를 자율적으로 통제할 수 있는 적극적인 권리까지도 보장하려는 데에 그 취지가 있다고 판시한 바 있다(大 1998. 7. 24.-96다42789).

[大 1998. 7. 24.-96다42789] 「헌법 제17조는 "모든 국민은 사생활의 비밀과 자유를 침해받지 아니한다"라고 규정하고 있는바, 이들 헌법 규정은 개인의 사생활 활동이 타인으로부터 침해되거나 사생활이 함부로 공개되지 아니할 소극적인 권리는 물론, 오늘날 고도로 정보화된 현대사회에서 자신에 대한 정보를 자율적으로 통제할 수 있는 적극적인 권리까지도 보장하려는 데에 그 취지가 있는 것으로 해석되는바……」

[133] 第三 主 體

사생활의 비밀과 자유는 본래 인간의 존엄과 가치에 기초하고 있으므로 성질상 자연인에게 인정되는 기본권이다. 자연인인 이상 내국인이든 외국인이든 불문한다.

생존하지 않는 死者는 원칙적으로 사생활의 비밀·자유의 주체가 될 수 없다. 다만, 死者의 개인정보일지라도 생존하는 가족과의 관계에서는 보호될 수 있는 여지가 있다.

법인이 사생활의 비밀·자유의 주체가 될 수 있는지에 관하여는 견해가 대립한다. 법인의 명칭·상호 기타 표지가 타인에 의하여 영업적으로 이용당하는 경우 등 그 성질상 가능한 범위 내에서 법인이나 권리능력 없는 사단 등의 단체도 주체가 될 수 있다고 보는 긍정설이 있으나, 사생활의 보호는 인간의 존엄과 가치에 기초하고 있다는 점에서 법인에게는 사생활의 비밀·자유의 기본권주체성이 인정되지 않는다고 하겠다. 법인의 명칭·상호 기타 표지에 관한 권리는 헌법상의 사생활의 비밀이나 자유에 대한 권리가 아니라 그 자체 명칭·상호 기타 표지에 관한 권리이다.

[134] 第四 內 容

Ⅰ. 개 설

사생활의 비밀과 자유는 사생활의 내용을 공개당하지 아니할 권리, 사생활의 자유로운 형성과 전개를 방해받지 아니할 권리, 자신에 관한 정보를 스스로 관리·통제할 수 있는 권리 등을 그 내용으로 한다.

Ⅱ. 사생활의 비밀의 불가침

사생활의 비밀의 불가침이란 개인의 사생활을 공개당하지 아니할 권리를 말하며, 구체적으로는 사생활과 관련된 개인의 내밀한 사적 영역에 대한 비밀유지와 외부에 대한 공개거부, 성명·초상·음성 등 개인의 사생활을 형성하는 인격적 징표에 대한 공개나 상업적 이용 금지 등을 내용으로 한다. 개인의 身體상태의 비밀도 사생활의 비밀에 포함된다.

따라서, 공개되기를 원하지 않는 개인의 사적 사항을 본인의 동의없이 신문이나 TV 등 대중매체를 통하여 함부로 공표하는 것은 사생활의 비밀을 침해하는 행위가 되며, 본인의 동의없이 개인의 사적인 행위나 초상 등을 비밀리에 촬영하거나 도청하는 행위도 사생활의 비밀에 대한 침해가 된다. 개인의 신체에 대하여 강제로 조사하는 것은 사생활의 비밀유지를 침해하는 것이 된다.

Ⅲ. 사생활의 자유의 불가침

사생활의 자유의 불가침이란 사생활의 자유로운 형성과 전개를 방해받지 아니할 권리를 말하며, 구체적으로는 개인의 양심영역이나 성적 영역(동성간의 연애 및 성행위도 이에 포함된다)과 같은 내밀한 영역에 대한 보호, 인격적인 감정세계의 존중의 권리와 정신적인 내면생활이 침해받지 아니할 권리, 사생활 영역에 대한 불간섭과 자유로운 사생활의 형성·영위 보장 등을 그 내용으로 한다.

개인의 양심영역이나 성적 영역 등 내밀한 영역은 인격의 핵심영역과 매우 긴밀한 관계를 가지므로 국가의 공권력이나 제3자의 간섭이 금지되며, 다른 어떤 사생활 영역보다 특별한 보호를 받는다.

인간의 내면적 정신생활은 인간의 존엄성과 가치의 기초가 되므로 외부의 제3자로부터 침해를 받아서는 아니 된다. 인간의 내면영역에 대한 침해는 통상 신체에 대한 침해에 비하여 그 피해의 중대성이 크다는 점에서 개인이 사생활의 평온을 유지할 수 있도록 강력한 보호가 요청된다.

사생활의 자유는 사회공동체의 일반적인 생활규범의 범위 내에서 개인의 사적 영역을 자유롭게 형성해 나가고 그 설계 및 내용에 대해서 외부로부터의 간섭을 받지 아니할 권리를 말한다(예: 憲 2002. 3. 28.-2000헌바53). 이런 관점에서 사생활의 자유는 단순히 외부로부터의 사생활 보호에 그치지 않고, 인간의 존엄·가치의 발현을 위해 자유롭게 행동할 수 있는 자유(일반적 행동자유권)에까지 그 범위가 확장된다(同旨: 成樂寅, 581).

[135] 第五 效 力

사생활의 비밀과 자유는 본래 국가의 공권력에 의하여 개인의 사적 영역이 간섭받거나 침해당하는 것을 금지하기 위해 등장한 대국가적 자유권이라는 점에서 모든 국가권력을 구속한다. 그리고 사생활의 비밀·자유는 현실적으로 私人간의 생활관계 속에서 쉽게 침해되거나 방해받을 수 있다는 점을 고려할 때, 사회공동체의 일반적인 생활규범의 범위 내에서라면 사인 상호간에도 존중되어야 한다. 특히 현대 정보화사회가 진전됨에 따라 사인이나 사적 기관에 의하여 개인의 사생활이 무분별하게 침해되는 현상이 급속하게 증가하는 현실을 생각할 때, 사생활이 비밀·자유가 私人간에도 존중되고 국가에 의하여 이를 보호하는 장치가 마련되어야 하는 것은 큰 의미를 가진다.

[136] 第六 制限과 그 限界

I. 제 한

(1) 개 설

사생활의 비밀·자유도 절대적인 권리는 아니므로 헌법 제37조 제2항에 따라 국가안전보장·질서유지·공공복리를 위하여 필요한 경우 법률로써 제한할 수 있다.

> [憲 1995. 12. 28.-91헌마114] 「공판정에서 진술을 하는 피고인·증인 등도 인간으로서의 존엄과 가치를 가지며(憲法 제10조), 사생활의 비밀과 자유를 침해받지 아니할 권리를 가지고 있으므로(憲法 제17조), 본인이 비밀로 하고자 하는 사적인 사항이 일반에 공개되지 아니하고 자신의 인격적 징표가 타인에 의하여 일방적으로 이용당하지 아니할 권리가 있다. 따라서 모든 진술인은 원칙적으로 자기의 말을 누가 녹음할 것인지와 녹음된 기기의 음성이 재생될 것인지 여부 및 누가 재생할 것인지 여부에 관하여 스스로 결정한 권리가 있다.……그러나 인격권이나 사생활의 비밀과 자유도 국가안전보장, 질서유지 또는 공공복리를 위하여 필요한 경우에는 법률로써 제한할 수 있지만, 이 때에도 그 본질적인 내용은 침해할 수 없다(憲法 제37조 제2항). 따라서 진술인의 인격권과 사생활의 비밀과 자유를 제한하고 그 진술에 대한 녹취를 허용하는 경우에도 녹취를 허용하여야 할 공익상의 필요와 진술인의 인격보호의 이익을 비교형량하여 공익적 요청이 더욱 큰 경우에 한하여 이를 허용하여야 하고, 그렇지 아니한 경우에는 녹취의 전부 또는 일부를 불허하는 것도 가능하다고 보아야 할 것이다.」

(2) 표현의 자유와 사생활의 비밀·자유

언론·출판 등에 의하여 특정인의 사생활이 공표됨으로써 개인의 사생활의 비밀이 침해된 경우에 표현의 자유와 사생활의 비밀·자유라는 두 기본권 사이에 충돌이 발생한다. 이 경우 표현의 자유가 현대 민주국가에서 가지는 중요성과 국민의 알권리와의 상관관계 등으로 인하여 기본권 충돌문제를 해결하는 일반적 원칙 이외에 일련의 판례이론이 발전해 왔는데, 權利抛棄의 理論, 公益의 理論, 公的 人物의 理論 등이 그것이다.

權利抛棄의 理論은 일정한 사정 하에서는 사생활의 비밀과 자유를 포기한 것으로 간주할 수 있다는 것을 말하고, 公益의 理論은 보도적 가치·교육적 가치가 있는 사실 등 국민의 알 권리의 대상이 되는 사항은 국민에게 알리는 것이 공공의 이익이 된다는 것을 말하며, 公的 人物의 理論은 정치인이나 유명 연예인 등 일상적·직업적 활동이 公衆에게 노출·공개되어 있는 公開的인 人物은 그 사생활이 공개되더라도 일반인에 비하여 수인하여야 할 경우가 많다는 이론을 말한다.

현대 민주국가에서 두 기본권이 차지하는 비중이나 중요성 등을 고려할 때, 사생활의 자유와 표현의 자유 사이에는 적절한 조화가 필요한데, 구체적인 사정을 바탕으로 표현의 자유와 사생활의 자유를 둘러싼 제반 이익을 합리적으로 형량하여 해결을 도모하는 것이 바람직하다(예: 大 1988. 10. 11.-85다카29).

[大 1988. 10. 11.-85다카29] 「우리가 민주정치를 유지함에 있어서 필수불가결한 언론, 출판 등 표현의 자유는 가끔 개인의 명예나 사생활의 자유와 비밀 등 인격권의 영역을 침해할 경우가 있는데, 표현의 자유 못지않게 이러한 사적 법익도 보호되어야 할 것이므로 인격권으로서의 개인의 명예의 보호(구 헌법 제9조 후단)와 표현의 자유의 보장(구 헌법 제20조 제1항)이라는 두 법익이 충돌하였을 때 그 조정을 어떻게 할 것인지는 구체적인 경우에 사회적인 여러 가지 이익을 비교하여 표현의 자유로 얻어지는 이익, 가치와 인격권의 보호에 의하여 달성되는 가치를 형량하여 그 규제의 폭과 방법을 정해야 할 것이다. 위와 같은 취지에서 볼 때 형사상이나 민사상으로 타인의 명예를 훼손하는 행위를 한 경우에도 그것이 공공의 이해에 관한 사항으로서 그 목적이 오로지 공공의 이익을 위한 것일 때에는 진실한 사실이라는 증명이 있으면 위 행위에 위법성이 없으며 또한 그 증명이 없더라도 행위자가 그것을 진실이라고 믿을 상당한 이유가 있는 경우에는 위법성이 없다고 보아야 할 것이다. 이렇게 함으로써 인격권으로서의 명예의 보호와 표현의 자유의 보장과의 조화를 꾀할 수 있다 할 것이다.」

(3) 범죄수사 또는 행정조사와 사생활의 보호

적법한 수사과정에서 범죄인의 사생활의 비밀·자유가 일정부분 침해되는 것은 부득이한 측면이 있다. 그러나 헌법상의 적법절차에 의하지 아니한 채 수사목적이라는 이유로 함부로 압수·수색을 하거나 사진촬영, 전화도청을 하는 행위는 수사권의 남용으로서 개인의 사생활에 대한 침해가 된다.

또한, 정부가 통계조사나 여론조사 등의 목적으로 일반 국민을 상대로 행하는 행정조사를 통하여 개인의 사생활 영역이 침해될 위험이 있다. 행정의 효율성 증대만을 위해 무분별하게 행하여지는 행정조사는 국민의 기본권 침해의 문제를 낳을 수 있으므로 비례의 원칙에 대한 준수와 함께 국민 개인의 사생활 관련 정보에 대한 보호장치 마련이 수반되어야 할 것이다.

[大 1998. 7. 24.-96다42789] 「원심이 적법하게 확정한 바와 같이, 피고 산하 국군보안사령부가 군과 관련된 첩보 수집, 특정한 군사법원 관할 범죄의 수사 등 법령에 규정된 직무범위를 벗어나 민간인인 원고들을 대상으로 평소의 동향을 감시·파악할 목적으로 지속적으로 개인의 집회·결사에 관한 활동이나 사생활에 관한 정보를 미행, 망원 활용, 탐문채집 등의 방법으로 비밀리에 수집·관리하였다면, 이는 헌법에 의하여 보장된 원고들의 기본권을 침해한 것으로서 불법행위를 구성한다고 하지 않을 수 없다.」

(4) 국정감사·조사와 사생활의 보호

국회의 국정감사 및 조사를 통하여 개인의 사생활과 비밀이 침해될 수 있는 여지가 있다. 그러나 이 경우에도 국회는 개인의 사생활을 존중하여 그 침해가 합리적인 범위 내에서 필요최소한에 그치도록 해야 한다. 국정감사및조사에관한법률도 「감사 또는 조사는 개인의 사생활을 침해하거나 계속중인 재판 또는 수사중인 사건의 소추에 관여할 목적으로 행사되어서는 아니 된다」(同法 §8)고 규정하여 개인의 사생활을 보호하고자 한다.

(5) 행정상 의무위반자 등의 명단공개와 사생활의 보호

행정법상 의무불이행자의 성명이나 위반사실 등을 일반에게 공개함으로써 간접적으로 의무이행을 확보하려는 목적으로 명단공표가 행하여지고 있다. 우리나라에는 현재 이에 관한 법률은 없고, 국세징수사무처리규정(국세청 훈령)이 國稅 高額滯納者의 名單公表를 규정하고 있다. 그러나 이 경우 명단공표를 통한 공익과 개인의 사생활의 비밀·자유 사이에 합리적인 이익형량을 통한 조화를 기하여야 한다.

한편, 과거 청소년의성보호에관한법률에서는 청소년의 성을 사는 행위를 한 자 등의 성명, 연령, 직업 등의 신상과 범죄사실의 요지를 그 형이 확정된 후 계도문에 게재하여 공개할 수 있도록 하는 내용의 身上公開制度를 채택한 적이 있는데, 과거의 신상공개제도가 인격권이나 평등보호를 침해하는지 여부를 놓고 위헌시비가 있었으나, 憲法裁判所는 합헌의견이 4이고 위헌의견이 5이었지만 위헌결정의 정족수 6인에 미치지 못하여 합헌으로 판시하였다(憲 2003. 6. 26.-2002헌가14). 그러나 이러한 신상공개제도는 입법의 목적을 달성함에 있어 과도한 수단으로서 개인의 존엄과 인격적 가치를 침해하는 점이 훨씬 크다고 할 것이어서 위헌이라고 할 것이다([51] Ⅱ(4)). 현행의 「아동·청소년의 성보호에 관한 법률」은 아동·청소년 대상 성범죄로 유죄판결이 확정된 자 등에 대한 신상정보를 등록하여 활용할 수 있도록 규정하고 있고(同法 §33-§37), 일정한 경우 법원이 아동·청소년 대상 성범죄 사건의 판결과 동시에 범죄자의 성명·나이 등의 정보에 대한 공개명령을 선고하도록 규정하고 있다(同法 §38).

⑹ 공적 공간에서의 사생활의 보호

다수에게 공개되어 있는 公的인 空間이라고 하더라도 그 속에서 개인들 사이에 사적인 관계나 상황이 형성된 경우에는 그러한 것은 사생활의 비밀과 자유로 보호된다. 어떠한 개인이 공적인 공간에 놓여 있거나 노출되어 있다는 것만으로 사생활의 비밀이나 자유를 포기했다고 할 수 없다.

⑺ 지문 날인, 혈액 채취의 문제

정당한 이유없이 지문을 날인하게 하거나 강제로 혈액을 채취하는 행위는 사생활의 비밀과 자유를 침해하는 것이다.

憲法裁判所는 법률에 의하여 지문을 날인하게 하는 것에 대하여 헌법상의 신체의 자유나 양심의 자유를 침해하는 것은 아니라고 판시하였다. 그런데 개인의 고유성, 동일성을 나타내는 지문은 그 정보주체를 타인으로부터 식별가능하게 하는 개인정보이기 때문에 시장·군수 또는 구청장이 개인의 지문정보를 수집하고, 경찰청장이 이를 보관·전산화하여 범죄수사목적에 이용하는 것은 모두 개인정보자기결정권을 제한하는 것에 해당한다고 보고, 이러한 것은 이를 제한하는 정당한 이유가 있고 과잉금지원칙에 위반되는 것이 아니라고 판시하였다(예: 憲 2005. 5. 26.-99헌마513등).

[憲 2005. 5. 26.-99헌마513등] 「……이 사건 지문날인제도가 범죄자 등 특정인만이 아닌 17세 이상 모든 국민의 열 손가락 지문정보를 수집하여 보관하도록 한 것은 신원확인기능의 효율적인 수행을 도모하고, 신원확인의 정확성 내지 완벽성을 제고하기 위한 것으로서, 그 목적의 정당성이 인정되고, 또한 이 사건 지문날인제도가 위와 같은 목적을 달성하기 위한 효과적이고 적절한 방법의 하나가 될 수 있다. 범죄자 등 특정인의 지문정보만 보관해서는 17세 이상 모든 국민의 지문정보를 보관하는 경우와 같은 수준의 신원확인기능을 도저히 수행할 수 없는 점, 개인별로 한 손가락만의 지문정보를 수집하는 경우 그 손가락 자체 또는 지문의 손상 등으로 인하여 신원확인이 불가능하게 되는 경우가 발생할 수 있고, 그 정확성 면에 있어서도 열 손가락 모두의 지문을 대조하는 것과 비교하기 어려운 점, 다른 여러 신원확인수단 중에서 정확성·간편성·효율성 등의 종합적인 측면에서 현재까지 지문정보와 비견할만한 것은 찾아보기 어려운 점 등을 고려해 볼 때, 이 사건 지문날인제도는 피해 최소성의 원칙에 어긋나지 않는다. 이 사건 지문날인제도로 인하여 정보주체가 현실적으로 입게 되는 불이익에 비하여 경찰청장이 보관·전산화하고 있는 지문정보를 범죄수사활동, 대형사건사고나 변사자가 발생한 경우의 신원확인, 타인의 인적사항 도용 방지 등 각종 신원확인의 목적을 위하여 이용함으로써 달성할 수 있게 되는 공익이 더 크다고 보아야 할 것이므로, 이 사건 지문날인제도는 법익의 균형성의 원칙에 위배되지 아니한다. 결국 이 사건 지문날인제도가 과잉금지의 원칙에 위배하여 청구인들의 개인정보자기결정권을 침해하였다고 볼 수 없다.」

(8) 특정 범죄자에 대한 위치추적장치 부착

특정 범죄자에 대하여 재범을 방지하고 행위교정을 통한 재사회화를 위하여 형 집행이 전부 또는 일부 종료(가석방의 경우)되었거나 면제된 자에게 위치를 추적할 수 있는 장치를 강제로 부착하여 항시 당국이 위치를 추적할 수 있게 하는 것이 헌법상 허용되는가 하는 문제가 있다. 개인의 위치는 사적인 비밀에 해당하기 때문에 통상의 경우에는 공개되지 않는다.

「특정 범죄자에 대한 위치추적 전자 장치 부착에 관한 법률」은, 형법상의 강간, 강제추행 등 특정 성폭력범죄 또는 형법상의 미성년자 약취 · 유인 등 미성년자 대상 유괴범죄를 범한 19세 이상의 자가 유기징역형을 전부 또는 일부 집행종료하였거나 면제된 경우에, 10년의 범위 내에서 검사의 청구를 받아 법원의 부착명령판결에 의하여 위치를 추적할 수 있는 전자장치를 부착할 수 있도록 하고 있다.

(9) 금융거래정보와 사생활의 보호

금융기관에 고객이 제공한 금융거래정보가 憲法 제17조에서 사생활의 비밀과 자유로 보장하고 있는 정보의 자기관리결정에 해당하는 것인가 하는 것이 문제가 된다. 오늘날 금융거래의 확대와 함께 범죄에서도 자본과 관련된 범죄가 증가하고 있다. 그래서 주가조작, 자금세탁, 기업의 비자금 조성, 공무원의 뇌물사건 등에서와 같이 수사를 함에 있어 금융거래정보를 확보하여야 하는 경우가 날로 증가하고 있다. 수사기관의 계좌추적행위도 이러한 것에 해당한다.

여기서 문제가 되는 것은 수사기관의 임의적인 계좌추적이 개인의 금융거래정보의 결정권을 침해하여 사생활의 비밀과 자유를 침해하는 것인가 하는 점이다. 이에 대해서는 합헌설과 위헌설이 대립한다.

合憲說은 금융기관의 고객인 계좌명의인이 금융기관과 거래를 개설하고 금융기관에 자발적으로 제공한 거래정보는 계좌명의인이 이러한 정보를 제공하던 당시에 금융거래정보가 수사기관에게 제공될 수 있다는 위험을 감수한 것이고, 금융기관의 직원들을 상대로 공개한 것이므로 계좌명의인은 이에 관하여 사생활의 보호에 대한 합리적인 기대를 가질 수 없다고 보아, 계좌명의인이 모르게 금융기관으로부터 금융거래정보를 제공받는 것은 헌법에 위반되지 않는다고 본다(미합중국 United States v. Miller, 425 U.S. 435(1976) 법정의견).

違憲說은 오늘날 금융기관과 거래를 하지 않고 경제활동 등을 한다는 것은 불가능하므로 금융기관의 고객이 금융기관에 거래정보를 제공하는 것이 자발적인 제공이라고 하기 어렵고, 계좌명의인은 금융기관이 보관하고 있는 자기의 금융거래정보에 대하여 사생활로서 보호된다는 합리적인 기대를 가진다고 본다. 수사기관이 고객의 금융거래정보를 필요할 때마다 볼 수 있게 하는 것은 수사권의 심한 남용이고, 이러한 것에 계좌명의인이 다툴 수 없다고 하는 것은 허용되지 않는다고 본다(미합중국 United States v. Miller, 425 U.S. 435(1976) 법정의견).

미합중국의 경우에는 위 연방최고법원의 판결이 너무 과도하다고 보아, 金融去來秘密保護法(Right to Financial Privacy Act)을 제정하여 수사기관은 금융기관이 보유하고 있는 금융거래정보에 대한 접근을 금지하고 예외적으로 당사자의 동의나 수색영장, 법원소환장 등에 의해서만 하되 법이 정하는 절차를 거쳐 계좌추적을 할 수 있게 통제하여, 수사기관이 마음대로 계좌를 추적할 수 없게 하고, 또 계좌명의인에게 이 사실을 통지하도록 의무화하고, 계좌명의인이 이에 대하여 다툴 수 있게 하고 있다. 주에 따라서는 판례가 연방최고법원의 판결을 따르는 주도 있고(예: Kansas, Maine, New York, Wisconsin, Indiana, Hawaii 등), 위헌설에 따라 이를 거부하고 있는 주도 있다(예: Illinois, Pennsylvania, California, Utha, Florida 등).

우리나라에서는 금융거래정보를 개인의 사생활의 비밀과 자유로 보장하고 예외적인 경우에만 이를 공개할 수 있게 하고 있다. 「금융실명거래 및 비밀보장에 관한 법률」은 금융기관에 종사하는 자는 명의인(신탁의 경우에는 위탁자 또는 수익자)의 서면상의 요구나 동의를 받지 아니하고는 그 금융거래의 내용에 대한 정보 또는 자료를 타인에게 제공하거나 누설하여서는 아니 되며, 누구든지 금융기관에 종사하는 자에게 거래정보등의 제공을 요구하여서는 아니 된다고 정하고, 예외적으로 법원의 제출명령 또는 법관이 발부한 영장에 의한 거래정보등의 제공 등 법이 정하고 있는 경우로서 그 사용목적에 필요한 최소한의 범위 안에서 거래정보등을 제공하거나 그 제공을 요구하는 경우에만 금융거래정보의 제공을 허용하고 있다(同法 §4). 금융기관은 명의인의 서면상의 동의에 따라 거래정보등을 제공하거나 법에서 정하고 있는 규정에 의하여 거래정보등을 제공한 경우에는 제공한 날부터 10일 이내에 제공한 거래정보 등의 주요내용 · 사용목적 · 제공받은 자 및 제공일자 등을 명의인에게 서면으로 통보하도록 하고 있다(同法 §4의 2).

Ⅱ. 제한의 한계

사생활의 비밀과 자유를 제한하는 경우에도 헌법 제37조 제 2 항에서 정하는 과잉금지원칙과 본질적내용침해금지의 원칙이 적용된다.

3. 通信의 秘密과 自由

[137] 第一 意 義

I. 개 념

(1) 헌법 규정

憲法 제18조는 「모든 국민은 通信의 秘密을 침해받지 아니한다」라고 하여 통신의 비밀(privacy of correspondence)과 자유를 보장하고 있다.

통신에 관한 기본권의 보장에서 볼 때, 법문의 표현은 「모든 국민은 通信의 秘密과 자유를 가진다」라고 하는 것이 타당하다.

憲法 제18조는 통신의 비밀과 자유를 제17조에서 사생활의 비밀과 자유를 보장하는 것과 별도로 규정하여 개인의 의사소통의 자유를 보장하고 있다. 개인에게 통신의 자유를 기본권으로 보호하는 것은 과학과 기술의 발달에 기초한 현대 情報化社會(information society)에서는 과거 어느 시대보다 중요한 의미를 가진다. 전기통신기술 및 현대 정보화사회의 비약적인 발전은 개인간의 의사소통을 획기적으로 변화시킨 반면에 다른 한편으로 전기통신설비, 도청장비 및 기술 등을 이용하여 개인간 통신의 비밀을 침해하는 현상이 공적 부문과 사적 부문에서 공통적으로 현저하게 증가하는 현상을 초래하고 있어, 현대 사회에서 통신의 비밀과 자유에 대한 보호의 문제는 기본권 보장에서 중요한 의미를 가지고 새롭게 부각되고 있다. 오늘날에는 정보·통신 영역에서 기술의 발달로 인하여 개인의 통신에 대한 비밀과 자유가 국가뿐만 아니라 통신회사, 광고회사, 단체, 개인에 의해서도 언제나 침해될 수 있는 상황에 이르렀다.

이러한 상황으로 인하여 이제는 통신과 정보의 자유와 비밀은 국가뿐만 아니라 私人에 의해서도 일상적으로 침해될 수 있는 상태에 처하였다. 따라서 통신의 비밀을 보호하는 것이 국가와 국민간에만 한정되는 것이 아니라 국민과 외국인을 포함한 사인들간에도 절실하게 요구된다. 헌법 제18조에서 보장하는 통신의 비밀은 기본권으로 보장하는 것이기에 사인이 사인을 상대로 하여 직접 행사할 수는 없지만, 이러한 통신의 비밀이라는 가치를 보호하기 위한 국가의 의무는 어느 때보다 강하게 요구된다. 이러한 국가의 의무를 이행하는 방법으로는 민법이나 형법을 통하는 방법도 있지만, 이를 규율하는 통신관계법을 제정하는 방법이 보다 효율적이다. 우리나라의 경우도 이에 해당하는 법률로 通信秘密保護法을 두고 있다.

그런데 통신의 비밀과 자유는 개인의 사생활을 보호하는 기능도 가지면서 동시에 민주주의의 실현에 있어 빼놓을 수 없는 의사소통의 기능도 가진다. 통신기술과 인터넷과 같은 통신매체의 발달로 개인의 의사전달과 정보의 전달·교환이 주로 통신으로 이루어지는 오늘날에는 통신의 비밀과 자유는 공론의 장을 형성하는데 중요한 기능을 한다.

통신의 발달은 오늘날 글로벌 네트워크를 형성하여 일국단위의 영토국가 내의 생활이 영토국가를 초월하여 초국가적으로 이루어지고 영위할 수 있게 만들고 있다. 통신은 이제 변화된 글로벌한 세계체제 내에서 한 개인이 하나의 영토국가의 국경을 넘어 글로벌한 생활을 할 수 있게 하므로 통신의 자유는 과거와 달리 국내외적인 모든 생활에서 빼놓을 수 없이 중요한 의미를 가지고 있다. 따라서 통신의 비밀은 단순히 사생활을 보호하는 수준을 넘어 국내적 또는 국제적 영역에서의 비즈니스, 정치활동, 각종 비영리활동, 각종의 커뮤니케이션 등 일상적인 생활을 보장하는 수단으로서 새로운 의미를 확장해가고 있다.

⑵ 헌법 제18조의 통신

憲法 제18조에서 정하고 있는 通信이라 함은 對話를 포함하여 우편, 전신, 전화, 이메일, 개봉된 메모 등 기타 여러 종류의 방법으로 일방향적 또는 쌍방향적으로 정보와 의사를 전달하는 행위를 의미한다. 여기서 말하는 통신은 특정한 상대방의 존재를 전제로 하여 정보를 전달하는 점에서 상대방이 없는 경우에 보장되는 각종의 表現과는 다르다(當事者의 特定性).

> 通信秘密保護法에서는 通信을 우편물(우편법에 의한 통상우편물과 소포우편물)과 전기통신(전화·전자우편·회원제정보서비스·모사전송·무선호출 등과 같이 유선·무선·광선 및 기타의 전자적 방식에 의하여 모든 종류의 음향·문언·부호 또는 영상을 송신하거나 수신하는 것)이라고 정의하고 있다(通秘法 §2i–iii).

이러한 통신의 개념은 의사소통을 하는 당사자가 場所에 있어 서로 떨어진 다른 곳에 있어야 하는 것을 요구하지 않는다. 동일한 장소에서 둘 이상의 사인간에 대화를 하거나 쪽지를 전달하거나 통신기기를 이용하여 문자, 영상, 부호, 음향 등을 보내는 행위도 포함된다.

통신은 특정한 당사자간에 이루어지는 것이지만, 헌법 제18조에서 보호하는 통신의 비밀이 이러한 당사자간에 의사소통의 同意를 필요로 하는가 하는 문제가 있다. 상대가 특정되어 있는 이상 발신자의 통신 내용을 수신자가 수신할 것에 대해서 동의가 없는 경우에도 발신자의 통신의 비밀은 보호된다. 예컨대, 전화나 팩스 각종 통신기기로 수신자가 모르는 상태에서 발신자가 통신을 발신한 경우에도 그 통신의 내용은 침해할 수 없다(예: 각종 광고의 전송, 여론조사사항이나 각종 전달사항의 송신 등).

憲法裁判所는 헌법 제18조에서 그 비밀을 보호하는 「통신」의 일반적인 속성으로

「당사자간의 동의」, 「비공개성」, 「당사자의 특정성」 등을 들고, 여기서의 「통신」의 의미는 「비공개를 전제로 하는 쌍방향적인 의사소통」이라고 본다(예: 憲 2001. 3. 21. -2000헌바25). 통신의 개념으로 당사자간의 동의나 쌍방향적인 의사소통을 드는 것은 동의할 수 없다. 헌법 제18조가 보호하는 통신의 비밀에는 일방향적으로 행해지는 통신의 비밀도 포함하기 때문이다.

Ⅱ. 다른 기본권과의 관계

(1) 사생활의 비밀과 자유와의 관계

(a) 전통적 시각

통신의 비밀과 자유는 넓은 의미의 사생활의 비밀과 자유에 포함된다고 볼 수 있다. 개인과 개인이 자유롭게 서로의 의사와 정보를 주고받는 것은 개인의 사적 영역에서 이루어지는 보편적인 생활형태의 일부이기 때문이다. 따라서 통신의 비밀과 자유에 대하여 憲法 제18조에서 따로 정하고 있지 않는 경우에는 이는 憲法 제17조의 사생활의 비밀과 자유에 포함되어 보장된다.

憲法裁判所는 사생활을 보호하는 영역에서는 헌법 제18조는 사생활 영역에서의 통신의 비밀을 헌법 제17조보다 더 강하게 보장하기 위하여 따로 정하고 있다고 본다(예: 憲 2001. 3. 21.-2000헌바25; 2004. 11. 25.-2002헌바85). 그러나 헌법 제18조를 헌법 제17조의 특별규정이라고 보기도 어렵고, 사생활의 보호에서도 다른 사생활의 비밀을 보호하는 강도가 통신의 비밀을 보호하는 강도보다 약하다고 할 수 없기 때문에 이에 동의하기 어렵다. 헌법 제18조는 통신의 비밀을 보호하기 위해 헌법 제17조와 따로 정하고 있고, 헌법 제18조가 헌법 제 1 조와 분리되어 규정되어 있기 때문에 헌법해석상 사생활의 보호 영역에서의 통신의 비밀은 제18조에서 제외된다고 보는 것이 타당하다.

> [憲 2004. 11. 25.-2002헌바85] 「헌법 제18조에서는 "모든 국민은 통신의 비밀을 침해받지 아니한다"라고 규정하여 통신의 비밀보호를 그 핵심내용으로 하는 통신의 자유를 기본권으로 보장하고 있다. 통신의 자유를 기본권으로서 보장하는 것은 사적 영역에 속하는 개인간의 의사소통을 사생활의 일부로서 보장하겠다는 취지에서 비롯된 것이다. 통신은 기본적으로 개인과 개인간의 관계를 전제로 하는 것이지만, 통신의 수단인 우편이나 전기통신의 운영이 전통적으로 국가독점에서 출발하였기 때문에, 통신의 영역은 다른 사생활 영역에 비하여 국가에 의한 침해 가능성이 매우 큰 영역이라 할 수 있고, 이것이 사생활의 비밀과 자유에 포섭될 수 있는 사적 영역에 속하는 통신의 자유를 헌법이 별개의 조항을 통해서 기본권으로 보호하고 있는 이유라 할 것이다.」

(b) 현대적 시각

통신이 모든 영역에 걸쳐 중요한 의미를 가지는 오늘날에는 통신의 비밀과 자유는 사생활의 비밀과 자유의 영역을 넘어 각종 생활영역에서 보장되는 모든 종류의 행위의 비밀과 자유를 보장하는 것으로서의 의미를 가진다. 통신을 통한 영업행위, 학술행위, 종교행위, 정치활동 등을 침해하는 행위는 통신의 비밀과 자유를 침해할 뿐 아니라 동시에 영업의 자유, 학문활동의 자유, 종교의 자유, 정치활동의 자유를 침해하는 것이 된다.

(2) 표현의 자유와의 관계

이러한 통신은 인간 상호간에 정보와 의견을 전달하고 주고받는 방법인데, 언론·출판과 같은 意思表現의 自由와 밀접한 관련성을 가진다. 의사표현의 자유가 그러한 표현행위의 자유를 보장하는 것이라면 통신의 비밀은 특정 상대방을 전제로 하여 이들 상호간에 이루어지는 의사소통행위의 비밀과 자유를 보장하는데 중점이 있다.

(3) 내심의 자유와의 관계

통신의 자유는 개인간의 의사표현이나 정보의 외부적 전달을 보호하려는 것이라는 점에서 양심의 자유·종교의 자유 등과 같은 內面的 精神活動의 자유와는 구별된다.

Ⅲ. 연　　혁

헌법에서 통신의 비밀을 보장한 것은 1948年憲法에서 처음 명문화한 이래 현재까지 계속 보장되고 있다.

[138] 第二 法的 性格

개인간에 이루어지는 우편이나 각종 통신의 운영은 전통적으로 국가가 독점하였는데, 이러한 구조에서는 국가에 의한 침해가능성이 매우 크기 때문에 통신의 비밀보장이 가지는 방어권으로서의 성격이 강하게 나타난다(예: 憲 2001. 3. 21.-2000헌바25 참조). 그러나 우편이나 통신사업의 民營化로 개인이 이를 운영하는 상황이 되면 전통적으로 국가가 행하던 것을 사적 기업이나 단체가 행하게 되고, 이는 통신의 비밀에서 防禦的인 機能이 종래의 「國家 對 私人」의 구조가 「私人 對 私人」의 구조로 변경되게 된다. 따라서 이러한 상황에서는 통신의 비밀이 가지는 防禦權으로서의 기능이 개인에 대해서도 중요한 의미를 가진다. 국민의 통신의 비밀과 자유를 보장하기 위하여 입법을 하는 경우나 재판에서는 통신의 비밀의 보장에서 있어서 생겨난 이러한 새로운 구조가 고려되어야 한다.

그렇지만 이러한 상황의 변화가 있다고 하더라도 국가는 민간에서 가질 수 없는 고도의 기술성이 뛰어난 통신장비와 감청장비를 가지고 있으며, 개인의 통신의 정보를 집적하여 보관하는 능력을 가지고 있으므로 국가로부터 개인의 통신의 비밀과 자유를 보호하는 것은 여전히 중요한 의미를 가진다. 통신의 비밀과 자유가 가지는 국가에 대한 방어권으로서의 성격은 여전히 강하게 부각된다.

[139] 第三 主 體

통신의 자유는 자연인뿐만 아니라 법인에게도 인정되는 기본권이다. 통신회사도 국가에 대해서는 통신의 비밀과 자유의 주체가 된다. 외국인에게도 인정된다. 이와 같이, 사인간에 통신이 행해지는 경우에 그 사인들이 통신의 비밀과 자유의 주체가 되는 것은 헌법 제18조에 의하여 보장되는 것이다.

그런데 통신의 비밀은 국가기관상호간에 행해지는 통신의 경우에도 다른 국가기관이나 사인에 의하여 침해되어서는 안 되는 경우가 있는데, 이러한 경우 보호되는 이익은 공무상의 행위나 공무상의 비밀이지 헌법 제18조에서 보호하는 비밀이 아니다. 따라서 국가가 기본권의 주체가 될 수 없듯이, 이러한 경우에 공무상의 통신의 비밀이 보호된다고 하여 국가기관이 헌법 제18조의 주체가 되는 것은 아니다.

문제는 사인과 국가기관간에 행해지는 통신의 경우에 어떻게 되는가 하는 점이다. 이러한 경우에 사인의 통신행위는 헌법 제18조에서 보호되고, 국가기관의 통신행위는 공무행위나 공무상의 기밀로 보호된다. 사인과 국가기관간의 통신에서도 사인은 헌법 제18조의 주체가 되는 것에는 의문의 여지가 없고, 다만, 이러한 통신행위에 대한 제한에 있어서는 사안의 성질에 따라 사인간에 행해지는 통신의 경우와 차이가 있을 수 있다.

[140] 第四 內 容

I. 통신의 비밀

憲法 제18조에서 말하는 통신의 비밀은 우편이나 전기통신 등의 통신방법 및 私人간의 대화를 통하여 私人간에 주고받는 의사표현이나 정보 등으로서 외부에 대하여 공개되지 아니한 것을 의미한다.

통신의 비밀에 의하여 보호되는 대상은 통신의 내용(사적인 사항이든 공적인 사항이든 관계없이 모든 성질의 내용을 의미한다)에 국한되지 아니하고, 통신행위 그 자체(통신의 안전과 평온)와 수신인과 발신인의 성명·주소, 수신지와 발신지, 수신과 발신의 연월일, 통신의 수량·횟수·형태 등 통신에 관한 정보 일체가 포함된다(同旨: 許營a, 386; 權寧星, 469; 成樂寅, 596). 정부의 통신업무 관련 공무원이나 전기통신업자 등 통신업무에 종사하는 자가 직무상 지득한 사항일지라도 이를 타인에게 누설하여서는 아니 된다(우편법 §3, 전기통신사업법 §54, 정보통신망이용촉진및정보보호등에관한법률 §57, 형법 §127).

통신의 비밀과 자유를 보호하는 일반법인 通信秘密保護法은 「누구든지 이 법과 형사소송법 또는 군사법원법의 규정에 의하지 아니하고는 우편물의 검열·전기통신의 감청 또는 통신사실확인자료의 제공을 하거나 공개되지 아니한 타인간의 대화를 녹음 또는 청취하지 못한다」라고 규정하여(同法 §3①), 원칙적으로 檢閱과 監聽을 禁止하면서, 이를 위반하여 우편물의 검열 또는 전기통신의 감청을 하거나 공개되지 아니한 타인간의 대화를 녹음 또는 청취한 자 및 이를 통해 지득한 통신 또는 대화의 내용을 공개하거나 누설한 자에 대하여는 형벌을 부과하고 있다(同法 §16①). 그리고 통신제한조치 등으로 취득한 내용을 법의 규정에 의하여 사용하는 경우 외에는 다른 기관 또는 외부에 공개하거나 누설할 수 없도록 하고(同法 §11), 통신제한조치 등의 집행으로 취득된 우편물 또는 그 내용과 전기통신의 내용을 통신제한조치의 목적이 된 범죄나 이와 관련된 범죄를 수사·소추하거나 그 범죄를 예방하기 위하여 사용하는 경우 등 일정한 경우 외에는 사용할 수 없도록 하며(同法 §12), 불법검열에 의하여 취득한 우편물이나 그 내용 및 불법감청에 의하여 지득 또는 채록된 전기통신의 내용은 재판 또는 징계절차에서 증거로 사용할 수 없다고 규정하여(同法 §4) 증거능력을 제한하고 있다. 그 밖에 위법한 방법으로 타인의 通信의 秘密을 侵害하거나 漏泄한 자는 우편법(§51, §51의2), 전기통신사업법(§69iii, §70vii), 정보통신망이용촉진및정보보호등에관한법률(§62vi, §63ii), 형법(§316) 등 개별 법률규정에 의하여 처벌된다.

Ⅱ. 통신의 자유

憲法 제18조는 국민이 자유롭게 통신하는 것을 보장한다. 통신의 비밀을 보장하는 것은 통신의 자유를 보장하기 위하여 필연적으로 요구되는 것이다. 따라서 통신의 자유는 통신의 비밀이 침해되지 않는 것을 보장하는 것이 핵심적인 내용을 이룬다. 통신의 비밀의 불가침은 통신의 비밀로 보호되는 일체의 것이 당사자의 의사에 반하여 제3가 인지하는 것을 금지하는 것을 말하는데, 즉 당사자의 의사에 반하여 편지, 우편, 전화, 전보, 전신, 이메일 등 개인간의 통신수단을 개봉하거나 그 내용 등을 열람·청취·누설하는 행위 등을 금지하는 것을 의미한다. 憲法 제37조 제2항에 의하여 인정되는 제한이 아닌 한 어떠한 방법으로도 통신의 자유를 제한할 수 없다. 상업적으로 운영되는 통신사업에서 통신의 이용료를 받는 것은 통신의 자유를 침해하는 것이 아니다.

통신의 자유는 국가가 제공하는 우편이나 각종의 통신의 취급에서 거부당하지 않는다는 것을 포함하고 있다.

[141] 第五 制限과 그 限界

Ⅰ. 제 한

(1) 개 설

통신의 비밀과 자유도 절대적으로 보장되는 것이 아니므로 憲法 제37조 제2항에 의한 제한이 가능하다.

통신의 자유의 제한에 관하여 정하고 있는 대표적인 법률로 通信秘密保護法이 있다. 그 밖에 國家保安法, 電波法, 형의 집행 및 수용자의 처우에 관한 법률, 刑事訴訟法 등 개별 법률에서도 국가안전보장·질서유지·공공복리를 위하여 필요한 범위 내에서 통신의 자유에 대한 제한규정을 두고 있다.

(2) 통신비밀보호법에 의한 제한

通信秘密保護法은 범죄수사 또는 국가안전보장을 위한 경우에는 엄격한 요건하에 특정 국가기관에 의한 감청을 허용하고 있다. 즉 이 법률은 기본적으로 통신의 비밀 및 자유에 대한 제한은 그 대상을 한정하고 엄격한 법적 절차를 거치도록 함으로써 통신의 비밀을 보호하고 통신의 자유를 신장함을 목적으로 하기 때문에(同法 §1), 예외적으로 범죄수사를 위한 검열·감청 등 통신제한조치는 同法 제5조 제1항 각호에 해당하는 범죄를 계획 또는 실행하고 있거나 실행하였다고 의심할 만한 충분한 이유가 있고 다른 방법으로는 그 범죄의 실행을 저지하거나 범인의 체포 또는 증거의 수집이 어려운 경우에 한하여 法院의 許可를 받아야만 할 수 있도록 규정하고 있다(同法 §5, §6). 또 정보수사기관의 장이 국가안전보장에 대한 상당한 위험이 예상되는 경우에 한하여 그 위해를 방지하기 위하여 행하는 통신제한조치는 고등법원 수석부장판사의 許可 또는 대통령의 承認을 얻어야만 할 수 있으며(同法 §7), 同法 제6조 및 제7조에서 정한 절차를 거칠 수 없는 긴급한 사유가 있는 경우에는 법원의 허가 없이 통신제한조치를 할 수 있다(同法 §8①). 다만, 이 경우에는 36시간 이내에 법원의 許可를 받아야 하며, 이를 받지 못한 때에는 즉시 통신제한조치를 중지하여야 한다(同條 ②).

《국가정보활동과 감청》

어느 나라나 공동체의 안전과 국민과 국가의 이익(national security)을 위하여 국가정보기구를 설치하여 國家情報活動(national intelligence)을 하고 있다. 오늘날과 같이 각종의 전자장비와 고도의 비밀 기술이 발달한 상황에서 각국은 각종의 정보기구를 통하여 24시간 내내 일반인에게는 노출되지 않는 전쟁을 매일같이 치르고 있다. 국가정보활동은 그 사안에 따라 통상적인 행위도 있지만 고도로 비상적인 행위도 있다. 단순한 범죄활동이 아니라 국민과 국가의 안전을 침해하는 행위, 국민과 국가의 이익을 위하여 고도의 정보를 수집해야 하는 행위, 특수한 활동을 행해야 하는 경우의 각종의 행위 등에서 감청의 방법이 필요하다. 간혹 사후에 밝혀지기도 하지만, 각국의 고도의 정보활동에는 항상 비밀리에 행하는 높은 기술수준의 감청의 방법이 동원되었다. 이러한 고도의 정보활동을 행하는 경우에는 사안에 따라 법원에도 알리지 말아야 하는 경우도 있을 수 있는바, 이러한 예외적인 경우에 행해지는 감청에는 영장 또는 허가를 받을 것을 요구하는 것이 국가정보활동의 성질과 기능에 부합하지 않는 경우가 있다. 그리고 사후 허가를 받거나 당사자에게 통지를 하도록 하는 경우에도 사안에 따라서는 기간의 제한이 정보활동의 기능에 배치되는 경우가 있다. 이런 점에서 현행 通信秘密保護法의 규정은 국가정보활동의 성질과 기능에 비추어 볼 때, 타당성이 없어 보이는 면이 있다.

(3) 기타 법률에 의한 제한

國家保安法에 의하면, 국가의 존립안전이나 자유민주적 기본질서를 위태롭게 한다는 정을 알면서 반국가단체의 구성원 또는 그 지령을 받은 자와 회합·통신 기타의 방법으로 연락을 한 자는 10년 이하의 징역에 처한다고 규정하여(同法 §8①) 반국가단체와의 통신행위를 제한하고 있다.

南北交流協力에관한法律에 의하면, 통일부장관의 승인을 얻은 경우에는 대한민국의 국민은 북한의 주민과 회합·통신 기타의 방법으로 접촉할 수 있다(同法 §9③).

電波法은 대한민국헌법 또는 헌법에 의하여 설치된 국가기관을 폭력으로 파괴할 것을 주장하는 통신을 禁止하고 있다(同法 §80①).

「형의 집행 및 수용자의 처우에 관한 법률」에 의하면, 수용자는 교도소장의 許可를 받아 다른 사람과 서신을 주고 받거나(同法 §43) 외부와 전화통화를 할 수 있고(同法 §44), 이 경우 교도소장은 수용자의 서신을 검열하거나(同法 §43③) 전화통화를 청취할 수 있다(同法 §44②). 이것은 교도소 내의 규율과 질서를 유지하고 구금의 목적을 달성하기 위한 것으로서 憲法裁判所도 구행형법에서의 수용자의 서신에 대한 검열은 헌법에 위반되지 아니한다고 보았다(예: 憲 1995. 7. 21.-92헌마144; 1998. 8. 27.-96헌마398). 다만, 미결수용자의 변호인과의 서신은 검열할 수 없다(同法 18의2③ 但書, §66② 本文).

刑事訴訟法에 의하면, 법원은 피고인 및 피고사건과 관련된 일정한 우편물의 제출을 명하거나 압수할 수 있다고 규정하고 있다(同法 §107).

「정보통신망 이용촉진 및 정보보호 등에 관한 법률」에 의하면, 정보통신망을 통하여 일반에게 공개를 목적으로 제공된 정보로 사생활 침해나 명예훼손 등 타인의 권리가 침해된 경우에 그 침해를 받은 자가 해당 정보를 취급한 정보통신서비스 제공자에게 침해사실을 소명하여 그 정보의 삭제 또는 반박내용의 게재를 요청하면 정보통신서비스 제공자는 지체 없이 삭제·임시조치 등의 필요한 조치를 하도록 하고 있고(同法§44의2①, ②), 누구든지 청소년유해매체물을 광고하는 내용을 전송하거나 청소년 접근을 제한하는 조치 없이 공개적으로 전시하는 것을 금지하고 하고 있다(同條 ③). 또 정보통신서비스 제공자 중 일정한 수준에 해당하는 자에게는 청소년유해정보의 확산을 방지하기 위하여 청소년보호책임자를 두도록 하고 있으며(同法 §42의3), 수신자의 사전동의 없는 전화모사 · 전송을 이용한 광고전송행위를 금지하고(同法 §50), 무차별적인 스펨메일의 발송을 어렵게 하고(同法 §50의2 ②), 인터넷에 영리적 광고를 삭제할 수 있도록 규정하고 있다(同法 §50의7).

Ⅱ. 제한의 한계

(1) 한 계

통신의 비밀과 자유를 제한하는 경우에도 憲法 제37조 제2항에서 정하는 과잉금지원칙과 본질적내용침해금지의 원칙이 적용된다.

> [憲 1995. 7. 21.-92헌마144] 「헌법 제18조는 "모든 국민은 통신의 비밀을 침해받지 아니한다"고 규정하여 통신의 비밀을 침해받지 아니할 권리를 기본권으로 보장하고 있다. 따라서 통신의 중요한 수단인 서신의 당사자나 내용은 본인의 의사에 반하여 공개될 수 없으므로 서신의 검열은 원칙으로 금지된다고 할 것이다. 그러나 위와 같은 기본권도 절대적인 것은 아니므로 헌법 제37조 제2항에 따라 국가안전보장 · 질서유지 또는 공공복리를 위하여 필요한 경우에는 법률로써 제한할 수 있고, 다만 제한하는 경우에도 그 본질적인 내용은 침해할 수 없다.」

(2) 감청의 합헌성

(a) 불법감청

타인의 대화나 통신 그 자체 및 그 내용을 당사자의 동의를 받지 않고 청취하거나 지득하는 것을 不法監聽(=盜聽)이라고 한다. 이러한 도청행위는 國家에 의해 행해지든 私人에 의해 행해지든 통신의 비밀을 침해하는 것이다. 이러한 도청행위는 그러한 행위가 행해진 것으로 통신의 자유를 침해한 것이 되며, 통신의 내용을 지득함을 목적으로 했느냐, 내용을 지득한 결과를 가져왔느냐 하는 것은 통신의 자유에 대한 침해여부를 판단하는데 문제가 되지 않는다. 단순히 통신상의 음향을 체크하는 행위도 통신의 자유를 침해하는 것이다.

(b) 감 청

도청과 달리 국가가 일정한 경우에 法院의 許可 또는 令狀을 얻어 타인간의 통신내용을 청취하는 强制處分을 하는 경우가 있는데 이를 監聽이라고 한다. 통신비밀보호법이 정하고 있는 바와 같이, 범죄수사 또는 국가안전보장을 위한 감청이 이에 해당한다. 특히 감청은 현실에서 살인 등 조직범죄, 마약범죄, 무기거래, 밀수 등의 범죄에 대한 효과적인 수사를 위하여 강하게 요구된다. 그러나 통신의 비밀과 자유의 보장과 관련해서 이러한 감청행위가 헌법상 허용되는가 하는 점이 문제가 된다.

(i) 합 헌 설　　과잉제한금지원칙을 충족시키고 엄격한 요건하에서 예외적으로 행해지는 감청행위에 한하여 헌법상 허용된다고 한다.

日本國 最高裁判所의 判例도 합헌설을 취하고 있다. 일본국에서는 1999년 「犯罪捜査를 위한 通信傍受에 관한 法律」을 제정하여 범죄수사를 목적으로 한 감청을 일정한 요건하에 예외적으로 인정하고 있다. 獨逸聯邦憲法은 제13조에서 이러한 예외적으로 허용되는 감청에 대하여 명시적 요건을 정하여 인정하고 있다.

(ii) 위 헌 설　　실정법에 근거를 두고 예외적으로 필요한 경우에 한하여 감청을 허용하더라도 감청의 성질상 감청을 하는 동안에는 감청의 전면성과 연속성으로 인하여 감청을 필요로 하는 내용에 한정되지 않고 모든 정보에 대해서 알게 되므로 이는 당사자의 사생활의 비밀과 인격권과 통신의 비밀을 침해하는 것이 되어 헌법에 위반된다고 한다.

합헌설이 다수설이지만, 감청행위는 그 성질상 필요한 부분만을 감청하게 할 수 없으므로 감청이 시작되면 국가기관은 모든 정보와 내용을 알게 된다. 이러한 점으로 인하여 국가기관은 특정 범죄수사를 목적으로 한 감청에서 알게 된 정보를 다른 범죄수사를 위하여 사용하고, 정치적으로 이용할 수 있다. 감청을 인정하더라도 이러한 문제점을 철저히 통제하지 못하면 이는 통신의 비밀을 형해화하는 것이라고 할 것이다.

감청은 그 본질상 전면적이고 연속적이며, 국가기관이 감청에서 수집하거나 알게 된 정보는 감청대상자도 모르게 집적되고 유통되므로 필요한 범위 이외의 정보수집이 언제나 가능하고, 이러한 정보가 유출되거나 악용될 위험성은 항상 존재하고 있다. 가장 위험한 것이 권력자에 의하여 악용되는 것인데, 영장에 의한 감청의 경우에도 감청사실을 사후에 통지하게 하거나, 불법감청에 대한 공소시효를 배제하는 등 이에 대한 철저한 통제와 조치가 요구된다. 특히 국가정보기관이나 수사기관이 감청으로 얻는 자료와 정보에 대해서는 국민의 접근이 불가능하므로 국가는 언제나 통제를 받지 않고 이를 여러 가지 방법으로 이용할 수 있다.

4. 情報의 自由

[142] 第一 意　　義

I. 개　　념

현대 사회는 정보사회이다. 과학과 기술의 발전으로 인하여 인간은 자신의 삶을 영위함에 있어 수많은 정보를 생산하고 유통하고 관리하면서 살게 되었다. 정보사회에서 정보는 생활의 필수적인 요소일뿐 아니라 유력한 자원이기 때문에 인간은 정보

없이 살 수 없게 되었다. 따라서 인간이 정보를 생산하고 이를 유통하면서 소통을 하고 관리하는 것은 중요한 자유의 내용이다. 한 개인을 중심으로 보면, 개인이 자기의 외부에 존재하는 정보에 접근하고 수집하는 것, 그리고 외부로부터 정보를 수령하는 것은 정보생활의 필수불가결한 내용이고, 개인이 정보를 스스로 생산하고 이를 유통하면서 외부와 소통하는 것은 그 자체 생활이다. 정보사회에서는 기술의 발달로 개인은 자기에 관한 정보도 침해될 위험성이 더욱 높아가고 있어 개인이 자기 정보를 관리하고 통제하는 자유도 보호되지 않으면 안 된다.

이와 같이 개인이 정보에 관하여 국가와 타자로부터 가지는 자유를 정보의 자유라고 한다. 이러한 정보의 자유는 알 권리와 자기정보관리 · 통제권을 내용으로 한다.

Ⅱ. 헌법적 근거

우리 헌법은 정보의 자유를 명시적으로 정하고 있지는 않다. 그러나 이에 관한 여러 헌법 규정의 해석을 통하여 이를 인정하여 왔다.

(1) 알 권리

헌법은 알 권리에 관하여 명문의 규정을 두고 있지 않기 때문에, 그 헌법적 근거에 대하여 다양한 견해가 있다. 학설상으로는, i) 알 권리는 표현의 자유의 전제조건이라는 점에서 표현의 자유를 규정한 헌법 제21조에서 근거를 찾는 견해, ii) 인격의 형성 및 그 자유로운 전개와 행복추구권을 규정한 헌법 제10조 및 헌법 제21조에서 근거를 찾는 견해(金哲洙a, 982), iii) 헌법 제21조 제 1 항의 표현의 자유와 제 1 조의 국민주권의 원리, 제10조의 인간의 존엄성존중과 행복추구권에서 찾는 견해와(成樂寅, 552) 이에 더하여 제34조 제 1 항의 인간다운 생활을 할 권리도 포함하여 근거를 찾는 견해(權寧星, 497), iv) 알 권리는 다른 기본권 실현의 전제이자 민주적 헌정질서의 기초이므로 특정 헌법 규정에서 근거를 발견할 것이 아니라 헌법 전체적 질서와 연관 속에서 그 근거를 발견해야 한다는 견해가 있다.

알 권리는 모든 기본권의 실현의 전제이고, 모든 생활과 연관되므로 명시적인 조항이 없는 한 개별적 기본권을 정하고 있는 특정 조항을 근거로 할 수 없다고 할 것이다. 헌법해석상으로 보건대, 알 권리는 憲法 제 1 조, 제10조, 제21조 제 1 항, 제37조 제 1 항이 가장 직접적인 근거가 된다고 할 것이다.

憲法裁判所는 표현의 자유를 규정한 憲法 제21조를 알 권리의 근거규정으로 보고 있다. 다만, 국민주권주의(憲法 §1), 인간의 존엄과 가치(憲法 §10), 인간다운 생활을 할 권리(憲法 §34①)에 대하여는 알 권리와 간접적으로 연관이 있음을 언급하고 있다(예: 憲 1989. 9. 4.-88헌마22; 1991. 5. 13.-90헌마133; 1992. 2. 25.-89헌가104).

[憲 1991. 5. 13.-90헌마133] 「헌법 제21조는 언론·출판의 자유, 즉 표현의 자유를 규정하고 있는데 이 자유는 전통적으로 사상 또는 의견의 자유로운 표명(발표의 자유)과 그것을 전파할 자유(전달의 자유)를 의미하는 것으로서 사상 또는 의견의 자유로운 표명은 자유로운 의사의 형성을 전제로 한다. 자유로운 의사의 형성은 정보에의 접근이 충분히 보장됨으로써 비로소 가능한 것이며, 그러한 의미에서 정보에의 접근·수집·처리의 자유, 즉 "알 권리"는 표현의 자유와 표리일체의 관계에 있으며……이러한 "알 권리"는 표현의 자유에 당연히 포함되는 것으로 보아야 하며 인권에 관한 세계선언 제19조도 "알 권리"를 명시적으로 보장하고 있다.」

(2) 자기정보관리·통제권

헌법은 자기정보관리·통제권을 명시적으로 정하고 있지 않다. 헌법해석으로는 헌법 제10조, 제17조, 제37조 제1항이 근거가 된다고 할 것이다. 입법적으로 보면, 헌법에 명시적으로 정보의 자유규정을 두는 것이 타당하다.

憲法裁判所는 個人情報自己決定權을 헌법상의 기본권으로 인정하며, 그 헌법적 근거로는 헌법상의 개별 기본권 규정이나 개별 규정에 근거하고 있는 것이 아니라 독자적인 기본권으로서 「헌법상 명시되지 않은 기본권」에 해당한다고 본다(예: 憲 2005. 5.26.-99헌마513등; 2009. 10. 29.-2008헌마257). 이는 개인정보자기결정권을 헌법 제37조 제1항에서 정하고 있는 '헌법상 열거되지 아니한 기본권'이라고 보는 것이다.

[憲 2005. 5. 26.-99헌마513등] 「이 사건 시행령조항이 주민등록증 발급대상자에 대하여 열 손가락의 지문을 날인할 의무를 부과하는 것만으로는 신체의 안정성을 저해한다거나 신체활동의 자유를 제약한다고 볼 수 없으므로, 이 사건 시행령조항에 의한 신체의 자유의 침해가능성은 없다고 할 것이다.……지문을 날인할 것인지 여부의 결정이 선악의 기준에 따른 개인의 진지한 윤리적 결정에 해당한다고 보기는 어려워, 열 손가락 지문날인의 의무를 부과하는 이 사건 시행령조항에 대하여 국가가 개인의 윤리적 판단에 개입한다거나 그 윤리적 판단을 표명하도록 강제하는 것으로 볼 여지는 없다고 할 것이므로, 이 사건 시행령조항에 의한 양심의 자유의 침해가능성 또한 없는 것으로 보인다.……이와 같은 사회적 상황 하에서 개인정보자기결정권을 헌법상 기본권으로 승인하는 것은 현대의 정보통신기술의 발달에 내재된 위험성으로부터 개인정보를 보호함으로써 궁극적으로는 개인의 결정의 자유를 보호하고, 나아가 자유민주체제의 근간이 총체적으로 훼손될 가능성을 차단하기 위하여 필요한 최소한의 헌법적 보장장치라고 할 수 있다. 개인정보자기결정권의 헌법상 근거로는 헌법 제17조의 사생활의 비밀과 자유, 헌법 제10조 제1문의 인간의 존엄과 가치 및 행복추구권에 근거를 둔 일반적 인격권 또는 위 조문들과 동시에 우리 헌법의 자유민주적 기본질서 규정 또는 국민주권원리와 민주주의원리 등을 고려할 수 있으나, 개인정보자기결정권으로 보호하려는 내용을 위 각 기본권들 및 헌법원리들 중 일부에 완전히 포섭시키는 것은 불가능하다고 할 것이므로, 그 헌법적 근거를 굳이 어느 한두 개에 국한시키는 것은 바람직하지 않은 것으로 보이고,

오히려 개인정보자기결정권은 이들을 이념적 기초로 하는 독자적 기본권으로서 헌법에 명시되지 아니한 기본권이라고 보아야 할 것이다.」

[143] 第二 法的 性格

Ⅰ. 알 권리

(1) 자유권 및 청구권으로서의 성격

알 권리는 일반적으로 접근할 수 있는 정보원으로부터 자유롭게 정보를 수령·수집할 수 있는 自由權임과 동시에 국가기관 등에 대하여 정보의 공개를 청구할 수 있는 請求權으로서의 성격을 가진다. 알고자 하는 정보가 알 권리를 가진 자에게 당연히 제공되어야 하는 성질의 것이면 그 경우의 알 권리는 청구권이지만, 그렇지 아니한 일반적인 정보원에 대한 접근은 정보에의 접근과 수집이라는 자유권으로서의 성격을 가진다.

憲法裁判所의 판례도 같은 입장이다(예: 憲 1989. 9. 4.-88헌마22; 1991. 5. 13.-90헌마133).

[憲 1991. 5. 13.-90헌마133] 「"알 권리"는 표현의 자유와 표리일체의 관계에 있으며 자유권적 성질과 청구권적 성질을 공유하는 것이다. 자유권적 성질은 일반적으로 정보에 접근하고 수집·처리함에 있어서 국가권력의 방해를 받지 아니한다는 것을 말하며, 청구권적 성질은 의사형성이나 여론 형성에 필요한 정보를 적극적으로 수집하고 수집을 방해하는 방해제거를 청구할 수 있다는 것을 의미하는바 이는 정보수집권 또는 정보공개청구권으로 나타난다. 나아가 현대 사회가 고도의 정보화사회로 이행해감에 따라 "알 권리"는 한편으로 생활권적 성질까지도 획득해 나가고 있다.」

(2) 청구권적 성격과 입법의 문제

알 권리가 청구권적인 성격을 가진다고 할 때에도 국가기관 등에 대하여 정보의 공개를 청구할 수 있는 請求權으로서의 알 권리가 그 내용, 절차, 범위에 관한 별도의 법률 없이도 헌법에 의하여 직접 행사할 수 있는 구체적 권리인지에 대하여는 논란이 있다.

學說에서는 i) 법률이 없더라도 청구권으로서의 알 권리는 헌법에 의해 직접 보장된다는 견해, ii) 구체적 권리가 되기 위해서는 별도의 법률이 있어야 한다는 견해 등이 있으나, 알고자 하는 정보가 알 권리를 가진 자에게 당연히 제공되어야 하는 성질의 것이면 그 경우의 알 권리는 법률의 제정 없이도 보장되는 청구권이다.

憲法裁判所는 「알 권리의 실현은 법률의 제정이 뒤따라 이를 구체화시키는 것이 충실하고도 바람직하지만, 그러한 법률이 제정되어 있지 않다고 하더라도 불가능한 것은 아니고 헌법 제21조에 의해 직접 보장될 수 있다」고 판시하였다(憲 1991. 5. 13.-90헌마133).

公共機關의情報公開에관한法律은 공공기관이 보유·관리하는 정보의 공개를 청구할 권리를 인정하고(同法 §3), 청구권으로서의 알권리의 내용 및 행사방법을 구체화하고 있다. 행정기관의 정보공개허가여부는 기밀에 관한 사항 등 특별한 사유가 없는 한 반드시 정보공개에 응하여야 하는 羈束行爲에 해당한다(예: 大 1992. 6. 23.-92추17).

정보공개청구권을 헌법에 근거하여 직접 행사할 수 있는 구체적 권리로 파악한 헌법재판소의 결정에 영향을 받아 1996. 12. 31. 公共機關의情報公開에관한法律이 제정되었다. 이 법률에서는 공공기관이 보유·관리하는 정보는 이 법이 정하는 바에 따라 공개하여야 한다고 규정하여 정보공개의 원칙을 정하면서(同法 §3), 다른 법령에 의하여 비밀 또는 비공개 사항으로 규정된 정보 등 일정한 요건을 갖춘 정보는 비공개대상 정보로서 공개대상에서 제외하고 있다(同法 §9① 但書 각호). 모든 국민은 정보의 공개를 청구할 권리를 가지며(同法 §5①), 공공기관에 대하여 일정한 사항을 기재한 정보공개청구서를 제출하거나 구술로써 정보의 공개를 청구할 수 있고(同法 §10), 이에 대하여 공공기관은 10일 이내에 정보공개여부를 결정하여 청구인에게 통지하여야 한다(同法 §11, §13). 공공기관의 결정에 불복이 있는 청구인은 이의신청을 하거나 행정심판, 행정소송을 제기할 수 있다(同法 §18-§20).

Ⅱ. 자기정보관리·통제권

자기정보관리·통제권은 자유권으로서의 성질을 가진다. 개인이 자기정보를 관리·통제할 수 있는 권리는 국가로부터도 침해받지 않으며, 私人으로부터도 침해받지 않는다.

[144] 第三 主 體

정보의 자유의 주체는 自然人이고, 성질이 허용되는 한에서는 언론기관 등 법인도 주체가 될 수 있다.

外國人의 경우에 정보의 자유가 인간의 권리로서 성격을 가지는 경우에는 인정되지만, 국민의 권리로서의 성격을 가지는 경우에는 인정되지 않는다. 따라서 외국인에게는 정보의 성격, 내용, 범위 등에 따라 정보의 자유가 내국인과 비교하여 보다 많이 제한될 수 있다. 특히 청구권으로서의 알 권리는 상당히 제한될 수 있다.

[145] 第四 內 容

Ⅰ. 알 권리

알 權利(right to know)란 일반적으로 접근할 수 있는 情報源으로부터 자유롭게 정보를 수령·수집하거나, 국가기관 등에 대하여 정보의 공개를 청구할 수 있는 권리를 말한다.

> 알 권리는 제2차 세계대전 이후에 등장한 새로운 기본권이다. 1948년 世界人權宣言은 제19조에서 「모든 사람은 모든 수단에 의하여 국경을 초월하여 정보와 사상을 탐구하거나 입수 또는 전달할 자유를 가진다」라고 하여 알 권리를 규정하였고, 독일연방헌법에서는 「일반적으로 접근할 수 있는 情報源으로부터 알게 되는 것을 방해받지 않을 권리」라고 하여 알 권리를 명문으로 보장하고 있다(同憲法 §5①). 미합중국에서는 1966년에 정보자유법(The Freedom of Information Act)이 제정되어 알권리를 보장하고 있다.

알 권리는 국가에 의하여 방해받지 아니하고 일반적으로 접근할 수 있는 정보원으로부터 정보를 수령하고 수집할 수 있는 권리와 수령하거나 수집한 정보를 선별·선택할 수 있는 권리, 즉 情報의 自由를 그 내용의 하나로 한다.

(1) 정보접근권

개인은 정보를 생산하거나 이용하거나 유통을 함에 있어 외부의 정보원에 접근할 필요가 있다. 이러한 정보원에의 접근은 의사형성의 자유, 표현의 자유 등에서 본질적으로 중요한 내용을 이룬다. 이렇듯이, 개인은 일반적으로 가능한 정보원에 접근할 수 있는 자유가 보장되어야 하는데 이를 정보접근권이라고 한다.

정보접근권의 대상인 「일반적으로 접근가능한 정보원」이란 그 수를 예상할 수 없는 不特定 多數人에게 개방된 정보원을 말하는데, 대개의 경우 불특정 다수인에게 정보를 제공하기에 적합한 기술적·시설적 여건을 갖추고 이를 목적으로 하는 것이 보통이다. 대표적으로는 신문, 방송, 영화 등 대중매체, 전시회, 박물관, 공적인 강연, 공적인 행사 등을 들 수 있다.

특정 개인이나 특정 집단을 수신인으로 하는 사적인 각종의 정보(교육, 강습, 대화, 통화, 메모, 국가기관을 포함한 각종 기관이 특정 대상에게 제공하는 정보)는 이에 해당하지 않는다.

(2) 정보수령권

정보수령권은 일반적으로 접근할 수 있는 정보원으로부터 방해받지 않고 정보를 수령할 수 있는 권리, 즉 자발적 정보제공자가 제공하는 정보를 아무런 방해 없이 받아들일 수 있는 권리를 말한다.

이러한 알 권리를 실현함에 있어 중요한 것이 언론 등 대중매체를 통한 報道를 통하여 알 권리를 실현하는 것이다. 이러한 경우에는 언론기관이 취재하고 보도하는 것이 단순히 언론기관의 언론의 자유에 그치지 않고 국민의 알 권리를 충족시키는 성질을 가진다. 그러나 이러한 경우에도 타 이익의 침해금지라는 면에서 한계가 있고(보도의 한계), 제한이 가능하다(예: 민·형사적 책임의 부과).

(3) 정보수집 · 생산권

정보수집권은 일반적으로 접근가능한 정보원으로부터 능동적으로 정보를 수집할 수 있는 권리를 뜻하고, 언론매체의 취재의 자유와 개인의 정보수집의 자유를 포함한다. 이러한 정보의 수집에서 국가나 타인의 방해를 받지 아니하는 것이 정보의 자유로서의 정보수집권이다.

(4) 정보선별 · 선택권

정보는 그 본질상 다양한 정보 중에서의 선별과 여과를 전제로 하므로 정보수령 · 수집권은 정보의 選別權과 選擇權을 포함한다. 따라서 국민은 정보의 선별 · 선택에 있어서 국가의 영향이나 방해를 받지 않는다.

(5) 정보공개청구권

알 권리는 국가기관 등에 대하여 적극적으로 정보의 공개를 청구할 수 있는 권리, 즉 情報公開請求權을 포함한다. 이러한 정보공개의 청구는 정보를 수집하는 면에 있어서 적극적이고 능동적인 성격을 가지는 청구권으로서의 성격을 가진다.

이러한 정보공개청구권에는 個別的 情報公開請求權과 一般的 情報公開請求權이 포함된다.

(a) 개별적 정보공개청구권

정보공개청구권에는 문제가 된 정보에 대해 이해관계를 가지는 일정범위의 사람이 그 정보의 공개를 청구할 수 있는 권리인 個別的 情報公開請求權이 포함된다.

이런 점에서 國家나 公共機關이 保有하고 있는 自己情報에 대한 統制權도 개별적 정보공개청구권으로서 보장된다. 국민 누구나 국가나 공공기관이 자기에 대하여 어떠한 정보를 확보하고 보유하고 있는지를 알 수 있는 권리를 가지는 것은 행복의 추구와 사생활의 보호에서 중요한 의미를 가진다. 公共機關의個人情報保護에관한法律은 이에 관하여 정하고 있는 대표적인 법률이다.

憲法裁判所는 정보를 청구하는 청구인에게 이해관계가 있고 공익에 장애가 되지 않는다면 알 권리를 널리 인정하여야 하고, 적어도 직접 이해관계가 있는 자에게는 의무적으로 공개하여야 한다는 것을 분명히 하였다(예: 憲 1989. 9. 4.-88헌마22). 구체적인 사안에서는 i) 토지조사부나 임야조사서의 열람 · 복사 신청에 대하여 이해관계인인지 여부 및 다른 사람의 사생활의 비밀이나 기밀 등 공익이 침해될 소지가 있는지 여부에 대하여 충분한 검토 없이 묵살 또는 방치하는 방법으로 불응한 부작위는 알권리를 침해하여 위헌이라 판시하였고(憲 1989. 9. 4.-88헌마22), ii) 자신에 대한 피고사건의 확정된 형사소송기록의 복사신청을 거부한 행위는 알 권리를 침해하여 위헌이라고 판시하였다(憲 1991. 5. 13.-90헌마133). iii) 국가 또는 지방자치단체의 기관이 보관하고 있는 문서 등에 관하여 이해관계 있는 국민이 공개를 요구함에도 정당한 이유 없이 이에 응하지 않거나 거부하는 것은 알 권리를 침해하는 것이라고 판시하였다(憲 1994. 8. 31.-93헌마174). 그러나 법원이 형을 선고받은 피고인에게 재판서를 송달하지 않은 것이 알 권리를 침해한 것은 아니라고 판시하였다(憲 1995. 3. 23.-92헌바1).

(b) 일반적 정보공개청구권

정보공개청구권에는 국가공권력이 보유하는 모든 정보에 대하여 이해관계에 관계없이 일반인이 공개를 요구할 수 있는 권리인 一般的 情報公開請求權도 포함된다. 이러한 일반적 정보공개청구권은 이해관계가 없더라도 이를 공개할 공적인 이익이 있는 경우에 인정되는데, 이러한 경우에 국민은 누구나 해당 정보에 대하여 공개할 것을 청구할 수 있다.

憲法裁判所는 「알 권리의 핵심은 정부가 보유하고 있는 정보에 대한 국민의 알 권리, 즉 국민의 정부에 대한 일반적 정보공개를 구할 권리」라고 하여 一般的 情報公開請求權을 헌법상 기본권인 알 권리의 내용으로 인정하고 있다(예: 憲 1989. 9. 4.-88헌마22). 이러한 一般的 情報公開請求權도 헌법에 의하여 직접 보장된 具體的 權利로 파악하고 있다(예: 憲 1991. 5. 13.-90헌마133).

憲法裁判所는 국회에 대하여 입법과정의 공개를 요구할 권리를 헌법상 보장된 알 권리의 한 내용이라고 하고, 동시에 國會의 議事에 대해서는 직접적인 이해관계 유무와 상관없이 일반적 정보공개청구권을 가진다고 판시하고, 이러한 일반적 정보공개청구권도 헌법 제37조 제 2 항에 의하여 제한할 수 있다고 판시하였다(예: 憲 2009. 9. 24.-2007헌바17).

> [憲 2009. 9. 24.-2007헌바17] 「국민은 헌법상 보장된 알권리의 한 내용으로서 국회에 대하여 입법과정의 공개를 요구할 권리를 가지며, 국회의 의사에 대하여는 직접적인 이해관계 유무와 상관없이 일반적 정보공개청구권을 가진다고 할 수 있다. 다만 의사공개의 원칙 및 알권리 역시 절대적인 것이 아니고 헌법유보 조항인 헌법 제21조 제 4 항과 일반적 법률유보 조항인 헌법 제37조 제 2 항에 의하여 제한될 수 있음은 물론이며, 알권리에서 파생되는 일반적 정보공개청구권 역시 마찬가지이다.」

憲法裁判所는 국회예산결산위원회 계수조정소위원회에서 일반인의 방청을 불허한 행위나 의원들의 국정감사활동을 방청하는 것을 불허한 행위는 국회의 의사자율권의 범위에 속하고 알 권리를 침해한 것이 아니라고 판시하였다(憲 2000. 6. 29.-98헌마443등).

Ⅱ. 자기정보관리 · 통제권

(1) 의 의

정보화사회가 급속도로 진행되면서 개인에 대한 정보가 대량으로 광범위하게 수집 · 처리 · 관리되는 상황이 현실화됨에 따라 개인의 사생활의 보호를 위해서는 자신에 대한 정보를 본인이 직접 관리하고 통제할 필요성이 그 어느 때보다 커지게 되었다. 이에 따라 자기 자신에 대한 정보를 보호받기 위하여 그 정보를 자율적으로 결정하고 관리할 수 있는 권리가 사생활의 비밀 · 자유의 중요한 내용이 되고 있다. 자기정보의 관리 · 통제권을 실효성 있게 보장하기 위해서는 개인정보에 대한 관리시스템을 설치할 때에는 일정한 종류의 기록금지, 개인정보 수집방법의 제한, 개인의 의사에 반한 입력의 금지, 개인정보의 무제한 축적의 금지, 자기 파일에 대한 엑세스(Access)권 보장, 개인정보의 정정권의 보장 등이 준수되어야 한다(金哲洙a, 842).

외국의 경우 개인정보보호를 위한 법률로서 미국은 1974년의 「프라이버시법(Privacy Act)」, 프랑스는 1978년의 「정보처리 · 축적 · 자유에관한법률」, 독일은 1977년의 「연방정보보호법」, 일본은 1988년 「행정기관이 보유하는 전자계산기 처리와 관련된 개인정보에 관한 법률」, 유엔경제개발협력기구(OECD)는 1980년 「개인정보의 국제적 유통과 프라이버시 보호에 관한 가이드라인」을 작성 공포한 바 있다. 우리나라에서는 공공기관에 의한 개인정보관리시스템으로부터 개인정보를 보호하고 자기정보의 관리통제권을 보장하기 위해 「공공기관의개인정보보호에관한법률」이 1994년 제정되어 시행되고 있으며, 이와 관련하여 「신용정보의이용및보호에관한법률」,「정보통신망이용촉진및정보보호등에관한법률」 등도 제정되어 있다.

(2) 내　용

자기정보관리 · 통제권은 행정기관 등의 정보수집이 자신의 기본권을 과도하게 침해할 경우 또는 정보의 이용목적이 불분명하거나 자의적인 정보수집인 경우 자신에 관한 정보의 수집 · 분석 · 처리 등을 배제할 수 있는 권리, 정보보유기관에 대하여 자신에 관한 정보에 자유롭게 접근하여 그 열람을 청구할 수 있는 권리, 정보내용이 부정확하거나 불완전한 경우 자신에 관한 정보의 정정을 요구할 수 있는 권리, 정보보유기관이 법에 규정된 의무를 위반하거나 법의 취지에 반하여 개인정보를 부당하게 이용하는 경우 자기정보의 무단공표 및 이용의 금지 또는 사용중지 · 삭제를 요구할 수 있는 권리, 이러한 요구가 수용되지 않을 경우 불복신청하거나 손해배상을 청구할 수 있는 권리 등을 그 내용으로 한다.

「공공기관의 개인정보보호에 관한 법률」은 이러한 자기정보 관리 · 통제권에 대하여 상세히 규정하고 있다. 「공공기관의 장은 사상 · 신조 등 개인의 기본적 인권을 현저하게 침해할 우려가 있는 개인정보를 수집하여서는 아니 된다」(同法 §4 본문)고 규정하여 사생활의 비밀과 직결되어 있는 정보의 입력을 금지하고, 「정보주체는 개인정보화일대장에 기재된 범위 안에서 서면으로 본인에 관한 처리정보의 열람을 보유기관의 장에게 청구할 수 있다」(同法 §12 ①)고 규정하여 자기정보에 대한 열람청구권을 보장하며, 「본인의 처리정보를 열람한 정보주체는 보유기관의 장에게 서면으로 당해 처리정보의 정정을 청구할 수 있다」(同法 §14①)고 규정하여 자기정보에 대한 정정청구권도 보장하고 있다. 한편, 동법은 공공기관의 장이 개인정보화일을 보유하거나 변경하고자 하는 경우(다른 공공기관으로부터 처리정보를 제공받아 보유하고자 하는 경우는 제외)에는 법률에서 정하고 있는 사항을 행정안전부장관과 협의하여야 하도록 하고 있고, 중앙행정기관의 장이 아닌 공공기관의 장이 이러한 협의를 하고자 하는 경우에는 관계 중앙행정기관의 장을 거쳐 관련 서류를 제출하도록 하고 있다. 또 행정안전부장관은 이러한 협의를 하는 경우로서 개인정보의 보호를 위하여 필요하다고 인정하는 때에는 동법 제20조에 따른 공공기관 개인정보보호심의위원회에 협의사항에 관하여 심의를 요청할 수 있게 하고 있다(同法 §6). 행정안전부장관은 이와 같이 협의한 사항을 대통령령이 정하는 바에 따라 연 1회 이상 관보 또는 인터넷 홈페이지 등에 게재하여 공고하여야 한다(同法 §7). 공공기관의 장은 개인정보를 처리함에 있어서 개인정보가 분실·도난·누출·변조 또는 훼손되지 아니하도록 안전성확보에 필요한 조치를 강구하고 처리정보의 정확성 및 최신성을 확보하도록 노력하여야 하고(同法 §9 ①, ②), 정보보유기관의 장은 다른 법률에 의하여 보유기관의 내부에서 이용하거나 보유기관 외의 자에게 제공하는 경우를 제외하고는 당해 개인정보화일의 보유목적 외의 목적으로 처리정보를 이용하거나 다른 기관에 제공하여서는 아니 된다(同法 §10①)는 의무를 부여함으로써 개인정보시스템을 통한 남용과 사생활의 비밀과 자유에 대한 침해의 위험을 경계하고 있다.

개인정보자기결정권의 보호대상이 되는 개인정보는 개인의 신체, 신념, 사회적 지위, 신분 등과 같이 개인의 인격주체성을 특징짓는 사항으로서 그 개인의 동일성을 식별할 수 있게 하는 일체의 정보이다. 반드시 개인의 내밀한 영역이나 私事의 영역에 속하는 정보에 국한되지 않고 공적 생활에서 형성되었거나 이미 공개된 개인정보까지 포함한다. 이런 개인정보를 대상으로 조사·수집·보관·처리·이용 등의 행위는 원칙적으로 개인정보자기결정권에 대한 제한에 해당한다(예: 憲 2005. 5. 26.-99헌마513등).

전기통신설비를 이용하거나 전기통신설비와 컴퓨터 및 컴퓨터의 이용기술을 활용하여 정보를 수집·가공·저장·검색·송신 또는 수신하는 정보통신망을 이용하는 자의 개인정보를 보호하기 위하여 「정보통신망 이용촉진 및 정보보호 등에 관한 법률」에서는 정보통신서비스이용제공자가 이용자의 개인정보를 수집하는 경우 개인정보의 수집·이용목적, 수집하는 개인정보의 항목, 개인정보의 보유·이용기간 등을 이용자에게 알리고 동의를 얻도록 하고(同法 §22①), 사상·신념·과거 병력 등 개인의 권익과 사생활을 현저하게 침해할 우려가 있는 개인정보의 수집을 금지하며(同法 §23①), 이용자는 정보통신서비스제공자 등에 대하여 자신의 개인정보에 대한 열람 또는 개인정보를 이용하거나 제3자에게 제공한 내역을 요구할 수 있고, 자신의 개인정보에 오류가 있는 경우에는 그 정정을 요구할 수 있도록 규정(同法 §30②)하고 있다. 그리고, 누구든지 정당한 접근권한 없이 또는 허용된 접근권한을 초과하여 정보통신망에 침입하여서는 아니 되며(同法 §48①) 정보통신망에 의하여 처리·보관 또는 전송되는 타인의 정보를 훼손하거나 타인의 비밀을 침해·도용 또는 누설하여서는 아니 되고(同法 §49), 이를 위반할 경우 형사처벌을 할 수 있다(同法 §72① i·§71 vi)고 규정하고 있다.

「신용정보의 이용 및 보호에 관한 법률」은 신용정보회사 등은 개인의 정치적 사항·종교적 신념 기타 신용정보와 무관한 사생활에 관한 정보의 수집·조사를 금지하고(同法 §16① iii), 신용정보제공·이용자는 대통령령으로 정하는 개인신용정보를 신용정보회사 등에게 제공하고자 하는 경우에는 대통령령이 정하는 바에 의하여 당해 개인으로부터 서면 또는 공인전자서명이 있는 전자문서에 의한 동의를 얻도록 하고(同法 §32①), 신용정보주체는 신용정보회사 등에게 보유하고 있는 본인정보의 제공 또는 열람을 청구할 수 있으며, 본인정보가 사실과 다른 경우에는 정정을 청구할 수 있다고 규정하고 있다(同法 §38①).

「위치정보의 보호 및 이용 등에 관한 법률」은 개인이 가지는 자기의 位置情報決定權을 보호하고, 개인의 위치정보의 유출·오용 및 남용으로부터 私生活의 秘密 등을 보호한다. 이에 의하면, 누구든지 개인 또는 소유자의 동의를 얻지 아니하고 당해 개인 또는 이동성이 있는 물건의 위치정보를 수집·이용 또는 제공하는 것을 금지하는 것을 원칙으로 하고 동법 제29조의 규정에 의한 긴급구조기관의 긴급구조 또는 경보발송 요청이 있거나 다른 법률에 특별한 규정이 있는 경우에만 예외로 하고 있으며(同法 §15①, ②), 누구든지 타인의 정보통신기기를 복제하거나 정보를 도용하는 등의 방법으로 위치정보사업자등을 속여 타인의 개인위치정보를 제공받는 것도 금지하고 있다. 위치정보와 관련된 사업은 허가제로 하고, 위치정보사업자가 개인위치정보를 수집하고자 하는 경우에는 미리 해당 사항을 이용약관에 명시한 후 개인위치정보주체의 동의를 얻도록 하고(同法 §18①), 위치정보사업자등과 그 종업원이거나 종업원이었던 자는 직무상 알게 된 위치정보를 누설·변조·훼손 또는 공개하는 것을 금지하고 있다(同法 §17).

[146] 第五 效　力

정보의 자유는 국가에 대하여 직접 효력을 미친다. 그러나 개인에 대해서는 직접 효력이 미치지 않는다.

사인간에 있어서 정보의 자유에 대한 침해가 있는 경우에는 국가가 이에 개입하여 해결하여야 한다. 개인의 정보의 자유를 침해하는 것에 대하여 입법을 통하여 민사적, 형사적으로 규율하거나 행정적으로 규율하는 것이 이에 해당한다.

국가와 사인간에 정보의 자유가 보호되는 정도와 개인과 개인간에 있어서 정보의 자유가 보호되는 정도는 다를 수 있다.

[147] 第六 制限과 그 限界

Ⅰ. 제 한

알 권리도 憲法 제37조 제2항에 따라 국가안전보장·질서유지 또는 공공복리를 위하여 필요한 경우에 한하여 법률로써 제한할 수 있다. 그러나 이러한 법률에 의한 제한은 과잉금지원칙을 준수하여야 하고 알 권리의 본질적 내용을 침해할 수 없다(憲法 §37②). 알 권리가 모든 기본권의 실현의 전제가 되는 성격을 가진다는 점을 고려할 때 그 제한은 엄격하여야 할 것이다. 공공기관의 정보공개에 관한 법률 제9조 제1항이 공공기관의 비공개대상정보를 정한 것은 법률로써 알 권리를 제한하는 대표적인 예에 해당한다.

Ⅱ. 국가기밀의 문제

알 권리의 제한과 관련하여 특히 문제되는 것은 국가기밀이다. 국가기밀에 대하여 알 권리를 제한하는 것은 전 세계적으로 공통적인 현상이다. 국민이 알 권리를 가진다고 하더라도 국가의 안전과 국가이익을 침해하며 이를 향유할 수는 없다. 우리나라도 공공기관의 정보공개에 관한 법률에서 「국가안전보장·국방·통일·외교관계 등에 관한 사항으로서 공개될 경우 국가의 중대한 이익을 현저히 해할 우려가 있다고 인정되는 정보」는 비공개정보로서 공공기관의 공개대상정보에서 제외하고 있고(同法 §9①i), 형법·군형법·국가보안법·군사기밀보호법에서 군사기밀, 외교상의 기밀, 국가기밀을 누설하는 등의 행위를 형사처벌하는 규정을 두고 있다(예: 刑法 §98②, §113, 軍刑法 §13②, §80, 國家保安法 §4①ii, 軍事機密保護法 §11-§15).

그런데, 군사기밀 등을 누설하였다는 이유로 형사처벌을 할 경우 「軍事機密」 등의 개념은 추상적이고 불확정적인 것이므로 알 권리를 침해할 소지가 있다. 이와 관련하여 憲法裁判所는 군사기밀법상의 「군사기밀」의 범위는 국민의 표현의 자유 내지 알 권리의 대상영역을 가능한 최대한 넓혀 줄 수 있도록 필요한 최소한도에 한정되어야 할 것이라고 판시하였다(憲 1992. 2. 25.-89헌가104).

> [憲 1992. 2. 25.-89헌가104] 「군사기밀이라 함은 비공지의 사실로서 관계기관에 의하여 적법절차에 따라 군사기밀로 분류표시 또는 고지된 군사관련 사항이어야 할 뿐만 아니라 아울러 그 내용이 누설될 경우 국가의 안전보장에 명백한 위험이 초래된다고 할 수 있을 정도로 그 내용 자체가 실질적인 비밀가치를 지닌 비공지의 사실에 한하는 것이라고 한정해석되어야 할 것이다. 군사기밀이 실질비성(實質秘性)의 요건을 충족하여야 할 것으로 해석되는 이유는 비단, 위에 설시한 "알 권리"와의 조화의 측면에서뿐만이 아니고 그 위반에 대한 높은 법정형 및 과실(단 과실범 처벌규정인 제9조는 위헌심판 대상규정은 아니다)까지도 처벌하고 있는 점에서 당연한 귀결이라고 할 것이다. 그러므로

그 내용이 명백히 국가의 안전보장에 관련된 사항(진성비밀(眞性秘密))이 아니고 다만 정부의 정치적 이익 내지 행정편의에 관련된 사항(의사비밀(擬似秘密) 내지 가성비밀(假性秘密))임에 불과할 때에는 군사기밀보호법의 보호대상이 아닌 것이다. 그리고 형사소추된 사건에서 비밀의 실질가치 유무에 대한 최종심사는 의당 법원에 의하여 객관적으로 행하여져야 할 것이며(미합중국의 정보자유법이 명문으로 법원의 실질심사권을 인정하고 있는 점(5USC §552(a)(4))은 참고가 될 수 있다) 그것은 너무나 당연한 것으로서 췌언을 요치 않는다. "기밀"이라는 용어 자체가 한정된 사람에게만 알려진 사항을 의미하며 통상의 지식·경험을 갖추고 있는 보통의 사람이 상식으로 알고 있는 사실이라면 이미 더 이상 기밀이 될 수 없을 것이며 따라서 공지의 사실을 누설(고지라고 하는 것이 옳은 표현일 것이다)하였다면 군사기밀보호법위반으로 의율하여서는 안 될 것이다.」

Ⅲ. 선거에서의 여론조사결과 공표금지

憲法裁判所는 선거에서 여론조사의 결과를 공표하지 못하게 하는 것은 선거의 공정성을 보장하기 위한 것으로 알 권리나 참정권을 침해하는 것이 아니라고 판시하였다(예: 憲 1998. 5. 28.-97헌마362등)((鄭宗燮g. [302] Ⅱ)).

Ⅳ. 공공기관이 보유하는 시험에 관한 정보

공공기관의 정보공개에 관한 법률은 공공기관이 보유·관리하는 정보 가운데 시험에 관한 사항으로서 공개될 경우에 업무의 공정한 수행 등에 현저한 지장을 초래한다고 인정할 만한 상당한 이유가 있는 경우에는 공개하지 않을 수 있다고 정하고 있다(同法 §9⑤ v). 憲法裁判所는 이 규정은 헌법에 위반되지 않는다고 판시하였다(예: 憲 2009. 9. 24.-2007헌바107).

Ⅴ. 수사경력자료의 보존

국가는 헌법 제37조 제2항에 정하고 있는 국가안전보장, 질서유지, 공공복리를 위하여 국가수사업무를 수행함에 있어 필요한 경우에는 수사대상이 되었던 피의자에 대한 수사경력의 자료를 보존할 수 있다.

그런데 수사 결과 피의자가 「혐의없음」의 처분을 받은 경우에 그 수사경력자료를 국가가 보존하는 것이 허용되는가 하는 것이 문제이다. 범죄의 혐의가 있다고 판단된 자에 대하여 수사를 할 수 있는 것은 국가형벌권의 내용에 당연히 포함되는 것이지만, 그 수사의 결과 범죄의 혐의가 없다는 점이 확정되면 그 피의자에 대하여 국가가 수집한 자료는 정당한 사유가 없는 한 폐기되어야 한다.

형의 실효 등에 관한 법률은 혐의없음의 처분을 받은 피의자에 대하여 피의자의 지문정보, 인적사항, 죄명, 입건관서, 입건일자, 처분결과 등을 해당 죄의 법정형에 따라 구분하여 일정기간 보존한 후 이를 폐기하도록 하고 있다. 이에 대하여 憲法裁

判所는 이러한 조항은 개인정보자기결정권을 제한하는 것이지만, 해당 법률이 개인정보의 누설·사용 등을 충분히 통제하고 있고, 이러한 피의자에 대한 개인정보를 일정기간에 한하여 국가가 보존하여 얻는 공익이 보존하지 않을 때 얻는 개인의 이익보다 크다고 보아 과잉제한금지원칙에 어긋나지 않는다고 판시하였다(憲 2009. 10. 29.-2008헌마257).

Ⅵ. 변호사의 수임사건의 수와 수임액의 보고 강제

법률로 변호사에게 전년도에 처리한 수임사건의 건수 및 수임액을 소속 지방변호사회에 보고하도록 하는 것에 대하여 憲法裁判所는 영업의 자유와 사생활의 비밀과 자유를 침해하는 것이 아니라는 합헌의 결정(합헌: 5인, 위헌: 4인)을 하였다(憲 2009. 10. 29.-2007헌마667). 그런데 이는 자기정보관리통제의 문제이기도 하다. 과세관청에 동일한 내용을 제출함에도 불구하고 소속 변호사회에 중복으로 제출하는 것을 정당화할 수 없으면 이는 헌법에 위반된다.

[憲 2009. 10. 29.-2007헌마667] 「가. **변호사 지위의 특수성 및 변호사와 지방변호사회와의 관계** (1) 변호사법은, 변호사는 기본적 인권을 옹호하고 사회정의를 실현함을 사명으로 하며, 그 사명에 따라 성실히 직무를 수행하고 사회질서 유지와 법률제도 개선에 노력하여야 한다고 규정하여(동법 제1조) 변호사의 사명이 인권옹호와 사회정의 실현에 있음을 분명히 하고, 나아가 변호사를 공공성을 지닌 법률전문직으로 규정함으로써(동법 제2조) 그 직무의 공공성을 강조하고 있다. 그리고 이를 위해 변호사의 자격을 사법시험에 합격하여 사법연수원의 과정을 마친 자, 판사나 검사의 자격이 있는 자로 엄격히 제한하고(동법 제4조), 나아가 직무수행에 있어서도 품위유지의무(동법 제24조), 회칙준수의무(동법 제25조) 등 각종 의무를 부과함은 물론, 일정한 경우의 수임제한(동법 제31조), 겸직제한(동법 제38조) 등의 통제를 가하는 동시에 이를 위반할 경우에는 징계처분의 대상으로 규정하고 있는바(동법 제91조), 우리 사회는 변호사에게 법률가로서의 능력뿐만 아니라 공공성을 지닌 법률전문가로서 가져야 할 사회적 책임성과 직업적 윤리성을 함께 요청하고 있다고 할 것이다. (2) 이와 같은 변호사의 공공성을 실현하기 위하여 변호사법은 변호사로 하여금 소속 지방변호사회, 대한변호사협회 및 법무부장관의 감독을 받도록 규정하고 있다(동법 제39조). 특히 그 중에서 지방변호사회는 변호사의 품위를 보전하고, 변호사 사무의 개선과 발전을 도모하며, 변호사의 지도와 감독에 관한 사무를 하도록 하기 위하여 지방법원 관할 구역마다 설치되는 조직으로서(동법 제64조), 변호사의 지방변호사회 등록은 의무적 성격을 지닌다(동법 제68조). 즉, 지방변호사회는 소속 변호사의 권익을 추구하고 보호하는 역할을 담당하는 한편, 소속 변호사에 대한 지도를 통하여 변호사의 품위를 보전하고 변호사에게 부여된 사회적 책임과 직업적 윤리가 준수되도록 감독하는 역할을 맡고 있다. 나. **이 사건 법률조항의 입법 배경** (1) 근대 국가의 재정적 수요는 원칙적으로 조세의 징수를 통해 해결하는 만큼 국가의 운영에 있어서 조세제도가 차지하는 중요성은 매우 크다. 우리 헌법에 있어서도 마찬가지인데, 특히 우리 헌법이 요청하는 '적절한 소득의 분배'라는 당위(헌법 제119조 제2항)를 이행하는 데 있어 조세의 역할은 더욱 중요하다. 이에 우

리 헌법은 제38조에서 "모든 국민은 법률이 정하는 바에 의하여 납세의 의무를 진다"고 규정하고 이를 실행하기 위해 다양한 제도를 구비하고 있다. (2) 하지만 조세의 징수에 있어서는 탈세의 문제가 조세정의를 근본에서 저해해 온 난제 중 하나였다. 특히 오늘날 고소득이 예상되는 전문직 납세의무자들이 연루된 탈세 현상은 대다수의 서민들로 하여금 상대적 박탈감과 조세행정 전반에 대한 불신을 각인시키는 원인이 되곤 하였다. 이에 고소득 전문직에 의한 탈세 행위를 억제하고, 담세능력에 맞는 조세의 분담을 통하여 납세의 공평성을 추구함으로써 조세행정에 대한 사회적 신뢰를 공고히 할 수 있는 입법적 대처의 필요성이 부각되었고 그 일환으로서 국민의 기본적 인권을 옹호하고 사회정의를 실현함을 사명으로 하면서도 동시에 고소득 직종의 부도덕한 탈세라는 사회적 의혹으로부터 자유롭지 못한 변호사들에 대한 관계에서도 위와 같은 필요성이 제기되어 왔다. (3) 이에 변호사법은 수입 내역의 투명성을 보장하고 이를 통해 조세부담의 공정성을 확보하기 위하여 다양한 제도들을 마련하고 있다. 그리고 그와 같은 제도들 중 상당수는 소속 변호사에 대한 지방변호사회의 지도, 감독 기능에 기반하고 있다. 가령, 지방변호사회는 법관, 검사, 장기복무 군법무관, 그 밖의 공무원 직에 있다가 퇴직(사법연수생과 병역의무를 이행하기 위하여 군인·공익법무관 등으로 근무한 자는 제외한다)하여 변호사 개업을 한 자로부터 퇴직일부터 2년 동안 수임한 사건에 관한 수임 자료와 처리 결과를 대통령령으로 정하는 기간마다 보고받는데(동법 제89조의4 제1항), 지방변호사회에게는 이러한 자료를 윤리협의회에 제출할 의무가 주어진다(동조 제3항). 또한, 지방변호사회로 하여금 대통령령이 정하는 수 이상의 사건을 수임한 변호사의 성명과 사건 목록을 윤리협의회에 제출하도록 하고 있고(동법 제89조의5 제1항), 한편, 변호사가 법률사건 또는 법률사무에 관한 변호인선임서 또는 위임장 등을 공공기관에 제출할 때에는 사전에 소속지방변호사회를 경유하도록 하고 있다(동법 제29조). 이와 같은 제도들은 사회적으로 끊임없이 논란이 되어왔던 변호사의 사건 수임을 둘러싼 의혹을 해소함에 있어서, 사건수임의 과정에 대하여 지방변호사회에 의한 감시절차를 마련함으로써 신뢰받을 수 있는 변호사의 모습을 형성하는 데 기여해 온 것으로 보인다. (4) 그럼에도 불구하고 일부 변호사들에 의한 탈세의 문제가 지속적으로 제기되자, 입법자는 2007. 3. 29. 이 사건 법률조항을 신설하여 기존에 변호인선임서 또는 위임장을 소속지방변호사회로 제출하는 것 외에 수임사건의 건수 및 수임액을 소속지방변호사회에 매년 정기적으로 보고하도록 하였다. 이는 변호사들의 사건 수임 정보를 한층 더 투명하게 밝히고, 지방변호사회로 하여금 소속 변호사들의 사건 수임에 관하여 감독이 가능하도록 뒷받침함으로써 변호사 스스로가 구성원으로 된 자체 조직을 통하여 납세와 관련된 변호사의 행위에 대한 자기 통제를 할 수 있도록 한 것이며, 나아가 향후 세무관청이 이를 과세의 근거자료로 활용할 수 있는 여지도 함께 마련한 것이라 할 수 있다('과세자료의 제출 및 관리에 관한 법률' 참조). 다. **영업의 자유 침해 여부** (1) **심사기준** 헌법 제15조에 의한 직업선택의 자유는 자신이 원하는 직업을 자유롭게 선택하는 좁은 의미의 직업선택의 자유와 그가 선택한 직업을 자기가 원하는 방식으로 자유롭게 수행할 수 있는 직업수행의 자유(영업의 자유)를 포함하는 직업의 자유를 뜻한다. 직업의 자유는 기본권제한입법의 한계조항인 헌법 제37조 제2항에 따라 국가안전보장·질서유지 또는 공공복리를 위하여 불가피한 경우에는 이를 제한할 수 있는 것이나, 직업의 자유를 구체적으로 어느 정도까지 제한할 수 있는지에 관하여 헌법재판소는 좁은 의미의 직업선택의 자유에 비하여 직업수행의 자유에 대하여는 상대적으로 더욱 폭넓은 법률상의 규제가 가능하다고 판단한 바 있다(憲 2001. 6. 28.-2001헌마132 참조). (2) **구체적 검토** (가) 우리 헌법에서 납세의 의무는 병역의 의무와 더불어 국가라는 정치적 공동체의 존립과 유지를 위하여 국가 구성원인 국민에게 그 부담이 귀속될 수밖에 없는 것으로서, 납세의무의 부과를 통하여 국가의 재정적 수요를 해결하는 것은 현행 헌법이 예정하는 필연적인 모습이라 할 것이다. 그러나 현재 우리 사회에서는 일부 전문직 납세의무자들에 의한 탈세로 인하여 조세의 공평한 분담이 관철되지 않고 있다는 인식이 만연되어 그에 대한 문제점이 끊임없이 지적되고 있는데, 특히 기본적 인권을 옹호하고, 사회 정의를 실현함을 사명으로 하는 변호사에 의한 탈세의 문제는 그간 사회적으로 많은 논란을 불러일으켰다. 앞서 본 바와 같이, 이 사건 법률조항은 대표적인 전문직 납세의무자라 할 수 있는 변호사들로 하여금 소속지방변호사회에 수임사건의 건수 및 수임액을 보고하도록 하여, 변호사들의 사건 수임 관련 정보를 한층 더 투명하게 밝히고, 지방변호사회로 하여금 소속 변호사들의 사건 수임에 관하여 감독이 가능하도록 함으로써 변호사 스스로가 구성원으로 된 자체 조직을 통하여 납세와 관련된 변호사의 자기 통제를 할 수 있도록 하여 그간 지속적으로 제기되어 왔던 변호사에 의한 탈세의 우려를 줄이고, 나아가 이를 통해 조세행정 전반에 대한 국민적 신뢰를 공고히 하며, 성실한 납세풍토의 문화를 형성하고자 하는 데 그 주요한 입법취지가 있다고 할 것인바, 이와 같은 입법취지는 헌법 제37조 제2항이 정하는 공공복리를 위한 것으로서 그 정당성이 인정된다. 한편, 소속지방변호사회에 수임사건의 건수 및 수임액을 보고하도록 함으로써 변호사들의 사건 수임 관련 정보를 한층 더 투명하게 하는 것은 위와 같은 목적을 달성할 수 있는 수단이 될 수 있으므로, 방법의 적절성도 갖추었다고 할 것이다. (나) 이 사건 법률조항이 제한하는 영업의 자유에 있어서, 영업이라 함은 영리추구를 목적으로 하는 자주적인 직업 활동을 의미하고, 영업의 자유라 함은 영리적인 직업 활동에 있어서 국가로부터의 간섭과 제재를 배제하는 것을 의미한다. 이 사건 법률조항이 비록 청구인들의 영업의 자유를 제한하는 측면이 있다 하더라도, 누구를 상대로 어떤 내용과 방식으로 어떻게 영업을 수행할 것인가에 관하여 자주적으로 이를 결정할 수 있는 청구인들의 자유를 직접적으로 제한하고 있는 것은 아니다. 이 사건 법률조항은 청구인들로 하여금 영업과 관련된 일정한 자료를 1년에 한번 제출할 것을 요구할 뿐인바, 이는 영업의 자유가 예정하는 핵심적인 결정권을 간섭하지 않는다는 점에서 이 사건 법률조항으로 인한 기본권의 제한이 과도하다고 보기 어렵다. 또한 앞서 본 바와 같이, 지방변호사회는 변호사의 품위를 보전하고 변호사 사무의 개선과 발전을 도모하며 변호사의 지도와 감독에 관한 사무를 하도록 하기 위하여 설립되고(변호사법 제64조), 변호사는 소속 지방변호사회의 감독을 받는다(동법 제39조). 지방변호사회의 이와 같은 설립 취지를 실현하기 위하여, 변호사법에서는 지방변호사회 자체적으로 소속 변호사들에 대한 구체적·추상적 통제를 수행할 수 있는 다양한 제도들이 규정되어 있다. 이를테면, 공직퇴임변호사의 수임 자료 등 제출제도(동법 제89조의 4) 및 특정변호사의 수임 자료 등 제출제도(동법 제89조의 5), 변호인선임서 등의 지방변호사회 경유제도(동법 제29조)와 같은 것들이 있다. 이는 사회적으로 끊임없이 논란이 되어왔던 변호사의 수임 등에 대한 의혹을 해소하기 위하여 사건수임의 내역에 대한 감시절차를 마련함으로써 국민들로부터 신뢰받을 수 있는 변호사의 모습을 형성하기 위한 것이다. 변호사라는 직업에 내재된 공공성과 윤리성의 실천이라는 맥락에서, 이 사건 법률조항 역시 납세와 관련하여 빈번한 논란의 대상이 되었던 변호사 업계의 상황을 감안하여 수임 사건의 건수 및 수임액에 대한 감독, 확인의 절차를 강화함으로써 변호사의 투명한 납세에 대한 사회적 신뢰를 형성하고자 하는 것이다. 아울러 2008. 3. 28. 법률 제8991호로 개정된 변호사법은 지방변호사회의 임직원이거나 임직원이었던 자에게 이 사건 법률조항의 업무처리와 관련하여 알게 된 비밀을 누설하여서는 아니 된다는 비밀준수의무를 부과하고 있어(동법 제77조의2) 이 사건 법률조항에 따른 자료 공개의 여지를 최소화하고 있다. 한편, 세무사, 관세사, 공인회계사 등 여타 전문직의 경우 이미 오래 전부터 소속협회의 내부규정을 통하여 자체적으로 각각 수임사건 건수 및 수임액을 보고해 왔고, 법무사의 경우 전년에 처리한 사건의 월별 총건수 및 보수의 월별총액을 소속지방법무사회에 보고하도록 규정한 법무사규칙을 통해 그와 같이 해왔다는 점 및 이 사건 법률조항이 도입되기 이전에도 변호사는 법률사건 또는 법률사무에 관한 변호인선임서 또는 위임장 등을 공공기관에 제출할 때 사전에 소속지방변호사회를 경유하도록 하여 지방변호사회에 수임 사건의 건수가 보고되고 있었다는 점 등을 종합적으로 고려해 보면, 변호사로 하여금 수임 사건의 건수 및 수임액을 소속지방변호사회로 보고하도록 하고 소속지방변호사회로 하여금 이를 확인하도록 하는 것이 지방변호사회의 설립취지에 반하여 청구인들의 기본권을 필요 이상으로 제한하고 있다고는 보이지 않는다. 한편, 청구인들은 이 사건 법률조항이 사건 수임과 관련한 소정의 정보를 지방변호사회에 보고하도록 함에 있어서 어떠한 예외조항도 두지 않고 있는 점에서 침해의 최소성에 위반된다고 주장하고 있다. 어떠한 예외사유를 상정하고 주장하는 것인지 불분명하나, 추측컨대, 수임액이 일정한 기준에 못 미치는 수임사건, 또는 의뢰인이 비공개로 할 것을 요청하는 경우 등을 의미하는 것으로 보인다. 그러나 의무를 부과하는 입법에 있어서 예외사유에 관한 규정을 둘 것인지 여부의 문제는 기본적으로 입법목적을 달성하기 위하여 적절한 수단을 모색하는 입법자의 몫이라 할 것이고, 그와 같은 입법이 기본권을 침해하지 않는다면 그 입법에 있어서 예외사유를 규정하지 않았다는 것만으로 과잉금지원칙상 피해의 최소성에 반한다고 할 수는 없다. ㈐ 오늘날 조세제도는 국가의 재정적 수요를 해결하는 근본적인 수단인바, 이에 국가라는 정치적 공동체의 통합 및 지속적인 유지, 발전을 위해서 공평하고 투명한 조세제도의 실현은 매우 중요한 가치라고 할 것이다. 그러므로 탈세로 인하여 국가가 입는 재정적 피해를 줄이고, 납세의 불투명성 및 불공정성을 해소하며, 불공평한 조세의 부담 및 불성실한 납세 문화로 발생하게 되는 조세행정에 대한 불신과 냉소를 극복하는 일은 그 공익적 중대성이 막중하다 할 수 있다. 비록 이 사건 법률조항으로 인해 청구인들의 영업의 자유와 같은 헌법상 기본권이 다소 제한된다고 하더라도 그 제한의 정도가 이 사건 법률조항에 의하여 추구되는 공익에 비하여 결코 중하다고 볼 수 없다. 따라서 이 사건 법률조항은 공익과 사익간의 균형성을 도외시한 것이라고 보기 어려우므로, 법익의 균형성의 원칙에 반하지 아니한다. ㈑ 그렇다면, 이 사건 법률조항이 청구인들의 영업의 자유를 침해한다고 할 수 없다.…… 청구인들은, 변호사의 영업에 있어서 매우 중요하고 은밀한 내용인 수임사건의 건수와 수임액을 지방변호사회에 보고하도록 규정하고 있는 이 사건 법률조항은 변호사의 사생활의 비밀 역시 침해한다고 주장한다. 사생활의 비밀은 국가가 사생활영역을 들여다보는 것에 대한 보호를 제공하는 기본권이며, 사생활의 자유는 국가가 사생활의 자유로운 형성을 방해하거나 금지하는 것에 대한 보호를 의미한다. 구체적으로 사생활의 비밀과 자유가 보호하는 것은 개인의 내밀한 내용의 비밀을 유지할 권리, 개인이 자신의 사생활의 불가침을 보장받을 수 있는 권리, 개인의 양심영역이나 성적 영역과 같은 내밀한 영역에 대한 보호, 인격적인 감정세계의 존중을 받을 권리와 정신적인 내면생활이 침해받지 아니할 권리 등이다. 한편, 공적인 영역의 활동은 다른 기본권에 의한 보호는 별론으로 하고 사생활의 비밀과 자유가 보호하는 것은 아니라고 할 것이다. 일반적으로 경제적 내지 직업적 활동은 복합적인 사회적 관계를 전제로 하여 다수 주체간의 상호작용을 통하여 이루어지는 것이고, 특히 변호사의 업무는 앞서 본 바와 같이 다른 어느 직업적 활동보다도 강한 공공성을 내포한다는 점 등을 감안하여 볼 때, 변호사의 업무와 관련된 수임사건의 건수 및 수임액이 변호사의 내밀한 개인적 영역에 속하는 것이라고 보기 어렵고, 따라서 이 사건 법률조항이 청구인들의 사생활의 비밀과 자유를 침해하는 것이라 할 수 없다.」 이에 대하여는 다음과 같은 4인의 위헌의견이 있다. 「우리는, 다수의견과는 달리 이 사건 법률조항이 청구인들의 영업의 자유 및 사생활 비밀의 자유 등을 침해하여 헌법에 위반된다고 보므로, 다음과 같이 그 견해를 밝힌다. 가. **기본권 제한과 과잉금지원칙** 헌법 제37조 제2항에 의하여 국민의 기본권을 법률로써 제한한다 하더라도, 그 방법에 있어서는 입법의 목적에 헌법 및 법률의 체제상 정당성이 인정되고(목적의 정당성), 그 목적의 달성을 위하여 방법이 효과적이고 적절하여야 하며(방법의 적절성), 입법권자가 선택한 기본권 제한의 조치가 그 목적의 달성을 위하여 적절하다 하더라도 보다 완화된 형태나 방법을 모색함으로써 기본권의 제한은 필요한 최소한도에 그쳐야 할 뿐만 아니라(피해의 최소성), 그 입법에 의하여 보호하려는 공익과 침해되는 사익을 비교 형량할 때 보호되는 공익이 더 커야 하는 등(법익의 균형성), 입법활동의 한계로서의 기본원칙인 과잉금지원칙이 마땅히 준수되어야 한다. 어떤 법률의 입법목적이 정당하고 그 목적을 달성하기 위하여 국민에게 의무를 부과하고 그 불이행에 대하여 제재를 가하는 것이 적합하다고 하더라도 입법자가 그러한 수단을 선택하지 아니하고도 보다 덜 제한적인 방법을 선택하거나, 아예 국민에게 의무를 부과하지 아니하고도 그 목적을 실현할 수 있음에도 불구하고 국민에게 의무를 부과하고 그 의무를 강제하기 위하여 그 불이행에 대해 제재를 가한다면 이는 과잉금지원칙의 한 요소인 '최소침해성의 원칙'에 위배된다 할 것이다. 나. **영업의 자유 침해** (1) 다수의견은, 이 사건 법률조항이 변호사들의 사건수임에 관련된 정보를 한층 더 투명하게 밝혀 지방변호사회로 하여금 소속 변호사들의 사건수임에 관하여 감독이 가능하도록 함으로써 변호사 스스로가 구성원으로 된 자체 조직을 통하여 납세와 관련된 변호사의 행위에 대한 자기 통제를 할 수 있도록 하고, 나아가 향후 세무관청이 이를 과세의 근거자료로 활용할 수 있는 여지도 함께 마련하는 데 입법목적이 있다고 한다. 국회의 관련 의안자료에 의하면, 이 사건 법률조항은 고소득 전문가들의 탈세가 사회문제로 대두되자 과세자료에 대한 공평성 및 투명성을 제고하기 위하여, 세무사·관세사·공인회계사와 같은 유사전문직이 소속 협회에 수임사건 건수 및 수임액을 보고하고, 과세관청은 그 자료를 제공받아 과세자료로 활용하고 있는 것과 마찬가지로 변호사들에게도 그러한 구조의 규율을 부과하도록 한 것이다. 그런데, 앞서 본 유사전문직의 경우 이 사건 법률조항과 달리 소속 협회의 회칙과 같은 내부규정을 통하여 자율적으로 회원들에게 수임사건의 건수 및 수임액을 보고하도록 하여, 협회 차원에서 회원들의 합의에 의하여 수임 관련 자료를 자율적으로 확보하고, 과세관청은 자신에게 신고된 수입내역의 진위를 확인하기 위하여 소속 협회로부터 자료를 제출받는 것에 불과하며, 이 과정에서 개인에게는 어떠한 법적인 의무도 부과되지 않는다. 이에 반하여, 변호사의 경우 이 사건 법률조항에 따라 소속 지방변호사회에 수임사건의 건수 및 수임액을 보고해야 하는데, 이러한 의무는 '과세자료에 대한 공평성 및 투명성의 제고'라는 입법목적에서 알 수 있듯이 단지 과세관청이 과세자료를 확보하기 위한 것이고, 비록 개정 전의 변호사법에 의하여 변호인선임서 또는 위임장을 법원 등 공공기관에 제출할 때에 사전에 지방변호사회를 경유하도록 하고는 있었으나, 이는 지방변호사회 차원에서 자율적으로 지켜온 관행을 입법한 것에 불과하여 새로운 의무를 창출한 이 사건 법률조항과는 그 성격을 달리하는 것이다. 변호사는 이미 과세관청에 매년 부가가치세를 신고하면서 수입금액명세서를 함께 제출하고, 그 명세서에는 수임사건과 수임액에 관한 구체적인 정보를 적시하고 있으므로(부가가치세법 제20조의 2, 부가가치세법 시행령 제64조, 제65조, 제67조의 2, 제74조 제2항 제7호), 과세관청은 이를 통하여 변호사의 수임관련 내역을 충분히 확보할 수 있다. 그런데도 과세관청은 이러한 변호사의 수임관련 내역의 진위를 확인하기 위하여 과세자료라는 명목으로 이 사건 법률조항에 의하여 보고된 수임관련 자료를 지방변호사회로부터 제출받아 활용하고 있으나, 그 내용은 결국 변호사가 부가가치세를 신고할 때 과세관청에 제출하는 수입금액명세서의 내용과 본질적으로 중복될 수밖에 없다. 이 사건 법률조항으로 인하여 변호사는 동일한 내용의 수임관련 자료를 과세관청 및 소속 지방변호사회에 두 번 제출해야 하는 반면, 소속 지방변호사회는 그 회원이 제출하는 자료를 과세관청에게 다시 전달하는 것이므로, 결국 과세관청은 동일한 자료를 두 번 제출받는 셈이 된다. 그렇다면, 과세관청이 별도의 절차를 통하여 동일한 자료를 확보할 수 있는데도 이 사건 법률조항이 변호사의 수임자료를 협회에 보고하도록 하고 이를 이행하지 않을 경우 과태료 처분의 대상으로 규정한 것은 입법자가 그러한 수단을 취하지 아니하고도 보다 덜 제한적인 방법을 선택하거나, 아예 국민에게 의무를 부과하지 아니하고도 그 목적을 실현할 수 있음에도 불구하고 국민에게 의무를 부과하고, 그 의무를 강제하기 위하여 그 불이행에 대하여 제재를 가하는 것에 해당하므로, 헌법상 과잉금지원칙 중 최소침해성원칙에 위배된다 할 것이다. (2) 다수의견은, 지방변호사회는 소속 변호사의 권익을 추구하고 보호하는 것 이외에도, 소속 변호사에 대한 지도를 통하여 변호사의 품위를 보전하고 변호사에게 부여된 사회적 책임과 직업적 윤리가 준수되도록 감독하는 역할을 수행한다고 하여 지방변호사회의 공적인 성격을 강조하고 있다. 그러나, 비록 변호사와 지방변호사회의 공적인 성격과 역할을 고려한다 하더라도, 이는 사법적(司法的)인 업무를 수행하는 변호사의 직무와 관련하여 이해되어야 하는 반면, 국가 등 공공기관으로부터 보수를 수령하는 것이 아닌 한 의뢰인과 수임계약을 체결하여 보수를 받는 측면에서 변호사는 경제적 생활을 영위하는 사경제 주체로서의 특성을 크게 가진다 할 것이다. 다수의견은, 지방변호사회가 보고된 수임내역을 토대로 소속 회원들을 감독할 수 있다고 하나, 소속 협회가 사경제 주체로서의 개인적 영업활동에 대하여 어느 정도의 객관적 기준으로 통제하고, 그 결과 어느 정도의 실효성을 가질 수 있을지 의문일 뿐만 아니라, 지방변호사회는 소속 변호사들로부터 보고받은 수임관련 자료를 단지 과세관청에 전달해주는 사실상의 중개적 역할에 그치게 될 것으로, 이는 앞서 본 바와 같이 동일한 내용의 자료를 중복하여 제출하게 하는 불필요한 의무를 부여하는 것에 불과하다 할 것이다. 나아가, 국가가 단지 자신의 과세 자료를 확보하기 위하여 이미 신고 받은 수임내역과 동일한 내용의 것을 지방변호사회에 보고하도록 법적으로 강제하는 것은 지방변호사회를 과세관청의 업무진행을 위한 수단으로 인식하는 것으로서 지나치게 행정편의적인 규율이라 하지 아니할 수 없다. **다. 사생활 비밀의 자유 침해** 다수의견은, 이 사건 법률조항의 규율 영역이 경제적 내지 직업적 활동에 해당하고 특히 변호사의 업무는 다른 어느 직업적 활동보다도 강한 공공성을 내포한다는 점 등에 비추어 사생활의 비밀과 자유는 이 사건 법률조항에 의하여 제한되는 기본권으로 볼 수 없다고 한다. 그러나, 사생활의 비밀이 보호하고자 하는 사적(私的)인 생활의 범위는 일의적이거나 명확하지 않아 그것이 처한 구체적인 상황에 따라 다소간의 상이한 범위를 형성할 수밖에 없고, 오늘날과 같이 복잡다단한 사회 속에서는 그 성격에 따라 전적으로 공적인 성격의 것으로 규정할 수 없는 정보들, 예컨대 공적인 성격과 사적인 성격이 중첩된 정보가 충분히 있을 수 있다. 비록 변호사로서의 직업 활동이 공적인 성격을 지닌다 하더라도 사경제 주체의 성격을 아울러 지닌다는 점은 앞서 본 바와 같으므로, 이렇듯 공·사적인 성격을 공유하는 정보들에 대하여는 심사기준이나 법익형량의 영역에 차이를 두는 한이 있더라도, 일단 그와 같은 사적인 성격의 부분은 사생활의 비밀에 해당된다는 점을 인정하고 이에 따른 기본권으로서의 보호절차를 보장하는 것이 상당하고, 이렇게 하는 것이야말로 개인의 기본권을 최대한 보장하고자 하는 우리의 헌법질서에도 부합하는 해석이라 할 것이다. 그런데, 이 사건 법률조항은 이미 과세관청이 확보한 자료와 중복되고 새로운 정보가치를 지니지 아니하는 자료를 확보하는 것에 지나지 아니하여, 변호사들에게 불필요한 의무를 중복하여 부과하는 것에 해당한다 할 것이므로, 결국 이 사건 법률조항은 헌법상 필요한 부분을 넘어 사생활 비밀의 자유를 제한하는 것이라 할 것이다. **라. 결론** 따라서, 이 사건 법률조항은 영업의 자유 및 사생활 비밀의 자유를 침해하여 헌법에 위반된다 할 것이다.」

제 4 절 社會 · 經濟的 自由

1. 居住 · 移轉의 自由

[148] 第一 意 義

Ⅰ. 헌법 규정

헌법 제14조는 「모든 국민은 居住 · 移轉의 自由를 가진다」라고 규정하여 居住 · 移轉의 自由(freedom of residence and movement)를 보장하고 있다.

헌법 제14조가 보장하고 있는 거주 · 이전의 자유는 국가권력의 간섭을 받지 않고 일상생활 및 경제활동의 근거지가 되는 장소인 주소, 거소, 현재지를 설정하고, 이전하며, 일단 정한 주소, 거소, 현재지를 자신의 의사에 반하여 강제로 옮기지 아니할 자유를 의미한다.

거주 · 이전의 자유는 인간이 자신의 삶을 원하는 대로 형성하기 위해 그의 생활영역을 변경하고 그 활동범위를 확장해나가는 것을 보장함으로써 개성을 신장하고 행복을 추구할 수 있게 함에 있어서 필연적으로 요구되는 인간존재의 본질적 자유라고 할 수 있다. 거주 · 이전의 자유는 단순히 거주와 이전의 자유만을 보장하는데 있어 의미를 가지는 것이 아니라 이를 통하여 경제, 노동, 교육, 문화 등 모든 생활영역에서 활동함에 필요한 것이다.

Ⅱ. 거주 · 이전의 개념

居住(residence)란 일정한 곳에 자리를 잡고 머물러 사는 것을 말한다. 개인이 사생활을 영위하며 사는 장소를 의미하는 헌법 제16조의 住居(place of residence)와 구별된다.

移轉(movement)이란 자신이 머물고 있는 곳을 옮기는 행위를 의미한다. 자신이 정한 일정한 곳에 자리를 잡기 위해서는 자신이 머물고 있는 곳을 옮길 수 있어야 하므로 이전은 거주를 위한 수단으로서 거주와 밀접불가분한 관계를 갖는다.

Ⅲ. 신체활동의 자유와의 관계

거주 · 이전의 자유와 헌법 제12조 제1항의 신체활동의 자유의 관계가 문제된다. 신체활동의 자유는 시간의 장단이나 장소의 변경과 무관하게 인정되지만 신체활동으로 인하여 장소의 임의적인 변경이 수반되는 경우 그 장소가 거주 · 이전의 개념에 해당하면 거주 · 이전의 자유에 의해 보장되는 것임은 앞서 설명한 바와 같다.

Ⅳ. 연 혁

거주 · 이전의 자유에 대해 버지니아 권리장전, 프랑스의 인권선언, 미합중국헌법의 권리장전 등 근대 헌법에서는 명문규정을 두지 않았는데, 이는 근대시민사회의 성립과 자본주의 발전에 따라 거주 · 이전의 자유의 보장은 이미 당연한 것으로 받아들여졌기 때문이다. 거주 · 이전의 자유는 1919년의 바이마르헌법에서 처음으로 명문화되었으며, 자본주의가 뒤늦게 발전된 국가에서는 헌법에 명문으로 보장하고 있다. 한편 우리나라에서는 1948年憲法부터 거주 · 이전의 자유를 명시한 후 계속 보장하고 있다. 1948년헌법에서는 주거의 자유와 함께 규정되어 있었지만, 1962年憲法 이래로 주거의 자유와 분리하여 규정하고 있다.

[149] 第二 主 體

Ⅰ. 국 민

거주 · 이전의 자유의 주체는 대한민국 국적을 갖고 있는 自然人과 國內法人이다.

Ⅱ. 외 국 인

외국인이나 무국적자는 거주 · 이전의 자유의 주체가 아니라고 보는 것이 다수설(權寧星, 465; 金哲洙a, 788; 桂禧悅b, 504)이며, 국제관습법상으로도 일반적으로 그와 같이 받아들여지고 있다. 주권국가는 외국인에 대하여 국외추방을 할 수 있으며 일정한 장소에 한하여 거주하게 할 수 있다. 법률정책적으로는 외국인이나 무국적자에 대하여 거주 · 이전의 자유를 인정할 수 있다.

出入國管理法은 대한민국 국민과 달리 외국인의 출입국에 대해 특별한 제한을 가하고 있다. 외국인 가운데 외국국적동포 즉 대한민국정부 수립 이전에 국외로 이주한 동포를 포함한 대한민국의 국적을 보유하였던 자 또는 그 直系卑屬으로서 外國國籍을 취득한 者 중 大統領令이 정하는 者(同法 §2 ii)의 출입국과 국내에서의 체류에 관해서는 在外同胞의 出入國과 法的 地位에 관한 法律이 규율하고 있다. 이 법에서는 법무부장관이 재외동포체류자격을 부여하도록 하고 있고, 외국국적동포가 체류기간 내에 출국하였다가 재입국하는 경우에는 출입국관리법상 재입국허가를 받지 않아도 되는 것으로 규정하고 있다(同法 §5, §10).

Ⅲ. 북한 주민의 경우

북한 주민이 대한민국의 국민으로서 현행법상 아무런 제한 없이 대한민국의 통치권이 실제로 미치는 군사분계선 이남지역으로 입국할 수 있는지가 문제되는데, 이는 영토조항과의 관계에서 북한주민의 법적 지위를 어떻게 볼 것인지와 관련된다. 북한정부는 주권국가로서의 외국이 아니고 우리의 영토를 불법으로 점령하고 있는 단체이고, 북한의 주민은 북한정부의 국적법에 따라 북한의 국적을 취득했다고 하더라도 북한정부의 사실상의 통치력에 의하여 대한민국 국적법에 따른 국적을 취득할 수 없으므로 대한민국의 국적법에 따른 국적취득을 따질 여지가 없이 대한민국이라는 영토 내에 살고 있는 주민이라고 할 것이다. 따라서 북한의 주민은 대한민국 헌법상의 거주·이전의 자유의 주체가 되며(제한은 별도의 문제이다) 해외에서 대한민국 영역 내로 입국할 수 있는 권리를 가진다고 할 것이다(同旨: 許營a, 455).

[大 1996. 11. 12.-96누1221] 중국에 거주하면서 북한대사관의 해외공민증을 발급받고 중국정부로부터 외국인 거류증을 발급받은 북한국적자가 출입국관리소장이 내린 강제퇴거명령 및 보호명령을 다투어 행정소송을 제기한 사안에서 대법원은 「조선인을 부친으로 하여 출생한 자는 남조선과도정부법률 제11호 국적에관한임시조례의 규정에 따라 조선국적을 취득하였다가 제헌헌법의 공포와 동시에 대한민국 국적을 취득하였다 할 것이고, 설사 그가 북한법의 규정에 따라 북한국적을 취득하여 중국 주재 북한대사관으로부터 북한의 해외공민증을 발급받은 자라 하더라도 북한지역 역시 대한민국의 영토에 속하는 한반도의 일부를 이루는 것이어서 대한민국의 주권이 미칠 뿐이고, 대한민국의 주권과 부딪치는 어떠한 국가단체나 주권을 법리상 인정할 수 없는 점에 비추어 볼 때, 그러한 사정은 그가 대한민국 국적을 취득하고 이를 유지함에 있어 아무런 영향을 끼칠 수 없다」고 한 원심판결을 수긍하면서 「원고에 대한 이 사건 강제퇴거명령이나 보호명령은 그 처분의 대상이 될 수 없는 대한민국 국민에 대하여 행하여진 처분으로서 그 하자가 중대하다고 할 것이나, 원고는 중국여권을 소지하고 있어 일응 중국국적을 보유하고 있는 자라고 판단될 만한 외관을 가지고 있었던 이상 그 하자가 객관적으로 명백한 것이라고는 할 수 없다 할 것이므로, 위 강제퇴거명령 및 보호명령을 당연무효로 볼 수는 없다 할 것이고 다만 취소할 수 있음에 그친다」고 한 원심의 결론을 정당하다고 판시한 바 있다.

[150] 第三 內　　容

거주·이전의 자유는 국내 거주·이전의 자유, 국외 거주·이전의 자유를 그 내용으로 한다.

그런데 거주·이전의 자유가 국민에게 그가 선택할 직업 내지 그가 취임할 공직을 그가 선택한 임의의 장소에서 자유롭게 행사할 수 있는 권리까지 보장하는 것은 아니다(예: 憲 1996. 6. 26.-96헌마200).

Ⅰ. 국내 거주 · 이전의 자유

국내 거주 · 이전의 자유는 대한민국 영역 안에서 주소, 거소, 현재지를 자유롭게 설정하고 옮길 수 있는 자유를 말한다.

헌법 제3조는 대한민국의 영토를 한반도와 그 부속도서로 규정하고 있으므로(憲法 §3) 북한지역으로의 거주 · 이전도 국내 거주 · 이전의 자유로 보장될 수 있는지 문제된다. 북한의 주민이 법리적으로는 군사분계선 이남지역으로 입국하고 거주하며 이전할 수 있는 것과 같이 대한민국의 국민도 법리적으로는 대한민국의 영토인 북한지역으로 입국하거나 북한지역에 거주하거나 그 곳으로 이전할 수 있다(反對: 金哲洙a, 789; 權寧星, 465; 桂禧悅b, 500; 成樂寅, 604). 다만, 북한이 이러한 이전과 거주를 할 수 없도록 하고 있는 경우에는 사실상 이의 실행이 불가능하고, 남북한이 대치하고 있는 상황에서는 헌법 제37조 제2항에 의하여 대한민국 국민에 대해서도 북한으로의 이전과 거주를 제한할 수 있다.

Ⅱ. 국외 거주 · 이전의 자유

거주 · 이전의 자유에는 국내 거주 · 이전의 자유뿐만 아니라 국외 거주 · 이전의 자유도 포함된다. 이에는 국외 이주의 자유와 해외여행의 자유 및 귀국의 자유가 해당된다. 그런데 통치권은 한 국가의 영역 내에 미치는 것이 원칙이므로 그 국가를 떠난 국민이 외국에서 하는 거주 · 이전의 내용은 외국의 국내법 및 국제법에 의해 직접적으로 규율된다. 따라서 이런 경우에는 우리 헌법상 일차적으로 국가의 재외국민의 보호의무(憲法 §2②)의 문제가 된다. 이러한 점에서 국외 거주 · 이전에 대해 국가가 취할 수 있는 주요한 규제는 출국과 입국시에 이루어진다고 하겠다.

(1) 국외이주의 자유

거주 · 이전의 자유에는 국외이주의 자유가 포함된다(예: 憲 1993. 12. 23.-89헌마189). 국외이주는 대한민국의 통치권이 미치지 않는 지역으로 자유로이 이주하는 것을 말한다. 따라서 국민은 원칙적으로 외국에서 영주하거나 장기간에 걸쳐 거주할 수 있다. 세계인권선언과 국제인권규약은 자국을 포함한 모든 국가에서 퇴거할 자유를 보장하고 있다. 현행법상 국외이주는 특허나 허가사항이 아니라 신고사항이다(海外移住法 §6).

(2) 해외여행의 자유

해외여행의 자유는 대한민국의 통치권이 미치지 않는 곳으로 여행할 수 있는 자유이다. 이러한 해외여행의 자유는 출국의 자유를 전제로 한다.

(3) 입국의 자유

거주 · 이전의 자유에는 국내로 입국하는 자유가 포함된다. 대한민국 국민은 대한민국의 통치권이 미치지 않는 해외에서 대한민국의 영역 내로 입국하는 자유를 갖는다. 대한민국 국민이 해외로부터 귀국하는 것은 현행법상 아무런 제한이 없다.

Ⅲ. 국적이탈의 자유 문제

국적이탈의 자유 내지 국적변경의 자유는 대한민국 국적을 가진 사람이 대한민국 국적을 버리고 외국국적을 취득할 수 있는 자유를 말한다. 누구나 특정 공동체에 태어난 것은 자유의지로 태어난 것이 아니므로 사후적으로 자신이 살 공동체를 선택할 권리는 원칙적으로 보장되어야 한다. 그런데 이는 본질상 인간의 존엄과 가치 및 행복추구의 원리를 정하고 있는 헌법 제10조에서 도출되는 것이므로 거주 · 이전의 자유에 포함되지 않는다. 국적을 보유 · 포기하는 것과 거주할 곳을 선택하고 거주하는 것은 별개의 것이다. 국적이탈의 자유 내지 국적변경의 자유가 인정되는 경우에도 無國籍者가 되는 자유까지 이에 포함되는 것은 아니라는 것이 지배적인 견해이다(同旨: 金哲洙a, 791; 權寧星, 467; 桂禧悅b, 502; 許營a, 455). 무국적자의 발생을 방지하는 것이 오늘날 국제적으로 인정되는 국적법상의 원칙이다.

국적을 포기하고 외국으로 이주할 수 있는 자유는 헌법 제14조에 의한 국외로의 이전의 자유에 의해 보장된다. 국적을 포기하고 해외로 이주할 자유는 통합적으로 보호해야 할 필요가 있기 때문에 이 경우에는 국적포기의 자유에는 해외로 이주할 자유도 포함되어 있다고 할 것이다.

[151] 第四 效 力

거주 · 이전의 자유는 국가로부터의 간섭을 배제하는 자유로서 대국가적 효력을 가진다. 그리고 거주 · 이전의 자유는 사인간에도 존중되어야 할 가치이고, 타인의 거주 · 이전의 자유를 침해하는 사인의 행위에 대해서는 형사적인 책임도 물을 수 있다. 국가는 사인간에도 거주 · 이전의 자유가 침해되지 않도록 입법 등의 조치를 할 의무를 진다.

[152] 第五 制限과 그 限界

거주 · 이전의 자유에 대해서도 헌법 제37조 제2항에 따른 제한을 할 수 있다. 국회가 제정한 법률에 기하여 국가안전보장, 질서유지, 공공복리를 위하여 필요한 경우에 거주 · 이전의 자유를 제한할 수 있다. 그리고 거주 · 이전의 자유를 제한하는 경우라도 그 본질적 내용은 침해할 수 없다.

Ⅰ. 국내 거주 · 이전의 자유의 제한

국가안전보장을 위한 제한으로서 계엄법상 계엄사령관의 특별조치(戒嚴法 §9), 군사시설에의 출입제한 · 강제퇴거(軍事施設保護法 §7, §9) 등이 있다. 그리고 질서유지를 위한 제한으로는 형사소송법상 형사피고인의 주거제한(同法 §101①), 경찰관직무집행법과 소년법상 보호조치, 보호처분(警察官職務執行法 §4; 少年法 §32), 사회보호법상의 보호처분(同法 §3), 소방법상 강제처분(同法 §55) 등을 들 수 있다. 또한 공공복리를 위한 제한으로는 전염병예방법과 마약류관리에관한 법률의 환자의 강제수용 및 치료(傳染病豫防法 §37; 마약류관리에 관한 법률 §40), 결핵예방법의 결핵환자, 보균자 입원(同法 §25) 등을 들 수 있다. 그 밖에 민법상 부모의 居所指定權(民法 §914) 및 부부의 同居義務(民法 §826①) 등에 의한 제한이 있다. 거주 · 이전의 자유는 대통령의 긴급명령에 의해서도 제한될 수 있다.

Ⅱ. 국외 거주 · 이전의 자유의 제한

병역의무를 기피하기 위해 출국하거나 탈세를 위해 국외로 이주하는 것을 금지하는 것은 거주 · 이전의 자유를 침해하는 것이 아니라고 할 것이다. 海外移住法은 일정한 경우에 해외이주를 금지하고 있다(同法 §3). 출입국관리법은 일정한 경우에 출국을 금지하고 있다(同法 §4).

한편 外國에 旅行하고자 하는 國民은 여권법의 規定에 依하여 發給된 旅券을 所持하여야 하는바(旅券法 §2), 여권발급사유를 제한하는 것은 해외여행의 자유 내지 출국의 자유를 제한하는 결과가 된다. 여권제도가 출국허가로 운영되고, 여권의 발급이 원칙이 아닌 예외로 취급되며, 불특정한 개념으로 여권발급의 제한 사유로 정하는 경우에는 거주 · 이전의 자유를 침해하는 것이라고 할 것이다(同旨: 桂禧悅b, 447).

여권법은 여권의 발급이나 재발급을 거부할 수 있는 경우를 구체적으로 특정하여 정하고 있으며(同法 §12), 국민의 생명 · 신체 · 재산을 보호하기 위해 필요한 경우에는 특정 국가 · 지역의 방문 · 체류를 기간을 정하여 금지할 수 있게 하고 있다(同法 §17).

2. 職業의 自由

[153] 第一 意　義

Ⅰ. 개　념

(1) 헌법 규정

憲法 제15조는「모든 국민은 職業選擇의 自由를 가진다」라고 규정하고 있다. 조문에는 직업선택의 자유라고 명시하고 있으나, 직업의 선택과 직업의 수행을 포함하는 職業의 自由(freedom of occupation and profession, Berufsfreiheit)를 보장하는 규정이다.

직업은 인간이 삶을 영위함에 있어 필요한 경제적인 수요를 충족시키기 위해 소득을 얻는 수단으로서 중요한 의미를 가질 뿐 아니라 사회적으로 활동을 함에 있어서 자기의 소망과 인격을 실현하는 수단으로서도 중요하다. 이러한 직업은 단순히 경제적이거나 사회적인 것에 한정되지 않기 때문에 정신적인 면에서도 중요한 의미를 가진다. 자기가 원하는 것을 직업으로 실현하고 그에서 자기가 원하는 바의 성취를 얻고 만족을 얻는 것은 행복추구에 있어 중요한 가치를 지니기 때문이다.

(2) 헌법 제15조의 의미

(a) 직업의 개념

憲法 제15조에서 말하는 職業이라 함은 일반적으로 사람이 생활을 영위하는데 필요한 정신적 또는 물질적인 수단을 얻거나 유지하기 위하여 행하는 계속적인 모든 소득활동을 말한다(同旨: 許營a, 458; 桂禧悅b, 507; 金哲洙a, 795; 權寧星, 569).

> [憲 1998. 3. 26.-97헌마194] 「여기서 "직업"이란 생활의 기본적 수요를 충족시키기 위해서 행하는 계속적인 소득활동을 의미하며, 이러한 내용의 활동인한 그 종류나 성질을 묻지 않는다.」

직업에는 정형적인 것과 비정형적인 것이 있고, 물질적인 것에 중점이 있는 것과 정신적인 것에 중점이 있는 것 등 수도 없이 다양한 형태의 직업과 직종이 있기 때문에 직업을 열거하여 그 개념을 획득하는 것은 쉽지 않다. 직업은 사회의 변화에 따라 새롭게 생기고 없어지기도 하기 때문에 최소한의 개념요소만 갖추면 인정되는 개방적인 개념이다.

그런데 헌법이 보장하는 직업의 자유로서 보장되는 직업이기 위해서는 生活手段性, 繼續性, 公共無害性을 갖추어야 한다. 직업은 생활의 수단이어야 하며 생활수단이 아닌 취미활동이나 사회활동 등은 직업이 아니다. 생활의 수단인 이상 종속적인 것이든 독립적인 것이든 상관이 없다. 직업은 계속성을 가져야 하는데, 어느 정도의 계속성을 가져야 하는지는 개별적·구체적으로 판단한다. 순간적인 행위가 직업이 될 수는 없다. 직업은 공공무해성을 가져야 하기 때문에 反社會的이거나(예: 賣春 =性賣買) 反人倫的인 것은 직업이 될 수 없다. 범죄행위(예: 청부살인, 청부테러, 도청업)를 하여 생활을 영위하여도 직업으로 보장되지 않는다. 직업이 반사회적인 것이어서는 안 되지만, 특정 사회를 기준으로 사회적으로 가치가 있어야 하는 것은 아니다. 사회적으로는 가치가 없으나 개인적으로 가치가 있고 그것이 그 사람의 생활수단이면 직업이라고 할 수 있다. 따라서 직업이 社會性을 가져야 하는 것은 아니다.

다만, 憲法裁判所는 공공무해성을 직업의 개념적 요소로 강조하지는 않고, 직업을 「지속적인 소득활동」으로 보고 있다(예: 憲 1999. 3. 26.-97헌바194).

(b) 공무담임과의 구별

憲法 제15조의 직업에는 公職(=公務)은 포함되지 않는다. 공직도 개념상으로는 직업의 하나에 해당하지만, 공직의 특성상 憲法은 제25조에서 공무담임권을 따로 정하고 있다. 따라서 공직에 취임할 수 있는 기회의 보장과 공직에 취임한 자가 공직을 수행하는 자유와 권리는 憲法 제25조에 의하여 보장되는 것이며, 憲法 제15조에 의하여 보장되는 것이 아니다. 이러한 법리는 기본권의 주체, 보장의 정도 등에서도 차이가 난다. 외국인에게 憲法 제15조에 근거한 직업의 자유가 보장되는 경우에도 헌법 제25조가 정하는 공무담임의 기회가 보장되는 것은 아니다. 특정의 공직에 법률이나 조례에 의거하여 외국인을 임용하는 경우에도 외형은 공무담임이지만 이는 憲法 제25조에 의한 공무담임이 아니고, 법률이나 조례에 의하여 허용한 공무의 담임이다.

(c) 국가독점의 사업

국가는 국가의 財政的인 안정을 확보하기 위하여 필요하거나 사업의 성격상 강한 公共性을 지닌 때에 한하여 일정한 사업을 독점하는 경우가 있다(예: 복권사업). 이러한 경우에는 사인의 영업이 금지되고, 국민은 憲法 제15조의 직업의 자유를 근거로 이러한 국가의 독점을 배제하지 못한다. 그러나 오늘날 사회의 발달과 국가의 기능의 변화로 인하여 국가가 반드시 특정 사업을 독점하여야 할 필요성과 타당성이 줄어들거나 소멸한 경우에 국가가 독점하던 사업을 민영화하는 추세가 늘고 있다. 예컨대 철도, 통신, 우편, 전기, 교도소 등의 사업이 이러한 양상을 보이고 있다.

Ⅱ. 연 혁

우리 헌법사에서는 1962年憲法부터 「모든 국민은 職業選擇의 自由를 가진다」라고 정하여 직업의 자유를 명문화하였다. 물론 그 이전에도 일반적인 행동의 자유로서의 경제활동의 자유에 직업의 자유는 포함되어 인정되었던 것이지만, 이 때부터 헌법에서 직업의 자유에 대하여 따로 明文으로 정하였다.

직업의 자유는 다른 자유권에 비하여 헌법에 늦게 명문화되었다. 1776년의 버지니아 권리장전이나 1789년의 프랑스 인권선언에도 명시되지 않았다. 독일에서는 1849년 프랑크푸르트헌법에 명시되었으나 시행되지 못했고, 1919년 바이마르헌법과 1949년의 독일연방헌법에 명문화되었다.

[154] 第二 主 體

직업의 자유의 주체는 국민이다. 未成年者도 직업의 자유를 가지며, 직업의 자유를 수행할 수 있다. 그러나 미성년자를 위험한 노동으로부터 보호해야 하는 범위 내에서는 직업수행의 자유는 제한된다. 自然人뿐만 아니라 法人에게도 인정된다(예: 憲 1996. 3. 28.-94헌바42; 1996. 4. 25.-92헌바47; 2002. 9.19.-2000헌바84). 私法人은 주체가 될 수 있으나, 公法人은 원칙적으로 주체가 될 수 없다. 권리능력이 없는 商社는 주체로 인정된다.

[憲 1996. 4. 25.-92헌바47] 「헌법 제15조가 규정하는 직업선택의 자유라 함은 자신이 원하는 직업을 자유로이 선택하고 이에 종사하는 등 직업에 관한 종합적이고 포괄적인 자유를 말하고, 직업결정의 자유, 직업종사(직업수행)의 자유, 전직의 자유 등을 포함하는바, 법인의 설립은 그 자체가 간접적인 직업선택의 한 방법이다.」

外國人이나 無國籍者도 일정한 경우에는 직업의 자유가 보장되지만, 국가의 사정에 따라 매우 광범하게 제한된다. 외국인에 대해서는 국제통상조약과 같은 국제법규나 법률이나 조례와 같은 국내법령에 의하여 일정한 직업을 선택할 수 있게 하는 경우도 있으나, 이러한 경우 모두가 憲法 제15조에 근거한 기본권으로서의 직업선택의 자유에 의하여 인정되는 것은 아니다. 이 경우는 憲法 제15조에 의하여 보장되는 직업선택의 자유를 재확인하는 경우도 있지만, 많은 경우는 국제법규, 법률, 조례에 의하여 보장되는 권리임을 유의할 필요가 있다. 이러한 경우에는 국제조약의 탈퇴, 법률이나 조례의 개정을 통하여 외국인에게 직업선택의 자유를 인정하지 않을 수 있다.

오늘날 세계화와 전지구적 자본주의의 흐름에 따라 서방선진국을 중심으로 한 국제사회에서는 국제통상법규를 제정하여 많은 나라를 이에 가입하게 하고, 자국의 시장을 외국인에게 개방하여 외국인으로 하여금 수월하게 영업을 할 수 있도록 하는 통상압력이 강해지고 있다. 이러한 경우 외국인에게 직업선택의 자유를 인정하는 것은 국제통상법규에 의한 것이고 憲法 제15조에 의한 것이 아니다.

[155] 第三 內 容

직업의 자유에는 자신이 원하는 직업을 자유롭게 선택하는 職業選擇의 自由와 선택한 직업을 자기가 원하는 방식으로 자유롭게 수행할 수 있는 職業遂行의 自由가 포함된다(예: 憲 1993. 5. 13.-92헌마80; 1996. 4. 25.-92헌바47; 1996. 8. 29.-94헌마113; 1997. 3. 27.-94헌마196등; 1998. 3. 26.-97헌마194; 2002. 4. 25.-2001헌마614). 직업선택의 자유는 職業·職種選擇의 自由와 職業敎育場選擇의 自由로 나누어지고, 직업수행의 자유는 직업영위의 자유와 직장선택의 자유로 나누어진다.

직업의 자유를 직업선택의 자유와 직업수행의 자유로 나누는 것은, 그 내용에서도 차이가 있을 뿐 아니라 制限에 있어서도 적용되는 법리가 달라 차이가 있기 때문이다.

> [憲 1998. 3. 26.-97헌마194] 「헌법 제15조에 의한 직업선택의 자유는 자신이 원하는 직업을 자유롭게 선택하는 좁은 의미의 직업선택의 자유와 그가 선택한 직업을 자기가 원하는 방식으로 자유롭게 수행할 수 있는 직업수행의 자유를 포함하는 직업의 자유를 뜻한다.」

Ⅰ. 직업선택의 자유

(1) 직업·직종선택의 자유

職業·職種選擇의 自由는 職業이나 職種을 자기 스스로 자유로이 결정하고 선택하는 자유를 말한다. 어떠한 직업이나 직종을 가질 것인지를 마음 속에서 결정하는 內心의 自由와 외부적으로 이를 선택하여 자기의 직업으로 가지는 選擇行爲의 自由를 포함한다. 이러한 직업·직종선택의 자유는 어떠한 직업이나 직종을 選定하는 행위, 이러한 직업이나 직종을 變更하는 행위(예: 憲 1993. 5. 13.-92헌마80; 1996. 4. 25.-92헌바47), 직업을 抛棄하거나 아무런 직업이나 직종도 가지지 아니할 자유(消極的 職業의 自由)도 포함된다. 소극적 직업의 자유도 인정되기 때문에 국가는 국민에게 직업을 가질 것을 강제할 수 없고, 특정 직업에 종사하게 강제할 수 없다. 법인의 설립행위도 직업선택의 한 방법이 될 수 있다(예: 憲 1996. 4. 25.-92헌바47).

자기가 선택한 직업을 계속하고 유지하는 자유도 직업선택의 자유에 포함된다. 이는 직업을 유지하면서 그 직업상 필요한 직업활동을 하는 것을 내용으로 하는 직업영위의 자유와 개념상 구별된다. 따라서 국가는 어떤 사람이 선택한 직업을 포기하도록 강제하지 못한다. 다만, 종사하는 일의 특성에 따라 다른 직업을 가지는 것이 헌법상 적합하지 않은 경우에는 해당 직업을 포기할 것을 강제할 수 있다(예: 헌법재판소 재판관, 법관, 국회의원 등에 대한 일정한 직업의 포기 및 금지).

직업이나 직종선택의 자유에 근거하여 법률이 특별히 제한하지 아니하는 한 여러 개의 직업이나 직종을 가질 수 있다(예: 憲 1997. 4. 24.-95헌마90).

[憲 1997. 4. 24.-95헌마90] 「헌법 제15조는 모든 국민은 직업선택의 자유를 가진다고 규정하고 있는데 그 뜻은 누구든지 자기가 선택한 직업에 종사하여 이를 영위하고 언제든지 임의로 그것을 바꿀 수 있는 자유와 여러 개의 직업을 선택하여 동시에 함께 수행할 수 있는 자유, 즉 겸직의 자유도 가질 수 있다는 것이다.…… 일반적으로 겸직금지규정은 당해 업종의 성격상 다른 업무와의 겸직이 업무의 공정성을 해칠 우려가 있을 경우에 제한적으로 겸직금지규정을 둘 수 있다 할 것이므로 겸직금지규정을 둔 그 자체만으로는 위헌적이라 할 수 없으나, 위 법률조항은 행정사의 모든 겸직을 금지하고 그 위반행위에 대하여 모두 징역형을 포함한 형사처벌을 하도록 하는 내용으로 규정하고 있으므로 공익의 실현을 위하여 필요한 정도를 넘어 직업선택의 자유를 지나치게 침해하는 규정으로 보아야 하기 때문이다.」

(2) 직업교육장선택의 자유

職業教育場選擇의 自由는 직업이나 직종을 선택하는데 필요한 교육이나 훈련을 하는 기관이나 장소를 자유롭게 정하는 자유를 말한다. 여기서 말하는 직업교육장이라 함은 직업의 선택에 도움이 되는 교육·훈련기관이나 장소를 의미한다. 각종 직업훈련소, 실습장, 학원, 직업의 선택을 돕는 각종 사회시설, 대학교, 전문학교, 직업학교, 중·고등학교 등이 이에 해당한다.

직업이나 직종을 고르고 선정하며 이에 종사할 능력을 가지기 위해서는 직업교육을 받을 필요가 있는 경우가 있기 때문에 직업교육을 행하는 교육장을 선택할 자유는 직업선택의 자유와 밀접한 연관을 가진다. 개인의 타고난 능력만으로는 직업의 선택이 용이하지 않을 때 국민의 직업선택을 돕기 위하여 국가나 사회가 직업교육장을 설치하기도 한다.

국민이 국가에 대하여 직업교육장을 설치할 것을 청구할 수 있는 권리가 있는가 하는 문제가 있다. 통상의 경우에 직업교육장선택의 자유에는 이러한 청구권이 포함되지 않지만, 직업을 얻을 능력이 없거나 미약한 약자에 대해서는 직업교육장설치의 역량이 있는 한 국가에게 이러한 의무가 발생한다. 이는 헌법 제10조의 국가의 기본권보호의무와 헌법 제15조의 직업의 자유를 근거로 하여 발생하는 의무이다.

Ⅱ. 직업수행의 자유

직업수행의 자유는 職業營爲의 自由(=협의의 직업수행의 자유)와 職場選擇의 自由를 말한다.

(1) 직업영위의 자유

職業營爲의 自由란 자기가 영위하고 있는 직업에서 직업활동을 할 자유를 말한다. 여기에는 직업활동에 있어서 시간, 장소, 형태, 수단, 조직 등에서의 자유를 포함한다. 여기서는 해당 직업이 영리적인 것이든 비영리적인 것이든 상관이 없다.

기업의 설립, 투자, 광고, 선전, 각종 영업상의 명칭의 결정과 사용, 판매, 유통, 거래, 계약의 체결과 가격의 결정 등 모든 종류의 직업적 행위에서의 자유가 이에 해당한다. 競爭의 自由도 이에 포함된다(예: 憲 1996. 12. 26.-96헌가18; 2005. 4. 28.-2003헌바40; 2005. 6. 30-2005헌가1). 따라서 국가가 경쟁을 방해하는 행위는 위헌이다.

> [憲 1996. 12. 26.-96헌가18] 「직업의 자유는 영업의 자유와 기업의 자유를 포함하고, 이러한 영업 및 기업의 자유를 근거로 원칙적으로 누구나가 자유롭게 경쟁에 참여할 수 있다. 경쟁의 자유는 기본권의 주체가 직업의 자유를 실제로 수행하는 데에서 나오는 결과이므로 당연히 직업의 자유에 의하여 보장되고, 다른 기업과의 경쟁에서 국가의 간섭이나 방해를 받지 않고 기업활동을 할 수 있는 자유를 의미한다.」

직업영위의 자유에는 營業의 自由도 포함된다(예: 憲 1998. 12. 26.-96헌가18). 영업이라 함은 영리추구를 목적으로 하는 자주적인 직업활동을 의미하고, 이러한 영리적인 직업활동에 있어 국가로부터의 간섭과 제재를 배제하는 것을 내용으로 한다. 그러나 영업의 자유가 營業의 獨占을 당연히 보장하는 것은 아니다. 영업 가운데도 사회적·경제적 연관성이 있고 자유시장질서에 상당한 영향을 미치는 영업의 경우에는 자유롭고 공정한 경쟁과 건전한 시장을 유지하기 위하여 제한을 할 수 있다(自由主義 經濟秩序).

(2) 직장선택의 자유

職場選擇의 自由란 개인이 자기가 선택한 직업을 수행할 수 있는 공간을 선택할 자유를 의미한다. 일할 공간은 고정된 공간이든 유동적인 공간이든 가상의 공간(cyber-space)이든 무관하다.

직장을 선택하는 자유에는 직장을 선정하고 결정하는 자유, 직장을 유지할 자유, 직장을 변경할 자유, 직장을 포기할 자유가 포함된다. 직장선택의 자유는 근로계약을 체결한 근로자 및 자영업자 모두에게 인정된다. 직장의 선택·변경·포기가 직업의 선택·변경·포기를 동반하는 경우에는 이는 직업·직종선택의 자유에 해당한다.

[156] 第四 效 力

직업의 자유도 다른 기본권과 같이 대국가적으로는 직접적으로 효력을 미친다.

오늘날 私人에 의한 직업의 자유의 침해는 상당히 빈번하게 일어난다. 직업의 자유는 사인간에도 존중되어야 한다. 다만 직업과 관련된 계약자유와 관련해서는 직업의 자유를 이유로 하여 계약자유를 침해하는 것은 허용되지 않는다. 노동계약상의 특수성은 인정된다. 특히 개인이나 기업의 영업상의 비밀을 침해하거나 직업활동을 방해하는 것은 국가뿐만 아니라 사인에 의해서도 빈번하게 발생할 개연성이 높고 그 피해의 규모도 크다. 이러한 경우에 국가는 영업비밀을 보호하는 법률을 제정하는 것과 같은 조치를 통하여 이를 보호한다. 국가가 이러한 보호를 하지 않을 때는 국민은 입법부작위에 대하여 재판으로 다툴 수 있다.

독일의 경우 독일연방노동법원은 헌법상의 직업의 자유를 私人간에도 직접 적용하여 왔다. 예컨대 BAGE 1, 185(191ff); 4, 240(243); 4, 258(260ff); 13, 168(174ff); 24, 438(441ff).

[157] 第五 制限과 그 限界

I. 제 한

직업의 자유도 다른 기본권과 마찬가지로 憲法 제37조 제2항에 근거하여 제한하는 것이 가능하다(예: 憲 1996. 3. 28.-94헌바42; 1996. 12. 26.-96헌가18).

그런데 직업의 자유를 제한함에 있어서는 憲法 제37조 제2항이 정하는 過剩禁止原則이 적용되지만, 그 구체적인 적용에서는 직업선택의 자유와 직업수행의 자유에서 각기 그 제한에 있어서 한계가 다르기 때문에 보다 세분화된 段階的인 接近이 필요하다.

직업의 자유의 제한에서는 그 성질상 먼저 職業遂行의 自由를 제한하여 목적을 달성할 수 있는지를 살펴야 하고, 그 다음에 직업수행의 자유를 제한하여 그 목적을 달성할 수 없을 때에 한하여 職業選擇의 自由를 제한한다. 憲法裁判所는 직업수행의 자유에는 입법자의 재량의 여지가 많다고 하고, 그 제한을 규정하는 법령에 대한 위헌여부를 심사하는데 있어서는 직업선택의 자유에 비하여 상대적으로 폭넓은 법률상의 규제가 가능하다고 보아 다소 완화된 심사기준을 적용하고 있다(예: 憲 1993. 5. 13.-92헌마80; 1998. 5. 28. 95-헌바18; 2001. 6. 28.-2001헌마132; 2007. 2. 22.-2003헌마428등; 2007. 6. 28.-2004헌마262). 이러한 것은 직업의 선택을 가능한 한 넓게 보장하고 직업의 수행을 제한하여 제한의 목적을 달성하고자 하는 것이다. 직업선택의 자유를 제한함에 있어서는 먼저 기본권의 主體와 관련된 主觀的 事由를 가지고 제한을 시도하고, 그러한 방법으로 제한의 목적을 달성할 수 없을 때에 客觀的 事由를 가지고 제한을 시도한다(同旨: 許營a, 462; 桂禧悅b, 519).

직업의 자유를 제한하는 법리가 이와 같은 구조를 가지고 있다고 보면, 직업의 자유를 제한함에 있어서는 「직업수행의 자유의 제한(제1단계) → 주관적 사유에 의한 직업선택의 자유의 제한(제2단계) → 객관적 사유에 의한 직업선택의 자유의 제한(제3단계)」으로의 단계적인 접근이 요구된다. 직업의 자유의 제한에 있어서 적용되는 이러한 접근법을 「段階理論」이라고 부르기도 하는데, 과잉금지원칙을 적용하는 한 유형이다. 이 「段階理論」은 獨逸聯邦憲法裁判所에 의해 확립되어 적용되어 왔는데, 우리 헌법재판소도 이를 채택하고 있다.

(1) 직업수행의 자유의 제한

(a) 내 용

직업수행의 자유의 제한은 직업을 가지는 것을 금지하거나 박탈하는 결과를 가져오는 직업선택의 자유를 제한하기 이전에 낮은 수준에서 직업수행의 자유를 제한하여 직업의 자유를 제한하여 얻고자 하는 목적을 달성하는 방법이다. 이에는 영업의 장소, 시간, 방법, 내용을 제한하는 방법이 있다.

(b) 판 례

(i) 영업 장소의 제한 직업의 수행에서 공간적 제한을 가하는 방법이다. 이에 관하여 憲法裁判所는 다음과 같이 판시하였다. 대학 및 이와 유사한 교육기관의 정화구역 안에 당구장영업을 금지하는 것은 위헌이다(憲 1997. 3. 27.-94헌마196등). 학교정화구역 안에서 극장시설 및 영업을 금하는 학교보건법의 규정은 헌법에 위반된다(憲 2004. 5. 27.-2003헌가1등). 주세법에서 탁주의 공급구역을 제한하는 것은 합헌이다(憲 1999. 7. 22.-98헌가 5). 의료기관의 시설 안 또는 구내의 약국개설을 금지하는 약사법의 규정은 합헌이다(憲 2003. 10. 30.-2000헌마563). 변호사의 개업지에 대하여 제한하는 것은 위헌이다(憲 1989. 11. 20.-89헌가102). 한약업사의 영업지제한은 합헌이다(憲 1991. 9. 16.-89헌마231).

(ii) 영업 시간의 제한 직업의 수행에서 시간적 제한을 가하는 방법이다. 무도장영업행위를 오전 9시부터 오후 5시까지 할 수 있도록 제한하는 것은 합헌이다(憲 2000. 7. 20.-99헌마455). 학교교과교습학원 및 교습소의 교습시간을 05:00부터 22:00(또는 고등학생의 경우 23:00)까지 규정하고 있는 조례에 대하여 학생이나 그 부모의 인격의 자유로운 발현권, 자녀교육권, 직업의 자유, 평등권을 침해하지 아니한다(기각: 5, 위헌: 4)(憲 2009. 10. 29.-2008헌마635; 2009. 10. 29.-2008헌마454).

(iii) 영업 방법의 제한 직업의 수행에서 그 방법에 제한을 가하는 방법이다. 이에 관하여 憲法裁判所는 다음과 같이 판시하였다. 노래연습장에 18세 미만의 자가 출입하는 것을 금지하는 것은 합헌이다(憲 1996. 2. 29.-94헌마13). 물리치료사와 임상병리사를 의사의 진료를 지원하는 지위에 있어 의사의 지도하에서만 업무를 담당하도록 정한 의료기사법의 규정은 합헌이다(憲 1996. 4. 25.-94헌마129). 법무사의 사무실에서 일하는 사무원의 수를 제한하는 것은 합헌이다(憲 1996. 4. 25.-95헌마331). 터키탕 안에서 이성의 입욕보조자를 두지 못하게 하는 공중위생법시행규칙의 규정은 합헌이다(憲 1998. 2. 27.-97헌마64). 담배자판기의 설치를 금지하는 조례의 규정은 합헌이다(憲 1995. 4. 20.-92헌마264등). 식품의 효능에 관하여 의약품과 혼동할 우려가 있는 표시나 광고를 금지하는 식품위생법의 규정은 합헌이다(憲 2000. 3. 30.-97헌마108). 약국

의 셔틀버스운행을 금지한 여객자동차운수사업법의 규정은 합헌이다(憲 2002.11.28.-2001헌마596). 교통수단을 이용하여 타인의 광고를 할 수 없도록 정한 옥외광고물등관리법시행령의 규정은 합헌이다(憲 2002.12.18.-2000헌마764). 사납금제를 금지하고 월급제로 가기 위하여 택시운송사업자의 운송수입금 전액 수납의무와 운수종사자의 운송수입금 전액 납부의무를 정한 것은 합헌이다(憲 1998.10.29.-97헌마345). 약사들이 법인을 구성하여 약국을 개설하는 것을 금지하는 약사법의 규정은 헌법에 위반된다(憲 2002.9.19.-2000헌바84). 식품이나 식품의 용기·포장에 "음주전후" 또는 "숙취해소"라는 표시를 금지하는 것은 위헌이다(憲 2000.3.30.-99헌마143). 「외국인근로자의 고용 등에 관한 법률」에서 사용자가 외국인근로자를 고용함에 있어 직업안정기관의 허가를 받도록 정하고 있는 고용허가제는 합헌이다(예: 憲 2009.9.24.-2006헌마1264).

(iv) 영업 내용의 제한　　직업의 수행에서 그 내용에 제한을 가하는 방법이다. 이에 관하여 憲法裁判所는 다음과 같이 판시하였다. 법률로 변호사에게 전년도에 처리한 수임사건의 건수 및 수임액을 소속 지방변호사회에 보고하도록 규정하는 것은 변호사들의 사건 수임 관련 정보를 투명하게 하기 위하여 변호사가 스스로 구성원이 된 조직으로 하여금 납세와 관련된 변호사의 자기 통제를 할 수 있도록 하여 탈세의 우려를 줄이고 이를 통해 조세행정 전반에 대한 국민적 신뢰를 공고히 하는 것이어서 영업의 자유나 사생활의 비밀을 침해하는 것이 아니다(憲 2009.10.29.-2007헌마667. 이에는 영업의 자유와 사생활의 비밀과 자유를 침해한다고 하는 4인의 반대의견이 있다). 법무사의 보수를 대한법무사협회회칙에 정하도록 하고 법무사가 회칙 소정의 보수를 초과하여 보수를 받거나 보수 이외에는 명목여하를 불문하고 금품을 받는 것을 금지하는 법무사법의 규정은 합헌이다(憲 2003.6.26.-2002헌바3). 의료기관의 조제실에서 조제업무에 종사하는 약사로 하여금 의료법에 따라 처방전이 교부된 환자를 위한 의약품의 조제를 금지하는 약사법의 규정은 합헌이다(憲 2003.10.30.-2000헌마563). 감정평가업자의 업무범위 등을 제한하고 감정평가법인의 설립을 위한 최소한의 인원을 규정한 것은 합헌이다(憲 1996.8.29.-94헌마113). 약사의 기존 한약조제권을 제한하는 것은 합헌이다(憲 1997.11.27.-97헌바10). 보석감정사 등에게 밀수품의 감정을 금지하는 관세법의 규정은 합헌이다(憲 1998.3.26.-97헌마194). 일반행정사에게 고소·고발장의 작성사무를 할 수 없도록 한 법무사법의 규정은 합헌이다(憲 2000.7.20.-98헌마52).

주점의 업주에게 19세 미만의 청소년에게 술을 파는 것을 금지하는 것은 합헌이다(憲 2001.1.18.-99헌마555). 당구장을 경영하는 영업주로 하여금 당구장출입문에 18세 미만의 자의 출입의 금지를 반드시 표시하도록 하는 것은 위헌이다(憲 1993.5.13.-92헌마80). 법률로 의료인으로 하여금 胎兒의 性別을 고지하는 것을 금지하는 것은 의료인의 직업수행의 자유를 침해하는 것이어서 위헌이다(憲 2008.7.31.-2004헌마1010등).

그런데 유의할 것은 직업수행의 자유를 제한하는 것이 직업선택을 제한하는 것에 비하여 언제나 덜 엄격한 것은 아니다. 직업수행의 자유를 제한하는 것처럼 보이더라도 실질에 있어 직업선택의 자유를 제한하는 것과 다를 바가 없는 경우에는 직업선택의 자유를 제한하는 경우와 같이 엄격할 것이 필요하다(예: 大 1994. 3. 8.-92누1728).

[大 1994. 3. 8.-92누1728] 「직업은 그 종류·성질·내용·사회적 의의 및 영향이 각양각색이어서 그 규제를 요구하는 사회적인 이유나 목적도 천차만별이고 그 중요성도 꼭 같지 않아 직업의 자유에 대한 제한도 구체적인 경우에 따라 다양한 형태를 취하게 되기 때문에 그것이 위헌인지의 여부도 일률적으로 논할 수는 없고 구체적인 제한조치에 관하여 제한의 목적·필요성·내용과 그것에 의하여 제한되는 직업의 자유의 성질·내용 및 제한의 정도·방법 등을 검토하고 이들을 비교교량하여 신중하게 결정하여야 할 것이다. 일반적으로 직업의 자유에 대한 제한이 직업의 선택 자체는 제한하지 않으면서 직업활동의 내용이나 태양만을 제한하는 것일 때에는 직업선택의 자유를 제한하는 것보다는 제한의 정도가 가볍다고 할 것이고 따라서 자유를 제한할 수 있는 범위도 커서 비교적 용이하게 제한의 필요성과 합리성을 긍정할 수 있겠지만, 이와 같은 구분도 반드시 절대적인 것은 아니어서, 형식적으로는 직업활동의 자유를 제한하는 것처럼 보이더라도 실질에 있어서는 직업선택의 자유를 제한하는 것과 다를 바가 없을 정도로 직업활동의 자유를 크게 제한할 경우에는 그 제한의 합리성을 쉽게 긍정하여서는 안 되고, 개인의 자유보다 우월한 매우 중요한 공공의 이익을 보호하기 위하여 그와 같은 제한이 필요하다고 인정되는 경우에만 그 제한을 합헌적인 것으로 보아야 할 것이다.」

(2) 주관적 사유에 의한 직업선택의 자유의 제한

(a) 내 용

직업을 선택함에 있어서 직업의 성질상 전문성, 숙련성, 기술성, 공익성 등이 요구되는 특정한 경우에 그 직업을 수행하는데 필요한 일정한 자격, 능력, 경력, 교육 또는 훈련과정의 이수, 시험·전형의 합격 등 자신의 노력으로 일정한 요건을 갖춘 자에게만 직업을 허용하고 그러하지 아니한 경우에는 해당 직업을 가지지 못하게 하는 것이다. 이는 일정한 직업의 경우 그 성격상 이러한 주관적 사유를 충족시켜야 비로소 그 직업이 가지는 본래의 기능을 수행할 수 있기 때문이다. 예컨대 사람의 생명·신체의 안전이나 건강 등에 관한 고도의 전문성을 필요로 하는 의사, 치과의사, 간호사, 약사, 영양사의 경우나 일정한 전문적인 지식이 있어야 해당 업무를 수행할 수 있는 판사, 검사, 변호사, 교사, 공인회계사, 세무사, 법무사, 공인중개사, 노무사 등이 이에 해당한다. 이러한 직업이 제공하는 이익 또는 서비스에 있어서 그 이익이나 서비스를 제공받는 국민들에게 확보되어야 하는 公益이 이를 제공하는 자의 私益보다 크고 중요하기 때문에 이와 같은 제한이 가해진다.

이러한 주관적인 사유에 의한 제한은 개인의 노력에 의해 극복할 수 있기 때문에 객관적인 사유보다 그 제한이 가볍다고 본다. 국민은 누구나 자기의 노력으로 이러한 주관적인 사유를 충족시키면 그 제한을 벗어날 수 있다.

직업선택의 자유에 있어 일정한 시험을 합격하거나 일정한 자격을 취득한 경우에만 해당 직업을 가질 수 있게 하는 것은 主觀的 制限事由에 해당하는데, 이러한 경우 입법부 또는 입법부로부터 위임을 받은 행정부가 해당 제도를 마련함에 있어서는 광범한 立法形成의 自由를 가진다(예: 憲 2001. 5. 31.-99헌바94; 2001. 9. 27.-2000헌마152; 2001. 9. 27.-2000헌마208등; 2007. 4. 26.-2003헌마947등; 2007. 5. 31.-2003헌마422).

[憲 2007. 4. 26.-2003헌마947등] 「영어대체시험제도는 법조직역이 갖는 공공성과 전문성을 감안하여 그 직업수행에 필요한 학식과 능력에 대한 최소한의 요건을 규정하는 소위 '주관적 전제조건'에 관한 것이다. 한편, 입법부 내지 입법부로부터 위임을 받은 행정부가 일정한 전문분야에 관한 자격제도를 마련함에 있어서는 그 내용이 명백히 불합리하고 불공정하지 않은 한 원칙적으로 입법부 내지 입법부로부터 위임을 받은 행정부에게 광범위한 형성의 자유가 인정되는 것이다.」

(b) 판 례

憲法裁判所는 주관적 사유에 의한 제한과 관련하여 다음과 같이 판시하였다. 일정한 요건을 갖춘 자에 대해서만 변호사의 자격을 부여하는 것(憲 1995. 6. 29.-90헌바43), 변호사의 자격 없이 타인의 권리를 양수하거나 양수를 가장하여 소송·조정 또는 화해 기타의 방법으로 그 권리를 실행함을 업으로 한 자를 형사처벌하는 변호사법의 규정(憲 2004. 1. 29.-2002헌바36), 변호사 아닌 자의 법률사무취급을 포괄적으로 금지하는 변호사법의 규정(憲 2000. 4. 7.-98헌바95등), 사법서사의 자격부여에서 서기직 종사기간을 주사직 종사기간으로 환산하지 아니하는 것(憲 1989. 3. 17.-88헌마1), 법무사가 아닌 자가 등기신청의 대행 등 법무행위를 업으로 하는 것을 금지하고 이를 위반하는 경우에 형사처벌하는 법무사법의 규정(憲 2003. 9. 25.-2001헌마156), 법무사의 자격부여에서 일정한 요건을 부여하는 것(憲 1996. 10. 4.-94헌바32)에 대해서 합헌이라고 판시하였다. 미수복지에서 귀순한 의약업자의 자격취득 시기를 제한하는 것(憲 1998. 2. 27.-96헌바5), 형의 집행유예를 받고 그 기간이 종료한 후 1년이 경과되지 아니한 자에 대하여 세무사자격시험에 응시할 수 없게 정한 세무사법의 규정(憲 2002. 8. 29.-2002헌마160), 외국의 치과 또는 의과대학을 졸업한 후 우리 국민이 국내 의사면허시험에 응시하기 위해서는 기존의 응시요건에 추가하여 새로 예비시험을 치도록 한 의료법의 규정(憲 2003. 4. 24.-2002헌마611), 제1종 운전면허의 취득요건으로 양쪽 눈의 시력이 각각 0.5 이상일 것을 요구하는 도로교통법시행령의 규정(憲 2003. 6. 26.-2002헌마677), 대학졸업 이상의 학력을 가진 자만이 학원강사가 될 수 있도록 하는 학원의설립·운영및과외교습에관한법률의 규정(憲 2003. 9. 25.-2002헌마519), 운전학원으로 등록하지 않은 자가 대가를 받고 운전교육을 실시하는 것이나 대가를 받고 운전연습시설을 제공하는 것을 금지하는 도로교통법의 규정(憲 2003. 9. 25.-2001헌마447등), 사법시험 제1차시험의 어학과목을 영어로 한정하고 영어대체시험에서 기준점수이상을 취득하도록 요구하는 사법시험법과 동시행령의 규정(憲 2007. 4. 26.-2003헌마947), 금고 이상의 실형을 선고받고 그 집행이 종료되거나 그 집행이 면제된 날부터 3년이 지나지 아니한 자는 감정평가사가 될 수 없도록 한 것(憲 2009. 7. 30.-2007헌마1037), 금고 이상의 형의 집행유예를 선고받고 그 기간이 경과한 후 2년을 경과하지 아니한 자는 변호사가 될 수 없다고 규정한 것(憲 2009. 10. 29.-2008헌마432)에 대하여 합헌이라고 판시하였다.

유료직업소개업(憲 1996. 10. 31.-93헌바14), 근로자공급사업(憲 1998. 11. 26.-97헌바31)을 허가제로 하는 것은 합헌이라고 판시하였다. 직업을 선택하는 영역에 있어 직업의 소개나 근로자의 공급 등이 가지는 공공성 때문이다. 법령에 의한 인·허가 없이 장래의 경제적 손실을 금전이나 유가증권으로 보전해줄 것을 약정하고 회비 등의 명목으로 금전을 수입하는 행위를 금지하고 이에 위반하는 경우에 형사처벌하는 유사수신행위의규제에관한법률의 규정(憲 2003. 2. 27.-2002헌바4)은 합헌이라고 판시하였다.

한편 憲法裁判所는 업무범위를 위반한 건축사의 필요적 등록취소(憲 1995. 2. 23.-93헌가1), 치과전문의 자격시험의 미실시(憲 1998. 7. 16.-96헌마246), 여객운송사업자가 지입제의 경영을 한 경우에 필요적으로 사업면허가 취소되도록 한 것(憲 2000. 6. 1.-99헌가11)에 대해서는 위헌이라고 판시하였다. 憲法裁判所는 법률로 한국방송광고공사와 이로부터 출자를 받은 회사가 아니면 지상파방송사업자에 대해 방송광고 판매대행을 할 수 없도록 하는 것은 직업수행의 자유를 침해하는 것이라고 판시하였다(憲 2008. 11. 27.-2006헌마352).

(3) 객관적 사유에 의한 직업선택의 자유의 제한

(a) 내 용

직업의 자유를 제한하는 제3단계는 기본권 주체의 주관적인 능력이나 자격 또는 노력에 상관없는 객관적인 조건을 설정하여 이를 충족하는 자에게만 일정한 직업을 인정하고 그러하지 못하는 자에게는 해당 직업을 가질 수 없게 하는 것이다. 예컨대 객관적인 허가조건을 충족시킨 경우에만 허가를 해주어 해당 직업을 가질 수 있게 하는 경우가 이에 해당한다. 이러한 제한은 개인이 자기의 능력만으로 해당 직업을 가질 수 없기 때문에 직업선택의 자유에 대한 가장 강력한 제한이다.

객관적인 사유에 의한 직업선택의 제한은 公益事業이나 위생·풍속에 관한 사업과 같이 자유로이 선택하게 하였을 때 사회의 공공성이나 국가의 정책에 유해한 결과를 가져오거나 그러한 우려가 있는 때 인정된다. 이러한 사업은 국가로부터 특허나 허가를 얻어야 이를 수행할 수 있다. 예컨대 전기나 가스공급사업, 교통운송사업, 석유정제사업, 주류의 제조·판매업, 고물상, 숙박업, 전당포, 풍속영업, 음식점, 공중목욕탕 등이 이에 해당한다.

이러한 제한은 특허나 허가와 같이 달성하고자 하는 공익이 월등하게 중요하고 명백하고 확실한 위험을 방지하기 위한 경우에만 허용된다(同旨: 許營a, 467; 桂禧悅b, 525). 憲法裁判所의 판례도 동일한 취지이다(예: 憲 2002. 4. 25.-2001헌마614). 예컨대 퇴직공직자에 대한 유관사기업체에 취업하는 것의 제한이나(公倫法 §17①) 특정 직업을 영위하는 경우에는 다른 직업을 가질 수 없게 하는 경우가 이에 해당한다.

> [憲 2002. 4. 25.-2001헌마614] 「국민은 누구나 자유롭게 자신이 종사할 직업을 선택하고, 그 직업에 종사하며, 이를 변경할 수 있다. 직업선택의 자유는 삶의 보람이요 생활의 터전인 직업을 개인의 창의와 자유로운 의사에 따라 선택케 함으로써 다양한 인격의 발현, 행복추구에 이바지하는 것이므로, 실로 우리 헌법이 지향하는 자유주의적 경제·사회질서의 본질적 요소가 되는 기본적 인권의 하나가 아닐 수 없다. 따라서 직업의 자유를 최대한 보장하는 것이야말로 우리 헌법을 관류하는 이념 가운데 자리하고 있는 기본정신이다. 이러한 헌법정신에서 볼 때 설혹 이를 제한하는 경우라도 반드시 법률로써 하여야 하고 국가안전보장, 질서유지 또는 공공복리 등 정당하고 중요한 공공의 목적을 달성하기 위하여 필요하고 적정한 수단·방법에 의하여서만 가능한 것이다. 이 사건 법률조항은 청구인들과 같이 경비업을 경영하고 있는 자들이나 다른 업종을 경영하면서 새로이 경비업에 진출하고자 하는 자들로 하여금 경비업을 전문으로 하는 별개의 법인을 설립하지 않는 한 경비업과 그 밖의 업종간에 택일하도록 법으로 강제하고 있다. 따라서 이미 선택한 직업을 어떠한 제약 아래 수행하느냐의 관점이나 당사자의 능력이나 자격과도 상관없는 객관적 사유에 의한 이러한 제한은 직업의 자유에 대한 제한 중에서도 가장 심각한 제약이 아닐 수 없다. 따라서 이러한 제한은 월등하게 중요한 공익을 위하여 명백하고 확실한 위험을 방지하기 위한 경우에만 정당화될 수 있다고 보아야 한다.」

(b) 판 례

憲法裁判所는 경비업자에게 경비업 이외에 다른 영업을 금지하는 것은 과잉금지원칙에 위반된다고 판시하였고(憲 2002. 4. 25.-2001헌마614), 이미 군법무관으로 임명되어 변호사자격을 취득한 사람이 공무상의 질병·부상으로 인하여 10년간 군법무관으로 근무하지 못하고 전역한 경우에 변호사의 자격을 박탈하는 것도 과잉금지원칙에 위반된다고 하였다(憲 1995. 6. 29.-90헌바43). 국공립사범대학 출신자를 교육공무원에 우선 임용하는 것은 사립사범대학 졸업자 및 교직과정이수자들의 교육공무원에의 취업기회를 사실상 봉쇄하는 것으로 직업선택의 자유를 침해한다고 판시하였고(憲 1990. 10. 8.-89헌마89), 법무사법시행규칙에서 법원행정처장으로 하여금 법무사를 보충할 필요가 없다고 인정하는 때에는 법무사시험을 실시하지 않을 수 있도록 정한 것은 법무사법에 의해 부여된 법무사 자격취득의 기회를 박탈하는 것이어서 직업선택의 자유를 침해한다고 판시하였다(憲 1990. 10. 15.-89헌마178). 검찰총장의 직에서 퇴임한 후 2년 이내에 모든 공직에의 임명과 국·공립대학의 총·학장, 교수 등에도 임명될 수 없게 하는 것은 직업선택의 자유를 침해하는 것이라고 판시하였다(憲 1997. 7. 16.-97헌마26). 憲法裁判所는 법률로 시각장애인에 한해서만 안마사의 자격인정을 받을 수 있도록 하는 것에 대해서 위헌이라고 결정하였다가(憲 2003. 6. 26.-2002헌가16) 판례를 변경하여 합헌이라고 결정하였다(憲 2008. 10. 30.-2006헌마1098). 또한 憲法裁判所는 법학전문대학원 선발에 있어 전공별·출신대학별로 로스쿨의 입학정원을 3분의 1의 비율을 기준으로 제한하는 것은 직업교육장 선택의 자유 내지 직업선택의 자유를 제한하지만 비례의 원칙에 위배되지 않는다고 판시하였고(憲 2009. 2. 26.-2007헌마1262), 법학전문대학원 설치·운영에 관한 법률이 인가주의와 총입학정원주의를 정하고 있는 것은 대학의 자율성과 국민의 직업선택 자유를 침해하지 아니한다고 판시하였다(憲 2009. 2. 26.-2008헌마370).

[憲 2008. 10. 30.-2006헌마1098] 「위와 같이 헌법 제34조 제5항은 신체장애자를 비롯한 생활능력이 없는 국민에 대하여 국가의 보호의무를 천명하고 있는바, 이는 장애인에 대한 차별금지를 규정한 장애인복지법 제8조 제1항 및 사회보장과 고용촉진 등을 규정한 '장애인 권리 선언' 등의 정신과도 상통하는 것으로서 이러한 국가의 보호의무는 입법자의 입법을 통하여 구체화될 필요가 있다. 다시 말하면, 입법자는 장애인의 연령·능력·장애의 종류 및 정도에 따라 적정한 교육을 받고 적성과 능력에 맞는 직업에 종사할 수 있도록 직업훈련, 취업알선, 고용 등 필요한 복지정책을 강구해야 하는데, 특히 장애의 정도가 심하여 자립하기가 어려운 중증장애인에 대하여는 보다 적극적인 정책이 요청된다고 할 것이다. 이러한 장애인에 대한 복지정책은 제1차적으로는 장애인의 생존권을 보장하는 데 있지만 거기에 그쳐서는 안 되고, 사회통합의 이념에 기초하여 소수자인 장애인이 진정한 사회공동체의 일원으로 대우받을 수 있도록 제반 여건을 형성하는 데에도 초점을 맞추어 헌법 제10조 및 제34조에 따라 인간의 존엄과 가치를 지키며 인간다운 삶을 영위할 수 있도록 하여야 한다. 다만, 장애인에 대한 적극적인 복지정책은 때로 일반국민에 비하여 장애인을 우대하는 형태로 나타나게 되는데, 그로 말미암아 일반국민의 기본권 행사가 제한받게 될 경우 입법자로서는 장애인의 보호와 일반국민의 기본권 보장이라는 양 법익 사이에 조화와 균형을 이룰 수 있도록 하여야 하므로 그와 같은 범위 안에서 형성의 자유를 가진다고 할 것이다. 이 사건 법률조항은 위와 같이 신체장애자 보호에 대한 헌법적 요청, 장애인복지정책의 원칙 등에 바탕을 두고서 시각장애인의 생계를 보장하기 위한 것으로서 궁극적으로는 그들에게 삶의 보람을 얻게 하고 인간다운 생활을 할 권리를 실현시키려는 데에 위 법률조항의 입법목적이 있다고 할 것이므로, 그 목적의 정당성은 충분히 인정된다. 나아가 다른 직종에 비해 공간이동과 기동성을 거의 요구하지 않을 뿐더러 촉각이 발달한 시각장애인이 영위하기에 용이한 안마업의 특성 등에 비추어 시각장애인에게 안마업을 독점시킴으로써 그들의 생계를 지원하고 직업활동에 참여할 수 있는 기회를 제공하는 이 사건 법률조항의 경우 이러한 입법목적을 달성하는 데 적절한 수단이라고 할 것이다. 한편, 시각장애인에게 안마사 자격을 독점시키는 방법 외에도 위와 같은 입

법목적을 달성시킬 수 있는 여러 가지 대안으로서 ① 시각장애인에게 직접 경제적 지원을 하는 방법, ② 직업의 선택 및 수행에 있어서 일반인보다 우대하는 방법, ③ 고용과 직업재활을 촉진하는 프로그램 등을 상정할 수 있다. 실제로 장애인복지법은 장애의 정도와 경제적 수준을 고려하여 장애인의 소득 보전 및 직업재활을 위해서 장애수당지급(§49), 의료비지급(§36), 자녀의 교육비지급(§38), 자립훈련비지급(§43), 자금의 대여(§41) 등과 같은 제도를 두고 있고, 그 이외에도 공공시설내의 매점, 자판기 설치나 담배 및 우표 판매 등에 있어서 장애인에게 우선권을 주는 생업지원(§42) 및 국가기관으로 하여금 장애인단체가 만든 생산품을 우선 구매하도록 하는 인센티브 제도(§44) 등을 규정하고 있다. 그러나 장애인 특히 시각장애인의 복지현실은 이러한 규정들과는 상당한 괴리가 있음을 부정할 수 없다. 예컨대, 장애수당, 의료비지급 등의 재정적 지원은 그 대상이 매우 제한적일 뿐 아니라 액수도 너무 소액이어서 시각장애인에게는 실질적인 도움이 되지 못하고 있다. 담배소매업이나 자판기설치에 있어서 우선권을 주는 생업지원도 실제로 혜택을 받는 장애인은 많지 않고, 더욱이 시각장애인에게는 신체특성상 위와 같은 혜택이 거의 돌아가고 있지 않다. 또한 시각장애인 안마사가 취업할 수 있도록 일정한 규모의 사업장에 안마사를 의무적으로 고용하도록 하거나 시각장애인 안마사의 영업활동에 세제혜택 기타 인센티브를 주는 방법도 비시각장애인 안마사와 경쟁한다고 가정할 경우 그 효과가 크다고 볼 수도 없다. 이러한 시각장애인 복지정책에서의 실제적인 측면을 감안할 때, 현재의 우리 사회에서 시각장애인의 복지와 인간다운 생활권을 보장하기 위해서는 시각장애인에게 안마직업을 독점시키는 방법이 불가피한 입법적 선택이라고 할 수 밖에 없을 것이다. 물론, 안마업에 종사하려는 일반인의 안마사 자격취득 기회 자체를 원천적으로 박탈하는 것은 기본권 제한의 정도가 가장 크기 때문에 이러한 차별은 입법목적 달성을 위하여 불가피하고 최후적인 수단으로만 발동되어야 한다는 점에는 이론(異論)이 있을 수 없다. 그러나 시각장애인에 대하여 이동권(移動權)조차 보장되지 못하고 있는 사회 현실 속에서 다른 직업을 선택하도록 지원한다고 하더라도 직업선택은 쉽지 않다. 시각장애인에게 있어서 안마사라는 직업은 그들이 선택할 수 있는 극소수의 직업 가운데 하나이고, 이를 제외하면 현실적으로 선택할 수 있는 직업은 거의 없다고 할 것이다. 특히, 지금까지 확인된 여러 통계자료에 의하여 중증시각장애인 상당수가 안마사 자격을 취득하고 안마로 생계를 유지하고 있음을 어렵지 않게 알 수 있다는 점에 비추어 보더라도 현실적으로 안마업은 시각장애인이 선택·종사할 수 있는 거의 유일한 직업이라고 하지 않을 수 없다. 나아가 미국과 영국 등 시각장애인에 대한 복지정책이 잘 갖춰진 여러 국가들의 사례에서 보듯이, 앞으로 시각장애인에 대하여 보다 많은 재정적 지원이 뒷받침되고, 안마사 이외의 직업활동에 참가할 수 있는 여건이 갖추어져 있다면, 시각장애인에게 안마업을 독점시키는 수단까지 동원할 필요는 없을 것이다. 그렇지만, 그와 같은 여건이 갖추어지지 않은 우리의 현실에서 위에서 언급한 수단들만으로는 입법목적을 달성하기 위한 효과적인 대안이 될 수 없고, 주어진 사회경제적 조건에 상응한 복지정책을 실시할 수밖에 없을 것이다. 이러한 측면은 시각장애인을 위한 유보고용제도로서 우리와 유사하게 안마업에 대한 독점권을 부여하고 있는 대만의 경우와 독점권은 아니지만 시각장애인 안마사를 일정 비율만큼 유지시키는 일본의 경우를 보더라도 알 수 있다고 할 것이다. 물론 안마업을 시각장애인에게 독점시키는 이 사건 법률조항으로 말미암아 일반국민의 직업 선택의 자유가 제한되는 것은 사실이지만, 안마업은 시각장애인이 정상적으로 영위할 수 있는 거의 유일한 직업이라는 점에서 시각장애인 안마사제도는 시각장애인의 생존권 보장을 위한 불가피한 선택으로 볼 수밖에 없다. 이에 반하여 일반국민이 선택할 수 있는 직업은 상대적으로 넓고 안마업 외에도 선택할 수 있는 직업이 많다는 점 또한 고려할 필요가 있다. 특히 물리치료사의 경우는 안마사와 거의 유사한 직종으로서 일련의 수련과정과 시험을 거쳐 물리치료사 자격을 취득하고 그 분야에서 직업에 종사할 수 있다는 점에 비추어 넓게 보면 반드시 안마 등을 직업으로 선택할 다른 방법이 완전히 봉쇄되었다고 볼 수도 없다. 위와 같은 사정에 비추어 보면, 시각장애인 안마사제도를 정한 이 사건 법률조항이 최소침해성 원칙에 반한다고 할 수도 없을 것이다. 과거 우리 사회에서 시각장애인은 생활 전반에 걸쳐 유·무형의 차별을 받았고, 특히 교육, 고용 등에서 많은 차별을 받아왔음을 부인할 수 없다. 그렇다고 시각장애인의 소득보장 내지 직업재활 등과 관련한 복지정책이 이들의 인간다운 삶을 보장할 정도로 갖추어져 있었던 것도 아니다. 시각장애인 안마사제도는 바로 이러한 현실에서 시각장애인의 생계 및 인간다운 삶을 보장하기 위한 최소한의 우선적 처우이며 시각장애인에게 가해진 사회적 차별을 보상해주고 실질적인 평등을 이룰 수 있는 수단으로 채택된 것이라고 평가할 수 있을 것이다. 이와 관련하여, 정부가 시각장애인에 대한 금전적 보상을 통해서 사회보장을 달성해야지 일반국민의 기본권을 제한하는 방법은 적절하지 않다는 지적이 있을 수 있다. 그러나 정부가 시각장애인에게 경제적 지원만 하는 것이야말로 공동체의 일원으로서 신체장애자를 보호하도록 규정하고 있는 헌법 제10조 및 제34조 제5항의 기본정신을 저버리는 것이다. 시각장애인이 원하는 바도 단지 경제적 지원이 아니라 정당한 직업에 종사하는 것이다. 사회통합의 관점에서 보나, 기본권 보장의 관점에서 보나 장애인에 대해서 국가는 특별한 보호를 해야 하고, 이는 결코 국가의 은전(恩典)이나 혜택이 아니라 헌법상의 권리인 것이다. 인간다운 삶은 다른 국민과 바찬가지로 주어진 여건에서 자신의 능력에 맞게 인격을 발현할 수 있는 직업활동을 통해 생존의 조건을 갖추어가는 것이므로, 단지 정부로부터 금전적 지원을 받는 것보다 적극적으로 직업을 갖고 사회활동을 하는 것이 시각장애인의 직업의식을 고양하고 소외감을 방지할 수 있을 것임은 당연하다. 또한 시각장애인의 상당수가 후천적인 원인에 기하여 발생한다는 점에서 알 수 있듯이 일반국민도 언제든지 장애인이 될 수 있는 점을 염두에 둔다면, 장애인, 특히 시각장애인을 우대한다고 하여 일반국민에 대한 부당한 차별이 된다고 보기도 어렵다. 요컨대, 우리 입법자는 헌법 제10조 및 제34조 제5항에 의한 헌법적 요청에 따라 시각장애인 복지정책의 일환으로서 이 사건 법률조항을 규정한 것인바, 그 과정에서 입법자는 앞서 본 바와 같은 제반 사정들 즉, 시각장애인에 대한 복지정책이 미흡한 현실에서 안마사는 시각장애인이 선택할 수 있는 거의 유일한 직업이라는 점, 안마사 직역을 비시각장애인에게 허용할 경우 시각장애인의 생계를 보장하기 위한 다른 대안이 충분하지 않다는 점, 시각장애인은 역사적으로 교육, 고용 등 일상생활에서 차별을 받아온 소수자로서 실질적인 평등을 구현하기 위해서는 이들을 우대하는 조치를 취할 필요가 있는 점 등을 충분히 고려하여 입법화한 것으로서 이를 존중할 필요가 있다고 할 것이다. 위와 같이 이 사건 법률조항은 시각장애인의 생존권보장이라는 헌법적 요청에 따라 시각장애인과 비시각장애인을 둘러싼 여러 상황을 적절하게 형량한 것으로서, 위 법률조항으로 인해 얻게 되는 시각장애인의 생존권 등 공익과 그로 인해 잃게 되는 일반국민의 직업선택의 자유 등 사익을 비교해 보더라도, 공익과 사익 사이에 법익 불균형이 발생한다고 단정할 수도 없을 것이다. 따라서 이 사건 법률조항이 비시각장애인을 시각장애인에 비하여 비례의 원칙에 반하여 차별하는 것이라고 할 수 없을 뿐 아니라, 비시각장애인의 직업선택의 자유를 과도하게 침해하여 헌법에 위반된다고 보기도 어렵다. 위와 같이 이 사건 법률조항은 시각장애인의 생존과 인간다운 생활을 보장하기 위하여 입법자가 선택한 수단으로서 헌법에 위반된다고 볼 수는 없지만, 이 사건 법률조항으로 인하여 비시각장애인이 입게 되는 불이익에 대하여 보다 진지한 고려가 필요할 것이다. 우리 사회에서는 현재까지 시각장애인 안마사제도를 유지함으로써 비시각장애인인 일반국민이 안마를 직업으로서 선택할 수 없는 불이익과 그에 따른 소모적인 갈등상황이 반복되어 왔음을 부인할 수 없다. 이와 같이 일반국민이 안마를 직업으로 선택할 수 없는 문제 역시 사회경제적 약자를 보호하는 것 못지않게 중요한 사회적 문제라는 점에 비추어 입법자를 비롯한 정부 당국에서는 시각장애인에 대한 복지정책을 실시하는 과정에서 이러한 문제를 해소하는 데 주의를 게을리 해서는 안 될 것이다. 앞서 보았듯이 이 사건 법률조항은 시각장애인의 직업활동과 생존을 보장하기 위한 다른 효율적인 대안들이 아직까지 우리 사회에서 제대로 작동하지 않기 때문에 불가피하게 선택할 수밖에 없는 정책수단인 것이다. 따라서 지금보다 이러한 사회경제적 여건이 향상되어 시각장애인을 위한 복지정책이 선진화될 경우에는 일반 국민의 기본권을 제한함으로써 시각장애인의 생존권 등을 확보할 수밖에 없는 정책수단이 그대로 유지되기는 어렵다고 할 것이다. 이에 입법자를 비롯한 정부 당국으로서는 일반국민에 대한 기본권제약을 하루빨리 해소시키기 위해서라도 시각장애인에 대한 복지정책을 보다 적극적으로 강구할 필요가 있으나, 현재로서는 시각장애인 안마사제도 외에는 시각장애인의 생존권보장에 효율적인 정책수단을 발견하기 어려운 실정이다. 입법자를 비롯한 정부 당국에서는 이러한 문제들에 대하여 심각하게 인식하고 시각장애인의 생존권과 비시각장애인의 직업선택의 자유라는 상충되는 기본권간의 갈등관계를 해소하고 조화롭게 양 기본권을 공존시킬 수 있는 방안, 특히 시각장애인으로 하여금 직업활동을 통한 인간다운 생활권을 향유하게 할 방안이 무엇인지에 대하여 보다 진지하고 적극적인 검토가 요구된다고 할 것이다. 따라서 이 사건 법률조항이 헌법상 보장된 청구인들의 직업선택의 자유와 평등권을 침해한다고 볼 수는 없을 것이다.」 이에 대해서 재판관 2인의 **[위헌의견]**이 있다. 「우리는 이 사건 법률조항이 과잉금지원칙에 위배하여 직업선택의 자유를 침해하는 것으로 헌법에 위반된다고 보므로 다음과 같이 반대의견을 밝힌다. 가. 객관적 사유에 의한 직업의 자유의 제한 직업은 생활에 필요한 소득을 얻는 활동일 뿐 아니라 개인의 인격을 자유로이 발현할 수 있도록 하는 개성신장의 수단이며, 시장경제질서를 유지하도록 하는 불가결의 요소이다. 우리 헌법은 모든 국민의 직업선택의 자유(헌법 §15)를 보장하고 있다. 따라서 직업의 자유에 대한 제한은 반드시 법률로써 하여야 할 뿐만 아니라 국가안전보장, 질서유지 또는 공공복리 등 정당하고 중요한 공공의 목적을 달성하기 위하여 필요하고 적정한 수단, 방법에 의해서만 가능하다. 특히 헌법재판소는 당사자의 능력이나 자격과 상관없는 객관적 사유에 의한 직업의 자유의 제한은 '월등하게 중요한 공익을 위하여 명백하고 확실한 위험을 방지하기 위한 경우'에만 정당화될 수 있고, 따라서 이 경우 헌법 제37조 제2항이 요구하는 과잉금지의 원칙, 즉 엄격한 비례의 원칙이 그 심사척도가 된다고 판시한 바 있다. 이 사건 법률조항에 의한 시각장애인 안마사제도는 시각장애인이 아닌 사람의 직업선택의 자유를 직접 침해하고 있고, 이는 당사자의 능력이나 자격과 상관없는 객관적 허가요건에 의한 직업선택의 자유에 대한 제한을 의미하므로 헌법 제37조 제2항이 요구하는 과잉금지의 원칙을 충족하여야 할 것이다. 나. 이 사건 법률조항에 관한 판단 안마의 본질적인 속성에 의하여 비시각장애인이 안마를 수행할 수 없는 것으로 인정되지 아니함에도 불구하고, 이 사건 법률조항은 시각장애라는 객관적인 사유, 조건에 의하여 직업선택의 자유를 제한하는바, 단순한 공공복리를 넘어 '직업의 자유'보다 훨씬 더 중요한 공공의 이익에 대한 '명백하고 확실한 위험'을 방지하기 위한 경우에 해당하는 때에 비로소 그 목적의 정당성을 인정할 수 있다. 시각장애인의 생계를 보장하고 직업활동 참여의 기회를 제공하는 것은 중요한 공익적 목적임을 충분히 인정할 수 있으나, 2007. 3. 말 현재 전체 등록시각장애인 209,968명 가운데 안마사로 등록하여 활동하는 시각장애인이 약 6~7,000명에 불과하고, 시각장애인에 대한 안마사자격의 독점적 유보가 제거된다 하더라도 위와 같은 안마사 자격자들의 영업활동이 불가능해지는 것이 아니며, 단지 비시각장애인 안마사들과 경쟁하는 입장에 처하게 되는 것이라는 점에서 직업선택의 자유의 제한을 정당화할 명백하고 확실한 위험이 있다고 보기 어렵다. 한편 이 사건 법률조항이 시각장애인의 생계보장 및 직업활동 참여기회 제공 등을 위한 적절한 수단인지 살펴본다. 2007. 3.말 현재 전체 등록시각장애인 가운데 중증 시각장애인인 1급, 2급 시각장애인 39,283명(1급 31,185명, 2급 8,098명)을 제외한 3~6급 시각장애인 170,685명(3급 11,365명, 4급 10,605명, 5급 17,532명, 6급 131,183명)은 비교적 다양한 직업군에서 활동하고 있고, 중증 시각장애인의 약 17%인 6~7,000명만이 안마사로 등록하여 활동하고 있으며, 경증 시각장애인은 불과 50여 명만이 안마사로 등록하여 활동하고 있다. 이러한 점에 비추어 보면, 이 사건 법률조항의 생계보장효과가 의심스러울 뿐 아니라, 단지 안마업의 독점기회를 제공하는 것이 자아실현과 개성신장의 도구로서의 직업을 선택할 기회를 제공한다고 볼 수도 없으므로 이 사건 법률조항이 실질적으로 위와 같은 입법목적 달성에 충분히 기여하고 있음을 인정하기 어렵다. 나아가 이 사건 법률조항에 의한 시각장애인의 안마사 직역 독점 외에 시각장애인의 생계보장 및 직업활동 참여기회 제공을 달성할 다른 수단이 없는 것도 아니다. 시각장애인 안마사가 취업할 수 있는 보건복지 관련 시설을 안마시술소나 안마원 외에 보건소, 노인복지시설, 장애인복지시설 등으로 확대하여 시행하는 방법이나 일정한 규모의 사업장에 산업안마사(헬스키퍼: Health Keeper)를 의무적으로 고용하도록 강제하는 방법, 안마사 자격시험에서 시각장애인에게는 시험과목을 축소해주는 방법, 일정한 규모 이상의 안마시술소나 안마원의 경우 시각장애인 안마사를 일정비율 이상 의무적으로 고용하도록 쿼터를 두는 방법, 시각장애인의 안마시술소나 안마원 사업 개시에 필요한 자금을 재정적 지원하고 세제혜택을 주는 방법, 영업장을 두지 아니하는 출장안마나 일정규모 이상 또는 이하의 안마업에 한하여 시각장애인에게 독점권을 주는 방법 등 안마업과 관련된 시각장애인 지원방법이 매우 다양한 형태로 존재할 수 있다. 또한 안마업 외에 다른 직업활동의 기회와 관련해서도 중증 시각장애인과 경증 시각장애인을 분류하여 적합한 직업훈련과정을 마련하고, 일반 입사시험이나 공무원 시험 등에 있어 시각장애인에게 음성시험 및 충분한 시험시간제공 등을 통하여 정당한 능력검증이 이루어질 수 있도록 시험제도에 관한 개선조치를 강제하는 등의 방안을 생각할 수 있다. 이러한 대안에 비추어보면, 이 사건 법률조항이 정하는 시각장애인의 안마사 직역 독점은 입법목적 달성을 위한 불가피한 수단이라고 보기 어려우며, 기본권의 최소침해성 원칙에 위반된다고 할 것이고, 위와 같은 다양한 대안들이 제시되고 있음에도 그에 관한 검토나 또 다른 대안의 개발을 하지 아니한 채 이 사건 법률조항에 안주하려는 입법자의 태도는 신체장애자 등 생활능력이 없는 국민은 법률이 정하는 바에 의하여 국가의 보호를 받도록 한 헌법규정(헌법 §34⑤)에 기대어 사회보장·사회복지 증진에 노력할 국가의 의무(헌법 §34②)를 게을리 한 것이라고 볼 수도 있을 것이다. 그 밖에 이 사건 법률조항은 비시각장애인의 안마사 자격취득 기회를 원천적으로 박탈하는 것으로 시각장애인의 생계보장, 특히 일부 중증 시각장애인의 생계보장의 측면을 고려하더라도 법익의 균형성을 인정하기 어렵다. 비시각장애인의 안마사자격 취득이 허용되는 경우 중증 시각장애인 안마사들과 경쟁이 불가피하게 되고, 시각장애인에 대한 편견으로 그 능력이 정당하게 평가받지 못하는 사실상의 불이익이 있을 수 있으나, 그것이 곧 중증시각장애인의 생존권 부정으로 연결된다고 보기는 어렵다고 할 것이고, 장애인에 대한 차별과 편견은 우리 사회와 동시대인들이 반드시 극복해야 할 또다른 과제이다. 현재에도 비시각장애인들이 탈법적으로 안마업에 종사하는 경우가 허다하고, 법의 문외한인 일반인들은 업무나 운동 등으로 인한 육체적 피로와 정신적 스트레스 해소를 위하여 안마사의 자격이 없는 비시각장애인들로부터 마사지 등을 받으며 그 진정한 의사와 관계없이 탈법행위에 동참하는 결과를 가져오는 예를 쉽게 발견할 수 있다는 점을 고려하면, 안마사 직역을 비시각장애인에게 개방하고, 탈법적 안마를 강력하게 단속하고 제재하는 것이 안마의 수요를 확대하고 시장을 정상화함으로써 시각장애인 안마사들에게 일종의 기회를 제공할 가능성도 존재한다. 결국 이 사건 법률조항이 달성하려는 시각장애인의 생계보장 등 공익은 그 중요성이 충분히 인정되나, 비시각장애인들이 받게 되는 직업선택의 자유의 박탈이 기본권의 본질적 내용까지 침해하는 것인 점에 비추어 공익의 우월함을 인정하기 어렵다. 따라서 이 사건 법률조항은 과잉금지원칙에 위배하여 직업의 자유의 본질적 내용을 침해하는 것으로 헌법에 위반된다.」

Ⅱ. 제한의 한계

직업의 자유를 제한하는 경우에도 헌법 제37조 제2항이 정하는 한계를 넘을 수 없다. 그리고 이러한 법리가 구체화된 「段階理論」에 의할 때, 그 단계를 순차적으로 따르지 않고 이를 이탈하여 해당 단계의 제한을 넘어선 경우에는 직업의 자유의 침해가 된다. 「段階理論」에서는 각 단계가 해당 단계에서의 제한의 한계를 설정하는 기준으로 기능한다.

직장 · 선택의 자유에서 그 제한은 직장이나 직종을 원천적으로 선택할 수 없게 하므로 여기에서 제한의 한계를 넘어서면 곧바로 직업의 자유의 본질적 내용을 침해하는 것으로 된다(同旨: 桂禧悅b, 527).

3. 財 産 權

[158] 第一 意　義

Ⅰ. 헌법 규정

헌법 제23조 제 1 항은 「모든 국민의 財産權은 보장된다. 그 내용과 한계는 법률로 정한다」고 정하여 사유재산제도를 정하고 있음과 동시에 재산권을 헌법상의 기본권으로 보장하고 있다. 이와 함께 헌법은 제 2 항에서 「재산권의 행사는 公共福利에 적합하도록 하여야 한다」라고 정하고 있고, 제 3 항에서 「公共必要에 의한 재산권의 수용 · 사용 또는 제한 및 그에 대한 보상은 법률로써 하되, 정당한 보상을 지급하여야 한다」라고 하여 헌법에서 재산권을 제한하는 경우와 그 한계를 직접 정하고 있다.

헌법 제23조가 보장하는 재산권은 經濟的으로 가치가 있는 모든 권리를 의미한다. 따라서 헌법상의 재산권은 민법상의 소유권보다 넓은 개념으로, 경제적 가치 있는 모든 공법상의 권리와 사법상의 권리를 뜻한다(예: 憲 1999. 4. 29.-94헌바37등).

Ⅱ. 연　혁

근대 초기에 재산권은 전국가적이고 천부적 인권으로 보아 신성불가침의 권리로 간주되었고, 이는 재산권의 절대성과 계약의 자유로서 법적 보장을 받게 되었다. 재산권의 보장과 계약의 자유는 근대 자본주의의 핵을 이루는 원리가 되었고, 자유민주주의체제의 핵심적 내용을 이루게 되었다. 재산권을 천부적인 권리로 파악한 것은 서양 중세국가의 봉건적 신분관계에서 인간을 자유롭게 하는데 있어 무엇보다 사유재산을 보장하여 재산적 힘으로 신분적 예속을 해소할 필요가 있었던 것이 가장 큰 이유였다. 대표적으로 J. Locke의 인권사상의 중심은 生命 · 自由 · 財産(property)으로 나타났고, 이는 최초의 근대헌법인 미합중국연방헌법에서도 전형적으로 나타났으며, 프랑스 인권선언에서는 所有(propriétés)를 「神聖不可侵의 權利」라고 정하였다(同宣言 §17). 재산권의 보장과 계약자유의 보장으로 도시가 발달하고 상공업의 발달하면서 인간사회는 身分社會에서 契約社會로 전환되었다(「신분에서 계약으로」).

그런데 자본주의와 시장경제의 발달과 더불어 자본의 집중, 경기에 따른 경제의 부침, 공업 사회의 도래에 따른 계급분화, 계층간의 갈등, 시장의 실패 등이 심화되면서 점차 재산권과 계약의 자유가 가지는 절대성은 약화되고 그 수정을 요하게 되어, 헌법은 필요한 경우에 국가가 재산권에 대하여 제한을 할 수 있도록 정하게 되었다. 오늘날 국가에서는 재산권도 다른 기본권과 마찬가지로 상대적인 권리로 되었다. 재산권의 상대적인 보장은 예컨대 독일의 1919년 바이마르헌법에서 「소유권은 의무를 수반한다. 그 행사는 공공복리에 이바지하여야 한다」(同憲法 §153③)라는 것으로 나타났다.

바이마르헌법의 재산권 보장의 규정방식은 日本國憲法과 韓國憲法에 상당한 영향을 미쳐 거의 유사한 구조로 규정되기에 이르렀다. 헌법 제23조의 구조는 보상의 기준에서 변화가 있었을 뿐 기본적인 구조에서는 1948년헌법 이래 현재까지 그대로 이어져 오고 있는 것이다. 日本國憲法은 제29조 제1항에서 「재산권은 침해되지 아니한다」라고 정하고, 제2항에서 「재산권의 내용은 公共福祉에 적합하도록 법률로써 이를 정한다」라고 하고, 제3항에서 「사유재산은 正當한 補償하에 이를 공공을 위하여 사용될 수 있다」라고 정하고 있다. 한국 헌법의 재산권보장의 규정과 기본적으로 동일한 구조이다. 현재 독일연방헌법은 제14조 제1항에서 「소유권과 상속권은 보장된다. 그 내용과 제한은 법률로써 정한다」라고 정하고, 제2항에서 「소유권은 의무를 수반한다. 그 행사는 공공복리(Wohle der Allgemeinheit)에 이바지하여야 한다」라고 하고, 제3항에서 「공용수용(Enteignung)은 공공복리를 위해서만 허용된다. 공용수용은 보상의 방법과 정도를 정하는 법률 또는 법률의 근거에 의해서만 할 수 있다. 보상은 공공이익(Interesse der Allgemeinheit)과 관계자의 이익에 관한 정당한 형량(gerechter Abwägung)을 통하여 결정하여야 한다. 보상금액에 관한 다툼이 발생한 경우에는 일반법원에 제소한다」라고 정하고 있다.

[159] 第二 法的 性格

헌법 제23조 제1항은 사유재산제도와 재산권을 보장하고 있어, 사유재산의 보장은 헌법상의 제도로서 국가를 기속하는 동시에 개인에게 주관적 권리로서 재산권을 인정하는 것이다(通說). 재산권의 보장은 제도의 보장과 기본권의 보장으로서 양면적인 구조를 취하고 있기 때문에 그 실현에서 주의를 요한다. 사유재산이 제도로 보장되어 있다고 하더라도 객관적인 제도로서의 성격이 재산권의 주관적 권리성을 제약하여서는 안 된다.

憲法裁判所는 헌법 제23조의 재산권 보장은 개인이 현재 누리고 있는 재산권을 개인의 기본권으로 보장한다는 의미와 개인이 재산권을 향유할 수 있는 법제도로서의 사유재산제도를 보장한다는 이중적 의미를 가지고 있다고 본다(예: 憲 1993. 7. 29. -92헌바20).

[憲 1993. 7. 29.-92헌바20] 「재산권보장은 개인이 현재 누리고 있는 재산권을 개인의 기본권으로 보장한다는 의미와 개인이 재산권을 향유할 수 있는 법제도로서의 사유재산제도를 보장한다는 이중적 의미를 가지고 있다. 이 재산권 보장으로서 사유재산제도와 경제활동에 대한 사적 자치의 원칙을 기초로 하는 자본주의 시장경제질서를 기본으로 하여 국민 개개인에게 자유스러운 경제활동을 통하여 생활이 기본적 수요를 스스로 충족시킬 수 있도록 하고 사유재산의 자유로운 이용·수익과 그 처분 및 상속을 보장해 주는 것이다. 이런 보장이 자유와 창의를 보장하는 지름길이고 궁극에는 인간의 존엄과 가치를 증대시키는 최선의 방법이라는 이상을 배경으로 하고 있는 것이다.」

[160] 第三 主 體

헌법은 재산권을 국민에게 인정하고 있다. 대한민국의 국적을 가지는 自然人은 모두 재산권의 주체가 된다. 재산권의 성질이나 경제활동의 질서상 법률정책적으로 일정한 연령에 도달했을 때 해당 권리를 보유·행사하게 할 수 있다. 법인도 재산권의 주체가 된다. 국가와 지방자치단체 등 국가기관도 私經濟主體로서의 지위를 지니는 범위에서는 재산권의 주체가 된다.

외국인, 다국적자, 무국적자에 대한 재산권은 일반 국민과 달리 제한된 범위에서만 인정된다.

인간이 살아가는데 필수적으로 요구되는 재산(예: 가재도구, 생필품)은 외국인에게도 인정되지만, 나머지를 인정할 것인가 하는 점은 그 나라의 정책에 따라 정해진다. 외국인과 같이 국민이 아닌 자에게 재산권을 인정하는 경우에도 그것이 헌법상의 권리인가 법률상의 권리인가를 구별하는 것이 중요하다. 현재 토지소유권에 대해서는 상호주의를 적용하고 있으나(外國人土地法 §3), 이는 우리나라의 법률상의 정책일 뿐이므로 헌법상의 요청이 아니다.

[161] 第四 內 容

Ⅰ. 사유재산제도의 보장

(1) 사유재산

私有財産이라 함은 私的 有用性을 가지고 있는 일체의 물건·이익을 말한다. 이러한 사유재산은 기본적으로 경제적 가치가 있는 것이지만 시장에서의 경제적 가치가 없는 것(예: 개인의 수집품, 부모의 친필서신·유품 등)도 포함된다. 경제적 가치는 노동에 의해서만 생산·창출되어야 하는 것은 아니고 일체의 경제활동에 의하여 생산·창출되는 것이면 무엇이든 사유재산으로 인정된다.

사유재산권을 결정함에 있어서는 재산에 관한 권리의 종류는 묻지 아니한다. 민법상의 각종 물권(예: 憲 2007. 5. 31.-2005헌바60) 및 각종 채권, 상속권, 그 이외에 각종 특별법상의 광업권, 어업권, 수렵권 등뿐만 아니라 공법상의 보상청구권(예: 憲 2004. 2. 26.-2001헌마718), 각종 연금수급권, 손실보상청구권, 형사보상청구권, 급여수급권(예: 憲 2002. 7. 18.-2000헌바57; 2007. 3. 29.-2005헌바33) 등은 사유재산권으로 보장된다. 헌법 제22조는 지적재산권에 대하여 특별히 보호하고 있다.

> 오늘날과 같이 지적재산권의 보호가 일반화되어 있고 그에 대한 법률이 정비되어 있는데, 헌법에서 다른 재산권과 구별하여 이를 특별히 규정하여야 할 필요가 있는지는 의문이다.

憲法裁判所는 민법상의 손해배상청구권을 재산권에 해당한다고 판시하였다(예: 憲 2007. 8. 30.-2004헌가25).

또한, 헌법재판소는 공무원연금법상의 퇴직급여를 받는 급여수급권을 헌법 제23조 제1항이 보장하는 재산권이라고 판시하였다(예: 憲 2002. 7. 18.-2000헌바57; 2007. 3. 29.-2005헌바33).

헌법 제23조 제1항에서 보장하는 재산권은 사적 유용성과 그에 대한 원칙적 처분권을 내포하는 재산가치가 있는 구체적 권리를 뜻하기 때문에 단순한 期待利益, 反射的 利益, 經濟的 機會, 재화획득에 관한 기회 등은 재산권에 속한다고 볼 수 없다(예: 憲 1996. 8. 29.-95헌바36; 1997. 11. 27.-97헌바10; 1998. 7. 16.-96헌마246; 1999. 4. 29.-96헌바55; 2007. 5. 31.-2006헌바49; 2007. 7. 26.-2003헌마377).

> [憲 2007. 7. 26.-2003헌마377] 「헌법상 보장된 재산권은 사적 유용성 및 그에 대한 원칙적인 처분권을 내포하는 재산가치 있는 구체적인 권리이므로, 영리획득의 단순한 기회나 기업활동의 사실적·법적 여건은 기업에게는 중요한 의미를 갖는다고 하더라도 재산권보장의 대상은 아니라고 할 것이므로……」

일반적으로 재산권은 경제적인 가치를 가지는 모든 권리를 의미하지만, 그 재산의 성격에 따라 법적 권리의 범위와 내용에서는 차이를 가진다. 예컨대 토지재산권은 모든 경제적·사회적 활동에 필수불가결하다는 점(公益性), 원칙적으로 생산이 불가능하며(有限性), 토지 인근의 사람들에게 많은 영향을 미치고(相隣關係性), 필요한 경우 특정 토지의 사용을 회피할 방법이 없다는 점(非代替性)에서 다른 재산에 비해 사회성, 공공성이 강하게 요구되고 있다(예: 憲 1989. 12. 22.-88헌가13; 1998. 12. 24.-89헌마214등; 1999. 4. 29.-94헌바37등).

> [憲 1999. 4. 29.-94헌바37등] 「헌법 제23조 제1항 제2문은 재산권은 보장하되 "그 내용과 한계는 법률로 정한다"고 규정하고, 동조 제2항은 "재산권의 행사는 공공복리에 적합하도록 하여야 한다"고 규정하여 재산권 행사의 사회적 의무성을 강조하고 있다. 이러한 재산권 행사의 사회적 의무성은 헌법 또는 법률에 의하여 일정한 행위를 제한하거나 금지하는 형태로 구체화될 것이지만, 그 정도는 재산의 종류, 성질, 형태, 조건 등에 따라 달라질 수 있다. 따라서 재산권 행사의 대상이 되는 객체가 지닌 사회적인 연관성과 사회적 기능이 크면 클수록 입법자에 의한

> 보다 더 광범위한 제한이 허용된다고 할 것이다. 즉, 특정 재산권의 이용이나 처분이 그 소유자 개인의 생활영역에 머무르지 아니하고 일반 국민 다수의 일상생활에 큰 영향을 미치는 경우에는 입법자가 공동체의 이익을 위하여 개인의 재산권을 규제하는 권한을 더욱 폭넓게 가진다. 그런데 토지는 원칙적으로 생산이나 대체가 불가능하여 공급이 제한되어 있고, 우리나라의 가용토지 면적은 인구에 비하여 절대적으로 부족한 반면에, 모든 국민이 생산 및 생활의 기반으로서 토지의 합리적인 이용에 의존하고 있으므로, 그 사회적 기능에 있어서나 국민경제의 측면에서 다른 재산권과 같게 다룰 수 있는 성질의 것이 아니므로 공동체의 이익이 보다 더 강하게 관철될 것이 요구된다고 할 것이다.」

이에 헌법은 토지에 대하여 특별한 보호를 규정하고 있다(憲法 §120②, §122). 다양한 성격의 재산은 재산권의 주체에서도 차이가 있을 수 있다.

(2) 생산수단의 사유 보장

재산권의 보장이 제도보장의 성격을 가진다는 것은 개인의 자유와 창의를 극대화시키는데 필요한 생산수단의 사적 소유가 그 핵심적 내용이 된다. 이는 재산이 단순히 소비에 불가결한 재화에 그치는 것이 아니라 부가가치를 창출할 수 있는 것으로서 보장되는 것이다. 재산은 단순히 생활에 필수불가결한 의식주의 해결 수단으로 의미를 가지는 것에 그치는 것이 아니고 개인의 창의와 자유를 신장하고 행복을 추구할 수 있는 삶의 기반을 이루는 것으로 의미를 가진다. 이는 개인의 자유와 창의를 인정하지 않는 공산주의 경제질서의 핵심이 생산수단의 국유에 있음을 고려하면 분명하게 드러난다.

Ⅱ. 사유재산권의 보장

(1) 사유재산에 대한 권리

私有財産權의 보장은 재산을 보유, 사용, 수익, 처분할 수 있는 권능을 개인에게 보장한다는 의미이다. 따라서 사유재산권은 국가에 대한 방어적인 개인적 권리로서의 성질을 지닌다. 헌법은 다른 기본권과 달리 재산권의 내용과 한계를 법률로 정하는 것으로 하고 있어 다른 방어적 기본권보다 상대적으로 사회의존성의 제약이 많은 기본권이다. 그러나 입법으로 재산권의 내용과 한계를 형성할 수 있다고 하여 입법자의 자유재량에 재산권의 내용이 전적으로 맡겨져 있는 것이 아니라, 헌법상의 가치인 개인의 개성의 신장, 경제활동의 자유, 경제활동을 통한 행복의 추구, 창의성의 극대화를 목적으로 입법이 행해져야 한다. 따라서 헌법 제23조 제 1 항의 「법률」은 헌법에 합치하는 법률을 말하고, 헌법에서 정하는 한계 내에서의 법률을 말한다(同旨: 桂禧悅b, 535).

재산권이 사유재산에 대한 개인의 주관적 권리이기 때문에 법률에 의하지 않는 재산권의 제한은 금지되고, 기득권의 보호와 생활의 안정을 위하여 소급입법에 의해 재산권이 제한되거나 박탈될 수 없으며, 부득이하게 공공필요에 의해 재산권을 제한하는 경우에도 반드시 정당한 보상을 요구할 수 있는 권리가 발생한다.

재산권의 보장은 재산권을 적극적으로 보유, 사용, 수익, 처분할 수 있는 권리를 보장하는 것인 동시에 이러한 권리행사를 하지 아니할 소극적인 권리도 보장하는 것을 의미한다. 따라서 국가는 재산권의 행사를 강제할 수 없다.

(2) 소급입법에 의한 재산권박탈의 금지

헌법 제13조 2항은 "모든 국민은 소급입법에 의하여……재산권을 박탈당하지 아니한다"라고 하여 소급입법에 의한 재산권 박탈을 금지하고 있는바, 이는 개인의 삶의 경제적 기반을 이루는 재산활동에 있어 이미 완성된 사실을 존중하고 기득권을 보호하는 것이다. 따라서 법률로 재산권을 제한하는 경우에는 이러한 범위 내에서 한계가 있다.

憲法裁判所는 소급입법을 진정소급입법과 부진정소급입법으로 구분하여 원칙적으로 진정소급입법은 위헌이라고 하고, 부진정소급입법은 합헌이라고 하고 있으면서도, 이러한 엄격한 구별을 지양하는 입장을 보이고 있다(鄭宗燮g, [77] Ⅳ (4)).

(3) 재산권과 국가의 과세

세금은 국가가 개인에 대하여 보상 없이 일방적으로 부과하는 재산상의 부담이므로 재산권의 보장과 충돌할 가능성이 농후하다. 세금은 공동체의 구성원이 공동체의 유지·운영을 위하여 필수불가결하게 요구되는 재정확보의 수단이고, 이를 부담하는 자는 그 공동체의 구성원이므로 국가의 과세는 재산권을 침해하지 아니한다. 그리고 이러한 과세에 대한 조세의 납부를 국민의 헌법상의 의무로 정하고 있는 이상 재산권으로 이러한 납세의무에 대항할 수 없다([251] Ⅰ (1)). 따라서 국민의 재산권은 납세에 의하여 국가에 공여하는 재산을 제외한 부분에서만 인정된다.

그런데 유의할 것은 과세가 국가의 재정충당을 목적으로 하는 것이 아니고 물가안정, 경제조정, 복지정책, 특정 사업의 재원 마련 등 다른 수단으로 동원되는 경우에는 이에 응하여야 하는 것이 헌법상의 납세의무의 내용에 해당하지 않기 때문에 이런 경우의 과세는 국민의 재산권에 대한 제한의 문제가 발생한다.

그리고 헌법상의 의무로 부과되는 납세의무도 의무의 부과에는 과잉금지가 요구되고 재산권을 부정하는 것이어서는 안 되는 한계를 가지므로 그 범위에서는 재산권으로 보장된다. 조세에 대하여 법치주의를 적용하여 과세를 헌법적 원리로 제한하는 것도 재산권의 보장과 관계가 있다.

憲法裁判所도 재산에 대한 과세가 당해 재산을 보유, 사용, 수익, 처분을 불가능하게 만들고 사실상 수용에 이르게 되는 경우에는 헌법적으로 정당화된다고 볼 수 없다고 본다(예: 憲 1997. 12. 24.-96헌가19; 2002. 12. 18.-2002헌바27; 2001. 12. 20.-2001헌바25; 2001. 6. 28.-99헌바54).

[憲 2007. 5. 31.-2005헌바60] 「일반적으로 조세채무는 법률에서 정한 과세요건을 충족함으로써 추상적으로 성립하고, 각 세목의 당해 세법이 정하는 바에 따라 과세표준과 세액을 납세의무자가 신고하거나 또는 정부가 이를 결정함으로써 구체적으로 확정되며, 이를 기초로 하여 조세채무의 이행으로서 납부 또는 징수를 하게 된다. 이와 같이 조세채권은 통상 그 성립으로부터 이행에 이르기까지 상당한 시일이 소요되므로 그 중 어느 시기를 기준으로 전세권, 저당권 등에 의하여 담보된 채권과의 우열을 가릴 것인지가 문제로 된다. 그런데 전세권, 저당권 등의 담보권은 등기나 등록을 하여야 비로소 성립하여 효력을 발생하므로 그 효력발생시기가 명확하나 조세채권에 관하여는 그와 같은 특별한 공시방법이 없으므로, 만약 담보권을 취득하려는 자가 조세의 부담 여부를 전혀 예측할 가능성이 없는 시기나 또는 과세관청이 임의로 정하는 시기를 기준으로 그 조세채권이 담보권에 우선할 수 있다고 한다면 이는 재산권인 담보권의 본질적인 내용을 침해하거나 그 내용을 과도하게 제한하는 것임과 동시에 사법상 담보물권제도의 근간을 흔드는 것이 될 수 있다. 따라서 조세채권과 담보권 사이의 우열을 가리는 기준은 결국 '조세징수의 확보'와 '사법질서의 존중'이라는 두 가지 공익목적의 합리적 조정을 이루는 선에서 법률로써 명확하게 정하여야 하고, 과세관청 등에 의하여 임의로 변경될 수 없는 시기이어야 할 것이다. 다만 그 구체적인 기준시기는 입법자가 위에서 밝힌 기준시기에 대한 원칙을 지키는 한 그의 합리적인 판단에 의하여 정할 입법재량에 속한다고 할 것이므로 특별한 사정이 없는 한 이를 헌법에 위반된다고 할 수는 없다 할 것이다.」

(4) 특별부담금의 문제

특별부담금은 조세의 납부의무자인 국민들 중 일부가 추가적으로 부담하는 공과금이다. 과세와는 달리 전국민을 대상으로 하고 있지는 않으나 특정 분야의 국민에 대한 재산권에 대한 부담이라는 점에서는 과세와 유사성을 가지므로, 재산권의 보장과 관련하여 기본권 제한의 한계를 준수하는 범위 내에서 부과되어야 헌법적 정당성을 가질 수 있다.

憲法裁判所는 부담금을 그 부과의 목적과 기능에 따라 순수하게 재정조달의 목적만을 가지는 財政調達目的의 負擔金과 재정조달목적뿐 아니라 부담금의 부과 자체로 추구되는 특정한 사회·경제적 정책실현을 목적으로 하는 政策實現目的의 負擔金으로 구분하고, 전자의 경우에는 추구되는 공적 과제가 부담금의 지출 단계에서 비로소 실현되고, 후자의 경우에는 추구되는 공적 과제의 전부 또는 일부가 부담금의 부과 단계에서 이미 실현된다고 본다(예: 憲 2007. 5. 31.-2005헌바47).

그리고 국가가 이러한 부담금을 국민에게 부과하는 헌법적 근거를 헌법 제37조 제2항, 제40조, 제119조, 제120조, 제122조에서 구하고, 부담금의 부과는 기본권 제한의 범주에 해당한다고 보되, 헌법적 근거에 의하여 부담금제도의 설정이 허용된다고 하더라도 부담금의 종류에 따라 구체적인 사정이 고려되어야 한다고 본다(예: 憲 2005. 3. 31.-2003헌가20; 2007. 5. 31.-2005헌바47). 부담금의 부과는 성질상 재산권 제한에 해당하기 때문에 평등원칙, 과잉금지원칙과 같은 헌법상 인정되는 기본권 제한의 한계는 당연히 부담금의 부과에도 적용된다(예: 憲 2004. 7. 15.-2002헌바42; 2007. 5. 31.-2005헌바47). 부담금은 국민의 재산권을 제한하여 일반 국민이 아닌 특별한 의무자집단에 대하여 부과되는 특별한 재정책임이므로, 납부의무자들을 일반 국민이나 다른 집단과 달리 취급하여 이들을 불리하게 대우함에 있어서는 합리적인 이유가 있어야 하며, 자의적인 차별은 부담금 납부의무자들의 평등권을 침해하는 것이다(예: 憲 2004. 7. 15.-2002헌바42; 2005. 3. 31.-2003헌가20; 2007. 12. 27.-2006헌바25).

[憲 2007. 5. 31.-2005헌바47] 「모든 국민의 재산권은 헌법상 보장되므로(헌법 제23조 제1항) 국민에게 조세 외의 재산상의 부담을 부과할 경우 이에 대한 헌법적 근거가 필요하다고 할 것인데, 우리 헌법은 국가의 특별한 공익사업의 수행을 위하여 필요한 입법권한을 입법자에게 포괄적으로 부여하고 있을 뿐 아니라(헌법 제40조, 제119조, 제120조, 제122조 등), 기본권에 관한 일반적 유보조항을 두고 있으므로(헌법 제37조 제2항) 공공복리를 위하여 필요한 경우 법률로써 국민의 자유와 권리를 제한할 수 있으며, 이는 부담금 부과에 의한 재산권의 제한에도 적용된다 할 것이다. 따라서 법률에 의한 부담금제도의 설정은 헌법이 허용하는 기본권 제한의 범주에 포함된다고 할 것이지만, 위와 같은 헌법적 근거에 의하여 부담금제도의 설정이 허용된다고 하더라도 부담금의 종류에 따라 구체적인 사정이 고려되어야 한다.」

憲法裁判所는 재정조달목적의 특별부담금이 헌법적으로 정당화되기 위한 요건으로 일반인과 구별되는 동질성을 지녀 특정집단이라고 이해될 수 있는 사람들에게만 부과되어야 하고(집단의 동질성), 특별부담금의 부과를 통하여 수행하고자 하는 특정한 경제적, 사회적 과제와 특별히 객관적으로 밀접한 관련성이 있어야 하고(객관적 근접성), 그러한 과제의 수행에 관하여 조세외적 부담을 져야 할 책임이 인정될 만한 집단에 대해서만 부과되어야 하며(집단의 책임성), 특별부담금의 수입이 특별부담금 납부의무자의 집단적 이익을 위하여 사용되어야 할 것(집단의 효용성)을 들고 있다(예: 憲 1998. 12. 24.-98헌가1; 1999. 10. 21.-97헌바84; 2003. 1. 30.-2002헌바5; 2003. 12. 18.-2002헌가2).

[憲 2003. 12. 18.-2002헌가2] 「국민의 재산권이나 조세평등을 해할 우려가 있는 재정충당목적의 특별부담금은 헌법 제11조상의 평등원칙과 헌법 제37조 제2항상의 과잉금지원칙으로부터 도출되는 다음과 같은 헌법적 정당화 요건을 갖추어야 하고 그렇지 못한 경우에는 국민의 재산권을 침해하여 위헌이 될 것이다. 특별

부담금은 조세의 납부의무자인 일반국민들 중 일부가 추가적으로 부담하는 또 하나의 공과금이므로 국민들 사이의 공과금 부담의 형평성 내지 조세평등을 침해하지 않기 위해서는 특별부담금은, 일반인과 구별되는 동질성을 지니어 특정집단이라고 이해할 수 있는 그러한 사람들에게만 부과되어야 하고(집단의 동질성), 특별부담금의 부과를 통하여 수행하고자 하는 특정한 경제적·사회적 과제와 특별히 객관적으로 밀접한 관련성이 있어야 하고(객관적 근접성), 그리하여 그러한 과제의 수행에 관하여 조세외적 부담을 져야 할 책임이 인정될 만한 집단에 대해서만 부과되어야 할 것이며(집단적 책임성), 특별부담금의 수입이 특별부담금 납부의무자의 집단적 이익을 위하여 사용되어야 할 것(집단적 효용성)이다. 다만 재정충당목적의 특별부담금인 경우 구체적인 사안별로 위와 같은 헌법적 정당화 요건은 일정 부분 완화될 수도 있지만 적어도 객관적 근접성과 집단적 책임성은 특별부담금의 본질적인 허용요건이라고 보아야 할 것이다. 나아가 재정충당목적이 전혀 없는 순전한 유도적 특별부담금인 경우와, 재정충당의 목적과 유도의 목적이 혼재된 특별부담금의 경우에는 구체적인 사안별로 위와 같은 헌법적 정당화 요건은 일정 부분 요청되지 않을 수도 있을 것이다. 이렇게 특별부담금에 관하여 그 허용한계를 설정하는 것이, 헌법상 예정되어 있지 않은 국가재정충당의 행위형식인 특별부담금에 의하여, 국민의 재산권이 침해되는 것을 막는 것이 되어 재산권을 보장하는 헌법정신에 충실하게 되는 것이고 조세평등을 추구하는 헌법의 이념에 부합하게 되는 것이며 특별부담금의 예외성과 최소성의 원칙에도 부합하는 것이 될 것이다.」

憲法裁判所는 정책실현목적의 부담금은 개별행위에 대한 명령·금지와 같은 직접적인 규제수단을 사용하는 대신 부담금이라는 금전적 부담의 부과를 통하여 간접적으로 국민의 행위를 유도하고 조정함으로써 사회적·경제적 정책목적을 달성하고자 하는 것이고, 이를 이용하는 것이 보다 효과적인 경우가 많기 때문에 부담금을 사회적·경제적 정책을 실현하는 수단으로 이용하는 것 자체가 곧바로 헌법에 위반되는 것은 아니라고 판시하였다(예: 憲 1998. 12. 24. 98헌가1; 2007. 5. 31.-2005헌바47).

그런데 정책실현목적의 부담금에서는 재정조달목적의 부담금과 달리 납부의무자와 일반인과의 사이에 차별대우하는 것이 아닌가 하는 문제가 발생한다. 일반인은 정책실현목적의 부담금을 부담하지 않는데, 왜 납부의무자는 정책실현목적의 부담금을 부담하여야 하는지가 정당화되어야 한다. 憲法裁判所는 정책실현목적의 부담금의 경우 '재정조달 이전 단계에서 추구되는 특정 사회적·경제적 정책목적과 부담금의 부과 사이에 존재하는 상관관계'가 차별에 대한 합리성 판단의 기준이 된다고 본다(예: 憲 2004. 7. 15.-2002헌바42; 2007. 5. 31.-2005헌바47).

[憲 2007. 5. 31.-2005헌바47] 「정책실현목적 부담금은 개별행위에 대한 명령·금지와 같은 직접적인 규제수단을 사용하는 대신 부담금이라는 금전적 부담의 부과를 통하여 간접적으로 국민의 행위를 유도하고 조정함으로써 사회적·경제적

정책목적을 달성하고자 하는 것이고, 이를 이용하는 것이 보다 효과적인 경우가 많기 때문에 부담금을 사회적·경제적 정책을 실현하는 수단으로 이용하는 것 자체가 곧바로 헌법에 위반되는 것은 아니다. 그러나 적어도 정책실현목적의 부담금이 사회적·정책적 목적을 실현하는 데 적절한 수단이 되어야 함은 물론이고 법 앞의 평등원칙에서 파생되는 공과금 부담의 형평성을 벗어나서도 안 될 것이다.…… '재정조달의 대상인 공적 과제와 납부의무자 집단 사이에 존재하는 관련성'이 중시되는 재정조달목적 부담금과 달리, 이 사건 훼손부담금과 같은 정책실현목적 부담금의 경우 '재정조달 이전 단계에서 추구되는 특정 사회적·경제적 정책목적과 부담금의 부과 사이에 존재하는 상관관계'가 차별에 대한 합리성 판단의 기준이 될 것이다. 즉 훼손부담금의 부과를 통하여 달성하려고 하는 개발제한구역의 훼손방지 및 보전이라고 하는 공적 과제에 청구인 등 납부의무자 집단이 특별히 근접한 관계에 있는지 여부와 훼손부담금의 부과를 통하여 일반 납세자에 비하여 부담금의 납부의무자에게 특별한 재정책임을 묻는 것이 합리적인지 여부에 달려 있다고 할 것이다.」

[162] 第五 效 力

헌법 제23조 제1항이 정하는 재산권은 대국가적으로 직접 효력을 가진다. 따라서 국가는 국민의 재산권을 침해할 수 없다. 사인간에 있어서는 국가가 민사법을 정하여 재산권에 대하여 규율한다. 이러한 경우에 민사법이 헌법상의 재산권 보장의 내용을 침해할 수 없는 것은 헌법상 재산권의 효력에 따른 것이 아니라 민법에 대한 헌법의 효력 때문이다.

[163] 第六 制限과 그 限界

Ⅰ. 재산권의 제한

(1) 공용침해

(a) 의 의

헌법 제23조 제3항은「공공필요에 의한 재산권의 收用, 使用 또는 制限 및 그에 대한 보상은 법률로써 하되, 정당한 보상을 지급하여야 한다」라고 하여 헌법적으로 재산권의 제한이 허용되는 경우를 특별히 정함과 동시에, 그 경우에 보상(compensation)을 의무화하고 있다. 재산권에 대한 公用收用, 公用使用, 公用制限을 公用侵害(=광의의 공용수용=공용제약)라고 한다. 공용침해의 개념적 징표는 목적이 공공필요를 위한 것이어야 하며, 침해되는 재산권에 상응하는 정당한 보상이 있어야 한다는 것이다.

公用收用은 국가, 공공단체 또는 사업주체가 개인의 재산을 강제로 박탈하는 공용징수를 말한다. 憲法裁判所는 헌법 제23조 제3항의 공용수용에는 수용의 주체가 민간기업이 되는 경우도 포함된다고 판시하였다(예: 憲 2009. 9. 24.-2007헌바114).

[憲 2009. 9. 24.-2007헌바114] 「헌법 제23조 제3항은 정당한 보상을 전제로 하여 재산권의 수용 등에 관한 가능성을 규정하고 있지만, 재산권 수용의 주체를 한정하지 않고 있다. 이는 재산의 수용과 관련하여 그 수용의 주체가 국가 등에 한정되어야 하는지, 아니면 민간기업에게도 허용될 수 있는지 여부에 대하여 헌법이라는 규범적 층위에서는 구체적으로 결정된 내용이 없다는 점을 의미하는 것이다. 따라서 위 수용 등의 주체를 국가 등의 공적 기관에 한정하여 해석할 이유가 없다. 위 헌법조항의 핵심은 당해 수용이 공공필요에 부합하는가, 정당한 보상이 지급되고 있는가 여부 등에 있는 것이지, 그 수용의 주체가 국가인지 민간기업인지 여부에 달려 있다고 볼 수 없다. 가령, 공공필요가 있는 사업으로 인정되어 국가가 토지를 수용하는 것이 문제되지 않는 경우라면, 같은 사업에서 민간기업이 수용권을 갖는다 하여 그 사업에서의 공공필요에 대한 판단이 본질적으로 달라진다고 할 수 없는 까닭이다. 또한, 이 사건과 같이 민간기업이 수용의 주체가 되는 경우라 하더라도, 그 민간기업에게 수용권을 부여하는 것은 산업단지 지정처분 등을 행하는 국가 내지 지방자치단체 등이라 할 수 있는바, 이는 궁극적으로 수용에 요구되는 공공의 필요성 등에 대한 최종적인 판단권한이 국가와 같은 공적 기관에게 유보되어 있음을 의미하는 것이다. 국가 등의 공적 기관이 직접 수용의 주체가 되는 것이든 그러한 공적 기관의 최종적인 허부판단과 승인결정 하에 민간기업이 수용의 주체가 되는 것이든, 양자 사이에 공공필요에 대한 판단과 수용의 범위에 있어서 본질적인 차이를 가져올 것으로 보이지 않는다. 해당 사업의 공공필요성을 판단하고 수용의 가부를 검토하는 전반적인 절차 속에서 국가 등의 공적 기관이 주도적인 역할과 최종적인 결정권한을 보유하는 한, 비록 민간기업이 수용의 주체가 된다 할지라도 이는 위와 같은 국가 등의 결정에 대한 구체적인 실행에 불과한 까닭이다. 다만, 수용의 이익이 공적 기관이 아닌 영리추구가 목적인 민간기업에게 우선적으로 귀속되는 경우라면, 비록 그것이 공공필요성을 가진다 할지라도 애초의 공익적 목표가 민간기업의 과도한 사리추구에 의해 해태되지 않도록 제도적으로 규율함이 상당한바, 이 점에 대해서는 뒤에서 다시 살피도록 할 것이다. 오늘날 우리 산업의 규모는 과거와는 비교할 수 없을 정도로 성장하였고, 국가적 산업정책은 그 공동체의 경제적 진로를 결정하는 중대한 문제라 할 수 있는 만큼 산업단지의 개발에 투입되는 자본 역시 대규모로 요구될 수 있다. 이러한 경우 산업단지를 개발함에 있어서 사업시행자를 국가나 지방자치단체로 제한한다면 예산상의 제약으로 인해 개발사업의 추진에 어려움이 있을 수 있다. 또한, 만약 국가에서 산업단지를 개발한 후 기업들에게 이를 공급하는 이른바 공영개발방식만을 고수할 경우, 막대한 공적 자본을 투자하여 산업단지를 개발한다 하더라도 실수요기업의 의도에 부합하지 않게 될 수 있고, 이에 따라 기업들의 입주가 원활하지 않게 될 수 있는 등 수요에 맞지 않는 산업단지가 개발되어 자원이 비효율적으로 소모될 개연성이 있다. 기업으로 하여금 산업단지를 직접 개발하도록 한다면, 기업들의 참여를 유도할 수 있는 측면도 있을 것이다. 산업입지법의 입법목적을 달성하기 위하여 민간기업에게 산업단지의 개발 권한을 부여한 이상, 그 개발이 효과적으로 진행되기 위하여 사업시행자에게 토지 수

> 용권이 필요하다면 이를 인정하는 것이 산업입지법의 입법취지에 부합한다 할 것이며, 다른 한편, 민간기업의 지정신청에 의하여 시·도지사가 일반산업단지를 지정하는 경우 고시의 방법을 통한 통지, 주민 및 관계전문가 등의 의견제출의 기회부여, 국토해양부장관의 지정승인을 위한 산업입지정책심의회의 심의 등이 보장되어 있는 등 산업단지 지정의 과정이 적법절차원칙에 따라 진행됨은 우리 재판소가 이미 별개의 사건을 통해 확인한 바 있고, 우리 법제는 이 사건에서의 지정처분이나 수용처분 등과 같은 구체적 행정행위에 하자가 있을 경우 행정소송 등을 통한 실효적인 권리구제의 방안들을 마련해 두고 있다. 이상의 내용들을 종합적으로 고려해 볼 때, 민간기업을 수용의 주체로 규정한 자체를 두고 위헌이라고 선언할 수 없고, 나아가 이 사건 수용조항이 공익목적을 위해 산업단지를 개발함에 있어서 사업시행자로 지정된 민간기업이 사업시행에 필요한 경우 토지를 수용할 수 있도록 규정할 필요가 있다는 입법자의 인식에도 합리적인 이유가 있다고 보인다.」

公用使用은 공공필요를 위하여 국가, 공공단체 또는 사업주체가 개인의 토지 기타의 재산을 법률에 의해 일시적·강제적으로 사용하는 것을 말한다.

公用制限은 공공필요를 위하여 국가, 공공단체 또는 사업주체가 개인의 특정재산에 대하여 부과하는 공법상의 제한이다. 이는 물적 공용부담에 해당한다.

(b) 요 건

(i) 법률의 형식　　헌법 제23조 제3항에 의할 때, 재산권의 제한은 반드시 형식적 의미의 법률에 의해서만 가능하다. 이것은 법률제정권한을 갖는 국민대표기관인 의회에 한해서만 재산권을 제한할 수 있도록 허용하는 헌법 규정이므로 엄격하게 적용되어야 한다. 따라서 법률의 위임으로 명령, 규칙, 조례에 재산권을 제한할 수 있는 권한을 위임하는 것은 원칙적으로 허용될 수 없고, 부득이한 사유가 있는 경우에 한해서만 최소한도로 허용된다. 법률의 위임이 없이 명령, 규칙, 조례만을 근거로 하여 공용침해를 행하는 것은 허용되지 않는다.

(ii) 목　　적　　헌법 제23조 제3항에서 말하는 公共必要는 헌법 제37조 제2항의 공공복리보다 넓은 개념이며, 공공복리는 물론 국가안전보장(예: 군사훈련에 필요한 공용사용, 군사상 필요에 의한 공용수용)이나 질서유지도 포함된다. 공공필요에 의하여 공용침해를 행하는 경우에도 재산권의 제한이 필요불가결한 경우에 한하여 인정된다. 공공의 이익상 재산권의 제한이 필요한 것인가에 대하여 판단을 함에 있어서는 과잉금지원칙이 일응 그 기준이 된다(예: 憲 1995. 3. 23.-92헌가4; 1998. 3. 26.-93헌바12; 1999. 10. 21.-97헌바84).

(iii) 보　　상　　헌법 제23조 제3항이 정하는 공용침해는 보상을 그 개념요소로 하기 때문에 반드시 보상이 따라야 한다. 보상의 형식과 기준 및 방법은 손실보상청구권의 그것과 동일하다([227], [229]Ⅱ). 보상이 따르지 않는 공용침해는 위헌이다.

《불가분조항》

不可分條項(package deal clause, Junktim-klausel)은 헌법이 입법위임을 하면서 동시에 그 법률이 일정한 요건을 충족하거나 일정한 내용을 규정해야 할 것을 정하도록 한 법률조항을 말한다. 불가분조항은 헌법이 두 가지 내용을 묶어 입법위임을 하고 있기 때문에 어느 하나에 대한 입법의 흠결이 있는 경우에는 위헌으로 된다. 헌법 제23조 제3항은 수용, 사용, 제한의 경우에 법률로써 정당한 보상을 할 것을 정하여 보상과 공용침해를 불가분조항으로 정하고 있다. 따라서 수용, 사용, 제한의 입법을 하면서 정당한 보상을 정하는 입법이 동시에 행해지지 않는 경우에는 그러한 공용침해는 개념필연적으로 위헌인 것이 된다. 이러한 것은 헌법 제23조 제3항에서 정당한 보상을 하여야 한다는 것을 정하고 있고 이는 공용침해와 보상을 함께 묶어 규정하고 있는 불가분조항을 정하고 있는 것이라고 보는 것의 결론이다. 이에 대하여 헌법 제23조 제3항이 불가분조항을 정하는 것이 아니라고 보는 견해는 보상이 따르지 않는 공용침해는 그 자체 위헌은 아니고 적법하며, 단지 보상이 없는 입법부작위가 위헌이 될 뿐이라고 한다. 국민의 재산권을 두텁게 보호한다는 점에서 헌법 제23조 제3항을 불가분조항을 정하고 있는 것이라고 해석하는 것이 타당하다.

(2) 제한의 한계

헌법이 제23조 제3항에 재산권 제한의 특별한 근거 규정을 마련하고 있다고 하더라도 재산권을 제한하는 것이 헌법적 한계를 갖는 것은 물론이다. 입법부도 사유재산권의 본질적 내용을 침해하는 입법은 할 수 없으며, 재산권의 본질적 내용이 침해된 경우라 함은 그 침해로 말미암아 사유재산권이 유명무실해지고 사유재산제가 형해화되어, 헌법이 재산권을 보장하는 궁극적 목적을 달성할 수 없는 경우를 말한다. 예컨대 사유재산제도의 전면적 부정, 재산권의 무상몰수, 소급입법에 의한 재산권의 박탈 등이 이에 해당한다.

그리고 재산권의 제한에서는 헌법 제37조 제2항의 과잉금지원칙도 준수되어야 한다(예: 憲 1989. 12. 22.-88헌가13; 1999. 7. 22.-97헌바76등). 토지재산권이 특수한 성질을 지니고 있지만 토지재산권에 대한 제한도 기본권의 제한이므로 헌법 제37조 제2항의 한계가 엄격히 준수되어야 한다.

[憲 1989. 12. 22.-88헌가13] 「입법부라고 할지라도 수권의 범위를 넘어 자의적인 입법을 할 수 있는 것은 아니며 사유재산권의 본질적인 내용을 침해하는 입법을 할 수 없음은 물론이다(憲法 제37조 제2항 후단). 토지재산권의 본질적인 내용이라는 것은 토지재산권의 핵이 되는 실질적 요소 내지 근본요소를 뜻하며, 따라서 재산권의 본질적인 내용을 침해하는 경우라고 하는 것은 그 침해로 사유재산권이 유명무실해지고 사유재산제도가 형해화(形骸化)되어 헌법이 재산권을 보장하는 궁극적인 목적을 달성할 수 없게 되는 지경에 이르는 경우라고 할 것이다. 사유재산제도의 전면적인 부정, 재산권의 무상몰수, 소급입법에 의한 재산권박탈 등이 본질적인 침해가 된다는

데 대하여서는 이론의 여지가 없으나 본건 심판대상인 토지거래허가제는 헌법의 해석이나 국가, 사회공동체에 대한 철학과 가치관의 여하에 따라 결론이 달라질 수 있는 것이다.」

(3) 헌법 제37조 제 2 항에 의한 제한 배제

재산권에 대한 공용침해 이외에도 다른 기본권의 제한과 같이 헌법 제37조 제2항에 의해 국가안전보장, 질서유지, 공공복리를 위하여 필요한 경우에 재산권을 제한할 수 있는가 하는 문제가 있다. 헌법 제23조의 구조에서 제 3 항은 공용침해의 경우에 한하여 보상을 인정한 것이고, 그 이외에 社會羈束에 해당하지 않음에도 일정한 제한이 있는 경우에 보상이 인정된다고 보고 이를 제 1 항에서 그 근거를 구하면 헌법 제37조 제 2 항에 의한 제한은 배제된다고 할 것이다. 예컨대 출판한 책을 의무적으로 행정기관에 납본하게 하는 것은 재산권에 대한 제한인데, 이런 경우에 책값을 지불하지 않으면 재산권의 침해가 되어 위헌이다. 이 경우에는 반드시 보상이 주어져야 하고 이는 헌법 제23조 제 3 항의 경우에 해당하지 아니하므로 헌법 제23조 제 1 항을 근거로 한 제한이며, 그 보상은 평등원칙과 비례원칙에 따라 피해를 전보해 주는 조정적 보상에 해당한다고 할 것이다.

재산권의 침해와 공익간의 비례성을 다시 회복하기 위한 조정적 보상의 방법은 헌법상 반드시 금전보상만을 해야 하는 것은 아니다. 입법자는 지정의 해제 또는 토지매수청구권제도와 같이 금전보상에 갈음하거나 기타 손실을 완화할 수 있는 제도를 보완하는 등 여러 가지 다른 방법을 사용할 수 있다. 즉, 입법자에게는 헌법적으로 가혹한 부담의 조정이란 '목적'을 달성하기 위하여 이를 완화·조정할 수 있는 '방법'의 선택에 있어서는 광범위한 형성의 자유가 부여된다(예: 憲 1998. 12. 24.-89헌마214등). 재산권의 제한에 있어 개인의 재산권을 최대한 보장하기 위해 환매권을 인정하거나(공익사업을 위한 토지 등의 취득및 보상에 관한 법률 §91, §92), 도시계획사업을 10년간 집행하지 않는 경우에 대지소유자에게 토지매수청구권을 행사할 수 있게 하는 것(국토의 계획 및 이용에 관한 법률 §47) 등도 헌법 제23조 제 1 항에 근거하고 있는 조정적 보상에 해당한다.

조정적 보상이 필요한 경우에 이를 정하고 있는 법률이 없으면, 당사자는 법원에 직접 보상을 청구할 수 있는가 아니면 국회에서 이를 정하는 법률을 기다려 보상을 청구하는가 하는 문제가 있다. 조정적 보상이 헌법 제23조 제 1 항에 근거하고 있고 조정적 보상에 해당하는 적합한 방법은 입법형성의 자유에 의하여 정하여지는 것이므로 당사자는 조정적 보상을 정하는 법률이 없는 경우에 바로 법원에 조정적 보상을 청구할 수는 없고, 국회의 입법을 기다려 해당 사안에 정해진 조정적 보상방법에 따라 청구하여야 할 것이다. 이러한 입법이 있기 전에 조정적 보상이 없이 재산권의 제한이 행해지면 헌법재판소는 이러한 입법부작위에 대하여 위헌결정을 한다.

Ⅱ. 재산권의 한계

(1) 의 의

재산권은 그 행사에 있어 함께 생활하는 공동체 구성원들의 권리와 충돌하지만 공동체의 생활상 불가피하게 수인하여야 하는 경우가 있다(예: 허용되는 범위 내의 임밋시온(Immission)). 이는 공동체의 생활에 필연적으로 따르는 재산권의 한계이다. 따라서 이러한 한계는 재산권에 대한 제약으로 작용하고, 그 제약에는 공용침해와 달리 보상이 따르지 않는다. 이를 재산권의 社會羈束(=사회적 제약=사회적 구속성 Sozialbindung)이라고 한다.

재산권의 사회기속은 공공복리를 위하여 재산권의 본질을 침해하지 아니하는 범위 내에서 무보상으로 제한을 받을 수 있음을 뜻한다. 재산권의 사회기속은 헌법 또는 법률에 의해 일정한 행위를 제한하거나 금지하는 형태로 구체화될 수 있으나, 그 정도는 재산의 종류, 성질, 형태, 조건 등에 따라 달라질 수 있다. 재산권 행사의 대상이 되는 객체의 사회적 연관성과 사회적 기능이 클수록 입법자에 의한 광범위한 제한이 허용될 수 있다(예: 憲 1989. 12. 22.-88헌가13; 1998. 12. 24.-89헌마214등; 1999. 4. 29.-94헌바37등).

憲法裁判所는 사인이 소유한 문화재의 경우에 이에 대하여 법률이 정하는 각종의 규제는 헌법 제23조 제3항에서 정하고 있는 재산권의 제한에 해당하는 것이 아니라, 재산권의 사회적 제약에 해당한다고 판시하였다(예: 憲 2007. 7. 26.-2003헌마377).

> [憲 2007. 7. 26.-2003헌마377] 「위 조항들은 문화재를 사용, 수익, 처분함에 있어 고의로 문화재의 효용을 해하는 은닉을 하여서는 아니 된다는 것, 즉 문화재의 사회적 효용과 가치를 유지하는 방법으로만 사용·수익할 수 있다는 것으로, 문화재에 관한 재산권 행사의 사회적 제약을 구체화한 것에 불과하고 문화재의 사용·수익을 금지하는 등 문화재의 사적 유용성과 처분권을 부정하여 구체적으로 형성된 재산권을 박탈하거나 제한하는 것은 아니므로 보상을 요하는 헌법 제23조 제3항 소정의 수용 등에 해당하는 것은 아니다. 다만 이러한 입법 역시 다른 기본권을 제한하는 입법과 마찬가지로 비례의 원칙을 준수해야 함은 물론이다.……문화재는 '인위적·자연적으로 형성된 국가적·민족적·세계적 유산으로서 역사적·예술적·학술적·경관적 가치가 큰 것'으로, 그 성질상 수가 한정적이고, 대체불가능하며, 손상되는 경우 회복이나 재생이 현저히 곤란한 재화라는 점, 국가의 전통문화 계승·발전과 민족문화 창달에 노력할 의무를 규정한 우리 헌법 제9조의 정신에 비추어 그에 관한 재산권 행사에 일반적인 재산권 행사보다 강한 사회적 의무성이 인정된다. 따라서 일정한 문화재에 대한 보유·보관을 금지하는 것은 문화재에 관한 재산권 행사의 사회적 제약을 구체화한 것으로 재산권의 내용과 한계를 정하는 것이며 헌법 제23조 제3항의 보상을 요하는 수용 등과는 구별된다. 다만 위와 같은 입법 역시 다른 기본권에 대한 제한입법과 마찬가지로 비례의 원칙을 준수하여야

> 하며, 재산권의 본질적 내용인 사적 유용성과 처분권을 부인해서는 아니 된다.…… 문화재는 원칙적으로 사적 소유권의 객체가 될 수 있고, 단지 효과적인 유지, 보존이 이루어질 수 있도록 국가의 일정한 관리, 감독이 요청되는 것이고, 문화재의 은닉이나 도굴된 문화재인 정을 알고 보유 또는 보관하는 행위의 태양이 매우 다양하다는 점에서 구 법 제81조 제4항, 법 제103조 제4항에 위반하여 은닉한 문화재, 구 법 제82조 제4항, 법 제104조 제4항에 위반하여 보유·보관한 문화재를 반드시 몰수하여 국가에 귀속시켜야만 위 법률조항들의 입법목적을 달성할 수 있다고 인정하기 어렵다. 또한 문화재의 가치를 금전으로 환산하기는 곤란하나 상당한 고가인 경우가 많고, 하나의 문화재는 성질상 불가분이어서 필연적으로 '전부 몰수'가 된다는 점에서 몰수형의 재산권 제한 효과는 매우 크다. 그럼에도 불구하고 행위자의 구체적 행위 태양이나 적법한 보유권한의 유무 등에 관계없이 필요적으로 몰수하도록 규정한 것은 책임에 상응하는 형벌을 부과할 여지를 박탈하고, 형벌 본래의 기능과 목적을 달성함에 있어 필요한 정도를 현저히 일탈하여 지나치게 과중한 형벌을 부과하는 것으로 책임과 형벌 간 비례원칙에 위배된다.」

재산권의 사회기속에 대한 헌법적 근거에 관해서는 헌법 제23조 제1항이라는 견해와 제2항이라는 견해(예: 憲 1998. 12. 24.-89헌마214등)가 나뉜다. 헌법 제23조 제2항을 두지 않는 경우에는 헌법 제23조 제1항이 그 근거가 되지만 제2항과 같은 규정이 있는 경우에는 제2항을 그 근거로 보아도 무방하다.

(2) 법적 성질

재산권의 사회기속은 헌법상의 재산권에 내재되어 있는 것으로 이에 따르는 수인의무는 헌법에서 도출되는 것이다.

(3) 한 계

재산권의 사회기속이 인정되더라도 입법자가 공용침해와 사회기속의 경계선을 자의적으로 정할 수는 없다. 재산권의 사회기속의 범위를 확장하는 것은 곧 재산권 보장 범위를 축소하는 것이기 때문에 무한정으로 허용될 수 없다. 사회기속의 범위를 정하는 것은 헌법 제23조 제1항 제1문이 정하고 있는 재산권의 보장이념에 비추어 이를 정당화하는 조건이 충족될 때만 가능하다.

Ⅲ. 공용침해와 사회기속의 구별

(1) 특별희생

재산권의 사회기속은 보상을 수반하지 않는 재산권에 대한 제약인 반면에 헌법 제23조 제3항의 공용침해는 보상이 요구된다는 점에서 개념과 효력에서 분명한 차이가 있다. 그러나 구체적으로 어떠한 기준으로 양자의 경계를 설정할 것인가 하는 문제에서는 논란이 적지 않다. 보상이 요구되는 경우와 보상이 요구되지 않는 경우를 구별하는 기준으로는 特別한 犧牲(=불평등 희생)이 존재하느냐 하는 것으로 판단하는 것이 오늘날 지배적인 견해이다(特別犧牲說). 여기서 말하는 특별한 희생이란 특정 개인이 수용, 사용, 제한에 의하여 재산권의 침해를 당하였다는 것에서 특별하다는 의미가 아니라, 이러한 희생이 다른 사람들이 受忍할 수 있는 정도를 넘어 자신에게 가해진다는 점에서 특별한 것이라는 의미이다.

(2) 특별희생 판단기준

특별한 희생이 발생하는 재산권의 침해를 공용침해라고 하더라도 무엇을 특별한 희생이라고 할 것인가 하는 점에 대해서는 학설이 갈린다.

(a) 형식적 기준설

형식적 기준설은 평등의 관점에서 판단한다. 희생을 받은 사람이 특정인 또는 특정 범위 내의 사람인가 일반인 또는 다수의 사람인가를 기준으로 하여, 전자의 경우를 특별한 희생(=불평등 희생)이 있는 경우라고 본다.

(b) 실질적 기준설

실질적 기준설은 희생의 강도를 기준으로 하여 판단한다. 이에는 i) 희생의 강도가 수인할 수 있는 정도인지의 여부를 기준으로 하여 수인할 수 없는 희생을 특별한 희생이라는 受忍可能性說, ii) 사유재산제도의 본질을 사적 효용성으로 보고 사적 효용이 제거되는 본질적인 것의 침해를 특별한 희생이라고 하는 私的效用說, iii) 침해의 대상이 보호가치가 있는가에 따라 보호가치가 있는 부분의 희생을 특별한 희생이라고 보는 保護價値說, iv) 당해 재산권이 처한 특수한 상황을 고려하여 특별한 희생인지 여부를 판단하는 狀況拘束性說, v) 공용침해가 사유재산제도나 재산권 등의 본래의 기능이나 목적을 위반한 것인가를 기준으로 하여 이러한 위반이 있는 희생을 특별한 희생이라고 하는 目的違反說(=기능설) 등이 있다.

(c) 절 충 설

절충설은 형식적 기준설과 실질적 기준설이 각기 일면의 타당성을 가지고 있으나 그것만으로는 부족하다고 보고, 양설을 서로 보완하여 특별한 희생의 존재여부를 구체적으로 판단한다. 우리나라의 통설이다.

(d) 판 례

憲法裁判所의 판례 가운데는 토지사용권을 제한하는 개발제한구역의 지정이 있었음에도 보상규정이 없는 것을 비례원칙에 위반되었다고 하고, 이 때의 보상은 헌법 제23조 제1항 및 제2항에 근거하고 있다는 결정을 한 것이 있다(예: 憲 1998. 12. 24.-89헌마214 등). 헌법 제23조 제3항에 의한 보상이 아니라, 제1항과 제2항에 근거하고 있는 조정적 보상으로 본 것이다.

> [憲 1998. 12. 24.-89헌마214등] 「이 사건 법률조항은 입법자가 토지재산권에 관한 권리와 의무를 일반·추상적으로 확정하는 규정으로서 법질서 안에서 보호받을 수 있는 권리로서의 재산권의 내용과 한계를 정하는 재산권을 형성하는 규정인 동시에 공익적 요청에 따른 재산권의 사회적 제약을 구체화하는 규정이기도 하다(헌법 §23①, ②). 헌법상의 재산권은 토지소유자가 이용가능한 모든 용도로 토지를 자유로이 최대한 사용할 권리나 가장 경제적 또는 효율적으로 사용할 수 있는 권리를 보장하는 것을 의미하지는 않는다. 입법자는 중요한 공익상의 이유와 앞에서 본 토지가 가진 특성에 따라 토지를 일정용도로 사용하는 권리를 제한할 수 있기 때문이다. 따라서 토지의 개발이나 건축은 합헌적 법률로 정한 재산권의 내용과 한계 내에서만 가능한 것일 뿐만 아니라 토지재산권의 강한 사회성 내지는 공공성으로 말미암아 이에 대하여는 다른 재산권에 비하여 보다 강한 제한과 의무가 부과될 수 있다. 그러나, 그렇다고 하더라도 토지재산권에 대한 제한입법 역시 다른 기본권을 제한하는 입법과 마찬가지로 과잉금지의 원칙(비례의 원칙)을 준수해야 하고, 재산권의 본질적 내용인 사용·수익권과 처분권을 부인해서는 아니 된다.……이 사건 법률조항에 의한 재산권의 제한은 개발제한구역으로 지정된 토지를 원칙적으로 지정 당시의 지목과 토지현황에 의한 이용방법에 따라 사용할 수 있는 한, 재산권에 내재하는 사회적 제약을 비례의 원칙에 합치하게 합헌적으로 구체화한 것이라고 할 것이나, 종래의 지목과 토지현황에 의한 이용방법에 따른 토지의 사용도 할 수 없거나 실질적으로 사용·수익을 전혀 할 수 없는 예외적인 경우에도 아무런 보상없이 이를 감수하도록 하고 있는 한, 비례의 원칙에 위반되어 당해 토지소유자의 재산권을 과도하게 침해하는 것으로서 헌법에 위반된다 할 것이다. 따라서 입법자가 이 사건 법률조항을 통하여 국민의 재산권을 비례의 원칙에 부합하게 합헌적으로 제한하기 위해서는, 수인의 한계를 넘어 가혹한 부담이 발생하는 예외적인 경우에는 이를 완화하는 보상규정을 두어야 한다. 이러한 보상규정은 입법자가 헌법 제23조 제1항 및 제2항에 의하여 재산권의 내용을 구체적으로 형성하고 공공의 이익을 위하여 재산권을 제한하는 과정에서 이를 합헌적으로 규율하기 위하여 두어야 하는 규정이다. 재산권의 침해와 공익간의 비례성을 다시 회복하기 위한 방법은 헌법상 반드시 금전보상만을 해야 하는 것은 아니다. 입법자는 지정의 해제 또는 토지매수청구권제도와 같이 금전보상에 갈음하거나 기타 손실을 완화할 수 있는 제도를 보완하는 등 여러 가지 다른 방법을 사용할 수 있다. 즉, 입법자에게는 헌법적으로 가혹한 부담의 조정이란 '목적'을 달성하기 위하여 이를 완화·조정할 수 있는 '방법'의 선택에 있어서는 광범위한 형성의 자유가 부여된다.」

4. 團結權 · 團體交涉權 · 團體行動權

[164] 第一 意 義

Ⅰ. 헌법 규정

헌법 제33조 제 1 항은 「근로자는 근로조건의 향상을 위하여 자주적인 단결권 · 단체교섭권 및 단체행동권을 가진다」라고 하여 근로자의 단결권 · 단체교섭권 · 단체행동권을 보장하고 있고, 제 2 항은 「공무원인 근로자는 법률이 정하는 자에 한하여 단결권 · 단체교섭권 및 단체행동권을 가진다」라고 하여 단결권 · 단체교섭권 · 단체행동권을 갖는 공무원의 범위에 대하여 국회가 정하도록 규정하고 있으며, 제 3 항은 「법률이 정하는 주요 방위산업체에 종사하는 근로자의 단체행동권은 법률이 정하는 바에 의하여 이를 제한하거나 인정하지 아니할 수 있다」라고 하여 주요방위산업체에 종사하는 근로자에 대한 단체행동권의 인정여부, 범위, 제한을 국회가 법률로써 정할 수 있도록 하고 있다.

헌법 제33조 제 1 항은 근로자들이 근로조건을 유지하고 향상시키기 위하여 자주적인 단체를 조직하고(團結權), 그 단체의 이름으로 사용자와 교섭하고(團體交涉權), 사용자가 교섭을 거부하거나 사용자와 근로조건의 결정에 관한 주장이 일치하지 않는 경우에 자신들의 이익을 관철하기 위하여 집단적으로 실력을 행사하는 단체행동을 할 수 있는 권리(團體行動權)를 보장하며, 이러한 권리가 인정되는 자의 범위에 대하여 정하고 있다.

헌법에서 이러한 권리를 보장함은, 자본주의 사회에서 노동력을 제공하고 임금으로 생활하는 근로자가 생산수단을 소유하고 있는 사용자에 비하여 사회적 · 경제적으로 약한 지위에 놓이는 현실을 인정하고, 근로자에게 실질적 교섭력을 확보하여 사용자로부터 주어지는 근로조건을 일방적으로 수용하지 않고 대등한 지위에서 근로조건을 교섭할 수 있게 하여 근로조건을 유지하고 향상하는데 있다(예: 憲 1998. 2. 27.-94헌바13).

Ⅱ. 단결권 · 단체교섭권 · 단체행동권과 근로의 권리

헌법 제32조 제 1 항의 근로의 권리는 근로의 기회와 적정한 근로의 조건을 보장하는 것을 그 내용으로 하고 있고, 동조 제 3 항은 근로조건법정주의를 규정하고 있는바, 근로의 권리와 단결권 · 단체교섭권 · 단체행동권은 모두 인간다운 생활을 할 수 있는 근로조건을 확보하게 하는 기능을 한다. 그런데 근로의 권리는 그 지위에 무관하게 어떤 국민에게도 인정되고, 근로조건의 최소한을 입법 · 행정에 의해 보장하는 것임에 반하여 단결권 · 단체교섭권 · 단체행동권은 근로자라는 특수한 지위에 있는 자들에 한하여 스스로 단체를 조직하고, 사용자와의 교섭을 통한 단체자치를 통하여 더 나은 근로조건을 형성할 수 있도록 하는 권리이다.

[憲 1991. 7. 22.-89헌가106] 「헌법의 근로기본권에 관한 규정은 근로자의 근로조건을 기본적으로 근로자와 사용자 사이의 자유로운 계약에 의하여 결정하도록 한다는 계약자유의 원칙을 그 바탕으로 하되, 근로자의 인간다운 존엄성을 보장할 수 있도록 계약기준의 최저선을 법정하여 이를 지키도록 강제하는 한편, 사용자에 비하여 경제적으로 약한 지위에 있는 근로자로 하여금 사용자와 대등한 지위를 갖추도록 하기 위하여 단결권 · 단체교섭권 및 단체행동권 등 이른바 근로 3권을 부여하고, 근로자가 이를 무기로 하여 사용자에 맞서서 그들의 생존권을 보장하고 근로조건을 개선하도록 하는 제도를 보장함으로써 사적자치의 원칙을 보완하고자 하는 것이다.」

Ⅲ. 연 혁

근대 시장경제질서와 자본주의하에서 근로자와 사용자 사이의 고용계약은 私法上의 契約으로서 契約自由의 原則이 적용되었다. 이는 사용자뿐만 아니라 근로자도 대등한 계약당사자로서 자신의 의사에 따라 임금 등 근로조건을 사용자와 협의하여 자유롭게 정할 수 있다는 것을 전제로 한 것이었다. 그러나 생산수단을 소유하고 다수의 노동력이 공급받을 수 있는 사용자는 노동력만을 갖고 있는 대다수 노동자에 비하여 사회 · 경제적으로 우월한 지위에서 근로조건을 일방적으로 결정할 수 있는 반면 사회 · 경제적인 능력에서 열위에 있는 노동자는 사용자에 대한 관계에서 평등하고 자유로울 수 없었고, 생존을 위하여 부당한 근로조건도 수용할 수밖에 없었다. 이러한 것은 근로자에게 인간의 존엄과 가치를 지니고 행복하게 살아가기 어렵게 하였고, 빈부의 격차와 사회의 갈등을 발생하게 하였다.

이에 근로관계에서 근로자와 사용자간의 지위를 대등하게 하고, 근로자가 부당한 근로조건하에서 피해를 보지 않고, 근로의 조건을 향상시킬 수 있도록 하기 위하여 각 나라들은 근로자의 권리를 보장하는 입법을 하게 되었다.

단결권 · 단체교섭권 · 단체행동권을 최초로 보장한 헌법은 1919년의 바이마르헌법이었고, 제 2 차 세계대전 이후에는 프랑스 제 4 공화국헌법, 이탈리아헌법, 일본국헌법 등도 이를 수용하게 되었다. 우리나라에서는 1948년헌법부터 현행 헌법에 이르기까지 단결권, 단체교섭권 및 단체행동권을 결사의 자유와 별도의 기본권으로 규정해 오고 있다. 1948년헌법에서 1963년헌법까지는 단결권 · 단체교섭권 · 단체행동권에 대하여 헌법상 특별한 제한을 두지 않았다. 1972년헌법은 단결권 · 단체교섭권 · 단체행동권을 법률이 정하는 범위에서 보장받는다고 규정하였고(同憲法 §29①), 공무원과 국가·지방자치단체·국영기업체·공익사업체 또는 국민경제에 중대한 영향을 미치는 사업체에 종사하는 근로자들의 단체행동권은 법률이 정하는 바에 따라 이를 제한하거나 인정하지 아니하는 것으로 규정하였다(同條 ③). 1980년헌법은 단결권과 단체행동권에 대한 1972년헌법상의 제한을 폐지하고(同憲法 §21①), 공무원에 대해서는 「법률이 정하는 자」에 한하여 단결권·단체교섭권·단체행동권을 가지는 것으로 하였으며(同條 ②), 공무원 기타 주요 사업체 종사 근로자의 단체행동권에 대한 제한에서는 방위산업체를 추가하였다(同條 ③). 현행 헌법에서는 일반근로자들의 단결권·단체교섭권·단체행동권에 대해서는 특별한 제한을 두고 있지 않고 있으나(同憲法 §33①) 법률이 정하는 공무원에 한하여 단결권·단체교섭권·단체행동권을 갖는 것으로 규정하고 있고(同條 ②), 법률이 정하는 「주요방위산업체」에 종사하는 근로자들의 단체행동권을 법률로 제한하거나 인정하지 않을 수 있도록 규정하고 있다(同條 ③).

헌법정책적으로 근로관계에서 인정되는 단결권, 단체교섭권, 단체행동권을 헌법상의 권리로 정하는 것이 타당한가 하는 문제가 있다. 이에 관해서는 입법자가 입법형성의 범위 내에서 노동법에서 법률상의 권리로 정하는 것이 타당하다는 견해가 제기되고 있다. 여기서는 권리의 설정이나 디자인에서 입법자가 헌법의 기속(결국 헌법재판소의 판단에의 기속)을 받게 하는 것이 타당한가 하는 문제가 있다. 입법례로는 일본국헌법(同憲法 §28)과 우리 헌법을 제외하면 이러한 권리를 헌법의 수준에서 기본권으로 정하고 있는 예는 드물다. 복수노동조합을 인정하고 교섭의 창구를 단일화하는 경우에 단체교섭권을 기본권으로 인정하면 교섭창구의 단일화에서 배제되어 단체교섭을 하지 못하는 근로자의 단체교섭권을 박탈한다는 문제에 봉착한다. 그리고 노동조합에 가입하지 아니한 종업원들의 경우에는 노동조합과 별개로 또는 연합하여 단체교섭을 하는 것이 어렵다는 문제도 발생한다. 미합중국에서는 헌법에서 結社의 自由를 정하고 있고, 단결권·단체교섭권·단체행동권은 법률에서 보장하고 있다. 독일에서는 헌법에서 결사의 자유의 특별형태로 노동조건과 경제조건의 유지·개선을 위한 결사의 자유를 정하고, 단체교섭권, 단체행동권은 정하고 있지 않다(同憲法 §9③).

[165] 第二 法的 性格

I. 학 설

단결권·단체교섭권·단체행동권의 법적 성격에 대하여는 근로자의 단결이나 단체행동이 국가로부터 부당한 간섭이나 제재를 받지 않는 것을 그 주요 내용으로 하기 때문에 자유권이라고 보는 견해(自由權說)와 근로자가 단결, 단체교섭, 단체행동 등을 행함에 있어서 국가에 대해 그 장해를 제거할 뿐만 아니라 적극적으로 그 보장을 요구할 수 있는 권리라고 보는 생존권 내지 사회적 기본권으로 보는 견해(生

存權說) 및 단결권 · 단체교섭권 · 단체행동권은 자유권으로서의 성질과 생존권 내지 사회적 기본권으로서의 성질을 아울러 가지는 권리로 보는 견해(혼합권설 내지 자유권과 생존권의 혼합설)가 제시되고 있다.

단결권 · 단체교섭권 · 단체행동권은 근로자의 단결, 단체행동에 대한 국가로부터의 불간섭 즉 형사면책으로부터 형성 · 발전되어 온 것이고 사적 자치의 이념을 실질적으로 실현하여 노 · 사간에 근로관계를 자율적으로 형성하도록 하는 기능을 하는 것이므로 자유권으로서의 성격을 갖는다. 또 단결권 · 단체교섭권 · 단체행동권의 보장은 근로자의 인간다운 생활을 확보한다는 생활권적인 이념과 직결되며 근로자가 이를 통해 사용자와 대등한 지위를 확보함에 있어서는 국가의 제도적인 뒷받침이 요구되므로 이러한 범위 내에서는 사회적 기본권으로서의 성격도 약간은 지니고 있지만 국가에 대하여 무엇을 적극적으로 요구하는 내용은 가지지 않는다는 점에 특징이 있다(同旨: 金哲洙a, 1184; 成樂寅, 710; 權寧星, 678; 許營a, 504). 따라서 단결권 · 단체교섭권 · 단체행동권은 근로자의 인간다운 생활보장과 연관은 있으나 기본적으로 국가에 대한 자유권으로서의 성질을 가지므로 생존배려를 실현하기 위해 국가에 대하여 구체적인 급부를 요구하는 사회적 기본권과는 구별하여야 한다. 이를 구체화하는 입법에서도 이 점이 관철되어야 한다.

Ⅱ. 판 례

憲法裁判所는 단결권 · 단체교섭권 · 단체행동권이 자유권적 기본권의 성격보다는 생존권 내지 사회적 기본권으로서의 측면이 보다 강한 것으로 판시한 적이 있으나(예: 憲 1991. 7. 22.-89헌가106), 그 이후의 결정에서는 단결권 · 단체교섭권 · 단체행동권의 자유권적인 성격을 강조하여 사회적 보호기능을 담당하는 자유권 또는 사회권적 성격을 띤 자유권이라고 판시하고 있다(예: 憲 1998. 2. 27.-94헌바13등).

> [憲 1991. 7. 22.-89헌가106] 「헌법 제32조 및 제33조에 각 규정된 근로기본권은 근로자의 근로조건을 개선함으로써 그들의 경제적 · 사회적 지위의 향상을 기하기 위한 것으로서 자유권적 기본권으로서의 성격보다는 생존권 내지 사회권적 기본권으로서의 측면이 보다 강한 것으로서 그 권리의 실질적 보장을 위해서는 국가의 적극적인 개입과 뒷받침이 요구되는 기본권이다.」
>
> [憲 1998. 2. 27.-94헌바13등] 「근로 3권은 근로자가 국가의 간섭이나 영향을 받지 아니하고 자유롭게 단체를 결성하고 그 목적을 집단으로 추구할 권리를 보장한다는 의미에서 일차적으로 자유권적 성격을 가지나 고전적인 자유권이 국가와 개인 사이의 양자관계를 규율하는 것과는 달리 국가 · 근로자 · 사용자의 3자 관계를 그 대상으로 한다. 따라서 근로 3권은 국가공권력에 대하여 근로자의 단결권의 방어를 일차적인 목표로 하지만, 근로 3권의 보다 큰 헌법적 의미는 근로자단체라는

사회적 반대세력의 창출을 가능하게 함으로써 노사관계의 형성에 있어서 사회적 균형을 이루어 근로조건에 관한 노사간의 실질적인 자치를 보장하려는데 있다. 경제적 약자인 근로자가 사용자에 대항하기 위해서는 근로자단체의 결성이 필요하고 단결된 힘에 의해서 비로소 노사관계에 있어서 실질적 평등이 실현된다. 다시 말하면, 근로자는 노동조합과 같은 근로자단체의 결성을 통하여 집단으로 사용자에 대항함으로써 사용자와 대등한 세력을 이루어 근로조건의 형성에 영향을 미칠 수 있는 기회를 가지게 되므로 이러한 의미에서 근로 3권은 '사회적 보호기능을 담당하는 자유권' 또는 '사회권적 성격을 띤 자유권'이라고 말할 수 있다. 이러한 근로 3권의 성격은 국가가 단지 근로자의 단결권을 존중하고 부당한 침해를 하지 아니함으로써 보장되는 자유권적 측면인 국가로부터의 자유뿐이 아니라, 근로자의 권리행사의 실질적 조건을 형성하고 유지해야 할 국가의 적극적인 활동을 필요로 한다. 따라서 근로 3권의 사회권적 성격은 입법조치를 통하여 근로자의 헌법적 권리를 보장할 국가의 의무에 있다. 이는 곧, 입법자가 근로자단체의 조직, 단체교섭, 단체협약, 노동쟁의 등에 관한 노동조합관련법의 제정을 통하여 노사간의 세력균형이 이루어지고 근로자의 근로 3권이 실질적으로 기능할 수 있도록 하기 위하여 필요한 법적 제도와 법규범을 마련하여야 할 의무가 있다는 것을 의미한다.」

[166] 第三 主 體

I. 근 로 자

(1) 국 민

헌법 제33조 제1항에서 정하고 있는 근로자는 대한민국 국적을 가진 근로자를 의미한다. 여기서 근로자란 직업의 종류를 불문하고 임금·급료 기타 이에 준하는 수입에 의하여 생활하는 자(勞動組合및勞動關係調整法 §2 i), 즉 사용자에게 고용되어 자신의 노동력을 제공하고 그 대가로서 임금 기타 이에 준하는 수입으로 생활하는 자를 말한다. 해고된 자도 해고의 효력을 다투고 있는 한 근로자의 지위에 있다(예: 大 1992. 3. 31.-91다14413). 노동조합및노동관계조정법은 해고된 자가 노동위원회에 부당노동행위의 구제신청을 한 경우에는 중앙노동위원회의 재심판정이 있을 때까지는 근로자로 해석해야 한다고 규정하고 있다(同法 §2iv).

失業者는 임금 기타 이에 준하는 수입으로 현실적으로 생활하는 것은 아니고, 사용자에 의하여 고용되어 있는 지위에 있지 않기 때문에 단결권·단체교섭권·단체행동권의 주체가 되지 못한다(반대: 金哲洙a, 1185). 자영농, 자영업자, 자유직업종사자 등은 노동력을 제공하여 그 대가로서 임금 등의 수입으로 생활하는 것으로 볼 수 없으므로 근로자에 해당하지 않는다(同旨: 金哲洙a, 1186; 成樂寅, 710; 權寧星, 680; 許營a, 505).

(2) 외 국 인

외국인에게 취업의 허용여부, 허용범위, 취업활동의 범위, 자국민과의 대우에 있어 설정되는 지위 등을 결정하는 것은 주권국가의 고권적 사항에 해당하므로 취업을 전제로 인정되는 단결권, 단체교섭권, 단체행동권은 외국인에게는 기본권으로 인정되지 않는다.

> 자국 내 취업에 있어 외국인, 다중국적자, 무국적자에게 어떠한 지위를 설정할 것인지, 그리고 근로와 관련한 지위(예: 단체교섭을 인정할 것인지)를 어떻게 설정할 것인지는 그 나라의 경제 상황, 자국민의 취업 상황, 외국과의 관계, 국가를 둘러싸고 있는 국제적 환경 등을 고려하여 법률정책적으로 결정되는 사항이다. 외국인에게 노동조합의 가입이나 활동, 단체교섭에의 참여 등을 인정할 것인지의 여부도 법률정책적으로 결정할 사항이며, 헌법에서 정하고 있는 사항은 아니다. 따라서 일정한 시기에 이러한 지위를 외국인에게 부여했다고 하더라도 국내 사정의 변경에 따라 국가정책상 이를 인정하지 않을 수도 있다.

Ⅱ. 단 결 체

헌법 제33조 제1항이 보장하는 단결권·단체교섭권·단체행동권은 개개의 근로자뿐만 아니라 근로자들이 근로조건의 유지·향상을 위하여 자주적으로 조직하여 활동하는 단체인 단결체(예: 노동조합, 쟁의단)에도 보장된다. 그러나 이러한 단결체가 가지는 단결권·단체교섭권·단체행동권은 근로자의 단결권·단체교섭권·단체행동권을 실현하는데 기여하는 전제하에서 인정되므로 단결체는 자신의 단결권·단체교섭권·단체행동권으로 근로자의 단결권·단체교섭권·단체행동권에 대항할 수 없다.

Ⅲ. 사용자의 단체결성 및 직장폐쇄의 근거

사용자란 사업주, 사업의 경영담당자 또는 그 사업의 근로자에 관한 사항에서 사업주를 위해 행동하는 자를 말한다(勞動組合및勞動關係調整法 §2ii).

헌법 제33조 제1항은 단결권·단체교섭권·단체행동권의 주체로 근로자를 명시적으로 규정하고 있으므로 사용자를 포함하는 국민 일반의 기본권으로서 단결권을 보장하고 있는 독일헌법과 달리 사용자는 헌법 제33조 제1항의 단결권·단체교섭권·단체행동권의 주체가 될 수 없다. 사용자가 단체를 구성하는 것은 헌법 제33조 제1항의 단결권이 아니라 헌법 제21조 제1항의 결사의 자유에 의해 보호된다. 한편 노동조합및노동관계조정법은 동법상의 쟁의행의의 개념에 사용자의 직장폐쇄를 포함시키고 있는데(同法 §2vi), 사용자의 직장폐쇄는 헌법 제33조 제1항의 단체행동권에 의해 보장되는 쟁의행위가 아니라 재산권 및 기업의 경제상 자유를 규정하고 있는 헌법 제23조 제1항과 제119조 제1항에 의하여 인정되는 헌법상의 권리이다(同旨: 權寧星, 687; 許營a, 506; 成樂寅, 715).

Ⅳ. 공무원 및 주요방위산업체 종사자

공무원도 근로의 대가로서 보수를 받아 생활하는 자라는 점에서는 근로자라고 할 수 있다(예: 憲 1992. 4. 28. -90헌바27등). 그러나 공무원은 국민의 이익과 국가이익을 실현하기 위한 공무에 종사하기 때문에 국가와 국민에 대한 관계는 경제활동상의 사용자와의 관계와 다르다. 이러한 요인으로 인하여 공무원에게 인정되는 단결권의 성질이나 형태 그리고 근무조건의 향상을 위한 활동에 대한 제한 등에서 일반근로자와 차이가 있게 된다.

헌법은 공무원인 근로자에게 단결권·단체교섭권·단체행동권을 인정할 것인가의 여부, 어떤 형태의 행위를 어느 범위에서 인정할 것인가 등에 대하여 국민대표기관인 국회가 법률로 정하도록 위임하고 있다. 이에 의거하여 국회는 이에 대한 광범한 입법형성의 자유를 가진다. 한편 헌법 제33조 제 3 항은 국회에게 광범한 입법형성의 자유를 부여하면서도 법률이 정하는 주요방위산업체에 종사하는 근로자의 단체행동권은 법률이 정하는 바에 의하여 이를 제한하거나 인정하지 아니할 수 있는 것을 명시하여 헌법적인 가이드라인을 설정하고 있다.

[167] 第四 内 容

Ⅰ. 단 결 권

(1) 의 의

헌법 제33조 제 1 항에서 보장하는 團結權은 근로자들이 근로조건의 유지·향상을 위하여 자주적인 결사체를 결성하고 이에 가입하여 활동할 수 있는 자유를 말한다. 여기의 단결체는 근로자가 주체가 되어 자주적으로 조직되어야 하고(自主性), 근로조건의 유지·향상을 추구하는 것을 목적으로 하여야 하며(目的性), 조직에 필요한 기본사항을 정하는 규칙과 운영조직을 갖추고 계속적으로 활동하는 복수의 인적 결합체(團體性)를 의미한다. 노동조합이 대표적인 것이지만, 단체성이 상대적으로 약한 일시적 결합체인 쟁의단도 자주성과 목적성을 갖추고 있는 이상 이에 포함된다(同旨: 金哲洙a, 1188; 權寧星, 681; 許營a, 506).

(2) 유형과 내용

(a) 개인적·집단적 단결권

개인적 단결권이라 함은 개개의 근로자가 노동조합 등의 단결체를 결성하거나 이에 가입하고 활동함에 있어 국가나 사용자의 부당한 개입이나 간섭을 받지 아니할 권리를 말한다.

근로자들의 자주적인 단결체도 그 조직을 유지·확대하고 그 목적을 달성하기 위해 연합단체 등의 상위 단결체를 구성하고 활동할 수 있는 집단적 단결권을 가지므로 이도 단결권에 포함된다.

(b) 소극적 단결권

헌법 제33조 제1항의 단결권에 노동조합 등의 단결체를 결성하고 이에 가입하여 활동하는 내용의 積極的 團結權 외에 단결체를 결성하지 아니할 자유 내지 단결체 불가입 내지 탈퇴의 자유로서 消極的 團結權이 보장되는가 하는 점이 문제된다. 이는 근로자에게 노동조합 가입을 강제하는 단체협약상의 shop조항 등을 통한 단결강제가 헌법적으로 허용되는지의 여부와 관련되는 문제이다.

헌법 제33조 제1항에서 단결권을 기본권으로 보장하고 있는 이상 근로자는 이러한 단결권을 행사할 것인가 말 것인가를 결정하는 자유를 가진다고 할 것이므로 소극적 단결권도 당연히 가진다(同旨: 成樂寅, 713; 許營a, 507. 독일에서는 연방헌법 §9③의 해석으로 이를 인정). 따라서 국가는 소극적 단결권을 금지하기 위한 입법이나 행정조치를 할 수 없다. 이런 점에서 법률로써 노동조합의 가입을 취업조건으로 하는 것(closed shop)을 강제하거나, 취업한 이후에 반드시 노동조합에 가입할 것(union shop)을 강제하는 것은 헌법에 위반된다. 적극적 단결권의 행사를 효과 있게 하기 위하여 근로자의 단결체가 자율적으로 일정한 정도의 團體强制를 행할 수는 있으나, 이러한 단체강제가 근로자의 소극적 단결권을 침해하는 것인 경우에는 헌법에 위반된다. 노동조합에서 탈퇴한 근로자에게 취업상의 불이익을 가하는 것은 위헌이다.

소극적 단결권만 인정되는 것이 아니라, 단체교섭권이나 단체행동권도 이를 행사하지 않을 자유가 있다. 국가는 어떤 경우에도 단체교섭을 강제할 수 없다.

소극적 단결권의 헌법적 근거를 헌법 제33조 제1항으로 보지 않고 헌법 제10조의 일반적 행동의 자유 또는 헌법 제37조 제1항의 헌법에 열거되지 않는 자유에서 구하는 견해(權寧星, 682)가 있으나, 이는 타당하지 않다. 단결권·단체교섭권·단체행동권이 헌법상의 기본권으로 헌법 제33조 제1항에 정해져 있는 이상 근로자가 이들 권리를 행사하거나 행사하지 않는 자유는 모두 헌법 제33조 제1항에서 보장되는 것이다.

현행 노동조합및노동관계조정법 제81조 제2호 단서는 노동조합이 당해 사업장에 종사하는 근로자의 3분의 2 이상을 대표하고 있을 때에는 근로자가 그 노동조합의 조합원이 될 것을 고용조건으로 하는 단체협약의 체결이 부당노동행위에 해당하지 않는다고 하여 단결강제의 한 유형인 일정한 조건하의 유니온숍(union shop)의 방식을 정하고 그 대신 사용자는 근로자가 당해 노동조합에서 제명된 것 또는 그 노동조합을 탈퇴하여 새로 노동조합을 조직하거나 다른 노동조합에 가입한 것을 이유로 신분상 불이익한 행위를 할 수 없다고 규정하고 있지만, 오늘날과 같은 자유로운 직업시장과 직장선택의 자유와 취업의 자유를 보장하고 있는 헌법의 이념과 가치질서에 비추어 볼 때 문제가 있다. 노동조합의 가입여부가 근로자의 행복추구와 취업의 자유를 방해하거나 금지하는 장애물이 되어서는 안 되기 때문이다.

憲法裁判所는 소극적 단결권은 헌법 제33조 제1항의 단결권에 포함되지 않는다고 보고 있으며(예: 憲 1999. 11. 25.-98헌마141), 憲法裁判所와 大法院은 유니온숍에 관하여 합헌이라고 판시하였다(예: 憲 2005. 11. 24.-2002헌바95등. 재판관 2인의 위헌의견 있음. 大 2002. 10. 25. -2000카기183).

[憲 1999. 11. 25.-98헌마141] 「노동조합과 각종 단체의 헌법상 차이는, 결사의 자유의 경우 단체를 결성하는 자유, 단체에 가입하는 자유뿐만 아니라 단체를 결성하지 아니할 자유, 단체에의 참가를 강제당하지 아니할 자유, 단체를 탈퇴할 자유를 포함하는데 반하여, 근로자의 단결권은 단결할 자유만을 가리킬 뿐이다. 따라서 노동조합의 경우, 사용자와의 교섭력을 확보하기 위하여 사실상 어느 정도의 조직강제 내지 단결강제를 수반하게 되는 것이다.」

[憲 2005. 11. 24.-2002헌바95등] 「노동조합의 조직강제는 그것이 일반적 조직강제이든 제한적 조직강제이든 근로자의 단결하지 아니할 자유를 제한할 여지가 있는데, 앞서 본 바와 같이 이 사건 법률조항은 지배적 노동조합의 경우 일정한 형태의 조직강제를 용인하고 있으므로 여기서 근로자의 단결하지 아니할 자유와 노동조합의 적극적 단결권(조직강제권)이 충돌하는 상황이 생긴다. 헌법 제33조 제1항은 "근로자는 근로조건의 향상을 위하여 자주적인 단결권·단체교섭권 및 단체행동권을 가진다"고 규정하고 있다. 여기서 헌법상 보장된 근로자의 단결권은 단결할 자유만을 가리킬 뿐이고, 단결하지 아니할 자유 이른바 소극적 단결권은 이에 포함되지 않는다고 보는 것이 우리 재판소의 선례라고 할 것이다. 그렇다면 근로자가 노동조합을 결성하지 아니할 자유나 노동조합에 가입을 강제당하지 아니할 자유, 그리고 가입한 노동조합을 탈퇴할 자유는 근로자에게 보장된 단결권의 내용에 포섭되는 권리로서가 아니라 헌법 제10조의 행복추구권에서 파생되는 일반적 행동의 자유 또는 제21조 제1항의 결사의 자유에서 그 근거를 찾을 수 있다. 이와 같이 근로자의 단결하지 아니할 자유와 노동조합의 적극적 단결권이 충돌하는 경우 단결권 상호간의 충돌은 아니라고 하더라도 여전히 헌법상 보장된 일반적 행동의 자유 또는 결사의 자유와 적극적 단결권 사이의 기본권 충돌의 문제가 제기될 수 있다. 살피건대, 근로자는 노동조합과 같은 근로자단체의 결성을 통하여 집단으로 사용자에 대항함으로써 사용자와 대등한 세력을 이루어 근로조건의 형성에 영향을 미칠 수 있는 기회를 갖게 된다는 의미에서 단결권은 '사회적 보호기능을 담당하는 자유권' 또는 '사회권적 성격을 띤 자유권'으로서의 성격을 가지고 있고, 일반적인 시민적 자유권과는 질적으로 다른 권리로서 설정되어 헌법상 그 자체로서 이미 결사의 자유에 대한 특별법적인 지위를 승인받고 있다. 이에 비하여 일반적 행동의 자유는 헌법 제10조의 행복추구권 속에 함축된 그 구체적인 표현으로서, 이른바 보충적 자

유권에 해당한다. 따라서 단결하지 아니할 자유와 적극적 단결권이 충돌하게 되더라도, 근로자에게 보장되는 적극적 단결권이 단결하지 아니할 자유보다 특별한 의미를 갖고 있다고 볼 수 있고, 노동조합의 조직강제권도 이른바 자유권을 수정하는 의미의 생존권(사회권)적 성격을 함께 가지는 만큼 근로자 개인의 자유권에 비하여 보다 특별한 가치로 보장되는 점 등을 고려하면, 노동조합의 적극적 단결권은 근로자 개인의 단결하지 않을 자유보다 중시된다고 할 것이어서 노동조합에 적극적 단결권(조직강제권)을 부여한다고 하여 이를 두고 곧바로 근로자의 단결하지 아니할 자유의 본질적인 내용을 침해하는 것으로 단정할 수는 없다.」

(3) 구체적인 문제

(a) 노동조합설립의 신고제도

노동조합및노동관계조정법은 동법상의 노동조합을 설립하고자 하면 신고서를 노동부장관이나 특별시장, 광역시장, 도지사에게 제출할 것을 요구하고 있고(同法 §10①), 신고서를 접수받아 노동부장관 등이 노동조합에게 신고증을 교부하여야 신고서 접수시에 노동조합이 설립된 것으로 본다고 규정하고 있다(同法 §12④).

이와 같은 내용의 노동조합설립의 신고제도는 헌법상 허용되는가 하는 문제가 제기된다. 국가의 노동문제는 사회적으로나 국가적으로나 중대한 파급효과를 가지므로 노동정책상 미리 현상을 파악하고 있을 필요가 있다. 이러한 범위에서 노동조합설립의 신고제도는 헌법에 합치한다. 그런데 노동부 장관의 심사에서 어느 정도 사실조사가 수반되는 것은 부인할 수 없으나, 이는 신고자에게 확인서류의 제출을 요구하는 정도의 형식적 심사에 그쳐야 할 것이다

(b) 복수노조설립금지 문제

노동조합및노동관계조정법 부칙 제7조 제1항은 「하나의 사업 또는 사업장에 노동조합이 조직되어 있는 경우에는 제7조의 규정에 불구하고 2011년 6월 30일까지는 그 노동조합과 조직대상을 같이 하는 새로운 노동조합을 설립할 수 없다」고 규정하여 복수노조설립을 금지하고 있다.

헌법상의 단결권은 근로자 누구에게나 보장되어 있기 때문에 복수의 노동조합을 설립하는 것은 인정된다. 복수의 노동조합이 설립된 경우에 利不利는 근로자가 스스로 판단하게 하여야 하며, 이를 국가가 개입하여 복수노동조합의 설립금지를 강제하는 것은 단결권의 침해이다.

Ⅱ. 단체교섭권

(1) 의 의

團體交涉權이란 근로자들이 단결하여 근로조건의 유지, 향상을 위한 사항에 대

하여 단결체의 이름으로 사용자나 사용자단체와 집단적으로 교섭할 수 있는 자유이다.

단체교섭은 근로자집단에 영향을 미치는 사항을 대상으로 하므로 단체교섭의 근로자측 당사자는 노동조합 내지 쟁의단과 같은 근로자들의 단결체이고 사용자측 당사자는 사용자 내지 사용자단체이다. 노동조합및노동관계조정법은 노동조합의 대표자와 노동조합으로부터 위임을 받은 자 및 교섭대표노동조합의 대표자(同法 §29 ①, ②, ③)를 근로자측 담당자로, 사용자 또는 사용자단체의 위임을 받은 자(同條 ②)를 사용자측 담당자로 규정하고 있다. 단체교섭의 결과 단체협약이 체결되는데, 憲法裁判所는 단체교섭권에는 단체협약체결권이 포함되어 있다고 보아야 하며 노동조합의 대표자 또는 노동조합의 위임을 받은 자에게 단체교섭권과 함께 단체협약체결권을 부여한 구 노동조합법 제33조 제 1 항은 헌법에 위반되지 않는다고 판시한 바 있다(예: 憲 1998. 2. 27. -94헌바13등).

(2) 내 용

단체교섭권은 다른 자유권적 기본권과 마찬가지로 국가에 대해 단체교섭에 부당하게 간섭하거나 방해하는 것을 금지한다. 그리고 단체교섭권의 정당한 행사는 근로자측의 민·형사상 책임을 면제한다(勞動組合및勞動關係調整法 §3, §4 참조).

국가는 노동쟁의에 대한 조정 및 사용자의 부당한 단체교섭 거부에 대해 부당노동행위로 구제명령을 내리거나 형사처벌하는 등의 단체교섭이 원만하게 이루어져 단체협약 체결을 촉진하도록 하는 기반이 되는 법제도 내지 법규범을 마련할 의무를 진다.

한편 사용자는 그에게 부과된 단체교섭의무로 인하여 정당한 단체교섭요구에 응하여야 하며 나아가 교섭과정에서 합의가 이루어지도록 성실하게 교섭해야 한다. 사용자가 정당한 이유 없이 단체교섭을 거부하거나 해태하면 단체교섭권을 침해하는 부당노동행위가 되어(勞動組合및勞動關係調整法 §81iii) 형사책임(同法 §90)이나 손해배상책임을 지게 되는 한편 근로자측의 쟁의행위를 정당화하는 사유가 된다.

Ⅲ. 단체행동권

(1) 의 의

團體行動權이라 함은 근로자와 사용자간에 근로조건 등의 결정에 관한 주장이 불일치하는 노동쟁의가 발생한 경우에 근로자들이 그 주장을 관철하기 위하여 집단적으로 행하는 제반 실력행사를 할 수 있는 자유이다. 이러한 단체행동에는 파업, 태업 등의 사용자의 업무의 정상적인 운영을 저해하는 행위인 쟁의행위가 대표적이나 업무의 정상적 운영을 저해하지 않은 기타의 단체행동도 있을 수 있다.

노동조합및노동관계조정법은 사용자의 직장폐쇄도 동법상의 쟁의행위로 규정하고 있으나(同法 §2vi) 사용자는 헌법 제33조 제 1 항의 단결권 · 단체교섭권 · 단체행동권을 향유하는 주체가 아니므로 사용자의 직장폐쇄는 헌법상 단체행동권의 행사로 보장되는 것이 아니다. 근로자 개개인뿐만 아니라 단결체도 단체행동권의 주체가 될 수 있다(同旨: 金哲洙a, 1192; 權寧星, 686; 成樂寅, 715).

(2) 쟁의행위의 유형

쟁의행위에는 근로자들이 집단적으로 노무제공을 거부하여 업무의 운영을 저해하는 파업(strike), 의식적으로 평소보다 작업능률을 떨어뜨리거나 특정한 업무를 거부하여 노무를 불완전하게 제공하는 태업(sabotage), 조합원, 소비자 또는 타기업을 대상으로 쟁의중인 기업의 생산품의 불매 내지 거래의 중단을 호소하는 보이콧(boycott), 다른 근로자 및 일반 시민에게 쟁의중임을 알려 근로자측에 유리한 여론을 형성하거나, 쟁의행위에서의 근로자의 이탈을 방지하고 대체근로를 저지하기 위해 필요한 장소에 감시하는 인원을 배치하거나 사업장의 출입통행에 제한을 가하는 방법으로 파업과 같은 주된 쟁의행위의 실효성을 높이는 피케팅(picketing) 등이 있다.

(3) 쟁의행위의 한계

(a) 개　설

쟁의행위는 사용자의 업무의 정상적인 운영을 저해하는 것으로 사용자에게 중대한 불이익을 초래하며 근대 시민법 입장에서는 계약상 채무불이행 및 불법행위책임과 형법상 업무방해죄 등의 범죄를 구성한다. 오늘날 쟁의행위가 헌법상 단체행동으로서 허용되더라도 사용자의 재산권과 직업의 자유 등과 충돌을 일으키게 되므로, 어느 정도 범위에서 정당화될 수 있는가의 문제가 발생한다.

이러한 기본권 충돌문제에 대한 해결방안으로 노동조합및노동관계조정법은 「쟁의행위는 그 목적 · 방법 및 절차에 있어서 법령 기타 사회질서에 위반되어서는 아니된다」, 「조합원은 노동조합에 의하여 주도되지 아니한 쟁의행위를 하여서는 아니 된다」라고 하여(同法 §37 ①,②) 쟁의행위의 주체 · 목적 · 방법(태양) 및 절차 면에서 그 정당성의 기준을 제시하고 있는바, 憲法裁判所와 大法院도 그 주체, 목적, 절차, 방법 내지 수단에 있어 일정한 제한하에 쟁의행위의 정당성을 인정하고 있다.

[憲 1996. 12. 26.-90헌바19등]의 5인 재판관의 위헌의견 「헌법상 보장되고 있는 단체행동권이라 하여도 그것이 어느 경우에나 절대적으로 보장되는 것을 의미하지는 않는다고 할 것이므로 그 정당성이 전제되어야 한다. 정당한 쟁의행위라 함은 ① 그 주체가 단체교섭의 주체가 될 수 있는 자라야 하고, ② 그 목적이 근로조

건의 향상을 위한 노사간의 자치적 교섭을 조성하는데 있어야 하며, ③ 사용자가 근로자의 근로조건 개선에 관한 단체교섭의 요구를 거부하였을 때 개시하되 특별한 사정이 없는 한 조합원의 찬성결정과 법 소정의 쟁의발생 신고를 거쳐야 하고, ④ 그 수단과 방법이 사용자의 재산권과 조화를 이루어야 함은 물론 폭력행사에 해당하지 않는 것이어야 한다.」

[大 1996. 1. 26.-95도1959] 「근로자의 쟁의행위 정당성은 첫째 그 주체가 단체교섭의 주체로 될 수 있는 자이어야 하고, 둘째 그 목적이 근로조건의 향상을 위한 노사간의 자치적 교섭을 조성하는 데에 있어야 하며, 셋째 사용자가 근로자의 근로조건 개선에 관한 구체적인 요구에 대하여 단체교섭을 거부하였을 때 개시하되 특별한 사정이 없는 한 조합원의 찬성결정 및 노동쟁의 발생신고 등 절차를 거쳐야 하는 한편, 넷째 그 수단과 방법이 사용자의 재산권과 조화를 이루어야 할 것은 물론 폭력의 행사에 해당되지 아니하여야 한다는 여러 조건을 모두 구비하여야 비로소 인정될 수 있다.」

(b) 생산관리의 문제

노동조합이 사용자의 의사에 반하여 생산수단을 자기지배하에 두고 경영까지 장악하는 생산관리가 쟁의행위로서 허용될 수 있는지 문제된다. 생산관리는 사용자의 재산권을 침해하는 정도가 매우 크기 때문에 재산권 및 경제질서에 관한 헌법규정과의 규범조화가 가능한 범위 내에서만 허용될 수 있다는 견해(許營a, 511)가 있지만, 생산수단을 근로자들이 직접 지배하는 정도에 이른다면 사유재산제를 정면으로 부정하는 결과가 되므로 헌법상 허용될 수 없다고 봄이 타당하다(金哲洙a, 1194; 權寧星, 689).

(c) 정치적 파업의 문제

정치파업이라 함은 정치적인 주장을 표명하거나 이를 관철시키기 위해 이루어지는 파업을 말한다. 근로조건의 유지, 향상을 위한 단체행동권의 목적에 비추어 이러한 정치파업이 허용되는지 문제가 되는데, 정권 타도, 특정 정치세력과의 투쟁 등과 같이 근로자의 근로조건 등과 직접적인 관련이 없는 순수한 정치적 사항을 대상으로 하는 정치파업은 헌법상 단체행동권의 행사로서 보장되는 쟁의행위에 포함시킬 수 없다. 그러나 근로자의 근로조건 및 사회·경제적 지위의 향상(勞動組合및勞動關係調整法 §1, §4 참조)과 불가분의 관계에 있는 노동관계법령의 개폐와 같은 국가의 정책이나 입법에 관한 사항을 쟁점으로 하는 파업은 단체행동권의 행사로서 정당한 쟁의행위가 될 수 있을 것이다(同旨: 權寧星, 689; 許營a, 512; 桂禧悅b, 762).

(d) 정당한 쟁의행위의 효과

정당한 단체행동권의 행사로서의 쟁의행위에 대하여는 민·형사상의 책임이 면제된다. 이는 헌법 제33조 제 1 항의 단체행동권의 내용으로 보장되는 것인데, 노동조합및노동관계조정법은 이를 확인하여 정당한 쟁의행위는 국가에 대한 관계에서는 형법 제20조의 정당행위로서 형사상의 처벌을 받지 아니하고(同法 §4), 사용자에 대한 관계에서는 그로 인한 민사상의 채무불이행 또는 불법행위 책임을 부담하지 아니함을 명문으로 규정하고 있다(同法 §3). 또한 동법은 정당한 쟁의행위 등의 단체행위에 참가하였음을 이유로 사용자는 근로자를 해고하거나 기타 불이익을 주는 행위를 할 수 없도록 규정하여(同法 §81v) 정당한 쟁의행위를 법적으로 보호하고 있다.

《무노동 무임금 원칙의 문제》

무노동 무임금의 원칙이란 파업기간 또는 근로시간중의 노조활동이나 노조전임자에 대해서는 임금을 지급할 수 없다는 원칙을 말한다. 헌법상 단체행동권의 행사로서 파업을 하는 경우에 무노동 무임금의 원칙을 관철하여 파업기간중의 임금을 지급하지 않는 것은 단체행동권의 실효성을 약화시킬 수 있는 문제점이 있다. 大法院은 종래 임금 2분설의 입장에 따라 임금을 사실상 근로를 제공한데 대하여 받는 교환적 부분과 근로자의 지위에서 받는 생활보장적 부분으로 나누어 파업기간중 임금 가운데 교환적 부분에 대해서만 청구할 수 없다는 입장이었으나(大 1992. 3. 27. -91다36307), 뒤에 임금을 교환적 부분과 생활보장적 부분으로 이분할 수 없다고 보고 쟁의행위시의 임금 지급에 관하여 단체협약이나 취업규칙 등에서 이를 규정하거나 그 지급에 관한 당사자 사이의 약정이나 관행이 있다고 인정되지 아니하는 한, 쟁의행위 기간 동안에는 임금청구권은 발생하지 않는다고 하여야 하고, 그 지급청구권이 발생하지 아니하는 임금의 범위가 임금 중 이른바 교환적 부분에 국한된다고 할 수는 없다고 판례를 변경하였다(大 1995. 12. 21. -94다26721). 노동조합및노동관계조정법 제44조는 쟁의행위 기간중에 무노동 무임금 원칙이 적용되어야 함을 명문으로 규정하고 있다.

[168] 第五 效 力

Ⅰ. 대국가적 효력

단결권 · 단체교섭권 · 단체행동권은 자유권으로의 성격과 생존권 내지 사회적 기본권으로서의 성격을 아울러 가지는데, 단결권 · 단체교섭권 · 단체행동권의 효력은 자유권적인 성격에 의한 효력과 사회적 기본권의 성격에 의한 효력으로 구별된다.

먼저 자유권적인 성격에서 국가는 근로자 또는 근로자단체에 의한 단결권 · 단체교섭권 · 단체행동권의 행사에 부당하게 간섭하거나, 이를 방해해서는 안 되며 또한 형사제재를 가해서는 안 되는 효력이 인정된다. 노동조합및노동관계조정법 제 4 조는 노동조합이 단체교섭 · 쟁의행위 기타의 행위로서 동법 제 1 조의 목적을 달성하기 위하여 한 정당한 행위에 대하여 형법 제20조의 정당행위로서 처벌되지 아니함을 규정하여 위와 같은 자유권적인 효력을 확인하고 있다.

다음으로 사회적 기본권적인 성격에서 국가가 단결권 · 단체교섭권 · 단체행동권의 실효성 있는 보장을 위해 그 기반 제도를 마련하고 사용자와 대등한 지위를 확보하도록 근로자측을 보호하는 법적 제도 내지 법규범을 갖추어야 하는 효력이 인정되는데, 노동조합및노동관계조정법은 사용자의 부당노동행위에 대한 구제절차(同法 제6장 이하), 노동쟁의에 대한 조정절차(同法 제5장 이하) 등을 규정하고 있다.

Ⅱ. 대사인적 효력

단결권·단체교섭권·단체행동권은 그 기능에 비추어 볼 때, 사인간에도 인정된다. 그런데 이러한 단결권·단체교섭권·단체행동권은 근로자가 사용자나 제3자에 대하여 헌법을 근거로 직접 주장하는 것이 아니라, 국가가 법률로 이를 구체화하였을 때 비로소 그에 따라 해당 권리를 행사할 수 있다.

이러한 단결권·단체교섭권·단체행동권의 대사인적 효력에 대해서는 노사관계를 전제로 하여 사인간의 관계에 관한 것이 명백하므로 사인간에도 직접적으로 적용된다고 보는 견해(金哲洙a, 1188; 權寧星, 690)도 있으나, 사인간의 관계를 정하는 것이라고 하여 곧 직접 효력을 가지는 것은 아니다. 직업의 자유나 영업의 자유가 사인을 상대로 하는 경우에도 이를 정하는 헌법상의 규정을 근거로 바로 사인에 대하여 주장하는 것은 아니기 때문이다. 단결권·단체교섭권·단체행동권이 사용자에게 직접 적용된다면 단결권·단체교섭권·단체행동권을 침해하는 사용자의 행위는 마치 민법상의 금지규정을 어긴 법률행위처럼 당연히 무효가 된다는 결론에 이르는데, 근로자가 무효주장을 내세울 수 있어도 결국 노동조합및노동관계조정법상의 구제신청(同法 §82)과 노동위원회의 구제명령(同法 §84)을 받아야 권리구제가 가능한 것이고, 이 경우 단결권·단체교섭권·단체행동권은 노동위원회가 부당노동행위 여부를 판단하는데 있어 하나의 판단지표로 되고, 부당노동행위에 해당하는지 여부에 대한 노동위원회의 법률해석을통해서 사용자에게 그 효력이 미친다고 보는 것이 타당하다(許營a, 516).

[169] 第六 制限과 그 限界

Ⅰ. 제 한

단결권·단체교섭권·단체행동권에 대해서도 헌법 제37조 제2항에 의한 제한이 가능하다. 헌법 제33조 제2항은 공무원인 근로자의 단결권·단체교섭권·단체행동권을 제한하는 근거를 따로 두고 있고, 동조 제3항은 주요방위산업체의 근로자의 단체행동권을 법률이 정하는 바에 따라 제한하거나 인정하지 아니할 수 있도록 규정하고 있다.

(1) 공무원인 근로자의 단결권·단체교섭권·단체행동권 제한

헌법 제33조 제2항은 「공무원인 근로자는 법률이 정하는 자에 한하여 단결권·단체교섭권·단체행동권을 가진다」고 규정하고 있다. 이와 같이 헌법이 공무원인 근로자의 단결권 · 단체교섭권 · 단체행동권을 제한하는 이론적 근거로는 공무원은 국민 전체에 대한 봉사자일 뿐 아니라(국민전체 봉사자설) 그 직무의 성질이 공공성이 강한 것이기 때문(직무성 질설)이라고 설명되고 있다(成樂寅, 717; 權寧星, 692).

국가공무원법은 「공무원은 노동운동……을 하여서는 아니 된다. 다만 사실상 노무에 종사하는 공무원은 예외로 한다」(同法 §66①)라고 규정하여 사실상 노무에 종사하는 공무원에 대해서만 단결권 · 단체교섭권 · 단체행동권을 허용하고 있다(독일에서는 공무원에게 파업(Streikrecht)과 단체협약의 자치(Tarifautonomie)가 인정되지 않음). 사실상 노무에 종사하는 공무원의 범위를 국회규칙 · 대법원규칙 · 헌법재판소규칙 · 중앙선거관리위원회규칙 또는 대통령령에서 정하도록 위임하고 있는데(同條 ②), 대통령령에서는 「사실상 노무에 종사하는 공무원으로 정보통신부 및 철도청 소속의 현업기관과 국립의료원의 작업현장에서 노무에 종사하는 기능직 공무원 및 고용직 공무원으로서 서무 · 인사 · 기밀업무에 종사하는 자, 경리 · 물품출납사무에 종사하는 자, 보안목표시설의 경비업무에 종사하는 자, 승용차의 운전에 종사하는 자를 제외한 자를 말한다」라고 규정하고 있다(국가공무원복무규정 §28). 지방공무원법 제58조도 국가공무원법 제66조와 마찬가지의 내용을 규정하면서 사실상 노무에 종사하는 공무원의 범위를 조례에 위임하고 있다.

憲法裁判所는 사실상 노무에 종사하는 공무원 이외의 공무원의 단결권 · 단체교섭권 · 단체행동권을 부인하는 국가공무원법 제66조 제1항에 대해 합헌이라는 입장이다(憲 1992. 4. 28.-90헌바27등). 그러나 모든 공무원에 대하여 일률적으로 쟁의행위를 금지하여 사실상 노무에 종사하는 공무원에 대하여도 쟁의행의를 금지하고 있는 구 노동쟁의조정법 제12조 제2항에 대하여는 헌법불합치 결정을 내린 바 있다(憲 1993. 3. 11.-88헌마5).

공무원인 근로자의 단결권 · 단체교섭권 · 단체행동권에 대한 제한이 헌법 제33조 제2항에 근거하고 있더라도 헌법 제37조 제2항의 과잉금지원칙상 사실상 노무에 종사하는 자 이외의 공무원 일반에 대하여 일률적으로 단결권 · 단체교섭권 · 단체행동권을 배제하는 것은 타당치 않고 공무원의 담당하는 직무에 따라 그 내용을 개별적으로 면밀히 검토하여 단결권 · 단체교섭권 · 단체행동권을 인정하는 공무원의 범위를 결정하는 것이 온당한 입법방향일 것이다. 한편 공무원직장협의회의설립·운영에관한법률은 6급 이하의 일반직 공무원 및 이에 준하는 공무원(同法 §3 참조)이 공무원직장협의회를 구성하여 機關長과 1. 당해 機關 固有의 勤務環境 개선에 관한 사항 2. 業務能率 향상에 관한 사항 3. 所屬公務員의 公務와 관련된 일반직 苦衷에 관한 사항 4. 기타 機關의 발전에 관한 사항을 協議할 수 있도록 하고 있다(同法 §5①).

(2) 법률이 규정하는 주요방위산업체에 종사하는 근로자의 단체행동권의 제한

헌법 제33조 제3항은 「법률이 규정하는 주요방위산업체에 종사하는 근로자의 단체행동권은 법률이 정하는 바에 의하여 이를 제한하거나 인정하지 아니할 수 있다」고 하여 국가안전보장이라는 중대한 이익을 보호하기 위하여 주요방위산업체에 종사하는 근로자의 단체행동권을 제한·금지할 수 있는 근거를 두고 있다. 이에 따라 노동조합및노동관계조정법 제41조 제2항은 「방위산업에관한특별조치법에 의하여 지정된 주요방위산업체에 종사하는 근로자 중 전력·용수 및 주로 방산물자를 생산하는 업무에 종사하는 자는 쟁의행위를 할 수 없다」고 규정하고 있다.

이 조항은 단체행동권에 대한 단순한 제한이 아니라 제한 또는 금지를 할 수 있음을 명시적으로 정하고 있다. 국가안전보장을 위하여 동일한 취지로 단체행동권을 제한하거나 금지할 수 있는 근로자는 주요방위산업체 종사자 이외에도 근로의 성격상 더 있을 수 있는데, 이러한 경우 단체행동권의 제한·금지는 헌법 제37조 제2항을 근거로 한다.

경비업법은 공항(항공기 포함) 등 대통령령이 정하는 국가중요시설의 경비 및 도난·화재 그 밖의 위험발생을 방지하는 특수경비업무에 종사하는 자에 대해서는 다른 경비업무를 하는 자와 달리 자격, 직무범위, 무기휴대 및 사용방법, 교육, 의무 등에 대하여 특별히 규정하고, 동시에 파업이나 태업 그 밖에 경비업무의 정상적인 운영을 정하는 일체의 쟁의행위를 할 수 없음을 정하고 있다. 憲法裁判所는 이러한 쟁의행위의 금지는 헌법 제37조 제2항을 근거로 한 것이고 과잉금지원칙에도 위반되지 아니하여 합헌이라고 판시하였다(憲 2009. 10. 29.-2007헌마1359).

> [憲 2009. 10. 29.-2007헌마1359] 「이 사건 법률조항은 헌법이 인정한 일반근로자의 단체행동권을 전면적으로 박탈하고 있으므로 헌법 제33조 제1항 자체에 위반된다는 반대견해가 있다. 그러나 이 사건 법률조항에 의한 쟁의행위의 금지는, 특수경비원에게 보장되는 근로3권 중 단체행동권의 제한에 관한 법률조항에 해당하는 것으로서, 헌법 제37조 제2항의 과잉금지원칙에 위반되는지 여부가 문제될 뿐이지, 그 자체로 근로3권의 보장에 관한 헌법 제33조 제1항에 위배된다고 볼 수는 없는 것이다. 특히 반대견해에서는 헌법 제33조 제2항과 제3항의 규정에서 '공무원'과 '주요방위산업체에 종사하는 근로자'에 대해서만 특별히 유보조항을 두고 있는 점을 근거로 제시하고 있으나, 앞서 언급한 바와 같이 이 사건 법률조항에 의한 단체행동권의 제한은 헌법 제33조 제2항과 제3항의 개별유보조항에 의한 것이 아니라 헌법 제37조 제2항의 일반유보조항에 의한 것인 만큼, 헌법 제33조 제2항과 제3항으로부터 이 사건 법률조항이 헌법 제33조 제1항에 위배된다는 결론은 도출될 수 없는 것이다.」

(3) 사립학교교원의 단결권·단체교섭권·단체행동권 제한

사립학교교원에 대해서는 공무원인 근로자와 달리 헌법상 단결권·단체교섭권·단체행동권을 개별적으로 제한하는 명문의 규정이 없으므로 사립학교법 제55조가 교육공무원법 제1조 및 제53조 제4항의 규정에 따라 사립학교의 교원에게 국가공무원법 제66조 제1항 중 노동운동을 하여서는 아니 된다는 법률조항을 준용하도록 한 사립학교법 제55조와 사립학교 교원의 노동운동을 면직사유로 규정한 사립학교법 제58조 제1항 제4호가 헌법에 위반되는지의 여부가 문제됐다.

이에 대해 憲法裁判所는 합헌이라는 결정을 내렸고(憲 1991. 7. 22.-89헌가106), 후에 동일한 내용의 결정을 다시 내렸다(憲 1999. 6. 24.-97헌바61). 한편 교원의노동조합의설립및운영등에관한법률(1999. 7. 1. 시행)은 사립교원뿐만 아니라 국·공립학교 교원을 포함하여 초·중등학교 교원이면(同法 §1, §2) 단결권(同法 §4)과 단체교섭권(同法 §6)을 인정하고 있으나 쟁의행위는 금지하고 있다(同法 §8 참조).

(4) 헌법 제37조 제2항에 의한 제한

근로자의 단결권·단체교섭권·단체행동권은 헌법 제37조 제2항에 근거하여 제한할 수 있다. 단체행동권을 금지하는 것도 헌법 제33조 제3항에서 정하고 이는 법률이 정하는 주요방위산업체의 종사자에 한정되는 것이 아니라, 근로의 성격상 단체행동권을 허용하는 것보다 이를 허용하지 않으면서 보호해야 할 이익이 더 큰 경우에는 단체행동권을 금지할 수 있다.

憲法裁判所는 헌법 제37조 제2항에 근거하여 단체행동권을 제한할 수 있다고 판시하였다(예: 憲 1996. 12. 26.-90헌바19; 2009. 10. 29.-2007헌마1359).

> [憲 2009. 10. 29.-2007헌마1359] 「헌법 제33조 제1항에서는 근로자의 단결권·단체교섭권 및 단체행동권을 보장하고 있는바, 현행 헌법에서 공무원 및 법률이 정하는 주요방위산업체에 종사하는 근로자와는 달리 특수경비원에 대해서는 단체행동권 등 근로3권의 제한에 관한 개별적 제한규정을 두고 있지 않다고 하더라도, 헌법 제37조 제2항의 일반유보조항에 따른 기본권제한의 원칙에 의하여 특수경비원의 근로3권 중 하나인 단체행동권을 제한할 수 있음은 의문의 여지가 없는 것이다. 따라서 이 사건에서는 국가에 대한 관계에서 자유권적 측면으로서의 근로3권 중 단체행동권의 제한에 해당하는 이 사건 법률조항의 규정 내용, 즉 '파업·태업 그 밖에 경비업무의 정상적인 운영을 저해하는 일체의 쟁의행위의 금지'가 기본권제한입법의 한계조항인 헌법 제37조 제2항의 과잉금지원칙에 위반되는지 여부가 문제된다.」

憲法裁判所는 구 노동쟁의조정법상 제3자개입금지 규정을 합헌이라고 결정했는데(예: 憲 1990. 1. 15.-89헌가103), 위 제3자개입금지조항은 이후 폐지되었다.

한편 헌법재판소는 공익사업에 대한 강제중재규정을 위헌 5 합헌 4의 의견으로 합헌이라고 결정한 바 있고(憲 1996. 12. 26.-90헌바19등), 필수공익사업장에 대한 직권중재도 합헌이라고 결정하였다(憲 2003. 5. 15.-2001헌가31). 근로자들의 집단적 노무제공거부를 형법상 위력에 의한 업무방해죄로 처벌하는 것은 합헌이라고 판단하였다(예: 憲 1998. 7. 16.-97헌바23). 복지부장관의 승인을 얻어야만 국민건강보험공단의 인사, 보수 등에 관한 규정이 효력을 갖도록 한 국민건강보험법 제27조는 헌법상 단체교섭권을 침해하지 않는 것으로 판시하였고(예: 憲 2004. 8. 26.-2003헌바58등) 건설교통부장관의 승인을 얻어야만 한국고속철도건설공단의 조직, 인사, 보수 및 회계에 관한 규정이 효력을 갖도록 한 구 한국고속철도건설공단법 제31조도 합헌이라고 판시했다(예: 憲 2004. 8. 26.-2003헌바28). 병원, 소방서 등 일반 국민의 생활에 필수적인 기관의 기능을 위협하는 쟁의행위(Arbeitkampf)는 금지된다.

Ⅱ. 제한의 한계

단결권 · 단체교섭권 · 단체행동권에 대한 제한에서도 평등보호나 신뢰보호원칙 또는 헌법 제37조 제2항이 정하는 한계를 넘을 수 없다.

[170] 第七 侵害와 救濟

국가에 의하여 단결권 · 단체교섭권 · 단체행동권이 침해되는 경우에는 다른 자유권과 마찬가지로 위헌법률심판이나 헌법소원심판을 통해 위헌적인 법률이나 공권력의 행사의 효력을 없앨 수 있고, 행정처분이 그 원인인 경우에는 행정쟁송으로 그 효력을 다툴 수 있다. 한편 단결권 · 단체교섭권 · 단체행동권을 침해하는 위법한 공무원의 직무집행에 의해 손해를 입은 경우에는 국가배상을 청구하여 손해를 전보할 수 있다.

사용자에 의하여 단결권 · 단체교섭권 · 단체행동권이 침해되는 경우 사용자에 대해 손해배상책임을 묻거나 형사책임(勞動組合및勞動關係調整法 §90)을 지울 수 있음은 물론이나, 노동조합및노동관계조정법은 사용자가 단결권 · 단체교섭권 · 단체행동권을 침해하는 행위를 유형화하여 부당노동행위로 규정하고 있고(同法 §81), 사용자의 부당노동행위로 인하여 그 권리를 침해당한 근로자 또는 노동조합이 노동위원회에 그 구제를 신청하면(同法 §82①) 노동위원회가 사용자에 대하여 구제명령을 내리도록 하여(同法 §84) 사용자의 단결권 · 단체교섭권 · 단체행동권 침해에 대하여 특별 행정구제제도로서 부당노동행위제도를 마련하고 있다.

한편 사용자 이외의 사인에 의해 단결권 · 단체교섭권 · 단체행동권이 침해되는 경우에는 일반 민사상의 불법행위책임을 물을 수 있고, 그러한 행위가 범죄에 해당하는 경우 형사책임을 지울 수 있다.

제 4 장　國政參與的 基本權

제 1 절　選 擧 權

[171] 第一　意　　義

Ⅰ. 헌법 규정

憲法 제24조는 「모든 國民은 法律이 정하는 바에 의하여 選擧權을 가진다」라고 하여 選擧權(right to vote)을 헌법상의 기본권으로 규정하고 있다. 헌법은 國民主權의 실현 방법으로 代議民主主義를 채택하고 있는데, 선거권은 피선거권과 함께 대의제도를 작동시키는 데 필수적인 요소로서, 정책결정권자인 국민의 대표자를 選定하는 권리를 말한다. 대의제도를 채택하는 경우에는 그 제도의 특성상 국민에게 선거권과 피선거권을 부여하지 않을 수 없으므로 선거권은 헌법 제24조와 같이 명시적으로 정하지 않더라도 헌법상 인정되는 권리이다.

Ⅱ. 보장의 사정거리

헌법 제24조의 선거권은 지방자치에는 해당하지 않는다. 지방의회는 헌법 제118조 제 1 항과 제 2 항에 따라 선거로 구성되는데, 지방의회의 의원을 선출하는 선거권은 헌법 제118조 제 2 항에 근거하여 헌법상의 권리로 인정된다. 헌법 제118조 제 2 항은 지방자치단체장에 대해서는 지방의회의원의 「選擧」와 달리 「選任」으로 표시하고 이를 법률에서 정하도록 하고 있으므로 지방자치단체장은 임명방식으로 정할 수도 있고 선거방식으로 정할 수도 있다. 따라서 지방자치단체장을 선거하는 경우에 그 선거권은 법률상의 권리라고 할 것이다(鄭宗燮g, [146] Ⅲ(2)). 憲法裁判所도 같은 취지로 판시하고 있다(예: 憲 2007. 6. 28.-2004헌마644등).

[憲 2007. 6. 28.-2004헌마644등] 「헌법 제118조는 제 1 항에서 "지방자치단체에 의회를 둔다"는 규정을 두고, 제 2 항에서 "지방의회의……의원선거……에 관한 사항은 법률로 정한다"라고 함으로써 지방의회 의원선거권이 헌법상의 기본권임을

분명히 하고 있다. 하지만 헌법 제118조 제2항은 "……지방자치단체의 장의 선임방법……에 관한 사항은 법률로 정한다."라고만 규정하고 있어 지방자치단체의 장의 선거권에 대한 제한이 헌법상의 기본권에 대한 제한인지 여부가 문제된다. 헌법이 지방자치단체의 장에 대해서는 '선임방법'이라고 표현함으로써 지방의원의 '선거'와는 구별하고 있으므로 지방자치단체의 장의 선거권을 헌법상 기본권이라 단정하기는 어렵다.」

Ⅲ. 법률유보

헌법이 직접 정하고 있는 경우 이외에 공직이나 공공기관 가운데 어떠한 직을 선거직으로 할 것인가 임명직으로 할 것인가 하는 것은 이를 규율하는 법률에 의하여 정해진다. 이 경우 선거직과 선거제도에 따라 인정되는 선거권과 피선거권은 법률에 유보된 법률상의 권리이며, 헌법 제24조에서 보장하는 헌법상의 권리로서의 선거권이 아니다. 이러한 경우에는 선거직을 임명직으로 변경하면 선거권은 소멸하고, 국민은 헌법 제24조를 근거로 하여 다툴 수 없다.

[172] 第二 法的 性格

선거권은 공동체의 의사결정방식의 하나인 대의제도를 전제로 해서만 인정되는 것이므로 대의제도를 떠나서 선거권을 인정할 여지는 없다. 따라서 선거권은 자연권으로서의 성질을 지니고 있지 않으며 헌법이 대의제도를 채택하면서 이를 작동시키기 위하여 국민에게 부여한 실정권이다.

선거권은 대의민주주의의 실현을 위하여 존재하므로 국민은 선거권을 행사할 때는 당연히 선거에의 참여를 전제로 한다. 그런 점에서 대의민주주의 국가에서 국민은 민주주의를 실현하기 위하여 선거에 참여할 정치적인 책임을 지는데, 이런 점을 들어 선거권은 권리인 동시에 의무라고 보는 견해도 있다. 그러나 선거와 선거권의 법적 성격은 분리하여야 하고 권리에 의무가 동시에 포함되어 존재할 수는 없으므로 선거권은 권리로서의 성격만 지닐 뿐 의무로서의 성격을 가지지 않는다고 할 것이다. 다만, 헌법이 국민에게 선거에 참여할 의무를 부과할 수는 있다(예: 타이 헌법).

[173] 第三 主 體

선거권은 대한민국 국적을 가진 自然人인 國民에게 인정된다. 선거권의 성질상 법인에게는 인정되지 않는다.

外國人에게는 선거권이 인정되지 않는다. 憲法 제1조는 「대한민국의 주권은 국민에게 있고, 모든 권력은 국민으로부터 나온다」라고 정하고 있으므로 입법, 행정,

사법, 헌법재판을 수행하는 기관을 구성하는 선거권은 대한민국 국적을 가진 국민에게만 인정된다. 국민이 아닌 자에 대하여 국가를 구성하는 선거에 관한 권리를 인정하기 위해서는 헌법상의 근거가 필요하다.

연방국가인 독일에서는 支邦國家인 란트(Land)가 법률로 외국인에게 선거권을 부여한 것에 대하여 연방헌법재판소는 국민주권에 위반된다고 하여 위헌으로 판결하였다(예: BVerfGE 83, 37).

지방자치단체장이나 지방의회의 구성에도 국민주권의 법리가 관철되는가 하는 문제가 있다. 지방자치단체의 장이나 지방의회의 의원선거에 외국인도 선거권이나 피선거권을 가지는가 하는 문제는 여기에 국민주권원리를 관철시키는가 아닌가 하는 것에 따라 결정된다.

현재 우리나라 지방자치제도는 외국인에게 피선거권은 인정하지 않고 일정한 조건하에서 선거권만 인정하고 있다. 公職選擧法은 「출입국관리법」 제10조(체류자격)의 규정에 따른 영주의 체류자격 취득일 후 3년이 경과한 19세 이상의 외국인으로서 공직선거법 제37조 제1항의 선거인명부작성기준일 현재 「출입국관리법」 제34조(외국인등록표 등의 작성 및 관리)의 규정에 따라 당해 지방자치단체의 외국인등록대장에 등재된 자에게 그 구역에서 선거하는 지방자치단체의 의회의원 및 장의 선거권을 부여하고 있다(同法 §15②). 地方自治法 제13조 제2항은 「國民인 住民은 法令이 정하는 바에 의하여 그 지방자치단체에서 실시하는 地方議會議員 및 地方自治團體의 長의 選擧에 참여할 권리를 가진다」라고 정하고 있다. 이러한 선거권은 모두 기본권이 아니고 法律에 의해 인정되는 권리이다.

[174] 第四 內　容

I. 국민대표자의 선정권

(1) 국회의원의 선거

憲法 제41조 제1항은 국회의원을 선출하도록 정하고 있는데, 국회의원선거권은 헌법 제24조와 제41조 제1항에 의하여 인정된다. 選擧權을 법률이 정하는 바에 의하여 부여하고 있다(憲法 §24).

(2) 대통령의 선거

憲法 제67조 제1항은 대통령을 선출하도록 정하고 있는데, 대통령선거권은 헌법 제24조와 제67조 제1항에 의하여 인정된다.

(3) 지방의회의 의원 선거

憲法 제118조 제2항은 지방의회의 의원을 선거하게 하고 있으므로, 지방의회의

원을 선거하는 권리는 憲法 제24조, 제118조 제 2 항에 의하여 인정되는 기본권이다. 그러나 憲法 제118조 제 2 항에 의할 때, 지방자치단체장을 선출하는 권리는 법률에 의하여 인정되는 법률상의 권리이다(예: 憲 2002. 3. 28.-2000헌마283등).

Ⅱ. 선거권 행사의 자유

선거권의 보장에는 선거권 행사의 자유가 포함된다. 유권자는 국가로부터 어떠한 제한도 받지 않고 선거권을 자유로이 행사한다. 선거권 행사의 자유는 선거원칙의 한 내용인 自由選擧原則으로도 나타나지만, 선거권을 권리로 보장하는 경우에는 선거권 행사의 자유는 선거권 보장의 내용을 이룬다.

[175] 第五 制限과 그 限界

Ⅰ. 제 한

(1) 선거권 부여의 연령 제한

선거권은 대의민주주의를 실현하기 위하여 선거행위를 할 수 있는 국민에게 부여하는 헌법상의 권리이므로 국가의사결정의 의미와 국가의사를 결정할 국민대표자를 선택하고 그 적합여부에 대하여 판단할 수 있는 능력이 있어야 한다. 선거권은 국가 이전에 모든 인간에게 부여되는 자연권이 아니라 특정 공동체 내에서 정치적 행위자로서 공적인 행위에 참여하는 권리이고, 이를 통하여 국가의사결정의 메커니즘이 정상적으로 작동하고 민주주의가 실현될 수 있어야 하므로 이에 적합한 연령에 도달한 자에게 비로소 선거권이 부여된다. 어느 정도의 나이가 선거권을 부여하기에 적합한가 하는 것은 대의민주주의와 선거의 기능, 그 나라의 문명수준, 정치수준, 정치상황 등에 따라 합리적인 수준에서 정해진다.

선거권이 부여되는 연령을 헌법으로 정할 것인가 법률로 정할 것인가 하는 것은 헌법정책적인 문제이다(예: 憲 1997. 6. 26.-96헌마89). 우리 헌법은 선거연령을 법률로 정하도록 하고 있다(憲法 §24). 현행법상 19세 이상의 국민은 대통령, 국회의원, 지방자치단체의 의회의원 및 장의 선거권을 가진다(公選法 §15).

> [憲 1997. 6. 26.-96헌마89] 「선거권과 공무담임권의 연령을 어떻게 규정할 것인가는 입법자가 입법목적 달성을 위한 선택의 문제이고 입법자가 선택한 수단이 현저하게 불합리하고 불공정한 것이 아닌 한 재량에 속하는 것이다. 위에서 설시한 이유를 되돌아보고 다시 생각건대, 선거권 연령을 공무담임권의 연령인 18세와 달리 20세로 규정한 것은 청구인들이 주장하는 사정을 감안하더라도 입법부에 주어진 합리적인 재량의 범위를 벗어난 것으로 볼 수 없다.」

(2) 선거권 부여의 거주요건

선거권을 부여하기 위하여 해당 선거구에 일정 기간 거주하도록 하는 제한을 가하는 것이 헌법에 합치하는가 하는 문제가 있다.

(3) 투표참여의 강제

유권자의 다수가 선거에 적극 참여할 때 그 선거는 국민주권원리에 부합하게 되고 민주적 정당성을 가지게 되어 비로소 민주주의의 실현이 가능하게 된다. 이런 점에서 보면 선거는 유권자의 적극적인 참여와 협력이 없으면 본래의 기능을 할 수 없게 된다.

그런데 선거권이 가지는 권리로서의 성질로 인하여 헌법에 특별히 정하는 바가 없는 한 유권자는 선거에의 참여여부를 자유로이 결정할 수 있다. 그렇지만 이러한 투표참여에 대한 자유로운 결정이 유권자의 대다수의 선거불참이라는 결과를 가져올 때는 그 선거는 민주적 정당성을 가질 수 없고, 그 선거에 의해 선출된 대표자도 민주적 정당성을 가지기 어렵게 된다. 선거권이 지니는 권리로서의 속성과 정치적 무관심이 결과적으로 민주주의를 형해화하고 이를 스스로 부정하는 결과를 가져올 때, 선거권을 권리로서 보장한 것은 그 자체 자기모순에 빠지게 된다.

이 문제를 해결하기 위한 방법으로 선거권을 권리로서 부여하되, 투표에의 참여를 강제하여 선거의 민주적 정당성을 확보하게 하는 것이 고려된다. 투표의 참여가 유권자의 과반수에 미치지 못하여 선거가 오히려 민주주의를 형해화시킬 우려가 있을 때 유권자로 하여금 투표에 참여하도록 강제하는 것이 인정되는가 하는 문제가 있다.

선거권이 자연권이 아니라는 점, 선거권은 대의민주주의와 필수불가결하게 결부되어 인정되는 권리라는 점, 선거는 민주주의를 실현하는 수단으로서 인정되는 권리라는 점, 선거는 최소한 유권자의 과반수가 선거에 참여하여야 민주적 정당성을 확보할 수 있다는 점으로 볼 때, 투표의 불참이 민주주의를 형해화시킬 우려가 있는 때에는 법률로써 투표참여를 강제(예: 행정벌)할 수 있다고 할 것이다(예: 그리스, 벨기에, 오스트레일리아, 오스트리아). 다만, 이러한 투표참여를 강제할 경우에는 투표 참여율을 올릴 수 있는 다른 방법을 먼저 강구해보는 것이 요구되며, 이러한 자발적 참여를 유도하는 방법이 효과를 거두지 못할 때 비로소 투표참여의 강제가 인정된다고 할 것이다.

투표참여의 강제를 헌법에서 명시하고 있는 경우도 있고, 법률에서 명시하고 있는 경우도 있다. 투표의 참여를 헌법에서 명시하고 있는 경우에는 선거권의 보장범위를 헌법에서 직접 정하는 의미를 가지거나 투표의무를 부여하는 의미를 지니고, 법률에서 정하는 경우에는 선거권의 제한(예: 벌금 부과, 공무담임권 제한)에 해당한다. 입법례로 볼 때,

헌법에서 투표의 의무를 정하고 있는 경우로는 오스트리아, 이탈리아, 벨기에, 그리스, 이집트, 브라질, 아르헨티나 등이 있고 법률에서 정하고 있는 경우로는 싱가포르, 오스트레일리아, 룩셈부르크, 베네수엘라 등이 있다.

공직선거법은 「선거권자는 성실하게 선거에 참여하여 선거권을 행사하여야 한다」(同法 §6④)라고 하여 법적 의무를 부과하고 있으나, 이는 권고규정의 성격을 띠고 있고, 이 의무를 강제하는 규정은 두고 있지 않다. 동법은 「투표를 마친 선거인에게 국공립 유료시설의 이용요금을 면제 · 할인하는 등의 필요한 대책을 수립 · 시행할 수 있다」(同法 §6②)라고 하여 투표의 참여를 유도하는 방법을 정하고 있다. 이집트헌법은 선거에의 참여를 국민의 의무로 정하고 있다(同憲法 §62).

최근의 투표율을 보면 다음과 같다.

제16대 총선 ('00. 4. 13)	제 3 회 지자선 ('02. 6. 13)	제16대 대선 ('02. 12. 19)	제17대 총선 ('04. 4. 15)	제 4 회 지자선 ('06. 5. 31)	제17대 대선 ('07. 12. 19)	제18대 총선 ('08. 4. 9)
57.2%	48.9%	70.8%	60.6%	51.6%	63.0%	46.1%

유의할 것은, 투표참여의 강제는 어디까지나 투표장에 나가 투표절차에 참여하는 것에 한정되며 투표를 강제하는 것을 의미하지 않는다는 점이다. 선거권자는 기권의 자유를 가지므로 투표행위를 거부할 수 있다.

(4) 일정기간 선거권의 박탈

선거와 관련된 범죄를 한 경우에는 일정 기간 동안 선거권을 행사할 수 없도록 할 수 있다. 선거와 대의제도를 왜곡시키는 행위를 한 자에 대하여 일정한 제재를 가할 수 있는데(예: 행정벌, 형벌), 일정기간 선거권을 행사할 수 없게 하는 것도 그 하나에 해당한다.

[憲 2004. 3. 25.-2002헌마411] 「이 사건 법률조항은 "선거일 현재 금고 이상의 형의 선고를 받고 그 집행이 종료되지 아니…한 자"는 선거권이 없다고 규정하고 있어 소위 '수형자'에 대하여는 선거권을 제한하고 있는바, 이러한 제한은 형의 선고로 인한 자격상실 · 자격정지를 규정한 형법 제43조의 당연한 내용이기도 하다. 이 사건 법률조항이 단순히 형법 제43조의 규율내용을 반영한 것에 불과한지, 아니면 형법 제43조와는 다른 입법목적도 가지는지는 분명하지 않으나, 중요한 것은 입법자가 이미 선거권 제한을 형벌의 한 내용으로서 고려하고 있었고, 또한 이러한 사고가 이 사건 법률조항을 입법하는 데에 중요한 사상적 배경이 되었을 것이라는 점이다. 그런데 어떤 범죄를 어떻게 처벌할 것인가 하는 문제, 즉 법정형의 종류와 범위의 선택은 그 범죄의 죄질과 보호법익에 대한 고려뿐만 아니라 우리의 역사와 문화, 입법당시의 시대적 상황, 국민일반의 가치관 내지 법감정 그리고 범죄예방을 위한 형사정책적 측면 등 여러 가지 요소를 종합적으로 고려하여 입법자가 결정할

사항으로서 광범위한 입법재량 내지 형성의 자유가 인정되어야 할 분야이다. 따라서 어느 범죄에 대한 법정형이 그 범죄의 죄질 및 이에 따른 행위자의 책임에 비하여 지나치게 가혹한 것이어서 현저히 형벌체계상의 균형을 잃고 있다거나 그 범죄에 대한 형벌 본래의 목적과 기능을 달성함에 있어 필요한 정도를 일탈하였다는 등 헌법상의 평등의 원칙 및 비례의 원칙 등에 명백히 위배되는 경우가 아닌 한, 쉽사리 헌법에 위반된다고 단정하여서는 안 될 것이다.」

美合衆國에서는 2006년 기준으로 48개 주와 콜롬비아특구에서는 重罪(felony)를 저지른 범죄자가 교도소 등에 구금되어 있는 동안에 선거권을 박탈하도록 규정하고 있다. 그 중 13개 주는 구금기간 중에만 선거권을 박탈하고, 5개 주는 구금기간과 가석방 기간 동안 선거권을 박탈하며, 18개 주는 구금기간, 가석방 기간 이외에 집행유예 기간 동안에도 선거권을 박탈하고, 13개 주에서는 형의 집행이 종료된 이후, 보호관찰 중인 경우에도 선거권을 박탈하고 있다. 특히 그 중 6개 주에서는 중범죄자의 선거권을 영구히 박탈하고 있기도 하다. 미합중국 연방최고법원은 제14차 수정헌법 제2항을 근거로 각 주에서 수형자의 선거권을 박탈하는 것은 인종차별의 의도가 없다면 정당하다는 취지로 판시하였다. 日本國에서는 「금고 이상의 형을 선고받고 그 집행이 종료되지 아니한 자」의 선거권을 제한하고 있고(公職選擧法 §11), 프랑스에서는 범죄행위의 은닉죄와 범죄로 유죄판결을 받은 자는 판결 확정시부터 5년간 선거인 명부에 등재될 수 없도록 하고 있다. 獨逸에서는 법률에 특별한 규정이 있는 경우에 법원이 수형자에게 일정기간 동안 선거권을 제한할 수 있게 하고 있다.

公職選擧法은 선거권이 없는 자로 금치산자, 금고 이상의 형의 선고를 받고 그 집행이 종료되지 아니하거나 그 집행을 받지 아니하기로 확정되지 아니한 자 이외에 선거범, 政治資金法 제45조(정치자금부정수수죄) 및 제49조(선거비용관련 위반행위에 관한 벌칙)에 규정된 죄를 범한 자 또는 대통령 · 국회의원 · 지방자치단체의 장으로서 그 재임중의 직무와 관련하여 刑法(특정범죄가중처벌 등에 관한 법률 제2조에 의하여 가중처벌되는 경우를 포함한다) 제129조(수뢰, 사전수뢰) 내지 제132조(알선수뢰) · 특정범죄가중처벌 등에 관한 법률 제3조(알선수재)에 규정된 죄를 범한 자로서, 100萬원 이상의 罰金刑의 宣告를 받고 그 刑이 확정된 후 5年 또는 刑의 執行猶豫의 宣告를 받고 그 刑이 확정된 후 10年을 경과하지 아니하거나 懲役刑의 宣告를 받고 그 執行을 받지 아니하기로 확정된 후 또는 그 刑의 執行이 종료되거나 免除된 후 10年을 경과하지 아니한 者(刑이 失效된 者도 포함), 法院의 판결 또는 다른 법률에 의하여 選擧權이 정지 또는 상실된 者(同法 §18①)를 규정하고 있다.

憲法裁判所는 선거일 현재 금고 이상의 형의 선고를 받고 그 집행이 종료되지 아니한 자에게 선거권을 인정하지 않는 공직선거법의 규정은 헌법에 위반되지 않는다고 판시하였다(예: 憲 2004. 3. 25.-2002헌마411; 2009. 10. 29.-2007헌마1462). [2002헌마411] 결정에서는 합헌의견 8 : 위헌의견 1이었고, [2007헌마1462] 결정에서는 위헌의견 5 : 합헌의견 3 : 각하의견 1이었다. [2002헌마411] 결정에서 합헌의견은 이러한 규정은 광범한 입법재량에 속하고 헌법상의 과잉금지원칙에 위반되는 것이 아니라고 했음에 반하여 [2007헌마1462] 결정에서 위헌의견은 이러한 것이 입법자의 광범한 재량에 해당하는 것은 맞지만 범죄자의 선거권을 제한함에 있어 '개개 범죄의 종류나 내용, 불법성의 정도 등이 선거권 제한과 어떤 직접적인 연관성을 갖는지'에 관하여 따지지도 않고 '금고 이상의 형을 선고받은 자로서 그 형의 집행을 마치지 아니한 자'라는 기준을 설정하여 일률적으로 수형자의 선거권을 제한하였으므로 헌법 제37조 제2항의 기본권 제한에서의 침해의 최소성의 원칙에 위반된다고 하였다(憲 2009. 10. 29.-2007헌마1462).

(5) 해외거주자의 투표권 문제

유권자인 해외거주자에게 不在者投票를 할 수 없도록 하는 것이 헌법에 위반되는가 하는 문제가 있다. 선거의 시행에 있어 현실적인 어려움으로 인하여 부재자투표를 시행할 수 없거나 이를 시행하는 것이 상당히 어려운 경우를 제외하고 해외거주자에게 투표할 수 없도록 하는 것은 헌법에 부합하지 않는다.

憲法裁判所는 처음에는 주민등록이 안 된 재외국민의 선거권을 제한하는 것을 정당하다고 했고(예: 憲 1999. 1. 28.-97헌마253), 해외거주자의 부재자투표권을 부인한 것도 위헌이 아니라고 판시하였으나(예: 憲 1999. 3. 25.-97헌마99), 2007년에 이 판례를 변경하여 재외국민(대한민국 국적을 가지고 외국의 영주권을 가지고 있는 자 포함)의 선거권을 전면적으로 부정하는 것은 헌법 제37조 제2항에 위반되어 재외국민의 선거권과 평등권을 침해하고 헌법 제41조 제1항 및 제67조 제1항이 규정하고 있는 보통선거원칙에도 위반된다고 판시하였다(憲 2007. 6. 28.-2004헌마644등).

[憲 2007. 6. 28.-2004헌마644등] 「헌법 제24조는 모든 국민은 '법률이 정하는 바에 의하여' 선거권을 가진다고 규정함으로써 법률유보의 형식을 취하고 있지만, 이것은 국민의 선거권이 '법률이 정하는 바에 따라서만 인정될 수 있다'는 포괄적인 입법권의 유보하에 있음을 의미하는 것이 아니다. 국민의 기본권을 법률에 의하여 구체화하라는 뜻이며 선거권을 법률을 통해 구체적으로 실현하라는 의미이다. 이러한 법률유보는 선거권을 실현하고 보장하기 위한 것이지 제한하기 위한 것이 아니므로, 선거권의 내용과 절차를 법률로 규정하는 경우에도 국민주권을 선언하고 있는 헌법 제1조, 평등권에 관한 헌법 제11조, 국회의원선거와 대통령선거에 있어서 보통·평등·직접·비밀선거를 보장하는 헌법 제41조 및 제67조의 취지에 부합하도록 하여야 한다. 그리고 민주주의 국가에서 국민주권과 대의제 민주주의의 실현수단으로서 선거권이 갖는 이 같은 중요성으로 인해 한편으로 입법자는 선거권을 최대한 보장하는 방향으로 입법을 하여야 하며, 또 다른 한편에서 선거권을 제한하는 법률의 합헌성을 심사하는 경우에는 그 심사의 강도도 엄격하여야 하는 것이다. 따라서 선거권을 제한하는 입법은 위 헌법 제24조에 의해서 곧바로 정당화될 수는 없고, 헌법 제37조 제2항의 규정에 따라 국가안전보장·질서유지 또는 공공복리를 위하여 필요하고 불가피한 예외적인 경우에만 그 제한이 정당화될 수 있으며, 그

경우에도 선거권의 본질적인 내용을 침해할 수 없다. 더욱이 보통선거의 원칙은 선거권자의 능력, 재산, 사회적 지위 등의 실질적인 요소를 배제하고 성년자이면 누구라도 당연히 선거권을 갖는 것을 요구하므로 보통선거의 원칙에 반하는 선거권 제한의 입법을 하기 위해서는 헌법 제37조 제2항의 규정에 따른 한계가 한층 엄격히 지켜져야 한다.……이 사건 청구인들 중 외국의 영주권을 취득하고 국내에 거주하고 있지 않은 재외국민은 국내에 주민등록이 되어 있지 않으므로 법 제37조 제1항에 따라 국정선거권을 행사할 수 없게 된다. 한편 청구인들 중 재외국민으로서 국내에 거주하고 있는 자들의 경우에도, 주민등록법 제6조 제3항이 해외이주를 포기한 후가 아니면 주민등록을 할 수 없도록 하고 있으므로 해외이주를 포기하지 않는 한 국외거주 재외국민과 마찬가지로 국정선거권을 행사할 수 없게 된다. 결국 법 제37조 제1항은 해외이주의 포기의사를 밝힘으로써 주민등록이 가능해 진 국내거주 재외국민을 제외한 모든 재외국민에 대해 전면적, 획일적으로 국정선거권의 행사를 불가능하게 하고 있는 규정이다. 나아가 법 제37조 제1항은 아직 영주권을 취득하지 않은 상태에 있는 해외이주목적의 해외장기체류자 또는 해외이주목적 없는 해외장기체류자 및 단기해외체류자(예컨대 유학생, 상사 주재원, 외교관 등)로서 주민등록이 말소된(주민등록법 §17의2, §10 참조) 자들에 대해서는, 이들이 국내에 체류하는지 여부와는 무관하게, 국정선거권을 박탈하고 있다.……국민이면 누구나 그가 어디에 거주하든지 간에 주권자로서 평등한 선거권을 향유하여야 하고, 국가는 국민의 이러한 평등한 선거권의 실현을 위해 최대한의 노력을 기울여야 할 의무를 진다는 것은 국민주권과 민주주의의 원리에 따른 헌법적 요청이다. 입법자는 국민의 선거권 행사를 제한함에 있어서 주권자로서의 국민이 갖는 선거권의 의의를 최대한 존중하여야만 하고, 선거권 행사를 제한하는 법률이 헌법 제37조 제2항의 과잉금지원칙을 준수하고 있는지 여부를 심사함에 있어서는 특별히 엄격한 심사가 행해져야 한다. 따라서 선거권의 제한은 그 제한을 불가피하게 요청하는 개별적, 구체적 사유가 존재함이 명백할 경우에만 정당화될 수 있으며, 막연하고 추상적 위험이라든지 국가의 노력에 의해 극복될 수 있는 기술상의 어려움이나 장애 등의 사유로는 그 제한이 정당화될 수 없다. 그런데 법 제37조 제1항은 단지 주민등록이 되어 있는지 여부에 따라 선거인명부에 오를 자격을 결정하여 그에 따라 선거권 행사 여부가 결정되도록 함으로써, 엄연히 대한민국의 국민임에도 불구하고 주민등록법상 주민등록을 할 수 없는 재외국민의 선거권 행사를 전면적으로 부정하고 있는바, 그와 같은 재외국민의 선거권 행사에 대한 전면적인 부정에 관해서는 위에서 살펴본 바와 같이 어떠한 정당한 목적도 찾기 어렵다. 그러므로 법 제37조 제1항은 헌법 제37조 제2항에 위반하여 재외국민의 선거권과 평등권을 침해하고 헌법 제41조 제1항 및 제67조 제1항이 규정한 보통선거원칙에도 위반된다.……선거인명부에 오를 자격이 있는 국내거주자에 대해서만 부재자신고를 허용함으로써 재외국민과 단기해외체류자 등 국외거주자 전부에 대해 국정선거권의 행사 가능성을 부인하고 있는 법 제38조 제1항은 정당한 입법목적을 갖추지 못하여 헌법 제37조 제2항에 위반하여 국외거주자의 선거권과 평등권을 침해하고 보통선거원칙에도 위반된다.」

Ⅱ. 제한의 한계

선거권의 제한에서도 헌법 제37조 제2항이 정하는 한계를 넘을 수 없다. 선거권을 부여하는 연령은 대의민주주의와 선거의 기능에 부합하는 적합한 수준에서 결정하여야 하고, 선거권을 부여할 적정 연령이 몇 세인가를 정하는 것에는 입법형성의 자유가 인정되지만 연령을 너무 높게 하여 시민으로서 공적인 일에 참여할 수 있는 연령에 있음에도 이러한 자에게 선거권을 부여하지 않는 것은 헌법에 위반된다.

일정 기간 선거권을 행사할 수 없도록 하는 것도 그 목적에 적합하여야 하고 과잉금지원칙에 어긋나서는 안 된다.

제2절 公務擔任權

[176] 第一 意 義

Ⅰ. 헌법 규정

헌법 제25조는 「모든 國民은 法律이 정하는 바에 의하여 公務擔任權을 가진다」라고 하여 국민의 公務擔任權(right to hold public office)을 정하고 있다. 公務擔任權은 國民主權의 실현 방법으로 국가의 공적인 업무를 수행함에 있어 참여하고 이를 수행하는 권리이다. 이러한 공무담임권은 헌법이 인정하는 任命職과 選擧職의 공직에 취임할 수 있는 권리를 뜻한다.

선거직의 공무를 담당하기 위해서는 선거직에 선출될 수 있는 권리가 필연적으로 보장되어야 하는데, 선거직에 입후보하고 선거권자에 의하여 이에 선출되어 그 직에 취임할 수 있는 권리를 被選擧權이라고 한다. 우리 헌법상 이러한 피선거권은 헌법 제25조가 정하는 공무담임권에 포함된다(예: 憲 1996. 6. 26.-96헌마200; 1999. 12. 23.-98헌바33; 2006. 2. 23.-2005헌마403). 물론 헌법에서 선거직과 선거제도를 정하고 있는 경우에는 헌법 제25조와 같은 명시적인 규정이 없어도 해당 규정에 의해 보장되는 헌법상의 권리이다.

헌법 제25조가 정하고 있는 공무담임권의 보장은 모든 국민에게 공무를 담당할 기회를 보장하는 것이며, 현실적으로 공직에 취임시켜 줄 것을 요구하는 권리를 보장하는 것은 아니다.

Ⅱ. 보장의 사정거리

헌법 제25조에 의하여 보장되는 공무담임권은 헌법상의 권리인데, 이러한 헌법상의 권리는 헌법에서 정하고 있는 공무이든 법률에서 정하는 공무이든 이에 취임할 기회를 보장받는 권리를 말한다. 법률에서 정하는 공무는 법률정책에 의해 존폐가 결정되는데, 공무담임권을 근거로 이러한 공직의 폐지를 방해하지는 못한다.

Ⅲ. 법률유보

법률이 정하는 바에 의하여 공무담임권을 가진다고 하는 것은 헌법에서 명시적으로 정하고 있지 아니하는 한 어떠한 직을 선거직으로 할 것인지 임명직으로 할 것인지, 그 직에 취임하는 자격요건을 어떻게 정할 것인지, 임기제로 할 것인지 종신제로 할 것인지, 계급제로 할 것인지의 여부, 해당 직의 수 등을 법률에 유보한다는 의미이다. 따라서 이 부분에서는 국회의 광범한 입법형성의 자유가 인정된다. 그러나 그 경우에도 헌법 제37조 제2항이 정하고 있는 기본권제한의 한계를 넘는 것이어서는 안 된다(예: 憲 2002. 8. 29.-2001헌마788등; 2006. 2. 23.-2005헌마403).

[177]. 第二 法的 性格

공무담임권은 헌법이 창설하는 공직제도에 수반되는 실정권이다. 따라서 공무담임권은 자연권으로서의 성질을 가지지 않는다. 이러한 권리는 공직제도에 수반되는 권리이므로 제도의 기능과 성질에 따라 그 권리의 내용과 제한이 결정된다. 임명직의 경우에는 해당 직에 대한 임면권을 가지는 자의 任免權(예: 대통령의 공무원 임면권(憲法 §78), 대법원장의 법관임명권(憲法 §104③) 등)의 성질 및 내용과 밀접한 연관 속에서 공무담임권이 인정된다는 점도 이러한 제도수반성에서 나온다.

그런데 헌법 제25조는 공무담임권을 헌법상의 주관적 권리로서 보장하기 때문에 방어권으로서의 면이 인정될 뿐만 아니라, 공직의 사퇴와 같이 기본권의 주체가 권리를 처분하는 면도 인정된다. 그러나 주관적 권리라고 하더라도 개인적인 이해관계에 따라 공직을 자유로이 이용하거나 처분할 수 있는 권능은 인정되지 않는다. 공무담임권은 순전한 권리라기보다는 공무에 취임할 수 있는 자격으로서의 성격도 지니고 있기 때문이다.

견해에 따라서는 피선거권의 권리성을 인정하지 않고 선거될 수 있는 자격이라고 하기도 한다. 그러나 피선거권이 피선될 수 있는 가능성의 상태이든 자격이든 이는 개인에게 보유된 것이고, 이를 행사할 수 있으며, 이의 침해에 대하여는 이에 대항하여 그 자격을 주장을 할 수 있으므로 권리로서의 성질을 가진다고 할 것이다.

[178] 第三 主 體

피선거권을 포함한 공무담임권은 국민주권원리의 성질상 대한민국의 국적을 가진 자연인인 국민에게만 인정된다. 법인에게는 인정되지 않는다.

외국인에게는 헌법 제25조가 정하는 공무담임권이 인정되지 않는다. 그런데 법률이 어떤 업무를 수행함에 있어 공무원일 것을 요구하고 있는 경우이더라도 그 직에 외국인을 채용하는 것이 국민주권원리를 침해하는 것이 아니면 법률로서 이를 정하는 것은 허용된다(예: 공무원 신분으로 임용되는 국립의 교육기관 · 예술기관 · 문화기관의 교수직, 행정직, 공연자 등).

[179] 第四 內 容

Ⅰ. 공무담임의 기회보장

공무담임권은 공무에 취임하기 전에는 입법부, 행정부, 법원, 헌법재판소는 물론이고 지방자치단체 등 국가와 공공단체의 공무를 수행하는 직무를 담당할 수 있는 기회를 가질 수 있는 권리를 말한다. 이는 모든 국민으로 하여금 이러한 공무담임의 평등한 기회를 헌법상의 권리를 보장하는 것이고, 누구나 현실적으로 실제 공무를 담당하게 하는 것을 보장하는 것은 아니다(예: 憲 2006. 2. 23.-2005헌마403; 2007. 6. 28.-2007헌가3). 따라서 누구도 국가에 대하여 특정 공무를 담당하게 해달라고 주장할 수는 없다. 공무담임권에는 공직에 선출될 수 있는 피선거권이 필수적으로 보장되어야 한다. 피선거권에는 공직선거에 입후보할 수 있는 자유가 그 내용에 포함된다.

Ⅱ. 공직의 유지

임명직의 경우에는 임명권자에 의해 임명되면 해당 공직을 유지할 권리가 공무담임권으로 보장되고, 선거직의 경우에는 당선되면 해당 공직을 유지할 권리가 공무담임권으로 보장된다. 따라서 임명권자에 의하여 임명되거나 선거에서 당선된 자에게 제한의 사유가 없이 그 직을 유지할 수 없게 하는 것(예: 공무원 신분의 박탈, 직무의 부당한 정지)은 공무담임권을 침해하는 것이다(예: 憲 1997. 3. 27.-96헌바86; 2002. 8. 29.-2001헌마788 등; 2006. 2. 23.-2005헌마403; 2007. 6. 28.-2007헌가3). 공무원의 경우에는 공직의 유지를 강하게 보장하기 위하여 특별히 신분보장을 하고 있다(憲法 §7; 國公法 §68).

공무담임권은 주관적인 권리이기 때문에 공직에 취임할 것인지의 여부와 공직에서 사퇴할 것인지의 여부를 특별한 이유(예: 사직의 제한)가 없는 한 자유로이 결정할 수 있다. 따라서 공무수행의 계속성이나 공직 기능의 유지에 문제를 발생하지 않는 한 공직을 수행하는 자가 사직의 의사를 표명하면 바로 공직에서 자유로이 사퇴할 수 있어야 한다.

Ⅲ. 공무의 수행

공무담임권에는 해당 공직의 업무를 수행하는 권리가 포함된다. 공직에의 취임과 공직의 유지는 해당 공직을 수행하기 위한 것이므로 공무의 수행은 공무담임권의 내용이다. 그런데 이러한 공무의 수행은 공무를 담임한 자의 책무이기도 하므로 공무원의 신분을 유지한 채 정당한 이유 없이 공무의 수행을 거부하는 것은 공무담임권의 내용이 되지 못한다. 정당한 이유 없이 공무를 수행하지 아니하는 경우에는 이에 대한 제재를 가할 수 있다.

[180] 第五 制限과 그 限界

Ⅰ. 제 한

(1) 일 반

공무의 성질과 기능으로 인하여 공무담임권에 대해서는 다양한 제한을 할 수 있다. 이러한 제한에 대해서 헌법에서 명시적으로 정하고 있는 경우 이외에는 헌법 제37조 제2항에 의하여 제한할 수 있다.

공무의 성격상 일정한 자격을 갖춘 자에게만 취임이 인정되는 경우가 있고, 임기를 두는 경우와 같이 기간의 제한을 받는 경우도 있다.

공무원 채용시험의 합격 등을 공무담임권의 제약요건으로 규정하는 것은 타당하다. 특히 공직에는 高度의 전문성과 윤리성이 요구된다는 점을 고려하면 이러한 점을 근거로 하여 공무담임권을 제한하는 것은 정당하다.

공무의 공백을 방지하기 위해서는 공직 사퇴의 자유에 대해서도 합리적인 범위에서 제한을 가할 수 있다.

피선거권의 제한은 공무의 기능과 성질 및 공무를 담당할 자를 정한다는 점에서 선거권보다 더 강한 제한을 할 수 있다.

> [憲 1995. 3. 23.-95헌마53] 「공직선거및선거부정방지법 제53조 제1항 본문 및 제1호의 규정이 공무원으로서 공직선거의 후보자가 되고자 하는 자는 선거일 전 90일까지 그 직(職)을 그만두도록 한 것은 선거의 공정성과 공직의 직무전념성(職務專念性)을 보장함과 아울러 이른바 포말후보(泡沫候補)의 난립을 방지하기 위한 것으로서 그 필요성과 합리성이 인정되며, 그것이 공무담임권의 본질적 내용을 침해하였다거나 과잉금지의 원칙에 위배된다고 볼 수 없다.」

(2) 연령 제한

대통령직의 피선거권에 대해 헌법 제67조 제4항은 「大統領으로 選擧될 수 있는 자는 國會議員의 被選擧權이 있고 선거일 현재 40세에 달하여야 한다」라고 규정하여 피선거권자의 자격을 제한하고 있다. 국회의원의 피선거권에 있어서는 헌법에서 법률에 수권한 것을 근거로 公職選擧法 제16조 제2항은 「25세 이상의 국민은 국회의원의 피선거권이 있다」라고 하여 국회의원의 피선거권을 제한하고 있다.

공무원시험의 응시에 연령제한을 두는 것은 입법재량영역이지만, 특정 직급에 대한 응시연령제한이 과도한 경우에는 공무담임권을 침해하는 것이 된다(예: 憲 2008. 5. 29.-2007헌마1105). 憲法裁判所는 경찰대학의 학사운영에 관한 규정에서 입학 자격을 만 17세 이상 21세 미만으로 규정한 것은 공무담임권을 침해하는 것이 아니라고 판시하였다(憲 2009. 7. 30.-2007헌마991).

> [憲 2008. 5. 29.-2007헌마1105] 「이 사건 시행령조항은 직업공무원을 양성하여 직업공무원제도를 구현하는 한편 유능한 인재가 공무원시험에 장기간 매달리지 않고 사회 각 분야의 적재적소에서 활동하도록 유도하려는 것이다. 정년에 임박한 사람을 공무원으로 채용하면 공무수행의 효율성을 확보하기 어려울 것이므로, 공무원으로 새로 채용하는 사람의 연령을 어느 정도 제한할 필요도 수긍할 수 있다. 이 사건 시행령조항은 공공복리를 증진시키기 위한 것으로서 헌법 제37조 제2항이 정하는 기본권 제한 사유로 삼을 수 있다고 할 것이다. 또한 위와 같은 입법목적을 달성하기 위하여 이 사건 시행령조항과 같이 공무원 공개채용시험의 응시연령을 제한하는 방법을 사용하는 것도 부적절하다고 보기 어렵다. 그러나 32세까지는 5급 공무원의 직무수행에 필요한 최소한도의 자격요건을 갖추고, 32세가 넘으면 그러한 자격요건을 상실한다고 보기 어렵다. 이 점은 5급 국가공무원을 특별채용할 경우에는 연령의 상한을 제한하지 않은 점만 보아도 분명하다. 그리고 6급 및 7급 공무원 공채시험의 응시연령 상한을 35세까지로 규정하면서 그 상급자인 5급 공무원의 채용연령을 32세까지로 제한한 것은 합리적이라고 볼 수 없다. 오히려 5급 공무원은 6급 및 7급 공무원의 상급자이므로 더 연장자임이 바람직하다고 할 것이다. 따라서 이 사건 시행령조항이 5급 공채시험 응시연령의 상한을 '32세까지'로 제한하고 있는 것은 기본권 제한을 최소한도에 그치도록 요구하는 헌법 제37조 제2항에 부합된다고 보기 어렵다. 그러나 5급 공무원의 공채시험에서 응시연령의 상한을 제한하는 것이 전면적으로 허용되지 않는다고 보기는 어렵고, 정년제도의 틀 안에서 공무원 채용 및 공무수행의 효율성을 도모하기 위하여 필요한 최소한도의 제한은 허용된다고 할 것인바, 그 한계는 공무원정년제도와 인사정책 및 인력수급의 조절 등 여러 가지 입법정책을 고려하여 입법기관이 결정할 사항이라고 할 것이다.」

(3) 피선거권 부여의 거주 요건

지방의회의원 및 지방자치단체장의 피선거권에 대한 제한에서는 公職選擧法에서 「선거일 현재 계속하여 60일 이상(공무로 외국에 파견되어 선거일 전 60일 후에 귀국한 자는 선거인명부작성기준일부터 계속하여 선거일까지) 당해 지방자치단체의 관할구역 안에 주민등록이 되어 있는 주민으로서 25세 이상의 국민은 그 지방의회의원 및 지방자치단체장의 피선거권이 있다」(公選法 §16③)라고 하여 지방의회의 의원과 지방자치단체장의 피선거권을 제한하고 있다.

憲法裁判所는 법률로써 선거일 전 일정 기간 동안 관할구역 내에 거주하거나(憲 1996. 6. 26.-96헌마200) 주민등록이 되어 있을 것(예: 憲 2004. 12. 16.-2004헌마376)을 피선거권 부여의 요건으로 정한 것에 대하여 합헌이라고 판시하였다.

(4) 일정기간 피선거권의 박탈

公職選擧法 제19조는 금치산자나 금고 이상의 형이 실효되지 아니한 전과자, 법원의 판결 또는 다른 법률에 의하여 피선거권이 정지되거나 상실된 자 등에 대해서 피선거권의 결격사유를 정하고 있다.

憲法裁判所는 선거법위반으로 형사처벌을 받은 자에 대한 피선거권 제한을 합헌으로 본다(예: 憲 1995. 12. 28.-95헌마196; 1997. 12. 24.-97헌마16; 2008. 1. 17.-2004헌마41).

> [憲 1995. 12. 28.-95헌마196] 「선거범으로서 형벌을 받은 자에 대하여 일정기간 피선거권을 제한하는 것은 선거의 공정성을 해친 자로부터 일정기간 피선거권을 박탈함으로써 선거의 공정성을 확보함과 아울러 그 자에 대하여 반성을 촉구하는 데에 입법목적이 있는 것으로 어느 정도의 형벌을 받은 경우에 얼마 동안 피선거권을 제한할 것인가 하는 문제는 입법재량에 속하는 것인바, 이 사건의 경우 심판대상인 법률조항이 합리적인 재량의 한계를 벗어나 자의적으로 청구인의 공무담임권을 침해한 것이라고 할 수 없다.」

(5) 입후보에서의 기탁금 부과

선거직에서는 후보자의 난립에 따른 폐해를 방지하여 선거의 기능을 유지하고 정상화하기 위하여 입후보하려는 자에 대하여 일정한 금액의 寄託金 納入을 강제할 수 있다. 그러나 그러한 기탁금이 원래의 목적을 달성하는 수단으로서 기능을 하지 않거나 적정한 액수를 초과하여 입후보할 수 있는 권리를 침해하는 것일 때에는 허용되지 않는다.

憲法裁判所는 시·도지사선거에서 5천만원의 기탁금을 부담시킨 것(예: 憲 1996. 8. 29.-95헌마108), 대통령선거에서 3억원의 기탁금을 부담시킨 것(예: 憲 1995. 5. 25.-92헌마269등), 국회의원선거에서 1천 5백만원의 기탁금을 부담시킨 것은 공무담임권의 침해가 아니라고 했다(예: 憲 2003. 8. 21.-2001헌마687등). 국회의원의 선거에서 기탁금을 2천만원으로 하는 것(예: 憲 2001. 7. 19.-2000헌마91등), 무소속후보자에게 정당공천자보다 2배의 기탁금을 부담하게 한 것(예: 憲 1989. 9. 8.-88헌가6), 대통령선거의 후보자등록요건으로 5억원의 기탁금을 납부하게 한 것(예: 憲 2008. 11. 27.-2007헌마1024)은 위헌이라고 판시하였으며, 유효투표 총수의 20/100에 미달하는 득표를 한 경우에 기탁금을 국고에 귀속시키는 것도 위헌이라고 판시하였다(예: 憲 2001. 7. 19.-2000헌마91등). 기초자치단체 의원선거에 입후보하는 때 200만원의 기탁금납입을 정한 지방의회선거법의 규정에 대해서는 합헌이라고 판시하였다(예: 憲 1995. 5. 25.-91헌마44).

(6) 당내경선 탈락자의 입후보 금지

공직선거법은 정당이 공직선거후보자를 추천하는 방법으로 경선을 실시할 수 있게 하면서, 이 당내경선에 참가하여 해당 정당의 후보자로 선출되지 않은 경우에는 당해 선거의 같은 선거구에 입후보하는 것을 금지하고 있다(同法 §57의2①, ②). 이에 의하면 대통령선거에서는 경선에 참여한 자가 선출되지 않을 경우 아예 대통령선거에 출마할 수 없게 된다. 당내경선채택 여부와 그 효과는 정당의 자율에 속하는 사항이고, 이에 참가한 자의 입후보를 제한하거나 금지하는 것은 정당의 자율과 국민의 피선거권과 유권자의 선거권을 침해하는 것으로 위헌이다.

(7) 무소속 후보자에 대한 일정수 선거권자의 추천 의무화

정당후보자는 정당의 추천만 받으면 선거에 입후보할 수 있는데 비하여 무소속 후보자는 당해 선거구 선거권자 300인 이상 500인 이하의 추천을 받아야 입후보할 수 있도록 하는 것이 평등원칙에 위반하는 것인가 하는 문제가 있다. 이에 대하여 憲法裁判所는 합헌이라고 판시하였다(憲 1999. 8. 29.-96헌마99).

> [憲 1999. 8. 29.-96헌마99] 「정당후보자는 정당의 추천만 받으면 선거에 입후보할 수 있는데 비하여(제47조) 무소속후보자는 위 조항에 의하여 당해 선거구 선거권자 300인 이상 500인 이하의 추천을 받아야 입후보할 수 있도록 되어 있는 것이 불합리한 차별인지 여부에 관하여 살펴본다. 선거는 국민의 정치적 의사나 이해를 국정에 반영하는 제도이므로 그 방법과 절차가 공정하고도 효과적이어야 하며 무소속후보자에게 선거권자의 추천을 요구하고 있는 것은 후보자로 하여금 국민인 선거권자의 추천에 의한 일정한 자격을 갖추게 하여 후보자가 난립하는 현상을 방지하는 한편 후보자의 등록단계에서부터 국민의 의사가 반영되도록 함으로써 국민의 정치적 의사가 효과적으로 국정에 반영되도록 하기 위한 것이다. 이에 반하여 정당은 일정한 정강정책을 내세워 공직선거에 있어서 후보자를 추천함으로써 국민의 정치적 의사 형성에 참여함을 목적으로 하는 정치적 조직이고 소속당원만을 후보자로 추천할 수 있으므로(제47조 제1항) 정당이 후보자를 추천하는 행위에는 정치적 의사나 이해를 집약한 정강정책을 후보자를 통하여 제시하는 의미가 포함되어 있다고 할 것이므로 무소속후보자의 경우와 같이 선거권자의 추천을 따로 받을 필요가 없다고 할 것이다. 따라서 무소속후보자에게만 선거권자의 추천을 받도록 한 것은 불합리한 차별이라고 할 수 없다.」

Ⅱ. 제한의 한계

공무담임권은 헌법이 창설한 공직제도를 유지하고 작동할 수 있게 하기 위하여 국민에게 권리의 형태로 부여한 것이기 때문에 자연권이 아닐 뿐 아니라 공직의 기능과 성질에 합당하여야 하므로 이러한 범위에서 상당한 제한이 가해진다. 그러나 공무담임권이 공직제도에 부수하여 인정되는 권리라고 하더라도 헌법이 정하는 주관적 권리이므로 이에 대한 제한에서는 기본권제한에서의 한계원리가 적용된다.

공무담임권의 제한에서도 당연히 헌법 제37조 제2항이 정하고 있는 한계가 있다(예: 憲 2007. 6. 28.-2007헌가3).

[憲 2007. 6. 28.-2007헌가3] 「일단 채용된 공무원을 사후적으로 당연퇴직시킴으로써 공무담임권을 제한하는 경우에는 그 기본권제한 효과가 매우 크므로, 공무원의 당연퇴직 사유의 위헌 여부에 대한 심사에는 과잉금지원칙이 적용되어야 할 것이다.」

직업공무원의 공직취임에서는 정치적 중립성과 더불어 효율적으로 업무를 수행할 수 있는 능력이 요구되므로, 직업공무원으로의 공직취임에는 임용희망자의 능력 · 전문성 · 적성 · 품성을 기준으로 하는 능력주의 또는 성과주의를 바탕으로 한다. 따라서 능력주의에 바탕을 두는 선발기준을 마련하지 아니하고 해당 공직이 요구하는 직무수행능력과 무관한 요소, 예컨대 성별 · 종교 · 사회적 신분 · 출신지역 등을 기준으로 삼는 것은 국민의 직업공무원으로의 취임권을 침해하는 것이 된다(예: 憲 1999. 12. 23.-98헌바33).

[憲 1999. 12. 23.-98헌바33] 「헌법 제25조는 "모든 국민은 법률이 정하는 바에 의하여 공무담임권을 가진다"고 규정하여 공무담임권을 보장하고 있는바, 공무담임권은 각종 선거에 입후보하여 당선될 수 있는 피선거권과 공직에 임명될 수 있는 공직취임권을 포괄하고 있다.……선거직공직과 달리 직업공무원에게는 정치적 중립성과 더불어 효율적으로 업무를 수행할 수 있는 능력이 요구되므로, 직업공무원으로의 공직취임권에 관하여 규율함에 있어서는 임용희망자의 능력 · 전문성 · 적성 · 품성을 기준으로 하는 이른바 능력주의 또는 성과주의를 바탕으로 하여야 한다. 헌법은 이 점을 명시적으로 밝히고 있지 아니하지만, 헌법 제 7 조에서 보장하는 직업공무원제도의 기본적 요소에 능력주의가 포함되는 점에 비추어 헌법 제25조의 공무담임권 조항은 모든 국민이 누구나 그 능력과 적성에 따라 공직에 취임할 수 있는 균등한 기회를 보장함을 내용으로 한다고 할 것이다. "공무원의 임용은 시험성적 · 근무성적 기타 능력의 실증에 의하여 행한다"고 규정하고 있는 국가공무원법 제26조와 "공개경쟁에 의한 채용시험은 동일한 자격을 가진 모든 국민에게 평등하게 공개하여야 하며……"라고 하고 있는 동법 제35조는 공무담임권의 요체가 능력주의와 기회균등에 있다는 헌법 제25조의 법리를 잘 보여주고 있다. 따라서 공직자 선발에 관하여 능력주의에 바탕한 선발기준을 마련하지 아니하고 해당 공직이 요구하는 직무수행능력과 무관한 요소, 예컨대 성별 · 종교 · 사회적 신분 · 출신지역 등을 기준으로 삼는 것은 국민의 공직취임권을 침해하는 것이 된다. 다만, 헌법의 기본원리나 특정조항에 비추어 능력주의원칙에 대한 예외를 인정할 수 있는 경우가 있는데, 우리 헌법의 기본원리인 사회국가원리를 들 수 있고, 헌법조항으로는 여자 · 연소자근로의 보호, 국가유공자 · 상이군경 및 전몰군경의 유가족에 대한 우선적 근로기회의 보장을 규정하고 있는 헌법 제32조 제 4 항 내지 제 6 항, 여자 · 노인 · 신체장애자 등에 대한 사회보장의무를 규정하고 있는 헌법 제34조 제 2 항 내지 제 5 항 등을 들 수 있다. 이와 같은 헌법적 요청이 있는 경우에는 합리적 범위 안에서 능력주의가 제한될 수 있다.」

공무원이 공직에서 사퇴하고자 하는 경우에 공직사퇴의 의사를 표시하는 것으로(예: 사직서의 제출) 바로 퇴직의 효과가 발생하도록 할 수도 있고, 해당 공무의 기능과 업무상의 공백 방지 또는 계속성의 확보 등을 보장하기 위하여 임명권자가 당사자의 의사표시를 접수하여 당사자에 대하여 면직의 의사표시를 한 때 사퇴의 효과가 발생하게 할 수도 있다. 현행법상 공무원의 사퇴는 사퇴의 의사표시를 한 때 발생하는 것이 아니라, 임명권자가 면직의 의사표시를 한 때 발생하는 것으로 본다(예: 大 1985. 12. 24.-85누531). 그러나 임명권자가 당사자의 공직사퇴의 의사표시를 접수하는 것을 거부하거나 정당한 이유 없이 면직의 의사표시를 지체하는 것은 국민의 공무담임권의 행사와 자기결정권을 침해하는 것이다(다른 직업으로 전환하려는 경우 공직에서의 사직이 조건인 경우에는 해당 직업의 선택의 자유를 침해한다). 당사자가 공직사퇴의 의사표시를 한 후 임명권자가 정당한 이유 없이 그 의사표시의 접수 또는 면직의 의사표시를 지체하는 것을 방지하는 방법으로는 공직사퇴의 의사표시를 한 때로부터 일정한 기간이 경과하면 자동으로 퇴직의 효과가 발생하도록 하는 것이 있다.

[大 1985. 12. 24.-85누531] 「공무원임용령 제6조 제1항 본문의 규정에 의하면 공무원의 임용시기에 관하여 공무원은 임용장 또는 임용통지서에 기재된 일자에 임용된 것으로 본다고 되어 있고 이는 임용장 또는 임용통지서에 기재된 일자에 임용의 효과가 발생함을 말하는 것이므로, 임용 중 면직의 경우(같은령 §2i)에는 면직발령장 또는 면직통지서에 기재된 일자에 면직의 효과가 발생하여 그날 영시(00 : 00)부터 공무원의 신분을 상실한다고 보아야 할 것이다. 공무원연금법 제23조 제1항의 규정에 의하면 공무원의 재직기간은 공무원이 임명된 날이 속하는 달로부터 퇴직 또는 사망한 날이 속하는 달까지의 연월수에 의한다고 되어 있으나, 위 규정은 연금지급금산정의 기준이 되는 재직기간의 계산에 관하여 공무원에게 유리하게 계산하도록 배려한 취지에 불과하고 공무원의 신분취득시기와 상실시기를 정한 규정이 아니므로, 위 규정이 있다고 하여 공무원임용령 제6조 제1항 본문의 규정에 의한 임용시기를 달리 해석할 근거는 되지 못한다. 또 민법 제159조의 규정에 의하면 기간을 일, 주, 월 또는 연으로 정한 때에는 기간말일의 종료로 기간이 만료된다고 되어 있으나 이와 같은 기간종료시기와 임용의 효과발생시기를 같이 볼 수는 없으므로 위 규정은 임용의 효과발생시기를 가리는 근거가 될 수 없다.」

제 3 절 請 願 權

[181] 第一 意 義

I. 개 념

(1) 헌법 규정

憲法 제26조는 제 1 항에서 「모든 국민은 법률이 정하는 바에 의하여 국가기관에 文書로 請願할 권리를 가진다」라고 정하여 請願權(right to petition, Petitionsrecht)을 기본권으로 보장하고, 제 2 항에서 「국가는 청원에 대하여 審査할 의무를 진다」라고 정하여 이에 대한 국가의 의무를 규정하고 있다. 憲法 제89조는 「정부에 제출 또는 회부된 정부의 정책에 관계되는 청원의 심사」를 국무회의의 審議事項으로 정하고 있다.

청원권은 참정권과 언론의 자유가 보장되지 않던 시대에 국민의 권리구제수단과 공무원의 파면 또는 법령의 제정 · 폐지 등 국가에 대하여 의사를 표시하거나 정치에 참여하는 수단으로 역할을 하였다. 그런데 참정권이나 표현의 자유나 언론의 자유 등이 적극적으로 보장되고 있고, 의사를 표명하고 전달할 수 있는 매체가 매우 발달한 현대 사회에서는 청원권이 가졌던 고전적인 위상은 많이 약화되고 있다.

그렇지만 오늘날에도 청원권은 사법절차를 대신하는 사실적인 권리구제수단으로서 그 기능을 가지고 있으며, 국민의 관심사항과 경험적인 의사를 국가에게 알려 국민과 국가간의 유대를 강화하는 한편 대의민주주의가 안고 있는 약점을 보완하고, 참여민주주의를 실현하는데 적지 않은 역할을 한다.

헌법의 청원권과 청원제도를 구체화하기 위하여 請願法이 청원에 관한 일반법으로서 제정되어 있고, 國會法(同法 제9장)과 地方自治法(同法 제5장 제8절)은 각각 국회와 지방자치단체에 대한 청원에 관하여 별도로 규정하고 있다.

(2) 청원권의 정의

「청원」이라는 용어는 라틴어 Petitio에서 유래하는 것으로 요구, 제청, 요청, 건의, 간청, 요망 등을 뜻하고, 이 말에는 누구에 대하여 「어떠한 무엇」을 요청한다는 개념이 내재되어 있다. 따라서 구체적으로 무엇인가를 요구하지 않는 단순한 의견표명(=의사표시)에 불과한 것은 請願에 포함되지 않는다(同旨: 桂禧悅b, 606). 이와 같이 청원권은 「어떠한 무엇」을 요청할 수 있는 권리, 즉 공권력과의 관계에서 발생하는 여러 가지 이해관계, 의견, 희망 등에 관하여 적법한 청원을 한 모든 국민에게, 국가기관이 청원을 수리 · 심사하여 그 결과를 통지할 것을 요구할 수 있는 권리라고 할 수 있다(예: 憲 1997. 7. 16.-93헌마239; 2004. 5. 27.-2003헌마851).

日本國憲法 제16조는「누구나 손해의 구제, 공무원의 파면, 법률 · 명령 또는 규칙의 제정 · 폐지 또는 개정 기타 사항에 관하여 평온하게 청원할 권리를 가지며, 누구도 이러한 청원을 하였다는 이유로 차별대우를 받지 아니한다」라고 정하여, 청원권을 보장하고 있다. 청원의 대상은 예시적인 것으로 보고, 이에 한정되지 않는다고 본다.

Ⅱ. 연 혁

청원권은 君主政治時代부터 민주주의의 한 양상으로 발달하여 왔다. 군주에 대하여 귀족이나 국민이 청원을 할 수 있도록 하는 것은 여타 기본권이나 참정권이 인정되지 않던 시대에는 중요한 의미를 가졌다. 국민에 대한 군주의 일방적인 통치와 지배에 대하여 국민이 의견을 표시하고 무엇을 요구 · 간청할 수 있는 통로였기 때문이다. 그래서 영국의「權利章典」이나「權利請願」에서 청원권이 보장된 이래 민주주의의 발전과 함께 청원권은 고전적인 국민의 권리로 자리를 잡았다.

미합중국연방헌법, 바이마르헌법과 독일연방헌법, 일본국헌법 등에서도 청원권을 기본권으로 보장하고 있다. 우리나라에서는 1948년헌법에서 청원권을 기본권으로 정한 이래 현재까지 계속 헌법에서 보장하고 있다.

Ⅲ. 청원과 Ombudsman제도

오늘날에는 국가에 대한 국민의 의견표시와 참여의 요구가 증대함에 따라 국민으로부터의 청원의 접수 · 심사에 그치지 않고, 이를 보다 적극적으로 실현하기 위한 제도의 필요성이 커지고 있다. 이러한 제도 가운데 대표적인 것이 옴부즈맨(Ombudsman)제도이다. 옴부즈맨제도는 스웨덴에서 전통적으로 인정되어 온 것으로 의회에서 임명한 기관이 국가기관의 위법 · 부당한 행위에 대해 국민이 제출한 청원 등을 조사하여 관련 국가기관에 시정을 권유하는 제도이다. 우리나라에서는 이와 유사한 기능을 수행하는 것으로 국민권익위원회가 있다.

[182] 第二 法的 性格

Ⅰ. 학 설

(1) 자유권설

청원권에 대해 국가기관으로부터 방해받지 않고 자유롭게 의견을 개진 · 표시할 권리라는 측면을 강조하여 소극적이고 방어적인 자유권이라고 본다.

(2) 청구권설

청원권은 국민이 국가기관에 대해 일정한 사항을 청구할 수 있는 것이며, 국가에게는 청원을 수리 · 심사해야 할 헌법적 의무가 부여되어 있는 것이므로 적극적인 성격을 가지는 청구권적 기본권이라고 본다(金哲洙a, 1267; 成樂寅, 737).

(3) 참정권설

청원권은 법률의 제 · 개정, 공무원의 징계 등에 대한 청원을 주된 내용으로 하기 때문에 오히려 참정권으로서의 성격을 갖는 권리라고 본다.

(4) 사 견

청원권은 소극적인 측면에서는 기본권의 공통된 성질이 그러하듯이 국가에 대하여 방어권으로서의 청원의 자유를 보장하는 것이고, 적극적인 측면에서는 국가에 대해 일정한 작위나 부작위를 요구하는 청구권으로서의 성격을 가지고 있으며(權寧星, 599), 정치적 참여를 실현하거나 권리구제를 위한 수단으로서의 성격도 지니는 기본권이다(同旨: 許營a, 537).

Ⅱ. 판 례

憲法裁判所는 헌법 제26조의 규정과 이를 구체화하고 있는 請願法의 규정을 보아 청원권은 청구권으로서의 성질도 가진다고 본다(예: 憲 1997. 7. 16.-93헌마239; 2004. 5. 27.-2003헌마851). 헌법재판소의 판시내용은 청원권의 방어권적인 성질을 부정하는 것이 아니고, 복합적 성질을 부정한 것도 아니며, 청구권으로의 성질을 분명히 한 것이라는 점을 유의할 필요가 있다.

[183] 第三 主 體

청원권의 주체는 헌법에서 정하고 있는 바와 같이 대한민국 국적을 가진 國民이다. 法人도 청원권의 주체가 될 수 있다. 外國人이나 無國籍者는 헌법상의 청원권의 주체가 될 수는 없다. 법률이 정하면, 그에 따라 외국인이나 무국적자에게도 청원권이 인정된다(이는 법률정책에 따른 권리이다).

> 일본국에서는 청원권을 참정권의 일종으로 분류하면서도 선거권과 같은 전형적인 참정권과는 달리 외국인에게도 인정된다고 보는 견해도 있다.

법인의 경우에는 私法人은 청원권의 주체가 된다. 그러나 公法人의 경우에는 원칙적으로 주체성이 인정되지 않으며, 공법인이 기본권의 주체가 될 수 있는 예외적인 경우만 그 주체성이 인정된다. 請願法(同法 §6①)과 國會法(同法 §123②), 地方自治法(同法 §73②)은 법인도 청원할 수 있음을 정하고 있다.

[184] 第四 內　容

Ⅰ. 헌법상의 청원권

헌법상의 청원권은 文書로 국가기관에게 청원하는 것을 보장한다. 그 외에 청원에 필요한 내용은 법률로 정한다. 그렇다고 하여 입법자가 입법형성의 자유에 근거하여 국민이 국가기관에 대하여 청원하는 권리를 가진다는 점과 청원은 문서로 한다는 점을 변경할 수는 없다.

> [憲 1999. 11. 25.-97헌마54] 「청원권의 구체적 내용은 입법활동에 의하여 형성되며 입법형성에는 폭넓은 재량권이 있으므로 입법자는 지방의회에 제출되는 청원서에 대하여 청원의 내용과 절차는 물론 청원의 심사·처리를 공정하고 효율적으로 행할 수 있게 하는 합리적인 수단을 선택할 수 있는 것이다.」

헌법상의 청원권에는 청원권 행사의 자유가 포함된다. 즉 청원권은 대국가적 방어권으로서 「청원 방해의 금지」, 「청원을 이유로 하는 차별대우나 불이익처분의 금지」(請願法 §12), 「단체청원을 위한 서명활동 방해의 금지」 등의 내용을 포함하고 있다. 그리고 국가의 청원심사의무로부터 국가에 대하여 청원을 수리하여 심사할 것을 요구할 수 있는 청구권이 도출된다(예: 憲 1997. 7. 16.-93헌마239).

권리구제의 수단으로서의 청원은 자신의 권리를 구제하기 위한 것에 한정되지 않고, 타인의 권리를 구제하기 위한 청원도 가능하다.

Ⅱ. 청원법상의 청원권

(1) 청원사항

(a) 청원사항

請願法 제4조는 청원사항에 대해 「1. 피해의 구제, 2. 공무원의 위법·부당한 행위에 대한 시정이나 징계의 요구, 3. 법률·명령·조례·규칙의 제정·개정 또는 폐지, 4. 공공의 제도 또는 시설의 운영, 5. 그 밖에 국가기관 등의 권한에 속하는 사항」이라고 규정하고 있다. 비록 청원법이 청원사항에 대해 열거하고 있더라도 同條 제5호에서 기타 사항을 규정하고 있으므로 위 규정들은 예시적 성격을 갖는다(同旨: 成樂寅, 738; 權寧星, 600; 金哲洙a, 1269).

청원의 대상은 청원권자의 이익에 관계된 사항이거나 공공적인 사항이거나 불문한다. 타인의 이익에 관계된 것도 청원할 수 있다.

(b) 청원금지사항

請願法 제5조는 「1. 감사·수사·재판·행정심판·조정·중재 등 다른 법령에 의한 조사·불복 또는 구제절차가 진행중인 때, 2. 허위의 사실로 타인으로 하여금

형사처분 또는 징계처분을 받게 하거나 국가기관 등을 중상모략하는 사항인 때, 3. 사인간의 권리관계 또는 개인의 사생활에 관한 사항인 때, 4. 청원인의 성명 · 주소 등이 불분명하거나 청원내용이 불명확한 때」를 청원의 불수리사유로 규정하고 있고, 謀害目的의 청원을 금지하고 있으며(同法 §11), 反復 · 二重請願을 제한하고 있다(同法 §8). 확정판결을 변경하는 청원도 인정되지 않는다. 재판에 간섭하거나 판결의 변경을 구하는 청원도 사법권의 독립을 침해하는 것이다.

헌법개정에 대한 청원은 법률이 금지하지 아니하는 이상 허용된다. 헌법개정의 발의권을 가진 대통령이나 국회에 대하여 헌법개정의 발의를 하여 줄 것을 청원할 수 있다(請願法 §4v참조).

(2) 청원의 절차 · 방법

청원을 하기 위해서는 청원법에서 규정하고 있는 요건과 절차를 따라야 하는 바, 請願法 제6조와 제7조는 문서에 의한 청원의 접수와 주관관서에 청원을 접수할 것을 규정하고 있다.

이와 같은 절차에 의해 수리된 청원에 대한 처리절차는 請願法 제9조에서 정하고 있다. 이에 의하면 청원을 수리한 기관은 성실하고 공정하게 청원을 심사 · 처리하여야 하고, 청원을 관장하는 기관이 청원을 접수한 때에는 특별한 사유가 없는 한 90일 이내에 그 처리결과를 청원인에게 통지하여야 한다. 다만, 청원을 관장하는 기관은 부득이한 사유로 제2항의 처리기간 내에 청원을 처리하기 곤란하다고 인정하는 경우에는 60일의 범위 내에서 1회에 한하여 그 처리기간을 연장할 수 있다. 이 경우 그 사유와 처리예정기한을 지체 없이 청원인에게 통지하여야 한다(同法 §9). 청원이 주무관서가 아닌 곳에 접수되었을 경우에 이송하는 것을 제외하고는 청원을 수리한 국가기관이 청원을 어떻게 처리해야 하는지에 대하여 규정하고 있다.

청원서가 정부에 제출되었거나 청원의 내용이 정부의 정책과 관련이 있는 경우에는 그 청원이 국무회의의 심의를 거쳐야 한다(憲法 §89 xv).

Ⅲ. 국회법과 지방자치법상의 청원권

일반적인 국가기관에 대한 청원이 청원법에 의하여 처리된다면, 국회와 지방자치단체에 대한 청원은 각각 국회법과 지방자치법의 개별 규정에 의하여 처리된다. 國會法 제9장과 지방자치법 제5장 제8절에서는 국회에 대한 청원에 대해 규정하고 있다.

국회나 지방의회에 청원하는 경우에는 의원의 소개를 얻어 청원서를 제출해야 한다(國會法 §123①; 地自法 §73①). 憲法裁判所는 이와 같은 지방자치법의 의원소개제도를 합헌이라고 판시하였다(예: 憲 1999. 11. 25.-97헌마54).

國會法은 청원금지사항으로 재판에 간섭하거나 국가기관을 모독하는 청원을 정하고 있다(同法 §123③). 국가기관을 모독하는 청원에 대해서는 엄격한 해석이 요구된다. 모독을 넓게 해석하면 사실상 국가기관에 대한 청원을 금지하는 결과를 가져올 우려가 있기 때문이다. 地方自治法은 재판에 간섭하거나 법령에 위배되는 내용에 대한 청원은 허용하지 않고 있다(同法 §74).

Ⅳ. 청원권 행사의 효과

국민의 청원권 행사의 효과에 대해 헌법 제26조 제2항은 「국가는 청원에 대하여 심사할 의무를 진다」라고 규정하여 국가에 대해 審査義務를 규정하고 있다. 청원법은 수리한 청원에 대한 성실·공정·신속한 審査義務와 청원의 결과에 대해 통지해주어야 할 結果通知義務를 부과하여(同法 §9②,③), 헌법의 규정보다 청원권을 보다 구체적으로 보호하고 있다.

청원권 행사의 효과와 관련하여 국가의 처리 내용이 청원인의 기대에 미치지 못하는 경우에 헌법상의 청원권을 근거로 하여 국가기관에 대한 쟁송이 가능한가 하는 점이 문제가 된다. 이에 대하여 憲法裁判所는 헌법소원심판의 대상이 되지 못한다고 판시하였다(예: 憲 1997. 7. 16.-93헌마239).

[憲 1997. 7. 16.-93헌마239] 「청원권의 보호범위에는 청원사항의 처리결과에 심판서나 재결서에 준하여 이유를 명시할 것까지를 요구하는 것은 포함되지 아니한다고 할 것이다. 왜냐하면 국민이면 누구든지 널리 제기할 수 있는 민중적 청원제도는 재판청구권 기타 준사법적 구제청구와는 완전히 성질을 달리하는 것이기 때문이다. 그러므로 청원소관관서는 청원법이 정하는 절차와 범위 내에서 청원사항을 성실·공정·신속히 심사하고 청원인에게 그 청원을 어떻게 처리하였거나 처리하려 하는지를 알 수 있을 정도로 결과통지함으로써 충분하다고 할 것이다. 따라서 적법한 청원에 대하여 국가기관이 수리, 심사하여 그 처리결과를 청원인 등에게 통지하였다면 이로써 당해국가기관은 헌법 및 청원법상의 의무이행을 필한 것이라 할 것이고, 비록 그 처리내용이 청원인 등이 기대하는 바에 미치지 않는다고 하더라도 더 이상 헌법소원의 대상이 되는 공권력의 행사 내지 불행사라고는 볼 수 없다.」

[憲 2000. 6. 1.-2000헌마18] 「청원권이라 함은 국민이 공권력과의 관계에서 일어나는 여러 가지 이해관계 또는 국정에 관해서 자신의 의견이나 희망을 진술할 수 있는 권리로서, 헌법 제26조는 모든 국민은 법률이 정하는 바에 의하여 국가기관에 문서로 청원할 권리를 가지며 국가는 청원에 대하여 심사할 의무를 진다고 하여 모든 국민의 청원권을 보장하고 청원을 수리한 국가기관은 청원에 대하여 심사하여야 할 의무를, 청원법과 국회법 제123조 이하는 청원의 처리결과에 대하여 통지하여야 할 의무를 각 규정하고 있는데, 청원에 대한 심사 및 통지의무는 재판청구권 및 기타 준사법적인 구제청구와 그 성질을 달리하므로 이러한 의무는 청원을 수리한 국가기관이 이를 성실, 공정, 신속히 심사·처리하여 그 결과를 청원인에게 통지하

는 이상의 의무를 요구하는 것은 아니다.」

[185] 第五 制限과 그 限界

Ⅰ. 제 한

청원권은 헌법이 규정하고 있는 기본권이기 때문에 헌법 제37조 제 2 항에 의한 제한이 가능하다. 교도소의 수용자가 청원하는 경우 교도소장의 허가를 받게 하는 것은 합헌이다(예: 憲 2001. 11. 29.-99헌마713).

청원법은 청원의 불수리사항을 규정하고 있고(同法 §5), 타인을 謀害할 목적으로 虛僞의 事實을 摘示한 모해목적의 청원을 금지하며(同法 §11), 동일한 내용의 請願書를 동일 기관에 2개 이상 또는 2개 기관 이상에 제출하는 이중청원(同法 §8)을 금지하고 있다. 行刑政策上 수용자에 대해서도 필요한 범위 내에서 법률로써 청원권을 제한할 수 있다(예: 憲 2001. 11. 29.-99헌마713).

國會法과 地方自治法은 청원남발제한과 심사의 효율을 위해 의원의 동의를 청원의 요건으로 하고 있다. 여기서 특별한 점은 國會法 제123조와 地方自治法 제73조가 각 국회의원과 지방의회의원의 추천을 청원 접수의 선결요건으로 규정하고 있는데, 이에 대하여 憲法裁判所는 헌법에 위반되지 않는다고 판시하였다(예: 憲 1999. 11. 25.-97헌마54).

> [憲 1999. 11. 25.-97헌마54] 「이 법률조항이 지방의회에 청원을 할 때에 의원의 소개를 필요적 요건으로 한 것은 단순한 진정(陳情)과는 달리 청원을 할 수 있는 사안에 관하여는 지방의회가 공정하고 신속하게 이를 심사·처리하고 그 결과를 청원인에게 통지할 의무를 지는 점(청원법 제 9 조 제4항, 법 제67조 제 3 항) 등을 감안하여 청원의 남발을 규제하는 방법으로 의원 중 1인이 미리 청원의 내용을 확인하고 이를 소개하게 함으로써 심사의 효율성을 제고하려는 데에 그 목적이 있다.……이 법률조항은 불필요한 청원을 억제하여 청원의 효율적인 심사·처리를 제고하는 데 있고, 또 청원의 소개의원은 1인으로 족한 점 등을 감안할 때 그 제한은 헌법 제37조 제 2 항이 규정한 공공복리를 위한 필요·최소한의 것으로 청원권의 본질적 내용을 침해하는 것이 아니므로 기본권 제한의 한계를 벗어나는 위법이 있다고 볼 수 없다.」

Ⅱ. 제한의 한계

청원권의 제한에서도 헌법 제37조 제 2 항에서 정하고 있는 한계를 지켜야 한다. 청원을 원천적으로 금지한다거나 사실상 청원을 불가능하게 하는 등 과잉금지원칙에 어긋나거나, 청원권의 본질적인 부분을 침해하는 규정은 위헌이다. 헌법 제26조 제 1 항은 법률이 정하는 바에 의하여 청원권이 인정된다고 정하고 있어, 청원권의 제한은 입법형성의 자유에 해당하는 사항이라고 하기 쉬우나, 청원권을 제한하는 법률의 규정도 헌법 제37조 제 2 항이 정하는 한계를 위반할 수 없다.

제 4 절 國民投票權

[186] 第一 意 義

헌법 제72조는 「대통령은 필요하다고 인정할 때에는 외교 · 국방 · 통일 기타 國家安危에 관한 중요정책을 國民投票에 붙일 수 있다」고 정하여 중요정책국민투표부의제도를 두고 있고, 憲法 제130조 제2항은 「헌법개정안은 국회가 의결한 후 30일 이내에 國民投票에 붙여 국회의원선거권자 과반수의 투표와 투표자 과반수의 찬성을 얻어야 한다」라고 정하여 헌법개정의 확정에서 국민투표제도를 두고 있다. 이러한 헌법상의 제도에 따라 국민에게 국민투표권이 헌법상의 권리로 보장되어 있다.

[187] 第二 法的 性格

헌법 제72조에서 보장되는 국민투표권과 헌법 제130조 제2항에서 보장하고 있는 국민투표권은 모두 중요정책국민투표부의제도와 헌법개정확정제도의 내용적 요소를 이루는 것이고 제도에 수반하여 인정되는 헌법상의 권리이다. 따라서 이러한 국민투표권은 해당 제도와 일체를 이루어 그 내용이나 성질이 정해진다.

국민투표권이 헌법상의 권리로 보장되는 이상 방어권으로서의 성질을 가진다. 따라서 국가는 어떠한 경우에도 국민투표권을 박탈하거나 침해할 수 없고, 국민투표권의 자유로운 행사를 방해할 수 없다.

[188] 第三 主 體

헌법 제72조와 제130조 제2항에서 정하는 국민투표권은 국민주권원리와 그 성질에 비추어 모두 대한민국 국적을 가진 자연인인 국민에게만 인정되는 헌법상의 권리이다.

[189] 第四 內 容

I. 중요 정책에 대한 국민투표

헌법 제72조에 따른 국민투표권은 대통령이 헌법 제72조에서 정하는 국가의 중요정책을 국민투표에 붙일 때 이에 대하여 투표하는 권리이다. 이러한 권리는 언제나 행사할 수 있는 것이 아니라 대통령이 국민투표에 부의했을 때만 행사할 수 있다. 따라서 국민은 헌법 제72조의 국민투표권을 근거로 하여 대통령에게 헌법 제72

조에서 정하고 있는 중요정책을 국민투표에 회부하라는 것을 법적으로 요구할 수는 없고, 대통령이 이러한 회부를 하지 않은 것을 국민투표권의 침해라고 주장할 수 없다. 그러나 국민은 헌법 제72조에서 정하고 있는 중요정책의 결정에 있어 국민투표 회부를 정치적으로 요구할 수는 있다.

Ⅱ. 헌법개정에 대한 국민투표

헌법 제130조 제2항에서 정하는 국민투표권은 헌법개정의 확정여부를 결정하는 권리이다. 헌법은 이러한 권리를 국민에게만 부여하고 있다.

[190] 第五 效　力

Ⅰ. 중요정책에 대한 국민투표

헌법 제72조가 보장하는 국민투표권은 국가에 대하여 효력을 가진다. 따라서 국가는 어떠한 경우에도 이를 침해할 수 없다.

헌법 제72조에 따른 국민투표는 대통령이 헌법 제72조에서 정하는 국가의 중요정책에 대하여 스스로 결정하기 전에 국민에게 찬반의 의사를 물어 그 결과를 참작하여 결정할 수 있게 한 자문적 국민투표이므로, 이 국민투표권은 국회, 대통령, 법원, 헌법재판소 등 국가에 대하여 기속력을 가지지 않는다(鄭宗燮g, [264] Ⅳ(5)(b)).

Ⅱ. 헌법개정에 대한 국민투표

헌법 제130조 제2항이 보장하는 국민투표권은 국가에 대하여 효력을 가진다. 따라서 국가는 어떠한 경우에도 이를 침해할 수 없다.

헌법 제130조 제2항의 국민투표권은 헌법개정의 확정여부를 최종적으로 결정하는 효력을 가지며, 이는 국가에 대하여 기속력을 가진다. 따라서 국가는 어떠한 경우에도 국민투표권의 행사의 결과를 변경하거나 부정·거부하지 못한다.

[191] 第六 制限과 그 限界

중요정책에 대한 국민투표권과 헌법개정에 대한 국민투표권에 대해서도 일정한 경우에 헌법 제37조 제2항에 의하여 제한할 수 있다.

제 5 장 社會權的 基本權

제 1 절 人間다운 生活을 할 權利

[192] 第一 意 義

I. 개 념

(1) 헌법 규정

헌법 제34조 제 1 항은 「모든 국민은 인간다운 생활을 할 권리를 가진다」라고 정하고 있다. 이에 의하여 헌법은 인간다운 생활을 할 권리를 헌법상의 기본권으로 보장하고 있다. 이러한 인간다운 생활을 할 권리는 생존권적 기본권 가운데 가장 핵심적인 권리라고 말해지지만, 그 의미의 추상성으로 인하여 구체적으로 어떠한 의미를 가지는가에 대해서는 논란이 분분하다.

사회보장에 따른 혜택을 받을 사회보장수급권은 헌법에서 직접 정하고 있는 경우에는 헌법상의 기본권으로서의 성격을 가지지만 법률정책적으로 법률에 의하여 보장되는 때에는 법률상의 권리를 가진다는 점을 유의할 필요가 있다.

(2) 「인간다운 생활」의 의미

인간다운 생활을 표현 그대로 해석하면 인간의 존엄과 가치를 실현하고 행복을 추구하는 모든 생활을 의미하므로 개별적 기본권이 보장하는 모든 내용을 포괄한다고도 해석할 수 있다. 그렇게 되면 기본권 보장은 인간다운 생활을 할 권리를 보장하는 것으로 충분하고 개별적 기본권을 규정할 필요가 없다는 결론으로 귀착한다. 그래서 개별적 기본권을 정하면서 이러한 추상적이고 포괄적인 표현을 사용한 것이 잘못된 것이라는 지적도 있다.

「인간다운 생활」이 지니는 이러한 추상성과 포괄성으로 인하여 헌법해석에 있어서도 의견이 갈린다. 「인간다운 생활」의 개념에 대하여는 문화적 생활로 보는 견해와 물질적 생활로 보는 견해가 갈린다. i) 문화적 생활로 보는 견해는 다시 이를 인간의 존엄성에 상응하는 건강하고 문화적인 생활이라고 매우 넓게 해석하는 견해(權寧星, 653)와 인간의 존엄성에 상응하는 생활, 즉 건강하고 문화적인 '최저한도'의 생활이라고 하여 전자보다 다소 좁게 해석(成樂寅, 679)하고, 이를 Weimar헌법의 「인간다운 생활」(ein menschenwurdiges Dasein), 「세계인권선언」의 「인간의 존엄성에 상응하는 생활」이나 「유엔의 경제적·사회적 및 문화적 권리에 관한 국제규약」의 「상당한 생활조건(adequate standard)을 가질 권리」(同規約 §11①)의 의미라고 하는 견해(金哲洙a, 1120)로 나뉜다. ii) 물질적 생활로 보는 견해는 인간다운 생활을 물질적인 궁핍으로부터의 해방을 주 내용으로 하는 물질적인 최저생활권으로 해석하거나(許營a, 518), 인간의 생존에 필요한 최소한의 물질적 급부를 국가에 대하여 청구할 수 있는 권리라고 해석한다(桂禧悅b, 704).

생각건대, 헌법 제10조, 제37조 제 1 항 및 헌법상의 다른 개별적 기본권과 서로 비교하여 볼 때, 「인간다운 생활」의 의미를 확장하는 것은 사회적 기본권에 속하는 권리가 대부분 구체적인 무엇을 직접 청구할 수 있는 성질을 지니는 것이 아님을 고려하면 아무런 실효성을 가지지 못하는 말의 성찬에 지나지 않을 뿐 아니라, 기본권 보장의 체계상으로도 합당하지 않고 다른 개별적 기본권의 내용과 중복된다. 따라서 헌법 제34조 제 1 항에서 말하는 인간다운 생활을 할 권리는 경제적·물질적 생활을 의미한다고 할 것이다. 그것이 헌법 제34조의 나머지 조항에서 정하고 있는 복지국가적 내용과도 합치한다.

인간다운 생활을 할 권리는 사회적 기본권의 이념적 목표라거나 사회적 기본권에 관한 이념적·총체적 규정이라고 하는 견해가 있다(權寧星, 650). 현행 헌법상의 문언적 표현상 그렇게 해석할 수도 있으나 사회적 기본권에 해당하는 개별적 규정을 두면서 이런 이념적 목표나 그에 관하여 총괄적으로 정하는 규정이 필요한지도 의문이며, 인간의 존엄과 가치만으로 이념적 목표나 지향은 충분하므로 이런 이유로 인간다운 생활을 할 권리를 둘 필요는 없다. 국민의 인간다운 생활을 보장함에 있어서 헌법에서 이에 관한 규정을 두려면 보다 구체적인 내용을 정하는 것이 실질적이고 실효성을 갖는다고 할 것이므로 이러한 추상적이고 포괄적인 인간다운 생활을 할 권리라는 표현을 헌법에서 정하는 것은 근본적인 재검토가 필요하다고 본다.

Ⅱ. 연 혁

인간다운 생활을 할 권리를 헌법상의 기본권으로 보장한 것은 1962년헌법에서 채택된 이래 현재까지 유지되고 있다.

[193] 第二 法的 性格

인간다운 생활을 할 권리의 법적 성격에 관하여는 그 개념과 내용에 대한 견해

만큼이나 다양한 견해가 주장되고 있다. 이에는 i) 모든 국민이 인간다운 생활을 할 수 있도록 국정을 운영할 국가의 책무를 선언한 것에 지나지 아니하고 모든 국민의 구체적·현실적 권리를 보장한 것은 아니라고 하고, 구체적인 권리의 보장은 국가의 재정 등을 감안한 입법정책의 문제로 보는 프로그램규정설, ii) 인간다운 생활을 할 권리는 자유권적 기본권처럼 직접효력을 가지는 완전한 의미의 구체적 권리일 수는 없다 할지라도 불완전하나마 구체적인 권리로서의 성격을 가진다고 하는 불완전한 구체적 권리설(權寧星, 652; 成樂寅, 677), iii) 인간다운 생활을 할 권리는 그 자체로서 이미 직접효력을 갖는 주관적 권리로서의 법적 성격을 갖는다고 하는 구체적 권리설(許營a, 520; 金哲洙a, 1121)이 있다.

인간다운 생활을 할 권리를 물질적 생활을 최소한으로 보장하는 권리라고 볼 때, 생활무능력자의 국가에 대한 보호청구권에 있어서는 상황에 따라(예: 무능력자가 기아, 질병 등으로 그대로 방치하는 경우에 사망에 이르거나 극심한 정신적·신체적 훼손을 당할 지경에 이른 상태) 구체적인 물질적 급부나 보호를 직접 청구할 수 있는 구체적 권리가 도출되지만, 그 이외에는 이를 실현할 수 있는 법률을 입법할 것을 구하는 구체적 권리만 도출된다고 할 것이다. 그 이상의 내용을 인간다운 생활을 할 권리에 포함시켜 보아도 이는 말의 성찬에 지나지 않는다.

憲法裁判所는 헌법 제34조 제1항이 정하고 있는 인간다운 생활을 할 권리는 법률에 의하여 구체화할 때 비로소 인정되는 법률상의 권리라고 보며(예: 憲 1995. 7. 21.-93헌가14; 1998. 2. 27.-97헌가10등; 2000. 6. 1.-98헌마216; 2003. 5. 15.-2002헌마90; 2003. 5. 15.-2002헌마90; 2004. 10. 28.-2002헌마328), 헌법상의 사회보장권도 그에 관한 수급요건, 수급자의 범위, 수급액 등 구체적인 사항이 법률에 규정됨으로써 비로소 구체적인 법적 권리로 형성되는 권리라고 본다(예: 憲 1995. 7. 21.-93헌가14; 2003. 7. 24.-2002헌바51)

[憲 1995. 7. 21.-93헌가14] 「'인간다운 생활을 할 권리'는 여타 사회적 기본권에 관한 헌법규범들의 이념적인 목표를 제시하고 있는 동시에 국민이 인간적 생존의 최소한을 확보하는 데 있어서 필요한 최소한의 재화를 국가에게 요구할 수 있는 권리를 내용으로 하고 있다. 국가의 사회복지·사회보장증진의 의무도 국가에게 물질적 궁핍이나 각종 재난으로부터 국민을 보호할 대책을 세울 의무를 부과함으로써, 결국 '인간다운 생활을 할 권리'의 실현을 위한 수단적인 성격을 갖는다고 할 것이다. 이 헌법의 규정에 의거하여 국민에게 주어지게 되는 사회보장에 따른 국민의 수급권(受給權)은 국가에게 단순히 국민의 자유를 침해하지 말 것을 내용으로 하는 것이 아니라 적극적으로 급부를 요구할 수 있는 권리를 주된 내용으로 하기 때문에, 그 권리의 구체적인 부여 여부, 그 내용 등은 무엇보다도 국가의 경제적인 수준, 재정능력 등에 따르는 재원확보의 가능성이라는 요인에 의하여 크게 좌우되게 된다. 즉 국가가 '인간다운 생활을 할 권리'를 국민에게 보장하기 위하여 국가의 보호를 필요로 하는 국민들에게 한정된 가용자원을 분배하는 이른바 사회보장권에 관한 입법을 할 경우에는 국가의 재정부담능력, 전체적인 사회보장수준과 국민감정 등 사회정책적인 고려, 제도의 장기적인 지속을 전제로 하는 데서 오는 제도의 비탄력성과 같은 사회보장제도의 특성 등 여러 가지 요소를 감안하여야 하기 때문에

입법자에게 광범위한 입법재량이 부여되지 않을 수 없고, 따라서 헌법상의 사회보장권은 그에 관한 수급요건, 수급자의 범위, 수급액 등 구체적인 사항이 법률에 규정됨으로써 비로소 구체적인 법적 권리로 형성된다고 보아야 할 것이다.……전공상자 등은 상이 등으로 인하여 신체적 장애를 입고 있기 때문에 인간다운 생활에 필요한 최소한의 수요를 충족함에 있어서도 정상인에 비하여 국가의 부조를 필요로 하는 경우가 많다고 할 것이다. 그러나 '인간다운 생활을 할 권리'로부터는, 그것이 사회복지 · 사회보장이 지향하여야 할 이념적 목표가 된다는 점을 별론으로 하면, 인간의 존엄에 상응하는 생활에 필요한 "최소한의 물질적인 생활"의 유지에 필요한 급부를 요구할 수 있는 구체적인 권리가 상황에 따라서는 직접 도출될 수 있다고 할 수는 있어도, 동 기본권이 직접 그 이상의 급부를 내용으로 하는 구체적인 권리를 발생케 한다고는 볼 수 없다고 할 것이다. 이러한 구체적 권리는 국가가 재정형편 등 여러 가지 상황들을 종합적으로 감안하여 법률을 통하여 구체화할 때에 비로소 인정되는 법률적 차원의 권리라고 할 것이다. 그러므로 이 사건 규정의 입법자도 전공상자 등에게 인간다운 생활에 필요한 최소한의 물질적 수요를 충족시켜 주고 있고 헌법상의 사회보장, 사회복지의 이념과 국가유공자에 대한 우선적 보호이념에 명백히 어긋나지 않는 한 광범위한 입법재량권을 행사할 수 있다고 할 것이다.」

[憲 2002. 12. 18.-2002헌마52] 「헌법은 제34조 제1항에서 모든 국민의 "인간다운 생활을 할 권리"를 사회적 기본권으로 규정하면서, 제2항 내지 제6항에서 특정한 사회적 약자와 관련하여 "인간다운 생활을 할 권리"의 내용을 다양한 국가의 의무를 통하여 구체화하고 있다.……헌법이 제34조에서 여자(제3항), 노인 · 청소년(제4항), 신체장애자(제5항) 등 특정 사회적 약자의 보호를 명시적으로 규정한 것은, '장애인과 같은 사회적 약자의 경우에는 개인 스스로가 자유행사의 실질적 조건을 갖추는 데 어려움이 많으므로, 국가가 특히 이들에 대하여 자유를 실질적으로 행사할 수 있는 조건을 형성하고 유지해야 한다'는 점을 강조하고자 하는 것이다. 사회적 기본권(憲法 §31 내지 §36)이 국가에게 그의 이행을 어느 정도 강제할 수 있는 의무를 부과하기 위해서는, 국가의 다른 과제보다도 사회적 기본권이 규정하는 과제를 우선적으로 실현하여야 한다는 우위관계가 전제가 되어야 하는데, 사회적 기본권에 규정된 국가의 의무가 그렇지 못한 국가의 의무에 대하여 입법과정이나 정책결정과정에서, 무엇보다도 예산책정과정에서 반드시 우선적 이행을 요구할 수가 없다. 사회적 기본권과 경쟁적 상태에 있는 국가의 다른 중요한 헌법적 의무와의 관계에서나 아니면 개별적인 사회적 기본권 규정들 사이에서의 경쟁적 관계에서 보나, 입법자는 사회 · 경제정책을 시행하는 데 있어서 서로 경쟁하고 충돌하는 여러 국가목표를 균형있게 고려하여 서로 조화시키려고 시도하고, 매 사안마다 그에 적합한 실현의 우선순위를 부여하게 된다. 국가는 사회적 기본권에 의하여 제시된 국가의 의무와 과제를 언제나 국가의 현실적인 재정 · 경제능력의 범위 내에서 다른 국가과제와의 조화와 우선순위결정을 통하여 이행할 수밖에 없다. 그러므로 사회적 기본권은 입법과정이나 정책결정과정에서 사회적 기본권에 규정된 국가목표의 무조건적인 최우선적 배려가 아니라 단지 적절한 고려를 요청하는 것이다. 이러한 의미에서 사회적 기본권은, 국가의 모든 의사결정과정에서 사회적 기본권이 담고 있는 국가목표를 고려하여야 할 국가의 의무를 의미한다.」

[憲 2004. 10. 28.-2002헌마328] 「헌법 제34조 제1항이 보장하는 인간다운 생활을 할 권리는 사회권적 기본권의 일종으로서 인간의 존엄에 상응하는 최소한의 물질적인 생활의 유지에 필요한 급부를 요구할 수 있는 권리를 의미하는데, 이러한 권리는 국가가 재정형편 등 여러 가지 상황들을 종합적으로 감안하여 법률을 통하여 구체화할 때에 비로소 인정되는 법률적 권리라고 할 것이다.」

[194] 第三 主 體

헌법 제34조 제1항의 인간다운 생활권의 주체는 국민이다. 이 때의 국민 중에는 자연인만이 포함되고 법인은 포함되지 않는다. 국가가 물질적 급부를 직접 제공하거나 사회보장상의 급부를 받는 것은 자기 나라의 국민을 보호하고자 하는 것이고 이의 재원은 그 나라 국민이 납부한 세금에 근거한 재원에서 지불하는 것이므로 외국인은 인간다운 생활을 할 권리의 주체가 되지 못한다.

국가가 정책적으로 외국인에게 일정한 범위에서 사회보장의 혜택을 줄 수는 있다. 그러나 이러한 것은 그 나라의 법률에 기초한 법률상의 권리이고 헌법상의 기본권이 아니다. 따라서 이러한 정책을 폐지하여도 외국인은 이를 위헌이라고 다툴 수 없다.

[195] 第四 內 容

Ⅰ. 생활무능력자의 보호

신체장애 · 질병 · 노령 기타 노동능력의 상실로 인하여 스스로 생계와 생활을 유지할 능력이 없는 사람은 생존의 최소한 수준(최저생존수준)에서 국가에 대해서 직접 그 보호를 요구할 수 있다. 물론 이러한 최소한의 수준은 당사자가 국가에 대하여 요구하는 때의 기준이고, 국가가 급부할 때에는 최소한의 기준(過少給付禁止原則)만 충족시키면 그 이상의 급부도 가능하다. 이를 실현하고 구체화하는 대표적인 법률로는 國民基礎生活保障法과 醫療給與法 등이 있다.

Ⅱ. 사회보장수급권의 문제

헌법은 인간다운 생활을 할 권리를 구체적으로 실현하기 위하여 제34조 제2항부터 제6항에 걸쳐 구체적인 내용을 정하고 있다. 이에 따라 국가에게는 사회보장제도 등을 확립하여 실시할 의무가 부과된다. 이러한 사회보장은 사회보험, 공적부조, 사회복지의 수단으로 수행되는데, 그 구체적인 내용이 모두 헌법의 수준에서 보장되는 것은 아니다(예컨대 각종의 연금제도를 폐지한다고 하여 이것이 헌법에 위반되는 것은 아니다).

헌법의 개별 조항의 내용상 그로부터 직접 도출되는 경우의 사회보장수급권은 헌법상의 기본권으로서의 성질을 가지겠으나, 국가가 다양한 형태로 사회보장의 급부를 국민에게 제공하는 경우에는 헌법에서 정하지 않는 내용도 법률에서 정하여 제공할 수 있다. 이러한 경우에 법률정책적으로 보장되는 사회보장수급권은 법률상의 권리라고 할 것이다.

이 문제는 국가의 복지정책과 밀접한 연관을 가진다. 복지정책의 목록에 들어가는 내용 가운데 많은 것을 헌법에서 정하는 경우(이러한 경우는 거의 없다)에는 국가의 운신의 폭이 좁고 시장의 기능을 왜곡하거나 말살시킬 우려가 있다는 점을 유의할 필요가 있다. 많은 나라에서 복지정책은 시장의 상황과 연동하여 탄력적이고 실효성 있게 대응하기 위하여 의회의 권한으로 두고 있는 점을 유의할 필요가 있다. 프랑스는 헌법에서 기본권조항을 두지 않고 의회의 법률과 행정입법으로 국민의 자유와 권리를 보장하고 복지정책을 실시하는 시스템을 가지고 있고, 독일은 기본권을 보장하면서도 사회적 기본권은 두지 않고 국가목표규정을 통하여 탄력적으로 대응하는 시스템을 가지고 있다. 미합중국연방헌법도 복지에 관한 권리를 정하고 있지 않다.

憲法裁判所는 사회보장수급권을 법률상의 권리라고 판시하였다(예: 憲 2001. 9. 27.-2000헌마342; 2003. 7. 24.-2002헌바51). 공무원연금법상의 연금수급권은 사회보장수급권으로서의 성격과 재산권으로서의 성격이 혼재되어 있다고 보되, 양자 가운데 어느 것에 더 비중이 두어지는지는 해당 법률의 내용에 따라 정해진다고 본다(예: 憲 1996. 10. 4.-96헌가6; 1999. 4. 29.-97헌마333).

[憲 2001. 9. 27.-2000헌마342] 「헌법 제34조 제1항은 "모든 국민은 인간다운 생활을 할 권리를 가진다"고 규정하고, 제2항은 "국가는 사회보장·사회복지의 증진에 노력할 의무를 진다"고 규정하고 있는바, 사회보장수급권은 이 규정들로부터 도출되는 사회적 기본권의 하나이다. 이와 같이 사회적 기본권의 성격을 가지는 사회보장수급권은 국가에 대하여 적극적으로 급부를 요구하는 것이므로 헌법규정만으로는 이를 실현할 수 없고, 법률에 의한 형성을 필요로 한다. 사회보장수급권의 구체적 내용, 즉 수급요건, 수급권자의 범위, 급여금액 등은 법률에 의하여 비로소 확정된다. 그런데 사회보장수급권과 같은 사회적 기본권을 법률로 형성함에 있어 입법자는 광범위한 형성의 자유를 누린다. 국가의 재정능력, 국민 전체의 소득 및 생활수준, 기타 여러 가지 사회적·경제적 여건 등을 종합하여 합리적인 수준에서 결정할 수 있고, 그 결정이 현저히 자의적이거나, 사회적 기본권의 최소한도의 내용마저 보장하지 않은 경우에 한하여 헌법에 위반된다고 할 것이다(憲 1997. 5. 29.-94헌마33; 1999. 4. 29.-97헌마333 참조).」
[憲 2003. 7. 24.-2002헌바51] 「헌법은 제34조 제1항에서 국민에게 인간다운 생활을 할 권리를 보장하는 한편, 동조 제2항에서는 국가의 사회보장 및 사회복지 증진의무를 천명하고 있으며, 동조 제6항에서는 국가에게 재해 예방 및 그 위험으로부터 국민을 보호하기 위해 노력할 의무가 있음을 선언하고 있다. 그런데 인간다운 생활을 할 권리의 법적 성질에 비추어 볼 때 그 법규범력이 미치는 범위는 '최소한의 물질적 생존'의 보장에 필요한 급부에의 요구권으로 한정될 뿐, 그것으로부터 그 이상의 급부를 내용으로 하는 구체적 권리가 직접 도출되어 나오는 것은

아니라고 할 수 있고(憲 1995. 7. 21.-93헌가14; 2000. 6. 1.-98헌마216 참조), 한편 헌법 제34조 제2항, 제6항을 보더라도 이들 규정은 단지 사회보장·사회복지의 증진 등과 같은 국가활동의 목표를 제시하거나 이를 위한 객관적 의무만을 국가에 부과하고 있을 뿐, 개인에게 국가에 대하여 사회보장·사회복지 또는 재해 예방 등과 관련한 적극적 급부의 청구권을 부여하고 있다거나 그것에 관한 입법적 위임을 하고 있다고 보기 어렵다. 결국 최소한의 수준을 넘는 사회복지·사회보장에 따른 급부의 실현은 이에 필요한 사회경제적 여건에 의존하는 것으로서, 국가가 재정능력, 국민 전체의 소득과 생활수준 내지 전체적인 사회보장수준과 국민감정 등의 사정, 사회보장제도의 특성 등 여러 가지 요소를 합리적으로 고려한 입법을 통하여 해결할 사항이라 할 것인데, 주어진 가용자원이 한정되고 상충하는 여러 공익이나 국가과제의 조정이 필요한 상황하에서는 입법자에게 광범위한 입법재량이 부여되지 않을 수 없다(憲 1995. 7. 21.-93헌가14; 2000. 6. 1.-98헌마216 참조). 요컨대 사회보장수급권은 헌법 제34조 제1항 및 제2항 등으로부터 개인에게 직접 주어지는 헌법적 차원의 권리라거나 사회적 기본권의 하나라고 볼 수는 없고, 다만 위와 같은 사회보장·사회복지 증진의무를 포섭하는 이념적 지표로서의 인간다운 생활을 할 권리를 실현하기 위하여 입법자가 입법재량권을 행사하여 제정하는 사회보장입법에 그 수급요건, 수급자의 범위, 수급액 등 구체적인 사항이 규정될 때 비로소 형성되는 법률적 차원의 권리에 불과하다 할 것이다.」

憲法上의 權利인가 法律上의 權利인가 하는 점이 모두 분명한 것은 아니지만 국민의 인간다운 생활을 보장하기 위하여 社會保險의 영역에서는 국민건강보험법, 의료급여법, 산업재해보상보험법, 고용보험법, 국민연금법, 공무원연금법, 군인복지기금법 등이 있고, 公的 扶助의 영역에서는 생활보호법, 국민기초생활보장법, 의료급여법, 재해구호법, 의사상자예우에관한법률 등이 있으며, 社會福祉의 영역에서는 영유아보육법, 아동복지법, 한부모가족지원법, 노인복지법, 장애인복지법, 장애인·노인·임산부등의편의증진보장에관한법률, 사회복지사업법, 재난및안전관리기본법, 재해구호법, 수난구호법, 성매매알선 등 행위의 처벌에 관한 법률, 교통약자의이동편의증진법 등이 있다.

[196] 第五 效 力

인간다운 생활을 할 권리는 대국가적으로 효력을 가지는 권리이다. 경우에 따라서는 특정 상황에 놓여 있는 자가 국가에 대하여 구체적인 물질적 급부나 보호를 청구할 수 있으며, 입법부작위에 대하여 다툴 수 있다. 사인간에 있어서도 존중된다.

인간다운 생활을 할 권리를 보장하는 법률은 국가에 대하여 이를 실현할 구체적인 작위를 명하므로 행위규범으로 작용한다. 이러한 행위규범은 최저한을 정하는 기준이기 때문에 그 기준을 넘어선 배려도 과잉급부로 평등원칙에 위반하지 않는 한 헌법에 위반되지 않는다. 憲法裁判所에서 이러한 행위규범이 문제가 되는 경우에는 이러한 행위규범이 헌법이 정하는 기준에 위반하였는지를 심사한다. 이 때 헌법재판소가 심사하는 기준은 국가가 인간다운 생활을 보장하기 위해 필요한 입법을 전혀 하지 아니하였다든가 그 내용이 현저히 불합리하여 헌법상 용인될 수 있는 재량의 범위를 명백히 일탈한 때에 해당하는 경우에 한해서 헌법에 위반된다고 할 수 있다(예: 憲 1997. 5. 29.-94헌마33; 2001. 4. 26.-2000헌마390; 2004. 10. 28.-2002헌마328).

> [憲 2004. 10. 28.-2002헌마328] 「모든 국민은 인간다운 생활을 할 권리를 가지며 국가는 생활능력 없는 국민을 보호할 의무가 있다는 헌법의 규정은 모든 국가기관을 기속하지만 그 기속의 의미는 동일하지 아니한데, 입법부나 행정부에 대하여는 국민소득, 국가의 재정능력과 정책 등을 고려하여 가능한 범위 안에서 최대한으로 모든 국민이 물질적인 최저생활을 넘어서 인간의 존엄성에 맞는 건강하고 문화적인 생활을 누릴 수 있도록 하여야 한다는 행위의 지침, 즉 행위규범으로서 작용하지만, 헌법재판에 있어서는 다른 국가기관, 즉 입법부나 행정부가 국민으로 하여금 인간다운 생활을 영위하도록 하기 위하여 객관적으로 필요한 최소한의 조치를 취할 의무를 다하였는지를 기준으로 국가기관의 행위의 합헌성을 심사하여야 한다는 통제규범으로 작용하는 것이다(憲 1997. 5. 29.-94헌마33; 1999. 12. 23.-98헌바33; 2001. 4. 26.-2000헌마390). 또한, 국가가 행하는 생계보호가 헌법이 요구하는 객관적인 최소한도의 내용을 실현하고 있는지 여부는 결국 국가가 국민의 '인간다운 생활'을 보장함에 필요한 최소한도의 조치를 취하였는가의 여부에 달려있다고 할 것인데 생계보호의 구체적 수준을 결정하는 것은 입법부 또는 입법에 의하여 다시 위임을 받은 행정부 등 해당기관의 광범위한 재량에 맡겨져 있다고 보아야 할 것이므로, 국가가 인간다운 생활을 보장하기 위한 헌법적 의무를 다하였는지의 여부가 사법적 심사의 대상이 된 경우에는, 국가가 생계보호에 관한 입법을 전혀 하지 아니하였다든가 그 내용이 현저히 불합리하여 헌법상 용인될 수 있는 재량의 범위를 명백히 일탈한 경우에 한하여 인간다운 생활을 할 권리를 보장한 헌법에 위반된다고 할 수 있다(憲 1997. 5. 29.-94헌마33).」

[197] 第六 制限과 그 限界

인간다운 생활을 할 권리도 기본권제한의 일반적인 방식에 따라 제한될 수 있다. 가령 인간다운 생활을 할 권리는 대통령의 긴급명령(憲法 §76)에 의해 제한될 수 있으며 무엇보다도 제37조 제 2 항에 따라 법률에 의해 제한될 수 있다. 이러한 경우에도 헌법 제37조 제 2 항과 법치주의에 따르는 한계를 지켜야 한다.

제37조 제 2 항에 따른 제한과 관련하여 인간다운 생활을 할 권리는 그 자체가 공공복리의 실현에 해당되므로 공공복리를 이유로 한 인간다운 생활권의 제한은 허용될 수 없으며, 국가안전보장 · 질서유지를 위해서 인간다운 생활을 할 권리가 반드시 제한되어야 할 필요가 있는 경우를 쉽게 생각할 수 없다는 이유로 인간다운 생활을 할 권리는 법률로써 제한하기에 적합하지 않은 기본권이라는 견해가 있다(許營a, 523).

그러나 인간다운 생활을 할 권리는 공공복리를 실현하기 위한 것이 아니라 개인의 권리이고, 개인의 권리는 경우에 따라 헌법 제37조 제 2 항에 의한 제한을 하여야 할 필요가 있으므로 이러한 견해는 찬동하기 어렵다(同旨: 桂禧悅b, 703; 成樂寅, 680).

제 2 절　勤勞의 權利

[198] 第一 意　義

Ⅰ. 개　념

(1) 헌법 규정

헌법 제32조는 「① 모든 국민은 勤勞의 권리를 가진다. 국가는 사회적·경제적 방법으로 勤勞者의 고용의 증진과 적정임금의 보장에 노력하여야 하며, 법률이 정하는 바에 의하여 最低賃金制를 시행하여야 한다」고 하여 勤勞의 權利(right to work)에 관한 일반규정 및 국가의무규정을 두고 있다.

그리고 헌법 제32조는 「③ 勤勞條件의 기준은 인간의 尊嚴性을 보장하도록 법률로 정한다」고 하여 근로조건에 관한 절대적 최저기준을 정하고 있으며, 「④ 女子의 근로는 특별한 보호를 받으며, 고용·임금 및 근로조건에 있어서 부당한 차별을 받지 아니한다. ⑤ 年少者의 근로는 특별한 보호를 받는다. ⑥ 국가유공자·상이군경 및 전몰군경의 유가족은 법률이 정하는 바에 의하여 우선적으로 근로의 기회를 부여받는다」고 하여 여성과 연소자의 근로에 대한 특별한 보호 및 국가유공자 등의 유가족의 근로에 대한 우선기회 부여를 헌법적으로 보장하고 있다.

(2) 근로의 의미

근로란 소득을 대가로 이루어지는 정신적·육체적 활동을 의미한다. 같은 내용의 활동이라도 소득이 아닌 취미를 이유로 하는 것은 근로에 해당한다고 할 수 없다. 소득이 없이 일반적으로 행하는 노동행위는 일반적 행동자유권이나 직업의 자유에 의하여 보장되며, 이는 헌법 제32조 제 1 항의 근로와 구별된다.

인간은 근로를 통해 생활의 기본적 수요를 충당하기 위한 생활수단인 재화를 획득할 수 있고 이를 통해 삶을 살아간다. 이렇게 근로는 인간의 자주적 생활기반일 뿐 아니라, 자아실현과 행복추구의 場이며 수단이고, 그 자체 인격의 자유로운 발현이기도 하며, 사회·경제질서를 형성하는 기본요소를 이룬다. 헌법은 근로의 권리를 통하여 국민에게 이러한 근로를 보호하고 보장해준다.

Ⅱ. 연　혁

17, 18세기 자연법사상에서 근로의 권리는 천부적 권리로 파악되어 국가로부터 개인의 자유로운 노동활동에 방해와 간섭을 받지 않을 권리로 인식되었다. 그러나

19세기 이후 자본주의의 약점이 드러나면서 고용기회의 보장과 근로조건의 확보 등에 대한 국가의 적극적인 역할이 강조되었다(積極國家). 이에 따라 근로의 권리는 국가에 대하여 근로의 기회와 근로조건 등에 관하여 일정한 행위를 하여 줄 것을 요구할 수 있는 권리로 자리잡게 되었다.

그러나 국가에 대한 이러한 요구는 사적인 자율영역에 국가의 적극적인 개입을 초래하고 국민에게 재정적인 조세부담을 가중시키며 국가의 부담도 증대시키므로 법률정책적인 수준이 아니라 헌법에서 이를 기본권의 형식으로 정하는 것이 타당한 것인가 하는 헌법정책적인 문제가 제기된다.

우리나라에서는 1948年憲法이 「① 모든 국민은 勤勞의 權利와 義務를 가진다. ② 근로조건의 기준은 법률로써 정한다. ③ 여자와 소년의 근로는 특별한 보호를 받는다」와 같이 규정한 이래 여러 차례 내용이 수정·보완되면서 현행 헌법의 모습을 갖추게 되었다.

> 근로의 권리는 1919년 바이마르헌법에서 「모든 독일 국민에게는 경제적 노동에 의하여 생활자원을 구할 수 있는 기회가 부여된다. 적정한 근로의 기회가 부여되지 아니하는 자에 대해서는 필요한 생계비를 지급한다」(同憲法 §163②)라고 정하여 최초로 규정되었다. 그러나 현재의 독일연방헌법에서는 이 규정을 폐지하였다. 법률의 문제로 처리하고 있다. 일본국헌법은 「모든 국민은 근로의 권리를 가지며, 의무를 부담한다」(同憲法 §27①)라고 하여 이를 정하고 있다.

[199] 第二 法的 性格

I. 국가체제와 근로의 권리

근로의 권리를 어떻게 이해할 것인가 하는 문제는 시장경제를 바탕으로 하는 자본주의체제와 이를 부정하는 사회주의 또는 공산주의체제에 따라 다르게 나타난다. 사회주의제체나 공산주의체제에서는 국가가 경제활동을 관리·통제하고 일자리와 직업을 공급·통제하기 때문에 근로의 권리는 국가가 국민에 대하여 적극적으로 일자리를 만들어 주어야 하는 의무를 지는 것으로 이해된다. 그러나 20세기 말에 이르러 국가주의적인 이러한 체제는 실패하였음이 드러났고, 종래 공산주의·사회주의체제는 시장경제와 자유민주주의체제로 체제전환을 하였다.

자본주의체제에서 근로의 권리는 시장경제질서하에 경제주체가 자유롭게 활동하고 경쟁하게 하되 시장의 실패를 방지·교정하고 약자에 대해서는 국가가 지원을 한다는 틀 속에서 이해된다. 이런 경우에도 시장에 대한 국가의 개입을 어느 정도로 보느냐에 따라 근로의 권리를 자유권으로 보는 견해와 사회권으로 보는 견해가 갈린다. 이는 근로에 관한 헌법정책적인 입장과도 밀접한 연관을 가진다.

헌법정책적인 면에서, 근로에 관한 권리를 헌법에서는 입법지침만 정하고 법률에서 그 실현의 구체적인 양태와 내용을 정하는 것이 타당한가 아니면 헌법상의 기본권으로 정하는 것이 타당한가 하는 문제가 있는데, 이러한 논의는 근로의 권리를 가지는 성격을 어떻게 이해하는가 하는 문제와도 연관이 있다. 전자의 입장에서는 헌법에서 근로의 권리를 정하고 있다고 하더라도 이는 근로의 자유만을 뜻하는 것으로 이해하고, 권리의 그 구체적인 내용은 법률정책적으로 정해진다고 보고자 하는 반면, 후자의 입장에서는 근로의 권리를 가능한 한 사회권으로 보고자 한다.

Ⅱ. 학 설

(1) 자유권설

근로의 권리를 근로의 종류, 내용, 장소, 형태 등을 자유로이 선택하고 이를 행하는 자유, 즉 勤勞의 自由라고 보고, 국가로부터 이러한 자유를 보호하는 것이 근로의 권리를 보장하는 것이라고 본다.

(2) 사회권설

근로의 권리는 근로를 함에 있어 국가의 방해를 받지 아니할 자유를 그 내용에 포함하고 있다. 누구나 자유로이 근로를 할 권리를 가지기 때문이다. 그러나 이러한 자유가 침해되는 경우에는 통상 일반적 행동자유권이나 직업의 자유가 침해되는 양상을 띠므로 근로의 권리가 가지는 자유권으로서의 면은 문제가 되지 않는다. 헌법이 일반적인 행동자유권이나 직업의 자유와 별개로 근로의 권리를 정하는 경우에는 이를 자유권만으로 이해할 수 없으며, 이 때에 근로의 권리는 국가에 대하여 무엇을 요구하는 사회적 기본권으로서의 성격을 가진다고 할 것이다(通說. 예: 憲 2002. 11. 28.-2001헌바50).

이러한 근로의 권리가 법률에서 구체화되지 않고 헌법에서 추상적으로 정하는 경우에 과연 그 내용이 무엇인가 하는 점이 문제가 된다. 이에 대해서는 국가는 국민의 근로를 보장하기 위하여 적극적인 정책을 수립하고 실업이 발생하는 경우에는 국가능력에 따라 가능한 한 일자리를 많이 창출하도록 하는 법률을 제정하여야 한다는 立法指針說(=Programm規定說)과 국민은 근로의 권리에 근거하여 국가에 대하여 직업알선이나 실업수당 등을 직접 요구할 수 있다고 보는 基本權說이 대립한다.

> 근로의 권리가 기본권인 이상은 구체적인 청구권이 발생하므로 이를 두고 구체적 권리냐 추상적 권리냐 하는 것은 의미가 없다. 구체적으로 청구할 수 있는 내용이 없으면 입법지침에 해당하는 것이고 구체적으로 청구할 수 있는 내용이 있으면 기본권이다. 따라서 근로의 권리를 기본권으로 보는 경우에는 그 구체적인 내용이 무엇이냐 하는 점이 문제의 핵심이다.

(3) 사 견

근로의 권리는 기본적으로 근로의 자유를 의미한다. 따라서 자유권으로서의 성격을 가지는 것은 당연하다. 근로의 권리는 국가의 강제·간섭으로부터 자유롭게 근로를 할 수 있는 자유의 성격을 가지기 때문에 소득이 대가로 주어지는 경우라도 국민을 강제노역에 동원하지 못한다. 그리고 근로의 권리는 국가에 대하여 취업의 기회를 가질 수 있도록 배려해 줄 것을 요구할 수 있는 것이어서 사회권으로서의 성격도 가지고 있다. 이러한 점에서 보면 근로의 권리는 자유권으로서의 성격과 사회권으로서의 성격을 함께 가지고 있는 것이지만 전자가 후자에 비하여 강한 것이라고 할 수 있다.

[200] 第三 主 體

근로의 권리의 주체는 자연인인 大韓民國의 國民이다. 外國人은 헌법상의 근로의 권리의 주체가 되지 못한다(同旨: 權寧星, 669; 成樂寅, 704; 金哲洙a, 1170). 외국인에게 근로에 관한 권리를 인정하는 경우에도 이는 외국인의 근로에 대한 대한민국 정부의 법률정책에 따른 것으로 이는 憲法 제32조 제1항에서 정하는 근로의 권리와 구별되는 법률상의 권리이다.

우리나라에서는 입법정책에 따라 근로기준법 등 법률이 정하는 외국인의 근로에 관한 권리가 인정된다. 동법 제6조는「사용자는 근로자에 대하여 남녀의 차별적 대우를 하지 못하며 국적, 신앙 또는 사회적 신분을 이유로 근로조건에 대한 차별적 처우를 하지 못한다」고 규정하여 외국인 근로자에 대한 차별을 금지하고 있다. 불법체류 외국인이라 할지라도 사용자와의 근로계약은 유효하다. 근로기준법이 적용되는 사업장의 외국인 근로자는 근로기준법과 산업재해보상보험법의 보호를 받는다고 할 것이다.

[서울고법 1993. 11. 26.-93구16774] 「근로기준법상의 근로자에 해당하는 자가 산업재해보상보험법의 적용대상이 되는 사업 또는 사업장에 근로를 제공하다가 업무상 부상 또는 질병에 걸린 경우에는 요양급여를 지급받을 수 있는데, 산업재해보상보험법상 외국인 근로자에게 그 적용을 배제하는 특별한 규정이 없는 이상 피해자가 외국인이라 할지라도 그가 근로기준법상의 근로자에 해당하는 경우에는 내국인과 마찬가지로 산업재해보상보험법상의 요양급여를 지급받을 수 있다.……체류자격을 가지지 아니한 외국인의 고용을 금지하는 구 출입국관리법(1992. 12. 8. 법률 제4522호로 전문개정되기 전의 것) 제15조 제2항은 국가가 외국인의 불법체류를 단속할 목적으로 이를 금지하는 단속법규에 불과하므로 이에 위반하여 한 행위에 대하여는 소정의 벌칙이 적용될 뿐 행위 자체의 법률상 효력에는 아무런 영향이 없다.」

[大 1995. 9. 15.-94누12067] 「외국인이 취업자격이 아닌 산업연수 체류자격으로 입국하여 구 산업재해보상보험법(1994. 12. 22. 법률 제4826호로 전문개정되기 전의 것)의 적용대상이 되는 사업장인 회사와 고용계약을 체결하고 근로를 제공하다가 작업 도중 부상을 입었을 경우, 비록 그 외국인이 구 출입국관리법상의 취업자격을 갖고 있지 않았다 하더라도 그 고

용계약이 당연히 무효라고 할 수 없고, 위 부상 당시 그 외국인은 사용 종속관계에서 근로를 제공하고 임금을 받아 온 자로서 근로기준법 소정의 근로자였다 할 것이므로 구 산업재해보상보험법상의 요양급여를 받을 수 있는 대상에 해당한다.」

憲法裁判所는 외국인에게 헌법상의 근로의 권리를 전면적으로 인정하기는 어렵다고 하더라도 「일할 환경에 관한 권리」는 기본권으로 보장된다고 판시하였다(예: 憲 2007. 8. 30.-2004헌마670).

[憲 2007. 8. 30.-2004헌마670] 「우리 재판소는, 헌법재판소법 제68조 제1항 소정의 헌법소원은 기본권의 주체이어야만 청구할 수 있다고 한 다음, '국민' 또는 국민과 유사한 지위에 있는 '외국인'은 기본권의 주체가 될 수 있다고 판시하여 인간의 존엄성을 보장해 주는 것으로서 사회권적 기본권의 성격이 강하므로(憲 1991. 7. 22.-89헌가106; 2002. 11. 28.-2001헌바50) 이에 대한 외국인의 기본권 주체성을 전면적으로 인정하기는 어렵다. 그러나 근로의 권리가 "일할 자리에 관한 권리"만이 아니라 "일할 환경에 관한 권리"도 함께 내포하고 있는바, 후자(後者)는 인간의 존엄성에 대한 침해를 방어하기 위한 자유권적 기본권의 성격도 갖고 있어 건강한 작업환경, 일에 대한 정당한 보수, 합리적인 근로조건의 보장 등을 요구할 수 있는 권리 등을 포함한다고 할 것이므로 외국인 근로자라고 하여 이 부분에까지 기본권 주체성을 부인할 수는 없다. 즉 근로의 권리의 구체적인 내용에 따라, 국가에 대하여 고용증진을 위한 사회적·경제적 정책을 요구할 수 있는 권리(憲 2002. 11. 28.-2001헌바50)는 사회권적 기본권으로서 국민에 대하여만 인정해야 하지만, 자본주의 경제질서하에서 근로자가 기본적 생활수단을 확보하고 인간의 존엄성을 보장받기 위하여 최소한의 근로조건을 요구할 수 있는 권리는 자유권적 기본권의 성격도 아울러 가지므로 이러한 경우 외국인 근로자에게도 그 기본권 주체성을 인정함이 타당하다. 일정한 경우 외국인의 기본권 주체성을 인정하였다. 즉 외국인에게 모든 기본권이 무한정 인정될 수 있는 것이 아니라 원칙적으로 '국민의 권리'가 아닌 '인간의 권리'의 범위 내에서만 인정될 것인바, 인간의 존엄과 가치 및 행복추구권은 '인간의 권리'로서 외국인도 그 주체가 될 수 있고, 평등권도 인간의 권리로서 참정권 등에 대한 성질상 제한 및 상호주의에 의한 제한이 있을 수 있을 뿐이다. 근로의 권리란 인간이 자신의 의사와 능력에 따라 근로관계를 형성하고, 타인의 방해를 받음이 없이 근로관계를 계속 유지하며, 근로의 기회를 얻지 못한 경우에는 국가에 대하여 근로의 기회를 제공하여 줄 것을 요구할 수 있는 권리를 말하며, 이러한 근로의 권리는 생활의 기본적인 수요를 충족시킬 수 있는 생활수단을 확보해 주고 나아가 인격의 자유로운 발현과 인간의 존엄성을 보장해 주는 것으로서 사회권적 기본권의 성격이 강하므로(憲 1991. 7. 22.-89헌가106; 2002. 11. 28.-2001헌바50) 이에 대한 외국인의 기본권 주체성을 전면적으로 인정하기는 어렵다. 그러나 근로의 권리가 "일할 자리에 관한 권리"만이 아니라 "일할 환경에 관한 권리"도 함께 내포하고 있는바, 후자(後者)는 인간의 존엄성에 대한 침해를 방어하기 위한 자유권적 기본권의 성격도 갖고 있어 건강한 작업환경, 일에 대한 정당한 보수, 합리적인 근로조건의 보장 등을 요구할 수 있는 권리 등을 포함한다고 할 것이므로 외국인 근로자라고 하여 이 부분에까지 기본권 주체성을 부인할 수는 없다. 즉 근로의 권리의 구체

적인 내용에 따라, 국가에 대하여 고용증진을 위한 사회적·경제적 정책을 요구할 수 있는 권리(憲 2002. 11. 28.-2001헌바50)는 사회권적 기본권으로서 국민에 대하여만 인정해야 하지만, 자본주의 경제질서하에서 근로자가 기본적 생활수단을 확보하고 인간의 존엄성을 보장받기 위하여 최소한의 근로조건을 요구할 수 있는 권리는 자유권적 기본권의 성격도 아울러 가지므로 이러한 경우 외국인 근로자에게도 그 기본권 주체성을 인정함이 타당하다.」

[201] 第四 内 容

Ⅰ. 근로의 권리의 기본적 내용

(1) 근로의 자유

근로의 권리는 소득을 대가로 이루어지는 근로를 할 자유를 의미한다. 모든 국민은 자기의 삶을 영위함에 있어 국가의 개입·간섭을 받지 않고 자유로이 근로를 할 자유를 가진다. 이런 점에서 강제근로는 원칙적으로 허용되지 않는다(예외: 전시, 재해복구 등).

(2) 취업기회제공의 문제

국민은 근로의 권리를 근거로 국가에 대하여 취업기회를 가질 수 있도록 노력·배려해 줄 것을 요구할 수 있다. 이러한 요구는 국가로 하여금 취업기회를 제공할 정책을 수립할 것을 요구할 수 있는 것이고, 개개인이 직접 자기를 일정한 직업에 취업하게 해줄 것을 요구할 수 있는 것을 보장하지는 않는다(예: 憲 2002. 11. 28.-2001헌바50). 국민 개개인에 대하여 국가가 사기업이나 국영기업 등 일정한 직업에 취업시켜 주어야 할 의무는 지지 않기 때문이다. 다만, 동일한 취업기회에서 정당한 이유없이 배제된 경우에는 취업기회의 제공에서 차별대우하는 것이 된다.

[憲 2002. 11. 28.-2001헌바50] 「근로의 권리는 사회적 기본권으로서, 국가에 대하여 직접 일자리(직장)를 청구하거나 일자리에 갈음하는 생계비의 지급청구권을 의미하는 것이 아니라, 고용증진을 위한 사회적·경제적 정책을 요구할 수 있는 권리에 그친다. 근로의 권리를 직접적인 일자리 청구권으로 이해하는 것은 사회주의적 통제경제를 배제하고, 사기업 주체의 경제상의 자유를 보장하는 우리 헌법의 경제질서 내지 기본권규정들과 조화될 수 없다.」

(3) 근로계속의 문제

근로의 권리에 현재 취업하고 있는 직장에서 근로를 계속할 수 있는 권리도 포함되는가 하는 문제가 있다. 이는 사용자의 고용계약의 자유, 영업의 자유, 재산권의 보장과 서로 충돌하는 문제이어서 논란이 된다. 이는 해고의 문제와 계속 직장에 다니는 직장존속의 문제에 해당한다.

(a) 해고 제한의 문제

解雇라 함은 사용자가 일방적으로 근로자와의 근로계약관계를 종료시키는 단독행위를 말한다. 사용자는 자신의 재산권의 보호와 영업의 자유를 행사하기 위해 근로계약을 체결할 자유도 가지는 동시에 필요한 경우에는 근로계약을 해지하는 자유도 가진다. 그런데 직업의 전환이 쉽지 않고 일자리가 많이 창출되지 않는 사회에서는 해고는 실업자를 만들어내고 사회공동체의 통합과 공공복리라는 공익의 실현에 침해를 가져오므로 憲法 제37조 제2항이 정하는 범위 내에서 제한할 수 있다. 해고를 하는 절차에 대해서도 필요한 경우에는 제한할 수 있다. 예컨대 해고예고의 방식은 해고의 자유를 침해하는 것이 아니다(예: 憲 2001. 7. 19.-99헌마663).

勤勞基準法은 정당한 이유가 없이 근로자를 해고할 수 없는 것으로 규정하고 있고(同法 §23①), 경영상 이유에 의한 해고(정리해고)에 대해 1) 긴박한 경영상의 필요가 있어야 하고, 2) 사용자는 해고를 피하기 위한 노력을 다하여야 하며, 합리적이고 공정한 해고의 기준을 정하고 이에 따라 그 대상자를 선정하여야 하는 한편, 3) 노동조합과 성실하게 협의하도록 규정하고 이들 요건을 갖춰야 정당한 이유가 있는 해고를 한 것으로 간주하고 있고(同法 §24), 징계해고 및 정리해고를 불문하고 모든 해고에 대해 사용자는 적어도 30일 전에 해고를 예고하도록 규정하고 있다(同法 §26).

[憲 2001. 7. 19.-99헌마663] 「해고예고제도는 해고 자체를 금지하는 제도는 아니며, 대법원 판례 또한 예고의무를 위반한 해고도 유효하다고 보므로 해고 자체의 효력과도 무관한 제도이다. 즉 해고예고제도는 근로관계의 존속이라는 근로자보호의 본질적 부분과 관련되는 것이 아니므로, 해고예고제도를 둘 것인지 여부, 그 내용 등에 대해서는 상대적으로 넓은 입법 형성의 여지가 있다.」

解雇의 制限은 憲法 제32조 제1항에서 정하고 있는 근로의 권리에 처음부터 들어 있는 내용이 아니고, 사용자의 해고의 자유와 근로자의 근로의 권리가 충돌하는 기본권충돌의 문제에 해당하는 것도 아니다. 이는 공익을 이유로 하는 憲法 제37조 제2항에 의한 제한에 해당한다는 점을 유의할 필요가 있다. 직장의 이전이 자유롭고 일자리가 풍부한 직업시장이 형성된 사회에서는 해고의 자유는 광범하게 인정되며 非定規職의 근로자에 대한 보호의 정도도 줄어듦에 반하여 그렇지 못한 사회에서는 해고의 자유는 축소되고 비정규직에 대한 보호는 두터워질 수 있다.

(b) 직장존속의 보장 문제

사용자의 해고의 자유를 제한한 결과로써 근로의 존속을 보호하는 결과를 가져오더라도 헌법 제32조 제1항의 근로의 권리는 국가에 대하여 직접적인 직장존속보장청구권을 보장하는 것은 아니다(예: 憲 2002. 11. 28.-2001헌바50).

[憲 2002. 11. 28.-2001헌바50] 「헌법 제15조의 직업의 자유 또는 헌법 제32조의 근로의 권리, 사회국가원리 등에 근거하여 실업방지 및 부당한 해고로부터 근로자를 보호하여야 할 국가의 의무를 도출할 수는 있을 것이나, 국가에 대한 직접적인 직장존속보장청구권을 근로자에게 인정할 헌법상의 근거는 없다. 이와 같이 우리 헌법상 국가에 대한 직접적인 직장존속보장청구권을 인정할 근거는 없으므로 근로관계의 당연승계를 보장하는 입법을 반드시 하여야 할 헌법상의 의무를 인정할 수 없다.」

Ⅱ. 근로의 권리를 보장하기 위한 제도

(1) 국가의 고용증진의무

(a) 내 용

헌법 제32조 제1항 제2문은 국가는 사회적·경제적 방법으로 勤勞者의 고용의 증진에 노력해야 함을 규정하고 있다. 따라서 국가는 고용기회의 확대와 평등한 고용기회의 보장을 위한 사회·경제 정책을 개발, 시행할 의무를 진다. 이를 구체화한 입법으로는 고용정책기본법, 직업안정 및 고용촉진에 관한 법률, 근로자복지기본법, 직업훈련기본법 및 장애인고용촉진및직업재활법 등이 있다.

(b) 실업수당의 지급 문제

국가의 고용증진의무를 근거로 개인이 국가에 대하여 실업수당의 지급을 청구할 권리가 발생하는가 하는 문제가 있다. 고용보험 등의 장치로 실업수당을 지급하는 정책을 마련하는 것은 별론으로 하고 개개인이 실업상태에 있을 때 언제나 국가에 대하여 실업수당의 지급을 청구할 수는 없다(同旨: 權寧星, 670; 成樂寅, 705; 桂禧悅b, 737). 이는 실업상태에 있는 사람은 누구를 막론하고 나머지 국민들의 세금으로 생활비를 지급하는 것이 되기 때문이다. 그러나 국가의 정책실패로 인하여 대다수의 국민들이 비자발적 실업상태에 빠지고 생계를 유지할 수 없는 최후의 경우에는 국가에 대하여 생계비나 실업수당의 지급을 요구할 수 있다고 할 것이다. 이 경우에는 국가의 수당지급능력이 문제가 되는데, 이는 법의 영역을 떠난 사실의 문제가 된다.

이러한 생계비나 실업수당의 지급을 요구할 수 있는 헌법상의 근거가 무엇인가 하는 문제가 있다. 우리 헌법은 바이마르헌법과 달리 근로의 권리의 내용으로 생계비 지급을 규정하고 있지 않고 헌법 제34조에서 인간다운 생활을 할 권리를 따로 정하고 있으므로 현행 헌법해석상으로는 실업자에 대한 생계비 내지 실업수당 지급은 헌법 제34조의 인간다운 생활을 할 권리에 근거를 두는 것이라고 할 것이다(同旨: 權寧星, 670).

(2) 적정임금 및 최저임금의 보장

憲法은 근로자를 보호하기 위하여 근로조건의 기준이 인간의 존엄성을 보장하도록 요구하고 있으며(憲法 §32③), 국가는 적정임금을 보장하도록 노력하여야 한다고 규정하고 있다(憲法 §32①).

근로조건 가운데 賃金이 근로자에게 가장 중요한 것이므로 헌법은 勤勞條件의 法定主義와 별도로 특별히 임금에 대해 적정임금의 보장과 최저임금제도 시행을 규정하고 있다(憲法 §32①).

適正賃金의 수준은 국가의 사회 · 경제적 변화에 따라 달라질 수 있는 것인데 건강하고 문화적인 인간다운 생활을 영위하는데 필요한 정도의 임금수준을 말한다. 이러한 적정임금을 정함에 있어서는 근로자 본인만 기준이 될 뿐 가족은 고려요소가 되지 못한다.

最低賃金制度는 국가가 임금의 최저한도를 정하여 그 이하의 임금 수준으로 사용자가 근로자를 고용하지 못하도록 함으로써 근로자의 최소한의 물질적 생활을 보장하기 위한 제도이다.

최저임금법은 최저임금은 근로자의 생계비, 유사근로자의 임금 및 노동생산성을 고려하여 사업의 종류별로 구분하여 정하는 것으로 규정하고 있는데(同法 §4①), 동법에 의하면 노동부장관이 최저임금위원회에 심의를 요청하여 동 위원회가 심의 · 의결한 최저임금안에 따라 최저임금을 결정하도록 되어 있다(同法 §8①). 그리고 사용자는 최저임금의 적용을 받는 근로자에 대하여 최저임금액 이상의 임금을 지급하여야 하며, 최저임금액에 미달하는 임금을 정한 근로계약은 그 부분에 한하여 이를 무효로 하며 무효로 된 부분은 최저임금액과 동일한 임금을 지급하기로 정한 것으로 간주된다(同法 §6 ①,③). 한편 최저임금액 이상 임금을 지급하지 않은 사용자는 형사처벌되고(同法 §28), 법인에 대한 양벌규정도 두고 있다(同法 §30).

《퇴직금 우선변제의 문제》

퇴직금과 관련해서는 과거 근로기준법이 퇴직금 전액에 대해 다른 담보물권보다 우선변제를 받을 권리를 인정하고 있었는데 이에 대해 헌법재판소는 아래와 같이 헌법불합치결정을 내렸다. 이후 동법 제37조 제2항이 개정되어 현재 최종 3개년의 퇴직금에 대해서만 우선변제받을 수 있도록 하고 있다.

[憲 1997. 8. 21.-94헌바19등] 「이 사건 법률조항은 임금과는 달리 "퇴직금"에 관하여는 아무런 범위나 한도의 제한 없이 질권이나 저당권에 우선하여 그 변제를 받을 수 있다고 규정하고 있으므로, 도산위기에 있는 기업일수록, 즉 자금의 융통이 꼭 필요한 기업일수록, 금융기관 등 자금주는 자금회수의 예측불가능성으로 말미암아 그 기업에 자금을 제공하는 것을 꺼리게 된다. 그 결과 이러한 기업은 담보할 목적물이 있다고 하더라도 자금의 융통을 받지 못하여 그 경영위기를 넘기지 못하고 도산을 하게 되며 그로 인하여 결국 근로자는 직장을 잃게 되므로 궁극적으로는 근로자의 생활보장이나 복지에도 좋은 결과를 낳지 못한다. 또한 근로자의 퇴직 후의 생활보장 내지 사회보장을 위하여서는, 기업금융제도를 훼손하지 아니하고 기업금융을 훨씬 원활하게 할 수 있으며 오히려 어떤 의미에서는 새로운 기업금융제도

를 창출할 수 있는, 종업원 퇴직보험제도의 개선, 기업연금제도의 도입 등 사회보험제도를 도입, 개선, 활용하는 것이 보다 적절할 것이다. 그럼에도 불구하고 이 사건 법률조항은 근로자의 생활보장이라는 입법목적의 정당성만을 앞세워 담보물권제도의 근간을 흔들고 기업금융의 길을 폐쇄하면서까지 퇴직금의 우선변제를 확보하자는 것으로서 부당하다고 아니할 수 없다. 그렇다면 이 사건 법률조항은 근로자의 생활보장 내지 복지증진이라는 공공복리를 위하여 담보권자의 담보권을 제한함에 있어서 그 방법의 적정성을 그르친 것이며 침해의 최소성 및 법익의 균형성 요청에도 저촉되는 것이므로 과잉금지의 원칙에도 위배된다고 할 것이다.」

(3) 근로조건의 법정주의

憲法 제32조 제 3 항은 「근로조건의 기준은 인간의 존엄성을 보장하도록 법률로 정한다」라고 하여 근로조건의 법정주의를 규정하고 있다(예: 憲 1999. 9. 16.-98헌마310). 근로조건이라 함은 임금과 그 지불방법, 취업시간, 휴식시간, 안전시설과 위생시설, 재해보상 등 근로계약에 의하여 근로자가 근로를 제공하고 임금을 수령하는데 관한 조건들을 말한다(예: 憲 2003. 7. 24.-2002헌바51). 계약자유의 원칙상 근로조건은 근로자와 사용자간의 자유로운 고용계약을 통해 정해질 것이나 계약자유의 원칙을 무제한적으로 관철하면 사용자에 비해 약자인 근로자에게 부당하게 불리한 조건으로 계약이 체결될 것이므로 헌법은 근로자를 보호하기 위해 그 최저기준을 법률로 정하도록 한 것이다. 이를 정하고 있는 법률로는 勤勞基準法이 있다.

[憲 1999. 9. 16.-98헌마310] 「헌법 제32조 제 3 항은 "근로조건의 기준은 인간의 존엄성을 보장하도록 법률로 정한다"고 규정하고 있는바, 인간의 존엄에 상응하는 근로조건의 기준이 무엇인지를 구체적으로 정하는 것은 일차적으로 입법자의 형성의 자유에 속한다고 할 것이고……」

[憲 2003. 7. 24.-2002헌바51] 「헌법 제32조 제 3 항은 "근로조건의 기준은 인간의 존엄성을 보장하도록 법률로 정한다"고 규정하고 있다. 근로조건이라 함은 임금과 그 지불방법, 취업시간과 휴식시간, 안전시설과 위생시설, 재해보상 등 근로계약에 의하여 근로자가 근로를 제공하고 임금을 수령하는데 관한 조건들로서, 근로조건에 관한 기준을 법률로써 정한다는 것은 근로조건에 관하여 법률이 최저한의 제한을 설정한다는 의미이다.……입법자는 헌법 제32조 제 3 항에 의거하여 근로조건의 최저기준을 근로기준법에 규정하고 있다.」

Ⅲ. 근로에 대한 특별 보호

(1) 여성의 근로

憲法 제32조 제 4 항은 여성의 근로에 대한 특별한 보호를 규정하고 있다. 그 전에 근로자가 여성임을 이유로 한 차별은 憲法 제11조와 제32조 제 1 항과 제 3 항에 의해서 당연히 금지된다고 할 것이다. 여성의 생물학적 특성인 임신과 출산 및 생리

등을 이유로 한 고용상 차별도 허용되지 않는다. 헌법이 제32조 제4항에서 별도로 여성의 근로에 대한 특별한 보호 조항을 두고 있는 것은, 근로의 영역에서 여성에 대한 차별금지를 강조함과 동시에, 여성이 母性을 이유로 부당한 대우를 받거나 모성과 근로 중 양자택일을 하여야만 하는 상황이 발생하지 않도록 국가가 지원해야 함을 의미한다고 볼 수 있다.

여성의 근로에 대한 특별한 보호가 여성의 근로에 대한 우월적 보호를 뜻하는 것은 아니다. 여성의 근로보호가 남성의 근로의 권리를 침해하는 경우에는 인정되지 않는다. 국민은 누구나 병역의무를 지는데, 여성의 경우는 병역에 소집을 하지 않는 반면 남성은 병역에 소집되어 근로, 취업, 학업 등의 기회획득에서 피해를 받을 수 있다. 국가는 이러한 피해가 발생하지 않도록 塡補裝置를 마련하여야 하고, 피해가 발생하는 경우에는 이를 전보하는 장치를 마련하여야 할 것이다. 근로의 권리나 직업의 자유를 근거로 병역의무를 거부할 수는 없다.

勤勞基準法은 근로자에 대하여 남녀의 차별적 대우를 금지하고(同法 §6), 산전후 휴가(同法 §74①), 생리휴가(同法 §73)를 보장하고 있다. 그 외에 모성보호와 관련하여 유해사업 근로금지와 근무시간 제한 규정 등을 두고 있다. 근로의 영역에서 양성평등을 실현하기 위하여 제정된 남녀고용평등과 일·가정양립지원에 관한 법률은 「사업주는 근로자의 모집 및 채용에 있어서 남녀를 차별하여서는 아니 된다」(同法 §7), 「사업주는 동일한 사업 내의 동일가치의 노동에 대하여는 동일한 임금을 지급하여야 한다」(同法 §8), 「사업주는 근로자의 교육·배치 및 승진에 있어서 남녀를 차별하여서는 아니 된다」(同法 §10), 「① 사업주는 근로자의 정년·퇴직 및 해고에 있어서 남녀를 차별하여서는 아니 된다. ② 사업주는 근로여성의 혼인, 임신 또는 출산을 퇴직사유로 예정하는 근로계약을 체결하여서는 아니 된다」(同法 §11)고 규정하고 있다. 한편 육아와 관련하여 영유아보육법(1991. 1. 14. 제정, 법률 제4328호)과 동시행령에서는 여성근로자 300인 이상을 고용하고 있는 사업장에서의 직장보육시설 설치를 의무화하고 있다. 남녀고용평등과 일·가정양립지원에 관한 법률은 종래 원칙적으로 여성근로자에게만 인정되던 육아휴직을 남성과 여성근로자 모두 이용할 수 있도록 하고 있다(同法 §19).

(2) 연소자의 근로

憲法 제32조 제5항은 「年少者의 근로는 특별한 보호를 받는다」라고 규정하고 있다. 연소자의 근로를 특별히 보호하는 것은 사회적·경제적·신체적으로 약자인 연소자가 쉽게 노동시장에 동원되어 酷使당하거나 연소자의 노동이 搾取될 우려가 있기 때문이다. 이는 연소자의 근로를 보호할 뿐 아니라 연소자가 노동시장으로 쉽게 동원되고 착취당함으로 인하여 인간으로서의 존엄과 연소자의 건강권과 교육을 받을 권리가 침해되는 것을 방지하고자 하는데도 그 목적이 있다.

우리나라에도 1991. 12. 20.부터 적용된 「아동의 권리에 관한 협약」(1989. 11. 20. 채택. 1990. 9. 2. 발효.)은 「당사국은 경제적 착취 및 위험하거나 아동의 교육에 방해가 되거나 아동의 건강이나 신체적 · 지적 · 정신적 · 도덕적 · 사회적 발달에 유해한 모든 노동의 수행으로부터 보호받을 아동의 권리를 인정한다」고 정하고 있다(§32①).

勤勞基準法은 원칙적으로 15세 미만인 자를 근로자로 사용할 수 없게 하고(同法 §64), 18세 미만인 자를 도덕상 또는 보건상 유해 · 위험한 사업에 사용하지 못하도록 하고 있으며(同法 §65①), 연소자의 근로에 대해서는 근로시간의 제한(同法 §69), 야업과 휴일근무의 원칙적 금지(同法 §70) 규정을 두고 있다. 그리고 사용자로 하여금 18세 미만인 자에 대하여 그 연령을 증명하는 호적증명서와 친권자 또는 후견인의 동의서를 사업장에 비치하도록 하고(同法 §66), 친권자 또는 후견인은 미성년자의 근로계약을 대리할 수 없으며, 친권자, 후견인 또는 노동부장관은 근로계약이 미성년자에게 불리하다고 인정하는 경우에는 향후 이를 해지할 수 있도록 하고 있다(同法 §67). 미성년자의 독자적 임금청구권도 인정하고 있다(同法 §68).

(3) 국가유공자 등의 근로

憲法 제32조 제6항은 「국가유공자 · 상이군경 및 전몰군경의 유가족은 법률이 정하는 바에 의하여 우선적으로 근로의 기회를 부여받는다」라고 규정하고 있다.

헌법에서 이러한 규정을 둔 것은 국가유공자 등이 자신의 희생이나 헌신을 통하여 국가이익을 창출하여 국민 모두가 이를 향유하게 한 것에 대하여 공동체가 보답을 하는 것이 필요하다고 보아 우리 국민이 결단을 한 것이다. 이러한 보답을 할 대상자를 국가유공자, 상이군경, 전몰군경에 한정할 것인가 아니면 그 유가족에게도 확대할 것인가 하는 것은 헌법정책적인 결단에 의하여 정해진다. 이러한 근로 기회의 우선적인 부여는 다른 사람과 차별대우하는 것이므로 헌법적으로 정당화되어야 하는데, 우리 헌법은 이를 헌법에서 직접 정하고 있다.

헌법 제32조 제6항에 의하여 법률이 정하는 바에 의하여 우선적으로 근로의 기회가 부여되는 대상이 누구인가에 대해서는 憲法裁判所는 「국가유공자」, 「상이군경」, 「전몰군경의 유가족」이고, 국가유공자의 유가족이나 상이군경의 유가족은 포함되지 않는다고 판시하였다(憲 2006. 2. 23.-2004헌마675등).

제대군인은 헌법이 정하고 있는 국가유공자에 포함되지 않는다(예: 憲 1999. 12. 23.-98헌마363). 국가유공자 등에 대하여 예우할 구체적인 의무의 내용이나 범위, 그 방법 · 시기 등은 입법자의 광범위한 입법형성의 자유에 속하는 것으로 기본적으로는 국가의 입법정책으로 결정된다(예: 憲 2003. 7. 24.-2002헌마378). 국가유공자등처우및지원에관한법률(2009. 6. 9. 법률 제9754호)이 대상자의 범위와 취업보호 내용 등에 대하여 구체적으로 정하고 있다.

국가유공자의 유가족이나 상이군경의 유가족에 대하여 법률이나 명령으로 근로의 기회를 우선적으로 기회를 부여하는 것은 헌법의 근거가 없기 때문에 헌법상의 평등조항과 근로기회의 자유, 직업선택의 자유 등에 비추어 헌법적으로 정당화되는 경우에만 허용된다.

[憲 2003. 7. 24.-2002헌마378] 「헌법 제32조 제6항에서, 국가유공자 등은 법률이 정하는 바에 의하여 우선적으로 근로의 기회를 부여받는다고 규정하고 있으므로 국가가 국가유공자에게 예우할 구체적인 의무의 내용이나 범위, 그 방법·시기 등은 입법자의 광범위한 입법형성의 재량영역에 속하는 것으로 기본적으로는 국가의 입법정책에 달려 있다고 할 것인바(憲 1995. 7. 21.-93헌가14; 1997. 6. 26.-94헌마52; 1998. 2. 27.-97헌가10등; 2000. 6. 1.-98헌마216 참조), 국가유공자 등에 대한 근로기회 우선보장의 방법과 내용 등도 입법자가 취업보호실시기관의 성격·규모·인사원칙, 근로의 성질·내용 및 인력수급상황 등 제반 사정을 고려하여 구체적으로 결정·형성해야 하는 입법정책의 문제로서 폭넓은 입법형성재량의 영역에 속한다고 할 것이므로 위 조항의 해석상 국가유공자에 대한 근로기회의 우선보장에 관한 입법의무가 있음은 별론으로 하고 이를 넘어서 청구인 주장과 같은 우선보직·우선승진의 시행에 관한 입법의무를 도출할 수 없다.」

근로의 기회에서 국가유공자 등의 우선적 보호와 관련하여 憲法裁判所는 국가기관이 실시하는 채용시험에서 국가유공자와 그 유족 등에 대하여 10%의 加算點을 주도록 하는 방식은 합헌이라고 판시하였다(憲 2001. 2. 22.-2000헌마25). 그러나 뒤에 헌법재판소는 판례를 변경하여 국가유공자에게 가산점을 주는 방식은 헌법 제32조 제6항에 근거하여 법률로 정할 수 있고, 국가유공자의 가족에게 가산점을 주는 방식은 헌법 제32조 제6항에는 해당하지 않지만 입법정책상 허용되어 합헌이라고 하고, 그렇다고 하더라도 국가유공자의 가족에게 「10%」의 가산점을 주는 것에 대해서는 차별의 효과가 지나치다는 점을 이유로 헌법불합치의 결정을 하였다(憲 2006. 2. 23.-2004헌마675등).

[憲 2001. 2. 22.-2000헌마25] 「국가유공자와 그 유족 등에게 가산점의 혜택을 부여하는 것은 그 이외의 자들에게는 공무담임권 또는 직업선택의 자유에 대한 중대한 침해를 의미하게 되므로, 헌법재판소가 1999. 12. 23. 선고한 98헌마363 사건의 결정에서 비례의 원칙에 따른 심사를 하여야 할 경우의 하나로 들고 있는 차별적 취급으로 인하여 관련 기본권에 대한 중대한 제한을 초래하게 되는 경우에 해당하여 원칙적으로 비례심사를 하여야 할 것이나, 구체적인 비례심사의 과정에서는 헌법 제32조 제6항이 근로의 기회에 있어서 국가유공자 등을 우대할 것을 명령하고 있는 점을 고려하여 보다 완화된 기준을 적용하여야 할 것이다.……위와 같은 일부 문제점에도 불구하고 이 사건 가산점제도가 법익균형성을 상실한 제도라고는 볼 수 없다.」

[憲 2006. 2. 23.-2004헌마675등] 「헌법 제32조 제6항은 '국가유공자 본인'에 대하여 우선적 근로기회를 용인하고 있으며, 이러한 우선적 근로기회의 부여에

는 공직 취업에 상대적으로 더 유리하게 가산점을 부여받는 것도 포함된다고 볼 수 있다. 그러나 '국가유공자의 가족'의 경우 그러한 가산점의 부여는 헌법이 직접 요청하고 있는 것이 아니다. 다만 보상금급여 등이 불충분한 상태에서 국가유공자의 가족에 대한 공무원시험에서의 가산점제도는 국가를 위하여 공헌한 국가유공자들에 대한 '예우와 지원'을 확대하는 차원에서 입법정책으로서 채택된 것이라 볼 것이다.……국가유공자 본인은 그렇다 치더라도 본인이 아닌 국가유공자의 가족들에게까지 10퍼센트에 이르는 과도한 가산점을 주어야 할 필요성이 강하다고 보기 어렵다. 무엇보다도 그러한 입법정책이 국가유공자들의 '예우와 보상'을 충실히 하는 필수적인 수단이 아니며, 그들의 생활안정을 위해서라면 국가는 재정을 늘려 보상금급여 등을 충실히 하는 방법을 택하여야 하고, 다른 일반 응시자들의 공무담임권을 직접 제약(차별)하는 방법을 택하는 것은 되도록 억제되어야 할 것이다.……이 사건 조항의 위헌성은 국가유공자 등과 그 가족에 대한 가산점제도 자체가 입법정책상 전혀 허용될 수 없다는 것이 아니고, 그 차별의 효과가 지나치다는 것에 기인한다. 그렇다면 입법자는 공무원시험에서 국가유공자의 가족에게 부여되는 가산점의 수치를, 그 차별효과가 일반 응시자의 공무담임권 행사를 지나치게 제약하지 않는 범위 내로 낮추고, 동시에 가산점 수혜 대상자의 범위를 재조정하는 등의 방법으로 그 위헌성을 치유하는 방법을 택할 수 있을 것이다. 따라서 이 사건 조항의 위헌성의 제거는 입법부가 행하여야 할 것이므로 이 사건 조항에 대하여는 헌법불합치결정을 하기로 한다. 한편 입법자가 이 사건 조항을 개정할 때까지 가산점 수혜대상자가 겪을 법적 혼란을 방지할 필요가 있으므로, 그 때까지 이 사건 조항의 잠정적용을 명한다.」

[202] 第五 制限과 그 限界

근로의 권리도 憲法 제37조 제2항에 따른 제한이 가능하다. 그 제한에 있어서도 평등원칙(憲法 §11①), 과잉금지원칙과 본질적 내용의 침해금지원칙(憲法 §37②)에 위반되어서는 안 된다.

[203] 第六 侵害와 救濟

勤勞基準法에서는 사용자의 근로조건 위반에 대하여는 손해배상을 청구할 수 있게 하고(同法 §19), 사용자가 근로자에 대하여 정당한 이유 없이 해고·휴직·정직·전직·감봉 기타 징벌을 한 때에는 당해 근로자는 노동위원회에 그 구제를 신청할 수 있도록 하고 있다(同法 §28).

제 3 절　教育을 받을 權利

[204] 第一 意　義

I. 개　념

(1) 헌법 규정

헌법은 제31조 제 1 항에서 「모든 국민은 能力에 따라 균등하게 敎育을 받을 權利를 가진다」라고 하여 敎育을 받을 權利(right to education)를 헌법상의 권리로 정하고, 동조 제 2 항에서는 교육을 받게 할 의무를 규정하면서([251] I (3)), 제 3 항에서는 의무교육의 無償性을 규정하고 있다. 동조 제 4 항에서는 敎育의 自主性 · 專門性 · 政治的 中立性 및 大學의 自律性을 法律이 정하는 바에 의하여 보장하고, 제 5 항에서는 국가의 평생교육진흥의무, 제 6 항에서는 교육제도의 법정주의를 규정하고 있다.

헌법 제31조 제 1 항은 국가에 대하여 교육조건의 개선 · 정비와 교육기회의 균등한 보장을 적극적으로 요구할 수 있는 修學權(=學習權)을 보장하는 것인데, 이는 인간으로서의 존엄과 가치를 가지고 행복을 추구하며(憲法 §10) 인간다운 생활을 영위하는데(憲法 §34①) 필수적인 조건이고(예: 憲 1992. 11. 12.-89헌마88; 1999. 3. 25.-97헌마130; 2000. 4. 27.-98헌가16 등; 大 2007. 9. 20.-2005다25298), 헌법 제31조 제 2 항 내지 제 6 항에서 정하고 있는 부모의 자녀교육의무, 무상의무교육, 교육의 자주성 · 전문성 · 정치적 중립성 및 대학의 자율성, 평생교육의 진흥, 교육제도와 그 운영 · 교육재정 및 교원지위의 법률주의 등은 수학권을 효율적으로 보장하기 위한 규정이다(예: 憲 1999. 3. 25.-97헌마130). 이처럼 교육제도와 그 운영에 관한 기본적인 사항을 법률로 정할 수 있도록 한 것은 헌법이 한편으로는 수학권을 국민의 기본권으로서 보장하고 다른 한편으로 이를 실현하는 의무와 책임을 국가가 부담하게 하는 교육체계를 교육제도의 근간으로 하고 있음을 나타낸 것이다(예: 憲 1992. 11. 12.-89헌마88; 2007. 12. 27.-2005헌가11).

> 우리 헌법 규정과 유사한 日本國憲法은 「① 모든 국민은 법률이 정하는 바에 의하여 그 능력에 따라 균등하게 교육을 받을 권리를 가진다. ② 모든 국민은 법률이 정하는 바에 의하여 그 보호하는 자녀에게 보통교육을 받게 할 의무를 진다. 의무교육은 이를 무상으로 한다」(同憲法 §26)라고 정하고 있다.

헌법이 정하는 敎育을 받을 權利란 국민이 능력에 따라 균등하게 교육받는 것을 공권력에 의하여 부당하게 침해받지 않는 것과 능력에 따라 균등하게 교육을 받을 수 있도록 국가가 적극적으로 배려를 하여 줄 것을 요구할 수 있는 권리를 말한다.

부모는 친권의 범위 내에서 자녀에 대하여 교육을 할 자유와 권리를 가지는데,

부모가 자녀에 대하여 가지는 교육의 자유와 권리에는 헌법 제31조 제1항이 정하는 교육을 받을 권리도 이에 포함된다. 헌법은 자녀를 교육받게 할 의무를 정하고 있을 뿐 자녀의 교육에 대하여 부모가 가지는 자유와 권리를 명시적으로 정하고 있지 않는데, 이는 명문의 규정에 관계없이 인정되는 自然的 權利이다.

예컨대 독일의 프랑크푸르트헌법은 「가정교육은 어떠한 제한도 받지 않는다」(同憲法 §154)는 명문규정을 두었고, 독일연방헌법은 「자녀의 양육(Pflege)과 교육(Erziehung)은 양친의 자연적 권리이다」(同憲法 §6②)라고 명시하고 있다. 우리 헌법도 헌법 제31조 제2항에서 부모에게 자녀를 교육받게 할 의무를 명시하는 경우에는 이보다 먼저 자녀에 대하여 부모가 가지는 양육과 교육의 권리를 명시하는 것이 타당하다.

교사의 敎育權(=授業權)은 교육을 받을 권리에 포함되지 않는다. 교사가 교육을 하는 권리와 국민이 교육을 받을 권리는 그 주체에 있어 다른 권리이다.

[憲 1992. 11. 12.-89헌마88] 「학교교육에 있어서 교사의 가르치는 권리를 수업권이라고 한다면 그것은 자연법적으로는 학부모에게 속하는 자녀에 대한 교육권을 신탁받은 것이고, 실정법상으로는 공교육의 책임이 있는 국가의 위임에 의한 것이다. 그것은 교사의 지위에서 생기는 학생에 대한 일차적인 교육상의 직무권한(직권)이지만, 학생의 수학권의 실현을 위하여 인정되는 것으로서 양자는 상호협력관계에 있다고 하겠으나, 수학권은 헌법상 보장된 기본권의 하나로서 보다 존중되어야 하며, 그것이 왜곡되지 않고 올바로 행사될 수 있게 하기 위한 범위 내에서는 수업권도 어느 정도의 범위 내에서 제약을 받지 않으면 안 될 것이다.」

[憲 2000. 12. 14.-99헌마112] 「청구인들은 교원으로서의 교육권(가르칠 권리)을 침해받았다고 주장하면서 이를 헌법 제31조 제1항에서 도출하고 있으나, 동 헌법조항은 "교육을 받을 권리(이른바 修學權)"를 보장하는 것이고, 교원으로서 학문연구의 결과를 가르치는 자유로서의 수업권(授業權)은 학문의 자유로부터 파생될 수 있다고 할 것이지만, 청구인들이 주장하는 '가르칠 권리'(교육권)라는 것은 이러한 수업권과는 무관하게 결국 교원의 자격을 계속 유지할 권리를 뜻하는 데 지나지 않으므로 이는 역시 공무담임권의 문제로 귀착될 뿐이라 하겠다.」

(2) 자유교육과 공교육

교육에 대해서 국가가 어느 정도 개입할 수 있는가 하는 문제가 있다. 이에 대해서는 교육사상적으로 국가는 개인의 교육에 전혀 개입할 수 없다고 하는 自由敎育論(예: W. v. Humboldt)이 있고, 국가가 교육의 내용을 정하여 국민을 교육할 수 있다는 國家敎育論, 기본적으로 교육이 자유이지만, 특정종교나 통치세력의 영향력을 배제시키는 등 일정한 필요가 있는 경우에는 국가가 개입을 하여 학교를 설립·운영하거나 이를 지원하되 국가로부터 독립하여 국민에게 자율적인 교육이 이루어지도록 하는 公敎育論이 있다. 공교육론은 국가교육론을 배격하되 자유교육에서 발생하는 약자의 교육기회의 차단 또는 불균등을 제거하고 교육에서의 능률성, 중립성, 자율성, 체계성을 확보하기 위하여 국가를 한정된 범위 내에서 개입시키는 것이다.

헌법 제31조 제 1 항과 제 2 항은 자유교육을 인정하되 초등교육과 법률이 정하는 일정한 범위 내에서 공교육이 가능함을 인정하는 것이다.

> [憲 1992. 11. 12.-89헌마88] 「원래 부모들이 각 자녀에 대한 친권자로서 사적 시설에서 양육 및 보호·감독의 일환으로 행하는 사(私)교육은 근대사회의 정치·경제·사회·문화의 급진적인 발달과 다원화에 따른 교육수요에 부응할 수 없게 되어 공공의 교육전문시설에서 교육전문가에 의하여 조직적·계획적으로 시행되어야 할 필요성이 생겨나게 되었는데, 학교라는 것은 그러한 배경하에서 생겨난 공교육기관이라 할 것이다. 국가나 공공단체가 헌법상 보장된 국민의 수학권을 실질적으로 보장하기 위한 한도 내에서 적극적·능동적으로 주도하고 관여하는 교육체계를 공교육제도라고 할 때, 국가나 공공단체는 교원·학제·교제·교육시설환경 등 제반사항에 대하여 적극적으로 계획을 수립하고 이를 시행하는 의무와 책임을 지는 것이며 그 특성은 초·중·고교 등 보통교육의 분야에서 두드러지게 나타나는 것이다.」

(3) 국가의 평생교육진흥의무

헌법 제31조 제 5 항은 국가의 平生教育振興義務를 별도로 규정하고 있다. 오늘날 사회의 발전과 더불어 인간의 생활에서 지속적인 재교육의 필요성이 커지면서 평생교육의 중요성도 증대되는 현실을 반영하여 헌법이 평생교육을 강조한 것이다. 노동의 유연성이 점차 증대됨에 따라 재취업을 위한 직업교육의 필요성 증대, 인터넷 등 기술의 발달에 따른 새로운 지식습득의 수요증대, 지식기반 사회로의 이행에 따른 평생학습의 중요성 등을 고려할 때 국가의 평생교육진흥의무는 현실에서 그 중요성이 점점 더 커질 것이다. 이를 뒷받침하기 위하여 平生教育法이 제정되어 있다.

헌법 제31조 제 5 항은 국가에게 평생교육을 진흥할 것을 강조하는 규정이기 때문에 이로부터 평생교육을 받을 권리가 도출되지는 않는다. 사회의 발전에 따라 어떠한 내용을 평생교육의 목록에 포함시켜야 할 것이며, 이러한 교육에 소요되는 재원을 어떻게 마련할 것이며, 어떠한 방법과 제도로서 평생교육을 제공하게 할 것인가 하는 것은 국가의 입법정책적 고려에 의하여 결정된다. 헌법 제31조 제 5 항은 국가에게 평생교육의 진흥에 힘쓸 것을 강조한 것이기 때문에 평생교육의 주체가 국가가 되어야 하는 것은 아니다. 평생교육을 국가가 아닌 민간영역에서 담당하게 하고 그 장려정책을 쓸 수도 있다.

Ⅱ. 헌법적 기능

교육을 받을 권리는, 자연인인 개인이 각기 인간으로서의 존엄과 가치를 실현함에 있어 필수불가결하게 요구되는 교육을 받을 수 있게 하는 것을 헌법상의 권리로 보장한 것이다. 공동체 구성원에 대한 교육은 개개인의 인격과 개성을 실현하는 것에 그치지 않고, 사회공동체 전체의 지식, 문명, 정보 등의 총역량을 강화하여 공동체가 유지되고 발전할 수 있게 하는데도 이바지한다. 이렇게 볼 때, 교육을 받을 권리는 교육을 통해 개인의 잠재적인 능력을 계발함으로써 국민이 경제적·사회적·정치적·문화적인 각 영역에서 각자의 능력과 개성을 발휘하여 인간다운 생활과 직업생활을 할 수 있는 기초를 마련해 주고, 사회공동체에 문화적이고 지적인 환경을 조성하고 문화창조의 기반을 마련함으로써 헌법이 추구하는 문화창달을 촉진시키며, 합리적이고 계속적인 교육을 통해서 민주법치국가에서 필요로 하는 시민으로서의 요건과 자질을 어렸을 때부터 습성화시킴으로써 헌법이 추구하는 민주주의의 실현에 이바지하고, 능력에 따른 균등한 교육을 통해서 직업생활과 경제생활의 영역에서 실질적인 평등과 정의를 실현시킴으로써 헌법이 추구하는 자유민주국가와 복지국가의 이념을 실현하게 하는데 실질적인 기여를 한다(예: 憲 1991. 2. 11.-90헌가27; 1992. 11. 12.-89헌마88; 1994. 2. 24.-93헌마192; 1999. 3. 25.-97헌마130).

[205] 第二 法的 性格

교육을 받을 권리(修學權)는 주관적 권리인데, 이에 포함되어 내용에 따라 자유권으로서의 성격을 가지는 것도 있고, 사회권으로서 성격을 가지는 것도 있다.

Ⅰ. 자유권으로서의 교육권

교육을 받는 것을 국가 또는 제3자로부터 방해받지 않을 권리는 자유권으로 기능한다. 교육을 받을 권리의 내용으로 자유권으로 인정되는 부분은 구체적인 권리이다. 따라서 국민은 헌법을 근거로 이의 침해에 대한 구제를 직접 주장할 수 있다.

Ⅱ. 사회권으로서의 교육권

교육을 받을 능력이 있는데도 경제적 이유로 교육받을 수 없는 자가 국가에 대하여 교육의 여건(無償敎育의 확대, 獎學制度의 실시)을 정비해 줄 것을 요구할 수 있는 점은 사회권으로서의 성질을 가진다.

사회권으로서의 측면에서 보장되는 내용은 헌법을 근거로 하여 직접 특정한 교육제도나 학교시설을 요구할 수 있는 권리가 아니라(예: 憲. 2000. 4. 27.-98헌가16등), 법률에 의하여 구체적으로 그 내용이 확정되어야 그에 따르는 구체적인 권리가 발생한다.

사회적 기본권이라는 범주에 어떤 기본권이 해당하느냐 하는 점도 명확하지 않을 뿐만 아니라, 교육을 받을 권리는 그 내용에 따라 자유권으로서의 성질을 강하게 가지는 것과 사회권으로서의 성질을 가지는 것이 있으므로 교육을 받을 권리를 일률적으로 사회권적 기본권으로 분류하는 것은 교육을 받을 권리의 보장을 약화시킬 우려가 있음을 유의할 필요가 있다.

[206] 第三 主 體

교육을 받을 권리는 국민의 권리이므로 국민이 그 주체이고, 외국인은 주체가 아니다. 修學權의 주체는 교육을 받을 권리를 지니고 있는 개개인이다.

부모의 자녀에 대한 교육할 자유와 권리는 친권에 의하여 교육을 받을 권리의 내용을 이루는 범위 내에서는 부모 또는 이에 상응하는 지위에 있는 자(예: 후견인, 후견단체)는 교육을 받을 권리의 주체가 된다.

[207] 第四 內 容

헌법 제31조 제1항은 능력에 따라 교육을 받을 권리와 균등하게 교육을 받을 권리를 규정하고 있다. 이것은 법 앞에서의 평등이라는 헌법의 이념을 교육을 받을 권리의 영역에서 구현하려는 것이다.

I. 수 학 권

(1) 「능력에 따라」 교육을 받을 권리

헌법 제31조 제1항에서 정하고 있는 能力이라 함은 一身에 전속한 修學能力을 의미한다. 개인이 자신의 능력과 개성에 따라 교육을 받는 것은 인격의 실현을 위하여 필수적인 것이다. 따라서 개인의 능력을 무시하고 국가가 정하는 기준에 따라 획일적으로 평균적으로 교육을 받게 하는 것은 허용되지 않는다. 국가가 특정한 기준을 정하여 교육을 통하여 인간을 개조하는 것은 헌법 제10조의 인간의 존엄과 가치에 위반될 뿐 아니라 헌법 제31조 제1항에도 위반된다.

그러나 수학능력에 대한 공개경쟁입학시험을 통해 교육받을 권리를 제한적으로 부여하거나 대학이 정하는 일정한 기준에 미달하는 자에 대하여 입학을 불허하는 것은 합헌이다(예: 大 1983. 6. 28.-83누193).

> [大 1983. 6. 28.-83누193] 「원심판결은 피고가 1981학년도 전북대학교 법정대학 법정계열 학생모집에 있어 모집정원에 미달한 데도 불구하고 원고들이 위 학교가 정한 수학능력이 없다 하여 불합격처분을 한 것은 교육법 제111조 제1항에 위반되지 아니하여 무효라 할 수 없고 또 위 학교에서 정한 수학능력에 미달하는 지원자를 불합격으로 한 처분이 재량권의 남용이라고 볼 수 없다는 취지로 판단하여 원고들의 본건 청구를 기각하였는바, 기록을 살펴보면 그 조치에 수긍이 가며 거기에 소론들과 같은 위법이 있다고 할 수 없을 뿐 아니라……」

그런데 능력에 따라 교육을 받는다는 것은 능력에 상응하는 교육을 받을 권리를 의미하고, 능력이 있는 자만 교육을 받을 권리가 있다는 것을 뜻하는 것은 아니다. 따라서 국가는 障碍人 등의 교육여건을 개선하는 데도 노력해야 하고 英才나 遲進兒에게도 그 능력에 맞는 교육의 기회를 제공해야 한다.

(2) 「균등하게」 교육을 받을 권리

균등한 교육은 就學의 機會均等을 의미하는데, 구체적으로 修學能力이 아닌 교육외적 요소(성별, 사회적 신분, 경제적 능력, 부모의 지위, 종교, 거주지역)에 따라 취학기회를 주는 것은 금지된다. 교육외적 요소를 기준으로 하는 입학제도는 위헌인 제도이다.

17명의 재학생이 있는 초등학교 분교의 폐교처분이 균등한 교육을 받을 권리를 침해한 것이 아니라고 한 법원의 판례가 있다(서울고등 1995. 5. 16.-94구11554). 그러나 국가가 설립하는 교육시설의 지역적 편중 등으로 인하여 균등한 교육을 받지 못하는 경우가 발생하는 때에는 이의 시정을 국가에 요구할 수 있다. 국가는 국가가 설립하는 교육시설이 특정지역이나 특정종류별로 편중되어 분포되지 않도록 하여야 한다.

이러한 국가의 의무는 헌법 제31조에서 나온다고 할 것이다. 교사의 충원에서도 지역적인 불균형이 발생하여 특정 지역의 경우에 교육을 하기 어려울 정도로 교사의 충원이 어렵게 되거나 교사의 질적 수준에서 현저한 불균등이 발생하여 교육의 질에서 불균형이 발생하는 것을 방치하여서는 안 된다(예: 憲 2007. 12. 27.-2005헌가11).

> [憲 2007. 12. 27.-2005헌가11] 「헌법 제31조의 취지를 고려하면, 국가는 국민의 교육받을 권리를 보장하기 위하여 교육시설이나 교육인력이 특정지역에 편중되거나 큰 질적 차이 없이 전국적으로 적정하게 분포되도록 하고 동시에 지역실정에 맞는 교육체계를 구축할 의무를 지고 있다고 볼 수 있다.」

교육의 지역적 불균형을 해소하고 지역교육의 균등한 발전과 지역실정에 맞는 교육정책을 수행하기 위하여 교사를 충원함에 있어 사범대학의 졸업자가 자기가 졸업한 사범대학이 있는 지역의 교원임용시험에 응시하는 경우에 加算點을 주어 우수한 인력을 확보할 수 있게 하는 것은 그 가산점의 정도가 다른 지역의 사범대학을 졸업한 응시자의 교원임용을 어렵게 할 정도로 과도하지 않은 이상 헌법적으로 허용된다(예: 憲 2007. 12. 27.-2005헌가11).

教育基本法은 국가와 지방자치단체에게 교육재정의 안정적 확보를 위한 시책의 수립의무와 장학금제도와 학비보조제 등의 실시의무를 지우고 있다(教基法 §7, §28).

교육기회의 균등과 관련하여 독일에서 모든 교육시설의 이용에 참여할 권리인 參與權이 인정되는지가 문제된다. 독일연방헌법재판소는 사회적 참여권이론으로 이를 인정하고 있다.

⑶ 「교육」을 받을 권리

⒜ 헌법 제31조 제 1 항의 교육의 의미

교육의 문언적 의미로 보면, 교육에는 學校敎育, 社會敎育, 家庭敎育, 전문지식 교육, 보충학습교육, 평생교육, 취미교육, 장애자에 대한 교육, 교도소의 교육, 병영 내의 교육 등 다양한 형태의 교육이 있지만, 헌법 제31조 제 1 항이 헌법적 권리로 보장하는 교육은 學校敎育을 뜻한다(同旨: 權寧星, 664; 成樂寅, 693). 가장 일반적이고 조직적인 교육의 형태가 학교교육이기 때문이다.

교육의 내용은 대학의 경우에는 학문의 자유에 기초하여 그 내용의 선택은 교수가 자유로이 하지만, 초·중·고등학교의 교육은 정상적인 사회인으로 살아가기 위한 기본적인 교육이므로 교사가 자유로이 결정하지 못하고 공교육의 공통된 목적에 의하여 제한된다. 따라서 교사는 학생에게 아무 것이나 가르칠 수 없고, 학교교육이 공교육의 기능을 다 할 수 있게 하는 것에 적합한 내용만을 가르칠 수 있다. 교사는 자신의 주관적인 신념이나 가치관, 종교, 정치적 이념 등을 학생에게 가르칠 수 없으며, 교사의 이익을 달성하기 위한 행위도 학생에게 교육의 이름으로 시킬 수 없다(예: 사적인 심부름, 자료 찾기, 사적 또는 정치적 행사에의 학생의 동원 등).

교사들은 자기들의 이익을 관철하기 위하여 학생들을 볼모로 삼거나 수단으로 이용하지 못한다. 교원노조의 활동을 위하여 수업을 태만히 하거나 거부하는 것은 학생의 學習權(=修學權)을 침해하는 것이 되기 때문에 교사의 직업의 자유나 단결권·단체행동권으로 주장할 수 없고, 이와 관련한 법적인 책임을 진다.

大法院은 학교교육에 있어서 교원의 가르치는 권리, 즉 授業權은 교원의 지위에서 생기는 학생에 대한 일차적인 교육상의 직무권한이지만 어디까지나 학생의 學習權 실현을 위하여 인정되는 것이므로, 학생의 학습권은 교원의 수업권에 대하여 우월한 지위에 있다고 판시하고, 따라서 학생의 학습권이 올바로 행사될 수 있도록 하기 위해서라면 교원의 수업권은 일정한 범위 내에서 제약을 받을 수밖에 없고, 학생의 학습권은 개개 교원들의 정상을 벗어난 행동으로부터 보호되어야 한다고 판시하였다. 특히, 교원의 수업거부행위는 학생의 학습권과 정면으로 상충하는 것이므로 교육의 계속성 유지의 중요성과 교육의 공공성 및 학생·학부모 등 다른 교육당사자들의 이익과 교량해 볼 때 교원이 고의로 수업을 거부할 자유는 어떠한 경우에도 인정되지 아니하며, 교원은 계획된 수업을 지속적으로 성실히 이행할 의무가 있다고 판시하였다(大 2007. 9. 20.-2005다25298).

[大 2007. 9. 20.-2005다25298] 「헌법 제31조 제1항은 "모든 국민은 능력에 따라 균등하게 교육을 받을 권리를 가진다"라고 규정하여 기본권으로서의 학습권을 선언하고 있으며, 교육에 관한 국민의 권리·의무와 국가의 책임 등에 관한 기본적 사항을 정한 교육기본법은 "모든 국민은 평생에 걸쳐 학습하고, 능력과 적성에 따라 교육받을 권리를 가진다"(§3), "학생을 포함한 학습자의 기본적 인권은 학교교육 또는 사회교육의 과정에서 존중되고 보호된다"(§12①)라고 규정하고 있다. 이러한 학습권의 보장은 국민의 인간적 성장·발달 내지 인격의 자유로운 발현을 위한 것으로서, 우리 헌법이 지향하고 있는 문화국가, 민주복지국가의 이념 구현을 위한 기본적 토대이고, 국민이 인간으로서 존엄과 가치를 가지며 행복을 추구하고 인간다운 생활을 영위하는데 필수적인 조건이자 대전제이다. 그리고 부모의 자녀에 대한 교육권은 비록 헌법에 명문으로 규정되어 있지 않지만 모든 인간이 누리는 불가침의 인권으로서, 혼인과 가족생활을 보장하는 헌법 제36조 제1항, 행복추구권을 보장하는 헌법 제10조 및 "국민의 자유와 권리는 헌법에 열거되지 아니한 이유로 경시되지 아니한다"고 규정하는 헌법 제37조 제1항에서 나오는 중요한 기본권인데, 이는 자녀의 행복이란 관점에서 자녀의 보호와 인격발현을 위하여 부여되는 것이다. 그런데 학교교육에 있어서 교원의 가르치는 권리를 수업권이라고 한다면, 이것은 교원의 지위에서 생기는 학생에 대한 일차적인 교육상의 직무권한이지만 어디까지나 학생의 학습권 실현을 위하여 인정되는 것이므로, 학생의 학습권은 교원의 수업권에 대하여 우월한 지위에 있다. 따라서 학생의 학습권이 왜곡되지 않고 올바로 행사될 수 있도록 하기 위해서라면 교원의 수업권은 일정한 범위 내에서 제약을 받을 수밖에 없고, 학생의 학습권은 개개 교원들의 정상을 벗어난 행동으로부터 보호되어야 한다. 특히, 교원의 수업거부행위는 학생의 학습권과 정면으로 상충하는 것인바, 교육의 계속성 유지의 중요성과 교육의 공공성에 비추어 보거나 학생·학부모 등 다른 교육당사자들의 이익과 교량해 볼 때 교원이 고의로 수업을 거부할 자유는 어떠한 경우에도 인정되지 아니하며, 교원은 계획된 수업을 지속적으로 성실히 이행할 의무가 있다. 교원의 노동조합 설립 및 운영 등에 관한 법률 제8조가 "노동조합과 그 조합원은 파업·태업 기타 업무의 정상적인 운영을 저해하는 일체의 쟁의행위를 하여서는 아니 된다"라고 규정하고, 사립학교법 제58조 제1항 제4호에서 사립학교의 교원이 "집단적으로 수업을 거부한 때"를 면직사유로 규정함으로써 이러한 행위가 위법함을 나타내고 있는 것도 위와 같은 학습권 보장의 취지를 구체적으로 표현한 것이라 하겠다. 그리고 이러한 수업거부행위의 위법성은 그 행위의 목적이 정당하였다는 이유만으로 조각되는 것이 아니다. 물론 학생의 학습권은 단순히 학교가 운영하는 교육과정을 이수할 권리에 그치지 않고 자신의 인간적인 성장·발달과 인격의 자유로운 발현을 도모하는 적극적이고 포괄적인 권리라고 할 것이나, 그렇다고 하여 교원이 이러한 포괄적 의미의 학습권 실현을 내세우면서 계획된 수업을 거부함으로써 명백히 법률에 위반되는 방법으로 학생이 정상적인 교육과정을 이수하지 못하게 하는 행위까지 허용되는 것은 아니며, 특단의 사정이 없는 한 이러한 행위는 오히려 학습권의 본질적인 내용을 침해하는 것이다. 또한, 학습권의 주체인 학생은 비록 그가 아직 성숙하지 못한 아동 내지 청소년이라 하더라도 부모와 국가에 의한 교육의 단순한 대상이 아니라 독자적인 인격체로서 국가의 교육권한과

부모의 교육권 범주 내에서 자신의 교육에 관하여 스스로 결정할 권리를 가지므로, 학생들 스스로 수업에 참석하지 아니하는 바람에 교원이 계획된 수업을 이행하지 못한 때에는 원칙적으로 교원에게 그에 대한 책임을 물을 수 없을 것이다. 그러나 학생자치단체의 결의에 따라 일부 학생들이 수업에 참석하지 않았다는 이유만으로 나머지 학생들에 대한 교원의 수업거부행위가 정당화된다고 할 수는 없다. 학교교육에 있어서 학생의 학습권은 어디까지나 학생 개개인의 개인적 기본권이지 특정 학교에 재학중인 학생 전체의 집단적인 기본권이 아니어서 다수결에 의한 학생자치단체의 의사결정에 따라 함부로 제한될 수 있는 것이 아니기 때문이다. 더욱이 보통교육의 과정에 있는 초·중·고교의 학생들은 사물의 시비와 선악을 합리적으로 분별할 능력이 미숙하여 대학생이나 사회의 일반 성인과는 달리 다양한 가치와 지식에 대하여 비판적으로 취사선택을 할 수 있는 독자적 능력이 부족하다 할 것인데, 이러한 학생들의 수업거부 결의가 초·중등교육법 제17조에 의하여 권장·보호되는 '학생의 자치활동'에 포함되는 것이라고 볼 수는 없고, 또 이와 같이 미성숙한 학생들이 지식·덕성 및 체력의 함양과 향상을 통하여 그가 속한 시대와 사회의 건전한 인격체로서 독립·발전할 수 있도록 가르치고 보살피는 숭고한 직책을 수행하는 교원들로서는 자신들의 위법한 행위가 학생들의 자율적인 의사에 따른 것임을 내세워 그 정당성을 주장할 수 없다고 보아야 한다.」

(b) 무상의 의무교육

헌법 제31조 제2항은 「모든 國民은 그 보호하는 子女에게 적어도 初等敎育과 法律이 정하는 敎育을 받게 할 義務를 진다」, 제3항은 「義務敎育은 無償으로 한다」라고 하여 無償의 義務敎育을 규정하고 있다. 따라서 「초등교육과 법률이 정하는 교육」은 의무적인 것이고 무상이다. 敎育基本法과 初·中等敎育法에 따르면 초등교육 6년과 중등교육 3년은 의무교육이다(敎基法 §8①).

憲法裁判所는 3년의 중등교육에 대한 의무교육을 대통령령이 정하는 바에 따라 순차적으로 실시하도록 하는 것은 합헌이라고 판시하였다(예: 憲 1991. 2. 11.-90헌가27).

[憲 1991. 2. 11.-90헌가27] 「헌법 제31조 제2항은 초등교육과 법률이 정하는 교육을 의무교육으로서 실시하도록 규정하였으므로 초등교육 이외에 어느 범위의 교육을 의무교육으로 할 것인가에 대한 결정은 입법자에게 위임되어 있다 할 것이다. 초등교육 이외의 의무교육은 구체적으로 법률에서 이에 관한 규정이 제정되어야 가능하고 초등교육 이외의 의무교육의 실시 범위를 전하는 것은 입법자의 형성의 자유에 속한다. 따라서 무상으로 실시되어야 할 의무교육의 확대문제는……국가의 재정사정과 국민의 소득수준 등을 고려하여 입법정책으로 해결해야 할 문제이다. 의무교육의 실시범위와 관련하여 의무교육의 무상원칙을 규정한 헌법 제31조 제3항은 초등교육에 관하여는 직접적인 효력규정으로서 개인이 국가에 대하여 입학금·수업료 등을 면제받을 수 있는 헌법상의 권리라고 볼 수 있다. 그러나 중등교육의 경우에는 초등교육과는 달리 헌법 제31조 제2항에서 직접 중학교교육 또는

고등학교교육 등 중등교육을 지칭하지 아니하고 단지 법률이 정하는 교육이라고 규정하였을 뿐이므로 무상의 의무교육 중 초등교육을 넘는 중학교교육 이상의 교육에 대하여는 국가의 재정형편 등을 고려하여 입법권자가 법률로 정한 경우에 한하여 인정될 수 있는 것이다. 따라서 무상의 중등교육을 받을 권리는 법률에서 중등교육을 의무교육으로서 시행하도록 규정하기 전에는 헌법상 권리로서 보장되는 것은 아니다.……입법자가 중학교교육에 대한 의무교육을 단계적으로 실시하는 것으로 규정함에 따라 아직 중학교교육의 무상 실시라는 혜택을 받지 못하는 지역이 있더라도 이는 그 지역의 주민들에 대하여는 이러한 혜택이 현재로서는 구체적인 헌법상의 권리로서 보장되지 않고 있는 것이며, 그들의 헌법상 보장된 권리가 국가에 의하여 침해되고 있다고 볼 수 없다.」

Ⅱ. 부모의 자녀교육권

(1) 자녀교육의 자유

부모와 자녀라는 관계와 인간의 삶의 본질상 부모는 자녀를 양육하고 교육하는 권리와 의무를 자연적인 것으로서 보유하고 부담한다. 자녀가 아직 친권의 보호를 받는 아동의 단계에 있을 때에는 스스로 교육을 받을 권리를 올바로 행사할 수 없다. 따라서 아동이 교육을 받을 권리는 친권의 교육권으로 나타난다. 자기의 자녀가 능력에 따라 균등하게 교육을 받게 할 자유와 권리는 부모가 가진다.

憲法裁判所는 자녀의 양육과 교육은 일차적으로 부모의 천부적인 권리인 동시에 부모에게 부과된 의무이며, '부모의 자녀에 대한 교육권'은 헌법상 명문규정이 없어도 모든 인간이 누리는 불가침의 인권으로서 혼인과 가족생활을 보장하는 헌법 제36조 제1항, 행복추구권을 보장하는 헌법 제10조 및 「국민의 자유와 권리는 헌법에 열거되지 아니한 이유로 경시되지 아니한다」고 정한 헌법 제37조 제1항에서 나오는 중요한 기본권이라고 하고, 부모는 자녀의 교육에 관하여 전반적인 계획을 세우고 자신의 인생관 · 사회관 · 교육관에 따라 자녀의 교육을 자유롭게 형성할 권리를 가지며, 부모의 교육권은 다른 교육의 주체와의 관계에서 원칙적인 우위를 가진다고 판시하였다(예: 憲 2000. 4. 27.-98헌가16; 2009. 10. 29.-2008헌마454; 2009. 10. 29.-2008헌마635).

그러나 부모의 자녀교육권은 부모의 자기결정권에 근거하는 것이 아니라 자녀의 행복을 위하여 자녀의 보호와 인격발현을 위하여 보호되는 것이므로 그 한계가 있기 때문에 부모의 자녀교육권도 이에 합치하여야 한다. 따라서 부모의 자녀교육권의 행사가 자녀의 행복을 추구하는 것에 합치하지 아니하는 경우에는 국가는 이를 제한할 수 있다(예: 憲 2009. 4. 27.-98헌가16; 2009. 10. 29.-2008헌마454; 2009. 10. 29.-2008헌마635).

[憲 2009. 10. 29.-2008헌마454] 「부모의 자녀교육권은 다른 기본권과는 달리, 기본권의 주체인 부모의 자기결정권이라는 의미에서 보장되는 자유가 아니라,

자녀의 보호와 인격발현을 위하여 부여되는 기본권이다. 다시 말하면, 부모의 자녀 교육권은 자녀의 행복이란 관점에서 보장되는 것이며, 자녀의 행복이 부모의 교육에 있어서 그 방향을 결정하는 지침이 된다. 따라서 부모는 자녀의 교육에 있어서 자녀의 정신적, 신체적 건강을 고려하여 교육의 목적과 그에 적합한 수단을 선택해야 할 것이고, 부모가 자녀의 건강에 반하는 방향으로 자녀교육권을 행사할 경우에는 헌법 제31조는 부모 외에도 국가에게 자녀의 교육에 대한 과제와 의무가 있다는 것을 규정하고 있으므로 국가는 부모의 자녀교육권을 제한할 수 있다.」

부모는 친권의 행사로 사립학교에 보낼 것인가 공립학교에 보낼 것인가를 결정할 수 있으며 국가는 이를 강제할 수 없다. 부모의 학교선택권은 자녀에 대한 부모의 교육권에 당연히 포함되어 있는 내용이다(예: 憲 1995. 2. 23.-91헌마204). 공교육의 실시에서 일정한 범위와 정도에서 국가의 개입이 인정된다고 하더라도 국가가 주도하는 공교육의 과정에서 부모의 참여는 배제할 수 없고 어떠한 형태로든 보장되어야 한다(예: 憲 1999. 3. 25.-97헌마130). 그러나 국공립학교든 사립학교든 학교의 운영에 학부모를 언제나 참여시켜야 하는 것은 아니다(예: 憲 1999. 3. 25.-97헌마130). 그런데 憲法 제31조 제2항의 규정에 의하여 부모는 자녀에게 교육의 기회를 박탈하거나 무학의 상태로 살게 할 자유와 권리는 가지지 못한다(예: 부모의 종교적 · 개인적 신조에 의한 자녀 교육 거부). 공교육의 실패와 이에 대한 불신으로 부모가 가정에서 자녀를 직접 교육하는 경우에도 학력을 인정받기 위해서는 공적 기관의 공인이 필요하다(예: 학력인 정시험 등).

[憲 1995. 2. 23.-91헌마204] 「친권자에게는 미성년자인 자녀를 보호하고 교육할 의무가 있는데서도 알 수 있듯이(민법 제913조 참조), 부모는 아직 성숙하지 못하고 인격을 닦고 있는 초 · 중 · 고등학생인 자녀를 교육시킬 교육권을 가지고 있으며, 그 교육권의 내용 중 하나로서 자녀를 교육시킬 학교선택권이 인정된다. 이러한 부모의 학교선택권은 미성년인 자녀의 교육을 받을 권리를 실효성 있게 보장하기 위한 것이므로, 미성년인 자녀의 교육을 받을 권리의 근거규정인 헌법 제31조 제1항에서 헌법적 근거를 찾을 수 있을 것이다.」

[憲 2000. 4. 27.-98헌가16등] 「'부모의 자녀에 대한 교육권'은 비록 헌법에 명문으로 규정되어 있지는 아니하지만, 이는 모든 인간이 국적과 관계없이 누리는 양도할 수 없는 불가침의 인권으로서 혼인과 가족생활을 보장하는 헌법 제36조 제1항, 행복추구권을 보장하는 헌법 제10조 및 "국민의 자유와 권리는 헌법에 열거되지 아니한 이유로 경시되지 아니한다"고 규정하는 헌법 제37조 제1항에서 나오는 중요한 기본권이다. 헌법재판소는 부모의 중등학교선택권을 제한한 것과 관련하여 "부모는 아직 성숙하지 못하고 인격을 닦고 있는 초 · 중 · 고등학생인 자녀를 교육시킬 교육권을 가지고 있으며, 그 교육권의 내용 중 하나로서 자녀를 교육시킬 학교선택권이 인정된다"고 판시한 바 있고(憲 1995. 2. 23.-91헌마204), 국정교과서제도와 관련된 사건에서도 학교교육에서 교사의 가르치는 권리는 "자연법적으로는 학부모에게 속하는

자녀에 대한 교육권을 신탁받은 것이고, 실정법상으로는 공교육의 책임이 있는 국가의 위임에 의한 것이다"고 밝힘으로써(憲 1992. 11. 12.-89헌마88) 이미 몇 개의 결정을 통하여 부모의 자녀교육권을 인정하였다. 부모의 자녀교육권은 다른 기본권과는 달리, 기본권의 주체인 부모의 자기결정권이라는 의미에서 보장되는 자유가 아니라, 자녀의 보호와 인격발현을 위하여 부여되는 기본권이다. 다시 말하면, 부모의 자녀교육권은 자녀의 행복이란 관점에서 보장되는 것이며, 자녀의 행복이 부모의 교육에 있어서 그 방향을 결정하는 지침이 된다. 부모는 자녀의 교육에 관하여 전반적인 계획을 세우고 자신의 인생관·사회관·교육관에 따라 자녀의 교육을 자유롭게 형성할 권리를 가지며, 부모의 교육권은 다른 교육의 주체와의 관계에서 원칙적인 우위를 가진다. 한편, 자녀의 교육에 관한 부모의 '권리와 의무'는 서로 불가분의 관계에 있고 자녀교육권의 본질을 결정하는 구성요소이기 때문에, 부모의 자녀교육권은 '자녀교육에 대한 부모의 책임'으로도 표현될 수 있다. 따라서 자녀교육권은 부모가 자녀교육에 대한 책임을 어떠한 방법으로 이행할 것인가에 관하여 자유롭게 결정할 수 있는 권리로서 교육의 목표와 수단에 관한 결정권을 뜻한다. 즉, 부모는 어떠한 방향으로 자녀의 인격이 형성되어야 하는가에 관한 목표를 정하고, 자녀의 개인적 성향·능력, 정신적·신체적 발달상황 등을 고려하여 교육목적을 달성하기에 적합한 교육수단을 선택할 권리를 가진다. 부모의 이러한 일차적인 결정권은, 누구보다도 부모가 자녀의 이익을 가장 잘 보호할 수 있다는 사고에 기인하는 것이다.」

(2) 교육기회청구권

헌법 제31조 제1항이 정하는 교육을 받을 권리에 자녀에게 적절한 교육의 기회를 줄 것을 청구할 수 있는 학부모의 교육기회청구권이 포함되는가 하는 문제가 있다. 이를 인정하는 견해가 있다(權寧星, 661; 桂禧悅b, 717).

[208] 第五 實現方法

교육을 받을 권리는 敎育制度를 통해서 실현된다. 우리 憲法은 제31조 제2항에서 제6항에 걸쳐 교육을 받을 권리를 실현하기 위한 방법과 수단으로 敎育을 받게 할 義務([251] I (3)), 無償의 義務敎育, 敎育의 自主性·專門性·政治的 中立性 및 大學의 自律性([108] II), 平生敎育의 振興, 敎育制度·敎育財政·敎員地位의 法定主義를 규정하고 있다. 여기서는 교육의 자주성·전문성·정치적 중립성과 교육제도 등의 법정주의에 대하여 서술하기로 한다.

I. 교육의 자주성·전문성·정치적 중립성

헌법 제31조 제4항은 「敎育의 自主性·專門性·政治的 中立性 및 大學의 自律性은 法律이 정하는 바에 의하여 보장된다」고 규정하고 있다. 이는 지방교육자치제도의 헌법적 근거가 되기도 하는데(예: 憲 2002. 8. 29.-2002헌마4), 그 구체적인 내용은 다음과 같다.

(1) 교육의 자주성

교육의 自主性이란 교육의 내용, 방법, 교육기관의 운영을 국가가 결정할 수 없다는 것을 말한다. 다시 말해 교육이 정치권력이나 기타 세력의 간섭 없이 그 전문성과 특수성에 따라 독자적으로 교육 본래의 목적에 기하여 조직 · 운영 · 실시되어야 한다는 교육의 자유와 독립을 말한다(예: 憲 2002. 3. 28.-2000헌마283등). 오늘날 학교교육이 채택하고 있는 공교육제도에는 공교육의 목적과 취지를 달성하기 위한 범위 내에서 국가의 감독권 행사가 가능하지만, 그것이 교육의 자주성을 해치는 것이어서는 안 된다(예: 憲 1991. 7. 22.-89헌가106; 1997. 12. 24.-95헌바29).

> [憲 1997. 12. 24.-95헌바29] 「교원의 직무는 피교육자인 학생들의 기본적 권리인 "교육을 받을 권리"와 서로 앞뒷면을 이루고 있다는 특징이 있다. 따라서 교원의 직무에는 교육제도의 구조적 특성과 교육의 자주성 등에 내재하는 두 가지 한계가 있는바, 하나는 교원직무의 자주성이 교육을 받을 기본권을 가진 피교육자인 학생들의 권익과 복리증진에 저해가 되어서는 아니 된다는 것이고, 다른 하나는 국가와 사회공동체의 이념과 윤리의 테두리 안에서 직무의 자주성은 제약을 받게 된다는 것이다. 즉, 교원의 자주성은 그 자체가 책임을 수반하는 것으로서 그것이 피교육자인 학생의 권익과 복지증진에 공헌할 것인가와 국가와 사회공동체의 공동이념 및 윤리와 조화될 수 있는가라는 상대적 관계에서 그 범위가 정해지는 것이다.」
>
> [憲 2001. 1. 18.-99헌바63] 「사립학교는 설립자의 의사와 재산으로 독자적인 교육목적을 구현하기 위해 설립되는 것이므로 사립학교설립의 자유와 운영의 독자성을 보장하는 것은 그 무엇과도 바꿀 수 없는 본질적 요체라고 할 수 있다. 따라서 설립자가 사립학교를 자유롭게 운영할 자유는 비록 헌법에 독일기본법 제7조 제4항과 같은 명문규정은 없으나 헌법 제10조에서 보장되는 행복추구권의 한 내용을 이루는 일반적인 행동의 자유권과 모든 국민의 능력에 따라 균등하게 교육을 받을 권리를 규정하고 있는 헌법 제31조 제1항 그리고 교육의 자주성 · 전문성 · 정치적 중립성 및 대학의 자율성을 규정하고 있는 헌법 제31조 제3항에 의하여 인정되는 기본권의 하나라 하겠다.」

교육을 받는 지위에 있는 학생의 입장에서 보면, 교육의 자주성은 국가뿐만 아니라 사회의 각종 외부세력이나 교사로부터의 자주성을 의미한다. 사회단체나 특정사회세력이 교육의 내용이나 방법을 결정하거나 이를 결정하는 자율을 침해할 수 없으며, 교사도 학생에게 공교육의 목적에 부합하지 않는 政派的이거나 派黨的이거나 주관적인 내용을 주입시킬 수 없으며, 법적으로 허용되지 않는 방법(예: 폭행, 강압, 모욕, 명예훼손 등)으로 교육할 수 없다.

교육의 自主性을 보장하기 위한 방법으로 교육시설의 설치자 또는 교육감독권자로부터 교사의 자유를 확보하는 방법(예: 징계절차의 합리화), 선거로 교육관리기구(교육위원회, 교육감, 교육장 등)를 구성하는 방법 등이 있다.

교육의 자주성과 관련하여 教科用圖書의 國定制度가 헌법에 합치하는가 하는 문제가 있다. 憲法裁判所는 교과용도서의 국정제도와 檢認定制度에 대해 합헌결정을 한 바 있다(예: 憲 1992. 11. 12.-89헌마88).

[憲 1992. 11. 12.-89헌마88] 「국정교과서제도는 교과서라는 형태의 도서에 대하여 국가가 이를 독점하는 것이지만, 국민의 수학권의 보호라는 차원에서 학년과 학과에 따라 어떤 교과용 도서에 대하여 이를 자유발행제로 하는 것이 온당하지 못한 경우가 있을 수 있고 그러한 경우 국가가 관여할 수밖에 없다는 것과 관여할 수 있는 헌법적 근거가 있다는 것을 인정한다면 그 인정의 범위 내에서 국가가 이를 검·인정제로 할 것인가 또는 국정제로 할 것인가에 대하여 재량권을 갖는다고 할 것이다. 따라서 중학교의 국어교과서에 관한 한, 교과용도서의 국정제는 학문의 자유나 언론·출판의 자유를 침해하는 제도가 아님은 물론 교육의 자주성·전문성·정치적 중립성과도 무조건 양립되지 않는 것이라 하기 어려우므로……」

(2) 교육의 전문성

교육의 專門性이란 교육정책의 수립과 집행은 되도록 교육에 관한 전문가가 담당하거나, 그들의 참여하에 이루어져야 함을 의미한다.

(3) 교육의 정치적 중립성

교육의 政治的 中立性이란 교육은 특정 정파적 이해관계나 영향력으로부터 떨어져 중립적인 입장에서 이루어져야 한다는 것으로, 교육이 국가나 정치권력으로부터 부당하게 간섭을 받아서도 안 되고, 교육이 그 본연의 기능을 벗어나서 政治領域에 개입해서도 안 된다는 것을 뜻한다. 교육이 다른 세력에 의해서도 침해될 수 있으나, 정치적 세력에 의한 침해의 경우에는 특정 정파적 이해관계나 정치적 계산에 의해 오염·이용되어 교육의 본질이 심각하게 훼손되기 때문에 헌법에서 이를 특별히 규정하고 있다. 교육의 政治的 中立性이 보장되려면, 교육내용의 정치적 중립성이나 교사의 정치적 중립성, 교육행정의 정치적 중립성 등이 요구된다.

교육의 정치적 중립성 확보를 위하여 教育基本法(§6①; §14④)과 教育公務員法(§44②; §24의2)은 교원의 정치적 활동을 금지하고 있다. 다만, 대학교육은 성질상 초·중등 교육과 구별되기 때문에 政黨法은 예외적으로 대학교원의 정치적 활동을 인정하고 있다(同法 §6). 大法院은 일간신문지상에 교원이 한일협정 비준을 집단적으로 반대하는 성명을 발표하는데 주도적 역할을 한 것은 정치운동을 한 경우에 해당한다고 판시하였다(예: 大 1967. 1. 24.-66다2282).

Ⅱ. 교육제도 등의 법정주의

헌법 제31조 제6항은 「學校教育 및 平生教育을 포함한 教育制度와 그 운영, 教育財政 및 教員의 地位에 관한 기본적인 사항은 法律로 정한다」라고 하여 교육제도의 법정주의를 규정하고 있다.

(1) 교육제도의 법정주의

憲法은 교육제도의 기본적인 사항을 법률에 의하여 정하도록 하고 있는데, 이는 장기간의 計劃性이 요구되는 교육이 특정한 정치세력이나 집권자에 의해 영향을 받아 수시로 변경되는 것을 막기 위한 것이다(예: 憲 1992. 11. 12.-89헌마88; 1999. 3. 25.-97헌마130).

교육에 대하여 모든 사항이 아니라 기본적인 사항만을 법률로 정하도록 한 것은 교육의 自主性을 보장하려는 것이기도 하다(同旨: 權寧星, 268). 교육에 관한 기본적인 사항으로는 교육의 기본적인 내용과 교육행정의 조직과 감독제도 등을 들 수 있다.

사립학교의 교원을 기간제로 임용하는 것은 교원지위법정주의에 위반되지 않고(예: 憲 1998. 7. 16.-96헌바33등), 사립학교 교원의 징계에 있어 재심결정에 대하여 교원만이 불복할 수 있고, 학교법인은 불복할 수 없도록 하는 것은 학교법인의 재판청구권을 침해하는 것이어서 위헌이다(예: 憲 2006. 2. 23.-2005헌가7등).

教育制度의 法定主義를 구현한 법률로는 교육기본법, 초·중등교육법, 고등교육법, 교육공무원법, 교육세법, 사립학교법, 지방교육자치에관한법률 등이 있다.

(2) 교육재정의 법정주의

教育財政이란 교육을 위해서 소요되는 재원을 말한다. 현대의 교육에는 막대한 비용이 들어가는데, 이런 비용이 차질 없이 지속적으로 지원되어야 교육이 소기의 목적을 달성할 수 있다. 이를 위해서 헌법은 교육재정에 관한 기본적인 사항을 법률로 정하도록 하고 있는데, 이를 위한 법률로는 교육세법, 지방교육재정교부금법, 지방교육양여금법 등이 있다.

(3) 교원지위의 법정주의

헌법은 교육의 주체인 教育者의 중요성을 고려하여 教員의 지위에 관한 기본적인 사항도 법률로 정하도록 하고 있다. 여기서 말하는 교원의 지위란 교원의 직무의 중요성 및 그 직무수행능력에 대한 인식의 정도에 따라서 그들에게 주어지는 교원의 근무조건·보수 및 그 밖의 물적 급부 등을 말한다. 이러한 사항을 법률에 정함에 있어서는 교육의 본질을 침해하지 아니하는 한 입법자의 입법형성의 자유에 속한다(예: 憲 1991. 7. 22.-89헌가106; 1998. 7. 16.-95헌바19등). 구체적으로 教育公務員法은 제43조 제1항에서 「教權은 존중되어야 하며, 教員은 그 전문적 지위나 신분에 영향을 미치는 부당한 간섭을 받지 아니한다」라고 하여 교원의 지위를 보장하고 있다. 또 教員地位向上을위한特別法 제2조 제1항은 「국가·지방자치단체 기타 공공단체는 교원이 사회적으로 존경받고 높은 긍지와 사명감을 가지고 교육활동을 할 수 있는 여건이 造成되도록 노력하여야 한다」고 규정하고 있다.

법률로 정해야 하는 敎員의 地位에 관한 기본적인 사항은 교육의 自主性이나 專門性, 政治的 中立性을 지키면서 교원이 교육행위를 수행하는데 있어서 필요한 중요한 사항을 말한다.

> [憲 2003. 2. 27.-2000헌바26] 「교원의 지위에 관한 '기본적인 사항'은 다른 직종의 종사자들의 지위에 비하여 특별히 교원의 지위를 법률로 정하도록 한 헌법 규정의 취지나 교원이 수행하는 교육이라는 직무상의 특성에 비추어 볼 때 교원이 자주적 · 전문적 · 중립적으로 학생을 교육하기 위하여 필요한 중요한 사항이라고 보아야 한다. 그러므로 입법자가 법률로 정하여야 할 기본적인 사항에는 무엇보다도 교원의 신분이 부당하게 박탈되지 않도록 하는 최소한의 보호의무에 관한 사항이 포함된다. 교원으로서의 신분이 공권력, 사립학교의 설립자 내지 기타 임면권자의 자의적인 처분에 노출되는 경우에는 교원이 피교육자인 학생을 교육함에 있어서 임면권자의 영향을 물리치기 어려울 것이며, 그렇게 되면 교육이 외부세력의 정치적 영향에서 벗어나 교육자 내지 교육전문가에 의하여 주도되고 관할되어야 한다는 헌법원칙(교육의 자주성 · 전문성 · 정치적 중립성)에 반하게 되는 결과를 초래할 수 있기 때문이다.」

憲法裁判所는 임용기간이 만료된 교원의 재임용을 아무런 절차적 보장도 없이 임용권자의 재량에 맡기는 것은 위헌이라고 판시한 바 있다(예: 憲 2003. 2. 27.-2000헌바26). 재임용 거부의 뜻으로 한 임용기간 만료의 통지는 처분성을 가지므로 이에 대하여 다툴 수 있다(大 · 2004. 4. 22.-2000두7735). 임기가 만료된 대학교원에 대한 재임용거부를 재심청구의 대상에 명시하지 않은 것은 교원지위법정주의에 위반된다(예: 憲 2003. 12. 18.-2002헌바14등).

> [憲 2003. 2. 27.-2000헌바26] 「객관적인 기준의 재임용 거부사유와 재임용에서 탈락하게 되는 교원이 자신의 입장을 진술할 수 있는 기회 그리고 재임용거부를 사전에 통지하는 규정 등이 없으며, 나아가 재임용이 거부되었을 경우 사후에 그에 대해 다툴 수 있는 제도적 장치를 전혀 마련하지 않고 있는 이 사건 법률조항은, 현대사회에서 대학교육이 갖는 중요한 기능과 그 교육을 담당하고 있는 대학교원의 신분의 부당한 박탈에 대한 최소한의 보호요청에 비추어 볼 때 헌법 제31조 제6항에서 정하고 있는 교원지위법정주의에 위반된다고 볼 수밖에 없다.」
>
> [憲 2003. 12. 18.-2002헌바14등] 「교원지위법정주의에 관한 위 헌법재판소 2003. 2. 27. 선고 2000헌바26 결정의 취지에 비추어 볼 때, 임기가 만료된 교원이 "재임용을 받을 권리 내지 기대권"을 가진다고는 할 수 없지만 적어도 학교법인으로부터 재임용 여부에 관하여 "합리적인 기준과 정당한 평가에 의한 심사를 받을 권리"를 가진다고 보아야 한다. 그러므로 예컨대 학교법인이 아무런 기준을 정하지 아니하고 자의적으로 재임용 여부를 결정하는 경우, 학교법인이 정한 기준이 심히 불합리한 경우, 합리적인 기준이 있다고 하더라도 부당한 평가를 하여 재임용을 거

부하는 경우, 그리고 관계법령 등에 정한 사전고지 및 청문절차의 의무를 위반한 경우 등은 모두 임기만료 교원의 재임용 여부에 관하여 '합리적인 기준과 정당한 평가에 의한 심사를 받을 권리'를 침해하는 것에 해당한다고 할 것이다. 그렇다면, 위와 같은 경우 임기만료 교원에 대한 재임용거부는 이 사건 교원지위법조항 소정의 "징계처분 기타 그 의사에 반하는 불리한 처분"에 버금가는 효과를 가진다고 보아야 하므로 이에 대하여는 마땅히 교육인적자원부 교원징계재심위원회의 재심사유, 나아가 법원에 의한 사법심사의 대상이 되어야 한다. 그럼에도 불구하고 이 사건 교원지위법조항은 이에 대하여 아무런 규정을 하고 있지 아니하므로, 입법자가 법률로 정하여야 할 교원지위의 기본적 사항에는 교원의 신분이 부당하게 박탈되지 않도록 하는 최소한의 보호의무에 관한 사항이 포함되어야 한다는 헌법 제31조 제6항 소정의 교원지위법정주의에 위반된다고 할 것이다.」

[大 2004. 4. 22.-2000두7735] 「기간제로 임용되어 임용기간이 만료된 국·공립대학의 조교수는 교원으로서의 능력과 자질에 관하여 합리적인 기준에 의한 공정한 심사를 받아 위 기준에 부합되면 특별한 사정이 없는 한 재임용되리라는 기대를 가지고 재임용 여부에 관하여 합리적인 기준에 의한 공정한 심사를 요구할 법규상 또는 조리상 신청권을 가진다고 할 것이니, 임용권자가 임용기간이 만료된 조교수에 대하여 재임용을 거부하는 취지로 한 임용기간만료의 통지는 위와 같은 대학교원의 법률관계에 영향을 주는 것으로서 행정소송의 대상이 되는 처분에 해당한다고 할 것이다.」

헌법 제31조 제6항을 근거로 교원의 權利에 관한 사항 이외에 국민의 교육을 받을 권리와 관련된 교원의 義務에 관한 사항을 정할 수 있는가 하는 것이 문제가 되는데, 憲法裁判所는 이를 긍정하고 있다(예: 憲 1991. 7. 22.-89헌가106).

[憲 1991. 7. 22.-89헌가106] 「헌법 제31조 제6항은 단순히 교원의 권익을 보장하기 위한 규정이라거나 교원의 지위를 행정권력에 의한 부당한 침해로부터 보호하는 것만을 목적으로 한 규정이 아니고, 국민의 교육을 받을 기본권을 실효성있게 보장하기 위한 것까지 포함하여 교원의 지위를 법률로 정하도록 한 것이다. 이 헌법조항에 근거하여 교원의 지위를 정하는 법률을 제정함에 있어서는 교원의 기본권 보장 내지 지위보장과 함께 국민의 교육을 받을 권리를 보다 효율적으로 보장하기 위한 규정도 반드시 함께 담겨 있어야 할 것이다. 그러므로 위 헌법조항을 근거로 하여 제정되는 법률에는 교원의 신분보장, 경제적·사회적 지위보장 등 교원의 권리에 해당하는 사항뿐만 아니라 국민의 교육을 받을 권리를 저해할 우려있는 행위의 금지 등 교원의 의무에 관한 사항도 당연히 규정할 수 있는 것이므로 결과적으로 교원의 기본권을 제한하는 사항까지도 규정할 수 있게 되는 것이다.」

교원은 헌법 제33조 제1항에서 정하고 있는 단결권 등의 주체가 되는 勤勞者의 지위를 가지는가 하는 문제가 있다. 교원도 임금을 받고 노동계약을 체결하여 고용되어 있는 이상 근로자의 지위를 가진다고 할 것이다. 따라서 교원은 헌법 제33조가 정하는 단결권을 가진다.

> 교원의노동조합설립및운영등에관한법률은 초·중등 교원의 단결권과 단체교섭권을 보장하고 있다(同法 §4, §6). 그러나 정치활동과 태업이나 파업 등의 단체행동권은 부인하여(同法 §3, §8) 국민의 교육을 받을 권리의 실현이라는 헌법적 가치와의 조화를 추구하고 있다.

교원의 노동운동을 금지하는 것에 대하여 憲法裁判所와 大法院은 이를 헌법에 합치된다고 판시하였다(예: 憲 1991. 7. 22.-89헌가106; 1999. 06. 24.-97헌바61; 大 1990. 4. 10.-90도332; 1990. 9. 11.-90도1356).

> [憲 1991. 7. 22.-89헌가106] 「이 사건 심판의 대상이 된 위 각 법률조항은 근로자인 사립학교 교원에게 비록 헌법 제33조 제1항에 정한 근로 3권의 행사를 제한 또는 금지하고 있다고 하더라도 이로써 사립학교 교원이 가지는 근로기본권의 본질적 내용을 침해한 것으로는 볼 수 없고, 그 제한은 입법자가 앞서 본 교원지위의 특수성과 우리의 역사적 현실을 종합하여 공공의 이익인 교육제도의 본질을 지키기 위하여 결정한 것으로서 필요하고 적정한 범위 내의 것이라 할 것이므로 헌법 제33조 제1항은 물론 헌법 제37조 제2항에도 위반되지 아니한다.……사립학교법 제55조 및 제58조 제1항 제4호는 헌법이 교원의 지위에 관한 사항을 국민적 합의를 배경으로 한 입법기관의 권한에 위임하고 있는 헌법조항에 따라 규정한 것으로서 사립학교 교원을 근로 3권의 행사에 있어서 일반근로자의 경우와 달리 취급하여야 할 합리적인 이유가 있다 할 것이고, 또한 공립학교 교원에게 적용되는 교육공무원법 및 국가공무원법의 관계규정보다 반드시 불리한 것으로도 볼 수 없으므로 헌법 제11조 제1항에 정한 평등원칙에 위반되는 것이 아니다.」
> [大 1990. 9. 11.-90도1356] 「피고인들이 국가공무원으로서 판시와 같이 전국교직원노동조합의 노동운동을 위하여 집단적 행위를 하였다면 그것이 비록 교육의 구조적 모순을 바로잡기 위한 데서 비롯되었다 하더라도 국가공무원법 제66조 제1항 위반의 범죄성립에는 영향이 없고 또 국가공무원으로 하여금 노동운동을 위한 집단행위를 하지 못하도록 규정한 위 법조항은 헌법상의 평등권, 집회결사의 자유, 교육의 자주성, 전문성, 정치적 중립성 등의 보장조항에 위반되지 아니한다.」

[209] 第六 制限과 그 限界

헌법 제31조 제1항의 교육을 받을 권리도 헌법 제37조 제2항에 따라 제한이 가능하다. 그러나 교육을 받을 권리는 인간의 개성을 신장시키고 인격을 실현하는데 자연적으로 요구되는 권리이기 때문에 자유권으로서 인정되는 교육권과 수업권을 제한하는 것은 극히 예외적이다.

I. 제 한

(1) 거주지역을 기준으로 한 학교선택의 제한

국가가 일정한 거주지를 기준으로 하여 해당 지역에 거주하는 학생으로 하여금 그 지역에 있는 학교에 다니게 강제하는 것이 위헌인가 하는 문제가 있다. 학생의 학교선택권과 능력에 따라 균등하게 교육을 받을 권리의 침해와 관련하여 문제가 된다. 거주지역을 이유로 하여 균등하게 교육을 받을 권리가 침해되거나 능력에 따라 교육을 받을 권리가 침해되는 경우에는 거주지만을 이유로 하여 국가가 강제로 학교를 할당하여 해당 학교에 다니게 하는 것은 헌법상 허용되지 않는다. 특정 지역에 거주한다는 이유만으로 교육의 질이 낮은 학교나 자기 능력에 적합하지 않은 학교에 강제로 다니게 하는 것은 헌법 제31조 제1항에 위반된다. 그리고 학생의 종교나 신념과 합치하지 않는 종교학교에 강제로 배정하여 다니게 하는 것도 학생의 종교나 양심의 자유를 침해하는 것이 된다.

거주지를 기준으로 학교를 강제 배정하여 다니게 하는 것은 학교의 배정에서 거주지를 기준으로 하지 않으면 안 되는 불가피한 이유, 즉 거주지를 기준으로 하여 학교를 배정할 때 얻는 이익이 학생(또는 학부모)의 학교선택권, 능력에 따라 균등하게 교육을 받을 권리를 압도할 때만 정당화된다. 이러한 경우에도 다른 학교로 전학할 정당한 이유가 있는 경우에는 전학의 자유(학교선택권)가 인정되어야 한다.

憲法裁判所는 거주지를 기준으로 중고등학교의 입학을 제한하는 것을 합헌으로 본다(예: 憲 1995. 2. 23.-91헌마204).

> [憲 1995. 2. 23.-91헌마204] 「거주지를 기준으로 중·고등학교의 입학을 제한하는 이 사건 규정은, 과열된 입시경쟁으로 말미암아 발생하는 부작용을 방지한다고 하는 입법목적을 달성하기 위한 방안의 하나이고, 도시와 농어촌에 있는 중·고등학교의 교육여건의 차이가 심하지 않으며, 획일적인 제도의 운용에 따른 문제점을 해소하기 위한 여러 가지 보완책이 상당히 마련되어 있어서, 학부모의 자녀를 교육시킬 학교선택권을 최소한으로 제한하면서 입법목적을 달성할 수 있는 최선의 방법이 있다거나 이를 쉽게 발견할 수 없는 현 상황하에서는 그 입법수단을 정당하다고 보아야 할 것이다. 다만, 질병치료 등 특별한 사유로 인하여 학생이 일정기간 학부모와 거주지를 달리할 필요가 있지만 일반 학교에서 수업을 받을 수 있는 경우, 그 기간 동안 당해 학생이 거주지 이외의 지역에 있는 일반 학교로 입학 또는 전학하여 학교생활을 하고, 그 특별한 사유가 종료되면 다시 학부모의 거주지에 있는 학교로 전학할 수 있도록 할 필요성이 있는데도 이를 허용하는 제도적 보완책이 교육법 또는 시행령에 마련되어 있지 아니한 문제점이 없는 것은 아니지만, 그러한 문제점이 있다고 하여 이 사건 규정의 입법수단이 정당하지 아니하다고는 할 수 없다고 할 것이다. 그렇다면, 거주지별로 학교선택권을 제한하는 이 사건 규정은, 학

부모의 자녀를 교육시킬 학교선택권의 본질적 내용을 침해하였거나 과도하게 제한한 경우에 해당하지 아니하므로 헌법 제31조 제1항 및 헌법 제37조 제2항에 위반되지 않는다고 할 것이어서, 청구인의 자녀를 교육시킬 학교선택권을 침해한 것이라고 할 수 없다.」

(2) 국공립학교의 정원 제한

국가가 설립하고 재정을 부담하는 국공립학교에서 입학정원을 제한하는 것이 교육을 받을 기회를 침해하는 것인가 하는 문제가 있다. 국공립학교의 학생 수용·강의역량, 학교의 운영방침(대중교육 또는 연구대학), 적절한 교육의 질 유지 등으로 입학정원을 제한하는 것이 정당화되지 않는 한 입학정원을 제한하는 것은 위헌이다.

사립학교가 존재하지 않고 모든 학교가 국립 또는 공립인 경우에는 대학정원의 제한은 곧 학교의 교육을 받을 권리를 처음부터 차단하는 것이어서 정원의 제한은 필수불가피한 경우에 한하여 인정된다.

(3) 자녀교육권의 제한

자녀에 대하여 부모가 가지는 교육권도 제한이 가능하다. 먼저 헌법 제31조 제2항이 정하는 교육을 받게 할 의무에 의하여 자녀교육권에 대한 제약이 있게 된다. 그 외에 헌법 제37조 제2항에 의하여 자녀교육권을 제한할 수 있다. 그러나 이는 어디까지나 자녀가 정상적으로 공교육을 올바로 받게 하기 위한 범위에서만 인정된다는 점을 유의할 필요가 있다.

[憲 2000. 4. 27.-98헌가16등] 「부모는 헌법 제36조 제1항에 의하여 자녀교육에 대한 독점적인 권리를 부여받는 것은 아니다.……학교제도에 관한 국가의 규율권한과 부모의 교육권이 서로 충돌하는 경우, 어떠한 법익이 우선하는가의 문제는 구체적인 경우마다 법익형량을 통하여 판단해야 하는데, 자녀가 의무교육을 받아야 할지의 여부와 그의 취학연령을 부모가 자유롭게 결정할 수 없다는 것은 부모의 교육권에 대한 과도한 제한이 아니다. 마찬가지로 국가는 교육목표, 학습계획, 학습방법, 학교제도의 조직 등을 통하여 학교교육의 내용과 목표를 정할 수 있는 포괄적인 규율권한을 가지고 있다.……자녀의 교육은 헌법상 부모와 국가에게 공동으로 부과된 과제이므로 부모와 국가의 상호연관적인 협력관계를 필요로 한다. 자녀의 교육은 일차적으로 부모의 권리이자 의무이지만, 헌법은 부모 외에도 국가에게 자녀의 교육에 대한 과제와 의무가 있다는 것을 규정하고 있다. 국가의 교육권한 또는 교육책임은 무엇보다도 학교교육이라는 제도교육을 통하여 행사되고 이행된다. 자녀에 대한 교육의 책임과 결과는 궁극적으로 그 부모에게 귀속된다는 점에서, 국가는 제2차적인 교육의 주체로서 교육을 위한 기본조건을 형성하고 교육시설을 제공하는 기관일 뿐이다. 따라서 국가는 자녀의 전반적인 성장과정을 모두 규율하려고 해서는 아니 되며, 재정적으로 가능한 범위 내에서 피교육자의 다양한 성향

과 능력이 자유롭게 발현될 수 있는 학교제도를 마련하여야 한다. 따라서 자녀의 양육과 교육에 있어서 부모의 교육권은 교육의 모든 영역에서 존중되어야 하며, 다만, 학교교육의 범주 내에서는 국가의 교육권한이 헌법적으로 독자적인 지위를 부여받음으로써 부모의 교육권과 함께 자녀의 교육을 담당하지만, 학교 밖의 교육영역에서는 원칙적으로 부모의 교육권이 우위를 차지한다.」

Ⅱ. 제한의 한계

(1) 헌법적 한계

교육을 받을 권리는 제한을 할 수도 있으나, 그 제한에도 한계가 있음은 당연하다. 먼저 헌법 제37조 제 2 항에 의한 제한의 한계가 있다.

교육을 받을 권리에 있어 그 제한의 한계와 관련해서 특히 사교육의 자유, 자유교육의 원리가 침해되지 않아야 한다. 공교육이 가지는 제도적 목적은 자유교육을 억압하려는 것이 아니기 때문에 공교육이 자유로이 학습할 권리를 실현하는 사교육이나 자유교육을 억제하는 것이어서는 안 된다. 이런 점에서 교사는 학생에 대하여 지배력을 가져서는 안 되며, 학교가 개인의 인격과 개성을 제약하는 기능을 하여서는 안 된다. 그런 점에서 다양한 교육목적을 가지는 학교를 인정하여 학생이 학교를 선택함에 있어서 가능한 한 많은 선택의 가능성을 가질 수 있게 만들어 주는 것이 필요하다.

[憲 2000. 4. 27.-98헌가16등] 「헌법 제31조의 '능력에 따라 균등한 교육을 받을 권리'는 국가에 의한 교육제도의 정비 · 개선 외에도 의무교육의 도입 및 확대, 교육비의 보조나 학자금의 융자 등 교육영역에서의 사회적 급부의 확대와 같은 국가의 적극적인 활동을 통하여 사인간의 출발기회에서의 불평등을 완화해야 할 국가의 의무를 규정한 것이다. 그러나 위 조항은 교육의 모든 영역, 특히 학교교육 밖에서의 사적인 교육영역에까지 균등한 교육이 이루어지도록 개인이 별도로 교육을 시키거나 받는 행위를 국가가 금지하거나 제한할 수 있는 근거를 부여하는 수권규범이 아니다. 오히려 국가는 헌법이 지향하는 문화국가이념에 비추어, 학교교육과 같은 제도교육 외에 사적인 교육의 영역에서도 사인의 교육을 지원하고 장려해야 할 의무가 있는 것이다. 경제력의 차이 등으로 말미암아 교육의 기회에 있어서 사인간에 불평등이 존재한다면, 국가는 원칙적으로 의무교육의 확대 등 적극적인 급부활동을 통하여 사인간의 교육기회의 불평등을 해소할 수 있을 뿐, 과외교습의 금지나 제한의 형태로 개인의 기본권행사인 사교육을 억제함으로써 교육에서의 평등을 실현할 수는 없는 것이다.」

(2) 과외교습의 금지

국민이 자녀가 학교교육을 받으면서 학교 이외의 단체, 기관, 또는 개인으로부터 과외로 교습을 받는 것을 금지할 수 있는가 하는 문제가 있다. 우리 사회에서는 공교육의 부실로 인하여 많은 국민들이 자녀에게 과외교습을 시키게 되자 생활비의 압박과 학교교육의 경시 등의 문제가 발생하면서 초·중·고등학교 재학생과 학교입학 또는 학력인정의 검정을 위한 수험준비생에게 지식·기술·예능을 교습하는 과외교습을 국가가 강제로 금지하게 하였다(예: 구 학원의설립·운영에관한법률). 이에 대하여 憲法裁判所는 국가가 과외교습을 전면적으로 금지하는 것은 국민의 자녀교육권, 인격의 자유로운 발현권, 직업선택의 자유를 침해하는 것이어서 위헌이라고 판시하였다(예: 憲. 2000. 4. 27.-98헌가16등).

> [憲 2000. 4. 27.-98헌가16등] 「법 제3조는 침해의 최소성과 법익의 균형성을 갖추지 못하여 비례의 원칙에 위반되어 국민의 기본권을 과도하게 침해하는 것이므로 비례의 원칙에 반하여 국민의 자녀교육권, 인격의 자유로운 발현권, 직업선택의 자유를 침해하는 위헌적인 규정이다. 법 제3조에 대하여 위헌결정을 하는 이유는 위에서 밝힌 바와 같이 고액과외교습을 금지하는 것 자체가 위헌이라는 것이 아니라, 고액과외교습을 억제하기 위한 방법의 선택이 잘못되어 고액과외교습의 위험성이 없는 과외교습까지도 광범위하게 금지함으로써 국민의 기본권을 과도하게 침해한다는데 위헌성이 있다는 것이다. 따라서 법 제3조에 대하여 비록 위헌결정이 선고되었다 하더라도, 입법자는 반사회적인 과외교습에 한정하여 이를테면, 지나치게 고액인 과외교습, 또는 입시준비생을 대상으로 하는 대학교수 등 입시관련자의 과외교습, 학생부나 내신성적 등에 영향을 미칠 수 있는 위치에 있는 교사가 해당 학생을 대상으로 하는 과외교습 등과 같이, 입시의 공정성을 저해할 위험이 있는 등 중대한 사회적 폐단이 우려되는 경우에는 이를 규제할 수 있는 입법조치를 취할 수 있다.」

憲法裁判所는 학교수업 이외에 과외로 학교교과교습학원 및 교습소의 교습시간을 05:00부터 22:00 사이에 금지하는 서울시 또는 부산시의 조례는 교습학원을 영위하는 자의 직업수행의 자유도 침해하지 아니하고, 학부모의 자녀교육권이나 학생의 인격의 자유로운 발현권을 침해하지 아니하며, 이들의 평등권도 침해하는 것이 아니라고 하며 합헌(합헌: 4인, 위헌: 5인)이라고 판시하였다(예: 憲 2009. 4. 27.-98헌가16; 2009. 10. 29.-2008헌마454; 2009. 10. 29.-2008헌마635).

제4절 保健權

[210] 第一 意 義

I. 개 념

(1) 헌법 규정

헌법 제36조 제3항은 「모든 국민은 보건에 관하여 국가의 보호를 받는다」라고 규정하고 있다. 헌법이 「보건에 관한 권리를 가진다」라고 정하지 않고 「국가의 보호를 받는다」라고 정하고 있어 국민에게 기본권으로서 보건에 관한 권리가 인정되는지가 문제가 된다.

이는 국민의 건강에 대한 국가의 보호의무를 정하고 있는 동시에 일정한 범위에서의 건강권을 보장하고 있는 것이다. 憲法裁判所도 이 규정을 보건권을 인정하는 것으로 본다(예: 憲 1996. 10. 31.-94헌가7; 1998. 7. 16.-96헌마246).

[憲 1998. 7. 16.-96헌마246] 「헌법은 "모든 국민은 보건에 관하여 국가의 보호를 받는다"라고 규정하고 있는바(제36조 제3항), 이를 '보건에 관한 권리' 또는 '보건권'으로 부르고, 국가에 대하여 건강한 생활을 침해하지 않도록 요구할 수 있을 뿐만 아니라 보건을 유지하도록 국가에 대하여 적극적으로 요구할 수 있는 권리로 이해한다 하더라도……」

(2) 보건의 의미

보건이라 함은 국민이 자신의 건강을 유지하며 생활하는 것을 의미한다. 건강은 자연적으로 타고나는 것이지만, 타고난 건강을 자연적으로 유지·향상하는 것에는 필요한 최소한의 범위에서 국가가 이를 보호할 의무가 있다. 공동체 내에서 그 구성원이 건강을 유지하며 살 수 있게 하는 것은 국가의 의무이기 때문이다.

II. 연 혁

1948年憲法에서는 「가족의 건강은 국가의 특별한 보호를 받는다」라고 정하였다. 그러다가 1962年憲法부터 「모든 국민은 보건에 관하여 국가의 보호를 받는다」라고 정하여 현재까지 이어져 오고 있다.

[211] 第二 法的 性格

보건권은 소극적으로 국가에 대하여 방어권으로서의 성격을 가진다. 보건권이 적극적인 성격을 가지는가 하는 것이 문제가 된다. 국가가 국민의 모든 건강에 대하여 책임을 질 수 없으나 생활에 필요한 최소한의 건강을 유지할 수 있도록 국가에 대하여 배려해 줄 것을 요구하는 권리는 인정된다고 할 것이다.

[212] 第三 主 體

보건에 관한 권리의 주체는 자연인에 한한다. 외국인에게도 인정하여야 할 것이다.

[213] 第四 內 容

I. 소극적 내용과 적극적 내용

보건권은 소극적으로 국가에 대하여 자신의 건강을 침해당하지 않을 권리와 적극적으로 국가에 대하여 보건을 유지하도록 요구할 수 있는 권리를 포함한다.

국가의 건강침해금지와 관련해서는 국민의 신체에 대한 강제적 의학실험, 예방접종, 불임시술 등을 금지하는 것이 이에 해당한다. 적극적 보호의무로서는 위생시설의 설비, 주택의 개량, 식품유통과정에 대한 관리 감시, 전염병에 대한 예방접종 및 전염병환자의 관리, 마약의 단속, 의약품의 오·남용의 방지, 종합적 보건의료정책 시행 등이 이를 실현하는 것에 해당한다. 이와 관련해서는 보건의료기본법, 국민건강증진법 등이 있다.

[憲 2003. 10. 30.-2000헌마801] 「건강보험의 문제를 시장경제의 원리에 따라 사보험에 맡기면 상대적으로 질병발생위험이 높거나 소득수준이 낮은 사람들은 보험에 가입하는 것이 매우 어렵거나 불가능하게 되어, 국가가 소득수준이나 질병위험도에 관계없이 모든 국민에게 동질의 의료보장을 제공하고자 하는 목적을 달성할 수 없으므로, 국민건강보험법 제5조, 제31조 제1항·제2항, 제62조 제1항·제3항·제4항은 원칙적으로 전국민을 강제로 보험에 가입시키고 경제적 능력에 비례하여 보험료를 납부하도록 함으로써 의료보장과 동시에 소득재분배 효과를 얻고자 하는 것이다. 이와 같이 국가가 국민을 강제로 건강보험에 가입시키고 경제적 능력에 따라 보험료를 납부하도록 하는 것은 행복추구권으로부터 파생하는 일반적 행동의 자유의 하나인 공법상의 단체에 강제로 가입하지 아니할 자유와 정당한 사유 없는 금전의 납부를 강제당하지 않을 재산권에 대한 제한이 되지만, 이러한 제한은 정당한 국가목적을 달성하기 위하여 부득이한 것이고, 가입강제와 보험료의 차등부과로 인하여 달성되는 공익은 그로 인하여 침해되는 사익에 비하여 월등히 크다고 할 수 있으므로, 위의 조항들이 헌법상의 행복추구권이나 재산권을 침해한다고 볼 수 없다.」

[憲 2004. 1. 29.-2001헌바30] 「우리 헌법 제36조 제3항은 "모든 국민은 보

건에 관하여 국가의 보호를 받는다"고 규정하여 국가의 국민보건에 관한 보호 의무를 명시하고 있으므로 국가는 국민건강 및 보건의 양적, 질적 향상을 위한 의료 정책을 적극적으로 수립·시행하여야 한다. 동일한 주체가 의료기관과 의약품도매상을 소유, 경영할 경우 의료기관의 의사가 그 의약품도매상의 매출 증가에 따른 경제적 이윤 획득의 동기에 의하여 의약품을 과다 처방하고, 또 의료기관의 약사는 적절한 감시와 견제 없이 이를 조제·투약(판매)할 가능성이 있게 됨에 따라 나타날 의약품의 오·남용을 방지하여 궁극적으로 국민의 건강을 유지·향상시키고자 하는 이 사건 법률조항의 주된 입법목적은 바로 위 헌법규정을 근거로 입법자가 추구한 것으로서 정당하다.……이 사건 법률조항에 의하여 의료기관개설자인 학교법인의 직업 선택의 자유가 크게 제한을 받고 있기는 하나, 학교법인에게 의약품도매상이라는 직업은 인간의 존엄과 가치를 실현하기 위한 수단으로서 개인의 인격발전과 개성신장의 불가결한 요소로서 의미하는 것도 아니고 의약품도매상을 선택할 수 없다고 하더라도 의료기관의 개설·경영이라는 본래의 직업의 영위 가능성이 박탈되는 것도 아니므로, 학교법인에 대한 이러한 기본권 제한은 의약품의 오·남용 방지를 통한 국민의 건강 보호·유지, 불공정행위의 규제라는 우리 사회 공동체가 근본적으로 추구하여야 할 근본적이고도 중대한 공익보다 결코 우월하다고 할 수 없다는 점에서, 이 사건 법률조항이 추구하는 공익의 비중이 위와 같은 기본권 제한의 정도와 합리적인 비례관계를 일탈하였다고 볼 수 없다.」

Ⅱ. 구체적인 문제

(1) 전염병 예방접종의 강제

국가는 전염병의 전파를 방지하여 국민의 건강을 보호해야 할 의무를 지고 있으므로 필요한 경우에는 국민에게 예방접종을 강제할 수 있다. 이러한 경우 예방접종을 거부할 수 있는 자유는 공공복리와 타인의 건강을 위하여 제한된다.

(2) 국가의 담배전매업

흡연이 국민의 건강에 해롭다는 의학적인 소견이 나와 있음에도 담배의 제조·판매를 국가가 전매사업으로 하는 것은 국가의 국민건강보호의무의 면에서 문제가 있다. 현재 우리나라에서는 종전의 국가 전매제를 폐지하고 담배사업법에 의해 일정 요건을 갖춘 경우에 한하여 기획재정부 장관의 허가를 받아 담배제조를 할 수 있게 하고 있다(담배사업법 제11조).

[214] 第五 制限과 그 限界

보건권에 관한 제한과 그 한계에 대해서는 憲法 제11조의 평등원칙, 제37조 제2항의 원칙 등이 적용된다.

제 6 장 請求權的 基本權

제 1 절 裁判請求權

[215] 第一 意 義

Ⅰ. 개 념

(1) 헌법 규정

憲法은 제27조 제 1 항에서 「모든 국민은 헌법과 법률이 정한 법관에 의하여 법률에 의한 재판을 받을 권리를 가진다」라고 규정함으로써 재판청구권을 보장하고 있다. 그리고 同條 제 3 항에서 「모든 국민은 신속한 재판을 받을 권리를 가진다. 형사피고인은 상당한 이유가 없는 한 지체없이 공개재판을 받을 권리를 가진다」고 규정하여 신속한 공개재판을 받을 권리를 보장하고 있다.

따라서 헌법이 보장하는 재판을 받을 권리란 헌법과 법률이 정한 법관에 의하여 객관적인 법률에 따라 공정하고 신속한 공개재판을 받을 권리를 말한다(同旨: 桂禧悅b, 615; 成樂寅, 740). 여기서의 법률이란 절차법과 실체법을 모두 포함하여 언제나 합헌적인 법률을 말한다. 즉 절차법이 정한 절차에 따라 실체법이 정한 내용대로 합헌적인 재판을 받을 권리를 말한다.

[憲 1995. 9. 28.-92헌가11등] 「헌법 제27조 제 1 항은 "모든 국민은 헌법과 법률이 정한 법관에 의하여 법률에 의한 재판을 받을 권리를 가진다"고 규정함으로써 모든 국민은 헌법과 법률이 정한 자격과 절차에 의하여 임명되고(憲法 §101③, §104, 法組法 §41 내지43), 물적 독립(憲法 §103)과 인적 독립(憲法 §106, 法組法 §46)이 보장된 법관에 의하여 합헌적인 법률이 정한 내용과 절차에 따라 재판을 받을 권리를 보장하고 있다. 한편, 재판이라 함은 구체적 사건에 관하여 사실의 확정과 그에 대한 법률의 해석적용을 그 본질적인 내용으로 하는 일련의 과정이다. 따라서 법관에 의한 재판을 받을 권리를 보장한다고 함은 결국 법관이 사실을 확정하고 법률을 해석 · 적용하는 재판을 받을 권리를 보장한다는 뜻이고, 그와 같은 법관에 의한 사실확정과 법률의 해석적용의 기회에 접근하기 어렵도록 제약이나 장벽을 쌓아서는 아니 된다고 할 것이며, 만일 그러한 보장이 제

대로 이루어지지 아니한다면 헌법상 보장된 재판을 받을 권리의 본질적 내용을 침해하는 것으로서(憲 1992. 6. 26. -90 헌바25 결정 참조) 우리 헌법상 허용되지 아니한다(憲法 §37②).」

⑵ 재판청구권 보장의 구조

憲法은 제27조에서 재판청구권을 보장하고 동시에 법원에 관한 제 5 장에서 국가의 사법권을 보장하기 위한 조직 · 기능 · 절차 등에 관한 규정을 두고 있고, 헌법재판소에 관한 제 6 장과 헌법 제107조 제 1 항에서 헌법재판권을 보장하기 위한 관할 · 조직 · 기능 · 절차 등에 관한 규정을 두고 있다. 따라서 법치국가와 입헌국가의 실현을 위한 중요한 요소인 법원에 의한 분쟁의 해결과 국가형벌권의 실행 및 권리의 보호는 크게 법원에 관한 제 5 장의 규정과 헌법재판소에 관한 제 6 장에 정하고 있는 사법제도와 헌법재판제도의 제도의 보장규정과 국민에게 법치국가적 사법절차를 보장하는 재판청구권에 관한 규정의 두 부분으로 구성되어 있다고 볼 수 있다. 이로써 보건대, 재판을 받을 권리의 구체적 형태에서는 법원의 재판을 받을 권리는 憲法 제27조 제 1 항과 헌법 제101조 제 1 항에 의하여 보장되고, 헌법재판을 받을 권리는 憲法 제27조 제 1 항과 헌법 제111조 제 1 항에 의하여 보장된다.

⑶ 기본권 보장과 재판청구권

법치국가는 기본권의 보장, 권력의 분립, 사법을 통한 권리구제절차 등을 통하여 구체화되고 실현된다. 따라서 재판청구권은 국민의 모든 권리, 즉 법률상의 권리와 헌법상의 기본권의 효력이 법원의 재판절차에서 실제로 관철되는 것을 보장함으로써 법치국가의 실현에 기여한다. 기본권이나 권리는 헌법이나 법률에 규정되어 있는 것으로 충분한 것이 아니라 재판제도와 재판절차를 통하여 실제로 보장되고 현실에서 실현되어야 비로소 그 의미를 가진다.

국가는 본질적으로 공동체의 존속과 그 공동체에 살고 있는 국민의 자유와 권리를 보장하는 것에 목적이 있는데, 국가가 이러한 목적을 망각하고 국민의 자유와 권리를 침해하는 경우에는 국가를 상대로 하여 자유와 권리의 침해를 구제받을 수 있는 길이 보장되어야 한다. 다른 한편으로 기본권은 국가가 아닌 私人에 의해서도 침해될 수 있다. 기본권이 사인에 의해 침해되는 것이 방치되면, 다른 사람의 기본권을 침해하지 않는 범위와 한도 내에서만 인정되는 기본권은 더 이상 기본권으로 존재할 수 없어 해체되고 말며, 개인의 안전과 삶의 평화는 보장되지 않는다. 따라서 이러한 경우에 국가는 개인의 기본권을 사인에 의한 침해로부터 예방하거나 구제해주어야 하는 적극적인 의무를 가진다. 이러한 의무는 國家의 基本權保護義務에서 나오며, 공동체 구성원의 安全과 平和의 보장이라는 국가의 본질적인 기능과 목적에 근거를 두고 있다. 사인으로부터 기본권을 보호하는 구체적인 방법으로서 국민에게 재판청구권을 보장하는 것은 개인의 삶에 있어 요구되는 안전과 평화를 제도적으로 보장함에 있어 무엇보다 중요한 의미를 가진다. 이런 점에서 민사재판이나 형사재판은 기본권의 보호에 있어 중요한 기능을 한다. 국가든 사인이든 이들에 의하여 기본권이 침해되는 것이 방치되면 그 공동체와 그 구성원의 안전은 보장되지 않고 공적 권력과 사적 권력에 의한 자의적인 지배가 횡행하게 된다.

이런 점에서 국민이 공권력에 의한 기본권 침해를 국가에 대하여 직접 주장하거나 사인간에 발생하는 자유와 권리의 침해를 예방하거나 구제하는 것을 요청할 수 있게 하는 사법적 재판절차를 보장하는 재판청구권이야말로 기본권의 실현에 있어 필수불가결하게 요구되는 節次的 基本權이다.

Ⅱ. 연 혁

재판제도는 고대에도 존재하였지만 신관이나 군주와 같은 지배자의 자의적인 재판이 아니라 일정한 자격을 가진 재판관으로 구성되는 재판기관에서 법과 법률에 따라 객관적인 재판을 받을 권리가 형성되기 시작한 것은 근대 국가의 출현과정에 나타난다. 1215년 영국의 大憲章에서는 「臣民은 등족의 동료에 의하여 국법에 따라 공정한 법적인 재판을 받을 권리」가 보장되었다(同憲章 §39, §40). 1628년 權利請願에서도 이러한 권리가 다시 확인되었다. 유럽에서는 근대 계몽주의와 자유주의 영향으로 인하여 1789년의 프랑스 인권선언과 1791년헌법 등에서 독립된 법원에서 재판관에 의한 재판을 받을 권리가 보장되었고, 1798년 미합중국연방헌법의 수정헌법은 공정한 배심에 의한 신속하고 공개적인 재판을 받을 권리를 규정하였다(修正憲法 §6). 독일에서는 1919년 바이마르헌법에 와서 비로소 시행되었다. 우리나라에서는 1948年憲法 제22조에서 「모든 國民은 法律이 정한 法官에 依하여 法律에 依한 裁判을 받을 權利가 있다」라고 정한 이후 현재까지 재판청구권을 헌법상의 기본권으로 보장하고 있다. 1962年憲法에서 「憲法과 法律이 정한 法官」라고 정한 후 현재까지 똑같이 유지되고 있다.

[216] 第二 法的 性格

재판청구권은 국가에 대하여 재판이라는 사법절차를 제공하여 줄 것을 청구할 수 있는 기본권이다. 이는 적극적으로 국가에 대하여 「헌법과 법률이 정한 법관」에 의한 재판이라는 국가적 행위를 청구할 수 있는 면과 소극적으로 「헌법과 법률이 정한 법관」이 아닌 자에 의한 재판이나 법률에 의하지 아니한 재판을 받지 아니하는 면을 아울러 가지고 있다. 그리고 재판을 받을 권리를 국가로부터 침해받지 않을 자유로서의 성격도 가지고 있다.

재판청구권은 법의 공정한 집행과 분쟁의 해결 및 자유와 권리의 실현을 관철하기 위한 절차적 수단이라는 점에서 형식적 기본권이며 절차적 기본권이다.

재판청구권은 재판제도가 존재함으로써 그에 따라 인정되는 권리이므로 자연권의 성질을 지니지 않는다. 어떤 재판을 받을 권리를 가지는가는 각 나라마다 채택하는 재판제도에 따라 차이가 있다. 오늘날 재판제도는 상당한 부분에서 통일되어 가는 모습을 보이고 있다.

[憲 1998. 5. 28.-96헌바4] 「헌법 제27조 제1항은 "모든 국민은 헌법과 법률이 정한 법관에 의하여 법률에 의한 재판을 받을 권리를 가진다"라고 하여 법률에 의한 재판과 법관에 의한 재판을 받을 권리를 보장하고 있다. 재판청구권은 재판이라는 국가적 행위를 청구할 수 있는 적극적 측면과 헌법과 법률이 정한 법관이 아닌 자에 의한 재판이나 법률에 의하지 아니한 재판을 받지 아니하는 소극적 측면을 아울러 가지고 있다. 이렇게 볼 때 헌법 제27조 제1항은 법관에 의하지 아니하고는 민사·행정·선거·가사사건에 관한 재판은 물론 어떠한 처벌도 받지 아니할 권리를 보장한 것이라 해석된다.」

[217] 第三 主 體

재판청구권은 국가에 대한 국민의 기본권으로서, 성질상 自然人뿐만 아니라 法人에게도 인정된다. 법인격 없는 사단이나 재단에게도 인정된다(民訴法 §52).

재판청구권은 憲法 제6조에 의하여 外國人에게도 인정된다.

[218] 第四 內 容

I. 개 설

憲法 제27조의 재판청구권에 의하여 보장되는 내용은 「헌법과 법률이 정한 법관」에 의한 재판을 받을 권리, 「법률」에 의한 재판을 받을 권리, 공정한 재판을 받을 권리, 신속한 재판을 받을 권리, 공개재판을 받을 권리로 구성되어 있다.

II. 「헌법과 법률이 정한 법관」에 의한 재판

(1) 의 의

국민은 헌법과 법률이 정한 법관에 의한 재판을 받을 권리를 가진다. 여기서 「헌법과 법률이 정한 법관」이라 함은 憲法 제101조 제1항과 제3항이 정하는 법관을 말하며, 憲法 제104조와 法院組織法 제41조에 규정된 절차에 따라 법관으로 임명되고, 憲法 제103조 및 제106조에 의하여 직무상 독립과 신분상 독립이 보장된 법관을 말한다. 법관의 자격에 대하여는 구체적으로 法院組織法 제42조가 정하고 있다.

「헌법과 법률이 정한 법관」은 개별 사건을 담당할 법관이 법규범에 의하여 사전에 정해져야 한다는 것을 의미한다. 외부의 세력이나 법원 내부의 압력·영향 등에 의하여 사건마다 임의로 법원을 구성하거나 사건을 특정 법원 또는 법관에게만 맡긴다면 재판의 독립성과 공정성은 보장될 수 없기 때문이다. 이로 인하여 사건의 배당을 어떠한 방법으로 하느냐 하는 문제는 헌법적인 문제가 된다. 사건을 법원의 장이 임의로 특정 법관에게 배당하는 것은 재판의 독립과 공정성에 어긋난다.

「법관등의 사무분담 및 사건배당에 관한 예규」에 의하면, 현재 법원에서는 각급 법원장 및 지원장이 사건배당을 주관한다. 사건의 배당방식은 각급 법원장 및 지원장의 판단에 따라 사건을 판사에게 배당하는 방식을 취하고 있다. 법원에 따라서는 사건배당의 순서를 정해 놓고 그 순서에 따라 자동으로 배당하기도 한다. 예컨대 서울고등법원에서는 하루 배당될 건수를 배당건재부에 접수번호순서대로 기재하고, 그 다음날 법원장이 배당건재부에 기재된 사건 중 아무거나 임의로 골라 1번으로 정한다. 그러면 1번으로 정해진 번호부터 시작하여 사무분담 배당비율표에 따라 배당된다.

「헌법과 법률이 정한 법관」은 사법의 공정성과 독립성을 보장하기 위한 규정이므로 관할규범에 따라 정해진 법관 스스로가 사건과의 이해관계나 편파의 우려로 말미암아 재판의 공정성을 보장할 수 없다면 그러한 법관을 배제할 수 있는 가능성이 국민에게 주어져야만 한다(예: 법관의 제척·기피·회피).

법관에 의한 재판을 받을 권리를 보장한다는 것은 법관이 사실을 확정하고 법률을 해석·적용하는 재판을 받을 권리를 보장한다는 의미이다. 따라서 국민은 「헌법과 법률이 정한 법관」에 의하지 않은 재판을 받지 아니할 권리를 가진다.

[憲 1992. 6. 26.-90헌바25] 「"헌법과 법률이 정한 법관에 의하여" 재판을 받을 권리라 함은 생각건대 헌법과 법률이 정한 자격과 절차에 의하여 임명되고(憲法 §104, 法組法 §41 내지 §43), 물적 독립(憲法 §103)과 인적 독립(憲法 §106, 法組法 §46)이 보장된 법관에 의한 재판을 받을 권리를 의미하는 것이라 봄이 상당할 것이고……」

형사재판에서 일정한 사건에 한하여 선택적으로 채택되는 배심재판인 國民參與裁判의 경우에는(刑參法 §5①,②) 20세 이상의 일반 국민이 배심원으로 참여하여(同法 §16) 사실의 인정, 법령의 적용, 형의 양정에 관하여 법관에게 의견을 제시하는 권한을 가지지만(同法 §12), 법원은 배심원의 평결과 의견에 기속당하지 않으므로(同法 §46⑤) 이러한 형태의 국민참여재판을 받을 권리는(同法 §3) 법관에 의한 재판을 받을 권리에 배치되지 않는다.

(2) 군사재판

군인·군무원이 아닌 일반국민은 원칙적으로 군사법원의 재판을 받지 않는다. 이러한 것은 기본권으로 보장된다(憲法 §27②). 軍事法院은 헌법 제110조 제1항에 의하여 설치된 특별법원으로서 현역군인인 군판사와 심판관으로 구성되어 있으므로(軍事法院法 §2, §22-§24) 憲法 제27조 제1항에서 정하고 있는 「헌법과 법률이 정한 법관」에 의한 재판이 아니기 때문이다. 다만, 헌법이 명시적으로 군사법원의 재판을 받는 것으로 정하고 있는 때에는 예외이다. 일반국민도 대한민국 영역 안에서 중대한 군사상 기밀·초병·초소·유독음식물공급·포로·군용물에 관한 죄 중 법률이 정한 경우와 비상계엄이 선포된 경우에는 예외적으로 군사법원의 재판을 받는다(憲法 §27②). 따라서 헌법 제27조 제1항이 정하는 재판청구권에는 헌법이 정하는 경우 이외에 군사재판을 받지 않을 권리가 포함된다. 이는 憲法 제27조 제1항과 제2항을 근거로 한다. 憲法裁判所는 현역병이 군대 입대 전에 범한 범죄에 대하여 군사법원의 재판권을 규정하고 있는 군사법원법 제2조 제2항 중 제1항 제1호의 「군형법 제1조 제2항의 현역에 복무하는 병」 부분은 헌법에 위반되지 아니한다고 판시하였다(예: 憲 2009. 7. 30.-2008헌바162).

[憲 2009. 7. 30.-2008헌바162] 「이 사건 법률조항은 현역병으로 입대한 군인이 그 신분취득 전 저지른 범죄에 대하여도 군사법원의 재판을 받도록 하고 있으나, 이는 군사법원을 두는 취지 및 군사법원이 '신분적인 재판권'을 가지는 점을 고려할 때, 군 입대 전 저지른 범죄를 입대 후 저지른 범죄와 달리 볼 이유가 없다는 판단에 따른 것으로서, 이러한 입법형성은 다음에서 보는 바와 같은 이유로 입법재량의 범위를 일탈해 합리성원칙 내지 자의금지원칙에 위배된 것이라고 볼 수 없다. 군대란 외부의 침략으로부터 국가를 보존한다는 특수한 목적을 위해 존재하는 집단이기 때문에 군의 조직과 기능을 유지하기 위한 지휘명령체계의 확립 및 전투력 제고를 우선적으로 고려해야 된다는 점에 군사법(軍司法)체계의 특수성이 있다. 이에 각국은 군의 규율과 사기를 강력하게 유지하여 군의 임무를 성공적으로 수행케 하는 것을 궁극적 목적으로 하는 군사법제도를 운영하고 있다. 구체적으로 군대는 다음과 같은 특수성을 가진다. 첫째, 전쟁의 수행은 물론 평화 시에도 실제 전투와 같은 극한상황하에서 훈련을 실시하고 각종 무기들을 다루게 됨으로써 위험에 노출되는 점, 둘째, 과학 기술이 발달한 오늘날의 전쟁은 초전의 대응능력이 매우 중요하므로 항시 대기하는 것이 필요할 뿐 아니라, 군인은 한·수해(旱·水害) 등 천재지변, 명절 혹은 연휴 기간에도 대기해야 하고, 각종 야외훈련 및 야간훈련, 주·야간 작전수행, 빈번한 당직근무 등을 수행해야 하는 등 근무시간이 정해져 있지 않은 점, 셋째, 집단적 병영(兵營) 생활을 할 뿐 아니라, 작전위수(衛戍)구역의 제한을 받으며 근무지이탈금지는 군인복무규율 및 군형법의 처벌규정에 의하여도 엄격히 규제되는 등 생활공간적인 제약이 있는 점, 넷째, 군인은 주로 벽오지(僻奧地)에서 복무하게 된다는 점 등이다. 이와 같은 군대의 특수성으로 인하여 일단 군인신분을 취득한 군인이 군대 외부의 일반법원에서 재판을 받는 것은 군대 조직의 효율적인 운영을 저해한다고 할 것이다. 또한, 현실적으로도 군인이 수감 중인 상태에서 일반법원의 재판을 받기 위해서는 동행·감시자, 차량 등의 지원이 필요하므로 상당한

비용 · 인력 및 시간이 소요되고, 일반법원의 재판 일정을 군대사정에 맞추어 조정하도록 하지 않으면 훈련 등의 일정에 차질이 생기게 된다. 이러한 사정은 군인신분 취득 이후에 죄를 범한 경우와 군인 신분을 취득한 자가 군 입대 전에 범한 죄에 대하여 재판을 받는 경우와 다르지 않으므로, 군인신분 취득 전에 범한 죄에 대하여 군사법원에서 재판을 받도록 하는 것은 합리적인 이유가 있다. 형사재판에 있어 범죄사실의 확정과 책임은 행위 시를 기준으로 하지만, 재판권 유무는 원칙적으로 재판 시점을 기준으로 해야 한다. 또, 형사재판은 유죄인정과 양형이 복합되어 있는데 양형은 일반적으로 재판받을 당시, 즉 선고시점의 피고인의 군인신분을 주요 고려 요소로 해 군의 특수성을 반영할 수 있어야 하므로, 이러한 양형은 군사법원에서 담당하도록 하는 것이 타당하다. 따라서 이러한 점에서도 이 사건 법률조항의 신분적 재판권은 합리적인 이유가 있다. 군사법원의 상고심은 대법원에서 관할하고(헌법 제110조 제2항), 군사법원의 내부규율과 사무처리에 관한 군사법원규칙도 군법무관회의의 의결을 거쳐 대법원이 정하므로(군사법원법 제4조 제1항 및 제2항), 궁극적으로는 헌법과 법률이 정한 법관에 의한 최종적인 재판이 보장되고 있으며, 군사법원에 관한 내부규율을 정함에 있어서도 대법원이 종국적인 관여를 하고 있다. 따라서 이 사건 법률조항은 군사법원의 재판권과 군인의 재판청구권을 형성함에 있어 그 재량의 한계를 벗어났다고 볼 수 없다. 그렇다면, 이 사건 법률조항이 입법형성의 한계를 일탈하여 청구인의 헌법 제27조 제1항에 의한 재판청구권을 침해한다고 볼 수 없다.」

(3) 구체적인 문제

(a) 배심제 및 참심제의 허용여부

憲法 제27조 제1항의 법관에 의한 재판을 받을 권리와 관련하여 현행 헌법하에서 배심제나 참심제를 채택할 수 있는가 하는 문제가 있다.

陪審制(jury system)란 일반시민으로 구성된 陪審員團이 직업법관(=관료법관)과 독립하여 사실문제(예: 형사사건에서는 유 · 무죄의 판단)에 대한 평결을 내리고, 법관이 그 사실판단에 대한 평결의 결과에 구속되어 재판하는 제도를 말하고, 參審制란 일반시민인 참심원이 직업법관과 함께 재판부의 일원으로 참여하여 직업법관과 동등한 권한을 가지고 사실문제 및 법률문제를 모두 판단하는 제도를 말한다.

우리나라에서 헌법개정이 없이 배심제나 참심제를 도입할 수 있느냐 하는 문제에 관하여 배심제는 배심원이 사실의 판정에만 관여하고 법률판단에는 참여하지 않기 때문에 합헌이지만, 참심제는 참심원이 법률판단까지 하므로 위헌이라는 견해도 있고(權寧星, 607; 許營a, 370; 成樂寅, 746), 국민의 재판을 받을 권리(憲法 §27), 법관의 신분보장 규정(憲法 §101 이하) 등 헌법의 여러 규정을 종합하여 볼 때, 헌법의 개정이 없이 직업법관이 아닌 자에 의한 사실판단과 법률판단을 가능하게 하는 배심제나 참심제를 법률로써 도입하는 것은 위헌이라는 견해도 있다. 한편, 이 문제에 대하여 헌법재판소가 직접적인 판단을 내린 사례는 아직 없는 상황이다.

형사재판에서 일정한 사건에 한하여 선택적으로 채택할 수 있는 국민참여재판은(刑參法 §5①,②) 일종의 배심재판의 형태이지만, 이에 참여하는 배심원이 사실의 인정, 법령의 적용, 형의 양정에 관하여 법관에게 의견을 제시하는 권한을 가지고 있어도(同法 §12), 법원은 배심원의 평결과 의견에 기속당하지 않으므로(同法 §46⑤) 헌법 제27조 제 1 항에서 정하고 있는 법관에 의한 재판을 받을 권리를 침해하는 것이 아니어서 헌법상으로 허용된다고 할 것이다.

(b) 행정기관에 의한 재결 또는 행정심판

행정기관에 의한 재결 또는 행정심판은 법관이 아닌 行政公務員에 의한 司法的 處分이라는 점에서, 원처분이 아닌 행정청의 재결만을 소송의 대상으로 하거나(裁決主義) 행정소송의 제기에 앞서 행정심판을 필수적으로 거치도록 하는 것(行政審判前置主義)이 憲法 제27조 제 1 항의 법관에 의한 재판을 받을 권리에 위배되는지 여부가 문제된다.

憲法 제101조는 사법권은 법관으로 구성된 법원에 속하고(同條 ①), 법원은 최고법원인 대법원과 각급법원으로 조직된다고 규정하고 있으며(同條 ②), 憲法 제107조 제 3 항은 「재판의 전심절차로서 행정심판을 할 수 있다. 행정심판의 절차는 법률로 정하되, 사법절차가 준용되어야 한다」고 규정하고 있다. 이는 우리 헌법이 국가권력의 남용을 방지하고 국민의 자유와 권리를 확보하기 위한 기본원리로서 채택한 권력분립주의의 구체적 표현으로서, 일체의 법률적 쟁송을 심리·재판하는 작용인 사법작용은 헌법 그 자체에 의한 유보가 없는 한 오로지 대법원을 최고법원으로 하는(憲法 §101②) 법원만이 담당할 수 있고, 또 행정심판은 어디까지나 법원에 의한 재판의 전심절차로서만 기능하여야 함을 의미한다(憲 1995. 9. 28.- 92헌가11등 참조). 따라서 법관에 의한 사실의 확정과 법률의 해석 및 적용을 모두 배제하고 행정기관에 의한 재결이나 행정심판을 最終審으로 하는 것은 헌법에 위배된다.

行政訴訟法에 의하면, 取消訴訟의 경우 「다른 법률에 당해 처분에 대한 행정심판의 재결을 거치지 아니하면 취소소송을 제기할 수 없다는 규정이 있는 경우를 제외하고는, 법령의 규정에 의하여 당해 처분에 대한 행정심판을 제기할 수 있는 경우에도 이를 거치지 아니하고 소송을 제기할 수 있다」고 규정(同法 §18)함으로써 과거 必要的 行政審判前置主義를 任意化하고 있다. 國家賠償法도 법률개정(2000. 12. 29. 법률 제6310호)을 통하여 「이 법에 의한 손해배상의 소송은 배상심의회에 배상신청을 하지 아니하고도 이를 제기할 수 있다」고 규정(同法 §9)함으로써 과거 배상심의회의 배상결정을 거친 후에만 국가배상소송을 제기할 수 있도록 하였던 배상결정의 필수적 전치주의를 임의제도로 변경하였다.

(c) 통고처분

通告處分이라 함은 법원에 의하여 자유형 또는 재산형에 처하는 과벌제도에 갈음하여 행정관청이 법규위반자에게 금전적 제재를 통고하고 이를 이행한 경우에는 당해 위반행위에 대한 소추를 면하게 하는 것을 말한다. 조세에 관한 범칙자에 대한 국세청장 · 지방국세청장 · 세무서장의 통고처분(租稅犯處罰節次法 §9), 출입국사범에 대한 사무소장 · 출장소장 · 외국인보호소장의 범칙금 통고처분(出入國管理法 §102①), 관세범에 대한 관세청장이나 세관장 등의 통고처분(關稅法 §311), 도로교통법상 범칙자에 대한 경찰서장의 통고처분(道路交通法 §163), 경범죄처벌법상 범칙자에 대한 경찰서장 · 해양경찰서장의 통고처분(輕犯罪處罰法 §6) 등은 법관이 아닌 行政公務員에 의한 處分이지만, 처분을 받은 당사자의 임의의 승복을 발효요건으로 하고 불응시에는 정식고발절차가 진행되거나(租稅犯處罰節次法 §12; 出入國管理法 §105; 關稅法 §316) 법원에 의한 재판절차가 보장(道路交通法 §165; 輕犯罪處罰法 §8)되어 있으므로 憲法 제27조 제1항에 위배되지 아니한다(通說). 憲法裁判所의 판례도 같은 취지이다(예: 憲 1998. 5. 28.-96헌바4).

(d) 약식절차

略式節次란 지방법원의 관할사건에 대하여 검사의 청구가 있는 때 공판절차를 경유하지 아니하고 검사가 제출한 자료만을 조사하여 약식명령으로 피고인에게 벌금 · 과료 또는 몰수의 형을 과하는 간이한 재판절차를 말한다. 약식절차에서는 형사소송법 제312조 이하의 전문증거법칙에 관한 규정은 적용되지 아니하고 검사가 제출한 자료를 기초로 서면심리에 의하여 형을 선고하는 재판절차이기 때문에 공정한 재판 및 신속한 공개재판을 받을 권리 등 헌법상의 재판청구권을 침해하는 것이 아닌가 문제가 될 수 있으나, 헌법과 법률이 정한 법관에 의한 재판이고, 피고인이 이에 불복하는 경우 정식재판을 청구할 수 있으므로 이를 재판청구권 침해라고 할 수 없다.

(e) 즉결심판

卽決審判이란 지방법원, 지방법원지원 또는 시 · 군법원 판사가 20만원 이하의 벌금 · 구류 · 과료에 처할 경미한 범죄에 대하여 공판절차에 의하지 아니하고 즉결하는 심판절차에 의한 재판을 말한다. 즉결심판절차에서는 형사소송법상의 전문법칙과 자백의 보강법칙이 적용되지 아니하나, 헌법과 법률이 정한 법관에 의한 재판절차이고 이에 불복할 경우 정식재판을 청구할 수 있으므로 헌법상의 재판청구권을 침해한다고 볼 수 없다.

Ⅲ. 「법률」에 의한 재판

憲法 제27조 제1항에서 정하고 있는 「법률에 의한 재판」이란 합헌적인 법률로 정한 내용과 절차에 따라 행해지는 재판, 즉 합헌적인 실체법과 절차법에 따라 행하여지는 재판을 말한다(憲 1993. 7. 29.-90헌바35 등). 憲法 제27조 제1항에서는 법률에 의한 재판이라고만 규정하고 있으나, 여기서의 법률이 헌법에 위배되지 않는 합헌적인 법률이어야

한다는 것은 당연하다. 이는 법원이 법률과 헌법에 기속된다는 법치국가와 입헌국가의 원리를 확인한 것으로서, 재판청구권의 실현이 입법자에 의한 구체적 입법형성권과 헌법에 의존함을 의미한다.

한편, 이 때 말하는 법률의 의미는 재판의 유형에 따라 동일하지 아니하다. 刑事裁判에 있어서는 죄형법정주의가 적용되어 형식적 의미의 법률만을 의미하는 반면에, 民事裁判·行政裁判 등에 있어서는 형식적 의미의 법률 외에도 이와 저촉되지 아니하는 범위에서 慣習法이나 條理와 같은 불문법도 포함한다.

> [憲 1993. 7. 29.-90헌바35] 「헌법 제27조 제1항은 "모든 국민은 헌법과 법률이 정한 법관에 의하여 법률에 의한 재판을 받을 권리를 가진다"라고 규정하여 이른바 재판청구권을 기본권으로 인정하고 있다. 여기서 "법률에 의한 재판"이라 함은 합헌적(合憲的)인 법률로 정한 내용과 절차에 따라, 즉 합헌적인 실체법과 절차법에 따라 행하여지는 재판을 의미한다. 따라서 형사재판에 있어서 합헌적인 실체법과 절차법에 따라 행하여지는 재판이라고 하려면, 적어도 그 기본원리라고 할 수 있는 죄형법정주의(罪刑法定主義)와 위에서 살펴본 적법절차주의에 위반되지 아니하는 실체법과 절차법에 따라 규율되는 재판이 되어야 할 것이다. 이러한 의미의 재판을 보장하는 헌법 제27조 제1항 소정의 재판청구권이 곧바로 모든 사건에서 상고심 또는 대법원의 재판을 받을 권리를 인정하는 것이라고 보기는 어렵지만, 그렇다고 하여 형사재판에서 피고인이 중죄를 범한 중죄인이라거나 외국에 도피중이라는 이유만으로 상소의 제기 또는 상소권회복청구를 전면 봉쇄하는 것은 재판청구권의 침해임에 틀림이 없다고 보아야 할 것이다.」

Ⅳ. 「재 판」

(1) 의 의

憲法 제101조 제1항은 「사법권은 법관으로 구성된 법원에 속한다」고 규정하여 사법권을 법원에 귀속시키는 규정을 두고 있는데, 어떠한 국가작용이 사법작용에 해당하는지에 관하여는 규정을 두고 있지 않고 憲法 제27조에서도 재판의 의미에 대하여 규정하고 있지 아니하다. 재판이라 함은 구체적인 쟁송을 계기로 하여 특별히 규정된 절차에서 최종적이고 기속력 있는 결정에 이르기 위하여 중립적인 제3자인 법원이 사실을 확인하고 확인된 사실관계에 법을 해석·적용하는 공권적 판단작용을 의미한다. 국민이 私人관계에서 자력으로 권리를 관철하거나 범죄인에게 복수하는 것을 막고, 중립적인 국가기관인 법원의 판단절차를 통하여 법적 분쟁을 해결함으로써 효율적인 권리구제와 법적 평화를 보장하는 것이 바로 재판의 존재의의이다.

憲法裁判所는 헌법 제27조 제2항에서 정하고 있는 재판이라 함은 구체적 사건에 관하여 사실의 확정과 그에 대한 법률의 해석적용을 그 본질적인 내용으로 하는 일련의 과정이라고 한다(예: 憲 1995. 9. 28.-92헌가11; 2009. 10. 29.-2008헌바101 등).

> [憲 2009. 10. 29.-2008헌바101] 「헌법 제27조 제1항은 "모든 국민은 헌법과 법률이 정한 법관에 의하여 법률에 의한 재판을 받을 권리를 가진다"고 규정함으로써 모든 국민은 헌법과 법률이 정한 자격과 절차에 의하여 임명되고 물적 독립과 인적 독립이 보장된 법관에 의하여 합헌적인 법률이 정한 내용과 절차에 따라 재판을 받을 권리를 보장하고 있다. 이러한 재판청구권은 공권력이나 사인에 의해서 기본권이 침해당하거나 침해당할 위험에 처해있을 경우 이에 대한 구제나 그 예방을 요청할 수 있는 권리라는 점에서 다른 기본권의 보장을 위한 기본권이라는 성격을 가지고 있다. 여기서 재판이라 함은 구체적 사건에 관하여 사실의 확정과 그에 대한 법률의 해석적용을 그 본질적인 내용으로 하는 일련의 과정이다. 따라서 법관에 의한 재판을 받을 권리를 보장한다고 함은 결국 법관이 사실을 확정하고 법률을 해석·적용하는 재판을 받을 권리를 보장한다는 뜻이고, 그와 같은 법관에 의한 사실확정과 법률의 해석적용의 기회에 접근하기 어렵도록 제약이나 장벽을 쌓아서는 아니 된다고 할 것이며, 만일 그러한 보장이 제대로 이루어지지 아니한다면 헌법상 보장된 재판을 받을 권리의 본질적 내용을 침해하는 것이다.」

(2) 유 형

憲法 제101조 제1항이 정하는 사법권의 구체적인 실현으로서 성립하는 재판의 종류에는 쟁송의 목적이 되는 구체적 사건의 성질에 따라 民事裁判, 刑事裁判, 行政裁判 등이 있는데, 이러한 재판을 받을 권리는 헌법 제27조 제1항과 헌법 제101조 제1항에서 도출된다.

憲法裁判을 받을 권리는 이와 달리 憲法 제27조 제1항과 憲法 제111조 제1항에서 도출된다. 헌법재판의 근거와 구체적인 개별재판은 憲法 제111조 제1항에 의하여 인정되는 것이고, 이러한 재판을 받을 권리는 憲法 제27조 제1항과 憲法 제111조 제1항을 동시에 근거로 하여 도출된다. 憲法 제27조 제1항에서 연역적으로 헌법재판을 받을 권리가 도출되는 것은 아니다(鄭宗燮c, 106; 鄭宗燮e, 127; 鄭宗燮o, 38).

(3) 심급과 재판청구권

(a) 내 용

재판청구권에 審級의 利益이 포함되는가 하는 문제가 있다. 憲法은 제101조 제1항에서 司法權을 정하고, 제2항에서 「법원은 最高法院인 대법원과 各級法院으로 조직된다」라고 정하고 있어 각급법원이 존재함과 대법원이 최고법원임을 정하고 있다.

이러한 규정에서 보건대, 심급상 대법원은 최고법원이므로 最終審의 法院임이 분명하고, 그 이하 심급은 헌법이 명시적으로 정하고 있지 않기 때문에 법률에 의하여 정해진다고 할 것이다. 따라서 심급제도의 존재는 헌법이 정하고 있는 헌법사항이지만, 2심인가 3심인가 4심인가 하는 문제는 헌법사항이 아니라 법률정책적인 문제이고, 어느 경우이든 최종심의 관할은 대법원이 가진다고 할 것이다.

上訴할 수 있는 權利(right to appeal)가 기본권으로 보장되는 것인가 하는 문제가 있다. 헌법은 單審裁判을 특별히 헌법 제110조 제4항에서 명시하여 제한하고 있고, 제1심의 재판을 받고 이에 대하여 불복하는 것은 재판에는 誤判의 가능성이 常存하고 이를 회피하는 것이 정의에 합치한다는 재판의 본질에 비추어 볼 때 허용되어야 하는 것이므로 이러한 上訴權, 즉 제2심 재판을 받을 권리는 기본권으로 보장되는 것이라고 할 것이다. 제2심 재판을 받을 권리는 헌법 제27조 제1항 및 제101조 제1항과 제2항을 근거로 하는 것이다. 그러나 제2심 재판이나 그 이상의 재판에 대한 上訴權은 법률정책적인 사항에 해당하여 이는 법률상의 권리는 될 수 있어도 헌법상의 기본권은 되지 못한다고 할 것이다. 제2심을 어느 법원이 관장하는가 하는 것은 최종심이 2심인 구조에서는 대법원이 관장하지만 그렇지 아니한 경우에는 법률정책적으로 정한다(鄭宗燮o, 39).

憲法裁判所의 判例에서도 제2심의 재판을 받을 권리를 기본권으로 이해하는 시각이 보인다(예: 憲 1992. 6. 26.-90헌바25; 1993. 11. 25.-91헌바8; 1997. 12. 24.-96헌마172등).

> [憲 1992. 6. 26.-90헌바25] 「대저 재판이란 사실확정과 법률의 해석적용을 본질로 함에 비추어 법관에 의하여 사실적 측면과 법률적 측면의 한 차례의 심리검토의 기회는 적어도 보장되어야 할 것이며, 또 그와 같은 기회에 접근하기 어렵도록 제약이나 장벽을 쌓아서는 안 된다고 할 것으로, 만일 그러한 보장이 제대로 안 되면 재판을 받을 권리의 본질적 침해의 문제가 생길 수 있다고 할 것이다.」

(b) 대법원의 재판을 받을 권리

헌법 제27조 제1항의 재판청구권에 대법원에 의한 재판을 받을 권리가 포함되는가 하는 점이 문제된다. 憲法 제101조 제2항이 최고법원을 대법원으로 하여 최종심의 재판을 관장하게 하므로 재판에서 최종적으로 대법원의 재판을 받을 권리, 즉 대법원의 재판을 구하는 권리는 기본권이라고 할 것이다(鄭宗燮o, 45.). 이러한 대법원의 재판을 받을 권리도 憲法 제37조 제2항에 의하여 제한하는 것은 가능하다. 이와 뉘앙스를 달리 하며, 헌법 제101조 제2항에서 대법원의 재판을 받을 권리가 당연히 도출되는 것은 아니고 모든 사건에 대하여 대법원에 상고할 수 있게 하느냐 않느냐 하는 것은 입법정책적인 문제이지만, 어떤 경우에도 대법원에 상고할 기회를 완전히 박탈·봉쇄하는 것은 위헌이라는 견해가 있다(權寧星, 605; 桂禧悅b, 620. 憲 1993. 7. 29.-90헌바35).

> 대법원의 재판은 3심제의 구조에서는 제3심이 대법원의 재판이지만 4심제에서는 제4심이 대법원의 재판이므로 대법원의 재판을 받을 권리가 기본권이라고 하더라도

제3심의 재판을 받을 권리가 언제나 기본권이 되는 것은 아니다. 제3심의 재판을 받을 권리는 3심제의 구조에서는 최종심의 재판을 받을 권리이므로 기본권으로서의 성질을 가지지만, 4심 이상의 구조에서는 법률상의 권리에 지나지 않는다(鄭宗燮o, 42).

憲法裁判所의 판례는 이 문제에 대하여 명확하게 설시하지 않고 있다(예: 憲 1992. 6. 26.-90헌바25 등 다수). 1952年憲法의 憲法委員會의 판례에서는 대법원의 재판을 받을 권리를 기본권이라고 판시하였다(예: 憲法委員會 檀紀 4285년 憲委 제1호).

[憲 1992. 6. 26.-90헌바25] 「헌법 제27조 제1항은……이 조항의 전단 부분인 "헌법과 법률이 정한 법관에 의하여" 재판을 받을 권리라 함은……대법원을 구성하는 법관에 의한 재판을 받을 권리이거나 더구나 사건의 경중을 가리지 않고 모든 사건에 대하여 대법원을 구성하는 법관에 의한 균등한 재판을 받을 권리라고는 보여지지 않는다. 나아가 후단의 "법률에 의한" 재판을 받을 권리라 함은 법관에 의한 재판은 받되 법대로의 재판 즉 절차법이 정한 절차에 따라 실체법이 정한 내용대로 재판을 받을 권리를 보장하자는 취지라고 할 것으로, 이는 재판에 있어서 법관이 법대로가 아닌 자의와 전단에 의하는 것을 배제한다는 것이지 여기에서 곧바로 상고심재판을 받을 권리가 발생한다고 보기는 어렵다고 할 것이다. 대저 재판이란 사실확정과 법률의 해석적용을 본질로 함에 비추어 법관에 의하여 사실적 측면과 법률적 측면의 한 차례의 심리검토의 기회는 적어도 보장되어야 할 것이며, 또 그와 같은 기회에 접근하기 어렵도록 제약이나 장벽을 쌓아서는 안 된다고 할 것으로, 만일 그러한 보장이 제대로 안 되면 재판을 받을 권리의 본질적 침해의 문제가 생길 수 있다고 할 것이다. 그러나 모든 사건에 대해 똑같이 세 차례의 법률적 측면에서의 심사의 기회의 제공이 곧 헌법상의 재판을 받을 권리의 보장이라고는 할 수 없을 것이다. 국가에 따라서는 국민에게 상고심에서 재판을 받을 권리를 헌법상 명문화한 예도 있다. 그러나 그와 같은 명문규정이 없고 상고문제가 일반 법률에 맡겨진 것이 우리 법제라면 헌법 제27조에서 규정한 재판을 받을 권리에 모든 사건에 대해 상고법원의 구성법관에 의한, 상고심 절차에 의한 재판을 받을 권리까지도 포함된다고 단정할 수 없을 것이고, 모든 사건에 대해 획일적으로 상고할 수 있게 하느냐 않느냐는 특단의 사정이 없는 한 입법정책의 문제라고 할 것으로, 결국 재판을 받을 권리의 침해라는 논지는 받아들일 수 없다.」

(c) 특별항고권의 제한

憲法裁判所는 어떤 사유를 특별항고사유로 정하여 특별항고를 허용할 것인가는 기본적으로 입법자가 법적 안정성과 법원의 업무부담 등을 고려하여 결정하여야 할 입법정책의 문제라고 판시하였다(憲 2007. 11. 29.-2005헌바12).

[憲 2007. 11. 29.-2005헌바12] 「헌법재판소는 재판청구권과 상소권 및 재판청구권과 재심청구권과의 관계에 대하여, "헌법 제27조 제1항에서 보장하고 있는 재판청구권은 법관에 의하여 사실적 측면과 법률적 측면의 한 차례의 심리검토의

기회는 적어도 보장되어야 함을 그 핵심적 내용으로 하고(憲 1992. 6. 26.-90헌바25), 상소문제가 일반 법률에 맡겨진 우리 법제하에서 재판청구권에 모든 사건에 대해 상소법원의 구성법관에 의한, 상소심 절차에 의한 재판을 받을 권리까지도 당연히 포함된다고 할 수 없으므로(憲 1996. 3. 28.-93헌바27), 심급제도는 사법에 의한 권리보호에 관하여 한정된 사법자원의 합리적인 분배의 문제인 동시에 재판의 적정과 신속이라는 서로 상반되는 두 가지의 요청을 어떻게 조화시키느냐의 문제에 돌아가고, 따라서 기본적으로 입법자의 형성의 자유에 속하는 사항이다(憲 1995. 1. 20.-90헌바1)"라는 취지로 판시하였고, 또한 "재심청구권 역시 헌법 제27조에서 규정한 재판을 받을 권리에 당연히 포함된다고 할 수 없고, 어떤 사유를 재심사유로 정하여 재심을 허용할 것인가는 입법자가 확정판결에 대한 법적 안정성, 재판의 신속·적정성, 법원의 업무부담 등을 고려하여 결정하여야 할 입법정책의 문제라고 할 것이다(憲 1996. 3. 28.-93헌바27)"라고 판시한 바 있다. 재판청구권과 특별항고권의 관계도 대체로 위 선례들에서 판시한 바 있는 재판청구권과 상소권 및 재심청구권과의 관계와 크게 다르지 않다고 할 것이므로, 어떤 사유를 특별항고사유로 정하여 특별항고를 허용할 것인가는 기본적으로 입법자가 법적 안정성과 법원의 업무부담 등을 고려하여 결정하여야 할 입법정책의 문제라고 할 것이다. 그런데 민사소송법 제449조 제1항에서 특별항고사유를 일정 범위로 한정하고 있기는 하지만, 이는 확정된 결정이나 명령의 법적 안정성을 유지하고, 소송의 지연 등을 목적으로 하는 불필요한 특별항고를 방지함과 아울러 법원의 업무부담을 경감하기 위한 것으로서 그 정당성을 인정할 수 있을 뿐만 아니라, 그 제한 범위도 입법자에게 주어진 합리적 재량의 범위 내의 것으로 보이고, 달리 입법자가 현저히 불합리하게 또는 자의적으로 입법재량권을 행사하였다고 볼 만한 사정도 없다.」

(d) 단심재판과 재판청구권

단심재판은 단 한번의 재판으로 재판을 확정하는 것이다. 이는 재판에서 심급의 이익을 박탈하는 것이다. 따라서 법치주의의 이념인 正義의 原理에 비추어 보건대, 이러한 재판은 통상 허용될 수 없으며, 헌법이 특별히 정하는 경우에 한하여 이를 정당화할 수 있는 이유가 있는 경우에만 허용된다. 재판에서 誤判이 있어도 이를 교정할 이익보다 이러한 이익을 무시하고 얻을 이익이 우세한 경우에 예외적으로 인정된다.

헌법은 비상계엄하에서 행해지는 군사재판에서 특정 범죄에 한하여 단심을 인정하고 있다. 즉, 「비상계엄하의 군사재판은 군인·군무원의 범죄나 군사에 관한 간첩죄의 경우와 초병·초소·유독음식물공급·포로에 관한 죄 중 법률이 정한 경우에 한하여 단심으로 할 수 있다. 다만, 사형을 선고한 경우에는 그러하지 아니하다」라고 하여 일정한 경우에 한하여 단심재판이 인정된다(憲法 §110④). 이는 헌법이 스스로 인정하는 재판의 예외적인 형태이므로 憲法 제110조 제4항에서 정하고 있는 경우 이외에는 어떠한 경우에도 단심재판이 인정되지 않는다. 헌법 제27조 제1항에서 정하는 재판을 받을 권리에는 헌법이 정하는 이러한 경우 이외에는 어떠한 경우에도 단심재판을 받지 않을 권리가 포함된다.

(4) 재심과 재판청구권

통상법원의 판결이 확정된 후에 이의 효력을 다투는 재심재판을 받을 권리가 재판청구권에 속하는가 하는 문제가 있다. 재판이 확정되면 그에 따라 법질서가 형성되고 법적 안정성이 유지되므로 확정된 재판의 효력을 부정할 경우에는 이를 뒤집을 만한 이익이 존재하여야 한다. 국가권력에 대한 헌법의 우위와 합헌적 법질서의 유지 및 헌법에 의하여 보장된 기본권의 보호라는 점에서 어떠한 재판이 위헌법률에 의하여 이루어졌거나 위헌인 절차나 위헌인 기관에 의하여 이루어져 확정된 경우에는 확정된 재판이라고 하더라도 국민에게 그 효력을 다투는 기회가 주어져야 한다. 이러한 경우에 인정되는 재심재판을 받을 권리는 헌법상 보장된 재판청구권에 해당한다고 할 것이다. 그러나 다른 경우에 확정 판결의 효력에 대하여 다툴 수 있는 재심을 인정할 것인가 하는 것은 법적 안정성과 구체적 타당성이라는 이익을 서로 형량하여 판단할 법률정책적인 문제이다.

憲法裁判所는 재심을 청구할 수 있는 권리에 대해서는 헌법 제27조에 당연히 포함되지 않고 입법정책상의 문제라고 하는 태도를 취하기도 하고(예: 憲 1996. 3. 28.-93헌바27; 2007. 11. 29.-2005헌바12), 헌법상의 재판청구권의 내용이라고 하는 태도를 취하기도 한다(예: 憲 2009. 10. 29.-2008헌바101).

[憲 2007. 11. 29.-2005헌바12] 「재심청구권 역시 헌법 제27조에서 규정한 재판을 받을 권리에 당연히 포함된다고 할 수 없고, 어떤 사유를 재심사유로 정하여 재심을 허용할 것인가는 입법자가 확정판결에 대한 법적 안정성, 재판의 신속·적정성, 법원의 업무부담 등을 고려하여 결정하여야 할 입법정책의 문제라고 할 것이다.」

[憲 2009. 10. 29.-2008헌바101] 「이 사건 심판청구는 청구인들이 재심을 신청하는 과정에서 재심사유를 한정적으로 열거하고 있는 이 사건 조항에 의해 본인이 원하는 재심을 달성하지 못하였다는 사실에서 비롯된 것이고, 따라서 이 사건 조항이 가장 직접적으로 제한하고 있는 권리는 재심을 청구할 수 있는 권리인데 이는 헌법상 재판청구권의 내용이라 할 것이므로…… (1) **재판청구권과 재심제도** ㈎ 헌법 제27조 제1항은 "모든 국민은 헌법과 법률이 정한 법관에 의하여 법률에 의한 재판을 받을 권리를 가진다"고 규정함으로써 모든 국민은 헌법과 법률이 정한 자격과 절차에 의하여 임명되고 물적 독립과 인적 독립이 보장된 법관에 의하여 합헌적인 법률이 정한 내용과 절차에 따라 재판을 받을 권리를 보장하고 있다. 이러한 재판청구권은 공권력이나 사인에 의해서 기본권이 침해당하거나 침해당할 위험에 처해있을 경우 이에 대한 구제나 그 예방을 요청할 수 있는 권리라는 점에서 다른 기본권의 보장을 위한 기본권이라는 성격을 가지고 있다. 여기서 재판이라 함은

구체적 사건에 관하여 사실의 확정과 그에 대한 법률의 해석적용을 그 본질적인 내용으로 하는 일련의 과정이다. 따라서 법관에 의한 재판을 받을 권리를 보장한다고 함은 결국 법관이 사실을 확정하고 법률을 해석·적용하는 재판을 받을 권리를 보장한다는 뜻이고, 그와 같은 법관에 의한 사실확정과 법률의 해석적용의 기회에 접근하기 어렵도록 제약이나 장벽을 쌓아서는 아니 된다고 할 것이며, 만일 그러한 보장이 제대로 이루어지지 아니한다면 헌법상 보장된 재판을 받을 권리의 본질적 내용을 침해하는 것이다(憲 1995. 9. 28. -92헌가11등 참조). (나) 한편, 재심은 확정된 종국판결에 재심사유에 해당하는 중대한 하자가 있는 경우 그 판결의 취소와 이미 종결되었던 사건의 재심판을 구하는 비상의 불복신청방법으로서 그와 같은 중대한 하자가 있는 예외적인 경우에 한하여 법적 안정성을 후퇴시키고 구체적 정의를 실현하기 위하여 마련된 것이므로, 판결에 대한 불복방법의 하나인 점에서는 상소와 마찬가지라고 할 수 있지만, 상소와는 달리 재심은 확정판결에 대한 불복방법이고 확정판결에 대한 법적 안정성의 요청은 미확정판결에 대한 그것보다 훨씬 크기 때문에, 상소보다 더 예외적으로 인정되어야 한다는 점에서 차이가 있다(憲 2004. 12. 16. -2003헌바105 참조). (2) **재심제도와 입법형성권** 재심제도의 규범적 형성에 있어서, 입법자는 확정판결을 유지할 수 없을 정도의 중대한 하자가 무엇인지를 구체적으로 가려내어야 하는바, 이는 사법에 의한 권리보호에 관하여 한정된 사법자원의 합리적인 분배의 문제인 동시에 법치주의에 내재된 두 가지의 대립적 이념 즉, 법적 안정성과 정의의 실현이라는 상반된 요청을 어떻게 조화시키느냐의 문제로 돌아가므로, 결국 이는 불가피하게 입법자의 형성적 자유가 넓게 인정되는 영역이라고 할 수 있다. 우리 재판소는 어떤 사유를 재심사유로 정하여 재심을 허용할 것인가는 입법자가 확정판결에 대한 법적 안정성, 재판의 신속·적정성, 법원의 업무부담 등을 고려하여 결정하여야 할 입법정책의 문제라고 판시하여 왔다(憲 1996. 3. 28. -93헌바27; 2004. 12. 16. -2003헌바105 참조). 따라서 재심제도와 관련하여 인정되는 입법적 재량을 감안하다면, 민사소송법상 재심의 사유를 규정하고 있는 이 사건 조항의 위헌성에 대한 판단은, 입법자가 분쟁의 신속한 해결을 통한 법적 안정성의 확보에만 매몰되어 재판의 적정성이라는 법치주의의 또 다른 이념을 현저히 희생함으로써, 제반 기본권의 실현을 위한 기본권으로서의 재판청구권의 본질을 심각하게 훼손하는 등 입법형성권의 한계를 일탈하여 그 내용이 현저히 자의적인지 여부에 의하여 결정되어야 할 것이다. (3) **재판청구권 및 평등권 침해 여부** (가) 이 사건 조항은 재심사유를 11개의 항목으로 분류하여 한정적으로 열거하고 있는바, 이를 통하여 확정된 종국판결에 중대한 하자가 있는 경우 그 확정판결을 번복할 수 있는 기회를 부여하는 동시에 그 이외의 사유로는 확정판결을 다툴 수 없도록 규정함으로써, 당사자의 권리구제를 보장하는 한편 확정된 종국판결의 법적 안정성을 유지하고 불필요한 재심을 방지하여 분쟁해결의 실효성을 확보함과 아울러 사법자원의 효율적인 활용을 도모하기 위한 것이며, 나아가 재심사유가 법원의 자의적인 판단에 의해 좌우될 수 없도록 사전에 확정하는 것이라 할 수 있으므로, 그 입법목적의 정당성이 인정된다.」

V. 공정한 재판

(1) 헌법적 근거

헌법에는 공정한 재판에 관한 명문의 규정이 없지만, 법치주의의 이념인 정의에 비추어 볼 때, 법원에 의한 재판이 공정해야 한다는 것은 본질적 · 필연적인 것이므로 공정한 재판을 받을 권리는 憲法 제27조의 재판청구권과 사법의 독립을 정하고 있는 규정에 의하여 보장된다고 하겠다. 재판의 절차가 공정해야 할 뿐 아니라 이를 보장할 수 있는 법원의 구성에서도 공정성이 보장되어야 한다. 법관의 除斥, 忌避, 回避는 공정한 재판을 보장하기 위한 제도이다.

憲法裁判所도 공정한 재판을 받을 권리를 기본권이라고 판시하였다(예: 憲 1996. 12. 26. -94헌바1; 2001. 8. 30. -99헌마496 등).

(2) 내 용

공정한 재판을 받을 권리는 원칙적으로 당사자주의와 구두변론주의가 보장되어 당사자의 공격 · 방어권이 충분히 보장되는 재판을 받을 권리를 주된 내용으로 한다. 특히 형사절차의 경우 국가의 형벌권 행사에 대하여 개인은 심리적 압박과 행동의 자유 제약 등으로 인해 방어가능성이 상당히 제한되어 있고 형사절차의 단순한 객체로 전락하기 쉽다는 점에서, 공개된 법정의 법관의 면전에서 모든 증거자료가 조사 · 진술되고 피고인에게 공소사실에 대한 답변과 입증 및 반증의 기회가 부여되도록 보장하는 '공정한 재판을 받을 권리'는 형사재판절차에서 특별한 의미를 가진다. 헌법은 형사절차에 관한 일련의 규정들을 통하여 공정한 재판을 받을 권리를 구체화하고 있는데, 무죄추정의 원칙(憲法 §27④), 진술거부권(憲法 §12②), 변호인의 조력을 받을 권리(憲法 §12④) 등이 이에 해당한다.

憲法裁判所는 헌법 제27조 제1항과 제3항이 보장하고 있는 「공정한 재판」이란 헌법과 법률이 정한 자격이 있고 헌법 제104조 내지 제106조에 정한 절차에 의하여 임명되고 신분이 보장되며 독립하여 심판하는 법관으로부터 헌법과 법률에 의하여 그 양심에 따라 적법절차에 의하여 이루어지는 재판을 의미하고, 공정한 재판을 받을 권리에는 법관이 주재하는 공개된 법정에서 모든 증거자료가 조사 · 진술되고 이에 대하여 검사와 피고인이 서로 공격 · 방어할 수 있는 공평한 기회가 보장되는 재판을 받을 권리가 포함된다고 한다(예: 憲; 1996. 1. 25.-95헌가5; 1996. 12. 26.-94헌바 1; 2001. 8. 30.-99헌마496; 2008. 1. 10.-2007헌마1468). 검사의 청구에 의하여 법원으로 하여금 의무적으로 闕席裁判을 행하도록 하고, 重刑에 해당되는 사건에 대하여 피고인에게 출석 기회조차 주지 아니하여 답변과 입증 및 반증 등 공격 · 방어의 기회를 부여하지 않고, 피고인에게 불출석에 대한 개인적 책임을 전혀 물을 수 없는 경우까지 궐석재판을 행하게 하는 것은 그 입법목적의 달성에 필요한 최소한의 범위를 넘어서 피고인의 공정한 재판을 받을 권리를 과도하게 침해하는 것이고 적법절차의 원칙에도 위반된다(憲 1996. 1. 25.-95헌가5). 그러나 형사재판에 있어서 증거의 증명력에 대한 평가를 법관의 자유로운 판단에 맡기는 自由心證主義의 원칙(刑訴法 §308)은 법정증거주의의 불합리성을 극복하고 실체적 진실을 발견하기에 적합한 제도이므로 형사피고인의 공정한 재판을 받을 권리를 침해한 것이 아니라고 판시하였다(憲 2009. 11. 26.-2008헌바25).

[憲 1996. 1. 25.-95헌가5] 「헌법은 또 제27조 제1항에서 "모든 국민은 헌법과 법률이 정한 법관에 의하여 법률에 의한 재판을 받을 권리를 가진다"라고 규정하여 재판청구권을 보장하고 있다. 이 재판청구권은 형사피고인의 공정한 재판을 받을 권리를 포함한다. 여기서 공정한 재판이란 헌법과 법률이 정한 자격이 있고, 헌법 제104조 내지 제106조에 정한 절차에 의하여 임명되고 신분이 보장되어 독립하여 심판하는 법관으로부터 헌법과 법률에 의하여 그 양심에 따라 위에서 본 적법절차에 의하여 이루어지는 재판을 의미한다. 그 권리는 또한 재판절차를 규율하는 법률과 재판에서 적용될 실체적 법률이 모두 합헌적이어야 한다는 의미에서의 법률에 의한 재판을 받을 권리뿐만 아니라 재판의 공정을 보장하기 위하여 비밀재판을 배제하고 일반국민의 감시하에 재판의 심리와 판결을 받을 권리도 내용으로 하는 바, 이로부터 공개된 법정의 법관의 면전에서 모든 증거자료가 조사·진술되고 이에 대하여 피고인이 공격·방어할 수 있는 기회를 보장받을 권리가, 즉 원칙적으로 당사자주의와 구두변론주의가 보장되어 당사자에게 공소사실에 대한 답변과 입증 및 반증의 기회가 부여되는 등 공격·방어권이 충분히 보장되는 재판을 받을 권리가 파생되어 나온다. 한편 피고인이 없는 상태 하에서 재판인 궐석재판에 있어서는 피고인의 이러한 공격·방어권이 현저히 제한된다. 그러므로 형사소송법 제276조에는 피고인이 공판기일에 출석하지 아니한 때에는 특별한 규정이 없으면 개정하지 못한다고 규정하고 있고 다만 동법 제277조에 의하여 다액 10만원 이하의 벌금 또는 과료, 공소기각 또는 면소의 재판을 할 것이 명백한 사건이나 처음부터 피고인의 출석없이 공판을 개정할 수 있고, 소송촉진등에관한특례법 제23조에 의하여 제1심 공판절차에서 피고인에 대한 송달보고서가 접수된 후 6월이 경과하도록 피고인의 소재지가 확인되지 않으면 사형·무기 또는 단기 3년 이상의 징역이나 금고에 해당하지 아니하는 사건에 한하여 피고인의 진술없이 재판할 수 있을 뿐이어서 사형·무기 또는 단기 3년 이상의 징역이나 금고에 해당하는 중죄에 있어서는 어떤 경우에도 처음부터 피고인의 출정없이 재판할 수 없는 것이 형사소송의 절차에 관한 일반원칙인 것이다. 그런데 특조법 제7조 제5항은 특례법 제2조 제1항 소정의 죄 중 많은 죄(형법 제87조 제1호·제2호, 제88조, 제90조, 제92조 내지 제99조, 군형법 제5조 제1호·제2호, 제6조 내지 제8조, 제11조 내지 제16조, 국가보안법 제3조 제1항 제1호·제2호, 제2항, 제3항, 제4조 제1항 제1호 내지 제5호, 제5조 제1항, 제6조 제2항·제3항, 제9조 제1항, 제12조, 제13조, 군사기밀보호법 제13조 등)의 법정형이 사형·무기 또는 단기 3년 이상의 징역형인데도 특조법 제7조 제4항에 의한 송달 간주의 효력이 인정되는 이상 처음부터 이유여하를 막론하고 피고인의 출정없이 재판하여야 하는 것으로 규정하였다.

특조법이 상정하고 있는 반국가사범에 대한 궐석재판에 의한 처벌의 필요성을 일응 긍정한다고 하여도, 이 조항은 검사의 청구에 의하여 법원으로 하여금 처음부터 의무적으로 궐석재판을 행하도록 하고 있으며, 재판의 연기도 전혀 허용하지 않고 있어, 중형에 해당하는 사건들에 대하여도 피고인의 방어권이 일절 행사될 수 없는 상태에서 재판이 진행되도록 규정한 것이므로 위 형사소송에 관한 절차의 일반원칙에 저촉될 뿐만 아니라 그 입법목적의 달성에 필요한 최소한의 범위를 넘어서 피고인의 공정한 재판을 받을 권리를 과도하게 침해한 것이다. 비록 특조법 제7조 제5항에 "정당한 이유없이"라는 문언이 있으나 이는 동조 제4항의 송달간주규정과 첫 기일에 증거조사 없는 궐석재판으로 형을 선고하도록 규정한 제7항의 규정과 종합할 때 제3항의 공고를 거치지 않은 경우만을 뜻한다고 할 것이고 이 경우에 대하여도 제5항이나 제7항에 대한 예외규정이 없으므로 위 문언은 무의미한 것이다. 또 피고인이 판결선고 전에 출석하면 통상의 공판절차가 진행되며(특조법 제7조 제7항 단서), 판결선고 후에 체포되거나 검사에게 출석하면 상소 또는 재심이 가능하다(특조법 제11조 제1항, 제12조 제1항)는 것은 특조법 제7조 제5항에 의한 기본권의 침해가 이미 발생한 후 사후적으로 그 결과를 다소 시정하는 제도에 불과하며, 일반적으로 피고인에게 3심에 걸쳐 재판을 받을 권리가 보장되어 있는 점에 비추어 볼 때, 제1심에서 궐석재판으로 형이 선고될 수 있는 한, 이러한 사유만으로는 공정한 재판을 받을 권리의 제한이 필요한 최소한도에 국한하고 있다고 할 수는 없다. 더구나 법원의 소환절차도 소환공고를 1종 이상의 국내 신문에 게재한 뒤(특조법 제7조 제3항), 공고후 2주일이 경과되면 소환장이 피고인에게 송달된 것으로 간주하는 방식으로 이루어지는 것이므로(특조법 제7조 제4항), 결국 외국에 있는 피고인으로서는 소환공고를 전혀 모르는 상태에서, 즉 법정에 출석할 기회를 박탈당한 채 궐석재판이 행해질 수 있게 된다. 특조법 제2조 제1항에 정한 많은 죄들이 중한 형벌을 법정형으로 규정하고 있는데도 피고인에게 출석할 기회조차 주지 아니하여 답변과 입증 및 반증의 기회 등 공격·방어의 기회를 부여하지 않고, 피고인에게 불출석에 대한 개인적 책임을 전혀 물을 수 없는 경우까지 궐석재판을 행할 수 있다는 것은, 절차의 내용이 심히 적정하지 못하여 헌법 제12조 제1항 후문의 적법절차의 원칙에도 심히 반한다. 따라서 이 조항은 피고인의 재판을 받을 권리를 필요 이상으로 제한하고 있는 것이며 적법절차의 원칙에도 반하여, 헌법 제27조 제1항 및 제12조 제1항에 위반된다. **(2) 특조법 제7조 제6항, 제7항 본문의 위헌성** 특조법 제7조 제6항, 제7항 본문은 궐석한 피고인은 변호인 또는 보조인도 공판절차에 출석시킬 수 없고, 법원은 최초의 공판기일에 공소사실의 요지와 검사의 의견만을 듣고 증거조사도 없이 결심하여 피고인에 대한 형을 선고하도록 규정하였다. 위에서 본 바와 같이 헌법은 제12조 제1항 후문 후단에 규정된 적법절차의 원칙을 명시하고 있는 외에 제27조 제1항에서는 당사자가 공판절차에서 충분한 공격·방어권을 행사하는 것, 이러한 대심(對審)절차를 통하여 그리고 원칙적으로 법관의 면전에서 직접 조사된 증거를 토대로 한 객관적인 재판을 받을 권리, 재판절차를 규율하는 법률 및 재판에 적용될 실체적 법률이 모두 합헌성을 띠어야 한다는 의미에서의 "법률에 의한 재판을 받을 권리"를 내용으로 하는 공정한 재판을 받을 권리를 보장하고 있다. 그리고 피고인의 공격·방어방법 중 변호인의 조력을 받는 것이 피고인의 인권침해를 방지하기 위하여 가장 효율적이고 중요한 방법의 하나이므로, 형사소송법은 그 제30조에서 피고인은 변호인을 선임할 수 있음을 규정하였고, 그 제282조에서 사형, 무기 또는 단기 3년 이상의 징역이나 금고에 해당하는 사건에 한하여는 변호인 없이 개정하지 못한다고 규정하였다. 그런데 특조법 제2조 제1항에 규정한 죄 중 많은 죄의 법정형이 사형·무기 또는 단기 3년 이상의 징역형인 점은 위에서 본 바이다. 그럼에도 불구하고 피고인이 자신을 방어하기 위해 변호인도 출석시킬 수 없고, 또한 증거조사도 없이 실형을 선고받는다는 것은 공격·방어의 기회를 원천적으로 봉쇄당하는 것을 뜻하게 되므로, 특조법 제7조 제6항 및 제7항은 헌법 제12조 제1항에 정한 적법절차의 원칙에 반하고, 헌법 제27조 제1항에 정한 재판청구권을 특조법이 정한 목적의 달성에 필요한 최소한의 범위 이상으로 침해하는 것이라 아니할 수 없다. 또한 특조법 제7조 제7항 본문은 나아가 헌법 제101조 제1항에 의해 부여된 법원의 사법권을 과도하게 제약하고 있다. 사법(司法)의 본질은 법 또는 권리에 관한 다툼이 있거나 법이 침해된 경우에 독립적인 법원이 원칙적으로 직접 조사한 증거를 통한 객관적 사실인정을 바탕으로 법을 해석·적용하여 유권적인 판단을 내리는 작용이라 할 것이다. 그런데 특조법 제7조 제7항이 특정 사안에 있어 법관으로 하여금 증거조사에 의한 사실판단도 하지 말고, 최초의 공판기일에 공소사실과 검사의 의견만을 듣고 결심하여 형을 선고하라는 것은 입법에 의해서 사법의 본질적인 중요부분을 대체시켜 버리는 것에 다름 아니어서 우리 헌법상의 권력분립원칙에 어긋나는 것이다. 우리 헌법은 권력 상호간의 견제와 균형을 위하여 명시적으로 규정한 예외를 제외하고는 입법부에게 사법작용을 수행할 권한을 부여하지 않고 있다. 그런데도 입법자가 법원으로 하여금 증거조사도 하지 말고 형을 선고하도록 하는 법률을 제정한 것은 헌법이 정한 입법권의 한계를 유월하여 사법작용의 영역을 침범한 것이라고 할 것이다. 따라서 특조법 제7조 제7항 본문은 사법권의 법원에의 귀속을 명시한 헌법 제101조 제1항에도 위반된다.」

[憲 1996. 12. 26.-94헌바1] 「헌법이 공정한 재판을 받을 권리의 구체적인 내용까지 모두 규정하고 있다고는 볼 수 없다. 헌법이 보장하는 공정한 재판절차를 어떠한 내용으로 구체화할 것인가의 문제는 우선적으로 입법자의 과제이기 때문이다. 다만 입법자는 형사소송절차를 규율함에 있어서 형사피고인인 국민을 단순한 처벌대상으로 전락시키는 결과를 초래하는 등 헌법적으로 포기할 수 없는 요소를 무시한 재판절차를 형성할 수 없다는 입법형성의 한계를 가진다 할 것이다. 따라서 형사소송에 관한 절차법에서 소극적 진실주의의 요구를 외면한 채 범인필벌의 요구만을 앞세워 합리성과 정당성을 갖추지 못한 방법이나 절차에 의한 증거수집과 증거조사를 허용하는 것은 적법절차의 원칙 및 공정한 재판을 받을 권리에 위배되는 것으로서 헌법상 용인될 수 없다.」

Ⅵ. 신속한 재판

憲法은 제27조 제3항에서 「모든 국민은 신속한 재판을 받을 권리를 가진다」고 규정하고 있다. 효율적인 권리보호를 위해서는 적정한 기간 내에 권리구제절차가 이루어져야 한다. 지나치게 긴 소송기간은 아무리 정당한 재판일지라도 그 판결을 쓸

모없는 것으로 만들고 형사피고인에게는 정신적 불안과 고통을 증대시키는 것이 되며, 實體的 眞實發見 및 재판에 대한 국민의 신뢰와 형벌목적의 달성이라는 공익에도 저해가 된다는 점에서 재판청구권 보장을 위해 중요한 의미를 가진다. 재판이 장기간 지연될 때 증거물의 멸실 · 변형, 피고인이나 증인의 기억의 감퇴, 관계인의 사망 등으로 인하여 당사자가 자기 방어에 충실하지 못할 수 있고, 재판을 받아보아도 아무런 의미가 없는 사태가 발생할 수 있다.

헌법 제27조 제3항의 신속한 재판을 받을 권리의 適用範圍에는 判決節次 외에 執行節次도 포함된다. 민사상의 분쟁해결에 있어서 판결절차가 권리 또는 법률관계의 존부의 확정, 즉 청구권의 존부의 관념적 형성을 목적으로 하는 절차라면 강제집행절차는 권리의 강제적 실현, 즉 청구권의 사실적 형성을 목적으로 하는 절차이므로 강제집행절차에서는 판결절차에서보다 신속성이 더욱 강하게 요청된다(예: 憲 2005. 3. 31.-2003헌바92; 2007. 3. 29.-2004헌바93; 2007. 10. 25.-2006헌바39).

신속한 재판이라고 함은 재판의 기간을 가지고 그 신속여부를 판단하지만, 일반적으로 말하자면 적정한 재판을 하는데 필요한 기간을 넘어 부당하게 지연됨이 없는 재판을 의미한다. 憲法裁判所는 사법행위는 권리보호 또는 분쟁해결에 적합한 수단이어야 하므로 헌법 제27조 제3항에 의하여 보장되는 신속한 재판을 받을 권리의 「신속」의 개념에는 분쟁 해결의 시간적 단축뿐만 아니라 효율적인 절차의 운영이라는 요소도 포함된다고 본다(예: 憲 2007. 3. 29.-2004헌바93; 2007. 10. 25.-2006헌바39).

憲法裁判所는 신속한 재판을 받을 권리가 기본권임을 인정하면서도(憲 1995. 11. 30.-92헌마44; 1997. 11. 27.-94헌마60) 법률에 의한 구체적 형성 없이는 신속한 재판을 위한 어떤 직접적이고 구체적인 청구권이 발생하지 아니한다고 판시하고 있다(憲 1999. 9. 16.-98헌마75). 그러나 재판을 정당한 이유없이 지연하는 것은 당사자의 법적 지위를 불안정한 상태에 놓이게 하여 미래의 삶을 예측불가능한 상태에 처하게 하고, 일상적인 생활에서 정신적 · 신체적 활동을 제약하며, 경우에 따라서는 재산적 손해도 발생하게 할 수 있다. 재판의 지연으로 인하여 신속한 재판을 받을 권리 등 기본권을 침해당한 경우에는 헌법소원심판을 통하여 다툴 수 있다.

[憲 1995. 11. 30.-92헌마44] 「신속한 재판을 받을 권리는 주로 피고인의 이익을 보호하기 위하여 인정된 기본권이지만 동시에 실체적 진실발견, 소송경제, 재판에 대한 국민의 신뢰와 형벌목적의 달성과 같은 공공의 이익에도 근거가 있기 때문에 어느 면에서는 이중적인 성격을 갖고 있다고 할 수 있어, 형사사법체제 자체를 위하여서도 아주 중요한 의미를 갖는 기본권이다.」

[憲 1997. 11. 27.-94헌마60] 「헌법은 제27조 제3항에서 '모든 국민은 신속한 재판을 받을 권리를 가진다'고 하여 피고인으로 하여금 신속한 재판을 받을 권리를

기본권으로 보장하고 있고, 여기서의 신속한 재판이라 함은 적정한 재판을 확보함에 필요한 기간을 넘어 부당히 지연된 재판이 아닌 재판을 의미한다.」

[憲 1999. 9. 16.-98헌마75] 「헌법규정으로부터 도출되는 공권력 주체의 작위의무는, 헌법규범을 준수해야 하는 일반적인 의무가 아니라 개별사안에 있어서 이행해야 할 구체적인 작위의무를 말하며, 이에 근거하여 기본권 주체가 구체적인 공권력행위를 청구할 수 있는 권리가 발생해야 한다. 헌법 제27조 제3항 제1문은 "모든 국민은 신속한 재판을 받을 권리를 가진다"라고 규정하고 있다. 그러나 신속한 재판을 받을 권리의 실현을 위해서는 구체적인 입법형성이 필요하며, 다른 사법절차적 기본권에 비하여 폭넓은 입법재량이 허용된다. 특히 신속한 재판을 위해서 적정한 판결선고기일을 정하는 것은 법률상 쟁점의 난이도, 개별사건의 특수상황, 접수된 사건량 등 여러 가지 요소를 복합적으로 고려하여 결정되어야 할 사항인데, 이때 관할법원에게는 광범위한 재량권이 부여된다. 따라서 법률에 의한 구체적 형성 없이는 신속한 재판을 위한 어떤 직접적이고 구체적인 청구권이 발생하지 아니한다.」

憲法裁判所는 신속한 재판을 받을 권리의 실현을 위해서는 구체적인 입법형성이 필요하며, 다른 사법절차적 기본권에 비하여 폭넓은 立法裁量이 허용된다고 본다(예: 憲 1999. 9. 16.-98헌마75; 2007. 3. 29.-2004헌바93).

[憲 2007. 3. 29.-2004헌바93] 「신속한 재판을 받을 권리의 실현을 위해서는 구체적인 입법형성이 필요하며, 다른 사법절차적 기본권에 비하여 폭넓은 입법재량이 허용된다고 할 것이다. 당사자처분권주의는 민사소송절차에서와 마찬가지로 민사집행절차에서도 기본원칙에 해당하지만, 부동산에 관한 강제집행절차에 있어서는 다수의 이해관계자들의 효과적인 권리보호를 위하여 잉여주의가 중요한 기본원칙으로 기능하고 있다. 민사집행절차에서는 위의 두 원칙 모두 충분히 존중되어야 할 공익적 요청이며 구체적인 절차에서 당사자처분권주의와 잉여주의를 어떻게 조화시킬 것인가는 입법형성의 문제라고 할 수 있다.」

Ⅶ. 공개재판

公開裁判이라 함은 재판의 공정성을 확보하기 위하여 재판의 심리와 판결을 일반국민에게 공개하는 것을 말한다. 憲法 제27조 제3항은 「형사피고인은 상당한 이유가 없는 한 지체없이 공개재판을 받을 권리를 가진다」고 규정하여 공개재판을 받을 권리의 주체로 형사피고인을 명시하고 있지만, 「재판의 심리와 판결은 공개한다」고 정하고 있는 헌법 제109조의 규정을 볼 때 이는 형사피고인의 권리를 특히 강조한 것일 뿐 모든 국민에게 인정되는 권리라고 할 것이다. 다만, 헌법은 제109조에서 「국가의 안전보장 또는 안녕질서를 방해하거나 선량한 풍속을 해할 염려가 있을 때」에는 법원의 결정으로 審理를 공개하지 않을 수 있다고 하여 공개재판의 예외사유를 두고 있다. 그러나 이 경우에도 判決은 공개해야 한다. 性暴力犯罪의處罰및被害者保護등에관한法律에서는 피해자의 사생활을 보호하기 위하여 결정으로 심리를 비공개할 수 있도록 하고, 증인으로 소환을 받은 성폭력피해자와 그 가족은 증인신문의 비공개를 신청할 수 있도록 하고 있다(同法 §22).

憲法 제27조 제3항과 제109조에서 정하고 있는 재판의 공개는 제도의 보장이면서 동시에 공개재판을 받을 권리를 기본권으로 보장하는 것이기도 하다.

[大 1990. 6. 8.-90도646] 「공판은 제한된 공간인 법정에서 이를 행하여야 하는 것이므로(法組法 §56①, 刑訴法 §275①), 방청하기를 희망하는 국민 모두에게 무제한으로 방청을 허용할 수 없음은 너무도 당연하다. 따라서 법원이 법정의 규모, 질서의 유지, 심리의 원활한 진행 등을 고려하여 방청을 희망하는 피고인들의 가족 · 친지 기타 일반국민에게 미리 방청권을 발행하게 하고 그 소지자에 한하여 방청을 허용하는 등의 방법으로 방청인의 수를 제한하는 조치를 취하는 것이 공개재판주의의 취지에 반하는 것은 아니므로, 이 점에 관한 논지도 이유가 없다.」

Ⅷ. 형사피해자의 재판절차진술권

(1) 의 의

憲法은 제27조 제5항에서 「형사피해자는 법률이 정하는 바에 의하여 당해 사건의 재판절차에서 진술할 수 있다」고 규정하여 형사피해자의 재판절차진술권을 보장하고 있다. 형사피해자의 재판절차진술권이란 범죄로 인한 피해자가 당해 사건의 재판절차에 출석하여 자신이 입은 피해의 내용과 사건에 관하여 의견을 진술할 수 있는 권리를 말한다. 이 규정은 검사의 불기소처분에 의하여 피해자가 재판정에서 진술할 기회가 박탈되는 것을 방지하여 형사사법의 절차적 적정성을 확보하면서, 동시에 그 동안 단순히 심리의 대상에 그쳤던 형사피해자의 정당한 권리를 보장하기 위해 憲法 제30조의 犯罪被害者救助請求權과 함께 1987年憲法에 새롭게 규정되었다.

형사재판에서 형사피해자로 하여금 직접 진술하게 하는 것을 형사소송법에서 정하여 법률상의 권리로 보장할 것인가 현행 헌법과 같이 헌법에 정하여 기본권으로 보장할 것인가 하는 것은 법정책적인 문제이다. 형사피해자로 하여금 재판절차에서 진술할 수 있는 권리를 헌법에 명문으로 정하고 있는 경우는 드물다.

[憲 2003. 9. 25.-2002헌마533] 「헌법 제27조 제5항에서는 "형사피해자는 법률이 정하는 바에 의하여 당해 사건의 재판절차에서 진술할 수 있다"라고 규정하여 형사피해자의 재판절차진술권을 보장하고 있다. 이러한 형사피해자의 재판절차진술권은 범죄로 인한 피해자가 당해 사건의 재판절차에 증인으로 출석하여 자신이 입은 피해의 내용과 사건에 관하여 의견을 진술할 수 있는 권리를 말하는데, 이는 피해자 등에 의한 사인소추를 전면 배제하고 형사소추권을 검사에게 독점시키고 있

는 현행 기소독점주의의 형사소송체계 아래에서 형사피해자로 하여금 당해 사건의 형사재판절차에 참여하여 증언하는 이외에 형사사건에 관한 의견진술을 할 수 있는 청문의 기회를 부여함으로써 형사사법의 절차적 적정성을 확보하기 위하여 이를 기본권으로 보장하는 것이다(憲 1989. 4. 17.-88헌마3 참조). 헌법 제27조 제5항이 정한 법률유보는 법률에 의한 기본권의 제한을 목적으로 하는 자유권적 기본권에 대한 법률유보의 경우와는 달리 기본권으로서의 재판절차진술권을 보장하고 있는 헌법규범의 의미와 내용을 법률로써 구체화하기 위한 이른바 기본권형성적 법률유보에 해당한다(憲 1993. 3. 11.-92헌마48). 따라서 헌법이 보장하는 형사피해자의 재판절차진술권을 어떠한 내용으로 구체화할 것인가에 관하여는 입법자에게 입법형성의 자유가 부여되고 있으며, 다만 그것이 재량의 범위를 넘어 명백히 불합리한 경우에 비로소 위헌의 문제가 생길 수 있다.」

(2) 내 용

憲法 제27조 제5항에 따라 법원은 범죄로 인한 피해자의 신청이 있는 경우에는 그 피해자를 증인으로 신문하여야 하며(刑訴法 §294의2①), 피해자를 신문하는 경우 당해 사건에 관한 의견을 진술할 기회를 주어야 한다(同條 ②). 그런데, 형사피해자는 검사나 피고인의 신청에 의한 증인이 아니므로 당사자주의 소송구조에 모순될 여지가 있고, 피해자의 진술을 무제한 허용할 경우 재판절차가 현저하게 지연될 우려가 있는 등 신속한 재판의 이념에 반할 수 있으므로 법원은 일정한 경우 피해자의 신청이 있는 경우에도 증인으로 신문할 것을 요하지 아니한다(刑訴法 §294의2① 但書).

憲法裁判所는 형사피해자가 고소·고발한 사건에 대하여 검사가 이유 없이 불기소처분하는 것은 형사피해자의 재판절차진술권을 침해하는 것이라고 판시하여 검사의 불기소처분에 의하여 침해되는 주요한 기본권으로 이 권리를 들고 있다(예: 憲 2007. 2. 22.-2006헌마639; 2007. 4. 26.-2005헌마1220). 여기서 말하는 형사피해자는 형사실체법상의 보호법익을 기준으로 한 피해자 개념에 한정되지 아니하고, 당해 범죄행위로 말미암아 법률상 불이익을 받게 된 자를 포함하는 넓은 의미이다(예: 憲 1992. 2. 25.-90헌마91; 1993. 3. 11.-92헌마48).

[憲 1992. 2. 25.-90헌마91] 「검사의 불기소처분에 대하여 기소처분을 구하는 취지에서 헌법소원을 제기할 수 있는 자는 원칙적으로 헌법상 재판절차진술권(憲法 §27⑤)의 주체인 형사피해자에 한하는 것임은 당 재판소의 판례로 되어 있는 바이다(憲 1989. 12. 22.-89헌마145 등). 그러나 여기서 말하는 형사피해자의 개념은 헌법이 형사피해자의 재판절차진술권을 독립된 기본권으로 인정한 취지에 비추어 넓게 해석할 것으로 반드시 형사실체법상의 보호법익을 기준으로 한 피해자 개념에 의존하여 결정하여야 할 필요는 없다. 다시 말하여 형사실체법상으로는 직접적인 보호법익의 주체로 해석되지 않는 자라 하여도 문제되는 범죄 때문에 법률상 불이익을 받게 되는 자라면 헌법상 형사피해자의 재판절차진술권의 주체가 될 수 있고 따라서 검사의 불기소처분에 대하여 헌법소원심판을 청구할 수 있는 청구인 적격을 가진다고 할 것이다. 그렇다면 위증죄가 직접적으로는 개인적 법익에 관한 범죄가 아니고 그 보호법익은 원칙적으

로 국가의 심판작용의 공정이라 하여도 이에 불구하고 위증으로 인하여 불이익한 재판을 받게 되는 사건 당사자는 재판절차진술권의 주체인 형사피해자가 된다고 보아야 할 것이고 따라서 검사가 위증의 피의사실에 대하여 불기소처분을 하였다면 헌법소원을 제기할 수 있는 청구인 적격을 가진다고 할 것이므로(憲 1991. 11. 25.-91헌마61 참조)……」

[219] 第五 制限과 그 限界

I. 일반적 제한

(1) 개 설

재판청구권도 절대적인 권리는 아니므로 헌법 제37조 제2항에 따라 국가안전보장·질서유지·공공복리를 위하여 필요한 경우 법률로써 제한할 수 있다. 재판청구권을 제한하는 법률로는 法院組織法, 民事訴訟法, 刑事訴訟法, 軍事法院法, 憲法裁判所法, 少額事件審判法 등이 있다.

재판청구권은 실체적 기본권을 관철하기 위한 절차적 기본권으로서, 특정한 생활영역의 보호를 그 대상으로 하는 실체적 기본권과는 본질적으로 다른 성질을 가지기 때문에 提訴가능성을 제한하는 법률규정이 헌법상의 재판청구권에 위배되는지 여부에 대한 심사에서 법익형량을 위해 필요한 실체적 기준이나 근거를 제공하지 아니한다. 그러므로 재판청구권을 제한하는 절차법 규정들에 대한 위헌성 심사에 있어서 형식적 심사에 그치기 쉽고, 결과적으로 재판청구권의 제한에 관하여는 다른 기본권에 비하여 입법자에게 광범위한 입법형성권이 인정된다.

[憲 2002. 10. 31.-2001헌바40] 「재판청구권의 실현이 법원의 조직과 절차에 관한 입법에 의존하고 있기 때문에 입법자에 의한 재판청구권의 구체적 형성은 불가피하며, 따라서 입법자는 청구기간이나 제소기간과 같은 일정한 기간의 준수, 소송대리, 변호사 강제제도, 소송수수료 규정 등을 통하여 원칙적으로 소송법에 규정된 형식적 요건을 충족시켜야 비로소 법원에 제소할 수 있도록, 소송의 주체, 방식, 절차, 시기, 비용 등에 관하여 규율할 수 있다. 그러나 헌법 제27조 제1항은 권리구제절차에 관한 구체적 형성을 완전히 입법자의 형성권에 맡기지는 않는다. 입법자가 단지 법원에 제소할 수 있는 형식적인 권리나 이론적인 가능성만을 제공할 뿐 권리구제의 실효성이 보장되지 않는다면 권리구제절차의 개설은 사실상 무의미할 수 있다. 그러므로 재판청구권은 법적 분쟁의 해결을 가능하게 하는 적어도 한번의 권리구제절차가 개설될 것을 요청할 뿐 아니라 그를 넘어서 소송절차의 형성에 있어서 실효성 있는 권리보호를 제공하기 위하여 그에 필요한 절차적 요건을 갖출 것을 요청한다. 비록 재판절차가 국민에게 개설되어 있다 하더라도, 절차적 규정들에 의하여 법원에의 접근이 합리적인 이유로 정당화될 수 없는 방법으로 어렵게 된다면, 재판청구권은 사실상 형해화될 수 있으므로, 바로 여기에 입법형성권의 한계가 있다.」

(2) 소송비용과 재판청구권의 제한

법치국가의 이념에 비추어 볼 때, 私人의 권리보호와 私法秩序를 유지하기 위하여 민사소송제도를 설치한 국가가 원칙적으로 법원의 물적 시설 · 인건비를 부담하는 것이 당연하지만, 개개의 소송수행에 필요한 비용까지 모두 국가가 부담하는 것은 민사소송의 본질에서나 국가재정의 견지에서도 적당하지 않다. 따라서 개개의 소송수행을 위하여 지출되는 비용은 당사자의 부담으로 하는 것이 법원의 재정조달을 위한 적정한 해결책이 될 수 있는데, 이는 불필요하고 성공가능성이 없는 소송을 제기하는 것을 막을 수 있고, 濫訴에 따른 법원의 과중한 업무부담으로 인하여 법원에 의한 권리구제의 양질성과 효율성이 저하되는 것도 방지할 수 있을 뿐만 아니라 법적 안정성도 보증함으로써 넓은 의미에서는 국민의 권리보호와 법적 생활의 안정에 기여하는 것이다(예: 憲 1994. 2. 24.-93헌바10등).

그런데 소송수행을 위하여 지출한 비용 중에서 어느 범위의 것을 소송비용으로 하여 패소한 당사자에게 부담시킬 것인가, 또는 소송수수료 특히 印紙貸를 어떠한 형태로 어느 정도로 정할 것인가는 그 나라의 재판제도와 국가의 재정여건, 재판제도를 이용하는 국민의 법의식과 사회적 여건 등을 고려하여 국민의 효율적인 권리보호와 소송제도의 적정하고 합리적인 운영이 가능하도록 입법자가 법률로 정할 성질의 광범위한 재량영역에 속한다. 그러나 입법자가 정한 소송비용의 범위가 과도하게 넓다거나 인지액이 소송물가액 등에 비추어 지극히 다액이어서 자신의 정당한 권리실행을 위하여 소송제도를 이용하려는 사람들(특히 경제적인 능력이 부족한 사람들)의 법원에의 접근을 사실상 어렵게 한다면 憲法 제27조가 보장하는 재판청구권을 침해하게 된다(예: 憲 1996. 8. 29.-93헌바57).

[憲 1996. 8. 29.-93헌바57] 「(1) **인지대의 의의** (가) 근대의 법치국가는 원칙적으로 사인(私人)의 자력구제를 금지하면서 한편 사인의 권리보호와 사법질서를 유지하기 위하여 민사소송제도를 설치하여 사인간에서는 사권을 확정함으로써 개인의 권리보호와 의무준수를 보장하고 국가적 측면에서는 사법질서를 유지할 수 있도록 사법부인 법원에 그 기능의 수행을 맡기고 있다. 국가는 문화적 과제의 하나로서 위와 같은 목적을 수행하기 위하여 법원을 설치 · 운영하는 것이므로 법원의 물적 시설 · 인건비는 되도록 국가가 부담하는 것이 당연하지만, 그렇다고 하여 개개의 소송수행을 위하여 필요한 비용까지 모두 국가가 부담하여야만 한다면 결국 개별적인 소송비용까지 납세자 일반의 부담으로 돌아가는 것을 뜻하는 것으로서, 개인이 소송제도를 이용함으로써만 소송제도와 관계를 맺게 되는 민사소송의 본질에서나 국가재정의 견지에서도 적당하지 않다. 따라서 개개의 소송수행을 위하여 지출되는비용은 원칙적으로 법원에 권리구제를 구하는 당사자의 부담으로 하는 것이 법원의 재정조달을 위한 적정한 해결책이 될 수 있다. 또한 이러한 해결책은 납세자 일반의 조세부담에 의하여 불필요하고 성공가능성이 없는 소송을 제기하는 것을

막을 수 있고, 나아가 남소에 따른 법원의 과중한 업무부담으로 인하여 법원에 의한 권리구제의 양질성과 효율성이 저하되는 것도 방지할 수 있을 뿐만 아니라 법적 안정성도 보증함으로써 넓은 의미에서는 국민의 권리보호와 법적 생활의 안정에 기여하는 것이다(憲 1994. 2. 24.-93헌바10 참조). (나) 우리나라도 위와 같은 취지에서 국민이 소송제도를 이용하고자 법원에 소송을 제기하는 때에는 수익자부담의 원칙에서 그 이용대가의 일부 또는 수수료를 징수한다는 의미에서 일정액의 인지를 첩부하게 하고 기타 소송비용을 당사자의 부담으로 하는 이른바 재판유상주의(裁判有償主義)를 채택하고 있다.……국민의 권리구제를 위한 민사소송제도를 운영하면서 개개의 소송수행에 필요한 경비를 소송제도를 이용하는 당사자의 부담으로 하는 수익자부담의 원칙을 채택하고 형식적으로 법원의 문을 누구에게나 개방한다고 하더라도, 자력이 부족한 자에 대하여도 소송을 제기함에 있어서 지나치게 많은 인지를 첩부하도록 요구하고 인지를 붙이지 아니하는 경우 소장을 각하하도록 한다면, 그러한 규정은 그 비용을 지출할 자력이 부족한 자에 대하여는 제소의 기회를 형식상 보장하고 있을 뿐 실질적으로는 그 기회를 이용하기 심히 어렵게 되어 결국 자력이 부족한 당사자에게 불합리하게 소송에 의한 권리구제의 기회를 제한하는 문제가 발생할 뿐만 아니라, 소송을 제기하는 자 사이에 경제력에 따른 불합리한 차별을 가져옴으로써 헌법 제11조 제1항에 의하여 보장된 평등의 원칙에도 위반될 가능성이 농후한 것이다.」

[憲 2002. 4. 25.-2001헌바20] 「소송수행을 위하여 지출한 비용 중에서 어느 범위의 것을 소송비용으로 하여 패소한 당사자에게 부담시킬 것인가, 특히 변호사보수를 소송비용에 산입하여 패소한 당사자로부터 이를 상환받을 수 있게 할 것인지는 국가의 재정규모, 국민의 권리의식과 경제적·사회적 여건, 소송실무에 있어 변호사대리의 정도 및 변호사강제주의를 채택하였는지 여부 등을 고려하여 국민의 효율적인 권리보호와 소송제도의 적정하고 합리적인 운영이 가능하도록 입법자가 법률로 정할 성질의 것이다. 그러나 입법자가 정한 소송비용의 범위가 과도하게 넓다거나 비교적 고액인 변호사보수가 아무런 제한 없이 모두 소송비용에 산입된다면 패소한 당사자의 경우에 상환하여야 할 소송비용액이 과도하게 높게 되어 자신의 정당한 권리실행을 위하여 소송제도를 이용하려는 사람들도 패소할 경우에 부담하게 될 소송비용의 상환으로 인하여 소송제도의 이용을 꺼리게 될 위험이 있고, 특히 경제적인 능력이 부족한 사람들에게는 법원에의 접근을 사실상 어렵게 하여 결과적으로 헌법 제27조가 보장하는 재판청구권을 제한하게 된다.」

《행정소송과 헌법소송에서 승소한 경우의 소송비용의 부담 문제》

행정청의 행정처분이나 행정입법의 위법성을 다투기 위하여 국민이 소송을 제기하거나 법률의 위헌여부를 다투기 위하여 국민이 위헌법률심판제청신청이나 헌법재판소법 제68조 제1항 또는 제2항의 헌법소원심판을 청구하여 청구인이 승소한 경우에 변호사 비용을 포함하여 소송비용을 승소한 당사자가 부담하고 있다. 과연 이러한 것이 타당한가 하는 문제가 있다. 국가가 입법행위를 하거나 행정행위를 하는 경우에는 언제나 헌법과 법률에 합치하도록 하여야 한다. 그런데 국가의 이러한 행위가 헌법이나 법률에 위반하여 한 경우에 이를 교정하는 것은 국가가 하여야 하고, 국민은 이를 교정할 의무를 지지 않는다. 그런데 국가가 이러한 위법행위를 하고도 이를 시정하는 조치(법률의 개정 또는 폐지, 행정행위의 최소 또는 변경)를 하지 않고 있어 국민에게 피해가 발생한 경우에, 어떤 국민이 이러한 행위를 바로잡아 자기가 받게 되거나 받은 피해를 예방 또는 제거하고자 하는 때에 그에 소요되는 비용을 국민이 부담하여야 하는가 국가가 부담하여야 하는가 하는 문제가 발생한다. 이러한 경우에 한편으로 보면 당사자의 권리를 구제하는 것이어서 그 비용을 당사자가 부담하여야 하는 것으로 보이기도 하지만, 다른 한편 이러한 소송으로 승소한 행위는 국민이 국가의 위헌·위법행위를 바로잡아 주었다는 것이 되고, 또 이러한 소송행위로 해당 당사자만 이익을 보는 것이 아니라 나머지 모든 국민들도 이익을 보기 때문에 이러한 재판에 소요되는 소송비용을 당사자가 부담하게 되면 특정 개인의 부담하에 나머지 제 3 자는 모두 無賃乘車하는 결과를 가져오고 국가의 잘못을 바로잡는 비용을 국민이 부담하여야 한다는 결과가 되어 불합리하다. 이러한 것은 한편으로 국민의 재판청구권을 침해하는 것인 동시에 다른 한편으로는 재산권도 침해하는 것이 된다. 따라서 이러한 경우에 그 비용은 국가가 부담하는 것이 타당하다고 할 것이다.

(3) 상고의 제한

법률규정을 통하여 상고이유를 제한하거나 上告審理不續行制度(상고심절차에관한특례법§4에 의하여 대법원은 상고이유에 관한 주장이 동조상의 일정한 사유를 포함하지 아니한다고 인정되는 때에는 더 나아가 심리를 하지 아니하고 판결로 상고를 기각할 수 있는 제도를 말한다)를 둠으로써 대법원의 상고심 재판을 받을 권리를 제한하는 것은 일응 입법에 의한 헌법상의 재판청구권에 대한 제한에 해당한다. 헌법재판소는 이러한 제도는 헌법에 위반되지 않는다고 판시하였다(예: 憲 1997. 10. 30. -97헌바37등).

앞에서 살펴본 바와 같이, 대법원의 재판을 받을 권리는 기본권이기 때문에 이러한 제한이 과잉금지원칙 등 기본권제한의 한계를 넘어서는 때에는 헌법에 위반된다. 상고를 제한하는 경우에도 한계가 있으며, 그 제한이 입법형성의 자유에 해당하는 것은 아니다.

(4) 제소기간에 의한 제한과 명확성

특정한 법률에서 권리 또는 이익의 침해를 당한 자가 이에 불복하여 구제받을 수 있는 절차를 규정함으로써 국민들의 재판받을 권리를 구체화하면서 提訴期間(=出訴期間)을 정하고 있는 경우 국민들이 이러한 제소기간을 도과하여 재판을 청구하는 때에는 그 제소가 부적법한 소로서 각하되므로 결국 제소기간을 정한 법률규정은 국민의 재판청구권 행사의 일정한 제한에 해당한다.

제소기간에 의한 출소의 제한은 재판청구권에 대하여 직접적인 제한을 가하는 것이지만, 그 제한이 구체적 법률관계의 성질에 비추어 그 법률관계를 조속히 확정할 합리적인 필요가 인정되는 경우에는 憲法 제37조 제 2 항에 따라 상당한 범위 내에서 입법자에게 기간설정의 재량이 허용된다.

憲法裁判所는 재판을 청구할 수 있는 기간을 정하는 것은 입법자가 입법형성재량에 기초하여 정책적 판단에 따라 결정할 문제로서 입법부에 주어진 합리적인 재량의 한계를 일탈하지 아니하는 한 위헌이라고 판단할 것은 아니라고 본다(예: 憲 1996. 8. 29.-95헌가15; 1996. 8. 29.-93헌바63; 2002. 11. 28.-2002헌바38; 2004. 12. 16.-2003헌바78; 2006. 2. 23.-2003헌바38등; 2007. 12. 27.-2006헌바11). 裁定申請期間을 10일로 제한하는 것은 형사피해자의 재판절차진술권과 재판청구권의 보장을 사실상 형해화할 정도로 재정신청제도의 구체적 형성에 관한 입법재량을 일탈한 것이 아니라고 판시하였다(예: 憲 2009. 6. 25.-2008헌마259).

제소기간과 같은 不變期間은 헌법상의 재판청구권과 직접 관련되는 사항이므로 재판청구권 행사의 예측가능성을 보장하기 위해 제소기간에 관한 규정은 일반국민들이 알아보기 쉽고 명확하게 규정하여야 한다(불변기간 명확화의 원칙. 예: 憲 1993. 12. 23.-92헌가12).

> [憲 1993. 12. 23.-92헌가12] 「헌법은 제27조 제1항에서 모든 국민이 헌법과 법률이 정한 법관에 의하여 법률에 의한 재판을 받을 권리를 가짐을 선언하고 있으면서도, 제37조 제2항에서 이러한 국민의 기본권의 하나인 재판을 받을 권리도 질서유지와 공공복리를 위하여 필요한 경우에 법률에 의하여 제한될 수 있는 가능성을 인정하고 있다. 그러나, 법률에 의하여 국민의 재판청구권을 제한할 수 있다고 하더라도, 그 법률은 그 권리를 제한하는 경우에 국민들이 나무랄 수 없는 법의 오해로 재판을 받을 권리를 상실하는 일이 없도록 알기 쉽고, 여러 가지 해석이 안 나오게끔 명확하게 규정되어야 한다. 특히 이 법 제68조 제1항은 위법한 과세처분에 대한 국민의 재판을 받을 권리의 행사에 직접 관련되는 불변기간에 관한 규정이기 때문에 더욱 그러하다. 즉, 제소기간과 같은 불변기간은 늘릴 수도 줄일 수도 없는 기간이며, 국민의 기본권의 하나인 재판을 받을 권리의 행사와 직접 관련되는 사항인 것이다. 그러므로 제소기간에 관한 규정을 일반국민들이 알아보기 쉽고 명확하게 규정하여야 한다는 요청은 그것이 바로 재판을 받을 권리의 기본권 행사에 있어서 예측 가능성의 보장일 뿐 아니라 재판을 받을 권리의 실질적인 존중이며 나아가 법치주의의 이상을 실현시키는 길이기도 한 것이다.」
>
> [憲 1996. 8. 29.-95헌가15] 「출소기간의 제한은 재판청구권에 대하여 직접적인 제한을 가하는 것이지만, 그 제한이 재판청구권의 본질적 내용을 침해하지 아니하는 한, 각 구체적 법률관계의 성질에 비추어 그 법률관계를 조속히 확정할 합리적인 필요가 인정되는 경우에는 헌법 제37조 제2항에 따라 상당한 범위 내에서 입법재량으로 허용되는 것이라 할 것이다. 즉 특별히 법률관계를 조속히 확정할 필요가 없음에도 그 권리의 행사여부 및 시기를 실체적 권리자의 선택에 맡기지 아니하고 합리적 이유없이 출소기간을 설정하여 실체적 권리의 행사를 부당하게 제한하거나 법률관계의 조속한 확정의 필요가 인정되는 경우라도 그 출소기간을 지나치게 단기간으로 하여 출소하는 것이 사실상 불가능하거나 매우 어렵게 되는 등 출소기간이 현저히 불합리하여 '사실상 재판의 거부'라고 볼 수 있는 경우가 아닌 한 출소기간의 제한은 입법재량으로 허용되는 것이라 할 것이다.」
>
> [憲 1996. 8. 29.-93헌바63] 「일반적으로 행정소송에 관한 절차를 어떻게 구성할 것인가, 특히 제소기간을 얼마동안으로 할 것인가는 기본적으로 입법형성권을 가진 입법권자가 결정할 사항이다. 물론 이러한 입법재량도 헌법상 보장된 기본권

인 재판청구권의 본질적 내용을 침해하거나 비례의 원칙에 어긋나는 것이어서는 아니 된다. 이러한 경우로는 예컨대, 법률관계의 조속한 확정의 필요가 인정되는 경우에 있어서도, 그 제소기간을 너무 짧게 정하여 소를 제기하는 것이 사실상 불가능하거나 매우 어렵게 되는 경우라든가, 제소기간은 소송을 제기하기에 상당한 기간을 두고 있다고 하더라도, 기간을 계산함에 있어서 그 기산일을 누구나 쉽사리 이해할 수 있도록 명확하게 규정하지 아니하고, 법률전문가로서도 혼란을 일으킬 정도로 불명확하고 모호하게 규정한 경우가 그 예이다. 따라서 위의 예에서 본 경우와 같은 재판청구권 제한의 한계를 벗어난 예외적인 경우가 아니면, 제소기간의 제한은 비록 재판청구권에 관한 직접적인 제한인 것이 분명하지만, 구체적인 적용대상 법률관계의 성질에 따라 그 법률관계를 조속히 확정할 합리적인 필요가 있는지의 여부에 따라 상당한 범위 안에서 입법권자의 재량범위가 폭넓게 허용되어야 한다.」

(5) 송달방법과 재판청구권

법률에서 경매절차를 정하고 있고, 경매신청에 있어서 送達에서 민사소송법상의 到達主義와 달리 發信主義의 특례를 정하고 있는 경우에, 이러한 발송송달이 신속한 집행절차를 실현하기 위한 것이고 그 방법이 비례원칙과 평등원칙이 어긋나지 않는 한 이는 재판청구권을 침해한 것이 아니다(憲 1998. 9. 30. −98헌가7). 그런데 이런 발송송달의 특례를 금융기관에만 인정하고 일반 채권자에게는 인정하지 않는 것은 임의경매에서는 문제가 없으나 강제경매에서는 금융기관인 경매신청인과 금융기관이 아닌 경매신청인을 합리적인 이유없이 차별대우를 하는 것이어서 평등원칙에 위반된다(憲 1998. 9. 30. −98헌가7).

Ⅱ. 예외적 제한

(1) 국회의 자율성

재판청구권은 그 성질상 폭넓은 입법형성의 자유가 인정되므로 그 제한의 형식도 입법에 의한 제한이 거의 대부분이나, 헌법에서 직접 재판청구권을 제한하는 경우도 있다. 헌법 제64조 제4항은 국회에서 행한 의원에 대한 資格審査, 懲戒, 除名處分에 대하여는 법원에 제소할 수 없다고 규정하여(憲法 §64 ②,③,④) 국회의 자율성을 존중하는 차원에서 재판청구권을 제한하고 있다.

(2) 군인 · 군무원에 대한 군사법원의 재판

군인이나 군무원 등은 일반국민과 달리 군사법원의 재판을 받는다(憲法 §27②). 헌법 제110조는 군사재판을 관할하기 위하여 특별법원으로서 군사법원을 둘 수 있고(同條 ①), 군사법원의 상고심은 대법원에서 관할하며(同條 ②) 군사법원의 조직 · 권한 및 재판관의 자격은 법률로 정한다(同條 ③)고 규정하여 헌법에 직접 특별법원으로서 군사법원을 설치할 수 있는 근거를 두고 있다.

그런데 헌법 제110조 제 1 항에서 「특별법원으로서 군사법원을 둘 수 있다」는 의미는 군사법원을 일반법원과 조직 · 권한 및 재판관의 자격을 달리하여 특별법원으로 설치할 수 있다는 뜻으로 해석되므로 법률로 군사법원을 설치함에 있어서 군사재판의 특수성을 고려하여 그 조직 · 권한 및 재판관의 자격을 일반법원과 달리 정하는 것은 헌법상 허용되고 있다. 이러한 군사재판은 군인 · 군무원이라는 특수한 신분관계로 인하여 재판을 하는 법원이 달라지는 예외적인 경우로서, 군사작전이나 군기확립의 필요에 의하여 군인으로 구성된 특별법원인 군사법원에서 군인 · 군무원 등에 대한 형사범죄를 재판하는 것이므로 특별법원에 의한 재판일 뿐 재판청구권의 제한이라고 할 수 없다.

[憲 1996. 10. 31.-93헌바25] 「군사법원법 제 6 조가 일반법원과 따로 군사법원을 군부대 등에 설치하도록 하였다는 사유만으로 청구인이 주장하는 바와 같이 헌법이 허용한 특별법원으로서 군사법원의 한계를 일탈하여 사법권의 독립을 침해하고 위임입법의 한계를 일탈한 것이거나 헌법 제27조 제 1 항의 재판청구권, 헌법 제11조의 평등권을 본질적으로 침해한 것이라고 할 수 없고 또한 같은 법 제 7 조, 제23조, 제24조, 제25조가 일반법원의 조직이나 재판부구성 및 법관의 자격과 달리 군사법원에 관할관을 두고 군검찰관에 대한 임명, 지휘, 감독권을 가지고 있는 관할관이 군판사 및 심판관의 임명권 및 재판관의 지정권을 가지며 심판관은 일반장교 중에서 임명할 수 있도록 규정하였다고 하여 바로 위 조항들 자체가 청구인이 주장하는 바와 같이 군사법원의 헌법적 한계를 일탈하여 사법권의 독립과 재판의 독립을 침해하고 죄형법정주의에 반하거나 인간의 존엄과 가치, 행복추구권, 평등권, 신체의 자유, 정당한 재판을 받을 권리 및 정신적 자유를 본질적으로 침해하는 것이라고 할 수 없다.」

(3) 국가긴급상태와 재판청구권의 제한

국가의 安危에 관계되는 중대한 교전상태 등 국가긴급시에는 대통령이 발한 긴급명령에 의하여(憲法 §76②) 재판청구권이 제한될 수 있으며, 특히 전시 · 사변 또는 이에 준하는 국가비상사태가 발생하여 비상계엄이 선포된 경우에는 법률이 정하는 바에 의하여 법원의 권한에 관하여 특별한 조치를 할 수 있으므로(憲法 §77③) 이러한 특별조치에 의하여 국민의 재판청구권이 제한될 수 있다. 비상계엄이 선포된 경우에는 일반국민도 군사법원의 재판을 받을 수 있고(憲法 §27②; 軍事法院法 §3①), 사형이 선고되는 경우를 제외하고 일정한 범죄에 대하여는 單審으로 할 수 있어(憲法 §110③) 상소권까지 제한된다.

Ⅲ. 제한의 한계

재판청구권을 제한하는 경우에도 헌법 제37조 제 2 항에서 정하는 과잉금지원칙과 본질적 내용 침해금지의 원칙이 적용된다(예: 憲 1995. 9. 28.-92헌가11등; 2002. 2. 28.-2001헌가18; 2009. 10. 29.-2008헌바101).

[憲 1995. 9. 28.-92헌가11등] 「법관에 의한 재판을 받을 권리를 보장한다고 함은 결국 법관이 사실을 확정하고 법률을 해석·적용하는 재판을 받을 권리를 보장한다는 뜻이고, 그와 같은 법관에 의한 사실확정과 법률의 해석적용의 기회에 접근하기 어렵도록 제약이나 장벽을 쌓아서는 아니 된다고 할 것이며, 만일 그러한 보장이 제대로 이루어지지 아니한다면 헌법상 보장된 재판을 받을 권리의 본질적 내용을 침해하는 것으로서(憲 1992. 6. 26.-90헌바25 참조) 우리 헌법상 허용되지 아니한다(헌법 §37②).」

[憲 2002. 2. 28.-2001헌가18] 「헌법 제27조 제1항은 "모든 국민은 헌법과 법률이 정한 법관에 의하여 법률에 의한 재판을 받을 권리를 가진다"고 규정함으로써 모든 국민은 헌법과 법률이 정한 자격과 절차에 의하여 임명되고(헌법 §101③, §104, 법원조직법 §41 내지 §43), 물적 독립(헌법 §103)과 인적 독립(헌법 §106, 법원조직법 §46)이 보장된 법관에 의하여 합헌적인 법률이 정한 내용과 절차에 따라 재판을 받을 권리를 보장하고 있다. 한편, 재판이라 함은 구체적 사건에 관하여 사실의 확정과 그에 대한 법률의 해석·적용을 그 본질적인 내용으로 하는 일련의 과정이다. 따라서 법관에 의한 재판을 받을 권리를 보장한다고 함은 결국 법관이 사실을 확정하고 법률을 해석·적용하는 재판을 받을 권리를 보장한다는 뜻이고, 만일 그러한 보장이 제대로 이루어지지 아니한다면, 헌법상 보장된 재판을 받을 권리의 본질적 내용을 침해하는 것으로서 우리 헌법상 허용되지 아니한다. 그런데 이 사건 법률조항은 변호사에 대한 징계결정에 대하여 불복이 있는 경우에도 법관에 의한 사실확정 및 법률적용의 기회를 주지 아니하고, 단지 그 결정이 법령에 위반된 것을 이유로 하는 경우에 한하여 법률심인 대법원에 즉시항고할 수 있도록 하고 있는바, 대한변호사협회 변호사징계위원회나 법무부변호사징계위원회의 징계에 관한 결정은 비록 그 징계위원 중 일부로 법관이 참여한다고 하더라도(변호사법 §74①, §75② 참조) 이를 헌법과 법률이 정한 법관에 의한 재판이라고 볼 수 없다. 그렇다면 결국 이 사건 법률조항은 법관에 의한 사실확정 및 법률적용의 기회를 박탈한 것으로서 헌법상 국민에게 보장된 "법관에 의한" 재판을 받을 권리의 본질적 내용을 침해하는 위헌규정이다.」

[220] 第六 侵害와 救濟

I. 공권력에 의한 침해와 구제

입법·행정·사법기관 등 공권력의 행사에 의하여 헌법상의 재판청구권이 침해된 경우에는 위헌법률심판, 위헌명령심사, 헌법소원심판, 상소, 손해배상청구 등을 통하여 구제받을 수 있다. 재판청구권에 대한 침해는 행정기관에 의한 침해보다는 입법기관이 법관에 의한 사실확정과 법률의 해석·적용의 기회에 접근하기 어렵도록 제약하는 입법을 함으로써 침해하는 경우가 많다. 이러한 경우 재판청구권을 침해받은 국민은 위헌법률심판이나 헌법소원심판의 절차를 통하여 구제를 받을 수 있다. 또한 재판을 담당하는 법원 등 사법기관에 의하여 공정한 재판을 받을 권리나 신속한 공개재판을 받을 권리가 침해되는 사례가 발생할 수 있는데, 이 경우 국민은 당해 소송사건의 판결에 대하여 상소를 제기함으로써 상소심에서 구제를 받을 수 있다. 재판의 지연에 대해서는 헌법소원심판을 통하여 구제받을 수 있다.

Ⅱ. 私人에 의한 침해와 구제

재판청구권은 사인간의 소송과정에서 일방이 상대방의 정당한 공격·방어를 방해하거나 의도적으로 재판을 지연시킴으로써 공정한 재판을 받을 권리나 신속한 재판을 받을 권리 등을 침해하는 경우가 발생할 수 있다. 이 경우 재판청구권의 취지가 국민이 사인관계에서 자력으로 권리를 관철하는 것을 막고 국가에 의하여 마련된 사법절차를 통하여 법적 분쟁을 해결하려는데 있다는 점에서, 입법부는 사인간의 소송관계를 규율하는 절차법의 제정을 통하여 이를 예방하거나 구제하고, 법원은 재판절차를 통하여 이러한 예방이나 구제를 한다.

제 2 절 國家賠償請求權

[221] 第一 意 義

Ⅰ. 개 념

(1) 헌법 규정

憲法 제29조는 제 1 항에서 「공무원의 직무상 不法行爲로 손해를 받은 국민은 법률이 정하는 바에 의하여 국가 또는 공공단체에 정당한 배상을 청구할 수 있다. 이 경우 公務員 자신의 책임은 면제되지 아니한다」라고 규정하고, 제 2 항에서는 「군인·군무원·경찰공무원 기타 법률이 정하는 자가 전투·훈련 등 직무집행과 관련하여 받은 손해에 대하여는 법률이 정하는 보상 외에 국가 또는 공공단체에 공무원의 직무상 불법행위로 인한 배상은 청구할 수 없다」라고 규정하여, 國家賠償請求權을 헌법상의 기본권으로 보장함과 동시에 일정한 경우에 있어 헌법규정으로 이를 직접 제한하고 있다.

(2) 국가배상청구권의 정의

국가배상청구권이란 공무원의 직무상 불법행위로 말미암아 재산 또는 재산 이외의 손해를 받은 국민이 국가 또는 공공단체에 대하여 그 손해를 배상하여 주도록 청구할 수 있는 권리를 말한다(예: 憲 1997. 2. 20.-96헌바24). 헌법은 국가배상청구권의 내용을 공무원의 불법행위라고 규정하여 일응 그 범위가 공무원의 행위에 한정되는 것처럼 보이나, 헌법을 구체화한 국가배상법에서는 공무원의 행위에 의한 것뿐만 아니라 영조물의 설치에 관한 문제도 배상책임에 포함시키고 있다(國賠法 §2, §5). 따라서 국가의 배상의무는 공무원을 포함한 국가의 위법한 행위에 의하여 발생하고, 이에 근거하여 배상청구권이 인정된다.

Ⅱ. 연 혁

과거 군주정치하에서는 국가가 국민에 대하여 우월적인 지위를 점하고 그에 기반하여 國家無責任思想 또는 主權免責(sovereign immunity)思想이 지배하고 있었기 때문에 국민은 국가의 위법행위를 감내해야만 했다. 영미법계의 「군주는 不法을 행할 수 없다」(The King can do no wrong)는 사상이 말해주듯이 國家(=君主)는 책임을 지지 않은 상태에서 공무원만 책임을 졌고, 대륙법계에서도 마찬가지로 국가는 책임을 지지 않았다. 일본국의 明治憲法에서도 國家無責任主義를 표방하였다. 그러하던 것이 근대로 들어오면서 국민주권사상과 법치주의의 발달에 따라 국가작용에 의한 손해에 대해서는 국가가 책임을 질 뿐만 아니라 국가와 공무원이 함께 책임을 지도록 하여 국민의 권리를 두텁게 보호하는 방향으로 국가책임주의가 발전하여 갔다. 이 결과 국가배상청구권이 국민의 권리로서 인정되기에 이르렀다. 프랑스에서는 꽁세유데따(Conseil d'Etat)의 판례를 통하여 국가책임원리가 발달하였고, 이러한 경향은 국가작용에 의해 손해가 발생한 이상 국가에게 과실이 없더라도 책임을 져야 한다는 無過失責任 또는 危險責任으로까지 나아가는 양상도 보였다. 독일에서는 1919년 바이마르헌법에서 국가배상청구권을 명문화하였고, 미합중국에서는 1946년에 聯邦不法行爲賠償請求法(The Federal Tort Claims Act)을 제정하여 국가의 배상책임을 인정하였고, 영국에서도 1947년에 國王訴追法(The Crown Proceedings Act)을 제정하여 국가의 배상책임을 인정하였다.

국가배상청구권을 인정하는 경우에도 이를 헌법상의 기본권으로 정하는 경우도 있고, 법률상의 권리로 정하는 경우도 있다.

우리나라에서는 1948年憲法에서부터 국가배상청구권을 기본권으로 보장하였다. 헌법상의 국가배상청구권을 구체화하는 법률로 國家賠償法(1967. 3. 3. 법률 제1899호)이 있다.

1971년에 大法院은 공무원의 직무상의 행위로 인한 피해가 있을 때 그 피해자가 군인인 경우에 손해배상청구권을 부인한 국가배상법의 규정에 대하여 위헌이라는 판결을 선고하였는데(大 1971. 6. 22. -70다1010), 1972年憲法은 이러한 논란을 없애기 위하여 현행 憲法의 제29조 제 1 항의 규정과 같이 법률이 정하는 바에 의하여 배상을 청구할 수 있다는 法定主義를 정하고, 제 2 항과 같이 일정한 자에 대하여는 보상 이외에 따로 배상책임을 지지 않는다는 규정을 헌법에 명문화하였다. 1980年憲法에서 「정당한 배상」이라는 것을 명문화하였다.

[222] 第二 法的 性格

Ⅰ. 개 설

국가배상청구권의 성격에 대해서는 다양한 논의가 전개되고 있다. 주로 i) 헌법상 규정이 方針規定인지 直接效力規定인지 여부, ii) 헌법상 국가배상청구권이 財產權인지 請求權인지 여부, iii) 국가배상청구권이 公權인지 私權인지 여부 등이다.

Ⅱ. 방침규정설과 직접효력규정설

국가배상청구권을 규정하고 있는 憲法 제29조 제 1 항에 명시되어 있는 「法律이 정하는 바에 따라」라는 문구를 어떻게 해석할 것인가에 대한 논의이다.

(1) 방침규정설

憲法 제29조 제 1 항에서 정하고 있는 「법률이 정하는 바에 따라」라는 法律留保

의 문구가 있기 때문에 국가배상청구권은 헌법에서 직접 효력을 발생하는 것이 아니라 헌법에 의해서는 추상적인 권리만 생기고 구체적인 법률이 있어야 국민에게 구체적인 국가배상청구권이 부여된다고 본다(丘秉朔, 834).

(2) 직접효력규정설

국가배상청구권은 憲法 제29조 제1항에 의하여 보장되는 구체적인 권리이고, 법률유보의 구문은 헌법에 의해 구체적으로 생긴 권리인 국가배상청구권의 행사절차·기준 등만 정하는 것이라고 본다(金哲洙a, 1323; 許營a, 575; 成樂寅, 763).

헌법에서 보장하는 기본권은 구체적인 권리가 아닐 수 없고, 국가배상청구권은 헌법 제29조 제1항에서 정하고 있는 기본권이고, 국가의 불법적 행위로 국민에게 피해를 입힌 것은 어떠한 경우에도 정당화할 수 없으며, 이러한 경우에 국민에게 발생한 손해를 배상하여야 하는 것은 국가의 본질상 부정할 수 없는 것으로 절차규정이 없다는 이유로 손해배상을 거부할 수 없고, 법률에서 정하도록 한 것은 국가배상청구권의 인정여부가 아니라 이를 구체적으로 실현하기 위한 절차나 기준 등과 이를 제한하는 경우 등을 뜻하므로 직접효력규정설이 타당하다.

大法院은 헌법상 국가배상청구권이 구체적인 권리임을 인정하고 있다(예: 大 1971. 6. 22.-70다1010).

[大 1971. 6. 22.-70다1010] 「헌법 제26조는 공무원의 직무상 불법행위로 손해를 받은 국민은 국가 또는 공공단체에 배상을 청구할 수 있다고 규정하여 공무원의 불법행위로 손해를 받은 국민은 그 신분에 관계없이 누구든지 국가 또는 공공단체에 그 불법행위로 인한 손해전부의 배상을 청구할 수 있는 기본권을 보장하였고……」

Ⅲ. 재산권설과 청구권설

국가배상청구권의 실질적 성격이 무엇인가 하는 점에 대해서 재산권설과 청구권설이 나뉜다.

(1) 재산권설

헌법상 국가배상청구권은 헌법 제23조 제1항에 의해 보호되는 재산권의 한 내용이라고 본다. 이는 대법원의 과거 판결(大 1971. 6. 22.-70다1010)의 소수의견이었다.

(2) 청구권설

국가배상청구권이 재산적 가치를 가지고 있음을 부정할 수는 없지만, 헌법이 국가배상청구권에 대해 재산권규정과는 별도의 규정을 두고 있으며, 그 성질이 재산의 보호라기보다는 위법행위에 대한 권리구제수단의 보호라는 성격이 강하므로 국가배상청구권은 청구권이라고 본다(通說). 이는 대법원 과거 판결(大 1971. 6. 22.-70다1010)의 다수의견이었다.

(3) 사 견

국가배상청구권 그 자체만 놓고 보면 헌법상 재산권을 보장하는 조항과 별개로 국가에 대하여 손해의 배상을 청구하는 권리이므로 이는 청구권임에 틀림없다. 그러나 이 청구권은 피해자에 대한 損害塡補라는 재산적 가치를 보호하고 실현하기 위한 수단적인 권리이므로 재산권보호의 법리가 이에도 적용된다고 할 것이다. 따라서 국가배상청구권을 제한하는 경우에도 피해자에 대한 손해배상이라는 재산적 가치의 보호와 피해자의 보호라는 법리를 침해해서는 안 된다. 생명 · 신체의 침해로 인한 국가배상을 받을 권리를 양도하거나 압류하지 못하게 하는 것도(國賠法 §4) 이러한 성질에 근거한 입법정책이라고 할 것이다.

憲法裁判所의 판례에는 국가배상청구권을 재산권으로 본 판례도 있고(예: 憲 1996. 6. 13.-94헌바20), 재산권의 보장이라는 가치와 청구권의 보장이라는 양면적인 성격을 인정한 판례도 있다(예: 憲 1997. 2. 20.-96헌바24).

> [憲 1996. 6. 13.-94헌바20] 「심판대상조항부분이 향토예비군대원의 국가배상청구권을 인정하지 아니하는 것은 헌법 제29조 제1항에 의하여 국민일반에 대하여 원칙적으로 인정되는 국가배상청구권을 향토예비군대원에 대하여는 예외적으로 이를 금지하는 것이고, 국가배상청구권은 그 요건에 해당하는 사유가 발생한 개별 향토예비군대원에게는 금전청구권으로서의 재산권임이 분명하므로, 심판대상조항부분은 결국 헌법 제23조 제1항에 의하여 향토예비군대원에게 보장되는 재산권을 제한하는 의미를 갖는다.」
>
> [憲 1997. 2. 20.-96헌바24] 「우리 헌법상의 국가배상청구권에 관한 규정은 단순한 재산권의 보장만을 의미하는 것은 아니고 국가배상청구권을 청구권적 기본권으로 보장하고 있는 것이다.」

Ⅳ. 공권설과 사권설

국가배상청구권이 그 성질에서 公權인가 私權인가 하는 점에 대하여 학설이 대립한다.

(1) 공 권 설

국가배상청구권은 헌법에 의해 직접 실현되는 권리인 점, 국가배상법이 특별한 경우에는 양도 · 압류의 금지를 규정하고 있는 점(國賠法 §4), 외국인의 경우 상호주의에 의해 인정한다는 점(同法 §7)을 근거로 국가배상청구권을 공권적 성격의 권리라고 한다(權寧星, 615; 許營a, 615; 成樂寅, 764).

(2) 사 권 설

국가배상이 이루어지는 국가의 행위는 위법한 것으로서 국가가 공적인 지위에서라기보다는 사적인 사용자의 지위에서 책임을 지는 것이고, 공권으로 이해할 경우에는 공권의 특성으로 인해 국민의 청구권이 지나치게 제한될 우려가 있으므로 국가배상청구권을 사권으로 보아야 한다는 견해이다. 이러한 견해에서는 국가배상법을 민법의 특별법으로 본다(金哲洙a, 1325).

(3) 병 합 설

이러한 견해대립에 대해 국가배상청구권은 헌법상의 권리라는 점에서는 공권적인 것이고, 배상관계는 비권력적인 영역에 속하는 점에서 사권적인 것이므로 국가배상청구권을 공권이냐 사권이냐 하는 택일적인 접근은 타당하지 않다고 본다.

(4) 사 견

국가배상청구권은 본질에서는 사권의 성질을 가지고 있으나, 헌법에서 기본권으로 정하고 있는 이상 이는 대국가적인 권리로서의 성격을 가진다. 따라서 국가배상청구권을 기본권으로 보장하는 우리 헌법의 구조상으로는 이를 사권이라고 해석하기는 어렵다. 국가배상청구권도 憲法 제37조 제2항에 따라 제한할 수 있으나, 배상청구의 본질을 훼손할 수는 없다. 국가배상청구를 민사소송의 절차에 의하는가 행정소송의 절차에 의하는가 하는 문제는 권리실현의 방법이므로 성질상 허용되는 범위 내에서는 법률정책상의 문제에 해당한다. 따라서 국가배상을 민사소송으로 처리할 수도 있고, 행정소송으로 처리할 수도 있다. 재산권이 기본권이지만 국가가 사경제주체로서의 지위에 있는 경우에는 국민은 국가와의 재산권에 대한 분쟁을 민사소송을 통하여 처리하는 것과 동일한 법리이다.

大法院의 판례는 국가배상청구권을 일반 민사상의 불법행위책임과 같은 私權으로 보고 있다(예: 大 1972. 10. 10.-69다701).

> [大 1972. 10. 10.-69다701] 「공무원의 직무상 불법행위로 손해를 받은 국민이 국가 또는 공공단체에 배상을 청구하는 경우 국가 또는 공공단체에 대하여 그의 불법행위를 이유로 손해배상을 구함은 국가배상법이 정한 바에 따른다 하여도 이 역시 민사상의 손해배상 책임을 특별법인 국가배상법이 정한데 불과하며……」

[223] 第三 主 體

Ⅰ. 국 민

대한민국의 국민이면 누구나 국가배상청구권의 주체가 된다. 그러나 憲法 제29조 제2항에서 정하는 군인·군무원·경찰공무원 등이 補償을 받게 되는 경우에는 국가배상청구권이 인정되지 않는다(憲法 §29②).

외국인은 기본권으로서의 국가배상청구권을 보유하지 못한다. 법률정책적으로 외국인에게 국가배상청구권을 인정할 수는 있으나, 이 경우의 권리는 기본권이 아니고 법률상의 권리이다. 현재 國家賠償法에 의하면, 외국인의 경우에는 相互保證主義에 입각한 상호의 보증이 있는 때에 한하여 국가배상법의 적용을 받을 수 있다(國賠法 §7).

日本國의 國家賠償法도 우리나라의 경우와 동일하게 相互保證主義를 정하고 있다. 日本國憲法 제17조에서는 「어느 누구도 공무원의 불법행위에 의하여 손해를 입은 경우에는 법률이 정하는 바에 의하여 국가 또는 공공단체에 그 배상을 구할 수 있다」라고 정하고 있다. 이에 따라 法文이 「어느 누구도」라고 하고 있어 외국인도 포함된다고 보고, 이를 전제로 하여 상호보증주의에 대하여 위헌의 의심이 있다고 하는 견해도 있으나, 지배적인 견해는 국가배상청구권은 국민에게 한정하여 인정되는 것이라고 보고, 상호보증주의는 헌법에 위반되지 않는다고 본다.

Ⅱ. 군인 · 군무원 등의 이중배상금지

(1) 헌법 규정

헌법 제29조 제2항은 「군인 · 군무원 · 경찰공무원 기타 법률이 정하는 자가 전투 · 훈련 등 직무집행과 관련하여 받은 손해에 대하여는 법률이 정하는 보상 외에 국가 또는 공공단체에 공무원의 직무상 불법행위로 인한 배상은 청구할 수 없다」고 규정하고 있다.

國家賠償法 제2조 제1항 단서에서는 이를 보다 구체화하여 「군인 · 군무원 · 경찰공무원 또는 향토예비군대원이 전투 · 훈련 등 직무집행과 관련하여 전사 · 순직하거나 공상을 입은 경우에 본인이나 그 유족이 다른 법령에 따라 재해보상금 · 유족연금 · 상이연금 등의 보상을 지급받을 수 있을 때에는 이 법 및 민법의 규정에 의한 손해배상을 청구할 수 없다」고 규정하고 있다. 이는 특수지위에 있는 군인 · 군무원 · 경찰공무원 등에 대해 국가배상청구권이 발생한 경우에도 이를 금지함으로써 이중배상금지의 취지를 관철시키려는 법조문으로 볼 수 있다.

1960년대에 월남전 등으로 인하여 국가배상소송이 급격하게 증가하자 정부는 국가배상으로 인한 과중한 재정적 부담을 해소하기 위하여 군인 · 군무원 등에 대한 이중배상금지를 규정하는 법을 신설하였다. 하지만 이러한 법규정은 위헌시비 끝에 결국 대법원에서 위헌판결을 받았다(大 1972. 7. 25. -72다986). 그런데, 그 후에 박정희 정권은 당시 위헌판결을 받은 법규정과 동일한 규정을 1972년헌법에 신설하였다. 이로 인하여 위헌논의가 봉쇄되기에 이르렀다.

(2) 위헌 문제

헌법에 따르면, 이러한 이중배상금지에 해당하는 자가 군인 · 군무원 · 경찰공무원 기타 법률이 정하는 자인데, 國家賠償法 제2조 제1항 단서는 향토예비군 대원도 포함하고 있으므로 이것이 헌법위반이 아닌지 문제가 있다. 이중배상금지규정은 국민의 기본권을 제한하는 규정이므로 그 규정의 적용범위를 축소하여 해석할 필요성상 인정되는 문제라고 하겠다.

憲法裁判所는 이를 합헌으로 보았다(예: 憲 1995. 12. 28.-95헌바3). 참고로 판례는 전투경찰대설치법에 따른 전투경찰순경의 경우에는 경찰공무원에 해당한다고 하여 이중배상금지를 인정한(예: 憲 1996. 6. 13.-94헌마118) 반면에 공익근무요원(예: 大 1997. 3. 28.-97다4036)이나 경비교도대원(예: 大 1998. 2. 10.-97다45914)의 경우에는 이중배상금지가 적용되는 '군인 등'에 해당하지 않는다고 하여 이들의 경우에는 이중배상금지에 해당하지 않는다고 하였다.

> [憲 1996. 6. 13.-94헌바20] 「향토예비군의 직무는 그것이 비록 개별 향토예비군대원이 상시로 수행하여야 하는 것이 아니라 법령에 의하여 동원되거나 소집된 때에 한시적으로 수행하게 되는 것이라 하더라도 그 성질상 고도의 위험성을 내포하는 공공적 성격의 직무이므로, 국가배상법 제2조 제1항 단서가 그러한 직무에 종사하는 향토예비군대원에 대하여 다른 법령의 규정에 의한 사회보장적 보상제도를 전제로 이중보상으로 인한 일반인들과의 불균형을 제거하고 국가재정의 지출을 절감하기 위하여 임무수행중 상해를 입거나 사망한 개별 향토예비군대원의 국가배상청구권을 금지하고 있는 데에는 그 목적의 정당성, 수단의 상당성 및 침해의 최소성, 법익의 균형성이 인정되어 기본권제한규정으로서 헌법상 요청되는 과잉금지의 원칙에 반한다고 할 수 없고, 나아가 그 자체로서 평등의 원리에 반한다거나 향토예비군대원의 재산권의 본질적인 내용을 침해하는 위헌규정이라고 할 수 없다.」

(3) 이중배상금지의 효력(공동불법행위와 구상권)

군인 등에 대한 이중배상금지에 관한 규정이 일반인에게도 적용되는지에 관하여 문제가 있다. 이는 일반국민이 직무집행중인 군인과의 공동불법행위로 직무집행중인 다른 군인에게 공상을 입혀 그 피해자에게 공동의 불법행위로 인한 손해를 배상한 다음 공동불법행위자인 군인의 부담부분에 관하여 국가에 대하여 구상권을 행사한 사안에서 실제로 문제가 되었다.

종래 大法院은 이중배상금지를 이유로 일반인에 의한 국가에 대한 구상권행사를 부인하였다(예: 大 1983. 6. 28.-83다카500). 그 후에 憲法裁判所는 군인 등의 이중배상금지규정은 국가의 불법행위 자체를 절대적으로 배제하는 규정이 아니라 피해자인 군인 등과 국가 사이에서만 국가배상청구권을 상대적으로 소멸시키는 규정으로 해석하였다. 이러한 헌법재판소의 결정이 있은 후에 大法院은 종래의 견해를 변경하여 민간인이 공동불법행위자로 부담하는 책임은 공동불법행위의 일반적인 경우와 달리 모든 손해에 대한 것이 아니라 귀책비율에 따른 부분으로 한정된다고 하고, 그 이상의 부담에 대해서는 구상을 청구할 수 없다고 하였다.

[憲 1994. 12. 29.-93헌바21] 「국가배상법 제2조 제1항 단서 중 군인에 관련되는 부분을, 일반국민이 직무집행중인 군인과의 공동불법행위로 직무집행중인 다른 군인에게 공상을 입혀 그 피해자에게 공동의 불법행위로 인한 손해를 배상한 다음 공동불법행위자인 군인의 부담부분에 관하여 국가에 대하여 구상권을 행사하는 것을 허용하지 않는다고 해석한다면, 이는 위 단서 규정의 헌법상 근거규정인 헌법 제29조가 구상권의 행사를 배제하지 아니하는데도 이를 배제하는 것으로 해석하는 것으로서 합리적인 이유 없이 일반국민을 국가에 대하여 지나치게 차별하는 경우에 해당하므로 헌법 제11조, 제29조에 위반되며, 또한 국가에 대한 구상권은 헌법 제23조 제1항에 의하여 보장되는 재산권이고 위와 같은 해석은 그러한 재산권의 제한에 해당하며 재산권의 제한은 헌법 제37조 제2항에 의한 기본권제한의 한계 내에서만 가능한데, 위와 같은 해석은 헌법 제37조 제2항에 의하여 기본권을 제한할 때 요구되는 비례의 원칙에 위배하여 일반국민의 재산권을 과잉제한하는 경우에 해당하여 헌법 제23조 제1항 및 제37조 제2항에도 위반된다.」

[大 2001. 2. 15.-96다42420] 「헌법 제29조 제2항, 국가배상법 제2조 제1항 단서의 입법 취지를 관철하기 위하여는, 국가배상법 제2조 제1항 단서가 적용되는 공무원의 직무상 불법행위로 인하여 직무집행과 관련하여 피해를 입은 군인 등에 대하여 위 불법행위에 관련된 일반국민(법인을 포함한다. 이하 "민간인"이라 한다)이 공동불법행위책임, 사용자책임, 자동차운행자책임 등에 의하여 그 손해를 자신의 귀책부분을 넘어서 배상한 경우에도, 국가 등은 피해 군인 등에 대한 국가배상책임을 면할 뿐만 아니라, 나아가 민간인에 대한 국가의 귀책비율에 따른 구상의무도 부담하지 않는다고 하여야 할 것이다. 그러나 위와 같은 경우, 민간인은 여전히 공동불법행위자 등이라는 이유로 피해 군인 등의 손해 전부를 배상할 책임을 부담하도록 하면서 국가 등에 대하여는 귀책비율에 따른 구상을 청구할 수 없도록 한다면, 공무원의 직무활동으로 빚어지는 이익의 귀속주체인 국가 등과 민간인과의 관계에서 원래는 국가 등이 부담하여야 할 손해까지 민간인이 부담하는 부당한 결과가 될 것이고(가해 공무원에게 경과실이 있는 경우에는 그 공무원은 손해배상책임을 부담하지 아니하므로 민간인으로서는 자신이 손해발생에 기여한 귀책부분을 넘는 손해까지 종국적으로 부담하는 불이익을 받게 될 것이고, 가해 공무원에게 고의 또는 중과실이 있는 경우에도 그 무자력 위험을 사용관계에 있는 국가 등이 부담하는 것이 아니라 오히려 민간인이 감수하게 되는 결과가 된다), 이는 위 헌법과 국가배상법의 규정에 의하여도 정당화될 수 없다고 할 것이다. 이러한 부당한 결과를 방지하면서 위 헌법 및 국가배상법 규정의 입법 취지를 관철하기 위하여는, 피해 군인 등은 위 헌법 및 국가배상법 규정에 의하여 국가 등에 대한 배상청구권을 상실한 대신에 자신의 과실 유무나 그 정도와 관계 없이 무자력의 위험부담이 없는 확실한 국가보상의 혜택을 받을 수 있는 지위에 있게 되는 특별한 이익을 누리고 있음에 반하여 민간인으로서는 손해 전부를 배상할 의무를 부담하면서도 국가 등에 대한 구상권을 행사할 수 없다고 한다면 부당하게 권리침해를 당하게 되는 결과가 되는 것과 같은 각 당사자의 이해관계의 실질을 고려하여, 위와 같은 경우에는 공동불법행위자 등이 부진정연대채무자로서 각자 피해자의 손해 전부를 배상할 의무를 부담하는 공동불법행위의 일반적인 경우와 달리 예외적으로 민간인은 피해 군인 등에 대하여 그 손해 중 국가 등이 민간인에 대한 구상의무를 부담한다면 그 내부적인 관계에서 부담하여야 할 부분을 제외한 나머지 자신의 부담부분에 한하여 손해배상의무를 부담하고, 한편 국가 등에 대하여는 그 귀책부분의 구상을 청구할 수 없다고 해석함이 상당하다 할 것이고, 이러한 해석이 손해의 공평·타

당한 부담을 그 지도원리로 하는 손해배상제도의 이상에도 맞는다 할 것이다.」

[224] 第四 內　容

I. 국가배상청구권의 성립요건

(1) 공무원의 직무상 불법행위

국가배상법 제2조에 의하여 공무원 또는 공무를 위탁받은 私人(이하 "공무원"이라 함)의 직무상 불법행위에 대한 국가배상청구를 위해서는 i) 공무원의 행위에 의할 것, ii) 공무원이 직무상의 행위를 할 것, iii) 불법행위가 직무집행에 당하여 발생할 것, iv) 공무원의 행위가 고의·과실에 의할 것, v) 그 행위가 법령에 위반하는 행위일 것, vi) 손해가 발생하고 손해와 공무원의 행위 사이에 인과관계가 인정될 것 등의 요건이 필요하다.

(a) 공 무 원

여기서 공무원이라 함은 광의의 공무원을 말한다. 國家公務員法이나 地方公務員法상의 공무원뿐만 아니라 널리 실질적으로 公務에 종사하는 자를 포함한다(通說).

大法院은 소집중인 향토예비군(大 1970. 5. 26.-70다471), 미군부대 카튜사(大 1969. 2. 18.-68다2346), 시청소차의 운전수(大 1980. 9. 24.-80다1051), 집행관(大 1966. 7. 26.-66다854), 統長(大 1991. 7. 9.-91다5570)을 국가배상의 요건에서 말하는 공무원으로 인정하였다. 국가의 배상책임이 발생하는 이상 공무원이 특정되어야 할 필요는 없다(예: 大 1995. 11. 10.-95다23897).

(b) 직무상의 행위

국가배상청구권을 인정하기 위한 공무원 직무의 범위에 대해서는 權力作用에 한정된다는 狹義說, 권력작용과 管理作用(=單純公行政作用)이 포함된다는 廣義說, 국가의 사경제작용까지 모두 포함된다는 最廣義說이 대립하고 있다. 광의설이 지배적인 견해이다.

大法院은 직무의 범위를 행정작용 중 권력작용과 관리작용에 한정해서만 국가배상을 인정하고 있다(예: 大 1999. 6. 22.-99다7008).

> [大 1999. 6. 22.-99다7008] 「국가 또는 지방자치단체라 할지라도 공권력의 행사가 아니고 단순한 사경제의 주체로 활동하였을 경우에는 그 손해배상책임에 국가배상법이 적용될 수 없고 민법상의 사용자책임 등이 인정되는 것이고 국가의 철도운행사업은 국가가 공권력의 행사로서 하는 것이 아니고 사경제적 작용이라 할 것이므로……」

국가배상청구권은 공무원의 직무집행에 당하여 손해가 발생한 경우에 인정되는 바, 이러한 직무관련성에 대해서는 그 판단기준으로서 實質說과 外形說이 대립한다. 이에 대하여는 직무행위의 실질을 요구하는 실질설보다는 직무행위와 외형상 관련있는 것으로 인정되는 행위까지 포함하는 외형설이 학계의 일반적인 견해이다.

大法院도 외형설에 입각하여 직무관련성을 판단하고 있다(예: 大 1966. 6. 28.-66다781).

[大 1966. 6. 28.-66다781] 「"직무를 행함에 당하여"라는 취지는 공무원의 행위의 외관을 객관적으로 관찰하여 공무원의 직무행위로 보여질 때에는 비록 그것이 실질적으로 직무행위이거나 아니거나 또는 행위자의 주관적 의사에 관계없이 그 행위는 공무원의 직무집행행위로 볼 것이요 이러한 행위가 실질적으로 공무집행행위가 아니라는 사정을 피해자가 알았다 하더라도 그것을 "직무를 행함에 당하여"라고 단정하는데 아무런 영향을 미치는 것이 아니다.」

(c) 불법행위

불법행위란 고의 또는 과실에 의하여 법령을 위반한 행위를 말한다. 작위 또는 부작위 행위 모두를 포함한다. 법령위반(위법성)과 관련하여 법률 또는 명령의 위반뿐만 아니라 일반법원칙을 위반한 경우까지 포함하여 넓게 해석하여야 할 것이다. 고의 또는 과실을 요구하기 때문에 刑事補償請求權이나 영조물 설치 · 관리상의 하자로 인한 국가배상책임과도 구별된다. 불법행위의 입증책임에 관하여는 원칙적으로 피해자에게 입증책임이 있으며, 누구의 행위인지 판명되지 않은 경우에도 그것이 공무원의 행위인 이상 국가는 배상책임을 져야 한다.

(d) 손해의 발생

타인에게 손해가 발생하여야 국가배상청구권이 성립할 수 있다. 타인이란 가해자인 공무원과 그에게 가담한 자를 제외한 자를 의미한다. 손해의 종류는 불문하므로 재산적 손해뿐 아니라 비재산적 손해도 이에 해당한다. 한편, 가해행위와 손해의 발생 사이에 인과관계가 있이야 하는데, 대법원은 상당인과관계를 요구하고 있다. 이와 관련하여 대법원은 국가배상법 제2조 제1항에서 말하는 직무란 사인의 보호를 위한 직무를 뜻하며, 단순히 사회 일반의 공익만을 위한 직무는 이에 포함되지 않는다고 하면서, 이러한 사익보호성의 문제를 인과관계의 문제로 처리하고 있는 실정이다.

(2) 영조물의 설치 · 관리상의 하자

국가배상법 제5조에 의하여 공공시설의 하자로 인한 피해에 대해 국가배상청구권을 행사하기 위해서는 i) 공공영조물에 대한 것, ii) 설치 · 관리상 하자가 있을 것, iii) 하자로 인해 손해가 발생하고, 손해와 하자 사이에 인과관계가 있을 것 등이 필요하다.

설치 · 관리상 하자에는 民法 제758조와는 달리 면책규정이 없는데, 이와 관련하여 하자의 성격에 대해 無過失責任인지 여부에 관한 견해의 대립이 있다. 대법원은 무과실책임이라고 판시하였다(예: 大 1992. 9. 22.-92다30219).

[大 1992. 9. 22.-92다30219] 「국가배상법 제5조 소정의 영조물의 설치 · 관리상 하자로 인한 책임은 무과실책임이고 나아가 민법 제758조 소정의 공작물의 점유자의 책임과는 달리 면책사유도 규정되어 있지 않으므로……」

Ⅱ. 국가배상청구권 행사의 절차적 요건

舊國家賠償法 제9조는 국가배상청구권의 행사에 있어 賠償審議委員會에 의한 賠償決定 前置主義를 취하고 있었다. 이에 대해서는 이 제도가 국민의 재판청구권과 평등권을 침해하는 것이라는 논의가 있었다. 헌법재판소는 이러한 전치주의는 헌법에 위반되지 않는다고 판시하였다(예: 憲 2000. 2. 24.-99헌바17등).

[憲 2000. 2. 24.-99헌바17등] 「국가배상법에 의한 손해배상청구에 관한 시간, 노력, 비용의 절감을 도모하여 배상사무의 원활을 기하며 피해자로서도 신속, 간편한 절차에 의하여 배상금을 지급받을 수 있도록 하는 한편, 국고손실을 절감하도록 하기 위한 이 사건 법률조항에 의해 달성되는 공익과, 배상절차의 합리성 및 적정성의 정도, 그리고 한편으로는 배상신청을 하는 국민이 치루어야 하는 수고나 시간의 소모를 비교하여 볼 때, 이 사건 법률조항이 헌법 제37조의 기본권제한의 한계에 관한 규정을 위배하여 국민의 재판청구권을 침해하는 정도에는 이르지 않는다.」

이러한 헌법재판소의 결정이 있은 후에 국가배상법이 개정되었는데, 현행 국가배상법은 배상결정을 미리 받지 아니하고도 바로 국가배상청구권을 행사하여 소송을 청구할 수 있게 되었다.

Ⅲ. 배상의 주체와 배상범위

(1) 배상의 주체

헌법규정과 국가배상법에 의할 때, 국가가 피해자인 국민에 대해 배상책임을 지는 것은 당연하다고 할 수 있다. 그러나 국가 책임의 성질에 대해서는 가해의 직접적인 주체인 공무원이 개인적인 손해배상책임을 지느냐와 관련하여 견해의 대립이 있다.

(a) 대위책임설

代位責任說은 공무원의 직무상 불법행위로 인한 손해배상책임은 원칙적으로 공무원이 부담하는 것인데, 헌법과 국가배상법에 따라 국가가 피해자를 보호하기 위하여 공무원을 대신하여 지는 일종의 대위책임이라고 본다. 그 근거로써 공무원의 위법행위는 국가의 행위로 볼 수 없다는 점, 국가배상법 제2조 제1항은 공무원의 개인책임을 전제로 하고 있다는 점, 국가배상법 제2조 제2항에 의해 국가가 공무원에게 구상권을 행사할 수 있다는 점을 든다. 이 견해에 의할 때, 직접행위자인 공무원은 행위자로서 피해자에게 민사상 불법행위책임을 지게 되며, 따라서 국가와 공무원의 책임이 병존한다.

(b) 자기책임설

自己責任說은 국가의 배상책임은 국가 자신의 행위에 대한 스스로의 책임이라고 한다. 이 견해는 국가는 행위를 공무원에 의하여 행하므로 공무원의 행위에 의한 효과는 귀책사유를 불문하고 모두 국가에게 귀속되어야 한다는 것과, 헌법과 국가배상법의 규정에 공무원을 대신한다는 규정이 없음을 논거로 든다. 이 견해에 의하면, 공무원은 배상책임의 주체가 되지 않는다(權寧星, 619; 成樂寅, 769).

(c) 절 충 설

절충설은 국가의 공무원에 대한 구상권을 기준으로 공무원이 고의·중과실에 의해 불법행위를 한 경우에는 국가의 구상권이 인정되므로 이 경우에는 대위책임의 성격이, 경과실에 의한 경우에는 구상권이 인정되지 않으므로 국가의 자기책임이라고 본다. 이 견해는 공무원의 고의·중과실에 의한 행위는 공무원 개인의 책임에 의한 행위이지 국가의 행위로 포섭할 수 없는 것이지만 국민의 보호를 위해 국가가 대신 책임을 질 필요성이 있고, 공무원의 경과실의 경우에는 공무원의 행위를 국가에 귀속시킬 수 있기에 자기책임을 인정하는 것이라고 한다. 이 견해에 의하면 공무원이 고의·중과실에 의하여 손해를 발생한 경우에는 공무원에게도 책임이 인정되나, 경과실에 의한 경우에는 공무원 개인에 대한 배상책임이 인정되지 않는다.

大法院의 판례는 입장의 변경이 있어 왔으나, [95다38677] 사건(大 1996. 2. 15.-95다38677)에서 절충설을 취하였다.

[大 1996. 2. 15.-95다38677] 「헌법 제29조 제1항 단서는 공무원이 한 직무상 불법행위로 인하여 국가 등이 배상책임을 진다고 할지라도 그 때문에 공무원 자신의 민·형사책임이나 징계책임이 면제되지 아니한다는 원칙을 규정한 것이나, 그 조항 자체로 공무원 개인의 구체적인 손해배상책임의 범위까지 규정한 것으로 보기는 어렵다.……국가배상법 제2조 제1항 본문 및 제2항의 입법 취지는 공무원의 직무상 위법행위로 타인에게 손해를 끼친 경우에는 변제자력이 충분한 국가 등에게 선임감독상 과실 여부에 불구하고 손해배상책임을 부담시켜 국민의 재산권을 보장하되, 공무원이 직무를 수행함에 있어 경과실로 타인에게 손해를 입힌 경우에는 그 직무수행상 통상 예기할 수 있는 흠이 있는 것에 불과하므로, 이러한 공무원의 행위는 여전히 국가 등의 기관의 행위로 보아 그로 인하여 발생한 손해에 대한 배상책임도 전적으로 국가 등에만 귀속시키고 공무원 개인에게는 그로 인한 책임을 부담시키지 아니하여 공무원의 공무집행의 안정성을 확보하고, 반면에 공무원의 위법행위가 고의·중과실에 기한 경우에는 비록 그 행위가 그의 직무와 관련된 것이라고 하더라도 그와 같은 행위는 그 본질에 있어서 기관행위로서의 품격을 상실하여 국가 등에게 그 책임을 귀속시킬 수 없으므로 공무원 개인에게 불법행위로 인한 손해배상책임을 부담시키되, 다만 이러한 경우에도 그 행위의 외관을 객관적으로 관찰하여 공무원의 직무집행으로 보여질

때에는 피해자인 국민을 두텁게 보호하기 위하여 국가 등이 공무원 개인과 중첩적으로 배상책임을 부담하되 국가 등이 배상책임을 지는 경우에는 공무원 개인에게 구상할 수 있도록 함으로써 궁극적으로 그 책임이 공무원 개인에게 귀속되도록 하려는 것이라고 봄이 합당하다.……공무원이 직무수행중 불법행위로 타인에게 손해를 입힌 경우에 국가 등이 국가배상책임을 부담하는 외에 공무원 개인도 고의 또는 중과실이 있는 경우에는 불법행위로 인한 손해배상책임을 진다고 할 것이지만, 공무원에게 경과실뿐인 경우에는 공무원 개인은 손해배상책임을 부담하지 아니한다고 해석하는 것이 헌법 제29조 제1항 본문과 단서 및 국가배상법 제2조의 입법취지에 조화되는 올바른 해석이다.……공무원의 직무상 위법행위가 경과실에 의한 경우에는 국가배상책임만 인정하고 공무원 개인의 손해배상책임을 인정하지 아니하는 것이 피해자인 국민의 입장에서 보면 헌법 제23조가 보장하고 있는 재산권에 대한 제한이 될 것이지만, 이는 공무수행의 안정성이란 공공의 이익을 위한 것이라는 점과 공무원 개인책임이 인정되지 아니하더라도 충분한 자력이 있는 국가에 의한 배상책임이 인정되고 국가배상책임의 인정 요건도 민법상 사용자책임에 비하여 완화하고 있는 점 등에 비추어 볼 때, 헌법 제37조 제2항이 허용하는 기본권 제한 범위에 속하는 것이라고 할 것이다.」

(d) 사 견

자기책임설은 공무원이란 국가의 일을 하는 존재이고 국가의 일을 하다가 발생한 위법행위는 개인의 이익을 추구하는 것과 구별하여야 하고, 공무원에게 책임을 물으면 국가정책을 제대로 추진할 수도 없게 되어 국가운영에 왜곡을 가져온다는 점을 근거로 하고 있다. 그러나 공무원이 공무를 수행하는 지위에 있다 하더라도 주의책임은 있는 것이고, 공무수행중에 위법한 행위를 하여 국가와 국민에게 중대한 피해를 주는 것까지 용인되는 것은 아니며, 중과실을 범할 만한 일이라면 업무수행의 과정상 엄격한 절차를 거쳐 이루어지며 이러한 업무수행의 절차를 거쳤음에도 중대한 과실이 있었다면 이에 관한 면책을 정당화할 수 있는 이유는 찾기 어렵기 때문에 경과실과 중과실로 구별하여 경과실의 경우에만 공무원 개인의 책임이 면제가 된다고 보는 것이 국가운영과 법치국가원리에 합당하다. 이런 점에서 절충설과 대법원의 견해가 타당하다.

(2) 배상의 범위

헌법 제29조 제1항은 배상의 범위에 대해 「정당한 배상」이라고 규정하고 있다. 여기서 정당한 배상이라 함은 불법행위와 상당인과관계에 있는 모든 손해를 그 대상으로 한다. 국가배상법 제3조는 배상액에 대한 기준을 규정하고 있는데, 이는 하나의 성격상의 기준을 정한 것에 지나지 아니하는 것이고, 이로써 배상의 상한선을 정하는 제한적인 의미를 갖는 것은 아니다(예: 大 1970. 1. 29. -69다1203).

[225] 第五 效　力

국가배상청구권은 국민이 국가에 대하여 가지는 주관적 권리이기 때문에 대국가적 효력을 가진다.

개인이 가지는 국가배상청구권의 행사를 사인이 방해할 수 없고, 이러한 권리행사를 방해하는 경우에는 방해자는 그에 따른 법적 책임을 진다. 이러한 것은 국가배상청구권의 효력이 아니고, 손해를 전보하게 하여 권리가 구제되도록 하여야 하는 국가의 기능에 의하여 인정되는 것이다.

[226] 第六 制限과 그 限界

I. 제　한

국가배상청구권도 헌법에 규정되어 있는 기본권인 이상 헌법 제37조 제2항에 의한 제한이 가능하다.

憲法裁判所는 국가배상법 제8조가 민법을 준용하여 국가배상권의 행사에 있어서도 시효에 의한 제한이 가능함을 인정하였다(예: 憲 1997. 2. 20.-96헌바24).

[憲 1997. 2. 20.-96헌바24] 「헌법 제37조 제2항에 의하면 헌법상 보장된 기본권도 국가안전보장·질서유지 또는 공공복리를 위하여 필요한 경우에 법률로써 제한할 수 있는 것이며 그러한 제한도 그 기본권의 본질적인 내용을 침해하지 아니하고 또 과잉금지의 원칙에도 위배되지 아니하는 한 이를 헌법에 위반되는 것이라 할 수 없는 것이다.……국가배상법 제8조가 '국가 또는 지방자치단체의 손해배상책임에 관하여는 이 법의 규정에 의한 것을 제외하고는 민법의 규정에 의한다.……'고 하고 소멸시효에 관하여 별도의 규정을 두지 아니함으로써 국가배상청구권에도 소멸시효에 관한 민법상의 규정인 민법 제766조가 적용되게 되었다 하더라도 이는 국가배상청구권의 성격과 책임의 본질, 소멸시효제도의 존재이유 등을 종합적으로 고려한 입법재량 범위 내에서의 입법자의 결단의 산물인 것으로 국가배상청구권의 본질적인 내용을 침해하는 것이라고는 볼 수 없고 기본권 제한에 있어서의 한계를 넘어서는 것이라고 볼 수도 없으므로 헌법에 위반되지 아니한다.」

II. 제한의 한계

국가배상청구권은 기본권으로서 憲法 제37조 제2항에 의하여 제한을 하는 경우에도 그 조항에서 정하고 있는 과잉금지원칙과 본질적 내용의 침해금지원칙을 위반해서는 안 된다.

제 3 절　損失補償請求權

[227] 第一 意　義

Ⅰ. 개　념

(1) 헌법 규정

憲法 제23조 제 3 항은 「公共必要에 의한 재산권의 收用·使用 또는 制限 및 그에 대한 보상은 법률로써 하되, 정당한 補償을 지급하여야 한다」라고 규정하여 국가에 의해 재산권이 합법적으로 특별히 제한되는 경우에 국민에게 손실보상청구권을 인정하고 있다.

시대를 막론하고 모든 국가는 공동체의 유지를 위하여 국민의 재산권에 대해 제한을 가할 필요성이 있어 왔다. 그런데 이러한 제한에 있어서는 과거 사유재산의 개념이 미비한 전제군주시대에는 국가의 국민 재산에 대해 無償으로 수용·사용·제한을 행하는 것이 당연한 것으로 인정되어 왔다. 그러나 국민주권과 사유재산제도의 확립에 의해 국민의 재산에 대한 권리의식이 강해짐에 따라 국가의 보상이 없이 수인한도를 넘는 재산권 제한은 더 이상 불가능하게 되었다.

이 결과 국가가 공익을 실현하기 위하여 합법적으로 국민의 재산권을 제한하는 경우에도 그로 인하여 발생하는 손실에 대해서는 보상(compensation)을 하여야 하는 것으로 하였다. 그 결과 이런 損失補償請求權을 헌법상의 기본권으로 정하게 되었는데, 이는 재산권을 기본권으로 보장하는 것과 불가분의 관계에 있다.

(2) 재 산 권

손실보상의 전제가 되는 재산권이라 함은 憲法 제23조 제 1 항에서 정하고 있는 재산권을 말하며([158]), 이는 사적인 유용성과 주체에게 임의적인 처분권능이 부여되어 있는 재산에 대한 모든 권리를 말한다(예: 憲 1996. 8. 29.-95헌바36). 여기서의 권리는 경제적 가치 있는 공·사법상 모든 권리로서 민법상의 소유권보다는 넓은 개념이다.

[憲 1996. 8. 29.-95헌바36] 「헌법 제23조 제 1 항의 재산권 보장에 의하여 보호되는 재산권은 사적 유용성 및 그에 대한 원칙적 처분권을 내포하는 재산가치 있는 구체적 권리이다.」

(3) 손실보상

損失補償이란 국가가 국민의 재산에 대하여 공공필요를 이유로 수용·사용·제한을 하는 경우에 재산권의 주체에게 발생하는 손실을 전보하는 것을 말한다. 손실보상은 국가배상에 있어서의 損害賠償과 그 개념을 달리하는바, 손실보상은 공공필요에 의하여 재산권에 대하여 국가가 행하는 合法的인 公用侵害에 대한 전보이며, 손해배상은 違法한 공권력의 행사에 의해 발생한 손해를 전보하는 것을 말한다.

Ⅱ. 연 혁

손실보상청구권은 1948年憲法부터 정해져서 현재까지 인정되고 있는데, 그 보상의 범위와 정도에서는 相當한 補償, 正當한 補償, 立法補償, 比較衡量補償 등으로 변화를 가져왔다.

헌법 / 내용	1948년헌법- 1952년헌법- 1954년헌법- 1960년6월헌법- 1960년11월헌법	1962년헌법- 1969년헌법	1972년헌법	1980년헌법	1987년헌법
보상	공공필요에 의하여 국민의 재산권을 수용·사용 또는 제한함은 법률의 정하는 바에 의하여 상당한 보상을 지급함으로써 행한다.	공공필요에 의한 재산권의 수용·사용 또는 제한은 법률로써 하되 정당한 보상을 지급하여야 한다.	공공필요에 의한 재산권의 수용·사용 또는 제한 및 그 보상의 기준과 방법은 법률로 정한다.	공공필요에 의한 재산권의 수용·사용 또는 제한은 법률로써 하되, 보상을 지급하여야 한다. 보상은 공익 및 관계자의 이익을 정당하게 형량하여 법률로 정한다.	공공필요에 의한 재산권의 수용·사용 또는 제한 및 그에 대한 보상은 법률로써 하되, 정당한 보상을 지급하여야 한다.

[228] 第二 法的 性格

헌법에서 규정하고 있는 손실보상청구권은 헌법에 근거하여 바로 행사할 수 있는가 하는 문제가 있다. 이에 대해서는 立法指針說, 直接效力說, 違憲無效說 등이 있다.

Ⅰ. 입법지침설

憲法 제23조 제3항은 구체적인 법률에 의할 것을 전제로 하고 있으므로 헌법규정 그 자체만으로는 구체적인 효력을 가질 수 없고 단지 입법의 지침이 되는 규정이라고 본다. 이에 의하면 수인한도를 넘는 재산권 제한법률이 보상규정을 두고 있지 않은 경우라도 헌법규정을 근거로 바로 보상을 청구할 수 없다고 본다(丘秉朔, 648).

Ⅱ. 위헌무효설

憲法 제23조 제 3 항에서 정하는 손실보상청구권을 정한 것은 재산권의 제한에 필수적으로 전제되어야 하는 不可分條項으로서, 헌법에 규정하고 있는 이상 청구권의 효력은 헌법적인 것이나 헌법규정의 추상성으로 인해 헌법만을 근거로 하여 직접 보상을 청구할 수는 없다고 본다(金道昶, 600). 이에 의하면 보상을 정하지 않은 재산권의 공용침해에 대해서는 해당법률이 헌법에 위반한다는 이유로 헌법재판소에 위헌임을 주장하여 재산권을 제한하는 법률을 무효화시켜야 한다고 본다. 이 이론은 위헌무효 주장을 바탕으로 한 손해배상청구권의 행사를 현실적인 해결책으로 제시한다.

Ⅲ. 직접효력설

憲法 제23조 제 3 항은 손실보상청구권을 헌법에서 명시적으로 정하고 있으므로 청구권 자체는 헌법규정으로부터 직접 도출되는 것이고, 헌법에 규정되어 있는 법률유보는 절차나 방법적인 면만 법률에 맡긴 것이라고 본다(金哲洙a, 886; 權寧星, 623; 成樂寅, 649). 이 견해에 의하면, 보상규정이 없는 경우라도 헌법을 근거로 직접 보상을 청구할 수 있다고 본다.

Ⅳ. 사　　견

공용침해의 경우에는 반드시 보상이 따라야 하고, 이를 보장하기 위한 손실보상청구권을 憲法 제23조 제 3 항이 명시적으로 「정당한 보상」을 정하고 있으므로 법률의 제정이 없어도 직접 국가에 대하여 행사할 수 있다. 이러한 보상청구에 대하여 국가가 어떠한 절차를 거쳐 보상하여야 할 것인가는 국가내부의 문제이다. 행정부가 보상을 할 수도 있고, 행정부가 보상을 하지 않는 경우에는 피해당사자는 법원에 소송을 제기하여 결국 법원이 보상여부와 보상액을 정한다. 이 경우에 피해를 당한 국민은 직접 보상을 청구할 수도 있고, 보상규정이 없는 법률, 즉 不眞正立法不作爲에 대하여 다툴 수도 있다.

[229] 第三 主　體

헌법상 손실보상청구권의 주체는 재산권의 주체가 될 수 있는 모든 자이다. 따라서 자연인과 법인에게 인정된다. 외국인의 경우에는 헌법상 재산권의 주체가 되는 경우에만 손실보상청구권이 인정된다.

[230] 第四 內 容

I. 손실보상청구권의 성립요건

(1) 공권력에 의한 침해

憲法 제23조 제 3 항에 의한 손실보상청구권이 성립하기 위해서는 국민의 재산권에 대한 공권력에 의한 침해가 있어야 한다. 여기서 침해라 함은 재산권에 대한 의도적이고 구체적 · 개별적인 침해행위를 뜻하는데, 이는 합법적인 것에 한한다.

憲法 제23조 제 3 항은 이러한 침해의 유형을 公用收用, 公用使用, 公用制限으로 구분하고 있다.

(2) 공공필요

손실보상청구권 행사의 대상이 되는 경우는 국가가 공공의 필요에 의하여 개인의 재산권을 제한하였을 경우에 한정된다. 즉 재산권 제한의 목적이 일반적으로 공적 과제의 수행을 위한 것이어야 하며, 이러한 제한은 불가피한 것이어야 한다.

여기서 憲法 제23조 제 3 항의 공공필요는 憲法 제37조 제 2 항에서 정하고 있는 국가안전보장, 질서유지, 공공복리를 포함하는 보다 넓은 개념이다([163] I (1)(b)).

(3) 적법한 제한

헌법 제23조 제 3 항이 인정하는 재산권의 침해는 법률에 근거를 두고, 그 법률에 따라 적법하게 이루어져야 한다. 여기서 법률은 국회가 제정하는 형식적인 의미의 법률을 뜻한다. 법률적인 효력을 가지는 긴급재정경제명령이나 긴급명령도 포함된다. 비상계엄의 경우에는 계엄의 조치로 재산권을 침해할 수 없고, 이 경우에는 법률의 효력을 가지는 긴급재정경제명령이나 긴급명령으로 재산권을 침해할 수 있으며, 이런 경우에도 정당한 보상을 하여야 한다. 法規命令이나 行政命令으로 공용침해를 정할 수는 없다.

(4) 특별한 희생의 존재

손실보상이 요구되는 손실은 특별한 희생이 인정되는 경우에 한하여 인정된다([163] Ⅲ). 공용수용은 공권력에 의한 재산권의 침해로서 社會羈束과 달리 공공필요가 인정되어도 피해의 전보 없이 受忍하여야 하는 것이 아니므로 이에는 수인할 수 없는 특별한 희생이 존재하여야 한다. 피해자에게 피해를 감수하여야 할 원인이 있는 경우나 재산권에 대한 제약이 재산권에 내재되어 있는 사회기속인 경우에는 손실보상의 문제가 발생하지 않는다.

Ⅱ. 손실보상의 형식과 기준 및 방법

(1) 보상의 형식

손실보상에 대한 規定은 재산권을 침해하는 해당 법률이나 법률적 효력을 가지는 명령에서 정한다. 이러한 불가분조항이 없더라도 손실보상을 헌법 제23조 제3항에 근거하여 직접 청구할 수 있으므로 이 경우에 손실보상은 국가가 법률이나 내부적으로 정하는 형식에 따라 이루어진다.

(2) 보상의 기준

憲法 제23조 제3항은 보상의 기준에 대해 「정당한 보상」이라고 규정하고 있다. 현행헌법의 정당한 보상의 개념에 대해서는 完全補償說, 相當補償說, 구체적 사정에 의하는 折衷說의 대립이 있으나, 완전보상을 의미한다고 할 것이다(同旨: 許營a, 489; 成樂寅, 651).

憲法裁判所도 원칙적으로 完全補償說에 입각하고 있는데, 개발이익과 같은 추정적인 재산상 손실은 보상의 대상에서 제외된다고 판시하였다(예: 憲 1990. 6. 25.-89헌마107).

> [憲 1990. 6. 25.-89헌마107] 「헌법 제23조 제3항에서 규정한 "정당한 보상"이란 원칙적으로 피수용재산(被收用財産)의 객관적인 재산가치를 완전하게 보상하여야 한다는 완전보상을 뜻하는 것……공익사업의 시행으로 인한 개발이익은 완전보상의 범위에 포함되는 피수용토지의 객관적 가치 내지 피수용자의 손실이라고는 볼 수 없다.」

憲法裁判所는 정당한 보상을 완전보상이라고 하면서, 基準地價에 의하여 보상액을 정한 것은 정당하다고 판시하였다(예: 憲 1990. 6. 25.-89헌마107; 1991. 2. 11.-90헌바17등; 1995. 4. 20.-93헌바20등; 1998. 3. 26.-93헌바12). 토지수용의 경우에 기준지가를 기준으로 한 보상은 완전보상이라고 할 수 없다는 견해가 있다(金哲洙a, 890). 憲法裁判所는 당해 사업인정고시일에 가장 가까운 시점에 공시된 公示地價를 기준으로 수용된 토지의 보상액을 산정하도록 규정하고 있는 「공익사업을 위한 토지 등의 취득 및 보상에 관한 법률」 제70조 제4항에 대하여 공시지가가 공시기준일 당시의 표준지의 객관적 가치를 정당하게 반영하는 것이고, 표준지와 지가산정 대상토지 사이에 가격의 유사성을 인정할 수 있도록 표준지의 선정이 적정하며, 공시기준일 이후 수용시까지의 시가변동을 산출하는 시점보정의 방법이 적정하고, 개발이익을 배제하기 위한 것이기 때문에 헌법 제23조 제3항에 위반된다고 할 수 없다고 판시하였다(예: 憲 2009. 7. 30.-2007헌바76; 2009. 9. 24.-2008헌바112; 2009. 11. 26.-2009헌바141).

군사상의 필요에 의하여 징발하는 경우에는 徵發物에 대한 사용료는 당해사용연도의 과세표준을 기준으로 하고, 기타의 보상은 징발해제 당시의 課稅標準을 기준으로 하고 과세표준을 대통령령으로 정하고 있는데(徵發法 §21), 이는 과세표준에 따른 사용료나 보상액이 시가와 합치하지 아니하는 한 위헌이라고 할 것이다.

(3) 보상의 방법

손실보상의 방법은 금전배상(공익사업을위한토지등의취득및보상에관한법률 §63①)을 원칙으로 하나, 경우에 따라 선현물보상이나 매수보상이 가능하며, 채권보상(공익사업을위한토지등의취득및보상에관한법률 §63⑥)도 인정된다. 그리고 지급시기와 지급횟수 등은 개별보상규정에 의한다. 공익사업을위한토지등의취득및보상에관한법률의 경우 同法 제62조에서 事前補償을 원칙으로 하고 있다.

> [憲 1998. 12. 24.-89헌마214등] 「재산권의 침해와 공익간의 비례성을 다시 회복하기 위한 방법은 헌법상 반드시 금전보상만을 해야 하는 것은 아니다. 입법자는 지정의 해제 또는 토지매수청구권제도와 같이 금전보상에 갈음하거나 기타 손실을 완화할 수 있는 제도를 보완하는 등 여러 가지 다른 방법을 사용할 수 있다. 즉, 입법자에게는 헌법적으로 가혹한 부담의 조정이란 '목적'을 달성하기 위하여 이를 완화·조정할 수 있는 '방법'의 선택에 있어서는 광범위한 형성의 자유가 부여된다.」

[231] 第五 制限과 그 限界

손실보상청구권은 憲法 제23조 제3항이 정하는 요건이 충족되면 인정되는 것이므로 따로 보상을 제한할 수는 없다. 다만, 손실보상청구권의 행사에 관한 절차에 대해서는 憲法 제37조 제2항에 따라 제한할 수 있다. 청구권을 행사할 수 있는 기간을 정하는 것이 그 한 예이다.

제 4 절　刑事補償請求權

[232] 第一 意　義

Ⅰ. 헌법 규정

헌법 제28조는 형사보상청구권에 대하여「刑事被疑者 또는 刑事被告人으로서 拘禁되었던 者가 法律이 정하는 不起訴處分을 받거나 無罪判決을 받은 때에는 法律이 정하는 바에 의하여 國家에 정당한 補償을 請求할 수 있다」라고 규정하고 있고, 이를 구체화하여 刑事補償法이 제정되어 있다.

Ⅱ. 개념과 기능

(1) 개　념

형사보상청구권은 被疑者나 被告人으로서 구금되었던 자가 법률이 정한 不起訴處分이나 無罪判決을 받은 경우에 국가에 대하여 물질적·정신적 피해에 대한 정당한 보상을 청구할 수 있는 권리를 뜻한다.

(2) 기　능

국가가 범죄의 혐의가 있는 자에 필요한 경우에 구금하여 수사를 하고 재판을 하는 것은 국가의 형벌권의 정당한 행사이다. 그러나 이러한 형벌권행사의 결과가 무죄에 해당하는「혐의 없음」이나「죄가 안됨」의 불기소처분을 받거나 무죄판결을 받은 경우에는 국가의 형벌권행사가 위법한 것은 아니지만 구금으로 인하여 발생한 현실적 피해를 사후적으로 전보하여야 할 필요가 있다.

형사보상청구권은 국가의 형벌권행사에서 사후적으로 발생한 정신적·신체적·사회적·경제적 피해에 대하여 사후적으로 보상해주는 기본권이라는 점에서 사전예방적 성격을 가지는 다른 사법절차적 기본권과 구별된다.

Ⅲ. 연　혁

형사보상청구권을 기본권으로 처음 보장한 것은 1948년헌법이다. 당시에는 拘禁된 형사피고인이 무죄판결을 받은 경우에 이를 인정하였다. 이러한 것이 1980년헌법까지 이어져 오다가 1987년헌법에서 구금된 형사피의자가 법률이 정하는 불기소처분을 받은 경우에도 형사보상청구권을 가지는 것으로 확대 보장하였다.

형사보상청구권을 헌법에서 보장한 것은 1848년 독일의 프랑크푸르트헌법에서 시작되었고, 일본국헌법, 이탈리아헌법, 포르투갈헌법 등에서 보장하고 있다. 예컨대 일본국헌법에서는 무죄판결을 받은 경우에만 형사보상을 인정한다.

[233] 第二 法的 性格

Ⅰ. 청 구 권

형사보상청구권은 기본적으로 청구권적 기본권이다. 형사보상청구권의 구체적 범위와 대상은 법률에 의하여 정해지지만, 청구권 자체는 헌법의 규정에서 직접 발생한다고 할 것이다. 국민은 구체적인 형사보상을 청구할 수는 없으나, 형사보상청구권을 구체화하는 입법을 할 것을 요구할 수 있다.

Ⅱ. 보 상

형사보상은 적법하게 구금된 경우에 불기소처분을 받거나 무죄판결을 받은 자에 대하여 公平의 관점에서 그 손실을 보상하는 것이고, 형사보상청구권은 이러한 적법행위로 인하여 발생한 피해에 대하여 보상을 청구하는 권리이다. 따라서 이는 위법행위로 발생한 손해에 대한 배상과 구별된다.

경찰권이나 검찰권의 남용에 의한 자의적인 체포, 구류, 구금, 조사 등에 의하여 발생한 피해는 위법한 공권력의 행사로 인한 피해이고 이에 대한 전보는 손해에 대한 배상이므로 국가배상청구(憲法 §29)의 대상이 되지 형사보상청구의 대상이 되는 것이 아니다.

[234] 第三 主 體

형사보상청구권의 주체는 기본적으로 刑事被告人과 刑事被疑者이며, 청구권자 본인이 사망한 경우에는 그 상속인도 형사보상청구권의 주체가 된다(刑補法 §2①).

外國人의 경우에도 형사피의자나 피고인으로서 구금된 후 불기소처분을 받거나 무죄의 판결을 받을 경우가 있는데, 이 경우 형사보상청구권의 주체가 될 수 있는가 하는 문제가 있다. 형사보상청구권도 국가배상청구권과 같이 기본권의 보장을 확보하기 위하여 인정되는 권리이므로 외국인에게 당연히 인정되는 권리라고 하기는 어렵다. 그러나 형법 제2조에서 형법은 대한민국영역 내에서 죄를 범한 외국인에게도 적용이 된다고 정하고 있고, 범죄 혐의가 있는 외국인에 대하여 구금할 수 있고, 외국인의 경우에도 헌법 제28조가 정하는 요건에 해당하면 내국인과 구별하여야 할 이유가 존재하지 않으므로 외국인에게도 憲法 제6조에 따라 형사보상청구권을 인정하는 것이 타당하다고 할 것이다.

[235] 第四 內　容

Ⅰ. 성립요건

형사보상청구권의 성립요건은 刑事被疑者로서 拘禁되었던 자가 法律이 정하는 不起訴處分을 받거나(被疑者補償), 刑事被告人으로서 拘禁되었던 자가 無罪判決을 받을 것(被告人補償)을 요한다.

(1) 형사피의자 또는 형사피고인으로서의 구금

형사피의자는 범죄혐의가 있어 수사의 대상이 되었으나 아직 공소제기의 대상이 되지 않은 자를 말하고, 형사피고인은 검사가 공소를 제기한 자를 뜻한다.

구금이란 형사소송법상의 구금을 뜻하는데, 미결구금과 형집행을 뜻하며 이 때의 구금에는 형의 집행을 위한 구치나 노역장유치가 포함된다(刑補法 §4⑤). 구금되지 않고 불구속이었던 자는 불기소처분이나 무죄판결을 받아도 형사보상청구를 할 수 없다.

(2) 불기소처분 또는 무죄판결

피의자보상의 경우 헌법은 「법률이 정하는 불기소처분」을 받은 때 형사보상을 청구할 수 있다고 한다. 광의의 불기소처분에는 협의의 불기소처분(「혐의 없음」, 「죄가 안됨」), 기소중지처분, 기소유예처분이 있다. 이들 중에서 법률이 정하는 불기소처분은 협의의 불기소처분을 뜻한다. 公訴를 제기하지 아니하는 처분이 終局的인 것이 아니거나 기소편의주의에 의한 것일 경우 형사보상청구를 할 수 없고 拘禁된 이후 公訴를 제기하지 아니하는 처분을 할 사유가 있는 경우에도 형사보상을 청구할 수 없다(同法 §26①).

> 협의의 불기소처분이 있은 경우에도 1. 본인이 수사 또는 재판을 그르칠 목적으로 허위의 自白을 하거나 다른 有罪의 증거를 만듦으로써 구금된 것으로 인정되는 경우, 2. 구금기간중에 다른 사실에 대하여 수사가 행하여지고 그 사실에 관하여 범죄가 성립한 경우, 3. 보상을 하는 것이 선량한 풍속 기타 사회질서에 반한다고 인정할 특별한 사정이 있는 경우에는 被疑者補償의 전부 또는 일부를 하지 아니할 수 있다(刑補法 §26②).

피고인보상의 경우 무죄의 확정판결이 요건이 된다. 당해절차에서의 무죄판결뿐만 아니라 재심, 비상상고절차에서의 무죄판결도 포함된다(同法 §1). 刑事訴訟法의 규정에 의하여 免訴 또는 公訴棄却의 재판을 받은 자도 免訴 또는 公訴棄却의 재판을 할 만한 사유가 없었더라면 무죄의 재판을 받을 만한 현저한 사유가 있었을 때에는 국가에 대하여 구금에 대한 보상을 청구할 수 있다. 이는 면소나 공소기각의 재판이 그 실질에 있어서 무죄판결과 같다고 보기 때문이다(實質說=效果說)(同法 §25).

刑事補償法에 의하면, 무죄판결이 있는 경우에도 1. 刑法 제9조 및 제10조 제1항의 사유에 의하여 무죄재판을 받은 경우, 2. 본인이 수사 또는 심판을 그르칠 목적으로 허위의 자백을 하거나 또는 다른 유죄의 증거를 만듦으로써 기소, 未決拘禁 또는 유죄재판을 받게 된 것으로 인정된 경우, 3. 1개의 재판으로써 경합범의 일부에 대하여 무죄재판을 받고 다른 부분에 대하여 유죄재판을 받았을 경우에는 법원은 裁量에 의하여 보상청구의 전부 또는 일부를 棄却할 수 있다(同法 §3).

(3) 고의 또는 과실의 불필요

형사보상청구권의 본질이 손실보상청구권이므로 관계기관의 고의 또는 과실은 필요 없다.

Ⅱ. 절 차

請求期間은 피의자보상의 경우 不起訴處分의 고지 또는 통지를 받은 날로부터, 피고인보상의 경우 무죄재판이 확정된 때로부터 1년 이내에 하여야 한다(同法 §7, §27③). 管轄의 경우 전자는 公訴를 제기하지 아니하는 처분을 한 검사가 소속하는 地方檢察廳(地方檢察廳 支廳의 검사가 그러한 處分을 한 경우에는 그 支廳이 속하는 地方檢察廳)의 審議會에 補償을 請求하여야 하고, 후자는 무죄재판을 한 법원에 대하여 하여야 한다(同法 §6, §27①). 보상청구에 대한 결정은 보상심의회나 법원합의부에서 하게 되는데(同法 §13①, §26③), 검사와 청구인의 의견을 듣고 결정한다.

不服節次의 경우 피고인보상의 경우 보상의 결정에 대하여는 불복을 신청할 수 없으나, 보상의 청구를 기각한 결정에 대하여는 卽時抗告를 할 수 있다(同法 §19 ①,②). 被疑者補償의 請求에 대한 審議會의 決定에 대하여는 법무부장관의 裁決을 거쳐 行政訴訟을 제기할 수 있다(同法 §27④). 형사보상법은 보상결정에 대한 공시제도를 두고 있는데, 보상의 결정을 받은 자의 신청이 있을 때에는 그 결정의 요지를 신청인이 선택하는 2종 이상의 日刊新聞에 각 1回 公示하여야 하며 그 공시는 申請日로부터 30日 이내에 하여야 한다(同法 §24① 제2문).

Ⅲ. 정당한 보상

헌법 제28조는 정당한 보상을 규정하고 있는데, 이는 형사보상청구권자가 입은 손실의 완전한 보상을 의미한다. 따라서 국가의 부당한 형사사법작용에 의해서 입은 물질적 또는 정신적 손실의 보상을 요구할 수 있고, 여기에는 구금으로 인한 적극적인 재산상의 손실이나 소극적인 이익의 상실, 정신적 고통에 대한 보상이 포함된다.

보상금에 대해서는 刑事補償法에서 정하고 있다(同法 §4).

제 5 절 犯罪被害者救助請求權

[236] 第一 意 義

Ⅰ. 개 념

憲法 제30조는 「타인의 犯罪行爲로 인하여 생명·신체에 대한 피해를 받은 국민은 법률이 정하는 바에 의하여 국가로부터 救助를 받을 수 있다」라고 규정하여, 타인의 범죄행위로 인하여 생명을 잃거나 신체상의 피해를 입은 국민이나 그 유족에게 국가로부터 재정적 구조를 청구할 수 있는 권리를 보장하고 있다.

Ⅱ. 연 혁

범죄피해자보상제도는 1963년 뉴질랜드에서 刑事災害補償法을 제정하여 최초로 시행되기 시작하여 영국, 미합중국, 호주, 캐나다, 스위스, 독일, 일본국 등에서도 이에 관한 법률을 제정하여 제도화하고 있다.

우리나라는 현행 1987年憲法에서 범죄피해자보상제도를 처음으로 채택하여 범죄피해자에게 구조청구권을 기본권으로 보장하고 있다. 이를 구체화한 법률로는 犯罪被害者救助法이 있다. 범죄피해자구조제도를 헌법에서 정할 필요가 있는가 하는 점에 대해서는 헌법정책상 의문이 있다. 이를 법률정책적인 수준에서 제도화하여도 무리가 없기 때문이다. 물론 헌법에서 범죄피해자구조제도의 법정주의를 정하여 법률유보에 의해 제도화하는 방식을 취하고 있으나, 이러한 구조청구권을 기본권으로 설정하는 것이 합당한 것인지는 기본권의 남발·포화의 관점에서 재검토할 필요가 있다.

[237] 第二 法的 性格

Ⅰ. 구조청구권의 성격

범죄피해자보상제도는 범죄피해자에 대한 재정적 지원이 범죄피해에 대한 국가책임에 근거한 배상의 성격을 띠는 것인지(國家賠償請求權說) 피해자를 구조하는 사회보장적 성격을 갖는 것인지(生存權說)에 대해 견해가 갈린다.

공동체생활에서 국민은 언제나 안전하게 생활할 권리가 있으며, 국민의 안전을 보장하는 것은 국가의 의무에 속한다. 따라서 범죄의 예방과 방지는 치안의 책임을 지고 있는 국가가 제 1 차적으로 부담하는 의무에 속하며(예: 憲 1989. 4. 17. -88헌마3), 범죄발생에 대한 사회공동체적 책임도 부인할 수 없다. 범죄행위는 범죄자에 의해 이루어지지만 범죄의 발생에 대해서는 국가가 이를 미연에 방지하지 못한 책임도 있으며, 특히 범죄피해자가 가해자로부터 그 피해의 전보를 받기 어려운 경우에는 국가는 국민의 공평부담으로 일정한 경우에 필요한 구조를 해줄 필요가 있다. 이러한 범죄피해자에 대한 국가의 구조는 기본적으로 민사법적 배상제도를 통해서 피해의 전보를 받는 것이 충분하지 않을 때 보충적으로 구조를 해준다는 성격을 가진다. 이런 점에서 범죄피해자의 구조청구권은 生存權的 성격을 띤 請求權이라고 할 것이다(同旨: 金哲洙a, 1338; 許營 a, 586).

憲法裁判所의 판례도 구조청구권은 생존권적 성격을 가지는 것이라고 판시하였다(예: 憲 1989. 4. 17.-88헌마3).

犯罪被害者救助法의 制定理由에서도 「강력범죄로 인한 피해가 점차 심각해지는 추세에 있음에도 불구하고 현행 법체계하에서는 그 피해자가 가장 소중한 생명 · 신체상의 위해를 당하더라도 가해자가 불명이거나 無資力인 경우에는 아무런 금전적 구제를 받을 수 없는 실정인바, 국가가 이러한 범죄피해자 또는 그 유족에게 일정한 한도의 범죄피해구조금을 지급함으로써 민법상 불법행위제도의 결함을 보완하고 법률복지의 증진에 이바지할 수 있도록 하려는 것임」이라고 하고 있다.

[憲 1989. 4. 17.-88헌마3] 「국가가 존립하기 위한 최소요건은 영토와 국민의 보전이다. 국가는 이를 위해 국민에게 국방의 의무와 납세의 의무를 부과함과 아울러 국민에 대하여 국가 외부에서 초래되는 외적의 침입과 국가 내부에서 초래되는 범죄의 발생을 예방하고 이를 물리칠 의무를 스스로 부담하고 있는 것이다. 따라서 국가는 이미 범죄가 발생한 경우에는 범인을 수사하여 형벌권을 행사함으로써 국민을 보호하여야 할 것이고, 형벌권을 행사하지 아니하는 경우에도 최소한 형벌권을 행사하지 아니하는 것이 오히려 보다 더 나은 결과를 초래할 수 있다고 기대되는 경우에 한정되어야 할 것이다. 그런데, 헌법은 위에서 본 바와 같이 범죄로부터 국민을 보호하여야 할 국가의 의무를 이와 같은 소극적 차원에서만 규정하지 아니하고 이에 더 나아가 범죄행위로 인하여 피해를 받은 국민에 대하여 국가가 적극적인 구조행위까지 하도록 규정하여 피해자의 기본권을 생존권적 기본권의 차원으로 인정하였다.……국가기관이 공소권을 독점하고 피해자에 의한 복수를 허용하지 아니하면서 자력구제를 아주 제한적으로만 인정하고 있는 법제도는 국가에 의한 피해자 보호가 충분히 이루어질 때 비로소 그 존재의의가 있는 것이다. 따라서 범죄로부터 국민을 보호하여야 할 국가의 의무가 이루어지지 아니할 때 국가의 의무위반을 국민에 대한 기본권 침해로 규정할 수 있다. 이 경우 개인의 법익을 직접 침해하는 것은 국가가 아닌 제3자의 범죄행위이므로 위와 같은 원초적인 행위 자체를 기본권침해 행위라고 규정할 수는 없으나, 이와 같은 침해가 있음에도 불구하고 이것을 배제하여야 할 국가의 의무가 이행되지 아니한다면 이 경우 국민은 국가를 상대로 헌법 제10조, 제11조 제1항 및 제30조(이 사건과 같이 생명 · 신체에 대한 피해를 받은 경우)에 규정된 보호의무 위반 또는 법 앞에서의 평등권 위반이라는 기본권 침해를 주장할 수 있는 것이다.」

Ⅱ. 보충적 성격

범죄피해자구조청구권은 사회보장적 성격을 띠는 청구권의 일종으로 피해자가 범죄자로부터 제대로 보상을 받지 못할 때 보충적으로 인정되는 것이다.

Ⅲ. 입법부작위에 대한 재판청구권

헌법에서 범죄피해자에게 구조청구권을 기본권으로 보장하고 있고, 法定主義를 채택하고 있기 때문에 국회는 이를 구체화하는 법률을 제정하여야 한다. 따라서 이러한 법률을 제정하지 않으면 범죄피해자는 입법부작위에 대하여 다툴 수 있다. 憲法 제30조의 법률유보는 기본권형성적 법률유보이기 때문에 입법자는 범죄피해자구조제도를 법률로써 입법화할 의무를 진다.

[238] 第三 主 體

범죄피해자구조청구권의 주체는 國民이다. 憲法 제30조는 「생명 · 신체에 대한 피해를 받은 국민」으로 한정하고 있기 때문에 자연인에게만 인정되고, 단체나 법인은 주체가 될 수 없다.

犯罪被害者救助法은 구조청구를 할 수 있는 피해자를 「생명 또는 신체를 해하는 범죄행위로 인하여 사망한 자의 유족이나 중장해를 당한 자」로 제한하고 있다(同法 §1, §2, §3①). 사망과 중장해로 피해의 범위를 제한한 것은 헌법 제30조가 법정주의를 채택하여 법률에 유보하고 있으므로 헌법에 위반되지 않는다. 법정책적으로는 심각한 재산상의 피해를 입은 경우와 같이 국가로부터 구조를 받는 피해자의 범위를 확대하는 것도 가능하지만, 이는 국가의 재정능력을 고려하여 정할 정책적인 사항이다.

범죄피해자의 구조청구권은 대한민국 국민에게만 한정하여 인정된다. 따라서 외국인은 상호주의하에서 주체가 될 수 있다(犯罪被害者救助法 §10).

[239] 第四 內 容

Ⅰ. 지급요건

헌법이 정하는 피해가 발생한 경우에 국가는 범죄피해자에 구조금을 지급하며, 이에 해당하는 범죄피해자는 이러한 구조금을 청구할 권리를 가진다. 犯罪被害者救助法은 구조금을 청구할 수 있는 요건으로 i) 범죄로 인하여 사망한 자의 유족이나 중장해를 당한 자일 것, ii) 가해자의 불명 또는 무자력의 사유가 있을 것, iii) 피해의 전부 또는 일부를 배상받지 못했을 것, iv) 생계유지가 곤란한 사정이 있을 것을 정하고 있다. 이러한 경우에만 원칙적으로 犯罪被害者救助請求權이 성립한다(同法 §3① 本文).

다만, 자기 또는 타인의 형사사건의 수사 또는 재판에 있어서 고소·고발 등 수사단서의 제공, 진술, 증언 또는 자료제출과 관련하여 피해자로 된 때에는 예외적으로 가해자 불명이나 무자력, 생계유지곤란 여부와 관계없이 구조금지급을 청구할 수 있도록 하고 있다(同條 但書).

Ⅱ. 지급내용

犯罪被害者救助法은 범죄피해자에게 지급되는 구조금을 遺族救助金과 障害救助金으로 구분하여 지급하고 있다. 유족구조금은 피해자가 사망한 경우 동법 규정에 의한 제 1 순위 유족에게 지급하며, 장해구조금은 중장해를 당한 피해자에게 지급하며, 일시금으로 한다(同法 §4). 구조금의 금액은 피해자 또는 유족의 생계유지상황과 장해의 정도를 참작하여 대통령령으로 정하도록 하고 있다(同法 §9).

[240] 第五 制限과 그 限界

Ⅰ. 구조금지급의 제외

犯罪被害者救助法은 구조금을 지급하지 않을 수 있는 경우로서, i) 피해자와 가해자간에 친족관계(사실상 혼인 관계를 포함)가 있는 경우, ii) 피해자가 범죄행위를 유발하였거나 당해 범죄피해의 발생에 관하여 피해자에게 귀책사유가 있는 경우, iii) 기타 사회통념상 구조금의 전부 또는 일부를 지급하지 아니함이 상당하다고 인정되는 경우를 규정하고 있다(同法 §6).

또한 피해자 또는 유족이 당해 범죄피해를 원인으로 하여 國家賠償法 기타 법령에 의한 급여 등을 지급받을 수 있는 경우에는 대통령령이 정하는 바에 의하여 구조금을 지급하지 아니하도록 하고(同法 §7), 피해자 또는 유족이 당해 범죄피해를 원인으로 하여 손해배상을 받은 때에는 그 금액의 한도 내에서 구조금을 지급하지 않도록 정하고 있다(同法 §8).

Ⅱ. 구조금의 환수

한편 詐僞 기타 부정한 방법으로 구조금의 지급을 받은 경우, 구조금을 지급받은 후 동법 제 6 조에 규정된 사유가 발견된 경우, 과오급된 경우에는 구조금의 전부 또는 일부를 還收할 수 있도록 정하고 있다(同法 §16).

Ⅲ. 구조금지급 청구의 시적 한계

구조금을 지급받을 권리의 시효는 구조결정이 송달된 날로부터 2년이다(同法 §17).

제 7 장 環境權的 基本權

[241] 第一 意 義

Ⅰ. 개 념

(1) 헌법 규정

憲法은 제35조 제 1 항에서 「모든 국민은 건강하고 쾌적한 환경에서 생활할 권리를 가지며, 국가와 국민은 환경보전을 위하여 노력하여야 한다」라고 규정하여 環境權(environmental right; Umweltrecht)을 헌법상 보장함과 동시에 국가와 국민에게 환경보전을 위해 노력할 의무를 부과하고 있다. 그러면서 제 2 항에서는 「환경권의 내용과 행사에 관하여는 법률로 정한다」라고 규정하여, 헌법에서는 환경권의 구체적인 내용이나 그 행사에 대하여 정하지 아니하고 이를 입법자에게 맡겨 두고 있다.

> 憲法 제35조는 제 1 항과 제 2 항에서 환경에 관하여 규정하면서 제 3 항에서는 「국가는 주택개발정책 등을 통하여 모든 국민이 쾌적한 주거생활을 할 수 있도록 노력하여야 한다」라고 규정하여 특별히 국민의 쾌적한 주거생활을 보장하고 있다. 이러한 제 3 항의 규정이 제 1 항과 제 2 항에서 정하는 환경권의 보호와 관련이 있는가 하는 점이 해석상 문제가 된다. 환경권은 주거생활뿐 아니라 모든 생활에서 보장되는 것임을 고려하면 헌법 제35조 제 3 항을 환경권과 결부하여 해석하는 것은 타당하지 않다. 이러한 규정은 헌법에 규정하여도 되고 규정하지 않아도 되는데, 규정하는 경우에는 주거의 자유를 정하는 규정과 함께 정하는 것이 타당하다.

(2) 환경의 개념

사전적인 의미에서 보면, 環境(environment, Umwelt)이란 생물에게 직접 또는 간접으로 영향을 주는 자연적 조건이나 사회적 상황으로서 생물이 생활하는 주위의 상태를 의미한다. 그런데 헌법에서 문제가 되는 환경은 헌법상의 환경조항이나 환경권의 법적 성격과 효력이 문제가 되기 때문에 헌법 제35조에서 정하고 있는 환경을 사전적인 의미로 해석할 수는 없다.

憲法 제35조 제 1 항은 「건강하고 쾌적한 환경」이라고만 규정하고 있어서 이러한 환경에서 생활할 권리의 내용과 범위가 명확하지 아니하다. 헌법 제35조 제 1 항과

제 2 항에서 정하고 있는 환경의 개념에 대해서는 협의설과 광의설로 견해가 나뉜다.

(a) 협 의 설

헌법이 정하고 있는 환경은 산, 산림, 대기, 물, 일조 등과 같은 자연환경을 의미한다고 본다. 환경권이 논의되고 형성된 배경과 환경권을 권리로서 실효성 있게 보호하려면 환경의 개념을 이 이상으로 확대하는 것은 타당하지 않다고 본다. 일본의 다수설이다.

(b) 광 의 설

헌법이 정하고 있는 환경은 자연환경 이외에 유적 · 문화유산과 같은 문화적 환경이나 공원 · 도로 · 교육 · 의료와 같은 사회적 환경도 포함된다고 본다(예: 金哲洙a, 1225; 成樂寅, 723).

(c) 사 견

헌법이 환경에 관하여 국가에게 계획과 실행의무를 부과하는 국가목표규정의 형식(예: 「국가는 국민이 건강하고 쾌적한 환경에서 생활할 수 있도록 노력하여야 한다」)으로 정하는 경우에는 광의설과 같이 환경의 개념을 확대하는 것이 타당할 수도 있겠으나, 환경을 향유할 이익을 기본권으로 정하는 경우에 그 개념과 내용 자체가 애매모호한 문화적 환경이나 사회적 환경까지 환경권의 대상으로 정하는 것은 환경권의 권리로서의 보장의 면에서 실효성을 오히려 약화시키고 실현가능성도 희박하다. 환경에 대한 논의의 배경이나 환경권의 권리로서의 실효성을 확보하는 면에서 보면 협의설이 타당하다.

環境政策基本法에서는 환경을 자연환경과 생활환경으로 구분한 후, 자연환경을 지하 · 지표(해양 포함) 및 지상의 모든 생물과 이들을 둘러싸고 있는 비생물적인 것을 포함한 자연의 상태(생태계 및 자연경관 포함)로 정의하고 생활환경을 대기, 물, 폐기물, 소음 · 진동, 악취, 일조 등 사람의 일상생활과 관계되는 환경으로 정의하고 있다(同法 §3). 古都保存에 관한特別法은 목적에서 「역사적 문화환경」이라는 용어를 사용하고 있다.

憲法裁判所는 '건강하고 쾌적한 환경에서 생활할 권리'를 보장하는 환경권의 보호대상이 되는 환경에는 자연환경뿐만 아니라 인공적 환경과 같은 생활환경도 포함된다고 한다(憲 2008. 7. 31.-2006헌마711). 이러한 것이 광의설을 취하는 것은 아니다.

[憲 2008. 7. 31.-2006헌마711] 「'건강하고 쾌적한 환경에서 생활할 권리'를 보장하는 환경권의 보호대상이 되는 환경에는 자연환경뿐만 아니라 인공적 환경과 같은 생활환경도 포함된다. 환경권을 구체화한 입법이라 할 환경정책기본법 제 3 조에서도 환경을 자연환경과 생활환경으로 분류하면서, 생활환경에 소음 · 진동 등 사람의 일상생활과 관계되는 환경을 포함시키고 있다. 그러므로 일상생활에서 소음을 제거 · 방지하여 정온한 환경에서 생활할 권리는 환경권의 한 내용을 구성한다.」

Ⅱ. 연 혁

環境權은 근대 초기부터 등장한 기본권이 아니라, 현대 산업사회가 급속도로 진행되면서 자연의 훼손, 공해 및 환경오염, 주거 · 생활환경의 악화 문제가 인간의 생존을 위협하는 심각한 문제로 대두함에 따라 새롭게 인식되면서 논의된 것이다. 그래서 환경보호의 필요성과 국가의 환경보호의무에 대해서는 인정되지만 아직도 환경권이 진정한 법적 권리로서 성립할 수 있는가 하는 점에 대해서는 논의가 분분하다.

環境權의 개념은 1960년대 미합중국에서 등장하여 1969년 國家環境政策法(The National Enviornment Policy Act)이 제정되었고, 우리나라에서는 1970년대 고도성장시기에 추진된 중화학공업에 대한 집중 투자 · 육성 등으로 인하여 환경파괴가 심화되었고, 급속한 산업화 · 도시화의 진행에 따라 생활환경에 대한 오염문제도 심각하게 대두되면서 환경보전의 필요성 및 환경권 보장에 대해 인식이 높아졌다. 1963년 公害防止法이 제정되었다가 1978년 환경보전법의 시행으로 공해방지법을 대체하면서 공해방지라는 소극적 수준에서 탈피하여 환경보전이라는 적극적 수준으로 전개되었다. 환경에 대한 헌법적 수준의 보장은 1980年憲法에서 국가의 환경보전의무와 환경권을 규정하는 것에 이르렀다.

> 환경보호에 대하여 헌법의 수준에서 보장하는 경우에도 헌법에서 환경권을 정하고 있는 경우는 흔하지 않다. 헌법에서 환경보호를 정하고 있는 것으로는 예컨대 독일연방헌법(§20a), 그리스헌법(§24), 중화인민공화국헌법(§26), 인도헌법(§48A, §49), 이란헌법(§50), 스위스헌법(§24의7), 태국헌법(§56) 등이 있고, 환경권을 헌법에서 정하고 있는 것으로는 예컨대 대한민국헌법(§35②), 인도네시아헌법(§28H①), 몽골헌법(§16②), 스페인헌법(§45), 포르투갈헌법(§66) 등이 있다. 독일에서는 환경보호를 헌법에 규정하는 방식에 대하여 20여년간 논쟁을 거듭하다가 2002년 7월 26일 헌법개정을 통하여 환경권을 기본권으로 규정하는 방식이 아니라 국가목표(Staatsziel)로 규정하는 방식으로 환경보호를 정하는 것으로 하여, 「국가는 장래 세대를 위하여 자연적 생활기초(natürliche Lebensgrundlage)를 보호하는 책임을 지고……」(同憲法 §20a)라고 정하고 있다. 일본국헌법에서는 이에 대한 규정이 없다. 환경권의 인정여부에 대해서는 헌법해석상 긍정설과 부정설로 나뉜다.

[242] 第二 法的 性格

Ⅰ. 학 설

헌법이 정하는 건강하고 쾌적한 환경에서 생활할 권리가 법적 성격을 가지는 것인가 하는 점에 대해서는 다양한 의견이 있다.

헌법상 환경권 조항의 효력과 관련하여 헌법규정만으로는 구체적 권리로서 행사될 수 없고 입법에 대한 지침이 된다는 프로그램(Programm, 방침)規定說, 법원에 제소하여 구체적인 법적 책임을 물을 수는 없지만 입법자에게 환경권 보호를 위한 입법을 요구할 수 있는 권리라고 보는 抽象的 權利說, 환경권이 침해된 경우 헌법상의 환경권 조항에 기하여 법원에 제소함으로써 환경침해행위의 배제·예방청구를 할 수 있는 권리라고 보는 具體的 權利說, 환경침해배제청구권은 구체적 권리이지만 환경개선·보호조치청구권은 추상적 권리라는 견해(金哲洙a, 1223) 등이 대립하고 있다.

해석하건대, 憲法 제35조 제1항은 건강하고 쾌적한 환경에서 생활할 권리를 정하고, 제2항은 이러한 환경권의 내용과 그 행사는 법률로써 정한다고 하고 있으므로, 건강하고 쾌적한 환경을 향유할 권리는 기본권으로서의 성격을 가지지만 이외의 내용은 법률이 정하는 바에 따라 정해지는 법률상의 권리이다. 이러한 권리들은 모두 구체적인 권리이다.

Ⅱ. 판 례

大法院의 판례에는 헌법상의 환경권을 법적 권리로 인정하는 것도 있고(예: 大 1994. 3. 8.-92누1728), 헌법상의 환경권 규정만으로는 그 보호대상인 환경의 내용과 범위, 권리자의 범위 등이 명확하지 못하여 개개인에게 직접 구체적인 사법상의 권리를 부여한 것이라고 보기는 어렵다고 본 것도 있다(예: 大 1995. 5. 23.-94마2218).

> [大 1995. 5. 23.-94마2218] 「헌법 제35조 제1항은……환경권을 국민의 기본권의 하나로 승인하고 있으므로, 사법(私法)의 해석과 적용에 있어서도 이러한 기본권이 충분히 보장되도록 배려하여야 할 것임은 당연하다고 할 것이나, 헌법상의 기본권으로서의 환경권에 관한 위 규정만으로서는 그 보호대상인 환경의 내용과 범위, 권리의 주체가 되는 권리자의 범위 등이 명확하지 못하여 이 규정이 개개의 국민에게 직접으로 구체적인 사법상의 권리를 부여한 것이라고 보기는 어렵고, 또 사법적 권리인 환경권을 인정하면 그 상대방의 활동의 자유와 권리를 불가피하게 제약할 수밖에 없는 것이므로, 사법상의 권리로서의 환경권이 인정되려면 그에 관한 명문의 법률규정이 있거나 관계법령의 규정취지나 조리에 비추어 권리의 주체, 대상, 내용, 행사방법 등이 구체적으로 정립될 수 있어야 할 것이다. 그것은 환경의 보전이라는 이념과 산업개발 등을 위한 개인활동의 자유와 권리의 보호라는 상호 대립하는 법익 중에서 어느 것을 우선시킬 것이며 이를 어떻게 조정·조화시킬 것인가 하는 점은 기본적으로 국민을 대표하는 국회에서 법률에 의하여 결정하여야 할 성질의 것이라고 보아야 할 것이기 때문이다. 헌법 제35조 제2항에서 "환경권의 내용과 행사에 관하여는 법률로 정한다"고 규정하고 있는 것도 이러한 고려에 근거한 것이라고 여겨진다.」

[243] 第三 主 體

환경권은 성질상 自然人에게 인정되는 기본권이다. 법인은 환경권의 주체가 될 수 없다. 환경의 보전과 보호는 미래 세대의 이익과도 직결되어 있어 현재 세대의 이해관계만 기준으로 하여 정해질 수 없다. 그러나 이런 이익은 입법에서 고려되는 것이고, 아직 존재하지 않는 주체의 권리로 성립할 수는 없다.

[244] 第四 內　容

Ⅰ. 개　설

憲法 제35조 제2항은 「환경권의 내용과 행사에 관하여는 법률로 정한다」고 규정하고 있으므로 환경권의 내용과 행사방법은 입법을 통하여 구체화된다. 헌법 제35조에서는 환경권의 보호대상인 환경의 내용과 범위, 권리의 주체가 되는 권리자의 범위 및 권리의 행사절차 등에 대하여 명확하게 규정하고 있지 아니하다. 환경의 보전과 생활에 필요한 환경의 개발이라는 상호 대립하는 법익 중에서 어느 것을 우선시키고, 이를 어떻게 조화시킬 것인가 하는 점은 기본적으로 국민을 대표하는 국회에서 법률에 의하여 결정하여야 할 성질의 것으로서 입법자의 광범위한 입법형성의 자유가 인정되는 영역이다.

건강하고 쾌적한 환경에서 생활할 수 있게 함에 있어 이를 권리로 보장하는 경우에는 환경에 대한 접근권, 환경향유권이 있고, 더 나아가 적극적으로 환경을 개선하거나 조성할 것을 요구하는 권리가 있을 수 있다. 환경접근권과 환경향유권은 헌법상의 환경권의 내용이지만, 나머지는 국민으로 하여금 건강하고 쾌적하게 생활할 수 있게 하는 환경을 국가가 형성함에 있어 인정할 수도 있는 성질의 것이다.

Ⅱ. 헌법상의 내용

(1) 환경향유권

국민이 건강하고 쾌적한 환경에서 생활할 권리를 보유하고 행사함에 있어 가장 본질적인 내용은 생활함에 있어 물, 공기, 산림, 일조, 조망, 경관 등 자연환경을 향유할 수 있는 권리이다. 이러한 환경향유권에는 日照權, 眺望權, 景觀權이 포함된다.

> [大 1994. 3. 8.-92누1728] 「헌법 제35조 제1항은 모든 국민은 건강하고 쾌적한 환경에서 생활할 권리를 가진다고 규정하고 있으므로(구 헌법 제33조도 거의 같은 취지로 규정하고 있다), 국민이 수돗물의 질을 의심하여 수돗물을 마시기를 꺼린다면 국가로서는 수돗물의 질을 개선하는 등의 필요한 조치를 취함으로써 그와 같은 의심이 제거되도록 노력하여야 하고, 만일 수돗물에 대한 국민의 불안감이나 의심이 단시일 내에 해소되기 어렵다면 국민으로 하여금 다른 음료수를 선택하여 마실 수 있게 하는 것이 국가의 당연한 책무라고 할 것이다. 그럼에도 불구하고 국가가 그와 같은 조치를 취하는 대신 보존음료수의 국내판매만을 금지하는 것은 수돗물의 질에 대하여 의심이 생기는 책임을 보존음료수에 전가하는 것일 뿐만 아니라 국민으로 하여금 수돗물만을 계속하여 마시도록 간접적으로 강제함으로써 국민의 환경권을 제한하는 결과가 되어 부당

하다.」

[大 2004. 9. 13.-2003다64602] 「어느 토지나 건물의 소유자가 종전부터 향유하고 있던 경관이나 조망이 그에게 하나의 생활이익으로서의 가치를 가지고 있다고 객관적으로 인정된다면 법적인 보호의 대상이 될 수 있는 것인바(大 1997. 7. 22.-96다56153 등 참조), 이와 같은 조망이익은 원칙적으로 특정의 장소가 그 장소로부터 외부를 조망함에 있어 특별한 가치를 가지고 있고, 그와 같은 조망이익의 향유를 하나의 중요한 목적으로 하여 그 장소에 건물이 건축된 경우와 같이 당해 건물의 소유자나 점유자가 그 건물로부터 향유하는 조망이익이 사회통념상 독자의 이익으로 승인되어야 할 정도로 중요성을 갖는다고 인정되는 경우에 비로소 법적인 보호의 대상이 되는 것이라고 할 것이고, 그와 같은 정도에 이르지 못하는 조망이익의 경우에는 특별한 사정이 없는 한 법적인 보호의 대상이 될 수 없다고 할 것이다.」

이러한 환경향유권에는 환경을 향유하는 권리와 함께 환경의 향유를 침해하거나 침해할 위험이 있는 경우에 국가에 대하여 그 침해를 배제하거나 예방할 것을 요구할 수 있는 권리가 포함된다.

(2) 환경접근권

환경을 향유하기 위해서는 환경에 대한 접근이 필수적으로 요구되므로 건강하고 쾌적한 생활을 함에 있어 필요한 자연환경에 접근하는 것은 환경향유권과 불가분의 관계를 이루고 있다.

이러한 환경접근권에는 향유하고자 하는 환경에 접근하는 권리와 함께 환경에의 접근을 침해하거나 침해할 위험이 있는 경우에 국가에 대하여 그 침해를 배제하거나 예방할 것을 요구할 수 있는 권리가 포함된다.

大法院은 사법상의 권리로서의 환경권을 인정하는 명문규정이 없는 한 헌법상의 환경권 조항에 기하여 직접 방해배제청구권을 인정할 수 없다고 판시하고 있다.

[大 1997. 7. 22.-96다56153] 「환경권은 명문의 법률규정이나 관계 법령의 규정 취지 및 조리에 비추어 권리의 주체, 대상, 내용, 행사 방법 등이 구체적으로 정립될 수 있어야만 인정되는 것이므로, 사법상의 권리로서의 환경권을 인정하는 명문의 규정이 없는데도 환경권에 기하여 직접 방해배제청구권을 인정할 수 없음은 상고이유로 주장하는 바와 같다.」

Ⅲ. 법률상의 권리

국가가 국민들이 건강하고 쾌적한 환경에서 생활할 수 있도록 하기 위하여 여러 가지 정책을 수립할 수 있는데, 이러한 정책 가운데 일정한 경우에 국민으로 하여금 현재의 자연환경을 보전하거나 향유케 하는 것보다 더 향상된 것으로 개선할 것을 요구할 수 있게 하거나 일정한 자연적 환경을 조성해 줄 것을 요구할 수 있게 할 수 있다. 이러한 경우에는 환경개선요구권과 환경조성요구권이 法律上의 權利로서 인정된다. 유의할 점은 이러한 권리는 헌법에서 당연히 도출되는 것이 아니라는 점이다.

[245] 第五 效 力

I. 환 경 권

憲法 제35조 제 1 항과 제 2 항에서 헌법상 권리로서 보장되는 환경향유권과 환경접근권은 주관적 권리로서 입법 · 행정 · 사법 등 국가권력을 기속하는 대국가적 효력을 가진다.

Ⅱ. 국가의 환경보전노력의무

헌법 제35조 제 1 항이 정하고 있는 국가목표규정에 해당하는 내용에서는 입법자는 광범한 입법형성의 자유 속에서 환경보전을 위한 정책을 수립하여야 하고, 환경과 관련하여 개개인에게 일정한 권리를 부여할 필요가 있는 경우에는 권리도 부여하여야 한다.

Ⅲ. 국민의 환경보전노력의무

헌법 제35조 제 1 항은 국가 이외에 국민에 대해서도 환경보전노력의무를 정하고 있다. 그러나 국민은 국가가 국가목표규정에 의하여 이행이 의무화되는 것과 달리 환경보전과 관련하여 국가에 대하여 협력할 수준의 의무만 진다. 이러한 의무는 환경의 보호와 보전에서 요구되는 협력의 원칙을 달리 표현한 것이다.

> 국가에게 환경보전을 위한 노력의무를 정하는 것은 국가목표규정으로서 의미가 있으나, 국민에게 이러한 의무를 부과하는 것은 다른 기본권적 가치의 보호에 노력하여야 하는 것과 마찬가지로 공동체 구성원에게 환경보호의 중요성을 강조하고 환경보호에 필요한 협력원칙을 확인하는 선언적 규정으로서 의미를 가진다. 따라서 법적 성격으로 보면 국민의 환경보전노력의무는 진정한 의미의 헌법상의 의무가 아니라는 점을 유의할 필요가 있다.

環境政策基本法에 의하면, 모든 국민은 국가 및 지방자치단체의 환경보전시책에 협력하여야 하고(同法 §6②), 일상생활에 따르는 환경오염과 환경훼손을 줄이고 국토 및 자연환경의 보전을 위하여 노력하여야 하며(同條 ③), 특히 사업자는 그 사업활동으로부터 야기되는 환경오염 및 환경훼손에 대하여 스스로 이를 방지함에 필요한 조치를 하여야 하며, 국가 또는 지방자치단체의 환경보전시책에 참여하고 협력하여야 할 책무를 진다(同法 §5)고 규정하고 있다.

[憲 1998. 12. 24.-98헌가1] 「헌법 제35조 제1항은 "모든 국민은 건강하고 쾌적한 환경에서 생활할 권리를 가지며, 국가와 국민은 환경보전을 위하여 노력하여야 한다"고 규정하여, 국민의 환경권을 보장함과 아울러 국가와 국민에게 환경보전을 위하여 노력할 의무를 부과하고 있다. 이 헌법조항은 환경정책에 관한 국가적 규제와 조정을 뒷받침하는 헌법적 근거가 되며, 국가는 환경정책 실현을 위한 재원 마련과 환경침해적 행위를 억제하고 환경보전에 적합한 행위를 유도하기 위한 수단으로 수질개선부담금과 같은 환경부담금을 부과·징수하는 방법을 선택할 수 있는 것이다.」

[246] 第六 制限과 그 限界

Ⅰ. 제　한

환경권도 절대적인 기본권은 아니므로 憲法 제37조 제2항에 따라 국가안전보장·질서유지·공공복리를 위하여 필요한 경우 법률로써 제한할 수 있다. 특히 환경권을 두텁게 보장할 경우 상대방의 일반적 행동의 자유나 행복추구권, 기업활동의 자유 등 다른 기본권을 불가피하게 제약할 수밖에 없는 성질을 가지므로 환경권은 다른 기본권과의 조화를 도모해야 하며, 사회생활상 일반적으로 인용할 수 있는 합리적인 범위 내의 환경권에 대한 제한은 수인해야 한다.

Ⅱ. 제한의 한계

환경권을 제한하는 경우에도 憲法 제37조 제2항에서 정하는 과잉금지원칙과 본질적 내용 침해금지의 원칙이 적용된다. 특히 환경권에 대한 제한에 있어서는 환경은 한번 파괴되면 다시 회복하기가 어렵다는 점이 고려되어야 하고, 환경의 보전과 환경의 개발이라는 상호 대립하는 법익의 엄밀한 형량을 통하여 제한여부와 범위가 결정되어야 한다. 또한, 인간의 생명이나 신체에 심각한 위협을 주고 인간다운 생활을 유지할 수 없을 정도로 환경에 대한 훼손을 가져오는 환경권 제한은 환경향유권을 형해화시키는 것이어서 환경향유권의 본질적인 내용을 침해하는 것이 된다.

[247] 第七 侵害와 救濟

Ⅰ. 공권력에 의한 침해와 구제

입법·행정·사법 등 국가기관이나 지방자치단체 등에 의하여 국민의 환경권이 침해된 경우에는 해당 환경권의 성질이 기본권에 해당하는지 법률상의 권리에 해당하는지에 따라 행정심판, 행정소송, 국가배상청구, 손실보상청구, 헌법소원심판, 위헌법률심판 등을 통하여 구제받을 수 있다.

환경행정으로 인한 환경권이나 보호이익의 침해에 있어서는 행정청의 위법한 처분으로 인한 피해의 구제보다는 행정청의 환경오염에 대한 규제행위의 해태나 부작위로 인한 피해의 구제가 중요하고, 처분 상대방에 대한 권리 · 이익의 침해보다도 위법한 배출시설의 허가에 있어서 인근주민의 권리 · 이익의 침해와 같은 제3자에 의한 환경권 침해의 구제가 의미를 가진다. 나아가 환경오염의 대규모성 · 광역성 등으로 인하여 피해자가 집단으로 나타나는 특성이 있으므로 집단소송이나 단체소송의 도입이 논의되는 등 지역주민들의 집단적 환경이익의 보호가 중요한 쟁점으로 등장하고 있다.

Ⅱ. 私人에 의한 침해와 구제

私人, 특히 공해산업에 종사하는 사기업에 의하여 환경권이 침해되는 피해를 입은 국민은 상대방 사인을 상대로 불법행위에 기한 민사상 손해배상청구를 하거나, 소유권 · 점유권 등 물권에 기하여 환경침해행위의 중지 및 배제청구, 행정청에 대한 규제조치발동청구 등을 통하여 구제받을 수 있다. 그런데 이 경우 피해의 성질과 정도, 피해이익의 공공성, 가해행위의 태양 또는 공공성, 가해자의 방지조치나 손해회피의 가능성, 인·허가 관계 등 공법상 기준에의 적합여부 등 모든 사정을 종합적으로 고려할 때 그 침해가 사회통념상 일반적으로 수인할 수 있는 정도를 넘어서는 경우에만 불법행위로 인정되어 손해배상청구를 할 수 있다고 할 것이다(受忍限度論). 大法院의 판례도 같은 태도이다(예: 大 1995. 9. 15.-95다23378; 1997. 7. 22.-96다56153).

[大 1997. 7. 22.-96다56153] 「인접 대지에 건물이 건축됨으로 인하여 입는 환경 등 생활이익의 침해를 이유로 건축공사의 금지를 청구하는 경우에, 그 침해가 사회통념상 일반적으로 수인할 정도를 넘어서는지의 여부는 피해의 성질 및 정도, 피해이익의 공공성, 가해행위의 태양, 가해행위의 공공성, 가해자의 방지조치 또는 손해회피의 가능성, 인·허가 관계 등 공법상 기준에의 적합 여부, 지역성, 토지이용의 선후관계 등 모든 사정을 종합적으로 고려하여 판단하여야 할 것이다.」

환경파괴행위를 한 자에 대하여는 水質環境保全法이나 土壤環境保全法 등 개별 법률에서 처벌하는 규정을 두고 있고, 사람의 생명 · 신체, 상수원 또는 자연생태계 등에 유해한 환경오염 또는 환경훼손을 초래하는 행위(오염물질을 불법배출함으로써 공중의 생명 또는 신체에 위험을 발생시키거나 상수원오염을 초래하여 공중의 식수사용에 위험을 발생시킨 행위, 단체 또는 집단이 영리를 목적으로 폐기물관리법 제58조의2의 죄를 범한 행위 등)를 한 자에 대하여는 環境犯罪의團束에관한特別措置法에 의하여 가중처벌을 하고 있다.

Ⅲ. 환경권 침해에 대한 구제의 특수성

(1) 원고적격의 확대 및 입증책임의 경감 · 전환

환경오염피해로 인한 공해소송은 통상의 소송과는 다른 특성을 가진다. 즉 환경

파괴행위가 은밀하게 이루어지고, 그로 인한 피해가 복잡한 형태로 상당한 시간이 경과한 후에 불특정 다수에게 광범위하게 나타나기 때문에 환경오염으로 인한 피해자가 행정청이나 공해배출사업자의 환경을 침해하는 불법행위의 구체적 내용, 손해발생과의 복잡한 인과관계, 손해의 정도 등을 입증한다는 것은 상당히 어렵다. 따라서 환경오염피해에 대한 침해의 구제가 실효성을 거두고, 환경권 보장을 현실화하기 위해서 국가는 공해소송에서의 원고적격의 확대, 입증책임의 경감 · 전환(예컨대, 인과관계 입증에 있어서의 개연성 이론) 등에 대하여 고려하여야 할 것이다.

環境政策基本法은 이러한 특성을 반영하여 사업장 등에서 발생되는 환경오염 또는 환경훼손으로 인하여 피해가 발생한 때에는 당해 사업자는 그 피해를 배상하여야 하고, 사업장 등이 2개 이상 있는 경우에 어느 사업장 등에 의하여 그 피해가 발생한 것인지를 알 수 없을 때에는 각 사업자는 연대하여 배상하여야 한다고 규정하여(同法 §31) 환경오염피해에 대한 무과실책임을 인정하고 있다.

(2) 환경분쟁조정제도

국가 및 지방자치단체는 환경오염 또는 환경훼손으로 인한 분쟁 기타 환경관련 분쟁이 발생한 경우에 그 분쟁이 신속하고 공정하게 해결되도록 하기 위하여 필요한 시책을 강구하여야 한다(環基法 §29). 이에 따라 환경분쟁의 알선 · 조정 및 재정의 절차 등을 규정함으로써 환경분쟁을 신속 · 공정하고 효율적으로 해결하기 위해 1997년에 環境紛爭調停法이 제정되었다. 이 법에 의하여 환경부에 중앙환경분쟁조정위원회를, 특별시 · 광역시 · 도에 지방환경분쟁조정위원회를 설치하고(同法 §4), 환경분쟁조정위원회에서 환경분쟁을 소송절차가 아닌 알선 · 조정 및 재정 등 신속하고 효율적인 절차를 통해 처리함으로써 환경피해 구제의 실효성과 환경권 보장의 실질화를 도모하고 있다.

제 8 장 國民의 憲法上 義務

[248] 第一 槪 說

Ⅰ. 개 념

(1) 의 무

헌법상 의무라 함은 헌법이 국민으로 하여금 국가 또는 공동체에 대하여 반대급부 없이 특정한 작위 또는 부작위의 행위를 하도록 강제하는 부담을 말한다. 이러한 의무는 공동체와 국가의 존속과 유지를 위하여 필수불가결하게 요구되는 사항으로서 헌법이 정하는 것이다. 헌법상의 의무는 국민이 헌법상의 기본권을 보유하기 때문에 그에 대응하여 「권리-의무」 관계로 인정되는 것이 아니라, 공동체의 존속·유지를 위하여 헌법에 의하여 별도로 부과되는 것임을 유의할 필요가 있다.

헌법이 어떠한 행위가 의무임을 명시하고 있다고 하여 모두 진정한 의미의 의무는 아니고, 그 성질에서 헌법상의 의무에 적합한 것이어야 한다(同旨: 桂禧悅b, 804). 헌법에서 文言上 명시적으로 의무라고 규정되어 있어도 그 성질에서 선언적이거나 책무를 강조하는 것에 해당하는 것은 진정한 의미의 헌법상 의무에 해당하지 않는다.

헌법상 의무는 법적 의무 가운데서도 헌법이 정하고 있는 점에서 법률이 정하는 법률상 의무와 효력에서 서로 구별된다.

(2) 기본권의 제한과의 구별

개별적 기본권이 제한되는 면에서 보면, 의무가 부과되는 영역에서는 기본권의 주장이 배제되므로 결과적으로 의무의 부과는 기본권의 제한과 유사한 효과를 가져온다. 그러나 i) 기본권의 제한은 개인의 기본권의 보장을 추구하는 것이며, 의무는 공동체의 존속과 유지라는 가치의 보장을 추구한다. ii) 기본권의 제한은 그 한계를 정하여 국가권력으로부터 기본권을 보호하는 기능을 가짐에 반하여 의무는 공동체의 존속과 유지를 위하여 해당 영역에서 모든 기본권의 효력을 배제하고 의무를 실행하는 힘을 국가권력에 부여한다. iii) 기본권의 제한은 개별적 기본권에 대하여 개별적인 사유를 근거로 하여 이루어짐에 반하여, 의무는 의무의 부과로 인하여 해당 영역에서 관련 기본권들의 주장이 모두 배제된다. iv) 기본권을 제한하는 국가행위에 대해서는 기본권으로 대항하여 그 침해여부를 다툴 수 있음에 반하여, 헌법상의 의무를 실행하는 국가행위에 대해서는 기본권으로 대항할 수 없다.

이와 같이 기본권의 제한과 헌법상 의무는 서로 구별되므로 기본권의 제한을 통하여 공익을 실현하여야 하는 사안에 대하여 헌법상의 의무를 부과하여 공익을 실현하는 것은 타당하지 않다.

Ⅱ. 연 혁

근대 입헌주의가 태동하던 때에 근대헌법을 만든 사람들은 특정한 권리를 헌법에 정하여 국가에 대하여 주장할 수 있게 하면 이러한 권리에는 그에 대응하는 의무가 존재한다고 생각하여 헌법에 의무라는 이름으로 다양한 사항을 규정하였다. 그 대표적인 것이 납세의무와 국방의무였고, 이러한 것 이외에도 부모의 교육의무, 근로의무, 초등학교에의 취학의무 등이 의무라는 이름으로 헌법에서 정해졌다.

그런데 헌법에서 의무를 정하면 그에 비례하여 기본권의 보장이 축소되거나 배제되므로 헌법에서 의무조항을 많이 정한 것은 결국 국민으로 하여금 국가에 복종하게 하여 國家優越主義 또는 全體主義로 빠지게 하였다. 오늘날 기본권의 보장이 핵심적인 징표로 되어 있는 自由民主主義體制에서는 그 성질상 본질필연적으로 필수불가결하게 요구되는 것 이외에는 의무라고 할 수 없다. 실정헌법에서 의무라고 명시적으로 표시하여도 그 성질에서 헌법상의 의무가 될 수 없는 것은 진정한 의무로서의 효력을 가지지 못한다.

Ⅲ. 헌법 규정

헌법은 납세의무(憲法 §38), 국방의무(憲法 §39), 교육을 받게 할 의무(憲法 §31②), 근로의 의무(憲法 §32②)를 의무라는 이름으로 정하고 있다. 납세의무, 국방의무, 근로의무는 1948年憲法에서부터 정한 것이고, 교육을 받게 할 의무는 1962年憲法에서 규정되었다.

그런데 문제는 이러한 의무들이 모두 동일한 법적 성격을 지니고 있는 것은 아니라는 점이다. 교육을 받게 할 의무와 근로의무는 납세의무나 국방의무와 성질을 달리하는 것이며, 헌법 제35조 제1항에서 환경보전에의 노력을 정하고 있는 것, 헌법 제23조 제2항에서 공공복리에 적합하게 재산권을 행사하도록 정하고 있는 것, 헌법 제23조 제3항에서 국가의 공용침해가 있을 때 재산권을 그에 제공하여야 하는 것은 진정한 의미의 헌법상 의무에 해당하지 않는다.

憲法 제23조 제2항에서 재산을 공공복리에 적합하게 행사하여야 한다고 정하고 있는 것은 재산권의 사회기속을 헌법 제23조 제1항의 재산권의 본질에 내재된 것으

로 보는 이상 불필요한 규정일뿐 아니라, 이를 사회기속의 근거로 보는 경우에도 사회기속을 정하는 근거규정에 지나지 않는 것이어서 헌법상의 의무라고 볼 수 없으며, 헌법 제23조 제3항에 근거하여 국가가 공용침해를 하는 경우에 공용수용, 공용사용, 공용제한에 재산을 제공하여야 하는 것은 공용침해의 효과로 발생하는 법적 의무이지 국방의무나 납세의무와 같이 국민이 일방적으로 지는 기본의무는 아니다. 憲法裁判所의 판례 가운데는 「재산권 행사의 공공복리적합의무는 헌법상의 의무로써 ……」라는 표현도 발견되지만(예: 憲 1989. 12. 22.-88헌가13), 이는 엄밀한 표현이 되지 못한다. 憲法 제35조 제1항에서 정하고 있는 「국민은 환경보전을 위하여 노력하여야 한다」고 정하고 있는데, 이를 국민의 의무라고 해석하는 견해가 있다. 그러나 공동체의 국민이 노력하여야 하는 것은 환경보전뿐만 아니라 문화유산의 보전, 생태계의 보전, 교육환경의 보전, 경제질서의 보전 등 공동체 생활의 온갖 영역에서 존재하는 긍정적인 가치를 보전하는 모든 종류의 노력에도 해당하고, 이러한 노력을 공동체의 존속과 유지에 필수불가결하게 필요하여 국민에게 국가가 일정한 행위를 일방적으로 강제하고 그 범위에서는 기본권의 효력을 배제시키는 것에 해당한다고 할 수 없으므로 진정한 의미의 헌법상 의무라고 할 수 없다. 헌법상 의무는 기본권의 효력이 배제되므로 엄격하게 해석하여야 한다.

[249] 第二 義務의 主體

Ⅰ. 국 민

헌법에서 특별히 정하고 있지 않는 한 헌법상의 의무는 그 나라의 國籍을 보유한 國民만이 부담한다. 따라서 현행 헌법에서 정하고 있는 헌법상 의무는 대한민국의 국적을 가지고 있는 자에게만 부과된다. 이런 의미에서 헌법상 의무는 國民의 義務일뿐이고, 인간이면 국적을 불문하고 누구에게나 인정되는 人間의 義務가 아니다(成樂寅, 777).

국민인 이상 성질상 허용되는 경우에는 法人도 의무의 주체가 될 수 있다. 법인에게 납세의무를 부과하는 것은 가능하지만 국방의무를 부과할 수는 없다.

Ⅱ. 외국인 또는 무국적자

(1) 외국인에게 부과되는 의무

헌법상 의무의 주체는 대한민국 국적을 보유하고 있는 자에 한정되는 것이 아니라 헌법의 적용범위 내에 살고 있는 모든 시민이라는 견해(예: 桂禧悅b, 806)와 성질상 외국인이 주체가 되는 경우도 있다는 견해가 있으나, 찬동하기 어렵다.

(2) 의무의 법적 성격

대한민국은 영토고권과 통치권에 근거하여 대한민국의 국민이 아닌 外國人이나 無國籍者에게 일정한 법적인 의무를 부담지울 수는 있다. 이들에 대해서 환경보전의 의무나 일정한 세금이나 공과금을 납부하게 할 수 있는데, 이러한 것은 그 명칭에서 헌법상의 의무와 동일하다고 하더라도 헌법상의 의무가 아니라 입법정책상 법률이나 조례에 의하여 부과되는 것이다. 국내에 거주하는 외국인이나 무국적자에게 비상훈련에 협조하게 하거나 防空을 위하여 일정한 행위제한을 할 수 있는데, 이는 헌법상의 국방의무가 아니라 영토고권에 바탕을 두고 있는 屬地主義에 따라 국내 법률에 의하여 부과되는 행위의무이다. 외국인이나 무국적자에 대하여 어떠한 법적 의무를 부과하고 면제할 것인가 하는 것은 기본권보장 법리에 어긋나지 않는 범위 내에서 해당 국가의 입법정책에 따라 결정된다.

(3) 효력 발생의 요건

외국인에게 의무를 부과하는 것은 그것이 입국허가의 요건에 해당하는 것이 아니면, 외국인이 우리나라의 영토 내에 입국하여야 가능하다.

[250] 第三 義務의 法的 性格

Ⅰ. 의무의 법적 성격

의무는 헌법에 규정되어 있다는 것만으로 직접 국민에게 특정 행위를 강제할 수 있는 것이 아니라, 원칙적으로 법률에 의하여 구체화되어야 실행할 수 있다. 헌법과 법률의 준수의무는 성질상 헌법의 규정만으로 인정된다.

헌법은 납세의무(憲法 §38)와 국방의무(憲法 §39)를 정하면서 「法律이 정하는 바에 의하여」라고 명시하고 있다.

Ⅱ. 기본권과 의무의 관계

헌법은 공동체의 존속·유지의 보장과 동시에 공동체에 살고 있는 구성원의 자유와 권리를 보장한다. 공동체가 존속·유지되지 못하고 해체되면 구성원의 자유와 가치의 보장은 어렵게 된다. 헌법은 공동체에서 살고 있는 국민에게 자유와 권리를 보장하면서 동시에 이를 가능하게 할 수 있도록 공동체의 존속과 유지를 위하여 일정한 의무를 부과한다. 이런 점에서 헌법이 추구하는 가치에서 공동체의 존속·유지의 보장이라는 가치와 구성원의 자유와 권리의 보장이라는 가치는 동등한 지위를 가진다.

따라서 국민의 기본권과 의무는 서로 동등한 지위와 효력을 가지고(同旨: 桂禧悅b, 807), 국민의 의무를 실행시키기 위한 국가의 행위는 헌법에 근거를 둔 일방적인 효력을 가지는 행위이므로 이에 대하여 국민은 기본권을 이유로 대항하지 못한다. 국민의 의무로 정해져 있는 사항에 대해서는 기본권은 효력을 미치지 못한다. 따라서 납세의무에 대하여 재산권이나 영업의 자유 등으로 대항한다거나 국방의무에 대하여 일반적 행동의 자유, 신체의 자유, 종교의 자유, 양심의 자유를 이유로 이에 대항하지 못한다.

그러나 헌법에서 의무라고 표시하고 있더라도 진정한 의미의 의무에 해당하지 아니하는 것에 대해서는 기본권으로 대항할 수 있다. 예컨대 교육을 받게 할 의무, 환경보전의무, 근로의무를 실행한다는 이유로 행해지는 국가의 행위에 있어서 교육을 받게 할 의무에 대해서는 친권이나 학습권의 침해여부를 다툴 수 있고, 환경보전의무에 대해서는 재산권이나 영업의 자유 등의 침해여부를 다툴 수 있으며, 근로의무에 대해서는 일반적 행동자유권이나 휴식권 또는 노동에 대한 자기결정권 등의 침해여부를 다툴 수 있다.

[251] 第四 義務의 內容

I. 헌법에 명시된 의무

(1) 납세의무

(a) 내 용

憲法 제38조는 「모든 국민은 法律이 정하는 바에 의하여 納稅의 義務를 진다」라고 하여 국민의 納稅義務를 정하고 있다. 이는 공동체의 존속과 유지를 함에 있어 필수불가결하게 소요되는 국가재정을 확보하기 위하여 국민에게 반대급부 없이 강제적으로 금원을 거두는 것을 보장하기 위하여 헌법상의 의무로서 정한 것이다. 공동체의 존속과 유지에는 필연적으로 일정한 비용이 소요되고 이는 공동체의 구성원이 부담하지 않을 수 없는 것이기 때문에 공동체의 구성원은 기본권을 근거로 이에 대항할 수 없고 국가의 일방적인 권력적 행위인 과세행위를 수용하여야 한다.

(b) 적용범위

헌법상의 납세의무는 공동체 및 국가의 유지와 활동에 소요되는 경비를 충당하기 위하여 강제하는 조세의 납부에만 인정되고, 그 이외 과세라는 형식으로 가해지는 국가행위에는 인정되지 않는다. 오늘날 조세는 국고의 충당이라는 본래의 기능 이외에 경기조절, 물가통제, 소득의 재분배, 행정적 제재 등 여러 가지의 수단으로 이용되는데, 이러한 경우에 국가가 과세라는 형식으로 행하는 행위에 대해서는 재산권이나 영업의 자유 등 기본권의 침해를 이유로 다툴 수 있다. 어떠한 과제를 수행하기 위해서 국가가 과세라는 방법을 동원한 것이 목적의 달성에 적합한 수단을 선택한 것인지, 그러한 수단이 최소침해를 가져오는 것이며, 수인할 수 있는 것인지의 여부를 놓고 기본권의 침해여부를 다툴 수 있다.

(2) 국방의무

(a) 내 용

憲法 제39조는 「모든 국민은 法律이 정하는 바에 의하여 國防의 義務를 진다」라고 하여 국민의 國防義務를 정하고 있다. 외적의 침략으로부터 공동체가 존속하고 유지될 수 있기 위해서는 외부로부터의 공격을 방어할 수 있는 군대가 필요한바, 공동체가 이러한 군대를 확보함에 있어 공동체 구성원의 일정한 행위가 필요한 때는 공동체 구성원에게 국방의 의무를 부과하여 군대를 확보할 수 있다.

국방의 필요상 현직의 정규군 이외에 예비군이 필요한 경우에는 공동체의 구성원에 대하여 정규군에의 복무뿐만 아니라 현직 복무를 종료한 후 예비군에의 복무도 국방의무로 부과할 수 있다. 국방의 의무는 반드시 정규군으로 복무하는 것만 의미하는 것이 아니라, 국토방위에 종사하는 한 군대에서의 복무, 전투경찰에서의 복무, 특수집단에서의 복무, 대체복무도 포함한다.

憲法裁判所는 헌법 제39조에서 정하는 국방의무는 외부 적대세력의 직·간접적인 침략행위로부터 국가의 독립을 유지하고 영토를 보전하기 위한 의무로서 i) 병역법에 의하여 군복무에 임하는 등의 직접적인 병력형성의무, ii) 병역법, 향토예비군설치법, 민방위기본법, 비상대비자원관리법 등에 의한 간접적인 병력형성의무, iii) 병력형성 이후 군작전명령에 복종하고 협력하여야 할 의무도 포함하는 개념이라고 판시하였다(憲 1995. 12. 28.-91헌마80; 2002. 11. 28.-2002헌바45).

[憲 1995. 12. 28.-91헌마80] 「국방의 의무라 함은 북한을 포함한 외부의 적대세력의 직접적·간접적인 침략행위로부터 국가의 독립을 유지하고 영토를 보전하기 위한 의무로서 현대전이 고도의 과학기술과 정보를 요구하고 국민전체의 협력을 필요로 하는 이른바 총력전인 점에 비추어 단지 병역법 등에 의하여 군복무에 임하는 등의 직접적인 병력형성의무만을 가리키는 것으로 좁게 볼 것이 아니라, 향토예비군설치법, 민방위기본법, 비상대비자원관리법, 병역법 등에 의한 간접적인 병력형성의무 및 병력형성 이후 군작전명령에 복종하고 협력하여야 할 의무도 포함하는 넓은 의미의 것으로 보아야 할 것이므로, 전투경찰순경으로서 대간첩작전을 수행하는 것도 위와 같이 넓은 의미의 국방의 의무를 수행하는 것으로 볼 수 있고……」

[憲 2002. 11. 28.-2002헌바45] 「우리 재판소는, '국방의 의무는 외부 적대세력의 직·간접적인 침략행위로부터 국가의 독립을 유지하고 영토를 보전하기 위한 의무로서, 현대전이 고도의 과학기술과 정보를 요구하고 국민전체의 협력을 필요로 하는 이른바 총력전인 점에 비추어 ① 단지 병역법에 의하여 군복무에 임하는 등의 직접적인 병력형성의무만을 가리키는 것이 아니라, ② 병역법, 향토예비군설치법, 민방위기본법, 비상대비자원관리법 등에 의한 간접적인 병력형성의무 및 ③ 병력형성 이후 군작전명령에 복종하고 협력하여야 할 의무도 포함하는 개념이다'라는 취지로 판시하였다(憲 1995. 12. 28.-91헌마80).」

국방의무는 납세의무와 달리 타인에 의한 대체이행이 불가능하다는 점에서 一身專屬的인 성격을 가진다.

모든 국민이라고 정하고 있기 때문에 남녀의 성에 구별 없이 국방의무를 진다. 현재 우리나라는 여자를 병역에 소집할 필요가 인정되지 않아 법률인 병역법에서 여자에 대한 징집을 면제하고 있다. 국가가 필요한 경우에는 언제라도 여자를 병역에 소집할 수 있다. 여자도 간접적인 병력형성의무와 병력형성 이후 군작전명령에 복종하고 협력하여야 할 의무는 국방의무로서 부담한다.

[憲 2002. 11. 28.-2002헌바45] 「일반적으로 국방의무를 부담하는 국민들 중에서 구체적으로 어떤 사람을 국군의 구성원으로 할 것인지 여부를 결정하는 문제는 이른바 '직접적인 병력형성의무'에 관련된 것으로서, ① 원칙적으로 국방의무의 내용을 법률로써 구체적으로 형성할 수 있는 입법자가 국가의 안보상황, 재정능력 등의 여러 가지 사정을 고려하여 국가의 독립을 유지하고 영토를 보전함에 필요한 범위 내에서 결정할 사항이고(憲 1999. 2. 25.-97헌바3), ② 예외적으로 국가의 안위에 관계되는 중대한 교전상태 등의 경우에는 대통령이 헌법 제76조 제2항에 근거하여 법률의 효력을 가지는 긴급명령을 통하여 결정할 수도 있는 사항이라고 보아야 한다. 한편, 징집대상자의 범위를 결정하는 문제는 그 목적이 국가안보와 직결되어 있고, 그 성질상 급변하는 국내외 정세 등에 탄력적으로 대응하면서 '최적의 전투력'을 유지할 수 있도록 합목적적으로 정해야 하는 사항이기 때문에, 본질적으로 입법자 등의 입법형성권이 매우 광범위하게 인정되어야 하는 영역이다.」

(b) 적용범위

국방의무는 공동체의 존속과 유지를 위하여 군대가 필요한 영역에서만 인정되는 것이므로 그 이외의 영역에 대해서는 이를 강제할 수 없다. 재해예방이나 복구, 경찰업무, 행정업무를 수행하게 하기 위하여 국방의무를 부과할 수는 없다.

(c) 기본권을 근거로 한 병역의무의 거부

국방의무는 헌법상의 의무이므로 기본권을 근거로 이를 부정하거나 거부할 수 없다. 개인적인 주관적 신념이나 사상의 자유, 종교의 자유, 양심의 자유, 신체활동의 자유, 가사 형편, 건강권 등을 내세워 국방의무를 거부할 수 없다.

(d) 병역의무에 따른 불이익처분의 금지

憲法 제39조 제2항은 「누구든지 병역의무의 이행으로 인하여 불이익한 처우를 받지 아니한다」라고 하여 병역의무로 인하여 취업, 공직에의 취임, 학업, 사회진출 등에서 불이익한 처우를 받지 않게 보장하고 있다.

여기서 말하는 병역의무의 이행으로 인한 불이익한 처우는 병역의무의 이행중에 받은 불이익을 의미하는 것이 아니라 병역의무의 이행으로 인하여 입게 된 불이익한 처우를 말한다(예: 憲 1999. 2. 25.-97헌바3). 본래 국방의무는 국가가 강제로 병역에 동원하기 때문에 그 자체로서 취업, 공직취임의 기회, 학업, 사회 진출, 영업 등에서 불이익을 가져온다. 이러한 불이익은 의무에 따른 것이기 때문에 반대급부없이 당연히 수인하여야 하는 것이지만, 병역의무를 이행하였다는 이유로 불이익한 처부를 받아서는 안 되기 때문에 헌법은 이를 특히 명시하고 있다.

憲法 제39조 제2항에 의할 때, 국가는 병역의무를 이행한 사람들이 병역의무의 이행으로 인하여 피해를 입는 경우에 이 피해를 보전하는 방안을 마련하여야 한다. 이러한 불이익한 처우는 법적 불이익뿐만 아니라 사실상의 불이익이나 경제적인 불이익도 포함한다(반대: 憲 1999. 12. 23.-98헌바33). 그런데 이러한 피해보전행위가 다른 사람의 자유나 권리를 침해하는 것이어서는 안 되며, 타인과의 관계에서 평등원칙에 어긋나게 특혜를 주는 것이어서도 안 된다.

> [憲 1999. 12. 23.-98헌바33] 「헌법 제39조 제1항에 규정된 국방의 의무는 외부 적대세력의 직·간접적인 침략행위로부터 국가의 독립을 유지하고 영토를 보전하기 위한 의무로서, 헌법에서 이러한 국방의 의무를 국민에게 부과하고 있는 이상 병역법에 따라 군복무를 하는 것은 국민이 마땅히 하여야 할 이른바 신성한 의무를 다하는 것일 뿐, 국가나 공익목적을 위하여 개인이 특별한 희생을 하는 것이라고 할 수 없다. 국민이 헌법에 따라 부과되는 의무를 이행하는 것은 국가의 존속과 활동을 위하여 불가결한 일인데, 그러한 의무를 이행하였다고 하여 이를 특별한 희생으로 보아 일일이 보상하여야 한다고 할 수는 없는 것이다. 그러므로 헌법 제39조 제2항은 병역의무를 이행한 사람에게 보상조치를 취하거나 특혜를 부여할 의무를 국가에게 지우는 것이 아니라, 법문 그대로 병역의무의 이행을 이유로 불이익한 처우를 하는 것을 금지하고 있을 뿐이다. 그리고 이 조항에서 금지하는 "불이익한 처우"라 함은 단순한 사실상, 경제상의 불이익을 모두 포함하는 것이 아니라 법적인 불이익을 의미하는 것으로 보아야 한다. 그렇지 않으면 병역의무의 이행과 자연적 인과관계를 가지는 모든 불이익—그 범위는 헤아릴 수도 예측할 수도 없을 만큼 넓다고 할 것인데—으로부터 보호하여야 할 의무를 국가에 부과하는 것이 되어 이 또한 국민에게 국방의 의무를 부과하고 있는 헌법 제39조 제1항과 조화될 수 없기 때문이다.」

憲法裁判所는 현역 군인을 전투경찰로 전환하여 배치한 행위나 전투경찰로 하여금 시위진압을 하게 한 행위(憲 1995. 12. 28.-91헌마80), 소집으로 입영한 예비역에게 군형법을 적용하는 것(憲 1999. 2. 25.-97헌바3), 한의사전문의제도를 도입하면서 일반군의관 복무를 수련과정으로 인정하지 아니하는 것(憲 2001. 3. 15.-2000헌마96등)은 병역의무의 이행으로 인하여 불이익한 조치를 받은 것이 아니라고 판시하였다. 그런 반면 공무원채용시험 등에 응시한 때에 제대군인에게 과목별 득점에 과목별 만점의 5% 또는 3%를 가산하는 加算點을 주는 법률적 조치에 대하여 다른 사람과의 관계에서 차별대우하여 특혜를 주는 것이어서 위헌이라고 판시하였다(예: 憲 1999. 12. 23.-98헌바33; 1999. 12. 23.-98헌마363).

> [憲 1999. 12. 23.-98헌바33] 「가산점제도는 이러한 헌법 제39조 제2항의 범위를 넘어 제대군인에게 일종의 적극적 보상조치를 취하는 제도라고 할 것이므로 이를 헌법 제39조 제2항에 근거한 제도라고 할 수 없다.…… 제대군인에 대하여 여러 가지 사회정책적 지원을 강구하는 것이 필요하다 할지라도, 그것이 사회공동체의 다른 집단에게 동등하게 보장되어야 할 균등한 기회 자체를 박탈하는 것이어서는 아니 되는데, 가산점제도는 공직수행능력과는 아무런 합리적 관련성을 인정할 수 없는 제대군인인지를 기준으로 장애인 등의 사회진출기회를 박탈하는 것이므로 정책수단으로서의 적합성과 합리성을 상실한 것이라 하지 아니할 수 없다.…… 가산점제도는 제대군인에 비하여, 제대군인이 아닌 자를 비례의 원칙에 반하여 차별하는 것으로서 헌법 제11조에 위배되며, 이로 인하여 청구인의 평등권이 침해된다.」

(3) 교육을 받게 할 의무

(a) 내 용

憲法 제31조 제2항은 「모든 국민은 그 보호하는 자녀에게 적어도 初等敎育과 法律이 정하는 교육을 받게 할 의무를 진다」라고 하여 친권자나 보호자로 하여금 그 보호하에 있는 어린이들에게 초등교육과 법률이 정하는 교육을 받게 할 의무를 부과하고 있다. 이 때의 친권자나 보호자는 당연히 대한민국 국적을 가진 자에 한한다.

이는 憲法 제31조 제1항에서 정하고 있는 능력에 따라 균등하게 교육을 받을 권리를 실효성 있게 하기 위하여 스스로 교육의 기회에 다가가지 못하는 이들에게 최소한의 교육을 받을 수 있도록 하기 위한 것이다.

(b) 적용범위

교육을 받게 할 의무는 일차적으로 아동으로 하여금 인간으로서의 존엄과 가치를 가치고 행복을 추구하면서 성장하고 살아갈 수 있도록 하는데 필요한 기본적인 지식과 합리적인 사회화의 과정을 거치게 하고, 사회의 문맹률을 낮추어 문명사회를 유지하게 하고자 하는데 목적이 있다. 따라서 교육을 받게 할 의무는 이러한 목적을 수행하는 수단으로만 부과되며, 그 이외에는 적용되지 않는다.

국가가 정하는 일방적인 내용이나 기존의 교육제도가 제공하는 부실한 교육을 아동에게 강제로 받게 하는 것은 인정되지 않는다. 교육을 받게 할 의무가 敎育의 國家主義를 실현하고자 하는 것은 아니기 때문이다. 지적 능력을 획득하고 학습하는데 대한 인간의 자기결정권과 이를 바탕으로 한 자녀 또는 피보호아동에 대한 親權 또는 後見權은 보호대상자에 대한 교육에 대한 결정권을 포함하고 있으므로 국가의 부당한 교육에 대해서는 이를 거부할 수 있다.

教育基本法은 부모 등 보호자는 그 보호하는 자녀 또는 아동이 바른 人性을 가지고 건강하게 성장하도록 교육하는 권리와 책임을 가진다고 정하고 있다(同法 §13①). 初中等教育法은 無償(수업료의 면제)의 의무교육인 초등교육과 중등교육을 받게 하기 위하여 모든 국민에게 그가 보호하는 자녀 또는 아동을 초등학교와 중등학교에 취학시키도록 의무를 부과하고(同法 §13) 이러한 의무의 이행을 독려받고도 이행하지 않는 경우에는 과태료를 부과하고 있다(同法 §68).

문맹률이 낮은 사회라면 모르되, 지식의 습득의 기회가 다양하고 전통적으로 학교가 수행하던 역할을 대체하는 기관이 존재하는 상황에서는 취학아동에 대한 교육의 기회를 고의적으로 박탈하는 경우가 아닌 한 국가가 지정하는 학교에 의무적으로 취학하게 하는 것은 문제가 있다. 교육을 받게 할 의무가 학교교육의 부실과 문제점을 강제로 받아들이게 하는 결과가 되어서는 안 된다. 이런 점에서 친권자나 보호자는 대안학교나 초중등교육법이 정하는 학교가 아닌 다른 교육기관에서 아동이 교육을 받게 할 수도 있고, 가정에서 직접 교육을 하는 홈스쿨링(home schooling)을 할 수도 있다.

(c) 문 제 점

교육을 받게 할 의무를 헌법상의 의무로 정하는 것이 타당한가 하는 문제가 있다. 이는 아동과 부모 또는 보호자의 교육과 학습에 관한 자기결정권(적극적인 학습할 권리와 소극적인 학습하지 않을 자유)과 충돌하는 요소가 있기 때문이다.

1945년 해방 이후 문맹률이 70%를 상회하는 상황에서는 독립국가에 요구되는 사회의 문명화와 국력의 증진상 의무교육을 실시하고 이러한 교육을 받도록 강제할 필요가 있었지만, 문맹의 문제가 해소되고 교육을 받을 기회가 다양하며 사이버공간을 통하여 지식의 생산, 이동, 교환이 개방적이고 신속하게 이루어지는 정보화시대에는 아동의 교육받을 기회와 학습권을 보장해야 할 필요가 있는 범위에서만 입법정책적으로 교육을 받게 할 의무를 부과하고 그 이외에는 원칙적으로 친권자와 보호자의 자유로운 선택에 맡기는 것이 타당하다고 할 것이다. 따라서 憲法 제31조 제2항은 폐지하고 이에 관한 사항은 입법정책에 따라 법률로 정하게 하는 것이 타당하다. 이렇게 되면 교육에 관한 국가의 정책에 대하여 교육에 관한 기본권으로 대항할 수 있고, 교육에 관한 기본권을 침해하지 않는 한도 내에서만 국가는 교육정책을 수립할 수 있다. 憲法 제31조 제2항의 의무는 납세의무나 국방의무와 달리 진정한 의무가 아니어서 윤리적 의무에 지나지 않는다고 해석하는 견해도 교육의 의무를 헌법상의 의무로 정하는 경우에 발생하는 이런 문제 때문에 제시된다.

(4) 근로의 의무

(a) 내 용

憲法 제32조 제 2 항은 「모든 국민은 근로의 의무를 진다. 국가는 근로의 의무의 내용과 조건을 민주주의원칙에 따라 법률로 정한다」라고 하여 근로의무를 정하고 있다.

헌법에서 국민에게 근로의 의무를 부여하는 것은 매우 특이한 형태이다. 자유민주주의국가에서 국민은 자기의 노동에 대하여 자기결정권을 가지기 때문에 국가는 국가긴급사태와 같은 예외적인 상황에서만 특정한 목적을 위하여 국민에게 노동을 강제할 수 있으며, 그 이외에는 강제노동을 하게 할 수 없다.

(b) 적용범위

憲法 제32조 제 2 항은 국민에게 법적으로 노동을 강제하는 것도 아니고 국가가 근로를 하도록 강제하는데 대하여 기본권으로 대항할 수 없게 하는 것도 아니므로 이는 헌법상의 의무가 아니다. 이는 노동능력이 있음에도 노동을 하지 않는 자에 대해서는 국가가 노동능력이 없는 자에게 배려하는 최저한의 생활보호를 제공하지 않는다는 의미밖에 없는 선언적인 의미만을 가진다(同旨: 權寧星, 719; 許營 b. 599, 反對: 成樂寅, 782). 이는 헌법에 명시되어 있어도 선언적 의미만을 가질 뿐 법적인 효력을 가지지 않는다. 「국가는 근로의 의무의 내용과 조건을 민주주의원칙에 따라 법률로 정한다」라고 정하고 있으나, 예외적인 상황이 아닌 한 국민에게 노동을 강제하는 내용과 조건은 법률로 정할 수 없다. 憲法 제32조 제 1 항에서 정하고 있는 근로의 자유에는 노동을 하지 않고 살 권리와 휴식권도 포함되므로 憲法 제32조 제 2 항의 근로의무가 이러한 자유와 권리를 배제하지 못한다.

> 국가비상시에 국민에게 일정한 근로를 하게 하는 것은 憲法 제31조 제 1 항에서 정하고 있는 근로의 자유의 제한에 해당하는 것이므로 이는 憲法 제37조 제 2 항을 근거로 하여 법률로 정할 수 있다. 따라서 헌법 제32조 제 2 항에서 설시하고 있는 바와 같은 「국가는 근로의 의무의 내용과 조건을 민주주의원칙에 따라 법률로 정한다」라고 정하는 것은 필요하지 않다. 근로의 의무를 헌법에서 정한 것은 바이마르헌법에서 비롯되었으나, 바이마르헌법은 이러한 근로의 의무를 윤리적 의무로 정하였다.

(c) 문 제 점

憲法 제32조 제 2 항은 위에서 본 바와 같이 이는 헌법상의 진정한 의무라고 보기 어렵다. 헌법에서 근로의무를 정한 것은 1948년헌법에서부터 시작되어 현재까지 유지되고 있는데, 식민지지배에서 해방되어 사회의 생산력이 현저히 저하된 상태에

서 독립국가를 세워 독자적으로 경제기반을 구축하여야 하는 상황에서는 국민에게 노동의 중요성을 인식하게 하고 경제주체로 하여금 적극적인 경제활동을 하도록 독려하는 의미에서 헌법정책상 헌법에서 선언적으로 근로의 의무를 정할 수 있다.

그러나 이러한 경제발전의 단계를 넘어서서 사회의 생산성이 획기적으로 증대한 현재의 상황에서는 선언적인 의미에서도 근로의 의무를 헌법에 정할 필요는 사라졌다고 할 것이다. 더구나 헌법에 의무라고 정하여 진정한 의미의 헌법상 의무와 혼동하게 하는 문제도 발생하므로 憲法 제32조 제2항은 폐지하는 것이 타당하다.

Ⅱ. 헌법에 명시되지 않은 의무

(1) 법준수의무

현행 헌법에는 헌법과 법률을 준수할 의무를 명시하고 있지 않으나 이는 법치주의에 내제된 당연한 것이므로 헌법상의 의무로 인정된다. 입법례에 따라서는 이를 명시하고 있는 경우도 있다.

국민에게 헌법과 법률을 준수할 의무가 있더라도 이러한 것이 헌법개정을 주장하거나 법률의 위헌여부를 다투는 것을 배제하지는 않는다. 국민은 주권자이고 헌법은 주권자의 합의이기 때문에 국민은 언제나 합의를 다시 할 권능을 가지고 있으며, 법률을 준수할 의무는 헌법에 합치하는 법률을 전제로 하기 때문이다.

(2) 타인의 권리존중의무

헌법이 기본권을 보장하는 것은 공동체 내에 살고 있는 모든 개인의 자유와 권리를 보장하는 것이기 때문에 특정 개인의 자유와 권리의 보장이 다른 사람의 자유와 권리를 침해하는 것은 허용되지 않는다. 이는 기본권이 실정헌법에서 보장하는 권리라는 점([5]Ⅱ)과 헌법이 인정하는 공동체의 구성원은 모두 법적으로 평등하다는 점에서 도출된다. 이런 점에서 개인은 헌법질서 속에서 생활하는 이상 타인의 자유와 권리를 존중하여야 한다. 타인의 자유와 권리를 존중해야 하는 경우에 그 대상이 되는 것은 헌법에 적합하고 합법적인 자유와 권리만을 의미한다.

타인의 권리를 존중하는 의무는 자신의 자유와 권리를 향유함에 있어 타인의 자유나 권리가 침해됨이 없어야 한다는 것을 의미하는 것이지, 더 나아가 타인의 자유와 권리를 적극적으로 존중하여야 하는 것을 의미하는 것은 아니다. 따라서 개인에게는 타인의 자유와 권리를 침해하지 말아야 하는 의무는 있지만, 타인의 자유와 권리를 실현하는데 적극적으로 기여하여야 하는 의무는 없다.

이러한 의무는 기본권에 개념필연적으로 내재되어 있는 내용이므로 특별히 헌법상의 의무라고 할 필요는 없다. 이 문제는 현실에서는 기본권간의 충돌의 문제로 귀착된다.

[252] 第五 義務와 過剩禁止原則

헌법상 의무에 대하여 국민은 기본권으로 대항할 수 없다고 하더라도 이는 무제한적인 것은 아니다. 국민이 수인할 수 없는 행위를 의무로 강제하는 것은 공동체의 존속과 유지만을 내세워 공동체에서 살고 있는 구성원의 자유와 권리를 부정하고 말살하는 것이어서 기본권과 의무의 상호공존을 전제로 하는 가치체계를 처음부터 무시하는 것이기 때문이다.

따라서 국민의 의무라고 하더라도 국가가 이를 강제하는 행위에는 법치주의의 핵심적 내용인 평등원칙과 과잉금지원칙이 적용된다. 의무를 수행함에 있어서 불합리한 차별대우가 있어서는 안 되며, 그 수행방법에서도 선택가능한 수단이 복수로 존재하는 경우에는 부담을 가장 적게 주는 수단으로 이를 실행시켜야 하며, 국민이 수인할 수 없는 내용을 의무로 강제해서는 안 된다. 따라서 국민에게 공동체의 존속과 유지를 위하여 無制限的이고 無條件的인 作爲를 강제하는 것은 허용되지 않는다.

납세의무의 경우에도 國庫의 재정충당이 충분한 수준에 이르렀음에도 각종 명목으로 국민에게 과세를 한다거나, 代替服務의 수단이 현실적으로 가능함에도 이를 배제하고 일률적으로 군복무를 시키는 것은 타당하지 않다. 軍服務에서도 모든 국민이 소집되지 않고 일정수의 남성만이 소집되는 경우에 군복무자들이 사회에 진출하고 취업을 함에 있어 피해를 보는 상황이 발생하면 그 피해를 전보할 수 있는 방법을 강구하여야 한다.

判例索引

[헌법재판소]

憲 1989. 4. 17.-88헌마3 ……………… 634
憲 1989. 5. 24.-89헌가37 ……… 200, 206
憲 1989. 10. 27.-89헌마56 ……………… 194
憲 1989. 12. 22.-88헌가13 ……………… 476
憲 1990. 1. 15.-89헌가103 …………… 265
憲 1990. 4. 2.-89헌가113 …………… 382
憲 1990. 6. 25.-89헌마107 ……… 219, 627
憲 1990. 8. 27.-89헌가118 …………… 287
憲 1990. 9. 3.-89헌가95 ……… 109, 120
憲 1990. 11. 19.-90헌가48 ……………… 277
憲 1991. 2. 11.-90헌가27 ……… 230, 559
憲 1991. 3. 11.-91헌마21 ……………… 199
憲 1991. 4. 1.-89헌마160 …………… 144
憲 1991. 5. 13.-90헌마133 …………… 422
憲 1991. 6. 3.-89헌마204 …………… 148
憲 1991. 6. 3.-90헌마56 ……………… 54
憲 1991. 7. 8.-89헌마181 …………… 291
憲 1991. 7. 8.-91헌가4 ………… 262, 271
憲 1991. 7. 22.-89헌가106 … 483, 485, 567, 568
憲 1991. 9. 16.-89헌마165………… 85, 369
憲 1992. 1. 28.-89헌가8 ……………… 385
憲 1992. 1. 28.-91헌마111 … 276, 277, 294
憲 1992. 2. 25.-89헌가104 ……… 93, 430
憲 1992. 2. 25.-90헌마91 ……………… 599
憲 1992. 4. 28.-90헌바24 ……………… 201
憲 1992. 6. 26.-90헌바25 … 580, 587, 588
憲 1992. 10. 1.-92헌마68등 …… 339, 340
憲 1992. 11. 12.-89헌마88 … 335, 552, 553, 564
憲 1992. 12. 24.-92헌가8…… 112, 256, 261
憲 1993. 5. 13.-91헌바17 … 346, 347, 363
憲 1993. 7. 29.-90헌바35………… 260, 585
憲 1993. 7. 29.-92헌바20 ……………… 466
憲 1993. 12. 23.-92헌가12 ……………… 604
憲 1994. 2. 24.-92헌바43 ……………… 391
憲 1994. 4. 28.-91헌바14 ……………… 384
憲 1994. 6. 30.-92헌바38 ……………… 272
憲 1994. 12. 29.-93헌바21 ……………… 616
憲 1995. 2. 23.-91헌마204 ……… 561, 569
憲 1995. 3. 23.-95헌마53 ……………… 513
憲 1995. 7. 21.-92헌마144 …………… 418
憲 1995. 7. 21.-92헌마177등 …………… 56
憲 1995. 7. 21.-93헌가14………… 193, 530
憲 1995. 9. 28.-92헌가11등……… 576, 607
憲 1995. 11. 30.-92헌마44 ……………… 596
憲 1995. 12. 28.-91헌마80 ……………… 652
憲 1995. 12. 28.-91헌마114 …………… 404
憲 1995. 12. 28.-95헌마196 …………… 515
憲 1996. 1. 25.-95헌가5 ………… 273, 593
憲 1996. 2. 16.-96헌가2등 …………… 264
憲 1996. 4. 25.-92헌바47 ……391, 392, 447
憲 1996. 6. 13.-94헌바20………… 612, 615
憲 1996. 8. 29.-93헌바57 ……………… 601
憲 1996. 8. 29.-93헌바63 ……………… 604
憲 1996. 8. 29.-95헌가15 ……………… 604
憲 1996. 8. 29.-95헌바36 ……………… 623
憲 1996. 10. 4.-93헌가13………… 350, 377
憲 1996. 10. 31.-93헌바25 ……………… 606
憲 1996. 10. 31.-94헌가6 ……………… 361
憲 1996. 11. 28.-95헌바1 … 120, 236, 239, 241, 249, 595
憲 1996. 12. 26.-90헌바19등 …………… 493
憲 1996. 12. 26.-94헌바1 ……………… 355
憲 1996. 12. 26.-96헌가18………… 194, 450

憲 1997. 1. 16.-90헌마110등 …… 127, 219
憲 1997. 2. 20.-96헌바24 ……… 612, 622
憲 1997. 3. 27.-95헌가14등 …………… 195
憲 1997. 3. 27.-96헌가11 ……………… 281
憲 1997. 3. 27.-96헌바28 ……………… 280
憲 1997. 4. 24.-95헌마90 ……………… 449
憲 1997. 4. 24.-95헌바48 ……………… 39
憲 1997. 5. 29.-94헌바5 ……………… 202
憲 1997. 6. 26.-94헌마52 ……………… 217
憲 1997. 6. 26.-96헌마89 ……………… 504
憲 1997. 7. 16.-93헌마239 …………… 524
憲 1997. 7. 16.-95헌가6등 …………… 96
憲 1997. 8. 21.-94헌바19등 …………… 545
憲 1997. 11. 27.-94헌마60 ………… 293, 596
憲 1997. 11. 27.-97헌바10 ……………… 193
憲 1997. 12. 24.-95헌바29 ……………… 563
憲 1998. 2. 27.-94헌바13등 …………… 485
憲 1998. 3. 26.-97헌마194 ……… 445, 448
憲 1998. 4. 30.-95헌가16 … 124, 375, 381
憲 1998. 5. 28.-96헌바4 ……………… 579
憲 1998. 7. 16.-96헌마246 …………… 573
憲 1998. 7. 16.-96헌바33 ……………… 338
憲 1998. 7. 16.-96헌바35 ……… 306, 313
憲 1998. 8. 27.-96헌마398 …………… 290
憲 1998. 11. 26.-97헌바31 ……………… 102
憲 1998. 12. 24.-89헌마214등 …… 481, 628
憲 1998. 12. 24.-96헌가23 ……………… 355
憲 1998. 12. 24.-98헌가1 ……………… 644
憲 1999. 4. 29.-94헌바37등 …………… 467
憲 1999. 6. 24.-97헌마265 …………… 373
憲 1999. 8. 29.-96헌마99 ……………… 516
憲 1999. 9. 16.-98헌마75 ……………… 597
憲 1999. 9. 16.-98헌마310 …………… 546
憲 1999. 11. 25.-97헌마54 ……… 522, 525
憲 1999. 11. 25.-98헌마141 …………… 490
憲 1999. 12. 23.-98헌마363 ……… 203, 210
憲 1999. 12. 23.-98헌바33 … 517, 654, 655
憲 2000. 2. 24.-99헌바17등 …………… 619
憲 2000. 4. 27.-98헌가16등 … 561, 570, 571, 572
憲 2000. 6. 1.-98헌마216 …………… 142
憲 2000. 6. 1.-99헌마553 …………… 393
憲 2000. 6. 1.-2000헌마18 …………… 524
憲 2000. 7. 20.-99헌가15 ……………… 102
憲 2000. 8. 31.-97헌가12 ……………… 201
憲 2000. 11. 30.-99헌바190 …………… 391
憲 2000. 12. 14.-99헌마112 …………… 552
憲 2001. 1. 18.-99헌바63 ………… 334, 563
憲 2001. 2. 22.-99헌마365 …………… 151
憲 2001. 2. 22.-2000헌마25 ……… 207, 549
憲 2001. 4. 26.-2000헌마390 ………… 151
憲 2001. 5. 31.-2000헌바43 …………… 365
憲 2001. 6. 28.-99헌바34 ……………… 104
憲 2001. 6. 28.-2000헌마735 …………… 23
憲 2001. 7. 19.-99헌마663 …………… 543
憲 2001. 7. 19.-2000헌마546 ………… 173
憲 2001. 8. 30.-99헌바90 ……………… 101
憲 2001. 8. 30.-2000헌가9 …………… 351
憲 2001. 9. 27.-2000헌마342 ………… 533
憲 2001. 10. 25.-2001헌바9 …………… 105
憲 2001. 11. 29.-99헌마494………… 50, 199
憲 2001. 12. 20.-2001헌가6등 ………… 105
憲 2002. 1. 31.-2000헌가8 ……… 104, 105
憲 2002. 1. 31.-2001헌마43 …………… 301
憲 2002. 2. 28.-2001헌가18 …………… 607
憲 2002. 3. 28.-2000헌바53 …………… 215
憲 2002. 4. 25.-2001헌마614 ………… 457
憲 2002. 4. 25.-2001헌바20 …………… 602
憲 2002. 6. 27.-99헌마480 …………… 382
憲 2002. 6. 27.-2001헌바70 …………… 265
憲 2002. 7. 18.-2000헌마327 ………… 173
憲 2002. 8. 29.-2001헌바82 …………… 217
憲 2002. 9. 19.-2000헌바84 ……… 391, 393
憲 2002. 10. 31.-2001헌바40 …………… 400

憲 2002. 11. 28.-2001헌바50 ……… 542, 544
憲 2002. 11. 28.-2002헌바45 ……… 652, 653
憲 2002. 12. 18.-2002헌마52 …………… 531
憲 2003. 2. 27.-2000헌바26 …………… 566
憲 2003. 3. 27.-2000헌마474 ………… 291
憲 2003. 6. 26.-2002헌가14 …………… 173
憲 2003. 7. 24.-2001헌가25……… 278, 533
憲 2003. 7. 24.-2002헌마378 ………… 549
憲 2003. 7. 24.-2002헌바51 …………… 546
憲 2003. 9. 25.-2001헌마814 ………… 336
憲 2003. 9. 25.-2002헌마533 ………… 598
憲 2003. 9. 25.-2003헌바16 …………… 222
憲 2003. 10. 30.-2000헌마801 …… 152, 574
憲 2003. 10. 30.-2000헌바67등 ………… 385
憲 2003. 10. 30.-2002헌마518 …… 140, 146, 149, 400
憲 2003. 12. 18.-2001헌마163 ………… 142
憲 2003. 12. 18.-2002헌가2 …………… 471
憲 2003. 12. 18.-2002헌바14등 ………… 566
憲 2004. 1. 29.-2001헌바30 …………… 574
憲 2004. 1. 29.-2002헌마293 ………… 281
憲 2004. 3. 25.-2002헌마411 ………… 506
憲 2004. 8. 26.-2002헌가1……… 301, 309, 310, 313, 314
憲 2004. 10. 28.-2002헌마328 …… 532, 535
憲 2004. 11. 25.-2002헌바66 …………… 221
憲 2004. 11. 25.-2002헌바85 …………… 412
憲 2005. 2. 3.-2001헌가9등 …………… 80
憲 2005. 2. 3.-2004헌가8 …………… 357
憲 2005. 5. 26.-99헌마513등 …… 407, 422
憲 2005. 11. 24.-2002헌바95등 ………… 490
憲 2005. 12. 22.-2003헌가6 …………… 187
憲 2005. 12. 22.-2004헌마530 …………… 23
憲 2006. 2. 23.-2004헌마675등 ……… 549
憲 2006. 3. 30.-2005헌마598 ………… 195
憲 2006. 4. 27.-2005헌마1047등 ……… 339
憲 2007. 3. 29.-2004헌바93 …………… 597
憲 2007. 4. 26.-2003헌마947등 … 195, 455
憲 2007. 4. 26.-2004헌가29등 ………… 151
憲 2007. 4. 26.-2006헌바10 …………… 260
憲 2007. 4. 26.-2006헌바71……… 204, 266
憲 2007. 5. 31.-2003헌마422 ………… 116
憲 2007. 5. 31.-2005헌바47 ……… 471, 472
憲 2007. 5. 31.-2005헌바60 …………… 470
憲 2007. 5. 31.-2006헌바49……… 202, 209
憲 2007. 6. 28.-2004헌마643……… 24, 278
憲 2007. 6. 28.-2004헌마644등 … 501, 508
憲 2007. 7. 26.-2003헌마377 …… 467, 478
憲 2007. 7. 26.-2005헌바100 ………… 263
憲 2007. 7. 26.-2006헌가9 ……… 114, 267
憲 2007. 7. 26.-2006헌바12 …………… 263
憲 2007. 8. 30.-2004헌마670 ………… 541
憲 2007. 11. 29.-2005헌바12……… 588, 590
憲 2007. 11. 29.-2006헌가13 …………… 268
憲 2007. 12. 27.-2005헌가11 …………… 556
憲 2008. 1. 10.-2007헌마1468 ………… 283
憲 2008. 5. 29.-2007헌마1105 ………… 514
憲 2008. 7. 31.-2004헌바81 ……… 131, 237
憲 2008. 7. 31.-2006헌마711 ………… 638
憲 2008. 10. 30.-2004헌가18 …………… 379
憲 2008. 10. 30.-2006헌마1098 ………… 458
憲 2008. 10. 30.-2007헌가17등 ………… 157
憲 2008. 11. 27.-2008헌마517 …………… 28
憲 2009. 2. 26.-2005헌마764 ………… 131
憲 2009. 2. 26.-2005헌마765 ………… 207
憲 2009. 3. 26.-2007헌가22 …………… 114
憲 2009. 5. 28.-2005헌바20 …………… 124
憲 2009. 5. 28.-2006헌바109 ………… 375
憲 2009. 5. 28.-2007헌바22 …………… 387
憲 2009. 6. 25.-2007헌바25……… 274, 275
憲 2009. 7. 30.-2008헌가10 …………… 270
憲 2009. 7. 30.-2008헌바162 ………… 581
憲 2009. 9. 24.-2007헌바17 …………… 426
憲 2009. 9. 24.-2007헌바114 ………… 474

憲 2009. 9. 24.-2008헌가25 …………… 389
憲 2009. 10. 29.-2007헌마667 ………… 432
憲 2009. 10. 29.-2007헌마992 …… 292, 295
憲 2009. 10. 29.-2007헌마1359…… 498, 499
憲 2009. 10. 29.-2007헌바63 …………… 102
憲 2009. 10. 29.-2008헌마454 ………… 560
憲 2009. 10. 29.-2008헌바101 …… 586, 590
憲 2009. 10. 29.-2008헌바146등 ……… 172
憲 2009. 10. 29.-2009헌마350등 ……… 1129
憲 2009. 11. 26.-2008헌바58 …………… 169

[대법원]

大 1966. 6. 28.-66다781 ……………… 618
大 1971. 6. 22.-70다1010 ……………… 611
大 1971. 9. 28.-71도1465 ……………… 317
大 1972. 10. 10.-69다701 ……………… 613
大 1983. 6. 28.-83누193 ……………… 555
大 1985. 12. 24.-85누531 ……………… 518
大 1986. 9. 9.-86도1187 ……………… 342
大 1986. 11. 11.-86도1786 ……………… 310
大 1988. 10. 11.-85다카29 ……… 372, 405
大 1989. 9. 26.-87도519 ……………… 323
大 1990. 6. 8.-90도646 ……………… 598
大 1990. 8. 28.-89누8255 ……………… 341
大 1990. 9. 11.-90도1356 ……………… 568
大 1991. 10. 26.-90도2906 ……………… 241
大 1992. 9. 22.-92다30219 …………… 619
大 1992. 12. 22.-92도1742 ……………… 324
大 1993. 2. 9.-92도1711 ……………… 335
大 1994. 3. 8.-92누1728 ………… 454, 641
大 1994. 3. 11.-93도958 ……………… 282
大 1995. 5. 23.-94마2218 ………… 77, 640
大 1995. 6. 16.-94도2413 ……………… 375
大 1995. 9. 15.-94누12067 …………… 540
大 1996. 1. 26.-95도1959 ……………… 494
大 1996. 2. 15.-95다38677 …………… 620
大 1996. 9. 6.-96다19246등 ………… 330
大 1996. 9. 10.-95도939 ……………… 310
大 1996. 11. 12.-96누1221 ……………… 441
大 1997. 4. 11.-96도 3451 …………… 273
大 1997. 7. 22.-96다56153 ……… 642, 645
大 1998. 7. 24.-96다42789 ……… 402, 403
大 1998. 11. 10.-96다37268 …………… 323
大 1999. 6. 22.-99다7008 ……………… 617
大 2000. 7. 6.-2000도1507 …………… 241
大 2001. 2. 15.-96다42420 …………… 616
大 2001. 3. 9.-2001도192 …………… 288
大 2001. 11. 30.-2001도5225 …………… 276
大 2004. 4. 22.-2000두7735 …………… 567
大 2004. 7. 15.-2004도2965 ……… 311, 315
大 2004. 9. 13.-2003다64602 ………… 642
大 2006. 2. 24.-2005도7673 …………… 271
大 2007. 2. 8.-2006도4486 …………… 321
大 2007. 4. 26.-2006다87903 …… 321, 326
大 2007. 6. 29.-2005도3832 …………… 238
大 2007. 9. 20.-2005다25298 ………… 558
大 2007. 10. 26.-2006도5924 …………… 322
大 2008. 3. 13.-2006도3558 …………… 348
大 2009. 5. 21.-2009다17417 ………… 243

[고등법원]

서울고법 1993. 11. 26.-93구16774 …… 540

事項索引

[ㄱ]
가산점제도 203
간접차별 202
간통죄 155
감청 418
강간죄 213
强制勞役 259
강제연행 256
강제음주측정 312
개념내재적 한계이론 99
個別的 加重法律留保 98
個別的 法律留保 99
개별적 정보공개청구권 425
個別的 憲法留保 97
개성의 자유로운 발현권 194
개인적 · 집단적 단결권 488
個人情報自己決定權 421
개체귀속성 12
객관적 규범 18
居住 · 移轉의 自由 439
검열 376
結社의 自由 390
경찰서 보호실의 유치 282
계약의 자유 194
拷問의 禁止 296
공개재판 597
공공복리 94
공공필요 95
공교육 552
공동불법행위와 구상권 615
公務擔任權 510
공용침해 473
공정한 재판 592
과외교습의 금지 571
過剩制限禁止原則 108
教科用圖書의 國定制度 564
교사의 教育權 552
교수의 자유 336
교원지위의 법정주의 565
교육기회청구권 562
교육을 받게 할 의무 655
教育을 받을 權利 551
교육의 자주성 563
교육의 전문성 564
교육의 정치적 중립성 564
교육제도 등의 법정주의 564
拘束 258
국가공동체유보이론 99
국가기능의 수행행위 74
國家機能理論 78
국가기밀 430
國家目標規定 31
國家賠償請求權 609
국가안전보장 93
국가원조를 받은 행위 74
국가유공자 등의 근로 548
국가유공자의 취업우선기회보장 225
國家類似理論 73
국가의 고용증진의무 544
국가의 대안제시의무 314
국가의 비종교성 325
국가의 평생교육진흥의무 553
국가정보활동과 감청 416
國家行爲擬制理論 73
국교부인의 원칙 328
국기에 대한 경례 거부 332
國民 48
국민건강보험가입의 강제 152
국민대표자의 선정권 503
국민연금가입의 강제 150

國民의 權利 48
國民의 憲法上 義務 647
國民投票權 526
국방의무 652
국외이주의 자유 442
국유재산의 이용행위 74
국적이탈의 자유 443
군·경 등의 국가배상청구권 제한 226
군사재판 224, 580
군사훈련의 거부 331
군인·군무원 등의 이중배상금지 614
權利의 費用性 30
규범조화이론 83
규범조화적 한계이론 99
규칙-원리구별론 91
근로계속의 문제 542
勤勞의 權利 537
근로의 의무 657
근로의 자유 542
근로조건의 법정주의 546
금융거래정보와 사생활의 보호 408
급부적 기능 43
基本權 11
基本權間의 衝突 81
基本權과 制度의 竝存型 39
기본권보유능력 46
基本權保障 5
기본권 보장의 구조 233
기본권 보장의 방법적 기초 233
基本權保障-制度保障 峻別論 40
基本權保護義務 125
基本權保護義務理論 127
기본권에의 포섭 27
기본권의 경합 121, 122
基本權의 構成要素 12
基本權의 羈束力 66
기본권의 內容 91
기본권의 내재적 한계 99
기본권의 도출 26
基本權의 發達 5
基本權의 保護 125
기본권의 保護領域 91
기본권의 분류 234
기본권의 서열이론 83
基本權의 制限 88
基本權의 抛棄 61
기본권의 포기 가능성 63
基本權의 效力 66
기본권이중성이론 20
基本權 制限의 限界 108
기본권제한적 법률 100
기본권제한적 법률유보 90, 99
기본권제한적 헌법유보 90
基本權合致的 解釋 44
기본권행사능력 47
기탁금 515

[ㄴ]
낙태 145, 237
납세의무 651

[ㄷ]
多層的 審査基準의 方式 205
단결권 482, 488
段階理論 451
團體交涉權 482
團體行動權 482
대법원의 재판을 받을 권리 587
대위책임설 619
대학의 자유 337
獨立宣言書 7
독일의 제 3 자적효력이론 71
동성동본금혼 213
동행명령 283

[ㅁ]
마녀재판 304
면책성 14
명단공개 406
명예훼손 372

명확성 103
명확성의 원칙 265
무노동 무임금 원칙 495
무상의 의무교육 559
무죄추정의 원칙 274, 278
默秘權 287
미래 세대의 주체성 52
미성년자 48
美合衆國聯邦憲法 7
미합중국의 STATE ACTION이론 72

[ㅂ]
바이마르憲法 8
방어적 기능 42
배심제 582
白紙委任 101
버지니아 權利宣言 7
범죄의 설정 114
犯罪被害者救助請求權 633
법률상의 권리 22
법률에 규정된 헌법상의 권리 22
법률에 의한 재판 584
법률에 의한 제한 90, 98
法律留保 99
法律主義 257
법 앞에 평등 200
법위반사실공표명령 312
법익균형성의 원칙 112
법익형량이론 83
法人 · 團體 53
법인 · 단체의 기본권 주체성 54
법정형 114
변호사의 수임사건의 수와 수임액의 보고 강제 432
변호인을 선임할 권리 292
辯護人의 助力을 받을 權利 290
변호활동 293
별건체포 · 구속 282
병역의무거부 331
병역의무에 따른 불이익처분의 금지 653
保健權 573
보도의 자유 364
保安處分 259
本質性理論 101
本質的 內容의 侵害禁止 119
不眞正競合 122
불가분조항 476
不拘束搜査 275
不拘束裁判 275
불법감청 418
불법의 평등 202
비례성의 원칙 111
비례원칙 108, 204
비상계엄 280
비인간 생명체의 주체성 53

[ㅅ]
사법적 집행행위 74
사상 303
私生活의 秘密과 自由 399
사유재산 466
死者 52, 252
私的領域에 대한 效力 69
사전영장 279
사전제한 381
사죄광고 144
사죄광고명령 312
사형제도 240
사회보장수급권 532
사회적 신분 214
사회적 특수계급제도의 부인 216
사후영장 280
3한계이론 99
상당성의 원칙 112
상대적 평등 201, 211
상황구속성 117
生命權 235
생산관리 494
選擧權 501
선거권 부여의 연령 504

선거권의 박탈 506
성년자 48
姓名權 186
성문법률주의 263
性別에 의한 차별의 금지 213
性的自己決定權 149
世界人權宣言 9
소극적 단결권 489
소극적 안락사 243
소급입법에 의한 재산권박탈의 금지 469
소송비용과 재판청구권의 제한 601
損失補償請求權 623
수사경력자료의 보존 431
搜索 258
授業權 552
受忍可能性 112
수인가능성의 원칙 112
수학권 555
수혈거부 331
示威 384
시험에 관한 정보 431
신속한 재판 595
身體 252
신체의 완전성 252
신체의 자유 250, 254
신체활동의 자유 255
實定化된 自然權 15
審問 258

[ㅇ]
안락사 145, 242
안전띠 등의 착용 강제 149
알 권리 423
押收 258
액세스(Access)권 367
양심 317
양심의 자유 300, 304
양심형성의 자유 306
양심활동의 자유 306
언론기관 설립의 자유 364
언론기관의 내부적 자유 366
言論·出版의 自由 360
嚴格審査 205
엄격한 심사기준 209
여론조사결과 공표금지 431
여성의 근로 546
여성할당제 214
연구결과발표의 자유 337
연소자의 근로 547
令狀實質審査制度 279
영장주의 278, 398
영전일대의 원칙 216
예술 344
예술가 344
藝術의 自由 343
Ombudsman제도 520
완화된 심사기준 209
외국 국적의 동포 50
외국인 503
외국인에게 인정되는 기본권 59
외국인의 법적 지위 60
위치추적장치 부착 408
위헌의 성격 118
유사경합 122
유추해석의 금지 268
음주측정 281
의사표현의 자유 363
議會留保理論 101
異端裁判制度 304
二重處罰의 禁止 271
人間과 市民의 權利宣言 8
인간다운 생활 528
人間다운 生活을 할 權利 528
인간복제 145
人間의 權利 47
인간의 물적취급 1 45
人間의 尊嚴과 價値 139
人間主義 140
人格主義 140
인공임신중절 242

人權 5
人民協約 6
人身保護法 6
人身保護令狀 6
人身을 훼손당하지 않을 권리 250
1215년의「大憲章」 6
일반성 103
一般令狀 279
일반영장의 금지 279
一般的 加重法律留保 99
一般的 法律留保 99
일반적 인격권 172
일반적 정보공개청구권 426
일반적 평등원칙 197
일반적 행동자유권 146, 194
一般的 憲法留保 97
姙娠中絕 237
입국의 자유 443
입법형성의 자유이론 83

[ㅈ]
자격제도 116
자기결정권 148, 194
自己負罪拒否權 287
자기정보관리 · 통제권 426
自己責任 273
자기책임설 620
자기책임원리 172
자녀교육권 560
自白의 證據能力 285
자연권 15, 17
자연권론 16
자유교육 552
自由選擧原則 504
자의금지의 원칙 196, 204
財産權 464
財産權의 社會羈束 478
재외동포 49
재외 영주권자 49
財政調達目的의 負擔金 470
裁判請求權 576
적극적 안락사 242
適法節次原理 259
적법한 평등 202
적정성의 원칙 268
적정임금 및 최저임금의 보장 544
적합성의 원칙 110
절대적 부정기형 선고의 금지 265
접견교통권 292
정교분리의 원칙 325
정당 57, 224
正當한 裁判을 받을 權利 297
정보공개청구권 425
정보선별 · 선택권 425
정보수령권 424
정보수집 · 생산권 424
情報의 自由 419
정보접근권 424
精神 252
정신의 온전성 253
政策實現目的의 負擔金 470
제 3 자로부터의 보호적 기능 44
第 3 者的效力 71
制度保障理論 37
制度의 保障 36
尊屬殺害罪 215
尊嚴死 243
John왕 6
종교 214
宗敎의 自由 316
종교인의 범인은닉행위 331
종교학교 214
罪刑法定主義 262
주거의 불가침 396
住居의 自由 394
主觀的 公權의 理論 66
中道的 審査 205
중독성 행위의 금지 155
重要事項留保說 101
증거능력 286

증명력 286
證明力의 制限 285
증인 · 참고인에 대한 동행명령 257
지문 날인 407
직업교육장선택의 자유 449
직업선택의 자유 448
직업수행의 자유 449
직업영위의 자유 449
職業의 自由 445
직업 · 직종선택의 자유 448
직장선택의 자유 450
陳述拒否權 287
질서유지 94
질서형성적 기능 43, 44
集會의 自由 383
징발 95
징병제 257

[ㅊ]
차별금지적 기능 43
Charles 1세 6
참심제 582
處罰 258
처분성 13
청구성 12
청원 519
請願權 519
體系整合性 221
逮捕 258
最强效力說 122
最弱效力說 122
취업기회제공의 문제 542
취재의 자유 366

[ㅌ]
태아 49, 237
통신의 비밀 414
通信의 秘密과 自由 410
통신의 자유 415
퇴직금 우선변제 545
투표참여의 강제 505
특권을 부여받은 자의 행위 74
특별부담금 470
특수신분관계 50

[ㅍ]
평등권 196, 198
평등심사의 강도 209
평등원칙 196, 200
被選擧權 510
필요성의 원칙 111

[ㅎ]
학문의 자유 332, 335
학술활동의 자유 336
合理性審査 205
해외거주자의 투표권 508
해외여행의 자유 442
幸福의 追求 189
행복추구권 195
행정상 즉시강제 282, 398
허가 · 검열의 금지 376
헌법과 민법 78
헌법과 법률이 정한 법관에 의한 재판 579
헌법에 명시되지 아니한 기본권 28
헌법에 의한 제한 90, 97
헌법직접적 제한 90
혈액 채취 407
협의의 비례원칙 112
형량 117
刑罰法規의 委任 263
형벌소급의 금지 264
형벌조항의 규율방식 265
刑事補償請求權 629
형사피해자의 재판절차진술권 598
形式的 平等 200
혼인빙자간음죄 169
환경 637
環境權的 基本權 637
흡연권 86

Edward Coke 6
F.M.A. de Voltaire 7
John Locke 6
John Milton 6
Montesquieu 7
Rousseau, J.J. 7
Schmitt, C. 37

著　者
서울大學校 法科大學 卒業
第24回 司法試驗 合格, 法學博士
憲法裁判所 憲法硏究官, 建國大學校 敎授 歷任
現在 서울大學校 法科大學/法學大學院 敎授

主要著作
「憲法學原論」
「憲法과 政治制度」
「憲法과 基本權」
「憲法訴訟法」
「憲法裁判講義」
「判例韓國憲法」
「判例憲法訴訟法」
「憲法硏究 1」
「憲法硏究 2」
「憲法硏究 3」
「憲法硏究 4」
「憲法硏究 5」
「憲法裁判硏究 1」
「憲法裁判硏究 2」
「憲法判例硏究 1」
「韓國의 司法制度와 發展모델」
「韓國憲法史文類」
「基本權의 槪念」
「객관식 헌법」
「선비의 붓 명인의 칼」
「대한민국 헌법을 읽자」
「정종섭교수와 함께 보는 대한민국 헌법」
「대한민국 헌법」

憲法과 基本權

2010年 3月 5日 初版印刷
2010年 3月 15日 初版發行

著　者 鄭 宗 燮
發行人 安 鍾 萬
發行處 (株) 博 英 社
서울特別市 鍾路區 平洞 13-31番地
電話 (733)6771 FAX (736)4818
登錄 1959. 3. 11. 제300-1959-1호(倫)

저자와 협의하여 인지첩부를 생략함

www.pakyoungsa.co.kr e-mail: pys@pakyoungsa.co.kr

定 價 39,000원 ISBN 978-89-6454-575-1

加百日○兩界守令僉節制使萬戶計程給
日限半加(加以如)(五計)(日日)(之程)(瘳則)○出使人受職雖不
行公亦給若科前遺喪或身死者仕滿五十
日而味經遞差則給
守令違任者解由傳掌外因公務未
米則雖過限計程途落閒追給公主翁主夫
致從夫職給視察使都事節度使兩界虞候
評事並有祿學家
觀察使節度使丞

科	品	季	中米
第一科正	一品	春	四石
		夏	三石
		秋	四石
		冬	三石
第二科從	一品	春	三石
		夏	三石
		秋	三石
		冬	三石
第三科正	二品	春	三石
		夏	三石
		秋	三石
		冬	三石